PUBLICATIONS
DE
L'ÉCOLE DES LANGUES ORIENTALES VIVANTES

IIe SÉRIE — VOL. IV.

DICTIONNAIRE TURC-FRANÇAIS.

VIENNE. — TYP. ADOLPHE HOLZHAUSEN,
IMPRIMEUR DE LA COUR I. & R. ET DE L'UNIVERSITÉ.

كتاب الدرر العمانية في اللغة العثمانية

DICTIONNAIRE TURC-FRANÇAIS

SUPPLÉMENT

AUX DICTIONNAIRES PUBLIÉS JUSQU'A CE JOUR

RENFERMANT

1° LES MOTS D'ORIGINE TURQUE
2° LES MOTS ARABES ET PERSANS EMPLOYÉS EN OSMANLI
AVEC LEUR SIGNIFICATION PARTICULIÈRE
3° UN GRAND NOMBRE DE PROVERBES ET DE LOCUTIONS POPULAIRES
4° UN VOCABULAIRE GÉOGRAPHIQUE DE L'EMPIRE OTTOMAN

PAR

A. C. BARBIER DE MEYNARD

MEMBRE DE L'INSTITUT,
PROFESSEUR AU COLLÈGE DE FRANCE
ET A L'ÉCOLE SPÉCIALE DES LANGUES ORIENTALES VIVANTES

VOLUME PREMIER

PARIS
ERNEST LEROUX, ÉDITEUR
LIBRAIRE DE LA SOCIÉTÉ ASIATIQUE
DE L'ÉCOLE DES LANGUES ORIENTALES VIVANTES, ETC.
28, RUE BONAPARTE, 28
1881

AVERTISSEMENT.

En terminant ce volume commencé il y a quatre ans et souvent interrompu par les exigences d'un double enseignement et de travaux d'un autre ordre, je dois à plus d'un titre solliciter l'indulgence du public. Au lieu de l'introduction qui devait paraître en tête du volume, on n'y trouvera qu'un simple avertissement et la demande d'un nouveau sursis.

Il était difficile, au début d'une tâche comme celle-ci, d'en déterminer exactement l'étendue. Grâce à la lecture assidue de ce qui se publie en Turquie, mon travail a pris des développements inattendus. Je ne pourrais plus, sans l'étendre outre mesure, y joindre l'étude historique de la langue turque, de ses progrès et des changements qu'elle a subis depuis les premières tentatives de Sinán-Pacha jusqu'à la période contemporaine, celle des Djevdet, des Chi-

nassi et des Kemal-Bey. A plus forte raison, serait-il hors de proportion d'ajouter à l'histoire de la langue l'examen des travaux lexicographiques dont elle a été l'objet en Europe depuis deux siècles. Force m'est donc d'ajourner cette partie de mon œuvre, la plus attrayante et pour laquelle j'avais déjà réuni d'assez nombreux matériaux. Elle paraîtra dans une livraison supplémentaire à la suite du lexique géographique, lexique que je n'ai pas voulu fondre dans le corps de l'ouvrage, afin de le tenir au courant des remaniements politiques et administratifs qui modifient peu à peu la division territoriale de l'Empire ottoman. Je me bornerai aujourd'hui à dire en peu de mots quelle pensée m'a fait entreprendre ce long travail, le plan que je me suis tracé et les documents dont j'ai fait usage.

Il suffit d'un simple regard jeté sur les dictionnaires turcs publiés jusqu'à ce jour, pour se convaincre que, tous ou presque tous, ils ont eu pour objet principal la langue littéraire : ce qui revient à dire que les mots d'origine turque y sont relégués à l'arrière-plan. Il ne pouvait en être autrement et c'est la conséquence nécessaire des lois de développement auxquelles ont obéi la civilisation et la culture intellectuelle du peuple ottoman. Je ne prétends pas dire cependant que l'élément vraiment indigène de cette langue ait été négligé de parti pris par mes devanciers. Loin de là, on constate dans le dictionnaire trilingue de Meninski, véritable chef-d'œuvre eu égard à l'époque qui l'a vu naître, et dans les dictionnaires qui procèdent de ce vaste recueil, un effort consciencieux pour tenir la balance égale entre l'arabe, le persan et le turc dont le mélange forme l'idiome de la Turquie. Mais ces savants lexicographes ayant puisé leurs matériaux de préférence dans les dictionnaires arabes et dans les documents qui constituent la littérature savante des Turcs, cet effort devait être naturellement sans grande portée.

Pendant ce temps, la langue a continué de vivre. Depuis cinquante ans surtout, elle a subi le contre-coup des graves événements qui ont modifié de fond en comble la constitution politique et les mœurs de ce pays. Un peuple ne se préoccupe guères de réaliser le vœu charmant du poète : sur des pensers nouveaux il met rarement des mots antiques. Pourtant n'exagérons rien, les emprunts faits par les Turcs aux langues de l'Europe ne datent pas d'hier. Dès le lendemain de la prise de Constantinople, ils prirent aux Byzantins leurs termes de marine, aux Slaves et aux Hongrois ceux de l'art militaire, à l'Italie une foule de vocables venus à la suite du commerce et de l'industrie. Mais c'est surtout depuis 1826, date de la chute des Janissaires et de l'adoption sérieuse des réformes européennes que la Turquie est devenue tributaire de l'étranger. Dieu me garde de discuter ici l'opportunité de ces réformes et l'influence qu'elles ont pu exercer sur les destinées de l'Empire, mais on ne peut contester que cette influence n'ait pénétré avec une énergie singulière non seulement la manière de penser et d'écrire des milieux littéraires, mais même la langue du peuple. A dater du règne de Sultan Abd ul-Medjid jusqu'à la date fatale de 1870, la France a été, presque à son insu, l'inspiratrice des réformes politiques et sociales, de l'esprit public et des modes nouvelles. Notre code a servi de modèle aux essais de législation formulés dans le Destour. Nos écrivains classiques, et surtout les deux grands frondeurs du XVIIIe siècle, Voltaire et Rousseau ont été étudiés, traduits, abrégés et souvent mutilés dans toute sorte de livres et de journaux. De là une phraséologie profondément renouvelée et qui se révèle sous un double aspect : d'une part, traduction servile de l'idée importée et souvent simple transcription du mot qui l'exprime ; d'autre part, imitation plus ou moins heureuse à l'aide des termes scientifiques et abstraits de l'arabe. Je me propose de revenir, dans mon introduction, sur ces traits particuliers de la langue osmanli du XIXe siècle et de rechercher ce qu'elle doit de bon et de mauvais à la presse, au théâtre et aux essais de vie parlementaire qui se sont produits sous nos yeux. Je n'en parle ici que pour bien faire comprendre la cause inévitable des lacunes signalées dans les dictionnaires modelés sur celui de Meninski et aussi pour justifier le titre de Supplément, titre à la fois modeste et ambitieux que j'ai donné au mien.

AVERTISSEMENT.

Il n'y a pas beaucoup plus de dix ans que la nécessité d'une réforme lexicographique s'est manifestée en Turquie et c'est à S. Exc. Ahmed Véfyk-Pacha, un de ses hommes d'État les plus éclairés, que revient l'honneur de l'avoir accomplie. C'est à ce savant que je dois le fond même de mon livre, c'est lui qui m'en a fourni la matière première en m'autorisant à puiser largement dans le sien.

Le Lehdjè-i-osmani, tel est le titre qu'il a donné à son dictionnaire, a frayé une voie nouvelle à la lexicographie ottomane, non sans causer quelque scandale au début. Jusque là les studieux éfendi, qui avaient dressé l'inventaire de leur idiome, ne s'étaient souciés que des formes littéraires, celles qui défrayent, depuis trois siècles, les divans des poètes et les formulaires administratifs des kiatib. Il entre si peu de mots turcs dans le langage classique et il est de si mauvais goût de les employer! Véfyk-Pacha a rompu en visière à ces préjugés.

Il a fait œuvre de patriote en n'admettant dans son lexique que les mots vraiment turcs, et le petit nombre de vocables arabes, persans et étrangers auxquels l'usage a donné une acception particulière. Il a fait œuvre de philologue en groupant ces mots sous leur racine verbale, de façon à en montrer nettement la provenance et la filiation étymologique. Je prie le lecteur de se reporter, pour plus de détails, à la notice que j'ai consacrée au Lehdjè dans le Journal Asiatique (septembre 1876, p. 275).

L'enseignement dont j'ai l'honneur d'être chargé à l'École des langues orientales vivantes m'a permis de constater depuis longtemps que les lacunes des dictionnaires turcs n'étaient pas une des moindres difficultés que rencontrent les élèves au debut de leurs études. J'ai tâché d'y remédier en profitant des secours inespérés que m'offrait le lexique de Véfyk-Pacha. Bien entendu, il ne pouvait être question d'une traduction pure et simple, ni d'un classement par ordre alphabétique substitué au groupement par racines. Ma tâche exigeait d'avantage. Le Lehdjè se renferme exclusivement dans les limites du radical turc et de ses dérivés; trop enclin à exclure tout ce qui n'appartient pas au fond tartare, il ne fait pas une place assez large à la technologie arabe qui est celle du droit, de la diplomatie et de l'administration. Afin de suppléer à son silence, j'ai dû compulser le vaste recueil de lois connu sous le nom de Destour, les journaux et revues périodiques, publiés dans la capitale et les grandes villes. Pour l'ancien régime, le Tableau de l'Empire ottoman de Mouradjea d'Ohsson, toujours excellent à consulter malgré sa date, la Chronique de Djevdet-Pacha, l'Histoire des Janissaires de Djevad-Bey, les anciennes relations de nos voyageurs et résidents au Levant m'ont fourni de précieux renseignements. Pour la Turquie moderne, telle que l'ont façonnée le nizami djèdîd et la charte de Gul-hânè, j'ai consulté utilement les lettres d'Ubicini et l'État présent de l'Empire ottoman, qu'il a publié avec la collaboration de mon savant collègue M. Pavet de Courteille, les mémoires pleins d'érudition que le regretté M. Belin a insérés dans le Journal Asiatique et, en premier lieu, le manuel terminologique publié à Vienne par M. de Schlechta.

Quant à la langue vulgaire, je reconnais en toute sincérité qu'elle ne peut être vraiment étudiée sur le vif que dans le pays où elle se parle, et avec la collaboration de la foule qui la crée et la transforme à son image. Faute de mieux, j'ai voyagé, et non sans quelque fatigue, à travers ce monde étrange de romans et de pièces de théâtre que la presse de Stamboul enfante avec une fécondité que je qualifierais de déplorable s'il n'y avait un peu d'ingratitude à méconnaître les services dont je lui suis redevable.

Au premier rang de ces collaborateurs de tout âge et de toute provenance, je dois citer un vieux missionnaire du XVIIe siècle, le Père Arcère de l'Oratoire qui, pendant un séjour de trente années en Turquie, a réuni les matériaux d'un immense dictionnaire français-turc. Plusieurs fois déjà, on a signalé la valeur inestimable du manuscrit peut-être autographe conservé à la Bibliothèque nationale de Paris, mais personne, que je sache, n'avait encore songé à la mettre en œuvre. Ce n'est pas, à vrai dire, une besogne aisée ni récréative : le dictionnaire étant classé selon l'ordre des mots français et l'unique copie que nous en possédons, étant criblée de ratures ou de surcharges, et défigurée par une révision maladroite. Mais ces difficultés surmontées, que de trésors dans les deux in-folios du vénérable oratorien !

Pour comble de bonheur, il sait fort mal l'arabe et le persan et commet de gros péchés contre l'orthographe de ces deux langues, ce qui est une preuve de plus du milieu très peu lettré dans lequel il a vécu. Aussi, comme il s'est imprégné du langage populaire et en fait valoir les richesses ignorées ! Quelle source intarissable de proverbes, de dictons familiers, de trivialités joyeuses, recueillis en plein cœur de Stamboul dans ses meïdans et ses bazars ! Si mon Supplément a quelque chose d'original et de neuf c'est en grande partie au bon Père qu'il le doit : je lui ai beaucoup pris, et si l'espace ne m'était pas si étroitement mesuré, je lui eusse pris d'avantage.

Les mérites de ce contemporain de Meninski ne doivent pas pourtant nous porter à méconnaître ceux du lexicographe polonais et des savants orientalistes qui, à sa suite, ont travaillé à nous rendre accessible la langue et la vaste littérature des Turcs. Des érudits tels que MM. Redhouse et Zenker, des professeurs exercés tels que Bianchi et Mallouf ont, à des titres divers, rendu d'éminents services à cette étude difficile. Grâce à leurs efforts, la moisson est déjà abondante, mais il y avait encore à glaner après ces ouvriers de la première heure, et je leur sais gré de m'avoir laissé un coin de champ à peine exploité jusqu'à ce jour.

Me conformant à l'exemple des meilleurs parmi mes devanciers, j'ai presque partout mis la transcription à côté des mots et des exemples du texte. C'est une nécessité qui s'impose à un idiome si mal à l'aise dans le costume sémitique dont il s'est affublé. Avec sa riche gamme de voyelles, le turc méritait un instrument plus complet et plus sonore que l'alphabet arabe, car tel qu'il est, s'il est privé du secours de la transcription, il devient, pour le débutant et quelquefois même pour le lecteur exercé, une véritable cryptographie, une série inextricable de logogriphes. C'est à ce vice originel autant qu'à l'absence de grammairiens nationaux qu'il faut attribuer aussi la fâcheuse irrégularité de ses formes orthographiques. La plupart des mots pouvant s'écrire de trois ou quatre manières, il faut opter entre l'inconvénient d'encombrer le dictionnaire de variantes et de renvois, ou de condamner l'élève à de longs tâtonnements. Fort heureusement l'usage a fini par mettre un peu d'ordre dans ce cahos : il s'est établi en Turquie, depuis quelques vingt ans, une sorte de compromis tacite qui rend la tâche du lexicographe un peu moins pénible. J'ai suivi, autant que possible, l'orthographe qui fait loi aujourd'hui, sans négliger pourtant de donner les variantes principales de chaque mot. Et ici encore je fais appel à l'indulgence du lecteur pour les omissions que j'ai pu commettre de ce chef.

Il y a neuf ans, en faisant connaître aux orientalistes le dictionnaire d'Ahmed Véfyk, j'exprimai le vœu qu'il me fût permis un jour de le mettre à la portée de nos études en le traduisant et le complétant. Ce vœu un peu téméraire dans la bouche d'un des vétérans de ces études, il m'a été donné de le réaliser et de payer ainsi ma dette à l'École où j'ai l'honneur d'occuper depuis plus de vingt ans la chaire de langue turque. Me voici à la moitié du chemin et j'espère, Dieu aidant, en parcourir l'autre moitié d'un pas plus rapide. C'est à mes savants confrères d'apprécier ce qu'il peut y avoir de nouveau et d'utile dans la tâche que j'ai entreprise. Qu'ils veuillent bien aussi m'en signaler les erreurs et les lacunes, pour le plus grand profit de ce qui me reste à faire. Un dictionnaire est une œuvre obscure et sans grands dédommagements. Leurs critiques bienveillantes et leurs encouragements seront, avec le sentiment du devoir accompli, ma meilleure récompense.

A. C. BARBIER DE MEYNARD.

١

ا *élif*, première lettre de l'alphabet arabe-persan-turc; elle a la valeur numérique 1. — L'élif surmonté du signe *medda* آ se prononce *â*. Employé comme préposition, il exprime le vocatif et se prend aussi comme un exclamation d'étonnement : آ بابام *â babam*, ô mon père! آبه *âbè*, oh! eh! quoi! آ سز میسکز *â siz misiñiz*, quoi! c'est vous! — Comme postposition, c'est une interjection incitative ayant le sens de donc! allons! — کلسك آ *guelseñ â*, viens donc! باقسك آ *baqsañ â*, vois donc! litt. « si tu venais; si tu voyais ». — Cf. aussi الف.

آبا (var. آبه) *âba*, de l'arabe عبا et عباية. 1° grosse étoffe de laine, bure qui sert à faire des chausses très-amples (cf. چاقشیر et پوطور) et des gilets. — 2° capuchon de moine, cagoule. —

آبایی یاقمق *âbaye yaqmaq*, « brûler l'âba » c.-à-d. : devenir amoureux. L'âba de feutre noir est spécialement porté par deux ordres de derviches, les *Khalveti* et les *Kadri*. La couleur adoptée dans les autres ordres mendiants est le bleu ou le blanc.

ابابیل *ebabil*, 1° martinet, espèce d'hirondelle nommée aussi کچی صاغان *ketchi saghan*, « qui trait la chèvre ». — 2° oiseau mentionné dans le Koran et que Dieu envoya par millions contre l'armée éthiopienne qui avait envahi la Mecque sous les ordres d'Abraha; d'après les commentateurs, ce serait l'outarde ou troupe.

آبادان *âbadân* (pers. cultivé, prospère), bien, convenable, comme il faut. — آبادانلق *âbadanleq*, voy. آوادانلق.

آبادی‌ *âbadi*, pers. pour دولت آبادی *devlet-âbadi*, beau papier de soie, de provenance indienne. — Cf. خانپالق.

ابازا *abaza*, mot d'origine inconnue : n'est usité que dans l'expression : ابازایه وارمق *abazaya varmaq*, se livrer à l'onanisme.

آبامق *âbamaq*, refuser, empêcher, désobéir. — آبانمق *âbanmaq*, s'appuyer sur une chose pour résister ; ne pas consentir.

آباندرمق *âbandermaq*, forcer un animal (surtout un chameau) à s'agenouiller, pour être chargé. — Cf. اخلامق.

آبانوز *âbanoz*, mieux آبنوس *abanos*, ébène. — آبانوز اغاجی *âbanoz âghadje*, bois d'ébène, ébénier ; on le nomme aussi صاغ اغاجی *çagh âghadje*, « le bois sain, solide ». آبانوز کبی یشادوقچه دها صاغ اولور *âbanoz guibi yachaduqtchè daha çagh olour*, il est comme l'ébène, plus il vieillit et plus il est solide, (se dit d'un vieillard bien portant). — سكوت یا انجیر آغاجندن آبانوز اولور می *suyut ya indjir âghadjindan âbanoz olour me*, fait-on de l'ébène avec le bois de saule ou d'olivier ? — On dit d'un enfant sain et vigoureux : آبانوز

پارچه‌سیدر *âbanoz partchasidir*, c'est un morceau d'ébène. — آبانوز چهره‌لی *âbanoz tchèhrèli*, visage noir comme l'ébène, hâlé, bronzé.

ابتدا *iptida* (ar. commencer), employé comme adverbe : d'abord, premièrement ; pour commencer. — ابتدا طعام صكره كلام *iptida ta'am soñra kélam*, mangeons d'abord, nous causerons ensuite. — Synon. de اوّل *èvvèl*. — ابتدا داخل *iptida dakhel*, premier degré dans les grades de licence.

ابجد *èbèdjed*, nom d'un certain groupement de l'alphabet arabe, où les lettres sont réunies en mots privés de sens et d'après leur valeur numérique. En voici le tableau :

كلمن حطی هوز ابجد
50. 40. 30. 20   10. 9. 8   7. 6. 5.   4. 3. 2. 1

قرشت   سعفس
400. 300. 200. 100   90. 80. 70. 60

ضظغ   ثخذ
1000. 900. 800   700. 600. 500

ابد *èbèd*, (ar. éternité, temps infini) usité adverbialement comme ابداً *èbèden*, à jamais, éternellement ; jamais ; en aucun temps ; absolument. On dit aussi plus correctement ابد الآباد *èbèd ul-âbad*.

آبدارلق *âbdarleq*, pers. éclat, fraîcheur (d'un fruit, *au fig.* éloquence d'un discours).

آبدال *âbdal*, comme بدلا et بوداله *boudala*, 1° mendiant, faux derviche. — آبدال تكه‌ده حاجی مكه‌ده *âbdal tekkièdè hadji mekkièdè*, « le moine au couvent, le pèlerin à la Mecque », prov. chacun à sa place. — 2° adj. sot, niais, imbécile (comme le pluriel *boudala*). نه آبدال چهره‌لی حریف que ce drôle a l'air d'un imbécile! — آبدالسی *âbdalisi*, comme un sot. — آبداللق *âbdalleq*, sottise, naïveté. — حسن آبداللو *haçan âbdallu*, nom d'une tribu de Bohémiens qui habitent les environs d'Angora. — دكز آبدال *deñiz âbdal*, personnage fabuleux, fantôme. — آبدال اوتی *âbdal ote*, plante laiteuse, mezereum, peut-être la *chamelaïa* de Dioscoride.

آبدان *âbdân*, pers. bec, orifice d'une aiguière ou d'un vase. — *au fig.* vessie. — Cf. سیدیك.

آبدست *âbdest*, pers. ablution légale avant les cinq prières prescrites aux Musulmans. — آبدست آلمق *âbdest âlmaq*, faire ses ablutions. — آبدست بوزلمق *âbdest bozoulmaq*, se dit de tout ce qui invalide l'ablution, comme un saignement de nez, etc. — *au fig.* آبدست بوزمق *âbdest bozmaq*, satisfaire un besoin naturel. — آبدست بوزان *âbdest bozan*, nuisible, fâcheux. — آبدستخانه *âbdest-hanè*, latrines. — آبدست اقتضا اتمك *âbdest iqtiza etmek*, ce qui rend l'ablution nécessaire, comme une pollution nocturne, etc. — آبدست ورمك *âbdest vermek*, troubler, rendre impur. — « یوكك الك آغری آبدست ابریغی در plus lourd fardeau est l'aiguière à ablution ; c.-à-d. : la piété est le premier devoir de l'homme ». — آبدستمده شبهم یوق *âbdestemdè chubhèm yoq*, aussi vrai que mon ablution, locution proverb. pour affirmer et inspirer la confiance. — آبدست حاولوسی *âbdest havlese*, essuye-main. — آبدستلك *âbdestlik*, surtout, espèce de *djubbè*, mais plus court. — آبدستسز *âbdestsez*, « sans ablution », impur, négligé, sans soin.

ابرا *ibra* (ar. acquitter, décharger). ابرا كاغدی *ibra kiahate*, quittance. — ابرا اتمك *ibra etmek*, donner quittance, décharge ; acquitter un accusé. — ابرا حكمی *ibra hukmu*, ordonnance de non-lieu.

آبراش *âbrach*, pour ابرش *ebrech*,

de l'ar. ابرص, 1° cheval moucheté, cheval pie. — 2° lèpre, gale. ابراش كترمك *ábrach guetirmek*, la lèpre ou la gale se produit.

ابراهيم *Ibrahim*, nom arabe du prophète Abraham, que les Musulmans désignent particulièrement sous le titre de خليل الله « l'ami de Dieu ». — ابراهيم ديكنى *Ibrahim dikèni*, « épine d'Abraham », *eryngium*, espèce de chardon. Cf. دوه الماسى.

ابريشيم *ibrichim*, (en pers. ce mot désigne la soie en général; les Arabes l'ont adopté sous la forme ابريسيم) soie torse, soie filée, fil de soie. — ابريشيمجى *ibrichimdji*, marchand ou fabricant de soie. — ابريشيم قوردى *ibrichim qourtou*, ver à soie. — Cf. ايپك.

ابرو *èbru*, marbré, teinté de veines de marbre. — ابرو كاغد *èbru kiahat*, papier marbré. — ابرو گل *èbru gul*, rose jaune sans épines, nommée aussi كوكز. — ابرولامق *èbrulamaq*, donner avec de la couleur la teinte et les veines du marbre.

ابريق *ibriq*, prononc. vulg. *yebreq*, aiguière, vase à long bec recourbé et muni d'une anse. (On écrit aussi, mais à tort, ابريك.) D'après l'auteur du *Kamous*, ce mot serait tiré de ابريز *ibriz*, « or pur » ce qui est une fausse conjecture. Le *Moarrab* le rapproche avec plus de vraisemblance du grec ἰμβρίκιον. — ابريق وضوء *ibriqe vuzou*, aiguière aux ablutions, en pers. آفتابه. ابريق ضابطى *ibriq zabite* ou ابريقدار آغا *ibriqtar âgha*, officier de l'aiguière, chargé de répandre l'eau sur les mains du Sultan. C'était un des trente-neuf officiers connus sous le nom de خاص اودهلى *khass odalu*, « compagnie du Corps ».

ابسم *èbsèm*, silencieux, taciturne; tranquille qui fait la sourde oreille. — Avec *etmek*, faire taire, imposer silence, réduire au silence, rendre interdit. — Avec *olmaq*, être silencieux, muet, interdit. — ابسم اولمق چوق سويلمكدن يكدر *èbsèm olmaq tchoq seuilemekten yektir*, « mieux vaut se taire que trop parler ». — (*Vel taceas, vel meliora dic silentio.* P. Syrus.)

آبلا *âbla*, dame respectable par son âge et son rang; sœur aînée; la plus ancienne servante de la maison. — Dans le dialecte Qaïch, *âbla* a le sens de «femme mariée, épouse». — (Comp.

avec le t. or. اپا اوپا اپه اوپو sœur aînée et avec ابه sage-femme.)

آبَلاق *âblaq*, adj. au visage plein et vermeil; jeune et de bonne mine. Comp. avec l'arabe ابلق.

آبَلق *âbleq*, (ar.) bigarré, tacheté de noir et de blanc; — pour ابليق *ebleq*, chapon.

آبَلوقه *âbloqa*, (de l'italien *blocco*), blocus. — آبلوقه تحتنده *âbloqa tahtindè*, en état de blocus. — آبلوقه‌يه آلمق *âbloqaïa âlmaq* ou *âbloqa etmek*, bloquer, investir. — آبلوقه‌يى بوزمق *âbloqaye bozmaq*, rompre le blocus, percer la ligne d'investissement. — آبلوقه‌يى قالدرمق *âbloqaye qaldermaq*, forcer à lever le blocus.

آبَلى *âbli*, (var. آبلو) corrupt. de l'arabe حبل; grosse corde fixée à la base des voiles et que le batelier manie pour les diriger d'après le vent; écoute. Comp. avec l'arabe زِرّ; — au *fig.* آبلى‌يى براقمق *âbliye braqmaq* ou قويوويرمك *qoyouvermek*, « lâcher l'écoute », se perdre, s'égarer.

ابليس طرناغى *iblis ternaghe*, « l'ongle du diable ». Cette plante n'est pas décrite dans les dictionnaires, mais elle paraît répondre à l'arabe ظفر القط « ongle de chat » qu'on nomme en français « pied de chat ». C'est le *clymenon* des botanistes, une espèce d'immortelle.

ابليق *ebleq*, prononc. vulg. *emleq*, chapon et, en général, volaille châtrée et engraissée.

ابم كومجى (pour ابم كومجى) *èbem gumèdji*, mauve; voir ابه.

ابنيه *ebnyè* (pl. ar. de بنا construction) édifices, monuments. — ابنية خيريه *ebnyèi khaïryè*, établissements d'utilité publique, fondations pieuses. — ابنية خاصه *ebnyèi khassè*, bâtiments de la couronne.

ابو *âbou*, loc. familière, composée de l'interjection آ et du pronom démonstratif بو, eh bien! quoi! آبو ندر *âbou nèdir*, qu'y a-t-il? qu'est ce à dire?

ابو جهل قارپوزى *abou djèhl qarpouzou*, « pastèque d'Abou Djèhl », concombre amer, coloquinte dont on fait un usage fréquent dans la médecine orientale. On a donné ce surnom à la coloquinte parce que, d'après les légendes populaires de l'islam, c'est le fruit que les démons présentent en enfer à Abou Djèhl, noble Koreïchite qui se signala par son hostilité contre le Prophète; il fut tué au combat de Bedr. — Voir aussi le mot زقوم.

آبور جبور *âbour djebour*, plus correct اوبور جوبور *oubour djoubour*, galimatias, tohubohu; — choses mauvaises, gâtées.

آبوق صابوق *âbouq-çabouq* (composé de آبـِق et de صابـِق), choses inutiles, futilités, vaines paroles.

ابه *èbè*, 1° sage-femme; on dit aussi ابه قادين *èbè qaden*, maîtresse sage-femme. — ابه اسكملهسى *èbè iskemlèse*, «chaise de sage-femme», instrument de torture en usage autrefois pour provoquer l'avortement des femmes en mal d'enfant; nommé aussi ابه اوريكهسى *èbè eurèkèse*, «fuseau de sage-femme». — 2° grand-mère. — ابه پیسیکی *èbè piçiyi*, plante nommée aussi پسی اوتی *piçi ote*, c'est une variété de la valériane. — ابه كومجی *èbè* (ou ابهم) *gumèdje*, mauve, guimauve, quelquefois géranium. — ابهلك *èbèlik*, profession d'accoucheuse, art de la sage-femme. — ايش ابهسى *ich èbèsi*, accoucheur de besogne, travailleur, actif.

— سوز ابهسى *seuz èbèsi*, beau diseur, grand parleur. — آبه *âba*; voir آبا.

ابهل *ebhel (ubhul)*, sabine, plante du genre genévrier, dont on extrait une huile pharmaceutique.

ابیك ou ایبیك *ibik*, soie; voir ایپك.

آپ *âp*, particule corroborative qui précède certains mots commençant par un élif comme آپ آق *âp-âq* tout blanc. — آپ اكسز *âq añsez*, tout aussitôt, tout de suite; au dépourvu. — آپ آچیق *âp âtcheq*, tout ouvert, tout net. — آپ آچیق سویلمك parler clairement, franchement. — اپ *èp*, même particule prononcée doucement avant les mots de la classe faible. — اپ ایو ou اپیو *èpèyi*, très-bien; — beaucoup, abondant. — اپیجه ou اپیوجه *èpeydjè* ou *èpidjè*, le plus souvent, la plupart, beaucoup, souvent. — Très-bien, très-convenablement, au mieux.

اپ *ip*, corde; voir ایپ.

آپارمق *âparmaq*, emporter, enlever, dérober; — faire un coup de main.

آپاز ou آباز *âpaz*, prononc. fautive, *hâpaz*, poignée; quantité contenue dans la main fermée.

آپچی ايرارق بڭك *âpche aïraraq binmek*, monter à califourchon.

آپشاق *âpchaq*, traînard, paresseux.

آپشمق *âpechmaq*, marcher les jambes écartées comme un animal fatigué; être las, harassé. — آپشدرمق *âpechtermaq*, 1° fatiguer, arrêter, retenir. — 2° attacher, ancrer solidement un navire.

آپشيق *âpcheq*, 1° fatigué, exténué. — 2° qui marche obliquement, comme le loup et l'hyène.

اپميق *ipmiq* (pers. اپمید *ipmid*), coultre, extrémité du soc de la charrue. Cf. صپان.

آپوش *âpouch, âpouchmaq*; et آپوشمق voir آپش.

آپول آپول *âpoul âpoul*, se dit d'un animal, oie ou canard qui marche en se dandinant. — آپول آپول یورومك *âpoul âpoul yurumek*, marcher en se pavanant, faire le fier.

آپيقو *âpiqo*, 1° t. de marine, (de l'italien *a picco*, français *à pic*) tirer à pic, tirer sur l'ancre de façon à ce que la chaîne soit verticale. — 2° adj. adroit, alerte, agile.

آپازلامق *âpazlamaq*, être enflé par le vent, se dit des voiles d'un bâtiment qui marche sous une bonne brise. — آپازلامه *âpazlama*, léger roulis.

آپاكسز *âpañsez*, tout de suite, aussitôt, voy. آپ et اك.

آپالاق *âpalaq*, gros nourrisson; enfant à la mamelle frais et joufflu; poupon.

اپال طپال *apal tapal*, loc. populaire, très vite, en toute hâte.

اپرامق et اپراتمق *epramaq, epratmaq*, déchirer, lacérer. Voir ايرامق.

اپرتمك *epretmek*, déchirer; voir le mot précédent et ايراتمق.

اپريمك *eprimek*, nasiller en parlant, avoir une voix nasillarde et traînante.

اپسوروس *ipsoros*, du grec ψάρος; nom d'une espèce de poisson qui n'est pas encore bien définie par les lexicographes.

اپسید *ipsid* (prononc. fautive par métathèse *ispid*) sans doute du grec ἀψίς, jante de roue.

آپش *âpech*, l'intérieur de la cuisse, l'angle entre la cuisse et l'aine. —

آت *ât*, cheval. — جنك آتی *djenk âtẹ*, cheval de bataille. — آت اوموزی *ât omouzẹ*, garrot. — آت بازاری *ât pazarẹ*, marché aux chevaux. — آت باشی *ât bachẹ*, de front, côte à côte. — آت بالغی *ât baleghẹ*, hippopotame. — آت تیماری *ât timarẹ*, pansage du cheval. — آت سوریسی *ât surusẹ*, poste aux chevaux. — آت سوریجیسی *ât surudjusẹ*, postillon. — آت سیککی *ât siñèyẹ*, taon. — آت طاقی *ât taquemẹ*, harnais. — آت طرناغی *ât ternaghẹ*, sabot du cheval. — آت قاصنیسی *ât qasneçẹ*, gabarum, médicament. — آت قویروغی *ât qoüroughou*, queue de cheval; voir آت میدانی *ât meïdanẹ*, hippodrome. — بوغومـلـوجـه. آت یملکی *ât yemliyi*, auge, mangeoire. — آت یاریشی *ât yarechẹ*, course de chevaux, comme یورویشی. صوی آت *soï ât*, cheval de race, pur sang, cheval de course. — طونانمش آت *donanmech ât*, cheval de parade. — چوقاللو آت *tchoqallu ât*, même sens, cheval couvert d'une housse et conduit à la main. — یدك آتی *yedek âtẹ*, cheval de main. — هارین ou هارون آت *harẹn ât*, cheval rétif; cf. حرون. — آت کستانه‌سی *ât kestanèsẹ*, faséole. — آت یلدیزی *ât yildizi*, Pégase, constellation. — Proverbes :

آنه دوست کبی باقملو دشمن کبی بنملو *âta dost guibi baqmalu duchman guibi binmelu*, il faut soigner le cheval comme un ami et le monter comme un ennemi. — آت ایله عورته اینان اولمز *ât éla 'avrètè inan olmaz*, il ne faut se fier ni à la femme, ni au cheval. — یکیدك قره‌سی آتك دوریسی *iyidiñ qarasi âtuñ dourousou*, homme brun, cheval bai (sont les meilleurs). — آخور آیدر *âkheur âtẹdẹr*, « c'est un cheval à l'écurie », un paresseux. — آغاجدن آنه بنك *âghajdan âta binmek*, « monter le cheval de bois », être porté dans le cercueil. — کندی آتنه بنك *kendi âtinè binmek*, monter son propre cheval, se suffire à soi-même. — آتك باشنی طوتی ویرمك *âtuñ bachẹnẹ toutou-vermek*, « tenir la tête du cheval », venir en aide, prêter assistance. — یورغون آت آغیر باصر *yourghoun ât âghẹr baçar*, « cheval fatigué appuye fortement les pieds »; se dit d'un homme que la colère met hors de lui.

ات *èt*, chair, viande; — corps; pulpe des fruits. — قبا ات *qaba èt*, viande de qualité inférieure, pleine de graisse et de nerfs. — قره ات *qara èt* et قره‌جه ات *qaradja èt*, viande de première qualité, entre les côtes, le filet. — ات لقمه‌سی èt loqmase, une bouchée de viande. — ات صوبی èt souye, bouillon. — ديش اتى dich ète, gencive. — كنك اتى gueiñ ète, embonpoint que prennent les jeunes filles (turques) après la puberté; كبك اته كبرمك prendre de l'embonpoint à cet âge. — ات بزی èt bèze, glande, kyste. — ات قنات èt qanat, grande chauve-souris. — ات قپامه‌سی èt qapamase, étuvée de viande. — آواتى âv ète, viande de venaison. — صیغیر اتى çegher ète, viande de boucherie. — ات كسیمی èt kesime, carnaval (de ات كسمك cesser la viande), fête qui précède le jeûne du carême; on dit aussi ات قریمی èt qereme. — ات ياران èt yaran, panaris. — ات بكى èt bèñe, excroissance de chair, grain de beauté. — ات میدانی èt meïdane, place à la viande, quartier de Constantinople, ancienne place des janissaires près de la Mohammedyèh et de la colonne de Marcien, au centre même de Stamboul. C'est là que se faisait autrefois la distribution de viande à l'armée. Cette place était le rendez-vous de la populace et des gens sans aveu. — Proverbes: ات طرناقدن ايرلمز èt ternaqtan ayerelmaz, on ne sépare pas l'ongle de la chair; il ne faut pas se mêler des affaires d'autrui. — On dit à celui qui se fait la meilleure part: ات سنك كیك بنم èt seniñ kèmik benim, à toi la viande, à moi l'os. — نقدر اریق اولسه اتكمك اوستنه ياقشور èt nèqadar areq olsa ekmeyiñ ustunè yaqecher, « si maigre que soit la viande, elle fait bien sur le pain », il faut se contenter de ce qu'on a. — اتلو ètlu, charnu, bien en chair, potelé, replet. — اتلو شفتالو ètlu cheftaleu, grosse pêche, brugnon.

ات it, chien; voir ايت.

آتا âta, 1° père. — 2° vieillard, personnage respectable. — آتالر âtalar, les ancêtres. — آتالر سوزی âtalar seuze, dictons anciens, proverbes. — آتالر سوزینی طوتمیان يابانه آتیلور âtalar seuzene toutmaïan yabanè âteler, « qui n'écoute pas les paroles des pères doit être chassé ». — قاین آتا qaïn âta, beau-père. — آتا میراثى âta miraçe, enfant né après la mort de son père. — آتا دوستى âta dostou, ami de la famille, ancien ami. — آتالق âtaleq, paternité, affection paternelle. — état de père, gouverneur. Dans le Turkestan, vézir, ministre. — On dit en proverbe d'un hypocrite : قوردك قارنداشی قوزينك آتاسی « frère de loup, père d'agneau ».

آتابك *âtabek (atabey)*, « père-prince », titre du chef de la tribu chez les anciens Tartares ; — chef de la garde et maire du palais sous les Abbassides ; — ministre des princes de la dynastie Seldjoukide.

آتاق *âtaq*, étourdi, vantard, faiseur d'embarras. — آتاقلق *âtaqleq*, étourderie, insolence, présomption. — On écrit aussi آطاق.

آترينه *âterinè*, (du grec ἀθερίνη, nommé aussi ἀυερῖνος) *atherina hepsetus*, hepset ; c'est probablement le même poisson qu'on nomme dans le Calvados, *épi*, et en Bretagne, *joël*. Le *Lehdjè* ajoute qu'il est d'une fécondité remarquable. D'après le Kamous, le nom arabe de ce poisson serait زينابه et طرهوز, mais ces formes sont douteuses. — Il y a aussi une variété plus petite de la même espèce qu'on nomme جاموقه *djamouqa* ou *tchamouqa*.

آتش *âtech*, pers. 1° feu, flamme, incendie. — 2° malheur, désastre. — آتش كيجه‌سی *âtech guèdjèse*, la nuit du feu, fête de la St-Jean chez les Grecs.

— آتش بالغی *âtech baleghe*, sardine. — آتش بوجكی *âtech beudjèye*, ver luisant. Cf. يلديز. — آتش بوجكنی كورسه يانغین صانور *âtech beudjèyene gueursè yanghen çanour*, « s'il voit un ver luisant, il croit voir un incendie », prov. — آتش بهاسنه *âtech pahasinè*, à un prix exorbitant. — آتش چبانی *âtech tchibane*, furoncle envenimé. — نوبت آتشی *nevbet âteche*, accès de fièvre. — يايليم آتشی *yaylim âteche*, feu de peloton. — آتش آلمق *âtech âlmaq*, prendre feu, s'enflammer, se mettre en colère ; partir (armes à feu). — آتش ايتمك *âtech etmek*, faire feu, tirer. — آتش اویاندرمق *âtech oyandermaq*, ranimer le feu. — آتشلمك *âtechlemek*, enflammer, allumer. — آتشلنمك *âtechlenmek*, prendre feu, s'enflammer. — آتشلندرمك *âtechlendirmek*, faire prendre feu, irriter, mettre en colère. — آتشلو *âtechlu*, enflammé, vif, irritable. — آتشلو آت *âtechlu ât*, cheval ardent, ombrageux. — آتشجی *âtechdji*, chauffeur à bord des bateaux à vapeur. — آتشی *âtechi*, brillant, rouge de feu (ambre rougeâtre). — آتشه يارار *âtechè yarar*, digne de l'enfer, damné ; coquin. — آتشلك *âtechlik*, pelle à braise ; réchaud, brasier.

آتش *âtech*, jet, action de lancer, coup; voir آتمق.

اتفاق *ittifaq*, (ar. concourir, concorder, coïncider) alliance. — اتفاق تجاوزى *ittifaqe tedjavuzi*, alliance offensive. — اتفاق تدافعى *ittifaqe tedafu'yi*, alliance défensive. — اتفاق موقتى *ittifaqe muvaqqati*, alliance limitée. — عقد اتفاق ا *'aqdi ittifaq etmek*, contracter une alliance. — Adv. اتفاقا *ittifaqa*, par hazard, par aventure.

آتقى *âtqe*, fils jetés avec la navette de la trame sur la chaîne; pers. پود. — آتقلامق *âtqelamaq*, défaire une étoffe et la remettre sur le métier.

اتك *ètèk*, pan de la robe, de la tunique, bord, partie inférieure du vêtement. — چادر اتگى *tchader èteye*, bord de la tente. — طاغ اتگى *dagh èteye*, le versant de la montagne. — ال بنم اتك سنك *el benim ètèk seniñ*, « ma main s'attache aux pans de ta robe » je me mets sous ta protection. — اتك بلده *ètèk beldè tirendaz*, « archer bien troussé » c.-à-d.: alerte, tout prêt, préparé. — اتك بزى *ètèk bèze*, maillot, couche d'enfant faite avec de vieux pans de robes. — اتك باغى *ètèk baghe*, boucle, agrafe qui relève et retient le pan du vêtement. — اتك سرپن *ètèk serpèn*, débraillé, à la démarche lente et traînante. — اتك تختهسى *ètèk takhtase*, accoudoir, planche d'appui aux latrines. — اتك اوپمك *ètèk eupmek*, présenter ses hommages. — مخصوص اتكلريني اوپرم *makhsous ètèklerene euperem*, je vous salue bien. — اتكه دوشمك *ètèyè duchmek*, supplier, implorer la protection. — اتكه ياپشمق *ètèyè yapechmaq*, même signification. — اتك سيلكمك *ètèk silkmek*, repousser, écarter; rompre les relations. — اتكلك *ètèklik*, vêtement terminé par une longue traîne, robe bouffante des derviches, des danseurs. — امامه اتكلكى *imamè ètèkliye*, partie inférieure du bouquin de pipe. — اتكلو *ètèklu*, vêtement à queue, à longue traîne.

اتكلمك *ètèklemek*, 1° saluer, présenter ses hommages. — 2° s'éventer avec le pan de sa robe. — 3° fourrer dans sa robe une foule d'objets; faire une bonne aubaine, une razzia.

آتلامق *âtlamaq*, 1° sauter, caracoler comme le cheval. — 2° bouillonner comme un torrent; flamber comme la flamme. — 3° franchir un obstacle en sautant. — 4° attaquer, assaillir. — 5° sauter un passage en lisant. — آدم آتلامق *âdem âtlamaq*, sauter au loin. — آتلاتمق *âtlatmaq*, faire sauter, débarrasser, affranchir. — آتلانمق *âtlanmaq*, 1° se cabrer. — 2° sauter en selle, dompter un cheval. — *Trans.* آتلاندرمق *âtlandermaq*, faire monter à cheval.

آتلامباج *âtlambadj*, jeu de saut de mouton.

آتلامه طاشی *âtlama tache*, pierre mise en travers d'une chaussée fangeuse, pour aller d'un trottoir à l'autre.

آتلانغج *âtlanghedj*, pierre placée en travers d'un ruisseau, pour le traverser; saut de rivière, guet.

آتلو *âtlu*, cavalier, soldat de cavalerie, cipaye. — آتلو توفنكجی *âtlu tufenkdji*, dragon. — آتلو قارنجه *âtlu qarendjè*, fourmi ailée, formica leo. — درت آتلو *deurt âtlu*, grand *araba*, chariot ou voiture à quatre chevaux. — آتلو قره‌جه *âtlu qaradja*, cheval de bois, jouet d'enfant.

آتلیش *âtlech*, action d'attaquer, assaut, impétuosité; voir آتمق.

اتم *ètem*, 1° délai, retard, attermoiement. — 2° hésitation, mollesse, découragement. — Ce mot est d'un usage très rare.

آتماجه *âtmadja*, oiseau de proie, voir آتمجه.

آتمق *âtmaq*, v. actif, jeter, lancer, repousser; attribuer, charger (d'une imputation). — آ اثواب *espab âtmaq*, se déshabiller; *au fig.* abandonner, renoncer. — آدم آ *âdem âtmaq*, avancer, faire des pas, marcher au pas. — پنبوق آ *pambouq âtmaq*, carder le coton; *au fig.* tromper, séduire. — تخم آ *tokhoum âtmaq*, ensemencer. — جان آ *djan âtmaq*, désirer, convoiter avec ardeur; frapper, battre. — چفته آ *tchiftè âtmaq*, ruer. — قلیج آ *qeledj âtmaq*, frapper avec le sabre. — چکه آ *tchèñè âtmaq*, « battre la mâchoire », être à l'agonie. — سلاح آ *silah âtmaq*, décharger ses armes. — اوزرینه آ *uzerinè âtmaq* et صوچ آ *soutch âtmaq*, charger d'une faute, accuser; calomnier. — صرتدن آ *sertten âtmaq*, se dégager d'une affaire, d'une responsabilité. — طوب قورشون آ *top* ou *qourchoun âtmaq*, « lancer la balle », faire acte d'hostilité, accuser, injurier. — طوپی آ *topè âtmaq*, faire faillite, être

اتم

ruiné. — طوپی آندی بازرکان tope atte bazerguian, « le marchand a jeté le ballot », il a fait faillite (loc. proverb.). — طاش آ tach âtmaq, jeter la pierre, accuser, attaquer. — قاش آ qach âtmaq, faire signe. — قاپغی آ qapaghe âtmaq, fuir, se sauver. — لاف آ laf âtmaq, parler, bavarder. — لنکر آ lenguèr âtmaq, jeter l'ancre. — قاشـق آ qacheq âtmaq, jouer de la cueiller, manger avec avidité. — یاقه‌دن آ yaqadan âtmaq, laisser, négliger. — کوز آ gueuz âtmaq, désirer, convoiter. — یابانه آ yabanè âtmaq, rejeter, repousser, nier. — آنوب طوتمق âtoup toutmaq, 1° se vanter, faire le fier. — 2° prodiguer. — 3° calomnier.

Verbe neutre. رنـك ou بکـز ou reng âtmaq, pâlir, blémir. — Battre (en parlant d'une artère, d'une veine); partir (les armes à feu); — poindre طاك آنیـور tañ âtyor, le jour commence à poindre; — s'émousser, s'ébrécher, قلیجك اغزی آنیـور qeledjeñ âghze âtyor, le tranchant du sabre s'ébrèche; — s'effranger. — récipr. آتشمق âtechmaq, se lancer mutuellement des projectiles, se battre, s'injurier. — آتشدرمق âtechtermaq, s'injurier, se disputer avec violence.

اتم 13

— pass. آتلمق âtelmaq, se lancer en avant, attaquer, s'ingérer; faire l'important; être courbé, plié. — آتلمش atelmech, repoussé, rejeté, effacé.

اتمك ètmek, prononc. vulgaire et plus usitée èkmek, 1° pain. (Le *Lehdjè* suppose que ce mot vient du verbe اوتمك eutmek « passer », la pâte étant passée au four : c'est une conjecture sans fondement.) — 2° nourriture en général, vivres. — 3° pension alimentaire. — بیات اتمك bayat èkmek, pain rassis. — تعیین اتمك ta'yin èkmek, pain de munition. — طوز اتمك حقی touz èkmek haqqe, les droits de l'hospitalité. — اتمکه یاغ سورلمك èkmeyè yagh surulmek, « frotter du beurre sur le pain », faire un bénéfice inespéré. — اتمك اچی èkmek itche, mie de pain. — اتمك قابوغی èkmek qaboughe, croûte de pain. — اتمك اوفاغی èkmek oufaghe, miettes de pain. — پینیر اتمك peïnir èkmek, « du pain et du fromage », pauvre existence, frugalité (comme قورو اتمك qourou èkmek, pain sec).— اتمکی دیزنده èkmeyè dizindè, infidèle; sans consistance. — اتمك کبی èkmek guibi, précieux, sacré comme le pain. — Proverbe contre l'égoïste : اتمکنی یالکز یبان یوکنی دیشیله

قالدرور *èkmeyini yaleñez yèïen yukęnę dicheilè qaldęręr*, « qui mange seul son pain, soulève son fardeau avec ses dents ». — اتمكسز او كوپكسسز كوى *èkmeksez èv keupeksez keuï olmaz*, la maison ne doit pas être sans pain, ni le village sans chien. — اتمكجى *èkmekdji*, boulanger. — اتمكجيدن اتمك برده باش *èkmekdjiden èkmek birdè bach*, du boulanger on voit en même temps le pain et la tête (il ne fait pas crédit). — اتمكجى باشى *èkmekdji bachi*, grand panetier, chef de la boulangerie du palais; il avait sous ses ordres cent cinquante boulangers. — اتمكى آلمق *ekmeyini âlmaq*, « recevoir son pain », être traité comme on le mérite (se prend en mauvaise part). — بغداى اتمكى بكنمك *boghdaï èkmeyini beyenmèmek*, « ne pas aimer le pain de froment », faire le difficile. — اكمكى ديزى اوستنده در *èkmeyi dizi ustundè dur*, « il tient son pain sur ses genoux », se dit d'un avare. — اتمكه نه فايده *èkmeyè nè faïdè*, « quel profit pour le pain ? » se dit d'un service ou d'un travail qui est resté sans rémunération. — اتمكى باصمق *èkmeyi basmaq*, « fouler aux pieds le pain », agir avec ingratitude. — قوش اتمكى *qouch èkmèyi*, « pain

d'oiseau », espèce de guimauve. Cf. قوزغون اتمكى *qouzghoun èkmèyi*, ابه.— « pain de corbeau », plante de la famille des *filix* ou fougères, cf. آكرلتى.

آتمَه *âtma* (n. d'act. de آتمق), 1° rejeter, repousser. — 2° accusation, calomnie. — 3° espèce d'étoffe de coton.

آتماجه *âtmadja* (var. آتماجه ou آتمجه), épervier (*Astur nisus*). — آتماجهجى باشى *âtmadjadji bachi*, chef des valets préposés à la garde des éperviers, un des officiers de la vénerie (شكار آغالرى) sous l'ancien régime. — Une autre variété de l'épervier au plumage noir est nommée طراغاى *daraghaï*.

آتيان *itian*, (ar. faire parvenir, faire arriver). — اتيان ا *itian etmek*, suggérer, mettre en avant.

آتيجى *âtedję*, tireur, tirailleur, exercé à l'art du tir; voir آتمق.

آتيش *âtech*, action de lancer; prétention, vanité; cf. آتوب طوتمق.

آتيق *âteq*, petite baratte à battre le beurre.

آتيم *âtem*, (du v. آتمق) 1° maniement, charge des armes à feu. — 2° portée, distance du tir; بر قورشون

بر آتیمی *bir qourchoun âteme*, une portée de balle. — 3° Quantité de la charge; بر آتیم باروت *bir âtem barout*, une charge de poudre.

اثبات *ispat*, ar. preuve, démonstration par témoins, preuve testimoniale; ratification. — اثبات تحریری *ispat tahriri*, preuve écrite. — صورت حالدن اثبات *souret-halden ispat*, preuve muette. — یاریم اثبات *yarem ispat*, semi-preuve.

اثر *èçèr*, (ar. trace, vestige; pl. آثار *âçar*), œuvre, composition, ouvrage. — آثار ادبیه *âçari èdèbyyè*, œuvres littéraires. — مرحوم شناسینك اثر قلمی *merhoum Chinasiniñ èçèri qaleme*, ouvrage composé par feu Chinasi.

اثلبند *èçèlbend*, (orthogr. fautive عثلبند *'açèlbend*) arbre résineux de la famille du tamarix; voir ایلغین. — On nomme aussi sa résine دوم صمغی *doum samghe*, « gomme de l'arbre doum », qui est une espèce de palmier nain.

اثواب *èsvab*, ar. pl. de ثوب, (prononc. vulg. *èspab*, qui paraît venir d'une confusion avec اسباب) vêtements, hardes, effets. — اثوابجی *èsvabdji*

ou *èspabdji bachi*, officier de rang inférieur préposé à la garde des vêtements du palais, on le nomme aussi قفتان باشی *qaftan bachi*. — اثوابجی اوسته *èsvabdji ousta*, sous-gouvernante du harem, chargée de la surveillance du vestiaire, à l'exclusion de la lingerie.

اثیر *èçir*, 1° éther liquide, nommé aussi لقمان روحی *loqman rouhi*, v. ce mot. — 2° éther, air, atmosphère.

آج *âdj*, (var. آچ) affamé, qui a faim; avide. — آج قارن *âdj qaren*, ventre affamé. — قارنم آج *qarnem âdj*, j'ai faim. — آج طوپراق *âdj topraq*, terre desséchée. — آج قارنه *âdj qarnenè* ou آج آجنه *âdj âdjnè*, à jeun. — آج كوزلو *âdj gueuzlu*, avide. — آج كوزلو دایه چوجوغی *âdj gueuzlu daïè tchoudjoughe*, nourrisson avide. — آج سوسز *âdj sousez*, qui meurt de faim et de soif, misérable. — آج طورمق *âdj dourmaq*, rester à jeun, souffrir de la faim. — آج طویرمق *âdj doyourmaq*, nourrir l'affamé, secourir les pauvres. — آج قومق *âdj qomaq*, réduire à la faim, à la misère. — آج آج ایله یاتنجه دیلنجی طوغار *âdj âdj ilè yatendjè dilindji doghar*, « quand deux affamés se marient, il naît un mendiant »

آج عارسز اولور *âdj 'ar-sez olour*, (prov.). — l'affamé devient effronté. — آجلق *âdjleq*, faim, famine. — آجندن ou آجلقتن اولمك *âdjleqten* ou *âdjenden eulmek*, mourir de faim. — Prov. آجلقده طارى اتمكى حلوادن اعلا كلور *âdjleqtè daru èkmèyi halvadan aala guèlir*, « en temps de famine, pain de millet vaut mieux que *halva* ».

اجاره *idjarè*, (ar. location, loyer). 1° On appelle en droit musulman اجارهٔ معجله *idjarè-i mou'addjèlè*, la somme censée payée une fois pour toutes, comme loyer d'un *vaqouf*, et اجارهٔ مؤجله *idjarè-i muèddjèlè*, la somme payée tous les ans comme usufruit du dit *vaqouf*. — 2° bail à ferme ou à loyer; redevance annuelle payée pour le loyer d'un immeuble cédé comme *vaqouf* aux mosquées; cette redevance est réglée sur le montant du prix de vente. — اجارهيه ويرمك *idjarèyè vermek*, mettre en location. — اجارهيه آلمق *idjarèyè âlmaq*, prendre en location.

اجازت *idjazet*, ar. 1° permission, autorisation. — كلمك ارادت كتمك اجازت *guelmek iradet guitmek idjazet*, « on vient quand on veut, on s'en va quand on peut », litt. avec autorisation. — اجازت ويرمك *idjazet vermek*, permettre, autoriser, donner congé. — 2° اجازتلهمك *idjazetlemek*, légaliser une pièce, lui donner un caractère légal en y apposant la formule صح; — promulguer. — Le cheikh ul-islam Mouhi eddîn el-'Arabi a publié un *idjazet namèh* qui a paru à Constantinople, en 1867. C'est un ouvrage de mysticisme.

اجامى *adjami*, (orthogr. fautive pour اعجمى *a'djèmi* ou عجمى) novice, apprenti, *au fig.* ignorant, maladroit, niais. — اجامى نعلبند كافر اشكنده اوكرنور *adjami naalbend kiafir echeyindè euyrènur*, « l'apprenti maréchal-ferrant apprend (son métier) sur l'âne de l'infidèle », *in anima vili*.

اجر *èdjèr*, ar. en droit musulman, salaire des domestiques, ouvriers ou artisans.

اجرا *idjra*, (ar. faire, accomplir, exécuter). — اجراى حق *idjraï haqq*, faire droit, remplir un engagement. — واجب الاجرا *vadjib ul-idjra*, exécutoire (jugement). — اسباب اجرائيه *esbabi idjrayiè*, moyens d'exécution. — اجراجه *idjradjè*, exécutoirement.

— حكومت اجرائیه‌ *hukioumeti idjrayiè*, pouvoir exécutif. — اجرا مأموری *idjra mèmourę*, organe exécutif, agent chargé de l'exécution. — مجلس عالی اجرآآت *medjlisi aalii idjraat*, conseil supérieur des réformes, institué pour veiller à l'exécution du rescrit impérial de 1875; il se compose de tous les ministres, plus une commission de quinze membres.

اجزا *èdjza*, (pl. de جزء partie, parcelle, atome), drogues; matières chimiques, artifices. — اجزاجی *èdjzadję*, prononc. vulg. *èzadję*, apothicaire, droguiste; artificier. — اجزاخانه *èdjzakhanè*, pharmacie, laboratoire de chimie; fabrique d'artifices.

آجق *âdjeq*, affamé, آجقمق *adjeqmaq*, avoir faim; voir آجیق et آجیقمق.

اجمال *idjmal*, (ar. résumé, abrégé, précis). — اجماله *idjmalyè*, extrait, relevé d'un compte. — On donnait le nom d'*idjmal* à un des trois bureaux qui formaient les Archives de l'État (دفترخانه). C'est dans ce bureau qu'on tenait l'état des provinces et le registre des terres domaniales. Le دفتر اجمال *defteri idjmal*, était le registre-contrôle du domaine de la province et les fiefs *zi'amet* se nommaient اجماللو زعامت *idjmallu zi'amet,* parce qu'ils étaient inscrits dans ce registre. — اجمال پوصولاسی *idjmal pouçoulasę*, extrait de compte, relevé des livres de commerce, comme *idjmalyè*. — خلاصۀ اجمال *khoulaçèi idjmal,* relevé de la situation générale des finances, que l'on dressait tous les ans dans les bureaux du *defterdar* ou ministre des finances, pour être placé sous les yeux du Sultan.

اجناس *edjnas*, (pl. ar. de جنس *djins*, genre, espèce). — اجناس آقچه *edjnas âqtchè*, monnaie étrangère, ancienne, hors de cours.

آجور خیاری *âdjour khęyarę*, concombre sauvage; espèce de melon nommé en Égypte عبدلاوی. — Le mot *âdjour* n'est que la corruption de l'arabe عجر ou عجور.

اجوز (var. اچوز) *oudjouz*, bon marché; voir اوجوز.

اجه *èdjè*, vieillard, vieux, d'un âge avancé. (Cf. le t. or. اچه père.) D'après le *Lehdjè*, ce mot serait la forme abrégée de حاجی *hadji*, pèlerin; mais cette étymologie est contraire aux règles de la dérivation.

آجی

آجی *âdje*, amer; douloureux, pénible. — آجی سوز *âdje seuz*, parole amère, reproche. — آجی دیل دیندن چیقارور طاتلو سوز ییلانی دلیکندن چیقارور *âdje dil dinden tcheqarur, tatlu seuz yilane deliynden tcheqarur*, parole amère fait sortir de la religion, parole douce fait sortir le serpent de son trou (prov.). — آجی سس *âdje ses*, vilaine voix. — آجی آغاج *âdje âghadj*, quassia amara. — آجی الما *âdje elma*, sauge pomifère. — آجی بادم *âdje badem*, amande amère. — آجی چاجا *âdje tchadja*, espèce de poisson dont la chair n'est pas mangeable. — آجی خیار *âdje kheyar*, coloquinte. — آجی قباق تخمیدر *âdje qabaq tokhoumeder*, « c'est de la graine de courge amère » (enfant aussi méchant que son père). — آجی دیل *âdje dil*, insulte, violence de langage. — آجی صو *âdje sou*, eau saumâtre; *au fig.* vin. — آجی مارول *âdje marol*, chicorée. — آجیمتراق *âdjemtraq* et آجیراق *âdjeraq*, assez amer. — اجیلق *âdjeleq*, amertume, trouble, violence. — آجی صوغانی قراغی چالماز *âdje çoghane queragheu tchalmaz*, « la gelée ne tue pas l'oignon amer », les gens puissants sont à l'abri des coups.

آجیر *âdjer*, (var. آجور) concombre russe; conserves vinaigrées, *pickles*. — آجیرغه *âdjergha*, rave ou raifort sauvage; ar. فجل.

آجی *âdje*, douleur, souffrance, peine physique ou morale. — جان آجیسی *djan âdjese*, grande douleur, chagrin violent, deuil. — قویروق آجیسی *qouïrouq âdjese*, mauvaise pensée « *in cauda venenum* »; haine; péril. — آجیسنی چیقارمق *âdjesene tcheqarmaq*, se venger, punir.

آجی *âdji*, orthogr. et prononciation fautives pour حاجی *hadji*, pèlerin, musulman qui a fait le pèlerinage de la Mecque.

آجیرغنمق *âdjerghanmaq*, être mu par un sentiment de pitié, compatir; protéger.

آجیق *âdjeq*, chagrin, affliction. — آجیقلو *âdjeqlu*, affligé, chagrin. — آجیقلانمق *âdjeqlanmaq*, avoir du chagrin.

آجیق *âdjeq*, jeûne; moins usité que اوروج; voir ce mot.

آجیقمق *âdjeqmaq*, avoir faim; souhaiter avec avidité. — آجیقدرمق *âdjeqtermaq*, réduire à la famine, affamer.

اچم

— آجِقلامق *âdjeqlamaq*, être affamé (comme *âdjeqmaq*).

آجیمق *âdjemaq*, souffrir, avoir mal; — avoir pitié, compatir. — *Trans.* آجیتمق *âdjetmaq*, faire souffrir, tourmenter. — *Double trans.* آجیتدرمق *âdjettermaq*, apitoyer, inspirer de la compassion pour quelqu'un ou quelque chose. — آجینمق *âdjenmaq*, s'attrister, s'apitoyer. — آجینلمق *âdjenlamaq*, être un objet de pitié. — آجیناجق *âdjenadjaq*, digne de pitié, pitoyable, malheureux.

آجیو *âdjio*, (de l'italien *agio*) intérêt, gain sur les monnaies; synon. de فرلامق; cf. اقچه باشی.

آچار *âtchar*, 1° clef, du v. آچمق ouvrir. — 2° émeris; cf. صنپاره.

آچماز *âtchmaz*, fermé, obstrué. — échec et mat (se dit du roi au jeu d'échecs). — آچمازلق *âtchmazleq*, fermeture; silence; dissimulation, tromperie.

آچمالق *âtchmaleq*, savon, sel ou tout autre substance qui nettoie et enlève les taches.

آچمق *âtchmaq*, ouvrir, découvrir (une toiture); écarter (un voile); ouvrir un passage, déboucher, percer une voie; étendre, déplier (ce qui était roulé); conquérir (un pays); expliquer, manifester. — آ ادیمی *âdemene âtchmaq*, presser le pas, courir. — آ بیراق *baïraq âtchmaq*, déployer l'étendard (de la révolte), faire une manifestation. — آ اغیز *âghez âtchmaq*, « ouvrir la bouche », parler, blâmer. — اغیز آچمامق *âghez âtchmamaq*, garder le silence, être de connivence. — آ ال *el âtchmaq*, « ouvrir la main », demander, mendier; abattre son jeu. — آ باش *bach âtchmaq*, maudire, injurier. — آ باشنی *bachene âtchmaq*, produire, publier. — آ پاس *pas âtchmaq*, ôter la rouille, polir, fourbir. — آ دكان *dukkian âtchmaq*, ouvrir boutique, entreprendre un métier. — آ دكانی *dukkiane âtchmaq*, briser, dépouiller. — آ سوز *seuz âtchmaq*, prendre la parole, discourir. — آ سوزی *seuze âtchmaq*, expliquer, commenter, déduire. — آ كوز *gueuz âtchmaq*, ouvrir l'œil, surveiller. — آ كوزینی *gueuzene âtchmaq*, avertir, admonester, faire repentir. — آ یول قوآ *yol* ou *qapou âtchmaq*, prendre l'initiative, commencer, innover. — آ فال *fal âtchmaq*, tirer la bonne aventure. — *Neutre*, s'ouvrir, s'éclaircir (le temps); s'épanouir (les fleurs). — *Trans.* آچدرمق *âtchdermaq*, faire ouvrir, défricher, faire une tranchée. — *Pass.* آچلمق *âtchelmaq*, divulguer, s'ouvrir en confidence; se troubler, se fâcher. — s'épanouir (fleur); s'éclaircir. — gagner le large, s'éloigner. — s'ouvrir, suppurer (bouton, abcès). — آچجی *âtchedje*, qui ouvre, découvre, etc., ar. فَتّاح. — ال آچجی *èl âtchedje*, mendiant.

آچیق *âtcheq*, ouvert, découvert, évident, manifeste; sans pudeur; sans abri; décacheté. — آچیق آغیز آچ قالمز *âtcheq âghez âdj qalmaz*, « bouche ouverte ne reste pas affamée », qui demande, obtient. — آلنمز آچیق *âlenmez âtcheq*, « notre front est serein », nous sommes honnêtes. — آچیق اولهرق *âtcheq olaraq*, en blanc (compte). — آچیغه بویامق *âtchegha boyamaq*, « teindre en clair » c.-à-d. : mettre en évidence, manifester. — آچیق ال *âtcheq èl*, bienfaisance, générosité. — آچیق آغیز *âtcheq âghez*, 1° sottise, niaiserie. — 2° nom d'une fleur. — آچیق باش *âtcheq bach*, chauve; surnom des tribus de l'Imérétie. — باش آچیق *bach âtcheq*, tête nue. — باشی آچیق *bache âtcheq*, qui est sans gêne, impudent. — باشی آچیق كاتب *bache âtcheq kiatib*, écrivain d'un mérite sans égal. — آچیق حساب *âtcheq hissab*, compte ouvert. — آچیق خوی *âtcheq khouï*, insouciance, impudence. — آچیقدن بر آدم *âtcheqtan bir âdam*, un homme du dehors, un étranger. — آچیقدن آچیغه *âtcheqtan âtchegha*, tout nettement, franchement. — آچیق دكز *âtcheq deñiz*, la haute mer, ou دكز آچیغی *deñiz âtcheghe*, le large, la haute mer. — آچیق رنك *âtcheq renk*, clair, purifié. — آچیق سوز *âtcheq seuz*, parole nette, claire. — آچیق سویلر بر درسدر *âtcheq seuïler bir dersder*, voilà une leçon qui parle clairement. — آچیق صاچیق *âtcheq çatcheq*, tout défait, débraillé. — آچیق قاش *âtcheq qach*, qui a le sourcil fendu. — آچیق قاپو *âtcheq qapou*, hospitalité, table ouverte. — آچیق كوز *âtcheq gueuz*, éveillé, vigilant. — كوزی آچیق *gueuze âtcheq*, frustré, déçu. — آچیق لیمان *âtcheq liman*, port ouvert, rade mal abritée. — آچیق مكتوب *âtcheq mektoub*, blanc-seing. — آچیق یوز *âtcheq yuz*, mine franche et expansive. — آچیق یر *âtcheq yer*, poste vacant.

آچیقلق *âtcheqleq*, ouverture, intervalle, distance, espace libre; — évidence, sincérité; sérénité du temps; — insouciance, impudence. — آچیقلامق *âtcheqlamaq*, mettre en lumière, rendre évident; parler clairement.

احاد *ahâd*, (pl. ar. de احد *ahad*, un seul, un individu) احاد ناس *ahâdi nas*, les gens ordinaires, le commun des hommes.

احاله *ihalè*, (ar. faire passer) transférer, syn. de دور et de حواله. — امر احاله *emri ihalè*, transfert. — دور و احاله ا *devr u ihalè etmek*, transférer.

احباب *ahbab*, (pl. ar. de حبیب) s'emploie comme singulier : احبابم *ahbabum*, mon ami, mon cher.

احتساب *ihtisab*, (ar. compter, estimer) octroi, droits réunis. — احتساب آغاسی *ihtisab âghasi* (ou *naziri*), directeur de l'octroi de Constantinople.

احتكار *ihtikiar* (ar. amasser, accumuler), accaparement. — محتكر *mouhtèkir*, accapareur. — On se sert dans le même sens du mot انحصار.

احتیاط *ihtyat*, (ar. se mettre sur ses gardes, se précautionner). — احتیاط عسكری *ihtyat 'askeri*, partie de l'armée active, renvoyée dans ses foyers par mesure d'économie. Elle est destinée surtout à combler les vides qui se produisent dans les rangs de l'armée permanente.

احرام *ihram*, 1° tapis ou manteau de laine à longs poils; étoffe, tapis de laine qu'on étend par terre pour se reposer à la campagne, à la promenade. — 2° manteau pénitentiel que revêtent les pèlerins en entrant sur le territoire de la Mecque. Cf. D'Ohsson *Tableau*, t. III, p. 65. De là le verbe احرامه كیرمك *ihramè guirmek*, prendre le manteau du pèlerin et, par extension, faire le pèlerinage. — 3° احراملامق *ihramlamaq*, habiller en esclave, donner un accoutrement d'esclave. — Prov. : احرامله كشی مرابط اولمز *ihramilè kichi mourabet olmaz*, « ce n'est pas l'ihram qui fait le dévot », l'habit ne fait pas le moine.

احضار *ihzar*, ar. en droit musulman, amener. — احضار امری *ihzar emrè* ou بوصله‌سی *pouçoulasè*, mandat d'amener. — احضاریه *ihzaryè*, frais d'assignation devant les tribunaux, fixés par les capitulations à deux pour cent du montant de la créance en litige.

احكام حرب ‎ *ahkiami harb*, ar. état-major.

احمق ‎ *ahmaq*, ar. sot, niais, imbécile. — احمق اولان هر زمان دوشر ‎ *ahmaq olan her zèman ducher*, le sot trébuche à chaque instant (prov.). — احمق دفترى ‎ *ahmaq deftere*, agenda, carnet, cf. يازار بوزار ‎. — احمقلنمق ‎ *ahmaqlanmaq*, devenir sot, s'abrutir. — Proverbe : آدمك احمغى ايل قرانلقده موم ياقق بلمز صانور ‎ *âdamiñ ahmagheu il qarañluqtè moum yaqmaq bilmez çaneur*, « un sot croit que les autres ne savent pas allumer une bougie dans les ténèbres », il mesure les autres à son aune.

احيا ‎ *ihya*, (ar. faire vivre, vivifier) honorer, combler d'honneur. — بنده کزى احيا بيورديكز ‎ *bendèñizi ihya bouyourdouñouz*, « vous avez honoré votre serviteur », formule de politesse d'un usage assez fréquent.

اخار ‎ *âkhar*, empois ; blanc, préparation de blanc d'œuf et d'alun qui sert à blanchir le papier et à le rendre lisse. — avec *etmek*, blanchir le papier, à l'aide de cette substance. Le *Lehdjè* rapproche ce mot du v. آغارمق ‎ blanchir ; on l'écrit aussi اهار ‎ *ahar* et il est usité en persan sous cette forme.

اخبار ‎ *ikhbar*, ar. information, avis. — avec *etmek*, informer, instruire, notifier. — اخبار نامه ‎ *ikhbar-namèh*, acte de notification. — پروتستونك اخبار و تبليغى ‎ *protestoniñ ikhbar u teblighè*, notification du protêt.

اختاپود ‎ *âkhtapod*, (du grec ὀκτα-πόδι) 1° espèce de polype. — دكز اختاپودى ‎ *deñiz âkhtapode*, écrevisse de mer. — 2° cancer. — رحم اختاپودى ‎ *rahm âkhtapode*, cancer de la matrice. — چنكانه اختاپودى ‎ *tchenguianè âkhtapode*, « chancre de bohémien », maladie honteuse. — ككز اختاپودى ‎ *guèñiz âkhtapode*, polype du nez.

اختيار ‎ *ikhtyar*, 1° vieux, vieillard. — 2° cheïkh, chef d'une communauté religieuse (le *pîr* ou *morchid* des Persans). — اختيارلق ‎ *ikhtyarleq*, vieillesse, sénilité. — اختيارلق اماره سى ‎ *ikhtyarleq èmarèsi*, signes de vieillesse, rides. — اختيارانه ‎ *ikhtyaranè*, (loc. fautive, mais d'un usage fréquent) d'une manière vieille, sénile, ou *adj.* vieux, usé. — اختيارلامق ‎ ou اختيارلانمق ‎ *ikhtyarlamaq, ikhtyarlanmaq*, devenir vieux, décrépit, s'user. — اختيارلامق ‎

ikhtyarlatmaq, rendre vieux, user. — 3° pour le *masdar* arabe اختيار *choix, libre-arbitre*, qui est du domaine de la langue savante, voir les dict. arabes.

اخذ *akhz*, (ar. prendre, recevoir). — اخذ و اعطا *akhz u i'ta*, 1° « action de prendre et de donner »; commerce, échange commercial. — 2° manière de vivre, rapports, relations sociales.

آخر *âkheur*, écurie; voir آخور.

اخراجات *ikhradjat*, ar. 1° dépenses. — 2° exportations. — اخراجاتك مقداری *ikhradjaten mektare*, chiffre des dépenses.

آخرت *âkhyret*, ar. 1° vie future, l'autre monde, le monde futur. — آخرته كيتمك *âkhyrete guitmek*, mourir. — آخرتلك *âkhyretlik*, piété, détachement du monde. — 2° adoption. — آخرت اوغلی *âkhyret oghlou*, fils adoptif. — آخرت باباسی *âkhyret babase*, père adoptif.

آخشاب *âkhchab*, (de l'ar. خشب et خشب) de bois, en bois (planches etc.).

آخشام *âkhcham*, (var. آقشام) soir, soirée; moment où le soleil se couche. — آخشام اوزری *âkhcham uzère*, sur le soir, un peu avant le coucher du soleil; on dit aussi dans le même sens آخشام صولری *âkhcham çoulare*. — آخشام اوستو *âkhcham ustu*, à la tombée de la nuit. — آخشام صباح *âkhcham çabah*, soir et matin. — آخشامدن صكره صباحلر خير اولسون *âkhchamdan soñra çabahlar khaïr olsoun*, « après le soir, bonjour (prov.) »; faire les choses hors de saison. — آخشام حاجی محمد شمدی اسكيجی يهودی *âkhcham hadji Mehemet chimdi eskidji yahoudi*, « hier pèlerin Mehemet, aujourd'hui fripier juif; » ce proverbe se dit d'un homme versatile, changeant. — آخشامك ايشنی صباحه قومه *âkhchameñ ichene çabaha qoma*, ne remets pas au lendemain l'affaire de la veille (prov.). — آخشام كونی *âkhcham gunu*, décadence, déclin. — آخشام كونشی *âkhcham gunèche*, « soleil du soir » nom d'une étoffe aux reflets changeants, comme celle qu'on nomme كوكرچين كوكسی « gorge de pigeon ». — آخشامجی *âkhchamdje*, homme qui passe le soirée et la nuit à boire, ivrogne, débauché. — آخشاملق *âkhchamleq*, affaire du soir, ce qui se fait le soir. — آخشام نمازی *âkhcham namaze*, prière du soir; soirée. — اخشام يمكی *âkhcham yemeyi*, souper.

— اخشامدن ‍ *âkhchamdan*, depuis hier, de la veille. — آخشاملامق *âkhchamlamaq*, faire quelque chose le soir, attendre le soir, passer la soirée. — Trans. آخشاملاتمق *âkhchamlatmaq*, faire arriver au soir, attarder.

اخطار *ekhtar*, (ar. rappeler à la mémoire, faire souvenir, etc.) sommation. — اخطار شفاهی *ekhtari chefahi*, sommation verbale. — اخطار رسمی *ekhtari resmi*, sommation judiciaire. اخطارنامه *ekhtar-namèh*, acte contenant la sommation faite en justice. — On emploie aussi l'ar. تنبیه *tenbih* pour tout ce qui concerne la sommation judiciaire.

آخلاط ou آخلط *âkhlat*, poire sauvage. — Prov. : آخلاطك ایوسنی طاغلارك آیوسی ییر *âkhlateñ eyisini daghlaruñ âyouse yer*, c'est l'ours des montagnes qui mange les meilleures poires sauvages. — On fait avec ces poires desséchées une sorte de boisson rafraîchissante ; on les conserve aussi dans le vinaigre, cette dernière préparation est ce qu'on nomme آخلاط ترشیسی *âkhlat turchusu*.

اخلامور *ikhlamour*, (moins bien *okhlamour*) tilleul sauvage (*tilia sylvestris*). L'écorce de cet arbre ou, plus exactement, la peau cachée sous son écorce sert à attacher les arbustes et à faire des anses de panier. — Le nom de l'*ikhlamour* est donné aussi, mais plus rarement, à l'aunée راسن اخلاموردن. — On dit en prov. : آغاجی اخلاموردن اودون اولمز *ikhlamourden odoun olmaz*, le tilleul ne donne pas de bois (à brûler ou à construire).

اخوان *ikhvan*, (pl. ar. de اخو frère) employé en turc comme un nom au singulier, dans le sens de « compagnon, camarade, collègue d'emploi ou de carrière ». — اخوانلق *ikhvanleq*, camaraderie ; bonne entente, rapports de confrères et de camarades.

آخور *âkhor*, (du t. or. usité aussi en persan) écurie, étable. Orthographe et prononciation vulgaires آخر *âkher*, comme dans le proverbe suivant : آت چالندقدن صكره آخرك قوسنی قپار *ât tchalendeqtan soñra âkhereñ qapousene qapar*, « c'est après que le cheval a été volé qu'il ferme la porte de l'écurie ». — Cf. میر آخور. — آخور خلقی *âkher khalqeu*, service des écuries du Sultan.

آخورلامق *âkhorlamaq*, 1° être affaibli, sans force, se dit d'un animal qui est resté trop longtemps à l'écurie, à l'étable. — 2° s'entourer d'un aréole (le disque de la lune).

اخی *akhi*, (pl. اخیلر *akhiler*, sans doute de l'ar. اخ frère), surnom donné à certains membres dans les communautés de derviches ; ce mot était usité principalement autrefois à Angora et à Sébaste (Sivas).

آد *âd*, 1° nom. — آد کز ندر *âdeñez nèdir*, quel est votre nom ? — 2° réputation, renommée. Proverbe : آد چیقمقدن ایسه جان چیقمق یکدر *âd tcheqmaqtan issè djan tcheqmaq yekter*, mieux vaut mourir que de perdre l'honneur. — آدلو چانلو *âdlu çanlu* (pour چانلو) qui a du renom, connu, célèbre. — آدی وار *âde var*, ce n'est qu'un nom, qu'un mot, une chose sans existence réelle. — آدی بلورسز *âde bilirsez*, inconnu, ignoré. — آدسز *âdsez*, même sens ; vil, abject. — آدسز پرماق *âdsez parmaq*, le pouce. — آد چیقمق *âd tcheqmaq*, perdre le nom ; c.-à-d. : l'honneur, et aussi, avoir une réputation bonne ou mauvaise. — آد باتمق *âd batmaq*, être inconnu, oublié. — آد بوزلمق *âd bozoulmaq*, perdre le renom, le crédit. — آد قومق *âd qomaq*,

donner un nom, un surnom. — آدینی قومق *âdene qomaq*, établir, fixer, convenir d'un prix. — آد ویرمك *âd vermek*, donner un nom, nommer. — آدلو *âdlu*, connu sous le nom de..., célèbre. — آداش *âdach*, (pour *âd-dach*) homonyme. — آدسزلق *âdsezleq*, obscurité, ignominie. — آدسزلقده و تنبللکده آلشمق *âdsezleqtè vè tenbelliktè âlechmaq*, vivre dans l'obscurité et la paresse ou, comme on disait en vieux français, « s'acagnarder ».

ادا *èda*, (ar. action d'accomplir, de payer, de s'acquitter) 1° sens vulg., manière d'agir rude et grossière, mauvais procédés. — 2° payer, acquitter une dette. — ادا تذکرهسی *èda tezkèrèsi*, quittance de paiement, acquit de la douane, etc.

آدا *âda*, île, voir اطه.

اداره *idarè*, (ar. faire tourner, ménager, administrer) 1° diriger, administrer les affaires, d'où le terme مدیر *mudir*, directeur, et مدیرلك *mudirlik*, direction. — 2° épargner, mettre de l'ordre dans son ménage, économiser. — ادارهجی *idarèdji*, économe jusqu'à l'avarice, sordide, ladre. — اداره فیلی *idarè fitili*, lampe de ménage, sorte de veilleuse. — اداره ييلى *idarè iili*, année de disette; pauvreté, dénuement. — مجالس اداره *medjalisi idarè*, conseils administratifs ou municipaux, établis auprès des gouverneurs, sous-gouverneurs, etc.; ils délibèrent sur les affaires locales.

آداق *âdaq*, vœu, promesse; chose promise par un vœu; cf. آدامق.

آدامق *âdamaq*, vouer, faire un vœu; souhaiter; menacer. — آدامغله پلاو پشسه دڭز قدر ياغده بندن *âdamaghela pilav pichsè deñiz qadar yaghdè benden*, « s'il suffisait de souhaiter pour faire cuire le *pilau*, je souhaiterais un océan de beurre ». — *Trans.* آداتمق *âdatmaq*, faire un vœu, une promesse par le moyen d'un tiers; être l'intermédiaire d'un vœu.

ادبخانه *èdèbkhanè*, lieux d'aisance, latrines.

ادبسز *èdèbsez*, impoli, mal appris, grossier. — impudent, effronté, cf. يوز. — ادبسزلك *èdèbsezlek*, impolitesse, grossièreté. — manque de savoir-vivre; impudence.

ادبلنمك *èdèblenmek*, (de l'ar. ادب) devenir poli, s'instruire dans les bonnes manières et le savoir-vivre. On dit aussi ادبى طاقنمق *èdèbe taqenmaq*.

ادبلو *èdèblu*, poli, bien élevé, respectueux. — modeste. — ادبلو ادبى ادبسزدن اوكرنمش *èdèblu èdèbe èdèbsezden euïrenmich*, l'homme poli apprend la politesse de l'homme impoli (prov.).

ادبيات *èdèbyat*, (de l'ar. ادب) humanités, études supérieures. On a fondé en 1875, à Constantinople, une école des Hautes études sous le titre مكتب ادبيات عاليه *mektebi èdèbyati aalyè*. — En arabe le mot ادب *èdèb* signifie à la fois humanités, culture de l'esprit en général, et *morale*. Toutefois, quand il est pris dans ce dernier sens, on emploie de préférence le pluriel علم الاداب '*ylm ul-adab*, tandis que علم الادب '*ylm ul-edeb* désigne l'ensemble des études grammaticales et littéraires; voir à ce sujet une note de Hammer, *Journ. Asiat.*, mars 1838, p. 302.

ادخال *idkhal*, (ar. faire entrer, introduire). — ادخالات *idkhalat*, importations. — ادخالات رسمى *idkhalat resmi*, droit d'importation.

ادريس *idrîs*, prunus mahalab,

espèce de noyau semblable au noyau de cerise, employé dans la pharmacie orientale. Cf. l'arabe محلب et قمح.

ادعا *iddy'a*, (ar. prétendre, soutenir) 1° résister, s'entêter, être rebelle aux lois et à la religion. — 2° former une demande en justice. — ادعاجى *iddy'adji*, 1° demandeur, plaignant. — 2° entêté; rebelle, infidèle.

آدلامق *âdlamaq*, nommer. — *Pass.* آدلانمق *âdlanmaq*, 1° être connu. — 2° avoir une mauvaise réputation.

آدم *âdem*, prononc. vulg. *âdam*, homme. — آدم اوغلانى *âdam oghlane*, fils de l'homme, mortel, les humains. — *Prov.* آدم آدمه لازم اولور *âdam âdama lazem olour*, « l'homme est nécessaire à l'homme ». — آدم اوغلى *âdam oghlou*, homme viril, courageux. آدم اولادى *âdam evlade*, noble, de bonne race, bien né. — آدم اولانه بر سوز يتر *âdam olana bir seuz yéter*, à l'homme (bien né) une parole suffit. — آدم اولان ايكى كره يانلماز *âdam olan iki kèrrè yañelmaz*, l'homme (bien né) ne se trompe pas deux fois. — آدمجك ou آدمجق *âdemdjik* ou *âdamdjeq*, petit homme, pauvre homme, faible, misérable. — آدم وار آدمجق وار « il y a

des hommes et des petits hommes » c.-à-d. : il y a gens et gens. — آدمجيل *âdamdjil*, apprivoisé, familier. — آدمجيلاين *âdamdjileın*, d'une manière convenable, comme il faut. — آدم او *âdam olmaq*, grandir, devenir homme; être bien élevé. — آدمسزلك *âdamsezlek* et آدميسزلك *âdèmisezlek*, solitude, isolement, abandon. — آدملك *âdemlik* et آدملق *âdamleq*, humanité, condition humaine, générosité; bienfait. Dans le style des Soufis, vertu parfaite, piété accomplie, comme en persan. — مردى هر كسك ايتديكى آدملق كندينه *her kèsiñ ettyi âdamleq kendinè*, « le bien qu'on fait, on le fait pour soi-même ». — آدم Adam, le premier homme. — اكنجيلرك پيرى حضرت آدمدر *èkindjileriñ piri hazret Adam-dir*, le patron (ou doyen) des laboureurs est sa seigneurie Adam.

آدم *âdim*, pas, trace; voir آديم.

اديك *èdîk*, prim. *idîk*, sorte de bottines larges et molles, principalement à l'usage des femmes; on chausse par-dessus les babouches, d'où le nom ايچ اديك *itch-èdîk*, changé par l'usage en *tchédîk*. Cf. چديك.

آديم *âdem*, (var. آدم) pas, trace;

mesure d'un pas. — بش آدیم یر *bech âdem yer*, un endroit à cinq pas, tout proche, tout voisin. — آدیمی آلمق *âdemene âlmaq*, combiner, réfléchir. — آدیم آتلامق *âdem âtlamaq*, courir. — آدیم آتمق *âdem âtmaq*, marcher au pas militaire. — آدیم آلمق *âdem âlmaq*, aller doucement, se conduire avec prudence. — آدیملامق *âdemlamaq*, mesurer avec des pas. — آدیم آدیم *âdem âdem*, pas à pas, lentement. — قیصه آدیملو *qessa âdemlu*, qui fait de petits pas, qui a les jambes courtes.

اذاب *izab*, (ar. faire fondre) fonte, surtout des métaux, de la monnaie. — اذاب نقودده نقصان طاری اولور *izabi nouqouddè noqçan tary olour*, il y a du déchet dans la fonte des monnaies.

اذان *èzan (izan)*, ar. appel à la prière récité par le *muezzin* du haut du minaret. — اذان اوقومق *èzan oqoumaq*, réciter la prière. — جانه اذان اوقومق *djanè èzan oqoumaq*, ennuyer, fatiguer (par les mêmes chansons).

اذعان *iz'an*, (ar. obéissance, etc.) intelligence, capacité, culture d'esprit. — اذعانلو *iz'anlu*, intelligent, capable, instruit, bien élevé. — اذعانسز *iz'ansez*, mal élevé, grossier, lourdaud.

اذن *izn*, vulg. *izin*, ar. permission, autorisation. — اذن ویرمك *izin vermek*, donner permission, congédier. — اذنکز ایله *izniñez ilè*, avec votre permission. — اذن تذكرهسی *izin tezkèrèsi*, permis, permission écrite. — اذن سفینه *izni sèfinè*, passeport de mer. — اذن نامه *izin-namèh*, diplôme ou provision qu'on délivrait autrefois aux Muftis des provinces.

ار *èr*, (prim. ایر *îr*) 1° homme, homme de cœur, brave, énergique, le *vir* des Latins. — كلكه ایولك ارکشینك کاریدر *kemliyè èyilik èr kichiniñ kiaridir*, rendre le bien pour le mal est le propre de l'homme de cœur. — ار اولور آدی قالور *èr eulur âde qalur*, le brave meurt, son nom demeure. — ار اولان اتمكنی طاشدن چیقرور *èr olan ekmeyini tachden tcheqareur*, l'homme énergique tire son pain de la pierre. — ایش اری *ich èri*, employé, homme d'affaire. — ار اوغلی *èr oghlou*, brave, courageux, vaillant champion. — ار باشی *èr bachi*, chef, qui mène les autres. — سوز ارلری *seuz èrleri*, جنك ارلری *djenk èrleri*, les braves, les héros. — les instigateurs.

— 2° mari, époux. — اره کیتمك èrè guitmek, prendre un mari. — اره ویرمك èrè vermek, donner un mari, donner une fille en mariage. — ارسز èrsęz, veuve; femme seule, délaissée. — ار کیشی èr kichi, homme, du sexe masculin. — Prov. : ار لقمهسی ار قورساغنده قالمز èr loqmasę èr qoursaghendè qalmaz, « l'homme de cœur ne garde pas ses morceaux dans le gosier », c.-à-d. : il est reconnaissant des bienfaits qu'il a reçus. — سوز عورتلرك در ایش ارلرك در seuz avratlariñ dir ich èrlèriñ dir, « aux femmes de parler, aux hommes d'agir ».

ار ęr, chant, chanson; voir ایر. — abrév. pour اکر èyèr, si; voir ce mot.

ار èr, pour ایر et ایرکن èrken, de bonne heure. — ارجه pour ایرجه èrdjè, même signification.

آرا âra, milieu, intervalle; espace de temps; distance, séparation. — آرالق âralęq, mêmes significations. — آراده ârada, آرالقده âralęqta et آرا چره âra çęra, de temps à autre, quelquefois. — آراده ârada, au milieu, dans l'intervalle. — بر آراده bir ârada, ensemble, en même temps, en une fois. — آرا آی âra âï, le mois de Zil-qaadè.

— آرا اچیلمق âra âtchęlmaq, se brouiller, se séparer. — آرا بولمق âra boulmaq, trouver l'occasion, le joint. — آراسنی بولمق ârasęnę boulmaq, arranger, combiner. — آرایه آلمق âraya âlmaq, se précipiter sur, tomber sur. — آرادن چیقمق âradan tchęqmaq, abandonner, laisser s'échapper. — آرادن چیقرمق âradan tchęqarmaq, faire sortir, chasser. — آراده چیقرمق ârada tchęqarmaq, se mêler d'une affaire. — آراسنه کیرمك ârasęnè guirmek, même sens. — Prov. : کیرلمز افندی ایله قول آراسنه guirilmez efendi ilè qoul ârasęnè, « il ne faut pas se mêler des affaires entre maître et serviteur ». — آراده قالمق ârada qalmaq, être responsable. — آراسی صوغومق ârasę sooumaq, se refroidir (l'amitié, par le temps et l'absence). — آرایه قومق âraya qomaq, intervenir. — بر آرایه کلمك bir âraya guelmek, se rencontrer, se réunir. — آرایه کیتمك âraya guitmek, rester en plan; être repoussé, rejeté. — آرایه کیرمك âraya guirmek, être intermédiaire. — آرا ویرمك âra vermek, être séparé, disjoint. — اول آرا ol âra, v. بورا. — بو آرا bou âra, voy. اورا. — شو آرا chou âra, voy. آرامزده. — آرامزده اولسون âramęzda olsoun, que cela reste entre nous ! — آرا باغی *âra baghe,* cloisons du nez. — آرانغه‌مه‌سی *âranghamase,* intermédiaire, milieu. — adj. آرالق *âraleq,* séparé, distancé, (écriture, lignes). — آرامزده قاز وار *âramezda qaz var,* « entre nous il y a une oie » ; c'est le nom d'un jeu d'enfants.

آرابه *âraba,* (orthogr. vulg. et fautive عربه) chariot, charrette, voiture. — ال آرابه‌سی *èl ârabase,* brouette, chariot pour traîner les enfants. — طوپ آرابه‌سی *top ârabase,* affût de canon. — کرا آرابه‌سی *kira ârabase,* voiture de louage. — اوکوز آرابه‌سی *eukuz ârabase,* charrette traînée par des bœufs. — واپور آرابه‌سی *vapor ârabase,* vagon. — Proverbes: آرابه قیرلنجه یول کوسترن چوق اولور *âraba qerelindjè yol gueusterèn tchoq olour,* « quand la voiture est cassée, il y a beaucoup de gens pour indiquer le chemin ». — آرابه ایله طاوشان اولانمز *âraba èla tavchan âvlanmaz,* « on ne chasse pas le lièvre en voiture ». — آرابه‌جی *ârabadje,* 1° fabricant de chariots et voitures, charron, carrossier. — 2° voiturier, cocher.

اراده *iradè,* (de l'ar. vouloir, décider) ordre, volonté souveraine, décret. اراده علیه *iradè-i-aalyè,* « volonté auguste » ou اراده شاهانه *iradè-i-chahanè,* « volonté impériale », décret émanant du Sultan.

آراسته *ârastè,* marché, centre d'approvisionnement dans une armée, au campement. A Constantinople, le bazar des armuriers porte le nom de سپاهی چارشوسی *sipahi tcharchese,* « marché des cipayes ».

آراشترمه *ârachterma,* reconnaissance ; perquisition à main armée ; cf. آرامق.

اراضی *èrazi,* (ar. plur. de ارض *èrz,* terre) se trouve ordinairement avec املاک *emlak,* biens-fonds, immeubles, propriétés foncières. — صاحب اراضی *çahib èrazi,* propriétaire foncier. — املاک ویرکوسی *emlak verguisi,* impôt foncier. — اراضئ ملوکه *èrazii memloukè,* terres possédées en pleine propriété. — اراضئ میریه *èrazii miryè,* terres domaniales, domaines de l'État. — اراضئ موقوفه *èrazii mevqoufè,* terres constituées en fondations pieuses.

اراق *eraq,* éloigné, distant ; voir ce mot et ses dérivés sous ایراق.

آرالاش *âralach*, séparation, disjonction ; voir le mot suivant.

آرالامق *âralamaq*, se placer entre, intervenir, séparer. — آرالاتمق *âralatmaq*, faire ouvrir, partager. — آرالاشمق *âralachmaq*, tressauter, palpiter. — آرالاشدرمق *âralachtermaq*, faire sauter, agiter, disperser. — آرالانمق *âralanmaq*, être isolé, dispersé, abandonné.

آرامق *âramaq*, chercher, rechercher, visiter, poursuivre. — آرايوب بولمق *ârayoup boulmaq*, chercher avec insistance ; — trouver sa punition. — آراده ده بولدی *ârade dè bouldou*, il a trouvé ce qu'il cherchait. — كوكده آرايوب يرده بولمق *gueuktè ârayoup yerdè boulmaq*, « trouver à terre ce que l'on cherchait en l'air » ; atteindre facilement le but, obtenir l'objet de ses désirs. — آراتمق *âratmaq*, désirer ; interroger. — آرانمق *âranmaq*, être recherché, apprécié. — آرانلمق *âranelmaq*, être désiré. — آرايجی *ârayedje*, 1° plongeur, marinier qui retire de la mer les débris du navire naufragé. — 2° employé de la douane. — 3° آرايجی فشنك *ârayedje fichenk*, fusée de signal, d'avertissement.

آرايشلامق *âraïchlamaq*, raccourcir, abréger, diminuer (peu usité).

ارباب *erbab*, (pl. ar. ربّ *rebb* seigneur, maître, possesseur de ....) s'emploie comme singulier. — اربابی دكل *erbabe deïl*, il n'est pas l'homme de l'affaire, ce n'est pas son affaire. — فلان پك كامل پك اربابدر *filan pek kiamil pek erbabdir*, un tel est très bien, très convenable.

آرپا آرباغ *ârbagh* et *ârpa*, t. or. enchantements, sortilèges ; — prières magiques récitées autrefois par les prêtres idolâtres dans le Turkestan pour la guérison des malades ou pour charmer les serpents. — variante خرپه *kharpa*. — آرپاجی *ârpadje*, sorcier, enchanteur, prêtre idolâtre.

اربعین *èrbaïn*, (ar. quarante), vie retirée et solitaire ; sauvagerie. — اربعینه كیرمك *èrbaïnè guirmek*, vivre loin du commerce des hommes, se séquestrer comme un ours. Le mot *èrbaïn* signifiait primitivement le jeûne de quarante jours auquel s'astreignent souvent les derviches de l'ordre *Khalveti*, le plus austère de tous les ordres mendiants.

آرپارغان *ârparghan*, plante du

genre de l'ivraie ou de la folle avoine. On la confond aussi avec celle nommée سومنره, qui est l'orge sans balle (*gymnocriton*).

اريه *arpa*, orge, grain d'orge. — پیغمبر اریه سی *peïghamber arpase*, sorte de gruau nommé aussi قلچقسز اریه *qeletcheqsez arpa*, « orge sans barbe », cf. چوربا اریه سی τράγος طراغيس. — *tchorba arpase*, orge mondé. — فرنك اریه سی *firenk arpase*, autre sorte de gruau. — اریه جق *arpadjeq*, 1° orgelet, bouton de la paupière. — 2° mire du fusil. — اریه جی *arpadje*, 1° marchand d'orge, grainier. — 2° devin qui prédit l'avenir au moyen des grains d'orge; on dit en proverbe : اریه جی قریسی کبی دوشنمك *arpadje qomarese guibi duchunmek*, être pensif comme un devin de grains d'orge. — اریه صوبی *arpa souye*, bière; cf. بوزا. — اریه امینی *arpa emini*, intendant des fourrages du palais impérial; cet employé appartenait autrefois à la troisième classe des *khodjaguians*. — اریه انباری *arpa ambari* (ou *guèmiçi*), grenier ou vaisseau plein d'orge, se dit d'un animal engraissé. — پلاو یکیدك اریه سیدر *pilav iyidiñ arpase dir*, le pilau est l'orge du brave, lui donne du cœur au ventre, « la bonne soupe fait le bon soldat ».

اریه لق *arpaleq*, 1° marque à la bouche des chevaux, principalement aux dents de devant, qui permet de reconnaître leur âge. — 2° terre, champ dont la terre est forte et riche. — 3° « prix de l'orge », bénéfice, pension, ainsi nommé parce que, dans l'origine, ces bénéfices avaient pour objet l'entretien de l'écurie des magistrats honoraires. Le bénéfice nommé *arpaleq* s'accordait ordinairement aux mollas de première classe, et à quelques-uns des anciens professeurs (*muderris*). C'était comme des judicatures de district (*qaza*) administrées par des juges de canton, nommés à cause de cela اریه لق نایبی *arpaleq nayibi*.

اریه لمق *arpalamaq*, tomber malade, (se dit des animaux qui ont mangé trop d'orge).

آرتامق *ârtamaq*, rester en arrière, survivre au reste de la famille; — demeurer en excédant, en superflu.

آرتان (var. آرتن) *ârtan*, ce qui reste, le surplus, l'excédant; v. آرتق.

ارتفاع *irtifa'* (ar. élévation, élever, enlever). — غايتى ارتفاع *ghaïeti irtifa'*, hauteur méridienne. — avec *âlmaq*, prendre la hauteur du soleil ou d'une étoile. — ارتفاع تختهسى *irtifa' takhtase*, quart de cercle, sextant ou octant; quelquefois *astrolabe*.

آرتق *ârteq*, (var. آرتیق) 1° le surplus, l'excédant. — آرتق اكسیك *ârteq eksik*, le plus et le moins, l'ensemble, la totalité. — آرتقراق *ârteqraq*, d'avantage, en plus. — 2° adv. enfin, au surplus; s'il en est ainsi, après tout, après cela; déjà. — آرتق حاضر سكز *ârteq hazer señez*, vous êtes déjà prêt ! — 3° *ârteq*, coupon d'étoffe.

ارتق *ortoq*, (اورتوق t. or.) brûlé, incendié, du vieux verbe اورتاماق — nom d'une dynastie, fondée par Sokman fils d'*Ortoq*; une branche de cette famille régna à Mardîn et l'autre à Hisn-Kaïfa. La dynastie des Ortokides se maintint depuis le XII° jusqu'à la fin du XIV° siècle.

آرتمق *ârtmaq*, (neutre) s'augmenter, s'accroître, se développer; être de trop, rester en excédant. — *Trans.* avec le sens actif : آرتدرمق *ârttermaq*, vulg. آرترمق *ârtermaq*, augmenter, accroître, surenchérir, élever en grade; s'augmenter (le bruit, la dispute). — آرتلمق *ârtelmaq*, être augmenté, renchéri. — *Trans.* آردرلمق *ârtterelmaq*, même sens.

ارتنه ou ارتینه *artina*, vergue; cf. سرن.

آرته *ârta*, le restant; l'excédant. — آرته قالمق *ârta qalmaq*, rester. — augmenter, s'accroître.

ارته *irtè*, lendemain; voir ایرته.

آرخ ou آرغ *ârkh, ârgh*, canal, conduit, etc.; voir آرق.

آرد *ârd*, (var. آرت) 1° derrière, dos, partie postérieure. — 2° froid rigoureux, nommé en arabe برد العجوز « froid (ou jours) de la vieille ». — 3° fin, conclusion, conséquence. — آردين آردين *ârdeïn ârdeïn*, à la file. — آردكزدن تاتارمى قوغار *ârdeñezden tatar me qovar*, « avez-vous donc un Tartare à vos trousses? » se dit à quelqu'un qui se presse trop. — آردینه اوكنه باقق *ârdenè euñenè baqmaq*, être inquiet, regarder avec précaution; avec *baqmamaq*, être négligent, ne pas se tenir sur ses gardes. — آرد آرادن *ârd âradan*, de loin. — آردسز

ârdṣez, sans interruption, consécutivement, à la suite. — آرده دوشمك *ârdè duchmek*, poursuivre, pourchasser, marcher à la suite ; on dit dans le même sens آردندن دوشمك *ardenden duchmek*. — آرد صره *ârd çera*, l'un après l'autre, à la file. — آرد آرا *ârd âra*, coup sur coup. — آردله *ârdela*, contigu, joint, annexé. — آرد سوريجى *ârd surudju*, (vieux style) chef de l'arrière-garde.

آرد *ârd*, entonnoir qui déverse le grain sous la meule.

آردا *ârda*, 1° grand bâton, longue canne. — آردالو الى *ârdalu èle*, surnom des *tchaouch* qui tiennent à la main une longue canne à pommeau. — 2° bâton, pieu pour servir de marque ; jalon.

آردج ou آرديج *ârdedj, ârdidj*, genévrier, en ar. عرعر. On connaît plusieurs variétés de cet arbre : چالى آردج *tchali ârdedj*, « genévrier de buisson », ou genévrier commun. — ديكنلو آردج *dikenli ârdedj*, « genévrier à épine ». — قره آردج *qara ârdedj*, « genévrier noir » ; ar. ارس. — قزيل آردج *qezel ârdedj*, « genévrier rouge », ar. ارده. — هند آردجى *hind ârdedji*,

« genévrier de l'Inde », sabine. — آردج تخمى *ârdedj tokhoume*, baie de genévrier. — آردج صوبى *ârdedj çouyou*, huile de sabine, remède emménagogue. — آردج قوشى *ârdedj qouchou*, oiseau de l'espèce du merle, ar. سمرمر.

آردله *ârdela*, supplément, surcroît ; ce qui est ajouté, du v. آرتمق.

اردمك (var. ايردمك) *irdémek*, se renseigner, aller aux informations, s'enquérir (peu usité).

اردو *ordou*, camp, campement ; — armée en expédition. — اردولق *ordoulouq*, époque d'une campagne, d'une guerre سفرلك. — اردوى هما يون *ordou-i-humayoun*, le camp impérial, l'armée commandée par le Sultan en personne. — قول اردو *qol ordou*, une aile de l'armée, qui est divisée en صاغ قول *çagh qol*, aile droite ; صول قول *çol qol*, aile gauche ; اورته قول *orta qol*, centre. — اردو قورمق *ordou qourmaq*, établir le camp ; اردو قالدرمق *ordou qaldermaq*, lever le camp. — اردو قاضيسى *ordou qazese*, dans l'ancienne organisation c'était le titre du *qazi-asker*. Voyez قاضى. — Aujourd'hui, l'armée turque est divisée en sept *ordou* « corps d'armée » placés chacun sous les ordres d'un *muchir*, « maréchal ». Dans le langage familier, le mot *ordou* désigne un lieu tumultueux, plein de foule et de bruit. On dit d'un pays très peuplé : پادشاه اردوسنه بكزر *padichah ordousęnè beñzer*, il ressemble au camp du roi. — اردو اولمش بازار اولمش *ordou olmouch bazar olmouch*, c'est un camp, un bazar, un endroit plein de cohue et de tapage. — بورده اردومی وار *bourada ordoumę var*, « est-ce ici un camp » ? même sens. — بتون اردو اوزرینه قالقدی *butun ordou uzèrinè qalqdeu*, il a une foule d'ennemis sur les bras.

آردا *árda*, outil de fer, espèce de ciseau à l'usage des tourneurs et autres artisans, pour perforer et évider l'ambre, les tuyaux de *tchębouq*, etc.

آرزو *árzou*, pers. désir, souhait. — آرزولهمق *árzoulamaq*, désirer. — نه آرزولارسكز افندم *nè árzoularsęñęz efendim*, « que désirez-vous, monsieur ? », expression peu élégante et à éviter.

ارسالیه *irsalyè*, (ar. ارسال envoyer) excédant des revenus provinciaux qui, en vertu d'un décret de 1652, devaient être envoyés par les gouverneurs, pour faire retour au trésor.

آرسز *arsęz*, impudent, effronté, insolent. (C'est une faute pour عارسز *'arsęz*, « sans pudeur ».) — آرسزلق *arsęzlęq*, impudence, effronterie. L'orthographe fautive آر *âr*, au lieu de l'arabe عار ne se rencontre que dans ce composé et dans آرلنمق *ârlanmaq*, (pour عارلنمق) avoir honte.

آرسلان *árslan*, usité *âslan*, lion. — آرسلاندن طوغان آرسلان اولور *áslandan doghan âslan olour*, ce qui nait du lion, devient lion. — آرسلان یاتاغندن بللیدر *âslan yataghęndèn bellidir*, on connaît le lion à sa tanière. — هرکسك كوکلنده بر ارسلان یاتار *her kèçin gueuñulindè bir âslan yatar*, « dans le cœur de chacun gît un lion » c.-à-d. : chacun a sa marotte, sa manie. — آرسلانخانه *âslan-khanè*, ménagerie. — آرسلانجی *âslandje*, gardien de ménagerie, montreur de lions. — آرسلان آغزی *âslan âghęzę*, 1° robinet qui déverse l'eau dans le bassin. — 2° angélique, plante. — آرسلانلو *ârslanlu*, nom d'une monnaie des Seldjoukides, à l'effigie du lion et du soleil. — آرسلانلنمق *âslanlanmaq*, devenir fort et hardi comme un lion. — Loc. familière : بولارسز آرسلان *yoularsez âslan*, « lion déchaîné » c.-à-d. : fou, furieux, intraitable. — آرسلانى *ârslani (âslani)* ou اسدى *eçedi*, « écu au lion », adopté autrefois comme base des transactions commerciales et du cours du change. Le *ghourouch âslani*, « piastre au lion » paraît s'être maintenu en Égypte jusqu'à ces derniers temps.

آرش *ârch*, (du français marche ! en avant, marche !) cri de commandement pour mettre une troupe de soldats en mouvement. — آرش ا *ârch etmek*, donner l'ordre de marcher.

آرش *ârch*, (var. آريش *ârech*) bras, distance du coude à l'extrémité des doigts. Cf. ارشين.

ارشته *erichtè*, (du pers. رشته) pâte fraîche, espèce de vermicelle ; bouillie faite avec cette pâte (en ar. اطريه. Cf. aussi شعريه).

آرشين *ârchen*, (var. ارشن آرشون) aune, pic ; distance de l'extrémité des doigts à la naissance de l'épaule ; — coudée de deux pieds ou vingt-quatre doigts. (La coudée dite اعشارى est plus longue d'un quart.) — معمار آرشينى *mi'mar ârchene*, aune d'architecte, de 24 doigts. — قماش آرشينى *qoumach ârchene*, aune du drap, de vingt-deux doigts ; elle se divise en 8 *ouroub* اورب ou 16 *kèrakhè* كراخه. — بيوك آرشنه *ârchene buyuk*, qui a de longues jambes, qui fait de grands pas. — آرشينلق *ârchenleq*, toute chose mesurée à l'aune, mesure et prix d'une aune. — آرشينلامق *ârchenlamaq*, 1° mesurer à l'aune. — 2° arpenter le terrain, marcher à grands pas.

آرشن et آرشون *ârchen*, *ârchoun*, mesure de longueur ; voir آرشين.

ارض *èrz* (ar. terre). En droit musulman, كلفت ارض *kulfeti èrz*, servitude rurale. — حق ارض *haqqe èrz*, taxe rurale ; on emploie dans le même sens le pluriel حقوق ارضيه *houqouqe èrzyè*. — (Cf. املاك et اراضى.) — رسم ارضيه *resmi èrzyè*, droit d'emmagasinage. En droit musulman, on donne le nom de ارض خراجيه *èrz kharadjyè*, aux terres tributaires, c.-à-d. : soumises à l'impôt territorial du *kharadj* ; on désigne sous le nom de ارض عشريه *èrz 'euchryè*, les terres soumises au paiement de la dîme. — ارضةً مقطعه *èrzè-i-mouqatt'aa*, terrain d'un vaqouf, estimé à la suite d'un incendie, pour obtenir une diminution de cens.

ارغات (var. ارغاد) *erghat*, du grec ἐργάτης, 1° ouvrier, journalier, manœuvre payé à la tâche ou à la journée. — ارغات پازاری *erghat pazare*, « marché aux journaliers » lieu où ils se rassemblent pour trouver de l'ouvrage. — 2° cabestan, grec ancien ἐργάτη.

آرغاج ou آرغاچ *ârghadj, ârghatch*, trame du tissu. Ce mot paraît venir de ارغامق qui en t. or. signifie, comme en osmanli آرغاجلامق *ârghadjlamaq*, jeter la trame.

ارغالامق et ارغالاتمق *erghalamaq, erghalatmaq*, remuer, secouer, mettre en vibration. — *réfl.* ارغانمق *erghanmaq*, se remuer, vaciller, vibrer. — ارغاندی *erghande*, balançoire, bascule. — ارغاندی کوپری *erghande kieupru*, pont suspendu, passerelle.

ارغوان *erghuvan*, pers. arbre de Judée, ou plus exactement gaînier, *Cercis siliquastrum*. — ارغوانی *erghuvani*, qui a la couleur des fleurs de cet arbre, rose vif. — On le confond dans le langage vulgaire avec le lilas. — On nomme aussi *erghuvani* un bonnet pointu ou terminé par une aigrette, désigné quelquefois par le sobriquet de امیر عاشق « l'émir amoureux ».

ارغید *arguid*, passage, défilé, gorge de montagne. Voir au *Dict. géographique*.

آرق *ârq*, (var. آرغ آرخ) conduit, canal, rigole pour l'arrosage des champs et des jardins. — *âreq*, maigre; voir آریق.

ارق *ereq*, prononc. vulg. et fautive *eleq*, race, lignée, descendance. Malgré la ressemblance phonétique de ce mot avec l'arabe عرق qui signifie aussi *race, souche*, il est plus naturel de le rapprocher du t. or. اوروق *ourouq*, famille, gens de la tribu. Dans le Turkestan, on nomme ایل اوروقلری les subdivisions d'une tribu.

آرقاج *ârqadj* ou *ârqatch*, versant, ou pied d'une montagne; ce mot est peu usité. Cf. یوره.

ارقداش *arqadach*, (de ارقه *arqa*, dos et داش *dach*, compagnon, associé), camarade, condisciple, ami. — ارقداشلق *arqadachleq*, camaraderie, compagnonnage.

ارقه *arqa*, 1° dos. — 2° appui, protection, défense. — 3° génération, descendance. — ارقه دن ارقه یه *arqadan arqaya*, de génération en génération, de degré en degré. — بچاق ارقه سی *betchaq arqase*, le dos d'un couteau, opposé au tranchant. — ارقه *arqa oda*, chambre de derrière. — صحیفه نك ارقه سی *sahifèniñ arqase*, verso d'une page. — ارقه قوتی *arqa qouvvete*, appui, soutien. — ارقه سنی آلمق *arqasene âlmaq*, finir, terminer. — سوزك ارقه سنی کسمك *seuzuñ arqasene kesmek*, finir un discours. — ارقه سنی برقق *arqasene braqmaq*, renoncer à la poursuite, abandonner. — بنده ارقه کزدن کلیورم *bendè arqañezden gueliorem*, je vous suis de près. — ارقه یه دوشمك *arqaya duchmek*, poursuivre. — ارقه ویرمك *arqa vermek*, tourner le dos. — ارقه طورمق *arqa dourmaq*, protéger, défendre. — ارقه لو *arqalu*, qui a le dos large, qui est bien appuyé, bien protégé. Cf. ال ارقه بر ایتمك *èl arqa bir ètmek*, agir de concert, unir ses efforts. — ایل ارقه سندن دوست طوتمق *il arqasenden dost toutounmaq*, se faire des amis aux dépens d'autrui, avec l'argent des autres.

ارقه لج *arqaledj*, crochet dont se servent les *hammal* ou portefaix pour porter leurs fardeaux.

ارقه لق *arqaleq*, pièce d'étoffe, espèce de camisole ou de gilet léger qui se met par-dessus la veste ou surtout nommé *yèlèk* یلك.

اریك *èrik*, prune ; voir اریك.

اركان *erkian*, (pl. ar. de رکن colonne, règle, base) bienséance, politesse, décence ; synon. de ادب. — لباسی ارکان و ادب اوزره در *libasi erkian u èdèb uzrè dir*, il est vêtu honnêtement. — chefs, notables, personnages importants. — ارکان دولت *erkiani devlet*, ministres, hauts fonctionnaires. — مجلس ارکان حربیه *medjlisi erkiani harbyè*, conseil d'état-major.

اركك *érkek*, mâle. — ارککلك *érkeklik*, qualité de mâle, virilité ; — force, courage. — ارککلو دیشیلو *érkeklu dichilu*, 1° une paire, une couple, le mâle et la femelle. — 2° espagnolette de fenêtre. — ارککسی *érkeksi*, virago, femme aux allures masculines. — On dit en proverbe d'un imbécile : ارکك اوکوز آلتنده یاورو آرار *érkek eukuz âltenda yavrou ârar*, il cherche le veau sous le bœuf.

اركمك *irkmek*, s'arrêter, être stagnant, croupir; voir ايركك.

اركن *èrguen*, (primit. ايركن) célibataire, non marié, garçon. — اركنلك *èrguenlik*, 1° célibat. — 2° petits boutons, qui se déclarent surtout au visage et pendant la période de transition de l'adolescence à la puberté.

اركن *erken*, de bonne heure; voir ايركن.

ارلك *èrlik (irlik)*, qualité d'homme, virilité; énergie, courage. Cf. ار *èr*.

آرما *ârma*, (de l'italien) 1° tout ce qui constitue le gréement d'un navire, agrès, cordages, etc. — 2° armoiries de navire; armes, écusson héraldique. Les Turcs avaient aussi quelques signes analogues aux armoiries des peuples occidentaux; c'est ce qu'ils désignaient par le terme اونغون *ounghoun*, qui signifie primitivement une marque faite sur le bétail. Comparer avec les emblèmes des janissaires, par exemple la massue *(topouz)* qui distinguait la vingt cinquième *orta* de ce corps. — آرمالرى تعليق ا *ârmalarę taaliq etmek*, suspendre les armoiries. — دولتك آرمالرى *devletiñ ârmalarę*, les armes du gouvernement. On dit en proverbe: آرمه كبى طونانمق *ârma guibi donanmaq*, parer, se parer comme un écusson. — آرماسى دوكلمش يلكن كيسى كبى *ârmasę deukulmuch yelken guèmisi guibi*, comme un navire dont les agrès sont abattus.

آرمادور *ârmadour*, (de l'italien *armatore*) armateur.

آرماق *ermaq, ermagh*; (var. ارماغ) voir ايرماق.

ارمق *ermaq*, séparer, diviser et, par extension: rompre, casser; voir آيرمق. — *aramaq*, chercher; voir آرامق.

ارمغان *armaghan*, don, cadeau, présent; (principalement présent apporté par un étranger, un ambassadeur, etc.).

ارمك *irmek*; voir ايرمك.

ارشمك voir ايرشمك.

ارمنى *èrmèni*, originaire d'Arménie, arménien. — ارمنى كلينى كبى صالنمق *èrmèni guèlini guibi çalęnmaq*, se dandiner comme une fiancée arménienne, se donner des airs. — ارمنى ملتى *èrmèni milleti*, communauté arménienne. — ارمنى بطريق *èrmèni patriqui*, patriarche arménien.

آرْمُود *ârmoud*, poire (en pers. par métathèse امرود). On en connaît plusieurs variétés : آقچه آ *âqtchè ârmoude*, poire blanche. — آ بك *bey ârmoude*, bergamotte. — آ بوزطوغان *bozdoghan ârmoude*, pyrum pompeianum. — آ قیش *qych ârmoude*, poire d'hiver. — Prov. : آرمود آغاجندن اوزاق دوشمز *ârmoud âghadjenden ouzaq duchmez*, la poire ne tombe pas loin du poirier. — آرمودك اوكى كراسك صوكى *ârmoudeñ euñeu kirasiñ soñeu*, quand les poires commencent, les cerises finissent. — آرمودیه *ârmoudyè*, « en forme de poire », bijou, pendeloques, pendants d'oreille ; parure d'or en forme de poire portant ordinairement pour devise le mot ماشاالله *machallah !*

آرْمُوز *ârmouz*, t. de marine : fentes des jointures du navire que l'on bouche avec de l'étoupe, dans le calfatage. — ce mot est de provenance inconnue ; comp. cependant avec le grec ἁρμός, « ajustement, emboîtement ».

ارن *èren*, (primit. *iren*) parvenu à l'âge viril. — homme bien élevé, accompli. — initié à la doctrine, et en particulier à celle des Soufis. — ارنلر *èrenler*, les hommes de mérite, les grands personnages, les initiés à la doctrine. — ارنلرك صاغى صولى اولمز *èrenleriñ çaghe çoule olmaz*, « les hommes de mérite ne distinguent pas leur droite de leur gauche », ils font le bien indistinctement. — ارنلر *èrenler*, interjection, eh ! brave homme, holà ! eh ! monsieur !

آرْناوُد *ârnaout*, Albanais (grec Ἀλβανίτης et Ἀρναβίτης). — آرناودلق *ârnaoutleq*, Albanie. — آرناود ببرى *ârnaoud bibère*, « poivre albanais », poivron à racine rougeâtre, espèce de sariette, nommée aussi *savorée*. — آرناود پنیرى *ârnaoud peiniri*, fromage de chèvre en forme de pain. — آرناود طاریسی *ârnaout darusu*, blé noir.

اروقه *èrouqa*, cresson alénois (peu usité). Cf. صو.

اروه‌لمك *èrvèlèmek*, (var. ایروه‌لمك) étendre une couche de farine sous la pâte pour l'empêcher de se coller. — Comp. avec le mot آرد *ârd*, entonnoir de meule.

اره *èrrè*, pers. scie. — اره خانه *èrrèkhanè*, scierie, scierie mécanique.

آره‌مك *âramaq* ; voir آرامق.

آره‌لق *âraleq* ; voir آرالق.

آرِى *âreu*, abeille, essaim d'abeilles (se prend quelquefois dans le sens de gâteau de miel). — بك آرى (قوان *bey âreu*, reine des abeilles. — اوغل آريسى *oghoul âreuse*, miel de jeune abeille, miel blanc. — اشك آريسى *èchèk âreuse*, guêpe. — يبان آريسى *yaban âreuse*, abeille dépourvue d'aiguillon, c'est le mâle. — آرى قوشى *âreu qouchou*, guêpier, *mérops*, au plumage vert et jaune. — Prov. : آرى بك اولان قوانه اوشر *âreu bey olan qovana uchèr*, la reine des abeilles vole vers la ruche. — آرى قوانه كيدر *âreu qovana guidèr*, l'abeille retourne à la ruche. — بيسز آرى بال ياپمز *beysèz âreu bal yapmaz*, abeille sans reine ne fait pas de miel. — ارينك بكنى طوتمق *areuneñ beyini toutmaq*, « prendre la reine des abeilles » c.-à-d. : agir habilement, faire un coup de maître. — نه آرىيه بال نه بلبله دال آكسك اولور *nè âreuyè bal nè bulbulè dal eksik olour*, « le miel ne manque pas à l'abeille, ni la branche au rossignol », un habile homme n'est jamais embarrassé. — بال ايچنده آرى وار *bal itchindè âreu var*, « sous le miel il y a l'abeille », répond à notre proverbe : « il y a anguille sous roche », *latet anguis in herba*. — بر اوج آرى

بر اووج آرى كبى اولمق *bir âvoudj âreu guibi olmaq*, « être comme une poignée d'abeilles » c.-à-d. : être furieux.

آرى et آريق *âreu, âreuq*, pur, purifié, propre. — آريقلق *âreuqleq*, propreté, pureté, innocence.

آرى *âreu*, particule d'affirmation, certainement, parfaitement, très bien, sans doute.

آرى *iru*, gros; voir ايرى.

اريا *aria*, (de l'italien?) t. de marine : déferler une voile, la mettre au vent; se construit avec *etmek*.

اريال *irial*, (de l'espagnol *real*) real, colonnate d'Espagne et d'Autriche; — thaler.

اريش *èrich*, (var. ايريش *irich*) trame de la toile sur le métier. — *ârech*, voir آرش.

آريق *âreq*, (var. آرى, آرغ, آريغ) maigre, émacié, exténué. — آريقلق *âreqleq*, maigreur, affaiblissement. — آريقلامق *âreqlamaq*, maigrir; on emploie dans le même sens les formes composées آريقلاتمق *âreqlatmaq* et آريقلانمق *âreqlanmaq*. — Prov. اوكوزه بيچاق اولمز آريق *âreq eukuzè betchaq olmaz*, bœuf maigre n'a rien à craindre du coutelas. — آریق طاغوقدن طاتسز تیرید اولور *areq tavouqten tatsęz tirid olour*, poule maigre fournit du bouillon fade.

اریك *èrik*, (var. اروك, t. or. اوروك) prune. On cite parmi les différentes espèces : ا آماسیه *amaçia èriyi*, la prune d'Amasia. — ا بارداق *bardaq èriyi*, la prune diaprée. — ا تربه *turbè èriyi*, la prune de tombe (?). — ا جان *djan èriyi*, la prune de Tours. — ا چقال *tchaqal èriyi*, nommée aussi ا یابان *yaban èriyi*, prune sauvage ou prunelle. — ا عین بقر *aïn baqar èriyi*, « œil de bœuf », grosse prune de Monsieur. — ا فرنك *firenk èriyi*, prune d'Europe. — ا مردم *murdum èriyi*, prune de Damas. — ا هند *hind èriyi*, « prune de l'Inde », c'est le myrobolan.

آریمق *arêmaq*, 1° être pur, net, purifié. — 2° relever de maladie. — آریتمق *arętmaq*, purifier, nettoyer, être rendu propre. — آریلمق *aręlmaq*, retrouver la santé, guérir. — آرینمق *aręnmaq*, se nettoyer, se purifier ; — *au fig.* réformer ses mœurs, s'amender.

اریمك *èrimek*, se liquéfier, fondre ; se dissoudre dans un liquide. — maigrir, dépérir ; se faner (une étoffe). —

être stupéfait, demeurer interdit. — *au fig.* یاغی اریمك *yaghę èrimek*, rester confondu (par la colère, la stupeur). — اریکن *èriguen*, fondant (comme un fruit). — Trans. اریتمك *èritmek*, faire fondre, dissoudre. — اریفمك *èrinmek*, être fondu, s'amollir ; être paresseux ; — bayer aux corneilles.

ایریك (var. ایرین) *iriñ* ; voir ایریك.

ارینجك *èrindjik*, paresseux, négligent ; — ennuyé, oisif ; voir اریمك.

آز *âz*, peu, petite quantité. — بر آز *bir âz*, un peu, un peu de temps. — بر آزدن *bir âzdan*, bientôt, sous peu. — آزار آزار *âzar âzar*, peu à peu, progressivement. — آزاجق, vulg. آزجق *âzadjęq* ou آزجق *âzędjęq*, un peu, une petite quantité. — آز بوچوق *âz boutchouq*, une très petite quantité, moins que rien (vulg.). — اك آزدن *eñ âzdan* ou آز آزدن *âzdan âz*, pour le moins, tout au moins. — Prov. : آز اولوب اوز اولسون *âz oloup ouz olsoun*, peu et bon. — آز چوغه تابعدر *âz tchogha tabi'dir*, « peu vient à la suite de beaucoup » la gêne suit l'aisance. — آزجق اشم غوغاسز باشم *âzędjęq achęm ghavghasęz bachęm*, mon repas est mince, mais ma tête est tranquille. — آز قصه دکلدر

âz qessa deïldir, ce n'est pas une petite affaire.

آزَجِق et آزَاجِق *âzadjeq, âzedjeq*, un peu, en petite quantité; voir آ.

آزَاد *âzad*, (pers. libre, affranchi) sortie de l'école après la leçon. On dit بر ايكى آزاد مكتب *bir iki âzad mekteb*, école où les enfants se rendent deux fois par jour. — آزادلو *âzadlu*, affranchi (esclave), congédié. — آزادلق *âzadleq*, affranchissement. — آزادلق كاغدى *âzadleq kiahate*, acte, cédule d'affranchissement. — آزادلق قوش *âzadleq qouch*, faible, inanimé. — آزادلامق *âzadlamaq*, mettre en liberté, congédier. — آزاد قوشلرى *âzad qouchlare*, cages remplies d'oiseaux que l'on vend aux dévots musulmans pour qu'ils aient le mérite de leur rendre la liberté, ce que la loi religieuse recommande comme un acte pieux.

آزارلامق *âzarlamaq*, (du pers. آزار) troubler, molester, reprocher, blâmer. — *Trans.* آزارلتمق *âzarlatmaq*, même sens. — n. d'act. آزارلايش *âzarlaïch*, molestation, reproche, blâme.

آزالمق *âzalmaq*, diminuer, amoindrir, baisser. — au neutre: devenir moindre, s'affaiblir. — *Trans.* آزالتمق *âzalatmaq*, rendre moindre, diminuer, abréger. Cf. آ et اكسلمك.

ازب *azèb*, orthogr. fautive pour عزب *a'zeb*, corps de troupes. Cf. ce mot et جبهجى.

ازبانديت *izbandit*, (de l'ital. *sbandito*, chassé) 1° brigand, hors la loi, scélérat, *outlaw*. — 2° homme de mauvaise mine.

ازبرلمك *èzberlèmek*, (du pers. از بر par cœur) retenir par cœur, confier à sa mémoire. — ازبره چالشمق *èzberè tchalechmaq*, même sens. — ازبر اوقومق *èzber oqoumaq*, réciter par cœur. — *Trans.* ازبرلتمك *èzberletmek*, faire retenir de mémoire, faire apprendre. — درس ازبرلتمك *ders èzberletmek*, faire apprendre une leçon, faire la leçon; donner un rôle.

آزجه *âzdjè*, un peu, assez peu, en petite quantité. — آزجه آزجه ايچمك *âzdjè âzdjè itchmek*, boire à petites gorgées; voir آ.

آزرغنمق *âzarghanmaq*, donner peu, être parcimonieux; retrancher.

آزغاشمق *âzghachmaq*, (variante: آزغشمق) se disputer, se quereller; —

vivre en mauvaise intelligence; faire mauvais ménage.

آزغن et آزغون *âzghen, âzghoun;* voir le mot suivant.

آزغين *âzghen,* (var. آزغون) 1° violent, enragé. — 2° rebelle, révolté. — آزغنلق *âzghenleq,* fureur, rage, débordement. — آزغين شيش *âzghen chich,* abcès, apostême.

آزق et آزوق *âzeq, âzouq,* vivres, aliments, provisions; voir آزيق.

ازكی *èzgui,* chant, air; manière de chanter particulière aux paysans, d'une voix fausse et rauque. On dit en proverbe d'une parole dont on met en doute la véracité: آغير ازكی فستقی مقام *âgher èzgui festeqe maqam,* « lourde chanson sur le ton *festeqe* ».

ازكيل *ezguil,* (comme دونكل) espèce de nèfle.

ازماريد *izmarid,* du grec σμαρίδα, éperlan, goujon.

آزماق *âzmaq,* 1° torrent, ruisseau formé par le débordement d'une rivière. — 2° endroit où l'eau rompt ses digues. — Cf. آزمق.

آزمان *âzman* et آزمش *âzmech,* (du

v. آزمق) 1° débordé (torrent, fleuve). — 2° grand, épais, énorme.

ازماولا *izmaola,* (origine incertaine) espèce de mûre jaune, nommée aussi en turc « fraise d'arbre » آغاج چيلكی; c'est probablement le fruit de l'arbousier commun. — se prend quelquefois pour *framboise,* mais le nom le plus usité de la framboise est بوكرتلن.

آزمساماق *âzamsamaq,* considérer comme peu de chose, désapprouver, dédaigner; cf. آز.

آزمق *âzmaq,* 1° dépasser les bornes; s'égarer, se pervertir; — se révolter; — avoir un accès de colère ou de rage; — s'enflammer (une plaie, une sédition). — 2° avoir une pollution nocturne. — Trans. آزدرمق *âzdermaq,* 1° égarer, pervertir, exciter la colère ou la rage. — عادت اصلی آزدرور *aadet açle âzderer,* l'habitude modifie la nature (prov.). — 2° augmenter, accroître. — 3° tacher, salir. — آزدرلمق *âzderelmaq,* être égaré, perverti. — آزشمق *âzechmaq,* gagner, s'accroître (l'incendie, la sédition). — آزغاشمق *âzghachmaq,* se quereller, en venir aux coups; faire acte d'hostilité. — Le verbe *âzmaq* se prend quelquefois comme verbe actif dans le sens de « perdre » et gouverne l'accusatif, comme dans ce proverbe : يولى آزانه كوپك سسی بلبلدن طاتلو در *yole âzana kieupek sèsi bulbulden tatlu dur*, pour qui perd sa route, la voix du chien est plus douce que celle du rossignol.

ازمك *èzmek*, piler, broyer, écraser, triturer. — *au fig.* détruire, fouler aux pieds, vaincre. — باشنی ازمك *bachene èzmek*, dompter, anéantir. — لقردی ازوب بوزمك *laqerde èzup beuzmek*, faire rouler les mots, parler avec force. — ازدرمك *èzdurmek*, faire piler, etc. — ازلمك *èzilmek*, être vaincu, renversé, anéanti. — ازلوب بوزلمك *èzilup beuzulmek*, hésiter, montrer de la méfiance, se tenir sur ses gardes. — ازنمك *èzinmek*, avoir une défaillance d'estomac. — ازندی *èzinti*, défaillance d'estomac, pâmoison.

ازمك *èzmek*, bossuer. *Trans. èzdurmek*, même sens. — ازكش et ازكلو *èziklu, èzikmich*, bossué.

آزمه *âzma*, égarement, perdition ; voir آزمق.

ازمه *èzmè*, marmelade, confiture, purée (du verbe ازمك *èzmek*, piler, broyer). — بادم ازمه‌سی *badem èzmèse*, purée faite avec des amandes, espèce de frangipane.

آزو *âzou*, dent molaire. (Cf. ازمان *âzman*, grand, épais.) — آزویه آلمق *qième âzouïa âlmaq*, prendre le mors aux dents. — آزولو *âzoulou*, violent, féroce, indomptable ; on écrit aussi آزیلو. — Prov. آزیلو ایله باشه چیقلمز *âzelu ilè bachè tcheqelmaz*, on ne se bat pas avec un enragé. — آزولو حیوان *âzoulou* ou *âzelu haïvan*, bête sauvage.

آزی *âzeu* ; voir le mot précédent.

آزیق *âzeq*, (var. آزق, آزوق) aliments, provisions, vivres. — Prov. : آزیقسز یوله چیقلمز *âzeqsez yola tcheqelmaz*, « on ne se met pas en route sans provisions ». — آزیقلو *âzeqle*, riche, bienfaisant, généreux. — آزیقلنمق *âzeqlanmaq*, se nourrir, se munir de vivres, s'approvisionner.

آس *âss*, 1° hermine. — 2° pays de l'hermine, le Kyptchak, le nord de la Sibérie. — 3° petit-gris qui se rapproche, pour la couleur et la qualité, de l'hermine.

اس, 1° *iss*, pour اسی *issi*, frère aîné ; synon. de *âgha* آغا. — 2° *ess*, maître, possesseur ; voir le mot suivant.

اسب

اُسّ ess, (écrit aussi, mais plus rarement اُصّ) maître, possesseur, comme l'ar. صاحب. Ce mot ne se trouve guère que dans les proverbes et les textes anciens : اسی یمز انجیری esse yèmèz indjirè, le jardinier ne mange pas ses figures. — ایت اسنی بلور ît essene bilir, le chien connaît son maître.

آدمه قیلدی فرشته لر سجود
هم اکا چوق قیلدی اول لطف اسی جود

Les anges se prosternèrent devant Adam et le maître de tant de grâces (Dieu) le combla de ses dons. — اصسز ess-sez, sans maître, abandonné.

اسامه èçamè, (probablement de l'ar. اسامی) registre-matricule où sont inscrits le nom et la solde de chaque homme. — quotité de la solde; paye des sipahs et silihdars. — اسامه لو èçamèlu, soldat inscrit sur les rôles ou registre-matricule. Les billets de paie, délivrés aux corps de cavalerie par deux bureaux spéciaux, étaient visés par un chef de bureau, qui traçait à l'encre rouge, sur chaque billet, la lettre م abréviation de مسطور « écrit, enregistré ».

اسباتی isbati, trèfle, au jeu de cartes, (du grec σπαθί, pour σπάθη, spatule).

اسبری èsberi, se dit du faucon difficile à dresser pour la chasse.

اسبیر isbir, (ital. sbirro) soldat chargé de l'entretien des chevaux; — palefrenier, cocher, conducteur de chariot. Cf. آرابه جی.

اسپارچینه ispartchina, (ital. ?) nœuds de chanvre enroulés autour des cordages pour les protéger contre l'usure, ou les empêcher de s'enchevêtrer les uns dans les autres. — Les trois *aussières* ou cordages dont se compose un cable.

اسپاری (var. اسباری) ispari ou espari, du grec σπάρος, sparus salvani, nom donné à une espèce de poissons connus sous la dénomination de *sparoïdes*. On y remarque le *sarge*, le *pagel*, le *charax*, en grec χαραχίδα, etc.

اسپازموز ispazmos, (du grec σπάςμος) spasme, contraction musculaire, tiraillement.

اسپاولی ispaoli, (ital. spagi, spagoti) cordes minces, grosses ficelles employées dans le gréement du navire.

اسپتاليه *ispitaliè*, (ital. *ospitale*) hôpital, hospice = خسته خانه *khasta-khanè*.

اسپرطو *ispirito*, (ital. *spirito*) esprit, spiritueux, essence. Ce nom s'applique à différentes essences ou liqueurs, comme l'essence de canelle, l'eau de menthe, l'eau de vie camphrée, et à des sels, comme le sel subtil, l'alcali, etc.

اسپرماچت *ispirmatchit*, (ital. *spermaceti*) blanc de baleine, cétine; stéarine. — nommé vulgairement بالق نفسى *baleq nèfse*, « âme de poisson ». — voir aussi قورزه.

اسپناق *ispanaq*, (pers. اسپناج ar. اسفناخ) épinard, nommé en turc vulg. اشك قولاغى *èchèk qoulaghou*, « oreille d'âne ».

اسپنج *ispendj*, corrupt. du pers. پنجك *pendjik*, qui signifie *quint*. On donnait ce nom à la part du cinquième prélevé autrefois par les sultans ottomans sur les prisonniers de guerre. Ce fut Mourad Ier qui, pour la première fois, établit cette taxe au profit du *beït ul-mal* (trésor); chaque prisonnier fut évalué à 120 aspres.

اسپنچيار *ispintchiar*, vulg. spentcher, (ital. *spezziale*) pharmacien, marchand de drogues médicinales et de simples. Cf. اجزاجى.

اسپنجيك *ispindjik*, prélèvement du quint légal, du cinquième de la valeur vénale des esclaves et prisonniers de guerre. On nomme پنجيك la quittance de cette somme, renfermant le signalement de l'esclave vendu et constatant la régularité de la vente. Cf. اسپنج.

اسپنديك *ispindik*, poisson à lèvres plates, de l'espèce du لورك.

اسپنوز *ispinoz*, (grec σπίνος) pinson, oiseau siffleur.

اسپير *ispir*, garçon, valet d'écurie; c'est sans doute une variante de اسپر.

استاتستيق *istatistîq*, (du français) statistique. Faute d'équivalent exact en arabe, les Ottomans ont emprunté ce mot à notre langue. Il y a au ministère de l'intérieur un bureau de statistique nommé *istatistîq qalemi*. Pour la statistique judiciaire, ils se servent d'une périphrase: امور حقوقيه دائر جداول « tableaux relatifs aux affaires judiciaires ».

آستار *ástar*, (pers. آستر) doublure,

tout ce qui sert à doubler ; — revêtement de plâtre ou de vernis. — On dit d'un homme dont le caractère ne répond pas à ses dehors : آستاری یوزینه *âstare̗ yuzunè ouïmaz*, « sa doublure ne va pas avec son endroit », et de celui qui vaut mieux par ses qualités que par son extérieur : آستاری یوزندن بهالو *âstare̗ yuzunden pahalu*, « sa doublure vaut plus cher que son endroit ». — اصلی یوق آستاری یوق *asle̗ yoq âstare̗ yoq*, « sans base, ni doublure », homme de rien, sans feu, ni lieu. — آستارلق *âstarle̗q*, étoffe légère pour doublure ; toute chose ordinaire et sans valeur. — آستارلو *âstarlu*, doublé. — آستارلامق *âstarlamaq*, doubler (un vêtement) ; — mettre une couche de plâtre ou de vernis.

ایام استاریه ou استاریه *eyyami-estarye̗*, jours d'estaries, durée du séjour d'un navire marchand dans le port, (ital. *starie*). — Voir aussi استالیا.

استاقوس *istaqos*. Ce mot emprunté au grec ἀστακός, désigne à la fois l'écrevisse de rivière, l'écrevisse de mer ou langouste « *locusta marina* », et le homard.

استالیا *istalia*, (c'est la transcription de l'italien *stalia*) stipulation de la durée du séjour accordé à un navire pour faire son chargement. — قونطرا استالیا *qontra-istalia*, ital. *contrastalia*, engagement de séjour pris par le capitaine du navire. En français *starie* et *contrestarie*.

استانبول *istambol*, (var. استامبول et, par une sorte de *tas'hif* ou jeu de mots, اسلامبول *islambol* « le foyer de l'islam ») Constantinople, capitale de l'empire ottoman. Voir au *Dict. géographique*. Sous l'ancien régime, on donnait le titre de استانبول آغاسی « âgha de Constantinople » à l'âgha des Janissaires, gouverneur militaire de la capitale. Le premier magistrat de la ville était nommé استانبول افندیسی *istambol efendisi*. — استانبول مقاطعه سی *istambol mouqate'asi*, ancien bureau des fermes de Constantinople. — On dit en proverbe : استانبول كاه دره كاه تپه در *istambol guiah dère guiah tèpè dur*, « Constantinople est en partie vallée et en partie colline » pour faire entendre qu'il y a des inégalités et des vicissitudes dans la vie. — استانبول آغیزی طار قارنی بول *istambol âghe̗ze̗ dar qare̗ne bol*, « Constantinople ! bouche étroite et ventre large » allusion plaisante à l'exiguïté des détroits et à la vaste enceinte de murailles de cette capitale. — A quelqu'un qui tire trop vanité de son pays natal on dit ironiquement : استانبولده چوق حمال وار در *istambolda tchoq hammal var dur*, « il y a aussi beaucoup de portefaix à Constantinople ». — شو هنری ایدرسڭ شانڭ استانبولده یایلور *chou huneri edersen chanuñ istambolda yayilur*, « si tu fais cet exploit, ton nom se répandra dans Constantinople », tu deviendras célèbre.

آستانه *âçitanè*, (du pers. seuil, porte; cour souveraine.) — L'expression آستانهٔ علیه *âçitanè-i aalyè* ou آستانه سعادت *âçitanè-i-seadet*, désigne la Porte ottomane et s'emploie aussi comme synonyme de Constantinople, Istambol.

استاوروز *istavroz*, (var. استورس *istavros*; du grec σταυρός) 1° croix, crucifix; en forme de croix. — استاوروز چیقارمق *istavroz tcheqarmaq*, faire le signe de la croix; *au fig.* manifester de l'étonnement ou de la crainte. — 2° entrecroisement de deux chaînes ou câbles en fer; t. de marine. Cf. اسپارچینه et قورزه.

استاوریت *istavrit*, (du grec σταυρωτός) poisson qui a sur le dos une espèce de croix *(stavros)*. — استاوریت ازمانی, orque. Cf. اورکینوز.

استبرا *istibra*, ar. délai légal pendant lequel l'acquéreur d'une esclave ne doit pas cohabiter avec elle, afin qu'on puisse constater si elle est ou non enceinte.

استبراق *istibraq*, lustrine, étoffe de coton apprêtée et lustrée.

استثنا *istisna*, ar. prescription légale dont la durée est de quinze ans pour les actions en général, et de trente-six ans pour les biens qui ont fait partie des *vaqoufs*. On se sert dans le même sens de l'arabe مرور الزمان.

استج *ustudj*, étui, boîte à compas, etc.; voir اوستج. — On écrit aussi, mais plus rarement, استنج *ustundj*.

استحکام *istihkam*, pl. استحکامات *istihkamat*, (ar. fortifier, solidifier). — Corps du génie militaire et des fortifications, composé de trois régiments sous les ordres d'un *miri liva*, général de brigade.

اِستِخاره *istikharè*, (de l'ar. consulter le sort pour choisir le meilleur parti) divination au moyen du Koran, consultation analogue aux *sortes virgilianœ*.

اَستَر *âstar*, doublure; voir آستار.

اِستَر *ister*, soit, ou bien; de bon grè; voir استهمك.

اِستَراليه *istraliè*, de l'ital. *stragli*; t. de marine: étais, gros cordages qui protègent le navire contre les chocs d'arrière en avant, comme les haubans le protègent contre les chocs de babord à tribord.

اِستِرك *istèrèk*, (du grec στύραξ) 1° styrax, substance gommeuse ou résineuse qui provient de l'alibousier. Cf. قره كونلك. — 2° *sturio*, esturgeon; œufs d'esturgeon ou caviar.

اِسترونكيلو *istronguilo*, (probablement du grec στρογγύλα) c'est un poisson dont la mâchoire se termine en forme de tube; il ressemble d'ailleurs au hareng; son nom dans la Méditerranée est *mendol* ou *mendole*; voir une autre variété de la même famille au mot مزيت.

اِستريديا *istridia*, (grec στρίδια,) huîtres.

اِستطراد *istitrad*, (de l'ar. éloigner, écarter, repousser) digression, s'éloigner de son sujet; — période incidente; épisode.

اِستعجال *isti'djal*, (ar. presser, hâter) t. de justice: référé. — استعجال دعواسنى ايتمك *isti'djal daavasini etmek*, plaider en référé. — استعجال حكمى *isti'djal hukmu*, ordonnance de référé.

اِستعفا *isti'fa*, ar. démission volontaire d'une fonction publique (comme انفصال). — Comp. avec عزل démission forcée, destitution.

اِستغفر الله *estaghfir ullah*, vulg. *staghfir oullah*, expression arabe très usitée dans le sens de: Dieu préserve! Dieu garde! — absolument pas; point du tout.

اِستفان *istifan*, (du grec στεφάνι) couronne de fleurs; — diadème orné de pierres précieuses; — bandeau, coiffure de femmes. L'arabe a aussi la transcription اصطفان.

اِستفتا *istifta*, (ar. demander une décision) se faire scrupule, hésiter; considérer comme une chose délicate.

سویلمکدن استفتا ایدرم — *seuilèmekten istifta ederim*, je me fais scrupule de parler.

استفیل *istifil*, (origine incertaine) employé avec *olmaq*, tomber d'accord; être d'accord; vérifier un compte ensemble.

استقراض *istiqraz*, (ar. emprunter) emprunt, emprunt public. — استقراض بحری *istiqrazė bahri*, emprunt à la grosse. — استقراض آقچه‌سی *istiqraz âqtchèse*, produit d'un emprunt. — استقراض سندی *istiqraz sènèdi*, titre d'emprunt. — بر استقراض نشر ا *bir istiqraz nechr etmek*, ouvrir un emprunt public.

استك *istek*, (cf. استه‌مك) désir, envie, demande; convoitise; — demande de secours. — استكلو *istekli*, qui demande, désire, convoite. — استكلو آت *istekli ât*, cheval qui a de l'ardeur (peu usité).

استما *içitma* et ستما *çitma*, fièvre; voir اصیتما.

استمار *istimar*, (var. استماره) (de l'ital. *stimare*) jaugeage. — avec *etmek*, jauger. — استمارجی *istimardji*, jaugeur, estimateur de vin et de liquides en général.

استمك *istèmek*, vouloir, désirer; voir استه‌مك.

استنطاق *istintaq*, (ar. interroger) interrogatoire, instruction judiciaire. — استنطاق نامه *istintaq-namèh*, procès verbal d'interrogatoire. — استنطاق مأموری *istintaq mèmourė*, juge d'instruction.

استنغة *istingha*, (grec στιγγάρω) carguer la voile.

استوبی *istoubi, istoupi*, (ital. *stuppa*, grec στούππα) 1° étoupe. Les variantes de ce mot sont très nombreuses : اسطبه, اصطویه, اوستی, et même اصلوی. Cette dernière forme paraît être une faute de lecture. — 2° fragments de corde qui servent au calfatage. — صلاماستره استوبیسی *çalamastra istoupisi*, (de l'italien et du grec) *rabans*, bouts de cordages qu'on emploie à faire différents amarrages.

استوج *estoudj*, (de l'ital. *astuccio*) étui, boîte à instrument. — مهندس استوجی *muhendis estoudje*, boîte à compas. — جراح استوجی *djerrah estoudje*, trousse de chirurgien. — مرانغوز استوجی *maranghoz estoudje*, établi de menuisier.

اُستورپه *estourpa*, balai fait avec des bouts de cordages (peut-être l'ital. *stroppo*, franç. *estroppe*).

اُستوره *estoura*, (var. استره, moins bien اوستوره et اوسطوره *oustoura*) instrument pour raser ou tondre; rasoir. — جرّاح اُستورەسی *djerrah estourase*, bistouri, lancette. Cf. جنبستره *djinbistra*, vulg. *djenbes* ou *djenbez*, petites pinces pour épiler.

اُستوفاطو *estoufato*, (de l'ital. *stufato*) étuvée, daube de viande; — bouillon, coulis versé sur le pain ou les pâtes.

اُستوفه *estofa*, (de l'ital. *stoffa*) étoffe brochée; brocart, brocatelle.

اُستولیچه *oustoulitcha*, (mot bulgare) escabeau, tabouret à trois pieds; trépied.

اِستهلاك *istihlak* (de l'ar. anéantir, abolir). — اِستهلاك دین *istihlaki dein*, amortissement d'une dette. — دیون میریەنك اِستهلاكی *duïouni miryèniñ istihlaki*, amortissement de la dette publique. — اِستهلاك سرمایەسی *istihlak sermayèsi*, fonds d'amortissement.

اِستەمك *istèmek*, (var. اِستَمك) désirer, vouloir; demander. — قىی اِستەمك *qeye istèmek*, gagner le rivage. — اِستَر

ister istèmez, bon gré, mal gré, de gré ou de force. — *ister* répété est synonyme de كرك *guèrèk*, soit, tantôt. — اِستر كلسون اِستر كلمسون *ister guelsin ister guelmesin*, soit qu'il vienne, soit qu'il ne vienne pas. — اِستەمز *istèmez*, il ne veut pas; il n'est pas nécessaire. — آكا سوز اِسترمی *oña seuz ister me*, est-il nécessaire de le dire? — اِستتمك *istetmek*, faire demander, faire appeler; rendre désirable. — اِستنمك *istenmek* et اِستنلمك *istènilmek*, être appelé, désiré, invité. — اِستنلان بره كیت عار ایله *istènilen yèrè guit aar eïlèmè*, « va où tu es invité et n'aie aucune honte ». — اِستیانك بر یوزی قره ویرمیانك ایكی یوزی *istèïeniñ bir yuze qara vermèïeniñ iki yuze*, c'est une honte de demander, une double honte de refuser.

اِستیعاب *isti'ab*, (ar. contenir, renfermer) capacité; tonnage.

اِستیف *istif*, (ital. *stivare*) arrimer, embarquer le lest, les marchandises, etc.

اِستیم *istim*, prononcé fautivement *islim*, de l'anglais *steam*, vapeur; — et par extension, cheminée de bateau à vapeur.

استيماره *istimarè*, (ital. *stimare*) estimer, faire l'estimation de marchandises embarquées; en ar. تخمين. — استيمارهجى *istimarèdji*, estimateur; forme plus élégante : مخمن *moukhammin*.

استيناف *istinaf*, ar. appel; appellation d'un jugement. — استيناف دعوا *istinafi daava*, même sens. — ديوان استينافيه ou محكمهٔ استيناف *divani istinaf* ou *mehkèmèï istinafyè*, cour, tribunal d'appel. — قابل استيناف *qabili istinaf*, appelable. — L'appelant est nommé مستأنف *mustènif* et l'intimé مستأنف عليه *mustènèf 'aleïhi*.

اسحاق قوشى *is'haq qouchou*, « l'oiseau d'Isaac », chouette, chathuant.

اسدى *èçèdi*, (ar. léonin) nom d'une monnaie étrangère adoptée autrefois dans l'empire ottoman, « l'écu au lion ». — Voir ارسلانى.

اسرار *èsrar*, (pl. ar. de سرّ *sirr*, secrets, choses mystérieuses) hachich, électuaire fait avec des feuilles de chanvre. — Comparer avec le persan بنك et l'arabe حشيش.

اسركمق *ousroukmaq*, être égaré, transporté (inusité); voir اسريك.

اسركمك *èçirguèmek*, avoir pitié; voir اسيركمك.

اسره *èsrè*, accent placé au dessous des consonnes et qui leur donne le son *i* ou *é* fermé. Comparer avec le *kesrè* arabe. — ايكى اسره *iki èsrè*, le même accent avec le *tanvîn* répondant au son *în* et *én*. Voir la grammaire.

اسريك *èsrik* (du verbe اسريمك *èsrimek*). — اسريك دوه *èsrik dèvè*, chameau en rut, furieux. — Cf. le t. or. اوسرومك.

اسريمك *èsrimek*, (var. اسرمك *èsirmek*) être égaré, transporté par l'ivresse, la fureur; perdre la tête. Cf. le t. or. اوسرومك *usrumek*.

اسطار *astar*, orthogr. fautive pour آستار, pers. استر, doublure.

اسطاره ou اسطوره *estarè*, *estourè*. (Les Arabes en empruntant ce mot au grec ἰστορία, « histoire », en ont formé le pluriel اساطير *èçatir*.) Contes en prose ou en vers; récits fabuleux. — اساطير اولين *èçatiri evvélîn*, mythologie. — *estoura*, rasoir; voir استوره.

اسطرلاب *esterlab*, (du grec ἀστρόλαβον) astrolabe.

اسطقس *estaqos*, (du grec στοιχεῖον) principe, élément; atome, molécule. Dans le style scientifique emprunté aux Arabes, le pluriel اسطقسات *estaqosat*, signifie « les quatre éléments ».

اصطوپه *estoupa*, étoupe; voir استوبی.

اسقاچه *esqatcha*, (ital. *scassa*) carlingue de mât, assemblage de charpente sur laquelle est fixé le pied du mât.

اسقارچه *esqartchè*, (de l'ital. *carica, scargia*) charger en estive, estiver, empiler.

اسقارصو *esqarço*, (de l'ital. *scarso*) vent de bout.

اسقارموز *esqarmoz*, (ital. *scarmo*) toulet, cheville à laquelle on fixe la rame.

اسقاله *esqalèra*, (de l'ital. *scala reale*) échelle de commandement, au flanc droit du navire.

اسقامبیل *esqambil*, (origine douteuse) cartes à jouer; syn. کاغد قومار et اویونی.

اسقانجه *esqandjè*, (de l'ital. *cambiare*, corrompu en *scangiare, scangia*) relever le quart.

اسقرلات *esqarlat*, (ital. *scarlatto*) drap écarlate de Venise; rouge écarlate, pourpre.

اسقرو *esqro*, (de l'anglais *screw*) hélice de bateau à vapeur.

اسقره (var. اسقاره) *esqara*, (grec ἐσχάρα) grillage. — مطبخ اسقره‌سی *matbakh esqarase*, gril, grillade. — کمی اسقره‌سی *guèmi esqarase*, « grillage de navire » assemblage de pièces de bois qui forment une cale de construction pour les bateaux. — تمل اسقره‌سی *tèmèl esqarase*, espèce de pilotis sur lequel on pose les fondations d'une maison dans les terrains marécageux. — کزندی اسقره‌سی *guezinti esqarase*, escabeau de bois en forme de grillage pour poser les pieds.

اسقندیل *isqandil*, (ital. *scandaglio*, grec σκανδήλι) sonde pour mesurer la profondeur et connaître les bas fonds de la mer. — *au fig. isqandil etmek*, sonder, scruter, examiner avec un soin minutieux, etc.

اسقوپامار *esqopamar*, voiles supplémentaires ou bonnettes qui se hissent latéralement au mât de misaine, de chaque côté de ce mât. — ital. *scopamari*; franç. *bonnettes basses*.

اسقوربوت *esqorbout*, scorbut, maladie.

اسقورپیت *esqorpit*, (du grec σκορπίδι) scorpion de mer, poisson ainsi nommé à cause de sa ressemblance avec le scorpion; sa chair est délicate. C'est le même poisson qu'on appelle *scorpène* et *rascasse* dans la Méditerranée.

اسقورچونه *esqourtchounè*, (de l'ital. *scorzonera*) scorsonère, salsifis, barbe de bouc, en arabe دج et قعبرون.

اسقومرو *esqoumrou*, (du grec σκομβρί) maquereau. Le petit de ce poisson est nommé ونوس *vounous*; le maquereau fumé : توتون بالغى *tutun baleghe*, séché : چیروز *tcheïrouz*. Voir aussi لیپارى et قولیوز.

اسقوطه *esqoutè*, (de l'ital. *scotte*) cordages qui servent à tirer et à tendre les angles inférieurs des voiles; en franç. *écoutes*.

اسقونطو *esqonto*, (de l'ital. *sconto*) escompte, change; droit du banquier pour ses traites. — بورسه اسقونطوسى *boursa esqontose*, cours de la bourse. — اسقونطونك مقدارى *esqontoniñ meqtare*, taux de l'escompte. — بر سنذى اسقونطو ایتدرمك *bir sènèdi esqonto ettirmek*, faire escompter un billet. — Cf. قیرمق. — Le peuple a donné au mot étranger *esqonto* le sens de « vol, tromperie, pillage ».

اسقونه *esqounè*, (de l'anglais *schooner*) bâtiment, petit brick à voiles latines et à deux mâts.

اسكته *iskitè*, petit oiseau, passereau nommé en arabe تنوّط *tenauwit*. D'après S. DE SACY, (*Chrest. ar.*, III, p. 499) c'est le même qu'on nomme « gros bec des Philippines ». Les Turcs lui donnent aussi le nom de صارى اصمه *çaru açma*, « treille jaune » à cause de la position de son nid suspendu par des filaments aux branches d'arbres. L'habileté avec laquelle il construit ce nid, a donné naissance au proverbe : اصنع من تنوّط « plus industrieux que le *tenauwit* ».

اسكل *uskul*, lin fin; voir اوسكل.

اسكله *iskèlè*, (ital. *scala*) 1° échelle, échafaudage. — 2° débarcadère, port de débarquement. — اسكله یانى *iskèlè yani*, le côté gauche à l'arrière du navire, babord.

اسكمله *iskemlè*, (var. اسكمنى *iskemni*, du bas-latin *scamna*, grec mod. σκάμν.) chaise, siège; le grand siège ou fauteuil porte plus souvent le nom de صندلى *çandali* ou *çandalyè*. — صدفلو اسكمله *çadeflu iskemlè*, escabeau avec incrustations de nacre. — يمك اسكملهسى *yèmèk iskemlèsè*, plateau sur lequel on apporte les plats, table. — ابه اسكملهسى *èbè iskemlèsè*, instrument de supplice. Cf. ابه. — اسكمله آغاسى *iskemlè âghasi*, titre d'un des principaux huissiers (*qapidji*) du Sultan; il porte le tabouret garni de lames d'argent où le Souverain pose le pied, pour monter à cheval ou en descendre.

اسكوف *uskiuf*, (variantes : اوسكف, اسكف) bonnet, coiffure ancienne. Dans l'origine, l'*uskiuf* était un bonnet de feutre ou de coton que portaient principalement les derviches. Le célèbre soufi et poète Djelal ed-dîn Roumi, ayant donné un bonnet de ce genre à Suleïman, fils d'Orkhan, à la veille d'une expédition contre les Grecs, ce prince l'accepta comme une promesse de victoire et l'adopta pour lui-même et pour ses officiers. L'*uskiuf* devint alors la coiffure de la cour; les sultans le faisaient couvrir d'une riche broderie en or et lui donnaient le nom de *tadji sultani*, « tiare royale ». Sous le règne de Mohammed II « le Conquérant » (1451—1481), cette coiffure fut réservée spécialement aux officiers des Janissaires et, plus tard, elle distingua les âghas du sérail, avec quelques légères modifications. On nommait آلتون ou صرمه لو اسكوف *áltoun* ou *çermalu uskiuf*, un bonnet de feutre rond et pointu avec des reversis de drap vert; il était surmonté d'une lame de cuivre doré (يوكلك *yukluñ*) qui descendait sur le front, et d'une espèce de fanon qui pendait par derrière. Le bonnet en question a complètement disparu depuis 1826, date de la destruction des Janissaires.

اسكى *èski*, vieux, ancien, âgé; vétéran. — اسكى زمان *èski zèman*, l'ancien temps, le bon vieux temps. — اسكى زمان آتلرينه اسكى عثمانليلر بنوب كتمش *èski zèman âtlarinè èski osmanliler binup guitmich*, les Turcs de l'ancien temps sont partis sur les anciens chevaux. — اسكى صمانلرى قارشدرمه

اسل

èski çamanlare qarechterma, ne remue pas les vieilles pailles. — اسكى طاس اسكى حامام *èski tas èski hammam*, « vieille tasse, vieux bain », toujours la même chanson. — اسكى پوسكى *èski puski*, vieilleries, choses usées et fripées. — اسكيجى *èskidji*, fripier; savetier. — اسكيلر آلايم *èskiler âlaïm*, cri du marchand fripier, du marchand d'habits. — اسكى يى چفوده صاتارلر *èskiye tchifitè çatarlar*, c'est au juif qu'on vend la friperie. — باش اسكى *bach èski*, « vieille tête », le plus vieux serviteur d'une maison, le plus ancien employé d'une administration. — اسكى قورد *èski qourd*, « vieux loup », *au fig.* fin, rusé, fin matois. — اسكى قورد يولى شاشمز *èski qourd yolene chachmaz*, « vieux loup ne perd pas sa route ».

اسكيمك *èskimek* ou اسكيلنمك *èskilenmek*, vieillir, être usé, passer de mode, s'user. — اسكيتمك *èskitmek*, rendre vieux, user à force de se servir d'une chose. — استانبولك قالدريملرينى اسكيديورسين *istamboluñ qalderemlarene èskidiorsun*, tu uses (tu bats) le pavé de Constantinople.

اسلامبول *islambol*, « plein d'islamisme » c.-à-d. : « le centre de la foi musulmane », surnom que les Turcs donnent souvent à Constantinople, au lieu du nom turco-byzantin *istambol*. Cf. استانبول.

اسلوب *usloub*, (ar. chemin, méthode; orthogr. fautive اصلوب) forme, manière; moyen, méthode. — اسلوب ايله *usloub ilè*, avec ordre et méthode; بر اسلوب ايله *bir usloub ilè*, d'une manière, d'une certaine façon. — اسلوبلو *usloublu*, arrangé, en ordre, correct. — اسلوبسز *usloubsez*, sans ordre, sans forme; qu'on ne sait comment prendre. — اسلوبسزلق *usloubsezleq*, désordre, irrégularité, difformité.

اسله مك (variante: اسلمك) *islèmek*, écouter, prêter l'oreille; obéir. — سوز اسله مز *seuz islèmez*, indocile, rebelle.

اسمك *èsmek*, souffler, venter, faire du vent. — اسوب صاورمق *èçup çavourmaq*, souffler, suffoquer de colère. — باشده خليال اسمك *bachdè khoulialar èsmek*, avoir des scrupules, des appréhensions. — *au fig.* روزكار اسمك *rouzguiar èsmek*, avoir une chance favorable, être favorisé de la fortune. — يرنده يللر اسمك *yerindè yèller èsmek*, disparaître, être anéanti.

اسن *èçèn*, sain, bien portant, en

bonne santé. (Cf. le t. or. ايس intelligence, raison et ايسن sain d'esprit.) — اسنلك èçènlik, bonne santé, salubrité, prospérité. — اسنمك èçènmek, se souhaiter une bonne santé, se dire adieu, d'où le *récipr.* اسنلشمك èçènlèchmek, se quitter, prendre congé; voir aussi اسنهمك.

اسنك èsnek, 1° élasticité. — 2° bâillement, ennui. — اسنك كتوورر اسنك galons. — èsnek èsnek guètirir, « le bâillement provoque le bâillement ». — èsnik, espèce de bâillon ou de muselière dont on se sert pour sevrer les petits des bestiaux.

اسنهمك èçènlèmek, dire adieu, prendre congé; litt. : « souhaiter une bonne santé, » du v. اسنك « être bien portant ». — اسنلشمك èçènlèchmek, se dire réciproquement adieu, se quitter, se séparer.

اسندلك (var. اسنلك) èsnèlik, bridon; mors articulé; Cf. اسنك èsnik.

اسنهمك èsnèmek, (اسنمك) 1° avoir de l'élasticité, prêter comme une étoffe souple et élastique. — 2° bâiller. — اسنتمك èsnètmek, 1° tirer, tendre. — 2° inspirer de l'ennui, faire bâiller.

اسنهديش èsnèich, élasticité des corps (du verbe اسنهمك èsnèmek).

اسه èçè, corruption de عيسى 'yça, 'yçè, Jésus. — قره اسه qara èçè, vulg. qaraçè, nom d'un district de l'Eyalet de Khodavendguiar. Voir au *Dict. géographique*. — On dit en proverbe de l'homme présomptueux et égoïste: اسه‌یی موسه‌یی طانیز صالت كندینی بیلور èçèye mouçèye tanımaz çalt kendini bilir, « il ne connaît ni Jésus, ni Moïse et ne connaît que lui-même ». — En persan, ces noms se prononcent aussi mouçè, èçè, au lieu de mouça, 'yça, en vertu de l'*imalè* qui domine dans cette langue.

اسهام es'ham, (pl. ar. de سهم partie, lot) actions, obligations. — Synon. de ديون duïoun, la dette publique. — اسهام عمومیه es'hami 'oumoumyè, dette consolidée. — اسهام فرلانمه‌سی es'ham fırlanmase, hausse des fonds publics. — اسهام محاسبه‌جیسی es'ham mouhaçè-bèdjisi, contrôleur des titres et qaïmèhs; c'est un fonctionnaire du deuxième rang.

اسی içi. اسیلك içilik, chaleur; voir اصی.

اسیجاق eçedjaq, chaud ; voir اصیجاق.

اسیر èçir, vulg. yèçir, esclave (prisonnier de guerre), captif. — اسیرلك èçirlik, esclavage, captivité. — اسیر بازاری èçir bazare, il y avait autrefois à Constantinople un bâtiment public, ainsi nommé, destiné à l'exposition des esclaves mis en vente.

اسیرجی èçirdji, marchand d'esclaves. — Prov. : اسیرجی یه قیز بکندرمك کبی گوچ èçirdjiyè qez beyendirmek gui bi gutch, « c'est aussi difficile que de trouver une esclave qui plaise au marchand ». — اسیرجیلر کهیاسی èçirdjiler kyayasi, agent préposé à l'inspection du marché aux esclaves. — اسیرجی عاقبت اسیر اولور èçirdji aqybet èçir olour ; le marchand d'esclaves finira par devenir esclave.

اسیرکه مك èçirguèmek, 1° avoir pitié, compassion. — 2° garder, protéger, défendre, refuser ; repousser une attaque à main armée. — مولا اسیر که سون mèvla èçirguèssun, adieu ! que Dieu vous protège ! Dieu préserve ! — سوز اسیر که مك seuz èçirguèmek, veiller sur son langage, être circonspect dans ses paroles. — اسیرکنمك èçirguènmek, être protégé, gardé ; être refusé.

اسیله مك èçilèmek, obéir, exécuter les ordres, être soumis (se dit surtout de l'obéissance de l'esclave envers son maître, cf. اس maître). — eçelèmek, réchauffer, rendre chaud. Cf. اصیجاق.

اسیم (variante : اسم) eçîm, action de souffler, souffle. — بر اسیم یل bir eçîm yel, coup de vent, brise ; courant d'air. Cf. اسمك.

آش âch, aliment ; repas en général ; — bouillie ou potage de blé et de farine ; — mets grossier. — Prov. : آش طاشنجه کفچه یه بها اولمز âch tachendjè keftchèyè paha olmaz, quand la soupe déborde, on n'a que faire de la cuiller à pot. — آش اوی âch èvè, comme آشخانه âchkhanè, cuisine. — آشجی âchdjè, cuisinier, traiteur. — آش اوتی âch otè, coriandre. — سودلو آش sudlu âch, bouillie au lait. — آش یرمك âch iirmek, littéral. : « être glouton de mets », avoir une envie (de femme grosse). — آشلق âchleq, 1° mets, aliments. — 2° ustensiles de cuisine, chaudron, marmite. — عرب آشی aareb âche, « mets d'Arabe », pot-pourri, mélange de toute sorte. — Dans l'ancienne organisation militaire, une des *ortas* ou chambrées des Janissaires était placée sous le commandement d'un آشجی *âchdje* « cuisinier », auquel on donnait aussi le nom de اوسته *ousta* (pour *oustad*), patron. — آشجی باشی *âchdje bache*, cuisinier en chef du palais impérial; il avait autrefois sous ses ordres deux cents aides et marmitons.

آش *âch*, amnios, une des enveloppes du fœtus. Cf. صوك *soñ*.

آش *âch*, vaccin, vaccination. — آشلامق *âchlamaq* et آش ا *ach etmek*, vacciner; voir aussi آشیلامق et آشی.

اش *èch*, pair, égal, compagnon; une des deux moitiés d'une couple, d'une paire. — اش ا *èch etmek*, accoupler, assortir, appareiller. — دوست اش *èch dost*, ami intime. — دول اشی *doul èche*, arrière-faix. — *èchsez*, sans pareil, sans égal, incomparable, unique; seul, isolé, sans compagnon.

اشارت *icharet*, (ar. faire signe, indiquer) 1° فنّ اشارت *fenni icharet*, sténographie. — اشارت ایله یازمق *icharet ilè yazmaq*, sténographier. — 2° si-

gnal en mer; on nomme en terme de marine : دورنویس بیراغی *dournuvîs baïraghe*, un pavillon destiné à faire des signaux.

آشاغی *âchaghe*, (var. آشاغه *âchagha*) adv. en bas, au dessous. — adj. inférieur, soumis. — آشاغی یوقاری *âchaghe yoqare*, le dessous et le dessus, l'envers et l'endroit. — آشاغیسی یوقارسنه اویماز *âchaghese yoqareseñè ouïmaz*, son caractère ne ressemble pas à son extérieur. — باش آشاغی *bach âchaghe*, tête en bas, penché en avant. — یوقوش آشاغی *yoqouch âchaghe*, montée et descente. — Proverbe: آشاغیکی چشمه قول کبی آقیور *âchagheki tchechmè qol guibi aquior*, fontaine basse coule (gros) comme le bras. — باشدن آشاغی یه قدر *bachten âchagheïa qadar*, de bas en haut, d'un bout à l'autre. — آشاغیلامق *âchaghelamaq*, s'abaisser, descendre; perdre son crédit, son prestige. — *Trans.* abaisser, humilier. — یلکنی اشاغی آلمق *yèlkènè âchaghe âlmaq*, détendre la surface des voiles en les amenant un peu, ariser.

اشاق *achaq*, broyé, pilé, du verbe اشامق. — pour *ouchaq*; voir اوشاق.

اشامق achamaq, (rarement *oucha-maq*) broyer, piler, casser.

اشبو *ichbou*, (vieux ايشبو) pron. démonstratif : ce, celui-ci. — *ichbou* a le même sens que بو, *bou*, mais il ne prend pas les flexions casuelles et ne s'emploie jamais dans la conversation. Il est réservé au style littéraire et se place particulièrement avant l'énoncé des dates : اشبو سنه *ichbou sènè*, cette année-ci, etc. Voir la grammaire.

اشبه *èchbèh*, fanfaron, bravache, aux manières insolentes et grossières.

اشپورطه *échporta*, (de l'ital. *sporta*) grand panier, espèce de hotte qui sert à porter des fruits et spécialement du raisin, pendant la vendange.

اشتاه *ichtah*, ar. orthogr. fautive pour اشتها *ichtiha, ichtaha*, faim, appétit. — اشتاهڭز وارمی *ichtahñez varme*, avez-vous faim ? Cf. اشتها.

اشته *ichtè*, (var. ایشته t. or. اوش ده اوشته) voici, voilà. — ainsi, donc.

اشتها *ichtiha*, prononc. vulg. *ichtah*, appétit, faim, besoin. — اشتهاسز یمك *ichtihasez yèmèk*, manger sans appétit. اشتها دیشك دبنده در *ichtiha dichiñ dibindè dir*, l'appétit a ses racines au fond des dents. — اشتهاسی تکیه لی کلاهندن سیوریدر *ichtihase tèkièli kulahinden sivridir*, son appétit est plus aigu que le bonnet d'un derviche. — اشتهاسی سیوری بر یکیتدر *ichtihase sivri bir iyit dir*, c'est un gaillard de bon appétit. — اشتها بكك اوداسنده یاتمق *ichtah beyiñ odasindè yatmaq*, loc. vulg. « coucher dans la chambre de Sire Appétit », être en appétit, avoir grand faim ; *au fig.* être sans ressources.

اشتیر *ichtir* (*echter*), 1° blette, légume. — 2° arroche, *Atriplex*.

اشرفی *échréfi*, 1° ordre de derviches fondé par Seïd 'Abdullah Echref Roumi qui mourut à la fin du XVᵉ siècle. — 2° nom de la pièce d'or (*áltoun*), sous le règne du dernier sultan d'Égypte Mélik el-Echref ; cette dénomination monétaire se propagea dans l'Empire ottoman après la conquête de l'Égypte.

اشرمه *âcherma*, 1° lien, sangle, voile (*yachmaq*); — vêtement de dessus. — آشرتمه *âcheretma*, bien dérobé, objet volé. — 2° action de saillir ; voir آشمق.

آشری, آشوری *âchere*, 1° au-delà, par-dessus. — یر دكز آشری *yèr deñiz âchere*, sur terre et sur mer. — طاغ آشری *dagh âchere*, par-dessus la montagne. — 2° beaucoup, énormément, à l'excès. — كون آشرى *gun âcherę*, fièvre tierce. — Cf. le verbe آشَمَق.

اِشْعَار et اخطار, ar. *ich'ar, ikhtar*, (avertir, informer) — avec l'*adj.* رسمى *ich'ari resmi*, communiqué officiel, avertissement émané de l'administration.

آشُفْتَه *âchuftè*, (pers. troublé, stupéfait, amoureux) dans l'usage moderne: maîtresse; — courtisane, fille de joie.

آشِق *âcheq*, osselet; voir آشِيق.

اِشِق *ęchęq*, lumière; voir ايشِيق.

آشقين *âchqęn*, pers. آشخُون, rhubarbe; groseille, ar. ريباس.

آشقين *âchqęn*, qui dépasse, débordant; tout plein. Cf. آشَمَق.

اشك *èchèk*, âne. — (Cf. صبا et قولون) — يبان اشكى *yaban èchèyę*, âne sauvage, onagre. — يَر اشكى *yèr èchèyę*, nommé aussi اشك قوردى et اوليا دوهسى, scolopendre, mille-pieds. — اشك آريسى *èchèk âręcę*, frelon. — Prov.: اشك آريسى بال ياپمَز *èchèk âręcę bal yapmaz*, frelon ne fait pas de miel. — اشك بالغى *èchèk baleghę*, morue salée; quelquefois: aigre-fin, poisson. — اشك ديكنى *èchèk dikènę*, chardon.

— اشك قولاغى *èchèk qoulaghę*, épinard; cf. اسپناق. — اوزون اشك اويونى *ouzoun èchèk oyounou*, « jeu de l'âne long » c.-à-d.: de saut-de-mouton. — اشك ايكولو *èchèk iñulu*, entêté, têtu. — Prov. اشك كوچكدر اما طقوز دوهيى يتدر *èchèk kutchuktur amma doqouz dèvèyę yittir*, l'âne est petit, mais (à la tête de la caravane) il fait marcher neuf chameaux. — آجيشان اشك آتدن يوروك اولور *âdjęchan èchèk âtten yuruk olour*, l'âne qui souffre, marche plus vite que le cheval. — اشكك قورديغى بشقه اشكجينك كى بشقه *èchèyiñ qourdoughou bachqa, èchèkdjiniñ-ki bachqa*, ce que veut l'âne est une chose, ce que veut l'ânier, en est une autre. — اشكلك *èchèklik*, ânerie, stupidité. — اشكجى *èchèkdji*, ânier. — اشجك *èchèdjik*, 1° petit âne, âne court et trapu. — 2° *èchèk*, chevalet de violon. — اشك *èchik*, seuil; voir اشِك.

آشكار *âchikiar*, évident, manifeste, connu. — آشكار دشمن كيزلو دوستدن يكدر *âchikiar duchman guizli dostten yektir*, ennemi déclaré vaut mieux qu'ami caché, qui ne montre pas son amitié.

اشكل *èchkel*, (de l'ar. شكل — va-

اشك

riantes moins correctes اشكيل et (ايشكيل) doute, soupçon, conjecture. — اشكللنمك *èchkellenmek*, avoir des doutes, soupçonner, conjecturer.

اشكلنمك *èchèklenmek*, 1° monter à âne. — 2° être têtu comme un âne.

اشكمبه *ichkembè*, (pers. اشكنبه) ventricules, tripes chez les animaux, particulièrement chez les ruminants. Cf. قرق بایر. — اشكمبه پازارى *ichkembè pazarẹ*, marché aux tripes. — اشكمبه‌يه طولدرمق *ichkembèyẹ doldourmaq*, être vorace, manger avec voracité (comme les animaux). — اشكمبه‌جى *ichkembèdji*, marchand de tripes. — اشكمبه‌جى قزغاننـدن ديبا پارچه‌سى چيقمز يا *ichkembèdji qazghanẹnden diba partchasẹ tchẹqmaz ya!* ce ne sont certes pas des morceaux de satin qui sortent de la marmite du tripier! — (prov.)

اشكنجه *ichkendjè*, (pers. شكنجه) 1° torture, question, supplice. — avec *etmek*, torturer, tourmenter, mettre au supplice. — 2° instruments de torture, (coin, chevilles, pal, etc.). — 3° tenailles de menuisier; — pied de chèvre du charpentier.

اشكين *èchkîn*, amble, allure particulière du cheval; — marche rapide,

اشم

bon pas. — اشكينلو *èchkinlu*, cheval qui va l'amble, bon marcheur. — اشكينسز *èchkinsẹz*,- cheval paresseux, d'allure lente. — چاپقين اشكينى *tchapquẹn èchkini*, allure du cheval entre l'amble et le galop; aubin. — Voir aussi يوكرك.

اشكينجى *èchkindji*, élite des troupes de cavalerie qu'on nommait *sipahis*; au *fig.* bons soldats.

اشلشمك *èchlèchmek*, (du rad. اش) s'accoupler (oiseaux, etc.). — être assortis, égaux; — se ressembler.

اشمار *echmar*, signe, signe d'intelligence. — اشمار ا *echmar etmek*, cligner de l'œil en signe d'assentiment ou de connivence.

آشمق *âchmaq*, monter par-dessus, franchir (un obstacle, un fossé); — saillir (en parlant de l'étalon). Prov.: آى باچه‌يه آشـدى *âi batchaïa âchtẹ*, « la lune a dépassé la cheminée ». — آششمق *âchechmaq*, s'accoupler; *âchechma*, accouplement (seulement en parlant des animaux). — آشرمـق *âchẹrmaq*. 1° dépasser, exagérer. — 2° réparer un malheur. — 3° voler, dérober. — 4° faire franchir un obstacle, faire saillir une jument. — *âch*-

اشن

maq, (turc. or. اشلامق) manger; voir آش; ce verbe est peu usité.

اشمك *èchmek*, 1° creuser, gratter, enfouir sous terre. — مزار اشمك *mizar èchmek*, déterrer. — 2° aller à l'amble (cheval), marcher d'un bon pas. — 3° s'acquitter avec zèle d'une tâche; faire tous ses efforts. — سیواس سپاهیلری بو سفره اشدیلر *sivas sipahileri bou sèfèrè èchdiler*, les sipahis de Sébaste se conduisirent vaillamment dans cette campagne. — اشدرمك *èchdirmek*, faire creuser. — faire aller à l'amble, presser l'allure d'une monture. — اشلمك *èchilmek*, être creusé (la terre).

اشمك *echmek*, v. neutre, avoir des démangeaisons, éprouver une espèce de prurit.

اشمه *èchmè*, puits creusé dans un terrain sablonneux; source dans le désert (du v. اشمك creuser).

آشنالق *âchinaleq*, vulg. *âchnaleq*, (du pers. آشنا) connaissance, familiarité. — آشنالق ایتمك *âchinaleq etmek*, faire un salut amical, saluer de la main.

اشنان *uchnan*, soude; — اشنان طوزی *uchnan touzou*, sel de soude; syn. قاليه.

اشى

آشنمق *âchenmaq*; être usé, rapé, s'user. — *Trans*. آشندرمق *âchendermaq*, ennuyer, fatiguer, user.

اشنمك *èchinmek*, gratter la terre, fouiller le sol (comme le cheval); voir le mot suivant.

اشلمك *èchèlèmek*, gratter la terre, le feu; tisonner. — gratter le sol avec les pieds (en parlant du cheval). — fouiller, rechercher. — اوكنی اشلمك *euŋenè èchèlèmek*, faire courir, presser l'allure (d'un cheval); exciter, pousser.

ایشمك *ichèmek*; voir اشمك.

آشى *âchè* ou آشى طاشى *âchè tachè*, terre rouge, rubrique. — آشى بویاسى *âchè boyase*, teinture composée de terre rouge, de colle et de certaines matières colorantes; ancienne industrie de la ville de Césarée. — قیصریه لویه آشى بویامه سنی اوكرتمك *qaïçaryèluyè âchè boyamasenè euïretmek*, « enseigner l'emploi de la teinture rouge à un habitant de Césarée » c.-à-d. : vouloir en remontrer à son maître.

آشى *âchè* (litt. toute chose transportée d'un objet à un autre, du v. آشمق). — اینك آشیسی *inèk âchesè*, vaccin. — چیچك آشیسى *tchitchek âchese*, pollen, greffe. — قلم آشیسی *qalem âchese*, bouture. — دال قلم آشیسی *dal qalem âchese*, instrument de chirurgie, bistouri. — یپراق آشیسی *yapraq âchese*, greffe. — آشی اورمق *âche vourmaq*, greffer. — آشیلو *âchelu*, greffé, cultivé. — آشیسز *âchesez*, inculte, sauvage. — آشیلامق *âchelamaq*, 1° vacciner, greffer. — 2° rafraîchir l'eau avec la neige ou la glace. — *Trans.* آشیلاتدرمق *âchelatmaq* et آشیلاتّرمق *âchelattermaq*. — *Pass.* آشیلانمق *âchelanmaq*, être greffé, vacciné, etc.

اشیا *èchya*, (pl. de شیء chose, s'emploie comme un nom singulier) mobilier; tout ce qui garnit une maison; bagage; colis. — اشیالری قالدرمق *èchyalare qaldermaq*, déménager.

آشیق, آشـــق (آشوق) *âcheq*, (t. or.) osselet; آشیق اویونی *âcheq oyoune*, jeu d'osselets. — آشیق آتمق ou اوینامق *âcheq âtmaq* ou *oynamaq*, jouer aux osselets. — *au fig.* rivaliser, lutter d'habileté. — هپ بر قویون آشیغدر *hep bir qoyoun âchegheder*, « ils sont tous osselets du même mouton », c.-à-d.: camarades, ils sont comme les deux doigts de la main. — اوغلان آشیق ایله آدم معشوق ایله آلدانور *oghlan âcheq ela âdam ma'chouq ela âldanour*, l'enfant s'amuse avec un osselet, l'homme avec une maîtresse (jeu de mots entre *âcheq* et *ma'chouq*). — درت آیاقدن بش آشیق استهمك *deurt âyaqten bech âcheq istèmek*, « chercher cinq osselets à quatre pieds » ou cinq pieds à un mouton, demander l'impossible. — Les joueurs d'osselets ont donné un nom différent à chaque côté de l'os dont ils se servent pour jouer : la partie supérieure est nommée بك *bey*; la partie inférieure كخدا *kyahya*; l'une des deux cavités اتمكجی *ekmekdji*, « le boulanger », l'autre خرسز *khersez*, « le voleur ».

اشیك *èchik*, (var. اشك) 1° seuil, entrée. — *au. fig.* la Porte, le Divan. — آلت اشیکی *âlt èchiyi*, le seuil de la porte. — اوست اشیکی *ust èchiyi*, le linteau de la porte. — 2° le côté extérieur, le dehors. — اوده اشیکده *èvdè èchikdè*, dedans et dehors. — اشیکه چیقمق *èchiyè tcheqmaq*, sortir, aller dehors. — اشیك آغاسی *èchik âghase*, « l'âgha de l'entrée »; cette fonction répond, dans le Turkestan, au *qapoudji bachi* ou *qapou âghase* des Ottomans; c'est un maître des cérémonies. — اشیك آغاجی *èchik âghadje*, traverse de bois pour fermer une porte; cf. طرقاز. — Proverbe : استانبولك يانغينى اولمسه اولك اشيكى آلتوندن اولوردى *istamboluñ yangheno olmaça èvleriñ èchiyi âltounden olourde*, sans les incendies, le seuil des maisons de Stamboul serait pavé d'or.

اشيك *echik*, (var. اشك) chevalet de violon, de mandoline, etc.

آشيلامق *âchelamaq*, greffer, enter; inoculer.

آشيلامه *âchelama*, se dit de l'eau qu'on met à rafraîchir au puits ou dans la glace.

آشينمه *âchenma*, frotté, aminci (par la lime, la rape, ou tout autre instrument de ce genre).

أصّ (var. اسّ) *ess*, 1° bruit, son; renommée, nouvelle. — 2° lieu habité et cultivé. (Cf. le t. or. ايش) — اصسز *ess-sez*, abandonné, inculte, désert. — آصسز آطهلر *ess-sez âdalar*, îles désertes.

اص *ass*, hermine; cf. قاقوم.

اصابت *içabet* (ar. atteindre le but, frapper juste). — avec *etmek*, réussir, bien faire. — بيره چيقمديغكزه اصابت يورمشسكز *bir yèrè tcheqma-deghenezè içabet bouyourmech señez*, vous avez bien fait de ne pas sortir. — *adv.* très bien, tant mieux, à propos. — اصابت اولدى *içabet oldou*, c'est fort à propos, tant mieux!

اصالة *eçalet*, (ar.) comparution en personne; opposé à وكالة procuration.

اصالتلو *açaletlu*, (de l'ar. اصالت noblesse) noble, de noble origine; titre donné aux princes de la famille impériale.

اصبور *âçbour*, (var. آصبر, آصبور) carthame, faux safran. — teinture de carthame. — اصبور تخمى *âçbour tokhoumou*, grains de carthame, purgatif.

اصبى *eçbe*, corruption de l'arabe اصبع, pouce, doigt de 12 lignes; subdivision de l'aune. Cf. آرشين.

اصرغان *eçerghan*, mordant, méchant, d'humeur hargneuse. Cf. اصرمق. — اصرغان اوتى *eçerghan oteu*, ortie; peut-être le nom primitif était-il *eçerghen oteu*, l'herbe brûlante; cf. اصيرغين; plus rarement *pariétaire*. — اصرغان بالغى *eçerghan baleghe*, « poisson qui mord », nom donné sur les côtes de la Mer noire à l'Orphie qui est appelé vulgairement chez nous *aiguille des pêcheurs.*

اصرمق *eçermaq,* mordre, déchirer à belles dents, lacérer. — اصران ایت دیشنی کوسترمز *eçeran ît dichene gueustermez,* chien qui mord, ne montre pas ses dents. — *au fig.* déchirer la réputation, blâmer, dénigrer, attaquer. — آوج اصرمق *âvoudj eçermaq,* « se mordre le poing », manifester une violente colère. — پرماق اصرمق *parmaq eçermaq,* « se mordre les doigts », être étonné, stupéfait. — کوز اصرمق *gueuz eçermaq,* connaître, distinguer. — یقه اصرمق *yaqa eçermaq,* implorer le secours, supplier. — *Trans.* اصرتمق *eçeretmaq,* faire mordre; — lancer des chiens. — اوپوپ اصرمق *eupup eçermaq,* « mordre dans un baiser », se dit des gens perfides, qui blessent par leurs railleries douceureuses. — پیره کبی اصرمق *pirè guibi eçermaq,* « mordre comme une puce », être inoffensif.

اصریق *eçreq,* 1° brûlure, blessure. — 2° tort, sévice.

اصطبل *içtabel,* ar. (lat. *stabulum,* grec σταῦλος) écurie. — اطبیل عامره *istabeli aamirè,* écurie impériale. — اصطبل عامره مدیری *içtabeli aamirè*

mudiri, directeur des écuries impériales, un des officiers du *mabeïn.* — Cf. آخور.

اصقالا *içqala,* (de l'italien *scala*) échelle musicale, gamme.

اصقمق *açeqmaq,* croître, grandir (inusité). — قوزی اصقمش *qouzou açeqmech,* « l'agneau a poussé », loc. prov. dans le sens de « un tel est hors d'affaire, le voilà lancé ».

آصقی *âçque,* 1° tout ce qui est suspendu en signe d'ornement et de fête, comme drapeaux, tentures, etc.; — rubans et pièces d'étoffe données aux ouvriers, à l'occasion de l'achèvement d'une maison. — 2° courroie, cordon, attache, پانطالون آصقیسی *pantaloun âçquese,* bretelles. — 3° chaîne de bijoux, de diamants attachée à la coiffure. — 4° retard, délai, ajournement. — بنایی اصقی یه آلمق *binayi âçqueyè âlmaq,* laisser une bâtisse inachevée. — آصقیده قالمق *âçquedè qalmaq,* rester en suspens (affaire, question). — آصقیجی *âçquedje,* décorateur, tapissier; femme de chambre.

اصل *asl, (açel)* ar. racine, origine, famille; — base, fondement. — اصلزاده *asl-zadè,* noble, gentilhomme. — *adv.*

principalement, essentiellement. — اصل لازم اولان *açel lazem olan*, ce qui est le plus nécessaire. — اصلی فصلی یوق لاقردیلر *açle façle yoq laqerdelar*, des paroles sans rime ni raison. — اصلو *açellu*, fondé, réel, solide; digne de confiance. — اصلو اصلسز *açellu açelsez*, qui n'a ni fondement ni base, ni queue ni tête, vain, absurde. — اصلو اصوللو *açellu ouçoullou*, grave, sage, intelligent. Dans le style écrit, on emploie la forme arabe اصلی *asli*, fondamental, principal, originaire. — نسخهٔ اصلیه *nouskhè-i-aslyè*, minute.

اصلاح *eçlah* (ar. arranger, corriger). — اصلاح خانه *eçlah khanè*, maison de correction ou de refuge. — D'après Mallouf, on emploie dans quelques provinces de la Turquie d'Europe le mot *eçlah* comme synonyme de ایو bien, bon, p. ex.: پك اصلاح *pèk eçlah*, très bien (*pèkèyi*). — بو توتون اصلاح دكل *bou tutun eçlah dèïl*, ce tabac n'est pas du meilleur; اصلاحندن ویر بكا *eçlahinden vèr baña*, donne m'en du meilleur.

اصلادیش *eçladich*, coups de bâton, bastonnade, supplice du bâton. (Cf. اصلامق).

اصلاق *eçlaq*, (du v. اصلامق) mouillé, humide. — اصلاق قارغهیه دونمشدر *eçlaq qarghaya deunmuchtur*, « il ressemble à une corneille mouillée », il a l'air tout penaud, effaré. — اصلاق صولاق یر *eçlaq çoulaq yer*, terrain humide, bien arrosé (cf. فرغانه).

اصلامق et اصلاتمق *eçlamaq, eçlatmaq*, 1° mouiller, tremper, arroser. — 2° bâtonner, donner la bastonnade. — اصلانمق *eçlanmaq*, être mouillé, humide de pluie, ou trempé dans l'eau. — اصلانمشك یاغموردن پرواسی یوق *eçlanmecheñ yaghmourden pervase yoq*, « qui est trempé, ne craint pas la pluie », qui n'a rien, ne perd rien. — اصلانتی *eçlante*, t. de chimie, teinture.

اصلوبی *eçloubi*, orthogr. fautive pour *estoupi*, étoupe; voir استوپی.

اصلیق *âçleq*, femme avec laquelle on ne peut cohabiter; ar. رتقا. — اصلیق ییلتی *âçleq ylleti*, sorte de maladie herniaire chez la femme; quelquefois « chute de matrice ».

اصلیق *eçleq*, sifflement; sifflet. — signal de la manœuvre à bord. — اصلیق چالمق *eçleq tchalmaq*, siffler; appeler; — siffler une chanson. —

صاغره اصليق چالارسين *çaghere eçleq tchalarsin*, « tu siffles aux oreilles d'un sourd », tu as beau dire et beau faire, tu prends une peine inutile.

اصمارلامق *eçmarlamaq*, 1° recommander, donner une commission, confier le soin d'une affaire; — 2° dire adieu. — الله‌ه اصمارلادق *allaha eçmarladeq*, « nous vous recommandons à Dieu », formule d'adieu. — اصمارلامه *eçmarlama*, recommandation spéciale, délégation. — اصمارلامه حج *eçmarlama haddj*, pèlerinage par procuration. — اصمارلايجى *eçmarlaïdji*, qui fait une recommandation, qui donne une mission; — testateur. — اشكى صاغ قازيغه باغلا صكره تكرى‌يه اصماره *echèye çagh qazegha baghla soñra tañreyè eçmarla*, attache l'âne à un pieu solide et ensuite recommande-le à Dieu.

آصمق *âçmaq*, pendre, suspendre, laisser une chose suspendue, accrocher آصق آ. — (اصاقومق). *âçque âçmaq*, pendre des tapis, des tentures (pour une fête); parer, orner. — آصدرمق *âçtermaq*, faire pendre ou suspendre. — آصلمق *âçelmaq*, être pendu; — insister, s'attacher à... avec insistance. — آصلمه *âçelma*, se pendre à une chose, insister. — آصله جق *âçeladjaq*, qui doit être pendu, digne de la potence, pendard.—آصله جق صوده بوغلمز *âçeladjaq çoudè boghoulmaz*, qui doit être pendu, ne se noie pas.

آصمه *âçma*, chose suspendue, pendante. — treille, cep de vigne. — آصملر بودامق *âçmalar boudamaq*, tailler la vigne; se dit au figuré d'une action inconvenante ou inopportune (dans le même sens que بالق اولامق, pêcher du poisson). — يبان آصمه *yaban âçma*, lambruche, vigne sauvage. — آق آصمه *âq âçma*, vigne blanche, bryonia. — آصمه چبوغى *âçma tcheboughe*, sarment. — آصمه قابغى *âçma qabaghe*, espèce de courge qui pousse en treille. — آصمه كوبك *âçma gueubek*, ombilic proéminent. — آصمه كوپرى *âçma kieupru*, pont suspendu ou pont-levis. — آصمه كليد *âçma kilid*, cadenas. — صارى آصمه *çare âçma*, oiseau de l'espèce du guêpier.

آصمه جق *âçmadjeq*, cerfeuil, nommé aussi فرنك معدنوسى et en arabe كزبرة خضراء.

آصمه لق *âçmaleq*, (var. آصمالق, اصملق) treille, espalier, échalas; cf. آصمق.

اصناف **èsnaf**, pl. de l'ar. صنف. 1° corps de métier, corporations, jurandes. — 2° s'emploie au singulier dans le sens de *artisan, artiste, marchand*. — اصناف كهياسى **èsnaf kyahyase**, chef de corporation, prévôt des marchands. — اصناف لونجهسى **èsnaf londjase**, chambre des corporations; bourse des courtiers de commerce. — اصنافلق ایتمك **èsnafleq etmek**, exercer un métier, une profession manuelle. — Prov.: اصناف انصاف بوزنديسيدر **èsnaf insaf beuzuntusedir**, le métier (commerce) est la métathèse de probité (jeu de mots entre *èsnaf* et *insaf*). — Sous l'ancien régime, chaque corporation régie par des règlements particuliers était placée sous la juridiction de *kyahyas*, qui dépendaient à leur tour du juge de Constantinople.

اصول **ouçoul** et **uçoul** (pl. ar. de اصل *asl*, principe, règle, etc.), tranquillité, douceur, gentillesse; lenteur. — اصول ایله طوتمق **ouçoul ilè toutmaq**, « le prendre doucement », parler avec douceur et bienveillance. — Dans le style officiel : اصول مضبوطه **ouçouli mazboutè**, principes arrêtés. — اصول بيطرفى **ouçouli bitarafi**, droit des neu-tres. — اصول عهديه **ouçouli 'ahdyè**, droit diplomatique. — اصول حكومت **ouçouli hukioumet**, droit politique. — اصول اتخاذ ایتمك **ouçoul ittikhaz etmek**, poser en principe.

آصى **âçe**, profit, avantage, gain, bénéfice. — آصيلو **âçelu**, profitable, lucratif, avantageux. — آصيلانمق **âçelanmaq**, tirer un profit, un avantage, un gain.

اصى (var. ایسى) **eçe**, chaleur. — اصلق **eçleq**, même sens; le mot اصجاقلق **eçedjaqleq**, « chaleur » est abrégé par l'usage en صجاقلق **çedjaqleq**, mais le Lehdjè considère cette prononciation comme fautive. — اصى اوت **eçe ot**, poivre. — اصى بغا **eçe bagha**, crapaud. — On nomme **eçegueul** اصى كول dans le Turkestan, dans le pays originaire des Ouïgours, un grand lac où se déversent plusieurs sources thermales.

اصيتمق **eçetmaq**, 1° réchauffer, ranimer; — tendre, amical, sympathique. — 2° neutre, avoir la fièvre. — اصنمق **eçenmaq**, se réchauffer; devenir ami, avoir de l'affection; se plaire en un lieu et s'y fixer.

اصيتمه **eçetma** (var. ایسیتمه) fièvre.

— اصیتمهلانمق _eçetmalanmaq_, avoir la fièvre. — فرنك اصیتمه‌سی _firenk eçetmase_, « fièvre d'Europe » fièvre chaude. — اولوم اصیتمه‌سی _eulum eçetmase_, fièvre mortelle. — اولایو اصیتمه _oulayou eçetma_, fièvre persistante. — بر کون اشوری اصیتمه _bir gun âchuru eçetma_, fièvre tierce. — یهود اصیتمه‌سی _yahoud eçetmase_, « fièvre de Juif », peur, poltronnerie, lâcheté. — شمدی سنی اصیتمه‌یه آلدورره‌م _chimdi sene eçetmayè aldererem_, « je vais te donner la fièvre », parole de menace. — اصیتمه‌دن قالقوب درلمه‌یه دوشمك _eçetmaden qalqoup tèrlèmèyè duchmek_, « guérir de la fièvre et tomber en sueur », tomber de Charybde en Scylla. — Les médecins turcs disent en façon de plaisanterie : اصیتمه صفایی سور _eçetma çafayi sèver_, « la fièvre aime le plaisir » c.-à-d. : il ne faut pas trop la choyer pour s'en débarrasser. — کیزلو اصیتمه _guizlu eçetma_, fièvre lente ; en t. or. کوبنك.

اصیجاق _eçedjaq_ (prononc. vulg. et fautive _çedjaq_), chaud. — source thermale. — _au fig._ chaleur d'amitié, vive sympathie. — اصیجاغه کیتمك _eçedjagha guitmek_, se baigner à l'eau chaude. — اصیجاق کیچمك _eçedjaq guetch-mek_, être chaud, échauffé (par la colère) ; avoir de l'inclination, de la tendresse pour quelqu'un. — آیاغه اصیجاق صو دوكمك _âyagha eçedjaq çou deukmek_, « verser de l'eau chaude sur les pieds » faire une bonne réception, bien accueillir un hôte. — قانی اصیجاق _qane eçedjaq_, « sang chaud » qui aime avec chaleur ; amant. — اصیجاغه قارمی طایانور _eçedjagha qarme dayanur_, est ce que la neige résiste à la chaleur ? (prov.) — Cf. صیجاق.

اصیرغان _eçerghan_, mordant, etc. ; voir اصرغان.

اصیرغین _eçerghen_, (var. ایسیركن ; cf. اصرمق) boutons de chaleur ou de fièvre.

اصیق _eçeq_, blé, maïs torréfié ; grains de blé grillés.

اصیل _açel_, (ar. solide, bien établi) 1° maître, titulaire. — الوكیل كالاصیل _el-vèkilu kèl-açel_, le mandataire est comme le mandant. — 2° cautionné, qui a un cautionnement.

آطا _âda_, île ; voir آطه.

آطاق _âtaq_, étourdi, hableur ; voir آناق.

اطراف _ètraf_, pl. ar. de طرف, côtés,

alentours. — اطرافیله *ètrafi-ilè*, en détail, avec tous les tenants et aboutissants. — اطرافه سویلمك *ètrafè seuïlèmek*, parler à la cantonnade, à parte. — اطرافلو *ètraflu*, complet, en détail, largement. — bien appuyé, consolidé.

اطلاس *atlas*, 1° atlas, mappemonde. — 2° montagnes de l'Atlas, جبال درن.

اطلس *âtlas*, satin, étoffe de soie unie ou façonnée; satin de Chine; quelquefois, brocart. — اطلاس چیچكی *âtlas tchitcheyi*, fleur de satin, fleur brodée. — هر قیغیشتین اطلاس دكلدر *hèr queughchtaian âtlas deïldir*, tout ce qui fait du frou-frou n'est pas du satin. — الك كیدوكی اطلاسدن بنم آبام بكا یكدر *èlin gueïdiyi âtlasdan benim âbam baña yektir*, je préfère mes haillons au satin dont un autre est paré.

آطه *âda*, (var. آدا et آطا) île, presqu'île. — آطه لر آراسی *âdalar* ou *âdalar ârasè*, archipel. (Cf. ارال mer d'Aral, au *Dict. géogr.*) — اق دكز آطهلری *âq deñiz âdalarè*, îles de l'Archipel dans la Méditerranée. — آطه طاوشانی *âda tavchanè*, lapin. — آطه بازركانی *âda bazerguianè*, marchand des îles, celui qui trafique dans l'Ar-

chipel, par opposition aux marchands de la Mer noire ou de l'Arabie. — آطه قدر بیوك *âda qadar buyuk*, « gros comme une île », énorme, gigantesque. On dit à un homme grossier : سن قفس اچندهمی آطه اچندهمی بیودك *sen qafes itchindè mè âda itchindè mè buyuduñ*, as-tu été élevé dans une cage ou dans une île ?

آطه صوغانی *âda çoanè*, « oignon d'île » oignon de mer ou, plus exactement, *scille maritime*; s'emploie en médecine comme diurétique et tonique.

اعاده *ya'dè*, (ar. action de faire revenir) rappel d'un agent. — اعاده نامه *ya'dè namèh*, lettre de rappel. — اعادۀ محاكمه *ya'dèï mouhakemè*, requête civile.

اعانه *y'anè*, (ar. assistance, secours) subvention. — اعانۀ مالیه *y'anèï malyè*, subvention pécuniaire. — اعانۀ حربیه *y'anèï harbyè*, subvention de guerre. — اعانۀ عسكریه *y'anèï 'askeryè*, exonération du service militaire.

اعتبار *y'tibar*, ar. crédit. — معاملۀ اعتباریه *moua'mèlèï y'tibaryè*, opération de crédit. — اعتبارسزلق *y'tibarsezlèq*, manque de crédit. — اعتبار

اعی y'tibar djemiyètè, société de crédit. — Prov.: جان تندن چیقه‌جق نه اعتبار یوقدر djan tenden tcheqadjaq tènè y'tibar yoqtour, quand l'âme est sortie du corps il n'y a plus à se soucier du corps.

اعتقاد y'tiqad, ar. croyance, conviction, foi solide; se prend surtout comme *foi musulmane*; de là اعتقاد سزلق y'tiqadsezleq, infidélité (toute religion autre que celle de l'islam).

اعدادی y'dadi, ar. préparatoire. — درس اعدادی dersi y'dadi, cours préparatoire. — اعدادیه y'dadyè, écoles préparatoires de l'enseignement secondaire du droit. — قرار اعدادی qarari y'dadi, jugement préparatoire.

اعشاری y'chari, (de l'ar. عشر) décimal. — اصول اعشاری oussouli y'chari, système décimal.

اعضا aaza, (pl. de عضو 'azv, membre, en arabe) se prend en turc comme un nom au singulier. — بر اعضادر bir aazadir, c'est un membre (de telle ou telle société politique ou savante). Cependant il s'emploie surtout sous la forme de l'ablatif avec le suffixe possessif, par exemple : مجلس معارف اعضاسندن ریسی medjlisi maarif aazasenden birisi, un des membres du Conseil de l'instruction publique. — سفارت دولت عثمانیه اعضاسندن sefarèti devlèti osmanyè aazasenden, membre de l'ambassade ottomane.

اعلا aala, (de l'ar. très haut, meilleur) adv. très bon, très bien. — پك اعلا pek aala, parfait! à merveille! syn. de ایو پك.

اعلام y'lam, (ar. avis, notification) 1° déclaration officielle en réponse à une enquête publique; déclaration judiciaire par écrit. — Dans l'ancienne administration, l'employé désigné par le titre de اعلامجی y'lamdji, était chargé de faire un rapport sur les affaires courantes; il était secrétaire du premier bureau de la chancellerie. — 2° acte juridique nécessaire pour l'admission d'un aliéné à l'hospice. — 3° sentence juridique prononcée par le *qadi* et inscrite au bas de la requête ('arzuhal).

اعلان y'lan, ar. annoncer. — اعلانات aelanatè — اعلاناته درج ا y'lanatè durdj etmek, insérer dans les annonces (d'un journal).

اعیان a'yan, (pl. ar. de عین chef) notables d'un pays, espèce d'officiers municipaux élus par leurs concitoyens et agréés par le gouverneur, dont ils deviennent les agents ou, pour mieux dire, les instruments dociles. On leur donne aussi le nom de ايش ارلری *ich èrlèri*, hommes d'affaire et le principal d'entre eux est dit : اعیان باشی *a'yan bachi*, « chef des notables » ; c'est le chef du conseil municipal.

آغ *âgh*, (tout ce qui est tressé) 1° filet. — بالق آغی *baleq âghe*, filet de pêche. — صاچمه آغی *çatchma âghe*, petit filet. — دوزاغی آغ *âgh douzaghe*, pantière. — اورومجك آغی *eurumdjek âghe*, toile d'araignée. — 2° parc, enclos. — قویون آغی *qoyoun âghe*, parc à moutons. — ماریه آغی *marya âghe*, filet, réseau à mailles serrées. Cf. آغق. — Proverbe : بالق آغه كیردكدن صكره عقلی باشنه كلور *baleq âghè guirdikten soñra 'aqle bachinè guelir*, le poisson commence à comprendre quand il est pris dans le filet. — آغ آتمق *âgh âtmaq*, jeter le filet. — آغ اورمك *âgh eurmek*, tresser le filet. — آغ چكمك *âgh tchekmek*, tirer le filet. — اویومشك آغی سورودی *ouyoumouchiñ âghe surudu*, « le filet du dormeur a pris du poisson », le bien lui est venu en dor-

mant. — آغنه كندی توتولدی *âghenè kendi toutouldou*, il a été pris dans ses propres filets. — چوق آغ یرتمش *tchoq âgh yertmech*, « il a déchiré bien des filets », il s'est déjà tiré souvent d'affaires, de difficultés. — دكز ايچنه آغ براقمقته در *deñiz itchinè âgh braqmaqtè der*, « il est en train de jeter son filet en mer », il ne pense qu'à intriguer. Cf. دوزاق.

آغا *âgha*, (t. or. frère aîné) âga, chef, maître, seigneur. — هر كس اونده آغادر *her kès evindè âghadir*, chacun est maître chez soi. — Ce nom s'applique principalement aux employés militaires, par opposition à *efendi*, titre qui se donne surtout aux civils ; — officier, commandant ; se joint aux noms propres : حسین آغا *Huçein-âgha*. — قلعه آغالری *qal'a âghalare*, les commandants des places fortes. — ركاب آغالری *rikiab âghalare*, officiers de l'étrier impérial, au nombre de six : le chef des Bostandjis, les grands écuyers, le chef des huissiers, etc. — آغا قاره قولاق *âgha qara qoulaq*, officier de garde chez l'âgha des Janissaires ; du haut d'une tour il observait les différents quartier de Stamboul et, aux premiers indices du feu, après informations prises, il courait faire son rapport au Sultan. — آغایان اندرون *âghayani endèroun*, « âghas de l'intérieur », serviteurs particuliers du Sultan qui logeaient dans le palais et avaient le menton rasé; ils étaient divisés en six classes. Voir pour les détails, d'OHSSON, *Tableau*, t. VII, p. 34. — آغایان بیرون *âghayani bîroun*, « âghas de l'extérieur » officiers de l'État et de la Cour, plus libres que ceux de l'intérieur; ils formaient huit classes. Cf. d'OHSSON, *ibid*. p. 6 et suiv. — یکیچری آغاسی *yènitchèri âghasi*, « âgha des Janissaires »; chef de toute cette milice, il avait la préséance sur tous les autres officiers, ainsi que sur les ministres d'État. — eunuque, gardien du harem. — قاره آغالر *qara âghalar*, « eunuques noirs » préposés, au nombre de deux cents environ, à la garde du harem impérial. Leur chef nommé قزلر آغا *qezlar âgha*, « l'âgha des filles » est le plus important des officiers du palais; il est administrateur-général des domaines des deux villes saintes et prend rang après le grand-vézir et le Mufti. — آق آغالر *âq âghalar*, « eunuques blancs » gardiens du harem, au nombre de quatre-vingts. Ils sont commandés par le قپو آغا *qapou âgha*. Cf. *Tableau*, VII, p. 56.

آغاج *âghadj*, arbre, bois vert (le bois sec se dit اودون *odoun*); — planche, poutre de bâtisse; — objet fait avec du bois. — آغاج چیوی *âghadj tchivi*, cheville de bois. — آغاج تكنه *âghadj teknè*, auge, cuvier. — آغاج قازیق *âghadj qazeq*, pieu de bois, pal. — قره آغاج *qara âghadj*, orne. — آق آغاج *âq âghadj*, orne. — آغاج قاونی *âghadj qavounou*, cédrat, citron. — آغاج قاقان *âghadj qaqan*, pivert, picus. — آغاج قوردی *âghadj qourdou*, ver qui ronge le bois. Prov. : آغاجك قوردی ایچندن اولور le ver de l'arbre provient de l'intérieur de l'arbre. — آغاج لالەسی *âghadj lalèsè*, carcan de bois. — Pour les noms d'arbre, voir le nom initial comme آنجیر آغاجی *indjir âghadjè*, figuier; الما آغاجی *elma âghadjè*, pommier, etc. — فتیل آغاجی *fitil âghadjè*, boute-feu du canon. — یكیت آغاجی *yit âghadjè*, « l'arbre de l'homme », expression fig. pour signifier « la femme »; on dit aussi آدمك ترلاسی *âdamuñ tarlasè*, le champ de l'homme. — آغاج نه طرفه اكلورسه اول

طرفه دوشر âghadj nè tarafa èilirsè ol tarafa ducher, « l'arbre tombe du côté où il penche », telle vie, telle fin. — هیچ باشندن قوش اکسك اولمز hitch bachinden qouch eksik olmaz, « sa tête ne manque jamais d'oiseau », se dit d'un homme généreux qui héberge nombreuse compagnie. — بر آغاج ایکی درلو یمش ویرمز bir âghadj iki turlu yèmich vèrmèz, « un arbre ne donne pas deux sortes de fruit », il ne faut exiger rien de trop.

آغارتمه *âgharatma*, blanchissement, polissage de l'argent noirci.

آغارمق *âgharmaq*, blanchir, devenir blanc, être nettoyé (étoffe); — poindre (le jour); — devenir vieux; — pâlir, se faner. — كوز آغارمق *gueuz âgharmaq*, perdre la vue, par suite de la vieillesse ou pour avoir trop pleuré. — طوداقلر آغارمق *doudaqlar âgharmaq*, avoir les lèvres pâles; être malade, anémique. — اورتالق آغار ایکن *ortalèq âghar iken*, au point du jour, quand l'aube blanchit. — Trans. آغارتمق *âghartmaq*, rendre blanc, nettoyer, dégraisser. — بال مومی آغارتمق *bal moumè âghartmaq*, blanchiment de la cire. — یوز آغارتمق *yuz âghart-maq*, se couvrir de gloire, s'illustrer; — vieillir dans la gêne. — صقالی دکرمنده آغارتمق *çaqalè deyirmendè âghart-maq*, « blanchir sa barbe au moulin », manquer d'expérience.

آغارمه *âgharma*, l'heure où le ciel blanchit, le point du jour. (Cf. آغارمق.)

اغدج ou اغدش étalon; voir اکدیش.

اغده *aghdè*, (peut-être de l'ar. عقیده) tout sirop qui s'épaissit et se coagule, en étant remué dans un chaudron, comme le jus de raisin, nommé *pekmez*, les opiats, le suc de la canne à sucre, etc. — اغده یاپشدرمق *aghdè yapechtermaq*, adhérer, se coller; — arracher les poils par la glu. — اغده‌لاشمق *aghdèlachmaq*, s'épaissir, se coaguler comme un sirop. — اغده‌جی *aghdèdji*, confiseur; préparateur d'électuaires.

آغر *âgher*, (var. آغیر) lourd, pesant; qui a du poids, de la valeur. — grave, lent, paresseux. — آغرینی *aghe-renè* ou آغرلغنی طاقنمق *âgherleghenè taqenmaq*, avoir de la gravité, de la majesté. — الینه آغر *èlinè âgher*, lent, traînard. — آغر سوز *âgher seuz*, blâme, reproche. — آغر دیللو *âgher dillu*, dont le langage est injurieux. — ديلى اغر اولمق *dile âgher olmaq*, avoir la langue embarrassée, bégayer. — آغر خسته‌لق *âgher khastaleq*, maladie mortelle. — آغر وجود *âgher vudjoud*, gros, charnu; femme grosse. — آغر هوا *âgher hava*, atmosphère lourde, suffoquante. — آغر بوى *âgher boye* ou آغر صوى *âgher çouye*, la meilleure partie d'une chose. — آغر باصمق *âgher baçmaq*, 1° avoir le cauchemar. — 2° être pesant; — faire de graves reproches. — آغر كلمك *âgher guelmek*, se dit d'une difficulté, d'un danger qui se présente. — آغرجه *âgherdjè*, méphitique, nauséabonde. — آغر آغر *âgher âgher*, lentement, posément. — آغر باشلو *âgher bachlu*, grave, sérieux. — آغرنجه *âgherendjè*, au poids, à la quantité. — آغر اوتى *âgher oteu*, aigremoine, plante. — آغرلق *âgherleq*, 1° pesanteur, poids, fardeau. — 2° cauchemar. — 3° trousseau, mobilier, apport de la mariée. — 4° gravité, tranquillité. — *âgher* avait autrefois le sens de « excédant, extraordinaire »; ainsi toute paye dépassant le chiffre réglementaire était dite آغر علوفه *âgher 'ouloufè*. On nommait آغر خدمت *âgher khizmet*, les emplois de la Porte dévolus aux âghas, en dehors de la voie hiérarchique.

آغرشاق *âgherchaq*, (var. اغيرشاق) sphère, boule; — manche du soufflet; poignée de la rame. — ايكى اغيرشاغى *ighi âgherchaghe*, rouet. — دكرمن آغيرشاغى *deyirmen âgherchaghe*, meule de moulin. — ديز آغيرشاغى *diz âgherchaghe*, rotule. — طوكز آغيرشاغى *domouz âgherchaghe*, fenouil de porc, dit aussi *queue de pourceau*, peucédane; ar. بخور الاكراد « parfum des Kurdes ». — آغرشاقلانمق *âgherchaqlanmaq*, s'arrondir, s'enfler (le sein); s'enfler par le vent (voile).

آغرلامق *âgherlamaq*, (variante: آغيرلامق) 1° s'attarder, marcher lentement, être paresseux. — 2° répandre une odeur désagréable. — 3° honorer, témoigner du respect. — 4° s'affaiblir, diminuer. — آغرلاتمق *âgherlatmaq*, rendre lourd, apesantir; honorer, bien accueillir. — آغرلاشمق *âgherlachmaq*, s'aggraver (maladie); acquérir du poids, de la gravité (par l'âge et la situation).

اغرمق *aghrimaq*, faire mal, tourmenter; voir آغريمق. — *âgharmaq*, blanchir; voir آغارمق.

آغری *âghre*, (var. آغریغ, آغریق) douleur, souffrance, mal physique; se prend quelquefois dans le sens spécial de *tranchées, crampes*. — باش آغریسی *bach âghrese*, mal de tête, céphalalgie, au *fig.* tourment, préoccupation. — آغریسز باش *âghresez bach*, insouciant, gai. — آغریقلو *âghreqlu*, affecté d'un mal (chronique). — آغریلو *âghrelu*, douloureux, morbide. — ياريم باش آغریسی *yarem bach âghrese*, migraine. — آغری طوتمق *âghre toutmaq*, éprouver les douleurs (de l'enfantement). — آغری قوپارمق *âghre qoparmaq*, se déclarer (le mal, la douleur). — بیوك باشك بیوك آغریسیدر *buyuk bacheñ buyuk âghrese dur*, « grosse tête, grosse douleur » c.-à-d.: les grands sont exposés à de grands revers.

آغریدوس *âghridos*, espèce de *daphnè*, plante; *daphnè, gnidia*. — آغریدوس دافنه جکی *âghridos dafnèdjiyi*, le fruit du garou ou *daphnè gnidium*.

آغریق, var. آغریغ, *âghreq*, douleur; voir آغری.

آغریمق *âghremaq*, faire mal, être endolori. — *Trans.* آغریتمق *âghretmaq*, rendre souffrant, occasionner de la douleur. — باش آغریتمق *bach âghretmaq*, donner des cassements de tête, importuner, ennuyer.

آغیز, آغز *âghez*, 1° bouche, orifice, embouchure, issue, trou. — خلق آغیزی *khalq âgheze*, propos, cancans. — دشمن آغیزی *duchman âgheze*, calomnie, mauvaise nouvelle. — 2° frontière, limites. — crême, écume. — یاغك آغیزی *yagheñ âgheze*, beurre de lait. — درت یول آغیزی *deurt yol âgheze*, embranchement de quatre chemins. — قورد آغیزی *qourd âgheze*, مفارق, entailles façonnées pour s'emboiter comme les dents du peigne. — یاورو آغیزی *yavrou âgheze*, blanc, brillant. — آغیزی آچیق *âgheze âtcheq*, 1° niais, imbécile. — 2° plante, nommée en arabe فاغره; c'est le cubèbe. — آغیز اوتی *âghez oteu*, amorce, portion de poudre qu'on verse dans le bassinet. — آغیزی بوزوق *âgheze bozouq*, mal embouché, malveillant, méchant. — آغیز توفنکی *âghez tufenge*, sarbacane. — ایکی آغیزلو توفنك *iki âghezlu tufenk*, fusil à deux coups. — آغیز صوی *âghez çouïou*, salive. — آغیزنی پویرازه آچمش *âghzene poïrazè âtchmech*, qui ouvre sa bouche au vent du nord-est, c.-à-d. : qui se repaît de chimères, original, rêveur. — آغیز بوزمق *âghez bozmaq*, insulter, injurier. — آغیزه آلمق *âghezè âlmaq*, prendre la parole. — آغیزه دوشمك *âghezè duchmek*, être vilipendé, tourné en ridicule. — آغیزله قوش طوتمق *âghezlè qouch toutmaq*, faire tout son possible, déployer tout son zèle. — آغیز قپامق *âghez qapamaq*, fermer la bouche, réduire au silence. — آغیزسز *âghezsez*, « qui n'a pas de langue », pauvre, inoffensif, qui ne se plaint jamais. — آغیزی وار دیلی یوق *âghze var dili yoq*, « il a une bouche et pas de langue », il ne sait pas se plaindre, ou il est discret. — آغیز آغیزه *âghez âghezè*, bouche à bouche; contigu, qui se touche. — آغیزه قدر *âghezè qadar*, jusqu'au bord, à plein bord. — جانی آغزینه كلدی *djanè âghezenè gueldi*, il est aux abois. — كچی آغیزلی *ketchi âghezlu*, « bouche de chèvre », vorace, glouton. — یومشاق آغیزلی *youmchaq âghezlu*, « qui a la bouche molle », qui ne sait pas garder un secret. — آغیز طولوسی سویلمك *âghez dolousou seuïlèmek*, « parler a pleine bouche », dire des paroles deshonnêtes ou des injures. — سوز آغیزندن دوكلور *seuz âghezenden deuki-*

lir, il parle avec difficulté, d'une façon inintelligible. — آغیز طادی *âghez dadeu*, le meilleur morceau, la bonne bouche. — آغیزی پاپوشه بكزر *âgheze papouchè beñzer*, « sa bouche ressemble à une pantoufle », se dit du gourmand, qui avale de gros morceaux. — الدن آغیزدر *elden âghezdur*, « il est de main à bouche », c.-à-d. : c'est un misérable, sans ressource. — آغیزی صوغوسون *âgheze çoghousoun*, « que sa bouche se refroidisse! » se dit du porteur d'une mauvaise nouvelle; tandis qu'à celui qui annonce une bonne nouvelle, on dit آغیزكی اوپیم *âghezenè eupèïm*, que je baise ta bouche ! — الدن آغیزه وارنجه یوز یللق یولدر *elden âghezè varindjè yuz ylliq yolder*, « il y a cent années de chemin de la main à la bouche », il y a loin de la coupe aux lèvres.

اغسق ou اغساق *aghsaq*, boiteux; voir اقساق.

آقسامق, voir آغسامق.

اغل *âghel* et اول *âvel*, prononc. vulgaire *âvle* et *havle*, (آولی, حولی) enclos, parc à bétail, bercail. — آی آغله *âï âghele*, halo de la lune. — آغللانمق *âghellanmaq*, 1° s'entourer d'un halo (la lune); cf. آخورلانمق. —

2° se rassembler, se coucher en rond dans un enclos (le bétail).

آغلامق *âghlamaq*, pleurer, verser des larmes, gémir, déplorer. — قان آغلامق *qan âghlamaq*, verser des larmes de sang; on dit aussi كوزلر مرجان اولمق, avoir les yeux (rouges comme le) corail. — dégoutter, couler goutte à goutte. — آغلاتمق *âghlatmaq*, faire pleurer, chagriner, apitoyer. — آغلاشمق *âghlachmaq*, pleurer ensemble, se plaindre mutuellement. — آغلامسه‌مق *âghlamsamaq*, faire semblant de pleurer. — آغلايـيجى *âghlayedje*, qui pleure, plaintif, gémissant. — Prov. : آغلامه اولو ايچون آغـلا دلى ايچون *âghlama eulu itchin âghla dèli itchin*, ne pleure pas sur le mort, pleure sur l'insensé ! — آغلاميان چوجغه مه ويرمزلر *âghlamaïan tchodjougha mèmè vermezler*, on ne donne pas le sein à l'enfant qui ne pleure pas.

آغمق *âghmaq*, monter en l'air, s'élever et descendre (comme le fléau de la balance); s'envoler comme la poussière. Ce mot est peu usité aujourd'hui. Le *Lehdjè* cite le vers suivant :

نجاتينك دير يسندن اولوسى احمدك يكدر
كه عيسى كوكره آغسه آندم اورور احمددن

« Le disciple d'Ahmed (le prophète) même mort, l'emporte sur le chrétien vivant, car Jésus, en montant au ciel, se réclame encore d'Ahmed ». — Trans. آغدرمق *âghdermaq*, 1° faire monter, élever. — 2° perdre connaissance. — 3° remuer la tête comme un animal couché et endormi. — آغنمق *âghenmaq*, se balancer sur le dos.

آغمه *âghma* ou mieux يلديز *âghma yeldez*, étoile filante. Cf. آغق.

آغناتمق *âghnatmaq*, faire ruer (cheval, mulet).

اغنام *aghnam*, (pl. ar. de غنم *ghanem*, mouton) droits sur les bestiaux. — اغنام مديرى *aghnam mudiri*, directeur de l'impôt sur les bestiaux.

آغو *âghou*, poison. — حيوان آغوسى *haïvan âghousou*, venin. — آغو اوتى *âghou oteu*, ciguë. — آغو آغاجى *âghou âghadjeu*, laurier rose, nommé aussi زقوم آغاجى, l'arbre *zakoum* ou infernal. — آغو طاغى *âghou dagheu*, « la montagne aux poisons », dans les environs de Brousse. — آغـولو *âghoulou*, vénéneux, venimeux; empoisonné. — آغولامق *âghoulamaq*, empoisonner, intoxiquer. — Cf. زهر *zèhir*.

آغوز *âghouz*, (ar. اللباء) premier lait qui vient aux femmes et aux femelles d'animaux après la parturition.

آغوستوس *âghoustous*, (du latin *augustus*) le mois d'Août. — آغوستوس بوجكى *âghoustous beudjèye*, grillon, cigale (on dit aussi اوراق بوجكى *oraq beudjèye* ou *qouchou*). — Proverbe : آغوستوس بوجكى كبى چارلار صوكنده اولور *âghoustous beudjèye guibi tcharlar soñenda eulur*, comme la cigale il chante, puis il meurt.

اغيار *aghiar*, (pl. de l'ar. غير *ghaïr*, autre) s'emploie comme singulier : rival, ennemi ; — tout le monde, autrui.

آغم *âghem*, (var. اخيم) bosse sur le pied. — آغملو آياق *âghemlu âyaq*, pied affligé d'une bosse, cou-de-pied élevé.

آفاتلامق *âfatlamaq*, (de l'ar. آفت *âfet*, malheur, dommage) faire un malheur ; troubler, injurier. — *Trans.* آفاتلاتمق *âfatlatmaq*, troubler, inquiéter.

آفاجان *âfadjan*, (pour آفت جان *âfeti djan*, malheur de l'âme) mauvais drôle, insolent, hargneux.

افاده *ifadè*, ar. en droit : déposition, affirmation d'un témoin en justice ; synon. de تقرير. — افاده اولنمق شرطيله *ifadè olounmaq charte-ilè*, ad referendum.

افتخار *iftikhar* (ar. s'honorer, acquérir de la gloire). — نشان افتخار *nichani iftikhar*, « signe d'honneur », décoration instituée par Sultan Mahmoud II et destinée primitivement à récompenser les services militaires. Plusieurs des sultans ses successeurs ont fondé un ordre de mérite, auquel ils ont donné leur nom ; p. ex. : le مجيديه *mèdjidyè*, créé par Abdul-Mèdjid, le عزيزيه *'azyzyè*, par Abdul-'Aziz.

افترا *iftira*, ar. calomnie, délit réprimé par le code ottoman moderne. Le calomniateur est nommé مفترى *muftèri*. — Pour le délit de diffamation, on emploie de préférence l'expression كسر ناموس *kesri namous*, « atteinte à la considération ».

افراز *ifraz*, (ar. séparer, mettre à part) 1° portion de territoire détachée d'un district ou d'une tribu. — 2° افراز مقنن *ifrazi mouqannen*, retenue d'appointement ou de solde. — افراز خازينه‌سى *ifraz khaznasi*, garde meuble du palais impérial.

آفرین *âferin*, pers. bravo! bien! à merveille! avec *etmek* ou *dèmek*, applaudir. — آفرین دینه قفتان کیدرمه *âferin dèïènè qaftan guüidirmè*, n'habille pas d'un qaftan (d'une robe d'honneur) quiconque te dit bravo!

آفشاری *âfchari*, (du nom des *Afchar*, tribu turque. Voir au *Dict. géogr.*) bonnet de peau de mouton en usage au temps de Nadir-Chah.

افطار *iftar*, (ar. rupture du jeûne) repas qui a lieu pendant le mois de ramazan, aussitôt après que le Muezzin a annoncé la prière du coucher du soleil. C'est à cette occasion que le grand-vézir invite les ministres et les principaux fonctionnaires.

آفقان *âfaqan*, orthogr. fautive pour خفقان *khafaqan*, ar. battement de cœur, palpitation.

افكار *efkiar*, (pl. ar. de فكر *fikr*, pensée, idée) opinion, sentiment général. — افكار عوميه *efkiari 'oumoumyè*, opinion publique; on dit dans le même sens افكار ناس ou افكار خلق « opinion des gens ». — تصویر افكار *taçviri efkiar*, « la peinture de l'opinion », titre d'un journal indépendant fondé par le célèbre écrivain Chinassi-efendi.

افلاس *iflas*, ar. banqueroute. — تقصیراتلو افلاس *taqçiratlu iflas*, banqueroute simple. — حیله‌لی افلاس *hilèli iflas*, banqueroute frauduleuse. — افلاس وكیلی *iflas vèkili*, syndic de faillite. — بو صراف افلاسه چیقدی *bou çarraf iflaçè tcheqte*, ce banquier a fait banqueroute.

افلاطونی *èflatouni*, nuance intermédiaire entre le lilas et le rouge lie de vin. Ce nom paraît venir du mot *èflatoun*, par lequel on désigne en Perse la gomme *bdellium*; cette substance, comme on le sait, est de couleur rouge.

افندی *èfendi*, (du grec αὐθέντης) maître, seigneur. — افندم *efendim*, monsieur. — Ce titre se donne au civil par opposition à *âgha* et à بك *bey*, qui s'appliquent de préférence à la carrière des armes. Le titre d'*èfendi*, (qu'il faut éviter d'écrire *effendi*) désigne spécialement les gens de lettre, les magistrats. — بر افندی آدم *bir èfendi âdam*, un homme instruit, bien élevé, généreux. — شوكتلو افندم ou افندم *chevketlu èfendimiz*, notre glorieux

اق

maître (le sultan) ; — en général : maître. — افندینك نظری آته تیمار در *èfendiniñ nèzèri âta timar dir*, « l'œil du maître panse le cheval », l'œil du fermier vaut fumier. — افندی بی افندی ایدن اتباعیدر *èfendiyi èfendi èden etba'yidir*, c'est sa suite (le nombre de ses gens) qui fait l'*èfendi*. — On donne le même titre aux dames : افندم ou خانم افندم *khanum èfendum*, madame. — افندیلك *èfendilik*, 1° titre, qualité d'*èfendi*. — 2° générosité, bonté, bienfaisance.

أفوروز *âforoz*, (variantes : آفوروس, آفروس, du grec ἄφορος, excommunié) excommunication, anathème — avec *etmek*, excommunier. — آفوروز شدید *âforozi chèdid*, excommunication majeure.

افه *èfè*, locut. vulgaire, synonyme de افندی *èfendi*, dont elle paraît être l'abréviation. On dit, mais seulement dans le langage familier, افم *èfèm*, au lieu de افندم *èfendim*, monsieur.

آق *âq*, blanc, pur, éclatant ; — *au fig.* honnête. — یوزی آق آلنی آچیق *yuzu âq âlene âtcheq*, « qui a le visage blanc et le front découvert », c.-à-d. : homme probe et sincère. — آق بڭك *âq beñèk*,

اق

83

tache blanche, taie de l'œil. — آق چهره *âq tchèhrè*, visage blanc, un blanc (par oppos. au nègre). — آق صقال *çaqal âque*, barbe blanche, vieillesse. — آق صاچلو *âq çatchlu*, vieillard. — آق صقال *âq çaqal*, notable, maire de village. — *subst.* blancheur, éclat, honneur, probité ; — taie, tache blanche ; كوزه آق دوشمك *gueuzè âq duchmek*, se dit de l'œil affecté d'une taie ou *albugo*. — آق آش *âq âch*, « bouillon blanc », mets composé d'une poitrine de volaille, de riz et de sucre. — آق آغا *âq âgha*, eunuque blanc. — آق آقچه *âq âqtchè*, argent, monnaie. — آق بابا *âq baba*, vautour. D'après la légende, Mahomet aurait dressé un oiseau de ce genre à venir manger dans son oreille ; voilà pourquoi on donne au vautour le surnom de پیغامبر قوشی « oiseau du Prophète ». — آق آصمه *âq âçma*, vigne blanche, *vitis alba*, cf. اورن. — آق آغاج *âq âghadj*, orne. — آق یلغین *âq ilghen*, tamarix ; آق تور *âq tour*, (comme ارطی) *ephedra*, plante employée pour le tannage et la teinture. — آق بالق *âq baleq*, ablette ; quelquefois mulet. — آق جكر *âq djiyer*, poumon ; cf. اویكن. — آق خردل *âq khardal*, moutarde blanche. — آق دكز *âq*

6*

deñiz, Méditerranée. — آق دكزلو *âq deñizlu*, lapin. — آق سڭير *âq siñir*, tendon qui sert à faire des cordes. — آق شيطان قره شيطان *âq cheïtan qara cheïtan*, « démon blanc, démon noir », loc. prov. qui s'applique à quelqu'un qui s'agite, se démène violemment. — آق صو *âq çou*, maladie de l'œil, taie blanchâtre dans l'œil. — آق طاش قره طاش *âq tach qara tach*, ignorant, naïf. — آق طاوشان *âq tavchan*, gerboise. — آق كونلك *âq gunluk*, (analogue au كندر), encens d'Afrique d'un blanc jaunâtre. — آق كويك قاره كويك *âq kieupek, qara kieupek*, « chien blanc, chien noir », blanc bonnet, bonnet blanc. — كوز آق *gueuz âque*, blanc de l'œil, membrane sclérotique. — يومورطه آق *youmourta âque*, blanc d'œuf. — يوز آق *yuz âque* ou آلين آق *âlen âque*, honneur, probité. — يوز آقلغى *yuz âqleghe*, succès, triomphe; honneur, pudeur. — آقلق *âqleq*, blancheur; cf. ايچى آق ايشلمك *iche âq ichlèmek*, faire bien une affaire.

اقاله *iqalè*, ar. terme de droit musulman : résiliation volontaire de la vente.

اقبال *yqbal (yqpal)*, ar. 1° bonheur, prospérité, succès. — 2° action de se tourner, de se diriger. — بر چبوغه اقبالكز وارمى *bir tchebougha yqbalñez var-me*, désirez-vous fumer un tchibouc? — 3° favorite, jeune fille de la classe des *khass odaleq* (odalisques) que le sultan a désignée pour remplacer une de ses femmes qui a été enlevée par la mort ou reléguée au vieux sérail. La favorite ne prend le nom de قادين *qaden* que lorsqu'elle est devenue mère.

آق بڭك *âq bèñèk*, tache blanche de l'œil, albugo.

آقتارمق *âqtarmaq*, 1° transporter, transborder. — 2° fouiller, mettre sens dessus-dessous. — 3° retourner un champ. — آقتارمه *âqtarma*, transbordement des marchandises d'un navire à l'autre. — آقتارمه اصولى *âqtarma oussoule*, règles du transbordement. — défrichement d'un terrain, de fond en comble.

آقتمه *âqetma*, marque blanche, touffe de poils blancs ou grisâtres sur le front du cheval, ar. صبحة الخيل.

اقتى *aqte*, travail, façon; prix de la façon.

آقْچِل آل‎ *âqtchil âl*, cheval dont le poil est mélangé de rouge et de blanc; baillet.

آقْچَه‎ *âqtchè*, 1° blanchâtre, tirant sur le blanc. — 2° petite pièce de monnaie, traduction du grec ἄσπρον; pour les Turcs l'*âqtchè* ou aspre vaut un tiers de para ou un 120ᵉ de piastre. — 3° argent, richesse. — آقچه‌لو آدم‎ *âqtchèlu âdam*, homme riche. — اوفاق آقچه‎ *oufaq âqtchè*, menue monnaie, obole, petite pièce rognée. — آقچه آغاج‎ *âqtchè âghadj*, espèce de bouleau. — آقچه قواق‎ *âqtchè qavaq*, peuplier blanc. — آقچه کیسه‌سی‎ *âqtchè kèçèsè*, bourse renfermant de l'argent. — کیسه آقچه‎ *kèçè âqtchè*, bourse de cinq cents piastres. — آقچه‌سزلك‎ *âqtchèsezlek*, manque d'argent, dénûment. — آقچه اتمز‎ *âqtchè etmez*, sans valeur. — کچر آقچه‎ *guetcher âqtchè*, de bon aloi, qui a cours. — (var. آقِل‎) آقِیل‎ blanchâtre, آقلو بڭکلو‎ *âqlu bèñèklu*, tacheté de blanc. — آقلو قره‌لو‎ *âqlu qaralu*, mélangé de noir et de blanc. — بر آقچه‌لك‎ *bir âqtchèlek*, sans valeur, sans prix, qui ne vaut pas un liard. — Proverbes : آق آقچه قره کون اچوندر‎ *âq âqtchè qara gun itchindir*, l'argent brillant est pour les jours sombres (les jours de malheur). — آقچه‌لو آدمدن طاغلر قورقار‎ *âqtchèlu âdamdan daghlar qorqar*, les montagnes même redoutent l'homme riche. — آقچه‌نك یوزی اصیجاقدر‎ *âqtchèniñ yuzu essedjaqter*, l'argent brûle les doigts. — آقچه دلی‌یی اوصلو اوصلو‌یی دلی ایدر‎ *âqtchè délyi ouçlou ouçlouye dèli èder*, l'argent assagit le fou et affole le sage. — آقچه الْسزَڭ الی دلسزَڭ دیلی در‎ *âqtchè èlsezeñ èli dilsezeñ dili dir*, l'argent est la main du manchot et la langue du muet. — آقچه نجاستی بیله مسك قوقودر‎ *âqtchè nèdjaçèti bilè misk qoqoudour*, l'argent donne l'odeur du musc, même à l'ordure. — آقچه‌لو آدمك جانی ایکی قاتدر آقچه‌سزك جانی یالك قاتدر‎ *âqtchèlu âdamiñ djani iki qatter âqtchèseziñ djane yaleñ qatter*, qui a de l'argent, a deux âmes, qui est sans argent n'en a qu'une. — Aujourd'hui depuis la promulgation des derniers tarifs des douanes, l'*âqtchè* n'est plus considéré comme subdivision de la piastre, excepté dans la comptabilité des *vaqoufs*. Il est surtout usité dans le sens général de numéraire : کذشته ومصارف‎ آقچه سیله‎ « avec le montant des intérêts et frais ».

آق دیکن *âq diken*, « épine blanche », *rhamnus*, nerprun épineux.

اقرار *iqrar*, ar. terme de droit musulman : aveu obligatoire. Cf. D'Ohsson, *Tableau*, t. VI, p. 210.

اقران *aqran*, (pl. ar. de قرین *qarîn*, pair, égal) s'emploie comme singulier : اقرانی یوق *aqrane yoq*, il n'a pas son pareil.

اقرانلق *aqranleq*, (de l'ar. اقران, pl. de قرین pairs, égaux, compagnons) 1° égalité, identité de condition, d'âge, etc. — 2° association.

اقربا *aqraba*, (pl. ar. de قریب *qarîb*, proche) s'emploie comme un nom singulier. — اقربامدر *aqrabamdur*, il est mon parent. — On ajoute aussi à cette forme de pluriel arabe la désinence du pluriel turc : اقربالر *aqrabalar*, les parents, les proches ; on dit dans le même sens اقربالق *aqrabaleq*, la famille, les liens du sang.

آق زار *âq-zar*, albuginé, tacheté de blanc (tissu, membrane).

آقساق *âqsaq*, boiteux. — آقساق تیمور *âqsaq timour*, « Timour le boiteux », nom turc du fameux conquérant tartare Tamerlan, en persan *Ti-mour-Lenk* qui a le même sens. —

آقساقلق *âqsaqleq*, claudication. — Prov. : کوتورمدن اقساق یکدر *keuturumden âqsaq yektir*, « mieux vaut un boiteux qu'un paralytique », il faut se contenter de ce qu'on trouve. — Cf. طویال.

آقسامق *âqsamaq*, (var. آغسامق) boîter en marchant ; — être arrêté, différé (en parlant d'une affaire). — Trans. آقساتمق *âqsatmaq*, rendre boiteux ; laisser (une affaire) en suspens. — آقسایان ایله آقسامق *âqsaïan ile âqsamaq*, « boîter avec un boiteux », hurler avec les loups, devenir méchant avec les méchants.

اقسرمق *aqsermaq*, (var. اقصرمق) éternuer ; voir اکصرمق *añçermaq*.

اقسیون *aqsioun*, du français *action*, titre d'une compagnie, d'une association industrielle ou commerciale. On se sert aussi et plus correctement des mots arabes سهم et حصه ; voir ces mots.

آقشام *âqcham*, soir ; voir آخشام.

آق صو *âq çou*, « eau blanche » nom d'une sorte d'ophtalmie ; anévrisme des vaisseaux de l'œil.

اقطار *aqtar*, prononciation fautive de l'arabe عطار, droguiste, épicier. Voir ce mot. — On trouve aussi, mais plus rarement, la forme encore plus vicieuse اقتار.

اقطاع *iqta'* (de l'ar. couper, partager) concession de terre à titre de fief; voir le travail de M. Belin sur la propriété en Turquie, *Journal Asiatique*, VIᵉ série, t. V, p. 161.

اقلام *aqlam*, (pl. ar. de قلم) bureaux, départements administratifs. — Voir مكتب اقلام شاهانه. — قلم *mektebi aqlami chahanè*, école administrative ou bureaucratique, fondée pour les jeunes gens qui, au sortir des écoles *ruchdyè*, se destinent aux emplois de secrétaires, etc.

آقلامق *âqlamaq*, 1° blanchir; faire un signe avec du blanc; nettoyer, rapproprier. — 2° faire couler, transvaser; voir آقق.

اقلف *aqlef*, ar. incirconcis. Ce terme ne s'applique qu'aux Musulmans qui n'ont pas subi la circoncision; ils sont traités avec mépris et, dans certains cas spécifiés par la loi, leur témoignage n'est pas recevable en justice.

اقليق *eqleq*, instruments de musique montés sur un pied, comme le *rebab*, la guitare, le *sentour* et le *qanoun*.

آقمق *âqmaq*, 1° couler, flotter à veau-l'eau, couler goutte à goutte. — قان آقمق *qan âqmaq* ou دوكلك *deukulmek*, effusion de sang, guerre, carnage. — ياش آقمق *yach âqmaq*, pleurer. — 2° se glisser comme un serpent. — Prov.: آقاجق قان طمرده طورمز *âqadjaq qan damardè dourmaz*, « sang qui doit couler ne reste pas dans la veine », maxime favorite du fatalisme ottoman. — آقتمق *âqetmaq*, faire couler, répandre. — آقار صو *âqar çou*, 1° eau courante, ruisseau. — 2° rivière de diamants. — آقار ياش *âqar yach*, larmes abondantes. — آقارياره *aqar yara*, plaie vive, purulente. — آقجى *âqedje*, qui coule, flottant, liquide.

آقمه *âqma*, action de couler, de glisser (du v. آقق) آقه يلديز *âqma yeldez*, étoile filante, bolide.

آقن *aqan*, pour آقان coulant, fluide; voir آقق.

آقن *âqen*, incursion; voir آقين.

آقندى *âqente*, courant d'eau, torrent impétueux. — آقندىيە كورك چكمك *âqenteïè kurek tchekmek*, « ramer contre le courant », s'épuiser en efforts contre la mauvaise fortune. — آقندى انافورى *âqente anafore*, remous. — آقندیلو صو *âqentelu çou*, eau qui court avec force. — آقندیسز *âqentesez*, sans courant, paisible, égal (cours d'eau).

آقیا *aqya*, poisson de l'espèce dite لوفر; il atteint le poids de cinq ocques.

آق یاوشان *âq yavchan*, aubépine; voir aussi یاندیق.

آقین *âqen*, (du v. آقق) incursion, razzia, invasion d'un pays ennemi. On dit en proverbe : آقین ایدن غافل اولمز اطرافه باقنور *âqen èden ghafil olmaz atrafa baqener*, celui qui fait une incursion ne néglige rien, il épie de tous côtés. — آقین آقین foule envahissante, troupe de soldats en incursion. — آقینجی *âqendje*, envahisseur, troupe irrégulière, maraudeur. Dans les premières années de la monarchie ottomane, les bandes irrégulières d'*âqendje*, qui composaient à peu près toute la cavalerie, ne recevaient ni fief ni solde et vivaient du butin fait sur l'ennemi.

آك *âñ*, (peu usité) cerveau, intelligence, mémoire.

اك *èk*, 1° jointure, jonction; — bord d'une plaie cicatrisée. — اك یری *èk yère*, articulation des membres. — 2° collier, col. — اكلو *èklu*, joint par pièces, réuni par morceau, rapiécé. — اكسز *èksiz*, sans morceaux, d'une seule pièce. — اك اورمق *èk vourmaq*, rapiécer.

اك *ig*, fuseau; voir ایك.

اك *èñ*, particule indiquant la supériorité, l'augmentation. — اك ارتق *èñ arteq*, plus encore, bien plus. — اك صوك *èñ çoñ*, finalement, le plus tard. — placée avant les mots qui servent d'adjectif, elle leur donne la valeur du superlatif absolu, par ex.: اك یوكسك *èñ yuksek*, le plus haut; اك كوزل *èñ guzel*, le plus beau, le meilleur; voir la grammaire.

اك *èñ*, (var. این, ان) largeur, amplitude, étendue. — بر اك *bir èñ*, une largeur. — قماشك اكنجه *qoumacheñ èñindjè*, dans la largeur de l'étoffe. — اكنه بویه *èñinè boïnè*, large, profond. — اكى صوكى *èñe çoñe*, en long et en large; finalement, en définitive. — اكلو *èñlu*, large, ample, vaste. —

اكْلُولُك *eñluluk*, largeur, étendue, amplitude.

اك *eñ*, (peu usité) teint, coloris du visage, couleur. — بوغداى اكلو *boghdaï eñlu*, teint couleur de froment; jaune brun.

آكا *aña, oña*, à lui, à elle; 3ᵉ pers. du pron. personnel. Cf. او et اول.

آكارى et آكارو *añaru*, de l'autre côté, au-delà; — opposé à بكرى *beñru*, en deçà (برو). — آكارى بكرى *añaru beñru*, ceci et cela, choses de petite valeur, bibelots, menus objets.

اكتى et ايكتى *yiti*, aigre, âpre; ايكتى آدم *yiti âdam*, homme d'un caractère désagréable, pointilleux, susceptible. — ايكتى سوز *yiti seuz*, parole piquante, âpre, riposte vive. — آكتيلك et ايكتيلك *yitilik*, aigreur, âpreté, dureté de caractère, humeur difficile. — Cf. ككره et ترشى.

اكج (var. آكچ) *ekedj* ou *eketch*, crochet; perche (peu usité).

اكدى *eïdi*, (var. ايكدى *yidi*) parasite, gourmand. — Prov. : اكدى يه بورجلو اوله يا دوكونده استر يا بيرامده *eïdiyè bordjlu olma ya duyundè ister ya baïramdè*, ne sois pas débiteur du gourmand, il réclamera (sa dette) un jour de noces ou de *baïram*. — اكديلك *eïdilik*, parasitisme, gourmandise. — *ikidi* (ايكيدى) dompté, dressé, apprivoisé.

اكدش *èydich*, (variantes: ايكديج, آكدش, ايغدش, اغدج) cheval hongre, châtré; bête de somme, rosse. — اكديشلمك *èydichlèmek*, châtrer un animal.

اكر *èyer*, pers. si. — اكر استر ايسەكز *èyer ister içeñez*, si vous désirez. — اكرچه *èyertchè, eyertchi*, quoique, bien que, si.

اكر *èyer*, (forme prim. ايكار; orthogr. usuelle, mais moins correcte اير) selle. Le *Lehdjè* rapproche ce mot du verbe اكك *eïmek*, courber, donner une forme courbe. — اكر قاشى *èyer qache*, arçon de la selle. — اكر قارپوزى *èyer qarpouze*, pommeau de la selle. — اكر قلطاغى *èyer qaltaghe*, selle tout en bois, en usage chez les Tartares. — اكرجى *èyerdji*, sellier; officier préposé à l'entretien de la sellerie dans les écuries impériales, il est nommé aussi انك اكرى سراج باشى *serradj bachi*. — قورى قالدى onouñ *èyèri qourou qaldeu*, « sa selle est restée sèche », se dit d'un cavalier démonté. — اصكر اېر bochaltmaq, vider la selle; au jeu du *djèrid*, cette expression s'applique au cavalier qui se renverse sur le flanc de son cheval, pour parer le coup. — قريم آكرى *qyrim èyèri*, « selle de Crimée » ou selle tartare pour la course et l'exercice du *djèrid*. — مجار آكرى *madjiar èyèri*, selle hongroise.

آكرتى *èïrèti*, (var. ارتى corruption de l'arabe (عاريتى) chose empruntée, emprunt; — chose artificielle, postiche, factice. آكرتيه آلمق *èïrètiyè álmaq*, prendre à titre d'emprunt, ou آكرتى آلمق *èïrèti álmaq*, emprunter. — آكرتى ويرمك *èïrèti vermek*, prêter. — آكرتى صاچ *èïrèti çatch*, cheveux postiches, perruque. — آكرتى قپو *èïrèti qapou*, fausse-porte.

اكرس *igris*, espèce d'habit de paysan, d'après Zenker.

آكرك *ègrèk* ou *èïrèk*, (du v. اكمك) petit fossé, rigole qu'on creuse pour faciliter l'écoulement des eaux dans les champs ensemencés.

آكرلتى *eyrilti* ou mieux آكرلتى اوتى *eyrilti oteu*, fougère, plantes dites *filices*. Une variété se nomme قوزغون اكمېى *qouzghoun èkmèyi*, « pain de corbeau ». — طاش آكرلتيسى *tach eyriltisi*, mousse, mousseron.

آكرلمك *eyrilmek*, se courber; voir آكريلمك. — *igrilmek*, être stagnant, séjourner (eau); du v. ايركك.

آكرلمك *èyerlèmek*, seller, mettre une selle ou des harnais. — آت آكرلنسون *át èyerlensoun*, qu'on selle le cheval! — آتى ترس آكرلنمش *áteu ters èyèrlenmich*, « son cheval a été sellé à rebours » c.-à-d.: un tel est mort. C'était en effet l'usage de faire marcher le cheval sellé à rebours derrière le cercueil de son maître. Quand un cavalier (*sipahi* ou possesseur de *timar* et de *zi'amet*) mourait loin de son pays natal, on renvoyait à sa famille son cheval sellé de cette façon, en signe de deuil; d'où l'expression آتى ترس آكرلى كلدى *áteu ters èyerli gueldi*, « son cheval est revenu sellé à rebours ».

آكرمق *áñermaq*, braire. — اشكك اچكيڭ آڭرمازى اولمز *èchèyiñ áñermazè olmaz*, il n'y a pas d'âne qui ne braie (prov.). — Trans. آكرتمق *áñeretmaq*, faire braire; *au fig.* faire murmurer un lourdaud, un paresseux à qui on adresse des reproches. — شهرزاده اشك

دنكى مقام ايله آكرور چهرلرده *chèhirlerdè èchèk dahi maqam ilè ánereur*, « dans les villes l'âne même brait en musique », compliment adressé aux citadins.

اكرمك *èyirmek*, filer (cf. ايك fuseau). — اكرتمك *èyirtmek*, donner à filer, faire filer du chanvre.

اكرمى *iguirmi* (*iyirmi*), vingt; voir يكرمى.

اكرنمك *iyrenmek*, détester, abhorrer, avoir en horreur; voir ايكرنمك.

اكرى *èyri*, courbe, oblique, de travers, voûté. — contraire, opposé. — qui suit une mauvaise voie, sans probité, ni conduite. — اكرى اوتور طوغرى سويله *èyri otour doghrou seuïlè*, assieds-toi de travers et parle droit (juste, sincèrement). — اكرى بوكرى *èyri buyri*, très-irrégulier, inégal; courbé. — اكرى چهره *èyri tchèhrè*, « visage de travers », menaçant. — بويونى اكرى *boyounou èyri*, « cou de travers », 1° misérable, opprimé. — 2° nom d'une fleur. — اكرى باقمق *èyri baqmaq*, regarder de travers, avec colère; loucher. — اكرى كيتمك *èyri quitmek*, suivre une mauvaise voie, se pervertir. — اكرىلك *èyrilik*, courbure, obliquité, inégalité; — strabisme; — courbure des membres, et principalement des jambes. — اكرى ايچ *èyri èyidj*, crochet, croc; instrument recourbé en forme de serpette avec lequel on recueille les rayons de miel dans la ruche. Cf. اكيش; c'est l'instrument nommé en arabe *michvar*. — آغاجڭ اكريسى صويڭ بولانغى *âghadjuñ èyrisi çouiouñ boulaneghe*, « arbre tordu, eau trouble »; ce proverbe s'applique à un esprit chagrin, mal fait.

اكرىجه *èyridjè*, 1° jarret. — اكرىجه اوتى *èyridjè oteu*, mélilot, plante. — 2° *èyridjè*, grosse mouche bleue.

اكرىجى *èyirdji*, celui ou celle qui file à l'aide du fuseau (cf. اكرمك et ايك).

اكريك *igrik*, (var. ايكريك) conduites d'eau; canaux d'irrigation pour le drainage des champs et des prairies. (On pourrait peut-être rapprocher ce mot de اكرى courbe, de travers.)

اكرىلمك *èyrilmek*, (var. اكرلمك) se courber, se recourber, être plié en deux. — اكرىلتمك *èyriletmek*, rendre courbe, recourber, plier.

اكرىم *ègrim*, (var. ايكريم *igrim*) 1° coussinet de feutre attaché à l'arrière de la selle. — 2° *èyrim*, tournant d'eau, petit tourbillon.

اكره *ègrè*, (var. ایكره *igrè*) coussinet de feutre attaché par une courroie à la selle. Cf. اكریم.

اكــز *iñz*, gémissement, plainte (inusité). — *áñez*, chaume, paille; voir اكیز. — *ikiz*, jumeaux; voir ایكیز.

اكسالامق *áñsalamaq*, imiter une personne, jouer un rôle, un personnage; — faire le bouffon, l'arlequin.

اكسر *èkser*, *èñser*, clou (de charpente, de fer à cheval, de fer de galoche, etc.). — طبله لو اكسر *tablalu èkser*, clou à grosse tête, bouton à tête arrondie, en métal. — اكسرجی *èkserdji*, cloutier, marchand de clous. — اكسرله مك *èkserlèmek*, clouer, planter des clous, on dit aussi اكسر اورمق *ekser vourmaq*. — اكسرینك اوجنی قادم *èkseriniñ oudjini qamadem*, « je lui ai rivé son clou », même sens qu'en français. — كوتكده بر اكسر وارمی *gueutuñdè bir èkser var me*, « as-tu un clou au derrière? » se dit en forme de plaisanterie à celui qui fait des cérémonies pour s'asseoir. — اكسری اوینامش *èk-seri oïnamech*, « son clou branle, remue »; c.-à-d. : sa tête n'est pas solide, il a un grain de folie.

اكسز *áñsez*, subitement, à l'improviste, aussitôt; — avec la particule d'intensité, اپاكسز *apañsez*, tout aussitôt. — اكسز اولوم *áñsez eulum*, mort subite. — اپاكسزه اوغرامق *apañsezè oghramaq*, tomber à l'improviste. — اكسزین *áñsezen*, dans le moment, en temps opportun.

اكسو *èksu*, (forme régulière اوكسو *euksu*, var. اكسی *èksi*, *iksi*) tison; bout de bois enflammé, braise. — فسادی اوكسولمك *feçade euksulèmek*, attiser la discorde. — Un vieux proverbe dit: عورت سوزی اودلو اكسودر *avret seuzeu odlu èksu dur*, les paroles de la femme sont un tison enflammé.

اكسه *èñsè*, nuque, derrière de la tête, naissance du cou; partie postérieure (cf. قزال pour les animaux). — اكسه كیكی *èñsè kèmiyi*, vertèbre cervicale. — اكسه چوقوری *èñsè tchouqourou*, creux au bas de l'occiput. — اكسه دن كیتمك *èñsèden guitmek*, aller sur les traces, marcher par derrière, à la suite. — اكسه سی طاقیه جی قالبی *èñsèsè taqiadji qalibi*, « sa nuque est un moule pour le fabricant de *taqia* » ; loc. familière qui s'applique à un homme qui a le cou épais et charnu ; cf. طاقیه. — آكسه یه بڭك *eñsèyè binmek*, dominer, assujétir. — آكسه سی قالین *eñsèsè qalen*, homme têtu, opiniâtre, rebelle. — آكسه صاچی *eñsè tchatche*, chignon. — روزكار آكسه دن او اولمق *rouzguiar eñsèden olmaq*, avoir vent arrière.

اكسه *euksè*, glu ; voir اوكسه.

اكسیك *èksik*, (var. آكسك) ce qui manque, déficit, détriment. — adj. moindre, incomplet, rogné. — اكسیك اتك *èksik ètèk*, « pan raccourci », épithète qui s'applique aux femmes honnêtes et chastes (pers. پاكدامن). — اكسیكی كدیكی یوق *èksiyi guèdiyi yoq*, « sans rognure, ni entaille », complet, entier, en bon état. — اكسیك طولدرمق *èksik doldourmaq*, combler les vides, les lacunes, compléter. — اكسیك آقچه *èksik âqtchè*, monnaie rognée, de faux aloi. — اكسیك اوله *èksik olma*, « ne diminuez pas ! restez en bonne santé ! » formule de politesse d'un usage assez fréquent. — اكسیكسز *èksiksez*, sans lacune, sans interruption, sans cesse, continuellement. — اكسیك چوجوق *èksik tchoudjouq*, avorton, fœtus. —

اكسیك طوغرمق *èksik doghourmaq*, avorter, faire une fausse couche.

اكسیكلك *èksiklik*, 1° tare, déchet (ar. نقصان). Il ne pas confondre ce mot avec l'italien *tara* طره, qui désigne le poids des caisses, des colis, etc. — 2° imperfection, et quelquefois, faute, péché comme dans ce distique :

بنم اكسیكلكم چوقدر طاپوكده
نیازه ال آچوب طوردم یولوكده

Dans ton culte même je suis un grand coupable ; — et me voici tournant vers toi mes mains suppliantes.

اكسیمك *èksimek*, manquer, être incomplet, en déficit. — اكسیتمك *èksitmek*, rendre incomplet, diminuer, rogner. — اكسیله‌مك *èksilèmek*, entailler, ébrécher.

اكش *eyich*, limaille, syn. de اكندی *èyendi*. — Prov. : آقچه جان اكشی در *âqtchè djan eyichi dir*, l'argent est la limaille de l'âme.

اكشی *èkchi*, aigre, acide, âpre ; — levain. — اكشی یوز *èkchi yuz*, visage renfrogné, mine maussade. — اكشیمترك *èkchimtrèk*, aigre-doux. — اكشیلك *èkchilik*, aigreur, acidité ; mauvaise humeur, caractère difficile.

اكل

— صو اكشى *èkchi çou*, eau amère et salsugineuse.

اكشيرك *èkchirek*, aigrelet; cf. اكشى.

اكشيلى *ekchili*, n'est employé ordinairement que dans le composé طاوق اكشيليسى *tavouq ekchilisi*, abattis de volaille.

اكشمك *èkchimek*, s'aigrir (le lait); devenir acide (suc gastrique); fermenter, avoir un goût aigre; — *au fig.* être de mauvaise humeur. — اكشيتمك *èkchitmek*, faire mauvaise mine, avoir le visage renfrogné.

اكصرمق *âñçermaq*, faire sortir un son du nez ou de la tête (آك), éternuer; on dit aussi *âqçermaq*, dans le même sens. — اكصريق *âñçereq* ou *âqçereq*, éternument.

اكك *èñek*, (forme prim. ايكاك; var. اكه *èñè*. Cf. چنه) menton. — اكك آغاجى *èñek âghadje*, muselière, baillon que l'on met sur la bouche des chevaux rétifs. — صبان اكى *çapan èñèye*, soc de charrue.

اككين *èñguîn*; voir انكين.

اكلامق *eñlamaq*, (var. ايكله‌مك) respirer avec difficulté, souffler péniblement, être haletant (de fatigue). Cf. ايقلامق et ايقمق.

آكلامق *âñlamaq*, (de آك *ân*, cerveau, intellect) comprendre, entendre; être intelligent. — آكلاتمق *âñlatmaq*, faire comprendre, expliquer, instruire. — *Double trans.* آكلاتدرمق *âñlattermaq*, faire comprendre, expliquer par intermédiaire. — آكلاشلمق *âñlachelmaq*, être compris, connu. — آكلاشلدى مى *âñlacheldeme*, est-ce compris, entendu? — آكلانلمق *âñlanelmaq*, être appris.

آكلايش *âñlaïch*, (n. d'act. du v. *âñlamaq*) intelligence, compréhension, perspicacité. — آكلاديش *âñladich*, action de faire entendre. — *Prov.*: آكلاديشه كوره ويررلر فتواى *âñladichè gueurè vèrerler fetvaye*, on donne le *fetva* (décision juridique) de manière à être compris. — آكلايشلو *âñlaïchlu*, intelligent, perspicace, instruit.

اكلتمك *èñletmek* et اكولتمك *èñlületmek*, élargir, rendre ample, espacer. — اكلشمك *èñlèchmek* et اكولشمك *èñlülèchmek*, s'élargir, s'amplifier, s'étendre. — *Passif* اكولنمك *èñlülenmek*.

اكلك *eñlik*, Anchusa tinctoria; orcanète, plante qui sert à teindre e

اکل

rouge; arabe شنجار *choundjar*. Voir aussi جیوه.

اکلمق *añlamaq*, comprendre; voir آكلامق.

اکلمك 1° *èylèmek*, retarder; amuser; voir اکلنمك *èylenmek*. — 2° *eklemek*, joindre, attacher, allonger. — 3° *iñlèmek*, gémir; voir ایکلهمك.

اکلنجه *èylendjè*, (du v. اکلنمك) amusement, passe-temps, distraction; frivolités. — اکلنجه لو یر *èylendjèlu yer*, lieu de divertissement, promenade agréable, beau site. — اکلنجه لو ملكت *èylendjèlu memlèket*, pays où tous les plaisirs sont rassemblés. — اکلنجه لو آدم *èylendjèlu âdam*, homme agréable, aimable, amusant. — كوكل اکلنجه سی *gueuñul èylendjèse*, « charme du cœur », amante, maîtresse.

اکلنمك *èylenmek*, tarder, s'arrêter, faire halte. — s'amuser, se divertir. — بنم له می اکلنیورسین *benim-lè mè èyleniorsin*, est-ce que vous vous moquez de moi? — اکلندرمك *èylendirmek*, retenir, mettre en retard, faire séjourner; donner de l'amusement, distraire.

اکلنمك *èilenmek*, se moquer, tourner en ridicule; railler.

اکلهمك *èkèlèmek*, (cf. اك *èk*, jointure) joindre, réunir une chose à une autre, ajouter, accroître; — rapiécer.

اکلهمك *èylèmek*, faire séjourner, retarder, ralentir la marche. — اکلشمك *èylèchmek*, s'arrêter, faire halte, se reposer.

آكمق *añmaq*, (de آك *añ*, intelligence, cerveau) mentionner, se souvenir. — آكدرمق *âñdermaq*, rappeler, remémorer, faire ressembler, comparer.

اكمك *èymek* ou *ègmek*, (forme prim. ایكمك) 1° courber, incliner, pencher, donner une forme courbe. — 2° faire consentir à une chose. — 3° *au fig.* froncer le sourcil, avoir une mine sévère ou maussade. — آغیز اكك *âghez èymek*, se moquer, railler. — باش اكك *bach èymek*, avoir de la honte, de la confusion; s'incliner. — اکلان باش كسلمز *èylèn bach kèçilmez*, tête qui s'incline n'est pas coupée. — بویون اكك *boyoun èymek*, courber le cou, se soumettre. — بل اكك *bèl èymek*, être faible, languissant. — یوز اكك *yuz èymek*, être en colère, s'irriter. — *Trans.* اكدرمك *èydirmek*, faire courber, pencher, incliner; mettre un bonnet sur l'oreille; et *au fig.* être gai, heureux, manifester de la joie (comme un ivrogne, un *tiriaki*). — اكلمك *èyilmek*, être penché, courbé, incliné, recevoir une forme courbe (comme un arc). — Prov. : آغاج نه طرفه اكلورسه اول طرفه دوشر *âghadj nè tarafa èyilirsè ol tarafa duchèr*, « l'arbre tombe du côté où il penche », telle vie, telle fin.

اكمك *èkmek*, pain; voir اتمك.

اكمك *èkmek*, semer, ensemencer, cultiver la terre; *au fig.* laisser tomber, perdre. — دبنه طارى اكمك *dibinè daru èkmek*, « semer du millet » scruter, examiner avec soin, approfondir. — اكمينجه بچلمز *èkmeïndjè bitchilmez*, tant qu'on ne sème pas, on ne récolte pas (prov.). — آز اكن آز بچر *âz èken âz bitcher*, qui sème peu, récolte peu. — قوم اوستنه تخوم اكمك *qoum ustunè tokhoum èkmek*, « semer sur le sable », prendre une peine inutile. — بر كره بچمین چفتجی ینه اكر *bir kerrè bitchmeyèn tchiftdji iinè èker*, le laboureur qui n'a rien récolté, sème de nouveau « *post malam segetem serendum est* » (Sénèque).

اكن *èkîn, èyîn*, dos; voir آكين.

اكنج *ekindj*, verrue; voir اكينج.

اكندى *èyendi, èyenti*, limaille; — sciure de bois. Cf. اكه *lime*. — *ikindi*, après-midi; voir ايكندى.

اكنه *iynè*, aiguille; voir ايكنه.

اكه *èñè*, menton; cf. اكـلك. — اكه كيكى *èñè kèmiyi*, mâchoire. — اكلك *èñèlik*, fard, maquillage.

اكه *èyè, iyè*, lime pour les métaux. syn. de *teurpu*. — اكهلمك *èyèlèmek*, limer, polir. — آلتون بوقاغودن دمير اكه يكدر *âltoun bouqaghoudan demir èyè yektur*, mieux vaut une lime de fer qu'une chaîne d'or. — عمرى اكه ايله كچر *eumrè èyè ilè guetcher*, « sa vie se passe avec la lime »; il mène une vie pénible. — Cf. دورپى تورپى.

اكيرى *èguir* ou *èyir*, matière gluante que l'on trouve dans le miel, *propolis*; — voir aussi آزاق اكيرى.— پره پولى. *âzaq èguiri*, même substance.

اكيرمك *èyirmek*, filer; voir اكيرمك.

اكير *èñir*, galanga, plante médicinale de la famille des Amomées; on la nomme aussi يبان مرسينى « myrte sauvage » et خولنجان *khavlindjan*.

اكيز (var. آكز) *âñez*, chaume,

paille laissée en terre après la moisson. — دانه آكيزندن بللو در *danè âñezinden belli dir*, le grain se connaît par la paille. — On dit d'un homme qui travaille sans relâche : آكيزى بچـر بوش طورماز *âñeze bitcher boch dourmaz*, plutôt que de demeurer oisif, il moissonne la paille.

اٖكيز *èkiz*, voir اٖيكيز.

آكٖش *âñich*, outil avec lequel on extrait le miel de la ruche; synonyme de l'arabe مشوار.

اَكين *èkîn*, (du v. اَكمك) semence, semailles, — champ ensemencé; cultivé. — اَكين بچمك *èkîn bitchmek*, moissonner. — اَكينجى *èkîndji*, semeur, cultivateur. — اَكينجى طائفه سى *èkîndji taïfèsè*, la classe agricole. — اَكينجيلك *èkîndjilik*, l'agriculture. — اَكينجى چفتنده كرك *èkîndji tchiftindè guèrèk*, il faut que le cultivateur soit dans son champ (prov.). — اَكينجى يغمور استر يولجى قوراق هركشينك مرادينى ويرر حق *èkîndji yaghmour ister, yoldjè qouraq; her kéchiniñ mouradenè vèrir haqq*, le cultivateur demande la pluie, le voyageur le beau temps, et Dieu exauce les vœux de l'un et de l'autre. — اَكينلك *èkînlik*, champ ensemencé; culture. — اَكين زمانى *èkîn zèmanè*, le temps des semailles.

اَكين *èguîn, èyîn*, dos, surface du dos. — اَكينه لباس آلمق *èguînè libas âlmaq*, se mettre un vêtement sur le dos, se vêtir. — برينك اَكينه بنمك *biriniñ èguînînè binmek*, monter sur le dos de quelqu'un, lui sauter sur les épaules.

اَكينج *èkindj*, (var. اَكنج) verrue, excroissance de chair au visage; kyste.

اَكيندريك *èguindrik, eyindrik*, collet du vêtement de femme nommé *fèradjè* (cf. فراجه); manteau ou pelisse à collet. Voir اَكين dos.

آل *âl*, vermeil, d'un beau rouge, incarnat. — آل يناقلر *âl yanaqlar*, teint vermeil. — آل آت *âl ât*, alezan doré.

اَل *èl*, main, pieds de devant (chez les quadrupèdes); — anse, manche, poignée. — الدن et الده *èldè* et *èlden*, rapidement, avec hâte ou facilité. — تيز الدن *tez èlden*, vite, en un tour de main. — ال كيمده *èl kimdè*, à qui la main? à qui le tour? — ال دكرمنى *èl-deyirmèni*, moulin à la main, moulin à café. — ال تنجره سى *èl tendjèrèsè*, petite casserole. — *èl* est quelquefois explétif comme *nefer, 'aded*, etc.; par ex.: بر ال طبانجه *bir èl tabandja*, un pistolet. — بر ال باصمى *bir èl baçeme*, une poignée, ce que la main peut contenir. — ال ايشى *èl ichi*, ouvrage manuel. — ال يازوسى *èl yazousou*, manuscrit autographe. — ال پشكيرى *èl pechkiri*, serviette, essuye-main. — ال صوبى *èl çouye*, eau d'ablution. — ال برلكى *èl birliyi*, union, concorde. — ال پنجه *èl pendjè*, soumis, obéissant. — الى چاپوق *èli tchapouq*, alerte, adroit. — الده *èldè*, en main, le restant. — ايكى اوچدن چيقدى الده بر *iki utchden tchęqte èldè bir*, deux ôté de trois, reste un. — الده دكل *èlimdè deïl*, ce n'est pas en mon pouvoir. — ال آلتنده *èl âltindè*, sous la main, sous la domination; prêt, en cas. — ال ال اوستنده *èl èl ustundè*, « main sur main », jeu de la main morte. — ال آلتندن *èl âltinden*, en secret. — ال ياردمى *èl yardeme*, subside, secours, salaire. — الى بوش *èli boch*, sans affaire, oisif. — الى بوشه چيقمق *èli bochè tchęqmaq*, être déçu, sans profit. — الى آچيق *èli âtchiq*, « main ouverte », généreux, prodigue. — الى يورداملو *èli yordamlu*, prompt, alerte, habile. — الندن

الندن آردنه براقمسون *èlinden guelène ârdena braqmassoun*, qu'il ne néglige pas ce qui est possible. — اله بلديكم *èlè bildiyim*, de toutes mes forces, de tout mon pouvoir. — الدن چيقمق *èlden tchęqmaq*, être perdu, irréparable. — الدن چيقان شيئه تاسه بوشدر *èlden tchęqan chèyè taça bochdir*, « il est inutile de regretter ce qui n'est plus ». — الينه باقق *èlinè baqmaq*, attendre les secours de quelqu'un, vivre de ses bienfaits. — ال اوستنده طومق *èl ustundè toutmaq*, « prendre sur la main », traiter avec douceur, caresser. — ال ويرمك *èl vèrmek*, convenir, arranger, suffire. — بوراصه ال ويرمز *bouraçe èl vèrmez*, cela n'est pas convenable ou suffisant. — ال ويرر *èl vèrir*, cela suffit, c'est assez; d'où الويريشلو *èlvèrichli*, convenable, apte, suffisant. — اله ويرمك *èlè vèrmek*, découvrir, dénoncer, trahir. — ال چكمك *èl tchekmek*, renoncer, dire adieu à une chose; se désister. — ال اله ويرمك *èl èlè vèrmek*, se donner la main en signe d'union, pour la conclusion d'un marché, etc. — ال اوزاتمق *èl ouzatmaq*, « étendre la main » agir avec méchanceté, tyranniser. — الى اوزون دلى اوزون *èli ouzoun dili ouzoun*, « il a la main et la langue longues », il est méchant dans ses actes et dans ses propos. — الجلك *èldjik*, diminut. de ال « petite main », gant, gantelet. — خانم الى *khanum èli*, chèvrefeuille. — ال درت *deurt èl*, désir, convoitise. — اللو *èllu*, pourvu d'anse ou de manche; *au fig.* solide, bien appuyé. — الى دكنكلو *èli deïneklu*, « bâton à la main », insolent, agressif. — الى بيراقلو *èli baïraqlu*, « drapeau à la main », révolté, rebelle. — اله كچمز *èlè guetchmez*, introuvable, très-rare. — ال آچمق *èl âtchmaq*, demander, mendier. — ال اورمق *èl vourmaq*, mettre la main à l'œuvre. — ال چالمق *èl tchalmaq* (ou *qaqmaq*), applaudir. — اله آلمق *èlè âlmaq*, attirer, capter. — اله كتيرمك *èlè guètirmek*, saisir, s'emparer, obtenir. — اله كيرمك *èlè guirmek*, être possible, profitable. — صوك پشيمانلق اله كيرمز *çoñ peuchmanleq èlè guirmez*, repentir tardif ne profite pas. — الدن كلك *èlden guelmek*, être possible, exécutable.

ال *èl* pour *îl*, le monde, les gens; voir ايل.

الا *ila*, ar. serment fait par l'époux de ne pas cohabiter avec sa femme. Voir la teneur de ce serment et les circonstances qui le rendent valable ou l'invalident, dans d'Ohsson, *Tableau*, t. V, p. 216.

الا *èla*, bleu céleste tirant sur le vert (cf. چاقر). Ce mot n'est guère employé que dans le composé الا كوز *èla gueuz*, œil d'un bleu clair. — Voir aussi كوك et ماوى.

آلا *âla*, tacheté, moucheté, de couleur mélangée. — كوزلر آلا كورمك *gueuzler âla gueurmek*, avoir la vue trouble; avoir des mouches volantes devant les yeux. — آلا بالق *âla baleq*, truite. — آلا بولا *âla boula* ou آللاق بوللاق *âllaq boullaq*, mélangé, troublé, bouleversé. — آلا تن *âla tèn*, lèpre; آلا تنلو *âla tenlu*, lépreux. — حيوان آلاسى طيشنده انسان آلاسى اچنده *haïvan âlasi dichindè insan âlasi itchindè*, « la bigarrure de l'animal est au dehors, celle de l'homme est au dedans »; les animaux se distinguent par leur pelage et les hommes par leurs qualités morales. — آلا صيغيرجق *âla çegherdjeuq*, espèce d'étourneau.

آلابانده *âlabanda*, terme de marine: bordée, décharge simultanée des canons d'un côté du navire (ital. *banda*, bord). — *au fig.* reproches violents. — آلابانده یمك *âlabanda yèmek*, recevoir une bordée (de reproches). — آلابانده ا *âlabanda etmek*, tirer une bordée, des salves d'artillerie.

آلابجاق *âlabdjaq, âlaptchaq*, bigarré, tacheté de blanc; se dit surtout du cheval; cf. آلا.

آلاچق (var. الاچوق) *âlatcheq*, cabane, hutte, abris (peu usité).

آلاجه *âladja*, bigarré, de couleur mélangée; nom d'une étoffe de soie rayée qui se fabriquait principalement à Magnesia. — آلاجه بولاجه *âladja bouladja*, mélange de couleurs, confusion, *imbroglio*. — آلاجه *âladja*, de différentes couleurs, bigarré; *âladja*, nom d'une étoffe aux reflets changeants. — آلاجه بز *âladja bez*, indienne; — tigré, moucheté. — آلاجه آت *âladja ât*, cheval pie. — دلی آلاجه سی *dèli âladjase*, de couleur confuse, de mauvais teint. — آلاجه لنمق *âladjalanmaq*, devenir bigarré, se tacher, devenir trouble (la vue).

آلارغه *âlargha*, (de l'italien *largo*) le large, la pleine mer. — avec *etmek*, gagner le large. — interjection : au large! dehors! loin d'ici! — Dans la marine, le commandement *âlargha* a pour but de faire éloigner une embarcation étrangère qui s'approche trop du bord.

آلازلامق *âlazlamaq*, tacher, rougir avec le fer. — آلازلنمق *âlazlanmaq*, avoir une marque rouge (par le contact d'un fer chaud ou l'écoulement du sang).

آلاشه *âlacha*, cheval et tout autre bête de somme dressée à la selle ou au bat (du v. آلشمق).

آلافرنغه *âlafrangha*, (de l'italien *alla franca*) à l'européenne, à la mode franque. On nomme spécialement *âlafrangha* une espèce de serre d'appartement, une véranda garnie de fleurs. — آلافرنغه شهر مارت *âlafrangha chehri mart*, le mois de mars à l'européenne, d'après le calendrier grec.

آلاق مالاق *alaq-malaq*, popul. ébouriffé, en désordre.

الامان *alaman*, (ital. *Alamanno*) les Allemands, les peuples de l'Allemagne. On dit d'un homme cruel et sanguinaire : الامان قلیج کبی داما قانده در *alaman qelẹdj guibi daïma qandẹ der*, il est altéré de sang comme un sabre allemand. Cf. نمچه.

آلامانهٔ *âlamana*, 1° petit bâtiment, grand bateau de pêche, muni d'une roue ou poulie. — 2° grand filet.

آلان *âlan*, 1° clairière dans une forêt. — 2° nom d'une tribu qui habite dans les forêts du Caucase.

آلاو *âlav*, flamme; voir آلو et علو.

آلاویرا ou آلاویره *âlavira*, mélangé, troublé, en désordre.

آلای *âlaï*, 1° cortège, pompe solennelle, cérémonie. — 2° foule, réunion. — 3° régiment subdivisé en bataillons (*tabour*) et en compagnies (*beuluk*). — آلای آلای *âlaï âlaï*, par troupes. — آلای مالای *âlaï malaï*, en désordre, confusément. — کلین آلای *guèlin âlaï*, le cortège de la fiancée que l'on conduit à la maison conjugale. — صرّهٔ آلای *çourrè âlaï*, cortège, cérémonie du départ du *sourrè émini*. Voir d'Ohsson, *Tableau de l'Empire ottoman*, t. III, p. 262. — بیرام آلای *baïram âlaï*, « cortège du baïram » sortie solennelle du Sultan qui, lors de la fête des deux *baïram*, se rend à la mosquée entouré de tous les grands officiers de la couronne. — میرآلای *mirâlaï*, colonel; آلای بکی *âlaï beyg*, autrefois commandant de district et officier des Sipahis feudataires; aujourd'hui ce titre désigne le chef de bataillon chargé, en province, du commandement de la police. — آلای امینی *âlaï émini*, major, chargé de la paie du régiment. — آلای طوپی *âlaï topè*, salves d'artillerie. — آلای قورمق *âlaï qourmaq* ou کوسترمك *gueustermek*, organiser un cortège, mettre les troupes en ordre. — آلای ثوابی *âlaï espabe*, vêtements de cérémonie. — آلای ارابه‌سی *âlaï arabace*, carrosse de gala. — آلای چاوشلری *âlaï tchiaouchlare*, on nommait ainsi douze officiers chargés de régler la marche et le cérémonial des cortèges publics; ils étaient vêtus de velours rouge et tenaient à la main un bâton incrusté d'argent. — آلایلو *âlaïlu*, pompeux, solennel, qui fait partie d'un cortège ou d'une cérémonie; voir aussi الاق.

آلپ *alp*, brave, intrépide, champion; s'employait comme épithète dans les noms-propres: آلپ ارسلان *Alp-Arslan*, « le brave lion », nom d'un Sultan seldjoukide; آلپ تکین *Alp-Tèguin (tenguin)*, « le brave guerrier », nom d'un prince ghaznévide.

البت *èlbett* ou البته *èlbettè*, ar. certainement, assurément, sans doute, de toute façon. — enfin, après tout. — Le peuple, au lieu de cet adverbe, emploie souvent la locution fautive *èllaké* الاكى.

البورا *âlbora*, terme de marine, s'emploie avec *etmek* : hisser les voiles. — Il faut remarquer que l'ital. *albira* est le cri de commandement pour faire hisser les avirons par les rameurs d'une embarcation ; pour les voiles, les vergues, etc., on se sert surtout du mot *alza*, dans la marine italienne.

آلت *âlt*, sous, dessous, partie inférieure. — آياغك آلتى *âyaghèñ âltè*, la plante du pied. — ال آلتى *èl âltè*, direction, surveillance. — ال آلتنده *èl âltèndè*, « sous la main », secrètement, en cachette. — چكه آلتى *tchèñè âltè*, fanon du bœuf. — آلت اوست *âlt ust*, sens dessus-dessous ; avec *olmaq*, être bouleversé. — آلت صوقاق *âlt çoqaq*, ruelle. — آلت قات *âlt qat*, étage inférieur. — آلت باشده *âlt bachdè*, à la suite, à l'appendice. — آلت چكه كيمى *âlt tchèñè kèmii*, mâchoire inférieure. — آلت طوداق *âlt doudaq*, lèvre inférieure. — آلت يانى *âlt yana*, ce qui vient après, la suite. — بيق آلتى *beyeq âltè*, « sous la moustache », moquerie, insulte. — روزكار آلتى *rouzguiar âltè*, sous le vent. — قبه آلتى *qoubbè âltè*, la Porte de félicité ou la Sublime Porte. — طام آلتى *dam âltè*, sous un toit, à couvert. — ير آلتى *yer âltè*, sous terre, souterrain ; la tombe. — قهوه آلتى *qahvè âltè*, déjeuner. — آياق آلتى *âyaq âltè*, chemin, passage. — ال آلتندن *èl âltènden*, sous la main, en cachette, comme on dit « sous la paille » — مندر آلتى *minder âltè*, sous le coussin ou sous la natte ; on dit aussi : حصير آلتى *haçer âltè*, indulgence, pardon, oubli d'une faute. — آلت اورمق *âlt etmek* ou آلت وورمق *âlt vourmaq*, terrasser, vaincre. — آلت او *âlt olmaq*, avoir le dessous. — آلتجه *âltdjè*, inférieur, vil. — آلتلو اوستلو *âltlu ustlu*, le dessous et le dessus, le dedans et le dehors. — Prov. : آلتى قوال اوستى ششخانه *âltè qaval ustu chechhanè*, « flûte en dessous, carabine en dessus », se dit d'un hypocrite.

التحاق *iltihaq*, (de l'ar. se joindre, s'attacher) accession d'une puissance à un traité déjà consenti par d'autres puissances. — التحاق سندى *iltihaq sè-*

nèdi, acte d'accession. On emploie انضمام inzimam, dans le même sens.

التلق áltleq, transparent, modèle réglé qu'on place sous le papier; synonyme مسطر.

التمش áltmech, soixante (pour التميش).— التميشر áltmecher, soixante par soixante, par soixantaine. — التمشلق áltmechleq, qui a la valeur de soixante. — التمشلق آدم áltmechleq âdam, sexagénaire, ou d'un âge incertain. — áltmechleq, pièce de soixante paras, c.-à-d.: une piastre et demie. — التمشنجی áltmechindji, soixantième. — التمشلامق áltmechlamaq, arriver à soixante, atteindre la soixantaine. — التمشلو áltmechlu, le septième des dix degrés que doit parcourir le professeur (muderris) avant d'arriver au grade de suleymanyè, qui est le plus élevé.

التمك iletmek, (cf. le t. or. التلاق) porter, apporter; conduire, accompagner. Ce mot s'écrit aussi يلتمك.

التون áltoun, or. — خالص التون khales áltoun, or pur = ابريز. — توز التون toz áltoun, poudre d'or. — يالديز التون yaldez áltoun, or fin. — التون

التون حالی áltoun hali, or battu. — التون صرمه‌سی áltoun çermase, or trait. — التون یپراغی áltoun yapraghe, or en feuille. — التون سکه áltoun sikkè, monnaie d'or, or monnayé. — التون اوتی áltoun oteu, mille-feuilles; quelquefois scolopendre. — التون کبی áltoun guibi, «comme de l'or», orné, riche, paré. — pris comme adjectif, التون ساعت áltoun sa'at, montre d'or. — التون قلج áltoun qeledj, sabre doré. — التون طوپی áltoun topou, bel enfant, gras et vermeil (comme نور پاره‌سی rayon de lumière). — التون طوپ áltoun top, 1° plante de la famille des malvacées, malva sylvestris. — 2° or poinçonné. — التون کوکی áltoun keuke, «racine d'or», en ar. عرق الذهب, béconquille, plante fébrifuge et stomachique. — التون اولوق áltoun olouq, la gouttière d'or (میزاب) à l'angle de la Kaaba; c'est un objet de vénération pour les pèlerins, et plusieurs sultans l'ont enrichie de plaques d'or et d'argent. — Prov.: التون پاس طوتمز áltoun pas toutmaz, l'or ne se rouille jamais. — التونی صرافه صور جوهری قویومجی‌یه áltoune çarrafè çor djevhèri qouïoumdjouïè, demande la valeur de l'or au changeur, celle des bijoux au bijoutier. — آلتون كيده لی *áltoun guidèli gumuchè baqalem*, « puisque l'or est parti, soignons l'argent ». — Pour souhaiter du bien à quelqu'un, on lui dit : طپراغی ياپيشورسك آلتون اولسون *topraghe yapchurseñ áltoun olsoun*, si tu touches de la terre, qu'elle se change en or! — ELi آلتون كسر *èli áltoun keçer*, « sa main taille l'or »; cette locution proverbiale a deux sens : elle s'applique, soit à l'homme qui travaille habilement de ses mains, soit au coupeur de bourses. — آلتون كتورن قورشوندن قورقار *áltoun guètiren gourchounden qorqar*, « celui qui porte de l'or doit craindre le plomb (les balles) », l'inquiétude est associée à la fortune. — آلتون خالص *áltoun khales*, « or pur », *au fig.* probe, honnête, sans tache. — آلتون آدنی باقر اتمك *áltoun âdene baqyr etmek*, « changer l'or en cuivre », avilir, ternir la réputation. — Considéré comme désignant l'or monnayé, le mot *áltoun* a reçu différentes acceptions dans la suite des âges. L'écu d'or impérial سلطانی آلتون *sultani áltoun*, frappé pour la première fois sous le règne de Mehemet II, en 1478, fut nommé plus tard اشرفی آلتون *echrefi áltoun* et,

vers la fin du XVIIe siècle طوغرالی آلتون *tougralu áltoun*, « écu d'or » au chiffre impérial, ou *istamboul áltounou*, « écu de Constantinople ». Voir aussi le mot زر محبوب. — Sous Sultan Abdul-Médjid, en 1844, le يوزلك آلتون *yuzluk áltoun* ou pièce de 100 piastres pesait environ 72 grammes. Aujourd'hui, la pièce d'or de 100 piastres ou livre turque vaut à peu près 23 francs et se prend dans le commerce, selon le change, à un taux qui varie entre 108 et 54 piastres.

آلتونلامق *áltounlamaq*, dorer, couvrir d'une couche d'or; incruster d'or.

آلتی *álte*, n. de nombre, six. — آلتيده بر *áltedè bir*, un sixième. — آلتنجی *áltendje*, sixième. — آلتيلق *álteleq*, qui a la valeur de six, groupe de six; pièce de six piastres créée sous le règne de Sultan Mahmoud. — آلتی پرماق *álte parmaq*, 1° qui a six doigts à la main ou au pied. — 2° étoffe de toile rayée. — 3° grand poisson de l'espèce dite *pélamide*. Cf. پالامود. — آلتی بولك خلقی *álte bouluk khalquen*, « les six corps » c'est le nom qu'on donnait autrefois aux sipahs, c'est à dire à toute la cavalerie régulière qui devait se composer de vingt-six mille hommes, en temps de guerre, mais qui était réduite de moitié, en temps de paix.

آلتی *âlte*, sous, dessous; voir آلت.

التی *elti*, (primit. ایلتی *ilti*) femme du frère du mari; belle-sœur de la femme. (Le *Lehdjè* rapproche ce mot de ایل *el*, « parceque, dit-il, cette belle-sœur est considérée moins comme étant de la famille que comme une étrangère ».)

آلچاق *âltchaq*, 1° vil, humble, inférieur, bas, méprisable. — 2° né sous une malheureuse étoile. — آلچاق كوكل *âltchaq gueuñul*, « cœur bas » homme modeste, humble. — آلچاق آدم *âltchaq âdam*, homme de basse condition. — *Comparatif* : آلچاقراق *âltchaqraq* et آلچاراق *âltcharaq*. — *Diminutif* : آلچاجق *âltchadjeq*. — On dit en proverbe : آلچاجق اشكه كیم اولسه بینر *âltchadjeq echèyè kim olsa biner*, sur un pauvre petit âne monte qui veut. — آلچاقلق *âltchaqleq*, exiguïté de taille, dépression; — bassesse de caractère, vilainie.

آلچاقلامق *âltchaqlamaq*, mépriser; — s'humilier, s'abaisser, flatter avec bassesse. — آلچاقلاتمق *âltchaqlatmaq*, rendre humble ou petit, diminuer. —

آلچالمق *âltchalamaq*, s'amoindrir, se baisser; — diminuer de taille.

ایلجق *eledjaq*, tiède, pour ایلیجق.

آلچق *âltchaq*, humble, bas; voir آلچاق.

آلچی *âltche*, (var. آلچو) gypse, plâtre. — آلچی ایشی *âltche iche*, ouvrage en plâtre, figure en plâtre. — آلچی طاشی *âltche tache*, borax, nitre. — آلچیلامق *âltchelamaq*, plâtrer.

ایلچی *eltchi*, ambassadeur; voir ایلچی.

آلداتمق *âldatmaq*, tromper, séduire, user de ruse et de fourberie; frauder (dans le commerce), tricher au jeu; — mentir; — rater (arme à feu). — آلداديم ديان آلدانور *âldadaïm dèyèn âldaner*, « celui qui cherche à tromper, est trompé lui-même » (prov.). — آلدانمق *âldanmaq*, se tromper, être séduit, fraudé, abusé. — احمق آلدادان *ahmaq âldadan*, petite pluie qui cesse promptement. — چوبان آلدادان *tchoban âldadan*, espèce de rossignol au plumage blanc et brun clair, ar. مكّه. — آلداشمق *âldachmaq*, se tromper l'un l'autre ; ce verbe régit le datif : حیله‌سنه آلداشوب *hîlèsinè âldachoup*, s'étant laissé tromper par ses ruses. — شیطان کبی آلداتمق *chéïtan guibi âldatmaq*, être aussi rusé que le diable. — شیطانی آلداتمق *chéïtani âldatmaq*, être plus fin que le diable. — آدمی آلداتمشسن *âdame âldatmechsin*, « tu as trompé l'homme », tu as fait un marché avantageux.

آلدانغج *âldanghedj*, tromperie, fourberie, ruse. — آلدانغج آدم *âldanghedj âdam*, homme facile à tromper, crédule, dupe.

آلداديجی *âldayedje* ou *âldadedje*, trompeur, fourbe, rusé, intrigant.

آلدایش *âldaïch*, tromperie, ruse, fourberie, intrigue.

الدوان *èldivèn*, gant ; cf. الجك. — آوجی الدوانی *âvdji èldivèni*, gantelet de veneur. — الدوان طاقمق *èldivèn taqmaq*, porter, mettre des gants.

الرو (rare الرو) *ilèri*, avant, avancé, au delà ; voir ايلری.

آلستا *âlesta*, (de l'italien *allestare*) prêt, préparé, arrangé. — avec *etmek*, préparer, disposer, mettre en ordre ; équiper un navire.

آلشمق *âlechmaq*, s'accoutumer, devenir familier, apprivoisé. — آلشمش قودورمشدن بتردر *âlechmech qodourmouchden betterder*, animal apprivoisé est pire qu'animal enragé (prov.). — Trans. آلشدرمق *âlechdermaq*, rendre familier, apprivoisé ; — adapter, faire jouer (une clef dans la serrure) ; — élever, dresser (un cheval).

ايلشمك *ilichmek* ; voir الشمك.

آلشیق *âlecheq*, 1° acheteur, du verbe *âlmaq*. — 2° accoutumé, familiarisé, bien dressé, éprouvé. Cf. آلشمق.

الغا *ilgha* (ar. abolir, annuler). — الغای دین *ilgha-i-deïn*, amortissement d'une dette ; voir aussi استهلاك.

الغار *elghar*, allure rapide, galop ; voir ايلغار.

الغم صالغم *èleghim çalghim*, (ou سالغم) arc-en-ciel ; voir الكم. — On trouve aussi la forme الغم صاغمه *èleghim çaghma*, qui a été rapprochée à tort de l'arabe علایم سما « signes du ciel ».

ايلغنجار *voir* الغنجار.

الف *èlif*, première lettre de l'alphabet arabe-persan-turc, ayant la forme suivante ا. On dit en proverbe d'un homme timoré : الفى كورسه مرتك صانور *èlifi guieursè mèrtek çanour*, il prend un *èlif* pour une poutre. — On dit en parlant d'un homme ignorant : بر الف چكمز *bir èlif tchikmez*, il ne saurait tirer (tracer) un *èlif*. — الفدن بايه وارمدى فلانى الفدن يايه دكين بلمك il n'est pas allé de l'*èlif* au *bè*. — « connaître quelqu'un de l'*èlif* au *yè* », des pieds à la tête. — الفدن يايه قدر *èlifden yèyè qadar*, « de l'*èlif* au *yè* », du commencement à la fin, d'un bout à l'autre. — Voir aussi آ *èlif*.

آلفنجار *âlfindjar*, griotte, morelle, cerise sauvage d'une saveur amère.

آلقيش *âlqech*, 1° applaudissement, félicitation, ovation, hourra. — آلقيشلامق *âlqechlamaq*, féliciter, applaudir, crier *vivat!* — exciter, encourager. — 2° acclamation, espèce de *vive le roi!* prononcée par les huissiers du palais (*tchaouch*) quand le sultan entre dans la salle du trône ou s'en éloigne, quand il monte à cheval, etc. ; elle consiste dans les mots : الله عمرلر ويره پادشاه افندىمزه *allah 'eumurler vèrè padichah efendimizè*, que Dieu accorde longue vie à l'empereur notre maître! — L'acclamation adressée au grand-vézir par l'huissier chargé de ce soin (*dow'adji tchaouch*) se borne au vœu suivant : عليكم سلام ورحمت الله *'aleïkum sèlam vè rahmet ullah*, sur vous le salut (musulman) et la clémence de Dieu!

الك (var. ايلك) *ilk*, premier, initial, en tête. — الك كره *ilk kèrrè*, la première fois. — الك حكايت *ilk hikayet*, première anecdote. — الك بابده *ilk babdè*, au chapitre premier. — الك اوغلى *ilk oghlou*, premier né, l'aîné des enfants. — الك بهار (ou *èvvel bahar*) le printemps, par oppos. à صوك بهار *çoñ bahar*, l'automne. — الك بازار بازار در *ilk pazar pazar dir*, le premier marché est le vrai marché. — الك آيلان طاش اوزاق دوشر *ilk âtelan tach ouzaq ducher*, « la pierre lancée la première tombe loin ». — ايلكلك *ilklik*, commencement, primauté. — ايلكين *ilkîn*, comme الك اوّل *ilk èvvèl*, tout d'abord, en premier lieu.

الك *èlek*, tamis, crible. — الكلهمك *èlèklèmek*, tamiser, passer au crible. — الكجى *èlèktchi*, fabricant de tamis, de cribles, *au fig.* débraillé, désordonné. — الك يوزينى كورمَمش اكك *èlèk yuzunu gueurmèmuch ekmek*, « pain grossier qui n'a pas passé par le tamis ». — اورتالغى الك كبى الهدم بولمدم *ortalegheu èlèk guibi èlèdum boulmadum*, « j'ai passé le monde entier au tamis sans le trouver », je l'ai cherché dans tous les coins du monde. — الكلك *èlèklik*, tissu de crin très-fin et à mailles serrées dont on fait les tamis.

الك *ilik*, (var. ايلك) moelle ; voir ايليك.

الكلمك *èlèklèmek*, chercher avec soin, scruter, faire de minutieuses perquisitions ; voir اللهمك.

الكم صاغمه *èlèyim çaghma*, (var. سالغم صالغم ou) arc-en-ciel ; ar. قوس قزح.

الكن *èlken*, voile ; voir يلكن *yèlken*.

آللاق *àllaq*, trompeur, fourbe, rusé, intrigant. — tricheur.

اللشمك *èllichmek*, en venir aux mains, se battre ; — essayer ses forces.

آلم قلم *àllam qallam*, (terme familier) vain propos, paroles en l'air. — avec *etmek*, bavarder, dire ceci et cela, débiter des babioles.

اللنمك *èllinmek*, 1° se gratter avec la main (*èl*). — 2° être chassé, repoussé ; n'obtenir que des refus.

اللهمك *èllèmek*, 1° palper, fouiller avec la main. — 2° chasser, repousser. — 3° tamiser, cribler. — الله *èllèmè*, choisi, trié avec la main.

اللى *èlli*, cinquante ; — s'emploie comme nombre indéfini, par ex. : اللى كره *èlli kerrè*, un nombre incalculable de fois. — اللنجى *èllindji*, cinquantième. — الليشر *èllicher*, par cinquante, cinquante à la fois. — الليلك *èllilik*, groupe de cinquante ; — cinquantaine, âge de cinquante ans ; — pièce de cinquante piastres.

الما *èlma*, pomme (quelquefois : chose ronde, boule). — كوز الماسى *gueuz èlmaçe*, globe de l'œil. — Pour les variétés de la pomme, voir les mots : اماسيه, ارناود, جانيك, فريق, مسكت. — قزيل الما *qezel èlma*, « la pomme rouge », surnom de la ville de Rome. — آجى الما *âdje èlma*, sauge pomifère, *salvia pomifera*, dont on tire une huile ou essence. — دوه الماسى *dèvè èlmaçe*, « pomme de chameau », *eryngium*, panicaut, nommé aussi دكز ديكنى « épine de mer », *eryngium maritimum*. — ر

ير الماسى *yer èlmaçè*, patate, navet; la pomme de terre est particulièrement désignée par l'épithète de *frenk yer èlmaçè*, pomme de terre d'Europe. — Prov. : المانك ياريسى او ياريسى بو *èlmaniñ yarisi ô yarisi bou*, ils se ressemblent comme deux moitiés de pomme. — الند بر الماسى يوقدر *élindè bir èlmaçè yoqtour*, « il n'a pas même une pomme à la main », il est venu les mains vides. — الما قاپشمه اويونه دوندى *èlma qapèchma oyounenè deundu*, « cela ressemble au jeu de pillepomme », se dit d'une grande foule chez un marchand, au bazar. — On dit en manière d'énigme : بر فداننده بتن المانك قاچى كونشده قاچى كولكه ده *bir fidandè biten èlmanuñ qatchè gunechtè qatchè gueulkèdè*, « il croît des pommes sous un arbre, combien y en a-t-il au soleil et combien à l'ombre? » La réponse est *bech* « cinq », c.-à-d. : les cinq prières d'obligation dont deux se disent le jour et trois le soir et la nuit. — انك برينه الما اوتورتمشلر *onouñ yèrinè èlma otoroutmechlar*, « on a posé une pomme à sa place », c.-à-d. : il est mort ; allusion à l'ancien usage de placer sur la table, une pomme à la place qui était occupée par un parent, à la mémoire duquel on adresse des prières et des vœux de salut éternel.

الما باشى *èlma bach*, espèce de canard à tête très-ronde, en forme de pomme.

الماجق *èlmadjeq*, (dimin. de الما pomme) rotule, tête du fémur qui s'emboîte dans le genou. — الماجقلرى باصق ات *èlmadjeqlarè baçeq ât*, cheval ensellé.

الماس *èlmas*, diamant. On dit en proverbe : الماسى چاموره آتسهلر ينه الماس *èlmasè tchamourè âtsalar yinè èlmas*, le diamant qu'on jette dans la boue est toujours diamant. — الماس طاشى كبى قيمتلو *èlmas tachè guibi qymetlu*, précieux comme le diamant. — آغرنجه الماس دكر *âgherundjè èlmas deyer*, il vaut son poids de diamant.

آلمق *âlmaq*, prendre, occuper ; acheter, — comprendre, saisir ; — redire, répéter. — بوينك اولچيسنى آلمق *boyniñ eultchusenè âlmaq*, « prendre la mesure de la taille de quelqu'un », apprécier sa valeur, savoir ce qu'il vaut. — آغزيكزك اولچيسنى آلدم *âghzeñezuñ eultchusenè âldum*, « j'ai pris la mesure de votre bouche », c.-à-d. : je sais combien vous êtes bavard. — اودنج آ *eudundj âlmaq*, emprunter. — بویا آ *boya âlmaq*, prendre couleur, se colorer. — بویونه آ *boyouna âlmaq*, « prendre sur son cou », se charger d'une chose, en être responsable. — آتش آ *âtech âlmaq*, prendre feu, s'enflammer, avoir un accès de colère. — جواب آ *djèvab âlmaq*, recevoir réponse; repousser, refuser. — سوز آ *seuz âlmaq*, s'engager, prendre un arrangement. — صابون آ *çatoun âlmaq*, acheter. — صو آ *çou âlmaq*, emporter, entraîner (se dit de l'eau, du torrent). — صوغوق آ *çoouq âlmaq*, prendre froid, se refroidir. — صولوق آ *çolouq âlmaq*, prendre haleine, se reposer. — صورت آ *çouret âlmaq*, prendre copie, dessiner. — عبرت آ *'ybret âlmaq*, prendre exemple, s'instruire par l'expérience. — خزینی آ *khezene âlmaq*, rendre doux, calmer, apaiser. — فتیل آ *fitîl âlmaq*, soupçonner, être inquiet. — قان آ *qan âlmaq*, tirer du sang, faire une saignée. — قیز آ *qez âlmaq*, prendre femme, se marier. — کوز آ *gueuz âlmaq*, éblouir les yeux. — مسخره یه آ *maskharaïa âlmaq*, tourner en ridicule, railler; singer. — On dit d'une personne aimable et qui attire : آل بنیسی وار *âl benisi var*, elle possède le « prends-moi ». — کوکل آ *gueuñul âlmaq*, se concilier les cœurs, être sympathique, populaire. — وعده آ *vaadè âlmaq*, obtenir un délai, prendre à terme. — یول آ *yol âlmaq*, parcourir un chemin, s'avancer. — میدان آ *meïdan âlmaq*, prendre du champ, trouver le champ libre, l'occasion. — رطوبت آ *routoubèt âlmaq*, devenir humide; pousser (les plantes). — نفس آ *nèfès âlmaq*, respirer à l'aise, se dilater. — نفسی کیکش آ *nèfèsi gueïñich âlmaq*, être soulagé, rassuré. — اویون آ *oyoun âlmaq*, gagner au jeu. — آلوب ویرمك *âloup vermek*, reprocher, gronder. — آلوب ویرمامك *âloup vermèmek*, se battre, en venir aux mains. — آقچه آ *âqtchè âlmaq*, gagner de l'argent, faire un bénéfice. — کندینی آلمق *kendini âlmaq*, se contenir, se modérer. — آلدرمق *âldermaq*, faire prendre, faire capturer (par ex. : le gibier par un faucon, etc.). — au négat. : آلدرمامق *âldermamaq*, ne pas s'occuper d'une chose, la négliger. — pardonner, fermer les yeux. — تره آلشدرمق *tèrè âlechdermaq*, faire sécher (des légumes, des fruits).

ایلمك *ilmek*; voir الملك.

الملك ėlèmek; voir الهمك. — ilmek, lacet.

الملكه ėlmeïè, (var. الميه) 1° pelote de chanvre enroulée en boule autour du fuseau. On dit dans le même sens: الملكه الهمك ėlmeïè ėlèmek, tourner en boule (le chanvre, le fil, etc.). — 2° dévidoir.

الميه ėlmeïè; voir le mot précédent.

آلن âlẹn, front; voir آلين.

النج ilendj, malédiction; voir الينج.

آلنمق âlẹnmaq, être pris; se contenir, supporter. — être ému, affecté, impressionné.

آلو âlev, 1° flamme, lueur. — 2° flamme rouge sur une lance, panache rouge sur le cimier d'un casque. (Le *Lehdjè* condamne comme une faute la confusion avec la forme arabe علو aalev et par conséquent le composé علوكير aalevguir, enflammé.) — آلولنمك âlevlenmek, s'enflammer, flamber; être en colère. — آلو كسلمك âlev kèçilmek, s'apaiser. — آلوده پشمش âlevdè pichmich, « cuit à la flambée », c.-à-d.: à la hâte, qui a à peine vu le feu. — آلو كسمك âlev kesmek, « couper la flamme » prendre une peine inutile. — آلو توتنده

âlev tutundè guizlu dur, « la flamme se cache sous la fumée », c.-à-d.: c'est mauvais signe, il arrivera malheur, « *flamma fumo est proxima* », Plaute.

آلو âlou, pers. espèce particulière de prune plus connue sous le nom de *prune de Boukhara*. — Les Turcs donnent aussi le nom fautif de *houlou* هولو à une variété de pêche. (Cf. شفتالو.)

الوان ėlvan, (pl. ar. de لون couleur, sorte, espèce) s'emploie en turc comme adjectif: coloré de nuances différentes, colorié, bariolé. On dit aussi الوانلو ėlvanlu. — الوانلو كاغت ėlvanlu kiahat, papier de couleur. — الوانلو شال ėlvanlu châl, châle de différentes nuances.

آله جق âladjaq, (moins correct. آلاجق) ce qui est à recevoir, dette, actif. — آله جق ایله ویره جك اودنمز âladjaq èla vèrèdjek eudenmez, ce qu'on doit ne se paie pas avec ce qui est dû. On dit d'un mauvais payeur: آله جقلویی كورر صوقاغه صاپار قوش ترسنی پاره دیو قاپار âladjaqluyę gueurur, çoqagha çapar, qouch tèrsini para deyi qapar, il voit le créancier, fait un détour dans les rues et prend de la fiente d'oiseau en guise d'argent. — آلهجقلو *âladjaqlu*, créancier.

الله‌مك *èlèmek*, 1° remuer, agiter; secouer avec la main (*èl*); mettre en vibration. — 2° chercher, scruter. — شهری اله‌مك *chehiri èlèmek*, fouiller une ville pour y trouver quelqu'un. — اینجه اله‌مك *indjè èlèmek*, chercher avec soin, scrupuleusement. — النمك *èlinmek*, être cherché, fouillé, remué.

الهی *ilahy* (ar. ô mon Dieu!). On donne ce nom à une sorte de litanie poétique attribuée à un certain derviche *Younous*. Ce galimatias mystique est depuis longtemps tombé en désuétude; mais il en est resté l'expression vulgaire : الهی اوقومق *ilahy oqoumaq*, dans le sens de « débiter des discours confus et inintelligibles ». — On nomme الهیجی *ilahydji* des mendiants qui vont répétant la formule *ilahy*; ils se joignent ordinairement aux cortèges funèbres.

آلیج *âledj*, locution usitée au jeu d'osselets : quand on a réussi le coup nommé یك *yèk*, on a fait *âledj*, c.-à-d. : la partie est gagnée (cf. آلمق); de là l'expression populaire : آشغكز آلیج در *âcheghèñez âledj dur*, vous êtes heureux; vous avez de la chance.

آلیج *âledj*, (var. هلج, هابج) azerolier, *mespilus* ou *cratægus azarolus*; l'azerole jaune vient sans culture et elle est très parfumée; l'espèce rouge est nommée قانالو آلیج *qanalu âledj* ou bien *néflier sauvage* یبان موشمله‌سی.

آلیجی *âledje*, oiseau de proie, faucon, gerfaut, etc., dressé pour la chasse (du verbe آلمق).

آلیجی *âledje*, acheteur (du verbe آلمق). — ایو آلیجیدن كم آلیجی دخی چوقدر *eyu âledjeden kem âledje daha tchoqtir*, il y a beaucoup plus de mauvais que de bons acheteurs. — قره باقله‌نك كور آلیجیسی بولنور *qara baqlaneñ kieur âledjese boulounour*, « il se trouve toujours acheteur aveugle de fèves noires (gâtées) »; il n'est si mauvaise marchandise qui ne s'écoule.

آلیش *âlech*, (var. آلش) 1° action de prendre, d'acheter, achat, acquisition. — آلیش ویرش *âlech vérich*, commerce, négoce. — On dit en proverbe : آله‌شكه ویرشم ترخانه‌كه بولغور آشم *âlecheña vérichim terhaneña boulghour âchem*, à ton prix, ma marchandise, à ta bouillie de lait caillé, ma soupe de gruau. — On emploie aussi l'expression صاتيم آليم *âlem çatem*, dans le sens de : commerce, négoce. — 2° droit prélevé par le fisc. Cf. آلمق.

آليشمق *âlechmaq* et ses composés ; voir آلشمق.

آليق *âleq*, (synon. de چاليق) 1° sot, niais. — 2° illuminé, extatique.

آليقلو *âleqlu*, se dit du mouton que l'on a tondu en laissant la laine autour des reins et sur les épaules. Cf. قيرقق.

آليقومق *âleqomaq*, (verbe composé de آلمق et de قومق) retarder, retenir, empêcher.

آليم *âlem*, 1° action de prendre, d'acheter (du v. آلمق). — 2° portée, distance. — كوز آليمى *gueuz âleme*, portée de la vue. — ال آليمى *èl âleme*, à portée de la main.

الين ou آلن *âlen*, front, partie antérieure ; front (de bataille) ; apparence, extérieur. — destinée. — impudence. — Les expressions آلين دريسى *âlen dèriçi*, « la peau du front » et آلين طمارى *âlen damare*, « la veine du front » s'emploient l'une et l'autre dans le sens de « vanité, arrogance ». On dit par ex. : آلين طمارى چاتلاق *âlen damare tchatlaq*, il crève d'arrogance, ou آلين طاول دريسى *âlen davoul dèriçi*, son front est une peau de tambour. — آلين قاريشلامق *âlen qarechlamaq*, « mesurer le front », louer, approuver ; — appeler à la prière (comme le muezzin). — آلين چاتمەسى *âlen tchatmase*, bandeau de front, diadème ; cf. آلين كىكى *âlen kèmiyi*, os frontal. — دلداده. — آلينى آچيق *âlene âtcheq*, qui a le front ouvert, c.-à-d. : franc, sincère. — آلينى آق *âlene âq*, qui a le front blanc, même sens. — آلين درى (pour ترى) *âlen dèri*, travail, effort, droit acquis (à la sueur du front). — آلين يازوسى *âlen yazouçe*, « ce qui est écrit sur le front », la destinée. — آلينك يازوسى باشه كلور *âleneñ yazouçe bachè guelir*, la destinée s'accomplit. — آلينك قره يازوسى *âlenemeñ qara yazouçe*, ma triste destinée. — آلينلق *âlenleq*, ce qui s'attache au front, bandeau, diadème. — fronton. — frontispice. — قلعنك آلينى *qal'ènin âlene*, le front d'une place de guerre.

آليورمك *âlevermek*, (v. composé de آلمق et de ويرمك) 1° acheter pour un autre, procurer. — 2° emporter, enlever. — عقلمى آليوردى 'aqleme âle-verde, il m'a ravi la raison.

اليوره alivrè, (du français à livrer) terme de bourse, nom des titres dont le payement doit être effectué plus tard, à une époque déterminée.

أم èm, remède, médecine, médicament. — avec etmek, donner un médicament, traiter un malade. Cette expression est tombée en désuétude à cause de sa ressemblance avec le mot qui suit; voir آم am.

آم âm, organe sexuel chez la femme. Ce mot est obscène et d'un emploi peu fréquent aujourd'hui.

اوماج اماج amadj, bouillie; voir اوماج.

امارت èmarèt, (ar. gouvernement, pouvoir) état gouverné par un prince, principauté. — صربستان امارتى çerbistan èmarète, la principauté de Serbie. — مملكتين امارتى memleketeïn èmarète, le gouvernement uni des deux provinces, la Moldavie et la Valachie.

امام imam, (ar. celui qui précède les Musulmans, chef de la religion; titre des khalifes et des fondateurs des rites musulmans) celui qui, dans chaque quartier, est désigné pour réciter la prière publique à la mosquée. Cf. D'OHSSON, *Tableau de l'Empire ottoman*, t. IV. — خونكار امامى hunkiar imame, aumônier du palais impérial, nommé aussi : امام اوّل « premier imam », il remplace le Sultan à la prière des deux Baïrams. — امام اوى imam èvi, maison d'arrêt. — امام بايلدى imam bayelde, « pâmoison de l'imam », aubergines au beurre, mets très-apprécié des gourmets turcs. — امام اوله جك يوزى كوله جك imam eulèdjek yuzu gulèdjek, l'imam, en mourant, aura le sourire aux lèvres. — عورت امام اولماز 'avret imam olmaz, la femme ne devient pas imam. — اماملر اوده جيدر imamlar eudèidjidur, « les imams sont les payeurs », c.-à-d. : ils sont responsables des fautes des autres Musulmans. On dit encore sur les difficultés des fonctions d'imam : اماملك قلدن انجه و قليجدن كسكين بر كوپريدر imamlik queulden indjè vè qeledjden keskîn bir keuprudur, « la charge d'imam est un pont plus mince qu'un cheveu, plus tranchant qu'un sabre », c.-à-d.: elle est aussi dangereuse que le pont syrat des légendes coraniques.

امامه *imamè* (paraît être une corruption de l'ar. عمامه turban de forme oblongue). — تسبيح امامه سى *tesbih imamèsi*, 1° gros grain du chapelet musulman. — 2° bout d'ambre, bouquin de la pipe turque, orné quelquefois de diamants ou de turquoises. — امامه جى *imamèdji*, fabricant de bouquins de pipe. Le luxe d'ornementation de la pipe turque tend à passer de mode comme le *tchebouq* lui-même, remplacé aujourd'hui par la cigarette.

آمان *âman*, (ar.) grâce, pardon, amnistie. — آمان ديمك *âman dèmek* ou *istèmek*, demander grâce, faire sa soumission. — آمان ديانه قليج اولمز *âman dèyènè qelèdj olmaz*, le sabre n'atteint pas celui qui demande l'*âman*. — interj. grâce! pardonnez-moi! ouf! c'est assez! prenez garde!

امانت *èmanet*, (ar.) sûreté, sécurité, dépôt, gage. — intendance. — امانت صندوغى *èmanet çandoughou*, 1° mont de piété. — 2° caisse des dépôts et consignations. — امانتكار *èmanetkiar*, courtier, facteur. — امانتجى *èmanetdji*, expéditeur, courrier, messager; homme de confiance; cf. امين.

امبرپاريس (ou انبرپاريس) *amber-baris, enberbaris*, épine-vinette, nommée aussi قادين طوزلیغی *qaden touzloughou*, en persan زرشك.

امتحان *imtihan*, (ar.) examen, épreuve orale ou écrite. L'examen imposé au bachelier (*mulazim*), pour obtenir la grade de professeur (*muderris*), est subi en présence du mufti. Il a pour objet les plus célèbres recueils de jurisprudence comme le *Multeka*, le *Mutawal*, etc.

امتلا *imtila*, (ar. se remplir) plénitude de l'estomac par suite d'un excès de nourriture; — indigestion.

امتياز *imtiaz*, ar. 1° privilège (accordé par l'État). — صاحب امتياز *çahib imtiaz*, le possesseur du privilège. — امتياز نامه *imtiaz-namèh*, acte par lequel est concédé le privilège. — avantage accordé à un créancier. — مدت امتيازيه *muddeti-imtiazyè*, durée du privilège. — 2° brevet, diplôme. — اختراع امتيازى *ikhtira' imtiazi*, brevet d'invention. — اكمال امتياز نامه سى *ikmal imtiaz-namèhsi*, brevet d'amélioration.

امثال *èmsal* (pl. ar. de مثل *misl*, pareil, semblable et de مثل *mèçèl*, fable, apologue). 1° ضروب امثال *zou-*

roubi èmsal, proverbes, locutions proverbiales. — précédents, cas analogues. — امثالى يوق èmsale yoq, sans précédents, inouï. — 2° chiffres inscrits au bas du navire à l'avant et à l'arrière, indiquant le poids de la cargaison et le tonnage.

امجه èmèdjè, (var. امه‌جه, امكجه ; cf. امك travail) œuvre accomplie en commun. — aide, assistance, coopération.

امجيك èmdjik, bout de sein, teton ; — pis de la vache. — moins exactement : bout de la pipe ou de l'aiguière. Cf. امزيك.

امداد imdad, (ar.) assistance, secours. — Prov. : يوكى يوكلنه امداد وير چوزنه امداد ويرمه yuku yuklènè imdad vèr tchuzènè imdad vèrmè, aide celui qui se charge d'un fardeau, n'aide pas celui qui s'en décharge. — اللهڭ امدادى ديلمينه يتيشور allahuñ imdade dilèmèïènè yetichir, l'assistance divine vient à qui ne la demande pas. — امداد ويرمك imdad vèrmek, secourir, venir en aide. — امدادجى imdadji, corps auxiliaire, troupe de renfort. — امداديه imdadyè, impôt sur les charges publiques et sur le revenu, prélevé, à différentes époques, comme subside de guerre. — امداد سفريه imdadi sèfèryè, décime de guerre. — عساكر امداديه açakiri imdadyè, troupes auxiliaires. — فرقهٔ امداديه firqaï imdadyè, corps auxiliaire, division de renfort.

آمدجى âmèdji (âmèddji). Sous l'ancienne administration, on nommait ainsi un sous-secrétaire d'État chargé de percevoir les droits sur les nouveaux possesseurs de fiefs militaires ; il leur donnait quittance avec la formule آمد âmed, « arrivé, payé », d'où son nom âmèdji. Ce fonctionnaire rédigeait le protocole des conférences entre le reïs efendi et les ambassadeurs étrangers ; il en mettait au net une expédition pour le grand-vézir. — Aujourd'hui les âmèdji sont des rapporteurs du divan, chargés des fonctions de secrétaires des conférences. Le grand-référendaire a le titre de آمدجى افندى âmèdji-efendi, ou de آمدئ ديوان همايون âmèdi-i divani humaïoun, directeur du protocole du divan impérial.

آمد شد âmèd-chud (pers. aller et venir). — آمد شد سفاين حربيه âmèd chudi sefaïni harbyè, croisière.

آمدی *âmèdi*, voir آمدجی.

امدی *imdi*, (var. ایمدی) 1° donc, ainsi, par conséquent. — 2° aussitôt; allons! vite!

آمديه *âmèdyè*, (du pers. آمدن) droit d'entrée ou d'importation sur les marchandises. On dit plus régulièrement: رسم امديه *resmi âmèdyè* ou رسم دخوليه *resmi doukhoulyè*. — Avant les réformes fiscales, le droit d'*âmèdyè* ou simplement l'*âmèd*, prélevé sur les marchandises de provenance locale, à leur arrivée au port d'embarquement, consistait dans la moitié du droit de sortie. Cf. باج.

امر *èmr*, (ar.) ordre, décret, commandement. — امر عالی *èmr-aali*, ordre suprême, *fèrman*. — امر نامهٔ سامی *èmr-namèï sami*, « ordre élevé », se dit de toute lettre vézirielle et, en particulier, des ordres émanés du *çadr aazem*. — يول امرى *yol èmri*, passeport. — امر تحويلی *èmr tahvili*, billet à ordre. — امر اتمك *èmr etmek*, ordonner, commander. — امر ايت فندق قبوغنه كيريم *èmr èt fendeq qaboughenè guirèïm*, ordonne et j'entrerai dans une écorce de noisette. — امر سلطانمكدر « l'ordre appartient à mon sultan » formule finale des *fèrmans* et des lettres officielles.

امرود *emroud*, poire; voir آرمود.

امريك *imrik*, espèce de pâte ou farine de semoule.

امزرمك *èmzirmek*, (comme le trans. امدرمك de امك téter) 1° allaiter, donner le sein. — 2° soutirer de l'argent, des cadeaux.

امزيك *èmzik*, bout de sein, teton. — bec de l'aiguière; embouchure du bouquin de pipe. — امزيكلو *èmziklu*, 1° nourrice, mère qui nourrit. — 2° qui a un bec (aiguière, vase).

امساك *imsak*, (ar. retenir, économiser) collation qui a lieu pendant les nuits de ramazan, un peu avant la prière de l'aurore. Ce repas se fait très-simplement et en famille, tandis que l'*iftar* donne lieu à des invitations et à un grand déploiement de luxe; cf. افطار.

امشمك *èmmèchmek*, téter, prendre le sein (cf. امك).

امك *èmèk*, (t. or. امكاك) travail, peine, application; fonction; — امك ورمك *èmèk vèrmek*, travailler, se donner de la peine. — امكداش *èmèkdach*, collègue de bureau, confrère, camarade. — امكدار *èmèkdar*, le plus ancien serviteur, le doyen des employés. — امكلەمك *èmèklèmek*, travailler, faire des efforts, (se dit surtout de l'enfant qui essaye de marcher).

املا *imla* (ar. améliorer, corriger). — املايه كتورمك *imlayè guétirmek*, mettre au net, corriger. — املايه كلمز *imlayè guelmez*, incorrect, incorrigible. — *imla* signifie aussi écriture correcte, orthographe. — املا اتمك *imla etmek*, écrire, rédiger. (Le sens primitif en arabe est « écrire sous la dictée ».)

امليق *emleq*, chapon, etc.; voyez ابليق.

امك *èmmek*, sucer, téter. — پرماق امك *parmaq èmmek*, « se sucer le doigt », être étonné, stupéfait. — قانى امك *qanenè èmmek*, « sucer le sang », presser de questions, etc. — سود امك *sud èmmek*, être innocent comme l'enfant à la mamelle. — On dit en proverbe d'un innocent ou naïf : آناسندن امدكى سود بورندن كليور *ânasinden èmmèdyi sud bourounenden guèlior*, « le lait de sa mère lui sort encore par le nez ». Cette locution proverbiale paraît se prendre quelquefois dans le sens de « suer sang et eau ». — املك *èmmèlmek*, être allaité — être sucé (le sein).

امور *oumour*, pl. ar. de امر chose, affaire, pris comme le sing. dans le sens de « affaire, intérêt ». — نه امورم *nè oumouroum*, est-ce mon affaire ? est-ce que cela me regarde ? — امور اتمك *oumour etmek*, faire ses embarras, se donner de l'importance. — اموره كلمك *oumourè guelmek*, s'occuper, se mettre avec zèle à une affaire. — امورى وار *oumourou var*, il a des affaires, des ennuis. — امورمده دكل *oumouroumdè deïl*, cela ne me regarde pas. — امورجى *oumourdjou*, faiseur d'embarras, important, pédant.

امورا *âmoura*, terme de marine : déferler les voiles du grand-mât et de la misaine. On nomme en italien *mure* et en français *amures* des cordages destinés à *amurer* les voiles, c.-à-d. : à les maintenir du côté d'où vient le vent.

امورسانمك *oumoursanmaq*, (var. اومورسانق) se charger d'une affaire, donner de l'importance à une chose; s'en occuper, s'y consacrer.

اوموز *omouz*; voir امز, اموز.

اَمَجَه (اَمَكجَه) *èmèdjè*; voir اَمجَه.

اُميد *umîd*, (pers.) prononc. vulg. *oumoud*, 1° espoir, espérance. — اُميد كسمك *oumoud kesmek*, désespérer. — اُميد طوتمق *oumoud toutmaq*, espérer, garder de l'espoir. — جان وار اُميد وار *djan var oumoud var*, il vit encore, il y a de l'espoir (se dit du malade). — 2° prévision, prévoyance. — شمديدن اُميد اولنه بِلور *daha chimdiden oumoud olouna bilir*, dès à présent il est possible de prévoir que... — اُميدسز آدم ديركسز طام *oumoudsez âdam direksez dam*, l'homme sans espérance est comme un toit sans appui. — اُولنجَه اُميدى كسمه *eulundjè oumoudou kesmè*, ne désespère pas jusqu'à la mort. — خادمدن اوغلان اومّق *khademden oghlan oummaq*, « espérer des enfants d'un eunuque », se bercer de chimères.

اَمير *èmir*, (ar. prince, chef) 1° titre que prennent les descendants du Prophète ou ceux qui s'arrogent des droits à cette illustre origine. Cf. l'arabe شريف et سيّد. Ils se distinguent encore, dans les provinces de l'empire ottoman, par le turban vert; mais leur importance, sinon leur nombre, diminue de jour en jour. — 2° couleur verte, marque distinctive de la famille du Prophète. — امير صارمق *èmir çarmaq*, porter le turban vert. — امير نزل *èmiri nuzul*, intendant des logements dans l'ancienne administration. — Proverbe: امير آياغيله آتشه كيرمك *èmir âyaghe éla âtèchè guirmek*, « entrer dans le feu avec les pieds de l'Émir », c.-à-d.: tirer les marrons du feu; les Musulmans croient que les descendants du Prophète sont préservés des atteintes du feu.

آميرال *âmiral*, du français *amiral*, répond au turc دريا بكى *deria beyi* et قپودان دريا *qaptan deria*; voir ces mots. Sur l'origine arabe et la dérivation du français *amiral*, cf. M. Devic, *Dictionnaire étymologique*, p. 31.

آميرالّق *âmiralleq*, dignité et grade d'amiral. Cf. سنجاق بكلكى.

اميزغنمق *emezghanmaq*, (variante: اِميزغنمق) sommeiller, être assoupi, perdre connaissance dans le sommeil. — اميزغنمش *emezghanmech*, assoupi, endormi. Comp. avec اِميزكنمش dans l'expression اميزكنمش آتش *emezgenmich âtech*, feu qui couve (sous la cendre).

اميك *imik*; voir اِيمِك.

اميك èmmik, plaie purulente; plaie cautérisée et encore humide.

امين èmîn, (ar. sûr, en sûreté; fidèle, honnête) intendant, inspecteur. — آلاى اميني âlaï èmîni, grade qui répond dans l'armée régulière à celui de lieutenant-colonel. — كمرك اميني gumruk èmîni, directeur de la douane. — امنا umèna, (pl. de امين) intendants-généraux, régisseurs des biens de l'État.

ان èn, (ou اين) largeur; voir الك. — انلو ènlu, (ou اينلو) large; voir اكلو.

آنا âna, mère; — principe, chose principale. — بيوك آنا buyuk âna, grand-mère. — سود آنا sud âna, nourrice. — اوكى آنا euyè âna, seconde mère, mère adoptive. — قاين آنا qaïn âna, belle-mère. — آنا سوكيسى âna sevguisi, amour maternel. — آنا بابا âna baba, le père et la mère; les chefs de la famille. — آنا بابا اولادى âna baba evladè, cher, cher enfant, bon ami. — آنا بابا كونى âna baba gunu, vacarme, désordre, comme — قيامت كونى تيور. — دمير آناسى dèmir ânase, verge de l'ancre. — آنا دفتر âna defter, registre-matricule. — آنا سند âna sened, titre primordial. — آنا ديرك âna direk, grand-mât. — آنالق ânaleq, 1° maternité, tendresse maternelle. — 2° seconde mère, belle-mère. — آناجق ânadjeq, petite mère, mère chérie. — آنام بابام سنسين ânam babam sensin, « tu es mon père et ma mère », remercîment adressé à un protecteur. — هر بيرينى بر آنا طوغورمشدر her birini bir âna doghourmouchdour, « la même mère les a enfantés », ils sont tous de même sorte, ejusdem farinæ. — آنالر اغلاداجقدر ânalar aghladadjaqter, « il fera pleurer les mères », il fera beaucoup de mal.

آنا بابولا âna baboulla, lieu plein de vacarme, de désordre et de confusion (cour du roi Pétaud, tour de Babel).

آناج ânadj, vieillard expérimenté; homme connaissant la fin des choses. — آناج طاغوق ânadj tavouq, dindon. — آناجلامق ânadjlamaq, devenir gros, épaissir. — au fig. être un rusé matois.

آناصون (آناسون) ânaçoun, anis. — ânaçoun tchitcheyi, fleur d'anis. — (En arabe cette plante est nommée آنيسون, grec ἄνισον.) — آناصون ياغى ânaçoun yagheu, huile d'anis, substance grasse et odorante. — مصر آناصونی meçer ânaçounou, « anis d'Égypte » appelé aussi *cumin blanc*. — یبان آناصون yaban ânaçoun, anis sauvage, badiane.

آنافور ânafor, (du grec ἀναφορά) 1° tournant d'eau, tourbillon. — آنافور آقنتی ânafor âqente, contre-courant. — 2° vent de bout.

آنالغم ânaleghem, grand tuyau pour la conduite des eaux.

انانمق inanmaq et ses composés, croire, avoir confiance ; voir اینانمق.

انانیت ananyet, (de l'arabe انا je, moi) ; égoïsme, sentiment personnel ; barbarisme usité en persan et en turc.

آنبار ânbar, âmbar (du grec ἐμπόριον) entrepôt, magasin de dépôt. — carène, pont de navire, pont où sont rangés les canons. — اوچ آنبارلو utch âmbarlu, (vaisseau) à trois ponts. — آنبار قپاغی âmbar qapaghe, 1° couvercle de grande caisse. — 2° ouverture donnant du jour à la carène. — ارپه بوغدای آنباری arpa boghdaï âmbare, greniers d'abondance. — در آنبار ا der âmbar etmek, mettre en magasin, entreposer. — ارضیه آنباری ou ممکت memleket ou

erzyè âmbare, dépôt public. — کمرك آنباری gumruk âmbare, entrepôt de la douane. — آنبار مالی âmbar male, marchandise d'entrepôt. — آنبارجی âmbardje, gardien d'entrepôt, entrepositaire. — قرق آنبار qerq âmbar, magasin de menues marchandises, de mercerie ou de salaisons ; bric-à-brac. — فکرم بر حاله کلدی که قرق آنبار fikrim bir halè gueldi ki qerq âmbar, ma tête était devenue comme un magasin de bric-à-brac (remplie de toute sorte de connaissances sans valeur). — cueillette, terme de marine. — آنبارلر امینی âmbarlar emini, intendant des magasins de la marine et آنبارلر ناظری âmbarlar naziri, inspecteur des magasins de la marine, titres de deux fonctionnaires civils de l'amirauté.

انبور èmbour, (ar. انبر) tisonnier, espèce de pelle pour attiser le feu et remuer la braise.

آنت ânt, serment ; voir آند.

آنتاری ântari, (var. انتری et plus usité عنتری) petite robe courte ; petite tunique qui, dans l'ancien costume, se porte entre le vêtement de dessous nommé *qaba* et le *qaftan*.

انتخاب *intikhab*, (ar. choisir) élection. — اصول انتخابیه *ouçouli intikhabyè*, mode d'élection. — قابلیت انتخاب *qabilyeti intikhab*, capacité électorale. — انتخاب ورقهلری *intikhab varaqalare*, liste électorale. — شروط (ou احکام) انتخابیه *chourouti* (ou *ahkiami*) *intikhabyè*, cens électoral. — انتخاب پوصلهسی *intikhab pouçoulase*, liste électorale. — جمعیت انتخابیه *djèmi'èti intikhabyè*, collège électoral.

انتفاع *intifa'* (ar. profiter, utiliser). — حق انتفاع *haqqe intifa'*, droit d'usufruit. — یالکز انتفاع ایدن شخص *yaleñez intifa' eden chakhs*, celui qui n'a que l'usufruit.

انتقال *intiqal*, (ar. transporter, transmettre) en droit : transmission par héritage d'une propriété. — حقوق انتقالیه *houqouqe intiqalyè*, droits de succession. — حق انتقالك درجهسی *haqqe intiqaluñ dèrèdjèsi*, degré successible.

انتها *intiha*, (ar.) fin, terme, extrémité. — انتها یاشی *intiha yache*, l'âge de décrépitude.

آنتیقا *ântiqa*, antiquités; objet rare et curieux, d'un travail soigné; vase, pierre gravée, médaille, etc. — آنتیقا کاسه *ântiqa kiaçè*, vase antique.

آنجق *ândjaq*, 1° seulement, spécialement. — آنجق سزه سویلیورم *ândjaq sizè seuileïorem*, c'est à vous seulement que je parle. — 2° mais, enfin, finalement. — 3° *endjeq*, muscle de la jambe; voir le mot suivant et اینجیك.

انجیك (اینجیك) *indjik*, muscle de la jambe, tibia; voir اینجیك.

انجیك (اینجیك .var) *ènidjik*, petit chien.

انجیلین *andjileïn*, ainsi, de cette manière; voir aussi آنجیلین.

انجمك *indjimek*, souffrir, s'affliger; voir اینجیمك.

انجمن *èndjumèn*, (prononciation vulg. *èvdjemend*) pers. réunion, société, assemblée. — انجمن دانش *èndjumèni danich*, Académie des sciences et des lettres, fondée à Constantinople en 1851, sous les auspices du sultan; elle est à peu près abolie aujourd'hui.

انجو (انجی) *indjou*, perle; voir اینجو. — انجو عاشق دكزه طالار *indjou 'acheque deñyzè dalar*, l'amoureux des perles plonge au fond de la mer (proverbe).

آنجه *ândjè*, (peu usité) comme cela, cette quantité, autant, ainsi.

اینجه *indjè*, mince, subtil; voir اینجه.

انجیر *indjir*, (pers. *èndjir*) figue. Le figuier sauvage se nomme دلیجه *délidjè* et بابا *baba*, et la meilleure espèce de figue sauvage چیچك انجیری *tchitchèk indjiri*, « figue de fleur ». Parmi les figues blanches, les plus estimées sont nommées سلیمی *sèlimi* et وزیری *véziri*; la meilleure figue noire est la بادنجان *badindjan*, vulg. *patlidjan* ou aubergine. Il y a aussi une espèce de grosse figue qui porte le nom de لوب *lop*. — قورو انجیر *qourou indjir*, figue sèche. C'est la province d'Aïdin qui exporte le plus de figues sèches; la figue de choix est nommée اللهمه *èllèmè*, « choisie à la main ». — عرب انجیری *'areb indjiri* et فرعون انجیری *fir'oun indjiri*, figue de Barbarie, espèce de cactus dont on mange les fruits. — انجیر قوشی *indjir qouchou* (ou انجیر دلن *indjir dilen*), bec-figue. — انجیرلنمك *indjirlenmek*, se dit de la figue mûre qui commence à s'entr'ouvrir et laisse couler son miel. — انجیردن یومشاق *indjirden youmchaq*, plus mou qu'une figue. — انجیر یورکنی بوزمش *indjir yurèyini bozmech*, « les figues lui ont barbouillé le cœur », plaisanterie adressée à un nouveau marié, le lendemain de ses noces. Le mot انجیر آغاجی *indjir âghadjè*, « figuier », est employé métaphoriquement pour désigner les femmes en général. C'est dans le même sens qu'il faut comprendre cette locution triviale qui se rapporte à un homme pris en flagrant délit d'adultère : انجیر آغاجندن دوشمش *indjir âghadjenden duchmuch*, « il est tombé d'un figuier ». On dit de même : جویز کولکه سنده یاتمش *djèviz gueulgèsindè yatmech*, « il a couché à l'ombre d'un noyer ».

آنجیلین *ândjilèïn*, 1° ainsi, de cette manière, à ce point. — 2° beaucoup.

انحصار *inheçar*, (ar. cerner, restreindre, accaparer) — régie, monopole. — حسب الانحصار *hasb ul-inheçar*, en vertu du monopole. — دخان وانفیه حقنده جاری اولان اصول انحصار *doukhan u unfyè haqqendè djari olan ouçouli inheçar*, les règles du monopole en vigueur relativement au tabac à priser et à fumer. — Le terme احتکار *ihtikar*, monopoliser et محتکر *mouhtè-*

kir, monopoleur se prennent ordinairement en mauvaise part.

آنختار *ânakhtar*, (du grec ἀνοικτήριον) clef. — آنختار دیشی *ânakhtar diche*, panneton de clef. — آنختار آغاسی *ânakhtar âghase*, « garde-clef » économe de la chambrée et surintendant de la table du Sultan. Ce fonctionnaire appartenait à la compagnie des trente-neuf officiers nommés خاص اوطه سی *khaç odassi* ou Compagnie du corps. — جمله آنختاری *djumlè ânakhtare*, clef commune, passe-partout. — On nomme آغا آنختاری *âgha ânakhtare*, النده آنختار *èlindè ânakhtar* ou آنختار صاحبی *ânakhtar çahibi*, celui qui commande, qui a toute autorité dans la maison. — حاجی بكتاش آنختاری *haddji bektach ânakhtare*, hache d'arme des Janissaires. — یانده یوز آنختاری وار *yanindè yuz ânakhtare var*, « il a cent clés dans sa poche », se dit du filou qui s'introduit partout. — آنختاری الدن براقمق *ânakhtare elden braqmaq*, abandonner à un autre son autorité. — قپونك آنختارینی غیب ایتمك *qapounouň ânakhtarene ghaïb etmek*, « perdre la clef de la porte », être échauffé, ne pouvoir aller à la selle.

آند *ând*, serment, promesse, foi jurée; quelquefois vœu. — avec *etmek*, jurer, promettre. — آند اچمك *ând itchmek*, même sens. — آند ویرمك *ând vermek*, faire jurer, faire promettre — prononcer une formule à laquelle on attribue une vertu surnaturelle; faire une conjuration. — آندلاشمق *ândlachmaq*, se lier par un serment, par un vœu; se fédérer. — آندلو *ândlu*, qui a fait un serment; fédéré, allié; conjuré.

اندازه *èndazè*, pers. (l'assimilation de ce mot persan avec l'ar. هندسه doit être écartée) aune, mesure de soixante centimètres. — اندازه یه كلور *èndazèyè guélir*, chose mesurable; *au fig.* acceptable, admissible. — اندازه لك *èndazèlik*, qui a la longueur de l'aune en question (pièce d'étoffe etc.). — اندازه لمك *èndazèlèmek*, mesurer, auner — *au fig.* évaluer, juger.

انداق *andaq*, (var. اندق) sur le champ, immédiatement; tout aussitôt. Ce terme a vieilli.

اندام *èndam*, pers. stature, proportion, taille. — اندام لو *èndamlu*, bien fait, bien bâti. — اندام آینه سی *èndam âïnaçe*, grand miroir dans lequel on peut se voir en pied. — اندا ملامق *èndamlamaq*, donner de belles proportions, une tournure élégante.

اند بند *ènd-bènd*, loc. familière : nœud par nœud, morceau par morceau; — disloqué, défait. On dit vulgairement : اندبند اولمق حيرتدن *èndbènd olmaq haïretten*, être brisé d'émotion, tout stupéfait.

اندرون *èndèroun* (pers. dedans, intérieur). — اندرون همايون *èndèrouni humaïoun*, les appartements particuliers du palais impérial. — اندرون آغالری *èndèroun âghalare*, ou مابينجی *mabeïndji*, « les âghas de l'intérieur ». Autrefois ils étaient répartis en six classes : la chambre, le trésor, l'office, la compagnie de campagne et les deux classes d'eunuques. — اندرون چقمه *èndèroun tcheqma*, ancien officier de l'intérieur du palais, nommé à d'autres fonctions.

آندوق *ândouq*, (t. or. آنديق) espèce de loup-cervier.

آنديز *ândiz*, aunée hélène, *inula helenium*, plante de la famille des Composées. — آنديز اوتی *ândiz oteu*, aunée des prés; variété d'*helenium* dite de *Syrie* شامی.

آنديز *ândiz*, bouquet de bois, buissons aux alentours d'une ville ou d'un bourg; — repaire de voleurs et de gens mal famés.

انسان *insan*, (ar.) l'homme, la créature humaine, l'espèce humaine. — انسان بويا *insan bou ya!* tel est l'homme; l'homme est ainsi fait. — انسان انسانه لازم اولور *insan insanè lazem olour*, l'homme est utile à l'homme. — انسان احسان قولیدر *insan ihsan qouloudour*, l'homme est l'esclave des bienfaits. — انسانك عزتيده الندهدر ذلتيده *insaniñ 'yzzètidè èlindèdir zillètidè*, l'homme tient en ses mains sa gloire et son abaissement (sa fortune). — انسانه چوق ایولك يرامز *insanè tchoq eyilik yaramaz*, il ne faut pas faire trop de bien aux hommes.

آنسز *ânsez*, 1° sans cela, autrement. — 2° *eñsiz* pour اكسز *eñsiz*, subitement, tout d'un coup. — 3° *ènsiz* pour اكسز ou اينسز « sans largeur », étroit, étriqué.

انشا *incha* (ar. créer, construire, rédiger). — 1° modèle de lettres, manuel épistolaire en style élégant. — انشای جدید *inchayi djèdid*, nouveau formulaire du rédacteur. Il y a dans la littérature turque un assez grand nombre de traités de ce genre d'un style prétentieux et recherché qui servent encore aujourd'hui de modèles ; il faut reconnaître pourtant que la rédaction tend, de nos jours, à se simplifier. — 2° génie maritime. — انشا خليفه سى *incha khalifèsi*, ingénieur de marine. — انشائيه مكتبى *inchayè mektèbi*, école du génie de la marine. — 3° انشا دفترى *incha deftèri*, registre des jugements de requête.

انشا بالغى *ancha baleghe*, anchois ; le mot turc est ساردلا *sardèla*.

انشا الله *inchallah!* (ar. pour ان شاء الله *in cha' allah*, si Dieu le veut) j'espère, peut-être. Cette formule est d'un emploi constant chez les Musulmans, toutes les fois qu'ils parlent d'une chose future.

انشته *énichtè*, (primit. اينشته *inichtè*) beau-frère, mari de la sœur.

انصاف *inçaf*, ar. équité, justice ; — discrétion ; avec *etmek*, être juste, agir avec modération. On dit en proverbe : انصاف دينك ياريسيدر *inçaf diniñ yariçidir*, la justice est la moitié de la religion. — انصافه كلمك *inçafè guelmek*, rendre justice. — كنديدن انصاف *kendiden inçaf etmek*, se faire rendre justice à soi-même. — انصافسز *inçafsez*, immodéré ; injuste ; indiscret.

انعام *èn'am*, (pl. ar. de نعمت *ni'mèt*, faveur, bienfait) récompense, don d'un supérieur à un inférieur. — avec *etmek*, accorder une faveur, gratifier. — *èn'am* est quelquefois synonyme de خلعت *khel'at*, pelisse d'honneur, vêtement de *gala*. Cf. Djevdet, *Histoire de la Turquie*, t. III, p. 201, l. 19.

انعام *in'am*, (ar. favoriser, accorder une faveur) gratification accordée par les sultans dans certaines circonstances solennelles, par exemple, le jour de leur avènement. — انعام عام *in'ami 'aam*, gratification générale, comprenant une distribution de numéraire aux troupes, de présents, robes d'honneur, etc. aux grands personnages.

آنغاريه *angharyè*, (du grec ἀγγαρία — var. آنقريه, آنقاريه, آنغريه) 1° corvée, réquisition, travail sans rétribution ; dans les Capitulations : taxe arbitraire. Cf. le mot بجه. — آنغاريه لر تحميل *angharyèler tahmil etmek*, imposer des corvées. — 2° peine, difficulté. — آنغاريه دبكلهمك *angharyè diñlè-*

mek, ne pas écouter avec attention. — plus rarement : travaux forcés, bagne.

آنغرمق *ânghermaq*, braire; forme rare pour *áñermaq*; voir آكرمق.

انغروس *ènghèrous*, Hongrois; on écrit aussi انكروس.

آنغيت *ânghit*, oiseau au plumage rouge, plus gros que l'oie. — poule d'eau; cf. باغلان et انقاط.

آنغيج *ânghedj*, grand chariot pour le transport de la paille, voiture à claires voies et sans plancher.

انفصال *infiçal*, (ar.) démission, abandon volontaire de fonctions publiques; synonyme de استعفا *isti'fa*, par opposition à عزل *'azl*, révocation, destitution.

انفيه *ènfyè*, tabac à priser. — بر چكيم انفيه ou بر انفيه *bir tchèkim ènfyè*, une prise de tabac. — انفيه چكمك *ènfyè tchèkmek*, priser du tabac, prendre une prise. — انجه انفيه *indjè ènfyè*, tabac à priser en carotte, tabac d'Alep.

انقاط *anqat*, (var. انقط, انقاد) flamant; — quelquefois *canard souchet* ou *rouge*. — Comp. aussi avec آنغط et آنغيت.

آنقت *anqit*; voir آنغيت.

آنغاريه *ângaryè*, corvée; voir آنقريه.

انك *ènèk*, châtré (cf. انه مك) se dit des animaux et quelquefois aussi de l'homme.

انك *inek*, 1° vache; voir اينك. — 2° *ènik*, petit des animaux; voir انيك.

انك *ônuñ*, génitif du pron. personnel : de lui, de celui-ci; cf. اول.

انكبه *ènguèbè*, escarpé, raviné, d'un accès ardu. — انكبه لك *ènguèbèlik*, vallon escarpé, en forme de ravin.

انكر *ènguèr* (pers. كنكر *guènguèr*, artichaut). — انكر ساقزى *ènguèr saqezè*, que le peuple prononce *tchènguèl saqezè*, mastic, gomme faite avec le suc d'une espèce d'artichaut sauvage ou de chardon; cf. انكار.

انكرك *ènguèrèk*, vipère. On en connaît plusieurs espèces désignées sous les noms de قاطر يلانى *qater yilani*, بوز يوروك *boz yuruk* et اوق يلانى *oq yilani*. — انكرك اوتى *ènguèrèk oteu*, vipérine ou alcibiadienne, plante.

انكروس *èngèrous*, qu'on écrit plus ordinairement انغروس *èngèrous*, les Hongrois, habitants de la Hongrie.

انكسار **inkiçar**, (ar. se rompre, se briser, être ému, etc.) maudire, prononcer des imprécations, vomir des injures.

انكل **ènguèl**, 1° obstacle, difficulté, empêchement. — 2° rival, émule (inusité). — انكل او **ènguèl olmaq**, 1° être pendu, attaché. — 2° être un obstacle, une difficulté; devenir une cause de retard. — عاشق معشوق انكلى **aacheq maachouq ènguèli**, « obstacle entre l'amant et la maîtresse », trouble-fête, rabat-joie, fâcheux.

انكليقا **enguèlika**, angélique, plante; voir le nom arabe-turc ملك اوتى **melek oteu**.

انكنار **ènguinar**, (du pers. كنكر **guenguer**; grec ἀγκινάρα) artichaut. — تازه انكنار **tazè ènguinar**, artichaut tendre. — يبان انكارى **yaban ènguinari**, cardon. — انكنار باشى **ènguinar bache**, « tête d'artichaut », se dit d'un homme qui a une petite tête. — انكنار اوزيدر **ènguinar euzudur**, « c'est un vrai artichaut », c.-à-d. : son mérite est caché, le dedans vaut mieux chez lui que le dehors. — شفتالونك طيشاروسى انكارك ايجروسى **cheftaliniñ dicharusi ènguinaruñ itchèrisi**, « dehors de pêche et intérieur d'artichaut », se dit, au contraire, de l'homme méchant ou vicieux dont les dehors sont séduisants.

انكول **èngul**, lent, paresseux, traînard; — pauvre, vagabond.

انكين **ènguîn**, (var. اكين **èñguîn**) comme اكلو **èñlu**, large, ample, étendu. — انكين صحرا **ènguîn çahra**, vaste plaine, désert étendu. — La haute mer, le large; on dit aussi : دريانك انكينلكى **dèrianiñ ènguînliyi**. — انكينلهمك **ènguînlèmek**, gagner le large, la haute mer, synonyme de انكينه چيقمق **ènguînè tcheqmaq**, sortir au large.

انليدور **ènlidur**, (primit. **inlidur**) prière de l'açr, qui suit la prière de midi. — moment où le soleil décline. — après-midi.

آنمق et آندرمق **ânmaq, andurmaq**; voir آكق.

انمك **enmek**, descendre; voir اينك. — **ènèmek**, châtrer; voir انهمك.

آنونيم **ânonim**, le mot français *anonyme* s'est introduit depuis quelque temps dans la presse et dans le langage des affaires. On dit : آنونيم شركت une société anonyme, آنونيم كتاب un livre anonyme, au lieu de تسميه سز *tesmyèsez*.

انه مك *ènèmek* et انتمك *ènètmek*, châtrer (un animal). — انّش *ènènmich*, châtré. — *Pass.* : انّك *ènènmek*, être châtré (cheval, chapon, etc.).

آنيده *ânidè*, en ce moment-là, un moment; aussitôt, d'un seul coup.

آنيسون *âniçoun*, plante; voir آناصون.

انيش *ènich*, (var. اينيش *énich*, du v. اينك) descente, pente, déclivité. — انيش يوقوش *ènich yoqouch*, « descente et montée », route difficile, pleine d'accidents de terrain. Cf. انكه. — Prov. : هر يوقوشك انيشى وار *her yoqouchoūn ènichi var*, « toute montée a une descente », toute grandeur est suivie d'abaissement.

انى قونى *èni-qonou*, (des verbes اينك descendre, et قونـق se placer, camper) 1° à l'aise, bien et commodément assis. — انى قونى مكالمه اتمك *èni-qonou mukialèmè etmek*, causer à tête reposée, en détail. — 2° affaire qui tire en longueur; délais, attermoiements.

انيك *ènik*, (primit. اينيك *inik*) petit des animaux carnassiers et, en particulier, du chien, du loup, du renard. — pour les petits des ruminants, voir les mots قوزى, قودوق, بوزاغى, etc.

آنيله *ânilè*, terme de marine : (de l'ital. *anello*) instrument nommé *organeau*; c'est un anneau en fer à l'extrémité de l'ancre; on l'entortille de petites cordes et il sert à rattacher l'ancre au câble.

آو *âv*, chasse, pêche. — آو آنى *âvè*, gibier. — آوى يمدكجه شكر ايتمم *âve yemeduktchè chukur etmem*, je ne ferai pas de remercîments avant d'avoir mangé la chasse (prov.). — آو هو آغاسى *âv hou âghasè*, grand veneur, chef des fauconniers. — سوركون آوى *surgun âve*, grande chasse d'un prince avec son armée. — آو كوپكى *âv keupeyi*, chien de chasse, lévrier, etc. — آو كوپكى اوله لى بر آو طوتمدى *âv keupeyi olalu bir âv toutmade*, « depuis qu'il est chien de chasse, il n'a pas pris de gibier », proverbe qui s'applique à un homme qui n'est bon à rien. — آو قوشى *âv qouchou*, oiseau dressé pour la chasse, faucon, gerfaut, etc. — آو تذكره سى *âv tezkèrèsi*, permis de chasse. — آو هواسى *âv havasè*, temps de chasse, temps brumeux et neigeux;

au fig. moment propice. — آو آرامق *âv âramaq*, aller en quête du butin, d'une bonne aubaine. — آو بولمق *âv boulmaq*, trouver du gibier, faire du butin, poursuivre un but. — زبغٖن آوى *zebghen âve*, pêche au harpon. — آوجى *âvdji*, chasseur, pêcheur; homme diligent. — آوجيه بر كوز يتر *âvdjyè bir gueuz yeter*, au chasseur un seul œil suffit. — آوجى آونده كرك يولجى يولنده *âvdji âvindè guèrèk yoldji yolindè*, « que le chasseur reste à sa chasse et le voyageur sur sa route », chacun chez soi. — آوجى حيوان *âvdji haïvan*, animal chasseur, rapace (renard, fouine, chat). — آوجى باشى *âvdji bachi*, sous l'ancien régime, titre du colonel du 33ᵉ *orta* des Seymens qui séjournait à Stamboul, pendant l'hiver, et sur les côtes de la Mer Noire, pendant l'été. — آوجى كبى كزمك *âvdji guibi guezmek*, « marcher en chasseur » c.-à-d.: doucement, avec précaution. — آوجى يوركلو *âvdji yureklu*, « cœur de chasseur », impitoyable, cruel. — آوجى ايو اولوميله اولمز *âvdji eyu eulumi-ilè eulmez*, le chasseur ne meurt pas de sa bonne mort. — آوجى قوزغون آولاماز اوردك آولار *âvdji qouzghoun âvlamaz eurdek âvlar*, « le chasseur ne chasse pas le corbeau, il chasse le canard ». Juvénal a dit dans le même sens: *Dat veniam corvis, vexat censura columbas.*

او, ايو, اوى, او *èv*, 1° maison (turc. or. بيو). — séjour, habitation. — جان اوى *djan èvi*, épigastre. — كوزك اوى *gueuzuñ èvi*, orbite de l'œil. — جام اوى *djam èvi*, carreau de fenêtre, vitrage de porte. — 2° famille. — او اوشاغى *èv ouchaghe*, gens de la maison; cf. چوجوق, چولوق. — دوكون اوى *duyun èvi*, métaph. paradis. — آخرت اوى *âkheret èvi*, le monde futur. — او بارق *èv barq*, famille, ménage. — او صاحبى *èv çahibi*, maître de la maison, chef de la famille, du harem. — او حيوانى *èv haïvane*, animaux domestiques. — او اشياسى *èv èchiasi*, mobilier de la maison. — آش اوى *âch èvi*, cuisine. — اوجكز *èvdjiyiz*, petite maison, maisonnette, cabane, hute. — Proverbes: او صاحبنك بر اوى وار كراجنك بيك اوى *èv çahibiniñ bir èvi var kiradjiniñ biñ èvi*, le propriétaire n'a qu'une maison, le locataire en a mille. — اودهكى بازارلق چارشويه اويمز *èvdèki pazarleq tcharchèiè ouïmaz*, « le marché fait à la maison ne ressemble pas à celui du bazar», les prévisions sont démenties par les faits; il faut rabattre de ses espérances. — او صاحبى مسافرك خدمتكاريدر èv çahibi muçafiriñ khizmetkiaridir, le maître de maison est le serviteur de ses hôtes. — آق او *âq èv*, «tente blanche», surnom des tribus nomades. — قره او *qara èv*, «tente noire», surnom des tribus vivant sous la tente, mais fixées dans une certaine zône de terrain.

او *ô* et اول *ôl*, pronom démonstratif désignant les personnes ou les choses éloignées: celui-là, celle-là, cela; cf. شو et شول. — pour les désinences casuelles de ce pronom, voir la *Grammaire*. — اورا pour اول آرا *ôl âra*, cet endroit là, *ôrada*, là dedans; *ôradan*, de là, etc. — *ôl* a aussi un simple rôle de corroboratif: اول آدم *ôl âdam*, cet homme là, lui-même. — او ساعت *ô saat*, au même moment. — اول بر *ôl-bir*, او برى ، او بركون *ô biri*, l'autre; *bir gun*, «l'autre jour», après-demain. — اوراسى *ôraçe*, cela, cette chose, cette question; cf. اورا. — اونجق *ônedjaq*, cette chose de peu de valeur. — اونلو اونسز *onlu onsez*, de toute façon, *litt.* «avec ou sans cela».

اووا (rare اووا) *ova*, plaine; voir اوه.

اواتمق *ouvatmaq*, couper en petits morceaux; voir اوفاتمق.

آوادانلق *âvadanleq*, (peut-être du persan آبادانى) outils de menuisier, de charpentier, de tourneur. — outils de travail en général. — او آوادانلغى *èv âvadanleghe*, mobilier, ustensiles de ménage; toilette.

آواره *âvarè*, (pers.) vagabond, oisif, traînard, égaré. — آواره كزمك *âvarè guezmek*, vagabonder, errer sans but. — آوارهلك *âvarèlik*, vagabondage; — paresse; — stupéfaction; — *au fig.* vague d'esprit.

آواز *âvaz*, (pers.) bruit, son de la voix. — Proverbe: فلانى سور خيرسز آوازى سوديكى كبى *filani sèver khersez âvaze sèvdiyi guibi*, il aime un tel comme le voleur aime le bruit.

اوامر *evamir* (pl. ar. de امر ordre). — اوامر ماليه مديرى *evamiri malyè mudiri*, directeur des ordonnances et arrêtés au ministère des finances.

آواناق *âvanaq*, sot, crédule, esprit faible. — آواناقلق *âvanaqleq*, sottise, faiblesse d'esprit.

اوباش *evbach*, (ar.) gens du commun, populace. — اوباش طاقی *evbach taquemeu*, prolétariat, synonyme de ادنی طاقی et de اسافل خلق.

اوبروق *obrouq*, terrain creux, raviné, escarpé; — champ raboteux.

اوبرولامق *obroulamaq*, (variante: اوبرلق) être creusé (champ); être raboteux, inégal. — En turc or. اوبرومق *obroumaq*, signifie s'enfoncer, s'écrouler, être déprimé (puits). Cf. اوبروق.

اوبك *eubuk*, tas, monceau, entassement, *tumulus*. Cf. يغين.

اوبور *obour*, insatiable, glouton. — اوبورلق *obourlouq*, faim inassouvible, boulimie. — اوبور جوبور (orthogr. usitée اوبورجبور) *obourdjobour*, gourmand, glouton.

اوبسوس *obous*, transcription du français *obus*, on écrit aussi عبوس *'obous*. — اوبوس طوپی *obous tope*, obusier.

اوپ *oup*, particule d'intensité comme اپ; elle précède certains mots de la classe forte, par ex.: اوپ اوزون *oup ouzoun*, tout au long, tout du long. Cf. آپ.

اوپرله‌مك *euperlèmek*, (fréquentatif de اوپمك) baiser à plusieurs reprises, baisotter. — سنی تازه اوشاغندن چوق اوپرله‌مشلر انكیچون آغیزك صولیدر *seni tazè ouchaghenden tchoq euperlèmichler onouñ itchun âghezeñ couloudour*, « on t'a bien baisotté dans ton enfance, aussi ta bouche en est encore tout humide », se dit à une personne délicate et molle qui évite les fatigues et s'épargne les ennuis. Cf. اوپكله‌مك.

اوپش *eupuch*, (var. اوپو) baiser, caresse; cf. اوپمك. — On emploie plus souvent le pers. بوسه (pour يوسه) et بوسه‌لك. Voir aussi شفتالو.

اوپكله‌مك *eupeklèmek*, embrasser plusieurs fois; donner plusieurs baisers; cf. اوپرله‌مك et اوپمك.

اوپمك *eupmek*, baiser, donner un baiser. (Comp. avec le t. or. اوپ qui signifie « poitrine, sein, partie antérieure du corps ».) — اوپوب قوچمق *eupup qotchmaq*, embrasser, donner l'accolade. — ال اوپمك *èl eupmek*, « baiser la main » pour prendre congé et se retirer. — یر اوپمك *yer eupmek*, « baiser la terre » en signe de respect, se prosterner, se soumettre. — ال اتك اوپمك *èl ètek eupmek*, « baiser la main et le pan de la robe », supplier, solliciter humblement. — قاضى افندينك اتكنى *qadẹ efendiniñ ètèyini eupdum*, j'ai sollicité Monseigneur le juge. — يدى يرده بر اوپمك *yedi yerdè yer eupmek*, « baiser la terre en sept endroits », témoigner le plus profond respect. — اتك اوپدرمك *ètèk eupdurmek*, « faire baiser le pan de sa robe », être fier, vaniteux. — يرى اوپدرمك *yeri eupdurmek*, « faire baiser la terre », soumettre, subjuguer, dompter. — اوپشمك *eupuchmek*, se donner mutuellement le baiser, se réconcilier. — اوپشدرمك *eupuchdurmek*, rétablir la paix, réconcilier. — ال اوپملك *èl eupulmek*, « prêter serment », rendre hommage à un souverain. — آغيزيكى اوپيم *âghezenẹ eupèim*, « que je baise ta bouche! » se dit au porteur d'une bonne nouvelle. — ايصيره مه ديغندن اوپر *euçẹramadẹghẹnden euper*, « ne pouvant mordre, il baise », se dit d'un ennemi rusé. — ايصيره ميديغك الى اوپ باشكه قو *euçẹramadẹghuñ èli eup bachẹña qo*, « baise la main que tu n'as pu mordre et place-la sur ta tête (en signe de respect) », flatte l'ennemi contre lequel tu ne peux rien. — ديرسككى اوپ كه اينانهيم *dirseyiñi eup ki inanạïm*, « baise ton coude si tu veux que je te croie », cette locution très-familière s'emploie en signe d'incrédulité.

اوپو *eupu*, baiser, caresse; voir اوپش.

اوت *èvèt*, (forme prim. اووات) oui, certainement, assurément. — اوت افندم *èvèt efendim*, oui monsieur. — اوتله مك *èvètlèmek*, dire oui à tout et ne rien faire; — désobéir; — se moquer.

اوت *ot*, herbe. — قورو اوت *qourou ot*, « herbe sèche », foin; يشيل اوت *yèchil ot*, herbe verte, herbe fraîche. — ينه جكى اوت *yènèdjek ot*, légume, salade. — اوتلق *otlouq*, potager, jardin de maraîcher; — prairie, pâturage. — اوتلق چورباسى *otlouq tchorbasẹ*, espèce de potage aux herbes. — Pour les différents noms d'herbages et de plantes, voir le mot initial, comme صارى اوت, تره اوتى, التون اوتى etc. — يم و اوتلق *iem u otlouq*, fourrages. — اجزا اوتلوغندن قيمتلو *edjza otloughẹnden qymetlu*, « les épices coûtent plus que les herbes », la sauce coûte plus cher que le poisson. — هر درلو اوتلق بر ترلاده بتمز *her turlu otlouq bir tarladè bitmez*, — *non omnis fert omnia tellus* (Virgile). — نه جنس اوتلق اوتلادك *nè djins otlouq otladẹñ*, « quelle herbe avez-vous mangée », sur quelle herbe avez-vous marché ? — اوتلق ایله کیك *otlouq èla guèyik çaqlanelmaz*, « on ne peut ménager la prairie et le cerf », la chèvre et le chou.

اوت *ot* ou اود *od*, 1° feu (comparer avec le t. or. اورت *ort*, qui a le même sens. Cf. اورتوق et اورتمق brûler, brûlé). — 2° poison. — 3° poudre épilatoire ; insecticide. — اوت طاشی *ot tacheu*, pierre à feu. — اوت یالینی *ot yalini*, flamme. Cf. اوتلو بغا *otlu bagha*, crapaud venimeux. — اوت ویرمك *ot vèrmek*, empoisonner. — پیره اوتی *pirè ote*, « herbe aux puces », conyza. — صیچان اوتی *çetchan ote*, mort aux rats. — بورون اوتی *bouroun ote*, « tabac à priser ». — بالق اوتی *baleq ote*, coque du Levant, plante. — آغیز اوتی *âghez ote*, poudre qu'on brûle dans le bassinet du fusil. — حمام اوتی *hammam ote*, poudre ou pâte épilatoire ; اوت یری *ot yèri*, endroits du corps où l'on applique cette préparation. — اوتلق *otleq*, poudre fine, brûlée dans le bassinet du fusil.

اوتاق *otaq*, (var. اوطاق, اوتاغ, اوطاغ) ; t. or. tente, lieu où l'on s'asseoit. Cf. اورتمق. — se dit surtout d'une tente grande et spacieuse, faite de riches étoffes. — اوتاغ همایون *otaghe humaïoun*, tente du Sultan en voyage ou dans ses expéditions militaires. — اوتاقچی *otaqtchi*, valet préposé au service de la tente impériale ; on l'appelle aussi چادرجی *tchadirdji*. Autrefois il y avait une compagnie de چادر مهتری *tchader mèhtèri*, chargés du soin des tentes et pavillons du Sultan.

اوتان *outan*, honte, pudeur. Cf. اوتانمق. — اوتانیجی *outanidji*, honteux, timide ; pudibond.

اوتانغج *outanghadj*, qui a honte, qui rougit facilement ; timide, modeste. — اوتانغجلق *outanghadjleq*, timidité, modestie, pudeur ; voir le mot suivant.

اوتانمق *outanmaq*, avoir honte, rougir (comme le feu اوت), éprouver de la pudeur. — *Trans.* اوتاندرمق *outandermaq*, rendre honteux, faire honte, rendre confus (à force de prévenances). — اوتانان *outanan*, qui a honte, timide. — اوتانانك اوغلی قزی اولمز *outananeñ oghleu queuzeu olmaz*, « celui qui a honte n'a ni fille ni garçon », jamais honteux n'eut belle mie ; c.-à-d. : qui ne tente rien n'a rien. — اوتانجق *outanadjaq*, honte, ignominie ; personne ou chose digne de blâme. — اوتانمز *outanmaz*, qui n'a point de honte, effronté, impudent. — On dit en proverbe : اوتانمز يوز توكنمز سوز *outanmaz yuz tukenmez seuz*, « visage impudent, parole intarissable », l'homme effronté parle beaucoup. On dit aussi d'un personnage impudent : اوتانديسه يوزينه قلبور طوتار *outandiïsè yuzinè qalbour toutar*, s'il rougissait, il se cacherait le visage derrière un crible. صقالندن اوتانمق *çaqalenden outanmamaq*, « ne pas avoir de pudeur pour sa barbe », être sans honneur, ne rougir de rien. — سفره‌ده اوتانان آج قالور *sofrada outanan âdj qaleur*, qui a honte à table demeure à jeun.

اوترار *eutrar (otrar)*, gué, passage, bac. Cf. اوتمك. — Ancien nom de la ville de Termed, sur la rive orientale de l'Oxus.

اوترمق *otourmaq*, s'asseoir ; voir اوتورمق.

اوتش *eutuch*, chant, (surtout des oiseaux) gazouillement ; voir اوتمك.

اوتلاغ *otlagh* ; voir le mot suivant.

اوتلاق *otlaq*, (syn. اوتلق, اوتلوق) pâturage, prairie, pacage ; — herbe, foin. Cf. چاير. — اوتلاقيه *otlaqyè*, droit de pâturage, droit payé pour la location des pâturages appartenant au domaine *(miri)*. Cet impôt se nomme aussi اوتلاق رسمى *otlaq resmi*.

اوتلامق *otlamaq* et اوتلانمق *otlanmaq*, paître, brouter ; *au fig.* faire des sottises, agir comme une brute. — *Trans.* اوتارمق *otlatmaq* et *otarmaq*, faire paître, mener les bestiaux au pâturage. — سن بنم حاصلمى اوتلادك *sen benim haçeleme otladuñ*, « tu es venu tondre mon domaine », chasser sur mes terres.

اوتلامق *otlamaq*, (var. اودلامق *odlamaq*) brûler, communiquer la flamme. Cf. اوت. — اوتلانمق *otlanmaq*, (et *odlanmaq*) se brûler, être incendié.

اوتلق *otlouq* ; (var. اوتلوق) voir اوتلاق.

اوتكلو *eutlèyu*, espèce de grand vautour qui décrit de larges circuits en volant ; comparer avec le v. اوتمك ; on le nomme aussi اوشاق قپان *ouchaq qapan*, « voleur d'enfants ». C'est probablement le gypaète barbu ou griffon, surnommé *vautour des agneaux*.

اوتلمك *eutulmek*, être dépassé, battu, vaincu ; — perdre au jeu.

اوتلهكن *eutlèyen*, petit oiseau au plumage très-noir, de la famille du sansonnet ou étourneau.

اوتلهمك *eutlèmek*, chanter, gazouiller ; voir اوتمك.

اوتمق *outmaq*, gagner au jeu, avoir l'avantage. On emploie dans le même sens la forme اوتمك *eutmek, utmek*.

اوتمق *otmaq*, 1° pousser avec le pied. — 2° *ouvatmaq*, couper menu ; voir اوفاتمق.

اوتمك *eutmek*, (plus rare *utmek*) 1° passer, aller au delà ; pardonner, absoudre. — 2° gagner au jeu.

اوتمك *eutmek*, chanter, gazouiller ; au fig. bavarder. — قولاقده اوتمك *qoulaqta eutmek*, avoir l'oreille qui tinte ; — résonner, retentir. — خروس اوتر *khoros euter*, « le coq chante », c.-à-d. : le jour arrive. — بورو اوتر *bourou euter*, le signal retentit. — بنم بوروٌم اوتر *benim bourounoum euter*, ma trompette sonne, c.-à-d. : je triomphe. — بلبل اوتر *bulbul euter*, « le rossignol chante », synonyme de « le printemps revient ».

— اوتدرمك *eutturmek*, faire chanter, faire gazouiller les oiseaux, sonner un air ; — siffler, jouer de la flûte ; faire tinter, faire résonner. — اوتشمك *eutuchmek*, se dit du gazouillement des oiseaux, du murmure des jeunes enfants. — گوك اوتر *gueuk euter*, il tonne. — دكز اوتر *deñiz euter*, la mer gronde. — زمانيله خروس اوتر *zemani-ilè khoros euter*, « le coq chante à son heure », on cite ce proverbe aux Musulmans qui négligent les heures de la prière. — كندى سازكى اوتدر *kendi saziñi euttur*, « joue de ton propre instrument », contente-toi de tes ressources sans avoir recours à autrui ; ce qui rappelle l'adage grec : χρῶ τῇ σεαυτοῦ λύρᾳ μὴ τῇ τοῦ πέλας, sers-toi de ta lyre et non pas de celle du voisin.

اوتمه *eutmè*, grains de blé ou de maïs, séchés au soleil ou grillés, que les voyageurs emportent comme provision de route ; voir aussi اوتومه.

اوتو *eutu, utu*, 1° action de faire passer au feu pour donner du lustre ; repasser avec un linge mouillé ou un fer chaud pour faire briller une étoffe, le feutre, etc. (Cf. اوتمك passer.) —

پاچه اوتوسی *patcha eutusu*, pieds de veau ou de mouton légèrement présentés au feu, flambés et assaisonnés d'une certaine façon. — 2° fer à repasser. — اوتوجی *eutudju*, celui ou celle qui repasse; cuisinier qui prépare les *patcha*; — rebouteur, rhabilleur. — اوتولهمك *eutulèmek*, repasser les étoffes, les draps, etc. — اوتولتمك *eutulètmek*, faire passer au feu, flamber (les poils). — اوتولنمك *eutulènmek*, être repassé au fer chaud, être poli; lustré; être rougi par le feu.

اوتوراق *otouraq*, (var. اوطوراق, اوتورمق). Cf. اوراق) vétéran, invalide; — siège; banc de rameur dans le *caïque*; estrade pour soffa; — lieu de halte d'une troupe en marche pendant l'hiver. — نه کیجه یاتاق یاتور نه کوندز اوتوراق اوتورر *nè guèdjè yataq yatour nè gunduz otouraq otourour*, « la nuit il ne couche pas dans un lit, le jour il ne s'assied pas sur un siège », pour dire qu'un homme travaille sans relâche et ne se donne pas un moment de repos. — اوتوراقلو *otouraqlu*, bien assis, sur de solides fondements (édifice).

اوتورغان *otourghan*, (variante اوتورغان, اوطورغان) qui reste assis, sédentaire. Cf. اوتورمق.

اوتورمق *otourmaq*, (var. اوطورمق, اوتورمق, اوطرمق) s'asseoir; s'arrêter; demeurer. — s'écrouler (une bâtisse); échouer, toucher un bas fond. — قان اوتورمق *qan otourmaq*, se dit de la tache bleue laissée sous la peau par le sang coagulé. — کل اوزره اوتورمق *kul uzrè otourmaq*, « s'asseoir sur la cendre », être misérable. — اکری اوتورمق *eïri otourmaq*, « s'asseoir de travers », agir d'une façon impolie; manquer d'usage. — آشاغی اوتورمق *âchagheu otourmaq*, se reposer, se mettre à son aise; s'asseoir au dernier rang. — جملهدن یوقارو اوتورمق *djumlèden yoqaru otourmaq*, s'asseoir à la première place. — اوتوروب قالقمق *otouroup qalqmaq*, « la manière de s'asseoir et de se lever », les allures, la tournure d'une personne. — یکیچری اوتوریشی اوتورمق *yeñitchèri otourouchou otourmaq*, « s'asseoir à la façon des Janissaires », se serrer les uns contre les autres. — سنك اوموزك اوستنده می اوتورر *senuñ omouzuñ ustundè me otourour*, « est-ce qu'il est assis sur ton épaule? » c.-à-d.: est-ce qu'il est à ta charge? — *Trans.* اوتورتمق *otou-routmaq*, faire asseoir, faire échouer; faire agenouiller (un animal); — incruster, enchasser. — اوتورشمق *otourouchmaq*, s'asseoir ensemble; s'apaiser, se calmer (tempête, sédition). — اوتوردلمق *otourdoulmaq*, être posé, assis, mis en place. — اوتورلمق *otouroulmaq*, s'établir, être domicilié.

اوتورغه *otouranma*, (var. اوطورغه, اورنه. Cf. اوتورمق). 1° incrustation, action d'enchasser une pierre précieuse. — 2° gros morceaux de *kèbab*, coupés en rond et servis sur un plat de légumes.

اوتورى *euturu*, signe-voyelle qui répond au *dhamma* de la grammaire arabe; il se place au-dessus de la lettre et prend la forme d'un petit *vav*; il correspond aux quatre sons: *ô, ou, u, eu*. Le double *euturu* ایکی اوتورى représente le *dhamma* accompagné du *tanwin* arabe et sert à exprimer les sons *ôn, oune, une, eune*. Pour plus de détails, voir la *Grammaire*.

اوتورى *euturu*, post-position qui gouverne l'ablatif et signifie: à cause de, relativement à; sa forme primitive est اوتکارى. — اندن اوتورى *onden euturu*, à cause de cela; ندن اوتورى *nèden euturu*, pourquoi, pour quel motif? — Ce mot a vieilli; on se sert plus volontiers aujourd'hui du mot طولایى *dolayi*.

اوتوز *otouz*, (t. or. اولتوز) trente. — اوچ اوتوزنده *utch otouzoundè*, « qui est dans sa troisième période de trente », nonagénaire, vieillard décrépit. — اوتوزنجى *otouzoundjou*, trentième. — اوتوزلق *otouzlouq*, groupe et valeur de trente. — On dit en proverbe de quelqu'un qui tombe de mal en pis: اوتوزى براغوب اونى آلدى *otouzou braghoup ônou âldeu*, il a laissé trente pour prendre dix.

اوتوش *eutuch*, (var. اوتش) sôn, voix, chant, intonation, écho; cf. اوتمك, chanter.

اوتولهمك *eutulèmek*, 1° repasser; voir اوتو. — 2° *utulèmek*, remettre un membre luxé ou démis, au moyen d'appareils et de bandages; — rebouter, rhabiller. — اوتوجى, اوتولهجى *utulèdji* et *utudju*, rebouteur, rhabilleur.

اوتومه *utumè, utmè*, (اوته) grains de blé, grains de maïs grillés ou simplement séchés au soleil, que les voyageurs emportent comme provision de route. Cf. اوتو et اوتنه.

اوتون *eutun*, action de passer outre; — pardon, indulgence. Cf. اوتمك.

اوتونج *eutoundj* et اودونج ; voir اودنج.

اوته *eutè*, au-delà, du côté opposé (endroit où l'on passe; cf. اوتمك). — دها اوته *daha eutè*, bien au-delà, plus loin. — ایرماغك اوتهسی *irmagheuñ eutèsi*, l'autre côté du fleuve, la Transoxane; en arabe ما ورا النهر. — اوته برو *eutè bèru*, de là et de çà, ceci, cela, choses et autres; — avec *âlmaq*, se prémunir, se préparer. — اوته برو ایتمك *eutè beru etmek*, s'appliquer, se précautionner, user de ruses. — اوتهسنه وارمق *eutèsinè varmaq*, dépasser les bornes, outrepasser, exagérer. — اوتهسنی برو ایتمك *eutèsini beru etmek*, prendre ses dispositions, arranger, disposer. — اوتهدن برو *eutèden bèru*, depuis longtemps, de tout temps, *ab antiquo*; de loin. — اوتهکی *eutèki*, celui-là, opposé à بروکی *bèruki*, celui-ci. — اوتهکی بروکی *eutèki bèruki*, celui-là et celui-ci, un tel et un tel. — اوتهکی کون *eutèki gun*, avant-hier. — اوتهسی چیقماز صوقاق *eutèsi tcheqmaz çoqaq*, rue sans

issue, impasse; *au fig.* affaire inextricable.

اوتی *eutu*, fer à repasser; voir اوتو. — pour *eutè*, au delà; voir اوته.

آوج *âvoudj*, poignée, creux de la main. — بر آوج *bir âvoudj*, une poignée, une petite quantité. — آوج ایچی *âvoudj itche*, creux de la main. — آوجه صیغمق *âvoudjè çeghmaq*, être pris, saisi (s'emploie en mauvaise part). — آوجنی یالاسون شمدی *âvoudjene yalasoun chimdi*, « qu'il se lèche le creux de la main maintenant », c.-à-d.: qu'il en soit aux regrets, qu'il demeure frustré dans son attente. — آوجلامق *âvoudjlamaq*, empoigner, prendre à pleine main. — روزکاری آوجلامق *rouzguiare âvoudjlamaq*, se dit d'une voile enflée par le vent.

اوج *eudj*, 1° vengeance, représailles; avec *âlmaq*, se venger = انتقام. — 2° gageure, pari; gage d'un pari. — اوج طوتمق *eudj toutmaq*, parier; prétendre. — اوجشمك *eudjechmek*, parier ensemble; cf. اوچ *outch*.

اوج *oudj*, 1° bout, extrémité, pointe. — پرماق اوجی *parmaq oudjou*, le bout du doigt. — مەمە اوجی *mèmè oudjou*, tetin. — مزراق اوجی *mezraq oudjou*, le bout de la lance. — باش اوجنده *bach oudjoundè*, tout près. — ایپ اوجی *ip oudjou*, « le bout de la corde », comme en persan سر رشته, expédient, moyen, signe indicatif. — كوز اوجیله باقق *gueuz oudjou-ela baqmaq*, « regarder du bout des yeux », furtivement. — 2° cause, motif, prétexte. — طمع اوجندن بلایه دوشمك *tama' oudjounden bèlaya duchmek*, tomber dans le malheur par avidité (ou convoitise). — باش اوجنه دیكلمك *bach oudjenè diñlèmek*, « écouter tout près », se tenir tout près, ne pas s'éloigner. — ایش اوجی *ich oudjou*, la fin, le terme d'une affaire. — اوجنی آلمق *oudjounou âlmaq*, décider, juger. — اوج اوجه *oudj oudjè*, contigu, joint, uni. — اوجدن اوجه *oudjden oudjè*, d'une limite à l'autre, avec excès. — بر اوجدن بر اوجه *bir oudjden bir oudjè*, d'un bout à l'autre. — اوجنی قاچرمق *oudjounou qatchermaq*, être ruiné. — اوج ویرمك *oudj vèrmek*, apparaître, pointer, se montrer par une extrémité. — سوزی دیلی اوجنده در *seuzeu dili oudjoundè dur*, « sa parole est au bout de sa langue », il a la répartie prompte. — قلم اوجنده در *qalem oudjoundè dur*, « c'est

au bout de la plume », se dit d'un mot omis dans l'écriture. — مومی ایكی اوجندن یاقمق *moumou iki oudjounden yaqmaq*, « allumer la chandelle par les deux bouts », faire beaucoup de dépenses à la fois. — ال اوجیله یاپشمق *èl oudjou-ela yapechmaq*, toucher du bout du doigt. — هر كس ایو اوجنی كندیه چكر *her kès eyi oudjounou kendyè tchèker*, « chacun tire le bon bout de son côté », chacun veut avoir l'avantage. — چیچك اوجی *tchitchek oudjou*, « bout de fleur », surnom donné un peu ironiquement au dernier né d'une famille.

اوجا *oudja*, (var. اوجه, اوچا, اوچه) hanche. — اوجا كیكی *oudja kèmiyi*, os coxal, os iliaque. — اوجاسی قبا بر قارى *oudjase qaba bir qareu*, une femme qui a les hanches saillantes.

اوجاق *odjaq*, 1° foyer, âtre, cheminée. — تیمورجی معدنجی اوجاغی *demirdji ma'dendji odjaghe*, foyer de forgeron ou de mineur. Cf. قالخانه. — كیرج اوجاغی *kiredj odjaghe*, four à chaux. — اوجاغك باجهسی *odjagheñ badjasi*, tuyau de cheminée. — 2° famille, maison, dynastie, corporation (t. or. grande tribu). — مغرب اوجاقلری

maghreb odjaqlarẹ, régences Barbaresques. — يكيچرى اوجاغى *yeñitchèri odjaghẹ*, milice des janissaires; le mot *odjaq* désignait non seulement le corps des janissaires, mais aussi toute l'infanterie et les deux corps de cavalerie nommés *sipahs* et *silihdars*. — اوجاق امام *odjaq imam*, aumônier des janissaires, il commandait le 94ᵉ *orta* de cette milice. — اوجاق خلقى *odjaq khalqueu* et اوجاقلو *odjaqlu*, les gens de l'odjaq, de la milice; cavalerie et infanterie. — عسكر اوجاقلرى '*asker odjaqlarẹ*, colonies militaires; اوجاق قورمق *odjaq qourmaq*, fonder une colonie. — 3° fosse, excavation. — طاش اوجاغى *tach odjaghẹ*, fondations d'une maison. — planches, sillons de jardin potager. — خيار اوجاغى *khẹyar odjaghẹ*, carré de concombres. — بادنجان اوجاغى *patlidjan odjaghẹ*, carré d'aubergines. — اوجاق چكركه‌سى *odjaq tchekirguèsi*, sauterelle comestible; cf. اوجاقچى *odjaqtchi*, fabricant de cheminées; ramoneur. — اوراق قوشى اوجاقلق *odjaqlẹq*, grand âtre de cuisine ou de forge; — poutre dans les fondements d'une maison; — ancre de navire; — domaine privé, droit seigneurial transmis par hérédité. —

اوجاغه دوشمك *odjagha duchmek*, se réfugier, demander asile. — اوجاق سوكندرمك *odjaq seuündirmek*, renverser, ruiner une maison, une famille. — اوجاغنه انجير ديكلدى *odjaghẹna indjir dikildi*, « le figuier a été planté dans son âtre », c'est une maison ruinée. — اوجاق ايچندن طوتوشور *odjaq itchinden toutouchour*, la cheminée prend feu par le dedans (proverbe).

اوجالامق *oudjalamaq*, (variante: اوجه‌لمق) s'élever, gagner le faîte; monter, s'envoler. Comparer avec le turc اوج, « fin, bout » et l'arabe آوج *aoudj*, « le plus haut point, l'apogée ». — Voir aussi اوچق *voler*.

اوجرجاق *eudjurdjaq*, 1° os de poulet ou de mouton qui sert d'engagement dans le jeu de *yadest*; cf. اوج *eudj*. — 2° besicles.

اوجز *oudjouz*; voir le mot suivant.

اوجوز *oudjouz*, (var. اوجز) 1° bon marché, à bas prix. — 2° dernier prix. — اوجوزجى *oudjouzdjou*, qui vend à bas prix; avare qui achète tout à bas prix. — اوجوزلق *oudjouzlouq*, facilité de prix, bon marché; abondance sur le marché. — اوجوزلامق *oudjouzlamaq*, être à bas prix. — *oudjouzlatmaq*, rendre bon marché, abaisser les prix de vente. — اوجوز چاتمق *oudjouz çatmaq*, vendre à bon marché; — considérer comme facile. — اوجوز قورتلمق *oudjouz qourtoulmaq*, en être quitte à bon marché. — اوجوز آلیجی طاتلو یمز *oudjouz alẹdjẹ tatlu yèmez*, « qui achète bon marché, ne mange pas douceur »; on dit dans le même sens : اوجوز ات طاتسز اولور *oudjouz èt datsez olour*, « viande bon marché, n'a pas de goût ». Ce proverbe revient aussi au notre « le fruit défendu est le meilleur ». — اوجوز صاتان تیز صاتار *oudjouz çatan tèz çatar*, qui vend bon marché, écoule vite sa marchandise.

اوج *utch*, trois. — اوچده بر *utchdè bir*, un tiers. — اوچر اوچر *utcher utcher*, par trois. — اوچلر les trois personnes de la Trinité. — اوچلو *utchlu*, ternaire, tertiaire. — اوچنجی *utchundju*, troisième. — اوچلك *utchluk*, groupe de trois, pièce de trois piastres. — اوچ شرفه‌لی *utch chèrifèlu*, « à trois galeries », surnom de la grande mosquée d'Andrinople, bâtie par Sultan Mourad II. — اوچ باشلو *utch bachlu*, à trois têtes. — اوچی بر ساج آیاق *utchu bir sadj āiaq*, « les trois font le trépied », ils s'entendent bien, se ressemblent de tout point. — اوچ بلدیکنی جمله بلور *utch bildiyini djumlè bilir*, « ce que trois personnes savent, tous le savent », un secret est vite divulgué. — اوچك بری کلدی *utchun biri gueldi*, « l'un des trois est venu », c.-à-d. : voici l'heure du déjeuner, le premier des trois repas que font les Turcs. — اوچ اوجلو *utch oudjlou*, « à trois pointes », trident. — اوچ یللق *utch iillẹq*, triennal. — اوچ قات *utch qat* ou اوچ درلو *utch turlu*, triple. — اوچ کوشه *utch keuchè*, triangle; اوچ کوشه‌لو *utch keuchèlu*, triangulaire.

اوچ *outch*, (var. اوج *eudj*) gage, gageure; enjeu d'un pari. — اوچه قومق *outchè qomaq*, déposer un gage; parier. — اوچ ایله اوینامق *outch ilè oïnamaq*, jouer sur enjeu. — Ce terme a vieilli.

اوچا, اوچه *outcha*, hanche; voir اوجا.

اوچاری *outcharu*, licencieux, obscène; — polisson; vaurien.

اوچاق *outchaq*, lierre et, en général, plante grimpante; du verbe اوچمق.

اوچروتمه *outchouroutma*, (variante: اوچورمه *outchourma*) « ce qu'on fait voler », cerf-volant. Cf. اوچمق.

اوچروم (var. اوچرم) *outchroum*, précipice, ravin; lieu escarpé; on dit aussi: اوچرومل*ق* *outchroumlouq*. Cf. يار.

اوچوق *outchouq*; voir اوچوق.

اوچقور (var. اوجقور, اوچقر) *outchqour*, ceinture, cordon qu'on passe dans les coulisses d'un pantalon ou d'un caleçon pour le serrer autour de la taille; cf. قور. — اوچقورلق *outchqourlouq*, espèce de passe-lacet, petit bâton avec lequel on fait passer la ceinture dans la coulisse d'un vêtement. — cordon. — كيسه اوچقورلغى *kèçè outchqourloughou*, cordon de la bourse.

اوچقون *outchqoun*, étincelle; litt. « ce qui s'envole ». Cf. اوچمق. — On emploie plus ordinairement le mot قيولجم, *qeveldjem*.

اوچله‌مك *utchlèmek*, partager en trois, tripler — donner un domaine à un fermier moyennant un fermage de trois pour cent; — plier en trois. — اوچله‌مه *utchlèmè*, 1° aussière, cordage de trois torons dont on fait le câble. — 2° trèfle fin. Cf. اوچ *utch*.

اوچماق *outchmaq*, (var. اوچاج, اوچاغ) paradis, ciel; mot vieilli et moins usité que جنت *djennet*. — آدم اوچماغى *âdam outchmaghè*, le paradis terrestre nommé aussi par les Musulmans باغ ارم, « jardin d'Irem ».

اوچمق *outchmaq*, voler (litt. aller en haut اوجه چيقمق); s'envoler; rouler de haut. — اوچرمق *outchourmaq*, s'élever dans les airs, prendre un haut essor; *au fig.* voler, dérober. — اوچرتمق *outchouretmaq*, faire voler, lancer un oiseau; faire voler en éclats. — اوچشمق *outchouchmaq*, s'envoler ensemble (se dit des oiseaux effrayés qui prennent leur vol). — اوچنمق *outchounmaq*, être effrayé, épouvanté. — طام اوچار *dam outchar*, « le toit vole », pour dire: « c'est chose absurde, impossible »; on emploie aussi la locution *dèvèh outchar*, « le chameau vole ». — قنادلو قوش كبى اوچمق *qanadlu qouch guibi outchmaq*, s'enfuir comme un oiseau à tire d'ailes. — اوچان قوش آغده طوتلور *outchan qouch âghdè toutoulour*, « oiseau qui vole est pris dans le filet », allusion au danger des grandeurs. —

اوچماق *outchmaq* اوچــق بلمـم آیاق ایله یورورم *bilmem âyaq ela yururum*, « je ne sais pas voler, je marche avec mes pieds », c.-à-d. : je ne m'élève pas au-dessus de ma condition ; je reste dans ma sphère. — اوچــه *outchma* et اوچوش *outchouch*, action de voler, vol, essor.

اوچورمه *outchourma* (variante : اوچرتهاوچرمه); voir .

اوچوق *outchouq*, (var. اوچق) bouton des lèvres provoqué par la fièvre. — اوچوقلامق *outchouqlamaq*, avoir les lèvres enflées, tuméfiées par la fièvre, par le rhume, etc. Cf. چاقق.

اوچیجی *outchoudjou*, qui vole, s'envole (oiseau). — اوچریجی *outchouroudjou*, au fig. diseur d'hyperboles, exagéré, hâbleur. Cf. اوچق.

اوخ *okh*, particule exclamative exprimant l'approbation ou la joie : bravo ! parfait ! — اوخ بنم اوغلم *okh benim oghloum*, « mon bien cher enfant ». — آه دیه که دشمنك اوخ دیهسون *âh dèmè ki duchmaniñ okh dèmèsun*, ne soupire pas de peur que ton ennemi ne se réjouisse.

اوخشامق *okhchamaq*, 1° caresser, cajoler, flatter (cf. l'interjection admirative اوخ). — 2° ressembler légèrement (avec une nuance plus faible que بكزهمك). — *Trans.* اوخشاتمق *okhchatmaq*, faire ressembler, rendre ressemblant. — اوخشاش *okhchach*, ressemblant, pareil, semblable. L'emploi du verbe *okhchamaq* dans le sens de « ressembler », est plus usité en Anatolie qu'à Constantinople.

اود *od*; voir اوت et اودون.

اود *eud*, fiel. — *métaphor*. courage, hardiesse, comme یورك. — اود قوپمق *eud qopmaq*, avoir une grande terreur. — اود پاتلامق *eud patlamaq* ou چاتلامق *tchatlamaq*, même sens. — اود قاوغی *eud qavoughou* ou اود قاصغی *eud qaçighe*, vésicule du fiel. — اودی طادینی یکمش *eudéu dadeuneu ieñmich*, « son fiel l'emporte sur sa saveur », il est plus méchant que bon. — سودندن اودی چوقدر *sudunden eudeu tchoqtour*, « il a plus de fiel que de lait », même sens. — اودسز ات اولمز *eudseuz èt olmaz*, « il n'y a pas de chair sans fiel », il n'y a personne sans défaut. — اودك قانك قوروديمی *euduñ qanuñ qouroudou-me*, « ton fiel et ton sang se sont-ils séchés ? » Cette locution s'adresse à un poltron ou à un étourdi. — اودی

چاتلامش اودی چاتلامش *oudou tchat-lamech eudeu tchatlamamech*, « son honneur a crevé mais non son fiel », se dit d'une femme deshonnête ; il y a ici un jeu de mots entre *oud* et *eud* qui s'écrivent de la même manière.

اود آغاجی *eud âghadje*, bois odoriférant ; c'est une prononciation vicieuse au lieu de *îd âghadje*. Cf. اید آغاجی.

اودا *oda*, chambre ; voir اوده.

اودك *eudek*, payement ; — représailles, talion ; indemnité. Cf. اودەمك.

اودلك *eudluk*, (peu usité) poltron, craintif, timoré. Cf. اود fiel.

اودلو *eudlu*, venimeux ; voir اوتلو. — اودلو بغه *eudlu bagha*, crapaud.

اودنج *eudundj*, (var. اودونج, اوتونج) emprunt, prêt, dette. — اودنج آلمق *eudundj âlmaq*, emprunter. — اودنج ویرمك *eudundj vermek*, prêter. — هیچ ویرمكه اودنج دیو آلمق *hitch vermèmèye eudundj deïu âlmaq*, emprunter pour ne jamais rendre, emprunter à fonds perdus. — اودنج آلان بر كره قزارر بیك كره بوزارر *eudundj âlan bir kerrè quezarar biñ kerrè bozarar*, celui qui emprunte rougit une fois (quand il demande à emprunter) et pâlit mille fois (quand il ne peut pas rendre).

اودون *odoun*, 1° bois, surtout bois à brûler. — 2° bâton, poutre. — قپو اودونی *qapou odounou*, barre transversale pour fermer une porte. — اودون كبی آدم *odoun guibi âdam*, homme grossier, épais, rustaud. اقپویه اودون *qapouye odoun etmek*, « faire du bois avec sa porte », être dans un grand dénuement. — یرامزه اودون اورمق *yaramazè odoun vourmaq*, « donner du bâton à un vaurien », infliger un traitement rigoureux. — اودونلق *odounlouq*, chantier de bois, entrepôt de bois ou de poutres. — اودونجی *odoundjou*, bûcheron, marchand de bois. — اودون كسمك *odoun kesmek*, fendre du bois. — اودون آكری ایسه آتش طوغری یاپار *odoun eyri issè âtech doghrou yapar*, bois tordu fait un feu droit (bon feu). — بیوك اودونك آتشی چوق اولور *buyuk odounouñ âtechi tchoq olour*, « grosse bûche fait le meilleur feu » ; c'est le plus fort qui l'emporte. — اودوندن بر یوك یوكلتمك *odounden bir yuk yukletmek*, « charger d'une voie de bois », donner la bastonnade.

اوده *oda*, (var. اودا, اوطه) chambre, salon; logement pour les voyageurs dans un khan; bureau. — صرّاف اوده‌سی *çarraf odase*, bureaux de banque; chambre de commerce. — یازو اوده‌سی *yazou odase*, bureau, cabinet de travail. — یمك اوده‌سی *yèmek odase*, salle à manger. — عرض اوده‌سی *'arz odase*, chambre des requêtes. — مجلس اوده‌سی *medjlis odase*, parquet du tribunal. — قلم اوده‌سی *qalem odase*, greffe. — كلین اوده‌سی *guèlin odase*, chambre de la mariée; cf. كردك. — یر اوده‌سی *yer odase*, sous-sol. — Sous l'ancien régime, les officiers de l'intérieur étaient rangés en six classes ou *oda* : خاص اوده‌سی *khass odase*, « la compagnie du corps », composée de trente-neuf fonctionnaires, nommés خاص اوده‌لی. — خزینه اوده‌سی *khazinè odase*, le trésor impérial. — كیلر اوده‌سی *kiler odase*, l'office. — سفر اوده‌سی *sefer odase*, la maison militaire; — les deux chambrées d'eunuques noirs et blancs. On donnait le nom spécial d'*oda* à la secrétairerie du ministère des finances. — Compagnies de troupes régulières; voir aussi اورته. La milice des Janissaires se composait de quatre divisions, réparties entre 229 chambrées ou *oda*; l'*oda bachi* اوده باشی était le commandant en second de la chambrée; l'*oda yazidji* اوده یازیجی l'écrivain des chambrées, chargé de la garde des archives du corps. — اوده‌جی *odadji*, valet de chambre. — اوده باشی *oda bachi*, chef de la domesticité dans un caravansérail; le gardien du khan. — اوده‌لق (اوطه‌لق) « odalisque », fille attachée au service personnel du Sultan; il y en avait autrefois une soixantaine qui prenaient rang immédiatement après les *qadeun*.

اوده‌شیق *odacheq*, (var. اوطه‌شیق) compagnon de chambre; camarade de chambrée. Cf. اوده.

اوده‌مك *eudèmek*, payer, s'acquitter d'une dette, d'une obligation. — اودتمك *eudètmek*, faire payer, imposer une indemnité, une réparation. — اودشمك *eudèchmek*, exercer des représailles, la peine du talion. — بورجنی اوده‌مك *bordjini eudèmek*, payer ses dettes. — قانلرینی اودك *qanlarene euduñ*, paye le prix de leur sang. — كندویه اكلن طوزی اوده‌مز *kendiyè èkilen touze eudèmez*, « il ne peut même pas payer le sel dont on l'a saupoudré »; se dit d'un vaurien incapable de faire quoi que ce soit de bon. Les

Turcs de la basse classe ont coutume de saupoudrer de sel les enfants nouveau nés et de les laisser en cet état pendant tout un jour.

اور *or*, fossé; haute muraille ou fortification de terre précédée d'un fossé. — اور قازمق *or qazmaq*, creuser un fossé, fortifier, se mettre en état de défense. — nom propre اورخان *Orkhan*. — اور بکی *or beye*, gouverneur de place. Voir le mot suivant.

اور *eur (or)*, barrière, limite. — fossé, monticule de terre, tertre artificiel. Cf. بوره. — اورا تپه *ora tèpè*, signe de limite, indication de frontière; c'est le nom d'une ville du Turkestan, non loin de Samarcande.

اور *our*, écrouelles, scrofules, humeurs froides. — ات اورى *èt ourou*, tubercule scrofuleux; ياغ اورى *yagh ourou*, suppuration scrofuleuse. — طمار اورى *damar ourou*, varices. — اورلانمق *ourlanmaq*, se tuméfier, devenir tuberculeux (écrouelles, varices).

اورا *ora*, (contracté pour اول آرا *ol âra*, ce milieu) là, en cet endroit اوراده *orada*. — اورادن *oradan*, de cet endroit. — اورايه *oraïa*, vers cet endroit.

اوراسى *orase*, cela, cet endroit. — اوراجق *oradjeq*, là, tout près. — او آرالقده اورالقده *ô âraleqtè*, pour *oraleqtè*, en ce temps-là, sur ces entrefaites. Cf. آرا.

اوراتمق *ouratmaq*, nettoyer, balayer; — *au fig.* avaler, manger avec avidité.

اوراق *oraq*, faucille, serpette et, par extension, moisson. — اوراق وقتى *oraq vaqte*, temps de la moisson, l'été. — اوراق بوجکى *oraq beudjeyi*, sauterelle et aussi grillon des champs et cigale (syn. اوراق قوشى *oraq qouchou*). — اوراقچى *oraqtchi*, moissonneur. — بو آدم اوراقدن طوغريدر *bou âdam oraqtan dogrou dur*, cet homme est plus droit qu'une faucille (se dit avec une nuance d'ironie). — اوراق دکلدر کسن يورکدر *oraq deïldir kèçèn yurekdir*, « ce n'est pas la faucille qui coupe, c'est le cœur », c.-à-d. : le courage, l'énergie de l'ouvrier valent mieux encore que l'instrument. — اوراق صاپى کومشدن ايسه براق *oraq çapeu gumuchden isse braq*, « quand même le manche de la faucille serait d'argent, laisse-le »; il n'est si beau travail qui ne lasse. — ارغادينک اوراغنى کيزلمك *ergadinin ora-*

اور

ghẹnẹ guizlèmek, « cacher la faucille du moissonneur », c.-à-d. : entraver une affaire, ou agir contre ses propres intérêts.

اوراق *èvraq,* (pl. ar. de ورق) papiers, feuilles, journal. — اوراق مروریه *èvraqẹ mourouryè,* journal de bord. — اوراق مدیری *èvraq mudiri,* directeur des actes et expéditions au grand conseil *(medjlisi vala).* — اوراقی تتبع ا *èvraqeu tetebbu' etmek,* dépouiller un dossier.

اوراقلامق *oraqlamaq,* moissonner, couper le blé avec la faucille *(oraq);* voir le mot suivant.

اورامق *oramaq,* moissonner, couper le blé avec la faucille (اوراق). — Le sens du t. or. *mesurer* n'est pas usité en osmanli; voir cependant le mot qui suit et اورانلامق.

اوران *oran,* mesure, règle, proportion; — manière, façon. — اورانلو *oranlu,* mesuré, convenable, décent, bien élevé. — اورانسز *oransẹz,* démesuré, disproportionné. — اورانسزلق *oransẹzleq,* disproportion, absence de mesure, etc.

اورانلامق *oranlamaq,* mesurer;

اور

cf. اوران. — évaluer, conjecturer, estimer par à peu près.

اورپرمك *urpurmek,* se hérisser, se dresser d'épouvante (les cheveux); se crisper, frissonner (la peau).

آورت *àvert;* voir آورد.

اورتا *orta;* voir اورته.

اورتاق *ortaq,* associé, copartageant; compagnon. — اورتاق كیسی *ortaq guemiçi,* bâtiment équipé à frais communs. — اورتاق كیسی یورومش ایرتی كیسی یورومامش *ortaq guemiçi yurumuch eïreti guemiçi yurumèmuch,* le navire de l'associé marche bien, celui de l'armateur ne marche pas. — اورتاقلق *ortaqleq,* association, société, réunion de plusieurs personnes pour une entreprise commune; voir aussi شركت. — اورتاقلاشمق *ortaqlachmaq,* s'associer, se réunir en société. — اورتاقلاشی *ortaqlache,* en commun, à parts égales.

اورتالق *ortaleq;* voir اورته لق.

اورتانجه (اورتانجی) (plus rare) *ortandja,* moyen, intermédiaire, tenant le milieu entre deux extrêmes; — adv. moyennement, équitablement.

اورتانچه *ortantcha,* hortensia,

plante originaire de la Chine et du Japon ; voilà pourquoi les Turcs lui donnent aussi, comme nous le faisons, le nom de چیون گلی *tchapoun gulu*, rose du Japon.

اورتمك *eurtmek*, couvrir, voiler, cacher. — *au fig.* pardonner, pallier une faute ; nier, renier (l'islamisme) ; recouvrir (comme la peau sur une cicatrice). — *Trans.* اورتدرمك *eurtturmek* ou اورتدرتمك *eurtturutmek*, faire couvrir, combler ; faire couvrir d'une toiture, enfouir, cacher. — *pass.* اورتلمك *eurtulmek*, être caché, ignoré, couvert. — *réfl.* اورتنمك *eurtunmek*, se cacher, se couvrir, se voiler. — Un vieux proverbe fort trivial dit : ار كوتنى عورت یوزینی اورتمك كرك *èr gueutenè 'avret yuzunu eurtmek guèrek*, « l'homme doit cacher son derrière et la femme son visage ».

اورتو *eurtu*, couverture, voile, rideau. — باش اورتوسی *bach eurtusu*, grand mouchoir rayé de soie et de laine dont on se couvre la tête ; c'est la *kèfyiè* des Arabes. — یوز اورتوسی *yuz eurtusu*, voile de visage ; le *litham* de certaines tribus arabes. — خانه اورتوسی *khanè eurtusu*, toit, toiture de maison. — اكر اورتوسی *eyer eurtusu*, couverture de drap brodé et soutaché qui se met par dessus la selle, le *zinpouch* des Persans. — سر اورتوسی *ser-eurtusu*, voile des femmes turques, nommé aussi *yachmaq*. — یاصدق قهوه یاستق ou قهوه اورتوسی *yasteq* ou *qavhè eurtusu*, serviette, voile mis sur un coussin, sur le service à café, etc. — اورتولو *eurtulu*, caché, couvert ; dissimulé, enfoui. — باشی اورتیلو *bache eurtulu*, ignoré, inconnu, dont on ne parle pas. — اورتوجی *eurtudju*, qui couvre, qui cache ; protecteur, défenseur. — Cf. le verbe اورتمك.

اورته *orta*, (var. اورتا) 1° milieu, centre ; place publique. — اورته اویونی *orta oyounou*, spectacle public. — اورته مالی *orta malè*, chose du domaine public, sans maître particulier. — اورته سنی بولمق *ortasenè boulmaq*, arranger, égaliser. — كندیسنی اورته یه آتمق *kendisini ortaïa âtmaq*, se produire en public, se mettre en évidence. — اورته یه چیقمق *ortaïa tcheqmaq*, être mis en public, connu, manifeste. — اورته دن *ortadan*, de compagnie, à frais communs. — 2° *orta* de Janissaires. Les quatre divisions qui formaient cette milice étaient réparties en 229 *orta* nommées aussi *oda*, « chambrées ». On nommait اورته يازيجيسى *orta yazidjisi*, « écrivain de l'orta », un scribe chargé de la conservation des archives dans chaque compagnie; ils étaient au nombre de soixante sous les ordres d'un *bach yazidji*, « écrivain en chef ». — 3° pris comme *adj.* médial, central, moyen. — اورته پارمق *orta parmaq*, doigt du milieu. — اورته بوى *orta boï*, taille moyenne; اورته بويلو *orta boïlu*, de moyenne taille, bien proportionné. — اورته حال *orta hal*, situation moyenne, médiocre. — اورته دیرك *orta direk*, grand mât. — اورته شمعدانى كبى ديكلوب طورمق *orta chamdani guibi dikilip dourmaq*, « rester planté comme le chandelier du milieu », être pétrifié, immobile. — اولو اورته *oulou orta*, la pleine mer, le large. — اورته الچى *orta eltchi*, ministre plénipotentiaire (tenant le milieu entre l'ambassadeur et le chargé d'affaires). — اورته یرده *orta yerdè*, au milieu, au centre, en public. — اورته ده دونمك *ortada deunmek*, tourner à tous les vents, changer sans cesse d'opinion. — اورته ده او *ortada olmaq*, être sur le tapis, être l'objet des conversations. — هر شيئك اورته سى *her cheiïn ortase khaïrlidir*, le juste milieu est préférable en toute chose. « *Medio tutissimus ibis* » Ovide. — اورته جامع *orta djami'*, la mosquée centrale à Constantinople; elle était particulièrement affectée aux Janissaires.

اورته لامق *ortalamaq*, 1° partager, séparer par le milieu. — 2° tempérer, modérer. — 3° mettre au milieu; montrer, manifester. — *pass.* اورته لانمق *ortalanmaq*, être partagé, mis en deux.

اورته لق (var. اورتالق) *ortaleq*, ce qui est au milieu; le monde, les gens en général; l'horizon; champ, espace libre. — اورته لق آغاردى *ortaleq aghardeu*, l'horizon blanchit, il fait jour; اورته لق قراردى *ortaleq qarardeu*, il fait sombre, la nuit vient. — بوكون اورتالق سنبل كبیدر *bou gun ortaleq sunbul guibi dir*, aujourd'hui le temps est doux et frais. — اورته لق بوزولمق قارشمق *ortaleq bouzoulmaq* ou *qarechmaq*, les affaires se gâtent, s'embrouillent. — اورته لقده نه دیورلر *ortaleqtè nè deïorler*, que dit-on de par le monde? — اورته لغى خالى بولمق *ortaleghe khali boulmaq*, trouver le champ libre, agir à sa guise.

اورج (اورچ var.) *oroudj*, jeûne; voir اوروج.

اورچه پوجه كتمك *ortcha podja guitmek*, terme de marine : courir bord à bord, louvoyer.

آورد *âverd*, (variante آورت) creux de la joue, mâchoire, maxillaires. — آوردینی شیشرمق *âverdene chichirmaq*, s'enfler les joues, se donner de l'importance. — آورد چاتمق *âverd çatmaq* et آورد ایتمك *âverd etmek*, parler avec volubilité, à pleine bouche. — آورد بورمق *âverd bourmaq*, avoir la bouche tordue. — آوردلو (var. اوردلو) *âverdlu*, bavard; faiseur d'embarras, fanfaron; prétentieux.

اوردك *eurdèk*, 1° canard. — دكز اوردكی *deñiz eurdèyi*, canard de mer, macreuse. — یابان اوردكی *yaban eurdèyi*, canard sauvage. — او اوردكی *èv eurdèyi*, canard domestique. Il y a de nombreuses variétés de canards : الما باش *elma bach*, le canard à « tête de pomme », à tête très-arrondie; le بوغورتلاق *boughourtlaq* qui est une espèce de sarcelle; چین اوردكی *tchîn eurdèyi*, le canard de Chine. — دستره بورون *testèrè bouroun*, le canard à nez de scie. — قادین اوردكی *qadeun eurdèyi*, le canard de dame; قیل قویروق *queul qouïrouq*, le canard pilet; قره جه اوردك *qaradja eurdèk*, le morillon. — یشیل باش *yèchil bach*, le canard à tête verte, etc. — 2° vase, pot de chambre. — اوردك باشی *eurdèk bachi*, « tête de canard », c.-à-d. : vert émeraude. — اوردك ادالو *eurdèk èdalu*, cagneux, qui marche comme le canard. — ایلیجه اوردكی در *ilidjè eurdèyi dur*, « c'est un canard d'eau chaude », c.-à-d : il vit fort à son aise et doucement. — قاز یرینه اوردك آلمق *qaz yèrinè eurdèk âlmaq*, prendre un canard pour une oie, « martre pour renard », confondre, se tromper. — On dit d'un homme pauvre qui veut faire le riche : نصر الدین كبی كوله اكك باتوررده اوردك چویی در دیوپر *Naçr ud-dîn guibi gueulè ekmek baturur-dè eurdèk çouyou dur deïvèr*, « il fait comme Nasr eddîn (Khodja) : il trempe son pain dans le lac en disant que c'est de la sauce au canard ».

اوردو *ordou*, (var. اوردی, rarement اوردا) camp, campement, armée en marche; voir اردو.

اوردینو *ordino*, (de l'ital.) billet à

ordre ; nommé aussi et plus correctement سپارش تحویلی *separech tahvili.*

اورس *eurs,* enclume. — قویومجی اورسی *qouioumdjou eurseu,* enclumeau à l'usage des orfèvres, bijoutiers, etc.; on dit aussi : ال اورسی *èl eurseu,* enclume portative. — اورسه‌لمك *eursèlèmek,* battre sur l'enclume, forger. — *au fig.* miner, abattre. — بچاره‌ی اصیتمه اورسلیور *bitchareii içitma eursèlior,* le malheureux ! la fièvre le mine. بولاددن اورسدر *pouladden eurs dur,* « c'est une enclume d'acier », il est fort, infatigable. — اورسی دیشله ایصیرمق *eurseu dich ilè eçermaq,* « mordre l'enclume avec les dents », s'épuiser en efforts inutiles. — اورس چكیجی قیرر *eurs tchekidji queurer,* « l'enclume brise le marteau », l'opprimé finit par vaincre l'oppresseur. — قالین اورس چكیجدن قورقماز *qalen eurs tchekidjden qorqmaz,* « grosse enclume ne craint pas le marteau », l'homme énergique ne se laisse pas abattre par le sort.

اورسا *orsa,* (ital. *orza*) babord (syn. de اسكله یانی « côté de l'escalier »). — avec *etmek,* virer de bord sous le vent. — اورسا وجه *orsa podja,* (*orza poggia*) aller tantôt sur babord, tantôt sur tribord ; louvoyer ; *au fig.* aller à l'aventure, sans direction. — اورسا الابنده *orsa alabanda,* (it. *orza alla banda*) commandement pour virer de bord à gauche ; à cet ordre, on amène la barre du gouvernail sous le vent et le gui de brigantine au milieu. Dans la marine française, on dit : *Adieu-vat* ou *A-Dieu-va ;* de l'expression *orsa* empruntée à l'italien on a formé le verbe hybride اورسالامق *orsalamaq,* virer sur babord.

اوروسپو *ourouspou,* (du pers. روسپی), prostituée, fille de mauvaise vie. — اوروسپلق *ourouspouleq,* prostitution.

اورسه‌ملك *eursèlèmek,* friper ; — tourmenter ; — déflorer. — *réfl.* اورسه‌لنمك *eursèlènmek,* se tourmenter ; — être blasé, usé.

اورغ et اورق *ourouq,* tribu ; voir اوروق.

اورغان *ourghan,* grosse corde, principalement celle qui s'enroule autour du cabestan ; cf. خلاط. — اورغانجی *ourghandje,* cordier. — اورغان بوغازنده *ourghan boghazendè,* qui a la corde au cou. — اورغاق صیچمق *ourghan çetchmaq,* rester longtemps à la garde-robe. — اورغاندن ایپدن زیاده دیك *our-ghanden ipden zyadè dèmek*, dire pis que pendre. — اورغانی آتلدی *ourghanè âtildi*, « sa corde est jetée », se dit d'un coquin qui finira au gibet. — اورغانی بوقلایه یازدی *ourghanè boqlaya yazdè*, « il a failli salir la corde » peu s'en est fallu qu'il n'ait été pendu. — ایكی جانباز بر اورغانده اوینامار *iki djanbaz bir ourghandè oïnamaz*, « deux bateleurs ne dansent pas sur la même corde », comme en français « fin contre fin ne fait pas doublure ». — اورغان اوجنده اولان مالی بكنمم *ourghan oudjoundè olan malè beyeñmem*, « je ne veux pas d'un bien qui pend au bout d'une corde »; fi! des plaisirs que la crainte empoisonne! — اورغانه اون سورمك *ourghanè oun surmek*, « mettre de la farine sur une corde », cette bizarre locution signifie « chercher de vains prétextes, refuser en donnant de mauvaises raisons ». — اوكسز اورغانی *euksuz ourghanè*, lierre, plante grimpante.

اورغون *ourghoun (vourghoun)*, 1° frappé, atteint, blessé; cf. اورمق. — 2° cavité, fosse. — اورغون آوی *ourghoun âveu*, chasse à la fosse; chasse aux bêtes féroces; cf. سوركون. — سود اورغونی *sud ourghounou*, rachitique.

اورفان *orfan*, (du grec ὀρφανός) orphelin. — اورفانه *orfanè*, « orpheline », fille servante, bonne. — اورفان كورفوزی *orfan keurfèzi*, golfe d'Orfani ou de Contessa à l'embouchure du Strymon, liva de Salonique (Macédoine).

اورك *uruk*, 1° endroit où les bestiaux se reproduisent et s'élèvent; parc au bétail. — 2° essaim d'abeilles. Cf. اورهمك.

اورك *eurek*, construction, arrangement, ornement. — اورهلمك *eurèlemek*, (pour *eureklemek*) arranger, parer. — اورهلنمك *eurèlenmek*, être construit, paré; — se produire en public. — اورك ایپی *eurek ipè*, niveau, fil à plomb des maçons et charpentiers. — طویله ایپی *tavla ipè*, espèce de sac *(tobra)* fait de ficelle tressée.

اوركیج *eurgudj*; voir اوركوج.

اوركك *urkuk*, (moins bien *eurkek*) effrayé, peureux, timoré, fuyard. — اوركك آدم *urkuk âdam*, poltron, lâche; اوركك آت *urkuk ât*, cheval ombrageux. — اوركڭلك *urkukluk*, peur, épouvante; fuite. Cf. اوركك.

اوركمك *urkmek (eurkmek)*, fuir épouvanté; s'emporter (comme un cheval effrayé); — se gâter (en parlant des récoltes). — *Trans.* اوركتمك *urkutmek*, effrayer, épouvanter, faire fuir par intimidation. — جان اوركتمك *djan urkutmek*, se suicider, se donner la mort.

اوركنتى (var. اوركونتى) *urkuntu*, alarme, épouvante; panique; voir le mot suivant.

اوركندى *urkundu*, (on dit aussi اوركندىلك *urkunduluk* ou *urkuntuluk*) peur, alarme, panique générale. Cf. اوركك.

اوركو (var. اوركى) *eurgu*, action de tresser, de natter (cf. اورو et اورهمك). — صاچ اوركوسى *çatch eurgusu*, tresse de cheveux, natte. — اوركولهمك *eurgulèmek*, (ou *eurèlèmek*) tresser, mettre en natte.

اوركوج *eurgudj*, pied; — nez — tout ce qui a la forme convexe, ou décrit une courbe: دوه اوركوجى *dèvè eurgudju*, bosse de chameau. — طاغ اوركوجى *dagh eurgudju*, déclivité d'une montagne. — اوركوجلو *eurgudjlu*, bossu, convexe. — اوركوجلنمك *eurgudjlenmek*, être bossu, voûté. — اوركوجلو ديوار *eurgudjlu douvar*, mur dont les pierres sont en saillie. — اوركوجلك *eurgudjluk*, saillie des pierres, bossage; bosse, déclivité.

اوركون *urkun*, inondation, déluge.

اوركه (variantes: اوريكه, اوره كه) *eurèkè, eurkè*, quenouille, quelquefois: fuseau. — اوركه ايشلهمك *eurèkè ichlèmek*, filer sa quenouille. — اوركيه كتن چارماق *eurèkèyè kètèn çarmaq*, mettre du lin à la quenouille. — ابه اوركه‌سى *èbè eurèkèsi*, « quenouille de sage-femme », instrument pour faire avorter. — اوركه طاشى *eurèkè tache*, récif, large rocher à fleur d'eau. — بو سنك ابه‌كك اوركه‌سىمى *bou senin èbènin eurèkèsi-mi*, « est-ce qu'il s'agit de la quenouille de ta grand-mère » ? se dit à un sot qui se mêle de raisonner. — قاريلرك يراغى اوركه‌در *qareularun yaraghe eurèkè-dir*, l'arme des femmes, c'est la quenouille. — صاقن اوركه‌دن *çaquen eurèkèden*, « prends garde à la quenouille! » raillerie à l'adresse d'un mari qui se laisse mener par sa femme.

اور

'ylm hukmu eurè-kèyè duchmez, « l'empire de la science ne tombe pas en quenouille », c.-à-d. : les femmes sont exclues de la science, des charges publiques, etc.

اورکی *eurgu*; voir اورکو.

اورکینوز *orkinoz*, d'après le *Lehdjè* c'est la forme turque (grecque) de l'italien *orca*, orque, poisson du genre dauphin. Ce lexique le décrit comme un gros poisson rouge qui atteint quelquefois le poids de cent ocques. Voir aussi سیتاریت et طورینه.

اورلمك *eurèlmek*, parer, orner; *pass.* اورلنمك *eurèlenmek*, être paré (inusité). — *eurulmek*, être tressé ; voir اورمك.

اورمان *orman*, forêt, bois. — اورمانلق *ormanleq*, bois très-épais, fourré, inextricable — pays bien boisé. — اورمان كبابی *orman kebabi*, brochettes de mouton rôties à la braise. — اورمانلو *ormanlu*, boisé, touffu. — اورمانجی *ormandje*, gardien des forêts, chef des gardes-forestiers nommés *qouroudjou*. — اورمان کبی اوجی قوریجو بوجاغی بولنمز *orman guibi oudjou boudjaghou boulounmaz*, « c'est comme une forêt, on n'en trouve ni le bout, ni les coins » ; se dit d'une affaire embrouillée. — اورمانه بر بالطه كيرمش صاپی ینه كندیسندن *ormanè bir balta guirmich çapeu yinè kendisinden*, « la hache pénètre dans la forêt et son manche est tiré de cette forêt » (ingratitude).

اورمجك *eurumdjek*, (variante اورمك) araignée (cf. اوروبجك tresser, tisser). — Pour les variétés, voir رتيلا, *eu-* یواسی ou اورمجك اغی. — بوكهلك *eurumdjek âghe* ou *yovaçe*, toile d'araignée. — اورمجك یواسنه بكزهمك *eurumdjek yovaçinè beñzèmek*, être délié mince (étoffe) comme une toile d'araignée. — اورمجك یواسنی قلقان طوتمق *eurumdjek yovaçini qalqan toutmaq*, prendre pour bouclier une toile d'araignée. — اورمجك ایپله قویویه چیقمق *eurumdjek ipilè qouyouiè tcheqmaq*, « descendre dans un puits avec un fil d'araignée », faire une chose difficile, hardie. — شیطان اورمجكی *cheïtan eurumdjeyi*, « araignée du diable », c'est le fil de la vierge, en arabe لعاب الشمس salive du soleil ou مخاط الشیطان morve du diable.

اورمق *vourmaq*, frapper, battre;

— pousser, placer; — blesser ou tuer; au neutre, errer, apparaître. — اورمق اَكر eyer vourmaq, seller. — بویا اورمق boya vourmaq, peindre, mettre en couleur. — چادر اورمق tchader vourmaq, planter sa tente. — كونش اورر gunech vourour, il fait du soleil. — روزگار اورر rouzguiar vourour, il fait du vent. — آچِغه اورمق âtchegha vourmaq, produire, manifester. — باش اورمق bach vourmaq, se prosterner, baisser la tête. — باشه اورمق bachè vourmaq, donner la migraine; reprocher; atteindre (le but). — باشنه اوردك bachenè vourdoun, tu as deviné juste, tu as mis le doigt dessus. — بویون اورمق boyoun vourmaq, décapiter. — اوستنه اورمق ustunè vourmaq, mettre par-dessus, ajouter. — بویونه اورمق boyounè vourmaq, donner une claque, une taloche. — اچری اورمق itchèru vourmaq, agir à l'intérieur (maladie, etc.). — طشره اورمق dicharu vourmaq, faire irruption. — كون اورمق gun vourmaq, se montrer (le jour). — كروان یول اورمق kervan ou yol vourmaq, piller une caravane, voler dans les grands chemins. — اولته اورمق olta vourmaq, «jeter l'hameçon», aller de ci de là, sans s'arrêter. — ال اورمق el

vourmaq, se mettre à l'œuvre, entreprendre. — دم اورمق dem vourmaq, s'arroger, prétendre. — پرانقه یه اورمق ou تموره pranqaya ou demirè vourmaq, mettre aux fers, aux galères. — موج اورمق mevdj vourmaq, bouillonner, être en tumulte. — نعره اورمق naarè vourmaq, crier, hurler. — قولاق اورمق qoulaq vourmaq, prêter l'oreille, écouter. — یوزه اورمق yuzè vourmaq, «jeter à la face», reprocher, faire honte. — لاف اورمق laf vourmaq, avoir des prétentions, faire l'arrogant, se vanter. — Trans. اوردرمق vourdurmaq, faire frapper, faire ruiner, dévaster. — اورشمق vourouchmaq, se battre, se faire la guerre. — اورشدرمق vourouchtourmaq, faire battre, exciter au combat, à la lutte. — pass. اورلق vouroulmaq, être frappé, atteint (d'une balle, d'une maladie); être amoureux. — اورا طورمق voura-dourmaq, (var. اوری طورمق) être en arrêt, prêt à s'élancer, comme le faucon qui se gonfle avant de prendre son vol. — باغرینه طاش اورمق baghirinè tach vourmaq, «s'attacher une pierre au ventre», endurer la faim. — On dit d'un homme doux et timide : قلومبغه كبی در آكر اورّلرسه باشنی اچریه چكر qaploumbagha guibi *dur eyer vourourlarsa bach*ę*ne itchèruyè tchèker*, il est comme la tortue : si on le frappe, il rentre la tête. — Mais les Turcs ont aussi le dicton opposé : اورمه قورقاغه جسور ايدرسين *vourma qorqagha djęour edersîn*, ne frappe pas un poltron, tu en ferais un brave.

اورمك *èvirmek*, (de او maison), marier, rendre chef de famille, prendre pour gendre. Synonyme peu usité de اولندرمك *èvlendirmek*. Cf. اولنمك.

اورمك *eurmek*, tresser, entrelacer, natter — réparer (une étoffe, un mur). — *Trans.* اوردرمك *eurdurmek*; — *pass.* اورلمك *eurulmek*. — plus rarement, tricoter.

اورمك *urmek*; voir اورومك *urumek*.

اورمه *eurmè*, (du verbe اورمك) tressé, natté; espèce de galon; passementerie en soie de forme carrée. — اورمه ديوار *eurmè douvar*, mur de pisé (jamais de moellons).

اورن *eurèn*, ruines, débris de murailles ou de maisons. — اورن كلى *euren gulu*, « rose de ruines », églantine. — اورن پولى *euren poulou*, « écaille de ruines », talc, mica. — اورنجك *eurendjuk*, petites ruines. Cf. قرهجه.

اورنده *eurendè*, choix, désignation, sélection. — اورندهلمك *eurendèlèmek*, choisir; prendre pour modèle; voir le mot suivant.

اورنك *eurnèk*, échantillon, modèle; — semblable, pareil. — اورنكنه كوره *eurnèyinè gueurè*, conforme au modèle; sur échantillon.

اورو *euru*, entrelacement, tresse, natte. Cf. اورمك. — اورو بالچغى *euru baltcheghe*, mélange de terre et de plâtre, pisé. — اورو *euru*, terrain clos, pâturage fermé par une corde. — طوزله اوروسى *touzla eurusu*, saline.

اوروب *ouroub*, corruption de l'ar. ربع quart; quatrième partie du pied. — L'aune nommée *endazè* انداز ه a huit *ouroub*. La moitié de l'*ouroub* est nommée كره ou كراه; elle vaut trois pouces. — اوروبيه *ouroubyè*, petite monnaie d'or. Le *Lehdjè* rapproche mal à propos ce mot de la roupie de l'Inde, transcrite en persan روپيه; ce dernier mot est d'origine hindoue. — La renoncule des prés connue sous le nom de *bouton d'or* porte le nom de *roubèyya ote*. ربعيه اوتى

اور

اوروبه *ourouba*, (var. اوروبا) de l'ital. *roba*, vêtements, hardes, effets.

اوروج *oroudj*, jeûne, abstinence. Cf. le persan روزه *rouzè*. — اوروج كونى *oroudj gunu*, jour de jeûne. — اوروج طوتمق *oroudj toutmaq*, observer le jeûne; آچمق *âtchmaq*, ouvrir le jeûne; طایانمق *dayanmaq*, supporter le jeûne; بوزمق *bozmaq*, rompre le jeûne. — اوروجلو *oroudjlou*, qui jeûne, qui fait abstinence. Sur les formalités légales du jeûne musulman et, en particulier, pendant le mois de ramazan, voir D'Ohsson, *Tableau*, t. III, livre quatrième; Lane, *Modern Egypt.*, t. I, p. 114. — عاشورا اوروجى *'achoura oroudjou*, le jeûne du mois de Moharrem, en l'honneur de la fin tragique de Huçeïn; il commence le 10 et dure jusqu'à la fin dudit mois. — صوفىیه اوروجنى بوزدرر *çoufouyè oroudjeni bozdourour*, « il ferait rompre le jeûne à un soufi (dévot, mystique) », se dit d'un mets succulent. — یل اوروجنى طوتار *yil oroudjeni toutar*, « il observe le jeûne d'un an », se dit d'une personne maigre et d'apparence chétive. Aux gens qui font toute sorte de difficultés et d'objections, on adresse en manière de raillerie la locution: آكر ایر اوروج دوكنمزسه *eyer oroudj deukenmez içè*, si le jeûne ne finissait jamais. — ارمنیلرك اوروجى كبى اوزانمق *ermenilerin oroudjou guibi ouzanmaq*, « durer comme le jeûne des Arméniens », lenteurs interminables.

اوروجى *eurudju*, qui tresse, qui tricote; — raccommodeur de châles. Cf. اورمك.

اوروس *ourous*, russe, originaire de Russie. — اوروس خیارى *ourous kheyarę*, « concombre de Russie », concombre très-vert, de forme ronde et qui vient par bouquets. — On donne aussi le nom de *ourous* à un cheval à poil court et sans queue. Cf. مسقو et روسیالو.

اوروش ou اورش *vourouch*, du verbe اورمق, action de frapper; coup; — bataille, combat.

اوروق *ourouq*, (var. اورق, اوروغ, اوروغ) tribu, famille, clients; race (formes condamnées par le *Lehdjè*: عشایر اوروقلرى et ایلق). — *'achaïr ourouqlarę*, « les gens des tribus ». — ترك صویندن قانقلو اولوسنك اوروقلرى *turk çoüinden qaneqlu oulou-*

senuñ ourouqlare, les gens de la tribu Kaneklu qui est de race turque.

اورومك *urumek*, (moins bien اورمك *urmek*) aboyer, hurler ; *au fig.* se lamenter. — اورومه *urumè*, aboiement. — Proverbe : اورومه‌سنی بلمین کوپك سورویه قورد کتیریر *urumèsini bilmeyèn kieupek suruyè qourd guètirir*, le chien qui ne connaît pas l'aboiement du loup, attire le loup sur le troupeau.

اورون (var. اورن) *eurun, euren*, place, endroit, séjour, habitation. Ce terme a vieilli.

اوره *ora*, là, en ce lieu là ; voir اورا.

اوره‌که *eurèkè*, quenouille ; voir اورکه.

اوره‌مك *urèmek*, croître avec abondance, se multiplier, pousser facilement. — *Trans.* اورتك *urètmek*, faire croître, hâter (la pousse des plantes, la production des moutons, etc.).

آوریق *âvreq*, plié, courbé, tordu (peu usité). — آوریق‌ماق *âvreqmaq*, (peu usité) se plier, se courber, se tordre. آورلماق *âvrelmaq*, être plié, courbé (arc, etc.). — آوریلاماق *âvrelamaq*, tendre l'arc.

اوریکه (var. اوره‌که) *eurèkè*, quenouille ; voir اورکه.

اوز *euz*, le milieu, l'intérieur, la moelle ; ce qu'il y a de meilleur ; — chose gluante, visqueuse. — آغاج اوزی *âghadj euzeu*, moelle de l'arbre. — مومك اوزی *moumuñ euzeu*, mèche d'un flambeau. — چپان اوزی *tchepan euzeu*, pus d'un abcès. — اوزلو چامور *euzlu tchamour*, boue visqueuse et gluante.

اوز *euz*, lui-même, soi-même ; propre, spécial ; synonyme peu usité de کندی. — vrai, réel, sincère. — اوز بابا *euz baba*, le propre père ; اوز والده *euz validè*, la propre mère. — اوز واحد قرنداش *euz vahid qardach*, le propre frère, le frère germain. — اوز نسنه *euz nesnè*, son bien propre. — اوز اوزینه *euz euzinè*, de lui-même, en personne. — الی اوزی *èli euzeu*, « main habile », prestidigitateur. — اوزی سوزی *euzeu seuzeu*, discours vrai, parole sincère. — اوزلو *euzlu*, personnel, vaniteux. — طوغری اوزلو *doghrou euzlu*, d'un cœur droit, sincère.

اوز *ouz*, bon, convenable, capable ; opposé à *yavouz*, comme dans le dicton : آز اولسون اوز اولسون چوق اولوب

اوز ياوز اوله جغنه *âz olsoun ouz olsoun tchoq oloup yavouz oladjaghęna*, « peu et bon vaut mieux que beaucoup et mauvais ». — En t. or. le verbe اوزماق *ouzmaq* signifie « avancer, dépasser l'emporter ». — اوزلاشمق *ouzlachmaq*, s'accorder, se réconcilier, faire la paix. — *Trans.* اوزلاشدرمق *ouzlachdęrmaq*, rétablir la paix entre deux ennemis, intervenir pour réconcilier. — اوزلاشمه سندى *ouzlachma sènèdi*, concordat, acte de transaction.

اوز *uvèz*, pour اوس *uvès*, sorbe, corme. — اوز آغاجى *uvèz (uvès) âghadję*, sorbier.

اوزادان *ouzadan*, « qui allonge », du verbe اوزاتمق. On nomme çatch *ouzadan* صاچ اوزادان une grande corde d'instrument de musique, ou le cuir placé sur le col de l'instrument; quand la corde repose sur une cheville ou talon, on la nomme عرقوب *'ourqoub*; voir aussi ليف.

اوزاق *ouzaq*, loin, éloigné, distant; synonyme de ايراق. — اوزاق يره صالمق *ouzaq yèrè çalmaq*, envoyer au loin. — نه اوزاقدر *nè ouzaqtour*, comme c'est loin ! — قولاقلردن اوزاق *qoulaqlarden ouzaq*, « loin des oreilles ! » cette locution s'emploie pour détourner de soi une mauvaise nouvelle, un fâcheux présage. — اوزاقدن طاول سسى خوش كلور *ouzaqten davoul sessi khoch guèlir*, « le son du tambour est agréable de loin », c.-à-d.: la renommée grossit les choses. — اوزاقدن مرحبا اى آيو قرداش *ouzaqten merhaba eï âyou qardach*, « sois le bienvenu de loin, frère l'ours ! » se dit d'un homme dangereux que l'on veut tenir à distance. — اوزاقلق *ouzaqlęq*, éloignement, distance, lointain. — اوزاقلاشمق *ouzaqlachmaq*, s'éloigner.

اوزامق *ouzamaq*, être long, se prolonger, s'étendre; durer longtemps. — اوزاتمق *ouzatmaq*, rendre long, différer, éloigner. — ال اوزاتمق *èl ouzatmaq*, « étendre la main », être injuste, tyranniser. — آياق اوزاتمق *âyaq ouzatmaq*, « étendre le pied », déprécier, mépriser. — صاچ اوزاتمق *çatch ouzatmaq*, laisser flotter les cheveux. — چهره اوزاتمق *tchehrè ouzatmaq*, « allonger la mine », être troublé, renfrogné. — دیل اوزاتمق *dil ouzatmaq*, « allonger la langue », injurier. — اوزانمق *ouzanmaq*, s'étendre, se coucher; durer, se prolonger. — اوزانش *ouzan-*

اوز

mech, étendu, couché ; اوزادلمش *ouzadelmech*, prolongé. — الى اوزاتسه ايريشير *èlini ouzatsa irichir*, il n'a qu'à tendre la main pour l'atteindre. — چیلبری برك اوزاتمه *tchilberi berk ouzatma*, « n'étends pas trop la bride », cette locution s'adresse à un personnage prétentieux et vaniteux. — يولارينى اوزاتمق *yolarene ouzatmaq*, « allonger son licou », outrepasser les limites, empiéter sur le voisin. — ال آچیجی *èl âtchedje*, « qui ouvre la main », mendiant ; de là le dicton : ال اوزاتمقدن ال آچمق یكدر *èl ouzatmaqten èl âtchmaq yekdur*, il vaut mieux mendier que voler. — چوجوغك ايپنى اوزاتمق *tchoudjoughouñ ipene ouzatmaq*, laisser à un enfant la bride sur le cou. — چیك كون كبى اوزانمق *tchiy gueun guibi ouzanmaq*, « s'étendre comme un cuir mou », être souple comme un gant ; — s'étendre en s'allongeant. — كدى اوزانه‌مدیغى جكره مردار دیر *kèdi ouzanamadegheu djiguèrè mourdar dir*, le chat trouve sale le foie auquel il ne peut atteindre.

اوزان *ouzan*, hâbleur, vantard, bavard ; synonyme de لافزن *lafazan*.

اوزبك *euzbek, euz-bek*, prince, chef indépendant, qui gouverne de sa propre autorité. Cf. اوز. Nom d'une tribu mongole dont le chef portait le titre de Euzbek-Khan (les Uzbeques).

اوزدك *euzdek*, 1° tronc de l'arbre quand il est entier (le tronc coupé se nomme *tomrouq* طومرق). — 2° tige de maïs et, en général : tige de certaines plantes ; — paille, chalumeau. — اوزدكله‌مك *euzdeklèmek*, ramasser les débris dans les champs, glaner. — اوزدكليوب بوزدكله‌مك *euzdekleyup beuzdeklèmek*, avoir piteuse mine, vivre misérablement. Cf. اوز et كوتك.

اوزدن *euzden*, pancréas, glande située au fond de l'estomac et produisant le suc pancréatique ; en ar. لوز المعده *levz el-mi'deh*, « amande de l'estomac ». Cf. اوز.

اوزدنك *euzdenk*, pendant d'oreille, anneau, boucle d'oreille.

اوزر *uzèr*, la partie supérieure, le dessus, la surface ; — employé comme prépos. sur, dessus, contre, etc. — اوزریه *uzèrimè*, sur moi. — نه اوزریمه لازم *nè uzèrimè lazem*, que puis-je y faire ? en quoi cela me concerne-t-il ? — جنك اوزرنده *djenk uzèrindè*, pendant la guerre. — مكتوب اوزرى *mektoub uzèri*, l'adresse, l'enveloppe d'une lettre. Cf. اوزره.

اوزرلك *uzerlik*, rue, plante. — اوزرلك تخمى *uzerlik tokhoumè*, graine de rue qu'on emploie en fumigations (*Lehdjè*). Cf. اوزکنلك.

اوزره *uzrè*, (t. or. اوز اوزا) sur, dessus, au-dessus; dans, concernant. — عهده اوزره *'euhdè uzrè*, en vertu de l'obligation. — امر اوزرينه *emr uzerinè*, conformément à l'ordre. — بو حال اوزره *bou hal uzrè*, de cette manière, d'après cette circonstance. — المدن کلديکى اوزره *èlimden gueldiyi uzrè*, autant qu'il dépend de moi, dans la mesure de mes forces. — محاربه اوزره اولمق *mouharèbè uzrè olmaq*, être en état de guerre. — کتمك اوزره ايم *guitmek uzrè im*, je suis sur le point de partir. Cf. اوزر.

اوزقندى *ouzqoundou* (*ouzkondy* d'après Meninski). C'est le nom d'un insecte dont la description et la synonymie ne se trouvent chez aucun autre lexicographe.

اوزك *euzuk*, pus d'une plaie; — moelle, noyau. Cf. اوز *euz*.

اوزکج *uzkedj*, *uzkudj*, corde nouée, échelle de cordes.

اوزکنلك *uzgunluk*, graines de certaines plantes et principalement de la rue sauvage حرمل, *peganum harmala*, que l'on emploie en fumigations dans le traitement de quelques maladies.

اوزکون *uzkun*, *uzgun*, malade, faible, affaibli, usé. Cf. اوزمك. D'après le *Lehdjè*, on donne ce nom à un poisson de laide apparence, dont on fait manger la chair aux malades, par suite de quelque préjugé populaire, ou de quelque croyance superstitieuse qui se rattache à son nom. — اوزکونلك *uzkunluk*, *uzgunluk*, tourment, chagrin; faiblesse, maladie.

اوزکه *euzguè*, autre, différent (vieux mot remplacé aujourd'hui par باشقه *bachqa*), étranger; étrange. — بو نه اوزکه حال در *bou nè euzguè hal dur*, quelle étrange situation! محبت اوزکه حالدر کرفتار اولمايان بيلمز *mouhabbet euzguè halettur guiriftar olmaïan bilmez*, c'est une étrange chose que l'amour; celui qui n'en est pas l'esclave, l'ignore.

اوزکو ou اوزکى *euzgu*, étrier; voir اوزنکى.

اوزلاشمق *ouzlachmaq*, s'accorder, convenir, etc.; voir اوز *ouz*.

اوزلشمك *euzlechmek* et اوزلنمك *euzlenmek*, se coaguler, s'épaissir en sirop, synonyme de اوزلنمش. — اغده‌لاشمق. — *euzlenmich*, (ou *euzlechmich*) épaissi, coagulé; plein de moelle ou de sève.

اوزلك *euzlik*, 1° égoïsme, sentiment personnel, vanité. — 2° moelle; essence, propriété d'une chose. Cf. اوز et le t. or. اوزلوك.

اوزله‌مك *uzlèmek*, 1° désirer, convoiter. — 2° ôter la peau, peler, écorcher. Synon. de *yuzmek*. — On prononce aussi *euzlèmek*; voir le mot suivant.

اوزله‌مك *euzlèmek*, désirer, (pour soi-même اوز) convoiter avec ardeur. — اوزنمك *euzunmek*, faire tous ses efforts; travailler avec ardeur à une œuvre difficile.

اوزم *uzum*, raisin; voir اوزوم.

اوزمك *uzmek*, (t. or. اوزماق) arracher, rompre à force de tirer; faire souffrir, tourmenter. — یورکی اوزمه *yurèyiñi uzmè*, « ne t'arrache pas le cœur », ne te désole pas. — اوزلمك *uzulmek*, être usé; être malade; s'affaiblir; faire une rechute. — اوزمك *uzmek*, nager; voir یوزمك *yuzmek*.

اوزن *uzen*, (chose que l'on fabrique en tirant). — اوزن بزن *uzen bèzen*, 1° parures; ornements. — 2° ruse. — *ouzoun*, long; voir اوزون.

اوزندی *uzundu*, ennui, tourment, chagrin, mélancolie. Cf. اوزمك.

اوزنك *uznuk*, (var. اوزنوك, ازنوك) rechute, nouvel accès de maladie. Cf. اوزلمك *uzulmek*.

اوزنكی *uzengui*, (var. اوزکی, اوزکو moins usité) étrier; voir pour les termes officiels le mot ركاب. — Sous l'ancien régime, il y avait six grands officiers de la Couronne nommés *âghas de l'étrier* impérial (voir pour les détails, D'OHSSON, *Tableau*, t. VII, p. 14 et suiv.); mais le titre de اوزنكی آغاسی *uzengui âghasè* ou ركابدار *rikiabdar*, « âgha de l'étrier » était donné en particulier à un officier de la garde impériale qui avait seul le droit de tenir l'étrier, lorsque le sultan montait à cheval. — اوزنكی قایشی *uzengui qaïche* ou باغی *baghè*, étrière, courroie qui attache l'étrier. — اوزنكی پیاله‌سی *uzengui pialèsi*, le coup de l'étrier. —

اوزنکی یی یاوقلامق *uzenguiye yavouqlamaq*, perdre l'étrier. — پابوش اوزنکی *pabouch uzengui*, chaudron, marmite. — آیاغی اوزنکیده در *âyaghe uzenguidè dur*, « il a le pied à l'étrier », il est prêt à partir. — اوزنکی یی اوپمك *uzenguiye eupmek*, « baiser l'étrier » ou اوزنکیه صاریلمق *uzenguiyè çarelmaq*, « s'enrouler à l'étrier », rendre hommage, solliciter, supplier. — اوزنکی یه باصی ویرمك *uzenguiye baçe-vermek*, « tenir l'étrier », venir en aide, prêter main-forte. — فلانك اوزنکیسیله آدم اولدی *filaniñ uzenguisi-ilè âdam oldou*, « il est devenu homme avec l'étrier d'un tel », c.-à-d. : par le stimulant, sous la direction d'un tel. — اوزنکی یه برك باص *uzenguiyè berk bass*, « tiens ferme sur l'étrier », c.-à-d. : ne cède pas, tiens bon. — اوزنکیله مك *uzenguilèmek*, exciter de l'étrier, éperonner, stimuler ; les Orientaux se servent de l'étrier de fer en guise d'éperon. — La prononciation *euzengui* n'est pas admise par le *Lehdjè*.

اوزنمك *uzenmek*, 1° désirer ; — s'appliquer, se donner de la peine. — 2° s'essayer à voler (se dit du petit d'un oiseau). — Trans. اوزندرمك *uzendurmek*, faire désirer, exciter, inciter. — *euzunmek*, s'efforcer, travailler avec courage.

اوزنوك *uznuk* ; voir ازنوك.

اوزوم *uzum*, (var. اوزم) raisin. — اوزوم صالقمی *uzum çalqueme*, grappe de raisin. — اوزوم آصماسی *uzum âçmaseu*, treille. — اوزوم چیبوغی *uzum tcheboughou*, cep de vigne. — اوزوم دانه سی *uzum danèsi*, grain de raisin. — اوزوم شیره سی *uzum chirase*, moût de raisin, raisiné ; cf. پكمز. — قورو اوزوم *qourou uzum*, raisin sec. — قوش اوزومی *qouch uzumu*, raisin de Corinthe. — مسكت اوزومی *misket uzumu*, muscat. — فرنك اوزومی *frenk uzumu*, groseiller. — بكتاشی اوزومی *bektachi uzumu*, groseille à maquereau, dont on fait des sorbets en Turquie. — چاوش اوزومی *tchaouch uzumu*, « raisin de Chiaoux » espèce très recherchée à Constantinople. — اوزوم چكردكی *uzum tchèkirdèyi*, pépin de raisin. — كشمش اوزومی *kichmich uzumu*, petit raisin sans pépins. — پرماق اوزومی *parmaq uzumu*, raisin de Damas à gros grain. — هرك اوزومی *hèrèk uzumu*, raisin d'échalas. — بز كرمز اوزوم *bèz guirmez uzum*, « raisin où n'entre pas l'alène», à grains très-serrés. — یاورو اوزوم *yavrou uzum*, raisin sans pépins. — دیش قاشدران اوزوم *dich qamachderan uzum*, raisin très acide, espèce de verjus. — پات اوزومی *pat uzumu*, raisin qui craque sous la dent. — کورود اوزوم *gurud uzum*, variété excellente de raisin. — چونبور اوزوم *tchounbour uzum*, fruit de la vigne sauvage. — ترشی اوزومی *turchu uzumu*, raisin confit. — رزاقی اوزوم *rèzaqui uzum*, raisin blanc très recherché. Le mot *uzum* se donne aussi à quelques plantes; par ex. : مرسین اوزومی *mersîn uzumu*, grains de myrthe; دفنه اوزومی *dafnè uzumu*, grappe du laurier rose. — صارمشق اوزومی *çarmacheq uzumu*, baie du lierre. — قوروجه اوزوم کبی آغزینه آتدی *qouroudja uzum guibi âghzenè âtteu*, il lui a fait gober (la chose) comme raisin sec. — باغه اوزوم کتیرمك *baghè uzum guètirmek*, «porter du raisin à la vigne», se donner une peine inutile. — بكسز باغنك اوزومی طاتلو اولور *beysez baghenuñ uzumu tatlu olour*, le raisin de la vigne non gardée est doux; «*panis absconditus suavior* (Ecclésiaste). — اجدك اوزوم صویی یوزك كتدی صویی *itchduñ uzum çouyou guitti yuzuñ çouyou*, «tu as bu le jus du raisin et l'eau de ton visage (ton honneur, ta consideration) est partie», ce dicton s'emploie en parlant des suites de l'ivresse.

اوزون *ouzoun*, long, haut de taille. اوزون بویلو اوزون صقاللو احمق اولور *ouzoun boïlu ouzoun çaqallu ahmaq olour*, « longue taille et longue barbe dénotent sottise ». On dit dans le même sens : اوزون آدمك عقلی قصه اولور *ouzoun âdameñ 'aqleu quèssa olour*, « homme long, esprit court ». — اوزون اشك *ouzoun èchèk*, «âne long», jeu du cheval fondu. — اوزون اوزادی *ouzoun ouzade*, très-long, très-loin, très-longtemps. — اوزون طوتمق *ouzoun toutmaq*, tirer en longueur, différer. — اوزون ا *ouzoun etmek*, allonger, être prolixe. — اوزون کونلر *ouzoun gunler*, les grands jours, les plus longs de l'année. — اوپ اوزون *eup ouzoun*, tout long. — اوزونجه *ouzoundjè*, assez long; oblong; longuement, trop longtemps. — اوزونجه *ouzounendjè*, selon la longueur. — اوزون اوزادیه صالمق *ouzoun ouzadeyè çalmaq*, tirer en longueur. — یاشی اوزون اولسون *yache ouzoun olsoun*, puisse-t-il vivre longtemps! — الی اوزون *èli ouzoun*, « qui a la main longue », enclin au vol. اوزون قولاقدن خبر آلمق *ouzoun qoulaqtan khaber âlmaq*, avoir vent d'une nouvelle, en être informé de loin. — اوزونلق *ouzounlouq*, longueur. — اوزونلغنه *ouzounleghenè*, (comme اوزونجه) dans le sens de la longueur, de forme oblongue.

اوس *uvès*, sorbe, fruit; voir اوز, *uvèz*.

اوست *ust*, dessus, partie supérieure, surface. — vêtement, mise. — طام اوستی *dam ustu*, la toiture d'une maison; terrasse supérieure. — پکمز اوستی *pèkmez (pètmez) ustu*, le dessus du lait, la crême, le *qaïmaq*, cf. قیماق. — اوست طرفی *ust tarafe*, excédant, surplus. — اوست طرفنی پایلاشیرز *ust tarafene païlacherez*, nous nous partagerons l'excédant. — مکتوب اوستی *mektoub ustu*, l'adresse d'une lettre. — اوست باش *ust bach*, vêtement, accoutrement. — اوست باش چیقرمق *ust bach tcheqarmaq*, faire ôter ou changer le vêtement. — باش اوستی *bach ustu*, sinciput, vertex. — باش اوستنه *bach ustunè*, « sur ma tête », j'obéis. — باش اوستنده *bach ustundè*, très-bien, parfait, certainement. — *adj.* supérieur, placé au-dessus, élevé. — اوست تیك *ust titik*, gâchette d'une arme à feu. — اوست قات *ust qat*, étage supérieur. — آلت اوست *alt ust*, sens dessus dessous. — آلتده اول اوستده اوله *âltdè ol ustdè olma*, « sois dessous et non dessus », il vaut mieux obéir que commander. — اوسته آلمق *ustè âlmaq*, 1° se vêtir. — 2° prendre sous sa responsabilité, à sa charge, s'engager. — اوستنه آلمق *ustunè âlmaq*, « tirer à la rame », se dit du batelier qui se penche en arrière en ramenant l'aviron. — اوسته اورمق *ustè vourmaq*, renchérir, pousser aux enchères. — اوستنه وارمق *ustunè varmaq*, aller à l'encontre, contrarier; donner de l'ennui. — اوست چیقمق *ust tcheqmaq*, surgir. — اوستنه چیقمق *ustunè tcheqmaq*, surmonter, avoir le dessus. — روزکار اوستنده او *rouzguiar ustundè olmaq*, « avoir le dessus du vent », le vent favorable; être favorisé par la fortune. — زیت یاغی کبی دایما اوستنه کلور *zeït yagheu guibi daïma ustunè guèlir*, « il surnage toujours comme l'huile », il est fin, retors, se tire toujours d'affaire. — اوستلك *ustluk*, vêtement, manteau, voile. — اوست لباسی *ust libase*, corps de jupe, espèce de gilet à la persane (koulidjè). — آلت اوست بز ‏آلت ust bèz, toile qui n'a pas d'envers. — Voir aussi اوستون.

اوستا ousta (du pers. استاذ); voir اوسته.

اوستوباج (var. استوباج) oustoubadj, pour اسفيداج, blanc de céruse.

اوستون (variante اوستن) ustun, 1° l'accent voyelle qui répond au *fatha* des grammairiens arabes; il est ainsi nommé parce qu'il se place *au-dessus* de la lettre. Cf. اوست. — 2° supérieur vainqueur, qui a l'avantage. — اوستون كلك ustun guelmek, avoir le dessus, vaincre, dominer. — اوستون توينلو ustun tenvînlu, qui a un double *ustun*, lettre surmontée de l'accent voyelle qui répond à *an* ou *èn*. — اوستونله‌مك ustunlèmek, lire, réciter avec le *fatha*. — اوستونلك ustunluk, supériorité, prééminence, avantage. — اوستنده‌كى ustundèki, placé au-dessus, supérieur, en haut.

اوسته ousta, (var. استا, استه, اوستا; toutes ces formes sont dérivées du pers. استاذ oustad) maître-ouvrier, patron; habile artisan. — دولكر اوسته‌سى dulguer oustasi, maître-charpentier. — آشجى اوسته‌سى âchdji oustasi, chef-cuisinier. — اوسته اولمق ousta olmaq, devenir habile, fin, rusé; passer maître. — كوشه اوسته‌سى keuchè oustasi, chef, syndic d'une corporation ouvrière ou marchande. — يكيچرى اوسته‌سى yèñi-tchèri oustasi; on donnait ce nom ou celui de آشجى اوسته‌سى « maître-cuisinier » à un officier subalterne commandant une des dernières compagnies ou *orta*. — Parmi les *guèdikli*, c.-à-d. les filles destinées au service du Sultan, il y a la *tchechniguir ousta* چاشنيكير اوسته « intendante de la table » et la چاماشر اوسته *tchamacher ousta*, « intendante de la garde-robe ». On compte en outre plusieurs compagnies de vingt à trente filles nommées *ousta* ou خلفه *khalfa*, qui sont attachées au service de la *Validè*, des femmes du Sultan et des princes (*schahzadè*). — اوستالق *oustaleq*, qualité d'*ousta*; maîtrise; habileté dans un métier; — droit payé au patron de la corporation. — اوسته‌لقلو *oustaleqlu*, travaillé avec art, fait de main de maître, chef d'œuvre. — اوسته قادين *ousta qaden*, (on dit aussi: حاجى آنا « la mère des pèlerines ») femme qui fait le métier de proxénète. — اوسته آلدادن آيلر كلدى *ousta âlda-*

dan *âilar gueldi*, « voici venir les mois qui trompent l'artisan » c.-à-d. les mois d'hiver. — شاكرد اولمينجه اوسته اولنمز *chaguird olmaïndjè ousta olounmaz*, on ne devient pas maître avant d'avoir été apprenti. — اوستهنك چكيجى بيك آلتون *oustanuñ tchèkidji biñ áltoun*, « le marteau du maître ouvrier (vaut) mille pièces d'or ». — شاكرد اولديغك يرده اوسته اولمه *chaguird oldoughouñ yerdè ousta olma*, ne deviens pas patron là où tu as été apprenti. — نه اوسته ساعى *nè ousta sa'yi*, quel habile messager! — اوست *ustè*, datif de la prép. dessus. — اوسته چيقمق *ustè tcheqmaq*, l'emporter, avoir l'avantage. Cf. اوست.

اوستهلمك *ustèlèmek*, 1° ajouter par-dessus, augmenter, accroître. — 2° vaincre, avoir le dessus, surmonter. Cf. اوست.

اوسكل *uskul*, (var. اسكل) lin séparé de l'étoupe; lin fin. — اوسكل بزى *uskul bèzè*, toile très-fine, espèce de gaze comme celle qu'on fabrique en Égypte; cf. قصب مصرى.

اوسكوف *uskiouf*, bonnet; voir اسكوف.

اوسلك *usluk*, voile ou coiffure ornée de clinquant et de sequins, à l'usage des femmes. Cf. l'arabe خمار.

آوسون *âvsoun*, prononciation vulgaire et fautive du pers. افسون *afsoun*, enchantement, charme, conjuration magique; sortilège.

اوسون *ossoun*, orthographe fautive pour *olsoun* اولسون, qu'il soit. Cf. اولمق.

اوش *och*, (cf. le t. or. اوشول *ochol*, cela, voilà) espèce de cri, de sifflement pour chasser les chiens ou les lancer à la poursuite du gibier. On dit aussi: اوشت *ocht*. — *au fig.* اوش كوپك ديمامك *och kieupek dèmèmek*, « ne pas même dire *va-t-en chien!* » ne témoigner aucune attention, mépriser.

اوشاق *ouchaq*, petit garçon, enfant, jeune valet, page. — دكان اوشاغى *dukkian ouchagheu*, garçon de magasin, apprenti. — او اوشاغى *èv ouchagheu*, la petite famille, femmes et enfants, les gens de la maison. — آت اوشاغى *át ouchagheu*, valet d'écurie. — اوشاق قپان *ouchaq qapan*, « ravisseur d'enfants », gypaète barbu, nommé aussi « vautour des agneaux ». — اوشاق فدانى *ouchaq fidani*, agasillis, plante.

چادر اوشاغى *tchader ouchagheu,* 1° gomme ammoniaque. — 2° espèce de pariétaire; voir l'arabe وشق. — كوپك اوشاغى *keupek ouchagheu,* petit de la chienne.

اوشقون *ouchqoun,* plante de la famille de l'oseille; elle est nommée aussi كچى قولاغى *kètchi qoulaghou,* « oreille de chèvre ».

اوشك *uchek,* loup-cervier, lynx de petite taille; caracal. Ce mot est peut-être corrompu de l'arabe وشاق « loup-cervier ».

اوشمك *uchmek,* 1° accourir de tout côté; se réunir en foule, s'agglomérer. Cf. le t. or. اوشماق. — اوشوب ياپشمق *uchup yapechmaq,* se tasser en masse serrée (comme les insectes). — *Trans.* اوشرمك (اوشدرمك) *uchurmek,* faire courir, déchaîner la foule. — دشمنه قلج اوشرمك *duchmanè quel̤edj uchurmek,* tomber sur l'ennemi, le sabre à la main. — 2° réunir, amasser en foule. — بر ايشه عمله اوشرمك *bir ichè 'amèlè uchurmek,* embaucher des ouvriers pour un travail. — اوششمك *uchuchmek,* accourir en foule, se précipiter en masse.

اوشمك *uchumek;* voir اوشمك.

اوشن *uchèn,* paresse, apathie, négligence; on emploie rarement la forme اوشنيكلك *uchèniklik,* qui a le même sens. Cf. اوشنج et اوشنمك. — Ce mot a vieilli; on le remplace ordinairement par تنبل.

اوشنج *uchèndj,* (on dit aussi: اوشنكن *uchènguin)* paresseux, mou, négligent, apathique. Cf. اوشن.

اوشندى *uchundu,* rassemblement, foule; action d'accourir en masse; — avec *etmek* s'occuper ensemble et avec activité d'un travail. Cf. اوشمك.

اوشنكن ou اوشنكين *uchenguin;* voir اوشنج et اوشن.

اوشنمك *uchenmek,* être paresseux, mou, négligent; rechigner au travail. — اوشنانك اوغلى قيزى يوق *uchènèniñ oghleu quezeu yoq,* le paresseux n'a ni fils, ni fille. — اوشندرمك *uchendurmek,* rendre paresseux, amollir, rendre apathique. Cf. اوشن.

اوشمك *uchumek,* (var. اوشومك, اوشمك) avoir froid. — اوشيورم *uchuïorem,* j'ai froid; اوشيدم *uchudum,* je suis transis. — اوشيوب طوكى *uchuyup doñmaq,* être gelé, perclus de froid. (Le *Lehdjè* blâme l'emploi du verbe *uchumek* dans le sens de « se refroidir, devenir froid ».) — *Trans.* اوشیتمك *uchutmek*, (var. اوشتمك, اوشوتمك) refroidir, rendre froid; on trouve aussi, mais rarement, le double transitif اوشتدرمك *uchutturmek*. — Prov.: یوکی بتدوکجه اوشیدی *yuñu bittikdjè uchudu*, « ses plumes ont poussé et il a encore froid », se dit d'un avare qui a amassé des richesses et désire en acquérir de plus grandes.

اوص *ouss*, sagesse, raison, droiture de jugement; gravité, tranquillité. — اوص بهاسی *ouss pahasi*, « le prix de la sagesse », l'expérience. — اوصلو *ousslou*, sage, raisonnable, intelligent, tranquille. — *ousslou ât*, cheval doux, bien dressé. — اوتور اوصلوجه *ousloudjè otour*, assieds-toi tranquillement. — اوصلولق *ousslouloug*, gravité, tranquillité, savoir-vivre. — کمسه هر ساعت اوصلو اولمز *kimsè her saat ousslou olmaz*, personne n'est constamment sage. — دلی اولمینجه اوصلو *dèli olmaïndjè ousslou guetchenmez*, s'il n'y avait pas de fous, les sages mourraient de faim. — ایکی دلی یه بر اوصلو قومشلر *iki deliyè bir ousslou qomchlar*, « on a mis un sage à côté de deux fous », les Turcs citent ce proverbe pour prouver la nécessité des lois et de l'autorité. — اوصلو سیچان بر دلکه اینانمز *ousslou setchan bir delyè inanmaz*, « une souris prudente ne se fie pas à un seul trou »; il faut avoir plusieurs cordes à son arc. Plaute a exprimé la même pensée dans les mêmes termes : « *Mus pusillus quam sit sapiens bestia, oetatem qui uni cubili nunquam suam committit* ».

اوصانلق *oussan* et اوصان *oussanleq*, ennui, dégoût, lassitude; voir اوصانلغم وار *oussanleghem var*, j'ai de l'ennui. — اوصانمق *oussanmaq*, s'ennuyer, avoir du dégoût, de la tristesse. Cf. اوصاندرمق بیقمق *oussandermaq*, donner de l'ennui, fatiguer, dégoûter, tourmenter. — اوصانج *oussandj*, synonyme de اوصانیجی *oussanedjè*, ennuyé, dégoûté, morose. — اوصاندریجی *oussanderedjè*, qui donne de l'ennui, fastidieux. — بالق صودن اوصانورسه بن دخی بو ایشدن اوصانورم *baleq çouden oussanersa ben dahi bou ichden oussanourem*, quand le poisson s'ennuiera dans l'eau, je me lasserai de cette affaire.

اوص

اوصرمق *oçourmaq*, peter. — اوصروق et اوصرق *oçourouq*, pet, vent. — اوصرغان بوجکی *oçouraghan beudjèyi*, scarabée noir, escarbot; voir aussi : بوق بوجکی — جامعده اوصرمق. *djami'dè oçourmaq*, « peter dans la mosquée » commettre une peccadille. امام اوصریجق جماعته صچمق لازم کلور — *imam oçouroudjaq djemaatè çetchmaq lazem guelir* ; ce proverbe intraduisible dans sa grossièreté signifie que la foule renchérit sur les mauvais exemples qu'on lui donne. Cf. قواره.

اوصلانمق *ouçlanmaq*, devenir sage, revenir à la raison ; devenir tranquille, modeste. — اوصلاتمق *ouçlatmaq*, corriger, rendre sage, faire rentrer dans le devoir. — ایل صوچندن اوصلانمق *il çoutchounden ouçlanmaq*, devenir sage en voyant les fautes du voisin ; on dit dans le même sens : دلیدن عبرت آلمق *dèliden 'ybret âlmaq*, recevoir d'un fou une leçon de sagesse.

اوصون *ouçoun*, ennuyé, lassé, dégoûté (du verbe اوصانمق). — اوصوکلك *ouçounlek*, ennui, dégoût. Ces formes sont inusitées ; on emploie de préférence اوصان et اوصانج ; voir ces mots.

اوط *ot*, en t. or. bœuf = اوکوز.

اوغ

171

C'est le nom du second mois dans le cycle astronomique des Ouïghours.

اوطا ,اوطه *oda*, chambre ; voir اوده.

اوطاق *otaq*; voir (var. اوطاغ) اوناق.

اوطرمق *otourmaq*, s'asseoir ; voir اوتورمق.

اوطوراق *otouraq*; voir اوتوراق.

اوطورغان *otouraghan*; voir اوتورغان.

اوطورمق *otourmaq*; voir اوتورمق.

اوغالامق *oghalamaq*, ovalamaq, amincir en frottant, user par le frottement. — باغ اوغالامق *bagh ovalamaq*, tailler et émonder une vigne, une treille.

اوغر et اوغرسز *oughour, oughoursez*; voir اوغور, اوغورسز.

اوغراش *oghrach*, (le *Lehdjè* prononce *oughrach*) choc, bataille, hostilité. Cf. le verbe اوغراشمق. — شاهله قول ایدرمی هیچ اوغراش *chahilè qoul èdermè itch oghrach*, est-ce que l'esclave peut lutter contre le roi ? (Saad ud-din, *Tadj ut-tevarîkh*, t. II, p. 15.)

اوغراق *oghraq*, lieu où l'on se rencontre, lieu de rassemblement ; passage ; cf. اوغرامق (ce mot a vieilli).

اوغرامق *oghramaq*, (le *Lehdjè* indique la prononciation *oughramaq*) rencontrer, atteindre; passer par; — être en butte à...; se heurter (par ex.: le navire qui fait côte). — بلايه اوغرامق *bèlayè oghramaq*, tomber dans l'infortune. — زيانه اوغرامق *zyanè oghramaq*, éprouver un dommage. — بر خسته‌لغه اوغرامق *bir khastaleghè oghramaq*, tomber malade. — اوغراتمق *oghratmaq*, faire rencontrer, faire atteindre. — درده اوغراتمق *derdè oghratmaq*, faire du mal, nuire. — اوغراشمق *oghrachmaq*, se rencontrer, en venir aux mains; — travailler, s'efforcer. — *Trans.* اوغراشدرمق *oghrachdẹrmaq*.

اوغری *oughrou*, ligne, trace; point où une chose arrive. Cf. اوغرامق. — كون اوغریسی *gun oughrousou*, le point du jour. — صمان اوغریسی *çaman oughrousou*, « la ligne de paille », la voie lactée, nommée aussi: « chemin des pèlerins » حاجیلر یولی.

اوغری *oghrou*, voleur (litt. celui qui vole ce qu'il rencontre. Cf. اوغرامق); ce mot a vieilli; on se sert plus souvent de خرسز et de حرامی; voir ces mots. — اوغریلق *oghrouloq*, vol, brigandage. — اوغرین et اوغریلاین *oghroulaïn* et

oghrẹn, furtivement, à la dérobée; — *oghrẹn oghrẹn*, tout doucement, peu à peu. — پازار اوغریسی *pazar oghrousou*, « voleur de bazar » escroc, filou. — صورت اوغریسی *çouret oghrousou*, « voleur d'apparence », se dit de celui qui n'a que des qualités extérieures. — كوكل اوغریسی *guẹñul oghrousou*, « voleur de cœur », se dit d'une personne aimée. — بوستان اوغریسی بزستان اوغریسی اولور *bostan oghrousou bezestèn oghrousou olour*, « voleur de jardin devient voleur de marché », on ne s'arrête pas dans le mal. — On dit d'un homme adroit de ses mains et industrieux: اكر اوغری اولیدی كوزدن سورمه‌یی چالار ایدی *eyer oghrou olaïdi gueuzden surmèyi tchalar idi*, s'il était voleur, il enlèverait jusqu'au collyre des yeux. Cf. سورمه.

اوغشمق *oghouchmaq* (*ovouchmaq*) et *trans.* اوغشدرمق *ovouchtẹrmaq*, frotter, masser; voir اوغمق.

اوغل *oghl* (*oghoul*), fils, enfant. — اوغل اوغله *oghl oghla*, de fils en fils, de génération en génération, par transmission et héritage. — آخرت اوغلی *âkhẹret oghlou*, fils adoptif; on dit aussi: اوغللق *oghoullouq*. — اوجاق

اوغلى *odjaq oghlou*, fils de bonne maison. — قحپه اوغلى *qahpè oghlou* (*qapoglou*), fils de prostituée, bâtard = ولد زنا. — قول اوغلى *qoul oghlou*, « fils d'esclave », nom qu'on donnait souvent aux enfants des Janissaires. — اوغل آريسى *oghl âreussè*, abeille nouvellement née; اوغل بالى *oghl baleu*, miel blanc, miel de jeune abeille. — اوغل اوتى *oghl oteu*, herbe mercuriale, plante de la famille des Euphorbiacées. — اوغل اوغلى *oghl oghlou*, petit-fils. — كوپك اوغلى *keupek oghlou*, vulg. *kieupoghlou*, « fils de chien », injure que les Musulmans adressent souvent aux infidèles. — اوغل ايدنمك *oghl edenmek*, adopter un fils. — اوغللق *oghoullouq*, état et devoirs du fils; filiation; — fils adoptif. — اوغللو *oghoullou*, qui a des enfants; — اوغللو قيزلو اولاسين *oghoullou queuzlu olasin*, « puisses-tu avoir fils et filles »! Vœu qu'on adresse à un nouveau marié. — باباسنك جنس اوغليدر *babasiniñ djins oghloudour*, « c'est bien le fils de son père », c'est tout son portrait. — نه اوغلومه قيزمه *nè oghloumè queuzmè*, « qu'est-ce pour mon fils et ma fille? » c.-à-d.: cela me donnera-t-il du pain? — اوغلونه قيزينه حسرت ايتديلر *oghlounè queuzenè hasret ettiler*, « on l'a fait regretter à ses enfants »; c.-à-d.: il a été expulsé de chez lui, banni.

اوغلاق *oghlaq*, chevreau; forme plus moderne: اولاق *olaq*.

اوغلامق *oughlamaq*, bourdonner, tinter (ce verbe peu usité semble être formé d'une onomatopée *oughou*, *oughoul*, répété). — اوغلادى *oughladeu*, bruissement; bourdonnement (d'une mouche, d'une abeille); tintement dans les oreilles. Cf. اوغلدامق.

اوغلامور *oughlamour*, tilleul; voir اخلامور.

اوغلان *oghlan*, (formes anciennes: اوغلن اغلن) garçon, jeune homme, valet. — آت اوغلانى *ât oghlanè*, valet d'écurie, palefrenier. — ایچ اوغلانى *itch oghlanè*, page de l'intérieur au service du Sultan. Autrefois le corps des pages était élevé à Galata sous la direction du Silihdar-âgha. — قيز اوغلان *queuz oghlan*, jeune fille, vierge. — ديل اوغلان *dil oghlan*, « jeune de langue », élève-drogman. — قپو اوغلانى *qapou oghlanè*, valet de pied; *tchoqadar*, employé aux services subalternes du palais impérial. —

كوچك اوغلانی *kutchuk oghlane*, jeune danseur. — اوغلانجــق *oghlandjeuq*, tout jeune enfant, petit garçon. — اوغلانلقدن كلمش *oghlanleqten guelmich*, jeune homme débauché. — Prov. : اوغلان یدی اویونه كتدی چوبان یدی قویونه *oghlan yèdi oyounè guitti tchoban yèdi qoyounè*, le page mange et va jouer, le pâtre mange et retourne au troupeau.

اوغلدامق *oughouldamaq*, crier, donner de la voix. Cf. le vieux mot synonyme de سس *sès*, « voix » اوی.

اوغلدروق *oghouldourouq*, 1° matrice ; 2° ovaire chez les poissons.

اوغماج (var. اوماج) ; voir le mot suivant.

اوغماق *oghmaq* (var. اوماج, اوغاج). C'est le nom qu'on donne au *terkhanè*, quand il vient d'être préparé. Cf. ترخانه.

اوغمق *ovmaq*, (pour *oghmaq*, var. اوقمق et اومق) frotter. — ال اوغمق *èl ovmaq*, « se frotter les mains », être malheureux, en détresse. — اوغدرمق *ovdermaq*, faire frotter = سوردرمك. — اوغشدرمق *ovouchtourmaq*, frotter l'un contre l'autre. — ال اوغشدرمق *èl ovouchtourmaq*, se frotter les mains en signe de détresse ou de douleur ; de là le vœu de mauvais augure : كاشكه الرینی اوغسون *kiachki èllerini ovsoun*, puisse-t-il se frotter les mains! On dit au contraire en bonne part : الریكی اوغمه *èllerini ovma*, « ne te frotte pas les mains », c.-à-d. : n'aie pas de sujet de chagrin ! — زواللو الینی اوغار *zivalli èlini ovar*, « le malheureux se frotte les mains » ; il est dans le dénuement. — اوغلمش *ovoulmouch*, frotté, frictionné.

اوغنمق *oghounmaq*, locution fautive pour اغنمق, se trouver mal, perdre connaissance ; être réduit à la misère, souffrir de la pauvreté ; éprouver une douleur. — اوغنمه *oghounma*, défaillance, pâmoison. — اوغن (اوغون) *oghoun*, évanoui, sans connaissance (rare).

اوغور *oughour*, moins bien : *oghour*, (variante اوغ) rencontre heureuse, chance favorable ; — sort prospère, tandisque قسمت *quesmet* est la destinée en général, bonne ou mauvaise. — اوغور اوله *oughour ola* ou *oughour-lar ola*, soyez heureux ! bonne chance ! formule d'adieu et de salutation. — بر اوغوردن *bir oughourden*, tout d'un coup, à la fois, tout ensemble. — اوغورسز *oughoursouz*, infortuné, sans veine. — اوغورسزلق *oughoursouzlouq*, malechance, déveine; infortune. — اوغورلو *oughourlou*, heureux, fortuné; *oughourlouleq*, bonheur, chance heureuse. — وطن اوغورنده اولمك *vatan oughourindè eulmek*, mourir pour la patrie.

اوغوز *oghouz*, (peu usité) simple, naïf, rustaud. — Nom propre : *Oghouz-khan*, personnage presque légendaire qui, d'après Aboul-Ghazi, fut un des premiers rois de Mongolie et convertit ses sujets à l'islamisme. — اوغوزلق *oghouzlouq*, stupidité, grossièreté.

اوغولامق *oghoulamaq*, ébourgeonner la vigne, en retrancher les bourgeons superflus.

اوف *ouf*, interj. exprimant la fatigue ou le dégoût; — de là le verbe اوفلامق *ouflamaq*, soupirer, souffler par suite de fatigue; hâleter, respirer avec effort. — On prononce aussi *uf* et *uflèmek*. Cf. اوفلهمك.

اوفاتمق *oufatmaq*, mettre en petits morceaux, couper menu. — دوكوب *deuyup oufatmaq*, piler, broyer. — اوفالاتمق *oufalatmaq*, abréger.

اوفاق *oufaq*, menu, mince, fin. — اوفاق آقچه *oufaq âtqchè*, menue monnaie. — اوفاق يغمور *oufaq yaghmour*, pluie fine. — اكمك اوفاغى *ekmek oufagheu*, miette de pain. — اوفاق تفك *oufaq tèfèk*, petits objets, menus achats. — اوفاقلق *oufaqleq*, monnaie altérée, rognée. — ايريلو اوفاقلو *irilu oufaqlu*, les grands et les petits; litt. « les gros et les minces ». — اوفارق *oufaraq*, plus petit, plus mince. — اوفاجق *oufadjeq*, tout mince, menu menu. — اون اوفاق *oun oufaq*, réduit en poudre, en farine. — اوفاق بالق *oufaq baleq*, menu poisson, alevin. — اوفاق تكنه *oufaq teknè*, vaisseau de bas bord.

اوفانمق *oufanmaq*, être coupé menu, répandu (comme la farine, la poussière). — اوفاندى *oufandeu*, miettes de pain. Cf. اوفاق.

اوفترى *ufturu*, nom d'une espèce de plantain qu'on appelle aussi : غراب آياغى « pied de corbeau », comme en ar. رجل الغراب; c'est le *coronopus* ou *lotus ornithopodoïdès*. — On s'en sert dans la pharmacopée orientale contre les douleurs articulaires et la goutte. Cf. *Ibn el-Beïthar*, t. II, p. 169.

اوفر *ufur;* voir اوفور. — اوفرمك *ufurmek;* voir اوفورمك.

اوفقرمق *ofquermaq,* hurler douloureusement, pousser de longs hurlements (ne se dit que des animaux).

اوفكه *eufkè, euvkè,* colère; voir اويكه.

اوفله‌مك *uflèmek,* (var. اوفلمك) de l'onomatopée *uf, ouf* اوف; souffler avec la bouche, respirer en soufflant; gonfler avec le souffle. Cf. اوفورمك. — اوف توف ديمك *uf tuf dèmek,* souffler fortement, en signe de fatigue ou de dédain. — آتشى اوفله‌مك *àtèche uflèmek,* souffler le feu, l'attiser.

اوفور *ufur,* (var. اوفر) qui souffle avec violence; on dit d'un vent impétueux: روزكار اوفور اوفور اسر *rouzguiar ufur ufur eçer.* Cf. اوفورمك et اوفله‌مك. — اوفرش *ufuruch,* souffle (du vent).

اوفورمك *ufurmek,* (var. اوفرمك) souffler fortement; gonfler en soufflant; voir aussi اوفله‌مك et يوسكرمك. — اوفرلمك *ufurulmek,* être soufflé, gonflé; اوفرلمش بوش طلوم *ufurulmuch boch touloum,* « outre gonflée d'air », chose vaine, inutile. — اوفورملك *ufu-*

rumluk, atome, chose légère, mince, qu'un souffle peut emporter. On emploie dans le même sens اوفورنتى *ufuruntu.* — كول افرن *kul ufuren,* « souffle-cendre », cendrillon, épithète qu'on donne aux femmes par raillerie. — كورك كبى اوفرر *keuruk guibi ufurur,* il souffle comme un soufflet. — انسان كاه اصيجاق كاه صوغوق اوفرر *insan guiah eçedjaq guiah çoouq ufurur,* « l'homme souffle tantôt le chaud, tantôt le froid » (prov.).

اوق *oq,* 1° flèche. — تمرنسز اوق *temrensez oq,* flèche sans dard. — پيكانلو اوق *peïkanlu oq,* flèche armée de sa pointe, flèche mince; on donne le nom de نشابه *nuchchabè,* à la flèche faite de bois d'arbre et non de roseau. — قضا اوقى *qaza oqueu,* « flèche du destin », part, lot, écot. — 2° essieu, etc. — آرابه‌نك اوقى *arabaniñ oqueu,* timon de voiture; تكرلكك اوقى *tekerleyiñ oqueu,* essieu. — صبان اوقى *çaban oqueu,* timon ou flèche de charrue. — 3° archet d'instrument. — پوته اوقى *pouta oqueu* ou منزل اوقى *menzil oqueu,* flèche de tir, flèche pour s'exercer. — تفأل اوقى *tefaul oqueu,* flèche divinatoire. — تاتار اوقى *tatar oqueu,* arbalète empruntée par les Tartares aux Chinois. — اوق آتىی oq âteme, portée de flèche. — اوق آرابه‌سی oq ârabasi, « voiture à flèche », jouet d'enfant. — اوق میدانی oq meïdani, champ de tir, lieu où les archers se réunissent pour s'exercer au maniement de l'arc. — اوق کزلمك oq guezlèmek, encocher une flèche. — اوقه طومق oqa toutmaq, lancer des flèches, prendre pour but. — اوق یمك oq yèmek, être blessé d'un coup de flèche : اوقی ین یای کوردکچه اورکر oqueu yèyèn yaï gueurduktchè eurker, « celui qui a reçu un coup de flèche, se sauve en voyant l'arc », chat échaudé craint l'eau froide. — اوق یایدن چیقمش oq yaïden tcheqmech, alea jacta est. — اوقینی آتمق oqueuneu âtmaq, « jeter sa flèche », c.-à-d. : mourir. — طولمش اوقه وارمق dolmouch oqa varmaq, « affronter une flèche sur l'arc », braver les périls. — آتیلن اوق دونمز âtelan oq deunmez, « flèche lancée ne revient plus », ce qui est fait est fait. — بلوتلره اوق آتمق bouloutlerè oq âtmak, « lancer des flèches aux nuages », s'attaquer à plus fort que soi. — اوقی یایی براقمق oqueu yaye braqmaq, « rendre flèche et arc », faire sa soumission. — یلکسز اوقه بکزه‌مك

yeleksez oqa beñzèmek, « ressembler à une flèche sans plumes », agir à l'étourdie. — اوق منزلندن طشره oq menzilinden dicharu, « hors de la portée des flèches », hors de danger. — طوكزدن اوق صاقنمز domouzden oq çaqueunmaz, « la flèche n'épargne pas le cochon ». Cette locution vulgaire s'emploie pour encourager quelqu'un à parler ou à faire parvenir une requête à quelque grand personnage. — اوق یلانی oq yilani, espèce de vipère, nommée en arabe ابن القترة ibn el-qitra, « fils de la petite flèche ». — اوقجی oqtchi, fabricant de flèche; dans l'ancienne organisation militaire, archer. — 2° Sagittaire, constellation. — اوقجی اوغلی oqtchi oghlou, nom d'une tribu turque en Caramanie ; — veste, vêtement de dessus *(djubbè)*, court et à larges manches.

اوقار *oqar*, espèce de héron dont la tête est ornée d'une huppe ou aigrette en forme de flèche *(oq)*, ce qui semble avoir donné naissance à son nom. Voir aussi le *Dict. turc oriental* de M. Pavet de Courteille, s. v. اوقار.

اوقاف *èvqaf*, (pl. ar. de وقف) va-

qouf, fondations pieuses, legs de bienfaisance, biens de main-morte. — administration des *vaqoufs*. — اوقاف *èvqaf naziri*, directeur, administrateur des fondations pieuses. — اوقاف مضبوطه *èvqafi mazboutè*, *vaqoufs* placés sous la direction de l'État. — اوقاف غير مضبوطه *èvqafi ghaïr mazboutè*, *vaqoufs* administrés par des particuliers, conformément à l'acte de fondation.

آوقامق *ávqamaq*, (var. آوقيمق *ávqemaq*) piler, broyer, casser en menus morceaux. — se piler, se casser en petits morceaux.

اوقدر *oqadar* pour اول قدر *ol qadar*, « cette quantité », tant, autant. — اوقدر بیلورمکه *oqadar bilirim ki*, tout ce que je sais, c'est que . . . .

اوقرامق *oqramaq*, hennir doucement; se dit du cheval qui sent le voisinage de l'eau.

اوقشامق *oqchamaq*; voir اوخشامق.

اوقطانت *oqtant*; voir ارتفاع.

اوقّه *oqqa*; voir وقّه.

اوقلاغو *oqlaghou*, (var. اوقلاغی, اوقلاوه) cylindre, rouleau pour le foulage à la main. — بورکچی اوقلاغوسی *beurèktchi oqlaghousou*, rouleau de pâtissier.

اوقلامق *oqlamaq*, (var. اوقلمق) tirer des flèches, décocher des flèches, comme اوق آتمق.

اوقلاوه *oqlava*; voir اوقلاغو.

اوقلق *oqlouq*, carquois (de flèche); ce mot a vieilli; on dit plus ordinairement: اوق قبوری *oq qbourę* ou simplement *qoubour*. On emploie aussi le persan ترکش *tèrkech*, qui a probablement donné naissance à notre mot *carquois*. — بر آغاجدن هم اوقلق هم بوقلق چیقار *bir âghadjden hem oqlouq tchęqar hem boqlouq*, « du même arbre on fait des carquois et des pelles à fumier »; ce dicton s'applique à des frères de caractère dissemblable.

اوقومق *oqoumaq*, lire, réciter (le Koran d'après les règles des lecteurs sacrés) — apprendre — appeler, inviter. — میدان اوقومق *mèïdan oqoumaq*, appeler en champ clos, défier. — شعر اوقومق *chi'r oqoumaq*, réciter des vers. — رحمت اوقومق *rahmet oqoumaq*, prier; célébrer les louanges. — جانه اوقومق *djanè oqoumaq*, maudire.

جانه اذان اوقومق djanè èzan oqoumaq, tuer, exterminer. — پك اوقومق pek oqoumaq, lire à haute voix, appeler fortement ; ébruiter. — يواش اوقومق yavach oqoumaq, dissimuler, cacher. — طونق اوقومق donouq oqoumaq, lire entre les dents. — قفادن اوقومق qafadan oqoumaq, « lire du crâne », c.-à-d.: sans attention, on dit aussi : دلدن « de la langue ». — كور اوقومق kieur oqoumaq, « lire en aveugle », mal, difficilement. — درين اوقومق dèrin oqoumaq, « lire profondément », avoir beaucoup de lecture, être érudit; opposé à يوفقه اوقومق youfqa oqoumaq, avoir une mince lecture. — قارشودن اوقومق qarchouden oqoumaq, lire comme un presbyte (de loin). — اكر اوقورسه ايفتى اولوردى eyer oqoursa mufti olourdou, s'il était instruit on en ferait un mufti. — اوقور يازار بر آدم oqour yazar bir âdam, ou bien اوقومش بر آدم oqoumouch bir âdam, un homme instruit. — اكا كوزل درس اوقودیم oña guzel ders oqoudè im, « je lui ferai lire une belle leçon », je lui donnerai une forte semonce. — كوكده يازيلان يرده اوقنور gueuktè yazelan yerdè oqounour, « ce qui est écrit au ciel, se lit sur la terre »; ce qui est ordonné au ciel, s'accomplit ici bas. — Trans. اوقوتمق oqoutmaq, faire lire, enseigner, expliquer; faire la leçon; morigéner; — au fig. extorquer de l'argent à force d'insistance. — كندينى اوقونمق kendini oqounmaq, devenir fou. — اوقو oqou, chant de l'oiseau, roucoulement, gazouillement. — اوقويان قوش oqouïan qouch, oiseau chanteur. — اوقويجى oqouïoudjou, qui appelle ou défie, héraut. — lecteur du Koran; — chanteur.

اوقّه oqqa, (var. اوقّقه, forme plus usuelle قیه qyè) ocque, poids turc valant 400 dirhems, c.-à-d.: un kilogramme 284 grammes, le dirhem étant évalué à 3 gr. 21 centigr. — اوقّهلق oqqaleq, valeur d'une ocque. — يارم اوقّه une demi-ocque, ou 642 gr. — اوقّه هى يرده درت يوز درهم oqqa her yerdè deurt yuz dirhem, « l'ocque vaut partout 400 dirhems », c'est partout la même chose. Cf. قیه. — اوقّهلو oqqalu, gros, volumineux, pesant.

اوقامق ávqemaq; voir اوقمق.

اوك euñ, devant, partie antérieure, front; — en face, à l'opposé; — qui précède, antérieur. — اوكه euñmè, devant moi. — اوكجه كلك euñdjè guel-

mek, venir à la rencontre de quelqu'un. — اوكجه اوكدن *euñdjè* ou *euñden*, précédemment en avant. — اوكنه باقمه صوكنه باق *euñunè baqma çoñena baq*, ne t'occupe pas du passé, mais de l'avenir. — اوكى آردى *euñeu ârdeu*, le devant et le derrière, les tenants et aboutissants. — اوكنى آردينى بيلور *euñeneu ârdeneu bilir*, qui connaît et qui pèse le fort et le faible des choses; prudent, expérimenté. — اوك قول *euñ qol*, avant-garde. — اوك آياق اولمق *euñ âyaq olmaq*, être le guide, le chef. — اوكى آچقدر *euñeu âtcheq dur*, la chose est claire, manifeste. — بر كوزى اوكنده بر كوزى آردنده *bir gueuzeu euñunè bir gueuzeu ârdindè*, « avoir un œil par devant et un œil par derrière », être clairvoyant, vigilant, « avoir un œil aux champs et l'autre à la ville ». — اوكجه *euñdjè*, devant, précédemment. — الك اوكجه *ilk euñdjè*, tout d'abord, avant tout; on dit dans le même sens: الك اوكجه *eñ euñdjè*. — اوكجه كى قدح *euñdjèki qadèh*, le premier verre. — اوكجهلك *euñdjèlik*, préséance, antériorité.

اوك *uñe*, son, voix; voir اون.

اوكات *eugat*, *euyat*, louable, digne d'approbation; — bon, convenable. Cf. اوكك *euïmek*. — اوكاتجه *euyatdjè*, bien, d'une manière convenable. — Ce mot est d'un emploi assez rare.

اوكارمق *oñarmaq*, réparer, arranger.

اوكت *euyut*, conseil, avis; voir اوكوت.

اوكتمك *euyutmek*, moudre, broyer.

اوكچه *euktchè*, talon, quartier. Cf. پابوش اوكچهسى — طوپوق *pabouch euktchèsi*, talon de chaussure. — قپو اوكچهسى *qapou euktchèsi*, partie du chambranle d'une porte qui s'ajuste aux gonds. — اوكچه كيكى *euktchè kèmiyi*, cheville. — اوكچهلرى چكمك *euktchèlèri tchekmek*, traîner les talons. — اوكچهسنه باصمق *euktchèsinè baçmaq*, marcher sur les talons, suivre de près. — اوكچهسى كوچكدر *euktchèsi kutchuk dur*, « il a de petits talons », c.-à-d.: c'est un poltron. — اوكچهسى اوزره دونمك *euktchèsi uzrè deunmek*, revenir sur ses pas. — اوكچه ايلمك *euktchè eïlemek*, piquer des deux, éperonner. — اوكچهسنه باقارق كتمشدر *euktchèsinè baqaraq guitmichdur*, « il est parti en regardant ses talons, en se retournant », c.-à-d.:

il a été chassé. — عقلی اوكچەسنە اينش 'aqleu euktchèsinè énmich, « son esprit est descendu dans ses talons », il a fait une sottise, une bévue.

اوكدج euñdudj, (var. اوكديج) qui marche en avant, précurseur; porteur de nouvelles, informateur. Cf. اوك et صاوه‌جی.

اوكدول euñdul, (var. اوكدل) pari, gageure, surtout aux courses de chevaux; (cf. اوك préséance, devant) — prix du pari, gage. — اوكدول قومق euñdul qomaq, parier, gager, défier. — Le mot euñdul est vieux et inusité; on emploie de préférence اوج eudj et mieux encore بحث.

اوكديج euñdudj, qui précède; voir اوكدج.

اوكر eugur; voir اوكور.

اوكرتمك eugretmek, euïretmek, instruire, enseigner, faire apprendre; — habituer. — حالنی اوكرتمك halini euïretmek, punir, tirer vengeance. — طایە باش اوكرتمك dayiè bach euïretmek, dresser un jeune cheval. — Proverbe : طاغدن آیوبی اندیروب آدم كبی اوكردرلر daghden áyouyę éndirip âdam guibi euïredirirler, « on fait descendre l'ours de la montagne et on l'instruit comme l'homme », c.-à-d. : l'éducation dompte les natures les plus sauvages.

اوكرديجی euïrèdidji, précepteur, maître; quelquefois: instigateur, séducteur. Cf. اوكرتمك.

اوكرغە oñourgha, épine dorsale. — اوكرغە كیكی oñourgha kèmiyi, vertèbre dorsale. — كمی اوكرغەسی guèmi oñourghase, quille du navire.

اوكرمك eugurmek, pousser des cris inarticulés, des sons rauques (par ex. : quand on fait des efforts pour vomir), — en parlant des ruminants: beugler, mugir. — Le mot اوك eug, aujourd'hui abandonné pour كوكس, signifie « poitrine, sein, gorge ».

اوكرنمك eugrenmek, plus usité euïrenmek, apprendre, s'instruire; prendre des leçons; — s'habituer. — دنیایە اوكرنمك dunyiayę euïrenmek, acquérir de l'expérience. — صناعت اوكرنمك zanaat euïrenmek, apprendre un métier, un art. — بشیكدە اوكرنیلن قبرە دكین كیدر bechiktè euïrènilèn quebrè deyin guider, ce qu'on apprend dès le berceau dure jusqu'à la tombe. — بلا باشە كلدكدن صكرە اوكرنمك bela bachè gueldikten soñra euïrenmek, devenir sage par le malheur, à ses dépens. — فنا ايشلمينجه ايو اوكرنلمز *fena ichlemeyindjè eyi euïrenilmez*, on n'apprend bien qu'après avoir mal fait. — اوكرنمش *euïrenmich*, apprivoisé, dressé, instruit. Cf. اوكور.

اوكز *uñuz*, (variante fautive اوز *uz*) 1° fruit qui a beaucoup d'analogie avec la nêfle. — 2° قوش اوكزى *qouch uñuzu*, arbrisseau du genre des Thérébinthacées et de la famille du pistachier-lentisque ou arbre à mastic. Cf. ساقز آغاجى.

اوكز *eukuz*, bœuf; voir اوكوز.

اوكسرمك *euksurmek*, 1° tousser, être enrhumé. — 2° toussotter en signe de raillerie ou d'avertissement. — Le vieux mot اوك *eug* signifie « poitrine, gorge ».

اوكسروك *euksuruk*, toux. — شديد اوكسروك *chèdid euksuruk*, toux suffocante, coqueluche. — اوكسروك طوتمق *euksuruk toutmaq*, avoir un accès de toux. — اوكسروك اوتى *euksuruk oteu*, « herbe à la toux », tussilage, pas d'âne. — اوقويانه وايرلىانه اوكسروك ياردمجيدر *oqouyanè vè irlayanè euksuruk yar-dumdji dur*, la toux vient à propos au secours de celui qui lit ou qui chante. — اوصروغى اوكسروك ايله باصدرمق *ouçouroughou euksuruk ilè baçdermaq*, « étouffer un vent avec la toux », chercher à dissimuler ses défauts.

اوكسز *euksuz*, orphelin, orpheline. — اوكسز مالى *euksuz male*, « le bien des orphelins », la caisse de l'orphelinat. — اوكسزلر باباسى آناسى *euksuzler babasè ânaseu*, « le père et la mère des orphelins », se dit d'un homme très-charitable et bienfaisant. — اوكسز سوندىرن *euksuz sèvindiren*, « qui réjouit l'orphelin », étoffe commune, indienne très-ordinaire. — اوكسز اورغانى *euksuz ourghane*, « la corde de l'orphelin », grand liseron appelé en arabe حبل المساكين « la corde des gueux ». — اوكسز يارمق *euksuz parmaq*, le doigt annulaire. — اوكسزى دوكشلر واى ارقم ديش *euksuzu deuïmuchler vaï arqam démich*, « quand il voit battre un orphelin, il crie : ô mon dos! », se dit d'un homme compatissant et charitable. — اوكسزك كوز ياشيدر *euksuzuñ gueuz yache dur*, « ce sont les larmes de l'orphelin », se dit d'un bien mal acquis. — آنالر ديشلرك اوكسزك

تارلاسی ایچندن گچنك قرق کون عبادتی قبول اولمز *âtalar dèmichler ki euksuzuñ tarlasi itchinden guètchèniñ queurq gun 'ybadeti qaboul olmaz*, les Anciens ont dit que quiconque passe par le champ de l'orphelin perd (le fruit de) quarante jours de prières. — اوکسزلك *euksuzluk*, situation d'orphelin; dénuement, misère. — اوکسز صوغانی *euksuz çoghane*, « oignon d'orphelin », thériaque d'Égypte, plante.

اوکسوزجه *euksuzdjè*, ce mot se joint ordinairement à ایکو *ègu (ègui)* dans le sens de « fausse côte ».

اوکسه *euksè*, (du grec ἰξός) glu, substance visqueuse faite avec l'écorce moyenne du houx et du gui. — اوکسه چوغی *euksè tchęboughou*, gluaux pour attraper les oiseaux. — اوکسه‌لو *euksè-lu*, gluant, visqueux.

اوکش *euyuch*; voir اوکوش.

اوککور *euñgueur*, (var. اونکور) ce mot qu'on écrit et qu'on prononce fautivement هونکور *heungueur*, se joint ordinairement au verbe آغلامق pleurer; par ex. : *euñgueur, euñgueur âghlamaq*, pleurer en sanglottant; dérivé de اوك poitrine, gorge. — On trouve aussi le verbe اونکوردمك *eungueurdèmek* avec le même sens.

اوککه *euikè*, colère; voir اویکه.

اوککلمك *euñulèmek*, (pour *eungulèmek*) s'entêter; voir اونکو.

اوککله *euilè*, midi; voir اویله.

اوکمادقلق *oñmadęqleq*, malheur, infortune, état misérable; cf. اوکق, guérir. — اوکادق *oñmadęq*, malheureux, misérable, qui n'a pas de chance. — اوکادق حاجیه دوه اوستنده یـلان صوقار *oñmadęq hadjiyè dèvè ustundè yilan çoqar*, le pèlerin malheureux est piqué par le serpent, (même) sur son chameau.

اوکمق *oñmaq*, guérir, recouvrer la santé; s'améliorer, prospérer. — اوکرمق *oñarmaq*, (ou اوکارمق) guérir, rendre la santé; redresser, arranger. — اوکلق *oñoulmaq*, être guéri, se rétablir. — اوکالتمق *oñaltmaq*, guérir, rendre à la santé. — اوکز *oñmaz* et اوکادق *oñmaduq*, « inguérissable », vaurien, mauvais drôle que rien ne peut corriger; *oñmaduq*, signifie aussi « malheureux, infortuné ». — اوکز یاره *oñmaz yara*, blessure mortelle.

اوکمك *eugmek, euïmek*, louer, donner des louanges, approuver; faire l'éloge, le panégyrique. — اوكـوب *euyup yaradelmaq*, être doué de bonnes qualités, être né avec d'heureuses aptitudes. — اوكنمك *euïenmek*, se louer, se glorifier, se vanter; — être plein de confiance en soi-même. — اوكوجى *euüudju*, qui loue, panégyriste. — غربتده اوكنمك حامده تركى چاغرمغه بكزر *ghourbettè euïenmek hammamdè turku tchaghermagha beñzer*, « se vanter en pays étranger, c'est chanter une chanson au bain », personne n'écoute. — آلت ايشلر ال اوكنور *âlet ichler èl euïenur*, c'est l'outil qui travaille, c'est la main (l'ouvrier) qui reçoit les éloges.

اوكن *euñun*; voir اوكون.

اوكندره *euyendèrè, euvendèrè*, (var. اوكندرك) aiguillon pour piquer les bœufs, bâton ferré du bouvier.

اوكو *eugu*, et اوكى *eugu*, entêté; voir اونكو.

اوكو *eugu*, trou fait dans la glace pour puiser de l'eau.

اوكو *eugu, euyu* (var. اوكو, اوكى) hibou; cf. بايقوش.

اوكو *euñu* et اوكن *euñun*, part, portion; cf. اوك *euñ*.

اوكوت *eugut*, plus usité *euyut*, avis, conseil, exhortation. — ايو اوكـودك قيمتى يوق *eyi euyuduñ qeïmete yoq*, un sage conseil n'a pas de prix. — اوكوتجى *euyutdju*, qui conseille, moraliste; prédicateur = واعظ. — اوكوتلهمك *euyutlèmèk*, conseiller, donner des avis, endoctriner.

اوكاتمق *oñoutmaq*, (comme *oñatmaq*) guérir, améliorer, arranger. — *ounoutmaq*, oublier; voir اونوتمق.

اوكوتمك *eugutmek*, plus usité *euyutmek*, moudre, broyer (le grain, pour séparer le son de la farine); *au fig.* jouer de la mâchoire, manger avec avidité. — *Trans.* اوكوتدرمك *euyutturmek*, faire moudre, envoyer le grain au moulin. — *pass.* اوكدلمك *euyudulmek*. — اوكونه *euyunmè*, (var. اوكنه) grain broyé et réduit en farine (blé, maïs, lentilles, etc.). — اوكودجى *euyududju*, dent molaire.

اوكوج (var. اوكج) *euñudj*; voir اوكور *euñur*.

اوكور *eugur*, (var. اوكز, اوكج) instruit, apprivoisé, dressé, synonyme de *euïrenmich*; cf. اوكرنمك.

اوكور *euñur*, (var. اوكر) qui précède, qui marche en avant. On emploie dans le même sens اوكوج, اوكج *euñudj*. — بر بردن اوكور دوشمك *bir birinden euñur duchmek*, courir l'un après l'autre, chercher à se dépasser. Cf. اولك.

اوكورتلهمك *eugurtlèmek*, choisir, émonder, séparer, trier (variante : اوكرتلهمك).

اوكوز *eukuz*, 1° bœuf; ne pas confondre avec صغير *çegher*, qui se dit de toute l'espèce bovine. — 2° *au fig.* sot, niais, lourdaud, rustre. — اوكوز بالغى *eukuz baleghe*, bœuf marin, phoque. — اوكوز آرابه‌سى *eukuz ârabasi*, chariot traîné par des bœufs. — اوكوز كوزى *eukuz gueuzeu*, arnica. — اوكوز كوزلو *eukuz gueuzlu*, qui a des yeux à fleur de tête. — اوكوز طامى *eukuz dameu*, enclos pour les bestiaux, étable. — اوكوزى بالغى يمك *eukuze baleghe yèmek*, « manger le bœuf et le poisson qui soutiennent la terre », boire la mer et ses poissons. — بويوندورق آلتنده اوكوز *bouyoundourouq âltendè eukuz*, « bœuf sous le joug », homme infatigable au travail. — اوكوز قويروغنه بويوندورق اورمق *eukuz qouïroughenè bouyoundourouq vourmaq*, « attacher le joug à la queue du bœuf », atteler la charue avant les bœufs; on dit aussi en français : « brider le cheval par la queue ». — اوكوز اولدى اورتاقلق آيرلدى *eukuz eulde ortaqleuq âyereldeu*, « le bœuf mort, la société se sépare »; l'association entre le propriétaire et le fermier est dissoute; en d'autres termes, l'amitié cesse quand l'intérêt n'est plus en jeu. — اوكوزى چاون ايله دوكك *eukuze tchavoun ilè deuïmek*, « battre le bœuf avec le nerf de bœuf »; battre quelqu'un avec ses propres armes. — بكلك اوكوز اولمز *beylik eukuz eulmez*, « le bœuf du prince ne meurt pas », les droits du prince sont imprescriptibles. — دنكسز اوكوز چفت سورمز *dènèksez eukuz tchift surmez*, « le bœuf sans son compagnon ne tire pas le joug », l'union fait la force. — On dit d'un homme furieux : بوينوزى قانلو اوكوز در *boïnouzou qanlu eukuz dur*, « c'est un bœuf à la corne sanglante », allusion à l'usage de teindre en rouge les cornes des bœufs méchants, comme en Italie on les entourait de foin, *foenum habet in cornu, longe fuge* (Horace). — صارى اوكوز *çare eukuz*, le bœuf jaune, qui, d'après les légendes orientales, porte la terre et est porté lui-même par un poisson; de là le dicton صارى اوكوزك بويڭوزى اچنه كيرمك *çarę eukuzuñ boïnouzou itchinę guirmek*, « entrer dans la corne du bœuf jaune », se cacher dans les entrailles de la terre.

اوكوش *euyuch*, (variante : اوكش) louange, éloge, compliments, panégyrique. Cf. اوكك.

اوكولدەمك *euguldèmek*, entrer en fureur, montrer les dents (ne s'emploie qu'en parlant des animaux).

اوكون *euñun*, (var. اوكن) en avant, en tête. — *euñun euñun guelmek*, marcher en avant, précéder. Cf. اوك.

اوكوڭمك *euñunmek*, (var. اوكڭمك) se tourner en avant (اوك), se diriger; — suivre, imiter.

اوكه *euyè*, (var. اوكى, اويكى) qui n'est pas la chose même; étranger, différent (terme opposé à اوز). — اوكه اوغـل *euyè oghoul*, beau-fils; اوكه آتا *euyè âta*, beau-père; اوكه آنا *euyè âna*, belle-mère; اوكه قرنداش *euyè qardach*, beau-frère.

اوكه *euvkè*, colère; voir اويكه.

اوكەلك *uyèlik*, petit papillon bleu, mouche bleue; voir اوهەلك.

اوكيك *eugueïk* (*uveïk*), pigeon ramier, pigeon voyageur. Les Turcs lui donnent l'épithète de حاجى *haddji*, « pèlerin », parce qu'ils disent qu'il va passer l'hiver à la Mecque. — اوكيك *eugueïmek*, chanter, roucouler (le pigeon).

اول *ol*, pronom démonstratif de la 3ᵉ personne, celui-là, cela; voir او.

اوّل *èvvel*, (ar.) premier. — اول حكايت *èvvel hikayet*, première histoire ou anecdote. — Avant, d'abord, premièrement. — بر كون اول *bir gun èvvel*, un jour d'avance, un jour plus tôt. — اول دوشون صكره سويله *èvvel duchun çoñra seuïlè*, réfléchis d'abord et ensuite parle. — اول زحمت چكن صكره راحت بولور *èvvel zahmet tchèken çoñra rahat boulour*, qui se donne de la peine trouve ensuite le repos. — اولكى *èvvelki*, premier. — اولسى كون *èvvelsi gun*, avant-hier.

اول ou اوللى *eul* ou *eullu*, petit lac, étang, mare. En turc or. ce mot signifie « humide, marécageux ».

آول *avel*, filet; voir آغل.

اولا *evla*, orthogr. incorrecte pour اولى.

اول

اولهجق oladjaq, (var. اولهجق) part. futur de olmaq. 1° qui doit être, qui sera ou devant arriver; l'avenir. 2° soi-disant, qui passe pour ... — اولاجق قوجهکز oladjaq qodjañeuz, celui qui passe pour votre mari; votre soi-disant époux; ici, la forme oladjaq se prend en mauvaise part.

اولاد evlad (pl. ar. de ولد fils, enfant). — اولاد فاتحان evladi fatihan, «fils des conquérants», titre qu'on donnait autrefois aux fantassins (iuruk) dans les levées en masse de Roumélie. — se prend comme un nom au singulier : بنم اولادم benim evladim, mon fils.

اولاش oulach, jonction, réunion; adhérence. Cf. اولامق et اولاشمق. — اولاشدری oulachdere, joint, réuni, contigu; s'emploie, aussi adverbialement: «de main en main, consécutivement».

اولاشغین oulachgueñ, (variante: اولاشکین, اولاشغن) contagieux; voir le mot suivant.

اولاشمق oulachmaq, arriver, parvenir; communiquer, se joindre (cf. اولامق). — طاغ طاغه اولاشمز انسان انسانه اولاشور dagh dagha oulachmaz insan insanè oulachour, les montagnes ne se rencontrent pas (litt. ne se joignent pas), mais les hommes se rencontrent. — se voir, se fréquenter, s'aboucher. — اولاشدرمق oulachtermaq, faire joindre, faire parvenir, mettre en communication. — اولاشان oulachan, ce qu'on a sous la main; au fig. aide, protégé, créature.

اولاق âvlaq, lieu de chasse, parc de chasse, endroit giboyeux. (Voir au Dict. géographique.)

اولاق olaq, chevreau; la forme primitive et plus correcte est اوغلاق oghlaq.

اولاق oulaq, courrier, messager; surtout courrier à cheval, par oppos. à ساعی sa'yi, coureur. — poste; messagerie. — اولاق کبی دائما واروب کلمکدهدر oulaq guibi daïma varoup guelmektè dur, «il est sans cesse à aller et venir comme un courrier», se dit d'un homme remuant, actif.

اولاق ovlaq, chevreau; voir اوغلاق.

اولام اولام oulam oulam, (pers. الم) par troupe, par bande; — successivement.

اولامق âvlamaq, chasser. — او آولامق âv âvlamaq, prendre du gibier.

— بالق آولامق *baleq âvlamaq*, pêcher; *au fig.* ne pas comprendre, être inintelligent. — روزكار آولامق *rouzguiar âvlamaq*, se hâter, courir. — آولانمق *âvlanmaq*, être pris, capturé, trompé. — آولانلمق *âvlanelmaq*, être pris par le chasseur, être trompé, séduit. — آولانش *âvlanech*, séduction, duperie. — عثمانلو طوشانی آربه ایله آولار *'osmanlu tavchane âraba ilè âvlar*, « les Turcs chassent le lièvre en carrosse », ils emploient la douceur et la temporisation au lieu de la violence. — سكك آولامق *siñek âvlamaq*, « chasser les mouches », perdre son temps, regarder les mouches voler.

اولامق *oulamaq*, joindre, réunir, attacher. La forme passive اولانمق *oulanmaq*, se dit spécialement du lin que l'on fait passer sur le peigne ou la lame du tisserand pour composer la chaîne. Le verbe *oulanmaq* prend aussi le sens général de « être joint, enchaîné ».

اولامه *oulama*, 1° chaîne, corde, attache; cf. اولامق. — 2° اولامه یونجه *oulama yondja*, prêle ou queue de cheval, comme en ar. ذنب الخيل. — Cette plante de la famille des Équisétacées a des rameaux effilés qui ne sont pas sans analogie avec les crins du cheval ou du bouc; voilà pourquoi les Turcs lui donnent aussi le nom de تكه صقالی *tèkè çaqaleu*, « barbe de bouc ».

اولپرمك *eulpurmek*, frissonner d'horreur, se hérisser de colère ou d'épouvante (peu usité).

اولت *eulut*, (du verbe *euldurmek*, « faire mourir »), on dit aussi: اولك *euluk*, « mortel, qui fait mourir ». — اولت یلی *eulut yèli*, « vent mortel »; épidémie, contagion; épizootie.

اولتا *olta*, (var. اولته) de l'ital. *volta*, 1° roulis, mouvement du navire à droite et gauche. — اولته اورمق *olta vourmaq*, aller de droite et de gauche; se promener à l'aventure; profiter du vent; *au fig.* ruser, cacher, dissimuler. — 2° bordée, chemin que fait un navire en bordeyant. — كمی بر اولتا ایتدی *guèmi bir olta etti*, le navire fit une bordée. — 3° hameçon, voir le mot suivant.

اولته *olta*, (var. fautive اولطه) hameçon. — اصلا اولته یه یاپشمز بر آدم *açla oltaya yapechmaz bir âdam*, « un homme qui ne se laisse jamais prendre à l'hameçon », un finaud, un habile. — دائما اولته‌سی النده در daïma oltase elindè dur, « il a toujours l'hameçon en main », il cherche à tromper les gens. — اولته یوتمش بالق کبی olta youtmouch baleq guibi, « comme un poisson qui a avalé l'hameçon », c.-à-d. : troublé, agité. — On dit d'un homme qui se laisse aisément duper : اولته کورمدك کول بالغنه بکزر olta guermedik gueul balighenè beñzer, il ressemble à un poisson d'étang qui ne connaît pas l'hameçon.

اولچر (variante اولچور) eultchur, grande pelle à feu, longues pincettes pour tisonner. — اولچرمك eultchurmek, remuer le feu, tisonner. — فتنه اولچرمك fitnè eultchurmek, attiser la discorde, fomenter la révolte. — Le mot eultchur n'est plus usité ; cf. کورك.

اولچك eultchek, 1° mesure de capacité pour les matières sèches et principalement les grains. Comme on compte quatre eultchek pour un kilè, et que le kilè est évalué à vingt ocques, on voit que l'eultchek vaut cinq ocques, soit 6 kil. 420 gr. — 2° en général : mesure, une certaine quantité. — بر اولچك تخمه bir eultchek tokhmè, un sillon de blé. Voir le mot suivant.

اولچمك eultchmek, 1° mesurer ; estimer, évaluer. — اولچوب بچمك eultchup bitchmek, « mesurer et tailler » ; au fig. réfléchir attentivement, apprécier avec sagacité. — یری اولچمك yèri eultchmek, « mesurer la terre », tomber, rester étendu sur le sol. — 2° faire un relevé de plan ; scander (un mètre). — اولچرمك eultchurmek, faire mesurer (une étoffe qu'on achète). — اولچلمك eultchilmek, être mesuré, estimé, évalué. — اولچنمك eultchinmek, conjecturer, apprécier, comparer. — بویکی کندی قارشنه اولچ boyeñe kendi qarechenè eultch, « mesure ta taille avec ton palme », mesure tes forces, connais-toi à ta juste valeur.

اولچوم eultchum, mesure ; tact, convenance. — اولچومنی بوزمق eultchumini bozmaq, changer de manière d'agir ; dépasser la mesure. — اولچوم ا eultchum etmek, mesurer ; au fig. donner sa mesure (en mauvaise part). — اولچوملمك eultchumlèmek, mesurer, évaluer. — réfléchir avec attention, etc. Cf. اولچمك et le mot suivant.

اولچی eultchu, (var. اولچو) 1° mesure, instrument pour mesurer ; mesure de capacité ; — arpentage. —

2° tact, convenance. — اولچيسز *eultchusuz*, sans mesure, sans proportion, démesuré. — كوز اولچيسى *gueuz eultchusu*, mesure approximative, évaluation superficielle. — اولچى آلمق *eultchu âlmaq*, prendre la mesure; *au fig.* tomber, faire une chute. — بويك اولچيسى بويك اولچيسى آلنمق *boyuñ eultchusu âlinmaq*, être mesuré (la taille); être apprécié, expérimenté. — اولچيى بيلدرمك *eultchuyu bildirmek*, faire comprendre à quelqu'un ce qu'il vaut; le toiser. Cf. يره باتوب بويوسنك اولچيسنى آلدى *yèrè batoup boyouseneñ eultchusunu âlde*, « il est tombé par terre et a pris la mesure de sa taille », se dit d'un homme bafoué, ridiculisé. — بن سزك آغزكزك اولچيسنى آلدم *ben siziñ âghezenezen eultchusunu âldum*, « j'ai pris la mesure de votre bouche », je sais combien vous êtes bavard.

اولدريجى *eulduridji*, meurtrier, assassin; cf. اولمك.

اولسون *olsoun*, (vulgaire *ossoun*) 3ᵉ pers. sing. de l'impératif du verbe *olmaq*, soit; qu'il soit. — c'est égal, peu importe; — d'accord.

اولوش, اولش *uluch*, part, portion (en t. or. même sens). Ce mot peu usité s'est conservé dans le verbe اولوشمك (var. اولشمك) *uluchmek*, partager, répartir, se partager. — *Trans.* اولشدرمك *uluchdurmek*, faire partager, faire distribuer. Cf. پايلاشمق et بولك.

اولطه *olta*, hameçon; voir اولته.

اولغان (var. اولاغان) *olaghan*, du verbe اولمق, ce qui arrive, ce qui est possible; le plus souvent. — اولغان اولور *olaghan olour*, « ce qui doit arriver arrive », la destinée s'accomplit.

اولغون *olaghoun*, (peu usité) arrivé, parvenu à la puberté, à la maturité, du verbe اولمق.

اولق *olouq*, gouttière; voir اولوق.

اولق *oulaq*, courrier, messager; voir اولاق.

اولك *èvlek*, sillon tracé par la charrue; — division du *deunum* de terre en quatre parties. Le *deunum* valant 100 pics environ, l'*èvlek* équivaut à 25 pics. — D'après le *Lehdjè*, on donnerait aussi aux cours d'eau le nom de *èvlek* ou *avlaq* اولاق. Cf. جزى. — چفتجى ايكلنمينجه اولك طوغرى اولمز *tchiftdji eyilmeïndjè èvlek doghrou olmaz*, « si le laboureur ne se courbe pas, le sillon ne sera pas droit », il faut se donner de la peine pour réussir.

اولكج *ulkedj*, rasoir; grattoir. Ce nom aujourd'hui oublié paraît avoir été usité pour يولكج *yulkedj*, du verbe يولومك *yulumek*, raser, épiler, tondre. — On trouve en turc or. les formes يولوق rasé et يولوكن rasoir.

اولكر *ulger*, le duvet d'une étoffe de laine ou de coton, d'un fruit, etc. — اولكرسز شفتالو *ulgersez cheftalu*, pêche sans duvet; c'est l'espèce connue en Syrie sous le nom de *dourraq* دراق.

اولكر *ulker*, 1° rangée, file, ligne, série (cf. le turc or. اورکاو *urgav*). — 2° Pléiades, groupe de six étoiles nommées ainsi par les Turcs sans doute à cause de leur position symétrique à la tête du Taureau.

اولكو *eulku*, balance. Ce mot est ancien et peu usité (cf. وزنه et ترازو). Voir aussi اولچمك *mesurer*.

اولكه *eulkè*, pays, province, territoire; on écrit aussi اولكا et الكا. La forme الكه se trouve quelquefois en arabe.

اولم *eulum*, 1° mort; voir اولوم. —

2° اولم اولم *ulum ulum*, (persan ألم) par troupes, successivement (inusité).

اولماز *olmaz*, (var. اولمز) 3ᵉ pers. sing. de l'aor. du verbe *olmaq*, qui n'est pas ou ne devient pas; — impossible, défendu. — اولماز اولماز ديه اولماز اولماز *olmaz olmaz dèmè olmaz olmaz*, ne dis pas « c'est impossible », l'impossible n'existe pas. — اولور اولماز كسه *olour olmaz kimsè*, le premier venu, n'importe qui; un inconnu.

اولمز *eulmez*, qui ne meurt pas, immortel; doué de longévité; — solide, durable. — اولمز اوغلى *eulmez oghlou*, se dit de toute chose solide et de bon usage, étoffes, meubles, tapis, etc. — اولمز ديكن *eulmez dikèn*, « épine immortelle », myrte sauvage, ou plus exactement « houx frelon », *ruscus aculeatus*; en arabe اس برّى.

اولمق *olmaq*, verbe subst. être, devenir. Voir la grammaire. — verbe auxiliaire qui se joint aux *masdar* arabes et aux mots persans. — مريض اولمق *meriz olmaq*, être malade. — سپارش اولنمق *separech olounmaq*, être recommandé. — اولور *olour*, cela est, c'est possible; اولمز *olmaz*, cela n'est pas, c'est impossible. — اولمش *olmouch*, ce qui a été; accompli, mûr, passé. — اوله‌جق *oladjaq*, ce qui sera, l'avenir. — اولان اولدى *olan oldeu*, ce qui est fait est fait. — اولور اولمز *olour olmaz*, incertain, futile, de peu d'importance. — اولمدق *olmaduq*, qui n'a jamais existé, sans précédent, inouï. — اولدیغنه *oldoughouna*, autant que possible. — pass. اولنمق *olounmaq*, être fait, devenir, se joint comme auxiliaire aux *masdar* actifs. — ارسال اولنمق *irsal olounmaq*, être envoyé, etc. Voir la grammaire. — Trans. اولدرمق *oldermaq*, faire devenir, faire arriver, faire mûrir. — اولیه که *olmayah ki*, de peur que... — هیچ اولمزسه *hitch olmazsa*, tout au moins, du moins. — اولدم اولەسی *oldoum olaçę*, dès l'origine, de tout temps. — نه اولدم دلیسی *ne oldoum dèliçi*, fou des grandeurs passées, du temps passé. — اوله بیتمه *olma bitmè*, dès l'origine, dans le principe. — اوله که *ola ki*, peut être que, il se peut que, s'il plaît à Dieu.

اولمك *eulmek*, mourir. — اولمك اوله‌مامك *eulmek eulèmèmek*, « mourir et ne pas pouvoir mourir », être entre la vie et la mort, faire une maladie dangereuse. — اولدرمك *euldurmek*, faire mourir, tuer. — اجلسز اولمك *èdjèlsęz eulmek*, mourir de mort violente. — اولورسم السلام اولورسم الوداع *eulursem el-vida'*, « si je meurs, adieu, bonsoir »! Cette phrase signifie au contraire : « je n'ai nulle envie de mourir ». — اولمه‌دن اولمك *eulmèden eulmek*, « mourir avant d'être mort », se tuer au travail, à la peine. — خیرلیان تیز اولور *kherlayan tèz eulur*, « celui qui râle meurt bientôt », se dit d'une personne aux abois. — بن اولورم دین اولدرور *ben eulurum dèyèn euldurur*, « qui méprise la vie est maître de celle des autres ». — اولمزسه یاشار *eulmezsè yachar*, « s'il ne meurt pas il vivra »; se dit familièrement d'un enfant qui donne de grandes espérances. — آمان دینه جلّاد بیله قییمز *âman dèyènè djellad bilè queuïmaz*, « le bourreau lui-même ne fait pas mourir celui qui demande merci ». — یا یرسن یا اولورسن *ya yersin ya eulursin*, « tu mangeras ou tu mourras », il faut en passer par là, c'est inévitable. — بن اولدوکدن صکره بتون دنیا اوجاغه یانسون *ben euldukten soñra butun dunya odjagha yansoun*, « quand je serai mort, que le monde entier brûle dans le feu! » Nous disons: « Après moi le déluge! »

اول

اولنمك *èvlenmek*, se marier, épouser. — او یاپانله اولنانه تکری یاردمجیدر *èv yapanilè èvlènènè tañrè yardumdjudur*, Dieu assiste celui qui bâtit et celui qui se marie. — اولندرمك *èvlendirmek*, faire épouser, marier. — خادم اولندرمك *khadem èvlendirmek*, « marier un eunuque », faire une chose inutile ou inconvenante.

اولو et اولی *èvlu*, (cf. او *èv*, maison, famille) marié, père de famille. — اولولك *èvluluk*, état de mariage. Cf. اولنمش.

اولو *eulu*, mort, défunt, cadavre. Cf. اولمك. — *au fig.* faible, inanimé. — اولو بکز *eulu beñz*, pâleur mortelle, teint livide. — اولوله بد دعا اتمك كناه در *eululèrè bed doua' etmek gunah dur*, c'est un crime de maudire les morts. — نه بللو اولو نده بللو دیری *nè belli eulu nèdè belli diri*, « il n'est ni bien mort, ni bien vivant », se dit d'un malade qui traîne longtemps. — اولویی چوق یوما اوصودروررسین *euluyu tchoq youma oçoudouroursen*, « ne lave pas trop le mort, il lâcherait un vent »; on dit en français : « lasser la patience d'un mort ». — اولولرك كمیكلرینی قیرمق *eululèriñ kèmiklerini qeurmaq*, « briser

les os des morts », c.-à-d. : ternir leur mémoire. — اولوجی *euludju*, mourant, moribond.

اولو *oulou*, 1° grand, élevé. — اولو طاغ *oulou dagh*, grande et haute montagne. — اولو آغاج *oulou âghadj*, grand arbre. — 2° puissant, important. — اولو آدم *oulou âdam*, homme haut placé, grand personnage. — vénérable, saint. — اولولر سوزی یره دوشمز دنیا طوردقچه *ouloular seuzeu yèrè duchmez dunya dourdouqtchè*, « les paroles des saints ne tomberont pas à terre (ne seront pas oubliées) tant que le monde subsistera ». — اولولق *ouloulouq*, grandeur, élévation, puissance, majesté. — اولو اورته *oulou orta*, large, immense; la mer sans bornes. — Voir le *Dict. géogr.*

اولی ,اولو *evili*, marié; voir اویلو.

اولوس *oulous*, peuple, réunion de plusieurs grandes tribus. — اربعة الاولوسات *arbaat ul-oulousat*, les quatre grandes divisions éthnographiques chez les Turcs de l'Asie centrale. Chaque *oulous* se divise en ایل *il* peuplades; chaque peuplade en اویماق *ouïmaq*, tribus; chaque tribu en

بوی *boï*, sous-tribus, et celles-ci en اوروق *ourouq*, familles.

اولوفر *ulufer*, (var. اولفر) prononciation vulgaire pour نیلوفر *niloufer*, nénuphar, *nymphœa*. (Sur l'origine de ce nom voir M. Devic, *Dict. étymologique*, p. 175.) Le nénuphar est appelé en arabe قاتل النحل « tue-abeille », parce que les Orientaux croient que cette fleur se replie et emprisonne l'abeille qui vient se poser sur elle. — nom propre. — نیلوفر خاتون *niloufer-khatoun*, épithète donnée quelquefois à la Sultane-validè.

اولوق *olouq*, 1° gouttière ; tube ; rigole, conduit. — آلتون اولوق *áltoun olouq*, la gouttière d'or (*mizab*) au sommet de la Kaaba, destinée à l'écoulement de l'eau de pluie qui s'amasse sur le toit de l'édifice. Le Sultan Ahmed Ier la fit couvrir d'une plaque d'or massif. — 2° instrument avec lequel le vétérinaire perce un abcès. — اولوقلو قلم *olouqlou qalem*, scalpel.

اولوك (var. اولك) *euluk*, fané, passé, flétri, éteint. Cf. اولمك mourir.

اولولامق *ouloulamaq*, devenir grand, s'élever, être puissant. Cf. اولو.

اولولاتمق *ouloulatmaq*, rendre grand; agrandir, exalter. — honorer, rendre hommage.

اولوم *eulum*, mort, trépas, fin de l'existence. — اولوم حالتی *eulum haleti*, agonie, affres de la mort. — اولوم دیریم *eulum dirim*, « entre la vie et la mort » crise, trouble, anxiété. — اولوملو دنیا *eulumlu dunya*, le monde périssable. — اولومجیل *eulumdjil*, mortel, dangereux (mal). — آنسز اولوم *ânsez eulum*, mort subite. — اولوم بر قره دوه در که هر قپویه چوکر *eulum bir qara dèvè dur ki her qapouyè tcheuker*, la mort est un chameau noir qui s'agenouille (s'arrête) devant chaque porte. — طوکوز اولومی اولمك *domouz eulumu eulmek*, mourir de mort ignoble. — اولومنی آرامق *eulumini âramaq*, chercher la mort, courir au péril. — اسکا آیرلق اولومدن زیاده دیمشلر *oña âyerleq eulumden ziadè dèmichler*, « on lui a chanté une chanson pire que la mort »; on l'a injurié mortellement. — که اولوم یوقدر *kèmè eulum yoqtour*, les méchants ne meurent pas. — هر بر سوزی بر اولومدر *her bir seuzeu bir eulumdur*, « chacune de ses paroles est une mort », un coup de poignard. — اولومی

تیز کتیرن اوچ شیدر مرمر اوزرینه اوطورمق آچیق ایله اویومق صوغوق بالق چورباسنی یمك *eulumu tèz guetiren utch cheï dir mermer uzèrinè otourmaq âtcheq ela ouïoumaq çoouq baleq tchorbasini yèmek,* « trois choses hâtent la mort : s'asseoir sur le marbre, dormir en plein air, manger de la soupe de poisson froide ». — Cf. اولمك.

اولومق *ouloumaq,* (onomat) hurler, aboyer d'une façon plaintive, comme font les chiens.

آولی *âvle,* (حولی *havle*) enclos; voir آغل.

اولی *evla,* (de l'ar. ولی) meilleur, le meilleur. — بوندن اولی طریق یوقدر. *bounden evla tariq yoqtour,* il n'y a pas de meilleur moyen que celui-ci.

اولی *oula* (pl. ar. de ولی). Dans la hiérarchie officielle on donne le titre de اولی صنف اوّل *oula çenfi evvel,* aux généraux de brigade, et celui de اولی صنف ثانی *oula çenfi sani* aux colonels.

اولی *èvili,* marié; voir اویلو.

اولی *eulu,* (pour اولو) mort, défunt; voir اولمك.

اولیا *èvlia* (pl. ar. de ولیّ *vèli,* homme voué à la contemplation mystique, initié, etc.) se prend en turc comme singulier: le saint de l'époque, le dévot par excellence; اولیا چلبی *èvlia tchèlèbi,* nom propre. — اولیا دوەسی *èvlia dèvèsi,* scolopendre, mille-pieds, nommé aussi پاپوش طارتان « traîne-pantoufles » et یر اشكی « âne de terre ». — اولیالق *èvlialeq,* sainteté, perfection à laquelle arrive le mystique. — اولیالق آدم *èvlialeq âdam,* homme détaché de ce monde et absorbé par la contemplation.

اوما *ouma* et اومّا *oumma,* être imaginaire dont on effraye les enfants, espèce de croque-mitaine ou de loup-garou. — اوماجی *oumadje,* même sens. Cf. قره قونجولوس et بوجو.

اوماج *omadj,* (var. اماج) mets fait de bouillie de farine; ar. سخینه; pers. آردهاله.

اوماجا *omadja,* os de l'articulation de la cuisse; — chez les oiseaux, os de la queue. — آغاج اوماجه‌سی *âghadj omadjase,* copeaux, esquilles provenant de la coupe d'un arbre, d'une planche.

اومبره *ombrè,* (de l'ital. *ombria*) terre d'ombre, terre brune provenant de l'Ombrie et qui s'emploie en peinture ; c'est une espèce d'ocre.

آومق *avmaq*, (var. آوومق *âvoumaq* et آوغْمق) être retardé, amusé, ralenti. — آوتْمق *âvoutmaq*, amuser, retarder, alléguer des prétextes ; amuser les enfants (pour les empêcher de pleurer). — آوتدرمق *âvouttermaq*, se dit de l'enfant qu'on donne à sa nourrice pour qu'elle le calme en le faisant sauter. — آونْمق *âvounmaq*, être amusé, retardé, perdre son temps.

آومق et اوومق *ovmaq*, frotter ; voir اوغْمق.

اومّق *oummaq*, espérer, attendre, désirer, compter sur une chose. — بو ایشدن خیر اومّام *bou ichden khaïr oummam*, je n'attends rien de bon de cette affaire. — اومّاديغمـوك يردن *oummadeghefi yerden yilan tcheqar*, le serpent sort d'un trou où on ne l'attendait pas. — ايولكى اوم بترْدن صاقـن *eyiliyi oumm beterden çaquen*, espère le mieux, garde-toi du pire. — اومّوب محروم اولق کوچدر *oummoup mahroum olmaq gutch dur*, il est triste d'espérer et de ne pas obtenir. — On dit d'une personne qui compte sur l'impossible : خـادمـدن اوغلان اومّار *khademden oghlan oummar*, elle espère des enfants d'un eunuque. — اومّامق *oummamaq*, ne pas espérer, désespérer, craindre. — اومدرمق *oummdourmaq*, faire espérer, faire désirer. — اومّلمـق *oummoulmaq*, être désiré, attendu. — اومّنمق *oummounmaq* et اومسانمق *oumsanmaq*, avoir de l'espoir, attendre, compter sur. Cf. اميد.

اومك *ivmek*, se hâter ; voir ايومك.

اومّه *oumma* et اومو *oummou*, espérance, attente, espoir. — اومّه علتنه اوغرامـق *oumma 'yllètenè oghramaq*, être en proie aux souffrances de l'attente. — اوم اومّانك شيشسون *oumm oummanefi chichsoun*, « espère que ton espérance enfle! » expression vulgaire pour dire « ne te fie pas à cela » ; dans le sens ironique du français « compte là dessus ». Cf. اومّق.

اومـوز *omouz*, (var. اموز, اومز) épaule, quelquefois dos = صرت. — اوموز باشی *omouz bachi*, moignon de l'épaule, partie la plus saillante de l'épaule. — اوموز اوچرجاغـى *omouz utchurdjaghe*, clavicule. — اومـوز کوراکی *omouz kurèyi*, omoplate. — آت اوموزی *ât omouzou*, garrot du cheval. — اوموز چکمك *omouz tchekmek*,

« hausser les épaules », faire l'ignorant. — اوموز سیلکمك *omouz silkmek*, « secouer les épaules », en signe de pardon. — اوموزه اورمق *omouzè vourmaq*, applaudir, approuver. — اوموز اوپشمك *omouz eupuchmek*, « se baiser mutuellement l'épaule », on dirait en français : se donner une poignée de main. — اوموزدن چقمق *omouzden çeqmaq*, « serrer les épaules », pour faire un signe de dénégation ou d'ignorance. — اوی اوموزده *èvi omouzindè*, « qui porte sa maison sur son dos », vagabond, nomade. — اوموزه طیاتمق *omouzilè dayatmaq*, prêter appui, donner un coup d'épaule. — اوموزده طاشیمق *omouzdè tachemaq*, avoir du crédit, du respect. — سلاح اوموزه *silah omouzè*, « arme sur l'épaule », dans l'exercice du fusil. — باشی اوموزلر آراسنده *bache omouzler ârasindè*, il a la tête entre les épaules, le dos voûté. — اوموز اوموزی سوكمز *omouz omouzou seukmez*, « l'épaule ne fend pas l'épaule » c.-à-d. : on ne fend pas la presse dans une grande foule. — اوموزیکه طاش اوریم *omouzeñè tach vouraïm*, « je te jetterai une pierre sur l'épaule », menace. — یقیلان دنیایه اوموز ویرهمم *yeqelan dunyayè omouz vèremem*, « je ne puis pas soutenir sur mon dos le monde qui s'écroule », je ne puis me charger d'une tâche au dessus de mes forces. — اوموزم اوزرینه طاشیدم *omouzem uzèrinè tachedem*, « je l'ai porté sur mes épaules », je l'ai protégé, soutenu. — اوموزلق *omouzlouq*, épaulette. — كمی اوموزلغی *guèmi omouzloughou*, les deux couples d'un navire. Cf. بودوصلامه.

اوموزغنمق *omouzghenmaq*, dormir, sommeiller. Cette forme peu usitée se trouve dans le *Commentaire du* Boustan par Soudi, éd. de Constantinople, t. II, p. 72. — Cf. امیزغنمق *emezghanmaq*.

اون *ôn*, dix. — اونجی *ônoundjou*, dixième. — اونار اونار *ônar ônar*, par dix, de dix en dix. — اونلق *ônleq*, réunion de dix, valeur de dix; dizaine; monnaie de cuivre de dix paras ou quart de piastre. — اونده لق *ôndèleq*, dîme, un dixième; اونده بر *ôndè bir*, même sens. — اون باشی *ôn bachi*, caporal *(decurio)*.

اون *oun*, farine. — سمید اونی *simid ounou*, fleur de farine; خاص اونی *khaç ounou*, farine de première qualité; اسمر اون *esmer oun*, farine brune, inférieure. — اون قپان *oun qapan*,

« grenier à farine »; ce nom est donné à un quartier de Constantinople nommé aussi اون قپو *oun qapou*, « porte de la farine ». On appelait autrefois اون قپان نایبی *oun qapan naïbi*, le substitut du juge de Constantinople, chargé de la surveillance des farines. — هپ بر اون اكمكیدر *hèp bir oun ekmèyi dur*, « c'est tout pain de la même farine », c'est tout un. — یاریسی اون یاریسی كپك *yarese oun yarese kèpèk*, « moitié farine moitié son », tant bon que mauvais. — اكمك اونه كوره اولور *ekmek ounenè gueurè olour*, « le pain dépend de la farine », tel pain telle soupe. — بن بغدای ایله چاوداری اوننن سچرم *ben boghdaï ilè tchavdaru ounounden sètchèrim*, « je distingue la farine d'orge de la farine de seigle », je ne suis pas un niais, je m'entends en affaires. — یولاف اوننن اكمك اولورمی *youlaf ounounden ekmek olourme*, « fait-on du pain avec de la farine d'avoine? » peut-on compter sur un méchant homme? — همان دكرمن آلتنه كیروب اون اولدم یوقسه نه وار ایسه هپ اولدم *hèman deyirmen àltenè guirup oun olmadem, yoqsa nè var içè hèp oldem*, excepté d'être mis sous la meule et réduit en farine, j'ai souffert tout ce qu'on peut souffrir. — اونلامق *ounlamaq*, enfariner, saupoudrer de farine. — اونلق سچانه دونمك *ounloug sitchaninè deunmek*, « ressembler à un rat de moulin », être enfariné, poudreux.

اون *une*, (var. اوی, اوك) son, voix, bruit; — cri, clameur; — renommée, notoriété; — chant bruyant, opposé à ازكی *ezgui*, chant doux et de *mezza voce*. — قورو اون *qourou une*, fausse célébrité, réputation mensongère. — اوںلو ملك *unlu*, célèbre, fameux. — اونلو *unlèmek*, appeler, crier, héler; chanter sur un ton élevé et bruyant. Cf. آیرلامق. — اونلتمك *unlètmek*, faire crier, faire chanter avec force. — اونلنمك *unlènmek*, crier, résonner, retentir.

اونامق *onamaq*, désirer, convoiter une chose; — préférer; prendre un parti.

اونتمق *ounoutmaq*, oublier; voir اونوتمق.

اونكو *eungu*, (var. اوكو, اونكی, اوكی) obstiné, opiniâtre, querelleur, hargneux. On emploie aussi le terme اونكشمك ou اونكوشمك *eungul*. — اونكولمك *eunguchmek*, s'entêter, résister, rebiffer. — اونکولك *eunguluk* et *eungulluk*, entêtement, obstination, humeur querelleuse. — اشك اونکولو *èchèk eungulu*, entêté comme un âne. — هر نه دیلرسك اشکدن اونکولور سنك باشکه *hèr nè dilèrseñ èchèkdèn eungulur senîñ bacheñè*, quoi que tu demandes à l'âne, il s'entête contre ta volonté.

اونکور *eungueur*, constr. avec *âghlamaq*; voir اوکّور.

اونکول *eungul*, opiniâtre; voir اونکو.

اونمق *onmaq*, fendre, partager.

اونمق *avounmaq*, s'occuper de choses frivoles, perdre son temps.

اونامق *onamaq*, désirer; voir اونامق.

اونوتمق *ounoutmaq*, (var. اونتمق) oublier; pardonner, négliger. — اونوتدرمق *ounoutturmaq*, faire oublier, faire pardonner; distraire. — اونودلق *ounoudoulmaq*, être oublié, omis. — بنی دعادن اونوتمه *bènè doua'dèn ounoutma*, ne m'oubliez pas dans vos prières. — کچمش تیز اونودلور *guetmich tèz ounoudoulour*, le passé est vite oublié. — پك سون اونوتمز *pèk sèvèn ounoutmaz*, qui aime bien n'oublie pas. — قورقو کچدوکدن صکره تیز اونودلور *qorqou guetchdukten soñra tèz ounoudoulour*, péril passé est vite oublié; l'italien dit plus énergiquement: *passato il pericolo, gabbato il santo*. — اشتدوکنی اونودان طوغمه ایدی آنادن *ichittiyini ounoudan doghmaya-idi ânadan*, «celui qui oublie ce qu'il a appris ne devrait pas être né d'une mère», (ne mérite pas d'être un homme). — اونودیجی *ounoudoudjou*, oublieux. — مسافر کبی اونودیجی *musafir guibi ounoudoudjou*, oublieux comme un hôte; — forme énergique اونوتغان *ounoutghan*, اونوتغین *ounoutghen*. — یلان سویلین اونوتغان اولمامالو *yalan seuilèyèn ounoutghan olmamalu*, le menteur ne doit pas manquer de mémoire. — اونوتمقلق *ounoutmaqleq*, oubli, distraction habituelle.

اووشمق *ovouchmaq*, frotter. — اووشترمه *ovouchtourma*, friction; voir اوغمق.

آووقات *âvoqat*. Transcription littérale du mot français *avocat*, qu'on emploie aujourd'hui aussi fréquemment que l'arabe دعوا وکیلی *daava vèkili*. — On dit aussi: آووقاتلق *âvoqatleq*, non seulement pour désigner la profession d'avocat, mais encore dans le sens de *chicane, avocasserie*.

اوولامق *ovlamaq*, voler, prendre son essor, s'envoler. On écrit moins régulièrement, mais plus souvent : هوولامق *hovlamaq*; de là le nom هو آغاسی *hov-âghase*, « chef de la volerie », donné au grand fauconnier.

اوه *ova*, (var. اوا; plus rare اووا) plaine, grand espace plane. Les Turcs emploient différents termes selon les accidents et la nature du terrain. Une plaine verdoyante est nommée قیر *queur*, une plaine de sable چول *tcheul*. Ils empruntent d'autres appellations au dictionnaire arabe : ساحل *sahèl*, plaine qui s'étend le long de la mer; بادیه *badyè*, les grandes plaines, le désert; on dit aussi بریة *berryet*; par ex. : بریة الشام *berryet ech-cham*, la Syrie; un sol couvert de petites pierres et de sable est nommé احسا *ahsa*; احصا *ahça*, désigne des gisements d'eau sous le sable. — اوه‌جق *ovadjeq*, petite plaine. Voir au *Dict. géographique*.

اوه *uvè*, onomatopée : cri, gémissement de l'enfant au berceau.

اوه‌لك *uvèlik*, (var. اوكلك *uyèlik*) petit papillon bleu; — mouche bleue qui s'attache aux chevaux et aux bestiaux. Cf. اکریجه et ایوز.

اوی *uïe*, son, voix. Cf. اون et سس.

اویا *oya*, garniture, bordure; frange de soie, de velours ou de fil; chenilles. — franges d'or et d'argent; les plus artistement travaillées viennent de Trébizonde, de Kaya-Hiçar et de Smyrne. — ایپلیك اویا *iplik oya*, garniture de dentelle; تیره اویا *tirè oya*, frange de fil. — اویانجی *oyandje*, ouvrière en frange, en bordure et marchand de ces objets de toilette.

اویارمق *ouyarmaq*, rallumer, ranimer, réveiller. — چراغ اویارمق *tcheragh ouyarmaq*, rallumer la lampe. Cf. اویانمق *ouyanmaq*.

اویالامق *oyalamaq*, garnir, mettre une bordure, une frange.

اویالامق *oyalamaq*, retarder, différer, ajourner; — amuser par de belles paroles. — اویالانمق *oyalanmaq*, tarder, retarder, chercher un prétexte. — *Trans.* اویالاندرمق *oyalandermaq*, faire attendre, faire différer; retenir, amuser. Cf. اویون *oyoun*.

اویان *ouyan*, tout ce qui se met à la tête du cheval; têtière et principalement bride. (Cf. كم *guem*, qui est plus usité.) — اویانلامق *ouyanlamaq* ou *ouyan vourmaq*, brider un cheval. — اویان قوشقومق *ouyan qouchqoumaq*, lâcher la bride. — اویانی آلنمش آت کبی قاچار *ouyanę âlęnmech ât guibi qatchar*, il fuit comme un cheval à qui on a ôté la bride. — اویان النده در *ouyan èlindè dur*, « il tient la bride, les rênes », il est le maître. — قوری قفایه اویان اورمق *qourou qafayè ouyan vourmaq*, « mettre la bride à une tête de bois » c.-à-d. : ne se fier à personne. — آتك اویانی الکدن قویو ویرمه *âtuñ ouyanęneu èliñden qoyou-vermè*, « ne lâche pas la bride de ton cheval », c.-à-d. : ne va pas trop vite en besogne. — آتنك اویانی کیسینك دومنی *âtenuñ ouyanę guèmisiniñ dumènę*, « bride de son cheval, gouvernail de son bateau », se dit d'un homme habile, qui mène bien sa barque. — آت صاحبنی باشنده کی اویاندن بیلور *ât çahibini bachindèki ouyanęnden bilir*, « le cheval connaît à la bride celui qui le mène », le peuple juge de son maître par la manière dont il est gouverné. — آتك اویانی بویونه طولامشده صالیویرمش *âtuñ ouyanęnę boyouninè dolameuchdè çalęvermich*, « il a entortillé la bride autour du cou du cheval et lui a donné la liberté », se dit d'un père qui gâte son enfant et lui laisse trop de liberté. — قاز اویانلامق *qaz ouyanlamaq*, « brider l'oie », abuser de la simplicité de quelqu'un. — اویانلو طوکز *ouyanlu domouz*, « pourceau bridé », niais, naïf, crédule, comme en français « oison bridé ». — اکرلو اویانلو آت کبی کزمك *eyerlu ouyanlu ât guibi guezmek*, « se promener comme un cheval sellé et bridé », être paré, attifé. — اویانلو آت کبیدر *ouyanlu ât guibidir*, « il ressemble à un cheval bridé », il se pavane la tête en arrière et le nez au vent.

اویانق *ouyanęq*, éveillé, réveillé; — intelligent, actif. — اویانقلق *ouyanęqlęq*, réveil; vigilance. Cf. اویانمق. — اویور موسی دن اویانق فرعون یکدر *ouyour mouçaden ouyanęq fir'oun yek dur*, « mieux vaut Pharaon éveillé que Moïse endormi ». Les Turcs, pour faire l'éloge de la vigilance, citent ce dicton qui paraît avoir une origine talmudique. Pharaon, luttant de prodiges avec Moïse, profita de la nuit et du moment où tout le monde dormait pour obtenir de Dieu de faire pousser dans un champ des herbes d'une taille prodigieuse. Moïse consterné demanda à Dieu pourquoi il avait laissé s'accomplir ce miracle et reçut du ciel cette réponse qui a passé en proverbe.

اویانمق *ouyanmaq*, (la prononciation *oyanmaq* est fautive) se réveiller, s'éveiller; — secouer la torpeur, la paresse; — éclore (les plantes); apparaître (la nuit, la discorde). — اویاندرمق *ouyandermaq*, réveiller; attiser (le feu, la révolte); — rendre la fertilité à un pays ruiné; corriger, améliorer. — قوشلار اویاندیغی کبی *qouchlar ouyandoughou guibi*, « au réveil des oiseaux », de grand matin. — غفلت اویقوسندن اویاندرمق *ghaflèt ouïqousounden ouyandermaq*, « tirer du sommeil de la négligence », ramener dans le devoir.

اویخو *ouïkhou*, sommeil; voir اویقو.

اویتلهمك *uyutlèmek*, choisir, élire; — fouiller. Cf. آیرتلامق.

اویصال *ouïçal*, consentant, qui est d'accord, obéissant. Cf. اویق.

اویغان *ouïghan*, présent partout, qui voit tout, vigilant, épithète donnée à Dieu. Cf. le t. or. اویغانمق, être éveillé.

اویغور *ouïghour*, nom d'une des principales tribus turques. (Voir sur l'origine de ce nom l'explication donnée par Abou'l-Ghazi, *Hist. des Mogols et des Tatares*, p. 39 et suiv.) La tribu des Ouïghours, plus instruite et plus civilisée que les autres peuplades turques, fournit des ministres et des secrétaires aux Khans de l'Asie Centrale. Sous le règne de Djaghataï et de ses descendants, le dialecte Ouïghour se répandit depuis la Tartarie chinoise jusqu'au Khorassan et fut désigné sous le nom de *djaghatéen*.

اویغون *ouïghoun*, 1° convenable, digne, capable, propre à .... — 2° bon marché, à bas prix. — nom d'abstr. اویغونلق *ouïghounleq*, avec les mêmes significations. — اویغونسز *ouïghounsouz*, inconvenant, impropre, défavorable. — اویغونسزلق *ouïghounsouzlouq*, 1° inconvenance, impropriété, abus. — 2° sédition, émeute populaire. Cf. اویق.

اویقو *ouïqou*, sommeil, léthargie; — négligence, torpeur. — اویقویه طالمق *ouïqouya dalmaq*, être plongé dans le sommeil. — طوشان اویقوسی *tavchan ouïqousou*, « sommeil de lièvre », vigilance, méfiance ; fausse promesse. — اویقوم وار *ouïqoum var*, je suis accablé de sommeil. — اویقو کوچک اولدر *ouïqou kutchuk eulum dur*, le sommeil est une petite (l'image de la) mort. اویقو قورقتمق *ouïqou qorqoutmaq*, « faire peur au sommeil », dormir profondément et ronfler. — قوش اویقولو او *qouch ouïqoulou olmaq*, « avoir un sommeil d'oiseau », dormir d'un sommeil léger. — Au contraire « dormir profondément » se dit : اوغوز اویقوسنه یاتمق *oughouz ouïqousinè yatmaq*, « dormir du sommeil des Oughouz ». D'après un vieux racontar, les gens de cette tribu turque, dont l'origine se perd dans la nuit des temps, ne dormaient qu'une fois l'an, mais leur sommeil durait quarante jours, et il était si profond qu'on pouvait leur couper un morceau de chair sans qu'ils s'en aperçussent. — اصحاب کهفك اویقوسنه بکزر *aç'habi kehfiñ ouïqousinè beñzer*, « cela ressemble au sommeil des compagnons de la caverne (ou des sept dormants) », dans le sens de « c'est une vieillerie, une rapsodie ». — اویقوزن *ouïqouzèn*, grand dormeur ; cf. اویقوجی. — اویقوسزلق *ouïqousezleq*, insomnie. — اویقوسز قومق *ouïqousez qomaq*, priver de sommeil, torturer.

اویقوجی *ouïqoudjou*, (var. اویوجی *ouyouyedje*) grand dormeur, paresseux. — On dit en proverbe : چوق اویوجی آز بلیجیدر *tchoq ouyouyedje âz bilidji dur*, « grand dormeur est petit savant ».

اویکن *euïguèn*, (var. اوکكن) synon. de آق جگر *âq djiyer*, poumon. — قزیل اویکن *quezel euïguèn*, « poumon rouge », tête de l'œsophage.

اویکنمك *euïguenmek*, imiter, suivre l'exemple, contrefaire, (peu usité).

اویکه *euïkè*, (var. اوککه, اوفکه *eufkè*) colère, courroux. — اویکه‌لو *euïkèlu*, qui est en colère, violent, brutal. — اویکه‌جی *euïkèdji*, qui est d'un tempérament irascible, emporté. — اویکه‌لنمك *euïkèlenmek* ou *euïkè etmek*, se mettre en colère, se fâcher. — اویکه‌لندرمك *euïkèlendirmek*, mettre en colère, irriter. — عاشق اویکه‌سی *aachiq euïkèsi*, « colère d'amant », feu de paille, colère qui s'éteint vite. — اویکه ایله قالقان زیان ایله اوطورر *euïkè ilè qalqan zyan ilè otourour*, « qui se lève en colère se rassied avec dam et dommage ». — قارنجه‌نك دخی حالنجه eui̇kèsi̇ var, « la fourmi même a sa colère selon ses forces », il ne faut mépriser aucun ennemi, si faible qu'il soit. — یاد اویکه‌سی یلنه اقربا اویکه‌سی ساعتنه دك yad eui̇kèsi̇ yi̇lnè aqraba eui̇kèsi̇ saati̇nè dek, « colère d'étranger dure un an, colère de parent dure une heure ».

اویکی eui̇yi̇; voir اویه eui̇yè.

اویلن eui̇len, midi; voir اویله.

اویلوق oui̇louq, (var. اویلق) cuisse, gras de la cuisse autour du pubis. — اویلوق دیپی oui̇louq di̇pi̇, hanche; cf. اویلوق کیکی oui̇louq kèmi̇yi̇, os du fémur. — اویلوق اوپمك oui̇louq eupmek, (ou قوجامق) « baiser ou embrasser la cuisse », intercéder, supplier, comme on dit *baiser l'étrier*.

اویلوم oi̇loum, creusé, évidé; du verbe اویمق oi̇maq.

اویله eui̇lè, (comp. de او et de ايله), avec cela, ainsi, comme cela, de même, pareillement. — اویله می eui̇lè-me, est-ce ainsi? vraiment? — اویله سنی كوره مز سنكز eui̇lèsi̇ni̇ gueurèmez senguez, vous ne trouverez pas son pareil. — اویله لكله eui̇lèli̇k-i̇lè, de cette manière, par ce moyen. — اویله ایسه eui̇lè i̇çè, s'il en est ainsi, alors, par conséquent. — اویله ایسه ده eui̇lè i̇çè-de, quoi qu'il en soit, malgré cela. — اویله دكل eui̇lè dei̇l i̇çè, ou bien, autrement; sinon. — اویله باش اویله تراش eui̇lè bach eui̇lè trach, « telle tête, telle coupe de barbe », prov.

اویله eui̇lè, (var. اویلن eui̇len, اویله eui̇ylè) midi, milieu du jour. — اویله نمازی eui̇lè namaze, prière de midi. — اویله طعامی eui̇lè ta'ame, repas de midi, dîner. — اویله اصیجاغی eui̇lè i̇çi̇djagheu, chaleur de midi. — اویله وقتی eui̇lè vaqte ou اویله‌ین eui̇lèi̇n, à midi, à l'heure de midi. — اویله اویقوسی eui̇lè oui̇qoussou, sieste. — اویله آزادی eui̇lè âzadi̇, sortie de midi (à l'école). — اویله قرانلوسی eui̇lè qarañluseu, « ténébreux de midi », qui ne voit pas en plein midi; *au fig.*, qui se refuse à l'évidence.

اویمق oi̇maq, creuser, graver, sculpter; — approfondir une chose, réfléchir profondément; — couper une bordure en rond; échancrer. — كوز اویمق gueuz oi̇maq, tromper, ruser, agir avec inimitié. — *Trans.* اویدرمق oi̇durmaq, faire creuser, faire graver, évider, etc. — *pass.* اویلمق *oïelmaq*, être creusé, évidé — se caver (les yeux); être rongé par le courant (rivage).

اویومق *ouyoumaq*, dormir; voir اویومق.

اویمق *ouïmaq*, 1° obéir, se conformer, suivre; imiter. — 2° être bon marché; être bien arrangé. — 3° convenir, être convenable. — 4° ressembler. — زمانه اوی *zèmanè ouï*, conforme-toi au temps, aux usages. — زمان زمانه اویمز *zèman zèmanè ouïmaz*, les jours ne se ressemblent pas. — اویدرمق *ouïdourmaq*, accorder, concilier; arranger, combiner. — صورت محاربه یی اویدرمق *çoureti mouharèbèyi ouïdourmaq*, combiner un plan de campagne. — inventer un conte. — اویشمق *ouïouchmaq*, s'accorder, être d'accord, vivre en bonne intelligence. — اویوشمه سندی *ouïouchma sènèdi*, transaction; on se sert dans le même sens des mots اوزلاشمه سندی; cf. اوزلاشمق.

اویمه *oïma*, (du v. اویمق) 1° action de tailler, sculpter, graver. — 2° tout objet de bois ou de métal travaillé, sculpté. — 3° frange autour des étoffes, bordure; couture, échancrure. —

اویمه جی *oïmadje*, sculpteur, graveur; tout artisan qui travaille le bois et le métal; — *au fig.* rusé, trompeur.

اویمه *ouïma*, imitation, parodie, invention, conte. Cf. اویمق *ouïmaq*.

اوین *euyun*, (var. اویون) part, portion, (peu usité). — ایکی اوین اکمك *iki euyun ekmek*, deux rations de pain. — هر کون برر اوین طعام ایتمك *her gun birer euyun ta'am etmek*, ne faire qu'un repas par jour.

اویناش *oïnach*, ami, camarade; — amant, amante.

اویناق *oïnaq*, 1° ce qui danse, saute, remue (du v. اویناموق). — اویناق یری *oïnaq yèri*, articulation, jointure. — 2° mobile, frivole, dissolu; trompeur, fourbe. — اویناقلق *oïnaqleq*, frivolité, inconstance; fourberie.

اویناموق *oïnamaq*, jouer à un jeu, se mouvoir, sauter, danser; palpiter; — perdre son temps à des futilités; — se moquer, bafouer; — orner d'une frange; piquer (un vêtement). — perdre, sacrifier. — جان اویناموق *djan oïnamaq*, jouer sa vie. — یورك اویناموق *yurek oïnamaq*, palpiter, battre (le cœur). — زلسز اویناموق *zelsez oïna-*

maq, « danser sans cymbales », manifester une joie très-vive. — عقل اوينامق *'aql oïnamaq*, avoir la raison vacillante ; égarement d'esprit. — فلك ايله اوينامه *felek ilè oïnama*, ne joue pas avec la destinée. — ايشنى اوينايه يپار *ichini oïnaya oïnaya yapar*, « il fait son ouvrage en se jouant », il est d'une grande habileté. — اوينامش *oïnamch*, « il a joué son jeu », c.-à-d. : il touche au terme de la vie. — اويناتمق *oïnatmaq*, faire jouer, faire mouvoir, agiter. — آتى اويناتمق *âte oïnatmaq*, faire caracoler le cheval. — اوينادلمق *oïnadelmaq*, être mis en mouvement. — اويونجاق كبى اوينادلمق *oïoundjaq guibi oïnadelmaq*, s'agiter, tourner sans cesse, comme une toupie. — صقال اويناتمق *çaqal oïnatmaq*, « faire sauter la barbe », jouer de la mâchoire, manger. — آت اويناتمق *ât oïnatmaq*, faire caracoler un cheval, faire la *fantasia*. — روزكار سنجاغى اوينادر *rouzguiar sandjagheu oïnadeur*, le vent agite le pavillon (prov.). — درلو درلو اويونلر اويناتدم *turlu turlu oyounlar oïnattum*, « je lui ai fait danser toutes sortes de danses », je lui ai joué de bons tours, je l'ai mis sur les dents. — اويناشمق *oïnachmaq*, jouer ensemble,

se divertir de compagnie. — ال آقچەسىله اوينامق *il âqtchèsi-ilè oïnamaq*, « jouer avec l'argent des autres », se divertir aux dépens d'autrui. — اوينامەسنى بيلميان يرم طار ديمش *oïnamasene bilmèyèn yèrim dar dèmich*, celui qui ne sait pas danser se plaint que la place lui manque.

اويور *ouyour*, endormi, plongé dans le sommeil ; — engourdi, paresseux. Cf. اويومق.

اويوز *ouyouz*, gale, rogne ; on dit aussi اويوزلق *ouyouzleq*. — adj. galeux, comme اويوزلو *ouyouzlou*. — آغاج اويوزى *âghadj ouyouzou*, « gale des arbres », rugosités qui se produisent sur l'écorce, les feuilles et les fruits. — اويوز اوتى *ouyouz oteu*, plante de la famille des Solanées, probablement la morelle. — اويوز اولمق *ouyouz olmaq*, brûler d'impatience. — ايت اويوزيدر عاقبت آلور *it ouyouzoudour 'aquebet âleur*, « c'est une gale de chien, elle finira par avoir le dessus », se dit d'un mal invétéré. — آكلاديكز مى اويوز اشكك داستانى *añladenez me ouyouz èchèyiñ dasitanene*, « avez-vous compris l'histoire de l'âne galeux ? », c.-à-d. : comprenez-vous le mystère, le secret de l'affaire? — فرنك اویوزی *frenk ouyouzou*, « gale franque », mal vénérien. Avant l'introduction de la médecine européenne, les Turcs disaient : بر فرنك اویوزیدر علاج قبول ایتمز *bir frenk ouyouzoudour 'èladj qaboul etmez*, « c'est la *gale franque*, il n'y a pas de remède ». — Pour consoler un malade, on lui dit familièrement : الم چكمه اویوزلق صوكی تندرستلكدر *èlèm tchekmè ouyouzlouq çoñeu tendurustlik dur*, « ne te désole pas, la gale finit par l'embonpoint »; on se porte mieux après cette maladie.

اویوشیق *ouyouchẹq*, engourdi, lent, paresseux. — اویوشیقلق *ouyouchẹqlẹq*, engourdissement, paresse. Cf. اویومق dormir.

اویوغ *ouyough*, croupissant, stagnant (marais, ruisseau). — اویوغمق *ouyoughmaq*, s'épaissir, se coaguler en parlant du lait, se cailler. Cf. یوغورت. (Comp. avec le t. or. اویغومق, اویغمق et اویغانمق.)

اویوق *oyouq*, 1° creux, creusé, excavé; caverne, grotte, etc. Cf. اویق. — 2° épouvantail dressé dans les jardins; dans ce dernier sens, on emploie aussi la forme اویوك *euyuk*. —

اویوقلانمق *oyouqlanmaq*, être creusé comme une caverne, déprimé comme un vallon.

اویوقلامق *ouyouqlamaq*, dormir légèrement, sommeiller. — اویوقلامه *ouyouqlama*, assoupissement. Cf. اویقو.

اویوك *euyuk*, 1° monticule de terre fait de main d'homme; tertre, terrassement. — 2° épouvantail de jardin ou de vigne. On écrit aussi *ouyouq* اویوق. — 3° orthogr. fautive pour عیوق *'ayyouq*, « la Chèvre », étoile de première grandeur, située sur l'épaule gauche du Cocher.

اویولغه *oyoulgha*, couture légère, simple faufilage pour réunir momentanément deux morceaux d'étoffe. — اویولغه‌لامق *oyoulghalamaq*, 1° coudre légèrement, faufiler, opposé à نكنده‌لمك *nekendèlèmek*, coudre en surjet. — 2° onduler en rampant (se dit des reptiles).

اویوم *oyoum*, action de creuser etc.; cf. اویق. — excavation, creux. — كوزك اویومی *gueuzuñ oyoumou*, orbite de l'œil. — اویوملامق *oyoumlamaq*, prendre racine, s'enfoncer, s'implanter.

اویومق *ouyoumaq*, dormir, s'endormir, se coucher. — *Trans.* اویوتمق *ouyoutmaq,* endormir, produire le sommeil, la torpeur ; — faire négliger ; endormir une affaire, la retarder. — causer de l'ennui. — *récipr.* اویوشمق *ouyouchmaq,* s'endormir, s'engourdir ; être en proie à la torpeur, à l'apathie. — *réfl.* اویونمق *ouyounmaq,* s'endormir. — قیو اویقو اویومق *qouyou ouïqou ouyoumaq,* dormir d'un sommeil profond, lourd. — اویور آرسلانی اویاندرمه *ouyour ârslane ouyanderma,* ne réveille pas le lion endormi ; on dit dans le même sens : اویویان یلانك قویروغنه باصمه *ouyouyan yïlaniñ qouïroughenè baçma,* ne marche pas sur la queue du serpent endormi. — بو ایش اویومق کرکدر *bou ich ouyoumaq guerek dur,* il faut laisser dormir cette affaire. — بر کوزیله اویومق *bir gueuzi-ilè ouyoumaq,* « ne dormir que d'un œil », même signification qu'en français ; on dit aussi : طوشان کبی اویومق *tavchan guibi ouyoumaq,* « dormir du sommeil du lièvre ». — اصلا اویقو اویوماز *açla ouïqou ouyoumaz,* « il ne dort plus son sommeil », il est inquiet, agité. — اویور سلیمانه حرمت یوق *ouyour sülëimanè heurmet yoq,* « Salomon endormi n'a plus droit au respect », c.-à-d. : le sommeil rend tous les hommes égaux. — اویور طوشانی قالدرمق *ouyour tavchane qaldermaq,* « faire lever le lièvre endormi », éventer les desseins secrets, comme en français : lever le lièvre.

اویون *euyun,* part, portion ; voir اوین.

اویون *oyoun,* jeu, divertissement ; plaisanterie, badinage ; — ruse, tromperie. — اورته اویونی *orta oyounou,* représentation publique ; théâtre, comédie. — اویون آلمق *oyoun âlmaq,* gagner au jeu. — اویون یاپمق *oyoun yapmaq,* (ou *etmek*) « faire le jeu », c.-à-d. : tromper, duper. — اویون چیقرمق *oyoun tcheqarmaq,* donner une représentation, une pièce de théâtre. — پاره اویونی *para oyounou,* sacrifice d'argent. — جان اویونی *djan oyounou,* sacrifice de la vie, abnégation. — قلیج اویونی *queledj oyounou,* escrime. — اوغلان اویونه بکزر *oghlan oyounenè benzer,* « cela ressemble à un jeu d'enfants », c'est une futilité, une chose frivole, puérile. — اویون ابه سی *oyoun èbèsi,* « accoucheur de jeux », joueur habile, maître en tous les jeux. — چوق اویون بیلور *tchoq oyoun bilir,* « il sait beaucoup de jeux », c'est un habile, un malin. — اویونی سون شیطانك دوستیدر *oyounou sèvèn cheïtaniñ dosteu dur*, qui aime le jeu est ami du diable. — بر اویون كوستر بقایم *bir oyoun gueuster baqaïm*, « voyons, montre un peu ton jeu », fais voir ce que tu sais faire. — اویونجی *oyoundjou*, joueur; danseur; rusé compère, faiseur de dupes. — اویونجیلر باشی دلی عمر در *oyoundjoular bachi dèli 'eumer dur*, « c'est Omar le fou, chef des joueurs », se dit d'un joueur de profession. — اویونجیلرك پیری شیطاندر *oyoundjoulareñ piri cheïtan dur*, le diable est le patron des joueurs. — اویون *euyun*, portion; voir اوین.

اویونجاق *oyoundjaq*, (dimin. de اویون) petit jeu; jouet d'enfant; — badinage, frivolité. — اویونجاقیلر *oyoundjaqdjelar*, « les baladins », quartier et bazar de Constantinople, nommé aussi « bazar du Diable, » شیطان چارسوسی.

اویوندی *ouyoundou*, (var. اویونتی) 1° qui suit et imite; sectateur, assistant, disciple. — 2° parasite (peu usité en ce sens; on dit plutôt طالقاوق). — Cf. اویق. — 3° pauvre diable, niais; paresseux. Cf. اویومق dormir.

آه *âh*, interj. 1° ah! hélas! — آه چكمك *âh tchekmek*, soupirer, se plaindre, maudire. — آهه كلمك *âhè guelmek*, être l'objet des plaintes, des malédictions (de la part des opprimés). — 2° eh! très-bien! parfait!

آهار *âhar*, empois, vernis; voir آخار.

اهتمام *ihtimam*, (ar.) zèle, soin assidu, application. — اهتمام تام ایله *ihtimami tamm ilè*, avec le plus grand soin. — avec *etmek*, s'appliquer, donner tous ses soins, faire ses efforts.

اهل *èhl*, (ar. possesseur, maître, capable de, etc.) 1° femme, épouse; famille. — اهلم *èhlim*, ma femme. — اهل بیت *èhli beït*, même sens. — اهل وعیال *èhl u 'ayal*, femmes et gens de la maison, famille. — 2° ce mot forme des adjectifs: اهل اسلام *èhli islam*, les Musulmans. — اهل دنیا *èhli dunia*, « les habitants de ce monde », les mortels. — اهل كیف *èhli kief*, les buveurs d'opium ou de hachich. — اهل كیفه اچدرمه قوطونك قاپاغنی *èhli kièfè âtchterma qoutounouñ qapaghène*, n'ouvre pas la boîte à opium devant le *tiriaki* (prov.). — اهل خبره *èhli khebrè*, le

14

peuple prononce fautivement اهل قبله *èhli queblè*, expert, connaisseur. — ديوارجيلرك ايشلريني تفحّص ايچون اهل خبره حكم اولندى, on nomma des experts pour vérifier le travail des maçons. — Autrefois on donnait particulièrement le nom de *èhli khebrè* à des matrones, logées dans le voisinage de *Essir-bazar*, « marché des esclaves ». Elles étaient chargées d'examiner, à la demande des acheteurs, les filles esclaves mises en vente et de constater si ces esclaves étaient exemptes de défauts.

اهليت *èhliet*, (ar.) capacité, habilitation des esclaves. Cf. D'OHSSON, *Tableau*, t. VI, p. 18.

اهمال *ihmal*, (ar.) négligence, incurie, défaut de soins. — avec *etmek*, négliger, etc. — Prov. : اهمالك هر كون ضرری چكلور *ihmalíñ her gun zararē tchèkilir*, on porte chaque jour la peine de sa négligence.

آهنك *âhenk*, (du persan, accord, musique, instrument de musique) 1° آهنك ايتمك *âhenk etmek*, amuser, divertir en faisant de la musique. — 2° accorder un instrument de musique. — آهنكسز *âhenksez*, désaccordé, faux (instrument); mauvais, fade, insipide.

آهو طوتى *âhou toutou*, espèce de mure jaune, nommée aussi آغاج چيلكى *fraise d'arbre*; c'est une variété de l'arbousier.

آى *âi*, 1° lune, mois. — آى يلديز *âi yeldez*, « le croissant et l'étoile », armes de l'empire ottoman. — سنجاغك آيى *sandjiagheñ âye*, croissant qui surmonte le drapeau turc. — آى كبي *âi guibi*, d'une beauté égale à celle de la lune. — آى آغيلى *âi âghelē*, halo de la lune. — آيڭ اون دردى *âyeñ ôn deurdē*, le quatorzième jour de la lune, au fig. beauté accomplie. — آى ايشيغى *âi icheghe*, clair de lune (comme ايدينلق). — آى بالطه *âi balta*, hachette, petite hache d'arme. — آى تيور *âi demir*, rabot de menuisier. — آى چيچكى *âi tchitcheyi*, héliotrope. — آى طوغدى *âi doghdē*, nouvelle lune, premier croissant de la lune. — آى طوتولمه سى *âi toutoulmase*, éclipse de lune. — آى باصمق *âi baçmaq* ou *toutmaq*, devenir lunatique. — آى باشى *âi bache*, le premier du mois, règles, menstrues ; avec *gueurmek*, avoir ses règles. — Prov. : آى كوردكسه بيرام

ایت *âï gueurdunsè baïram it,* si tu as vu (le croissant) de la lune, célèbre le baïram. — آی طوغوشندن انسان یوریشندن بللودر *âï doghouchenden insan yurichunden belli dir,* on connaît la lune à son lever et l'homme à son pas. — 2° mois, appointement mensuel. — اوچ آیلر *utch âïlar,* les trois mois sacrés, nommés aussi *namaz âïlare,* mois de prière. — آی صوکی *âï çoñe,* le dernier jour du mois (en arabe سلخ). — آی آیدینی *âï aydene,* clair de lune. — کوزلر آیدین *gueuzler ayden,* expression usitée pour annoncer une bonne nouvelle, « que tes yeux soient brillants ! » — بیرام آیی میسن *baïram âye misin,* « es-tu la lune du baïram ? » compliment adressé à une personne qui fait visite. — هواده آیی قوجمق ایستر *havadè âye qodjamaq ister,* « il veut embrasser la lune dans le ciel », prendre la lune avec les dents. — آی دده‌نك اوداسنده مسافر او *âï dèdèniñ odasindè mussafir olmaq,* « loger dans la chambre du grand-père de la lune », c.-à-d. : à la belle étoile. — شونی طولو آیده ویریم *chouñe dolou âïdè verèïm,* « je vous le donnerai à la pleine lune », c.-à-d. : jamais, n'y comptez pas. — آیلر کور

کچر *âïlar guèlir guètcher,* « les lunes (les mois) viennent et s'en vont »; tout passe, tout change.

آی *âï,* interj. 1° oh ! eh ! comme وای; particule d'étonnement et d'admonition — elle précède le vocatif comme آ. — آی بابام *âï babam,* ô mon père. — 2° prononcé *ëï,* quoi ? qu'y a-t-il ? — c'est bien, c'est assez. — eh ! la bas, eh ! un tel ! (comme *yahou,* یاهو.)

آیا *âya,* le creux de la main ; la plante du pied ; — on écrit aussi آیه. — آیالو *âyalu,* pied plat.

ایا *aya,* transcription du féminin grec ἁγία, *sainte ;* précède plusieurs noms de monuments ou de localités, comme *Aya Sofia,* sainte Sophie, *Aya çolouq,* Éphèse, etc. Voir au *Dictionnaire géographique.*

ایات *ayat,* orthogr. et prononciation fautives de l'ar. حیات *hayat,* cour, vestibule.

آیارمق *âyarmaq,* s'égarer, perdre son chemin, faire fausse route. — آیارتمق *âyartmaq,* 1° égarer, mener dans une fausse voie, tromper, séduire. — 2° conduire un journalier à l'ouvrage. — آیاردلمق *âyaredelmaq*, être trompé, égaré.

آیــاز *âyaz*, clair, serein (temps), nuit de clair de lune et de gelée. — آیازلق *âyazleq*, même sens. — آیازلامق *âyazlamaq*, attendre, se morfondre par une nuit claire et froide. — آیازلنمق *âyazlanmaq*, rester, attendre pendant une nuit froide, — être froide et claire (la nuit).

ایازل *ayazel*, abréviation turque de l'arabe خیــال ظــلّ *khayali zell*, marionnettes, ombres chinoises. — ایــازلجی *ayazeldje*, montreur de marionnettes.

آیــازمه *âyazma*, du grec ἁγίασμα, fontaine, source à laquelle on attribue une vertu miraculeuse, chez les chrétiens de l'empire ottoman.

آیاس *âyas*; voir آیاز.

آیاق *âyaq*, 1° pied, base, partie inférieure, fondement. — اسكمله آیاغی *iskemlè âyaghe*, pied de chaise; — دیرك آیاغی *direk âyaghe*, base d'un pilier. — دیوار آیاغی *douvar âyaghe*, pied du mur, fondation. — چایك آیاغی *tchayeñ âyaghe*, fond du puits; *au fig.* fond d'une affaire. — نردبان آیاغی *merdiven âyaghe*, échelon, degré. — 2° mesure de 12 doigts, la moitié de l'*archen*. — آت آیاغی *ât âyaghe*, allure du cheval. — باشدن آیاغه *bachtan âyagha*, de la tête aux pieds, du commencement à la fin. — اوك آیاق *euñ âyaq*, pied de devant. — آرد آیاق *ârd âyaq*, pied de derrière. — خروس آیاغی *khoros âyaghe*, « pied de coq », tire-bouchon, espèce de vrille. — آیاغی اوغورلو *âyaghe oughourlou*, qui arrive bien, de bon augure. — آیاقدن *âyaqtan*, au pied levé, aussitôt. — آیاق پاتردیسی *âyaq paterdese*, bruit de pas. — آیاق تری *âyaq tère*, salaire, honoraires (du médecin). — آیاق دیوانی *âyaq divane*, conseil extraordinaire, grand divan de l'Empire. — آیاق طاشی *âyaq tache*, tuf. — آیاق طاقی *âyaq taqeme*, populace, lie du peuple. — آیاق قابی *âyaq qabe*, chaussure, pantoufle; fille publique. — صاغ آیاق قابی دكل *çagh âyaq qabe deïl*, « il n'a pas de bonnes pantoufles », se dit d'un homme fourbe, méchant. — آیاق یوزی *âyaq yuzu*, dessus du pied, cou-de-pied. — آیاق یولی *âyaq yole*, latrines. — آیاق باصمق *âyaq baçmaq*, fouler aux pieds, être solide, s'obstiner. — آیاق سوریمك *âyaq surumek*, traîner le pied, rallentir, retarder. — آیاق آلـمـق *âyaq âlmaq*, apprendre le pas, s'exercer à la marche militaire. — بر آیاغی مزارده *bir âyaghe mizardè*, avoir un pied dans la tombe. — آیاق شـاشمق *âyaq chachmaq*, perdre pied, s'égarer. — آیاقده اولمق *âyaqta olmaq* et آیاغـه قالقمق *âyagha qalqmaq*, se révolter. — سوز آیاغه دوشمك *seuz âyagha duchmek*, tomber dans l'anarchie, la confusion. — آیاقده طورمق *âyaqta dourmaq*, rester debout. — آیاغه طولاشمق *âyagha dolachmaq*, retarder, empêcher. — آیاق صویه ایرمك *âyaq çouyè irmek*, être sur la piste, se douter d'une chose. — هنوز آیاغی صویه ایردی *hènouz âyaghe çouyè irdi*, c'est à peine si son pied est entré dans l'eau (il est sans expérience). — آیاغیله كلنه اولوم اولمز *âyaghe-èla guèlènè eulum olmaz*, « on ne tue pas celui qui se rend volontairement » (prov.). — آیاق التی یول *âyaq alte yol*, route fréquentée. — آیاق تجارلغی *âyaq tudjarleghe*, commerce ambulant, métier de gagne-petit. — آیاقلو *âyaqlu*, qui a des pieds mobiles, monté sur pied, verre ou coupe à pied. — آیاقلو كتبخانه *âyaqlu kutubhanè*, « bibliothèque ambulante », puits de science. — درت آیاقلو *deurt âyaqlu*, quadrupède. — ال آیاق اوزره *el âyaq uzrè*, (marcher) à quatre pattes, à la façon des quadrupèdes. — آیاقداش *âyaqdach*, compagnon de route, camarade. — On dit en proverbe d'un objet perdu qu'on recherche. — قنادی یوق كه اوچه آیاغی یوق كه قاچه *qanade yoq ki outcha âyaghe yoq ki qatcha*, il n'a ni ailes pour voler, ni pieds pour s'enfuir. — آیاق نایبی *âyaq naïbi*; on nommait ainsi, sous l'ancienne administration, le substitut du juge de Constantinople (*istambol qadiçi*); ce magistrat remplissait les fonctions du *Mouhtesib* chez les Arabes. Deux ou trois fois par semaine, il faisait sa ronde par la ville, inspectant les marchés, vérifiant les mesures, la qualité des denrées, etc. Il marchait suivi d'une escorte de janissaires et de valets, chargés de donner la bastonnade (*falaqa*) aux délinquants. — Aujourd'hui l'*âyaq naïbi* est une sorte de lieutenant civil dont l'office consiste à faire le résumé des causes devant le qadi qui prononce la sentence.

آیاقلامق *âyaqlamaq*, faire des pas, marcher, fouler aux pieds. — آیاقلانمق *âyaqlanmaq*, se lever, se révolter; se souléver. — آیاقلاندرمق *ayaqlander-maq*; exciter à la révolte, soulever.

آیاقلق *ayaqleq*, échasses; — base d'une colonne, piédestal.

ایالت *eyalet*, (de l'ar. ولی) gouvernement, province. Ce fut sous le règne de Mourad III, dans la seconde moitié du XVIᵉ siècle, que l'empire fut divisé en *eyalets*, comprenant plusieurs *livas*, etc. Cette division administrative s'est maintenue avec quelques modifications jusqu'en 1864. Depuis cette époque, la Turquie est partagée en vingt-sept *vilayets* ولایت, comprenant cent vingt-trois *livas*. C'est un essai de décentralisation dont il est difficile d'apprécier jusqu'à présent les avantages. — ایالات ممتازه *eyalati moumtazè*, états tributaires de la Turquie. — ایالت مدیری *eyalet mudiri*, maire. — بر ایالتك مدیر ثانیسی *bir eyaletiñ mudiri çanisi*, l'adjoint du maire. — ایالت مدیرلکی *eyalet mudirliyi*, mairie. Cf. مختار et كهیا.

ایام *èyyam* (pl. ar. de یوم *yèvm* jour); — prononcé *èyam*, adj. beau (temps), favorable (saison). — بوكون هوا ایامدر *bou gun hava èyamdir*, aujourd'hui le temps est beau. —

ایام هوادە یولە چیقمق *èyam havada yolè tcheqmaq*, se mettre en route par un temps favorable. — ایام رئیسی *èyam reïsi*, vaurien, mauvais sujet, vagabond.

ایپ *èp*, pensée, réflexion, souvenir; expérience (ne pas confondre ce mot avec ایپ *ip*, corde). — ایپله‌مك *èplemek*, prononç. vulg. et fautive *iplemek*, penser, réfléchir; considérer; s'instruire par l'exemple d'autrui. — ایپسز چاپسز *èpsez çapsez*, sans réflexion, ni jugement, étourdi, distrait.

ایبك *ibik*, crête; voir le mot suivant.

ایبیك, ایپك *ibik* et *ipik*, (var. ایك, ایپك) crête, huppe. — coiffure en forme de panache, aigrette. — surnom de l'oiseau nommé aussi چاوش قوشی *tchaouch qouchou*, c.-à-d. la huppe. — خروس ایبیكی *khoros ibiyi*, 1° crête de coq. — 2° amaranthe, dont les principales variétés sont : بوستان افروز *bostan efrouz*, « la splendeur du jardin »; سلطان بورگی *sultan burgu*, « le bonnet du sultan »; بك بورگی *bey burgu*, « le bonnet du bey ».

ایپ *ip*, corde. — Il faut distinguer entre les diverses espèces de cordes : celles qui servent de câble se nomment خلاط *khalat;* les câbles de fer غومنه *ghomèna;* les cordes moins grosses que le câble, celles qui servent aux funambules, sont appelées اورغان *ourghan*. — La corde de chanvre est dite قنب *qounneb*, la corde fine سجيم *sidjim*. — ايلك *iplik* est le nom du fil en général; le fil blanchi qui sert à la couture est nommé تيره *tirè*, le fil d'archal تل *tel*, etc. — چرپی ایپی *tchirpi ipi*, cordeau de tailleur et de charpentier; — fil à plomb des constructeurs et charpentiers; cf. شاقول. — 2° Supplice de la corde, potence. — ایپه کلمك *ipè guelmek*, être pendu. — ایپنی سوریان *ipini surièn*, « qui traîne sa corde » et ایپدن قاچغین *ipten qatchghen*, échappé de potence, pendard. — ایپدن قوشاق *ipten qochaq*, pauvreté, renoncement, état de derviche. — ایپ ایپ الله *ip ip allah*, même sens. — ایپ پاره‌سی ویرمك *ip parasè vèrmek*, repousser le malheur, se prémunir contre un accident. — ایپسز چاپسز *ipsiz çapsèz*, sans feu ni lieu, inconnu, vagabond. — ایپی چاپی یوق *ipi çapè yoq*, il n'a ni rime ni raison; on ne sait par quel bout le prendre. — ایپی قیرمق *ipi qèrmaq*, « rompre la paille », se brouiller, se désunir. — ایپه دیزمك *ipè dizmek*, mettre en ligne, en ordre, arranger; aligner des rimes, faire des vers. — ایپ اوجی *ip oudjou*, « bout de corde », moyen, expédient, chose qui donne prise. On dit d'un homme habile et souple : ایپ اوجی ویرمز مالقوج اوغلیدر *ip oudjou vèrmez malqoudj oghloudour*, il ne donne aucune prise sur lui, c'est un finaud. — قومشو ایپیله قویویه اینلمز *qomchou ipi-ilè qouyouyè inilmez*, « on ne descend pas (le seau) dans le puits avec la corde du voisin ».

ایپك *ipek*, soie. — خام ایپك *kham ipek*, soie écrue. — قامچی ایپك *qamtchi ipek*, soie de qualité très-ordinaire. — آق ایپك *âq ipek*, soie cuite. — ایپك قوزه‌سی *ipek qouzasè*, cocon (on écrit aussi غوزه). — Prov. آلدك ایپك صاتدك ایپك *âldun ipek çattun ipek*, « tu as acheté de la soie, tu as vendu de la soie »; tu n'as fait qu'échanger ton argent sans aucun profit. — ایپك کبی خاتون *ipek guibi khatoun*, dame honnête et d'une conduite irréprochable. — ایپك شرابی *ipek charabè*, sirop de mûre, nommé aussi en arabe شراب حریر « sirop de soie ». —

اپك چیچکی *ipek tchitcheyi*, « fleur de soie », synonyme de *semiz ot*, « herbe grasse », portulaque. — Prov.: هپ بر ایپك قماشدر *hèp bir ipek qomachedur*, « c'est tout étoffe de même soie », c'est tout un.

ایپلەمك *iplèmek*, corder, attacher avec une corde, ficeler. Cf. ایپ.

ایپلیجك *iplidjik*, dragonneau ou ver de Médine, *filaria medinensis* (litt. petit fil; cf. ایپلیك). — En arabe, cette maladie est nommée عرق مدنی, et en persan رشته. Voir ایپ.

ایپلیك *iplik*, fil, mais surtout fil de lin. — یوك ایپلیكی *yuñ ipliyi*, fil de laine; پنبوق ایپلیكی *pambouq ipliyi*, fil de coton. — ایپلیك بز *iplik bez*, toile de fil. — ایپلیك ایپلیك *iplik iplik*, gras, charnu. — ایپلیكلو آت *iplikli ât*, cheval gras, bien nourri. — ایپلیك پنیری *iplik peïniri*, espèce de fromage gras. — پنبوق ایپلیكی ایله باغلامـق *pambouq ipliyi-ilè baghlamaq*, « attacher avec un fil de coton », échouer dans ses projets, tenter une chose inutile; agir à l'aveuglette et sans réflexion. — ایپلیكخانه *iplik-hanè*, prison, maison de détention où les prisonniers sont employés à des travaux de corderie. —

ایپلیكلنمك *ipliklenmek*, être tordu, tourné en fil.

ایت *it*, chien, et surtout le chien errant, sauvage, sans maître; *au fig.* homme d'un caractère hargneux et querelleur (ایت جانلو آدم). — Il faut distinguer entre les différentes espèces de chiens: le chien de berger est nommé چومار *tchomar*; le chien de chasse زغار *zaghar*; le chien de maison كوپك *keupek* ou *fino*; le chien courant تازی *tazi*; le bouledogue صكسون *çamsoun*. — Le petit du chien est nommé انك *ènik*. — Prov.; ایت اورر كروان كچر *it urer kervan guètcher*, « le chien aboie, la caravane passe ». — ایت اوغلی ایت *it oghlou it*, (comme *keup-oghlou keupek*) « chien, fils de chien »! injure très-ignominieuse. — ایت اوزمی *it uzumu*, morelle, vigne de Judée ou vigne sauvage, ar. عنب الذئب « raisin de renard ». — ایت بالغی *it baleghe*, requin; roussette. — ایت بورونی *it bourounou*, « nez de chien », lupin sauvage. — ایت خیاری *it kheyare*, coloquinte. — ایت یاغی *it yataghe*, chenil. — ایت درنكی *it dirneyi*, « assemblée de chiens », réunion tumultueuse d'où sortent des cris discordants. — ايت ديرسكى *it dirseyi*, bouton, apostème à l'œil, orgelet. — ايت سوريسى *it surusu*, « troupe de chiens », foule tumultueuse, cohue. — ايت نشانى *it nichani*, « signe de chien », marque au pied du cheval. — ايت ييلى *it yili*, « l'année du chien », la onzième du cycle tartare. — ايتلك *itlik*, paillardise, lubricité, mœurs déréglées. — بو ديارده ايت كزمز *bou diardè it guezmez*, « les chiens même ne se promènent pas ici », il n'y a âme qui vive.

ايتسه ايتسه *etsè etsè*, (du verbe ايتمك faire) tout au plus ; tout juste.

آيتلامق *âyetlamaq*, trier, émonder, nettoyer (le riz, etc.). — ébrancher, effeuiller. Cf. آيرتلامق.

آيتلو *âyetlu*, (de l'arabe آية verset du Koran) — qui renferme des versets. — آيتلو آلتون *âyetlu âltoun*, pièce d'or sur laquelle se trouvent des passages du Koran ; — ancienne monnaie d'or, dinars du temps des Khalifes, que les femmes turques portent en collier de tête et de cou.

ايتمك *etmek*, (prim. *itmek*) 1° faire, agir, façonner, par ex. : كندى ايتدى ايتديكنى بولدى *kendi etti ettiyini boul-* *dou* ; c'est lui même qui a fait (la faute) et il a trouvé la punition de sa conduite. — دلكى پوستندن كورك ايدرلر *tilki poustinden kurk ederler*, « on fait une pelisse de la peau du renard » (prov.). — 2° Ce verbe employé comme auxiliaire après les noms d'action et les substantifs arabes et persans forme des verbes composés : اشارت ا *icharet etmek*, faire signe. — بر باد ا *ber bad etmek*, jeter au vent, détruire. — ايده بلمك *edè bilmek*, pouvoir faire ; ايده يازمق *edè yazmaq*, être sur le point de faire. — ايده كورمك *edè gueurmek*, chercher à faire, persister à faire. — ايديويرمك *edèvèrmek*, faire sur le champ, sans hésitation. — ايتسه ايتسه *etsè etsè*, tout au plus, au maximum. — ايتسه ايتسه يكرمى غروش ايدر *etsè etsè yirmi ghourouch èder*, cela fait tout au plus vingt piastres. — Pour les divers modes et temps ; voir la *Grammaire*. — trans. ايتدرمك *ettirmek*, faire faire, ordonner, laisser faire. — دعا ايتدرمك *dou'a ettirmek*, faire prier. — récipr. ايدشمك *edichmek* ; وداع ايدشمك *vidaa edichmek*, se faire mutuellement des adieux. — pass. ايدلمك *edilmek* ; اكرام ايدلمك *ikram edilmek*, être honoré ; اتهام ايدلمك

itham edilmek, être soupçonné ; cette forme du verbe *etmek* peut se substituer à *olmaq* et *olounmaq*. — réfl. ایدنمك *edenmek*, se faire, prendre pour soi, acquérir. — دوست ایدنمك *dost edenmek*, se faire un ami (ou des amis). — خوی ایدنمك *khoui edenmek*, se faire une habitude. — Comme en français, *etmek*, « faire » a quelquefois le sens de « être égal à » ou « valoir », p. ex. : بش ایله بش اون ایدر *bech ile bech ôn eder*, cinq et cinq font dix.

ایتمك *eïtmek*, (turc or. آیتماق *aytmaq*) dire, parler, réciter. Ce verbe qui se confond par l'orthographe avec l'auxiliaire *etmek* « faire », n'est plus usité aujourd'hui. On le remplace par دیمك *dèmek*, سویله‌مك *seuïlèmek*, etc.

ایتمك *itmek*, pousser, faire avancer ; — ficher, planter en terre ; — *au fig.* fixer dans l'esprit, rappeler, remémorer. — ایتشمك *itichmek*, se pousser réciproquement et, *par dériv.* se disputer, se quereller. — ایتی ویرمك *iti vèrmek*, pousser, culbuter, bousculer.

ایتمك *itmek*, (mieux *yitmek*) perdre, égarer. Cf. یتمك.

ایتی *iti*, 1° tranchant, acéré, aigu, coupant ; s'emploie au propre et au figuré ; par ex. : ایتی قلیج *iti qeledj*, sabre tranchant. — ایتی آدم *iti âdam*, homme insolent, mordant. — ایتی سوز *iti seuz*, parole piquante, raillerie, reproches. — ایتیله‌مك *itilèmek*, rendre acéré, coupant ; aiguiser une lame. Cf. ایتمك. — 2° *yiti*, aigre, âpre ; voir آكتی.

ایتیمك *itimek*, être tranchant, acéré, aigu (cf. ایتی). — *pass.* ایتیلمك *itilmek*, être ou devenir tranchant, etc. (en parlant des instruments.)

ایچ *itch*, 1° l'intérieur, le milieu, le creux. — اوطه ایچی *oda itchi*, l'intérieur de la chambre. — ساعت ایچی *sa'at itchi*, l'intérieur, les ressorts de la montre. — 2° le cœur, la poitrine. — ایچ صیقلمق *itch çeqelmaq*, être ennuyé, oppressé. — ایچ قالقمق *itch qalqmaq*, avoir le cœur soulevé. — 3° la moelle, l'intérieur du fruit. — جوز ایچی *djèviz itchi*, la chair de la noix. — بادم ایچی *badèm itchi*, l'intérieur de l'amande. — اتمك ایچی *ékmek itchi*, la mie du pain. — قاون ایچی *qavoun itchi*, « intérieur de melon » ; *au fig.* jaune foncé. — ایچ آغریسی *itch âghreçe*, dyssenterie. — ايچ ياغى *itch yaghe,* graisse qui entoure les reins et les intestins. — ايچ آغاسى *itch âghase,* l'agha de l'intérieur; voir آغا. — ايچ اوغلان *itch oghlan,* page destiné au service de la maison du sultan. L'école des pages était autrefois à Galata. — ايچ اديك *itch-èdik,* prononciation vulg. *tchédik,* (چديك) bottines molles que l'on chausse à l'intérieur des babouches ou galoches. — ايچ اوطه *itch oda,* l'intérieur du harem, l'appartement le plus retiré. — ايچ طوڭى *itch doñe,* espèce de caleçon ou de culotte écourtée. — ايچ قابوق *itch qabouq,* peau qui recouvre le fruit par-dessous l'écorce. — ايچ قلعه *itch qala'a,* ouvrages intérieurs d'une forteresse, le cœur de la place. — ايچ قور او چقور *itchqour,* pour coulisse de pantalon. (Voyez ce mot.) — ايچ كويكى *itch guvèyu,* gendre qui habite et vit chez les parents de sa femme. — ايچ كوئلكى *itch gueumlèyi,* « chemise intérieure », *au fig.* confident, ami, intime; quelquefois aussi « boissons réchauffantes ». — ايچ يلكى *itch yèlèyi* (ou *itchlik*), gilet de dessous, vêtement intérieur. — ايچ يوزى *itch yuzu,* l'intérieur, le fond d'une chose, d'une question. — خلق ايچنده *khalq itchindè,* parmi les gens, dans le public. — ايچ ايچه *itch itchè,* enchevêtré, embrouillé. — pris comme adverbe de temps et de lieu : بش كون ايچنده *bech gun itchindè,* en cinq jours. — شهر ايچنده *chèhir itchindè,* dans la ville. — طوله قوزى ايچى *dolma qouzou itchi,* poitrine de mouton farcie.

ايچرو *itchèri,* (var. ايچره, plus rare ايچرى) formé du mot ايچ *itch,* « intérieur » et du suffixe *ru* qui forme des adverbes de lieu, comme ايلرو, يوقارو, etc. : dans, dedans, à l'intérieur. — ايچريسى *itchèriçi,* l'intérieur, le cœur, le fond de la pensée. — ايچرو كل *itchèri guel,* entre ! — ايچرو آلمق *itchèri âlmaq,* agréer, approuver, trouver convenable.

ايچره *itchèrè;* voir le mot précédent.

ايچكى *itchki,* (moins correct, ايچقى *itchqe,* du verbe ايچمك) boisson, surtout boisson fermentée, vin, liqueur. — D'où ايچكجى *itchkidji,* buveur, ivrogne (peu usité).

ايچكيل *itchguîl,* ressentiment, haine cachée, rancune intérieure. Cf. ايچ et ايچلو).

ايچلو *itchlu,* 1° qui a du cœur. —

2° qui conserve un ressentiment caché; haineux. Cf. ايچكيل.

ايچمك *itchmek*, boire (cf. ايچ *itch*, « intérieur, prendre à l'intérieur »); — boire avec excès, s'enivrer. — consommer, absorber (comme la terre absorbe la pluie). — توتون ايچمك *tutun itchmek*, fumer du tabac. — آند ايچمك *ând itchmek*, jurer, se lier par serment, ce qui faisait autrefois chez les Tartares en vidant plusieurs coupes. — قان ايچمك *qan itchmek*, « boire le sang », se venger, exercer des représailles. — *Trans.* ايچرمك *itchirmek*, faire boire, enivrer; — humecter, arroser, imbiber d'eau. — *Prov.*: ايچ ديديلرسه چشمه‌ڭى قوروت ديمديلر يا *itch dédilèrsè tchèchmèyi qourout démédiler ya*, « on t'a dit de boire, mais non pas de tarir la fontaine ». — ايچدڭ اوزوم صوينى دوكدڭ يوزڭ صوينى *itchdiñ uzum çouïenè deukdiñ yuzuñ çouïenè*, tu as bu le jus du raisin et tu t'es déshonoré (litt.: « tu as versé l'eau du visage », comme en pers. آبروى). — *pass.* ايچلمك *itchilmek*, être bu. — ايچلەجك *itchilèdjek*, ce qui doit ou peut être bu, quantité à boire; potable. — صغيرجه ايچمك *çeghèrdjè itch-*

mek, « boire comme un bœuf »; nous disons « comme un trou ». — دوه‌جه ايچمك *devèdjè itchmek*, « boire comme un chameau », avec sobriété. — طوينجه ايچمك *doyoundjè itchmek*, boire son saoûl. — صوره صوره ايچمك *çora çora itchmek*, boire en humant, à petits traits.

ايچورمك (var. ايچرمك) *itchirmek*, *trans.* de ايچمك faire boire, abreuver, désaltérer.

ايچون *itchin*, (particule ou postposition qui indique la cause, l'origine, le motif) pour, à cause de, à l'effet de, afin. — مذكور شهر آب و هواسى ايچون مشهور در *mezkiour chèhir âb u havasi itchin mech'hour dir*, cette ville est célèbre par son climat. (On peut écrire aussi هواسيچون.) — Cette particule gouverne le génitif des pronoms اڭك ايچون *onouñ itchin*, pour lui, à cause de cela; بزم ايچون *bizim itchin*, pour nous. — خاطرم ايچون *khaterem itchin*, pour m'être agréable, par obligeance. — نه ايچون *nè itchin*, contracté en نيچون *nitchin*, pourquoi? pour quel motif? — *itchin* peut être précédé du subjonctif. — كلمسون ايچون *guèlmèsin itchin*, « pour qu'il ne vienne pas »; mais, dans ce dernier emploi, ديو *dèyi* est plus usité.

اِچیم *itchim*, (du verbe اِچمك boire) trait, coup, gorgée, lampée. — بر اِچیم صو *bir itchim çou*, une gorgée d'eau. — اِچیملو *itchimli*, buvable, potable (comme اِچمله جك); agréable au goût.

اِخلامق *ekhlamaq*, faire agenouiller le chameau en répétant le cri *ekh ! ekh !* — قورقارم دوه اِخلامز *qorqarem dèvè ekhlamaz*, « je crains que le chameau ne s'agenouille pas », j'ai lieu de tout craindre. — چوبان اوکنه دوه اِخلار کبی اِخلامق *tchoban euñuñè dèvè ekhlar guibi ekhlamaq*, « s'agenouiller comme le chameau s'agenouille devant le pâtre ». Cette locution proverbiale répond au français, « faire le pied de veau ».

اِد *îd*, parfum, fumée, vapeur odoriférante. — اِد آغاجی *îd âghadje*, bois odoriférants tels que l'aloès, le sandal, le calambac, que l'on brûle pour parfumer les appartements. D'après BIANCHI, c'est particulièrement l'*agnus castus*, en arabe فقد *fyqd*. — اِدلو یاغ *îdli yagh*, huile parfumée, essence de rose, eau ambrée ou musquée.

اِدیش *idich*, (var. ایدش) n. d'action du verbe اِتمك faire; n'est guère usité que dans le sens de « préparatifs, apprêts ». — زیارت ایدیشی *zyaret idichi*, se préparer à faire le pèlerinage (de la Mecque).

آیدن *âyden* et آیدینلق *âydenleq*, 1° clarté, lumière, éclat (de la lune, du jour); on dit en proverbe : آی ایدین حساب بللو *âi ayden hissab belli*, « la lune est brillante et le compte certain », c.-à-d. : c'est clair comme le jour. — 2° lucarne, ouverture pour donner du jour. — 3° lumière spirituelle, inspiration mystique, manifestation de la vérité suprême dans le cœur du Soufi.

اِیر *er*, (var. ار, یر) chant, chanson, air. — ایرلامق *erlamaq*, (var. ارلامق, یرلامق) chanter, chantonner, dire une chanson (*charqe*). — ایرلایجی *erlaïdji*, (avec les mêmes variantes) chanteur, musicien. — Ceux d'entre les Turcs qui n'aiment pas le musique citent le proverbe : ایرلامق شیطان صنعتیدر *erlamaq cheïtan zenaatidir*, chanter est le métier du diable. — دها یوکسك ایرلا *daha yuksek erla*, « chante plus haut », c.-à-d. : renchéris, offre un prix plus élevé. — سکا ترکیی ایرلارم saña turkuyu erlarem, « je te chanterai une chanson », c.-à-d. : tu n'auras rien, réponse faite à une personne exigeante. ایرلامق اوستادی عشقدر erlamaq oustadé 'achq dur, l'amour est le meilleur maître de chant.

ایر et ایرکن ér, érken, (primit. ir, irken) de bonne heure, de bon matin; promptement. — ایرکنجی érkendji, matinal, qui se lève de bonne heure; — ivrogne. — ایرکن اولن یاکلامامش érken évlénen yañlamamech, qui se marie de bonne heure, ne tombe pas dans l'inconduite. — ایرکن اولنندن دول اولور érken évlénenden doul olour, il y a des veuves même de jeunes maris. — ایرجه (var. ارجه) érdjè, d'assez bonne heure, matinalement.

ایر èyèr, selle, orthographe admise mais fautive; voir ایکر èyèr.

ایر èr, homme; voir ار.

ایراد irad, ar. 1° rente, revenu. — ایراد مملکت iradi memleket, revenus du pays. — ایراد سنوی iradi sènèvi, revenu annuel. — 2° allégation, s'emploie en ce sens surtout au pluriel : ایرادات کاذبه iradati kiazibè, insinuations mensongères.

ایراق iraq, (primit. ایراق) loin, lointain, éloigné. — Prov. : عاشقه بغداد ایراق دکل 'achega baghdad iraq deïl, « pour l'amoureux Baghdad n'est pas loin »; (jeu de mots sur le double sens des mots iraq ایراق et عراق). — ایراقلق iraqleq, éloignement, distance. — قولاقلاردن ایراق qoulaqlarden iraq (ou ouzaq), « que cela soit loin des oreilles! » locution usuelle pour détourner un malheur, une parole de mauvais augure. Cf. اوزاق.

ایراقلنمق et ایراقلاشمق iraqlachmaq, iraqlanmaq, s'éloigner, se séparer. — ایراقلاشدرمق iraqlachtermaq, éloigner, rendre lointain, séparer.

آیران âïran, petit lait écrémé du yoourt (de آیرمق séparer). — آیران دلیسی âïran délisi, « fou de petit lait », sot, niais.

آیرتلامق âyertlamaq, (de آیرت âyert, inusité, choix, séparation) séparer, diviser. — éplucher, émonder; choisir, trier. Cf. آیرمق.

ایرته érté, (var. ارته) le lendemain, le jour d'après. — ایرته یه قالان قضادن قورقمه ertéyé qalan qazaden qorqma, ne t'inquiète pas du sort réservé au lendemain. — جمعه ارته سی djumaa er-

tési, « le lendemain du vendredi », le samedi. — بازار ايرته‌سى *pazar értési*, le lundi. — ايرته‌سى كون *értési gun*, le lendemain, le jour suivant. — ايرته‌لمك *értélémek*, attendre le lendemain, retarder d'un jour; arriver (le lendemain); remettre au lendemain.

ايرتى *èïrèti*, emprunt, emprunté, artificiel; voir آكرتى.

ايركج (var. اركج) *irkedj*, 1° stupéfait, immobile d'effroi (homme ou animal). Cf. ايركك. — 2° bouc, chevreau, synonyme de تكَ.

ايركمك *irkmek*, (var. ايركيمك *irkimek*) s'accumuler, s'entasser; être stagnant. — ايركلمك *irkilmek*, 1° devenir croupissant et infect (amas d'eau). — 2° être épouvanté, pétrifié, synonyme de ايركلوب طورمق.

ايركن *èrken*, de bonne heure; voir اير.

ايركندى *irkindi*, amas d'eau stagnante; mare, flaque d'eau croupissante; voir ايركك.

ايركورمك *irgueurmek*, faire parvenir, amener, causer; voir ايرمك *irmek*.

ايركين *érguîn*, (primit. *irguîn*) arrivé à maturité, mûr; — pubère; voir le verbe ايرمك.

ايرم *eïrim*, (var. ايريم) coussinet, housse en feutre qu'on met sous la selle.

ايسرم *irim*, distance qu'un objet peut atteindre, portée d'une arme; كوز ايرمى *gueuz irimi*, portée de la vue; voir ايرمك.

ايرماق *ermaq*, (var. ارماق, ايرمق) grand cours d'eau qui se jette dans la mer ou dans un lac, fleuve; les petites rivières sont nommées چاى *tchaï*, les ruisseaux صو *çou* et les torrents qui ne coulent que pendant la saison des pluies دره *dèrèh*. Voir au *Dict. géogr.* les mots قزيل ايرماق — يشيل ايرماق etc. — ايرماق يلديزى *ermaq yęldize*, la constellation nommée *Eridan*, située dans l'hémisphère austral. — Prov. : چوق سيل اولو ايرماغى بولاندرر *tchoq seïl oulou ęrmaghę boulandurur*, « beaucoup de torrents troublent les grands fleuves », c.-à-d. : les ennemis faibles, mais nombreux sont un danger pour les gens puissants et haut placés.

آيرمق *âyęrmaq*, séparer, disjoindre — choisir, mettre à part. — كوز آيرمامق *gueuz âyermamaq*, avoir les yeux clos, ne pas pouvoir séparer les paupières. — آيرلمق *âyerelmaq*, être séparé, fendu, désuni, être distingué, éloigné, mis à part. — طوداقلر آيرلمق *doudaqlar âyerelmaq*, avoir les lèvres fendues, desséchées par la soif. — Prov. : سورايكن تيز سومه آيريلر ايكن كج آيريل *sever-iken tèz sevmè âyrelar-iken guetch âyrel*, en aimant, ne te hâte pas d'aimer; en rompant, tarde à rompre. — عاشق ايله معشوق بربرندن آيريلدوغى وقت *aacheq èla maachouq birbirinden âyereldeghe vaquet*, « à l'heure où les amants se séparent », de bon matin. Cf. ايرى.

ايرمك *érmek*, primit. *irmek*, parvenir, atteindre, joindre, obtenir. — ال ايرمك *èl érmek*, trouver l'occasion, le joint; réussir à quelque entreprise. — عقل ايرمك *'aql érmek*, comprendre. — عقلم ايرميور *'aqlum érmeyor*, je ne comprends pas. — عقل ايرر شى دكل *'aql érer cheï deïl*, c'est une chose incompréhensible. — ايردرمك *érdirmek*, (ايركورمك) faire parvenir, faire joindre. — ايرشمك *érichmek*, arriver, atteindre à un but; grandir, mûrir. —

ايرشدرمك *érichdirmek*, faire parvenir; annoncer, informer.

ايرن *éren, (iren)* lèvre inférieure.

ايرن *irin*, pus; voir ايريك.

آيرو et آيرى *âire*, autre, différent. — adv. séparément. — آيرجه *âiredjè*, à part, en petit comité. — آيرمز غيرمز يوق *âiremez ghairemez yoq*, entre nous pas de cérémonies, litt. « nos intérêts ne sont pas différents ». — آيرولق *âireleq*, séparation, éloignement. — آيرولق چشمه سى *âireleq tchechmèsi*, « fontaine de la séparation », lieu où les pèlerins font leurs adieux à leur famille. — آيرولاشمق *âirelachmaq* et آيرولانمق *âirelanmaq*, se séparer, se mettre à part, s'isoler.

ايرى *iri*, (peut-être de ايرمك croître, se développer) gros, volumineux, épais. — ايريجه *iridjè*, mêmes sens. — ايريلك *irilik*, grosseur, épaisseur, fortes dimensions. — ايريلو اوفاقلو *irilu oufaqlu*, gros et mince; mélangé, mêlé.

ايريش *irich*, 1° trame; voir اريش. — 2° آرابه ايريشى *âraba irichi*, (pour آرشى), timon, essieu de voiture.

آيريق *âireq*, chiendent. — آيريق اوتى *âireq ote*, amourette des prés, fleur du coucou. — طوكز آيريغى *domouz äïreghe*, schœnus, vulgairement *choin*, espèce de jonc qui pousse dans les terrains marécageux. — آيريق چيچكى *äïreq tchitcheyi*, fleur de souchet. — Une variété de chiendent est nommée كوڭك اوتى *kung ote*, « herbe d'égout », ou bien encore مكه صمانى *mekkè çamane*, « paille de la Mecque ».

ايريك *iriñ*, (var. اريك, ايرين, (ارين)) pus, matière purulente. — ايريكلهمك *iriñlèmek*, (avec les mêmes variantes) suppurer, s'amasser (le pus). — چبان ايريكلنمسى *tchiban iriñlenmèsi*, suppuration d'un bouton, d'un ulcère. (Peut-être faut-il rapprocher ce mot de ايركلمك *irkilmek*, croupir, etc.)

ايريم *erîm*, pronostic, divination, consultation de l'avenir au moyen de l'*istikharè*, c.-à-d. : en ouvrant le Koran au hasard, ce qui n'est pas sans analogie avec les *sortes virgilianæ*.

ايز *îz*, 1° trace, vestige, pas. — 2° sentier étroit. — حيوان ايزى *haïvan îzi*, traces de bêtes de somme. — آدم ايزى *âdam îzi*, traces de pas. — آرابه ايزى *âraba îzi*, ornières. — ايزينه باصمق *îzinè baçmaq* ou ايزينه اوىمق *îzinè ouïmaq*, suivre les traces, marcher à la suite, imiter. — ايزينه دونمك *îzinè deunmek*, revenir sur ses pas. — ايزى بلورسز *îzi bilirsiz*, « dont on ignore les traces », perdu, inconnu. — ايزلهمك *îzlèmek*, chercher ou suivre la trace, aller à la poursuite, rechercher, faire une enquête.

ايزاق *izaq*, sentier; voir ايزك.

ايزبه *izbè*, (du slave *yazba*, *yazbina*) cabane, chaumière; huttes, particulièrement celles des cosaques. — ايزبه ير *izbè yèr*, logement délabré et sale, taudis.

ايزك *izèk*, (var. ايزاق *izaq*) sentier étroit, chemin difficile, synon. de پاتكه et de صچان يولى « chemin de souris ».

ايس *îs*, 1° suie, (قونار قوروم) noir de fumée, couleur noire; trace noirâtre laissée par le passage de la fumée. — 2° puanteur, mauvaise odeur. — ايسلهمك *îslèmek*, 1° noircir, encrasser de suie. — 2° avoir une odeur infecte, puer. — 3° dégager l'odeur du *mohallebi* en le remuant avec une grand cueiller. — ايسلنمك *îslenmek*, être noir, encrassé par la fumée et la suie; être enfumé, trouble. — ايس قره‌سى *îs qarase*, tache de suie, noir de fumée.

ايسليك *islik*, sifflet; voir اصليق.

ايسن *içen* ou *için*, chaleur (inusité).

ايسه *içè*, 3ᵉ pers. sing. du suppositif ou conditionnel du verbe inusité ايمك *imek*. — بن ايسهم *ben içèm*, si je suis; — او ايسه *ô içè*, s'il est. — دكل ايسهڭ *sen deïl içèñ*, si tu n'es pas. — اولورسه *oloursa*, quoi qu'il soit; — ايسه ده *içè dè*, même sens. — *içè* sépare les différents sujets de la phrase, avec le sens de *quant à, s'il s'agit de*, etc. — سز ايسه هيچ كورمديڭز *siz içè hitch gueurmèdiñiz*, quant à vous, vous n'avez rien vu (ou rien fait). Voir la Grammaire. Cf. يوقسه et يوخسه.

ايسيلك *içilik*, boutons de chaleur, synon. de اصيرغين.

ايش *ich*, chose, affaire, occupation, travail; emploi. — ايش اري *ich èri* et ايش باشى *ich bachi*, « l'homme de l'affaire », entendu, avisé; — fonctionnaire, maître de l'affaire. — ايشڭ باشى *ichiñ bachi*, la chose principale, le fond de l'affaire; *au fig.* la source du mal. — ايش كوچ *ich gutch*, affaires difficiles, importantes; occupations sérieuses. — ايشلو كوچلو *ichlu gutchlu*, sérieusement occupé, affairé. — ايش كسوتى *ich kisvèti*, « vêtement de travail », espèce de gilet ou jaquette; cf. كوكسلك. — ايش كونى *ich gunu*, jour ouvrable. — ايشه باقق *ichè baqmaq*, s'occuper, travailler. — ايش بتورمك *ich bitirmek*, terminer une affaire, l'arranger. — ايش كورمك *ich gueurmek*, s'occuper, travailler à une affaire. — ايش ياپق *ich yapmaq*, intriguer, cabaler, user de ruse. == expression popul. ايش اوله پادشاهم *ich ola padichahum*, inutile, impossible, mon cher! — ال ايشى *èl ichi*, travail fait à la main, par opposition à چرخ ايشى *tcharkh ichi*, travail fait à la machine. — ايشجى *ichdji*, ouvrier, ouvrière, artisan. — ايشجيلك *ichdjilik*, travail (surtout travail exécuté dans les fabriques et ateliers. — ايشسز *ichsiz*, sans travail, oisif, désœuvré. == ايشسزلك *ichsizlik*, oisiveté, désœuvrement, chômage. — Prov.: ايشى ايشى آچار *ich ichi âtchar*, une affaire en fait naître (ou facilite) une autre. — ايش ال برلكله اولور بتر *ich èl birliyilè olour biter*, les affaires réussissent par le concours des travailleurs (par l'association). — ايشى اربابنه ايشلتملى *ichi erbabinè ichletmèlu*, il faut confier le travail au bon ouvrier. — آدم ايشى *adem ichi*

اولدرر ايش آدمی ديرلدر *âdam ichi euldurur ich âdamẹ dirildur*, l'homme fait mourir (gâte) le travail; le travail fait vivre l'homme. — ايــش ايشدن کچدی *ich ichten guetchdi*, c'en est fait, c'est fini. — ايش اوزرنده بولنمق *ich uzèrindè boulounmaq*, être pris en flagrant délit.

ايش *ich*, (*èch*) arrière-faix, sang épais qui succède à l'accouchement.

ايشتمك *ichitmek*, entendre; voir ايشيتمك.

ايشطين *ẹchtẹn*, lampe de poterie, en forme de gamelle; au milieu se trouve un tube étroit percé de deux trous par où la mèche est alimentée d'huile ou de suif. Placée en sens inverse, cette lampe peut servir de chandelier; c'est exactement ce que les Persans nomment پيه سوز « brûle-graisse ».

ايشقرمق *ẹchqermaq*, siffler, siffloter, gazouiller comme l'oiseau. Cf. اصليق.

ايشقنه *ẹchqenè*, poisson aux écailles noirâtres qui ressemble à l'espèce nommée *merdjan*. Cf. مرجان.

ايشك *èchik*, seuil, porte; voir اشيك *èchik*.

ايشك *èchèk*, âne, rare pour اشك.

ايشلك *ichlik*, (var. ايشليك) qui travaille bien, expéditif, actif. (Cf. ايشلمك et ايش.) — ايشلك يازو *ichlik yazou*, écriture cursive, mais nette et lisible. — ايشلك يول *ichlik yol*, chemin fréquenté. — ايشلك چوبوق *ichlik tchebouq*, pipe bien nettoyée et facile à fumer. — ايشلك آدم *ichlik âdam*, homme expéditif et habile en affaires. — ايشلك قلج *ichlik qelẹdj*, sabre qui coupe bien.

ايشلهمك *ichlèmek*, travailler, faire, agir; être en activité, fonctionner (machine). — être fréquenté (chemin). — travailler à la main (un ouvrage de couture, broderie, gravure). — *au fig.* agir, faire impression, par ex.: سوز ايشلهمك *seuz ichlèmek*, se dit d'un discours qui impressionne, آتش ايشلهمك se dit des progrès de l'incendie, etc. — ايليکه ايشلهمك *ilyïè ichlèmek*, « travailler jusqu'à la moelle », pénétrer profondément, faire une profonde impression. — Le verbe *ichlèmek* s'emploie aussi pour une plaie qui suppure, litt. « qui travaille ». — *trans.*

اِيشْلَتْمَكْ *ichlètmek*, faire travailler, faire façonner (une broderie, un vêtement), employer des ouvriers; — *au fig.* faire suppurer une plaie. — ايشلهمه *ichlèmè*, travail fait à la main (par ex. : broderie, enluminure, gravure). — Prov. : ايشليان تيور ايشيلار ايشلميان پاسلانور قالور *ichlèyèn dèmir echelar ichlèmèyèn paslanur qalur*, le fer qui travaille est brillant, le fer qui ne travaille pas reste rouillé. — ايشلهميش *ichlèmich*, ressentiment, rancune; jalousie.

ايشهمك *ichèmek*, (moins bien اشهمك et ايشمك) uriner, pisser (terme bas et rarement employé; cf. صو قان ايشهمك etc.). — دفع حاجت , دوكك قان ايشهمك *qan ichèmek*, pisser du sang par suite du diabète ou d'une autre maladie ou accident. Cette expression s'emploie ironiquement en parlant d'une fille qui accouche. On disait en vieux français « pisser des os ». — ايشتمك *ichètmek*, faire pisser; *au fig.* inspirer une vive terreur, brusquer, rudoyer. — ايشهمكدن ايش قالمز *ichèmekten ich qalmaz*, rien ne presse plus que de satisfaire un besoin. — مزار اوزرينه ايشهمك *mizar uzerinè ichèmek*, « uriner sur une tombe », commettre un grand crime, un sacrilège odieux.

ايشيتمزلنمك *ichitmezlenmek*, faire la sourde oreille, feindre de ne pas entendre, comme صاغر لغه اورمق. — ايشيتمزلك *ichitmezlik*, surdité feinte (peu usité).

ايشيتمك *ichitmek*, (var. ايشتمك, ايشيتامك اشتمك) entendre, écouter. — *ichitmèmek*, ne pas écouter, désobéir. — ايشيتمزدن كلمك *ichitmèzden guelmek*, faire semblant de ne pas entendre, faire la sourde oreille. — لقردى ايشيتمك *laqerde ichitmek*, écouter; — recevoir des reproches. — قولاق ايشيتمك *qoulaq ichitmek*, entendre; s'ouvrir (l'oreille). — قولاغه كيرمك *qoulagha guirmek*, écouter, obéir. — *trans.* ايشيتدرمك *ichittirmek*, faire entendre, faire sentir, crier à tuer tête. — *pass.* ايشيدلمك *ichidilmek*, être entendu, compris; se répandre, se propager (nouvelle). — ايشيدلمش خبر يوقدر جهانده *ichidilmèmich khaber yoqtour djihandè*, « il n'y a pas de nouvelle qui ne fasse son chemin en ce monde », tout se sait.

ايشيق *echeq*, (var. اشق, ايشق) 1° lumière, clarté, éclat. — موم دينه ايشيق ويرمز *moum dibinè echeq vèr-*

mez, la bougie n'éclaire pas son pied. — آى ايشيغنده جوز سيلكمز *âï echeghendè djèviz silkmez*, on n'abat pas les noix au clair de lune. — بر ايشيق كتور *bir echeq guètir*, apporte une lumière. — 2° éclairé, lumineux, brillant.

ايشيل *echel*, brillant, étincelant. (Cf. ايشيق). Ce mot n'est guère usité que sous forme de répétition dans des phrases telles que كوزلر ايشيل ايشيل باقق *gueuzler echel echel baqmaq*, regarder avec des yeux tout brillants. Cf. پاريل.

ايشيق *echemaq* et ايشيلامق *echelamaq*, briller, luire, resplendir, étinceler. — *trans.* ايشيلاتمق *echelatmaq*, rendre brillant, faire luire ou étinceler (par ex. : les yeux animés par la colère, etc.). Cf. ايشيق.

ايشين *echen*, scintillement de l'éclair, — lueur, clarté qui se montre au loin.

ايصرمق *eçermaq*, mordre; voir اصرمق.

ايغديش ou ايغدش *ighdich*, cheval hongre; voir اكديش *èydich*.

آيغر *âigher*, étalon; *au fig.* homme impétueux, emporté. — صو آيغرى *çou*

âighere, hippopotame. — آيغرلق *âigherleq*, monstruosité; emportement, rudesse, brutalité. — آيغرى *âighere*, (var. آيقرى) monstrueux, féroce; extraordinaire. — آيغرى آت *âighere ât*, cheval marin.

ايغريب *eghrep*, (du grec γρίπος) seine, grand filet qu'on jette dans les viviers; il y en a de plusieurs sortes. — avec *etmek*, embrasser, étreindre, envelopper. — بر ايغريب ايله *bir eghrep ilè*, par un moyen, par un stratagème ou un expédient quelconque.

ايغيل ايغيل *eghel eghel*, bruit de l'eau ou d'un liquide qui coule à pleins bords. Cf. ايقل.

آيق et آييق 1° *âyeq*, dégrisé, qui a retrouvé la raison; intelligent. — آيقلق *âyeqleq*, cessation de l'ivresse, retour à la raison, intelligence. — 2° pour *âyaq*, pied; voir آياق.

آيقرى *âyqere*, monstrueux, énorme, extraordinaire; voir aussi آيغر.

ايقل ايقل *eqel eqel*, onomat. bruit de la respiration oppressée chez les hommes et les animaux. Cf. avec ايغيل qui se dit de l'eau, etc.

ايقلامق *eqlamaq*, respirer avec

peine, avoir la respiration difficile (par suite de la fatigue ou d'une émotion quelconque), être oppressé sous la charge d'un lourd fardeau. — ايقلاتمق *eqlatmaq*, oppresser. — *au fig.* opprimer.

ايقنمق *eqenmaq*, (variante fautive de ايكنمك) respirer avec effort; gémir (comme une femme en mal d'enfant); hâleter (comme une bête de somme fatiguée). — ايقنتى *eqente*, respiration pénible; gémissement d'une femme en couche.

ايك *igh*, (var. ايكى *iyi*) fuseau; broche; essieu. — ايك طاشى *igh tachi*, meule supérieure qui tourne autour de la lanterne ou pivot (la meule de dessous est nommée آلت طاشى *ált tache*). — دكرمن ايكى *deïrmen ighi*, pivot du moulin. — اوق ايكى *oq ighi*, bois ou baguette de la flèche. — تكرلكك ايكى *tekerleyin ighi*, essieu. — ايك قوتوسى *igh qoutousou*, boîte à fuseau. — ايكى چويرمك *ighi tchèvirmek*, tourner le fuseau. — ايك چويرن *igh tchèviren*, « tourne-fuseau », expression familière par laquelle on désigne les femmes. — بو ايش ايكى چريمق دكلدر *bou ich ighi tcherpmaq deïldir*, « c'est autre chose que tourner le fuseau », s'applique à une femme qui se mêle de ce qui ne la regarde pas.

ايك *ik* ou *iy*, odeur, senteur, parfum (peu usité). Cf. ايس et ايد.

ايكا *ika, ikè*; voir ايكه.

ايكت *igit, iyit*, jeune homme; voir يكيت.

ايكتى *iti*, aigre, âpre; voir آكتى.

ايكده *igdè*, d'après la description donnée par le *Lehdjè*, c'est une variété du jujubier à feuille blanche, à fleur jaune et odorante; en pers. سنجد et چوپدانه. — خوشاب ايكدهسى *khochab igdèsi*, jujube pour tisane. — On dit d'un homme qui vit frugalement: ايكده ميوهسيله چرزلنور *igdè meïvèsi-ilè tchèrèzlenur*, « il se contente de jujubes pour dessert ».

ايكدى 1° *yidi*, parasite; voir آكدى. — 2° *ikidi*, dompté, apprivoisé; on écrit aussi آكدى et ايكيدى.

ايكديج et ايكديش *èydich, èydidj*, châtré, coupé. Cf. آكديش.

ايكدين *igdîn*, gâté, pourri (surtout en parlant de l'œuf) et en général, toute chose pourrie et puante.

ایکرتی *iguirti, iyirti,* mugissement, rugissement, cri rauque.

ایکرجین *ighirdjîn,* incertain, irrésolu, hésitant. — ایکرجینلك *ighirdjînlik,* incertitude, hésitation, doutes. — Ce mot est d'un emploi rare.

ایکرمی *iguirmi,* vingt; voir یکرمی.

ایکرنج *igrendj, iyrendj,* (var. ایرنگج *iyrengedj*) dégoût, aversion, répugnance. — ایکرنه ایکرنه *iyrènè iyrènè,* avec dégoût, à contre-cœur; cf. ایکرنمك. — ایکرنجلك *iyrendjlik,* dégoût, aversion.

ایکرنمك *igrenmek, iyrenmek,* avoir du dégoût, de l'aversion, dédaigner. — یمکدن ایکرنمك *yèmèkten iyrenmek,* avoir le dégoût de la nourriture. — دنیانك حالندن ایکرنمك *dunianiñ halinden iyrenmek,* être las des choses d'ici bas. — ایکرنه جك *iyrènèdjek,* chose dégoûtante, répugnante, ignoble.

ایکرهمك *igrèmek,* beugler, mugir (comme le veau); ce mot indique un cri moins fort que ایکرتی. — کومرمك *igrèti,* beuglement, mugissement. — ایکریك *igrik,* beuglant, mugissant.

ایکریك *igrik,* conduite d'eau, canal; voir آکریك.

ایکریم *igrim,* coussinet de feutre; voir آکریم.

ایکلدی *iñildi, iñilti,* gémissement, plainte, lamentation; voir le mot suivant. — écho, repercussion du son. — ایکلدیلو *iñildili,* qui a de l'écho; retentissant, sonore (voûte, caverne, etc.).

ایکلمك *iñlèmek,* gémir, se plaindre, se lamenter. Ce verbe paraît être formé d'un radical ایکیز این ایك *iñ* ou *iñiz,* « plainte, gémissement », mot qui n'est plus en usage. — *iñlèmek* se dit du gémissement chez l'homme; pour les animaux on se sert de préférence du verbe سینله مك *sinlèmek.* — trans. ایکلتمك *iñlètmek,* faire gémir, faire plaindre ou lamenter. — faire retentir l'écho.

ایکن *ikèn,* étant, pendant qu'on est, tout en étant. Sur les nuances et la valeur de ce gérondif du verbe inusité ایك *imek,* voir la *Grammaire.*

ایکندی *ikindi,* la prière et le temps de la prière entre midi et le coucher du soleil. Ce mot paraît être la traduction de l'ar. عصر ثانی « la seconde moitié de l'açr. »; *ikindi* est la seconde moitié du midi ou l'après-midi jusqu'au coucher du soleil. — اِیکندی اذانی *ikindi èzani*, annonce de la prière de l'après-midi. Cf. اِنلِدور. — Prov.: اِیکندیدن صڭره دكان آچمق *ikindiden çoñra dukkian âtchmaq*, « ouvrir boutique l'après-midi », ne pas faire une chose en son temps.

اِیکنمك; voir اِیغنمق. — *iguenmek*, être en mal d'enfant. Ce mot est hors d'usage.

اِیکنه *iynè*, aiguille, aiguillon, dard; épine. — طوپلو اِیکنه *toplou iynè*, épingle. — دِیکیش اِیکنه‌سی *dikich iynèsi*, aiguille à coudre. — Il y a différentes sortes d'aiguilles, comme پول اِیکنه‌سی *poul iynèsi*, l'aiguille à paillettes; یورغان اِیکنه‌سی *yorghan iynèsi*, l'aiguille à piquer les couvertures. — چوالدوز *tchuvaldez*, grande aiguille à coudre les sacs. — اولته اِیکنه‌سی *olta iynèsi*, pointe de l'hameçon. — طاماق اِیکنه‌سی *damaq iynèsi*, hameçon. — شیش اِیکنه *chich iynè*, aiguille à tricoter. — الماس اِیکنه *elmas iynè*, épingle en diamant. — *iynè*, se dit aussi de l'aiguille de montre, d'horloge et de boussole. — دومن اِیکنه‌سی *dumèn iynèsi*, aiguille aimantée indiquant la marche du navire. — اِیکنه‌لو توفنك *iynèli tufenk*, fusil à aiguille. — اِیکنه‌لو قارنجه *iynèli qarendja*, fourmi à dard. — اِیکنه‌لو فیچی *iynèli fetche*, « tonneau à aiguille », lieu ou travail difficile, dangereux. — اِیکنه آردی *iynè ârde*, couture à points serrés. — اِیکنه دلیکی *iynè dèliyi*, « trou d'aiguille », lieu étroit, resserré. — اِیکنه دلیکنه قاچمق *iynè deliyinè qatchmaq*, s'enfuir dans un trou d'aiguille. — آری اِیکنه‌سنك یاره‌سی *âre iynèsiniñ yarase*, piqûre d'abeille. — Prov.: اِیکنه ایله قویو قازمق *iynè ilè qouyou qazmaq*, « creuser un puits avec une aiguille » (efforts inutiles). — اِیکنه یوردوسندن هندوستانه سیر اتمك *iynè yurdusinden hindoustanè seïr etmek*, voir l'Inde par le trou d'une aiguille. — On dit d'une grande foule: اِیکنه آتسه‌ك یره دوشمز *iynè âtsañ yèrè duchmez*, si tu jetais une aiguille, elle ne tomberait pas à terre. — اِیکنه‌دان *yinèdan* et اِیکنه‌لك *yinèlik*, étui à aiguilles et à épingles. — اِیکنه اِیلِك *iynè iplik*, « aiguillée de fil », c.-à-d.: maigre, décharné, qui n'a que la peau et les os. On dit aussi en parlant d'une personne très-maigre: اِیکنه یمش کوپکه دونمش *yinè yèmich keupèyè deunmuch*, « on dirait un chien qui a avalé des aiguilles ». — اِیکنه‌لك

iynèlèmek, coudre à l'aiguille, piquer, raccommoder. — Autres locutions proverbiales : ايكنه مى آقچه مى يتردك *iynèmi âqtchè mè yittirdin?* « as-tu laissé tomber des aiguilles ou de l'argent »? se dit à une personne mélancolique dont les yeux sont toujours fixés à terre. — En annonçant à un père la naissance d'une fille, on se sert de cette expression : ايكنه طراق حاضر ايله *iynè taraq hazeur eïlè,* préparez aiguille et peigne. — ايكننه اوجنده در *iynè oudjoundè dir,* « c'est au bout de l'aiguille», reproche qu'on adresse à un tailleur pour sa lenteur ou pour un vêtement mal fait. — عالم ايكنه صاتيجى اولمش هركس نصيبنى آلمش *aalem iynè çatedjeu olmeuch her kès naçibini âlmeuch,* « tout le monde vend des aiguilles et chacun gagne sa vie »; si nombreux que soient les marchands ou artisans, chacun trouve à vivre.

ايكه *ikè, ika,* maître, possesseur, comme صاحب. Ce mot, d'un usage peu fréquent, s'écrit aussi ايا, ايكا *ika, iya, iyè.* — ايكه لەمك *ikèlèmek,* se rendre maître, devenir possesseur.

ايكه *iyè,* lime; voir ايگ *èyè.*

ايكى *ègui,* (forme prim. اياكو, var.

ايكو *èigu*) côtés, flancs, parties latérales de la poitrine. — ايكى كيكلرى *ègui kèmikleri,* les côtes. — يلان ايكيسى *yalan èguisi,* « côte de serpent », c.-à-d. : ligne courbe, tortueuse. Cf. اوكسوزجه et كركك.

ايكى *iki,* nom de nombre : deux. — ايكيمز *ikimiz,* nous deux; ايكيسى *ikiçi,* tous deux, l'un et l'autre. — ايكى قات *iki qat,* double, doublé, deux fois autant. — ايكى آغيزلو آدم *iki âghezlu âdam,* « homme à deux bouches », faux, menteur. — ايكى آغيزلو قليج *iki âghezlu qeledj,* « sabre à deux tranchants ». — ايكى رحمتك برى *iki rahmetiñ biri,* « l'une des deux grâces de Dieu », c.-à-d. : la mort, comme en arabe احدى الراحتين. — ايكى ساعت مسافه *iki sa'at mèçafè,* une distance de deux heures. — ايكى قارنداش قانى *iki qardach qanè,* « le sang des deux frères », nom d'une plante pharmaceutique, *crocus, sanguis draconis.* — ايكيده بر *ikidè bir,* un sur deux, une fois sur deux; au milieu. — ايكى كونده بر *iki gundè bir,* une fois tous les deux jours; rarement. — ايكى يوزلو آدم *iki yuzlu âdam,* « homme à deux faces », hypocrite, fourbe. — ايكى يوزلو قاش

iki yuzlu qoumach, étoffe doublée. — ایکی چفته قایق *iki tchiftè qaïq*, bateau à deux paires de rames. — ایکیشر *ikicher*, à deux, deux par deux. Voir la Grammaire. — ایکنجی *ikindji*, deuxième, second ; aide, auxiliaire. — sous-entendu *kerrè*, deux fois. — ایکی در قلم قیریلیور *iki dir qalem querqlior*, voici deux fois que le *qalem* se brise. — ایکیله‌مك *ikilèmek*, doubler, redoubler. — ایکنجی آلتمشلو *ikindji áltmechlu*, professeur (*muderris*) du huitième degré dans la carrière de l'enseignement. — بر سوزینی ایکی ایتمز *bir seuzeni iki etmez*, qui ne cède pas, opiniâtre, entêté.

ایکیز *ikiz, èkiz*, (var. ایکز, ایکیز) jumeaux. — ایکیز قرداشلر *ikiz qardachlar*, frères jumeaux. — ایکیز طوغرمق *ikiz doghourmaq*, « enfanter des jumeaux », *au fig.* éprouver de vives douleurs. — ایکیز پورتقال *ikiz portouqal*, oranges jumelles. — ایکیزلو *ikizlu*, réuni par paire. On dit de même : اوچوزلو دردوزلو بشیزلو شمعدان *utchuzlu deurduzlu bechizli chamdan*, flambeau, candélabre à trois, à quatre, à cinq paires de bougies.

ایکیز (ایکین) *iñiz*, plainte, gémissement, lamentation. Ce mot n'est plus usité et on n'en constate guère la présence que dans le verbe ایکله‌مك *iñlèmek*.

ایکیلك *ikilik*, (de ایکی, deux) 1° valeur de deux piastres. — 2° mesure de deux ocques. — 3° désunion, désagrégement, séparation, opposé à برلك *birlik*, réunion.

ایکیلیج *éguilidj*, plante parasite qui s'enroule autour de la vigne, du thym, du serpolet et les étouffe ; en ar. كشوت et اكشوت *cuscuta*.

ایکین *ikîn*, particule précédant une phrase interrogative ; elle a à peu près le sens de عجبا ou de ایا, « est-ce que ? est-il vrai que » ? Par ex. : ایکین كلورمی *ikîn guèlir me*, est-il vrai qu'il vienne ou viendra ?

ایل *él*, (primit. *îl*) 1° le monde, les gens, autrui. — ایلك كچدكی كوپریدن سنده كچرسین *éliñ guètchdiyi keupruden sendè guètchersin*, tu passeras toi aussi par le pont où les autres ont passé. ایلده‌كی یاره یاره‌سزه دیوار دلیكی كلور — *éldèki yara yarasezè douvar deliyi guélir*, la blessure d'autrui est pour l'homme sans blessure un trou dans le mur. — 2° tribu, famille. — طورغود

ایل تورغود tourghoud éli, la tribu de Tourghoud en Anatolie, dans le district de Saroukhan. — 3° séjour, lieu d'habitation d'une tribu, d'une race. — روم ایلی roum-éli, la Roumélie, le pays des peuples byzantins; حمید ایلی hamidéli, etc. — 4° district, vilayet. — سیواس ایلی sivas-éli, gouvernement de Sivas. — ایل ایچی él itchi, séjour des tribus, pays. — ایلات élat, tribus nomades, peuplade errante. — عالم ایل él aalem, les hommes, le genre humain. — ایل عالم کبی él aalem guibi, comme tout le monde. — ایل عاری él aare, jalousie, rivalité. — ایل الی él èli, méchants propos, médisances. — ایل اوی él èvi, maison étrangère; chez les autres. — ایله قارشو élè qarchou, en public, *coram populo*.

ایل *il*, 1° an, année. Cette forme orthographique est tombée en désuétude; on écrit maintenant ییل *yil*. Voir ce mot. — 2° orthogr. fautive pour عیال '*ayal*, famille.

آیلاق *âilaq*, oisif, désœuvré, qui se promène sans but. — plus rarement : gratis, pour rien. — آیلاقچی *âilaqtche*, 1° journalier, ouvrier qui travaille à la journée. — 2° homme simple et droit, qui ne fait pas de façons et ignore les usages. — 3° avant les réformes, on donnait le nom de *âilaqtche* aux marins spécialement chargés de la manœuvre à bord des bâtiments de l'État; ils se distinguaient des قالیونجی *qalyoundjou*, ou simples matelots.

آیلامق *âilamaq*, tourner, avancer en tournant, glisser d'une pente raide. — آیلانمق *âilanmaq*, tourner, pivoter sur soi-même, décrire une courbe (la lune dans le ciel).

آیلانمه *âilanma*, tournant d'eau, tourbillon; voir le mot précédent.

ایلتمك *életmek*, (primit. *iletmek*) emporter, ravir, conduire. — pass. ایلدلمك *élèdilmek*, être emporté, enlevé. Cf. التمك.

ایلجه *eledjè*, source chaude; voir ایلیجه.

ایلچی *éltchi*, (primit. *iltchi*, le délégué d'une nation; cf. ایل) ambassadeur, envoyé. — ایلچیه زوال اولمز *éltchiyè zéval olmaz*, l'ambassadeur ne peut être atteint, il est indemne, irresponsable. — فوق العاده ایلچی *fevq ul-aadè éltchi* (ou *buyuk éltchi*), ambassadeur extraordinaire. — اورته ایلچی

orta éltchi, ministre plénipotentiaire, résident. — ایلچی وكیلی *éltchi vékili*, chargé d'affaires. — ایلچیلك *éltchilik*, ambassade, qualité d'ambassadeur. — ایلچیه كوچ یوق یوكندن باج یوق *éltchyè gutch yoq yukunden badj yoq*, à l'ambassadeur pas de violence, sur son bagage pas de douane. — ایلچی عقللو *éltchi aquellu*, prudent comme un diplomate. — پادشاه ایلچیسندن بللو در *padichah éltchisinden belli dir*, on juge du roi par son ambassadeur. — D'après la légende musulmane, Gabriel étant le patron des ambassadeurs en sa qualité de messager ordinaire entre Dieu et Mahomet, on appelle les ambassadeurs یر ملكی *yer mèlèki*, anges de la terre. — On dit d'un intrigant ou d'un entremetteur: وارار كلن ایلچی *varar guèlen éltchi*, « ambassadeur qui va et vient ». — ایلچیلكمی كلدك *éltchilik mi guèldiñ*, « êtes-vous venu en ambassade »? se dit à quelqu'un qui ne fait qu'une courte visite.

ایل خانی *él-khani*, chef, administrateur des affaires d'une tribu hors de son pays natal. Houlagou Khan avait reçu ce nom après sa sortie du Turkestan.

ایلدم *ildim*, repentant, pénitent. D'après MENINSKI, ce mot serait la forme corrompue de l'ar. نادم *nadim*, prononcé, avec l'élif prosthétique, d'abord *iladim* et ensuite *ildim*. — De là ایلدملك *ildimlik*, pénitence, repentir, remords. L'emploi de ce mot est rare.

ایلرو *ilèri*, (la forme primitive ایلكرو et ایلكاری implique l'idée d'antériorité, cf. ایلك *premier*) en avant, en tête, au premier rang, précédent. — ایلروده اولانلر *ilèridè olanlar*, ceux qui ont précédé, les anciens. — ایلروده بیان اولنور *ilèridè beïan olounour*, il est expliqué plus haut. — ایلرو ساعت *ilèri sa'at*, montre qui avance. — ایلرو كلنلر *ilèri guèlenler*, ceux qui avancent, les premiers, haut placés. — ایلرو آلمق *ilèri âlmaq*, prendre les devants. — ایلروده اولمق *ilèridè olmaq*, être en tête, au premier rang. — ایلرو چیقمق *ilèri tcheqmaq*, aller à la rencontre, accueillir. — ایلرو سورمك *ilèri surmek*, pousser en avant. — ایلرو كلمك *ilèri guèlmek*, avancer, progresser, se produire en avant. — ایلرو كیتمك *ilèri guitmek*, dépasser, précéder. — ایلرو وارمق *ilèri varmaq*, se précipiter, se jeter en avant. — ايلروله‌مك *ilèrilèmek*, avancer, prendre les devants, progresser. — avancer (en parlant d'une montre). — ايلروكى *ilèriki*, placé en avant, avancé. — ايلروكى خندق *ilèriki khandaq*, avant-fossé. — ايلروكى شرانپو *ilèriki charampo*, avant-glacis.

ايلشك *ilichik*, (variante : ايلشك) doute, scrupule, dégoût. Cf. ايلشمك. — ايلشكسز بر حساب *ilichiksiz bir hiçab*, compte liquide.

ايلشمك *ilichmek*, s'attacher, se toucher, se heurter. — avoir de l'aversion, de l'hésitation. — بونده ايلشه‌جك ير يوقدر *bounda ilichèdjèk yer yoqtour*, il n'y a pas lieu d'hésiter en ceci. — آياغه داله ايلشنمش *âyaghè èla dalè ilichenmich*, « accroché par le pied à une branche », sur le point de tomber, dans une situation critique. — ايلشدرمك *ilichdurmek*, attacher, accrocher; — *au fig.* قانجه‌يى ايلشدرمك *qandjaye ilichdurmek*, « attacher le crochet », réussir.

ايلشيك *ilichik*, attachement, affection; rapports d'amitié; lien; — obstacle, empêchement. — ايلشيك كسمك *ilichik kesmek*, cesser les rapports (d'amitié, de commerce, d'association), se désunir. — ايلشيكسز *ilichiksiz*, « sans lien », insouciant, déréglé, impie, infidèle. Cf. ايلشمك.

ايلغار *elghar*, galop du cheval, course à fond de train; incursion soudaine. — ايلغارلامق *elgharlamaq* ou *elghar etmek*, galoper, se précipiter; faire une incursion, envahir un territoire ennemi. — ايلغارجى *elghardje*, courrier, exprès (inusité). — *elghar* est surtout employé au pluriel : ايلغارجيلر *elghardjelar*, corps de troupes irrégulières, armées à la légère et chargées d'envahir un pays ennemi. Cf. آقينجى.

ايلغامق *elghamaq*, courir, galoper; — lancer un cheval au galop. Cf. ايلغار.

ايلغى *elegheu*; voir ايلق.

ايلغيم صالغيم *elghem çalghem*, mirage.

ايلغين *elghen* ou *âq elghen*, tamarix blanc; arbre de la famille du tamarix, qui se plaît dans les lieux humides et dont les feuilles produisent la meilleure sorte du manne. — Une autre espèce nommée *âdje elghen*, « tamarix amer », fournit une résine connue en droguerie sous le nom de اثل بند « sirop de tamarix oriental ». — ايلغنلق *elghenleq*, bouquet ou plantation de tamarix au bord d'un cours d'eau. — Parmi les variétés du tamarix, le *Lehdjè* cite les noms suivants : سكسك آغاجى et داغداغان غضات.

ايلغينجار *elghendjar*, (var. الغنجار) espèce de cerise sauvage.

آيلق 1° *âyleq*, espace, durée d'un mois (comme ماهيانه *mahyè* pour ماهيانه); appointements, salaire mensuel. — بر آيلق يول *bir âyleq yol*, un mois de marche. — بر آيلق قوزى *bir âyleq qouzou*, agneau d'un mois. — 2° *âylaq*, oisif, gratis ; voir آيلاق.

ايلق *eleq*, (var. ايلك, ايليق) tiède ; — on dit aussi : ايليجق *eledjaq*. — ايلقلنمق *eleqlanmaq*, ايليمق *elemaq* et tiédir. — ايلقلق *eleqleq*, tiédeur.

ايلق *eleq*, prononciation fautive pour اوروق, ارق ; voir ces mots.

ايلقى *elequeu*, (var. القى) troupe de chevaux sauvages ; troupeau de chevaux qui courent en liberté et dont les Tartares mangent la chair. (Cf. ايلغامق.) En Tartarie, le cheval dressé pour la selle est nommé باركير *bar-*

guîr, le cheval de trait قوشوم آتى *qochoum âte*, et le cheval de somme كولوك *kuluk*.

ايلك *ilk*, premier ; voir الك.

ايلك et ايليك 1° *ilik* ; voir ايلق *eleq*. — 2° *eyilik*, bonté, bien ; voir ايو.

ايلمك *eilèmek*, faire, agir. Ce verbe s'emploie, comme اتمك *etmek*, en qualité d'auxiliaire joint aux noms d'actions arabes et persans. — ارسال ايلمك *irsal eilèmek*, envoyer ; سپارش ايلمك *separech eilèmek*, recommander, etc. Voir la *Grammaire*. — نيلهسون pour نه ايلهسون *nè eilèçoun*, que lui importe ? est-ce que cela le regarde ?

ايلمك *ilmek*, (var. الملك) joindre, emboîter, rencontrer. — ايلشمك *ilichmek*, se joindre, s'accrocher, se prendre. — كوز ايلشمك *gueuz ilichmek*, s'éprendre des yeux. — كوكل ايلشمك *gueuñul ilichmek*, s'éprendre de cœur, aimer d'amour tendre. — خاطر ايلشمك *khater ilichmek*, avoir l'esprit flottant, irrésolu ; — devenir amoureux, être abattu, chagrin. — بر يرده ايلشمك *bir yerdè ilichmek*, s'arrêter, stationner temporairement ; douter, être inquiet. — ايلشدرمك *ilichdirmek*, joindre, unir, coudre, agraffer. — ايلنمك *ilenmek*, être attaché, entouré; *au fig.* être sans foi ni religion — être cousu légèrement.

ايلك *ilmek*, (var. الملك) lien, attache, nœud. — ايلكلو *ilmekli*, attaché, lié. — ايلكلهمك *ilmeklèmek* (ou *ilmek baghlamaq*), attacher, lier, nouer.

ايلنج *ilendj*, (var. النج) malédiction, imprécation, injures. Cf. ايلنمك.

ايلندى *ilindi*, couture à grands points; faufilage destiné à retenir les différentes pièces d'un vêtement avant qu'il ne soit définitivement cousu. Cf. ايلك *ilmek*.

ايلنمك (var. النمك) *ilenmek*, maudire, lancer des imprécations, adresser des reproches violents. Cf. ايلنج.

ايلن, ايله *ilè, ilèn*, postposition : avec, en compagnie de, par le moyen de. — قرنداشم ايله كلدم *qardachem ilè guèldim*, je suis venu avec mon frère; — s'apocope souvent en له *lè*, surtout après le suffixe du pron. possessif de 3ᵉ pers. — باباسيله يوله چيقمش *babasi-ilè yolè tcheqmech*, il est parti avec son père (dans ce cas on doit toujours faire entendre le mot *ilè* en entier, *babasi-ilè* et non pas *babasi-lè*). — *ilè*, joue le rôle d'instrumental; par ex.: قلم ايله يازمق *qalem ilè yazmaq*, écrire avec la plume. — ايكنه ايله ديكمك *iynè ilè dikmek*, coudre avec l'aiguille. — Cette particule est aussi copulative et remplace la conjonction و; par ex.: خواجه ايله شاكرد برابر كيتدى *khodja ilè chayird beraber guitti*, « le maître et l'élève sont partis ensemble ». Elle régit le génitif des pronoms بنم ايله *benim ilè*, avec moi; انلرك ايله *onlarun ilè*, avec eux. — بويله *beuïlè* pour *bou-ilè*, de cette façon-ci, ainsi; شويله *cheuïlè* pour *chou ilè*, de cette façon-là, ainsi. — Pour les autres détails, voir la *Grammaire*.

ايلهمك *eïlèmek*, faire; voir ايلك.

ايلى *ele*, (var. ايليق *eleq* et ايلجاق *eledjaq*) tiède, à moitié chaud (liquide, température). — ايلىتمك *elelètmek*, attiédir, rendre tiède.

ايليجه *eledja*, 1° source d'eau chaude; établissement d'eau thermale. — 2° quelquefois source d'eau bouillonnante. Cf. قاينارجه.

ايليك *ilik*, (variantes : ايلك, الك) moelle, moelle des os; *au fig.* chose délicate, exquise. — ايليك كبى نفيس

ilik guibi nefîs, délicat comme la moelle. — مردار ایلیك *mourdar ilik*, « la moelle impure » nommée aussi *qoqar ilik*, « la moelle puante », c.-à-d.: la moelle épinière. — ایلیك یاغی *ilik yaghe*, « huile de moelle », espèce de colle animale, épurée et clarifiée. — ایلیك صیزلامق *ilik çezlamaq*, avoir une maladie de la moelle épinière. — ایلیكه ایشلهمك *iliyè ichlèmek*, « pénétrer jusqu'à la moelle », faire une impression profonde. — سود ایلیك یاپار ایلیك سود یاپار *sud ilik yapar ilik sud yapar*, « le lait fait la moelle et la moelle fait le lait », s'entend de la réciprocité des services. — كیكلری طوپطلو ایلیكدر *kèmikleri dopdolou ilik dur*, « ses os sont pleins de moelle », pour dire : il crève de graisse. — On dit, en parlant d'une personne dont la peau est fine et comme transparente : كیكلرینك ایچنده ایلیكی كورینور *kèmiklerinin itchindè iliyi gueurinur*, « sa moelle paraît à travers ses os ». — اكر مرمردن ایلیك چیقرسه *eyer mermerden ilik tchèqarsa*, « s'il sortait de la moelle du marbre », se dit d'une chose impossible, invraisemblable. — ایلیكسز كیك *iliksiz kèmik*, « os sans moelle », chose sans profit ; — maigre, décharné.

ایلیك *ilik*, (variante الك) boutonnière, ganse dans laquelle on fait entrer le bouton. — ایلیكلهمك *iliklèmek*, boutonner, attacher avec des boutons ou des ganses.

ایلیمان *iliman*, prononciation fautive pour لیمان *liman*, port. — adj. calme, paisible (la mer). — ایلیمانلق *ilimanleq*, pour *limanleq*, calme de la mer ; bonace.

ایلیمق *elemaq* et ایلینمق *elenmaq*, être languissant, tiède ; se refroidir (fer rouge) ; être fatigué, harassé. — trans. ایلیتمق *eletmaq* ou ایلندرمق *elendermaq*, rendre languissant ; attiédir ; jeter de l'eau sur le feu.

ایلیمونلق *ilimounleq*, (pour لیمونلق *limounleq*), orangerie ; serre de plantes exotiques.

ایمان *iman*, foi, croyance religieuse, reconnaissance de la vérité de l'islamisme. Voir la définition juridique chez D'OHSSON, *Tableau*, t. I, p. 146 et suiv. — ایمانه كلمك *imanè guèlmek*, entrer dans la foi musulmane, devenir musulman. — ایمانه كتورمك *imanè guètirmek*, amener à la croyance de l'islamisme, convertir. — ایمانسز *iman-*

sez, impie, infidèle; *au fig.* qui n'a ni foi ni loi, cruel, inhumain; ایمانسزلق *imansezleq*, cruauté, dureté de caractère, violence.

ایمانمق *imanmaq*, 1° veiller, prendre soin, protéger. — 2° rassurer, donner des garanties, tranquilliser. Cf. l'ar. ایمان plur. de یمین serment. — 3° اِمَنمق *emenmaq*, se protéger, veiller à sa propre défense, être sur ses gardes.

ایمبات *imbat*, bon vent, vent du large ou d'amont; — bonne brise qui souffle tantôt du levant et tantôt du ponant. L'origine de ce mot est incertaine; le *Lehdjè* le fait venir de یم *yem*, « haute mer » et du pers. باد « *vent* », dans le sens de vent du large; mais il ne cite aucun exemple à l'appui de cette expression hybride.

ایمدی *imdi*, donc, ainsi; voir امدی.

ایمرنمك *imrenmek*, souhaiter avec ardeur, désirer ardemment, convoiter, avoir l'eau à la bouche = آغیز صوبی. — *trans.* ایمرندرمك *imrendirmek*, faire désirer, rendre désirable, exciter les désirs, la convoitise.

ایمزكنمك *imizguenmek*, 1° tomber, s'éteindre (comme le feu qui manque d'aliment). — 2° s'assoupir, s'endormir. On écrit aussi ایمیزغنمق et امزغنمق.

آیمق *âïmaq*, s'élever (comme la lune à l'horizon), se détourner — traîner le pas, ralentir — se balancer en l'air (comme l'oiseau). — آیلمق *âyelmaq*, revenir à soi — reprendre ses sens (après l'ivresse, la maladie, la folie). — *trans.* آیلتمق *âïlatmaq*, faire revenir, rétablir (la santé).

ایمك *imek*, infinitif inusité d'un verbe qui joue un rôle important dans la langue turque, comme verbe substantif et comme auxiliaire. Sur la double fonction et sur les différents modes et temps de ce verbe, voir la *Grammaire*.

ایمكلمك *imèklèmek*, marcher péniblement, à tâtons, ou comme un enfant en lisières.

ایمیزغنمق *emezghanmaq*; voir ایمزكنمك et امیزغنمق.

ایمیك *imik*, (var. امیك) fontanelles du cerveau, espaces membraneux formés par les os du crâne avant leur ossification complète. Voir aussi بنغلداق

et بغدايق; c'est l'équivalent de l'arabe يافوخ.

اين *în*, caverne, antre sauvage, endroit où demeurent (du verbe ايڭك) les bêtes féroces. — اينجكز *îndjigiz*, petite caverne, trou de rocher, excavation moins profonde que la caverne.

اين *èn*, largeur; voir اك *èn̄*.

اياق *inaq*, (var. اناق, اياغ *inagh*) confident du prince; conseiller intime; plus rarement ministre plénipotentiaire. Ce mot n'est usité que dans le Turkestan; voir sur les fonctions de l'*inaq* une note de E. QUATREMÈRE, *Histoire des Mongols*, introd., p. 50.

اينال *ènal*, conseiller, confident, compagnon, affidé (inusité). D'après le *Lehdjè*, ce mot, qui n'est sans doute qu'une variante orthographique (*tas'hif*) de اياق, se retrouverait sous la forme abrégée اينه *èinè*, dans certains noms propres tels que اينه بك *èynè-bey*, اينه آباد *èynè-âbad*, etc. Cf. *Dict. géogr.*, s. v. اذينه.

اينان *inan*, (du verbe اينانمق) foi, croyance, confiance. — اينان اولسونكه *inan olsoun ki*, que l'on croie bien que, j'affirme que. — اينان كلك *inan guel-*

mek, prendre confiance, commencer à croire, etc.

اينانج *inandj*, sûr, digne de confiance, accrédité. — autorité digne de foi; voir le mot suivant.

اينانمق *inanmaq*, croire, ajouter foi, avoir confiance. — Prov. : اينانورسك كابدر هر برك *inaneurseñ kitabdir hèr berg*, si tu as la foi (si tu es un vrai croyant), chaque feuille d'arbre sera pour toi un livre (qui te révèle Dieu). — اينانلمق *inanelmaq*, être cru; être confié, mis sous la garde. — قورده قويون اينانلمز *qourdè qoyoun inanelmaz*, on ne confie pas le mouton au loup. — *trans.* اينانيرمق *inandermaq*, faire croire, inspirer la confiance, rassurer; — en faire accroire, tromper. — *nég.* اينانممق *inanmamaq*, ne pas croire, être incrédule. — اينانمامه *inanmama*, infidélité, athéisme, — défaut de confiance, méfiance.

اينتی پوف *inti-pouf*, interj. familière dans le sens de : absurde! insipide! quelle sottise, quelle ineptie!

اينجالیز *endjalez*, espèce d'oignon sauvage (nommé en arabe حب اللذيذ) que l'on fait confire dans le vinaigre.

اين

اينجتمك 1° *indjetmek*, (on dit aussi: اينجەلتمك *indjèlètmek*) amincir, rendre mince, subtil — baisser la voix. — tailler un *qalem*, une plume. — 2° *indjitmek*, tourmenter, etc.; voir اينجىتمك.

اينجقرمق *indjqermaq*, (turc or. اينجكرمك) sangloter, gémir avec effort. — اينجقريق *indjeqreq*, sanglot. — *indjeqreq toutmaq*, avoir le râle de la mort, synonyme de آمق چكە.

اينجو *indjou*, (var. اينجى *indji*) perle. — au fig. اينجو دانەسى *indjou tanèsi*, « perle unique », c.-à-d. : enfant chéri. — بياض اينجو *bèyaz indjou*, perle blanche. — اينجە اينجو *indjè indjou*, perle fine. — يلانجى اينجو *yalandjè indjou*, (comme بونجق) perle fausse, verroterie, perle de Venise. — اينجو چيچكى *indjou tchitcheyi*, « fleur de perle », troène blanc, dit troène du Japon. — اينجو صدفى *indjou çadèfi*, nacre de perle. — اينجولو چاوش *indjoulu tchaouch*, finaud, fin, matois, bouffon. — اينجولو چاوشى مات ايدن ساده دللردن *indjoulu tchaouchou mat èdèn sadè dillerden*, un de ces naïfs qui mettent les plus malins au pied du mur. — هر دملەسى بر اينجو در *hèr dam-*

lase bir indjou dur, « chaque goutte est une perle », se dit de la pluie de printemps. — آغيزندن اينجولر صاچلور *âghezenden indjouler çatchelur*, « il se répand des perles de sa bouche », il parle d'or. — اينجو يغمورينە دوندى *indjou yaghmourenè dundu*, « cela ressemble à une pluie de perles », se dit de toute chose rare et précieuse. — اينجو بونجق آلاجيدر *indjou boundjouq âladjè dur*, « c'est un acheteur de perles et de bijoux (de clinquant) », expression de mépris à l'égard d'un homme efféminé et recherché dans sa toilette. — اينجوكى طوكزە بويونە طاقە *indjouñe domouz boiouninè taqma*, « n'attache pas ta perle au cou du pourceau », *nolite mittere margaritas vestras ante porcos*.

اينجە *indjè*, mince, fin, subtil, délicat, faible. — اينجە آدم *indjè âdam*, homme fin, finaud, rusé. — اينجە آغرى *indjè âghereu*, petite douleur; اينجە صىتمە *indjè eçetma (çetma)*, fièvre légère. — اينجە ايش *indjè ich*, travail délicat, artistement fait. — ايشى اينجەدن اينجەيە صورمق *ichi indjèden indjèyè çormaq*, scruter l'affaire dans ses plus minces détails. — اينجەجك *indjèdjik*,

16*

très-fin, très-subtil. — اينجه دونما *indjè donanma*, flotille de bâtiments légers. — اينجه خسته‌لق *indjè khastaleq*, « maladie délicate », ordinairement mal de poitrine, phthisie. — اينجه ساز *indjè saz*, espèce de petit violon. — اينجه فكر *indjè fikr*, finesse (de mauvais aloi), perfidie, ruse. — اينجه قراغول *indjè qaravoul*, petits détachements de troupe établis en avant du campement de l'armée. — اينجه كچيم *indjè kèçim*, maigre, décharné. — اينجه‌رك *indjèrèk*, mince; qui a la taille fine et svelte. — اينجه‌لك *indjèlik*, gracilité; maigreur — finesse, subtilité. — اينجه الهمك *indjè èlèmek*, « tisser serré », c.-à-d.: scruter avec soin, faire une enquête minutieuse, approfondir les choses. — Cf. وقفه qui s'emploie surtout pour ce qui est plat en même temps que mince.

اينجه‌لمك *indjèlèmek*, (variante: اينجه‌لنمك *indjèlenmek*) 1° chercher l'élégance, affecter de belles manières. — 2° employer de préférence des néologismes et des mots étrangers, par ex.: dire حمام آلمق *hammam âlmaq*, « prendre un bain », au lieu de صويه كيرمك *çouya guirmek*; شمندهفر au lieu de دمير يولى *dèmir yolè*, chemin de fer; زيارت au lieu de وزيته *zyaret*, visite.

اينجى *indjè*, perle; voir اينجو.

اينجيتمه *indjitmè*, (du v. اينجيتمك faire souffrir) maladie incurable (particulièrement l'hydropisie, le diabète) — souffrances intolérables et sans remède. — اينجيدجى *indjididji*, qui fait souffrir, douloureux, nuisible. — بنى اينجيتمه *beni indjitmè*, (ou *indjitmè beni*) cancer, chancre.

اينجيك *indjik*, rupture légère, luxation peu grave.

اينجيك *indjik*, muscle de la jambe; jambier et crête de l'os du tibia, nommé aussi دودوك كيكى « l'os-flûte ».

اينجيمك *indjimek*, 1° souffrir, avoir du chagrin, éprouver une douleur; — 2° se casser le tibia. (Cf. اينجيك.) — اينجيتمك *indjitmek*, faire souffrir, causer de la douleur; nuire — briser une jambe. — اينجينمك *indjinmek*, se faire du chagrin; être désolé, troublé par la douleur.

اينش *inich*, (var. انش) pente, descente, déclivité; اينشلك *inichlik*, même sens. Cf. اينك.

اينـك *inèk*, (var. اِنك) vache. — اينكه كوفتون ويرلمزسه سودى آلنمز *inèyè kiuftun vèrilmezsè sudu âlenmaz*, « si l'on ne donne pas de *kiuftun* aux vaches on n'en tire pas de lait ». Le *kiuftun* est une espèce de gâteau fait de graines de lin et de sésame. — اينكجى وفاسز *inèkdji*, vacher, laitier. — وفاسز دوست سودسز اينك *vèfasez dost sudsez inèk*, ami sans foi (est comme) vache sans lait.

اينكله‌مك *éniklèmek*, (primit. *iniklèmek*; voir le mot انيك) mettre bas, faire des petits, s'emploie surtout en parlant de la chienne. Pour les bêtes sauvages, on se sert du mot بيرزلامق; pour la vache, du mot قولونلامق.

اينله‌مك *inlèmek*, gémir, etc.; voir ايكله‌مك.

اينَك *énmek*, (primit. *inmek*) descendre, s'abaisser; s'amoindrir, se ravaler — se calmer (le vent, la tempête); décroître (enflure, tumeur); — camper, mettre pied à terre. — Prov.: آتدن اينـدى اشكـه بنـدى *âttan éndi écheyè bindi*, « il est descendu de cheval, pour monter sur l'âne », d'évêque il est devenu meunier. — اينديرمك *éndirmek*, 1° faire descendre, abaisser.

— 2° forcer (un rouage), retarder une montre. — 3° terminer, achever. — فلانـڭ يولنه اينك *filaniñ yolenè énmek*, aller sur les brisées de quelqu'un, le supplanter. — كوشكدن اينك *kevchekden énmek*, « descendre du petit du chameau », manquer son coup, éprouver un échec. — باشنه بر يومروق اينـدى *bachenè bir youmrouq éndi*, un coup de poing lui fut asséné sur la tête. — كمى اينديرمك *guèmi éndurmek*, amener le pavillon; *au fig.* faire sa soumission.

اينمه *énmè*, (*inmè*, du verbe اينك) descente, abaissement (des eaux); extinction (de la voix). — attaque d'apoplexie. — Synonyme de اينيش.

آينه *äina*, miroir, glace. — آينه‌يى آلسونده يوزينه باقسون *äinayè âlsoundè yuzunè baqsoun*, qu'il prenne un miroir et y regarde son visage! (prov.) — آينه‌يه ده زيب زيب پاره‌يه ده زيب زيب *äinaya dè zeb zeb parayadè zeb zeb*, « qui court à son miroir fait courir son argent » (se dit d'une femme coquette). — آينه‌جى *äinadje*, fabricant de miroirs; *au fig.* homme astucieux, fourbe, intrigant. — machine à élever les colis sur les navires, grue. — آينه‌لو *äinalu*, « orné de miroirs », beau, brillant comme un miroir. — آینه‌لو قواق *âïnalu qavaq*, nom d'un palais orné de glaces, à Constantinople. — كوكل آینه‌سی *gueuñul âïnasę*, « miroir du cœur », compliment fait à une belle personne. — اسكی دوست كوكل آینه‌سیدر *eski dost gueuñul âïnasę dur*, « un vieil ami est le miroir du cœur »; c.-à-d. : il est sincère. — On dit à une personne laide : آینه‌یه باق ou صویه باق *âïnaya baq* ou *çouyè baq*, regarde-toi dans le miroir, ou dans l'eau. — كندو آینه‌كی سیل *kendi âïnañe sil*, « essuye toi-même ton miroir », corrige tes propres défauts, reconnais toi-même tes torts. — طوب آینه‌سی *top âïnasę*, chevet du canon.

اینهان *énhan (inhan)*, grand mangeur, gourmand, glouton. Ce mot peu usité est synonyme de اوبور.

آینه‌لامق *âïnalamaq*, être poli comme la surface d'un miroir (la mer calme, etc.).

اینی (variante اِنی) *éni, primit. ini*, frère cadet.

اینی (variante اینین *inîn*), gémissement, plainte; voir ایکله‌مك.

اینیش *énich*, descente; voir اینش et اِنك.

آیــو *âyou*, ours — étoile polaire nommée aussi تیور قازیق *demir qazęq*. — آیو پنجه‌سی *âyou pendjèsę*, « griffe d'ours », acanthe, en français *branche ursine* ou *patte d'ours*. — آیو دودی *âyou doudę*, mure sauvage. — آیو قولاغی *âyou qoulaghou*, « oreille d'ours », espèce de pivoine, paeonia. — Proverbes : آیو اورلمزدن دریسی صاتلمز *âyou vouroulmazdan dèrisę çatęlmaz*, on ne vend pas la peau de l'ours avant de l'avoir tué. — آیوسز اورمان اولمز *âyousęz orman olmaz*, il n'y a pas de forêt sans ours. — آج آیو اوینامز *âdj âyou oïnamaz*, ours affamé ne danse pas. — طاغ آیوسی *dagh âyousou*, « ours de montagne », se dit d'un homme robuste ou brusque de manières. — آیو كبی قیلو *âyou guibi queulleu*, velu comme un ours. — آیو یوزلو *âyou yuzlu*, visage d'ours, laid comme un ours. — آیو كبی كورمك *âyou guibi kęmurmek*, grogner comme un ours. — آیوبی اوه‌یه چیقارمق *âyouyę ovaya tchęqarmaq*, « attirer l'ours à la plaine », divulguer, éventer un secret. — آیو دریسیله قورقتمق *âyou derisi-ilè qorqoutmaq*, « effrayer avec une peau d'ours », faire le fanfaron. — آیومیسن قورتمیسن *âyou misin qourt misin*, « es-tu ours, es-tu loup»? es-tu chair ou poisson? — بر آصمه ایكی آیوكتورمز bir âçma iki âyou gueturmez, « une treille ne porte pas deux ours », il ne faut pas tant de gens à partager un gain. — آیونك قرق ماشی وارمش قرقده آخلاط اوزرینه âyounouñ queurq maçale varmech queurqueu dè âkhlat uzerinè, « l'ours sait quarante chansons, mais c'est toujours la chanson des poires »; on applique ce proverbe à un gourmand qui ne parle que de bonne chère, ou, en général, à celui qui rabâche toujours le même discours. — سنی بکلرم آیو یاورولری آناسینی بکلر کبی sèni beklerim âyou yavroulare ânasene bekler guibi, « je t'attendrai, comme les oursons attendent leur mère », c.-à-d. : je ne t'attendrai pas. Les Turcs disent que lorsque l'ourse grimpe sur un poirier sauvage pour en secouer les branches, les petits se précipitent sur les fruits pour les manger, sans attendre leur mère.

ایو èyu (èyi), bon, bien, convenable. — ایولر èyuler, les bons, les braves gens. — ایو ایله قوكشان چوالنه اون طولدرور èyu ilè qoñouchan tchuvalinè oun doldourour, celui qui fréquente les braves gens remplit son sac de farine. — ایو دوست قره كونده بللو اولور èyu dost qara gundè belli olour, un ami véritable se montre dans les mauvais jours. — پك ایو (abrégé souvent en پكی) pek èyu, très-bien, parfait. — ایوسی èyuse, le meilleur. — ایوسی فناسی èyuse fènase, le bon et le mauvais. — ایو فنا èyu fèna, bon ou mauvais, tout ce qui se rencontre, sans choisir. — ایوجه èyudjè, assez bien, assez bon. — ایولك èyuluk, bonté; grâce, bienfait, faveur. — ایولك صایع اولمز èyuluk za'yi olmaz, un bienfait n'est jamais perdu. — ایولك كبی عالمده سرمایه اولمز èyuluk guibi aalemdè sermayè olmaz, il n'y a pas de meilleur capital ici-bas que la bonté. — ایولك ایولكه اولسه یدی قوجه اوكوزه بیچاق اولمزدی èyuluk èyuluyè olsaïdi qodja eukuzè betchaq olmazde, si on rendait le bien pour le bien, le couteau ne serait pas pour le vieux bœuf. — ایولشمك èyulèchmek, s'améliorer, guérir; faire des progrès; — vivre en bonne entente réciproquement. — ایولنمك èyulenmek, devenir bon, guérir; se corriger.

ایو iv (èv), hâte, précipitation (inusité). Cf. ایو et ایومك.

آیوا *âiva*, (var. آیوه) coing. — آیوا آغاجی *âiva âghadje̠*, cognassier. — آیوا چکردکی *âiva tchekirdeyi*, pépins de coing, dont on fait des collyres émollients. — آیوا چچکی *âiva tchitcheyi*, fleur de coing. — آیوا مرباسی *âiva mourabbasi*, gelée de coing. On fait des friandises avec du coing, des biscuits, des citrons, des croquets (*guèvrèk*), etc. — آیوا طنا *âiva te̠na*, aurone ou citronelle, en persan بوی مادران « parfum des mères ». — *au fig.* آیوایی یوتمق *âivaye̠ youtmaq*, « avaler le coing », être ivre, en état d'ébriété. — آیواکی طشاروسی صاغ ایچروسی چوروك *âiva guibi dicharusu çagh itcherisi tchuruk*, semblable au coing dont l'extérieur est sain et l'intérieur pourri. — بکزی صاپ صاری آیواکی اولمش *benzeu çap çareu âiva guibi olme̠ch*, son visage est devenu tout jaune comme un coing. — آیوه‌یی صندوغندن و قرنفلی حقه‌سندن بولدی *âivaye̠ çandoughe̠nden vè qare̠nfili hoqqase̠ndan bouldou*, « il a trouvé la caisse aux coings et la boîte aux girofles »; il a découvert le pôt aux roses.

آیواطنه (var. آیوه‌طنه) *ivatinè*, grec ἀβρότονον; aurone, abrotone, plante nommée en turc كافری *kiafiri* ou قویون اوتی *qoyoun ote̠*, « herbe à mouton », en arabe قیصوم.

آیواه *eïvah*, interj. ah! hélas! eh! quoi!

ایوجی *ivdji*, qui se hâte, bon marcheur; cf. ایومك. Ce mot est inusité.

ایوز 1° *iviz*, (?) espèce de mouche qui s'attache aux bestiaux et les pique jusqu'au sang. — 2° *ouyouz*; voir اویوز.

ایوق *oyouq*; voir اویوق.

ایومك *ivmek*, se hâter, presser le pas, faire hâte. — یلوب ایومك *ye̠lip ivmek*, marcher à grands pas, d'une allure vive. — ایودرمك *ivdirmek*, faire presser le pas, faire marcher rapidement. — ایوین (ایوکن) *ivèyen*, qui marche rapidement, agile, alerte. — *ivèyenlik*, marche rapide, grande hâte. — Proverbe : ایومکله یول آلنمز *ivmèilè yol âle̠nmaz*, « on ne gagne pas du chemin en se hâtant (trop) », l'excès en tout est nuisible.

ایوی *ivi*, hâte, précipitation, marche rapide. Cf. ایومك *ivmek*.

ایویك *ivik*, espèce de patins qu'on s'attache aux pieds pour courir sur la glace. Cf. ایومك *ivmek*.

آیه *âya*, paume, creux de la main; voir aussi آیا.

آیدکو *âyègui*, côté, flanc; voir ایکی.

آیی *âyou*, ours; voir آیو.

آینه *âyina* (aïna), miroir, glace; voir آینه.

ب

ب *bè*, deuxième lettre de l'alphabet turc-arabe-persan; sa valeur numérique est 2. — Dans les mots d'origine turque, quand cette lettre est finale et privée de voyelle, elle se change le plus souvent en پ *pè*. Cette permutation est de règle dans les gérondifs en وب *oup*; par ex.: اولوب *oloup*, کیدوب *guidip*, etc. — Le ب est aussi le signe abréviatif du nom رجب *rèdjèb*, septième mois de l'année musulmane.

با *bâ*, interjection, synonyme de به *bèh*, eh! bah! nullement!

باب *bab*, ar. 1° porte; cour d'un souverain oriental; résidence d'un ministre. — باب سعادت *bab-i-seadet*, « porte de félicité », porte du palais impérial. — باب همایون *bab-i-humaïoun*, « porte auguste », la première porte du palais. — باب عالی *bab-i-aali*, « porte sublime », siège du gouvernement ottoman, résidence du grand vézir; elle est nommée aussi وزیر قپوسی *vèzir qapousou*. — باب سرعسکری *bab-i-seraskeri*, séraskierat, ministère de la guerre à Constantinople. — 2° heureux présage, bon augure. — باب طوتمق *bab toutmaq*, considérer comme heureux, bien augurer. — باب توکلدن آیرلمه *bab-i-tevekkulden äïerlama*, ne t'éloigne pas du séjour de la confiance en Dieu (prov.). — باب نایبی *bab naïbi*, substitut d'un molla de première classe; sous l'ancien régime, ce fonctionnaire jugeait les procès de moindre importance.

بابا *baba*, 1° père, aïeul, ancêtre; vieillard vénérable. — آق بابا *aq baba*, « père blanc » vautour. — بابا قورو *baba* qorou, agate ou onyx. — بابا هندی baba hindi, dindon. — طربزان باباسی trabezan babase, boule qui surmonte une balustrade, un montant de sofa. — عصا باباسی aaça babase, pommeau de canne, extrémité supérieure d'un bâton. — بابا انجير baba indjir, figuier sauvage. — 2° révérend père, supérieur d'un couvent de moines (l'abouna ابونا des Arabes chrétiens). — اوكسزلر باباسی euksuzler babase, « père des orphelins », secourable, généreux. — عرب باباسی aareb babase, épileptique, ou, plus exactement, qui feint l'épilepsie. — بابا طوتمق baba toutmaq, tomber en épilepsie, perdre connaissance, avoir une crise de nerfs. — بابادن بابايه babadan babaïa, de génération en génération; de siècle en siècle. — بابا آدم baba âdam, vieillard expérimenté. — باللو بابا ballu baba, mielleux, doucereux de langage. — بيوك بابا buyuk baba, grand-père. — بابالاريمز babalaremez, nos pères, nos anciens. — بابا یكیت baba iyit, jeune homme qui a grandi; fort et robuste. — آنا بابا بر ána baba bir, frères de père et de mère. — آنا بابا مملكتی ána baba memlekete, domicile d'origine. — بابالق babaleq, paternité, père adoptif; beau-père —

au fig. tendresse paternelle, dévouement. — بابايانه babaïanè, à la façon des vieillards; gravement, majestueusement. — بابايانه آدم babaïanè âdam, homme sage, posé. — پادشاه بابا padichah baba, « père-empereur », surnom familier que les janissaires donnaient au sultan quand il prenait le commandement de l'armée. — اعظم بابا aazem baba, surnom des chefs de communauté des Soufis. — Locutions proverbiales: طقوز بابالو doqouz babalu, « qui a neuf pères », injure adressée à un bâtard. — باباكك مالی می babañuñ male me, « est-ce le bien de ton père? » se dit à celui qui s'empare d'une chose qui ne lui appartient pas. — بر بابا قرق اوغلی بسلر قرق اوغول بر بابایی بسلهمز bir baba qerq oghlou besler qerq oghoul bir babaye beslemez, un seul père nourrit quarante enfants, mais quarante enfants ne peuvent nourrir un père. — باباسندن اختيار babasinden ikhtyar, « plus vieux que son père », se dit d'un enfant raisonnable et intelligent. — آنام بابام سكا قربان اولسون ánam babam saña qourban olsoun, « que mon père et ma mère soient ta rançon »! c.-à-d.: je te suis tout dévoué, tout à ton service. — آنا بابا كونی ána baba gune, « jour du père et de la mère », c.-à-d. : trouble, désordre. — آهو بابا (var. آهى بابا) âhou baba, surnom du chef d'une corporation ouvrière; maître de jurande; celui qui donne à l'apprenti le tablier et le titre d'ouvrier. — بابا كوش baba guiouch, serpent inoffensif, dont le sifflement est aigu; voir *Kamous*, s. v. حفات et نباح. — Sous l'ancien régime, on donnait le nom de بابا baba à quarante huissiers (qapoudjou) postés à l'entrée du harem impérial. Leur chef portait le titre de آغا باباسى âgha babase. — بابايى babayi, communauté de derviches fondée par un cheïkh nommé *Pir Babayi*, qui mourut dans la seconde moitié du XVe siècle.

بابت babet, (ar.) genre, espèce, catégorie. — بابت قومق babet qomaq, classer, séparer; de là le verbe hybride et peu usité : بابتلمك babetlèmek, qui a le même sens.

ببر babet et بر baber et bebr, beubr; (pers.) léopard. Le peuple le confond avec le tigre قپلان qaplan et prononce aussi bemr et beumr. — ببرلنمك beberlenmek, se gonfler, faire l'important.

بابرى bèbèri, transcription du grec πέπερι, poivre, *piper nigrum*; cette forme est employée quelquefois au lieu de *bèbèr*; voir ببر.

بابلخانه babel-khanè, locution pers., synonyme de بابوللا baboulla et بابوللق baboullouq, maison de débauche; tripot, cabaret.

بابوللق baboullouq, tripot, cabaret, maison de débauche; voir le mot précédent.

بات بازارى bat bazare, (ar. pers.) marché aux enchères; vieux marché où se vend la friperie. Par corruption le peuple a fait de ce mot composé l'expression بت بازارى bit bazare, « marché aux poux ». Il y a à Constantinople un bazar de ce nom. — بات بازارلو bat bazarlu, marchand de vieilleries, fripier. — *au fig.* homme querelleur, de manières vulgaires; la populace.

باتاق et بتاق bataq, (du verbe باتمق batmaq, s'enfoncer) marais, marécage, bourbier; piscine de bain. — يهودى باتاغى yahoudi bataghe, cuve d'eau pour les ablutions. — قره بتاق qara bataq, cormoran. — باتاقلق bataqleq, endroit marécageux, boueux, embourbé. — باتاقخانه bataq-hanè, café chantant, caboulot. — باتاقچى *bataq-tche*, ruiné, endetté — voleur, filou. — باتاقچيلق *bataqcheleq*, volerie, filouterie; ruse pour éluder le paiement d'une dette.

باتراق *batraq*, (var. بادراق *badraq*) chez les Chrétiens d'Orient : messe, office divin; synonyme de ليتوريا.

باتردى *baterde*, bruit, tumulte, etc.; voir پاتردى.

باتق *bateq*, (du verbe باتمق) enfoncé, déprimé, écrasé.

باتقين *batqen*, (du verbe باتمق) 1° qui plonge, qui enfonce; profond, raviné. — باتقين كوزلو *batqen gueuzlu*, qui a les yeux caves, enfoncés. — 2° *au fig.* embourbé, ruiné.

باتمق *batmaq*, plonger, enfoncer (dans l'eau). — *au fig.* périr, finir. — قنديل باتوب چيقمقته در *qandil batoup tcheqmaqte dur*, la lampe est près de s'éteindre. — بو بر باتار سوز در *bou bir batar seuz der*, ceci est une grave question. — *trans.* باتورمق *batermaq*, faire enfoncer, couler à fond, déprimer; faire périr.

باطمان et باتمن *batman*, mesure de capacité; voir بطمان.

باتور *batour*, on écrit aussi باطور. Le *Lehdjè-i-osmani* considère ce mot comme une corruption du persan بهادر *bahader*, « héros, brave guerrier ». En turc vulgaire, *batour* signifie un rustre, un butor.

باتى *bate*, (var. باطى) couchant, ouest; vent d'ouest. — باتى لودوس *bate lodos*, vent de sud-ouest. — باتى قره يل *bate qara yèl*, vent de nord-ouest. Cf. باتمق.

باتيش *batech*, 1° action de se coucher, de disparaître; coucher du soleil. — 2° ruine, effondrement. — 3° action de piquer, d'enfoncer une aiguille. Cf. باتمق.

باج *badj*, tribu, don; spécialement droit de douane, de transit, mentionné par les Capitulations; il variait dans les différentes provinces de l'Empire. — باج تذكره سى *badj tezkèrèsi*, acquit à caution. — باج ببرى *badj bèbèri*, piment. — يوكنى بول باجنى آل *yukunu bol badjene âl*, « trouve sa pacotille et prends ensuite le droit de péage », proverbe dans le sens de : « Là où il n'y a rien, le roi perd ses droits ».

باجاق *badjaq*, (variante : بجاق)

باج

1° jambe, cuisse, intérieur de la cuisse; patte de derrière chez les animaux. — باجاقسز *badjaqsez*, qui a les jambes trop courtes. — باجاقلو *badjaqlu*, haut sur jambes. — Ducat de Hollande, ainsi nommé à cause de la figure qu'il porte sur une de ses faces. — 2° *au fig.* شيطانڭ قيچ باجاغى *cheïtaniñ qedj badjaghe*, « jambe de derrière du diable », homme rusé, perfide, intrigant. — قلیچ باجاق *qeledj badjaq*, « qui a les jambes en lame de sabre », nabot. — باجاق قدر بویلو *badjaq qadar boïlu*, « pas plus haut que la cuisse », comme on dit: چوملك قدر بویلو « haut comme une marmite ». — 3° basset, chien de chasse. — آكرى باجاق *eyri badjaq*, jambes torses. — یوكسك باجاقلو یازو *yuksek badjaqlu yaze*, écriture à longs jambages. — باجاق قلمى *badjaq qalème*, les deux os de la jambe, péroné et tibia. — آلا باجاق آت *âla badjaq ât*, cheval marqué de taches blanches aux jambes.

باجناق *badjenaq*, beau-frère; voir باجيناق.

باجه *badja*, (du pers. بادچه *baditchè*) cheminée, tuyau de cheminée. — آیدینلق باجه‌سی *âydenleq badjase*,

باج

lucarne, soupirail sans vitrage. — طام باجه‌سی *dam badjase*, ouverture, rigole sur le toit pour l'écoulement des eaux pluviales. — لغم باجه‌سی *lagham badjase*, cheminée de mine; — cheminée de bateau à vapeur. — قپو باجه‌سی یوق *qapou badjase yoq*, « il n'a ni porte ni cheminée », ni feu ni lieu. — قپو باجه *qapou badja*, « de la porte à la cheminée », de tout côté. — قپودن باجه‌دن دوشر آتسه‌لر *qapoudèn âtsalar badjadèn ducher*, « si on le jette à la porte, il tombe par la cheminée » (prov.). — (var. باجه‌لو) باجه‌لق *badjaleq*, tuyau de cheminée. — باجه‌لق دیکجیسی *badjaleq diñdjisi*, « guetteur de cheminée », qui écoute par la cheminée, rapporteur, indiscret, médisant. — سنی باش آشاغى باجه‌یه آصارم *sène bach âchaghe badjaïè âçarem*, « je te pendrai tête en bas à la cheminée », menace usitée dans le peuple. — باجه‌لقده اولمش *badjaleqtè olmeuch*, « qui a été fait dans la cheminée », ou comme en le dit en français: « sous le manteau de la cheminée », en cachette, à huis clos.

باجى *badje*, turc or. sœur aînée; chez les Turcomans Kaïch, femme mariée, épouse. — Les Osmanlis donnent ce nom comme terme d'amitié à leurs femmes. — باجى قادين *badje qaden*, dame, épouse, maîtresse de maison. — باجيلر *badjelar*, les sœurs d'une communauté religieuse.

باجيناق et باجناق *badjenaq*, 1° beau-frère par alliance; beaux-frères qui ont épousé les deux sœurs (prononciation vulgaire باجناخ *badjenakh*). — 2° les Pétchénègues بجنك nom d'une ancienne tribu turque.

باچارز (var. باچرز) *batcharez*, 1° *adj.* difficile. — 2° *subst.* obstacle, empêchement, difficulté; voir پاچارز.

باچه *batchè*, de l'italien *baccio*, baiser.

باخور *bakhour*, prononciation fautive de l'arabe باحور *bahour*. — ایام باحور *eyyam-i-bahour*, jours caniculaires, et spécialement du 19 au 25 juillet (*ghalatati meshourè*).

باداشمق, voy. باغداشمق.

بادام *badam*, amande; voir بادم.

بادانه *badana*, chaux, badigeon. — بادانه اتمك *badana etmek*, blanchir à la chaux; on dit aussi بادانه لامق *badanalamaq* et بادانه اورمق *badana vourmaq*, crépir à la chaux, faire un ravalement. — *au fig.* se farder, se maquiller.

بادرنج *badrendj*, (pers. بادرنجبویه) *melissa officinalis*, herbe mercuriale, synon. de اوغل اوتی *oghoul ote*.

بادرنه *badernè*, enveloppe de toile autour d'un cordage; toile en forme d'étui mise à l'endroit où le cordage est usé.

بادغیز *badghez*, sorte d'amande, ainsi nommée peut-être parce qu'elle est originaire du district de Badkhiz بادخیز dans le Khoraçân.

بادلجان *badlidjan*, vulg. *patlidjan*, aubergine; voir بادنجان.

بادم et بادام *badam*, amande; prononç. vulg. *badem*. — آجی بادم *adje badem*, amande amère. — چاغله بادمی *tchaghla bademe*, amandier sauvage. — دیش ساقز بادمی *dich* ou *saqez bademe*, amande dont l'écorce est très-fine, fruit de l'amandier cultivé. — طاش بادمی *tach bademe*, fruit de l'amandier sauvage. — بادم ایچی *badem itchi*, amande pelée. — بادم ازمه سی *badem ezmèse*, amandes pilées. — بادم پارماق *badem parmaq*, le pouce, l'orteil. — بادم حلواسی *badem halvase̱,* pâte douce faite avec des amandes ; voy. حلوا. — بادم سوبیه‌سی *badem soubiase̱,* espèce d'orgeat. — بادم طرناق *badem te̱rnaq,* ongle arrondi. — بادم شکل *badem chèkil,* forme rhomboïdale, en losange. — بادم کورك *badem kurk,* pelisse en peau de renard. — بادم کوز *badem gue̱uz,* œil en forme d'amande, allongé par le *surmè*. — بادم یاغی *badem yaghe̱,* huile d'amande douce. — بادملك *bademlik,* plantation d'amandiers. — بادمجك *bademdjik,* amygdales. — بادمجك علتی *bademdjik ylle̱te̱,* amygdalite, inflammation des amygdales. — بادمجك چیقرمق *bademdjik tcheqarmaq,* faire l'ablation des amygdales. — Parmi les variétés d'amandes, le P. ARCÈRE cite les suivantes : فرنکی بادم *frengui badem,* amande d'Europe ; ککلیك یومرطه‌سی *keklîk youmourtase̱,* œuf de perdrix ; سرچه یومرطه‌سی *sèrtchè youmourtase̱,* œuf de moineau ; قرغه دلن *qargha dèle̱n,* « que perce la corneille », variété d'amande tendre, et par oppos. تین قیرماز *teyin que̱rmaz,* « que l'écureuil ne perce pas », variété très-dure ; اوغلان آلدران *oghlan âlde̱ran,* « trompe-enfant » ; قارن طویوران *qare̱n doyouran,*

« qui remplit le ventre ». — قورشون ب *qourchoun badem,* « balle de plomb ». — دانا اولدرن *dana e̱uldure̱n,* « la mort aux vaches ». — تمور ب *demir badem,* « amande de fer ». — پولاد ب *poulad badem,* « amande d'acier ». — چفته ب *tchiftè badem,* « amandes jumelles », d'où l'expression populaire چفته بادم کوزلو *tchiftè badem gue̱uzlu,* qui a les yeux en amandes. — *au fig.* بادم ایچیله بسلنمش *badem itchi-ilè beslenmich,* « nourri de moelle d'amande », c.-à-d. : gras, bien portant. — بادم بکی *badem beyi,* « prince de l'amande », allusion à un jeu des Turcs ; gâteau où se trouve une amande que le sort adjuge à un des convives, comme la fève du gâteau des rois. Cette locution proverbiale s'applique aux gens prétentieux et vaniteux, comme on disait au temps jadis : « les abbés de Sainte-Espérance » et « les marquis à la mode ». — پایکده بادم می بولدك *payeñdè badem me̱ bouldouñ,* as-tu trouvé l'amande dans ta part ? (la fève au gâteau.) — بادمسز مانجه یمز *bademse̱z mandja yemez,* « il ne mange aucun mets sans amande », comme dans notre dicton « il ne mange pas les perdrix sans oranges », se dit d'un gourmet. — بادمی دیشیله قیرر *bademę dichi-ilè quęrar*, « il brise les amandes avec ses dents », se dit d'un vieillard bien conservé. — On dit aussi : ایکی پارماغی آراسنده بادم قیرمق « briser une amande entre ses deux doigts », c.-à-d. : être robuste, vigoureux. — Le *badamier* de l'île Maurice et de l'Inde, nommé par corruption *bois de damier*, paraît tirer son nom du pers. *badam*. Cette dénomination convient surtout au badamier du Malabar, qui produit des amandes très-agréables au goût.

بادنجان, voir باطلیجان, aubergine. — La forme arabe-persane *badindjan* est plus reconnaissable dans l'espagnol *berengena* et le portugais *beringela*; il n'est pas douteux cependant qu'elle a donné naissance au français *aubergine*. M. Devic en a montré la filiation exacte dans son *Dict. étymologique*, p. 46.

بادهوا *bèdhava*, (du pers. *bad-i-hava*) « l'air du temps », c.-à-d. : gratis, pour rien. — Prov. : بادهوا سركه بالدن طاتلودر *bèdhava sirkè baldan tatlę deṛ*, vinaigre gratis est plus doux que miel; voir جابا.

بادیا *badia*, (du pers. بادیه) on écrit plus rarement باطیه *batya*, auge, baquet en bois.

بار *bar*, (pers.) cour d'un souverain; audience, réception solennelle. — بار بكی *bar beyę*, grand maître des cérémonies. Voy. قپو آغاسی.

باراته *barèta*, (de l'italien *baretta*) bonnet, calotte de drap; autrefois coiffure des *Bostandji*. — خاصكی باراته‌سی *khaçęki barètasę*, « bonnet de la favorite, de la sultane mère ». Ce nom désigne : 1° une variété de tulipe aux pétales enroulés. — 2° une espèce d'églantine.

باراق *baraq*, 1° poilu, velu. — 2° drap à longs poils. — قیل باراق *qęl baraq*, cheval de race, à longs poils et dont la crinière est longue et flottante. — 3° chien de chasse, grand épagneul originaire de Tartarie et de Sibérie.

باراقه *baraqa*, (du français *baraque*) baraquement des troupes.

بار بار *bar bar*, onomatop. ne se trouve qu'avec le verbe باغرمق *baghęrmaq*, dans le sens de « pousser des hurlements ».

بَارْبُونِيَه‎ *barboniè*, (de l'italien *barbone*) poisson tacheté de rouge et de blanc, barbeau; voir تكير بالغى.

بَارْچَاق‎ *bartchaq*, garde, poignée de sabre; voir بالچاق.

بَارْچَه‎ *bartchè*, (de l'italien *barca*) grande barque, chaloupe de guerre. Cf. بورن.

بَارْدَاق‎ et برداق *bardaq*, pot à eau, cruche à anse, vase de terre ou de cristal. — بارداقچى *bardaqtchẹ*, fabricant de pots, potier. — آدم عمرى بر بارداق صو در *âdam 'eumrẹ bir bardaq çou dẹr*, la vie de l'homme s'écoule comme une cruche d'eau. — آغو بارداغيدر *âghou bardagheder*, « c'est une cruche de venin », en français, «une engeance de vipère». — صو ايچديكم بارداغى بيله آراديلر *çou itchdiim bardaghẹ bilẹ âradẹlar*, «ils ont cherché jusqu'à ma cruche d'eau», ils ont fouillé de tout côté. — بارداق بازرگانى در *bardaq bazerguiani dur*, « c'est un marchand de cruches », de choses communes et sans valeur. — بارداق قولپ كوستردى *bardaq qoulp gueusterdi*, « la cruche a montré l'anse »; se dit d'un homme qui met les mains sur les hanches; on emploie dans le même sens l'expression قولپلو بارداق « cruche à anse ». — Voir aussi كوپ qui est une cruche ou jarre plus grande que le *bardaq*. Cette dernière répond assez bien au vase à rafraîchir nommé en Espagne *alcarraza*, et à l'ustensile du même genre et servant au même usage que les Arabes nomment *barrada* برّاده; mais il serait téméraire de chercher dans ce mot l'étymologie du *bardaq* des Turcs.

بَارْدَه‎ *barda*, (de l'italien *alabarda*, hallebarde?) 1° hache, herminette de tonnelier. — 2° espèce de meule à aiguiser.

بَارْس‎ et پارس *bars*, *pars*, panthère, once (cf. يوز); guépard dressé à la chasse. — بارس كبى آيرمق *bars guibi âïrmaq*, déchirer avec violence, mettre en pièces. — بارس يیلى *bars yili*, troisième année du cycle tartare. — En turc oriental, *bars* est le nom d'un lion de petite taille qui habite le Khârezm et les parages de la mer d'Aral. — *au fig.* héros, guerrier intrépide, comme dans les mots ايلبارس et يولبارس. Surnom de certains sultans circassiens بارسباى *Barsbaï*, etc.

بَارْسَام‎ *barsam*, poisson de la famille des scombéroïdes à dorsales et à queues épineuses. Il se rapproche de l'espèce nommée طراخونیه. (Voir ce mot.) — On écrit aussi وارسان *varsan*.

بارسامه *barsama*, plante de la famille des mille-feuilles (*achillea millefolium*). Cf. le grec κόστα μαρίσμα.

بارشمق *barechmaq*, (récipr. de *barmaq, varmaq*, aller l'un à l'autre) se réconcilier, faire la paix; conclure une trêve; avoir une entrevue. — بارشدرمق *barechdermaq*, réconcilier, faire conclure la paix.

بارشیق *barecheq*, paix, trêve, réconciliation. — *adj.* favorable, qui s'accorde; conciliant. — یلدیزلری بارشیق *yldezlare barecheq*, ils s'entendent, ils marchent d'accord. — انك ایله یلدیزم بارشمدی *onouñ ilè yldezem barechmade*, je ne me suis pas mis d'accord avec lui.

بارق ou برق *barq*, maison, famille, intérieur de la famille; *harem*; pris dans ce dernier sens, ce mot peut se rapporter à بارنمق *barenmaq*, être protégé, gardé, comme باروق *barouq*, qui a le même sens en t. or. — *barq* se construit habituellement avec او *èv*; voir ce mot. — او بارق *èv-barq*, marié, chef de la famille. — اوم بارقم یوق *evim barqem yoq*, je n'ai ni maison, ni famille. — بارقلانمق *barqlanmaq*, se marier. — بارقلو *barqlu*, marié, père de famille, synonyme de اویلو.

بارقه *barqa*, (de l'ital. *barca*) barque, chaloupe.

بارکیر *barguir*, prononcer *beïguir*, (du pers. porte-fardeau) cheval hongre, bête de somme ou de trait; cheval ou mulet de poste. — آرابه بارکیری *âraba beïguire*, cheval d'*âraba*, de trait. — طوب بارکیری *top beïguire*, cheval du train d'artillerie. — *au fig.* بارکیر کبی *beïguir guibi*, lourdaud, butor. — بارکیرجی *beïguirdji*, loueur de chevaux, muletier (le *moukre* des Arabes). — حمّال بارکیری *hammal beïguire*, « cheval de portefaix », homme grossier, lourdaud. — دکرمن بارکیری *deyirmen beïguire*, « cheval de moulin », homme de peine. — On dit d'un homme gras et bien nourri : آرابه بارکیرینه بکزر *âraba beïguirinè beñzer*, « il ressemble à un cheval de carrosse ». — اولاق بارکیری کبی یلمك *oulaq beïguire guibi yelmek*, courir la poste, aller à grande vitesse.

بارلاس **barlas**, t. or. 1° général, chef d'armée. — 2° nom d'une tribu turque de la lignée d'Aqsaq Timour.

بارلام **barlam**, (origine inconnue) gros poisson de la famille du scombre; il ressemble à celui qu'on nomme en arabe *huileux* مزيّت.

بارمق **barmaq**, (t. or. aller). — en *osmanli*, 1° protéger, défendre. — 2° v. neutre, s'abriter dans le port. Cf. باريق.

بارو **barou**, 1° refuge, barrière; — créneau, parapet (comp. avec باروش et واروش). — 2° n. d'act. de باريــق, protection, défense.

باروت **barout**, (arabe بارود) poudre. — آو بارودى *âv baroude*, poudre de chasse, de petit calibre. — طوب بارودى *top baroude*, poudre à canon, de gros calibre. — باروداه آتش بر يرده دورمز *baroud ilè âtech bir yerdè dourmaz*, la poudre et le feu ne font pas bon ménage (prov.). — *au fig.* باروت كسلمك *barout késilmek*, être transporté de fureur. — باروتخانه *barout-khanè*, poudrière, magasin à poudre. — باروتچى باشى *baroutchi bachi*, directeur des poudrières de l'État. — باروت كفچه سى *barout keftchèsi*, grande cueiller qui sert à verser la poudre dans l'âme du canon. — آغيز باروتى *âghez baroute*, poudre d'amorce. — باروت آتشيدر *barout âtèche der*, « c'est un feu de poudre », il est vif, impétueux. — هم توفنك هم باروت سڭا ويرملیدر *hem tufenk hem barout saña vermèlidir*, « il faut te donner le fusil et la poudre », il faut te fournir tout à la fois, se dit à une personne exigeante. — باروت بكلكدن *barout beylikten*, « la poudre vient de l'État », c.-à-d.: elle est fournie pour rien; cette locution s'emploie en parlant d'un homme qui fait des largesses aux dépens d'autrui. — Sur l'introduction et l'usage de la poudre chez les Musulmans, voir *Journal Asiatique*, 4ᵉ série, t. XV, p. 220.

بارومترو **baroumetrou**, (de l'ital.) baromètre. Le nom arabe ميزان الهوا *mizan ul-hava*, « balance de l'air » est compris et usité même dans le langage vulgaire.

بارومق **baroumaq**, protéger, préserver; assister les pauvres. — بارونمق **barounmaq**, se réfugier, s'abriter, jeter l'ancre dans le port. — *trans.* باروندرمق **baroundermaq**, protéger, mettre à l'abri, prendre la défense. — *neutre* بارىنمق *baremaq*, être à l'abri (d'un rempart, d'un port), se préserver d'un danger, etc.

بارِش (var. بارش) *baresh*, paix, réconciliation, bonne entente, du verbe بارِشمه *bareshma*, — بارِشمق. arrangement à l'amiable.

بارِشمق *bareshmaq*; voir بارِشمق.

بارِشا *baresha*; voir حارم.

باریلك et باریم *barilik, barim*, adv. pers. t.: du moins, tout au moins; vulg. باریلکیم *bariliyim*.

بازار *bazar*, (du persan) prononc. vulg. et fautive *pazar*, marché, transaction commerciale; — lieu de vente et d'enchère. — آت بازارى *ât bazare*, marché aux chevaux. — بالق بازارى *baleq bazare*, marché au poisson. — بات (بِت) بازارى *bat (bit) bazare*, « marché aux poux » à Constantinople, marché des fripiers; voy. بات. — طاغوق بازارى *tavouq bazare*, marché aux poules. — foire, marché tenu certain jour de la semaine, d'où le nom des jours : بازار کونى *bazar gunu*, dimanche (on dit de même بازار بازارى marché du dimanche). — بازار ایرته‌سى *bazar irtèse*, lendemain du marché, lundi. — بازارجیلر *bazardjeler*, les gens du marché, les marchands du bazar. — بازار باشى *bazar bachi*, chef, gardien du bazar. — آقشام بازارى *âkhcham bazare*, « marché du soir », bonne aubaine, bonne occasion. — کتورى بازار *gueturu bazar*, marché à prix fait, en bloc. — بازاره کیدن *bazarè guiden*, 1° acheteur, pourvoyeur. — 2° panier aux provisions. — بازارلق *bazarleq*, marché, convention, discussion de prix. — *au fig.* اچدن بازارلق *itchden bazarleq*, haine, inimitié cachée. — اچندن بازارلقلو *itchinden bazarleqle*, dissimulé, ennemi secret. — بازار بوزمق *bazar bozmaq*, rompre le marché; nuire, tromper. — بازار یاپمق *bazar yapmaq*, faire marché; arranger, concilier les affaires. — بازارلاشمق *bazarlachmaq*, faire un marché, vendre; — débattre, convenir d'un prix. — بازارسز کیرن حقسز چقار *bazarsez guiren haqqsez tchequar*, qui n'a pas fait marché, n'a pas de droit (prov.).

بازرکان *bazerguian*, vulg. *bezerguen*, (pers.) marchand négociant; quelquefois fripier. — بازرکان باشى *ba-*

بازن (du français) basin, étoffe de coton croisée.

بازو *bazou*, vulg. *baze*, (pers.) bras, plus usité : avant-bras.

بازینه *bazinè*, espèce de pâte faite avec du froment pilé ou du gruau.

بأس *bèès*, (ar.) mal, malheur; inconvénient. — بأس یوق *bèès yoq*, il n'y a pas de mal. — بو مادّه‌ده بر بأس یوقدر *bou maddè-dè bir bèès yoqter*, il n'y a pas d'inconvénient à cela.

بـاستارده *bastardè*, (de l'italien *bastarda*) bâtiment léger, grande galère, jadis sous le commandement du *sandjiaq beye*. Voy. قادرغه.

باسطون *bastoun*, (de l'italien *bastone*) bâton, terme de marine.

باسور *basour*, (cf. مایاسیـل) hémorrhoïdes; on écrit aussi باصور.

بـاش *bach*, tête. — باش آغریسی *bach âghrese*, mal de tête, migraine; ennui. — باش اوتی *bach otou*, *asarum*, nommé aussi « nard sauvage ». — باش اوستنه *bach ustunè*, volontiers, soit. — باش اوجنده *bach oudjoundè*, au sommet, au bout. — باش اوجنده آغلامـق *bach oudjoundè âghlamaq*, sangloter. — آقچه باشی *âqtchè bachi*, agio. —

zerguian bachi, fournisseur attitré du Sultan, chargé de l'achat des draps, toiles et mousselines nécessaires à la maison impériale. Il était placé sous la juridiction du *qezlar âgha*, « chef des eunuques noirs ». — آیاق بازرکانی *âyaq bazerguiani*, marchand forain, ambulant; opposé à اوتوراق بازرکانی *otouraq bazerguiani*, marchand sédentaire, en boutique. — بازرکان کیسی *bazerguian guèmisi*, vaisseau marchand synonyme de رنجبر کیسی *rendjber guèmisi*. — بازرکان مال ایچون باشنی جانی ویرر *bazerguian mal itchin bachenè djanenè vèrir*, le marchand donne sa vie et son âme pour le gain. — فائده ایتمه‌ین بازرکان کولمز *faïdè etmèïen bazerguian gulmez*, « marchand qui ne fait pas de profits ne rit pas ». — کاروانسرایده بازرکان کبی اولمق *kervanseraïdè bazerguian guibi olmaq*, « être comme le marchand au caravansérail », sans résidence; comme l'oiseau sur la branche.

بازلاماج *bazlamadj*, gâteau feuilleté sans levain, espèce de beignet, dont on fait une grande consommation, surtout pendant les nuits de Ramadân.

باش ايله آلمق صاتمق bach ilè âlmaq çatmaq, acheter, vendre avec agio. — باش باشه او bach bachè olmaq, être en tête-à-tête. — باش باغى bach baghę, turban, coiffure. — باشى اچون bachę itchin, « par sa tête, par sa vie! » formule d'adjuration. — باشى صاغ اولسون bachę çagh olsoun, « que sa tête soit sauve »! compliment de condoléance. — باش صاغلغى bach çaghlęghę, santé. — باش آلمق bach âlmaq, être sauvé, délivré. — باش اولمق bach olmaq, se mettre à la tête, commander. — باشه كلك bachè guelmek, arriver, se produire (chose, évènement). — باشه كلمز ايش اولمز bachè guelmez ich olmaz, il n'est rien qui n'arrive. — باشه كلان چكلور bachè guèlen tchékilir, on doit supporter ce qui arrive. — باشه چيقمق bachè tchęqmaq, parvenir, réussir, venir à bout. — باش اورمق bach vourmaq, se diriger, aller vers. — باش قالدرمق bach qaldęrmaq, lever la tête, paraître. — باشه چالمق bachè tchalmaq, repousser, refuser. — باش كسمك bach kesmek, couper la tête; — saluer. — باش اوينامق bach oïnamaq, jouer sa tête, se dévouer. — باش باشه ويرمك bach bachè vermek, causer en tête-à-tête, se consulter. — باش باشه ويرمينجه ايش

bach bachè vermëindjè ich bitmez, tant qu'on ne délibère pas, la chose ne se fait pas. — باش باغلامق bach baghlamaq, se couvrir la tête, se coiffer. — convenir, décider. — باش كوز يارمق bach gueuz yarmaq, agir à la légère, faire des sottises. — باشدن ايندرمك bachdèn indurmek, faire du chagrin, nuire. — آچيق باش âtchęq bach, chauve. — دمور باش demir bach, « tête de fer », têtu, obstiné. — باشلو اوز باشنه bachlu bachenè ou ouz bachenè, à sa guise, indépendant. — بر باشنه قالمق bir bachenè qalmaq, rester seul, sans soutien. — باش اتى يمك bach ètę yèmek, tourmenter, tracasser.

2° extrémité, sommet. — طاغك باشى daghęñ bachę, le sommet de la montagne; au fig. très-loin, au bout du monde. — چبان باشى tchiban bachę, bouton, abcès. — مه باشى mèmè bachę, bout du sein. — اوموز باشى omouz bachę, naissance des épaules. — كمى باشى guèmi bachę, proue du navire. — fin, terme. — ياشك باشنى بولمق yachęñ bachenę boulmaq, mourir. — وزيرلك ياشك باشيدر vèzirlik yachęñ bachędęr, « le vézirat est le terme de la vie », on y laisse la vie. — باش باشه bach bachè, à la fin, au complet. — اوست باش ust bach, sens dessus dessous. — باشدن آياغه bachdèn âyagha, de la tête aux pieds. — باشدن قيچه bachdèn qydja, d'un bout à l'autre. — باش اوستنده يری bach ustundè yèrè, bout, extrémité du bazar. — باشدن قره يه اورمق bachdèn qaraya vourmaq, échouer, faire côte. — باش آشاغی bach âchaghè, tête en bas, renversé.

3° chef, commandant, par ex. : *biñ bachi*, chef de bataillon ; *hèkim bachi*, médecin en chef ; *bazar bachi*, inspecteur de marché. — s'emploie comme explétif : بهر آدم باشنه *beher âdam bachenè*, pour chaque (tête d') homme. — اون باش صيغير *ôn bach çegher*, dix (têtes de) bétail. — بر باشدن *bir bachdèn*, d'un seul coup, d'une fois.

4° commencement, principe, base, début ; chapitre ; conclusion, résultat. — آی باشی *âi bachè*, commencement du mois, nouvelle lune, menstrues. — بیكار باشی *bouñar bachè*, source. — كول باشی *gueul bachè*, étang, source. — هفته باشی *hafta bachè*, premier jour de la semaine. — يبل باشی *yil bachè*, premier jour de l'année, nouvel an. — باش اولمق *bach olmaq*, finir, venir à bout ; être vainqueur ; on dit aussi dans ce dernier sens : باش ایتمك *bach etmek*. —

بالق باشدن طوتلور *baleq bachdèn toutoulour*, le poisson se fait prendre par la tête. — بالق باشدن قوقار *baleq bachdèn qoqar*, le poisson commence à puer par la tête (proverbe).

5° pensée, réflexion ; cerveau. — آته باش اوكرتمك *âta bach euïretmek*, dresser un cheval. — عقلی باشنده *'aqlè bachenda*, intelligent, raisonnable. — باشی پك *bachè pek* ou باشلو پك *pek bachlu*, entêté, têtu. — باشی بوزوق *bachè bouzouq*, « tête à l'envers », troupes irrégulières, volontaires. — باشنه تمارسز *bachenè temarsez*, incorrigible. — باشدن چیقمق *bachdèn tcheqmaq*, se sacrifier, jouer sa tête ; — payer ses dettes ; devenir rebelle, se révolter. — باشدن چیقارمق *bachdèn tcheqarmaq*, séduire, égarer. — باشنی آلنمق *bachenè alenmaq*, empêcher, défendre. — كندی باشنه *kendu bachenè*, qui agit à sa tête, indépendant, isolé. — باش باشه *bach bachè*, au pair (change).

6° premier, principal, important. — باشلو *bachlu*, la base, le fondement d'une chose. — باشدن باش *bachdèn bach*, au plus haut degré. — باش پرمق *bach parmaq*, le pouce. — باش وكيل *bach vèkil*, premier ministre. — باش رئیس *bach reïs*, chef de la douane. —

باش طمار *bach damar*, artère. — باش كاتب *bach kiatib*, premier secrétaire. — Parmi les fonctionnaires de l'ancienne administration, plusieurs portaient le titre de *bach* (pour *bachi*). Tels étaient le باش باقى قولى *bach baqy qoulou*, officier du fisc chargé du recouvrement des finances publiques; il remplissait les fonctions de procureur près le tribunal fiscal de Constantinople; — le باش قاره قوللقچى *bach qara qoullouqtchou*, « premier marmiton », chef d'une orta de janissaires; — le باش قوللقچى *bach qoullouqtchou*, substitut de l'intendant du trésor impérial; — le باش اسكى *bach eski*, chef des vétérans, chef d'une chambrée de janissaires; — le باش مصاحب *bach mouçahib*, principal officier des eunuques noirs, attaché à la personne du sultan et chargé de transmettre ses ordres au *qyzlar âgha*. — باش مقاطعه *bach mouqataa*, « premier bureau des fermes », une des grandes directions du ministère des finances dans l'ancienne organisation. — باش چاوش *bach tchaouch*, le grand-prévôt de tous les régiments de janissaires; il avait sous ses ordres trois cents gardes, nommés aussi *tchaouchs*. — باش چوقه دار *bach tchoqadar*, le chef des valets de chambre du sultan. Dans les cortèges officiels, il marche à la droite du sultan, tenant la main sur la croupe du cheval et portant les pantoufles du souverain dans un étui de satin. — باشجى *bachdje*, marchand de têtes de mouton.

باشارمق *bacharmaq*, achever, accomplir, venir à bout d'une chose. — *pass.* باشارلمق *bacharelmaq*, être fini, achevé, accompli. — En t. or., au contraire, *bachermaq* a le sens de « commencer, se mettre à l'œuvre »; il est synonyme de باشلامق.

باشاق *bachaq*, épi. — باشاق طوتمق *bachaq toutmaq* et باشاقلانمق *bachaqlanmaq*, monter en épi. — باشاق باغلامق *bachaq baghlamaq*, lier les gerbes.

باشاقچى *bachaqtche*, glaneur; *au fig.* mendiant.

باشاقلو اوق *bachaqlu oq*, flèche dentelée. Cf. پيكانلو.

باشبوغ *bachbogh*, (turc-bulgare) chef de corps, chef d'armée, généralissime; plus rarement, commandant de flotte (Hadj. Khalfa, *Guerres maritimes*, p. 60). Ce mot désignait aussi quelquefois un capitaine de mahonne, id., p. 69.

باشتَرده bachtarda, (var. باشطَرده) de l'italien bastarda, galère capitane, galère du grand-amiral (capoudan-pacha); elle était décorée avec un grand luxe et figurait au premier rang dans certaines cérémonies officielles.

باشتنه bachtènè, (bulgare) champs, terres du domaine public transmissibles selon les règles du *tapou*. Voy. طابو. — D'après l'étymologie de ce mot bulgare qui signifie « père » *(bach-ta)*; on désigne ainsi les terres possédées à titre héréditaire en Bosnie. — Dans l'usage, le mot *bachtènè* s'applique aussi au contribuable, à celui qui, par héritage, est assujéti à payer une semblable redevance foncière.

باشجغز bachdjeghaz, (diminut. de باش tête) bouton, abcès; cf. چبان.

باشسزلق bachsezleq, détresse, infortune; ce mot est peu usité.

باشقه bachqa, autre, différent, distinct, gouverne l'ablatif : سزدن باشقه sizden bachqa, autre que vous. — adv. séparément, outre, excepté. — بوندن باشقه boundan bachqa, outre cela, ex-

cepté cela. — باشقه باشقه bachqa bachqa, باشقه جه bachqadja, séparément, particulièrement, principalement; d'une façon distincte. — باشقهلق bachqaleq, différence, diversité. — باشقهلاشمق bachqalachmaq, changer, s'altérer.

باشلامق bachlamaq, 1° commencer, entreprendre, avoir l'initiative. — trans. باشلاتمق bachlatmaq, faire commencer; envoyer un enfant à l'école. — 2° être plein, enflé, rond. — باشلانغج bachlanghedj, commencement, introduction, préface. — باشلانلمق bachlanelmaq, être commencé. — باشلايجى bachlaïedje, qui commence; nouvelle, nouveauté; primeur.

باشلق bachleq, 1° coiffure de tête, capuchon; casque, visière. — 2° chapiteau, fût de colonne. — 3° autorité, pouvoir, commandement.

باشلو bachlu, 1° à tête, à bout arrondi. — 2° grand, principal, important. — باشلو ايش bachlu ich, affaire grave. — بللى باشلو belli bachlu, connu, notable, personnage important. — باشلو دكنك bachlu deïnek, canne à pommeau. — شهرك باشلو تجارى chehiriñ bachlu tuddjare, notable commerçant.

— بیوك باشلو buyuk bachlu, intelligent, forte tête. — باشلو اولچك bachlu eultchèk, mesure comble. — باشلو باشنه bachlu bachenè, séparé, indépendant, qui agit à sa tête.

باشلوجه bachludja, grand, important, principal; extrême.

باشمق et پشمق bachmaq, pachmaq, chaussure, sandale; autrefois chaussure à talon haut, fixée aux pieds avec des courroies, en arabe مداس mèdas; aujourd'hui, se dit de toute espèce de chaussure. — باشمق بالچقسز اولمز bachmaq baltcheqsez olmaz, il n'y a pas de chaussure sans boue (prov.). — باشمق شریف bachmaq chérif, sandales du Prophète. — باشمقجی bachmaqtche, qui fabrique et qui vend des chaussures.

باشمقلق bachmaqleq, « droit de chaussure », apanage établi sur les revenus de certaines villes, au profit de la sultane-mère (Validè).

باشنمق bachenmaq, se refuser, faire résistance; être entêté, désobéissant.

باصاماق et بصاماق baçamaq, marche d'escalier; — échelon des haubans. — Cf. باصقج.

باصدرمه paçterma, viande salée, mise au pressoir et préparée avec des herbes; l'oie ainsi accommodée est un mets fort apprécié en Turquie. — طوکوز باصدرمه‌سی domouz paçtermase, jambon. — On écrit aussi باصترمه.

باصدی (var. پاصدی) baçte, paste, légumes cuits à l'étuvée et arrosés de jus de viande. — کل باصدی kul-paçte, rôti (kebab) cuit sous la cendre. — قاش باصدی qach paçte, espèce de bandeau, ou coiffure en forme de turban.

باصقی baçqe, 1° machine à presser, presse, pressoir. — 2° au fig. précepteur, surveillant. — 3° action de surveiller, de contraindre. — باصقی آلتنده baçqe áltendè, sous la férule du maître. — باصقجی baçqedje, ouvrier aux presses.

باصقج baçqedj, escalier, marche, degré; voir aussi باصامق.

باصقین baçqen, 1° lourd, pesant. — 2° attaque nocturne, razia de nuit (دون باصقین dun baçqen), enquête, descente de justice. — یالاك باصقین yalañ baçqen, fausse alerte. — 3° source, chute d'eau. — au fig. باصقین ویرمك baçqen vèrmek, être pris en flagrant délit d'impudicité. — L'expression باصقلو *baçeqlu*, « mis sous presse », se prend aussi dans un sens obscène.

باصمق *baçmaq*, 1° fouler aux pieds, peser sur, presser, mettre sous presse. — 2° envahir, dominer, attaquer de nuit, à l'improviste; faire une descente de justice. — 3° attacher un paquet. — 4° couver. — *au neutre*, résister, se détourner, s'incliner. — صيغيـر باصـمـق *çegher baçmaq*, égorger un bœuf. — آياق باصـمـق *âyaq baçmaq*, fouler aux pieds; *au fig.* insister, être pressant. — آتش باصمق *âtech baçmaq*, être au paroxysme de la colère. — باغره باصمق *bagherè baçmaq*, presser sur son sein, embrasser. — روزكار باصـمـق *rouzguiar baçmaq*, s'apaiser, tomber (le vent, la tempête). — قدم باصمق *qadèm baçmaq*, faire une visite. — قلاى بصمق *qalaï baçmaq* et آغير باصـمـق *âgher baçmaq*, injurier, molester. — ياغره باصمق *yaïghera baçmaq*, se quereller, faire tapage. — آغيـر *âgher baçmaq*, marcher lourdement. — آغيرلق باصـمـق *âgherleq baçmaq*,-1° être indolent, mou. — 2° avoir le cauchemar. — كتابه باصمق *kitabè baçmaq*, jurer sur le Koran.

صوغوق باصمق *çoouq baçmaq*, exercer de mauvais traitements. — بـام تلنه باصمق *bam telinè baçmaq*, mettre en colère. — اويقـو باصار *ouïqou baçar*, le sommeil l'emporte, domine. — ايز باصمق *iz baçmaq*, suivre les traces. — اوقشه‌مق ou آى باصـمـق *âï baçmaq* ou *okhchamaq*, « fouler ou caresser la lune », c.-à-d. : donner des signes de démence, délirer. — *trans.* باصدرمق et باصـرمـق *baçtermaq* et *baçermaq*, faire presser, fouler; éteindre l'incendie; dominer, vaincre; arrêter (le gibier); forcer, contraindre; — couvrir; faire couver. — باصرغمق *baçerghanmaq*, être oppressé, avoir le cauchemar. — باصلمق *baçelmaq*, être foulé, opprimé, vaincu; être éteint; s'apaiser. — باصان *baçan*, (ou قره باصان *qara baçan*) oppression, cauchemar. — آياغى يره باصمز *âyaghe yèrè baçmaz*, « son pied ne touche pas à terre », il est au comble de la joie. — چـورك تخته‌يه باصمق *tchuruk takhtaïa baçmaq*, « marcher sur une planche pourrie », être imprudent, s'exposer follement au danger.

باصمه *baçma*, tout ce qui est imprimé, étoffe, livres, etc. — caractères d'imprimerie. — باصمه خانه *baçma-khanè*, imprimerie. — باصمه جى *baçma-dje*, imprimeur, typographe. — باصمه چرخى *baçma tcharkhe*, presse à imprimer. — Les *baçma* ou indiennes fabriquées à Tokat et à Kastambol jouissaient autrefois d'une grande réputation.

باصیش *baçech*, du verbe باصمق, action de fouler aux pieds; pression. — *au fig.* insistance.

باصیق *baçeq*, 1° foulé, déprimé, bas. — باصیق بنا *baçeq bina*, maison basse, au toit déprimé. — باصیق آلین *baçeq âlen*, front bas. — باصیق آت *baçeq ât*, cheval bas sur jambes, en arabe حُكل. — 2° bègue. — باصیقلق *baçeqleq*, taille courte; — bégaiement. — باصیق سویلمك *baçeq seuïlèmek*, bégayer, parler d'une façon inintelligible. — باصیق *baçeq*, vis, boulon; on dit en proverbe : باصیقسز تخته یی یل آلور یل آلمزسه سیل آلور *baçeqsez takhtayę yèl âlour, yèl âlmazsa seïl âlour*, le vent emporte la planche sans boulon; si ce n'est le vent qui l'emporte, c'est le torrent.

باطیه ou باطیا *bathya*, auge, baquet; voir بادیا.

باغ *bagh*, (pers.) vigne, verger. — باغ اكمك *bagh ekmek*, planter la vigne. — باغ بكجیسى *bagh bektchisi*, gardien des vignes, garde-champêtre. — باغ بوزومى *bagh bozoumou*, vendange. — باغ صارماشیغى *bagh çarmacheghe*, lierre qui entoure la vigne. — باغ چارداغى *bagh tchardaghe*, treille. — باغجى *baghtche*, gardien de vigne, vigneron. — باغستان باغلق *baghleq* ou *baghestan*, vignoble. — باغ بودامق *bagh boudamaq*, tailler la vigne; on dit en proverbe : كندو باغكى بودا *kendu baghene bouda*, « taille toi-même ta vigne », c.-à-d. : ne laisse pas à d'autres le soin de tes affaires. Horace a dit dans le même sens « *ut vineta coedam mea* ». — بر باغدن بر باغه صچرامق *bir baghdèn bir bagha çetchramaq*, « sauter de vigne en vigne », passer d'un sujet à un autre, de fil en aiguille.

باغ *bagh*, (t. or. باغو *baghou*) 1° lien, attache; collier, baudrier. — بویون باغى *boyoun baghe*, cravate. — چوراب باغى *tchorab baghe*, jarretière. — كمر باغى *kemer baghe*, ceinturon. — قاصیق باغى *qaçeq baghe*, suspensoir. — صاچ باغى *çatch baghe*, bandelette de coiffure, filet. — 2° bouquet, botte,

باغ باغ

faisceau. — اوت باغی ot baghe̱, botte d'herbe. — اكین باغی ekîn baghe̱, gerbe de blé. — au fig. كوز باغی gueuz baghe̱, négligence, incurie, ignorance. — دیز باغی چوزلمك diz baghe̱ tcheuzulmek, s'amollir, devenir flasque, faible. — 3° nœud magique qui, selon la croyance populaire, empêche la consommation du mariage. — باغلو baghlu, attaché, lié, dépendant. — باغلو قویون یرنده اوتلار baghlu qoyoun yèrindè otlar, mouton attaché broute où il est (prov.). — باشی باغلو bache̱ baghlu, femme mariée. — دیلی باغلو dili baghlu, muet. — كوزی باغلو gueuzu baghlu, ignorant, innocent, sans expérience. — طالعه باغلو thali'a baghlu, malheureux, qui n'a pas de chance. — اكوز باغی eukuz baghe̱, infusion de fleurs de tilleul (ikhlamour), tisane.

باغان, باغنه baghan, baghana, pelisse en peau d'agneau mort-né ; les peaux qui proviennent d'Astrakhân et qui servent à fabriquer le bonnet persan haut de forme, sont les plus estimées. — en t. or. baghana se dit d'un avorton, surtout d'un agneau né avant terme.

باغچه baghtchè, jardin, petit enclos planté d'arbres et de fleurs. — خاصّ باغچه khass baghtchè, jardins royaux, parc du Sultan. — باغچهوان baghtchèvan, (comme باغبان) jardinier, gardien des jardins. Cf. بوستان. — باغچه قوسی baghtchè qapoussou, « la porte du jardin », nom d'une des anciennes portes de Constantinople, la dernière avant les murs du Sèraï. — باغچه كوی baghtchè keuï, village aux environs de Constantinople, sur les hauteurs qui dominent Buyuk-Dèrè et le Bosphore ; dans le voisinage se trouve le bel aqueduc de Mahmoud Ier.

باغدامق baghdamaq, plier, joindre les genoux.

باغداشمق baghdachmaq, (prononcer ba'dachmaq), s'asseoir à la turque. — باغداش ba'dach, manière de s'asseoir à la turque, les genoux ployés ; on dit aussi : باغداش قورمق ba'dach qourmaq.

باغدو baghdou, rayons de soleil ; lumière, éclat (peu usité).

باغر (var. بغر) bagher, 1° foie, cœur ; place occupée par ces organes. — 2° le devant, la partie antérieure. — طاغ

باغری dagh baghere, le front d'une montagne. — یای باغری yaï baghere, le milieu ou la poignée de l'arc. — باغره باصمق bagherè baçmaq, étreindre, embrasser. — باغر یلکی bagher yèlèyi, casaque en peau de buffle qui se porte sous la cotte de mailles. Cf. باغلداق. — باغری آچیق baghere âtcheq, troublé, malheureux. — باغری قره baghere qara, désolé, désespéré (en t. or. c'est le nom d'un oiseau, peut-être la corneille). — قورت باغری qourt baghere, loc. fautive pour qourt bahare, plante; voir بهار.

باغرتلاق baghertlaq, 1° c'est l'oiseau nommé en arabe قطا et, en persan, « mange-pierre » سنكخوار, qui répond à la perdrix d'Égypte au plumage cendré; cependant les Turcs donnent ordinairement le nom de baghertlaq à la sarcelle. — 2° espèce de canard sauvage; on écrit aussi بوغرتلاق.

باغرجق bagherdjeq, ou mieux آرابه باغرجغی âraba bagherdjeghe, timon de la charrue; on emploie le mot چتال tchatal dans le même sens.

باغرداق bagherdaq, maillot, langes qu'on serre autour du corps d'un enfant au berceau; cf. باغر.

باغردان bagherdan, (du verbe باغرمق hurler, gémir) n'est guère usité que dans le composé دوه باغردان dèvèh bagherdan, « qui fait gémir le chameau », c.-à-d. : chemin difficile, raboteux ou embourbé.

باغرساق baghersaq, intestins, entrailles, tripes dont on fait les andouillettes; boyaux qui servent aux instruments de musique. Cf. کودن. — یر باغرساغی yèr baghersaghe, (en arabe صرّاد) espèce de plante grimpante. — قیورم باغرساق qevrem baghersaq, boyau gras. — باغرساق قازنتیسی baghersaq qazentese, « raclure de boyau », injure à l'adresse du dernier né d'une famille. — بو آدمك باغرساغی قاچ طولاشدوغنی بیلورم bou âdamuñ baghersaghe qatch dolachdeghene bilirim, « je sais combien de replis font les boyaux de cet homme », je le connais à fond.

باغرمق baghermaq, crier (du fond de la poitrine باغر) hurler, mugir. — یوزه باغرمق yuzè baghermaq, effrayer en criant. — باغروب چاغرمق bagheroup tchaghermaq, héler à grands cris;

dire des injures. — باغِرتْمَق *bagheret-maq*, irriter, ennuyer. — باغِرشْمَق *bagherechmaq*, faire un grand vacarme (la foule). — باغِر باغِر باغِرمق *bagher bagher baghermaq*, pousser des cris épouvantables. — باغِريش *baghеrech*, cri, hurlement, mugissement.

باغْشيش, باغْشِش *baghchich*, (var. بخْشش) don, cadeau, pourboire; voir بخْشش et باغْشلامق.

باغْشلامق *baghechlamaq*, 1° donner, faire cadeau. — 2° pardonner, excuser. — n. d'action باغْشِش *baghchich*, don, cadeau, pourboire, même sens que بخْشش; voir ce mot. — باغْشلايجى *baghechlaïedje*, généreux, miséricordieux.

باغْلامق *baghlamaq*, attacher, lier, nouer; retenir; — fermer (une porte); — faire couler, irriguer; — se tenir debout la main dans la ceinture (comme ديوان طورمق). — بر آدمك باشِنى باغْلامق *bir âdamuñ bachene baghlamaq*, imposer une charge, un travail. — باش باغْلامق *bach baghlamaq*, se coiffer, se voiler (se dit d'une fiancée; de là le sens de « conclure mariage »). — couvrir, mettre un couvercle. — بر شيئك اوسْكنى باغْلامق *bir cheïiñ eüñeüne baghlamaq*, retenir, empêcher, endiguer; — se couvrir de glace ou de mousse (l'eau); — ranger, mettre en bataille. — كوكل باغْلامق *gueñul baghlamaq*, avoir de l'attachement, des désirs. — ايراد باغْلامق *irad baghlamaq*, former un projet. — mettre une mélodie (بسته) sur les paroles d'une chanson. — بل باغْلامق *bèl baghlamaq*, « se ceindre les reins », c.-à-d. : entreprendre une affaire. — يلكن باغْلامق *yelken baghlamaq*, ferler les voiles, se préparer au départ. — پنبوق ايپكليله باغْلامق *pambouq ipeklüle baghlamaq*, « nouer le coton avec son fil »; *métaph.* faire de vains projets. — يورك ياغ باغْلامق *yurek yagh baghlamaq*, se réjouir. — *trans.* باغْلاتْمَق *baghlatmaq*, faire attacher. — *pass.* باغْلانْمَق *baghlanmaq*, être attaché, lié, obstrué; se fortifier, avoir confiance (le cœur); être obligé, dépendre de; prendre à sa charge. Cf. بايمق.

باغْلامه *baghlama*, instruments de musique, tels que ceux nommés طنبوره, بولغارى, بوزوق; voir ces mots.

باغْلان *baghlan*, variété d'oie aux ailes rouges. D'après M. Pavet de

COURTEILLE, c'est l'*anas gambensis*. — On écrit aussi بقلاك et بقلان *baqlañ*.

باغلداق *bagheldaq*; voir باغمق et باغر.

باغمق *baghmaq*, (t. or. attacher) séduire, ensorceler. — كوز باغلامق *gueuz baghlamaq*, fasciner, tromper.

باغى (var. بوغو, باغو) 1° *baghe*, charme, enchantement, fascination. — باغىجى *baghedje*, sorcier, enchanteur; — qui charme et fascine (beauté séduisante); voir باغمق. — 2° *baghou*, lien, bande, faisceau, du verbe باغلامق attacher, lier. — صمان باغولرى *çaman baghoulare*, bottes de paille.

باغيرمق *baghermaq*, crier; voir باغرمق.

بافته *bafte*, petits ornements de métal, paillettes; voir يافته.

باق *baq*, impératif du verbe باقمق, vois, regarde. — بكا باق *baña baq*, interjection, hé! dis donc! — باقسكا *baña baqsañ-â*, écoute donc, fais attention. — باقه لم *baqalum*, voyons, attendons, prenons patience, voyons ce qui arrivera.

باقاناق et بقاناق *baqanaq*, sabot fourchu des ruminants. Le *Lehdjè* croit reconnaître une analogie entre ce mot et باقا ou بغا, à cause de la ressemblance qui existe entre le sabot des animaux et l'écaille brute; mais c'est une conjecture très-suspecte.

باقر *baqer*, cuivre. Pour les alliages de ce métal; voir طومباق, برنج, طوج. — باقر تخته *baqer takhta*, feuille de cuivre. — باقر قاپلامه *baqer qaplama*, doublé de cuivre. — باقر پاره *baqer para*, monnaie de cuivre, liard, obole. — باقر پاسى *baqer passe*, rouille, vert de gris. — باقر طوزى *baqer touzou*, vitriol vert; cf. كوز طاشى *gueuz tache*, vitriol bleu. — باقر آوادانلق *baqer âvadanleq*, ustensiles de cuivre; au *fig.* chose solide, durable. — باقر اركك طاشى *baqer tache*, malakite. — اركك باقر *erkek baqer*, « cuivre mâle », c.-à-d.: cassant. — ديشى باقر *dichi baqer*, « cuivre femelle », c.-à-d.: ductile. — باقرجى *baqerdje*, chaudronnier, fabricant ou marchand d'ustensiles en cuivre. — Prov.: انك قاتنده بر دمير كوك باقردر *onouñ qatendè yèr demir gueuk baqerder*, « la terre pour lui est de fer et le ciel d'airain »; se dit d'un malheureux à qui rien ne réussit.

باقشمق *baqechmaq*; voir باقق.

باقلوا **baqlava**, gâteau d'amandes, pâtisserie assaisonnée de sirop ou de miel et divisée en tranches de forme rhomboïdale. — باقلوا رسمى **baqlava resmẹ**, « en forme de *baqlava* », c.-à-d.: en losanges. — Le 15 du mois de ramazan, à la suite de la cérémonie en l'honneur de la robe du Prophète (*khirqaï chérif*), le sultan faisait distribuer aux compagnies de Janissaires de grands plateaux chargés de *baqlava* et d'autres friandises; D'OHSSON, *Tableau*, t. II, p. 392.

باقله (variantes : بقلا, باقلا) **baqla**, fève; latin *bacillum*. En arabe, c'est le nom générique des légumes; par ex.: بقلة الملك **baqlat ul-mélik**, fumeterre; بقلة الحمقا **baqlat ul-hamqa**, pourpier; بقلة العربية **baqlat ul-'arabyè**, blette; بقلة اليمانية **baqlat ul-yèmanyè**, bette; poirée. — باقله قرى ; voir طون. — آجى باقله **âdjẹ baqla**, « fève amère », nommée aussi يهودى باقلهسى **yẹhoudi baqlasẹ**, « fève de juif », et « fève d'Égypte »; c'est une sorte de chicorée sauvage dont l'intérieur sert d'aliment aux Juifs. (Cf. *Abdellatif*, p. 45, IBN EL-BEÏTAR, trad. LECLERC, t. I, p. 245.) — هند باقلهسى **hind baqlasẹ**, fève de Tongo dont on parfume le tabac à priser. — *au fig.* باقلهىى اصلاتمق **baqlayẹ ẹçlatmaq**, « humecter la fève », se taire, garder le silence. On dit familièrement d'un bavard : آغيزنده باقله اصلانمز **âghezendè baqla ẹçlanmaz**, la fève ne se mouille pas dans sa bouche. — باقله صالمق (ou آتمق) **baqla çalmaq** ou **âtmaq**, « jeter les fèves » pour consulter le sort, ainsi que le font les bohémiens quand ils disent la bonne aventure. — باقلهىى چيقارمق **baqlayẹ tchẹqarmaq**, « faire sortir la fève », se mettre en colère; injurier. — ايكى كره پيشمش باقله طاتسز اولور **iki kerrè pichmich baqla dadsẹz olour**, « fève réchauffée n'a plus de goût », *non bis in idem*; δὶς κράμβη θάνατος. — On appelle بقول خمسة « les cinq légumes » : la fève, le haricot, le haricot nain, le pois chiche et la lentille. — En terme de marine, on donne le nom de *baqla* « fève » à l'anneau du câble-chaîne.

باقله بالغى **baqla balẹghẹ**, espèce de morue.

باقمق **baqmaq**, regarder. — suivre, imiter, s'attacher à..., s'occuper. — soigner. — tâter, éprouver; imiter (une poésie). — اكرى باقق *eyri baqmaq*, regarder de travers; jeter un sort. — آغِزه باقـق *âghezè baqmaq*, écouter avec attention. — درت يـانه باقـق *deurt yana baqmaq*, épier avec inquiétude, se tenir sur ses gardes. — يوزه باقق *yuzè baqmaq*, être bienveillant. — خسته يه باقق *khastaïa baqmaq*, soigner un malade. — باغ اولور باقرسك طاغ اولور باقمزسان *baqarsañ bagh olour baqmazsañ dagh*, si tu en prends soin, ce sera une vigne, si tu la négliges, une montagne aride (prov.). — *trans.* باقدرمق *baqtermaq*, faire voir, montrer; faire soigner. — اوزاقدن باقدرمـق *ouzaqtan baqtermaq*, faire voir de loin; refuser. — *récipr. et réfléchi,* باقشمق ، باقنمق *baqechmaq, baqenmaq*, regarder autour de soi avec étonnement; attendre. — بـاقه قالمق *baqa qalmaq*, éprouver des regrets.

باقى *baqy*, (ar.) qui reste, durable. — باقى قالان *baqy qalan*, le restant, le reliquat; synonyme de بقية. — باش باقى قـولى *bach baqy qouly*, substitut du *defterdar efendi* ou ministre des finances; il défendait les droits de l'État en présence du *Miri kiatibi*, dans tous les procès concernant les biens domaniaux, les créances du trésor, etc.

باقياز *baqyaz*, (mot d'origine incertaine) festin donné pour l'achèvement d'une maison; comp. l'ar. حتيرة.

باقيجى *baqedje*, diseur de bonne aventure; devin, bohémien. — précepteur; surveillant, gardien. — باقيجيلق *baqedjeleq*, divination, métier du diseur de bonne aventure. Cf. باقق.

باقيش *baqech*, nom d'act. du verbe باقق, action de regarder. — يان باقيش *yan baqech*, regard de travers, menace. — قوش باقيشى *qouch baqeche*, vue d'ensemble, à vol d'oiseau. — آرسلان باقيشلو *ârslan baqechlu*, « à mine de lion », d'aspect féroce; on dit aussi dans le même sens : شاهين باقيشلو *chahîn baqechlu*, « à mine de faucon ».

باقيم *baqem*, nom d'act. du verbe باقق, vue, contemplation; réflexion. — aspect, forme — soin, éducation. — بر باقيمـه *bir baqemè*, sous un rapport, d'un certain point de vue. — باقيملو *baqemlu*, bien nourri, gras et dodu.

باك *bañ*; voir بان.

بال *bal*, miel. — quelquefois gomme douce; — sirop de fruits. — میان بال *myan bale*, jus de réglisse. — بال پتیی *bal pètèye*, gâteau de miel. — بال مومی *bal moume*, bougie, cierge. Cf. لالك. — بال مومی چیچکی *bal moume tchitcheye*, plante de la famille des cactus. — بال قباغی *bal qabaghe*, espèce de courge. — پنبوق بالی *pambouq bale*, miel provenant de la fleur du cotonnier. — دلی بال *dili bal*, langue doucereuse, flatteur; on dit aussi : بالجی *baldje*. — بال اولان یرده سینکده بولونور *bal olan yèrdè siñekdè boulounour*, « où il y a du miel, il y a des mouches » (prov.). — بال آلاجق بر چیچك *bal âladjaq bir tchitchek*, « fleur à donner du miel », individu à exploiter (loc. proverb.). — بالمومجی *balmoumdje*, cirier, fabricant de cierges et bougies. — یاز بالی *yaz bale*, « miel d'été », miel épais et très pur; par opposition au كوز بالی *guz bale*, « miel d'automne », qui est plus clair et moins limpide. — مومنی بال *moumlu bal*, miel mélangé avec la cire. — کهربائی بال *kèhrubayi bal*, « miel d'ambre », ainsi nommé à cause de sa couleur. On nomme le miel blanc بللوری بال *billouri bal*, « miel de cristal »; une autre qualité de miel, aussi très-blanc, est dite تسبیح بالی *tesbih bale*, « miel de chapelet ». — قامش بالی *qamech bale*, « miel de canne », synonyme de سیاه بال *siah bal*, « miel noir »; c'est le suc d'une espèce de canne à sucre qui croît en Égypte. — On dit en proverbe: برسوز بال ایله کسمك *bir seuz bal ilè kesmek*, « couper la parole avec du miel », interrompre poliment une personne qui parle. — باللر یاغلر اولسون *ballar yaghlar olsoun*, « que ce soit miel et beurre ! » souhait qu'on adresse aux convives à la fin du repas. — الی بال ایچنده در *èli bal itchindè dur*, « sa main est dans le miel » ou « il a la main à la pâte », se dit des agents fiscaux, receveurs et autres qui manient les deniers publics. — زهر بال ایله صاتمق *zèhir bal ilè çatmaq*, « vendre le poison avec le miel », adoucir l'amertume des refus; ce qui revient à la locution française « donner de l'eau bénite de cour ». — بال یمز *bal yèmèz*; voir بالیمز, qui est l'orthographe véritable.

بالا *bala*, (pers.) haut, élevé. En style administratif, رتبۀ بالا *rutbè-i bala*, désigne le deuxième degré de la hiérarchie officielle et répond au grade de général de division (*fériq*).

Le rang supérieur est celui de *vèzir*, correspondant à maréchal. — *adv.* plus haut, ci-dessus. — بالاده مذكور *baladè mezkiour*, susdit, susmentionné; dénommé.

بالا *bala*, petit d'oiseau, surtout de l'oie, du pigeon, etc.; on dit aussi: پالاز; voir ce mot. (En t. or. بالاچقه et پلاچقه signifient une poule couveuse.)

بالابان *balaban*, (ou بلبان) 1° gros, épais, à grosse tête. — 2° nom d'un épervier ou faucon blanc à tête épaisse, synonyme de سوذق. — 3° tambour de grande dimension.

بالار *balar*, (pers.) planche mince de sapin, ais, bardeau, comme پداوره.

بالاط, بلاط *balat*, (du grec παλαιότητα) monument ancien, ruine, antiquité. Cf. پالئو.

بالته *balta*, hache; voir la forme plus correcte بالطه.

بالچق, بالچاق *baltchiq, baltchaq*, petite anse; poignée, garde du sabre; on écrit plus rarement بارچاق et بالداق.

بالچق *baltcheq*, terre grasse, argile, limon, boue, bourbier. — چوملكچى لوله جى بالچغى *tcheumlektchi lulèdji baltcheghe*, terre rougeâtre dont on fabrique des pots et des *lulèh* (fourneaux de pipe). — باچقلو *baltcheqle*, boueux; باچقلو ليمان *baltcheqle liman*, port embourbé. — باچقلامق *baltcheqlamaq*, souiller de terre ou de boue. — كونش باچق ايله صيوانمز *gunech baltcheq ela çevanmaz*, « on n'obscurcit pas le soleil avec de la boue », la vérité prévaut toujours contre l'erreur.

بالداق *baldaq*, garde d'épée, poignée dans laquelle on passe la main pour tenir le sabre. (Variantes بارچاق et بالچاق.)

بالدر; voir بالدير *balder*.

بالدران *balderan*, ciguë. — كوچك بالدران *kutchuk balderan*, petite ciguë, ou ciguë des jardins. — صو بالدرانى *çou balderane*, fenouil; voir رزنه *rèzènè*.

بالدرغان *balderghan*, assa fœtida, nommée aussi بالدرغان صمغى gomme du silphion ou *serpitium*, et شيطان ترسى *cheïtan tersi* ou *cheïtan boque*, « excrément du diable ».

بالدير (var. بالدر) *balder*, 1° gras de la jambe, mollet (chez les animaux كراع). — 2° tige de plante. — بالدير سكيرى *balder siñiri*, tendon. — بالدير

كيكرى baldęr kèmikleri, les os de la jambe; péroné et tibia. — قايش بالديرلو qayech baldęrlę, « qui a la jambe en courroie », c.-à-d. : molle et faible. — بالديرى چلاق baldęrę tcheplaq, « jambe-nue », vaurien, vagabond, homme de la lie du peuple. — بالديرى قره baldęrę qara, n. de plante : coriandre et aussi adianthe; c'est la traduction de l'arabe ساق الاسود. — بالديرمك باديرمن baldęremeñ ètęnę yèrim qassabè minnet etmèïm, « je mangerais la chair de ma jambe, plutôt que d'avoir des obligations au boucher ». (Prov.)

بالديراق baldęraq, chausses, caleçons; chaussettes. Cf. بالدير.

بالديز baldęz, sœur de la femme, belle-sœur.

بالصره balçęra, espèce de manne, nommée aussi يپراق پيسليكى yapraq pisliyę, « ordure de feuille », et اوتلق يوسنى otlaq youçounou, « rouille de pré ».

بالصمه balçama, (du grec βάλσαμον), baumier, balsamodendron; en arabe بلسان, d'où s'est formé par corruption le mot turc plus usité pèlèsenk; voir پلسنك.

بالطه balta, (moins bien بالته) hache; — l'arabe فأس est usité pour la hache à deux tranchants. — بالطه كيرمدك اورمان اولمز balta guirmedik orman olmaz, « il n'y a pas de forêt où la hache n'ait pénétré » (prov.). — كوندرلو بالطه gunderlu balta, hache plantée sur une hampe, arme des valets de pied (peïk), sous l'ancien régime. — ايَر بالطه سى èyèr baltasę, hache de selle. — حجامت بالطه سى hadjamet baltasę, lancette, bistouri (on dit aussi بالطه جق baltadjęq, petite hache). — مرانغوز بالطه سى maranghoz baltasę, hachette de charpentier. — au fig. بالطه كورممش اورمان balta gueurmèmich orman, « forêt qui n'a pas connu la hache »; chose nouvelle, inconnue. — بالطه كندو صاپنى كسمز balta kendu çapenę kesmez, « la hache ne coupe pas son propre manche », se dit, en forme de reproche, à quelqu'un qui agit contrairement à l'intérêt général. — آغاج آغيز بالطه ديل âghadj âghęz balta dil, « bouche de bois, langue de hache », locution familière à l'adresse d'une personne dont le langage est grossier et injurieux. — بالطه ايله يونمالو balta ela yonmalu, « il aurait besoin d'être taillé à coups de hache », se dit d'un caractère difficile et rude. — ایکی یوزلو بالطه *iki yuzlu balta*, hache à deux tranchants, comme en ar. فأس. — بالطهجی *baltadje*, hallebardier, nom des valets préposés à la garde du harem impérial; ils portaient un bonnet pointu en feutre *(koulah)* et une longue pique terminée par une hache. Leur chef بالطه جیلر کهیاسی *baltadjelar kiahiasi*, reconnaissable à sa large ceinture d'or, transmettait les ordres du sultan au grand-vézir. — بالطه لو *baltalu*, sapeur, soldat chargé d'ouvrir les routes et d'en aplanir les obstacles; c'est celui que, dans l'ancienne organisation militaire, on nommait مسلم *musellem*. — بر بالطه یه صاپ اولمق *bir baltaïa çap olmaq*, « être le manche de la hache », être mis au service de quelqu'un, s'employer.

بالطه باش *balta bach*, « tête de hache », nom d'une espèce particulière de navire dont la proue est d'une forme irrégulière; bâtiment qui ressemble au *cutter*.

بالطه لامق *baltalamaq*, couper du bois dans une forêt; abattre, démolir; — donner un coup de lancette. —

finir, achever. — ایشه بالطه ایله کیرشمك *ichè balta-éla guirichmek*, en venir aux grands moyens.

بالطه لق *baltaleq*, bois communal, destiné à être mis en coupe réglée pour le chauffage des habitants; ne pas confondre avec قورو.

بالغ *baligh*, (ar.) majeur, qui a atteint sa majorité. Sur les conditions requises pour la majorité, voir بلوغ. — عقله بالغ *'aqlè baligh*, parvenu à l'âge de raison. — بالغ صاحب مختار *baligh çahib moukhtar*, majeur, usant et jouissant de ses droits.

بالغم *balgham*, pituite, phlegmon; voir بلغم.

بالق *baleq*, poisson. — Pour les composés du mot *baleq*, comme آلا بالق truite, اشك بالق morue, etc., chercher par le mot initial. — بالق آغی *baleq âgheu*, filet. — بالق اوتی *baleq oteu*, coque du Levant, appât pour la pêche. — بالق آوی *baleq áveu*, pêche. — بالق پولی *baleq poulou*, écaille de poisson. — بالق قولاغی *baleq qoulaghou*, peigne, etc. — دکزده بالق *denizdè baleq*, (au fig.) « poisson dans l'eau », c.-à-d.: chose cachée, mystère. — قورو

بالق qourou baleq, poisson salé et séché, saumure. — بالق آولامق baleq ávlamaq, pêcher. — بالق اوغلامق baleq oghlamaq, comme بالق آولامق baleq ávlamaq, pêcher au filet. Comparer avec l'arabe عرکی 'arèki, pêcheur. — بالق امینی baleq èmini, préposé à la vente du poisson et percepteur des droits sur cette vente. — بالقچی baleqtche, marchand de poisson, mais jamais pêcheur; ce dernier mot se rend en turc par بالق طوتان baleq toutan, « preneur de poisson » ou par l'arabe صیّاد çayyad. — بالق طوتان اوکز بیان طویمز آلوب صاتان کار ایدر «celui qui prend le poisson ne s'enrichit pas, celui qui le mange ne se rassasie pas, mais celui qui le vend fait ses affaires ». (Prov.) — بن دکز ایچنده بالق صاتون آلمام ben deñiz itchindè baleq çatoun álmam, « quant à moi je n'achète pas le poisson qui est encore dans la mer », c.-à-d. : je n'achète pas chat en poche. — لیمان بالغی liman baleghe, « poisson de port », naïf, ignorant qui n'a pas vu le monde. — قیا بالغی qaya baleghe, poisson de roche, au fig. bâtiment de prise facile. — کرکین بالق کبی اویوشمق guirguîn baleq guibi ouyouchmaq, « se suivre comme poissons en frai », se dit d'amis inséparables. — بالق قفسده بسلنمز baleq qafesdè beslenmez, « le poisson ne se nourrit pas en cage », chacun doit être traité selon sa condition. — طوزلی بالق می یدك touzlou baleq me yèdiñ, « as-tu mangé du poisson salé? » plaisanterie à l'adresse d'une personne qui boit beaucoup. — بالغی باشندن آولامق baleghe bachenden ávlamaq, « pêcher le poisson par la tête », procéder par ordre, commencer par le commencement; c'est le contraire de notre dicton « écorcher l'anguille par la queue ». — بالق قواغه چیقدیغی زمانده baleq qavagha tcheqdeghe zemandè, « lorsque le poisson grimpera au peuplier » dans le sens de « jamais ». — بالقخانه baleq-hanè, 1° réservoir, vivier où se conserve le poisson vivant. — 2° nom d'un ancien quartier et d'une prison d'État près de Yèñi-Séraï, à Constantinople.

بالقان balqan, chaîne de montagnes escarpées. — بالقانلق balqanleq, pays couvert de montagnes escarpées et boisées. Voir au *Dict. géographique*.

بالقجیل (var. بالقچیل) baleqtchel, héron de grande espèce, dont la queue est empennée de deux longues plumes. Les naturalistes musulmans le décrivent comme un oiseau aquatique, au plumage noir ou gris, et perché sur de longues jambes. C'est le بوتیمار *boutimar* des Persans, en arabe طُوَّل *touwal* ou مالك الحزين « l'ange triste », « ainsi nommé, disent les bonnes gens, parcequ'il songe sans cesse aux tourments de l'enfer ».

بالقجين *baleqtchen*, 1° poisson qui ressemble au martin-pêcheur ou à la mouette, mais de plus petite taille; on le nomme en arabe بركة *burkè* et en persan ماهی خوار *mahi-khâr*, « mange-poisson ». — 2° canard sauvage ou sarcelle.

بالقلامق *baleqlamaq*, frétiller comme le poisson, s'agiter, remuer. — avoir une tremblement nerveux (tétanos).

بالقلامق (var. بالقلق) *baleqlamaq*, briller, reluire, avoir des reflets nacrés comme l'écaille de poisson (*baleq*).

بالقلاوه *balaqlava*, (la forme primitive est بالقلاغه et بالقلاق) côte, rivière ou étang qui renferment du poisson; — vivier, réservoir à poisson. De là, le nom de la ville de Crimée. Voir au *Dict. géographique*.

بالقون *balqoun*, (du français) balcon ouvert, découvert; comparer avec *chahnichîn*.

باللانمق *ballanmaq*, s'épaissir; se prendre (en parlant du sirop et du miel); — être sucré et clair comme le miel. — باللاندرمق *ballandermaq*, enduire de miel; *au fig.* prodiguer les éloges; flatter, aduler.

بالنه *balèna*, (de l'italien) baleine; voir قادرغه اطه بالغى et .

بالو *balo*, (de l'italien *ballo*) bal, réunion de danse.

بالون *baloun* (du français *ballon* ou de l'italien *pallone*). En adoptant ce mot, les Osmanlis en ont formé l'adjectif relatif بالونجی *baloundjou*, « aéronaute », dont l'équivalent arabe usité seulement dans le style littéraire est مسافر النسیمی « voyageur de l'air ».

باله *balè*, (du français) ballet; chorégraphie théâtrale.

بالین *balîn*, (pers.) coussin arrondi, servant de siège. Cf. یصدق.

بالئو; voir بالادور et باله.

باليوس *balios*, (de l'italien *bailo*) titre, aujourd'hui abandonné, qu'on donnait aux agens diplomatiques de Venise et de France, et en particulier aux consuls généraux de ces deux pays. On écrit aussi بايلوس ; comparer avec بايلاج et بالياج.

باليه *baliè*, (de l'italien *balla, palla*) balle, ballot de marchandises. — باليه‌دوز ou بالادز *balièdouz* ou *baladouz*, emballeur, ouvrier chargé de l'emballage des colis aux douanes.

باليه‌مز *balièmèz*, (de l'italien *palla e mezzo*, « boulet et demi ») canon de gros calibre, couleuvrine. Le peuple ignorant l'origine étrangère de ce mot l'écrit et le prononce بال يمز *bal yèmez*, « qui ne mange pas de miel ».

بام *bam*, 1° particule d'intensité, بم بشقه *bam bachqa*, tout autre. Elle se modifie suivant l'accent tonique du mot qu'elle précède, par ex. : بم بياض *bem bèyaz*, tout blanc ; بوم بوز *bom boz*, tout gris, etc. — 2° بام تلى *bam teli*, touffe de poils sous la lèvre inférieure, barbiche. — 3° بام كريشى *bam kirichi*, corde grave d'un instrument.

باميه *bamiè*, bamie, *alcœa egyptiaca*, légume originaire du Soudan et très-estimé en Orient. Les meilleures bamies de Turquie sont celles que produisent les environs d'Amasia et d'Andrinople.

بان *ban* et بان آغاجى *ban âghadje*, saule d'Égypte. — باك بان اوتى pour *bañ oteu*, jusquiame, préparation enivrante, comme le *bendj*. — بان جوزى *ban djèvizi*, nux unguentaria. — بانقان *banqan*, huile de ban, benjoin.

بان *ban* (du slave) chef, gouverneur civil et militaire. — بانات *banat*, principauté ; طمشوار باناتى Banat de Temeswar, ancienne province dépendant de la Hongrie.

باندا *banda*, (de l'italien) bande, troupe armée. — اشقيا باندالرى *echqya bandalare*, des bandes de rebelles.

باندره *bandira*, (de l'italien *bandiera*) pavillon étranger, bannière, flamme de navire ; répond au vieux mot turc آلاو. — باندره‌يى كشيده اتمك *bandiraye kèchidè etmek*, arborer le pavillon. — باندره‌يى ايندرمك *bandiraye éndirmek*, amener le pavillon. — باندره‌يى ياريم آغاجه قدر ايندرمك *bandi-*

raye yar_e_m âghadjè qadar èndirmek, battre le pavillon en berne. Cf. بايراق.

باندﻩ *banda*, (de l'italien) troupe; en particulier, musique militaire; (on écrit aussi باندو.) — quelquefois orchestre.

بانقر بانقر *bangueur bangueur*, onomatop. synonyme de اونكور *eungueur*, sanglot, gémissement.

بــانقﻪ *banqa*, (de l'italien *banca*) banque; quartier et bureau du çarraf. On écrit aussi بانكر *banker* (de l'ital. *banchiere* banquier). — Depuis quelques années, la transcription de *bank-note* بانقنوط « billet de banque », s'est répandue dans les journaux et le langage usuel; mais il est plus régulier d'employer le terme بانقﻪ قايمﻪ سى *banqa qaïmèsi*. — بانقﻪ باش مديرى *banqa bach mudiri* (ou *naziri*), directeur de la banque.

بانمق *banmaq*, tremper dans un liquide. — émietter et tremper du pain dans le bouillon. — trans. باندرمق *bandermaq*, faire tremper, mouiller; amollir.

بانﻪ, بانيو *bana, banio*, (de l'italien *bagno*) baignoire; réservoir, piscine d'eau thermale. — Ce mot étranger se trouve dans quelques noms de localité; voir بانﻪ لوقﻪ et noms suivants au *Dict. géographique*.

باولى *bavle*, (t. or.) oiseau empaillé, destiné au dressage du faucon; ce mot a formé le verbe turc encore usité : باوليق *bavlemaq*, dresser le faucon à la chasse à l'aide du *bavle*; quelquefois, dresser un cheval. — باولو *bavlu*, exercé, dressé à la chasse (faucon, épervier).

باى *baï*, 1° riche, fortuné, puissant (mot vieilli). — بكا كوره بايده بركداده *baña guerè baïdè bir guèdadè*, « à mon avis, riche et pauvre ne font qu'un » (locution proverb.). — 2° Pris dans le sens de *prince, émir*, ce mot s'écrit plus souvent بى *bey* (comparer avec بك). Dans le Turkestân, il a la valeur de آغا *âgha*. — بايلق *baïleq*, 1° richesse, existence de grand seigneur, faste. — 2° matrice.

بيات et بايات *bayat*, (en t. or. ce mot signifie *ancien*, comme بايرى) بيات *bayat ekmek*, pain rassis. — دكان بيادى *dukkian bayadè*, vieilleries; rebut de magasin. — *Bayat* est aussi le nom d'un fils du roi légendaire Ounghouz-khan. On donnait le nom de *bayat* ou *bayaout* باياوت à une tribu mongole issue de la famille des *Dourliguîn*.

بيــاتلامق *bayatlamaq*, devenir vieux, rassis, démodé.

باياغى *bayaghe*; voir بـاغى.

بايداق ;voir et بيداق.

باير *bayer*, coteau, colline. — قرق باير *qerq bayer*, ventricule; le double estomac, ou pour parler plus exactement, les quatre parties séparées de l'estomac chez les ruminants.

بايرام *baïram*, fête musulmane; voir بيرام.

بايراق(var. بيراق) *baïraq*, 1° grand drapeau, étendard dont le pied, terminé par une pique de fer, se fiche en terre. — بايراق آلتى اردو *baïraq âlteu ordou*, armée sous les drapeaux. — بايراق عسكرى *baïraq 'askèri*, levée générale. — بــايراق طونانه‌سى *baïraq donanmase*, pavoisement des navires. — 2° drapeau étranger (*bandira*). — بايراق آچمق *baïraq âtchmaq*, lever l'étendard de la révolte. — بيراغى ركز ا *baïraghe rekz etmek*, arborer le pavillon. — بايراقدار *baïraqtar*, « porte-drapeau », doyen, vétéran d'une compagnie; cet officier commandait autrefois une *orta* de Janissaires. — الى بــايراقلو *èle baïraqlu*, « dont la main tient un drapeau », insolent, rebelle. — نامه‌رس بايراغى *namè-rès baïraghe*, pavillon parlementaire.

بايرجق *baïerdjeq*, nœud, courroie à la hampe d'une hallebarde.

بايرمق *bayermaq*, s'enrichir, devenir un grand personnage. — يوقسول بايرسه چنــاغى بايرمز *yoqsoul bayersa tchanaghe bayermaz*, « si le mendiant s'enrichit, son écuelle n'en est pas plus riche » (prov.). Cf. بای.

بای صونغور *baï-çonghor*, nom propre; voir صونغور.

بايغين *baïgheun*, évanoui, tombé en défaillance; pâle. — بــايغين كونش *baïgheun gunech*, soleil couchant. — بايغينلق *baïgheunleq*, évanouissement, pâmoison; — faiblesse d'estomac, — soif ardente; quelquefois léthargie. Cf. بايلمق.

بــايقــال *baïqal*, (on écrit aussi fautivement باتال) jument sauvage; dans le Turkestân, c'est le nom de la femelle du بارپان. — Voir au *Dict. géographique*.

باى قره *baï-qara*, nom propre; voir بيقرا.

بايقوش *baïqouch*, chouette; chat-huant. — بايقوش سرچهيى ير *baïqouch sèrtchèyi yèr*, « la chouette mange le moineau », les forts oppriment les faibles. On dit aussi en proverbe : بك بايقوشه بر سرچه نيلسون *biñ baïqouchè bir sèrtchè nè eïlèsin*, « à quoi bon un moineau pour mille chouettes ? » une bouchée de pain pour tout un peuple. — ويرانه بايقوشى *viranè baïqouchè*, « hibou de ruine », oiseau de mauvais augure; *au fig.* porteur d'une mauvaise nouvelle.

بايلمق *baïelmaq*, tomber en défaillance, s'évanouir, se pâmer (de rire, ou de faiblesse). — passer, se flétrir. — امام بايلدى *imam baïeldè*, « pâmoison de l'imam », aubergine accommodée avec beaucoup de beurre. — كوله كوله بايلمق *gulè gulè baïelmaq*, se pâmer de rire. — بايليش *baïelich* ou جان بايلمه سى *djan baïelmasè*, pâmoison, faiblesse.

بايلوس *baïlos*, ital. *bailo*, ancien titre du représentant de Venise à la Porte ottomane; voir باليوس *balios*.

بايمق *baïmaq*, 1° passer. — 2° tromper, fasciner, séduire par des enchantements. Comparer avec باغو et باغى *charme, fascination*.

بايندر *baïender*, 1° riche, prospère, florissant; voir باى. — 2° nom d'un fils du roi mongol Ounghouz-khan; ce nom a le sens de *bienfaisant*, d'après Abou'l-Ghazi, t. II, p. 28.

ببا *béba*, dindonneau, jeune dindon. Ce mot appartient exclusivement au dialecte de Bosnie; le nom turc ordinaire est هندى پلازى *hindi palazè* ou *yavrousou*.

ببر *bebr* ou *beubr*, léopard, mais confondu par le peuple avec le tigre; voir بابر *baber*.

ببر *biber*, poivre. — قرمزى بر *qermezè biber*, poivre rouge ou poivre de Guinée, nommé aussi *corail des jardins*. — صو ببرى *çou biberi*, « poivre d'eau ». — ببريه *biberyè*, romarin. — *biberlu*, poivré, pimenté.

ببك *bèbèk*, 1° petit enfant; chose petite et mignonne. — كوز ببكى *gueuz bèbèyè*, pupille de l'œil. — 2° poupée, jouet d'enfant. — بَجَك شيخ bèbèdjik cheïkh, vieillard tombé en enfance; radoteur.

بيوركى béburgu, muguet, nommé aussi پيغمبر چيچكى peïghamber tchitcheye, « fleur du Prophète »; d'après MENINSKI, c'est le *lilium convallium*.

بت bèt, en t. or. ce mot signifie *visage*; en osmanli il a le sens de *teint*, quelquefois *mine*. — قودوبت qoudoubèt, visage grimaçant.

بت bèt, altération du pers. بد laid, disgracieux.

بت bit, (on écrit aussi بيت) pou, vermine. — *au fig.* vieille femme; — nom de différents insectes, par ex.: بوغداى بتى boghdaï biti, charançon. — تخته بتى tahta biti, punaise. — چيچك بتى tchitchek biti, puceron. — قاصيق بتى qaçeuq biti, morpion. — قولاق بتى qoulaq biti, perce-oreille. — كاغد بتى kyahat biti, gerce, teigne. — بت اوتى bit oteu, pédiculaire, plante; en arabe حشيشه القملة « herbe aux poux ». — بت سركه‌سى bit sirkèsi, lente. — بتلو bitlu, pouilleux, avare. — بات voir ; بازارى adjectif, — بتلنمك bitlenmek, pousser, naître (en parlant de la vermine); se gâter (blé envahi par les charançons) — s'épouiller (on emploie aussi بتله‌مك.) — يونان بتلنير younan bitlenir, le grec est pouilleux.

بت bout, idole. — cuisse; voir بوت.

بتاق bataq, mare, marécage, boue; voir باتاق.

بتر bètèr, du comparatif pers. بدتر bedtèr, pire, plus mauvais. — بترينه اوغرامق bètèrinè oghramaq, tomber dans le malheur, périr misérablement.

بتراق ; voir بوراق.

بترمه bitirmè, litt. « consenti par tous, accordé définitivement ». Droit de douane qu'on percevait autrefois, avant l'introduction des réformes, sur les passagers d'un bateau, au moment où l'on mettait à la voile.

بتريم bitirim, fin, achèvement, conclusion; cf. بتك.

بتشق (mieux بتشك) bitichiq, voisin, rapproché, contigu; cf. بتك.

بتشمك bitichmek, être ressoudé, réparé, arrangé. — *trans.* بتشدرمك bitichdirmek, ressouder, réparer, rétablir.

بتك, پتك bètèk, pètèk, 1° complètement fait, parachevé. — 2° alvéole de ruche. — 3° pour بتك fini, détruit. Cf. بتك et بتّك.

بتكين **betkin**, adv. (de بتّك) enfin, finalement.

بتمق **batmaq**, plonger, s'enfoncer ; voir باتمق.

بتمك (var. بیتمك) **bitmek**, 1° pousser, germer, croître (forme primit. بوتمق). — 2° paraître, se produire. — 3° finir, être achevé ou effacé ; périr. — ایشی بتدی **ichi bitti**, « son affaire est faite », il est mort. — اولدی بتدی **oldou bitti**, c'en est fait, c'est chose faite. — اولدوم اولەسی **oldoum olasseu**, de toute éternité, à tout jamais. — trans. بتیرمك **bitirmek** pour بیتدرمك, faire pousser ; achever, compléter ; faire périr, détruire. — ایش بتّرمك **ich bitirmek**, arranger l'affaire. — récipr. بتشمك **bitichmek**, se joindre, adhérer (les lèvres d'une plaie) ; de là بتشك **bitichik**, adhérent, contigu, voisin. — se rapprocher, être voisin. — بتشدرمك **bitichdirmek**, joindre, réunir, rapprocher. — عثمانلو آیاق بصدیغی یرده اوت بتمز **'osmanlu âyaq baçdeghè yerdè ot bitmez**, là où le Turc a mis le pied, l'herbe ne pousse plus. — كشی نرەدە بترسە اندە بتر **kichi nèrèdè bitersè onda**

yeter, « l'homme mûrit là, où il pousse », telle vie, telle mort.

بتون **butun**, (de بتّك) tout, entier, complet ; parfait (jeûne). — بسبتون **busbutun** et بتون بتون **butun butun**, entièrement, complètement, en totalité. — بتون كون **butun gun**, tout le long du jour, continuellement. — بتونلەمك **butunlèmek**, 1° compléter, achever. — 2° faire une réduction de membre démis, rebouter. — بتونجە **butundjè**, tout au long, in extenso.

بتوی **bètèvi**, (néologisme formé de بتّك) 1° adj. complet, parfait, entier. — 2° adv. complètement, tout à fait. — یك پاره بتوی **yek parè bètèvi**, tout d'une pièce.

بتیم **bitim**, du verbe **bitmek**, apparition, origine, base.

بج طاغوغی **bedj tavoughou**, poule de Vienne ; elle est originaire du Soudan et probablement exportée d'Autriche en Turquie. C'est le دجاج الحبشی « poule d'Abyssinie » en arabe.

بجاق 1° **boudjaq**, coin, angle ; voir بوجاق. — 2° **badjaq**, jambe ; voir باجاق.

بجايش bèdjaïch, (pers.) échange; بجايش اولمق bèdjaïch olmaq, permuter de fonctions, de grade.

بجد قوشى bèdjèd qouchou, petit oiseau, passereau, ainsi nommé, dit-on, à cause de son cri : bèdjèd, bèdjèd.

بجرمك bidjirmek, faire, réussir, bien arranger. — بجريك bidjrik, aptitude, talent, savoir-faire. — بجريكلو آدم bidjriklu âdam, homme habile, ingénieux, adroit. — بجريكسزلك bidjriksizlik, incapacité, maladresse.

بجين bidjîn, plante enivrante de la famille de la cassia; synonyme de خيار ارمنى « concombre d'Arménie ». D'après le traducteur turc du Qamous, ce serait l'équivalent de l'ar. قبارى qounabery, dans lequel Sontheimer voit la plumbago europea.

بچاق bѣtchaq, couteau; voir بيچاق.

بچلغان bitchilghan, crevasse, plaie vivace au sabot du cheval (javart, malandre). — en t. or. بيچل bitchil est un petit os sous la cheville du cheval; (pers. بوجول موجول) de là, osselet, jeu d'osselet. — adj. بچلغان باره bitchilghan yara, plaie vive, blessure qui ne guérit pas.

بچمك bitchmek, couper, tailler; voir بيچمك.

بچوق boutchouq, moitié, demi. — آز بچوق âz boutchouq, (loc. triviale) une petite moitié, très-peu. — بچوقلق boutchouqlouq, 1° la moitié; partage, défectuosité; perte. — 2° demi-piastre (20 paras). — On croit que la monnaie d'argent, connue en Afrique sous le nom de boudjou et dont la valeur est d'environ 2 francs, doit son origine et son nom au turc boutchouq.

بحث bahs, (ar. parler, disserter, discuter) 1° pari, gageure. — بحث ا bahs etmek, parier. — بحث قومق bahs qomaq, déposer l'argent d'un pari. — 2° discussion; synonyme de مذاكره. — كرميتلو بر بحث guermietlu bir bahs, un débat animé. — موضوع بحث اولان mevzou'yi bahs olan kéïfiet, le sujet qui est en discussion. — بحثه كرمك bahsè guirmek, prendre part à la discussion. — بو بحثلرك صراسى دكلدر bou bahsleruñ çerasè deïldir, ce n'est pas le moment de dire ces choses.

بحر bahr, (ar.) mer. — En style diplomatique : بحر محدود bahri mahdoud, mer enclavée; بحر مسدود bahri mesdoud, mer fermée.

بحری *bahri*; voir باتقه.

بحریه *bahryè*, (*adj. ar.* relatif à la mer) ministère de la marine, amirauté, répond à l'ancien terme : قپودان دریالقی *qapoundan dèryaleq*. — بحریه ناظری *bahryè naziri*, ministre de la marine. — بحریه آلای *bahryè âlaï*, régiment d'infanterie de marine, commandé par un général de brigade qui a le titre de بحریه عسکری لواسی *bahryè 'askèri livasi*. — بحریه اصطلاحی *bahryè istilahi*, termes de marine, technologie navale. — بحریه مجلسی *bahryè medjlisi*, conseil de l'amirauté. — مکتب بحریهٔ شاهانه *mektebi bahryè-i chahanè*, école navale impériale, établie à Khalki (Iles des Princes). — بحریه سیغورطهسی *bahryè sighourtasè*, police d'assurance maritime. — دول بحریه *duveli bahryè*, les puissances maritimes. — نظامات بحریه *nizamati bahryè*, législation maritime. — رسومات بحریه *rusoumati bahryè*, droits de navigation. — طشره بحریه ضابطی *dicharu bahryè zabitè*, préfet maritime.

بخار گمیسی *boukhar guèmisi*, bateau à vapeur.

بخش *bakhch*, (voir باغشلامق) portion, lot, butin.

بخشش *bakhchich*, (pers.) don, cadeau, pourboire; — *plus rarement*: bourse, sac, havre-sac. — Ce mot pris dans le sens de *pourboire, bonne-main* a passé dans notre langue sous la forme *bakchich* ou *bachich* que lui ont donnée les voyageurs français. Il se trouve aussi en arabe; Bochtor l'écrit بقشیش ce qui s'explique par le son guttural et sourd que les Arabes de Syrie donnent à la lettre *qaf*.

بخل (var. پخل) *boukhl, poukhl*, mauvaise fortune, guignon, malechance. — بخل اوله جق *boukhl oladjaq*, par malechance, par un hazard malheureux.

بخور *boukhour*, ar. 1° parfum, bâton odoriférant, fait de poussière de charbon et de tamarisc. — 2° pastille à brûler, composée de musc, d'ambre et d'autres ingrédients; pastille du sérail. — بخور مریم *boukhour miriam*, cyclamen. — بخور یاغی *boukhour yaghe*, encens noir; poix; gomme de l'arbre *doum;* c'est la gomme résine nommée *bdellium*. — بخور شیشه *boukhour chichè*, parfum mis dans l'eau. — قره بخور *qara boukhour*, bois de l'arbre *doum*. — Voir aussi بوغور.

بخوردان boukhourdan, petite boîte à brûler les parfums, cassolette ; on dit aussi بخورلق boukhourleq. D'après les règles de l'ancienne étiquette ottomane, lorsqu'un personnage de distinction est sur le point de se retirer après avoir fait sa visite, un valet de chambre *(itch-âghase)* se présente, tenant d'une main le *boukhourdan* d'argent ou de vermeil, et de l'autre, le *gul-abdan*, pour parfumer d'aloès et d'eau de rose les vêtements de l'étranger. Ces usages sont à peu près abandonnés aujourd'hui.

بخورلامق *boukhourlamaq*, 1° encenser ; *au fig.* flatter, aduler les gens en place pour les tromper. — عنبر ايله بخورلامق *'amber ilè boukhourlamaq*, « parfumer avec de l'ambre », recevoir avec des démonstrations flatteuses, faire un accueil empressé. — 2° faire des fumigations.

بخورلو *boukhourlou*, étoffe rayée. — بخوراكى *boukhouraki*, châle à grandes raies.

بخيل *bakhil*, vulg. *pakhel*, (ar.) avare, ladre. — حق تعالى قولى كبى بخيل دكلدر *haqq tè'ala qoulou guibi pakhel deïldir*, Dieu n'est pas avare comme ses serviteurs (ses créatures). — بخيللق *bakhilleq (pakhelleq)*, avarice, ladrerie. — Synonyme de خسيس, طماع.

بداوا *bèdava*, prononc. vulgaire du mot pers. بادهوا *bèdhava*, (voir ce mot) gratis, pour rien ; très-bon marché. — sans profit ni salaire. — بداوايه كيتمك *bèdavaïa guitmek*, rester impuni.

بدايت *bedayet*, (ar. commencement, début) tribunal de première instance. — بر دعواى بدايت كورمك *bir da'vaye bedayet gueurmek*, juger un procès en première instance.

بد دعاجى *bed-douadje*, (pers. ar.) qui profère des malédictions, des injures, insulteur.

بدرك *bedrek*, flocon de coton cardé et blanchi, lorsqu'il est préparé pour le filage ; synonyme de l'arabe ينبوق ; cf. سبيخ.

بدستان *bèdestan*, prononc. vulg. du persan برازستان *bezzazistân*, *bezzestân*, « marché à la toile ». Aujourd'hui : grand marché, bazar couvert. Il y a plusieurs marchés de ce genre à Constantinople : سلاح بدستانى *silah bèdestane*, le marché aux armes ; جواهر

بدستانی djèvahir bèdestane, le marché aux bijoux, etc.

بدعت bida'at, (ar. innovation, mode nouvelle) nom de certains impôts dans l'ancien régime fiscal. On connaît entre autres, 1° le قهوه بدعتى qahvè bida'ati, prélevé sur le café; il était de quinze aspres (aqtchè) par ocque, pour le café de Moka, et de neuf aspres, pour les autres qualités. — 2° le ازمیر بدعتى izmir bida'ati, impôt qui se prélevait, à la douane de Smyrne, sur les cires, les cotons bruts et filés, etc.

بدل bèdèl, (ar. changer, donner comme équivalent, remplacer) 1° rachat, rançon. — بدل شخصى bèdèl chakhçi, remplaçant militaire. — 2° bèdèl, pl. بدلات bèdèlat, amortissement d'une dette, d'une obligation. — بدلات اوده سى bèdèlat odasi, bureau des mutations. — Autrefois, on donnait le nom de بدل نزول bèdèli nuzoul, à une contribution allant de 300 à 600 piastres; elle était prélevée sur chacun des quartiers d'une ville. C'était une espèce d'impôt des portes et fenêtres, qui fit retour au trésor, sous le règne d'Ahmed III. — بدلجى bèdèldji, colporteur, marchand qui fait des échanges avec les troupes en campagne. — بدل تيمار bèdèli timar, impôt prélevé, au XVIIe siècle, sur les possesseurs de fiefs, en compensation du service militaire auquel ils étaient astreints; il était d'environ 50 p%. — بدل مثل bèdèli mèçèl, contre-valeur, synonyme de قارشولق qarchoulouq. = بدليات bèdèlyat, en style diplomatique: contre-échanges, compensations. = بدل اجاره bèdèli idjarè, prix de location, loyer. — بدل عسكرى bèdèli 'askeri, (ou اعانۀ عسكريه) contribution pour le remplacement du service militaire.

بدلقه bedleqa, pour بدرقه, (ar.) guide, conducteur, escorte.

بدلك bedlik, (pers. t.) 1° méchanceté, mauvais caractère, dureté, grossièreté. — 2° mauvais visage, laideur.

بدن bèdèn, (ar.) 1° rempart, muraille crénelée. — 2° du sens arabe corps, on a formé la signification de propre, soi-même کندى; par ex.: بدنندن مصرف کورمك bèdèninden meçref gueurmek, supporter soi-même la dépense, faire les frais; — adj. بدنلو

بذر

bèdènlu, 1° gros, puissant, de forte encolure. — 2° muni de créneaux.

بدنوس *bèdènos*. Le *Lehdjè-i osmani* suppose que c'est le nom d'un animal sauvage, une espèce d'hyène; mais il paraît confondre ce mot avec le suivant; cf. بدوق. BIANCHI, au contraire, le traduit par « oiseau huppé ». En turc oriental : « coq », d'après M. PAVET DE COURTEILLE.

بدوق (var. بديق) *boudouq, bedeq*, 1° court de jambes, petit de taille, nabot. — 2° animal à longs poils, à jambes de derrière très-courtes, assez semblable à l'hyène (en arménien *bizdig*). — 3° le mot بودوق *boudouq*, d'ailleurs peu usité, désigne aussi le petit du chameau, au moment de sa naissance.

بدوى *bèdèvi*, ordre de derviches fondé par un certain Ahmed Bèdèvi, mort en Égypte vers l'année 1276 de l'ère chrétienne.

بذر *bezr*, vulg. *bèzir*, (ar.) graine de lin. — بذر ياغى *bèzir yagheu*, huile de lin. — قاينانمش بذر *qaïnanmech bèzir*, décoction de graine de lin. — بزر قطونا *bezr qoutouna*, graine de *psyllium*, en persan اسپغول, ce qui est

بر

l'herbe aux puces; on l'emploie en médecine contre l'inflammation de la bile et l'effervescence du sang.

بر *bir*, un (t. or. بیر). — *adj.* seul, isolé. — سوز بر اولور *seuz bir olour*, « on n'a qu'une parole » (prov.). — ایکیسی بر *ikissi bir*, semblables, égaux. — بر ایکی *bir iki*, un ou deux, quelques-uns, en petit nombre. — برر بر *birer birer*, un à un. — بردن *birden* et بردن بره *birden birè*, d'un seul coup, subitement, à l'improviste. — ایکی طاوشان بردن طوتلمز *iki tavchan birden toutoulmaz*, « on ne prend pas deux lièvres d'un seul coup » (prov.). — بره بر *birè bir*, fort, efficace. — *partic.* d'indétermination, بر آدم *bir âdem*, un homme; بر كره *bir kerrè*, une fois. — بریسی *birissi*, quelqu'un. — بر آز *bir âz*, un peu. — بر قاچ *bir qatch*, beaucoup, nombreux. — بر دها *bir daha*, encore, de nouveau, et (avec un verbe négatif) jamais. — بر آزدن *bir âzdèn*, un peu après. — بر وار ایدی بر یوق ایدی *bir var ede bir yogh ede*, c'est une expression proverbiale pour désigner le monde périssable, les biens passagers de la vie. — بر دخی *bir dahi*, de même, *item*. — او بری اول بری *ô biri, ol biri*, l'autre. — بریجك *biri-*

djik, un peu; aussitôt. — برلك *birlik*, unité, union. — برلكده *birliktè*, ensemble, en compagnie. — برلك اولمق *birlik olmaq*, être réuni, d'accord. — آغز برلكى *âghez birliyi*, conformité de langage, d'opinion. — ال برلكى *èl birliyi*, association, union. — دل برلكى *dil birliyi*, unanimité. — كوكل برلكى *guenul birliyi*, accord, sympathie. — Proverbe : بش پرمق بر دكل *bèch parmaq bir deïl*, « les cinq doigts ne sont pas égaux », l'égalité n'existe pas en ce monde.

برابر *bèrabèr*, (adj. et adv. pers.) ensemble, également, de compagnie; sur le même niveau; mais le sens persan « en face, à l'opposite » رو برو n'existe pas en osmanli. — صویه برابر *çouïè bèrabèr*, de niveau, parallèle. — برابرجه *bèrabèrdjè*, même signification que *bèrabèr*. — برابرلك *bèrabèrlik*, égalité, conformité, ressemblance. — برابرله مك *bèrabèrlèmek*, arranger, égaliser, mettre sur la même ligne. — برابرلشمك *bèrabèrlèchmek*, être égal, être mis ensemble, égalisé.

برات *bèrat*, (ar.) diplôme, acte, rescrit impérial conférant un rang, une place, un privilège; c'est l'équivalent de روؤس, mais le sens arabe moderne de « pièce, bon de délégation » n'est pas admis en osmanli. — براتلو *bèratlu*, porteur de diplôme, breveté. — برات كيجه سى *bèrat guèdjèsi*, (en ar. ليلة البراءة nuit du privilège), le 15 du mois de Chaaban, où, selon la croyance populaire, la destinée de chaque musulman est fixée pour toute l'année. — Autrefois la Porte délivrait des *bèrat* ou patentes libres aux drogmans des légations étrangères, qui étaient sujets ottomans. Les diplômes d'investiture conférés aux patriarches des différentes communions, portent aussi le nom de *bèrat*. — سنجاق براتى *sandjiaq bèrate*, certificat, patente de jaugeage.

برادر *birader*, (pers.) frère; ami, compagnon intime. La prononciation vulgaire est *bilader*.

برادوه *beradvè*, (mot d'origine étrangère) espèce de petite hache, herminette, à l'usage des tonneliers.

براسيا *berassia*, (var. براسيه) *perassia*, (de l'italien *bracci*, les bras) terme de marine : bras des vergues. — براسيا ايتمك *berassia etmek*, tourner les voiles du côté du vent, en carguant les bras de vergue.

براغندى *braghende*, (du verbe براقمق *braqmaq*, laisser, abandonner) chose rejetée, abandonnée, par ex. : tas de sable laissé par la marée basse; rochers, môle pour protéger l'entrée d'un port. Cf. اوركه طاشى.

براغه *beraghè*, (de l'italien *braga*, braie, haut de chausse) 1° cordage attaché à l'affût du canon pour le maintenir immobile; harnais du canon. — 2° ce mot paraît signifier aussi *élingue*, de l'italien *braghe*, qui a le même sens.

براقمق *braqmaq*, 1° laisser, abandonner, rejeter. — 2° maintenir, conserver. — 3° donner congé, mettre en liberté; rendre. — 4° s'abandonner à l'ivresse, à la débauche. — كار براقمق *kiar braqmaq*, être utile, servir. — اوزرينه براقمق *uzèrinè braqmaq*, laisser à la charge, à la responsabilité de quelqu'un. — pass. براغلمق *braghelmaq*. — trans. براقدرمق *braqtermaq*, faire laisser, délivrer. — براقيورمك *braqevèrmek*, laisser tomber; lâcher, abandonner. — جانى الندە ايمش براقيوردى *djanę èlindè imich braqevèrdi*, « il avait son âme dans la main, il l'a laissé partir »; cette locution s'applique à quelqu'un qui meurt de mort subite.

برانده *beranda*, (de l'italien *branda*) hamac, couchette des soldats à bord des bâtiments de guerre.

برانقه *branqa*, de l'ital. *branco*, chaîne de galériens, convoi de forçats dirigés sur le bagne. On dit aussi پرانقه *pranqa*.

براوو *bravo*, (de l'italien) acclamation louangeuse, comme شاباش et آفرين. — براوو چاغرمق *bravo tchaghermaq*, applaudir. Cf. هرّا et آلقيش.

برايا *bèraïa*, (pl. ar. de برية) créatures, peuple) sujets musulmans de l'Empire ottoman, qui sont exempts de tribut; opposé à رعايا *rèaïa*; voir ce mot.

برباد *berbad*, (pers. détruit, gâté) sale, souillé. — برباد لق *berbadleq*, saleté, tache, souillure. — برباد او لمق *berbad olmaq*, être sali, taché.

برباق *berbaq*, millet, chènevis. — C'est aussi le plantain, nommé en arabe : *langue de chevreau* لسان الجمل. Cf. سكيرلو يپراق.

بربر *berber*, (pers.) barbier, chirurgien. — بربر آينه سى *berber âinasę*,

بر

« miroir de barbier », creuset de forme ovale. — بربر دكانى berber dukkiane, boutique de barbier; ordinairement elle est attenante à un café. — بر بر باشى berber bachi, premier barbier du sultan, celui qui rase la tête du souverain et de ses fils; il appartenait autrefois à la section des *khass odassi*, « compagnie du corps ». — بربرلك berberlik, métier de barbier. — آياق بربرى âyaq berberi, barbier de place, qui n'a pas de boutique; on dit d'un homme qui est sans cesse en mouvement : آياق بربرى كبى سيردر âyaq berberi guibi seyirdir, « il court comme un barbier de place ». — بربر سلوكى berber sulouye, « sangsue de barbier », au fig. usurier; concussionnaire. — بربرلرك پيرى سلمان پاكدر berberleriñ piri selmani pakdir, « le patron des barbiers est Selman le pur ». — بربرك كنجى جراحك قوجه سى berberiñ guendje djèrrahiñ qodjase, jeune barbier et vieux chirurgien (sont ce qu'il y a de mieux). — بربرلەمك berberlemek, raser, faire la barbe; exercer le métier de barbier. On dit en plaisantant : بر بربر بر بربرى بربرلدى bir berber bir berberi berberledi, un barbier a barbifié un barbier. Cf. دلّاك et تلّاك.

برد

برت bert, teigne, maladie du cuir chevelu. — برت باش bert bach, teigneux; on dit aussi كلبرت kulbert; voir كل.

برتمك burtmek, (cf. برتمك) tourner, disloquer, luxer. — آياق برتمەسى âyaq burtmèsi, luxation du pied; entorse; voir aussi بورتمق.

برج 1° bourdj, (ar. les Turcs écrivent aussi بورج) tour, bastion, fort; du grec πύργος. — signe du zodiaque: برج حمل bourdji hamel, signe du Bélier. — برج آسمان bourdji âseman, le zodiaque. — 2° berdj, boisson enivrante, narcotique, synonyme de برش berch. — Voir aussi برغوس borghos.

برچاق bourtchaq, vesce, graine pour les pigeons; voir بورچاق اوتى.

برچين bertchîn, rivet, gros clou; voir برچين.

برخانە bèrkhanè, (pers.) grande chambre, vaste local construit sans art, comme une étuve de bain, etc.

برخاى berkhaï, grossier, rustaud (peu usité).

برداق bardaq, pot à eau, cruche; voir بارداق.

بردةٌ شريفه *burdè-i-chèrifè*, (ar.) « le noble manteau », nommé aussi خرقةٌ شريفه. C'est la tunique en camelot noir que portait le Prophète et qu'il donna au poète Kaab-ibn-Zoheïr, auteur du célèbre poème *Borda*. Cette relique, conservée dans une chapelle du Séraï, est exposée le 15 du mois ramazan. Cf. D'OHSSON, *Tableau*, t. II, p. 389.

برزخ *berzakh*, (ar. précipice, intervalle entre le paradis et l'enfer) en osm. 1° *adj.* dans le sens de « malheureux, funeste »; برزخ ايش *berzakh ich*, affaire grave, dangereuse; برزخ آدم *berzakh âdam*, homme méchant, dangereux. — 2° gouffre, fossé profond. — On emploie le pluriel dans le même sens: نه برزخلره اوغرادك *nè berzakhlèrè oghraduñ*, dans quel abîme es-tu tombé! — 3° langue de terre entre deux mers, isthme. — قابس برزخنك آچلمه‌سى *qabès berzakhnuñ âtchilmasy*, l'ouverture de l'isthme de Gabès.

برش *berch*, (ar.) boisson enivrante, préparée avec des feuilles de chanvre; électuaire narcotique. On écrit aussi برج. — Le *berch* se confond avec le معجون *ma'djoun*; c'est un mélange d'opium, de pavot, d'aloès et de drogues diverses. La mode en était très-répandue au 17ᵉ et 18ᵉ siècle et ceux qui en faisaient un usage excessif, étaient désignés sous le nom de *tiriaki*. Cf. ترياق.

برشاوش *berchaouch*, (de la forme persane پرسياوش) Persée, constellation septentrionale. Elle a en arabe le nom de حامل رأس الغول « qui porte la tête d'ogre », ce qui répond à la *Tête de Méduse* des astronomes d'Occident.

برغوس *borghos*, (du grec πύργος) 1° château, tour; prononc. fautive: *bourghas* بورغاس. — 2° phare; tour du distributeur d'eau (*mouqassim*). — Voir au *Dict. géographique*.

برغول *bourghoul*, vulg. *boulghour*, blé mondé, gruau; voir بورغول.

برق *barq*, maison, famille; voir بارق.

برقت *bourqat*, var. بورقات, t. or. pagode, temple d'idoles. — On trouve quelquefois la forme برقتلق.

برك *berk*, 1° fort, solide; dur; difficile. — برك يوز *berk yuz*, sévère, hautain, arrogant. — برك يورك *berk yurek*, cœur sec, inhumain. — برك طوپراق *berk topraq*, terre dure, raboteuse. — برك قلعه *berk qala'a*, château fort. — برك طاغ *berk dagh*, montagne escarpée. — *adv.* برك طوتمق *berk toutmaq*, tenir solidement, serrer. — برك باغلامق *berk baghlamaq*, attacher solidement, consolider. — برklik *berklik*, dureté, solidité, force. — برك ایتمك *berk etmek* et برکیتمك *berkitmek*, rendre solide, river, cheviller. — *pass.* برکیشمك *berkichmek*. — 2° *burg* ou *burk*, bonnet de peau de mouton; voir بورك.

بركت *bèrèket*, (ar. bénédiction de Dieu) richesse, prospérité, abondance. — برکتلی *bèrèketli*, abondant, fertile; profitable, lucratif. — Le pluriel برکات *bèrèkiat* se prend dans les mêmes sens. — برکات ویرسون *bèrèkiat versin*, que Dieu vous l'accorde ou vous le rende! — merci! — suivie de la particule که, cette locution signifie « grâce à Dieu, par bonheur, etc. » par ex.: برکات ویرسون که کلدیکز *bèrèkiat versin ki gueldiñiz*, Dieu merci, vous êtes venu. — حرامدن کلن آقچه نك برکاتی یوقدر *haramden guèlèn âqtchèniñ bèrèkiati yoqtour*, « bien mal acquis ne profite pas » (prov.). — بلالر مبارك *bèlaler mu-*

barek, expression injurieuse dans le sens de « c'est bien fait, c'est mérité!».

برکن *birken*, (probablement du verbe بریکمك *birikmek*, entasser) bâtiment pour serrer les blés, grange. Ce mot, qui correspond à انبار, est surtout usité à Trébizonde et sur les côtes de la Mer noire.

بروکندی (var. بروکنده) *berkendi*, brigantin; synonyme de برکنده.

برلاندی *birlandi*, brillant; voir برلانتی.

برلانغج *birlanghedj*, toupie, sabot; voir برلانجی.

برلشمك *birlichmek*, s'unir, se réunir, s'unifier. — *trans. birlichdirmek*, unir; unifier (une dette). — réconcilier, réunir. — Cf. بر *bir*.

برلك *birlik*, unité, accord, union; de la partic. d'indétermination بر *bir*.

برله *birlè*, aussitôt, de concert, ensemble. — برله ایله *birlè ilè*, sur le champ; par le moyen de.

برنجق *bouroundjouq*, soie légère, gaze; il est plus correct de prononcer *burundjuk*; voir بورنجك.

برنجی *birindji*, adj. num. premier, au premier rang; haut placé. Cf. بر *bir*.

بورنوز *burnous*; voir برنس.

برو *beru*, (moins correctement بری) particule indiquant la proximité de lieu et de temps. — en deçà, ici. — بروسی *berusu*, de ce côté, ici. — اوته برو *eutè beru*, çà et là; ceci, cela. — اوته برو سویلمك *eutè beru seuilèmek*, dire ceci et cela, donner de mauvaises raisons. — اوته‌دن برو *eutèden beru*, depuis longtemps; بو مدتدن برو *bou muddetten beru*, depuis cette époque. — برو كلمك *beru guelmek*, s'approcher. — بروكی et برودهکی *beruki* et *berudèki*, qui est proche, contigu.

برودت *buroudet*, (ar. برد être froid) froideur, inimitié. — آرالرینه برودت کیرمشدر *âralarinè buroudet guirmichdir*, il y a de la froideur entre eux. — اظهار برودت ا *izhari buroudet etmek*, témoigner de la froideur. — برودته یوز طوتمق *buroudètè yuz toutmaq*, se refroidir (en parlant des relations politiques ou des rapports entre particuliers).

بروش (du français) *boroch*, broche, bijou de dame.

بره *bèrè*, coup, contusion, meurtrissure. — برەلو *bèrèlu*, qui a une contusion, une échymose. — بره‌لنمك *bèrèlenmek*, être contusionné, blessé, meurtri; être taché, pourri (en parlant des fruits).

بره *brè*, interj. eh! dis-donc, holà! — بره کیدی *brè guidi*, eh! donc. — quelquefois exclamation de dédain ou de dégoût, comme dans cette phrase burlesque: بر بر بر بره بر بربر دیش *bir berber bir berberè brè berber dèmich*, « un barbier disait à un barbier : Fi donc! barbier ».

بریزولا *brizola*, (de l'italien *braciuola*) *kèbab* de mouton cuit à la casserole. Ce mot très-vulgaire se confond souvent avec *kulpasteu*; voir كولباصدی.

بریق *briq*, (de l'anglais) brick, bâtiment à deux mâts dont l'un, le plus grand, incline vers l'arrière.

بریكمك *birikmek*, se réunir en un même lieu, se rassembler, s'amasser. — trans. برشدرمك *birichdirmek*, réunir, entasser; thésauriser. — بریكندی *birikindi*, tas, monceau, agglomération. Cf. بر *bir*.

بِزْ *biz*, pronom personnel, 1ʳᵉ personne du pluriel, *nous;* voir la *Grammaire;* بِزْلَر *bizler* est le pluriel double. — بِزْ اِيزْ *biz iz*, nous sommes; بِزْ اِيدِكْ *biz idik*, nous étions, etc. — بِزْدَه ou بِزْلَرْدَه *bizdè* ou *bizlèrdè*, chez nous, parmi nous. — بِزْجَه *bizdjè*, d'après nous, selon nous. — بِزْسِزْ *bizsęz*, sans nous. — Proverbe : بِزَه كَلَن بِزَه بَكْزَر *bizè guelen bizè beñzer*, « qui vient à nous, nous ressemble » dans le sens de « qui se ressemble, s'assemble ». — بِزْلَر *bizler*, les nôtres, les gens de notre sorte. — بِزْ بِزَه *biz bizè*, entre nous, sans témoins. — Prov. : اولولَر ديريلَره ديرلَر كه سزك كبى اولدق بزم كبى اولورسكز *eululer dirilèrè dèrler ki siziñ guibi oldouq bizim guibi oloursęñez*, « les morts disent aux vivants : nous avons été comme vous, vous serez comme nous ».

بَزْ *bèz*, (ar.) 1° toute étoffe tissée de lin, chanvre ou coton; toile de toute sorte depuis la batiste, la mousseline et la percale, jusqu'à la toile grossière qui sert à faire des voiles de navire. — بَزِى هَركَسِكْ كَندِى آرشونِنَه كوره ويرمزلر *bèzę her kesuñ kendu ârchounenè gueurè vęrmezler*, « on ne mesure pas la toile à l'aune de chacun » (prov.). — بويالو بَزْ *boyalu bèz*, toile peinte; باصمَه بَزْ *baçma bèz*, toile imprimée. — 2° linge. — ال بَزِى *el bèzę*, essuye-main. — آياق بَزِى *âyaq bèzę*, linge dont on enveloppe les pieds; — espèce de sandales. — سفره بَزِى *sofra bèzę*, nappe de table. — چوجوق بَزِى *tchoudjouq bèzę*, linge de toilette; langes. — باش بَزِى, نماز بَزِى *namaz bèzę, bach bèzę*, voile, turban. — بَزْ اولامَق *bèz oulamaq*, tisser la toile. — بَزْ آقار *bèz âqar*, la toile se fane, s'use. — بَزْ چَكَر *bèz tchèker*, la toile se retire, se rétrécit. — بَزْ طُقومَق *bèz doqoumaq*, tisser la toile; بَزْ چوزمَكْ *bèz tcheuzmek*, ourdir la toile. — بَزْدَن اولولَر *bèzden eululer*, « les gens à la maison de toile », c.-à-d. : les nomades, ceux qui vivent sous la tente. On ajoute quelquefois ce dicton qui est censé exprimer leur pauvreté : اويمز بَزْدَن نَه اومارسين بِزْدَن *èvimiz bèzden nè oummarsęn bizden*, « notre maison est de toile, qu'espères-tu de nous ? » — بَزْ دوكلمينجَه آغارمازْ *bèz deuyulmeïndjè âgharmaz*, « la toile, si elle n'est pas bien battue, ne blanchit pas ». Les Turcs citent ce proverbe pour justifier les moyens de rigueur dans l'éducation donnée aux enfants.

بَزْ bèz, glande, tumeur. — بوغاز بزلرى boghaz bèzlère, glandes du cou. — ديل بزى dîl bèze, aphthe. — قولتوق بزى qoltouq bèze, bubon. — ات بزى èt bèze, kyste.

بز biz, alène; voir بيز.

بزادى bizadi, (forme primitive arabe بجادى) 1° grenat. — 2° pierre précieuse de couleur bleuâtre, béryl. Dans ce dernier sens il vaut mieux écrire بزادى ازرق bizadi azraq.

بزاغو bouzaghou, veau; voir بوزاغو.

بزدم bezdim, hanche, côte; voir بزدم كيكى bezdim kèmiyi, coccyx. — اوماجا et اوما.

بزر bezr, vulg. bèzir, semence, graine; voir بذر.

بزستان bèzestan ou bèzesten, marché, bazar; voir بدستان et بز bèz. — Le grand bazar ou bezestin de Constantinople fut construit par Mehemet II. (Journal de Galland, publié par M. C. SCHEFER, t. I, p. 24.)

بزك bèzèk et بزن bèzèn, ornement, parure; voir بزەمك.

بزلنكج bezlenguedj, (forme prim.

بيزلانغج beuzlangheudj) aiguillon de bouvier; synon. de اوكندره. — bâton en bois de cornouiller. Cf. بيز.

بزمك 1° bezmek, (forme primitive بيزمك) s'ennuyer, être las, dégoûté; avoir du dédain ou de l'aversion. — trans. بزدرمك bezdirmek, donner de l'ennui, inspirer du dégoût, de l'aversion. — بزكين bezguîn, ennuyé, découragé, sans énergie. — 2° buzmek, contracter, serrer; voir بوزمك.

بزمكى bizimki, le nôtre, ce qui est à nous; voir بز biz.

بزەمك bèzèmek, orner, parer, arranger avec art et élégance. — بزنمك bèzenmek, se parer, s'orner; — être pavoisé. — بزك bèzèk, parure, ornement, arrangement élégant. — بزكجى bèzèktji, qui pare, qui orne; — femme de chambre, coiffeuse. — بزن bèzèn, travail d'art et de goût, ornements. — اوزن بزن euzèn bèzèn, arrangé, paré avec art; — au fig. ruse, tromperie.

بزيقماق bezeuqmaq, 1° s'ennuyer, être dans l'anxiété. — جزيغم بزيقدى djeuzegheum bezeuqteu, (loc. triviale) « j'ai de l'ennui, du dégoût ». — 2° recourir à la ruse; de là, بزيقجى bezeuq-

tche, prononcé vulgairement *mezeuqtche*, trompeur, qui triche au jeu; chicaneur.

بس et بسا *bès, bèsa*, particule d'intensité qui précède certains mots, comme بسا بللو *bèsa billi*, très certain, évident. — بس برابر *bès bèraber*, tout ensemble. — باس بياغى *bas bayagheu*, tout simplement.

بسا *bèsa*, (mot emprunté à la langue albanaise) trêve entre deux individus ou deux partis; *au fig.* آرناود بساسى *ârnaoud bèsase*, « trêve d'Albanais », *au fig.* chose peu solide, sans durée.

بسبتون *busbutun*, composé de la particule d'intensité *bès* et de *butun*, tout entièrement, tout-à-fait, complètement. Cf. بس.

بستان *bostan*, jardin; verger, potager; voir بوستان.

بستة *bestè*, (pers.) air, chant, mélodie; air mis sur des paroles. — un morceau de chant sans paroles est nommé هوا *hèva*.

بسريك *bisrik*, chameau de course né d'une chamelle blanche et d'un chameau à longs poils — dromadaire de la race *boukhti*. — *au fig.* homme timide, timoré, inerte; on écrit aussi dans ce sens بصريق.

بسفايج *besfaïdj*, corruption du pers. بس پايه polypode, fougère.

بسلهمك, بسلمك *beslèmek*, nourrir; entretenir; engraisser des animaux; fumer la terre. — élever, soigner. — bourrer (une doublure avec du coton), farcir. — *trans.* بسلتمك *beslètmek*, faire nourrir. — كنديني بسلتمك *kendini beslètmek*, se faire entretenir, être à la charge de quelqu'un. — *pass.* بسلنمك *beslènmek* et بسلنلمك *beslènilmek*, être engraissé, soigné (en parlant des animaux); être bourré, farci. — Prov.: بسله قارغه‌يى كوزك اويسون *beslè qarghaïe gueuzeñe o'isoun*, « nourris la corneille et elle te crèvera les yeux ». — بسله *beslèmè*, nourri, entretenu, litt.: « serviteur qu'on prend pour la nourriture seulement et sans gages »; plus généralement: domestique qui n'est pas esclave, servante (grecque), bonne.

بسله‌يجى *beslèyidji*, 1° qui nourrit, éleveur, nourrisseur; — beau-père et belle-mère, comme en arabe رابّ et رابّة. — 2° épith. de Dieu qui nourrit le genre humain رزّاق. Cf. بسلمك.

بسملە *besmèlè*, (ar.) prononcer la formule : *bismillahi-rrahmani-rrahim*, « au nom du Dieu clément et miséricordieux ». Cette prière se récite en différentes circonstances et principalement avant les repas, comme notre *benedicite*; elle doit être dite à haute voix par la personne la plus jeune d'entre les convives.

بسی *besse*, (du verbe بسلمك *beslèmek*, nourrir) lieu où l'on engraisse les animaux; d'où l'expression بسیە قومق *besseyè qomaq*, prendre à l'engraissage, élever les bestiaux. — بسیلو *bessili*, engraissé, gras, bien nourri. — surnom des valets de pied qui composaient la suite des Pachas.

بسیار *biçiar*, (pers. beaucoup, en grande quantité, nombreux) d'où le mot بسیارلق *biçiarleq*, abondance, grande quantité, multitude. Cf. چوق.

بش *bèch*, nom de nombre : cinq. — بش پرماق *bèch parmaq*, 1° les cinq mois pendant lesquels la guerre était défendue aux Arabes, à savoir *mouharrem, redjeb, zou'l-qaadè, zou'l-hiddjè, chèvval*. — 2° quintefeuille. — بش قرداش *bèch qardach*, « les cinq frères », c.-à-d. : la main; *au fig.* soufflet, gifle. — بشده بش *bèchdè bèch*, cinquième partie, quint. — بشر بشر *bècher bècher*, cinq par cinq. — بشلك *bèchlik*, groupe de cinq, pièce de cinq piastres. — بشلمە *bèchlèmè*, division en cinq parties. — بشنجی *bèchindji*, cinquième. — بشنجی كون *bèchindji gun*, le cinquième jour de la semaine, jeudi, comme خمیس en arabe. — Proverbe : بش پرماق بر دكلدر *bèch parmaq bir deïlder*, « cinq doigts ne font pas un », dans le sens de : ce n'est pas la même chose.

بشارت *bècharet*, (ar. bonne nouvelle, cadeau pour un message, etc.) nouvelle, chose imprévue, nouveauté, et *par antinomie* : mauvaise nouvelle, calamité.

بشاق *bachaq*, épi; voir باشاق.

بش پنجە *bèch pendjè*, (persan) « cinq griffes », nom d'une astérie qui vit dans le sable de la mer; espèce d'étoile de mer.

بشقە *bachqa*, autre, excepté; voir باشقە.

بشك *bechik*, berceau; voir بشیك.

بشلامق *bachlamaq*, commencer; voir باشلامق.

بشلك **bèchlik**, de بش **bèch**, groupe de cinq, valeur de cinq ; pièce de cinq piastres, valant aujourd'hui 1 franc 15 centimes. — جهادیه بشلك *djihadyè bèchlik*, « monnaie de guerre sainte », frappée en 1810 pour suppléer à la pénurie du Trésor ; elle avait une valeur intrinsèque moindre que celle de l'ancien *bèchlik*.

بشمق **bachmaq** (**pachmaq**), chaussure, espèce de sandale ; voir باشمق.

بشمك **bichmek**, cuire ; c'est l'ancienne prononciation au lieu de *pichmek*; voir بشمك pour ce mot, ainsi que pour les composés بشورمك, بشكين etc.

بشمه **bechmè**, bâton de la machine à tourner = دلیکلو بشمه.

بشن **bèchèn**, dans l'ancienne comptabilité ottomane, on nommait ainsi la solde payée pendant les trois mois de redjeb, chaaban et ramazan. Le mot لذذ *lèzèz* désignait la solde des mois de chèvval, zou'l-qaadè et zou'l-hiddjè.

بشیك **bèchik**, berceau (en t. or. le verbe بیشمك *bichimek* signifie balancer). — اجل بشیكی *edjel bèchiyè*, grande escarpolette. — جانباز بشیكی *djan-baz bèchiyè*, trapèze d'acrobate. — بشیكنی صاللامق *bèchiyini çallamaq*, bercer ; *au fig.* être aux petits soins, se donner du mal, prendre de la peine pour quelqu'un. — کمی بشیكی *guèmi bèchiyè*, couchette pour les hommes d'équipage à bord des navires. — Le mot *bèchik* désigne aussi une sorte d'auge large et profonde, d'où le nom de *Bèchiktach*, village près de Constantinople. — بشیكجی *bèchikdji*, fabricant de berceau ; sculpteur sur bois. — هپسندن بختلوسی بشیكده اولن *hepsinden bakhtlusè bèchiktè olan*, « le plus heureux de tous est celui qui meurt au berceau » (proverbe). — بشیكدن قبره وارنجه *bèchikten qybrè varindjè*, depuis le berceau jusqu'à la tombe, toute la vie durant. — بشیك اوشاغی *bèchik ouchaghè*, « enfant au berceau », terme insultant comme en français *blanc-bec*. — بشیكده بولمق *bèchiktè boulmaq*, « trouver une chose au berceau », y être accoutumé dès l'enfance. — A une personne trop pressée de retourner au logis et qui abrège sa visite, on dit familièrement : بشیككز آغلارمی *bèchikñiz âghlar me*, est-ce que votre (enfant au) berceau pleure ?

بصاريق *baçareq*, pédale attachée au métier du tisserand; planche qui repose sur deux pieds.

بصمق *baçmaq*, fouler aux pieds, presser; pour ce verbe et ses dérivés, voir باصمق.

بضاعت *bizaat*, (ar.) capital, fonds de commerce. — بضاعت مزجات *bizaat muzdjat*, marchandise sans valeur; *au fig.* pauvreté, défaut de mérite. — بضاعه‌سی یوقدر *bizaase yoqtour*, il n'a pas de capital, il est sans valeur.

بطارس *betaris*, du grec πτερίς, fougère. On dit aussi ایپتری *ipteri* et *ifteri*. Cf. بسفایج et اکرلتی.

بطاریا *batarya*, de l'ital. *batteria*, batterie, lieu couvert pour l'artillerie; صحرا بطاریا *çahra batarya*, batterie de campagne.

بطاق *bataq*, bourbier, marais, marécage; voir باطاق.

بطاقه *bitaqa*, étiquette cousue ou tissée sur les étoffes, etc.; voir بطاقه.

بطّال *battal*, (ar.) 1° sans valeur, inutile, vieillerie. — بطّال اوراق *battal evraq*, vieux titres, billets périmés, paperasses. — بطّال چكمك *battal tchèkmek*, abolir, annuler. — 2° gros, volumineux. — بطّال آیاق *battal âyaq*, grande forme de cordonnier. — بطّال كاغد طبقه‌سی *battal kiahat tabaqaseu*, feuille de gros papier, papier à registre. — *adj.* paresseux, oisif (le sens arabe « héros, guerrier intrépide » n'est pas usité en vulgaire), sans valeur, annulé. — avec *etmek*, abolir, anéantir. — بطّال مهری *battal meuhuru*, timbre d'oblitération. — بر طمغایه بطّال مهرینی اورمق *bir damghaïè battal meuhurunu vourmaq*, oblitérer un timbre. — بطّال نظریله باقمق *battal nazari-ilè baqmaq*, considérer comme périmé. — 3° quelquefois : minute, brouillon d'un acte.

بطریق *batreq*, (du grec πατρίκιος) patriarche des communautés chrétiennes soumises à la juridiction de la Porte; voir بطریق.

بطمان *batman*, (var. باتمان, بتمان) mesure de capacité, qui vaut environ six ocques, c.-à-d. : de seize à dix-sept kilogrammes.

بعض *baaz*, particule arabe signifiant quelque, certain, un petit nombre de. — بعض كره *baaze kerrè*, quelques fois. — بعضیسی *baazese*, quelques-uns (d'entre eux). — بعضا *baazen*, quelquefois.

بغا et بغا *bagha*, 1° nom générique des Bactraciens; ce mot forme des composés comme *yéchil-bagha*, grenouille verte, *qaple bagha* pour *qaploum-bagha*, tortue, etc. — 2° écaille de tortue. — بغا قاشیق *bagha qacheq*, cueiller d'écaille; بغا قوطی *bagha qoutou*, boîte d'écaille.

بغدادی *baghdadi*, (ar.) « originaire de *Bagdad* ». On nomme ainsi une sorte de stuc ou de vernis dont on revêt les constructions. — دیوار بغدادیسی *douvar baghdadise*, stuc vernis étendu sur les planches. — بغدادی تاوان *baghdadi tavan*, plafond crépit de plâtre, à la façon de Bagdad.

بغداش *baghdach*; voir باغداش.

بغدای *boghdaï*, 1° blé, froment. — بغدای اكر اربه چیقار *boghdaï èkèr arpa tcheqar*, « il sème de blé et c'est de l'orge qui pousse » (prov.). — مصر بغدای *meçer boghdaï*, blé d'Égypte, maïs, blé de Turquie. — قره بغدای *qara boghdaï*, blé noir; la meilleure qualité est nommée قره باشاق *qara bachaq*, épi noir. — دلیجه بغدای *délidjè boghdaï*, ivraie. — بغدای آكیزی *boghdaï ânèze*, chalumeau du blé, chaume. — بغدای بتی *boghdaï biti*, charançon. — Le blé émondé, le gruau est nommé *bourghoul*, برغول, quand il a été bouilli, et كوچه *gueutchè*, quand il n'y a pas eu ébullition. — بغدای اونی *boghdaï ounou*, farine de maïs. — بغدایجق *boghdaïdjeq*, chardon des champs. (Cf. صلیان). — 2° grain, (mesure) soixante et douze grains de blé font un *misqal*; voir مثقال. — بغدای ییغنی *boghdaï iighene*, meule de blé. — اوكسوز اولندرن بغدای *euksuz èvlendiren boghdaï*, « blé qui marie l'orphelin », c.-à-d.: moisson abondante. — بر كله بغدایدن ایكی قاشق آلمق *bir kilè boghdaïden iki qacheq âlmaq*, « tirer deux cueillers d'un boisseau de blé », c.-à-d.: tirer deux moutures d'un seul sac. — On dit d'un homme simple et naïf: هنوز بغدای آغاجنی بلمز *hènouz boghdaï âghadjene bilmez*, « il ne connaît pas encore la gerbe de blé ». — بغداینی ترلاده ایكن یمك *boghdaïne tarladè iken yèmek*, « manger son blé dans le champ » ou, comme on dit en français: « manger son blé en herbe ».

بغر bagher, foie, cœur; voir باغر.

بغرداق bagherdaq, maillot, brassière; voir باغرداق.

بغرساق baghersaq, intestins, entrailles; voir باغرساق.

بغطاق (var. بغتاق) boghtaq, (mong.) coiffure haute, bonnet en forme de cône tronqué et enrichi de pierreries, qui est encore porté aujourd'hui par les femmes *Kirghizes* et *Uzbeks*, dans la principauté de Khiva. Cf. *Journal Asiatique*, août 1847 et septembre 1850.

بغلامق (var. بغلق) baghlamaq, attacher, lier; voir باغلامق.

بغه bagha, tortue; voir بغا.

بقا بونغه baqa boungha, véronique, plante; voir ياوشا.

بقال baqqal, (ar.) épicier, marchand de légumes frais ou secs, de riz et de beurre; il vend aussi certains plats tout préparés; — quelquefois droguiste. — بقال بر مشترى ايچون دكان آچمز baqqal bir muchteri itchin dukkian átchmaz, « l'épicier n'ouvre pas sa boutique pour un seul acheteur ». — بقال قصاب هپ بر حساب baqqal qassab hep bir hissab, « épicier, boucher, c'est toujours le même compte » (proverbes). — بوز بقّال boz baqqal, merle.

بقالرا baqalèra, de l'italien *boccola*, terme de marine : plaque de fer qui garnit les mortaises, *alumelle*. — بقالرا لومبارلرى baqalèra loumbarlarę, rablure, entaille pratiquée sur les deux faces latérales de la quille, de l'étambot et de l'étrave, pour recevoir les virures.

بقام baqam, (primit. bois du Brésil, bois de campêche) 1° teinture bleue et rougeâtre. — 2° *par dérivation*, toute sorte de teinture, surtout celle qui n'est pas de bon teint; couleur peu solide. — بقام بوياجى baqam boyadję, fabricant de teinture commune, opposé à خاص بوياجى khass boyadję.

بقر baqer, cuivre, bronze; voir باقر.

بقرج (var. بقرجه) baqradj, 1° cafetière; ce mot est usité aussi en arabe d'Afrique sous la forme بكرج; le synonyme arabe est سطل satl, du latin *situla*. — 2° d'après REDHOUSE, piston de pompe.

بقلان et بقلاك baqlan; voir باغلان.

بقلاوا baqlava; voir باقلوا.

بقمق 1° beqmaq, être dégoûté, s'ennuyer; voir بيقمق. — 2° *baqmaq*, regarder; voir باقق.

بقنق (var. بقناق) *baqanaq*, sabot, pied des animaux à double sabot.

بقياز *baqyaz*; voir باقياز.

بقيه *baqyè*, (ar. reste, restant) suite d'un article; synonyme de مابعد. — بقيۀ حساب *baqyèi hiçab*, reliquat, reste de compte; on dit aussi بقايا *baqaya*. Ce dernier mot, en style de finance, signifie « arriérés de recette ». Cf. باقى.

بك *bey, beg*, (t. or. grand, riche, puissant) 1° prince, seigneur, personnage distingué. — بكلر بكى *beïler beye*, titre que l'on donnait aux gouverneurs généraux de Roumélie et d'Anatolie. Voir aussi *Journal Asiatique*, 1854, p. 484. — 2° titre honorifique : عثمان بك *'Osman Bey*. — 3° titre affecté à certains grades et aux personnages de distinction, par ex.: aux gouverneurs de provinces ou *valis*: صرب بكى *çarb beye*, prince de Servie; — aux *mutevellis*: قره طاغ بكى *qara dagh beye*, prince de Montenegro; — aux officiers militaires et civils: آلاى بكى *âlaï beye*, colonel. — سنجاق بكى *sandjiaq beye*, gouverneur de district. — Autrefois les *mirmiran* (cf.

(ميرميران) avaient le titre de *Beylerbey*. Les fils des grands personnages, admis dans la magistrature, prenaient le nom de بك مولا *bey-molla*. — كوى بكى *keuï beye*, chef de village ou de tribu peu importante. — 3° locution usitée au jeu d'osselet. — بك آريسى *bey ârese*, reine des abeilles. — بك بالق *bey baleq*, dans le dialecte de Bosnie: maquereau. — بك بوركى *bey beurèye*, « bonnet de bey », nom d'une fleur appelée aussi « fleur du Prophète », *peïghamber tchitcheye*. — بك بالغى *bey baleghe*, espèce d'esturgeon. — بكلره اينانمه صويه طيانمه قارى سوزينه آلدانمه *beïlerè inanma çouïè dayanma qareu seuzinè âldanma*, « ne te fie pas aux princes, ne t'appuie pas sur l'eau, ne te laisse pas séduire aux paroles d'une femme » (proverbe). Cf. بكلك *beylik* et بكزاده *beyzadè*.

بك *beñ*, tache noire ou tache de rousseur sur la peau; taie dans l'œil. — بكلو *beñlu*, qui a une tache ou une taie de ce genre. — بك دوشمش اوزم *beñ duchmuch uzum*, raisin dont la peau est tachetée, et qui commence à mûrir. — بكلنمك *beñlenmek*, avoir une tache, être tacheté, moucheté.

بكك beñek; voir بنك bènek.

بكا baña, pron. personnel, 3ᵉ pers. du singulier : à moi. — بكا بندن اولور هرنه اولورسه باشم راحت بولور دیلم طورسه baña benden olour hèr nè oloursa bachem rahat boulour dilim douroursa, « tout ce qui m'arrive n'est imputable qu'à de moi; si ma langue reste en repos, ma tête sera tranquille ». Ce vers est souvent cité comme un proverbe.

بكار bouñar, vulg. pouñar, fontaine, source d'eau; voir پیكار.

بكتاش beñtach, égal, pareil, équivalent. — بكتاشلق beñtachleq, égalité, similitude. Ce mot n'est plus usité.

بكتاشی bektachi, 1° ordre des derviches mendiants fondé par Hadji Bektach, surnommé le Saint, dans la première moitié du XIVᵉ siècle. La nouvelle milice des Janissaires, ayant été bénie par ce pieux personnage, les Bektachis ont toujours été respectés par cette milice indisciplinée. Le colonel d'une orta était le supérieur de cet ordre et huit d'entre eux servaient d'aumôniers du corps et marchaient au premier rang, les jours de revue ou de cérémonie. — 2° au fig. négligé, sans ordre; paresseux, comme on dirait en français bohème. — بكتاش طوزی bektach touzou, sel blanc et brillant qu'on retire des salines de Hadji Bektach et de Mudjour, dans l'eyalet de Caramanie.

بكچی bektchi, (du verbe بكلهمك) gardien, sentinelle. — محله بكچیسی mahallè bektchisi, gardien de quartier. — كرك بكچیسی gumruk bektchisi, gardien de la douane. — قوز بكچیسی qoz bektchisi, garde de forêt. — كوشك بكچیسی kieuchk bektchisi, « gardien de tour », chargé d'annoncer les incendies.

بكری bekri, (ar.) ivrogne d'habitude, adonné à la boisson. Le Lehdjè rapporte ce mot à بكرة « aube du jour », c.-à-d. : celui qui, dès l'aube, se lève pour boire et s'enivrer. — بكریلك bekrilik, ivrognerie invétérée. — بكریلمك bekrilèmek, s'adonner à la boisson.

بكز beñz, (rarement بكیز) 1° teint, coloris du visage. — بكز آتمق beñz âtmaq, pâlir. — بكز بوزولمق beñz bouzoulmaq, changer de visage, de couleur, pâlir et rougir, avoir l'air souffrant. — بكزك پك رنده benzuñ pek iėrindè, tu as bonne mine. — 2° quelquefois : surface, superficie ; visage. — دكزك بكزى *deñiziñ beñze*, la surface de la mer. — On dit d'un homme fin et habile : آدمك بكزندن سرّينى قپار نته که کهربار هوادن صمان قپار *âdamiñ beñzinden sirrini qapar nèteki kehribar havaden çaman qapar*, « il tire les secrets de la face de l'homme, comme l'ambre jaune attire la paille de l'air ».

بكزاده *beyzadè*, (t. pers., litt. « fils de bey ») gentilhomme, homme distingué ; aristocrate. — بكزاده‌لق *beyzadèleq*, noblesse, distinction de naissance et de rang, et *par antinomie* : sottise, arrogance. Cf. بك.

بكزمك *beñzèmek*, ressembler ; voir le mot suivant.

بكزه‌مك *beñzèmek*, ressembler, être pareil, égal. — *trans.* بكزتمك *beñzètmek*, prendre l'un pour l'autre ; faire ressembler ; imiter, (un morceau de style, une poésie) ; arranger, mettre en ordre. — بكزته *beñzètmè*, action d'imiter ; — *adj.* artificiel, faux, apocryphe.

بكزه‌يش *beñzèich*, ressemblance, conformité, parité.

بكسماد *beksimat*, (on écrit plus souvent پكسماط *peksimat*, de بك pour برك fort, dur et سماد fleur de farine) biscuit, galette, biscuit de mer.

بكلك *beylik*, rang ou fonctions de bey ; — principauté ; — trésor public, fisc. — Avant les réformes, on réunissait sous le nom de *beylik* les domaines provenant des fiefs des anciens *yayas*. Le revenu de ces terres était affecté aux plus vieux officiers des Janissaires, comme une sorte de pension de retraite. — بكلك قلى *beylik qalemi*, c'était un des trois bureaux de la Chancellerie où se trouvait le dépôt des règlements civils et militaires ; on y conservait aussi les traités conclus avec les puissances étrangères. Le directeur des trois bureaux de la chancellerie avait le titre de بكلكجى *beylikdji*. Aujourd'hui on nomme *beylikdji*, 1° un garde du divan impérial. — 2° le directeur de la section des finances, qui ordonnance les recettes et les dépenses du Trésor. — بكلكى كى *beylik guèmi*, vaisseau de guerre. — بكلك بناسى *beylik binasi*, construction, édifice de l'État. — بكلك چشمه‌دن صو اچمه *beylik tchechmèden çou itchmè*,

« ne bois pas d'eau à une fontaine publique », ce qui revient à peu près à l'expression « ne mange pas au ratelier de l'État ». Cf. بك *bey*.

بكلهمك *beklèmek*, attendre, demeurer dans l'attente. — بكليه بكليه ياز اولور *beklìè beklìè yaz olour*, « à force d'attendre, l'été arrive » (prov.); garder, protéger. — برينى بكلهمك *birini beklèmek*, attendre quelqu'un. — برندن بكلهمك *birinden beklèmek*, « attendre de quelqu'un », c.-à-d. : compter sur quelqu'un, espérer. — بكلهجى *beklèïdji*, qui attend, épie, espère; gardien. — *trans.* بكلتمك *beklètmek*, retarder, faire garder, mettre en sentinelle. — بكلتدرمك *beklèttirmek*, même sens. — بكلشمك *beklèchmek*, s'attendre entre soi; espérer. — نوبتنى بكلهمك *nevbetini beklèmek*, attendre son tour. — بندخى انى بكلردم *ben dahi onę beklerdum*, moi aussi je m'y attendais. — كوك اشك صودن كلنجه بكله *gueuk echek çouden guelindjè beklè*, « attends jusqu'à ce que l'âne bleu revienne de boire », attends-moi sous l'orme. — قوبى بكلر چوق مرتبه يه ايرر آزدر *qapouyę bekler tchoq mertèbèïè irer âzdur*, « beaucoup attendent à la porte, peu arrivent à l'emploi ». — طوتلمش بكلنمشدن يكدر *toutoulmęch beklenmichden yektir*, « ce qu'on tient vaut mieux que ce qu'on attend ». — بكلمه *beklèmè*, poste du veilleur de nuit; tour où sont postés les factionnaires.

بكم (var. بيكم) *beyim*, princesse, dame de haut rang, sultane-mère et, en général, terme de politesse, comme *madame*. Ce mot est l'équivalent féminin de بك, de même que خانم est pris pour le féminin de خان.

بكمس et بكمز *bekmèz, bekmès*, (prononciation vulg. *petmèz*) moût de raisin épaissi par la coction; espèce de raisiné. La qualité la plus forte est nommée بولامه *boulama*; cf. پكمز.

بكنمك *beyenmek*, approuver, trouver bon; aimer, se plaire à...; louer, flatter. — آدم بكنمامك *âdam beyenmèmek*, ne pas avoir de goût ou de confiance pour quelqu'un, dédaigner. — كندنى بكنمك *kendini beyenmek*, se plaire à soi-même; être prétentieux, égoïste. — بكندرمك *beyendirmek*, faire agréer, approuver, rendre agréable. — بكنلمك *beyenilmek*, être approuvé, agréé, avoir l'approbation. — خنكار بكندى *khun-*

kiar (heungiar) beyend̦e, nom d'une belle fleur jaune.

بل *bèl*, évidence, manifestation. Ce mot inusité peut être rapproché de بلمك *bilmek*.

بل *bèl*, reins, taille, région lombaire. — *au fig.* versant. — طاغ بلى *dagh bèl̦e*, le flanc de la montagne. — چاملو بل *tchamlu bèl*, versant boisé de sapins. — بل كيكى *bèl kémiy̦e*, vertèbre du dos. Cf. مهره. — بل كميكلو *bèl kémiklu*, vertébrés (animaux). — بسل آغريسى *bèl âghreșe*, douleurs des reins. — بل صوغولغى *bèl çouqloughou*, écoulement, gonorrhée. — اينجه بللو *indjè bèllu*, qui a la taille fine, svelte. — قارنجه جق بلى *qarindjèdjeq bèl̦e*, « à taille de fourmi », mince, svelte. — بل ويرمك *bèl vermek*, se voûter. — بل بوكلمك *bèl bukulmek*, même sens. — بل باغلامق *bèl baghlamaq*, « se ceindre les reins », se mettre à l'œuvre, entreprendre.

بل *bèl*, (primit. بيل *bîl*) instrument aratoire. — آرناود بلى *ârnaout bèl̦e*, fourche. — بوستان بلى *bostan bèl̦e*, bêché de jardinier, de fossoyeur. — كورك بلى *kurek bèl̦e*, pelle (en bois). — بلجى (var. بيلجى) *bèldji*, « qui travaille avec la pelle », ouvrier, journalier. — بللهمك *bèllèmek*, piocher, travailler avec assiduité.

بلا *béla*, (ar.) malheur, affliction. — باش بلاسى *bach bélasi*, ennui, contrariété. — بلاسنى بولمق *bélasini boulmaq*, être puni d'un méfait. — الله بلاسنى ويرسون *allah bélasini versin*, « que Dieu le punisse ! » — بلايه اوغرامق *bélaïa oghramaq*, tomber dans le malheur. — بلالو *bélalu*, dangereux, nuisible ; malheureux, infortuné. — بلايه صبر ايدن اجرينى بولور *bélaïa çabr éden edjrini boulour*, « qui supporte l'infortune avec courage, trouve sa récompense ». (Proverbe.)

بلاد *bilad*, (pl. ar. de بلد) villes, pays, contrées. — بلاد ثلثه *biladi sèlaç̦e*, « les trois villes », c.-à-d. : Constantinople, Andrinople et Brousse ; voir au *Dict. géographique*.

بلادر *bèladir* ou mieux بلاذر *bèlazir*, ânacardia, genre d'arbre de la famille des Térébinthacées ; anacarde ou noix de marais ; synon. de l'arabe حبّ الفهم « grain d'intelligence ».

بلازك *bilazik* ou *bilèzik*, bracelet ; gros anneau ; voir بيلازك.

بلبانلانمق *balbanlanmaq*, 1° devenir épais, s'enfler; — 2° parler avec difficulté, bredouiller; avoir la parole empâtée comme celle d'un ivrogne.

بلبل *bulbul*, (pers.) rossignol. Pour les différentes variétés du même oiseau, voir les mots جـلانه, بوردك, هراواز, etc. — چالى بلبلى *tchale bulbulu*, « rossignol de buisson », roitelet, en arabe نغمة. — بوقلوجه بلبلى *bouqloudja bulbulu*, synonyme du précédent. — نار بلبلى *nar bulbulu*, « rossignol de grenadier »? — بلبلى آلتون قفسه قومشلر آه وطنم ديمش *bulbulu âltoun qafèsè qomouchlar âh vatanum démich*, on mit le rossignol dans une cage dorée : « hélas! dit-il, où est mon nid? » (Proverbe.) — سينه بلبلى *sinè bulbulu*, « rossignol de sein », terme de caresse. — بلبل آوازلو *bulbul âvazlu*, « qui a une voix de rossignol », éloquent.

بلبليه *belbelyè*, poisson qui ressemble au polype et à la sèche.

بلد *bèlèd* (ar. pays, ville); on dit aussi بلده *bèlèdè*. — اهل بلد *ehli bèlèd*, citoyen, bourgeois; c'est le synonyme de شهرلى *chehirlu*; voir بلاد *bilad* et بلدى *bèlèdi*.

بلدر 1° *balder*, jambe, mollet; voir بالدير. — 2° *belder*, l'année passée; voir بولدر.

بلدى *bèlèdi*, 1° étoffe de toile ou cotonnade; indienne. — 2° qualification donnée par la législation ottomane à tous les sujets non musulmans de l'Empire. Tout musulman étant réputé soldat (*'askeri*), les infidèles recevaient le nom de *bèlèdi* « citadins », parce que la loi ne permettait pas leur incorporation dans la milice régulière. — حقوق بلديه *houqouqe bèlèdyè*, droit de bourgeoisie; droits du citoyen. — دايرۀ بلديه ادارۀ بلديه *idarèï bèlèdyè* ou *daïrèï bèlèdyè*, mairie, municipalité. — ادارۀ بلديه مأمورلرى *idarèï bèlèdyè mèmourleri*, membres du conseil municipal.

بلدير *belder*, (t. or. بولدور) l'année passée; voir بولدر.

بلديرجين *belderdjen*, caille. — On en connaît plusieurs variétés : قزيل بلديرجين la caille rouge; l'espèce nommée سلوى سمانه *semmanè*, qui est la caille ordinaire; قير بيلدرجين la caille grise qui est l'espèce la plus grosse. — بلديرجين اوتى *belderdjen oteu*, plante vénéneuse, originaire de l'Inde. Cf. بيش.

بلرمك *bèlirmek*, 1° être connu, se montrer; devenir clair, évident. — 2° avoir le regard fixe, immobile (par la souffrance, la colère, etc.). — بلرتمك *bèliritmek*, même sens; — faire connaître, préciser. Cf. بلمك.

بلسان *bèlèsan*, prononciation vulg. *pèlèseng*, baumier; voir پلسنك. La forme arabe est بلسم *belsem*.

بلش *bélech*, (ce mot paraît être une corruption de l'arabe vulgaire بلاش pour بلا شیء) pour rien, gratis; synon. *bad'hava*, *bèdava*. — بلش آتنك ديشنه باقلمز *bélech âtenuñ dichinè baqelmaz*, « on ne regarde pas aux dents (à l'âge) d'un cheval donné ». (Proverbe.)

بلغار *boulghar*, Bulgare; Bulgarie. — بلغار بوزه‌سی *boulghar bouzasè*, « bière de Bulgarie », boisson fermentée qu'on emploie comme remède. — بلغاری *boulghari*, maroquin, cuir de Russie; on écrit aussi بولغاری et quelquefois بلقاری.

بلغم *belgham*, (du grec φλέγμα) flegme, pituite. — بلغم براقمق *belgham braqmaq*, troubler, déranger les affaires. — بلغمی طاش *belghami tach*, espèce d'onyx ou chalcédon, dont on fait des vases. — بلغمی مزاج *belghami mizadj*, de tempérament flegmatique.

بلغور (var. بلغر) *belghour*, 1° blé mondé, gruau, bouillie; voir بورغول. — 2° *boulghour*, neige, poussière de neige, verglas; de là le nom d'une montagne près de Constantinople: بلغورلو *boulghourlou*, « la neigeuse ».

بلك 1° *bilik*, colline, hauteur, éminence. — 2° *bilek*, poignet, avant-bras; voir بیلك.

بلكنلنمك *bèliñlenmek*, être dans les transes, éprouver une vive anxiété.

بلكو ou بلكی *bilègui*, pierre à aiguiser, affiloir; voir بیله‌کو.

بلكیم; voir بلكه.

بللو *belli*, (du verbe بلمك) connu, manifeste, évident. — بللو باشلو *belli bachlu*, bien connu; distingué; indépendant. — بس بللو *bès belli*, évident, certain, démontré. — بللوسز *bellisiz*, inconnu, ignoré, effacé. — بللو بللورسز *belli bellirsiz*, incertain, douteux.

بللور *billir*, vulg. *billour*, (grec βήρυλλος) cristal de roche et cristal de verre. — بللورکبی *billir guibi*, transparent, brillant comme le cristal. —

بللور اولماق billir olmaq, se cristalliser. — الماس تراش بللور elmas trach billir, cristal taillé à facettes. — بللوركبي billir guibi parlaq, brillant comme le cristal. — Prov. بللور كوزلك كور كوزلرى كوسترمز billir gueuzluk kieur gueuzleri gueustermez, « lunette de cristal ne rend pas la vue aux yeux aveugles ».

بللمك billèmek, apprendre, retenir par cœur; — nom d'act. بلله يش billèich, mémoire, pensée, croyance. — بللتمك billètmek, remettre en mémoire, remémorer. — بللنمك billènmek, être connu, retenu par cœur. Cf. بيلمك.

بلمك bilmek, savoir, connaître; voir بيلمك.

بلنمك belinmek, frissonner, trembler. Ce verbe paraît n'être usité que dans le dialecte de Bosnie. Cf. بلكنمك.

بلوط ou بلوت boulout, nuage; voir بولوت.

بلور bilir, (aujourd'hui on écrit plus volontiers بيلر ou بيلير) qui connaît, qui sait, et au pass. connu. — بلورسز اولماق bilirsiz olmaq, être inconnu, invisible. — بلور كبى ياپار bilir guibi

yapar, il agit comme quelqu'un qui s'y entend.

بلورمك (var. بيلرمك) bilirmek, apparaître, se manifester; voir بلمك bilmek.

بلوغ bulough, (ar. action d'arriver, d'atteindre) puberté, majorité. D'après la loi musulmane, elle commence à douze ans révolus chez l'homme, si elle s'est manifestée par certains indices physiques, et à neuf ans chez la femme. A défaut de ces indications, la loi fixe la majorité pour les deux sexes à quinze ans accomplis. Toutefois, dans le rite hanéfite, elle est reculée jusqu'à dix-huit ans pour les hommes et dix-sept pour les femmes.

بله bilè, même, aussi; voir بيله.

بلەمك bilèmek, aiguiser; voir بيلەمك.

بلّمك 1° bellèmek, bécher, enfouir; voir بل bel. — 2° bilèmek, faire attention, considérer, savoir. Cf. بيلمك.

بلى bèli, (ar.) affirmation plus catégorique que اوت èvèt, oui — certainement, assurément, si fait.

بليك bèlik, qui a le regard fixe, immobile, l'œil égaré. On dit dans le même sens : بل بل باقماق *bèl bèl baqmaq* et بلیکلهمك *bèliklemek*. — بول بول یین بل باقار *bol bol yèyèn bèl bèl baqar*, « qui mange trop a la mine anxieuse ». (Proverbe.)

بن *bèn*, pron. personnel, 1ʳᵉ personne du sing. je, moi. — بنم *bènum*, de moi, mon. — بنیم *bènîm*, je suis. — بن اولدم سنجلین سنده اولورسن بنجلین *bèn oldoum sèndjèlèn sèndè ouloursèn bèndjèlèn*, « j'ai été comme toi, toi aussi tu seras comme moi », c.-à-d. : tu mourras. — بنسز *bènsèz*, sans moi. — بنجه *bèndjè*, selon moi, à mon avis. — بنلك *bènlik*, le moi, égoïsme, prétention. — بنلك شیطانه یاقشور *bènlik cheïtanè yaqechour*, « l'égoïsme sied au démon ». (Proverbe.) — سنلو بنلو لاقردی *sènlu bènlu laqerdè*, « paroles où l'on emploie le toi et le moi », langage familier.

بن *ben*, tache sur la peau, orthogr. fautive pour *beñ*; voir بك et بنك *bènèk*.

بنا *bina*, (ar.) 1° bâtiment, édifice, construction. — 2° corps de navire, vaisseau. — بنا امینی *bina emini*, intendant des bâtiments civils. — adv. *binaèn*, « en construisant sur »; بناء علی ذلك *binaèn a'la zalik*, d'après cela,

en conséquence; بنا برین *bina berin*, même sens.

بنامق *beunamaq*, être sot, s'abêtir; voir بوكامق.

بنت *bint*, (ar. fille) reine au jeu d'échecs, dame au jeu de cartes.

بنجر *bendjer*, plante de la famille des malvacées, espèce de mauve; en arabe خبازی *khoubbazi*.

بنجق *boundjouq*, petits grains de verre, verroterie; voir بونجق.

بند *bend*, (pers.) 1° réservoir, bassin, digue. — 2° chapitre d'un livre, article de journal. — 3° pièce, action dramatique : پهلوان بندی *pehlivan bendè*, « le drame du lutteur », titre d'une pièce qui a eu une certaine vogue.

بنده *bendè*, 1° pers. serviteur, esclave; s'emploie par politesse en guise de بن *bèn*, moi : بندهکز *bendèñiz*, votre serviteur, c.-à-d. : moi. — بنده چاکر عبودیت پرورلری *bendèï tchakèr 'ouboudyet perverlerè*, votre très-obéissant serviteur. — بنده خانه *bendè khanè*, « la maison de votre serviteur », chez moi. — 2° t. pour بن دخی *ben dakhi*, moi aussi; ou bien, avec le suffixe du locatif : dans moi, chez moi.

بنش et mieux بنیش *binich*, (du verbe بنمك) 1° action de monter à cheval. — 2° vêtement de cheval, grand manteau que portaient autrefois les cavaliers; pelisse, pardessus. — 3° بنش یرلری *binich yerleri*, « stations de cavalcade ». On a donné ce nom aux kiosques et pavillons où les sultans vont se reposer, pendant leur promenade habituelle. Quelques-uns de ces pavillons, comme *Dolma-baghtchè* sont devenus avec le temps de véritables palais et ont servi de résidence impériale.

بنغلداق *bengheldaq*, fontanelles du crâne, « *bregma capitis* »; on écrit aussi بنغلدایق. — Comparer avec ایمك et طامغه.

بنغلدامق *bengheldamaq*, se mouvoir légèrement, trembler, trembloter; cf. زنغلدامق.

بنفشه *benefchè*, (pers.) on prononce vulgairement *menekchè* ou *menevchè*, (voir منكشه) violette, fleur; couleur violette. — فرنك بنفشه سی *firenk benefchèsi*, giroflée.

بنك mieux بكك, *bènèk*, 1° tache roussâtre sur le poil des fauves. — آق بنك *âq bènèk*, comme ودق, tumeur autour des yeux, taie blanche dans l'œil. — 2° tache (d'huile); tache noire (sur les fruits). — بنكلنمك *bènèklenmek*, se tacher, pourrir; avoir la lèpre. — بنكلو *bènèklu*, tacheté (comme la peau du tigre, du léopard, etc.).

بنك *binek*, (du verbe بنمك) monture (cheval, mulet, âne, etc.). — بنك طاشی *binek tache*, montoir, borne sur laquelle le cavalier se place pour sauter en selle.

بنمك (rarement بینمك) *binmek*, monter (à cheval), enfourcher une monture, *au fig.* se placer sur, dominer. — اینوب بنمك *inup binmek*, apprendre l'équitation. — بنمیه كلور آت *binmeyè guèlir ât*, cheval dressé. — كمیه بنمك *guèmiyè binmek*, s'embarquer. — كوپه بنمك *kiupè binmek*, « monter sur une jarre », s'emporter, être furieux, comme nous disons en français : « monter sur ses grands chevaux ». — دالنه بنمك *dalenè binmek*, forcer, réduire à… — *trans.* بندرمك *bindirmek*, faire monter, hisser, faire porter. — ساعتی ایندروب بندرمك *saatè indirip bindirmek*, régler une montre, l'avancer et la retarder. — بنكشمك *binguichmek*, pour *binich-*

mek, monter l'un sur l'autre, s'entrecroiser (les dents, etc.).

بنوبت *bè-nevbet*, (pers. ar.) à tour de rôle, successivement. Dans les premiers temps de la monarchie ottomane, on nommait *timar bènevbet*, surtout en Anatolie, des fiefs conférés à plusieurs titulaires lesquels, en temps de guerre, venaient tour à tour se rallier sous les drapeaux. Cf. Belin, *Régime des fiefs militaires dans l'islamisme*, p. 67.

بنی *bini*, (du verbe بنمك *binmek*) montant; pièce de bois ou de fer, qui est posée d'aplomb dans certains ouvrages de menuiserie ou de serrurerie.

بنیجی *binidji*, (du verbe بنمك *binmek*) qui monte à cheval; écuyer, bon cavalier. — Prov. : یكی بنكه اسكی بنیجی كركدر *yeñi binèyè èski binidji querekdir*, « à jeune cheval il faut vieux cavalier ».

بنیش *binich*, 1° équitation. — 2° manteau, vêtement; voir بنش.

بو *bou*, pron. démonstratif qui désigne ce qui est proche, voisin, connu : celui-ci, ceci (pour les cas obliques, voir la *Grammaire*). — شو بو *chou bou*, celui-ci, celui-là, c.-à-d. : tout le monde, les gens. — بورا بوراسی *boura* ou *bouraseu*, cet endroit, ceci, cette question. Cf. آرا. — بوراده *bourada (bourda)*, ici. — بوراجق *bouradjeq*, ici, tout près, à côté. — شوراجق بوراجق *chouradjeq bouradjeq*, çà et là, de place en place. — بو بری *bou biri*, celui-ci, cet autre.

بوّاب *bevvab*, (ar. portier) chambellan du *babi humaïoun*, préposé à la première enceinte du palais impérial, et au درگاه عالی *derguiahi aali*, « troisième enceinte ». Le chef des huissiers du Sultan était nommé autrefois كتخدای بوّابان *kihayaï-bevvaban*. Cf. قوجی.

بواطه *bivata*, de l'italien *bigotta*, caps de mouton. On nomme ainsi des morceaux de bois arrondis et percés de trois trous, ou davantage, à leur partie supérieure. Deux caps reliés ensemble par un câble forment une sorte de palan qui sert à rider et tenir les haubans, les gallaubans et souvent aussi les étais. — پالاسرته بواطهلری *palasèrtè bivatalarẹ*, en ital. « *bigotte di parasartie* », caps de mouton des porte-haubans.

بوانده *buvanda*, (de l'italien *be-*

بوب

vanda) tisane, potion mélangée d'eau qu'on fait boire aux malades.

بوبر, ببر *buber*, *biber*, (grec moderne πιπέρι) poivre (t. or. اصی اوت « herbe chaude »). — آق بوبر *âq biber*, épice, aromate. — اوزون بوبر *ouzoun biber*, poivre long. — آرناود بوبری *ârnaout bibere*, sariette, marjolaine. — تازه بوبری *tazè bibere*, poivre vert. — قویروقلو بوبر *qouïrouqlou biber*, « poivre à queue », cubèbe. — طوزلوق بوبرلك *touzlouq biberlik*, boîte au sel et au poivre, salière. — *au fig.* طوزلو بوبرلو *touzlou biberlu*, « salé, poivré », cher, coûteux. — بوبرلمك *biberlèmek*, poivrer, *au fig.* tourmenter, faire souffrir. — بوبر کی یاقق *biber guibi yapmaq*, brûler comme le poivre. — بوبرجی *biberdji*, qui plante ou vend du poivre. — بوبرجیدن صور قرلانغجن ضرریسنی *biberdjiden çor qerlanghèdjeñ zarareñe*, « demande au marchand de poivre, si l'hirondelle est nuisible ». (Proverbe.) — Au marchand qui pèse trop parcimonieusement sa marchandise, on dit en forme de plaisanterie : ببر می طارتر سین *biber me tartarseñ*, « est-ce du poivre que tu pèses ». — ببر کبی صاتیلور *biber*

بوت

guibi çateleur, « cela se vend comme poivre », c'est d'un excellent débit. — قرنفل ایله ببری هرکیم یرسه قباری *qaranful ile bibere her kim yerse qabaru* (pour *qabaruq*), girofle et poivre, quiconque en mange, devient gros.

بوبرك *beubrek*, rognon ; voir بوکرك.

بوبریه *buburyeh*, romarin, en arabe اکلیل الجبل *iklil ul-djebel*, « diadème de montagne » ; — se confond aussi avec la lavande dont le vrai nom est حسامه اوتی *houçamè oteu*, ou ناردین *nardîn*.

بوبو *bubu* ou *bubu qouchou*, huppe, oiseau ; voir بوپوش.

بوت, بوط *bout*, cuisse, gigot. — قوردجق بودی *qeverdjeq boudou*, gigot de mouton. — طوکز بودی *domouz boudou*, jambon. — بوت کیکی *bout kémiye*, *os sacrum* ; cf. اوماجا. — قادین بودی *qaden boudou*, « cuisse de dame », plat de hachis grillé, auquel on donne la forme d'un gigot.

بوتراق *boutraq*, prononcer *poutraq*, litt. : « qui pousse dru, serré » ; nœud, rugosité. — بوتراق اوتی *poutraq oteu*, bardane, glouteron. — تیمور بوتراق *dèmir poutraq*, espèce de masse d'arme, synonyme de طوكز آياغى *pied de porc.* — قوزى بوراغى *qouzou poutraghe*, euphorbe. — بوراقلو *poutraqlou*, noueux, branchu, rameux (arbre). — Voir aussi بوراق et بوتور, بوداق.

بوته ou بوطه *bouta*, creuset, prononciation vulgaire *pouta*; voir بوطه.

بوجاق *boudjaq*, (variante بوچاق) angle, coin; lieu isolé; latrines. — بر بوجاغه طیقلمق *bir boudjagha teqelmaq*, se retirer dans un coin, vivre dans la retraite. — سیفرى بوجاق *sifri boudjaq*, angle aigu. — کونیه بوجاق *gueunie boudjaq*, angle droit. — کوت بوجاق *gueut boudjaq*, angle obtus. — تاتار بوجاغى *tatar boudjaghe*, Bessarabie. — اوجى بوجاغى یوق *oudjeu boudjaghe yoq*, « sans bout, ni angle », vaste, sans limites. — بوجاق بوجاق آرامق *boudjaq boudjaq âramaq*, chercher, fureter dans tous les coins. — Le mot *boudjaq* a vieilli; on se sert plus fréquemment de کوشه *kieuchè*.

بوجورغاد, var. بوجرغاد *boudjourghad*, grue, machine pour soulever les fardeaux. — بوجرغادى کمى *guèmi boudjourghade*, cabestan. — Ce mot est d'origine étrangère; on peut le rapprocher du grec moderne μποζεργάτης et de l'italien *argano* qui ont la même signification.

بوجك *beudjèk*, insecte, ver. — دکز بوجکى *deñiz beudjèye*, écrevisse de mer. — آتش بوجکى *âtech beudjèye*, ver luisant. — آغستوس بوجکى *âghoustous beudjèye*, « insecte d'août », grillon, cigale. — اوزون بوجك *ouzoun beudjèk*, « ver long », espèce de serpent. — اکین بوجکى *èkîn beudjèye*, « ver de moisson », charançon. — ایپك بوجکى *ipek beudjèye*, ver à soie. — بوق بوجکى *boq beudjèye*, scarabée de différentes espèces. — تسبیح بوجکى *tesbîh beudjèye*, mille-pieds. — حمام بوجکى *hammam beudjèye*, espèce de cloporte, vulg. *cafard*. — خانم بوجکى *khanum beudjèye*, « insecte de dame », puceron rouge et noir qui vit sur les rosiers. — سوموکلو بوجك *sumuklu beudjèk*, « insecte baveux », limace. — قودوز بوجکى *qoudouz beudjèye*, cantharide. — مایس بوجکى *mayos beudjèye*, « insecte de mai », chenille verte qui ronge les feuilles d'arbre. — یلدز بوجکى *yeldez beudjèye*, « ver étoile », ver-luisant, ou d'après le *Lehdjè*, femelle du ver-luisant; on le nomme aussi قندیل بوجکى « insecte-lampion ».

آكين بوجكلنمك — *ekîn beudjèklenmek* comme *bitlenmek*, se couvrir de vermine, être ravagé par les insectes (blés, arbres). — *au fig.* خرسز بوجكى *khersez beudjèye*, « insecte de voleur », agent de police, espion chargé de dépister les voleurs.

بوجك *budjuk*, croque-mitaine, loup garou. Comparer avec le mot suivant بوجو *budju*, qui a à peu près le même sens.

بوجو *budju*, poupée pour effrayer les enfants; comparer avec بوكو sorcellerie et بوجك, croque-mitaine.

بوجور *boudjour*, petit, mince, menu; voir aussi بودور *bodour*, qui est plus usité.

بوجوق *bodjouq*, 1° (mot bulgare) fête de la nativité du Messie, Noël. — بوجوق قيرى *bodjouq qereme*, fête qui suit le jeune de Noël; c'est à cette époque que les Chrétiens bulgares et serbes tuent leurs porcs. — 2° بوجوق *boutchouq*, moitié, demi; voir جوق.

بوجه *bodja*, (de l'italien *poggia*) terme de marine, *arrive!* commandement donné au timonier, pour imprimer à la barre un mouvement horizontal qui ouvre l'angle d'incidence du vent sur la voilure. — بوجه ا *bodja etmek* ou بوجه دوندرمك *bodja deundurmek*, laisser arriver.

بود *boud*, cuisse, gigot; voir بوت.

بوداق *boudaq*, (forme primitive بوغداق) 1° rejeton, pousse, branche d'arbre, cep de vigne. — تخته بوداغى *takhta boudaghou*, nœud dans le bois, nodosité. — بوداق اوزى *boudaq euzeu*, jeune pousse. — 2° pris comme nom propre ou sobriquet شاه بوداق *chah boudaq*, etc. — بوداق ديش *boudaq dich*, fruit du frêne, en arabe لسان العصافير « langue de passereaux », est employé dans la pharmacopée des Orientaux. — بوداقسز *boudaqsez*, bois ou planche sans nœud, ni rugosité. — داللو بوداقلو *dallu boudaqlu*, branchu, touffu; nom générique des mollusques. — بوداجق *boudadjeq*, bourgeon, petite branche. — كوزينى بوداقدن صاقنمز *gueuzene boudaqtan çaquenmaz*, « il ne préserve pas ses yeux des branches », il va tête baissée, sans prendre garde. — Comparer avec le mot دال *dal*.

بوداقلنمق *boudaqlanmaq*, pousser (en parlant des branches et de la vigne, etc.). — *au fig.* devenir difficile, litt. : noueux (affaire, événement). — *trans.* بوداقلندرمق *boudaqlandermaq*, faire pousser des branches. Cf. دالنمق *dallanmaq*.

بودالا *boudala*, pl. ar. pris comme singulier : niais, imbécile; tête vide; cf. آبدال. — بودالالق *boudalaleq*, sottise, imbécillité, bêtise.

بوداامق *boudamaq*, (forme primit. بوداق = بوغداق de بوغدامق branche) ébrancher, émonder, couper les branches. — آصمهلر بوداامق *açmalar boudamaq*, tailler la vigne; *au fig.* dire des paroles inutiles, bavarder. — بودايجى *boudayedje*, qui taille les ceps de vigne et les treilles. — *trans.* بوداتمق *boudatmaq*, faire couper, tailler, raccourcir. — *réfl.* بودانمق *boudanmaq*, s'occuper d'une chose avec soin, s'efforcer, déployer du zèle.

بودانتى *boundante*, cep de vigne coupé, sarment. Cf. بوداامق et بوداق.

بودجه *buddjè*, (du français) budget. Ce néologisme est employé aussi fréquemment que les expressions arabes جدول موازنه *djedveli muvazènè*, et ماليه موازنهسى *malyè muvazènèsi*, tableau-balance, ou balance financière. واردات بودجهسى *varidat buddjèsi*, budget des recettes. — آيرو بودجه *aïru buddjè*, budget spécial. — معارف بودجهسى *ma'arif buddjèsi*, budget de l'Instruction publique.

بودروم *bodroum*, cave, voûte, souterrain, quelquefois prison. Le *Lehdjè* croit que ce mot est emprunté au grec; il faudrait, dans ce cas, le considérer comme une forme corrompue de ὑπόδρομος, mais cette étymologie est contestable. — بودروملو *bodroumlou*, voûté, cintré. Voir au *Dict. géogr.*

بودور *bodour*, court de jambes, petit, ramassé. — بودور آدم *bodour adam*, nabot, nain; ar. حنبل. — بودور *bodour* بودور آغاج *bodour âghadj*, arbre nain. — بودور ليلاق *bodour leïlaq*, « lilas trapu », lilas de Perse, nommé aussi « fleur de Pâques », *pasqalia tchitcheyè*. — بودورلق *bodourlouq*, taille exiguë. — بودور طاغوق هركون پليج *boudour tavouq her gun pilitch*, « à poule naine tous les jours un poulet ». (Proverbe.) Cf. بوجور et بدوق.

بودوصلامه *bodoçlama*, terme de marine. Ce mot paraît désigner les couples montés sur la quille du bâtiment. — D'après cela, le mot باش بودوصلامه‌سی bach bodoçlamase, serait l'étrave et قيچ بودوصلامه‌سی qedj bodoçlamase, l'étambot.

بور bor, (de l'arabe البور) terre impropre à l'agriculture, sol crevassé et rugueux; plaine inculte et saumâtre; terres mortes ou en jachère. — بورجه bordjè, eau stagnante et fétide, mare infecte.

بورا boura, (pour بو آرا ce milieu, cet endroit) ici. — بوراده bourada, (vulg. bourda) en ce lieu. — بورايه bouraya, ici, vers ce lieu-ci. — بورادن bouradan, d'ici, hors d'ici. — بوراسی bourase, cet endroit-ci; le sujet, le point en question. — بوراسی پك مشكل bourase pek muchkil, cette chose est très-difficile. — بورالو bouralu, d'ici, du pays. — سز بورالو اوله‌ملو سكز bourase pek muchkil, cette chose est sez bouralu olmamalu señez, vous, vous ne devez pas être d'ici.

بورا bora, (du grec βορέας, aquilon, borée) vent violent, ouragan, grain, tempête. — بورا پاتلادی چیقدی bora patlade ou tcheqte, la tempête a éclaté; — بورا قوپدی bora qopte, même sens. — بورا یمك bora yèmek, éprouver une tempête. — بورايه طوتلمق boraya toutoulmaq, être pris par l'orage.

بوراق bouraq, (pers. بوره) 1° borax, nitre; cf. آلجی طاشی. — 2° laiton, métal employé par les ferblantiers pour les soudures et le vernissage. — 3° quelquefois terre inculte et stérile; dans ce dernier sens, cf. بور.

بورام bouram, (cf. بورمق) ce mot répété indique la violence de la pluie, de la neige. — بورام بورام قار bouram bouram qar, tourbillons de neige. — au fig. بورام بورام ترله‌مك bouram bouram terlèmek, suer à grosses gouttes. — Voir le mot suivant.

بوران boran et بوراغان boraghan, tempête violente, ouragan, tourbillon (bouram bouram) de neige et de pluie. Comparer avec le verbe بورمق.

بورانجه bourandjè, bourrache; en turc صغر دلی çegher dile, et en arabe لسان الثور « langue de bœuf »; ce qui est la traduction exacte du bouglosson de Dioscoride.

بورانجینه borandjinè, (de l'italien biere d'angano?) virole de métal à l'extrémité de la poulie; en français, cercles, frettes.

بورانی *bourani* (ar.). Ce mot ne se trouve que dans le composé اسپناق بورانیسی *ispanaq bouranisi*, friture d'épinards, primitivement tout légume frit. Comparer avec la بورانية des Arabes, mets délicat ainsi nommé, au dire des historiens, en souvenir de *Bouran*, fille de Haçan, femme du Khalife abbasside Mamoun.

بورانیجه *boranidjè*, (mot bulgare) barque, bateau de pêcheur, particulièrement chez les habitants de la Turquie d'Europe.

بورت *bourt*, ride, plis du visage, comme بورمق; voir ce mot et *bourmaq*. — آلنی بورتارمق *âlene bourtarmaq*, se rider le front, prendre un air menaçant; voir le mot suivant.

بورترمق *bourtourmaq*, se rider, froncer le front, avoir l'air irrité ou maussade; cf. بورمق *bourmaq*. — بورتشق *bourtouchouq*, ridé. — بورتق *bourtouq*, ride.

بورتن (variante بورتون) *bourtoun*, grande chaloupe armée de canons; mahonne de guerre. Cette forme de bâtiment n'est plus en usage.

بورج *bourdj*, 1° espèce de lentille ou de vesce dont la graine est nommée مجار اوزومی *madjar uzumu*, « raisin de Hongrie »; quand elle est bouillie, on en fait une décoction noire et mucilagineuse pour la toux. — 2° gui du chêne.

بورج 1° *bordj*, dette, emprunt, obligation. — بورج آلمق *bordj âlmaq* ou *etmek*, faire une dette, emprunter. — بورجه كيرمك *bordjè guirmek*, comme بورجلانمق *bordjlanmaq*, s'endetter. — بورجه باتمق *bordjè batmaq*, être perdu de dettes. — بورج ويرمك *bordj vermek*, payer ses dettes. — وعدهلو بورج *vaadèlu bordj*, dette à échéance fixée. — بورجسز چوبان یوقسول بكدن یكتر *bordjsez tchoban yoqsoul beyden yektir*, « berger sans dettes vaut mieux que prince ruiné ». (Proverbe.) — بورجلو *bordjlu*, endetté, qui doit. — بورجلونك ديلی قیصه كرك *bordjlunuñ dili qeça guerek*, « le débiteur doit avoir la langue courte », c.-à-d.: ne doit pas avoir le verbe haut. (Proverbe.) — بورجلولق *bordjluleq*, état de celui qui a des dettes; ruine, faillite. — طاغلر قدر بورجلودر *daghlar qadar bordjlu dir*, il a des dettes (grosses) comme des montagnes. — ارکنك و بورجسزرك

èrgueniñ vè bordjṣẹzeñ qaçavetẹ yoq, قصاوتی یوق, le célibataire et l'homme sans dettes n'ont pas de soucis. — بورجمه اودهدم bordjẹmẹ eudèdum, « j'ai payé ma dette », j'ai fait mon devoir, comme en latin *pensum absolvi*. — خزینه بورجی اودهنور صنعت بورجی اودهنمز khaznè bordjẹ eudènur zan'aat bordjẹ eudènmez, « la dette du trésor se paie, celle du métier ne se paie jamais », en d'autres termes : on est redevable toute sa vie au maître dont on a reçu les leçons. — 2° *bourdj*, orthogr. fautive pour برج *burdj*, tour, rempart. — 3° gui, *viscum album*. — 4° sarriette, synonyme de فلفل.

بورچاق اوتی (ou بورچوك) *bourtchaq* ou *bourtchẹk oteu*, vesce, lentille. — قاره بورجاق *qara bourtchaq*, plante fourragère, nommée ers, alliez ou comin.

بورچاق (var. بورچاك) *bourtchaq*, contourné, bouclé (se dit des cheveux); voir le verbe بورمق.

بورچین *bortchîn*, femelle du chevreuil.

بوردا, بورده *borda*, (de l'italien *bordo*) bord, côté extérieur du navire.

— بورده ou بوردیه ; بورده ایتمك *borda etmek*; بورده یاناشمق *borda* ou *bordaïa yanachmaq*, courir des bordées. Cf. رامپه.

بورداغان *bordaghan*, couveuse ; voir قولوچقه.

بورسا *borsa*, (de l'italien) Bourse ; réunion de financiers et de spéculateurs ; local où se font les échanges des titres et valeurs financières. — بورسا اویونی *borsa oyounẹ*, agiotage. — بورسا محتكری *borsa muhtekirẹ*, agioteur, spéculateur.

بورسوق *borsouq*, blaireau ou taisson commun, *taxus vulgaris*. Ce mot paraît être particulier au dialecte de Bosnie ; on l'écrit aussi بورزوق *borzouq* et *pourzouq*.

بورشوق (var. بروش, برشوق) *bourouchouq*, plis du visage, rides. — بورشوقلو *bourouchouqlou*, ridé. — بورشمق *bourouchmaq*, se rider. — دریسی بورشمش *derisi bourouchmech*, qui a la peau ridée. Synon. بورت et بورتق.

بورصوق *bourçouq*, petit pin, pin pignon, *pinus picea*, de la même famille que le pin appelé en turc طراق *taraq servi*, سروی cyprès-peigne ; voir بورصوق.

بورغاشیق، بورغاچ *bourghatch* ou *bourghacheq*, 1° adj. de travers, courbé, tortueux. — 2° nom, déclivité, détour, sinuosité. — بورغاجق *bourghadjouq*, courbé, tordu, bossu. — بورغاچلانمق *bourghatchlanmaq*, se détourner, contourner (chemin, vallée).

بورغاطه *bourghata*, planche très-plate qui sert à mesurer l'épaisseur des câbles (*Lehdjè*).

بورغو (variante بورغی) *bourghou*, vrille, foret, tarière, vilebrequin. — توفنك بورغوسی *tufenk bourghousou*, tire-bourre. — حربه بورغوسی *harba bourghousou*, vis de la baïonnette. — فوچی بورغوسی *foutchou bourghousou*, perçoir, foret de tonnelier. — بورو بورغوسی *borou bourghousou*, embouchure de la trompette. — جرّاح بورغوسی *djerrah bourghousou*, instrument pour le trépan. — بورغولامق *bourghoulamaq*, forer, percer avec une vrille.

بورغول *bourghoul*, vulg. *boulghour*, 1° blé bouilli et pelé, gruau. — 2° grelon; bouton; cf. كوچه.

بورقمه *bourqma*, entorse, foulure; voir بورمق. — بورقلمق *bourqelmaq*, se donner une entorse, se fouler le pied; synonyme de برتنك *pertenmek*.

بورك *beurèk*, pâté feuilleté, pâtisserie (du verbe بورمك *envelopper*, rouler). — اتلو بورك *ètlu beurèk*, pâté à la viande; پینیرلو بورك *peïnirlu beurèk*, pâté au fromage; voir aussi ماصتی et تنجره بورکی *tendjèrè beurèyę*, « pâté de chaudron », pâté en pot; conserve de viande. — صامصه. بورك اچی *beurèk itchi èt yerini toutar*, « la croûte de pâté tient lieu de viande », il faut se contenter de ce qu'on a. — هر کس کلی کندو بورکنه چکر *her kès kulu kendu beurèyinè tchèker*, « chacun attire la cendre vers son pâté », chacun cherche son propre intérêt. — بورکچی *beurèktchi*, pâtissier. — نه بورکچی شماتهسی *nè beurektchi chamatasę*, « quel est donc ce vacarme de pâtissier »? allusion au tapage de la foule qui envahit, le matin, les boutiques de pâtisseries. Les pâtissiers de Constantinople avaient l'habitude de passer à leur clientèle des monnaies rognées, aussi dit-on en proverbe, quand on refuse une pièce fausse : بونی بورکچیه ویر *bounę beurèktchyè vèr*, « donne-la au pâtissier ».

بسورك *burk* ou *burg*, bonnet de peau de mouton; bonnet de feutre blanc très-évasé, porté par les officiers de sultan Orkhan. — بك بوركى *bey burku* ou سلطان بوركى *soultan burku*, amaranthe double, nommée aussi خروس ايبيكى *khoros ibiyẹ*, crête de coq.

بورمق *bourmaq*, 1° tordre, plier avec violence (un arbre pour l'arracher); tourner entre ses doigts (une corde, une mèche). — 2° châtrer un animal. — 3° au *fig.* expliquer un sens. — جامه شوى خلاط بورمق *tchamacher* ou *khalat bourmaq*, tordre du linge, une corde. — اتى بورمق *etẹ bourmaq*, tordre la chair, l'arracher avec des pinces. — بورون بورمق *bouroun bourmaq*, dédaigner, faire le dégoûté. — بیق بورمق *beuyeuq bourmaq*, se tordre la moustache (en signe de colère ou de défi). — ديلى بورشدرمق ou بورتمق *dîli bourouchtourmaq* ou *bouroutmaq*, piquer, agacer la langue (les acides). — طوداق بورمق *doudaq bourmaq*, pleurer, sangloter. — قول بورمق *qol bourmaq*, « tordre le bras », vaincre un adversaire à la lutte. — قولاق بورمق *qoulaq bourmaq*, tordre (tirer) l'oreille; au *fig.* donner un avertissement, une semonce. — بوره بوره اوينامق *boura boura oïnamaq*, danser en faisant claquer ses doigts en cadence; être joyeux. — *trans.* بوردرمق *bourdourmaq*, faire châtrer (un cheval, etc.). — *pass.* بورلمق *bouroulmaq*, être plié, tourné; se rider; — se tordre dans les convulsions, dans le spasme de la douleur. — بورنمق *bourounmaq*, se tordre de souffrance. — بورشمق *bourouchmaq*, se rider, se contracter; se retirer (étoffes). — بورشدرمق *bourouchtẹrmaq*, même sens, se rider (surface de l'eau). — بوروش *bourouch*, plié, voûté, tordu. — بورشيق ,بورشوق *bourouchouq, bouroucheq*, pli, ride; *adj*. plié, tordu, ridé. — بوروشقو *bourouchqou*, toute boisson acide ou piquante; dans ce dernier sens, ce mot est considéré par le *Lehdjẹ* comme une locution fautive.

بورمه *bourma*, 1° action de tourner, tordre, etc. — 2° *adj*. tourné, à vis. — بورمه لو ديرك مناره *bourmalu direk minarẹ*, colonne ou minaret ayant un escalier tournant. — چشمه بورمه سى *tchechmẹ bourmasẹ*, grand tuyau de fontaine. — 3° vis, tarière. — صاريغى بورمه *çareghẹ bourma*, « turban enroulé », nom d'une pâtisserie sucrée. — بورمه دلبند *bourma dulbend,* turban en usage chez les premiers Sultans turcs et mis à la mode par Orkhan; il était orné de bouffantes en forme de nacelle; on le nommait aussi دستار يوسفى *destari youçoufi,* « le bonnet de Joseph ».

بورن *bouroun,* nez; cap, promontoire; voir بورون.

بورناز *bournaz,* qui a un bec pointu, un grand nez bossu.

بورنجك *burundjuk,* (moins bien برنجق) 1° soie brute telle qu'elle sort du cocon. — 2° étoffe faite de cette soie; gaze, crêpe. — 3° quelquefois voile de femme. — La gaze fine fabriquée à Brousse et à Salonique sert à confectionner des vêtements légers, chemises, etc. qui sont très-recherchés; on lui donne aussi le nom de *burundjuk* (var. *bouroundjouq*). — Chez les Arabes d'Afrique, ce nom désigne un voile ou turban de crêpe noir.

بورغمك *burunmek,* se cacher la tête sous un voile ou un vêtement; se dissimuler. Cf. بورومك *burumek.*

بورنوز *bournouz,* (ar. برنس) manteau de laine légère comme de la gaze برنجك, burnous; comp. avec l'espagnol *albernoz* et le portug. *albernos.* Primitivement, chez les Arabes, c'était un bonnet de haute forme, une sorte de capuchon ou de cagoule; voir MAçoudi, *Prairies d'or,* t. VIII, p. 284.

بورو *bourou,* (on dit aussi بوروى et بوروم) colique, tranchée, litt.: contorsion. — كوبك بوروسى *gueubek bourousou,* dyssenterie. — بوروم بوروم قوپارماق *bouroum bouroum qoparmaq,* avoir de violentes tranchées. — اوغلان بوروسى *oghlan bourousou,* douleurs d'enfantement. Cf. بورمق *bourmaq.*

بورو *borou,* 1° trompette, corne, cornet à bouquin. — بوروكي اوتمك *borou guibi eutmek,* « sonner comme une trompette », *au fig.* dire des frivolités, bavarder. — بوروزن *borouzan,* trompette de régiment, surtout de cavalerie. — Proverbe: نفسكه الويرسه بروزن باشى اول *nef'eseñe elverirse borouzan bachi ol,* « si tu as assez de souffle, sois trompette en chef ». — 2° *borou,* tuyau, tube. — قورشون بورو *qourchoun borou,* tuyau de plomb. —

بوروسی صوبه *çoba borousou*, tuyau de poêle. — 3° *au fig.* chose vide, inutile. — 4° voleur. — بورو چالمق *borou tchalmaq*, sonner de la trompette. — On dit, en parlant d'un officier général : آخشام صباح اوتاغنده بروزن چالنور *âkhcham çabah otoghendè borouzan tchalener*, soir et matin, le trompette sonne des fanfares dans sa tente. — بوروزنیله کلدی *borouzani-ilè gueldi*, « il est arrivé avec son trompette », en grande pompe, se dit d'un homme qui a fait fortune. — بوروزن باشیدر *borouzan bachi dur*, « c'est le trompette en chef », cette locution s'emploie pour désigner un faiseur d'embarras, qui a le verbe haut. — بورو چیچکی *borou tchitcheyi*, c'est le *datura stramonium* ou pomme épineuse; les Turcs lui donnent aussi le nom de « fleur d'aubergine »; voir پاطلجان.

بورومجك *burumdjuk*, toute chose roulée en boule, en pelote, comme le cocon de soie, etc.; du verbe بورومك.

بورومك *burumek*, (forme prim. بورکومك *burgumek*) envelopper, entourer, couvrir. — هوایی یوس بورر *havayę pous burur*, le brouillard couvre le ciel. — کوزلری دومان بورومك *gueuzlere douman burumek*, avoir les yeux troubles; *au fig.* être transporté de colère. — بورنمك *burunmek*, 1° s'envelopper. — 2° avoir une crise d'épilepsie; s'évanouir. — بوروم *burum*, enveloppé, roulé.

بورومه *burumè*, adv. 1° vite, d'un seul coup (peu usité). — 2° *au fig.* بورومه‌دن جواب ویرمك *burumèden djevab vermek*, répondre d'une façon enveloppée, avec embarras ou dissimulation.

بورون *bouroun*, (toute chose en saillie, proéminente) 1° nez, bec, trompe; — pointe de terre, cap, promontoire; بورون قیا *bouroun qaya*, rocher qui avance dans la mer. — extrémité, pointe. — مقاص بورونی *maqass bourounou*, pointe de ciseaux. — ایکنه قلم بورونی *iynè qalem bourounou*, pointe d'aiguille, bec de plume. — 2° *au fig.* orgueil, arrogance. — بورونلو *bourounlou* et بورونی بیوك *bourounou buyuk*, fier, hautain, dédaigneux (on emploie familièrement aussi l'expression hybride : ابو البورون *abou'l-bouroun*, « l'homme au nez »). — بورون سورتمك *bouroun surtmek*, mépriser, dédaigner. — آناسندن امدکی سود بورندن کلور *âna-*

senden emmediyi sud bourounendan guèlir, « le lait qu'il a sucé de sa mère lui sort par le nez »; cette locution proverbiale se dit d'un ivrogne qui cuve son vin. — ایت بورونی *ît bourounou*, « nez de chien », rose sauvage. — قوش بورونی *qouch bourounou*, « nez d'oiseau », différentes espèces de géranium. — قارغه بورون *qargha bouroun*, « bec de corneille », espèce de tenailles à crochet. — موم بورونی *moum bourounou*, mèche de bougie. — ابریق بورونی *ibriq bourounou*, bec d'aiguière. — چیچکی بوروندە *tchitcheye bourounenda*, qui est dans sa fleur, fruit nouvellement cueilli. — بورون بورونه *bouroun bourounè*, nez à nez (tête à tête). — بورنسدن دوشمش *bourounendan duchmuch*, tout pareil, très-ressemblant. — بورون پردەسی *bouroun pèrdèse*, membrane du nez; دلیکی *dèliye*, narine; قامشی *qameche*, os du nez; قنادی *qanade*, aile du nez. — بورونسز *bourounsez (bouroune duchmuch)*, camard. — بورون اوتی *bouroun oteu*, tabac à priser. — بورون قیورمق *bouroun qevremaq*, « se froncer le nez » en signe de dédain ou de dégoût. — بورنی قیرمق *bourounene quermaq*, dompter, maîtriser, mener par le bout du nez. — بورنه توتسی ویرمك *bourounenè tutsu vermek*, « donner une fumigation au nez », *au fig.* repousser, mettre en fuite. — بورونی قانمش *bouroune qanmech*, « son nez saigne »; *au fig.* il a la tête basse, il est confus.

بوروندرق *bouroundourouq*, (var. بوروندق *bouroundouq*) muselière qu'on attache au nez des chevaux indociles. Cf. بورون.

بورونداەلق (variante بوروندالق) *bouroundaleq*, espèce de muselière à l'usage des bêtes de somme; voir le mot suivant.

بورونسالق *bourounsaleq*, anneau de bois qu'on attache au nez des mulets et des chameaux indociles.

بوری *bourou*, colique, tranchée; voir بورو.

بورمك *burumek*, envelopper, couvrir; voir بورومك.

بورینه *borinè*, t. de marine, (de l'italien *boline*) cordes qui servent à tendre, à effacer la voile et à la porter de côté, pour courir dans la direction du vent. — بوریناته *borinètè*, (ital. *bolinette*) boulines des perroquets.

بوز *boz*, gris, cendré, couleur de

terre. — قزیل بوز *qezel boz*, fauve. — بوز قیر *boz qer*, gris pommelé. — taches grises ou noirâtres sur le pelage de certains animaux. — بوز بقال *boz baqqal*, merle. — بوز ییلان *boz yilan*, serpent gris. — بوزجه *bozdjè*, grisâtre; — terre inculte, couverte de ronces et de broussailles. — بوزلاق *bozlaq*, cendré, gris, grisâtre. — بوزجه آطه *bozdjè âda*, « l'île grise »; voir au *Dict. géographique*.

بوز *bouz*, glace, grand froid, gelée. — بوز پارچه سی ou بوز كبی *bouz guibi*, ou *bouz partchase*, comme la glace, comme un glaçon, froid, inerte, sans énergie. — بوز كبی آت *bouz guibi ât*, cheval tout blanc. — بوز چوزلور *bouz tcheuzulur*, il dégèle. — بوزلق *bouzlouq*, comme بوزخانه *bouz-khanè*, glacière. — بوزلو *bouzlou*, gelé, glacé (eau, sorbet). — بوز اورتیلوكول *bouz eurtulu gueul*, étang couvert de glace. — بوزلو زمرد ou الماس *bouzlou elmas*, ou *zumrud*, gendarmes du diamant, de l'émeraude. — بوز چیچكی *bouz tchitcheyi*, ficoïde cristalline ou glaciale, ainsi nommée parce que ses feuilles sont couvertes de vésicules brillantes comme des gouttes d'eau glacée; cette plante appartient à la famille des Mésembryanthémées.

بوزا, بوزه *bouza*, boisson fermentée, faite avec du millet. — افریقا بوزاسی *ifriqa bouzase*, « bière d'Afrique », elle est préparée avec du millet, du riz et du miel. — مرمریق بوزا *marmariq bouza*, boisson du même genre, mais plus forte et enivrante. — Le mot *bouza*, dans les vieilles relations de voyage en Orient, est écrit souvent *bosan* ou *bousan*.

بوزاغو *bouzaghou*, (var. بزاغو et بزاق) 1° veau qui tète encore (une fois sevré, on le nomme *dana* طانا). — 2° petit de l'éléphant; du rhinocéros, de la girafe. — بوزاغو بورونی *bouzaghou bourounou*, plante sauvage de la famille de l'angélique.

بوزاغولامق *bouzaghoulamaq*, (t. or. بیزلاماق) vêler.

بوزاغولق *bouzaghoulouq*, dernière coupe des prairies; quatrième fenaison.

بوزان *bozan*, qui trouble, gâte, etc.; voir بوزمق *bozmaq*.

بوزدكلمك *beuzduklèmek*, avoir

piteuse mine; s'asseoir honteusement dans un coin. (Cf. بوزمك.)

بوزطوغان *bozdoghan*, 1° faucon gris. — 2° massue, masse d'armes qui se termine en tête de faucon (var. بوزدغان). — بوزطوغان آرمودى *bozdoghan ârmoudou*, poires de Bozdoghan, petit village aux environs de Constantinople; elles sont renommées pour leur grosseur. On dit en proverbe: ایل یومروغنی یمان یومروغنی بوزطوغان آرمودی صانور *él youmroughęnę yèmèyen youmroughęnę bozdoghan ârmoudę çanour*, « celui qui n'a pas éprouvé la force (litt.: le poing) d'autrui, prend son poing pour une poire de Bozdoghan ».

بوزغون (var. بوزغین) *bozghoun*, 1° *nom*, défaite. — 2° *adj*. vaincu; voir بوزمق *bozmaq*.

بوزلانمق *bouzlanmaq*, se glacer, se frapper (carafe, verre); se ternir par la buée; — geler, se prendre (surface de l'eau). Cf. بوز *bouz*.

بوزلمك *beuzulmek*, se rétrécir, se contracter, se rider. Cf. بوزمك *beuzmek*.

بوزمق *bozmaq*, 1° gâter, troubler, ruiner. — 2° vaincre, défaire (l'ennemi). — 3° effacer, falsifier (l'écriture). — بازارلغی بوزمق *bazarlęgheu bozmaq*, rompre un marché, revenir sur un engagement. — آبدست بوزمق *âbdest bozmaq*, troubler les ablutions avant la prière. — آغیز بوزمق *âghęuz bozmaq*, dire des injures. — افكار بوزمق *efkiar bozmaq*, pervertir l'opinion. — اوروج بوزمق *oroudj bozmaq*, rompre le jeûne. — استیف بوزمق *istif bozmaq*, faire honte, couvrir de confusion. — *trans*. بوزدرمق *bozdourmaq*, rompre, mettre en fuite. — changer, altérer (la monnaie). — *récipr*. بوزشمق *bozouchmaq*, se brouiller, devenir ennemis. — بوزشدرمق *bozouchtęrmaq*, rendre ennemi, jeter la discorde. — *pass*. بوزلمق *bozoulmaq*, être gâté, défait, vaincu; se gâter, se corrompre. — بوزان *bozan*, qui trouble, dévaste; ruine. — اویون بوزان *oyoun bozan*, trouble-fête, querelleur. — دوزن بوزان *duzen bozan*, épithète donnée à la mort « qui égalise et détruit tout ». — بوزوق *bozouq*, renversé, ruiné, gâté, corrompu. — بوزوق آدم *bozouq âdam*, homme perverti, corrompu. — بوزوق بکز *bozouq beñz*, qui a mauvais visage, malade. — بوزوق دوزن *bozouq duzen*, sans ordre, brouillon. — باشی بوزوق *bachi bozouq*, « mauvaise tête », troupes irrégulières, volontaires. — بوزوق پاره *bozouq para*, mauvaise monnaie, pièce rognée. — بوزق یر *bozouq yer*, rature, passage effacé. — بوزوجی *bozoudjou*, fripier, marchand en vieux. — چیچك بوزوغی *tchitchek bozoughou*, marques de petite vérole. — بوزوقلق *bozouqlouq*, ruine, défaite. — بوزوشوقلق *bozouchouqlouq*, trouble (dans la santé); changement, altération; brouille — petite monnaie. — بوزغون *bozghoun*, désastre, défaite; *adj.* vaincu, confondu. — بوزغونلق *bozghounlouq*, dispersion, défaite. — بوزلش *bozoulouch*, trouble, confusion, défaite, déroute. — بوزوم *bozoum*, action de troubler, rompre, altérer. — باغ بوزومی *bagh bozoumou*, vendange. — بوزمه *bozma*, n. d'act. gâter, changer. — بوزمه دوشمك *bozma duchmek*, être confus, interdit. — بوزمه جی *bozmadje*, 1° marchand de vieilleries, fripier. — 2° *adj.* interdit, repentant. — بوزندی *bozoundou*, ruine, désastre.

بوزمك *beuzmek*, contracter, serrer, ramasser en serrant. — طوبره آغیزینی بوزمك *thobra âghezene beuzmek*, serrer l'orifice du sac, nouer les cordons de la bourse. — آغیز بوزمك *âghez beuzmek*, faire la petite bouche, le dégoûté. — بوزلمك *beuzulmek*, se resserrer, se contracter (nerfs, muscles); se fermer (les yeux alourdis par le sommeil); — se blottir dans un coin; se retirer; se rétrécir (étoffes). — قجری بوزمه *queudjreu beuzmè*, loc. populaire : oisif, désœuvré, fainéant. — بوزوك *beuzuk*, contracté, resserré.

بوزمه *bozma* (du verbe بوزمق troubler). Dans l'ancienne constitution des feudataires, on nommait ainsi le prélèvement en bloc de la solde en l'absence des véritables titulaires d'*éçamè*.

بوزمه جی (var. بوزماجی) *bozmadje*, dégraisseur. — marchand fripier.

بوزمه *bozma*, action de gâter, etc.; voir بوزمق *bozmaq*. — بوزمه جی *bozmadje*; voir *ibid.*

بوزندی *bozoundou*, ruine, désastre, déperdition; voir بوزمق.

بوزوق *bozouq*, gâté, ruiné, renversé; voir بوزمق *bozmaq*.

بوزوك *beuzuk*, serré, etc.; voir بوزمك.

بوزوك *beuzuk*, anus.

بوزومجه *bozoumdjè*, espèce de lézard gris.

بوس (var. پوس) *bous, pous*, pus des plaies; on dit en proverbe: قورو جراحت يوس يوسور *qourou djerahat pous pousour*, « la blessure cicatrisée donne encore du pus ». Cf. ايريك pour ايرين *iriñ*.

بوستاغان *bostaghan*, 1° primitivement « moitié de pastèque servant de vase ». — 2° *par dérivation* : vase à boire, coupe, écuelle. Voir cependant بوزطوغان *bozdoghan*.

بوستان *bostan*, (ar. البستان) pers. jardin potager; jardin où l'on cultive principalement le melon, la pastèque et les légumes. — verger. — بوستانجی *bostandji*, 1° jardinier, maraicher. — 2° autrefois soldat de la garde impériale. — بوستانجی باراتەسی *bostandji barètasę*, coiffure particulière à ce corps. — بوستانجی باشی *bostandji bachi*, 1° chef des jardiniers du sérail; il commandait aussi aux premiers rameurs des caïqs du sultan. — 2° *au fig.* homme qui se mêle de tout, qui fait l'important. Cf. كهيا.

بوسکی *buski*. Ce mot paraît être un de ces termes privés de sens propre et qui s'ajoutent à d'autres mots pour en accentuer la signification. On ne le trouve ordinairement qu'avant le vocable اسکی *eski*; اسکی بوسکی *eski-buski*, vieillerie, chose usée, démodée.

بوسه *bouçè*, (pers.) baiser, caresse; on écrit aussi بوسه.

بوسه *boçè*, (de l'ital. *bozza*, français *bosse*), cordage court terminé par de gros nœuds; il est fixé par une de ses extrémités à une des pointes du navire, et sert à rejoindre une manœuvre rompue, ou à tendre un câble.

بوصیر et بوسیر *bouçir*, hémorrhoïdes, on écrit plus souvent باسور et هایاسیل. Voir باصور.

بوش *boch*, vide, creux à l'intérieur. — بوش چوال آیاقده طورمز *boch tchouval âyaqtè dourmaz*, « sac vide ne se tient pas debout ». (Proverbe.) — seul, abandonné — oisif, inutile. — femme divorcée. — الی بوش *èlę boch*, qui a les mains vides, pauvre. — بوش بوغاز *boch boghaz*, diseur de riens, bavard, fanfaron. — بوش لاقردی قارنی طویورمز *boch laqęrdę qaręnę doyour-*

بوش

maz, «vaines paroles ne remplissent pas le ventre». (Proverbe.) — بوش بوغازلق *boch boghazleq*, indiscrétion, bavardage, fanfaronade. — بوش بويور *boch buyur*, flanc, côté. — بوش قاب *boch qab*, couvercle de vase. — بوش وقت *boch vaqet*, temps de loisir, vacances. — بوش يره *boch yèrè*, et بوشنه *boch bochenè*, inutilement, en pure perte. — بوشه چيقمق *bochè tcheqmaq*, ne pas aboutir, être inutile. — بوشده قالمق *bochdè qalmaq*, être vide, isolé. — بوشده اولمق *bochdè olmaq*, être en plein air, *sub dio*. — بوش او *boch olmaq*, être oisif. — بوش بولمق *boch boulmaq*, trouver le champ libre. — بوش بولنمق *boch boulounmaq*, être négligé. — بوش دوشمك *boch duchmek*, être en état de divorce. — بوشنه كزمك *bochenè guèzmek*, être oisif, flâner. — بوم بوش *bom boch*, tout à fait vide. — باشى بوش *bache boch*, indépendant, libre. — قارنى بوش *qarenè boch*, qui a le ventre vide, affamé. — قفاسى بوش *qafasè boch*, tête vide, niais. — بوشه آلمق *bochè âlmaq*, suspendre, attacher. On dit en proverbe : بوش يولجى اولو دربنده ايرلار *boch yoldjè oulou derbenddè erlar*, «voyageur vide (sans bagage) chante dans les grands défi-

بوص

lés», dans le sens de «qui n'a rien, ne risque rien». Juvénal emploie la même comparaison : *Cantabit vacuus coram latrone viator*.

بوشالامق (var. بوشالمق) *bochalamaq*, se vider, etc.; voir le mot suivant.

بوشامق *bochamaq*, répudier (litt. rendre libre باشى بوش براقمق); vider, évacuer. — *trans.* بوشاتمق *bochatmaq*, *pass.* بوشادلمق *bochadelmaq*. — *bochalamaq*, se vider, se déverser. — *trans.* بوشالتمق *bochalatmaq*, faire vider, décharger un fusil, décharger un bateau. — اكر بوشالتمق *èyer bochalatmaq*, vider la selle (les étriers). — بوشانمق *bochanmaq*, être mis en liberté; partir (une arme à feu); être répudié; devenir indépendant — se décharger le cœur, dire ce qu'on a sur le cœur. — بوشلامق *bochlamaq*, laisser, abandonner à son cours, faire grâce. — آردينى بوشلامامق *ardenè bochlamamaq*, ne pas abandonner la poursuite d'une chose, persister, s'acharner à....

بوشلامق *bochlamaq*, laisser, abandonner; voir بوش et بوشامق.

بوص *boç*, synonyme de بوى taille,

stature. — بویلو بوصلو boïlu boçlu, de haute taille. — بوصلانمق boçlanmaq, grandir, s'allonger.

بوصا boça, terme de marine emprunté à l'italien bozza, bosse, cordage court qui sert à retenir la chaîne du gouvernail, ou à rejoindre une manœuvre rompue et à tendre un câble.

بوصه ; voir بوصه.

بوط bout, gigot, cuisse; voir بوت. — بوطلق boutlouq, haut-de-chausse, culotte.

بوطور 1° boutour, (var. boudour) 1° effronté, impudent, bravache. Comparer avec le t. or. بخاتور. — 2° très-gai, pétulant. Le Lehdjè rapproche ce mot de l'arabe بطر qui a le même sens. — 2° bodour, court de jambes, trapu; voir بودور.

بوغ bogh, (du bulgare) chef, maître; guide, éclaireur; — voir aussi باشبوغ bachbogh, général en chef.

بوغا bogha, (var. بوغه) taureau. — قره بوغا qara bogha, buffle. — بوغا ديكنى bogha dikènè, « épine de taureau », épine blanche, ἄκανθα λευκὴ chez Dioscoride, en persan باداورد. — بوغا يپراغى bogha yapraghè, « feuille de taureau »,

psyllium, ψύλλιον, en arabe بزر قطونا cette plante est employée en médecine. Cf. قارنى يارسق كله بوغا kèlè bogha, jeune taureau; au fig. homme lascif et emporté par ses passions.

بوغاچه boghatcha, (prononciation vulgaire et fautive پوغچه poughatcha) gâteau cuit à la vapeur du fourneau (boghou). — كول بوغاچه سى kul boghatchasè, galette cuite sous la cendre. — قورى بوغاچه qourou boghatcha, « galette sèche », dans laquelle on met un peu moins de beurre ou de graisse. — فقير بوغاچه faquîr boghatcha, « gâteau du pauvre »; il est fait avec la graisse de queue de mouton. — آلتى بوغاچه محله سى âltè boghatcha mahallèsè, nom d'une mosquée et d'un quartier à Constantinople. — Malgré l'étymologie donnée ci-dessus à boghatcha par le Lehdjè, ce mot provient selon toute apparence de l'italien focaccia, fouace, galette.

بوغاز boghaz, 1° gorge, gosier. — بوغاز ايچى boghaz itchè, œsophage. — بوغازك ديش طرفى boghazuñ dich tarafè, partie antérieure du cou. — الما بوغازى èlma boghazè, pomme d'Adam. — بوغاز آغريسى boghaz âghrèssè, angine, inflammation de la gorge (var. بوغاق).— 2° embouchure d'un fleuve, détroit, canal. — بوغاز آغیزی *boghaz âghezeu*, embouchure d'un canal. — 3° vivres, ration, fourrage; — appétit, voracité. — طاغ بوغازی *dagh boghaze̱*, défilé entre deux montagnes (si elles sont très-hautes et escarpées, on emploie le mot بل *bel* ou بیلان *bilan*). — بوغاز دیبی *boghaz dipi*, le haut de la poitrine à la naissance des épaules. — صیق بوغاز *çe̱q boghaz*, contrainte, obsession. — پیس بوغاز *pîs boghaz*, grand mangeur, glouton. — آت بوغازی *ât boghaze̱*, quantité de fourrage nécessaire à un cheval. — بوغاز اولمق ou طوتمق *boghaz olmaq* ou *toutmaq*, avoir un léger mal de gorge. — بوغاز آلمق *boghaz âlmaq*, prendre à la gorge (se dit des choses acides, âpres). — بوغازه اینمك *boghazè inmek*, avoir un rhume, un catarrhe. — بوغازی چیقرمق *boghaze̱ tche̱qarmaq*, étouffer, râler. — بوغازه طورمق *boghazè dourmaq*, rester au gosier (aliment indigeste). — بوغازدن كچمامك *boghazdan guetchme̱mek*, ne pouvoir pas avaler (par suite d'indisposition, de chagrin). — بوغاز قیصلمق *boghaz qe̱çe̱lmaq*, avoir une esquinancie, un mal de gorge,

une extinction de voix. — بوغاز بوغازه كلمك *boghaz boghazè guelmek*, « se prendre à la gorge », se disputer. — جان بوغازه كلمك *djan boghazè guelmek*, être à l'extrémité. — جان بوغازمه كلنجه چالشرم *djan boghazemè guelindjè tchalicherum*, « je travaillerai jusqu'à en mourir ». — بوغاز طوقلغی *boghaz toqloughou*, être rassasié, satisfait. — بوغاز طوقلغنه *boghaz toqloughouna*, pour la nourriture et l'entretien (se dit par ex. d'une servante que l'on prend sans gages). — بوغازی طوق *boghaze̱ toq*, rassasié, satisfait; modéré dans ses désirs. — بوغاز دردینه دوشن بر بلایه دوشر *boghaz derdinè duchèn bir bèlayè duchèr*, « celui qui a le mal du gosier, éprouve de grands chagrins ». Cette locution proverbiale s'applique au gourmand et à l'ambitieux. — بوغاز ایچی *boghaz itcheu*, détroit de Constantinople. (Voir pour les autres noms le *Dict. géographique*.) — بوغاز كسن *boghaz-keçen*, « coupe gorge », se dit *au fig.* d'une forteresse entourée d'eau; — nom du fort élevé au milieu du Bosphore par Mahomet II. — بوش بوغاز *boch boghaz*; voir بوش. — بوغازلق *boghazle̱q*, pelisse faite avec la peau du cou de l'agneau.

بوغازلَمَق *boghazlamaq*, égorger, couper la gorge. — sacrifier (une victime). — بوغازلَيان *boghazlaïan*, repaire d'assassins. Cf. بوغاز.

بوغاصى *boghaçe*, toile d'un tissu peu serré qui sert à faire des doublures, en vieux français *bocassin*.

بوغاق *boghaq*, tumeur à la gorge; voir بوغاز.

بوغالَمَق *boghalamaq*, vêler; synonyme de بيزلامَق *bizlamaq*. Cf. بوغا.

بوغچه *boghtcha* (litt.: « pièce d'étoffe que l'on noue par les quatre coins »; usité dans ce sens en persan. — ar. بقشه.) — enveloppe brodée dans laquelle on serre les étoffes données en cadeau. — petit sac, paquet. — توتون بوغچه *tutun boghtcha*, paquet de tabac. — بوغچه شال *boghtcha chal*, châle carré. — آقچه بوغچه *âqtchè boghtcha*, présent, pot de vin. — بوغچه جى *boghtchadje*, qui vend des mouchoirs, des fichus, etc.; *au fig.* بوغچه كزديران *boghtcha guèzdiren*, femme de mauvaise vie, traîneuse. — بوغچه لامَق *boghtchalamaq*, mettre en paquet, envelopper. — بوغچه لق *boghtchaleq*, étoffes destinées à confectionner un vêtement complet; elles se donnent en cadeau enveloppées dans un *boghtcha* de taffetas ou de satin.

بوغداق *boughdaq*, rameau, branche; forme ancienne pour وداق.

بوغداى *boghdaï*, blé, froment; voir بغداى.

بوغرتلاق *boghourtlaq*, larynx. — بوغرتلاق آغيزى *boghourtlaq âghezeu*, orifice du larynx. — بوغرتلاق قوشى *boghourtlaq qouchou*, espèce de canard sauvage, sarcelle; cf. قيل قوبروق.

بوغرمَق *boghourmaq*, beugler, mugir; cf. بوكرمك.

بوغماجه *boghmadja*, 1° qui étouffe et étrangle; suffocation. — 2° coqueluche. Cf. بوغمق.

بوغماق *boghmaq*, 1° articulation des doigts, nœud. — 2° collier. — بوغماق كيكلرى *boghmaq kémikleri*, os du doigt. — بوغماقلو *boghmaqlou*, articulé (en parlant des animaux). — 3° بوغماقلو *boghmaqlou*, oiseau du genre de l'alouette.

بوغمق *boghmaq*, à l'actif 1° étrangler, stranguler, serrer fortement à la gorge; noyer, tuer par asphyxie. —

بوغ.

بوغناق boghnaq et بوغوناق boghounaq, 1° qui suffoque, étouffe; étranglé (son, voix). — 2° violent ouragan. — يغمور بوغناغى yaghmour boghounaghou, forte averse, grande pluie, ondée. Cf. بوغمق.

بوغندى boghoundou, suffocation, oppression, violent malaise.

بوغو 1° boghou, (comme بوغوم) ce qui est entre deux jointures; nœuds du doigt, du roseau, etc. — بر بوغوم قامش bir boghoum qamech, roseau à nœuds, protubérance ou loupe du roseau. — بوغوم باشى boghoum bache, articulation du milieu des doigts. — 2° beugu, charme, magie, sorcellerie; voir بوكو.

بوغ, بوغو boughou et bough, vapeur, fumée (qui asphyxie, du verbe بوغمق); exhalaison méphitique (de la terre, d'un marais). — بوغويه اوترمق boughouïè otourmaq, prendre un bain de vapeur. — بوغو چوكمك boughou tcheukmek, tomber, s'affaisser (en parlant de la vapeur). — قورد بوغان qourd boghan, plante épineuse et amère, nommée en arabe واحواج; paraît être le synonyme de celle qui est nommée ايت بوغان it boghan et آجى

2° au neutre, étouffer. — بوغوم بوغوم بوغمق boghoum boghoum boghmaq, être dans l'angoisse ou dans le paroxysme de la colère. — سسى بوغمق sessę boghmaq, avoir la voix enrouée. — بوغدرمق boghtermaq, faire étrangler ou serrer. — بوغشمق boghouchmaq, se prendre à la gorge (dans une rixe). — بوغلمق boghoulmaq, être étranglé; se noyer; être dans l'angoisse, étouffer. — بوغنمق boghounmaq, étouffer, être asphyxié. — بوغازه اويان بوغلور boghazè ouïan boghoulour, qui obéit à son gosier (à sa gourmandise), s'étrangle. — لاقردينك بوغازينى بوغمق laqerdęnuñ boghazęnę boghmaq, « étrangler une parole », couper court, interrompre un discours. — شمدى طوغدى بوغمق يرامز chimdi doghdę boghmaq iaramaz, « maintenant qu'il est né, il ne faut pas l'étrangler »; cette locution proverbiale revient à « ce qui est fait, est fait ».

بوغملیجه boghoumlędja, prêle, plante nommée aussi آت قويروغى ât qoïroughou, comme en latin equisatum et en français queue de cheval.

بوغمه boghma, angine, inflammation de la gorge.

بوق

چیکدم ādje tcheïñèdim. — بوغولانمق (var. بوغلانمق) boghoulanmaq, s'exhaler, (en parlant de la vapeur) fumer.

بوغور boughour, (variantes بوخور, بوغور) 1° dromadaire. Le *Lehdjè-i-osmani* rapproche ce mot de بوغرمق et بوكرمك mugir. — 2° crachat, salive; on écrit aussi *poukhour* پوخور et *pou-ghour* پوغور.

بوغورسمق boughoursoumaq, être en rut (se dit surtout de la chamelle qui recherche le mâle).

بوغوق boghouq, suffoqué, étranglé, enroué, rauque. — بوغوقلوجه سس *boghouqloudjè sès*, voix étranglée. — Cf. بوغمق.

بوغوم boghoum, 1° nœud, articulation, jointure. — 2° collier. — بوغوملو boghoumlou, tourterelle. — بوغوملوجه boghoumloudjè, plante, nommée aussi « queue de cheval » آت قویروغی.

بوغون boghoun, articulations, jointures des membres. — آوی بوغون بوغون ایتمك *aveu boghoun boghoun etmek*, désarticuler, dépecer le gibier.

بوق boq, 1° excrément d'homme ou d'animal, immondice, ordure, scorie. — آری بوق *ârë boqeu*, miel. —

بورون بوق *bouroun boqeu*, morve. — شیطان بوق *chéitan boqeu*, assa fœtida. — قاز بوق *qaz boqeu*, merde d'oie (couleur). — بوق بوجگی *boq beudjèyé*, escarbot nommé vulgairement « fouille-merde », scarabée. — دمیر بوق *dèmir boqeu*, crasse de fer, mâchefer. — 2° sottise, inconvenance; conséquence fâcheuse. — بوق یمك *boq yemek*, dire ou faire des sottises. — ایتدوکی سفاهتك بوقنی چکر *ettiyè sèfahètuñ boqeuneu tchèkèr*, il porte la peine de la faute qu'il a commise. — قارغه بوق یمزدن *qargha boq yemezden*, ar. قبل ان تغدی الغراب « avant que la corneille ne mange de l'ordure », c.-à-d.: avant qu'une sottise ne soit faite.

بوقاغو boqaghou, (forme primit. بوغاو) lien, entrave, chaîne aux pieds des prisonniers; carcan. — بوقاغولامق *boqaghoulamaq*, enchaîner, mettre aux fers.

بوقاغولق boqaghoulouq, 1° canon, articulation du tibia chez le cheval; cf. بیلك. — 2° tache blanche aux jambes du cheval.

بوقال bouqal, (de l'italien *boccale*) bouteille, bocal. — بر بوقال شراب *bir bouqal charab*, une bouteille de vin.

بوقلق *boqlouq*, 1° fumier, tas d'ordures, bourbier. — 2° sottise; chose laide, ignoble. — بوقلو *boqlou*, souillé d'immondices, de fiente. — بوقچی *boqtche*, vidangeur. — بوقلامق *boqlamaq*, souiller, tacher. — *au fig.* être vicieux, se rouler dans la fange. Cf. بوق *boq*.

بوقلوجه *boqloudjè*, buisson — *boqloudjè bulbul*, roitelet, litt. « oiseau de buisson ». Cf. چالى قوشى.

بوك *buk*, défilé, passage, vallon étroit dans une forêt; côteau boisé; comparer avec بوكوم یر *buklum yer*, endroit tortueux, et avec le verbe بوكك.

بوك *beuñ*, (moins correct بون) sot, benet, niais, tête dure (*ât qafalu*). — بوكلك *beuñluk*, sottise, niaiserie. Voir aussi بوكامق *beuñamaq*.

بوكا *buka*, athlète, lutteur, *pehlivan*.

بوكار *bouñar*, fontaine; voir پیكار.

بوكاق *beuñaq*, décrépit, radoteur, qui est en enfance. — بوكاقلق *beuñaqleq*, faiblesse d'intelligence par suite de la vieillesse, radotage. Cf. بوك *beuñ* et بوكامق *beuñamaq*.

بوكالمق *bouñalmaq*, être noyé, asphyxié; suffoquer. — *au fig.* être anxieux, éperdu. — *trans.* بوكالتمق *bouñalatmaq*, troubler l'esprit, suffoquer, asphyxier (par la fumée, etc.); — réduire au désespoir, à la détresse.

بوكامق *beuñamaq*, 1° être sot, niais (*beuñ*). — 2° tomber en enfance, radoter. — بولوب بوكامق *bouloup beuñamaq*, dire ou faire des inconvenances, dépasser les bornes. Cf. بوك *beuñ*.

بوكاول, بكاول *bukavul*, officier dégustateur, à la cour des princes mongols et turcs; ce mot répond au pers. چاشنگیر *tchachnéguîr*.

بوكر *beuyur*, hypocondre, flanc; voir بوكور.

بوكرتلن *beuyurtlen*; voir بوكورتلن.

بوكرتمك *beuürutmek*, courber, recourber, rendre tortueux; cf. بوكرى *beuüri*.

بوكرك *beuyrek*, pron. vulg. *beubrek*, rein, rognon. — On dit familièrement d'un homme qui nage dans l'abondance : یاغ ایچنده بوكركدر *yagh itchindè beuyrek dir*, « c'est un rognon entouré de graisse ».

بوكرى *beuüri*, (var. بوغرى) courbe, courbé, tortueux. — آكرى بوكرى *eyri beuïri*, tout courbé. — بوكريلك *beuïrilik*, courbure, déclivité, état d'une chose courbée et tortueuse; *adj.* بوكريلو *beuïrili*.

بوكسمك *beuñsimek* et بوكسنمك *beuñsinmek*, devenir niais, tomber en enfance; cf. بوك et بوكامق.

بوكلو *beuklu*, *(buklu)* plié, qui a des plis, tordu, noué. — ايكى بوكلو *iki beuklu*, à deux fils (tissu). Cf. بوكمك *beukmek*.

بوكلوم *beukulum*, (du verbe بوكك) plié, roulé, tordu. — *beukulum beukulum*, en rond, mis par couche. — ايكى بوكلوم *iki beukulum*, courbé en deux. — بوكندى.

بوكمك *beukmek*, *(bukmek)* 1° tordre; rouler (une corde, un fil); plier (une feuille de papier). — 2° courber un arc; enrouler, ourler. — 3° périr, être fini. — بل بوكك *bèl beukmek*, plier le dos, fléchir; céder à la violence. — طوداق بوكك *doudaq beukmek*, pleurer, se lamenter. — صانجى بوكك *çandje beukmek*, se tordre dans les coliques. — قول بوكك *qol beukmek*, « tordre le bras », vaincre, dompter, l'emporter, dominer. — بويون بوكك *boyoun beukmek*, « plier le cou », souffrir de la violence, céder à l'injustice. — 4° arranger, égaliser, aplanir. — بوكلمك *beukulmek*, être courbé, se plier, se rouler, se tordre. — بوكنمك *beukunmek*, se tordre (de douleur); s'amasser, (l'eau dans le réservoir); se blottir. Comp. avec بوزمق.

بوكمه *beukmè*, (du verbe بوكك tordre) cordonnet de fil ou de soie fortement tressé. — *au fig.* فيجرى بوكه *qedjre beukmè*, pêle-mêle, confusément, à la hâte.

بوكن *beukèn*, qui tord, qui plie. — قارغه بوكن *qargha beukèn*, noix vomique, nommée en arabe خبز الغراب « pain de corbeau »; bois du vomiquier ou strychnos, d'où l'on tire le poison nommé strychnine.

بوكندى *beuyuntu*, (du verbe بوكك tordre) pli, torsade; ourlet; nœud; voir aussi بوكو et بوكه.

بوكو *beuku (buyu)*, 1° pli, ourlet, nœud, comme بوكندى. — 2° bonnet en carton de forme conique, analogue au *koulah* persan. — بوكوجى *beukudju (buyudju)*, tisserand, fabricant de gaze, de crêpe, etc. — بوكولو *beukulu*, plié, tordu, noué, synonyme de بوكوملو *beukumlu*.

بوكو et بوكى *buyu*, (var. بوغو, بوغى) magie, sorcellerie. — بوكو بوزمق *buyu bozmaq*, rompre le charme. — بوكو ا *buyu etmek* ou *yapmaq*, enchanter, ensorceler. — بوكو سنه *buyu sènè*, comme *tavchan yilę*, « quatrième année du cycle turcoman ». — بوكوجى *buyudju*, sorcier, magicien ; escamoteur de place publique.

بوكور *beuyur*, côté. — طاغك باغرى و بوكورى *daghuñ baghęrę vè beuyurę*, « la partie antérieure et les flancs d'une montagne » ; cf. بوش . باير — بوكور *boch beuyur*, flanc, hypocondre. — اكرى بوكورى *eyri beuyri*, tordu, de travers. — بوكورلو *beuyurlu*, qui a les flancs développés, long (cheval, bœuf). Cf. بل *bèl*. — الى بوكورنده *èli bèl beuyurindè*, « qui a les mains sur les hanches », *au fig.* désespéré, découragé, impuissant.

بوكورتلن *beuyurtlèn*, 1° murier sauvage, ronce des haies ; cette plante est nommée en arabe « arbre de Moïse » شجرة موسى et en persan *termouch* ترموش. — 2° framboise ; بوكورتلن

beuyurtlèn âghadje, framboisier. Cf. ازماوله *izmaola*.

بوكوردلن *beuyurdèlèn*, batterie de rempart faisant feu par les côtés (*beuyur*) de la place.

بوكورك *beuyurek, beuïrek*, (prononc. vulgaire *beubrek*) rein, rognon. — بوكورك ياغى *beuïrek yaghę*, graisse de rognon. — اردونك بوكوركلرى *ordounouñ beuïrekleri*, les ailes d'une armée. — ياغ ايجنده بوكوركدر *yagh itchindè beuïrek dir*, « c'est un rognon dans la graisse » ; cette locution triviale s'applique à une personne très-riche.

بوكورلجه *beuyuruldjè, beuïruldjè*, faséole, haricot, ainsi nommé peut-être à cause de sa ressemblance avec le rognon. — ماش بوكورى *mach beuyuru*, espèce de fève, faséole d'un vert foncé.

بوكورمك *beuyurmek*, mugir, beugler. — Ce verbe ne s'emploie que pour le cri du bœuf, du taureau et du chameau.

بوكوليش *beukuluch*, nœud de corde, de câble (du verbe بوكك tordre). Comp. avec اسپارچينه *ispartchina*.

بوكونلهمك (var. بوكنلك) *beuyun-lèmek*, arrêter un cours d'eau; endiguer. En t. or. les mots بوكون et بوكات signifient « digue, écluse ».

بوكه *buyé* et بوكلك *buyèlik*, 1° grosse mouche bleue qui s'attache aux animaux; espèce de taon, mouche d'âne. Cf. اشك سيكى. نعره en arabe. — 2° *buyèlik*, araignée venimeuse, espèce de tarentule. — 3° fureur, rage (des animaux tourmentés par les mouches). On prononce aussi *buvèlik*.

بوكەمك *buyèmek*, devenir furieux, s'agiter (comme l'animal piqué par les mouches).

بوكى *buyu* ou *beuyu*, charme, sorcellerie, magie; voir بوكو.

بوكيجى *beukudju*, (*bukudju*) qui tord, plie, enroule, etc.; voir بوكك. — ابريشيم بوكيجيسى *ibrichim beukudju-su*, fileur de soie.

بوكنلو ou بوكيلى *beukulu*, (*bukunlu*) tordu, plié, enroulé, tressé. Cf. بوكك.

بول *bol*, ample, vaste, plein, abondant; — facile, bon marché. — بول بول *bol bol*, abondamment, à pleines mains. — بول بولامه *bol bolama*, généreusement, avec munificence. —

بول بولامدى *bol bolamade*, grande munificence, dépense excessive. — بول پاچه *bol patcha*, indolent, traînard, vaurien. — بول طوغرامق *bol doghramaq*, donner sans compter, faire bonne mesure; se montrer généreux. — سوزى بول *seuzeu bol*, bavard, jaseur; quelquefois dépensier. — بوللق *bolleq*, abondance, amplitude, aisance de la vie. — بوللقده بيومك *bolleqta buyumek*, mener une vie déréglée et dépensière.

بول 1° *boul*, impér. 2° pers. sing. du verbe بولمق *boulmaq*, trouver. — 2° *beul*, impér. 2° pers. sing. du verbe بولمك *beulmek*, diviser.

بولا *bola*, tante du côté paternel, femme de l'oncle paternel (*amoudja*). Cf. ينكه.

بولاشمق *boulachmaq* et بولاشلمق *boulachelmaq*; voir بولامق.

بولاشيق *boulacheq*, 1° souillure, tache. — 2° maladie contagieuse. — بولاشيق يقامق *boulacheq yeqamaq*, laver la vaisselle. — 4° *adj.* souillé, trouble, suspect de maladie. — بولاشيقلق *boulacheqleq*, ordure, saleté, souillure. — بولاشيق عدّ

اولنان كیمی boulacheq 'add olounan guèmi, bâtiment de provenance suspecte. — On emploie dans le même sens de « souillure, tache », le mot بولاشمقلق boulachmaqleq; mais il est d'un usage moins fréquent. — Cf. بولامق.

بولاق boulaq, source qui jaillit de terre en bouillonnant (boulana boulana). — بولاق اوتی boulaq oteu, cresson. — صوغوق بولاق çovouq boulaq, source d'eau froide et pure. — au fig. آلاق بولاق ou آللاق بولاق âlaq boulaq, âllaq boulaq, pêle-mêle, confusément.

بولالمق bolalmaq, (var. بولانمق bolanmaq) s'élargir, s'étendre, se dilater, devenir large ou spacieux; cf. بول bol. Ce verbe ne paraît pas être d'un emploi fréquent.

بولاماج boulamadj, (t. or. بولاماق) 1° bouillie, sirop. — خرما بولاماجی khourma boulamadje, bouillie, sirop de dattes. — 2° bouillie de farine et de fromage; ce mets est nommé aussi اسیده açîdè, ar. عصیدة. — Comp. avec بولامه boulama.

بولامق boulamaq, 1° troubler, salir, souiller. — 2° mélanger. — اتمكه یاغ بولامق ekmeyè yagh boulamaq, étendre du beurre (ou de la graisse) sur le pain. — یوزینه بولامق yuzinè boulamaq, salir, gâter, détériorer. — قانه بولامق qana boulamaq, souiller de sang. — چاموره بولامق tchamourè boulamaq, souiller de boue; au fig. déshonorer, flétrir la réputation. — توزه طوپراغه بولامق tozè topragha boulamaq, jeter par terre, traîner dans la poussière. — اونه بولامق ounè boulamaq, enfariner. — بولاشمق boulachmaq, 1° souiller par contact. — 2° mettre la main à..., entreprendre. — 3° saisir, s'emparer, s'attacher à, se rendre maître. — بولاشدرمق boulachtermaq, troubler, souiller, répandre la contagion. — بولانمق boulanmaq, 1° se troubler, se ternir, devenir sombre (le temps). — 2° se dégoûter. — 3° répandre le trouble, la sédition. — كوز بولانمق gueuz boulanmaq, s'injecter de sang (les yeux). — معده بولانمق mi'dè boulanmaq, avoir des nausées, être dégoûté. — كوردیكی ایشلر یوركی بولاندیرر gueurdeye ichler yureye boulanderer, sa conduite soulève le cœur. — بولاشلمق boulachelmaq, 1° entreprendre, mettre la main à... — 2° être souillé, devenir suspect. — 3° faire des sottises.

بولامه (var. بولاما boulama, du verbe بولامق mélanger), suc de raisin, moût de raisin (pekmez) dont on fait une bouillie très épaisse, en tournant et mélangeant le sirop. On écrit aussi بولاماج.

بولاندى boulande, trouble, renversement, désordre. Cf. بولامق.

بولانق boulaneq, trouble, mêlé; voir بولانيق.

بولانى boulane. Ce mot ne semble pas avoir une acception bien précise; il ne se trouve que dans la locution populaire suivante où il paraît être employé comme onomatopée : صالنى بولانى يورومك çalene boulane yurumek, « marcher en se dandinant de droite et de gauche », se pavaner.

بولانيق boulaneq, trouble, mêlé, (du verbe بولامق) comme dans le proverbe : بولانيق صوده بالق آولانور boulaneq çoudè baleq âvlaneur, on pêche le poisson en eau trouble. — بولانيقسى boulaneqse, injecté de sang (se dit de l'œil).

بولايكه boulaïki, plût à Dieu, je souhaite que..., (du verbe بولـق) exclamation de style ancien et moins usitée que كاشكه kiachki.

بولت et بولط boulout, nuage; voir بولوت.

بولدر bouldour, boulder, l'année passée, l'an dernier; on écrit plus ordinairement بلدير ou بلدر.

بولديق bouldouq, 1° existant, trouvé. — 2° ordinaire, usuel. — 3° présent, prêt. Cf. بولق trouver.

بولر boular, au lieu de بونلر bounlar, ceux-ci, eux. (Cette forme est peu usitée et moins correcte.)

بولشق boulacheq; voir بولاشیق.

بولغار boulghar; voir بلغار.

بولغو boulghou, (du verbe boulmaq) intelligence, perspicacité, compréhension, invention. — Ce mot donné par le Lehdjè est d'un usage très rare.

بولغور (var. بلغور) boulghour pour bourghoul, blé bouilli et pelé, gruau; voir بورغول. On prépare ce blé à peu près comme le riz à la turque, le fameux plat nommé pilau.

بولك 1° beuluk, troupe, bande, escadron, etc.; voir بولوك. — 2° buvèlik pour buyèlik; voir بوكلك.

بوللاتمق *bollatmaq*, (de بول ample) amplifier, élargir, rendre abondant. — بوللاشمق *bollachmaq*, devenir abondant, facile, large. — كوزك بوللاشمهسی *gueuzuñ bollachmasẹ*, dilatation de l'œil.

بولمق *boulmaq*, trouver. — آرایوب بولمق *ârayoup boulmaq*, trouver ce qu'on cherche; réussir, atteindre le but. — بلاسنی بولمق *bẹlasini boulmaq*, être puni, trouver son châtiment. — وقوعبولمق *vouqou'-boulmaq*, arriver, se produire (événement, nouvelle). — آراسنی بولمق *ârasẹnẹ boulmaq* et آرالق بولمق *âraleq boulmaq*, trouver le moyen, profiter de l'occasion. — دفنه مال بولمق *dẹfinẹ* ou *mal boulmaq*, trouver un trésor, de l'argent; *au fig.* être tout joyeux; — se laisser choir. — وجود بولمق *voudjoud boulmaq*, se produire, se manifester. — بولدرمق *bouldourmaq*, faire trouver, procurer, trouver le moyen de... — بولشمق *boulouchmaq*, se rencontrer, s'aboucher; marcher contre, lutter. — بولشدرمق *boulouchtẹrmaq*, faire arriver et coïncider; procurer. — بولنمق *bouloumaq*, se trouver, être présent, procuré. — بر كمسه یه بولنمق *bir kimsèyẹ boulounmaq*, venir en aide, rendre service à quelqu'un. — بولندرمق *bouloundẹrmaq*, rendre présent, faire venir, préparer. — بولنولمق *boulounoulmaq*, être existant, être préparé, se trouver. — بولنی ویرمك *boulounou-vermek*, être à point; se trouver sous la main et subitement. — ایولك ایدن ایو بولور كملك ایدن كم بولور *eyilik eden eyi boulour kemlik eden kem boulour*, « celui qui fait le bien trouve le bien, celui qui fait le mal trouve le mal ». — انسان مالی آرار بولمز اولومی آرامز بولور *insan malẹ ârar boulmaz eulumẹ âramaz boulour*, « l'homme cherche la richesse et ne la trouve pas; il ne cherche pas la mort et la trouve ». — L'expression familière : آیوایی صندوغندن بولمق *âïvayẹ çandoughẹnden boulmaq*, « dénicher le coing de sa boîte » se prend dans le sens de « découvrir le mystère, dévoiler l'infamie, les turpitudes ». Nous disons à peu près dans la même acception « découvrir le pot aux roses ».

بولمك *beulmek*, 1° partager, diviser, séparer, mettre en fraction, en morceaux; *au fig.* scander les vers. — بولدرمك *beuldurmek*, faire couper, faire mettre en fraction, en pièce. —

بولشمك *beuluchmek*, se diviser, avoir part à...., se partager. — *trans.* بولشدرمك *beuluchturmek.* — بولنمك *beulunmek*, être partagé, divisé. — بولمه *beulmè*, division intérieure; — mur; rideau; barrière. — بولندی *beulundu*, fraction, division, part. — بولنمز جوهر *beulunmez djevher*, molécule indivisible. — بولیجی *beuludju*, 1° qui divise, sépare. — 2° magistrat chargé de répartir les héritages d'après les règles de la jurisprudence musulmane.

بوملە *boulma*, (var. بولما) partie réservée dans une mosquée; ce mot répond à l'arabe مقصورة *maqçoura*; c'est une sorte de chapelle grillée où le prince se place pour faire la prière publique.

بولوت *boulout*, nuage, nuée, vapeur qui assombrit le ciel; passage de nuées. — قار یغمور بولودی *qar yaghmour bouloudou*, nuage de neige ou de pluie. — بولوتلو *bouloutlou*, nuageux, sombre, couvert (temps). — بولوتلو كوز *bouloutlou gueuz*, œil injecté de sang, ophtalmie. — بولوتلانمق *bouloutlanmaq*, se couvrir (le temps); se salir (étoffe); être troublé, devenir malade (en parlant des yeux). — صاغناق بولوت *çaghnaq boulout*, nuage chargé de pluie, nuée d'orage. — قره بولوت *qara boulout*, « nuage noir », surnom d'un cheval célèbre qui appartenait à Sultan Sélim Ier. — بولوت كولكه سی *boulout guelguèsi*, « ombre de nuage », *au fig.* chose passagère, fugitive, qui ne dure pas. — طولش آیه بولوت بورومك *dolmech âya boulout burumek*, « mettre des nuages devant la pleine lune », être un trouble-fête, un rabat-joie.

بولوك, بلوك *beuluk*, (de *beulmek* séparer) 1° division, groupe partiel; portion (de terre); troupe. — خلقك بر بولوكی *khalqeñ bir beuluyu*, une troupe de gens. — خانەنك بر بولوكی *khanèniñ bir beuluyu*, appartement d'une maison. — اولكەنك بر بولوكی *eulkèniñ bir beuluyu*, province d'un pays. — صاچك بر بولوكی *çatcheñ bir beuluyu*, une boucle de cheveux. — 2° dans l'ancien régime, six régiments de cavalerie régulière étaient désignés sous le nom de *beulukat*, « régiments » et de *beuluklu* ou *beuluk-khalqeu*, enrégimentés; voir au mot اوجاق. — Le *beuluk-bachi* avait rang de capitaine, یوز باشی *yuz bachi*, et commandait à cent hommes.

Aujourd'hui encore le terme *beuluk* désigne une troupe de cent hommes; on dit برنجی بولوك يوز باشیسی *birindji beuluk yuz bachise*, capitaine de la première compagnie. — 3° chef d'une escouade de police. — بولوكات اربعه *beulukiati erba'a*, « les quatre escadrons », nom que l'on donnait à quatre compagnies annexées aux corps des *sipahs* et des *silihdars*.

بولیش *boulouch*, trouvaille. — considération; perspicacité. — بولیشكه بولوشكه آفرین *bouloucheñè âférin*, oh ! la belle trouvaille ! la belle invention que la tienne ! — بولنیش *boulounouch*, présence; manière d'agir, assistance. Cf. le verbe بولمق et بولنمق.

بولیوپرمك *boulouvèrmek*, (verbe composé de *boulmaq* et de *vèrmek*) trouver tout de suite, et *par dérivation*, procurer, rendre facile.

بوم *bom*, particule d'intensité; s'ajoute à certains adjectifs qui commencent par un ب, comme بوم بوش *bomboch*, tout vide; بوم بول *bom-bol*, tout plein; بوم بوز *bom-boz*, tout gris ou bleuâtre.

بومبار *boumbar*, (forme régulière مومبار, du persan مبار) saucisse, saucisson, andouillette, saucisse grillée. — مومبارلق *moumbarleq* ou *boumbarleq*, chair hachée, hachis de différentes sortes de viande.

بومبارده *boumbarda*, (de l'italien) bombarde; 1° bâtiment à fond plat armé d'un ou de plusieurs mortiers à bombe. — 2° petit bâtiment ayant un mât chargé de voiles carrées et un mât d'artimon.

بومبه *boumbè*, vergue d'artimon à la poupe du bâtiment.

بون *beun*, sot, niais; voir بوك.

بوناویلا *bonavila*. Ce mot d'origine étrangère paraît désigner le trou carré de la hune, dit *trou du chat*.

بونبار *bounbar*, saucisse; voir بومبار.

بونجق (variantes بونجوق et بنجق) *boundjouq*, petits grains de verre, boules de verre; petits coquillages; perles fausses portées en guise d'ornement; — boutons de verre cousus aux vêtements. — قاطر بونجوغی *qater boundjoughou*, verroterie et autres ornements attachés aux harnais des chevaux et des bêtes de somme. — كوز بونجوغی *gueuz boundjoughou*, petits coquillages enfilés en forme de collier. — بونجوق علتى *boundjouq 'illetę*, strabisme; déviation du regard chez les enfants.

بونجه *boundjè (boundja)*, comme نجه *nidjè*, beaucoup, en grand nombre (terme vieilli et peu usité). — بونجه كره *boundja kerrè*, plusieurs fois. — بونجه وقتدن برو *boundja vaqętten bèru*, depuis longtemps. Voir le mot suivant.

بونجلين et بونجه لين *boundjèleïn, boundjaleïn*, ainsi, de cette manière, comme ceci, tel, semblable. Cf. بو. — Cette expression est surannée.

بونو *bônô*, (de l'italien *buono*) billet, promesse par écrit de payer; — billet à ordre, payable au porteur. Cf. بولیچه et سند. — آچیق بونو *atchęq bônô*, billet au porteur. — وعدهلى بونو *vaadèlu bônô*, bon à terme.

بونور *bounour*, (t. or. بونکور) parturition des animaux. L'ancienne langue turque possède des mots particuliers et inusités aujourd'hui pour exprimer cette idée chez les différentes classes d'animaux; par ex. : قولونمق *qoulounmaq*, pour la jument qui met bas, بیزلامق *bizlamaq*, pour la vache, بوتلامق *boutlamaq*, pour la chamelle, etc.

بوه *buvè*, araignée venimeuse, espèce de tarentule; voir بوى.

بوهلك pour بوكلك *buyélik*; voir ce mot.

بوهو *bouhou* ou *pouhou*; cf. پوهو. Ce nom s'applique à tout le genre *chouette*; voir, pour les sous-genres, les mots اوكو, بايقوش, بايقره, قوقوماو, etc.

بوى *boï*, stature, taille, taille élevée; — grandeur, profondeur; — brin de fil ou de soie, comme صاپ. — بر آدم بوى دریکلك *bir âdam boï dériñlik*, à hauteur d'homme. — بوى بوى *boï boï*, de diverse taille, de différent genre ou espèce; on dit dans le même sens : بوى بوص *boï-boç*. — بوى بوجه یرنده *boï boçę ierindè*, bien fait, bien proportionné. — باش بوى *bach boï*, grande taille. — اورته بوى *orta boï*, taille moyenne. — آشاغى بوى *âchaghę boï*, petite taille. — بر بویده *bir boïdè*, de même taille, comme بویداش *boï-dach*. — Groupe de familles formant une division de la tribu : بوى بكى *boï beyę*, chef de famille, comme *oïmaq*

بوى

beye. — بوى اولچیسنی آلمق *boï eultchusunu âlmaq*, prendre mesure de sa taille, *au fig.* tomber. — بوى چکمك *boï tchekmek*, grandir, s'allonger; se distinguer; dépasser. — بوى کوسترمك *boï gueustermek*, faire preuve d'aptitude, de mérite. — بوى ویرمك *boï vèrmek*, s'allonger, atteindre à hauteur d'homme. — بویجه لباس *boïdjè libas*, vêtement long, ajusté à la taille. — بوى بوى اولاد *boï boï evlad*, jeune homme arrivé à la taille d'homme fait. — بوى آلمق *boï âlmaq*, grandir, s'allonger. — بویسز *boïsęz*, petit de taille, nain. — *adj.* بویلو *boïlu*, et اوزون بویلو *ouzoun boïlu*, de haute taille. — آلچاق بویلو *âltchaq boïlu*, de taille courte. — بوى اوزون یر *boyę ouzoun ïer*, endroit éloigné, grande distance. — ماصتى باجاقلو زاغار بویلو *maçtę badjaqlu zaghar boïlu*, « jambe de caniche, taille de braque », se dit d'un homme qui a les jambes courtes, un courtaud. — قفتان بویه كوره بچیلور *qaftan boyè gueurè bitchilir*, « la robe se coupe d'après la taille », il faut que les choses soient assorties, il faut agir avec mesure. — بورایه بوى کوسترمکه می کلدك *bouraïa boï gueustermeyè mę gueldiñ*, « es-tu venu ici pour montrer

بوى

ta taille? » c.-à-d. : pour perdre ton temps ; ce qui répond au vieux dicton : « il vient regarder qui a le plus beau nez ».

بوى *boï* ou *beuï*, araignée du genre lycose, à grandes pattes et dont la piqûre est venimeuse. Le *Lehdjè* critique l'orthographe *buyèlik* بوکەلك.

بــوى اوتى *boï ote*, fenugrec, en arabe حلــبــة *holba*. — بوى تخمى *boï tokhoumou*, graine de fenugrec, qui se mange en purée, et sert aussi à fabriquer de l'huile.

بویا *boya*, (forme primitive بویاغ) couleur, teinture, peinture, vernis. — آشى بویا *âche boya*, rubrique, ocre rouge. — بقام بویا *baqam boya*, teinture pourpre. — صارى بویا *çarę boya*, jaune clair. — کوك بویا *gueuk boya*, bleu de ciel. — یاغلو بویا *yaghlu boya*, couleur, peinture à l'huile. — طوتقاللو بویا *toutqallęu boya*, couleur à la colle. — صولو بویا *çoulou boya*, couleur délayée dans l'eau; aquarelle. — قره بویا *qara boya*, fusain; noir de terre. — بویا آتمق *boya âtmaq*, se décolorer, se flétrir. — بویا طوتمق *boya toutmaq*, (ou *âlmaq*) prendre couleur, se colorer. — بویا اورمق *boya vourmaq*, mettre en couleur. — بویاجی *boyadje*, teinturier, fabricant de couleurs, peintre en bâtiment. — بویاجی كوپی *boyadje kiupu*, cuve de teinturier. — *au fig.* chose facile. — بویا خانه *boya-khanè*, teinturerie. — بویا آغاجی *boya âghadje*, espèce de hêtre *(chadara tenax)* dont l'écorce est employée comme tan. — On dit en proverbe : بویاجی اثوابندن بللی در *boyadje espabinden belli dir*, « on connaît le teinturier à son costume ».

بویار *boyar*, (du russe : seigneur) boyard, seigneur, ancien feudataire des pays slaves, de la Transylvanie, etc. — اولاخ بویاری *oulakh boyare*, boyard de Valachie. — بوغدان بویاری *boghdan boyare*, boyard de Moldavie.

بویالامق *boyalamaq*, teindre, mettre en couleur; tacher; — *au fig.* donner une apparence plausible. Cf. بویا et بویامق.

بویالو *boyalu*, teint, coloré, verni, empreint d'une couleur artificielle. — كوزل بویالو *guzel boyalu*, d'une couleur brillante, éclatante. Cf. بویا.

بویامق *boyamaq*, peindre, passer à la teinture, vernir, teindre (la barbe, les cheveux) — *au fig.* كوز بویامق *gueuz boyamaq*, fasciner; tendre un piège, user de ruse. — *trans.* بویاتمق *boyatmaq*, faire peindre ou teindre. — *réfl.* بویانمق *boyanmaq*, être teint, imbu, souillé. — صقالی قانه بویانمش *çaqale qana boyanmech*, la barbe souillée de sang (cadavre). — بویامه *boyama*, action de teindre, de vernir. — peinture, vernis. Cf. بویا.

بویان *boyan* ou بیان *byan*, réglisse, (prononc. vulg. میان *myan*). — بویان كوكی *boyan keuke*, racine de réglisse. — بویان آغاجی *boyan âghadje*, bois de réglisse. — بویان بالی *boyan bale*, suc ou jus de réglisse. — طاتلو بویان *tatlu boyan*, réglisse officinale. — آجی بویان *âdje boyan*, réglisse amère; en arabe سوس.

بویراز *boïraz*, vent du nord-est, borée; voir بویراز.

بویورمق *bouïourmaq*, commander; voir بیورمق. — بیوروق *bouyourouq*, ordre, commandement. — بیوروق طوتمق *bouyourouq toutmaq*, obéir.

بویلامق *boïlamaq*, mesurer la taille; *au fig.* faire un long chemin. — *trans.* بویلاتمق *boïlatmaq*, allonger, faire grandir. — *réfl.* بویلانمق et *récip.* بویلاشمق *boïlanmaq* et *boïlachmaq*, grandir, croître. — بویلاشدرمق *boïlachtermaq*, séparer, arranger par rang de taille, par classe. Cf. بوی *boï.*

بویله *beuïlè*, (de *bou* et *ilè* : avec ceci) ainsi, de même; on dit aussi : بویله جه *beuïlèdjè* et بویله لك ایله *beuïlèlik-ilè*. — شویله بویله *cheuïlè beuïlè*, comme ci comme ça; doucement, peu à peu. — بوندن بویله *bounden beuïlè*, désormais. — بویله باش اویله تراش *beuïlè bach euïlè trach*, « telle tête, telle coupe de barbe ». — بویله آغانك بویله اولور خدمتكارى *beuïlè âghanuñ beuïlè olour khizmetkiarè*, « tel maître, tel valet ».

بویون *boïoun*, cou; voir بویون.

بوینوز *boïnouz, bouïnouz*, (var. بوینز), 1° corne. — بوینوزدن طراق (ینوز) *boïnouzden taraq*, peigne de corne. — 2° cornet à bouquin, trompe avec laquelle les faiseurs de tour attirent le public. — قانجى بوینوزى *qandjè boïnouzou*, instrument en corne qui sert à poser les ventouses. — بوینوز چكمك *boïnouz tchekmek*, poser des ventouses. — صیزیه قورو بوینوز چكمك *çezèïa qourou*

boïnouz tchekmek, poser des ventouses sèches sur l'endroit malade. — بوینوز آغاجى *boïnouz âghadjè*, gaînier, arbre de Judée. — بوینوز اوتى *boïnouz otè*, héllébore; cf. قرهجه et چوپله مه. — قوچ بوینوزى *qotch boïnouzou*, « corne de bélier », mélilot — en arabe اكليل et en persan شاه افسر ce qui signifie « couronne de roi ». — كچى بوینوزى *ketchi boïnouzou*, « corne de chèvre », caroube, caroubier. — روم بوینوزى *roum boïnouzou*, « corne grecque », surnom donné aux bamies, légume dont les Orientaux sont très friands; voir بامیه. — بوینوزسز *boïnouzsez*, sans corne. — بوینوزسز قویون *boïnouzsez qoïoun*, mouton sans corne; *au fig.* pauvre homme, sans défense, opprimé. — بوینوزلو *boïnouzlou*, cornard, mari trompé. — بوینوزلرى طاقمق *boïnouzlarè taqmaq*, avoir des cornes, être déshonoré, bafoué. — چلك بوینوزلو *tchilik boïnouzlu*, bête qui n'a qu'une corne, licorne. — فلانه بوینوز قویروق طاقمق *filanè boïnouz qouïrouq taqmaq*, « attacher des cornes et une queue à quelqu'un », le calomnier, le diffamer. — بوینوزى بتدى *boïnouzou bitti*, « il lui a poussé des cornes », il a repris courage.

بوينوق **boïnouq**, vulgaire pour وينوق **voïnouq** (du slave *voïnik*, milicien, guerrier). Corps de bulgares qui faisaient autrefois le service de palefreniers et de valets dans l'armée ottomane. Aujourd'hui encore, le sultan et les grands personnages ont des *boïnouq* chargés de mener leurs chevaux au vert.

بويون **boyoun**, col, cou, la partie antérieure du cou, *par oppos.* à آكْسَه *ènsè*, nuque. — tout ce qui est courbé, tors, de travers. — *au fig.* obligation, devoir. — آكْرى بويون *eyri boyoun*, fleur, variété de narcisse. — دوه بويونى *dèvè boyounou*, trompette recourbée. — بويون چنبرى *boyoun tchenbèrè*, cavité derrière la clavicule, salières. — بويون كمكلرى *boyoun kèmikleri*, vertèbres du cou. — كاهى بويونه *gunahè boyounenè*, que sa faute (pèse) sur son cou! qu'il en soit responsable! — بويون اكمك *boyoun èymek* ou بوكمك *bukmek*, courber le cou; opprimer, tyranniser. — بويونى آكرى *boyounè èiri*, « cou de travers », nécessiteux, solliciteur. — بويونه آلمق *boyounè almaq*, prendre à sa charge, sous sa responsabilité. — بويون اورمق *boyoun vourmaq*, couper le cou. — بويون اوزاتمق *boyoun ouzatmaq*, s'abandonner, se résigner. — بويونه بنمك *boyounè binmek*, subjuguer, dominer. — بويون قاشمق *boyoun qachemaq*, « se gratter le cou », c.-à-d. : être confus, embarrassé. — بويون كسمك *boyoun kesmek*, se soumettre, faire acte d'obéissance, rendre hommage. — بويون ويرمك *boyoun vermek*, être obéissant, assujetti. — بويون باغى *boyoun baghe*, « lien du cou », cravate. On emploie بويونلق *boyounleq*, dans le sens de « châle ou fichu qui enveloppe le cou ». — بويون بورجى *boyoun bordje*, dette; obligation rigoureuse. — بويونى اينجه *boyounè indjè*, « les cous minces », nom d'une tribu turque établie dans la Caramanie. — بويونك قيرلسون *boyounuñ qerelsoun*, « que ton cou se brise! » va-t-en au diable! *abi in malam crucem*. — بويونك قباغه دونسون *boyounuñ qabagha deunsun*, « que ton cou se change en courge! » autre formule d'imprécation. — بويونى اينجيه لمش *boyounè indjèlèmich*, « son cou s'est aminci », il s'est affaibli, émacié; *au fig.* il a perdu son influence, son prestige.

بويون بوران *boyoun bouran*, litt.

« le cou tors », oiseau du genre mérops ou guépier.

بويوندرق *boyoundourouq,* collier ou bourrelet de bête de somme ; — joug. — بويوندروغه اورمق *boyoundourougha vourmaq,* faire passer sous le joug, subjuguer, assujétir. — On dit d'un ennemi qui a fait sa soumission volontaire : اوكوز بويوندروغه بوينى كندى ويرمش *eukuz boyoundourougha boyounene kendu vèrmich,* « le bœuf a placé de lui-même son cou sous le joug »; et de deux personnes bien unies : بر بويوندرق آلتنده ايكى اوكوز *bir boyoundourouq âltendè iki eukuz,* « ce sont deux bœufs sous un même joug ». Cf. بويون cou.

بويونه *boyouna,* (var. بوينه) de l'italien *baona,* godille, petit aviron à l'arrière du bateau, qui sert à le faire marcher et à le diriger. — بوينه اورمق *boyouna vourmaq,* godiller.

بويه *boya,* orthographe fautive pour بويا couleur.

به *bèh,* interj. eh! holà! c'est une façon un peu grossière d'appeler; comparer avec آبه et بى.

بها *baha,* (pers.) prononc. vulg. *paha,* prix, valeur. — بها بيچمك *paha bitchmek* (ou *kesmek*), fixer le prix. — بها قومق *paha qomaq,* même signification. — بهايه چيقمق *pahaïa tcheqmaq,* renchérir, monter de prix. — adj. بهالو *pahalu,* cher, précieux, ayant de la valeur. — بهاده آغير *pahadè âgher,* d'un prix onéreux. — بهالولق *pahaluleq,* cherté, hausse du prix des vivres; disette. — بهاجى *pahadje,* accapareur. — اوص بهاسى *ouss pahase,* prix de sagesse. — قان بهاسى *qan pahase,* prix du sang. — يوق بهايه *yoq pahaïa,* pour rien, gratis. — بها اندرمهسى *paha endurmèsi,* baisse de prix. — دكر بها ايله *deyer paha ilè,* à prix coûtant, à juste prix. — قلم بهاسى *qalem pahase* ou كاغد بهاسى *kiahat pahase,* « le prix de la plume, le prix du papier », les honoraires de l'écrivain, le salaire du copiste. — يابانده بولان بيله او بهايه ويرمزدى *yabandè boulan bilè ô pahayè vermezede,* « celui qui l'aurait trouvée (la marchandise) même dans le désert, ne la donnerait pas à ce prix »; locution familière à l'adresse de l'acheteur qui marchande trop. — Comp. avec l'arabe قيمت.

بهادر *bahader,* héros, guerrier,

athlète. — *adj.* brave, vaillant, prononciation vulgaire *badour* باطور; var. كسباطور. — بهادر خضر *bahader khezer*, « vaillant St.-Georges », nom d'une pomme épineuse, peut-être le *datura stramonium*. On trouve quelquefois le verbe بهادرلنمق *bahaderlanmaq*, se conduire avec bravoure, devenir un héros.

بهار *bahar*, (pers.) temps de l'année entre l'équinoxe et le solstice. — اول بهار ايلك بهار *ilk bahar* ou *evvel bahar*, printemps. — صوك بهار *çoñ bahar*, automne. — بهار قوزيسى *bahar qouzousou*, « agneau de printemps », terme de tendresse.

بهار *bahar*, (pers. ar.) 1° épice, aromate, drogue, pl. بهارات *baharat*, épices. — بهارلو *baharlu*, épicé, fortement assaisonné. — بهارلو دوا *baharlu dèva*, musc. — 2° *bohar*, camomille des teinturiers, en arabe عين البقر, « œil de bœuf »; on l'emploie pour colorer les laines en jaune. — چوق بهار يمه *tchoq bahar yèmè*, « ne mange pas trop d'épices », sois modéré dans tes désirs. — On emploie, dans le même sens d'épices, le mot ابزار *ebzar*; voir aussi اجزا *edjza*, drogues. — قورت

بهارى *qourt baharè*, (vulg. *bagherè*), troëne; fleur du *Lawsonia inermis*, dont on fait la teinture de henné.

بهانه *bahanè*, (pers.) pronone. vulg. *mahana*, prétexte, vaine raison; excuse, expédient. — بهانه ا *bahanè etmek*; prétexter, s'excuser. — بهانه طوتمق *bahanè toutmaq*, prendre pour prétexte; — accuser. — بهانه آرامق *bahanè aramaq* ou *istèmek*, chercher des prétextes ou des excuses. — رعايت بهانهسيله *ri'ayiet bahanèsi-ilè*, sous prétexte de politesse et de soumission. — كتمكه نه بهانه ايده بلورز *guitmèyè nè bahanè édè biliriz*, quel prétexte pourrons-nous trouver pour partir?

بهله *behlè*, (var. بهلى *behli*) gant en cuir à l'usage des fauconniers.

بهى *bèheï*, interj. oh! eh! — بهى بودالا *bèheï boudala*, quel imbécile! Cf. به *bèh*.

بيات *bayat*, vieux, rassis; voir بايات.

بياض *bèyaz*, (ar. blanc) papier préparé pour la signature; acte, carte blanche, copie mise au net. — *au fig.* بياضه چيقرمق *bèyazè tchèqarmaq*, tirer au clair, disculper. — بياضه چكمك *bè*-

yazè tchekmek, mettre au net (un brouillon). — بياض اوزرينه bèyaz uzerinè, ordre impérial, décret spécial, et qui n'est pas en marge d'un acte. — بياض سوت bèyaz sut, blancheur de lait, extrêmement blanc. — بياضلانمق bèyazlanmaq, blanchir, devenir blanc. — بياضچه bèyaztchè, blanchâtre. — On dit d'un hypocrite : طيشره‌سى بياض ايچروسى سياه dicharusè bèyaz itchèrusè siah, « son extérieur est blanc et son intérieur noir »; les Latins disaient de même d'un personnage douteux : « albus an ater sit nescio ». — سياه ايله بياض بر يرده اولمز siah ilè bèyaz bir yerdè olmaz, « noir et blanc ne vont pas ensemble », se dit de deux choses incompatibles. — هر قار بياضدر اما هر بياض قار دكلدر hèr qar bèyazdur amma her bèyaz qar dèildir, « tout ce qui est neige est blanc, mais tout ce qui est blanc n'est pas neige », répond au dicton « tout ce qui brille n'est pas or ». — صاريغنك بياضلغنه باقه صابونى ويره‌سيه آلمشدر careghenuñ bèyazleghenè baqma çabounou vèrèsiyè âlmechter, « ne fais pas attention à la blancheur de son turban, il a pris le savon à crédit », c.-à-d.: c'est un homme pauvre, ou de mauvaise foi.

بياغى bayaghe, (var. باياغى) simple, ordinaire, commun. — بياغى برآدم bayaghe bir âdam, homme du commun; ouvrier, prolétaire. — بياغيلر وآشاغيلر bayaghelar vè âchaghelar, les gens du commun, la basse classe. — adv. simplement, naturellement, sans apprêt. — باص بياغى ou باس بياغى bas bayaghe, tout simplement, sans embarras. On emploie l'expression بام بياغى bam bayaghe dans le même sens. — بياغيلق bayagheleq, grossièreté, défaut d'éducation, rusticité.

بيان bèïan, (ar. explication, manifestation) se prend chez les Turcs dans le sens de « chose évidente », par oppos. à غيب, « ce qui est caché »; comme dans ce dicton : يورك غيبى دلده بيان yurek ghaïbi dildè bèïan, « secret du cœur est manifeste sur la langue », les amoureux ne savent pas dissimuler. — بيان نامه bèïan namèh, manifeste, déclaration publique; exposé des motifs. — رسماً بيان ا resmèn bèïan etmek, faire une déclaration publique. — كرك گمرك ويره‌جك مالى بيان ا gumruk vèrèdjek male bèïan etmek, déclarer des marchandises soumises aux droits. — بيان حالى حاوى سند bèïani hale havi sènèd, acte ou titre déclinatoire. — Dans le style soutenu, مارّ البيان *marr ul-beïan*, susdit, susnommé; آتى البيان *âti ul-beïan*, ce dont l'explication viendra ci-dessous, ci-après.

بيان *byan*, réglisse; voir بويان.

بيت المال *beït ul-mal*, (ar.) trésor public; voir خزينه et ماليه.— بيت المالجى *beït ul-maldje*, 1° agent du trésor chargé de saisir la succession des sujets mahométans ou des tributaires morts sans héritiers légitimes (D'OHSSON, t. VII, p. 240); il n'avait droit que sur les successions ne dépassant pas dix mille piastres. — 2° trésorier du corps des janissaires et commandant du 101ᵉ *orta* de ce corps. Il avait sous ses ordres un employé des finances ordinairement de race juive, nommé اوجاق بازركانى *odjaq bazerguiane*, « le commerçant du corps ». — Aujourd'hui, le directeur général du Trésor a le titre de بيت المال مديرى *beït ul-mal mudiri*.

بيتمك *bitmek*, finir; voir بتمك.

بيتمك *bitmek*, (inusité) écrire; le sens primitif paraît être « étendre, tirer une ligne droite ». — De là بتك *bitik*, lettre. — بتيكجى *bitikdji*, écri-

vain. Chez les Turcs orientaux, ce titre est donné au chef du divan ou ministre des affaires étrangères; c'est l'équivalent du *pervanèdji* des Mogols.

بيچاق *betchaq*, var. چاق (cf. le verbe بچمك couper, tailler), couteau, coutelas, couperet. — طوغرى بيچاق *doghrou betchaq*, couteau droit qui ne plie pas; opposé à چاقى بيچاق *tchaqe betchaq*, couteau pliant qui se referme. — يان بيچاغى *yan betchaghe*, couteau qu'on porte passé à la ceinture. — باش بيچاغى *bach betchaghe*, rasoir. — پالا بيچاق *pala betchaq*, couteau à dos plat. — يلان بيچاغى *yilan betchaghe*, plante, herbe. — آشچى بيچاغى *áchdje betchaghe*, grand couteau de cuisine. — بيچاق ياره‌سى *betchaq yarase*, crevasses, entailles (dans le maroquin, la basane, etc.).— قصاب بيچاغى *qassab betchaghe*, coutelas de boucher. — باغچوان بيچاغى *baghtchèvan betchaghe*, serpette. — جراح بيچاغى *djerrah betchaghe*, bistouri. — بيچاق بيچاغه *betchaq betchagha*, (comme *boghaz boghaza*) lutte acharnée, combat corps à corps. — بيچاق قينى كسمز *betchaq qenene kesmez*, « le couteau ne coupe pas sa gaîne », on ne se nuit pas entre amis. — بیچاق ککه طیاندی *betchaq kemyè dayande*, « le couteau appuie sur l'os », la violence est en raison de la résistance. — بیچاق آشی یاپمق *betchaq âche yapmaq*, « faire de la sauce au couteau », jouer du couteau. — بیچاغك وار ایسه قلیجم وار *betchaghuñ var èça queledjem var*, « si tu as un couteau, j'ai un sabre », paroles de défi. — بیچاغی براغوب قلیج آلدی *betchaghe braghoup queledj âlde*, « il a quitté le couteau pour prendre le sabre », il n'a pas perdu au change. — كندو بیچاغیله كسلن چوق آغریور *kendu betchaghe ela keçilen tchoq aghreïor*, « qui se coupe avec son propre couteau, souffre beaucoup », *bis interemitur qui suis armis perit*; mais les Turcs ont aussi le dicton opposé : كندو قلیجیله كسلن آجیمز *kendu queledje ela keçilen âdjimèz*, qui se coupe avec son propre sabre, ne se fait pas de mal. — بیچاقچی *betchaqtche*, coutelier, fabricant de couteaux. — بیچاقلو *betchaqlu*, armé d'un couteau. Avant la réforme et sous le régime de l'ancienne organisation militaire, les douze sous-officiers ou vétérans des trois dernières chambrées du Palais portaient le titre de بیچاقلو اسكیلری *betchaqlu èskileri*, « les anciens du couteau », parce qu'ils portaient à la ceinture un couteau garni d'or et d'argent.

بیچقی *betchqe*, (de بیچمك) 1° scie, serpette; racloir; — 2° tranchet de cordonnier et de relieur.

بیچمك *bitchmek*, 1° couper, tailler une étoffe. — 2° moissonner, couper les foins. — 3° scier une planche, etc. — نه اكرسك انی بیچرسین *nè èkerseñ one bitchersin*, « tu moissonneras ce que tu as semé ». Hafiz a exprimé la même pensée dans ce vers : هر كسی ان درود عاقبت كار كه كشت *her kèsi ân duroud aqibeti kar ki kicht.* — اولچوب بیچمك *eultchup bitchmek*, « mesurer et couper », *au fig.* réfléchir, méditer, combiner. — پای بیچمك *paï bitchmek*, s'instruire par l'expérience, réfléchir. — بول بیچمك *bol bitchmek*, donner avec prodigalité. — كسوب بیچمك *keçup bitchmek*, juger, décider. — بها بیچمك *paha bitchmek*, évaluer, fixer le prix. — *trans.* بچدرمك *bitchtirmek*, faire tailler (une étoffe, etc.). — بچلمش خفتان *bitchilmech khaftan*, « vêtement coupé », chose convenable, bon arrangement, ce qui fait l'affaire.

بیچمه *bitchmè*, (du verbe بیچمك)

1° coupe ; — 2° planche ou étoffe taillée. — سرن بیچمه‌سی *sèrèn bitchmèsi,* grande pièce de bois, vergue. — بیچیجی *bitchidji,* coupeur, moissonneur. Voir aussi بیچیم.

بیچوق *boutchouq,* plus rare موitié, moitié en plus ; voir بجوق.

بیچیرغان *betcherghan,* instrument, outil en forme de vis qui sert à aiguiser et à polir le fer. Cf. بیچمك.

بیچیم *bitchim,* (de *bitchmek*) 1° coupe, taille ; — manière d'être, façon ; — 2° temps de la moisson. — بیچیمنه كترمك *bitchiminè guetirmek,* arranger, accommoder, faire aller (un vêtement). — بیچیملو *bitchimlu,* bien fait, de bonne façon. — بیچیمسز *bitchimsez,* mal fait, mal bâti.

بیخود *by-khod,* vulg. *baïkhod,* (pers.) hors de soi, sans connaissance, évanoui. — بیخودلق *by-khodleq,* évanouissement, pâmoison, extase.

بیدق *baïdaq,* (ar.) prononcé en turc *païtaq,* pion, pièce du jeu d'échecs ou de dames ; on se sert plus souvent, pour le jeu d'échecs, du pluriel بیدقلر *païtaqlar.* Voir پیاده et پایتاق.

بید مشك *bidi-michk,* (persan) 1° peuplier noir dont les bourgeons répandent au printemps une odeur balsamique. — 2° saule pleureur.

بیرا *bira,* (de l'italien *birra*) bière, boisson faite de houblon et d'orge. = بیرا خانه *bira khanè,* brasserie, café. = جنجیر بیرا *djindjir bira,* bière très-forte ayant le goût de gingembre.

بیراق *baïraq,* étendard, drapeau ; voir بایراق.

بیرام *baïram,* (pers.) fête, jour de réjouissance. — كوچك بیرام *kutchuk baïram,* petit baïram, fête qui suit le ramazan et dure trois jours. — قربان بیرامی *qourban baïrame,* « fête des sacrifices », grand baïram, qui commence le 10 de zi'l-hidjeh, soixante-dix jours après le petit baïram. — بیرام عرفه‌سی *baïram arèfèse,* la veille du baïram, ou le dernier jour du jeûne de ramazan. — بیرام ایرته‌سی *baïram irtèsi,* le lendemain de la fête ; *au fig.* plus tard, après les fêtes. — بیرامدن صكره بیرام مبارك اولسون *baïramden çoñra baïram mubarek olsoun,* « souhaiter une bonne fête quand le baïram est passé » ; s'y prendre trop tard, ne pas faire les choses en leur temps. — قامش بیرامی *qamech baïrame,* « fête des roseaux », c'est la fête des Tabernacles chez les Juifs. — شكر بيرامى *cheker baïrame*, « fête du sucre », chez les Juifs, en mémoire du retour de la captivité. — قره بيرام *qara baïram*, « fête noire », grand pardon. — قنديل بيرامى *qandil baïrame*, « fête des lampes », en souvenir de la fondation de la mosquée El-Akça, à Jérusalem. — Chez les Chrétiens كل بيرامى *gul baïrame* ou *penaïre*, « fête des roses » ou « foire des roses », surnom du jeudi-saint. — بيرام ا *baïram etmek*, célébrer une fête, se réjouir, se souhaiter bonne fête; on dit aussi : بيراملشمق *baïramlachmaq*, dans le même sens. — Proverbe : بيرامده بورج اوده يانه رمضان قصه كلور *baïramdè bordj eudèyènè ramazan quèça guèlir*, « pour qui doit payer ses dettes au baïram, le mois de ramazan paraît court ». — بيرامى *baïrami*, ordre de derviches fondé au XVᵉ siècle par Hadji Baïram, originaire d'Angora. — Sur les fêtes et cérémonies en usage autrefois chez les Turcs pendant les deux baïram, voir D'OHSSON, *Tableau*, t. II, p. 227, et t. III, p. 5.

بير و بار *bir u bar*, épithète don-

née à Dieu « celui qui est unique et existant »; c'est l'équivalent turc des deux noms arabes واحد وقيوم du chapelet musulman.

بيز 1° *biz*, (var. بز *biz*; turc orient. بيكيز *biñiz*) alêne, poinçon à percer le cuir, grosse aiguille à sac. — بيز كبي *biz guibi*, perçant, pointu, pénétrant comme l'alêne. — بيز كبي كچمك *biz guibi guetchmek*, « percer comme une alêne », se dit de la douleur aiguë. — بيز كيرمز *biz guirmez*, « une alêne n'y entrerait pas », allusion à ce qui est serré, tassé, comme une balle de coton, une grappe de raisin, etc. — بيز ايله دلسڭ ياغ چيقار *biz ilè dèlseñ yagh tchèqar*, si tu le perçais avec une alêne, il en sortirait de la graisse (en parlant d'un homme ou d'un animal très-gras). — On dit en plaisantant à quelqu'un qui bredouille : ديلكى بيز ايله مى درزتديلر *diliñi biz ilè mè terzettiler*, est-ce qu'on a cousu ta langue avec une alêne? — A un enfant remuant et qui ne peut tenir en place : كوتكده بيز مى وار طوز مى وار *gueutuñdè biz mè var touz mè var*, as-tu une alêne ou du sel au derrière? (du vif-argent dans les veines.) — بيز ايله اولدرجك *biz ilè euldurè-*

djek, « bon à tuer avec une alêne », tuer à coups d'épingle, faire mourir à petit feu. — پاپوشجی سلاحی بیز در *papouchdjou silahi biz dir*, « l'arme du cordonnier c'est son alêne »; dans la colère on fait arme de tout; « *furor arma ministrat*. » — 2° *bèz*, toile; voir بز.

بیزلامق (var. بزلامق) *bizlamaq*, mettre bas, vêler; voir بوزاغو.

بیزلانکیج (variante بیزلابغج) *bizlanghidj*, petit bâton pointu, aiguillon du bouvier.

بیطار *baïtar*, (ar.) vétérinaire; ce mot signifiait aussi autrefois « maréchal-ferrant »; mais dans ce dernier sens, on emploie de préférence aujourd'hui نعلبند *naalband*. — بیطارلق *baïtarleq*, art et profession du vétérinaire.

بیع وفراغ *beï' u firagh*, (ar.) dans le droit musulman : vente, aliénation. — بیع بالوفا *beï' bil-vèfa*, vente avec nantissement donné au créancier, lequel est tenu de restituer l'acte de vente après paiement intégral. — بیع بالاستغلال *beï' bil-istighlal*, vente simulée avec clause de céder au créancier, qui est censé acquéreur, les fruits de l'immeuble jusqu'au remboursement de sa créance. — بیع فاسد *beï' façid*, vente illégale. — بیع باطل *beï' batel*, vente nulle. — بیع مکروه *beï' mekrouh*, vente blâmable, par ex. celle qui se conclut le vendredi pendant l'office. — بیع موقوف *beï' mevqouf*, vente suspensive. — بیع مطلق *beï' moutlaq*, vente au comptant; on dit dans le même sens : بیع قطعی *beï' qaty'*, vente définitive. — بیع بات *beï' bat*, marché au comptant. — وعده لو بر بیع قطعی *vaadèlu bir beï' qaty'*, marché à terme ferme. — شرط تمتع ایله مشروط بر بیع *charte temettu' ile méchrout bir beï'*, marché libre ou à prime.

بیعت *bi'at*, (ar.) cérémonie d'investiture d'un souverain musulman. — Pour les cérémonies qui avaient lieu au Séraï à l'avènement d'un nouveau sultan; voir D'OHSSON, *Tableau*, t. IV, p. 503 et 550.

بیق et بییق *beyeq*, moustache. — بیق آلتی *beyeq älte*, ironie, moquerie, dédain. — بیق آلتندن *beyeq ältenden*, « par dessous la moustache », en cachette. — بالق بییغی *baleq beyeghe*, fanon de baleine. — بیغی آصمه *âçma beyeghe*, vrille de la vigne. — بش بییق *bèch beyeq*, gros néflier. — بییقلانمق *beyeqlanmaq*, prendre des moustaches, devenir barbu; on dit aussi: بییق ترلهمك *beyeq terlèmek*, mouiller sa moustache, devenir homme. — مروان بییقلو *mervan beyeqlu*, « qui a des moustaches à la Mervan », rodomont, bravache. — بییغی صیغامـق *beyeghene çeghamaq*, « retrousser sa moustache », prendre un air menaçant. Le mot بییق est, dans le langage vulgaire, pris avec l'acception de « bravoure, hardiesse, crânerie ». — بو ایش سنك بییغكه دوشمز *bou ich seniñ beyeghenè duchmez*, « cette action ne sied pas à votre moustache », c.-à-d.: n'est pas digne d'un brave comme vous. — بییقلرینی یاغلامق *beyeqlarene yaghlamaq*, « graisser sa moustache », manger avec avidité. — صقالك بییغه منتی یوق *çaqaluñ beyeghè minneti yoq*, « la barbe n'a aucune obligation envers les moustaches »; les hommes peuvent se passer les uns des autres. — بالطه بییغی كسمز *balta beyeghene kesmez*, « la hache ne couperait pas sa moustache », se dit d'un brave à tout poil ou quelquefois aussi d'un homme très-âgé. — یوص بییق *pouç beyeq*, (ou *pes beyeq*) moustache hérissée, touffue.

بیقرا *baïqara*, (var. بای قره) oiseau de proie de la famille du vautour. — Surnom d'un fils de Tamerlan, grand-père du prince timouride Huçeïn-Mirza.

بیقمق *beqmaq*, se dégoûter, éprouver de la répugnance, de l'aversion; avoir une indigestion. — جهاندن بیقمق *djihanden beqmaq*, être las du monde. — *trans.* بیقدرمق *beqtermaq*, rendre dégoûté, lasser, provoquer la lassitude. — *pass.* بیقلمق *beqelmaq*, être un objet de dégoût. — هر كون بقلوا اولسه بیقیلور *her gun baqlava olsa beqeler*, s'il y avait tous les jours du *baqlava*, (cf. ce mot) on s'en lasserait vite.

بیك *beïg*, prononcer *bey*, prince, noble, gentilhomme; voir بك et بای.

بیك *biñ*, mille. — بیك باشی *biñ bachi*, chef de bataillon, « commandant mille hommes ». — بیك بر دیرك *biñ bir direk*, citerne des mille et une colonnes, près de l'At-Meïdan, à Constantinople. — بیك جان ایله *biñ djan ilè*, « avec mille âmes », avec le plus vif désir. — بیكلرجه *biñlerdjè*, par milliers. — بیك یاشا *biñ yacha*, « qu'il vive mille ans »! formule de vivat. — بيك ايشيت بر سويله *biñ ichit bir seuïle*, « écoute mille paroles, n'en prononce qu'une seule ». — بيك درهدن صو كتيرمك *biñ dèrèden çou guetirmek*, « apporter de l'eau de mille vallons », entrer dans des explications longues et inutiles; donner de mauvaises raisons. — بيك كوز اوتى *biñ gueuz ote*, « l'herbe aux mille yeux », scammonée, en arabe محموده « la louable ».

بيكار ou بكار *bikiar*, vulg. *bèkiar*, célibataire; oisif, sans occupation ni devoirs. — بيكارلق كبى سلطانلق اولمز *bèkiarleq guibi sultanleq olmaz*, il n'y a pas de royauté comparable au célibat. (Proverbe.) — بيكار اوطه لرى *bèkiar odalare*, chambrées ou demeures des ouvriers étrangers dans une ville.

بيكار *biñar*, *bouñar*, fontaine; voir پيكار.

بيكير *beïguir*, 1° toute bête de somme; cheval ou mulet de bagage. — 2° cheval hongre. Cf. ايكديش et طاى. — بيكيرجى *beïguirdji*, muletier, loueur de bêtes de somme. Voir aussi la forme régulière باركير *barguir*.

بيلازك *bilazik*, *bilèzik*, 1° brace-let, gros anneau. — 2° plaque ronde aux pieds de devant des chevaux, boulet. — 3° pierre ronde, margelle de puits. — 4° cercle de fer du canon. — آياق بيلازكى *âyaq bilèziye*, anneau avec grelots que les femmes, et surtout les danseuses s'attachent aux jambes; c'est le خلخال des Arabes.

بيلاشاق *bilachaq*, vulg. pour *boulacheq*, sale, trouble, mélangé; voir بولاشيق. — On trouve aussi, mais rarement, le mot بيلاشيم *bilachem*, saleté, mixture, mélange trouble.

بيلان *bilan* ou *beïlan*, (variantes بيلاك, بلاك) 1° coteau escarpé et ravagé par les torrents, ravin. — 2° espèce de harnais qu'on met au cou des chevaux.

بيلانجو *bilantcho*, (de l'italien *bilancio*) bilan; on emploie mieux l'expression آلاجق ويره جك دفترى *âlajaq vèrèdjek defteri*, « registre du doit et avoir ». — بيلانجو دفترينك تنظيمى *bilantcho defteriniñ tanzimi*, rédaction du bilan. — Le terme arabe qui répond à *bilantcho* et qui est d'un usage plus relevé est موازنه دفترى *muvazènè defteri*, « registre de balance ».

بيلدر bildir, caille; voir بيلدرجين belderdjen.

بيلديك bildik, (du verbe بيلمك) connu, notoire, accoutumé. — بيلديك چقمق bildik tcheqmaq, se connaître, se reconnaître. — بيلديكندن شاشمامق bildünden chachmamaq, persister, persévérer. — بيلديكنى ياپمق bildiyine yapmaq, faire son possible; — se venger. — بيلديكنى كيرو قومامق bildiyini gueri qomamaq, faire son possible, ne rien négliger (dans une intention hostile).

بيلش (var. بيليش) bilich, savoir, connaissance, notion; voir بيلمك.

بيلك bilek, (var. بلك, بلاك) poignet (carpus), avant-bras. — قولك بيلكى qoloun bileye, poignet. — اياق بيلكى ayaq bileye, cheville du pied. — بيلك طمارى bilek damare, veine radiale, pouls. — آت بيلكى ât bileye, canon, os du tibia chez le cheval. — au fig. بيلك كبى صو bilek guibi çou, fontaine qui coule avec abondance, litt.: « comme le poignet »; en parlant d'un ruisseau, on dit بل كبى bel guibi, qui coule « gros comme la taille ».

بيلكجه bilektchè ou bilektchik, بيلكجك poignées, menottes.

بيلكو bilgui, (du verbe بيلمك) savoir, habileté, talent; — marque, signe. — بيلكولك bilguilik, signe, marque, timbre, cachet. — بيلكولو bilguili, connaisseur, habile, bien informé.

بيلكيج bilguidj, grand savant; se prend aussi en mauvaise part: pédant, d'où بيلكيجلك bilguidjlik, pédantisme. Cf. le mot précédent et بيلمك.

بيلمز bilmez, ignorant; — ingrat. — ديل بيلمز dil bilmez, qui ne sait pas le turc, étranger, barbare; qui ne comprend rien. — كندينى بيلمز kendini bilmez, fier, arrogant, prétentieux. — بيلمزلك bilmezlik, comme bilmèmè, ignorance, ingratitude. — بيلمزدن belmezden guelmek, faire semblant de rien, feindre d'ignorer une chose. — بيلمزلنمك bilmezlenmek, même sens. — بيلمزلك ايله كناه ايدن بلمزلك ايله جهنمه كيرر bilmezlik ilè gunah eden bilmezlik ilè djèhènnemè guirer, celui qui pèche par ignorance, entre en enfer sans le savoir.

بيلمش bilmich, su, connu; — qui sait beaucoup; — rusé, habile. — بيلمش اول bilmich ôl, sois averti, tiens-le pour dit! Cf. بيلمك.

بيلمك bilmek, (var. بلمك) 1° savoir, connaître, confesser (la foi), connaître d'une chose. — considérer, regarder comme... — بر آدمى طوغرى عالم فاضل بيلمك *bir âdame doghrou 'alim fazel bilmek*, tenir un homme pour droit, instruit, capable. — بيلان بيلور *bilen bilir*, celui qui s'est instruit (à ses dépens), sait. — چوق بيلان چوق ياكلور آز بيلان جسور اولور *tchoq bilen tchoq yañeler âz bilen djeçour olour*, « qui sait beaucoup, se trompe beaucoup ; qui ne sait rien, ne doute de rien ». — سز بيلورسكز *siz bilirsiñiz*, « vous le savez », cette locution a ordinairement le sens de « comme vous voudrez, à votre gré ». — 2° comme verbe auxiliaire suivant l'optatif, *bilmek* a le sens de *pouvoir*. — آله بيلمك *âla bilmek*, pouvoir prendre ; كوره بيلمك *gueurè bilmek*, pouvoir voir ; اوكرنه بيلمك *euyrènè bilmek*, être capable d'apprendre, de s'instruire. — بوله بيلمه يازدم *boula bilmè yazdem*, j'ai failli ne pas pouvoir trouver. — ايو بيلمك *eyi bilmek*, bien connaître, aller au fond des choses. — فرض بيلمك *farz bilmek*, considérer comme un devoir. — كندينى بيلمك *kendini bilmek*, se connaître soi-même ; *au fig.* être modeste, humble. — اركان بيلمك *erkian bilmek*, savoir à fond, être bien instruit. — بريني بيلمك *birini bilmek*, rendre quelqu'un responsable. — برندن بيلمك *birinden bilmek*, soupçonner, accuser. — *trans.* بيلدرمك *bildirmek*, faire savoir, informer, notifier. — حدينى بيلدرمك *haddene bildirmek*, remettre à la raison, refréner, punir. — بيلدريلمك *bildirilmek*, être notifié, annoncé. — بيلشمك *bilichmek*, se connaître, se lier après fréquentation. — بيلنمك *bilinmek*, être connu, se faire connaître. — بيلنهمامك *bilinèmèmek*, ne pouvoir pas être connu ou compris. — بيلنمامه *bilinmèmè*, ignorance, sottise ; ingratitude. — بيلنمدك *bilinmedik* ou بلمدك *bilmedik*, ignorant, ingrat ; méconnu, ignoré. — بيلميهركدن *bilmèïerekten*, sans le savoir, par mégarde, à l'insu.

بيلمه *bilmè*, connaissance, instruction. — بيلمهجه *bilmèdjè*, énigme, devinette ; chose cachée, obscure. Cf. بيلمك.

بيلور *bilir*, participe du verbe بيلمك, sachant, qui sait, qui connaît. — چوق بيلور آدم *tchoq bilir âdam*, un homme qui sait beaucoup, un grand savant. — بيلورسز *bilirsez*, qui ne sait pas, non informé, ignorant. — 3ᵉ personne aor. de *bilmek,* بیلن بیلور *bilen bilir,* qui le sait, le sait.

بیله *bilè,* 1° ensemble, avec, synonyme de ایله. — 2° même. — بن بیله بولامادم *ben bilè boulamadem,* même moi, je n'ai pas pu le trouver. — بیله سنجه *bilèsindjè,* ensemble, de compagnie. — 3° à peine, aussitôt, dès (comme برله *birlè;* voir ce mot). — کلمسی بیله ینه کیرو دوندی *guelmèsi bilè iinè gueri deundè,* à peine arrivé, il est reparti.

بیله کو (var. بیله کی) *bilègui,* pierre à aiguiser; voir le mot suivant.

بیله مك *bilèmek,* 1° aiguiser, acérer, affiner une pointe. — دیش بیله مك *dich bilèmek,* « s'aiguiser les dents », avoir un vif appétit, convoiter avec ardeur; médire. — 2° avoir une saveur forte (sel, épices). — بیله کو طاشی *bilègui tache,* pierre à aiguiser. — بیله کو چرخی *bilègui tcharkhe,* meule de repasseur. — بیله کو دمیری *bilègui demire,* « fusil de boucher », morceau d'acier long et arrondi dont les bouchers se servent pour aiguiser leurs couteaux. — بیله کو قایشی *bilègui qaïche,* cuir à rasoir. — بیله یجی *bilèyidji,*

aiguiseur, repasseur. — On dit en proverbe de deux partis qui vont en venir aux mains : هر بری بیچاغنی بیلر یا قلیجنی زاغلار یا تمرینی اکلر *her biri betchaghene bilèr ya qeledjene zaghlar ya temrenini èkiler,* chacun aiguise son couteau, fourbit son sabre, ajuste son fer de lance.

بیلیتو *bilieto,* (de l'ital. *biglietto*) billet, promesse par écrit de payer, n'est guère usité que dans le composé : یانقو بیلیتوسی *pianqo bilietosi,* billet de loterie; mais on dit plus correctement : یانقو تذکره سی *pianqo tezkèrèsi.*

بیلیش *bilich,* (t. or. بیلیك) science, connaissance, information; cf. بیلمك.

بیمار *bimar* (pers. malade, faible). Ce mot n'est usité en langue vulgaire que dans le composé بیمارخانه *bimarkhanè* ou بیمارستان *bimaristan,* « hôpital de fous ». On emploie dans le même sens le mot تیمارخانه *timarkhanè.* Les hôpitaux de Constantinople étaient primitivement établis dans le voisinage des Mosquées, et on n'y admettait aucun malade sans la présentation d'un *firman* libellé sur le vu d'un acte juridique constatant l'état de démence de l'individu. Depuis les réformes, ces formalités sont tombées en désuétude.

بين *beïn*, (ar.) entre, parmi; se construit avec les pronoms possessifs suffixes, par ex. : بينلرنده *beïnlerindè*, parmi eux, بينلرندن *beïnlerinden*, d'entre eux. — بيزده تكليف يوق *beïnmezdè teklif yoq*, entre nous il n'y a pas de cérémonies.

بين (var. بينى) *beïn*, *beïni*, cerveau, intelligence. — facilité de compréhension. — بين طاغلمق *beïn daghelmaq*, avoir le cerveau troublé, les idées confuses. — قويون بينلو *qoyoun beïnlu*, tête dure. — بين عفونتى *beïn oufounetè*, maladie, inflammation du cerveau. — بينسز *beïnsez*, inintelligent. — قالين بينلو *qalen beïnlu*, qui a la cervelle épaisse. — قورو بينلو *qourou beïnlu*, pauvre tête, étourdi. — كوچك بينى *kutchuk beïni*, cervelet. — بين براقمامق *beïn braqmamaq*, fatiguer, harceler. — بينى دلنمك *beïni délenmek*, « avoir le cerveau troué », être obsédé, accablé par le vacarme, etc. — بينه كيرمز *beïnè guirmez*, inintelligible. — بينى قورتلندى *beïni qourtlandè*, « son cerveau a engendré des vers », cette locution familière répond à la nôtre :
« avoir martel en tête ». — بينى يوق *beïni yoq*, « il n'a point de cervelle », c'est un étourneau. D'un homme qui n'a pas le moindre bon sens ni grande intelligence, on dit : بينى بر انجير چكردكى اچنده كيرر ايدى *beïni bir indjir tchekirdeyi itchindè guirer idi*, sa cervelle tiendrait dans un pepin de figue. — بينى قوبوغنى صقلامق *beïni qaboughenè çaqlamaq*, « sauver l'enveloppe à cervelle », c.-à-d. : se ménager, éviter le danger; on disait dans le même sens en vieux français : « sauver le moule du pourpoint ».

بينش *binich*, manteau, robe à grandes manches; voir بنش et بنك.

بينمك *binmek*, monter à cheval, etc.; voir بنك.

بينى *beïni*, cerveau; voir بين.

بيو *buyu*, sorcellerie, magie; voir بوكو.

بيورلدى *bouyourdè* et *bouyoureldè*, (cf. بيورمق) autrefois, on désignait ainsi un ordre adressé aux autorités de Constantinople et revêtu du seul paraphe du Grand-Vézir. Aujourd'hui, ce nom est réservé aux ordres émanés de la direction de la police et gendarmerie. Cf. بيورمق et بيوروق.

بيورمق *bouyourmaq*, 1° commander, ordonner, avoir la suprématie. — نجد و لحسايه بغداد بيورر *nedjd u lahsaïa baghdad bouyour<u>e</u>r*, Baghdad a sous sa juridiction le Nedjd et Lahsa. — بر مملكته بيورمق *bir memlekete bouyourmaq*, avoir le commandement d'une province. — كاغدى بيورمق *kiah<u>a</u>te bouyourmaq*, donner force de loi à un acte officiel. — 2° verbe auxiliaire employé, par respect, comme synonyme de ایتمك faire. — بيورك *bouyour<u>e</u>ñ* et بيوريكز *bouyour<u>e</u>ñez*, veuillez, faites nous l'honneur (locution polie). — طعامه بيوركز *taa'mè bouyour<u>e</u>ñez*, veuillez manger. — نه بيوردكز *nè bouyourd<u>e</u>ñez*, qu'avez-vous dit? — تشريف بيورمق *techrif bouyourmaq*, honorer d'une visite. — امر بيورمق *emr bouyourmaq*, donner un ordre. — عنايت بيورمق *'ynaïet bouyourmaq*, accorder sa bienveillance, permettre. — *trans.* بيورتمق *bouyour<u>e</u>tmaq*, promulguer un ordre, rendre un arrêt exécutoire. — *pass.* بيورلمق *bouyour<u>e</u>lmaq*, être ordonné, être fait; cette forme s'emploie aussi comme auxi-liaire avec les différents sens indiqués ci-dessus.

بيوروق *bouyourouq*, ordre, ordonnance (répond au t. or. يرلغ *yarl<u>e</u>gh*). — بيوروق قولى *bouyourouq qoul<u>e</u>*, exécuteur d'un ordre, délégué du pouvoir. — بيوروجى *bouyouroudjou*, qui ordonne, chef; *au fig.* paresseux qui laisse tout faire aux autres. — بيوروق طوتمق *bouyourouq toutmaq*, obéir, se soumettre à l'ordre du chef. Cf. بيورمق *bouyourmaq*.

بيوك *buyuk*, vulg. *beuyuk*, grand, important; âgé, haut, élevé, puissant. — بيوك بالقلر كوچك بالقلرى ير *buyuk bal<u>e</u>qlar kutchuk bal<u>e</u>qlar<u>e</u> yer*, les grands poissons mangent les petits. — بيوكلر *buyukler*, les grands, les notables. — بيوكلر ظلم ايدر يلان سويلهمز *buyukler zoulm eder yalan seuïlèmez*, « les grands sont violents, mais jamais menteurs ». — بيوك آنا *buyuk âta* (et *âna*), grand-père, grand-mère; aïeux. — بيوك قرنداش *buyuk qardach*, frère aîné. — بيوك باشلو *buyuk bachlu*, forte tête, intelligent. — بيوك قفالو *buyuk qafalu*, sot, butor. — بيوك سوز *buyuk seuz*, autorité, suprématie. — بيوك سويلمك *buyuk seuïlèmek*, parler de haut, être arrogant, vaniteux. — بیوك بورون *buyuk bouroun*, « nez en l'air », vaniteux, prétentieux. — Le mot *buyuk* ajouté aux titres officiels indique le premier rang, comme باش ; par ex. : بیوك وزیر *buyuk vèzir*, premier ministre, ou *çadr aazam*. — بیوك امیراخور *buyuk emrokhor*, grand écuyer. — On dit en proverbe d'un homme vaniteux et médiocre : كوچك كویك بیوك آغاسی *kutchuk keuïuñ buyuk âghase*, grand seigneur de petit village.

بیومك *buyumek, beuyumek*, grandir, croître, en taille, en dignité ; — s'allonger, augmenter. — آی بیومك *âï buyumek*, croissance de la lune. — غوغا بیومك *ghavgha buyumek*, ac-croissement de querelle. = واردقده فساد آرتوب بیودی *vardeqta fèçad ârtoup buyudu*, peu à peu le mal alla en augmentant. — طاغده بیومش *daghdè buyumuch*, « qui a grandi dans les montagnes », *au fig.* sauvage, farouche. — كوزده بیومك *gueuzdè buyumek*, paraître grand ou difficile. — *trans.* بیوتمك *buyutmek* et بیوكلتمك *buyukletmek*, rendre grand, augmenter, exagérer, amplifier. — *réfl.* بیونمك et بیوكلنمك *buyunmek, buyuklenmek*, s'agrandir, s'amplifier, devenir important.

بیون *boïoun*, col, cou ; voir بویون.

بییق *beyeq*, moustache ; voir بیق.

پ

پ *pè*, troisième lettre de l'alphabet persan-turc, répond à la lettre *p*. Elle a la valeur numérique du ب *bè*, qui est 2. Dans la prononciation usuelle, elle remplace souvent le ب à la fin des mots, surtout dans les gérondifs en وب ; par ex. : اولوب *oloup*, كیدوب *guidip*, etc.

پابوجلق *paboudjlouq*, espèce de vestibule, pièce à l'entrée d'une mosquée ou d'une maison ; c'est là que les Turcs laissent leurs chaussures avant de pénétrer dans l'intérieur ; cf. پابوش.

پابوش *pabouch*, (du pers. « qui couvre le pied ») vulg. پابوج *paboudj*, babouche, pantoufle, mules, chaussure sans talon et, en général : chaussure, soulier. — بر چفت پابوش *bir tchift pabouch*, une paire de souliers. — یهلو پابوش *yamalu pabouch*, chaussure rapiécée. — قلیج پابوشی *qeledj pabouche*, gaine de métal qui termine le fourreau du sabre, dard. — پابوش طارتان *pabouch tartan*, « fouille-soulier », surnom du scarabée ou scolopendre, nommé aussi اولیا دوهسی *evlia dèvèsi*. — پابوش ازماریدی *pabouch izmaridi*, poisson qui ressemble à l'éperlan, mais plus plat; une autre variété du genre se nomme اسپاری *ispari*, voir ce mot. — آردندن اسکی پابوش آتمق *ârdenden eski pabouch âtmaq*, « jeter derrière soi la vieille pantoufle », se prend en bonne part comme un signe d'heureux présage. — پابوشلار طامه آتمق *pabouchlar dama âtmaq*, « jeter ses pantoufles sur le toit », tomber en discrédit, être en disgrâce. — ایکی آیاغی بر پابوشده *iki âyaghe bir pabouchdè*, « avoir les deux pieds dans une pantoufle », comme en français « être dans ses petits souliers ». — پابوشك اوجنی باصمق *pabouchuñ oudjounou baçmaq*, marcher sur la pointe des pieds. — آیاغنده پابوش بیله یوقدر *âyaghendè pabouch bilè yoqdur*, « il n'a pas même de souliers au pied », il est fort misérable. — پابوشی اوکچهلیدر *pabouche euktchèli dir*, « son soulier est à talon », c.-à-d. : il lève le pied, il détale. — اوقه پابوشلو بر ترك *oqqa pabouchlou bir turk*, « un manant chaussé de souliers qui pèsent une ocque », un pied-plat, un grossier personnage. — پابوشی تاقیهیی براقمق *pabouche taqyèye braqmaq*, « laisser pantoufle et bonnet », s'enfuir en toute hâte. — پابوشك آغریسنی چکن بلور *pabouchuñ âghresene tchiken bilir*, « chacun sait où le soulier le blesse », en français « où le bât le blesse ». — آیاغه کوره پابوش *âyagha gueurè pabouch*, « le soulier doit être proportionné au pied », il faut que les choses soient assorties. — پابوشك بورنینه باقدردم *pabouchenuñ bourouninè baqterdim*, « je lui ai fait regarder le bout de sa pantoufle », je l'ai forcé à baisser les yeux. — پابوشنی بیله چیقارمدی *pabouchene bilè tcheqarmade*, « il n'a pas même ôté sa chaussure », c.-à-d. : il n'a fait qu'entrer et sortir. On sait que les Turcs laissent leurs souliers dans le vestibule de la maison (*paboudjlouq*), avant d'entrer dans l'appartement.

پاپوشجی **pabouchdjou**, 1° cordonnier, celui qui fabrique des chaussures (le marchand de chaussures est nommé, comme en arabe, خفّاف *khaffaf*). — On dit en proverbe : پاپوشجی‌یه خیر دعا ایتمك ایسترسك یاشك اوزون اولسون دیه دیشك اوزون اولسون دی *pabouchdjouïè khaïr dou'a etmek istersen yachen ouzoun olsoun dèmè dichin ouzoun olsoun dé*, « si tu veux faire un souhait de bon augure au cordonnier, ne lui dis pas : que ta vie soit longue! dis lui : que tes dents soient longues! (afin qu'il tire plus facilement le cuir avec les dents,) » il faut souhaiter à chacun ce qui lui convient le mieux. — 2° plus rarement : domestique chargé de garder les chaussures laissées dans le vestibule de la maison.

پاپا *papa*, (du latin) pape. — ریم پاپا *rim papa*, le pape de Rome, le chef de l'église catholique. — پاپالق *papaleq*, la papauté. — پاپا دینی *papa dini*, « la religion du pape », le catholicisme. — صاری پاپا *çare papa*, variété de pêche, brugnon jaune.

پاپادیه *papadia* ou *papatia*, (du grec moderne παπαδιὰ) 1° camomille, dont le nom turc est قویون کوزی *qoïoun gueuze*, « œil de mouton »; arabe اقحوان *ouqhouvan*. On en cultive plusieurs espèces : صاری پاپادیه *çare papadia*, la camomille jaune, nommée aussi صیغیر کوزی *çegher gueuzeu*, « œil de bœuf »; c'est l'*anthemis tinctoria*, elle sert à teindre les laines en jaune clair. — ایت پاپادیه‌سی *it papadiase*, « camomille de chien », qui est sans doute la *cotula*, en arabe بابونج. — ویرانه پاپادیه‌سی *viranè papadiase*, « camomille des ruines », autre variété nommée en arabe عین القط « œil de chat ». — 2° *papadia*, femme du *papas* ou prêtre grec.

پاپاره *paparè*, (var. پاره) espèce de lait caillé qu'on fait cuire dans l'eau; les classes pauvres en Turquie l'emploient dans la préparation des aliments, en guise de beurre. — *au fig.* chose fade, insipide; پاپاره‌سنی چکمك *paparèsini tchekmek*, endurer une chose ennuyeuse, sans intérêt, par ex. : une conversation, etc. — کول پاپاره‌سی *kul paparèsi*, comme کول یاقیسی *kul yaqese*, moxa, cautère. — Le mot *paparè* vient sans doute du slave *păpără* dont le sens ordinaire est « soupe au pain, panade, ou omelette ». On appelle par dérision *paparet* « regrattier » les Grecs qui vont en Roumanie pour chercher fortune.

پاپاس *papas*, vulg. پاپاز *papaz*, du grec πάπας, prêtre, curé; quelquefois: moine; et *par dérivation*: païen, idolâtre; *au fig.* vieux barbon. — پاپاسلق *papaslęq* ou *papazlęq*, sacerdoce, qualité de prêtre ou de moine. — پاپاسلغی طاقنمق *papaslęghe taqenmaq*, prendre le costume sacerdotal, entrer dans les ordres. — پاپاز اوغلو *papaz oghlou*, « fils de prêtre », injure grossière. — پاپاس اوتی *pápas otę*, (comme بت اوتی herbe aux poux) plante de la famille du veratrum, *sabadilla* ou cévadille originaire du Mexique; on l'emploie à l'extérieur pour détruire la vermine. — پاپاس اوتی طوزی *papas otę touzou*, vératrine, substance alcaline végétale extraite de la cévadille. — پاپاس راوندی *papas ravendi*, « rhubarbe de prêtre », *rheum ribas* ou rhubarbe-groseille. — پاپاس یخنیسی *papas yakhnęsę*, espèce de bouille-abaisse ou de matelotte, préparée avec du poisson, de l'huile et des oignons. — پاپاس بالغی *papas baleghę*, bar de petite taille, poisson qui vit dans les rochers.

پاپازی *papazi*, (de پاپاز prêtre) étoffe de lin ou de mousseline qui sert à faire des surplis et des aubes à l'usage du clergé.

پاپافنغو *papafingo*, (terme de marine, italien *papafigo*) voile du mât de perroquet. — پاپافنغو سرنی *papafingo sèrèni*, vergue de perroquet.

پاپوره *papourè*, (origine inconnue) grande et lourde charrue à deux paires de bœufs. Cf. صبان.

پاپوش *papouch*, chaussure, pantoufle; voir پابوش.

پات *pat*, 1° onomatopée, littéralement: « bruit produit par le choc d'un objet large et plat ». — پات پات *pat-pat*, bruit des pas. — پات کوت *pat-kut*, pif! paf! claquement des mains, comme چات پات *tchat-pat*. — 2° plantes de la tribu des Astéroïdées; on en distingue plusieurs espèces qui toutes ressemblent à la marguerite : سرای پاتی *seraï pati*, « marguerite de palais ou reine-marguerite; فرنك پاتی *frenk pati*, la marguerite d'Europe, etc.

پاتاته *patatè*, (var. باداته *badatè*) patate d'Amérique. En Turquie, comme dans le Midi de la France, on donne improprement ce nom à la pomme de terre, qui se dit en turc یر الماسی *yèr èlmase*.

پاتاقلامق *pataqlamaq*, craquer, faire du bruit (en parlant du choc d'un objet posé à plat, du bruit des pas, etc.). — پاتردامق *paterdamaq*, craquer, faire du bruit (mais plus légèrement). — *trans.* پاترداتمق *paterdatmaq*, marcher bruyamment, faire claquer ses talons, *au fig.* se donner de l'importance. Cf. پاتلامق.

پاتاقه *pataqa*, (var. بطقه) patard, vieille monnaie (pataque, patagon); c'est le nom que les Arabes donnaient aux piastres espagnoles sur lesquelles étaient figurées les colonnes d'Hercule; ils prenaient cette image pour une fenêtre et nommaient les colonnates d'Espagne ابو طاقه « le père de la fenêtre ». Pour les Turcs, *pataqa* désigne surtout une pièce de cuivre originaire de Pologne. Cf. M. Devic, *Dict. étymologique*, p. 184.

پاتر پاتر *patur-patur*, avec fracas, avec une rapidité bruyante. — پاتر کوتور *patur kutur*, tout aussitôt, d'un seul coup; vivement, sans hésiter. — Ce mot se rencontre aussi sous la forme du diminutif : پتر پتر *pitir pitir*, à petit bruit, discrètement (comme la souris qui piétine sur le plancher). Cf. پات.

پاتراچه *pateratchè*, (italien *patraccie*) terme de marine : grosse corde qui attache le mât au porte-hauban.

پاتردی *paterde*, 1° bruit, fracas. — آیاق پاتردیسی *âyaq paterdese*, bruit des pas. — 2° tumulte de la rue, sédition, révolte. — پاتردی ویرمك *paterde vermek*, faire du tapage; effrayer, parler d'un ton irrité et avec violence. — پاتردی چیقدی *paterde tcheqte*, le tumulte éclata, la révolte commença. — On dit d'un homme timoré : آیاق پاتردیسنه پابوش براقمشدر *âyaq paterdesinè pabouch braqmechter*, au moindre bruit de pas, il laisse ses pantoufles (il détale). — پاتردی یی باصمق *paterdeye baçmaq*, étouffer la révolte.

پاترونه (var. پاطرونا) *patrona*, de l'italien *padrone*. 1° vice-amiral sous l'ancien régime, répond au titre actuel de امیرال ثانی *amiral çani*, second amiral; il commandait à un des gros vaisseaux (*sandjaq guèmileri*) qui portait aussi le nom de *patrona*. — 2° flamme de pavillon arborée au mât de misaine du vaisseau amiral. Voir d'Ohsson, *Tableau*, t. VII, p. 425.

پاتره *patra,* onomatopée qui n'a aucun sens particulier, mais qui se joint ordinairement au mot *tchatra;* voir چاتره.

پاتریسه *paterissè,* (italien *paterazzi,* français *galhaubans*) longs et forts cordages qui descendent des capelages des huniers et des perroquets aux porte-haubans; ils servent à assujétir, par le travers et vers l'arrière, les mâts supérieurs.

پاتریك *patrek,* forme corrompue de l'arabe *batreq,* patriarche; voir بطریق.

پاتسقه *patisqa,* forme altérée pour باتسته *batista,* du français *batiste;* toile de lin ou de chanvre d'un tissu très-serré et très-fin qui sert, en Orient, à faire des turbans.

پاتقه *patqa,* synonyme de پات بورون *pat-bouroun* ou *pot-bouroun,* 1° camus, canard, qui a le nez large et aplati; synonyme de چوكك *tcheukuk.* — 2° espèce de canard sauvage au bec aplati en forme de cueiller; ses plumes servent à faire des bonnets.

پاتكه *patka,* (var. پاتقه پاتیقه) chemin étroit, petit sentier, défilé; ce terme répond à l'arabe مرتج *mertedj,* par oppos. à مرصاد *merçad,* route large et facile.

پاتلاق *patlaq,* éclat, crevasse, fente; — explosion, synonyme de *patlama.* — se prend comme adjectif: پاتلاق طاول *patlaq davoul,* tambour crevé; پاتلاق مست *patlaq mest,* chaussure crevée; پاتلاق كوروك *patlaq keuruk,* soufflet défoncé. — پاتلاق ورمك *patlaq vèrmek,* se manifester tout-à-coup, se divulguer brusquement.

پاتلامق *patlamaq,* 1° éclater, faire explosion comme une arme à feu. — آلتی پاتلار *âlte patlar,* révolver à six coups. — se fendre, éclater; — crever d'embonpoint; *au fig.* crever de dépit ou de colère. — On dit à peu près dans le même sens اود پاتلامق *eud patlamaq,* « avoir le fiel crevé », éprouver une vive émotion, une grande peur. — طبانلر پاتلامق *dabanlar patlamaq,* se crever la plante des pieds à force de marcher. — 2° sortir du bouton, germer, pousser (plantes, feuillages, etc.). — *trans.* پاتلاتمق *patlatmaq,* faire partir (une arme à feu, une fusée), percer un abcès; *au fig.* exciter la colère, mettre en fureur. — آیاق قابنی پاتلامق

áyaq qabene patlatmaq, crever ses chaussures par une longue marche. Cf. چاتلامق et چاتلانمق.

پاتلانغیچ *patlanghedj*, (du verbe *patlamaq*, éclater) long tuyau de roseau ou de papier roulé dont se servent les enfants pour lancer des projectiles avec la bouche; sarbacane. — آغیز پاتلانغیچی *âghez patlanghedje*, espèce de mastic de couleur grisâtre.

پاتلیجان *patlidjan*, aubergine; voir بادنجان et پاطلیجان.

پاتنته *patantè*, (de l'italien) patente, diplôme, certificat, privilège; cf. برات *bèrat*. — plus souvent : patente de santé; par ex. : تمیز پاتنته *tèmiz patantè*, patente nette; بولاشیق پاتنته *boulacheq patantè*, patente brute; شبهلو پاتنته *chubhèli patantè*, patente suspecte. — پاتنته‌لو *patantèli*, qui a une patente; diplômé, privilégié.

پاته‌دق *patadaq*, (ou پاته‌دن *patadan*) à l'improviste, subitement, brusquement; comparer avec le t. or. بات *bat* qui signifie vite, promptement. Cf. aussi پاتر.

پاچارز *patcharez* (var. چارز) prononc. vulgaire et fautive du persan چپ راست *tchap-rast*, « de gauche à droite », oblique, transversal, de travers. — au fig. difficile, malencontreux, contrariant.

پاچاوره *patchavra*, (var. پچاوره) chiffon, torchon, lambeau de vêtement, haillon. — avec *etmek*, déchirer, abîmer, salir. — یاغلو پاچاوره *yaghlu patchavra*, « chiffon graisseux », projectile incendiaire lancé sur les bâtiments ou les maisons. — پاچاوره‌جی *patchavradje*, chiffonnier; balayeur des rues. — Le mot *patchavra* est le serbe *patchaoura*, albanais *patchavourè*, qui a passé en grec moderne sous la forme πατζαούρα et πατζαβούρα.

پاچوز *patchouz*, poisson de la famille du muge ou mulet; voir کفال.

پاچه *patcha*, (diminutif du pers. پا) 1° partie inférieure de la jambe chez les animaux, principalement du mouton, du bœuf et du veau. — 2° ragoût de pieds ou de têtes de mouton accommodé à la gelée. Les Turcs sont très friands de ce mets; ils arrangent de la même manière certains poissons et font aussi des pâtés à la gelée qu'ils nomment پاچه بورکی *patcha beurèyi*. — پاچه کونی *patcha gunu*, « le jour du patcha», le dernier jour des fêtes d'un mariage, ainsi nommé parce que la famille des époux mange, ce jour-là, le ragoût en question. — 3° bonnets ou fourrures faites avec les pieds de la martre zibeline, du renard bleu, du vison, etc. — طون پاچه‌سی *don patchase*, partie inférieure du caleçon et du pantalon; — *au fig.* یاقه پاچه او *yaqa patcha olmaq*, se colleter, en venir aux mains, lutter corps à corps. — بول پاچه *bol patcha*, indolent, traînard, vaurien. — پاچه‌لری صیغانمق *patchalare çeghanmaq*, «retrousser le bas de ses chausses», se mettre sérieusement à la besogne. — طاوشان پاچه‌سی *tavchan patchase*, espèce de trèfle ou de fenugrec; voir یونجه. — پاچه‌جی *patchadje*, traiteur qui prépare et qui vend le ragoût dit *patcha*.

پاخسا *pakhsa*, (origine inconnue) espèce de pisé; briques de terre argileuse posées par assises et reliées entre elles avec un ciment tiré de la même terre. Les Turcs emploient ces briques à la construction des *çandouqa* صندوقه, genre particulier de tombeau en forme de caisse.

پاد *pad*, variété sauvage du *cassia séné*; ses feuilles ressemblent à celles du saule pleureur, ses fleurs sont jaune pâle. On prétend que la graine de ses gousses, introduite sous la peau, y produit des pustules qui atteignent la grosseur d'un œuf (*Lehdjè*).

پادزهر *pad-zahr*, prononciation vulgaire *panzèhir*, antidote; voir پازهر.

پادشاه *padichah*, (pers. maître des rois) empereur, souverain; ce titre était réservé autrefois exclusivement au sultan : پادشاه آل عثمان *padichahi ali 'osman*, le souverain de la race d'Osman; ذات شوكتسمات حضرت پادشاهی *zati chevket-simati hazret padichahi*, litt. : «la personne magnifique de Sa Majesté le Sultan». — بیك یاشا بزم پادشاه *biñ yacha bizim padichah*, «que notre souverain vive mille ans»! vivat habituel des Turcs à l'adresse du Sultan. Aujourd'hui, le titre de *padichah* se donne aux souverains de plusieurs grandes Puissances, la Russie, l'Allemagne, etc. Cette qualification n'a été obtenue de l'orgueil ottoman qu'après une série de victoires et à la suite de longues négociations diplomatiques. — پادشاهلق *padichahleq*, royauté, souveraineté. —

پادشاهلق سورمك *padichahleq surmek*, exercer le pouvoir royal. — پادشاهانه *padichahanè*, à la royale, d'une manière digne d'un roi. — پادشاه یوزلو *padichah yuzlu*, « à visage de roi », majestueux comme un roi. — *au fig.* پادشاه اوغلی *padichah oghleu*, « fils de roi », délicat, faible de complexion. — پادشاه الله كولكه سیدر *padichah allah guelguèsidir*, « le roi est l'ombre de Dieu », allusion à différentes traditions (hadis) du Prophète, où le chef des Musulmans est nommé ظلّ الله « l'ombre de Dieu ». — پادشاه باشیچون *padichah bachütchin*, « par la tête du roi », formule de serment. — یورك پادشاهدر دیل وزیریدر *yurek padichah dur dil véziri dur*, « le cœur est un roi qui a la langue pour ministre ». — پادشاه قوسی دیبسز كردابدر *padichah qapousou dipsez guirdabdur*, « la cour d'un roi est un gouffre sans fond ». — پادشاه كاه یشیل كیر كاه قیزیل *padichah guiah yèchil gueyir guiah quezel*, « le roi est vêtu tantôt de vert, tantôt de rouge » ; le sens de cette locution proverbiale est : « on n'est pas toujours dans la même disposition d'esprit, mais tantôt gai et tantôt triste ». On dit ironiquement d'un personnage curieux et qui veut paraître bien informé : پادشاهنك خاص اياسه سویلدیكی سوزینی ایشتدی *padichahniñ khass eyassè seuïlèdiyi seuzunu ichitti*, « il a entendu et il sait tout ce que le sultan a dit à son confident intime » ; *sciunt quid Juno fabulata cum Jove* (Plaute). — پادشاه اوتی *padichah ote* ou قرال اوتی *qeral ote* « herbe au roi », plante de la famille des Ombellifères ; elle ne doit pas être confondue avec celle que nous appelons *fritillaire* ou *couronne impériale*, qui appartient à la famille des Liliacées.

پار *par*, particule qui, répétée, sert à donner plus de force au verbe qui la suit. — پار پار یانمق *par par yanmaq*, brûler, luire avec un vif éclat. Cette particule se contracte en پر ; on dit par ex. : پر پر پارلامق *per per parlamaq*, resplendir, briller de tout son éclat. On emploie quelquefois پارل پارل *parel parel* dans le même sens. Tous ces préfixes sont dérivés du verbe پارلامق ; پارلامق. voir aussi

پاراته *parata*, (de l'italien) corde fixée à l'extrémité des pieux autour du vivier, et à laquelle on attache les seines et filets.

پاراچول *paratchol* (italien *bracciuolo*, français *courbe*). On appelle ainsi, en construction navale, différentes pièces de bois ou de fer courbées en arc et qui, posées horizontalement, verticalement ou en sens oblique, servent à réunir deux autres pièces. La *courbe d'étambot*, le *brien*, la *capucine*, les *porte-bossoirs* sont des courbes de ce genre. — On écrit aussi پراچول.

پاراشام *paracham*, prononciation vulgaire et fautive de l'arabe بَرّ الشام *berr-echcham*, la Syrie.

پاراكت (var. براكت) *parakèt*, de l'italien *barchetta*, diminut. de *barca*, loch, instrument servant à mesurer la vitesse du navire; il se compose d'une planchette nommée *bateau* et d'une corde dite *ligne de loch*. — پاراكت اولتاسی *parakèt oltase*, ligne de fond munie d'un grand nombre de plombs et de hameçons; elle est ainsi nommée à cause de sa ressemblance avec le loch.

پارالامق *paralamaq*, mettre en pièces; voir پاره‌لامق.

پارتیته *partita*, (de l'italien) compte, compte-courant, synonyme de حساب جاری. — آچمق *atchmaq*, ouvrir un compte courant.

پارچه *partcha*, (pers.) morceau, pièce, fragment. — اتمك بر پارچه‌سی *ekmek bir partchase*, un morceau de pain. — تیمور پارچه‌لری *demir partchalare*, scories de fer forgé, écailles. — اودون پارچه‌سی *odoun partchase*, éclat de bois. — بر پارچه *bir partcha*, en peu de temps; dans l'usage vulgaire, ce mot se prend adverbialement avec le sens de « un peu, une petite quantité ». — بر پارچه كیفسز در *bir partcha keïfsiz dir*, il est un peu malade, indisposé. — comme terme de mépris: كوله خلایق پارچه‌سی *keulè khalaïq partchase*, de misérables esclaves et servantes. — پارچه پارچه *partcha partcha*, en pièces, en morceaux, brisé, mutilé. — پارچه‌لو *partchalu*, rapiécé, raccommodé, déguenillé. — En parlant des tissus fins, par ex. d'un châle, on dira qu'il a de 50 à 300 *partcha*, selon l'épaisseur de la laine et de la soie, et dans ce sens spécial, le *partcha* est évalué à six fils آلتی چلّه. — پارچه‌لامق *partchalamaq*, couper en morceaux, mettre en pièces, déchirer.

— pass. پارچه لنمق *partchalanmaq*, être mis en morceaux, être déchiré, lacéré.

پارس 1° *pars*, le Farsistan, la Perse proprement dite. — 2° *paris*, Paris, capitale de la France, et tout objet fabriqué à Paris : پارس مودا بویله در *paris moda beuilè dir*, telle est la mode de Paris. — پارس ساعت *paris sa'at*, une montre de Paris.

پارسه *parsa*, (probablement de l'italien *borsa*) écuelle ou sébile de derviche, gobelet de mendiant. — پارسه‌یی طوپلامق *parsaye toplamaq*, « garnir la bourse », se dit du faiseur de tours, du saltimbanque qui fait la collecte.

پارلاتوریو *parlatorio*, (de l'italien) parloir, salle coupée par des cloisons grillagées dans les lazarets; c'est là qu'on examine les équipages et les passagers.

پارلاق *parlaq*, brillant, éclatant; poli, lustré, beau; — *au fig.* favorable, prospère. D'après le *Lehdjè*, c'est une faute d'employer le mot *parlaq* dans le sens de « transparent et lucide », comme شفّاف *cheffaf*. Cf. پارلامق.

پارلامق *parlamaq*, briller, reluire, resplendir. — *au fig.* prendre son vol, son essor, comme on dit du faucon qui s'élance sur le gibier : آو اوزره طوغان آتدی *âv uzerè doghan âttę*. — trans. پارلاتمق *parlatmaq*, faire briller, faire reluire, donner du lustre, de l'éclat. — *au fig.* کوز پارلاتمق *gueuz parlatmaq*, avoir les yeux brillants (dans un accès de colère ou de folie).

پارلامنتو *parlamento*, (de l'italien) parlement, assemblée législative; synon. de ملّت مجلسی. — پارلامنتو اصولی *parlamento ouçoulę*, régime parlementaire. — پارلامنتو اصولنه تطبیقا اجرای حکومت ا *parlamento ouçoulinè tatbiqan idjraï hukioumet etmek*, gouverner conformément aux règles du régime parlementaire. — پارلامنتو مجلسنی فسخ ا *parlamento medjlisini feskh etmek*, dissoudre la chambre. Cf. مجلس.

پارلدامق *pareldamaq*, briller, resplendir et, avec les préfixes d'intensité : پارل پارل پارلدامق *parel parel pareldamaq*, jeter un éclat éblouissant. — پارلدی *parelde* ou *pareltę*, 1° éclat de lumière, vive clarté. — شمشك پارلدیسی *chimchek pareltęsę*, scintillement de l'éclair — 2° poli, vernissage.

پارله *parlè*, (italien?) 1° poulie du maître-câble. — 2° grosse poulie dentelée; comparer avec le mot پاستقه.

پارمق *parmaq*, doigt; voir برماق.

پاروله *parola*, (italien) mot d'ordre, mot de passe; le vieux terme turc aujourd'hui peu usité était اوران; voir le *Dict. turc-oriental* de M. Pavet de Courteille, p. 53.

پاره *para*, (pers. pièce, morceau) 1° pièce de monnaie valant trois *aqtchè* ou *aspres*; c'est la quarantième partie de la piastre turque nommée *ghourouch*. D'après Belin, *Histoire économique de la Turquie*, p. 83, l'altération continuelle de l'aspre amena l'émission du *para*, nouveau divisionnaire qui devint plus tard le terme générique désignant toute valeur monnayée. Cette révolution monétaire paraît remonter à l'an 1680 environ. — 2° argent en général, fortune, richesse. — پره‌سز بر آدم *parasez bir âdam*, un homme ruiné, sans le sou. — پاره قیرمق *para qyrmaq*, gagner de l'argent. — پاره بوزمق *para bozmaq*, altérer la monnaie. — پاره كسمك *para kesmek*, battre monnaie. — اوفاق پاره *oufaq para*, menue monnaie. — قلب پاره *qalb para*, fausse monnaie. — چل پاره *tchel para*, monnaie nouvellement frappée et brillante. — پاره میدان *para meïdan gueurmek*, payer d'avance ou argent comptant. — پاره‌لنمك *paralenmek*, gagner de l'argent, s'enrichir. — پاره پاره‌یی قزانور *para paraye qazaneur*, l'argent produit l'argent. — پاره‌سی چوق عقلی یوق *parase tchoq 'aqle yoq*, il est riche mais sot. — پاره‌یی دکزه آتار *paraye denizè atar*, il jette l'argent à la mer. — پاره‌سی عزیز اولان کندیسی ذلیل اولور *parase 'aziz olan kendisi zelil olour*, celui dont on estime l'argent est lui-même méprisé. — Voir dans le sens d'argent le mot آقچه. — 3° pièce, morceau, fragment. — پاره‌لمك *paralèmek* ou پارالامق *paralamaq*, mettre en pièces, couper en petits morceaux, déchirer. — بر لسانی پارالامق *bir lisane paralamaq*, écorcher la langue, parler d'une façon incorrecte. — پاره‌لتمك *paralètmek*, faire déchirer, jeter aux bêtes. — پاره‌لنمك *paralènmek*, être déchiré, cassé, brisé, éclater (fusil). — *au fig.* se dévouer, se sacrifier. — 4° *parè* explétif, pris comme nom de répartition, par ex. : اوچ پاره طوب *utch parè top*, trois pièces de canon; بش پاره کمی *bech parè guèmi*, cinq pièces de navires.

پاره‌یه *parèmè*, ce mot paraît être

une corruption de پالامار *palamar*, câble, cordage. Il désigne l'amarre avec laquelle on attache une barque ou un cannot. Cf. پانیه پالامار.

پازار *pazar*, prononc. vulgaire au lieu de *bazar*; voir بازار. — avec *olmaq*, être l'objet d'un marché. — دکزده کی بالق پازار اولمز *deñizdèki baleq pazar olmaz*, « on ne trafique pas du poisson qui est encore dans la mer », on ne vend pas la peau de l'ours avant de l'avoir tué.

پازوال *pazeval*, espèce de tablier de cuir que certains artisans et notamment les cordouniers placent sur leurs genoux.

پازواند *pazvand*, (var. پاسوان پازونت ; toutes ces formes viennent du pers. پاسبان *pasban*) garde de nuit dans un marché; sentinelle, factionnaire.

1° پازوند *pazvend*, (du pers. بازو بند *bazou bend*, attache-bras) gros bracelet qui s'attache au bras; brassard. — 2° *pazvand*, sentinelle de nuit; voir پازواند.

پازی *pazi*, bette poirée, bette blanche. — قره پازی *qara pazi*, arroche, atriplex. — پازی یاپراغی *pazi yapraghe*, feuille de bette, dont on se sert dans le pansement des vésicatoires et cautères. Cf. پانجار betterave.

پاس *pas*, (variante پاص) rouille; oxyde; saleté, tache de rouille. — پاس دمیری یر *pas demiri yer*, la rouille mange le fer. — پاس آچمق *pas atchmaq*, (ou سیلمك *silmek*) ôter la rouille, dérouiller, fourbir, polir. — پاسلانمق *paslanmaq*, comme پاس باغلامق *pas baghlamaq* et *pas toutmaq*, se rouiller, s'oxyder; *au fig.* s'engourdir dans l'oisiveté et la routine. — پاسلو *paslu*, rouillé, oxydé, sali. — ایسلو پاسلو اول همان اوصلو اول *isli paslu ôl heman ouçlou ôl*, « sois noirci et rouillé, pourvu que tu sois sage », dans le sens de « fais le bien et laisse dire les autres ». — پاسلولق *pasluluq*, rouillure, saleté, moisissure.

پاساپورت *passaport*, italien *passaporto*, passeport répond à یول امری *yol emri* ou یول تذکره سی *yol tezkèrèsi*, ordre de route. — پاسپورتی ویزه ا *passaporte viza etmek*, viser un passeport. — Le terme *yol emri* désigne spécialement la feuille délivrée au voyageur qui doit circuler dans l'intérieur des provinces ottomanes. Le passeport de mer se nomme اذن سفینه *izni sèfinè*.

پاساق *passaq*, sale, sali, en désordre (vêtement, costume). *au fig.* پاساقلو اتك *passaqlu ètèk*, « pan sale », vaurien, traînard. Cf. پاس.

پاستاو *pastav*, (mot d'origine hongroise *poszto*) litt. : pièce de drap à bande étoilée. — *au fig.* پاستاوله بازارلق *pastav ilè bazarleq*, acheter en pièce; achat en gros, à prix convenu.

پاسترمه *pasterma*, viande salée et préparée avec des herbes; voir باصدرمه.

پاستقه *pastèqa*, (de l'ital. *pastecca*), terme de marine : poulie dont la chape est ouverte transversalement sur une de ses faces, pour pouvoir y introduire plus facilement la corde; c'est ce qu'on nomme en français *galoche*.

پاسته *pastè*, (de l'ital. *pasta*, pâte) mélange de farine de certains grains, comme le gruau et l'orge, avec des dattes, etc.; comme le سویق *saouiq* des Arabes. — Le قاوت پسته *qaout pastè* du t. or., qui est aussi une espèce de pâte, vient probablement du persan پست *pist*, grain concassé et réduit en farine.

پاسطرمه *pasterma*, viande salée; voir باصدرمه.

پاسقلیا *pasqalia*, (du grec πασχαλιά) Pâques. Les Turcs font à cet égard une confusion; ils nomment *buyuk pasqalia* ou « grande Pâques », la Pâques des Juifs et celle des Chrétiens (cette dernière est nommée aussi قیزیل یوم طه *fête des œufs rouges*), mais ils désignent la fête de Noël sous le nom de *kutchuk pasqalia*, « petite Pâques ». — پاسقلیا چیچکی *pasqalia tchitcheye*, « fleur de Pâques » ou « lilas de Perse », nommé aussi بودور لیلاق *bodour leïlaq*, lilas nain ou trapu.

پاشا *pacha*, (t. or. بشه; cf. باش tête, chef) titre officiel des vézirs et de certains grands fonctionnaires. Sous l'ancien régime, ce titre était exclusivement réservé aux emplois militaires; les pachas recevaient, comme marque distinctive de leur dignité, deux ou trois queues de cheval *(tough)* qui remplaçaient le tambour et le drapeau طبل وعلم conférés primitivement aux gouverneurs de province. Sous Mourad III, tous les gouverneurs généraux furent promus au grade de *vézir* et de *pacha,* avec trois queues de cheval, et les gouverneurs de districts *(liva)* reçurent le titre de *mir-miran,* avec deux queues de cheval. Aujourd'hui, le titre de *pacha* appartient de droit, dans l'armée, au maréchal *(muchîr),* au général de division *ferîq,* et au général de brigade *mir-liva;* dans les emplois civils, aux ministres, aux *beïler-beï,* aux *mir ulumera,* etc. — پاشا سنجاغی *pacha sandjaghe,* autrefois résidence du gouverneur général de l'*eyalet,* les autres *sandjaq* ou petits gouvernements étaient soumis à des *sandjaq bey* ou *mir-liva.* — پاشا قوسی *pacha qapousou,* (synonyme de *bab aali*) résidence officielle du premier ministre ou *çadr aazem* dans Constantinople, et des gouverneurs de province. — منصبدار پاشا *mançebdar pacha,* pacha en activité de service, par opposition à معزول پاشا *ma'azoul pacha,* pacha révoqué. — تفتیشچی پاشا *tetftichdji pacha,* « pacha commissaire », chargé jadis d'inspecter les provinces, d'écouter les griefs des habitants, etc. Ces commissaires achevaient, par leurs exactions, la ruine des gouvernements déjà mis au pillage par les pachas gouverneurs. — بر پاشا داراتی وار *bir pacha darate var,* il a le train, le luxe d'un pacha. — خدمتکارینی پاشالق ایله چیقاردی *khizmetkiarini pachaleq ela tchegarde,* « il a fait parvenir (même) son domestique à la dignité de pacha », se dit d'un homme qui est arrivé à une grande situation. — پاشا دیوانده یری وار *pacha divanindè yèri var,* « il a sa place au divan du pacha », en parlant d'un homme instruit et influent. — بونی مصر پاشاسنه پیشکشمی چکرسین *bounou meçer pachasinè pichkèchme tchèkèrsin,* « veux-tu donc offrir cela en présent au pacha d'Égypte? » question qu'on adresse à celui qui prend trop de soin d'un objet. — پاشالق *pachaleq,* province ou gouvernement d'un pacha; dignité, charge de pacha. — بو آدمدن پاشالق اومولمز *bou âdamden pachaleq oumoulmaz,* « on ne comptera jamais sur cet homme pour faire un pacha », s'applique à une personne incapable ou apathique. — پاشالق آلدن ده کلدکی *pachaleq âldun dè gueldiñ-me,* « est-ce que tu viens pourvu d'une charge de pacha? » se dit à un faiseur d'embarras. — پاشالو *pachalu,* relatif au pacha, appartenant au pacha, serviteur à gage chez un pacha. — پاشالو قاووق *pachalu qavouq*, 1° bonnet haut de forme; c'était autrefois la coiffure ordinaire des officiers du Sérail et de la Cour. — 2° espèce de coiffure de nuit. — پاشا کوپهسی *pacha kupèsi*, fleur, variété du fuchsia.

پاشمق *pachmaq*, chaussure, sandale; voir باشمق.

پاصدرمه *paçterma*; voir باصدرمه et پاسترمه.

پاطریق *patreq*, patriarche; voir بطریق.

پاطليجان *patlidjan* ou *patildjan*, (variantes بادنجان, بادمجان; forme primit. en persan باتنگان) aubergine, morelle, melongène nommée aussi کمر پاطليجانی *kemer patlidjane*. — فرنك پاطليجانی *frenk patlidjane*, tomate, pomme d'amour, *lycopersicum*. — یومورطه پاطليجانی *youmourta patlidjane*, morelle, faux piment, cerisette. Les Turcs mangent l'aubergine en grillade *qezartma*, farcie *dolma*, frite *bourani*, accommodée au beurre *imam bayelde*, etc. — On réunit sous le nom de بادنجانیه *badindjaniè*, toute la famille des Solanées qui comprend aussi le datura *tatoula*, le tabac *tutun*, la jusquiame *bañ ote* et d'autres plantes. — On donne enfin le nom de *patlidjan* à une grosse figue noire d'excellente qualité. Cf. بادنجان.

پاغوریه *paghouriè*, (du grec παγούρι) espèce de crabe de petite taille, tourteau ou poupart. Cf. چغانوس *tchaghanos*.

پافته *paftè* (du pers. بافته tressé) 1° petites boules métalliques, paillettes d'or, d'argent ou de cuivre qui ornent le bord d'une housse, d'un vêtement, etc.; en arabe شمسه. — باشلق پافتهلری *bachleq paftèlèri*, paillettes au bord de la têtière ou bride du cheval. — *paftè paftè*, par petits morceaux, menu menu. — 2° espèce de vrille ou foret à l'usage des serruriers.

پاك *pak*, (pers.) pur, net, propre, purifié. — آق پاك *âq paq*, blanc pur. — پاكلهمك *paklèmek*, 1° purifier, nettoyer; au fig. arranger, mettre en ordre, terminer une affaire. — 2° achever, tuer. — pass. پاكلنمك *paklenmek*, être pur ou purifié, s'être purifié de la contagion (comme le navire qui a fait quarantaine).

پال *pal*, espèce de pigeon; voir کوکرجین.

پالا *pala*, (ce qui est large et plat comme une latte, une rame, etc.) 1° petite épée large et courte à deux tranchants; poignard. — 2° planche de palissade. — 3° coussinet long et plat qui se met sous la selle. — پالا چكمك *pala tchekmek*, tirer l'épée, dégaîner, jouer du sabre. — كورك پالاسى *kurèk palaçe*, pelle de l'aviron. — پالا صالامق *pala çallamaq*, gouverner et faire avancer une embarcation avec un seul aviron, godiller; *au fig.* پالا چالمق *pala tchalmaq*, aller et venir inutilement, sans but; on dit par ex.: اقندى يه پالا چالمق *aqenteyè pala tchalmaq*, se donner une peine inutile, litt.: « ramer contre le courant ».

پالاز 1° *palaz*, poule couveuse; voir پلاچقه. — 2° *pèlaz*, petit d'oiseau, poussin; voir پلاز.

پالاستورپه *palastourpa*, (italien *palla stopaccio*) écouvillon, pieu portant à une de ses extrémités une brosse cylindrique ou un manchon graisseur, et à l'autre bout, un refouloir en bois pour faire entrer la charge. Cf. صيقى.

پالاسرته *palasertè*, (italien *parasertie*) madriers posés horizontalement hors du bord et destinés à donner de l'épatement aux haubans; en français *porte-haubans*. Il y a deux porte-haubans pour chaque mât, posés l'un à droite, l'autre à gauche; ce sont le porte-hauban de misaine et celui du grand-mât.

پالاسقه *palasqa*, (var. پلاسقه) (du hongrois *palaczk*) poire à poudre; petite giberne pour les cartouches. — سوارى پالاسقه سى *suvari palasqase*, giberne de cavalier.

پالامار *palamar*, amarre, gros câble. Les Turcs en empruntant ce terme à l'italien *paramarre*, ont pris la partie pour le tout. *Paramarre* est le nom par lequel on désigne le madrier revêtu d'un plastron de fer, et cloué au flanc d'avant, pour le protéger contre les pointes de l'ancre; comme c'est par là que passe l'amarre de l'ancre, ils en ont donné le nom à l'amarre même. Ils nomment پالامار كوزى *palamar gueuze*, litt.: l'œil de l'amarre, ce qui devrait être simplement la traduction du mot *paramarre*, ou, en d'autres termes, le placage de l'ancre.

پالاموت *palamout*, (var. پلامود) grec βαλανίδι, gland, fruit du chêne; دبّاغ پالامودى *dabbagh palamoudou*, « gland du tanneur », tan, écorce du chêne qui, après avoir été concassée et réduite en poudre, sert à la préparation des cuirs. Cf. پلیت.

پالاموד *palamoud*, (var. پلاموד et پلاموت) grec moderne παλαμίδα, 1° pélamide, genre de poissons de la famille des Scombéroïdes. — 2° dans l'usage ordinaire : thon. La variété la plus petite de ce genre est nommée قره بالق *poisson noir* ou چنگانه پالامودى *thon de tzigane*; une autre espèce plus grande est dite طوریق قوزى, « agneau voûté »; la plus grande, آلتى پرماق بطالى « le héros à six doigts » ou چوطه *petchota*. — Le thon salé se nomme لاکردە *lakerda*, grec λακέρδα, latin *lacerta*.

پالان *palan*, (pers.) selle et plus usité : bât; synonyme de سمر *sèmèr*. — مرکب پالانى *merkeb palanç*, bât d'âne ou de mulet. Pour le chameau, on se sert ordinairement du mot هاوت *havout*. — پالانجى *palandje*, fabricant de selle et de bât; ce mot et un autre dérivé persan پالاندوز *palandouz*, bourrelier sont peu usités. Cf. بویوندرق.

پالاندیز *palandez*, d'après le *Lehdjè*, pierre où est scellé le robinet d'une fontaine; pierre longue et dure; espèce de granit; cf. l'arabe برطیل. — L'origine de ce mot est fort incertaine.

پالانقو *palanqo*, de l'ital. *paranco*, t. de marine : assemblage de deux poulies munies chacune de leur cordage, qu'on emploie pour enlever les fardeaux ou pour exécuter certaines parties de la manœuvre; en français *palan*.

پالانقه *palanqa*, (du hongrois *palank*) petite fortification, parapet formé de palissades et de gabions.

پالاورە *palavrè*, premier pont, faux tillac, pont placé au-dessous de celui où est la batterie (origine douteuse).

پالدم (var. پالدوم) *paldeum*, anneau de la croupière, partie du harnachement. — پالدم کمیگى *paldeum kémiyi*, l'os le plus voisin de la queue chez le cheval, le mulet, etc.

پالطو *palto*, (de l'espagnol *paltoque*) 1° surtout, large vareuse à l'usage des bateliers (*qaïqtchè*). — 2° aujourd'hui : paletot.

پالوزه *palouzè*, (du pers. پالوذه, ar. فالوذج jus filtré, condensé) gelée de fruits, compote. Cf. پلته.

پاله (var. پالا) *pala*, poignard, petite épée à lame courte, couteau de chasse. Cf. le grec πάλη ou πάλα qui a le même sens; voir aussi le mot suivant.

پالیوش *palioch*, synonyme de پالا *pala*, petite épée à deux tranchants, poignard, coutelas. — On dit proverbialement d'un hypocrite : پالیوش کبی ایکی یوزلو *palioch guibi iki yuzlu*, « à deux visages (à deux tranchants) comme le poignard ».

پاموق *pamouq*, vulg. pour *pambouq*, coton ; voir پنبوق.

پانجار (var. پنجار) *pandjar*, betterave. — پانجار شکری *pandjar chèkèri*, sucre de betterave. — پانجار ترشیسی *pandjar turchusu*, betteraves confites au vinaigre. — پانجار کبی او *pandjar guibi olmaq*, « devenir comme une betterave », rougir, être interdit. Cf. چوکندر bette et پازی.

پانجور *pandjour*, persienne, jalousie, treillage de bois. Le *Lehdjè* fait dériver ce mot du français *abat-jour*; il faut remarquer cependant la similitude de ce terme avec پنجره *pendjèrè*, grec παραθύρι, fenêtre.

پانزهر *panzèhir*, (corruption du pers. پاد زهر *pad-zahar*, « chasse-poisson ») antidote, contre-poison ; voir sur la filiation du mot *bézoard* qui a la même origine, M. Devic, *Dict. étymologique*, p. 68. — D'après les médecins orientaux, le meilleur *bézoard* est une pierre jaune qui se trouve dans le foie des cerfs ou des chamois. Cf. *Notices et extraits*, t. XXIII, 1ʳᵉ partie, p. 196. — On dit en proverbe d'un homme plein de prudence et qui ne se laisse pas prendre en défaut : پارماغندن پانزهر طاشلو یوزوک اکسک اولماز *parmaghenden panzèhir tachlu yuzuk èksik olmaz*, « son doigt n'est jamais dépourvu d'une bague à pierre de *bézoard* ».

پانطولون *pantolon*, de l'ital. *pantalone*, culotte large ; pantalon à l'européenne. — شریتلو پانطولون *chiritlu pantolon*, pantalon d'uniforme, orné d'une bande d'or ou d'argent.

پانیال *panial*, et plus ordinairement پانیال اوتی *panial ote*, plante nommée en arabe حشیشة الثألیل « herbe aux verrues », *verrucaria*, héliotrope d'Europe. Cf. منیه.

پانیه *paniè*, câble, amarre qui sert à attacher l'arrière du *qaïq*; ce mot n'est peut-être que la forme corrompue de *parimè*, qui a le même sens; voir پاریه. — پانیه‌یی چوزمك *au fig.* *panièye tcheuzmek*, « dénouer l'amarre », s'esquiver sans bruit, se sauver tout doucement.

پای *paï*, 1° part, portion, lot — sort, fortune bonne ou mauvaise. — 2° plus rarement : injure, opprobre. — بشده بر پای آلمق *bechdè bir paï âlmaq*, prélever le cinquième, le quint. — پای ا *paï etmek*, partager, diviser; a aussi le sens transitif : faire partager; voir پایلامق. — پای بیچمك *paï bitchmek*, mesurer, comparer, établir des analogies. — بنم پایه *benim païmè*, pour ma part, à ma place. — كندو پایه ایو بر شیدر *kendu païnè eyi bir cheï dir*, c'est en soi une chose bonne.

پای *paï*, (pers. pied, base) — en composition پایتخت *païtakht*, « pied du trône », capitale d'un royaume. — Voir aussi پایزن *païzen*, forçat, galérien.

پایتاق *païtaq*, (orthogr. vulgaire pour بیدق *baïdaq*, du persan پیاده) pion au jeu d'échec et de trictrac. — quelquefois : piéton, fantassin. — *au fig.* qui a les pieds contournés, cagneux, difforme. — پایتاق یولی *païtaq yole*, défilé, chemin étroit; cf. پاتكه.

پایدوس *païdos*, cessation de travail; *par extension* : chômage, grève. — یاپویی پایدوس ا *yapeuye païdos etmek*, laisser une bâtisse inachevée; interrompre le travail. — پایدوسجی *païdosdje*, ouvrier qui annonce l'interruption du travail. — L'origine de ce mot est incertaine; le *Lehdjè* le tire sans raison du grec.

پایزن *païzen*, (du pers. *païzeden*, traîner le pied) galérien, forçat attaché à la chaîne. — *au fig.* vaurien, sacripant. — پایزن قیافتلو *païzen qyafetlu*, se prend dans le même sens qu'en français « mis comme un voleur ».

پایلامق *païlamaq*, comme *paï etmek*, partager, diviser; mesurer, proportionner. — plus rarement : outrager, injurier. — پایلاشمق *païlachmaq* et پایلاشلمق *païlachelmaq*, se partager entre soi, se distribuer des parts. — Proverbe: ایكی كوپك بر كیكی پایلاشمز *iki keupek bir kèmiye païlachmaz*, « deux chiens ne se partagent pas un os ». — *trans.* پایلاشدرمق *païlachtermaq*, faire partager, faire diviser. Cf. پای.

پاینده‌ *païendè*, (pers. stable, solide) étai, poutre, solive pour soutenir un mur. — *au fig.* appui; subside, emprunt. — *au fig.* پاینده اورمق *païendè vourmaq*, contracter des dettes.

پایوند (var. پایوند) *païvand*, du pers. پای بند « lien de pied », entraves, liens pour retenir le cheval et les bêtes de somme. Cf. کوستك *kustek*.

پایه *païè*, (pers. degré, marche) rang, dignité, charge, emploi. — بغداد حكومتی مخرج پایه‌سیله *baghdad hukioumeti mekhredj païèsiilè*, « la judicature de Bagdad avec le grade de *mekhredj* »; c'est le degré inférieur dans la carrière de l'*oulèma*. — با پایه *ba païè*, *ad honores*, fonction honorifique. — استانبول افندیسی پایه‌سیله *istambol efendisi païèsiilè*, premier magistrat honoraire de Constantinople. — پایه‌لو *païèlu*, pourvu d'une dignité, d'une charge, fonctionnaire; membre honoraire.

پپغان *papaghan*, (ar. بغا, ar. moderne بغان nom qui a donné naissance aux formes occidentales: *papagallo*, *papagayo*, *papegai*) perroquet; voir طوطی. — *au fig.* پپغان کبی *papaghan guibi*, « comme un perroquet », qui ne comprend pas ce qu'il dit. — پپغان یمی *papaghan yèmi*, « fourrage de perroquet », espèce de carthame, faux safran; voir آصبور.

پپه *pèpè* et پپه‌یی *pèpèyi*, bègue; qui a la parole embarrassée et saccadée; quelquefois : celui qui ne peut prononcer la lettre ر *rè*, qui grassaye. Cf. پلتك *peltek*. — پپه‌له‌مك *pèpèlemek*, bégayer, parler avec difficulté. — پپه‌یله‌مك *pèpèyilèmek*, balbutier par suite d'un sentiment de timidité ou de peur.

پتالامبه *potalamba*, vernis de la Chine, aylante; voir بوتالونیه.

پتالیه *pitaliè*, 1° petite barque à un seul rameur. — 2° appeau à sifflet avec lequel on imite le cri des alouettes, etc. pour attirer les oiseaux sur la baguette enduite de glu ou *pipeau*; comp. avec برلاق et l'arabe ملواح.

پتك *pitek*, (var. بتك *bitek*) 1° alvéole d'abeille, cellule hexagonale dont la réunion forme le gâteau; lorsque l'alvéole est garni de miel, il prend le nom de کوج *gumedj*. — 2° *bitek*, achevé, terminé, du verbe بتمك *bitmek*.

بتل *pètel*, (pour بتل) bétel, plante de la famille du poivrier que les Indiens mâchent mélangée avec de l'arec et de la chaux vive; arabe تنبول *tenboul*.

پتیر *pitir*, abrév. de پتکیر *pitguir*, (pers.) tamis ou crible en crin très-fin.

پچ *pitch*, bâtard, enfant trouvé; voir پیچ.

پچارز *patcharez*, difficile, contrariant; voir پاچارز.

پچتا *pètchèta*, grec moderne πετσέτα, petite serviette, serviette de main et de table.

پچرغان *pitchirghan*, maladie aux jambes du cheval; variantes بچرغان et بچلغان.

پچوطه *petchota*, poisson de la famille des Pélamides; c'est la plus grande variété du thon. Ce nom répond au grec πετζούδα, nommé aussi μεγίστη παλαμίδα ou bien encore μαϊάτικο ψάρι, « poisson de Mai », parce qu'on le pêche à cette époque de l'année. Cf. پالاموت.

پچه *pètchè*, voile, rideau (peu usité).

پچین *pitchin*, singe de petite taille; voir پیچین.

پختی *poukhti*, (prononciation fautive پلته *peltè*) du pers. پختن cuire : gelée, suc de viande ou jus qui se coagule en refroidissant. — روب پختیسی *rob poukhtisi*, sirop médical. — قان پختیسی *qan poukhtisi*, caillot de sang, grumeau. — دکز پختیسی *deñiz poukhtisi* et دکز چانطه سی *deñiz tchantase*, astéroïde, étoile de mer. — پختیلاشمق *poukhtilachmaq* et پختیلانمق *poukhtilanmaq*, se former en gelée, s'épaissir; — se corrompre (en parlant du sang coagulé).

پخل *pekhel*, (corruption de l'arabe بخیل *bakhil*) avare, ladre, sordide. — par extension : défavorable, funeste, de fâcheux augure. — پخل اوله جق تصادف *pekhel oladjaq tèçaduf*, par une coïncidence fâcheuse. — پخل طاشی *pekhel tacheu*, pierre d'achoppement, obstacle imprévu.

پداوره *pedavra*, (du grec πέταυρον) 1° planchette de chêne ou de bouleau, volige taillée et agencée en forme de tuile pour la couverture des maisons; bardeau, ais. — 2° petite planche de sapin très-mince à l'usage des tabletiers et tourneurs.

پر پر *per per*, onomatopée qui indique un bruissement confus et indéterminé, comme فِرْ فِرْ, چِرْ چِرْ, etc.; — se dit surtout du frémissement des ailes d'un oiseau. — پر پر ایدر اوچه‌مز *per per èder outchamaz*, « il agite ses ailes et ne vole pas »; cette locution proverbiale s'applique à l'homme qui fait plus de bruit que de besogne. Cf. پار.

پراچول *peratchol*, courbe, pièces de bois recourbées, employées dans les constructions navales; voir پاراچول. — پراچول آرابه‌سی *peratchol ârabasi*, voiture suspendue, qui repose sur des ressorts et non pas sur le simple essieu nommé *dinguil* دنكیل.

پرازوانه *pirazvanè*, (var. پرزوانه, du persan پرازوان ou پرازبان) garde d'épée et de poignard; bouton, virole vissée à la poignée d'une arme et au manche d'un couteau pour le consolider, ou en guise d'ornement.

پراسه et پراصه *praça*, du grec ancien πράσον, poireau. — یابان پراصه‌سی *yaban praçasẹ*, « poireau sauvage »; c'est le فراسیون des botanistes arabes, c.-à-d. le *lycopus* ou marrube aquatique; les Turcs donnent aussi au marrube le nom de پنبوق اوتی « herbe à coton ». — یر پراصه‌سی *yer praçasẹ*, c'est une autre variété du marrube, appelée en arabe « herbe au chien » خشیشة الكلب.

پراكنده *pèrakendè* (pers. dispersé, confus). On désigne ainsi une tribu dont les tentes sont dispersées sur une grande étendue. Si les tentes sont moins éloignées l'une de l'autre, on donne à l'ensemble le nom de افراز *ifraz*.

پرامه *pramè* ou *prama*, barque assez large à deux rames, qui était surtout en usage pour traverser d'une rive à l'autre de la Corne d'or et quelquefois pour aller jusqu'à Scutari. C'est le grec πέραμα (grec ancien περάω, passer), d'où s'est formé le mot περαματάρης, « passeur ». Au contraire l'italien *prama*, le français *prame* désignent une espèce de ponton pouvant porter des canons.

پرانقه (variante پرانغه) *pranqa*, de l'italien *branca*, chaîne de galériens, bagne, galères, travaux forcés. — پرانقه بند *branqa-bend*, comme *païzen*, galérien qui a la chaîne aux pieds. — پرانقه بندلك *pranqa bendlik*, peine des travaux forcés. Voir aussi كورك

kurèk. — انقه برانقه anqa pranqa, loc. familière, « quoi qu'il arrive! tant pis!»

پرپت perpet, guenilles, haillons.

پرپرم perperim (variante پورپورم pourpouroum). Ce nom d'origine occidentale désigne chez les Turcs toutes les plantes de la famille des Portulacées ou *pourpier*, ar. بقلة الحمقاء; mais elles ont aussi une dénomination indigène : سميز اوتى *semiz ote*, « l'herbe du gras », parce qu'ils lui attribuent la propriété de combattre l'embonpoint.

پرپری *pirpiri*, mesquin, avare ; voir پيرپيرى.

پرپی *perpi*, nommé aussi يــلان *yilan tache* ou يـلانجق طاشى *yilandjeq*, « pierre à serpent », 1° ophite, serpentine noire. Comme les Anciens, les Turcs attribuent à cette substance minérale la vertu de guérir les morsures de serpent. Cf. Ibn el-Beïtar, t. I, p. 412, s. v. الحية حجر. — 2° selon quelques lexicographes, plante de la famille de la ciguë.

پرت *pert*, foulure, entorse ; ce mot peu usité a donné naissance au verbe پرتمك *pertmek*, tordre, disloquer ; pass. برتلمك et برتنمك *pertelmek, pertenmek*, se donner une entorse, se fouler un membre ; synonyme بورقمق. On trouve quelquefois برتيك *pertik* et بورتوك *purtuk*, dans le sens de « foulé, luxé ».

پرتاو *pertav*, (du pers. پرتاب) 1° élan avant la course ; avec *etmek* (et پرتاو آلمق *pertav âlmaq*), prendre son élan avant de sauter ou de courir — 2° rarement : portée de flèche ou d'arme à feu. — Il est très-incorrect d'écrire et de prononcer پرتاوسز *pertavsez*, « lentille à refracter les rayons lumineux », au lieu de برتوسز *pertevsouz*.

پرتوسوز *pertevsouz*, (du pers. پرتو rayon et سوز qui brûle) lentille, disque de verre taillé de façon à réfracter les rayons lumineux ; — verre grossissant.

پرتی *perteu*, vêtements fripés et usés, guenilles, loques. — خرتى برتى *kherteu perteu*, friperies, bric-à-brac, toute chose qui n'est bonne à rien. — *vulg.* پرتیى قالدرمق *perteye qaldermaq*, « lever ses loques », s'éloigner, partir. — Le sens de « effets, bagages » donné par Malloufau mot *perteu*, doit être effacé. Voir aussi پرپت.

پرچم *pertchem*, (pers.) touffe de cheveux, boucle qui tombe sur le devant du front; longue chevelure; on dit au sens figuré پرچم کسمك *pertchem kesmek*, « couper la touffe de cheveux », arriver à l'âge de puberté. — آت پرچمی *ât pertchemi*, crinière du cheval. — ارسلان پرچمی *ârslan pertchemi*, crinière du lion. — جوان پرچمی *djivan pertchemi*, « touffe de jeune homme » nommée aussi قندیل چیچکی *qandil tchitcheyi*, « touffe à la lampe », pulmonaire, plante de la famille des Borraginées; on la confond cependant avec l'*achillea*. — دكز پرچمی *deñiz pertchemi*, « touffe de mer », nom donné à un mollusque couvert de filaments membraneux; les lexicographes turcs n'ajoutent aucun détail qui en permette l'identification.

پرچین (variante پرچین) *pertchîn*, (pers.) action de river un clou; — rivet, cheville. — سرچین پرچین *sertchîn pertchîn*, même sens. — پرچینلو *pertchînli*, clou à cheval, clou à deux têtes employé dans les fers du cheval. — avec *etmek*, ou avec le verbe composé پرچینلمك *pertchînlèmek*, river un clou; *au fig.* consolider, raffermir.

پرداختلو *perdakhtlu*, (persan پرداخته) achevé, soigné, complété. — پرداختلو تراش *perdakhtlu trach*, vulg. *perdahlu*, dernier coup de rasoir dans la barbe.

پرداخلامق *perdakhlamaq*, (du pers. پرداختن achever, polir, etc.) ou پرداخت ایتمك *perdakht etmek*, achever, donner le dernier coup de main, compléter. On emploie dans le même sens le composé t. pers. پردازلامق *perdazlamaq*, polir, fourbir. — پرداهجی *perdahdji*, pour پرداخچی polisseur.

پرده *perdè*, (pers.) rideau, voile, cloison. — قپو پردەسی *qapou perdèsi*, portière. — پنجره پردەسی *pendjèrè perdèsi*, rideau de fenêtre. — تخته پرده *takhta perdè*, cloison de planches. — بورون پردەسی *bouroun perdèsi*, cloison des fosses nasales. — كوز پردەسی *gueuz perdèsi*, cataracte; *au fig.* aveuglement, négligence. — ساز پردەسی *saz perdèsi*, touches ou filets saillants qui traversent le manche de certains instruments de musique, comme la mandoline *tounbour*, ou le violon *kèman*; elles indiquent les différentes intonations; — touches du piano. — معده پردەسی *mi'dè perdèsi*, péritoine,

— يورك پردهسی *yurek perdèsi*, membrane qui enveloppe le cœur, péricarde. — يمِش پردهسی *yèmich perdèsi*, péricarpe des fruits. — پردهلو *perdèlu*, voilé, caché, enfermé; couvert d'une membrane. — پردهلو كوز *perdèlu gueuz*, œil affecté de la cataracte. — گیجه انسانڭ كوزی پردهلودر *guèdjè insaniñ gueuzeu perdèlu dur*, la nuit, les yeux de l'homme sont couverts d'un voile. — پرده چكمك *perdè tchekmek*, tirer le rideau, fermer. — پرده آچمق *perdè âtchmaq* ou *qaldermaq*, lever le rideau, dévoiler. — پرده یرتلمق *perdè yertelmaq*, « avoir déchiré le rideau », être effronté, sans vergogne. — پردهسی یوقدر *perdèsi yoqtour*, il n'a pas de honte, il ne se cache pas. — پردهجی *perdèdji*, huissier, concierge. — Depuis l'introduction des représentations théâtrales en Turquie, le mot *perdè* a reçu le sens de « rideau de scène » پرده اینر *perdè iner*, « la toile tombe », fin de la pièce. On le dit de la scène elle-même: پرده خالی قالور *perdè khali qalour*, la scène reste vide, et des tableaux d'une pièce: بش فصل بش پرده بر هائله *bech façel bech perdè bir haïlè*, drame en cinq actes et cinq tableaux. — پرده آلتندن سویلمك *perdè âltenden seuïlemek*, « parler de derrière le rideau », être honteux, timide, ne pas oser élever la voix. — بنده كزی پرده آردنده قودیكز *bendeñizi perdè ârdendè qodouñouz*, « vous me laissez derrière le rideau », vous me couvrez de confusion par vos prévenances et vos politesses. — سكا پرده بغلامهلی *saña perdè baghlamalu*, « on devrait fermer le rideau sur toi », tu devrais te cacher. — پرده اولمق *perdè olmaq*, faire rideau, cacher la vue, être un obstacle. — پردهلنمك *perdèlenmek*, se voiler, se cacher.

پرس *pèrs*, mot privé de sens, mais qui se trouve en composition avec un omophone, par ex.: ترس پرس دوشوب برهلنمك *tèrs-pèrs duchup bèrelenmek*, se culbuter; tomber à la renverse et se faire une meurtrissure. — De là sans doute l'adjectif پرسلو *pèrslu*, de travers, difficile, compliqué, scabreux.

پرسنك *persenk*, (peut-être du pers. بارسنك *barsenk* ou *parsenk*, contrepoids) refrain, chanson répétée; litanie; synonyme de نقرات *naqarat*. — *au fig.* دیلڭ پرسنكی *diliñ persengui*, flux de paroles, bavardage.

پرسه *près*è, instrument à l'usage des menuisiers et charpentiers; voir پره‌سه.

پرشنبه *perchembè*, jeudi; cette prononciation fautive se retrouve aussi dans le persan vulgaire; voir پنجشنبه.

پرگار *perguar*, compas; voir پرکل *perguel*.

پرگارلامق *perguarlamaq*, mesurer au compas; voir پرکل.

پرکال *pergual*, compas; voir le mot suivant.

پرکل *perguel*, (var. پرکال) corruption du pers. پرکار, ar. فرجار, compas, instrument pour décrire des cercles, pour mesurer, etc. — چاپ پرکلی *tchap pergueli*, compas d'épaisseur. — دوکه‌جی پرکلی *deukmèdji pergueli*, compas de réduction. — *au fig.* پرکلی آچق *pergueli âtcheq*, qui fait de grandes enjambées. — پرکلری آچمق *pergueleri âtchmaq*, marcher à grands pas, se hâter. — پرکلدن چیقمش *perguelden tcheqmech*, tracé au compas, parfaitement proportionné. — بونی پرکله اورمه‌لی *bounou perguelè vourmalu*, « il faudrait le faire passer au compas », se dit d'un ouvrage irrégulier et sans proportions. — On dit aussi d'une chose construite avec symétrie et art : پرکلدن چیقمش روزنامه کبی در *perguelden tcheqmech rouznameh guibi dir*, cela ressemble à un calendrier tracé au compas. — پرکلمك *perguellemek*, et plus usité پرکارلامق *perguarlamaq*, mesurer au compas; — *au fig.* mesurer, comparer, réfléchir mûrement. — پرکارلانمَمش بر ذات *perguarlanmamech bir zat*, une personne mal élevée.

پرکنده *perkendè*, (var. پرکندی et پرکندی) corruption de l'italien *brigantino*, brigantin, petit brick qui était surtout monté par les corsaires d'Alger et les pirates des côtes de Barbarie.

پرلاق *perlaq*, 1° appeau; il consiste dans un oiseau qu'on attache par la patte à l'extérieur du poste ou de la cahute de chasse, afin d'attirer le faucon. Voir aussi موصطره; c'est le پایدام *païdam* ou *padam* des Persans. — 2° sifflet pour attirer l'oiseau sur le pipeau; voir بتاله. C'est à ces engins de chasse que fait allusion le proverbe : قوش قوش ایله طوتلور *qouch qouch ela toutoulour*, « l'oiseau se prend avec l'oiseau ». Cf. صوفعه.

پرم

پرلامق perlamaq, s'essayer à voler, voltiger (se dit du petit de l'oiseau effrayé par le bruit); voir پرپر. — trans. پرلاتمق perlatmaq, effrayer, effaroucher.

پرلامق parlamaq, briller, reluire; voir پارلامق.

پرلانتى pirlanti, (variantes پرلانته, پرلانتی) de l'italien brillante, brillant, diamant taillé. — Le diamant taillé en rose se nomme روزه rozè, le diamant taillé en brillant avec une *table* entourée de facettes triangulaires, est dit قروانه qaravanè, « à large taille »; celui qui a peu de facettes reçoit le nom de فلنك filèmenk, « hollandais ». — Proverbe : پرلانتی قره طاشدن چیقار pirlanti qara tachden tcheqar, « le diamant sort du charbon »; ce dicton s'applique à l'homme pauvre qui fait tous ses efforts pour parvenir.

پرلانغج pirlanghedj, (var. پرلنغج, پرلاغج) toupie d'Allemagne qui ronfle lorsqu'on la fait tourner à l'aide d'un fouet. Cf. طوپاج et فرلداق.

پرماق parmaq, (var. پارمق, پرمق) doigt de la main ou du pied; — douzième partie du pied (mesure) — au

پرم

395

fig. sommet, pic de montagne. Voici les noms que les Turcs donnent aux cinq doigts de la main : باش پرماق bach parmaq, « chef-doigt », le pouce; — شهادت پرماغی chèhadet parmagheu, « doigt de la profession de foi ou de la prière rituelle », index; — اورته پرماغی orta parmagheu, « doigt du milieu »; — یوزوك پرماغی yuzuk parmagheu, annulaire, nommé aussi آدسز پرماق âdsez parmaq, « doigt sans nom »; — سرجه پرماق sirtchè parmaq, « doigt moineau » ou اوكسز پرماق euksuz parmaq, « doigt orphelin », petit doigt. — بش پرماق bech parmaq, « cinq doigts » : 1° mollusque, espèce de polype. — 2° branche ursine ou acanthe. — پرماق قلملری parmaq qalemlere, os des doigts, phalanges. — آیاق پرماغی âyaq parmagheu, orteil. — پرماق اوجی parmaq oudjou, le bout du doigt. — تكرلك پرماغی tèkèrlek parmagheu, rayon de roue. — التی پرماق alteu parmaq, « six doigts » : 1° étoffe à raies; — 2° grande espèce de poisson de la famille des Pélamides. — پرماجق اوتی parmadjeq ote, « herbe au petit doigt », digitale. — پرماق اوزومی parmaq uzumu, gros raisin dans le genre de celui qu'on nomme كچی ممه سی « tetin de chèvre » et قادين اوزومى « raisin de dame ». — تيمور پرماق *demir parmaq*, crochet de fer, croc. — پرماغى المجنده او ايچنده اولمق *parmagheu itchindè olmaq*, s'immiscer ou être intéressé dans une affaire. — پرماق قارشدرمق *parmaq qarechtermaq*, « mêler les doigts » ou پرماق حسابى *parmaq hiçabi*, « calcul de doigts »; ces deux expressions sont synonymes de « tromperie, fraude ». — پرماق يله كوسترمك *parmaq èla gueustermek*, « montrer du doigt », se prend en bonne part, désigner à l'admiration et au respect. — بش پرماق بر دكلدر *bech parmaq bir deïldir*, « les cinq doigts de la main ne se ressemblent pas ». (Proverbe.) — پرماق ايصرمق *parmaq eçermaq*, « se mordre le doigt »; cette expression proverbiale n'a pas, comme en français, le sens de « se repentir », elle se prend comme une marque d'étonnement, ou bien de colère et de menace. — پرماغى آغزنده *parmagheu âghzendè*, « avoir le doigt dans la bouche », être étonné, stupéfait. — ايكى قپو آراسنده پرماق قومه *iki qapou ârasindè parmaq qoma*, « ne mets pas ton doigt entre deux portes », entre l'arbre et l'écorce, ou l'enclume et le marteau. — پرماقلامق *parmaqlamaq*, « faire signe du doigt », *au fig.* exciter, encourager. — پرماقلق *parmaqleq*, grillage, balustrade, palissade en bois ou en fer. — پرماق قپو *parmaq qapou*, 1° grillage de fenêtre; 2° cercueil d'une forme particulière. — پرماقچلر *parmaqtchelar*, ouvriers en grillage.

پرمچه *permetchè*, (?) 1° petite amarre, câble mince. — 2° corde, courroie avec laquelle on conduit un cheval à la main.

پرمق *parmaq*, doigt; voir پرماق.

پرمه *pramè*, barque d'une forme particulière; voir پرامه.

پرنار *pernar*, vulg. پرنال *pernal*, houx, arbuste épineux dont le charbon پرنار كومرى est très apprécié des forgerons. — پرنالق *pernalleq*, (au lieu de *pernarleq*) terrain couvert de houx où broutent les chèvres; voilà pourquoi cette plante est nommée en arabe شرابة الراعى *cherrabet er-ra'yi*, « houppe du pâtre ». On la confond quelquefois avec le chêne-vert ou yeuse, à cause de la ressemblance de leur feuillage.

پرنج *pirindj*, pers. (var. rares: برنج et برنك) riz; *oryza*, ar. ارز. — قيا پرنجى *qaya pirindji*, « riz de roche », qui vient sur un terrain peu arrosé ; il faut peut-être entendre par cette dénomination l'*alpiste asperelle* ou *riz bâtard*. — Les localités les plus renommées pour leurs rizières, dans l'Empire ottoman, sont Payas sur le golfe d'Alexandrette, Damiette, Rosette et Baghdad. — برنجك طاشنى آيرتلامق *pirindjiñ tachene aïrtlamaq*, « enlever les pierres qui sont dans le riz, le trier »; *au fig.* démêler le vrai du faux. — برنج قوشى *pirindj qouchou*, outarde de petite taille nommée aussi *poule de Carthage*. Cf. مرك كدك. On la nomme en arabe مسيحه, et en persan رنده. — Cf. پلاو *pilau*.

پرنج *pirindj*, bronze, airain, alliage de cuivre et d'étain ; laiton. Cf. طونج *toundj*.

پرنده *pèrendè*, (du pers. « qui vole, ailé ») saut, culbute, cabriole, saut périlleux. — پرنده باز *pèrendè-baz*, acrobate, clown. — *au fig.* پرنده دن آتلمق *pèrendèden atelmaq*, être trompé, mystifié. Voir aussi طاقلاق.

پرنو 1° *perno*, italien *perno*, *pernotto*, boulon; crochet de poulie. — 2° *pirno*, du grec πειροῦνι, fourchette.

پرو *pero*, (de l'italien *pera*) bijou, diamant ou pierre précieuse en forme de poire et servant de pendant d'oreille ; on dit dans le même sens : پرو كوپه *pero kupè*, pendeloque en poire. — پرو زمرد *pero zumrud*, émeraude en pendant d'oreille. Cf. آرمودیه *ârmoudyè*, ci-dessus, p. 40; s. v. آرمود.

پرواز *pervaz*, (pers.) cadre, chassis, bordure. — آينه پروازى *âina pervaze*, cadre, bordure de glace. — البسه پروازى *elbiçè pervaze*, se dit de toute bordure ou frange de différentes couleurs que l'on ajoute au collet, aux manches et aux pans d'un vêtement; synonyme de l'arabe سجاف, vulg. *zeudjef*. — پروازلامق *pervazlamaq*, encadrer.

پروانه *pervanè*, (en persan, papillon) 1° papillon de nuit, phalène. — 2° *au fig.* ressort de machine, etc. — ساعت پروانه سى *sa'at pervanèsi*, ressort de montre. — واپور پروانه سى *vapor pervanèsi*, hélice de bateau à vapeur. — يل دكرمنى پروانه سى *yèl deïrmeni pervanèsi*, rouet de moulin à vent, grande roue verticale, dentée de chevilles perpendiculaires et qui est mise en mouvement par la rotation de l'arbre.

پروتستو ou پروتسطو, de l'italien *protesto*, 1° protestation contre un jugement. — 2° protêt d'une lettre de change — avec *etmek*, protester. — پروتسطو كاغدی *protesto kiahate* (ou پروتسطونك *sènède*), acte de protêt. — بیان و تبلیغی پروتستونڭ *protestonuñ beïan u teblighe*, notification de protêt. — پروتسطو خرجی *protesto khardje*, frais de protêt. Cf. پولیچه, lettre de change.

پروز *puruz*, duvet d'une étoffe; voir پوروز.

پیروزه *pirouzè*, (pers. پیروزه, ar. فیروزج) turquoise. — Les Orientaux attribuent à cette pierre précieuse des vertus curatives pour les yeux. Ils prétendent aussi que la nuance de la turquoise est plus azurée ou plus foncée, selon que le temps est clair ou sombre.

پروسیا *proução*, (Prusse, empire d'Allemagne) bleu de Prusse ou prussiate de fer, employé dans l'industrie des papiers peints, la teinture des indiennes et des tissus, etc.

پروقه (variante پروك) *perouqa*, 1° perruque, synon. de صاچ یاپمه *yapma çatch*. — 2° huppe, aigrette chez les oiseaux. — پروقه‌لو *perouqalu*, oiseau huppé (comme l'alouette, etc.).

پرووه *prova*, (de l'ital.) épreuve, essai. — روبالری پرووه ا *roubalare prova etmek*, essayer des vêtements.

پره *pirè*, puce; voir پیره.

پره‌بولی *pirèboulou*, grec πρόπολις, *propolis*, substance résineuse et d'un rouge foncé dont les abeilles se servent pour enduire leurs cellules. Cette résine, d'une odeur balsamique, était employée dans la pharmacopée orientale contre les ulcères et les hémorroïdes.

پره‌سه *pèrèçè*, (l'origine de ce mot est douteuse) fil à plomb. — پره‌سه‌یه آلمق *pèrèçèiè âlmaq*, « mesurer avec le fil à plomb », voir si une chose est de niveau; — *au fig.* calculer, méditer, équilibrer les chances d'une affaire.

پرهیز *perhiz*, (pers.) abstinence d'aliments pour cause de santé, régime, diète; — en un sens plus spécial: jeûne, surtout le jeûne des Chrétiens. — avec *etmek*, faire abstinence, vivre dans les austérités, tandis que پرهیز طوتمق *perhiz toutmaq*, signifie proprement « observer le jeûne ». —

بيوك پرهيز buyuk perhiz, grand carême. — پرهيز شورباسی perhiz chorbase, soupe maigre. — پرهيزجی perhizdji, abstinent, qui jeûne ; au fig. homme inquiet de sa santé, malade imaginaire.

پری pèri, پری علّتی pèri 'ylleti, maladie nerveuse, névrose ; peut-être hystérie. — كليد پريسی kilid pèrisi, pêne de serrure.

پريان pirian, (du persan بريان) rôti, viande rôtie. — پريان پلاوی pirian pilavi, pilau préparé avec des morceaux de viande rôtie ; voir كباب.

پريشان perichan, (pers.) 1° en désordre, troublé, en détresse. — 2° une sorte de diamant ou de bijou. — پريشانلق perichanleq, désordre, trouble, inquiétude ; pauvreté.

پزونك pèzèvenk, entremetteur, proxénète, — pèzèvenklik, métier d'entremetteur ; ce terme est bas et injurieux.

پزليا pizèlia, grec πιζέλι, petits pois.

پس 1° pès, pers. bas, humble, vil. — پسپايه pèspaiè, homme du commun. — پس سس pès sès, voix sourde, murmure. — 2° pis, sale, malpropre ; voir پيس.

پسديل pesdil, pesdel, pâte sèche de fruits ; tarte feuilletée avec de la marmelade ; cf. le pers. فراته. — au fig. پسديلنی چيقرمق pesdèlini tcheqarmaq, frapper avec violence, rouer de coups. — On écrit plus rarement پستيل comme dans le proverbe : پستيل بينش استيان عربكيره خطيب اولسون pestil binich isteïèn arèbkirè khittib olsoun, « celui qui veut des gâteaux et un beau vêtement qu'il se marie à Arabkir » (Arabrace, ville de la Turquie d'Asie, près de Kharpout).

پسقوپوس pesqopos, du grec ἐπίσκοπος, évêque, (on trouve dans les anciens annalistes, comme Pètchèvi, etc. la forme پيسقوف) évêque muni du diplôme (berat) et du ferman impérial qui lui délègue l'autorité spirituelle et l'administration civile de son diocèse. Ce titre se donne à chacun des prélats des rites chrétiens, c'est-à-dire aux Grecs dits orthodoxes, aux Grecs melchites, aux Arméniens, aux Arméniens unis et aux Bulgares. — پسقوپوسلق pesqoposleq, diocèse. — پسقوپوس خليفه سی pesqopos khalfasi, chef du bureau des finances, où se traitent les affaires des églises et des couvents chrétiens.

پسكل *puskul,* gland, touffe, frange; voir پوسكول.

پسكورمك *puskurmek,* souffler, faire jaillir avec la bouche; voir پوسكرمك.

پسنديده *pèçendidè,* (pers. approuvé, loué, agréé) se dit aujourd'hui des objets de luxe importés d'Europe selon les caprices de la mode, par ex.: پسنديده ساعت *pèçendidè sa'at,* une montre ou horloge de fabrication anglaise, etc.

پسوس *pisous,* (du persan په سوز « brûle-graisse ») lampe commune en terre ou en cuivre; elle a la forme d'une gamelle et porte à son centre un tube percé de deux trous qui mettent la mèche en communication avec la graisse ou l'huile. — طوب پسوسی *top pisousi,* récipient en forme de cueiller où l'on fait rougir les boulets de canon.

پسی *piçi,* (میشیك ou بیشیك t. or.) jeune chatte; se prend, en redoublant le mot, dans le sens de « petit chat »

piçi-piçi. — پسی اوتی *piçi oteu,* « herbe au chat », nom donné à la valériane, parce que son odeur camphrée plaît aux chats. Cette plante porte aussi les noms de : كدی اوتی , ابه پسیکی et چاتیق اوتی.

پسی *piçi,* turbot ou barbue, nommé en italien *pesce di mare;* c'est par erreur que Bianchi donne ce nom à la limande.

پش *pich,* (du persan پیش) devant. — البسه پشی *elbiçè pichi,* partie ajoutée au devant de la tunique dans l'ancien costume. — پشه دوشمك *pichè duchmek,* poursuivre, rechercher, faire diligence. — بر ایشك پشنده كزمك *bir ichiñ pichindè guezmek,* poursuivre une affaire, la mener bon train.

پشتخته *pèchtahta,* abrégé du pers. پیشتخته *pich-takhta,* bureau à écrire, secrétaire; meuble à serrer de l'argent. Les chroniqueurs ottomans rapportent que Sultan Osman III excellait dans la fabrication de ces meubles.

پشتمال *pechtemal,* (du persan) tablier, grande serviette. — ایپك پشتمال *ipèk pechtemal,* foulard rayé de l'Inde, grand fichu, ar. فوطه.

پشتو *pichtov*, synon. de *tabandja*, pistolet. — انكليز پشتوى *ingliz pichtovi*, « pistolet anglais » (var. انكليز بارودى *ingliz baroudi*, « poudre anglaise »), se dit, *au fig.*, d'un homme emporté et irascible. Voir aussi پشطو et طبانجه.

پشدى (var. پیشدى) *pichdi*, jeu de la main cuite ou, comme on dit en français, de la *main-chaude*. Cf. پشمك.

پشرو *pèchrev*, (persan پیشرو qui marche en avant) 1° prélude, début d'une phrase musicale, ordinairement dans les limites d'une quarte augmentée. — 2° fusée à la congrève ; پشرو كورله *pèchrev gurlè*, mitraille. — 3° espèce de fortification en palissade.

پشطو ou پیشتو *pichtov*, pistolet (de l'ital. *pistoia*). — بل پشطوى *bel pichtovi*, grand pistolet de ceinture. — جيب پشطوى *djèb pichtovi*, pistolet de poche. — قبور پشطوى *qoubour pichtovi*, « pistolet de boîte », arme de prix, révolver. Cf. طبانجه et پشتو *tabandja*.

پشكش *pèchkèch* pour پیشكش *pichkech*, (pers.) cadeau, présent ; — objet rare et précieux. — پشكش چكمك *pèchkèch tchèkmek*, faire des cadeaux ;

au fig. se mettre en frais pour exciter quelqu'un. — پشكشى آلان حق براغور *pèchkèchi âlan haqqeu bragheur*, qui prend le cadeau, abandonne l'équité. — پشكش هر آدمدن آلنمز *pèchkèch her âdamden âlenmaz*, on n'accepte pas de cadeau de chacun. Cf. رشوت *richvet*. — پشكشجى باشى *pèchkèchdji bachi*, officier subalterne préposé à la garde des cadeaux offerts au sultan ; il était sous la dépendance du *qezlar âgha*, « chef des eunuques noirs ».

پشكن (var. پیشه كین) *pichkîn*, *pichèguîn*, facile à cuire.

پشكین (var. پیشكین) *pichkîn*, cuit, bien cuit. — پشكین اتمك *pichkîn ekmek*, pain cuit à point. — پشكین طوغله *pichkîn toughla*, brique cuite. — *au fig.* mûri, expérimenté, sage et habile. Cf. پشمك.

پشكیر *pèchkir*, (pers. پیشكیر *pichguir*) serviette, essuye-main. — Parmi les serviteurs particuliers du sultan, il y avait autrefois le پشكیر آغا *pèchkir âgha*, officier chargé de la garde des serviettes du palais ; il était le subordonné du garde-clé (اناختار آغا) et avait sous ses ordres un autre officier, nommé بینش پشكیر آغا *binich* pèchkir ághа. Tous ces serviteurs faisaient partie du خاص اوداسی khass odasse, « compagnie du corps ». — D'Ohsson, t. VII, p. 34.

پشمان pichman, repenti ; voir پشیمان.

پشمك pichmek, (autrefois bichmek) cuire (verbe neutre); — être cuit; mûrir, arriver à maturité; *au fig.* acquérir de l'expérience; réussir, aboutir (une affaire). — پشمش آش pichmich ách, « soupe cuite », affaire faite, marché conclu. — پشمش آشه صو قاترمق pichmich áchè çou qatermaq, « verser de l'eau sur une soupe cuite », troubler les affaires, bouleverser les choses. — سکه جه پشمش siñèdjè pichmich, cuit à la hâte, à demi-cuit. — تاواده پشمش tavadè pichmich, cuit à grand feu. — پشمشی براقمق pichmichè braqmaq, laisser le certain pour l'incertain, la proie pour l'ombre. — سکا پشمش اولان بکا قوریلمشدر saña pichmich olan baña qourelmechder, « ce qu'on avait fait cuire pour toi, c'est à moi qu'on le sert », dans le sens de « ôte-toi de là que je m'y mette ».

پشمه (var. بشمه) pèchmè, établi ou banc sur lequel le tour est monté. — قولاقلو پشمه qoulaqlu pèchmè, tour à pointes.

پشنك pèchenk, (abréviation du pers. پیشاونك) âne ou mulet placé en tête de la caravane et dont l'allure règle celle des bêtes de somme qui le suivent.

پشورمك pichirmek, transitif de پشمك, cuire, faire rôtir, mettre au feu; *au fig.* réfléchir, mûrir une affaire; arranger, organiser. — On dit à une personne impatiente : اونی یوغرمهدن اتمکی پشورمك استرسین ounou youghourmaden ekmeyi pichirmek istersin, « tu veux cuire le pain sans pétrir la farine! » — هر آتش چیك پشورمز her átech tchii pichirmez, « tout feu ne cuit pas ce qui est cru », tout maître n'est pas capable de former de bons élèves. — trans. پشورتمك pichiritmek, faire cuire. — پشریم ou پشوریم pichirim, cuite, ce qu'on cuit en une fournée.

پشیك (var. پیشیك) pichik, 1° inflammation du tissu au-dessous de l'oreille, oreillon. — 2° tumeur à l'aine. Cf. le verbe پشمك.

پشیمان pechiman, vulg. pichman, (pers.) repentant, contri. — پشیمانلق

pichmanleq, repentir, contrition, regret, remords. — اوکی دوشمــن آردی پشمان *euñe duchman ârde pichman*, « ennemi par devant, repentir par derrière », se dit de celui qui est placé entre deux dangers. — ایشلنن ایشــه پشیمانلق یوقدر *ichlenen ichè pichmanleq yoqtour*, « on ne se repent pas d'avoir fait son devoir »; à ce dicton on ajoute : لکن سویلنن سوزه پشیمانلق وار *lakin seuïlènen seuzè pichmanleq var*, « mais on se repent d'avoir prononcé une parole ».

پشین *pèchîn*, (du pers. پیشین *pichîn*, antérieur, en avant) argent comptant, payé d'avance. — پشین جواب *pèchîn djevab*, réponse toute prête, catégorique. — پشین پاره *pèchîn para*, somme payée d'avance, ou plus usuel : پشینات *pèchînat*, avances d'argent. — پشین اوله‌رق *pèchîn olaraq*, à titre d'avance, en argent comptant; par anticipation. — پشین آلمق کورمك *pèchîn âlmaq* ou *gueurmek*, recevoir ou payer par anticipation. — پشین کورمك *pèchîn gueurmek*, prévoir. — ایلك پشین *ilk pèchîn*, tout d'abord, d'avance (peu usité). — پشینجی *pèchîndji*, qui fait payer d'avance, qui vend argent comptant.

بصدرمه (var. باصدرمه) *paçterma*, viande salée et fumée; voir باصدرمه.

بصطال *paçtal*, 1° pièce entière de drap fin (Mallouf). — 2° espèce de guêtres; comparer avec بوستال.

بصریق *peçreq*, (synonyme de *bisrik*; voir بسریك) homme timoré, inerte, apathique.

بط (variantes پات et باط) *pat*, plat, large, aplati; voir پاتقه.

بطاقه (var. بطاقه) *pitaqa*, peut-être du grec πιττάκιον : étiquette tissée ou cousue sur la lisière des étoffes, avec l'indication des prix, la marque de fabrique, etc.—Le sens grec « billet, petite lettre », donné à ce mot par quelques lexicographes, n'est pas connu en turc-osmanli.

بطریق (var. بطریــق, باتریق, etc.) *patreq*, latin *patricius*, patriarche; titre donné aux chefs des principales communautés chrétiennes établies dans l'empire ottoman; ils joignent à leur autorité spirituelle les fonctions d'administrateurs civils et de magistrats. Six communautés régies par un patriarche ont une existence officielle : 1° la communauté grecque; 2° la communauté arménienne; 3° la communauté grecque-unie; 4° la communauté arménienne-unie; 5° la communauté bulgare; 6° la communauté israélite dont le chef porte le titre de خاقم باشى *khaqam bachi*. Le patriarche grec-orthodoxe a la préséance sur ses collègues des autres rites. Les privilèges de ces dignitaires sont fixés par des titres (*berat* et *firman*). — بطريقلق *patreqleq*, patriarchat. — بطريقخانه *patreq-hanè*, siège, résidence épiscopale du patriarche.

بطليجان *patlidjan*, aubergine; voir ياطليجان.

پفترى *pufteri*, gaîne du sifflet de chasse; voir پوفترى.

پقسان *peqsan*, canon à la Paixhans, remplacé aujourd'hui par le canon carabiné ou rayé, ششخانه طوب *chechhanè top*.

پك *pèk*, 1° adj. dur, ferme, solide. — آغيزى باشى پك *baghe pèk*, entêté; آغزه پك *âgheze pèk*, « qui a la bouche dure », rétif, muet; جانى پك *djani pèk*, fort, courageux; پك يوركلو *pèk yurèklu*, dur, cruel, impitoyable. — يوركى تيوردن *yurèyi demirden pèktir*, son cœur est plus dur que le fer. — Agile, prompt: پك كتمه آياغك آلتنده آتش ياتمز *pèk guitmè âyaghèn âltendè âtech yatmaz*, ne marche pas si vite, il n'y a pas de feu sous tes pieds. — پكچه سويلهمك *pèktchè seuilèmek*, parler trop vite. — 2° adv. très, beaucoup, extrêmement. — پك ايو *pèk eyi et*, par abréviation پكى *pèkeï*, très bon; پك كوزل *pèk guzel*, très joli, très bien, parfait. — پك اعلا *pèk aâla*, excellent, superbe. — پك چوق *pèk tchoq*, trop, avec excès. — پكلك *pèklik*, dureté, solidité, force; *au fig.* avarice, ladrerie.

پكسمات *peksimèt*, (var. پكسماط *peksimat*) biscuit, galette; voir بكسماد.

پكشمك *pèkichmek*, consolider, fortifier; se durcir; serrer, river. — *trans.* پكشدرمك *pèkichdirmek*, rendre solide, donner de la force; voir پك.

پكلمك *peklemek*, rendre fort, solide, endurcir. — پكلنمك *peklenmek*, se fortifier, etc.; voir پك *pek*.

پكمز (var. پتمز) *pèkmez*, vulg. *pètmez*, suc de raisin épaissi par la coction, raisiné; voir بكمز.

پكوانه *pèkouana*, par abréviation, au lieu de *ipecacuanha*; plante aux propriétés émétiques originaire du Brésil. La pharmacopée orientale la confond avec la *racine d'or* آلتون کوکی, en ar. عرق ذهب qui est, à proprement parler, la béconquille.

پلاترینه *pèlatrinè*, grec πλατίτσα, poisson de la famille du muge ou mulet, mais de plus petite taille et aux lèvres pointues. On le mange salé et il prend alors le nom de *liqourinoz*. Cf. کفال et لیقورینوز.

پلاتنه *pelatinè*, platine, de l'espagnol *platina*. On se sert quelquefois de cette transcription au lieu du mot turc آق آلتون *âq áltoun*, ar. ذهب ابیض « or blanc ».

پلاچقه (var. پلاچقه) *pelatchqa*, 1° poule qui couve, couveuse; synonyme de قلوچقه. — Comparer avec پلاز et پلیچ poussin. — 2° synonyme de پلانقه, butin, chose ravie, proie.

پلاز (var. پالاز) *palaz*, petit oiseau, poussin; principalement petit du pigeon, de l'oie et du canard. — *au fig.* پلاز کبی *palaz guibi*, « comme un poussin », se dit d'un petit enfant gros et gras et bien portant.

پلاس *pelas*, (persan) étoffe ordinaire, vêtement grossier, synonyme de چاپوت. — پلاس پاندراس *pelas-pandras*, en guenille, en haillon; déguenillé.

پلاسقه *pelasqa*, giberne, poire à poudre; voir پالاسقه.

پلاکی *pilaki*, (grec πλακή) matelotte de poisson, sorte de bouillabaisse. Quand elle est préparée au maigre, elle prend le nom de پاپاس یخنیسی *papas yakhnisè*. — On fait aussi ce mets avec des poitrines de poulet au lieu de poisson.

پلامار *palamar*, câble; voir پالامار.

پلاموت 1° *palamoud*, (grec mod. παλαμύδα, ancien πηλαμύς) *thynnus brachypterus*, thon; alose. « Je vis plusieurs pescheurs qui peschoient grande quantité de pelamides et d'autres poissons à l'hameçon ». (*Journal* de Galland, t. I, p. 238.) — Voir پالامود. — 2° *palamout*, gland, fruit du chêne; voir پالاموت.

پلانچته *pelantchètè*, planchette, instrument de bois dont les arpenteurs se servent pour lever des plans.

پلانقه *palanqa*, de l'ital. *paranco*, terme de marine: *paran*, espèce de mouffle composé de deux poulies à rouet, qui sert au transport des fardeaux et à la manœuvre.

پلانكته‌ *pelankètè*, de l'ital. *planchetta*, boulet barré ou ramé.

پلانیه *pelanya*, grec πλάνια, français *plane*, outil tranchant et à deux poignées qui sert à *planer*, c'est-à-dire à rendre plane et unie la surface des bois d'industrie.

پلاو *pilav*, pilau, riz à la turque, plat national qu'on prépare avec du riz, du bouillon et du beurre, et auquel on ajoute quelquefois des petits morceaux de mouton ou de poulet, c'est ce qu'on nomme اتلو پلاو *ètlu pilav*, « pilau à la viande ». La manière de le préparer est très variée. Voici les différentes sortes de pilau les plus connues, outre le pilau ordinaire : زرده پلاو *zerdè pilav*, « riz au safran et au miel », on le nomme aussi *riz des funérailles*. — آلاجه پلاو *âladja pilav*, « riz bigarré », mélangé de lentilles, pois chiches, etc. — لاپه پلاو *lapa pilav*, riz en bouillie. — بلغور پلاوی *boulghour pilavi*, pilau d'orge mondé ou de gruau. — قوسقوسی پلاوی *qousqousou pilavi*, pilau de *couscous*, farine pétrie et réduite en petits grains comme du millet; ce mets s'était acclimaté autrefois dans le midi de la France, sous le nom de *Courgousson*. — قرنفللو پلاو *qarenfullu pilav*, pilau aux clous de girofle. — قبونی پلاو *qabounè pilav*, pilau mal cuit, dur et sec. — کچك پلاو *guetchik pilav*, « riz passé » trop cuit, trop crevé. — صاچمه پلاو *çatchma pilav*, riz dont les grains se mettent en grumeaux. — Pour dire que quelqu'un donne un festin, on se sert vulgairement de l'expression پلاوی وار *pilavi var*, « il a du pilau ». — بونی پلاو یك صانورمیسین *bounou pilav yèmek çaneurmisîn*, crois-tu que ce soit (facile comme de) manger du pilau? — یاغلو پلاو در *yaghlu pilav dur*, « c'est du pilau gras », c'est une bonne chose dont on fait ses *choux gras*. — یاغسز پلاو پلاو اولمز *yaghsez pilav pilav olmaz*, « pilau sans beurre n'est pas pilau », ce n'est pas le tout d'avoir des choux, il faut aussi du lard. — On donne aux parasites, aux faux derviches, aux hypocrites qui affectent les dehors de la piété les épithètes de پلاو صوفیسی *pilav çoufousou*, « derviche du pilau »; پلاو قووان *pilav qovan*, « pourchasseur de pilau »; پلاو قاشیان

pilav qacheuïan, «racleur de pilau», etc. — پلاو آلتنده بولنمق *pilav âltendè boulounmaq*, «avoir le dessous du pilau», dans le sens de «payer pour les autres». Quand les convives sont réunis autour d'un plat de riz, toujours dressé en forme de pyramide sur un plateau, chacun creuse le riz en dessous à l'aide de sa cuiller, et il est convenu que celui qui fera tomber la partie supérieure de la pyramide paiera pour tout le monde, ou offrira à son tour un autre repas. — قانلی پلاو یمك *qanleu pilav yèmek*, «manger le pilau sanglant», «c'est-à-dire subir l'épreuve avant d'être enrôlé dans la milice des janissaires». Voici comment le P. Arcère explique cette locution aujourd'hui tombée en désuétude : «quand quelqu'un (un volontaire) se présente au colonel, il le fait asseoir à table avec ses camarades à la première place et on luy sert un plat de pilau. Mais avant que le soldat taste à cette soupe, un sergent crie tout-à-coup : فلانك روحیچون فاتحه *fulanung rouhi ichun fatiha*, «lisons la préface de l'Alcoran pour l'âme d'un tel» ..... Si le postulant est un brave, il récitera le *fatiha* avec les autres, sans s'estonner et sera le plus diligent à enfoncer sa cuiller dans le pilau, mais s'il hésite, c'est un signe qu'il n'a point de cœur et on a lieu de le refuser.» — پلاوینه مزراق دکیلور *pilavinè mezraq dikilir*, «on planterait une pique dans son pilau», tellement il est abondant et tassé, se dit d'un hôte généreux qui tient table ouverte. — پلاو آدمك آیاغنه كلمز *pilav âdamuñ âyaghenè guelmez*, «le pilau ne vient pas se mettre sous les pieds de l'homme», comme on dit : «le bien ne vient pas en dormant». — On donne le nom de عجم پلاو *'adjem pilav*, «pilau étranger ou persan» à un mélange de riz avec des pistaches et du raisin; c'est un plat fort en honneur en Perse et surtout à Boukhara.

پلاوره *palavrè*, faux-tillac; voir پالاوره.

پلتك *peltek*, bègue; qui parle avec difficulté; plus rarement : qui grassaie. — پلتك پلتكی یاكسالار *peltek pelteye yañsalar*, «le bègue contrefait le bègue», se dit de deux individus ridicules et qui se moquent l'un de l'autre. — پلتك سویله مك *peltek seuïlèmek*, ou پلتكلمك *pelteklèmek*, bégayer, grassayer. — پلتكلنمك *pelteklenmek*, même sens;

hésiter à parler par suite d'une émotion quelconque. — Voir aussi پپہ.

پلته *peltè*, abréviation de پالوده *paloudè* ou *palouzè*, gelée de fruits, compote; gélatine et sucrerie d'amandes et de miel. — *Au fig.* صو پلته‌سی *çou peltèsi*, « gelée d'eau », chose insipide, insignifiante. — پلته کبی وجود *peltè guibi vudjoud*, corps sans vigueur, mou, apathique.

پلسقه *palasqa*, poire à poudre, giberne; voir پالاسقه.

پلسکون (var. فلسکون et پولوسکون) *puluskun* et *fuluskun*, grateron ou gaillet, plante de la famille des Rubiacées. Elle passe pour avoir la propriété de cailler le lait; aussi est-elle appelée communément چوبان سوزکجی *tchoban suzguèdji*, « passoire du berger », ce qui répond exactement à l'arabe مصفاة الرعاة.

پلسنك *pelseng* (*pèlèseng*), corruption de l'ar. بلسام *belsam* ou *belsan*, balsamier, baumier. On appelle « baumier d'Amérique » یکی دنیا پلسنکی *yèñi dounia pelsengui*, le palissandre. — پلسنك یاغی *pelseng yagheu*, baume de la Mecque, et par dérivation, baume de copahu. — سیلان پلسنکی *silan pelsengui*, arbre guttifère de Ceylan, *garcinia morella*, dont on tire la gomme-gutte. — Proverbe: پلسنك كولكه سنده اوتوران پلسنك قوقار *pelseng gueulgèsindè otouran pelseng qoqar*, « qui s'assied à l'ombre du baumier, sent le baume », c.-à-d. : on n'a qu'à gagner à la fréquentation des honnêtes gens.

پلنقه *palanqa*, palissade; voir پالانقه.

پلون *pèlun*, absinthe; voir پلین.

پلیت *pellit*, (var. پلید *pellid*) corruption de l'arabe بلوط *ballout*, chêne, prononcé aussi *pallout*. — پلید غربی *pellidi gharbi*, châtaigner; marronier.

پلیج (var. پلیچ) *pilidj* ou *pilitch*, poulet, poussin. — پلیچ چیقرمق *pilitch tcheqarmaq*, faire éclore des poulets, faire couver. Cf. قولوچقه.

پلید (var. پلیت) *pilid*, *pilit*, gland, fruit du chêne, corruption de l'ar. بلوط; voir پلیت et پالاموت.

پلین *pèlin*, (var. پلون *pèlun*) absinthe, plante du genre armoise. Les Turcs distinguent deux plantes de ce nom : آق پلین *âq pèlin*, « absinthe blanche » qui est l'*artemisia absinthium*

قره پلین et qara pèlin, « absinthe noire » qui paraît être l'*aurone*, ar. قیصوم. — عرق پلین '*araq pèlin* ou پلین شرابی *pèlin charabę*, liqueur d'absinthe. — پلین طوزی *pèlin touzou*, « sel d'absinthe », sous-carbonate de potasse.

پناط *ponat*, bonnettes, voiles supplémentaires destinées à augmenter l'étendue d'une voile, pour profiter du vent qui s'échappe par-dessous. — Comparer avec اسقویامار et قورتلاچقه.

پناير (var. پانایر) *panaïr*, du grec πανήγυρις, assemblées foraines, foires qui se tiennent en certains lieux et à époques fixes. Les foires les plus célèbres en Turquie étaient celles de Balikseri, Silivri, Qaraçou, etc.

پنبوق *pambouq*, prononcé vulg. پموق *pamouq*, coton, comme dans le proverbe : آتش ایله پموغك اویونی اولمز *âtech ilè pamoughouño younę olmaz*, « le coton ne joue pas avec le feu », ce qui rappelle le distique de Saadi dans le *Bostan*, livre VII, v. 280 :

بر پنبه آتش نشاید فروخت
که تا چشم برهم زنی خانه سوخت

On dit dans le même sens پنبوغه آتش براقمق *pambougha âtech braqmaq*, mettre le feu aux étoupes. — پنبوق علوی در *pambouq 'alèvi dur*, « c'est une flamme de coton », une colère promptement apaisée. — پنبوق ایپلکی *pambouq ipleyi*, fil de coton. — پنبوق بزی *pambouq bèzi*, toile de coton. — پنبوق قاشی *pambouq qoumache*, étoffe de coton. — پنبوق آتیجی *pambouq âtędje*, cardeur de coton, synonyme de طراياجی *taraïadjeu*. — پنبوق آتمق *pambouq âtmaq*, carder le coton. — پنبوق چچکی *pambouq tchitcheyi*, fleur du cotonnier; پنبوق بالی *pambouq balę*, miel très blanc provenant des sucs de cette fleur. — پنبوق بالغی *pambouq baleghę*; d'après le *Lehdjè*, ce nom désignerait un poisson du genre cétacé, dont la chair est comestible, c'est peut-être le *lamantin*. — پنبوق اوتی *pambouq oteu*, *lycopus* ou marrube aquatique, nommé vulgairement *poireau sauvage*, *yaban praçasę*; voir پراسه; on a confondu quelquefois cette plante avec le *pas-d'âne* ou *tussilage*. — طوب پنبوق *top pambouq*, coton en balle nommé aussi تخته پنبوق *takhta pambouq*, coton à carder. — پنبوق بدرکی *pambouq bedreyi*, flocon de coton roulé pour être filé. — پنبوقلق *pambouqlouq*, plantation de coton. — *Adj.* پنبوقلو *pambouqlou*, 1° cotonneux, de la nature du coton. — 2° espèce de camisole ou gilet. —

3° lange, brassière d'enfant. — On dit en proverbe : قولاقدن پنبوغی چیقرمق *qoulaqtan pamboughe tcheqarmaq*, « retirer le coton de l'oreille » dans le sens de se mettre sur ses gardes, être prudent et vigilant.

پنبه. Le mot persan *pembè*, « coton » se prend en turc vulgaire comme adjectif, dans le sens de « rouge pâle, rosé, blanc rosé ». — توز پنبه‌سی *toz pembèsi*, couleur fleur de coing ; la même couleur plus foncée est désignée par le nom de زیبا *ziba*. — پنبه یكاق *pembè yañaq*, « joue de coton », teint de lis et de rose. — De là le verbe پنبه‌لشمش *pembèlèchmek*, se colorer, rougir : حجابدن یكاقلری پنبه‌لشمش *hidjabden yañaqlare pembèlèchmich*, ses joues rougirent de honte ou de pudeur. — پنبه‌زار *pembèzar*, étoffe légère dont le dessus est en bourre de soie et de coton et le dessous entièrement en bourre de soie ; la même étoffe se nomme پنبه‌چول *pembètchol*, si le dessous est tout coton.

پنتافیل *pentafil*, (abrégé de پنتافلیون *pentafilioun*, du grec πεντα-φύλλον) *potentilla reptans*, vulgairement nommée *quintefeuille*. La médecine arabe l'employait à divers usages et notamment pour accélérer la cicatrisation des plaies, comme le *sang-dragon*. Voir Ibn el-Beïtar, dans les *Notices des Manuscrits*, t. XXIII, 1re partie, p. 271.

پنتی *pinti*, sale, crasseux, sordide et, *par extension*, avare. — پنتیله‌مك *pintilèmek*, être sale, mal-vêtu, crasseux ; *au fig.* avoir mauvaise mine, maigrir.

پنجار (var. پنجر) *pandjar*, betterave ; voir پانجار.

پنجره *pendjèrè* ou *pentchèrè*, (pers.) fenêtre, lucarne ; ouverture. — چیچكلو پنجره *tchitcheklu pendjèrè*, fenêtre entrouverte. — دوردول پ *deurdul pendjèrè*, fenêtre carrée. — جاملی پ *djamlu pendjèrè*, fenêtre vitrée. — قفسلی پ *qafeslu pendjèrè*, fenêtre à treillage ou à jalousie. — پرماقلو پ *parmaqlu pendjèrè*, fenêtre à barreaux, fenêtre grillée. — یر پنجره‌سی *yèr pendjèrèsi*, fenêtre de plein pied, soupirail de cave. — تاوان پنجره‌سی *tavan pendjèrèsi*, lucarne, œil-de-bœuf. — پنجره خیرسزی *pendjèrè kherseze*, « voleur de fenêtre », indiscret, ou impudique ; on dit dans le même sens : پ بكچیسی *pendjèrè bektchisi*, guetteur de fenêtre. — پ آچق

پنجره آچمق *pendjèrè âtchmaq*, « ouvrir la fenêtre », *au fig.* montrer le chemin, guider. — پنجره آچلمق *pendjèrè âtchelmaq*, « avoir des fenêtres ouvertes »; *au fig.* avoir des vêtements percés, ou la peau trouée de blessures. — هر یانی پنجره پنجره اولمش *her yanè pendjèrè pendjèrè olmech*, tous ses côtés sont percés à jour (se dit d'un soldat ou d'un navire criblé de coups). — كوزلر جانك پنجره سیدر *gueuzler djaniñ pendjèrèsi dur*, les yeux sont les fenêtres (le miroir) de l'âme. — عمری ایچنده پنجره دن باش كوسترمش دكلدر *eumri itchindè pendjèrèden bach gueustermich deïldir*, « de sa vie elle n'a mis la tête à la fenêtre », se dit d'une femme dont la vie est chaste et sans reproche. — پنجره یی كوزینه آلمق *pendjèrèyi gueuzinè âlmaq*, « avoir l'œil à la fenêtre », être jaloux, inquiet. — كوزلری پنجره ده قالدی *gueuzleri pendjèrèdè qaldeu*, « il a toujours les yeux à la fenêtre », il attend avec impatience, il est dans l'anxiété.

پنجشنبه *pendj-chembè*, prononciation vulg. *perchembè*, (pers.) jeudi. — On dit d'un homme qui n'a pas d'ordre dans ses affaires et qui court à sa ruine : چهارشنبه ایله پنجشنبه سنی غایب ایتدی *tcharchembè ilè perchembèsini ghaïb itti*, « il perd son mercredi et son jeudi ».

پنجیك *pindjik*, (abrégé de *ispindjik*) 1° paiement du quint sur la valeur vénale des esclaves et prisonniers de guerre. — 2° Certificat délivré au propriétaire d'esclaves; voir اسپنجیك.

پنجه *pentchè*, (pers.) les cinq doigts de la main, — poing; griffe, serre. — پنجه چالمق *pentchè çalmaq*, planter ses griffes, synonyme de پنجه لهمك *pentchèlèmek*, griffer, lacérer; *au fig.* signer, apposer sa griffe. — پنجه لشمك *pentchèlèchmek*, en venir aux mains, se battre. — ال پنجه طورمق *èl pentchè dourmaq*, se tenir comme un serviteur, prêt à recevoir des ordres. — پنجه یه كچیرمك *pentchèyè guètchirmek*, ravir, spolier. — آیو پنجه سی *âïou pentchèsi*, 1° acanthe, branche ursine; 2° plante de la famille des Astérinées, peut-être l'*Aster amellus*. — Griffe, signature impériale apposée sur les pièces officielles, *fermans*, etc. — *adj.* پنجه لو *pentchèlu*, armé de griffes, *au fig.* agressif, violent, rapace; آرسلان پنجه لو *ârslan pentchèlu*, « aux griffes de lion », cruel, féroce. — آرسلان پنجه سندن بللودر *ârslan pentchèsinden bellidir*, le lion se reconnaît à sa griffe « *ab ungue leonem* ». — یرتیجی قوش پنجه‌سندن چیقمش اورد که دوڭش *yertedje qouch pentchèsinden tcheqmech eurdèyè deunmuch*, « il ressemble à un canard échappé des griffes d'un oiseau de proie », se dit d'un homme ébouriffé et débraillé. — Cf. جناق.

بنك *penek*, assoupissement; voir بینك.

پنكان *pinguan*, (pers.) instrument pour scarifier, scarificateur. Le *Lehdjè* rapproche ce mot de فنجان *findjan*, tasse.

پنیال *pinial*, de l'ital. *pugnale*, couteau à lame longue et effilée, synonyme de آرناود شیشی *ârnaoud chichè*, épée albanaise.

پنیر *pénir*, fromage; prononciation plus usitée *peïnir*; voir پینیر.

پو *pou*, interj. son produit par la bouche quand on crache; *synon*. de پف et توف. — Fi! fi donc! comme ou یوف. — پولامق *poulamaq*, cracher légèrement, crachoter.

پوپله (var. پوپلا) *poupla*, duvet, plumes fines du canard, de l'oie ou du cygne. — پوپله یاتغی *poupla yataghe*, lit de plume; *au fig.* toute chose douce et molle.

پوپه (var. پوپا) *poupa*, de l'italien *poppa*, poupe, arrière du navire. — پوپه هوا *poupa hava* (ou *rouzguiar*), vent de poupe, vent arrière, favorable. — پوپه سرنی *poupa sèrèni*, vergue d'artimon, vergue qui supporte la voile la plus rapprochée de l'arrière. — Cf. فیچ.

پوت *pot*, (tout ce qui est ample et qui fait des plis), double d'une étoffe; — pli, ourlet. — *au fig.* پوت کلمك *pot guelmek*, venir à l'encontre, contrarier, faire échouer une affaire (accident, obstacle). — پوت قیرمق *pot queurmaq*, parler mal à propos, dire des choses inconvenantes.

پوت *pot*, (var. پوط) 1° bateau plat servant au passage d'une rivière, bac. — 2° grand panier enduit de bitume dont on se sert en guise de barque sur le Tigre. — Comparer avec کلك *kèlèk*.

پوت *pout*, (du pers. پُت) idole, image, statue ou tableau devant lesquels on se prosterne; — quelquefois: crucifix. — پوته یمین ایتمك *poutè yèmin etmek*, jurer sur la croix. — پوت طابیجی *pout tapedjè*, adorateur d'idole, idolâtre, payen. — پوت كبی اوتورمق *pout guibi otourmaq*, « être assis comme une idole », rester muet et impassible. — پوتی قیرلمشدر *poutou querelmechdur*, « son idole s'est brisée », allusion à une personne qui est en proie à un violent chagrin.

پوتالونبـه *potalomba* (var. پتالامبه *potalamba* et كوتالونغا *koutaloungha*), vernis de la Chine, *ailantus glandulosa* ou *angia*, arbre originaire de la Chine et des îles de la mer du Sud; il produit un beau vernis jaune ou noir. — پوتالونبه یپراغی *potalomba ypraghe*, feuille de cet arbre, nommée aussi كاغد هندی « papier de l'Inde »; elle s'emploie comme remède.

پوتراق (var. پتراق, بوتراق) *poutraq*, nœud, rugosité; — *adj.* noueux, plissé, ridé; voir بوتراق. — پوتراقلانمق *poutraqlanmaq*, se nouer, se rider, se contracter; on emploie dans le même sens le verbe پوتوقلانمق; voir پوت *pot*.

پوتلامق *poutlamaq*, mettre bas (en parlant seulement de la chamelle); la forme régulière, d'après l'étymologie du mot, serait بودلامق *boudalamaq*. Cf. le t. or. بوته *boutè* et بوداغ *boudagh*,

qui signifient « petit d'un animal et, en particulier, du chameau ».

پوتور *potour*, 1° pli, ride, fronces. داماغك پوتوری *damagheñ potourou*, parois inégales et ridées de l'intérieur du palais; on emploie aussi پوتوق.— 2° vêtement large et qui fait des plis : پوتور شلوار *potour chalvar*, pantalon large dans le haut et serré par le bas, nommé aussi آرناود پوتوری *ârnaout potourou*, « culotte d'Albanais ».—3° *adj.* gai, pétulant; effronté; voir بوطور.

پوته *pota* (var. بوطه), vase en terre, creuset. — نشان پوته‌سی *nichan potase*, cruche en terre qui sert de disque ou de cible pour le tir.

پوتیره *potira* (var. پوتره), sortie en arme des habitants d'un village pour repousser une attaque ou poursuivre des brigands. Le *Lehdjè* considère ce mot comme étant d'origine bosniaque; cependant on ne le trouve pas dans les *Bosnisch-türkische Sprachdenkmäler*, de Blau.

پوج *poudj*, 1° entre dans la composition de l'expression پوج كميی *poudj kèmiyi*, os placé au-dessous du sacrum, os coccyx. — 2° *adj.* synonyme de

پیچ *pitch*, inutile, vide, sans valeur. بو ایش پوچ و پیچ اولور *bou ich poudj u pitch olour*, c'est un travail inutile, improductif, une mauvaise besogne.

پوجا (var. پوجه) *podja*, tribord, côté droit du navire; place du'pavillon. — *Au fig.* اورسا پوجا *orsa podja*, à gauche et à droite, de ci de là. — پوجالامق *podjalamaq*, faire tourner la barre à droite, prendre le vent en poupe, *arriver*, c'est-à-dire faire exécuter au bâtiment un mouvement qui augmente l'action du vent sur la voilure; tel est le sens exact de *poggiare* en italien. — *Au fig. podjalamaq* ou *podja ètmek*, marcher en trébuchant, tituber comme un ivrogne. — Voir aussi پوجه.

پوچالمق *potchalamaq*, voir le mot précédent.

پور *pour*, (synonyme de پورت et پورتوك) pierreux, raboteux. — De là, le nom de پورطاغ *pourtagh*, donné à une chaîne de montagnes qui séparent la Mongolie du Turkestan.

پورتقال *portouqal*, orange, ainsi nommée à cause du pays de provenance de ce fruit. — On en distingue plusieurs espèces : نارنج *narendj*, orange amère; چین پورتقالی *tchîn portouqale*, mandarine; قان پورتقالی *qan portouqale*, orange dont la chair est très rouge. — قاون *qavoun* (et *palengui*) *portouqale*, grosse orange.

پورچك 1° *pourtchik*, (var. پورچاك) petite boucle de cheveux; پورچك صاچ *pourtchik çatch*, chevelure bouclée (ne pas confondre avec كاكل *kiakul*, longue boucle et پرچم *pertchem*, touffe de boucles). — 2° *purtchuk*, duvet d'une étoffe; voir پوروز.

پورچه *pourtcha*, mot qui paraît formé, par imitation, de پارچه *partcha*, avec lequel il est ordinairement réuni: پارچه پورچه *partcha pourtcha*, en petits morceaux, menu menu, par petits fragments.

پورسلان *porslan*, (du français *porcelaine*) godet ou poulie en porcelaine qui, dans l'appareil télégraphique, sert à isoler les fils. — Voir aussi وصولان.

پورصوق *pourçouq*, 1° (comme پورشیق) flétri, ridé, ratatiné, flasque. — 2° arbre de la famille du genévrier, dont on fait des arcs. — 3° *porçouq*, blaireau ou taisson; voir پورسوق.

پورصومق *pourçoumaq*, se rider, se flétrir.

پورو *puru*, duvet; voir le mot suivant.

پوروز *puruz*, duvet du velours ou du drap, dessus cotonneux d'une étoffe; frange. — On emploie dans le même sens پورو *puru* et پورچك *purtchuk*. — پوروزلو ایپك *puruzlu ipek*, soie plucheuse. — *Au fig.* chose difficile, obstacle, difficulté. — پوروزسز *puruzsez*, simple, facile, tout droit. — پوروزلنمك *puruzlenmek*, devenir difficile, être un obstacle.

پوز *pouz*, sol dur, difficile à défricher (inusité).

پوس (var. پوص) *pous*, 1° brouillard, bruine, vapeur légère. — میوه‌لرك پوسی *meïvèleriñ pouçou*, gomme des fruits; آغاجلرك پوسی *âghadjlareñ pouçou*, gomme, résine des arbres, comme le mastic, etc. — مه پوسی *mèmè pouçou*, ulcération des tetins. — 2° fils d'araignée, filandres qui voltigent dans l'air. — پوصالمق et پوسالمق *pouçalamaq*, bruiner, devenir brumeux, se couvrir de brouillard. — Cf. پوصمق.

پوسات (var. پوصات et پوساط) *pouçat*, armure, armes de guerre; appareil militaire. — آت پوسادی *ât pouçade*, lames de fer, bardes de fer sur le poitrail du cheval. — پوساتلو *pouçatlu*, cuirassier, cavalier couvert d'une armure. — پوساتجی *pouçatdje*, arlequin, baladin.

پوست *post*, (pers.) peau d'animal, surtout celle qui n'est pas tannée. — انقره پوستی *enghouri poste*, peau d'angora; آرسلان پوستی *ârslan poste*, peau de lion. — قپلان پوستی *qaplan poste*, « peau de tigre », surnom du lis bulbifère dont les fleurs d'un jaune pourpre sont parsemées de taches noirâtres. — On appelle aussi *post* la peau d'animal dont les derviches se couvrent le corps; d'où l'expression : پوستاره كیرمك *postlèrè guirmek*, « entrer dans les peaux », comme nous disons « revêtir le froc ». — آبداله پوست ایكیده اسپ اكسك اولمز *âbdalè post iyidè esp eksik olmaz*, le moine trouve toujours une peau de bête et le guerrier un cheval. — بر پوستی بیله یوقدر *bir poste bilè yoqtour*, « il n'a pas même une peau de bête », il est pauvre et dénué de tout. — پوست كیمكه یاقلاشدی *post gueïmèyè yaqlachdeu*, « il est sur le point de se vêtir d'une peau »; c.-à-d. sa ruine est prochaine. — كوركلويى ده الله يراتدى پوستلويى ده *kurkluyu dè allah yaratte postluyu dè*, « Dieu a créé celui qui porte fourrure et celui qui est vêtu d'une peau », le riche et le pauvre. — Cf. پوستكى.

پوست *post*, fonction, poste, emploi public (néologisme).

پوستـــال (var. پوستال) *postal*, chaussure sans quartier, espèce de pantoufle, portée autrefois par les janissaires et les valets de pied. — *Au fig.* fille de joie, prostituée (terme trivial).

پوستكى *postèki*, 1° peau de mouton ou de chèvre, non encore tannée. — 2° *qalpaq*, bonnet circassien; bonnet de pâtre. — 3° *adj.* mou, flasque, ridé. — پوستكى يى سرمك *postèkiye sermek*, « étendre la peau », se fixer, séjourner. — پوستكى صايدرمق *postèki çaïdurmaq*, « faire considérer la peau », amuser, distraire un fou.

پوسته 1° *posta*, (de l'italien) poste, courrier, malle. — شهر پوستهسى *chèhir postase*, poste locale, petite poste. — قره پوستهسى *qara postase*, poste de terre. — پوسته واپورى *posta vapore*, bateau-poste. — پوسته خانه *posta-khanè*, bureau de poste. — پوسته خانه عامره *posta-khanèi aamiré*, l'administration des postes à Constantinople. — پوسته مركزى *posta merkeze*, bureau de poste. — پوسته مديرى *posta mudiri*, directeur de poste. — پوسته پولى *posta poulou*, timbre-poste. — پوسته يولى *posta yoleu*, route postale. — پوستهجى *postadje*, courrier, facteur. — 2° *posto*, (de l'italien) poste, corps de garde.

پوسكرمك *puskurmek*, (variantes پوسكورمك et پسكرمك) souffler de l'eau avec la bouche, asperger avec la bouche; — bouillonner (torrent); faire éruption (volcan). — يانار طاغ پوسكرمهسى *yanar dagh puskurmèsi*, éruption d'un volcan. — *Au fig.* rire aux éclats, pouffer de rire. — آتش پوسكرمك *âtech puskurmek*, « souffler des flammes », être en proie à une violente colère. — پوسكرمه *puskurmè*, 1° action de faire jaillir l'eau, etc. — explosion d'un volcan, d'une bombe ou d'une fusée, etc. — 2° charge d'une armée pour repousser une attaque.

پوسكـول (var. پوسكل et پسكل) *puskul*, gland, houppe de soie ou de fil; frange. — فس پوسكولى *fès puskulu*, gland en soie bleue du fèz ou bonnet turc. — پرده پوسكولى *perdè puskulu*, gland de rideau; frange de voile. — انجو صرمه پوسكولى *indjou* ou *çerma puskulu*, frange de perles ou de fils d'or. — *Au fig.* پوسكولو بلا *puskullu bèla*, complication sérieuse, grave difficulté. — پوسكوللندرمك *puskullendurmek*, attacher un gland, une frange; *au fig.* faire naître des obstacles, compliquer, rendre difficile.

پوسكى *puski*, ce mot privé de sens par lui-même se trouve en composition avec *èski* dans le sens de « vieilleries, vieilles hardes », etc. Cf. اسكى.

پوسمق *pousmaq*, (rarement *bousmaq*) se tenir en embuscade; voir پوصمق.

پوسه *pouçè*, (pers.) 1° poésies populaires, chansons dans le genre des *maoual* arabes. — پوسه‌لك *pouçèlik* (*bouçèlik*), ton musical; modulation. — 2° pour *bouçè*, baiser, caresse. Cf. اوپمك *eupmek*.

پوشت *poucht* (du pers. پشت *dos*), mignon, garçon débauché. Ce mot est une injure grossière. — پوشته *pochta*, poste, courrier; prononciation particulière à la Turquie d'Europe au lieu de *posta*.

پوشو *pochou*, turban léger porté autrefois par certaines troupes, notamment par les artilleurs. Ce mot vient probablement du persan پوش (de *pouchîden*) qui a, entre autres significations, celle de « bonnet, coiffure ».

پوص *pouç*, brouillard, bruine; پوصلق *pouçlouq*, même sens. Cf. پوس et پوصاريق.

پوصات *pouçat*, armure, etc.; voir پوسات.

پوصاريق *pouçareq*, brouillard, brume, vapeur légère; mirage; synonyme de پوصلق. Cf. پوس et پوص.

پوصله *pouçoula*, liste, note; petit cahier, registre de notes. — avec *etmek*, prendre note, prendre en extrait, enregistrer sommairement. — قيد پوصله‌سى *qaïd pouçoulasè*, extrait du registre matricule. — Voir aussi پوصوله.

پوصمق (var. پوسمق) *pouçmaq*, se cacher, se mettre en embuscade, tendre une embuscade, dresser des embûches. Voir le mot suivant.

يوصو (var. يوصى rarement يوسو) *pouçou*, embuscade, embûches; synonyme de كمين *kèmîn*. — يوصويه كيرمك *pouçouya guirmek* ou *yatmaq*, se mettre en embuscade, tendre des embûches; *au fig.* se cacher par l'effet de la honte ou du chagrin. — يوصو قورمق *pouçou qourmaq*, tendre une embuscade. — يوصويه چكمك *pouçouya tchekmek*, attirer dans une embuscade. — Cf. يوصمق.

يوصوال *poçval*, courroie ou tablier de cuir que les cordonniers placent sur leurs genoux; on écrit aussi پازوال.

يوصولان *pouçoulan*, italien *pozzolana*, pouzzolane, terre ferrugineuse qui sert à faire du mortier; elle est nommée aussi *çantorîn topragheu*, « terre de Santorin ».

يوصوله *pouçoula*, (de l'ital. *bussola*) boussole; synonyme de قبله نما *qebla-numa*. — يوصولهيى شاشرمق *pouçoulaye chachurmaq*, « perdre la boussole », perdre la tête, ne savoir comment faire. — يوصولهسز كتمك *pouçoula-sez guitmek*, « aller sans boussole », à la dérive, s'égarer; cette locution signifie aussi marcher seul, sans avoir besoin de guide.

يوصه *poça*, lie, marc, sédiment, résidu des fruits. — اوزوم يوصهسى *uzum poçasse*, marc de raisin, synonyme de جبره *djibrè*. — يوصهلانمق *poçalanmaq*, déposer, aller au fond (en parlant du marc, etc.). Il est possible que *poça* soit l'abrégé de l'italien *posatura* comme l'a proposé M. ZENKER; ce mot est d'ailleurs d'un usage peu fréquent; on emploie de préférence طورتى ou چوكهلك; voir ces mots.

يوطور *potour*, vêtement formant de larges plis sur la cuisse et serré sur les jambes où il est retenu par des agrafes. Ce pantalon est encore en usage chez certaines communautés de derviches; voir بوتور.

يوطه *pota*, creuset, vase de terre; voir بوته.

يوغاچه *poughatcha (poughtcha)*, gâteau, galette; voir بوغاچه.

يوغامه *poghama*, levier ou treuil qui sert à soulever les canons.

يوغو *poughou*, chouette; voir بوهو.

يوغور *poughour*, dromadaire; voir بوغور.

يوف (var. پف), 1° *pof*, bruit que

fait un objet en tombant dans l'eau, ou en éclatant; d'où le verbe پوفلامق *poflamaq*, qui se dit de tout ce qui produit, en éclatant, un crépitement sec. — 2° *pouf* bruit sourd qu'on produit en gonflant les joues; on emploie dans le même sens le verbe *pouflamaq*; — 3° interjection : fi! fi donc! — avec *etmek*, souffler, pour éteindre ou pour refroidir. Cf. اوفلهمك. — پوف بورگی *pouf beurèyè*, sorte de soufflé de pâtisserie.

پوفتری *poufteri*, sifflet à l'usage des chasseurs pour rappeler les chiens et les faucons. C'est le t. or. پولامان *poulaman*, du verbe پولامـاق souffler.

پوفكرمك *poufkermek*, souffler, gonfler les joues pour souffler; — asperger avec la bouche; cf. پوسكرمك.

پوقروه *pouqrava*, (ital. *porche o raisoni?*) parties de la membrure du navire, qui s'appuient sur la *carlingue* contre les bordages appelés *vaigres*. Cf. يكن.

پوڭار *pouñar*, fontaine; voir پيكار.

پول *poul*, 1° petite monnaie de cuivre, obole, liard. (Voir *Journal Asiatique*, mai 1864, p. 452.) — پولسز *poulsouz*, sans un sou, misérable. — بره پول حق كتوره *para poul haqq guètirè*, que Dieu te fasse vivre! — 2° paillette d'or, d'argent ou de cuivre. — پوللو *poullou*, couvert de paillettes, étincelant (vêtement). — 3° écaille de poisson, nacre; يلان پولی *yilan poulou*, écaille de serpent. — پوللو يلانجق *poullou yilandjeq*, ulcère serpigineux. — پوللو زره *poullou zirh*, cotte de mailles, cuirasse en écailles. — اون پولی *oun poulou*, talc, mica. — پرچين پولی *pertchîn poulou*, clou à boulon. — دف پولی *tèf poulou*, grelots et lames de métal autour du tambour de basque. — طاوله پولی *tavla poulou*, jeton de jeu. — 4° timbre-poste, پول ياپشدرمق *poul yapechtermaq*, coller un timbre-poste. — ناقص پول *naqess poul*, timbre défectueux. — بطال مهری باصلمش پول *battal meuhuru baçelmech poul*, timbre frappé du cachet oblitérant. — Voir aussi تغا et طامغه *tamgha*.

پولاج (var. پولوج) *pouladj*, faible, impotent, inerte; ce mot n'est plus usité; voir aussi پولوج *pouloudj*.

پولاد *poulad*, (pers.) acier, synonyme de چلك *tchèlik*. L'expression پولاد يورکلو *poulad yureklu*, « cœur d'acier » ne signifie pas comme en français « insensible, cruel », mais au contraire « inintelligent, stupide ».

پولوج (var. پلوج) *pouloudj, pouloutch*, impuissant à la cohabitation; — faible, inerte.

پولوسكون *puluskun*, plante; voir پلسكون.

پولوق (var. پلوغ, پلوق) *poulouq*, (polonais *plug*) grande et lourde charrue, nommée aussi قوطان *qotan*. Cf. صبان.

پوليتيقه *politiqa*, politique. — فن پوليتيقه *fenni politiqa*, science politique, art de gouverner l'État. — پوليتقه مأمورى *politiqa mèmourę*, agent politique, fonctionnaire public. — اصول پوليتيقه *ouçouli politiqyè*, système ou principes de politique. — پوليتيقه‌جه *politiqadjè*, politiquement.

پوليچه *politcha*, (ital. *polizza*) 1° lettre de change. — قبول اولنمش پ *qaboul olounmęch politcha*, lettre de change acceptée. — آویسته چکیلان پ *âvista tchekilan politcha*, lettre de change tirée à vue. — حواله‌لو پ *havalèli politcha*, lettre de change endossée. — بر پوليچه دورا *bir politcha devr*

etmek, négocier une lettre de change. — 2° plus rarement: assurance, police d'assurance. — پوليچه‌جى *politchadje*, porteur d'une lettre de change; *au fig*. usurier, qui gagne cent pour cent. — On trouve quelquefois la forme پوليسه *polissa*, qui paraît être plus ancienne, etc.

پومبول *poumboul*, gros et gras, bien en chair; ce terme peu usité s'applique surtout aux poulets, aux poussins, etc.

پومزه *poumza*, prononc. vulgaire *pamza*, pierre ponce; voir پونزه.

پونتال *pountal*, (de l'ital. *pontuale*, français *banquière*) charpente qui entoure intérieurement le navire qu'elle traverse d'un flanc à l'autre; elle porte les têtes des *baux* qui y sont encastrées comme les poutres d'un plafond.

پونج *poundj*, punch, boisson composée de rhum, citron, etc. L'anglais *punch* paraît venir de بنج *bendj* ou *beng*, boisson enivrante en usage dans l'Inde. L'étymologie proposée par quelques lexicographes de پنج *pendj*, cinq, en persan, parceque le punch est composé de cinq ingrédients, est inadmissible. — پونچجی دكانی *pountchedje dukkiane*, boutique de liquoriste, premier nom des Casinos établis depuis quelques années à Constantinople.

پونزه *pounza* et پونزه طاشی *pounza tache*, (ital. *pumice*, latin *pumex*), pierreponce, nommée aussi سونكر طاشی *sunguer tache* « pierre éponge » et كوساله طاشی *goussalè tache* « pierre de veau ». — Au lieu de *pounza*, le peuple prononce *pamza* پامزه.

پوه پوه *puh puh*, exclamation admirative comme به به *bèh bèh*, et par extension : éloges outrés, compliments mensongers, adulation. — پوه پوهه كلمك *puh puhè guelmek*, se laisser aduler, se laisser prendre aux flatteries. — پوهو *pouhou*, hibou; voir بوغو.

پویرا *poïra*, moyeu de la roue. — phalange du doigt. — پویرالق *poïraleq*, planche de cèdre ou de sapin; poutre et solive de charpente.

پویراز *poïraz*, (var. پویراس، پویراز) prononciation vulg. *poriaz*; du grec βορέας, borée, vent du nord-est, *poïraz yèli*. Le vent du nord-nord-est se nomme یلدیز پویرازی *yeldez poïraze* et le vent d'est-nord-est كون پویرازی *gun poïraze*. — آغیزی پویرازه آچق *âghezè poïrazè atchmaq* « ouvrir la bouche au vent du nord-est », rêver, rêvasser. — پویراز طاغلری *poïraz daghlare*, la chaîne des monts Oural; voir au *Dictionnaire géographique*.

پهلوان *pehlivan*, (pers.) lutteur, boxeur, athlète. — پهلوان تكیه سی *pehlivan tèkièsi*, gymnase, salle d'armes. — پهلوان صلاته سی *pehlivan çalatase*, l'huile et le vinaigre. — طوب پهلوانی *top pehlivani*, rempart de terre, redoute. — پهلوان یاقیسی *pehlivan yaqece*, vésicatoire. — پهلوانلق *pehlivanleq*, métier de lutteur; bravoure, hardiesse. — پهلوانلق بندلری *pehlivanleq bendleri*, tours de force et d'adresse.

پهله *pèhlè*, (corruption du persan پهلو) 1° côté, côte, flanc, synonyme de یان. — 2° espèce de rame très plate; cf. كورك *kurèk*.

پهنكیر *pèhènguir*, prononciation vulgaire *mèhènguir*, et encore plus vulgaire *pèlenguir*, (pers.) rabot, varlope de menuisier; instrument employé par les tourneurs pour dégrossir le bois.

پی *peï*, (pers.) 1° arrhes, argent donné d'avance en garantie. — پی

ویرمك peï vèrmek, donner des arrhes après la vente d'un objet (ne pas confondre avec سلم selm qui signifie surtout « déposer une somme, consigner »). — پی طوتمق peï toutmaq, vendre à condition; *au fig.* پی طوتلمز شیء peï toutoulmaz cheï, chose qui ne mérite pas confiance, marchandise frelatée. — 2° surenchère, پی اورمق peï vourmaq ou پی سورمك peï surmek, surenchérir, pousser aux enchères.

پیاده piadè, (pers. piéton) 1° fantassin, soldat de l'infanterie. L'infanterie ottomane se compose de 41 régiments à quatre bataillons chacun; plus quelques régiments de frontière. — صف پیاده çaff piadè, troupes en ligne, cortège, cérémonie publique. — پیاده مقابله سی piadè mouqabélèsi, bureau de contrôle de l'infanterie; on y visait les billets de paie délivrés par les chefs de corps. — 2° pion au jeu d'échecs; *au fig.* homme du commun; پیاده سورمك piadè surmek, avancer un pion. (Cf. پایتاق et بیداق). — 3° petit caïque à une seule paire de rames.

پیاز pyaz, (nom de l'oignon, en persan), oignon ajouté aux mets pour leur donner du goût; sauce à l'oignon;

cf. صوغان. — فصولیه پیازی *façoulia pyazi*, haricots accommodés à l'oignon. — پیاز کوهی *pyazi kouhi*, « oignon de montagne », nommé encore آطه صوغانی *áda çoghàni*, « oignon d'île »; c'est la scille marine ou maritime. — *au fig.* پیازی ویرمك *pyazi vèrmek*, tromper, prendre en défaut; en faire accroire.

پیاسه pyaça, (ital. *piazza*) 1° place, marché; lieu du change et de la banque, lieu où se traitent les affaires. — 2° prix courants, prix de la place.

پیاطه (var. پیاته) piata, de l'ital. *piatto*, plat, assiette; employé quelquefois au lieu de *tabaq* طبق.

پیانقو pianqo, (de l'italien *pianço*) loterie, ar. قرعه. — پیانقولو استقراض *pianqolu istiqraz*, emprunt avec tirage. — پیانقو حصه سی *pianqo hessasseu*, billet de loterie. — پیانقو قرعه سنی کشیده ا *pianqo qour'asini kéchidè etmek*, tirer la loterie. Cf. حصه.

پیچ pitch, (toute chose petite, sans valeur, inutile) 1° rejeton qui pousse de la racine d'un arbre. — 2° flamèche d'une bougie. — 3° envie autour des ongles. — 4° bâtard. — avec *olmaq*, être petit, ignoble, de naissance illégitime.

پیچین *pitchîn* (var. بچین, پچن), singe de petite taille. — پیچین ییلی *pitchîn yili* « année du singe », la neuvième du cycle tartare-mongol.

پیده (var. پیته), *pidè, pitè,* galette, gâteau plat. On en distingue plusieurs espèces : چاقل پیده سی *tchaqel pidèsi,* « galette de cailloux », faite de farine grossière. — طرناق پیده سی *ternaq pidèsi* « galette d'ongle ». — قبا پیده *qaba pidè,* pain de munition, synonyme de فوداه. — تنور پیده سی *tennour pidèsi,* galette de ménage. — کول پیده سی *kul pidèsi,* galette cuite sous la cendre. — صیجاق پیده کبی یومشاق *çedjaq pidè guibi youmchaq,* mou comme une galette chaude. — پیده سنی یالکز یمز *pidèsini yaleñez yèmez,* « il ne mange pas seul son gâteau », il partage son bien avec autrui.

پیرپیری *pirpiri,* 1° mesquin, étriqué. — پیرپیری قیافتی *pirpiri qyafetè,* mal vêtu, opposé à پاشالو قیافتی *pachalu qyafetè,* « mis comme un prince ». — 2° vêtement des *tchohadar*; voir چوقه.

پیروکی *pirogui (pironi),* 1° bonnet de Tartare ou de Cosaque, en feutre grossier. — 2° piroque, embarcation.

پیروِلك *pirèvlik,* (pers. action de suivre, d'imiter) terme de musique : accompagnement d'un chant ou d'un instrument.

پیره *pirè,* puce, puceron (t. or.). — پیره اوتی *pirè oteu,* « herbe aux puces », *conyza inula;* voir Ibn el-Beïtar, t. II, p. 401, s. v. طباق. On confond quelquefois sous le même nom de *pirè oteu,* la semence du دوقس ou *athamanta cretensis.* — پیره کبی صچرامق *pirè guibi çetchramaq,* « sauter comme une puce », être vif et agile. — پیره‌یی کوزندن اورمق *pirèye gueuzinden vourmaq* « atteindre une puce dans l'œil », être adroit au tir, viser juste. — پیره کودهسنی ایصررسه یلان صوقدی صانور *pirè guevdèsini eçerersa yilan çoqteu çaneur,* « si une puce lui pique le corps, il se croit mordu par un serpent », se dit d'une personne timorée et trop délicate. — Noter aussi l'expression très vulgaire : پیره صرتنده صچار *pirè çertendè çetchar,* « les puces lui sautent dans le dos », ce qui revient à dire : « il est couché, endormi ». —

پیره نعلله‌مك *pirè naallèmek*, écraser ses puces. — پیره‌لنمك *pirèlenmek*, 1° être plein de puces, sale et pouilleux. — 2° s'épucer, se chercher les puces. — 3° *au fig.* sauter, se trémousser, être excité et agité.

پیس *pis* (var. fautive پس), 1° sale, malpropre; — mauvais, vilain, gâté. كندوك ایشی پیس ایدرسین *kendiñ ichė pis edersin*, tu gâtes toi-même l'affaire. — پیس بوغاز ou پیس آغیز *pis âgheuz* ou *pis boghaz*, « sale bouche, ou sale gosier », mal embouché, insultant, injurieux. — 2° insultes, invectives. — پیسلك *pislik*, saleté, malpropreté, souillure. — پیسله‌مك *pislèmek*, salir, souiller, abîmer, gâter; couvrir d'ordures. Cf. كیرلو.

پیست *pist*, cri, sifflement pour effrayer les chats.

پیسو ou پیصو *piço*, de l'ital. *prezzo*? cotisation, écot (peu usité).

پیش *pich*, vulg. *pèch*; voir پش. — پیشنه دوشمك *pichinè duchmek*, attaquer, tourmenter, harceler.

پیشتخته *pèchtahta*, bureau, secrétaire; voir پشتخته.

پیشرو *pèchrev*, prélude; voir پشرو.

پیشقدم *pèchqadem*, (pers. alerte, agile) coryphée, celui qui conduit les danses et le chant dans les communautés de derviches.

پیشکش *pèchkèch*, cadeau; voir پشکش.

پیشکیر *pèchguir*, serviette; voir پشکیر.

پیشمك *pichmek*, cuire; pour ce verbe avec ses dérivés et composés, voir پشمك.

پیشه‌کار *pichèkiar*, faiseur de tours, saltimbanque.

پیشه‌کارلق *pichèkiarleq* (du pers. *pichèkiar*, artisan, ouvrier). Chef d'œuvre, ouvrage difficile exécuté par un ouvrier qui veut arriver à la maîtrise (*oustaleq*), comme cela avait lieu dans nos corporations d'arts et métiers, au moyen âge.

پیشین *péchîn*, argent comptant, avance de fonds; voir پشین.

پیغمبر *peïghamber*, vulg. *peïamber*, (du pers. پیغام بر « porte-nouvelle »), prophète, envoyé, apôtre. — حضرت پیغمبر *hazreti peïghamber*, le prophète par excellence, Mohammed. (Sur les différents degrés de la prophétie chez les Musulmans, voir D'OHSSON, *Tableau*, t. Ier, p. 173 et suivant.) — تكرينڭ اوكارمه دوغنه پیغمبر اوچ طاش آتمشدر *tanriniñ oñarmadeghenè peïghamber utch tach âtmechder*, « le Prophète jette trois pierres à celui que Dieu ne favorise pas », le sens de ce vieux proverbe est qu'un malheur ne vient jamais seul; il fait allusion aussi à l'ancienne coutume orientale de jeter trois pierres à Satan, « le lapidé », aux proscrits, etc. — پیغمبرلك *peïghamberlik*, prophétie; پیغمبرلك دعواسنى ا *peïghamberlik da'vasini etmek*, se faire passer pour prophète. — پیغمبر آرپه سی *peïghamber ârpase*, orge de qualité inférieure, τράγος de Dioscoride; quelquefois seigle. — پیغمبر آغاجی *peïghamber âghadje*, baumier d'Inde ou d'Amérique, palissandre; cf. پلسنك. — پیغمبر چیچکی *peïghamber tchitcheye*, fleur nommée aussi بك بورکی « bonnet de bey », c'est une espèce de myrte épineux ou *fragon*. — پیغمبر دوکه سی *peïghamber deuïmèsi*, « bouton du prophète », bleuet, fleur des prés. — پیغمبر قوشی *peïghamber qouchou*, oiseau de la famille du pinson; il est nommé aussi یوند *yound*.

پیك *peïk*, (pers.) valet de pied, coureur, messager. Sous l'ancien régime, on donnait le nom de *peïk* à une compagnie de cent cinquante gardes du corps sous les ordres d'un *peïk bachi*. Ils accompagnaient le Sultan les jours de cérémonie et pendant ses promenades (*binich*). Ils étaient vêtus de drap d'or, portaient une ceinture enrichie de pierres précieuses et tenaient à la main soit une hache dorée, soit une petite lance خشت *khicht*. Un des leurs était chargé annuellement d'aller à la Mecque s'informer de l'arrivée des pèlerins et revenait à Constantinople le jour du *mevloud*. On donnait à ce messager le nom de مژدہ جی باشی *mujdèdji bachi*, « porteur de bonne nouvelle ». — پیك ظفر *peïki zafer* « messager de victoire », nom d'un vaisseau cuirassé de la marine ottomane.

پیکار (var. بوكار, بكار, بیكار, etc.) *pouñar* ou *bouñar*, fontaine, source, rarement : puits. — كوزك پیكاری *gueuzuñ pounare*, conjonctive et glande lacrymale. — پیكار باشی *pouñar bachi*, source, tête d'un cours d'eau; gardien préposé à la distribution de l'eau; cf. پیکار باشندن بولانور. صو باشی *pouñar* bachenden boulanour « la fontaine se trouble à sa source », c.-à-d. : la contagion vient des grands. — پیکار باشندن آولامق pouñar bachenden âvlamaq, « prendre une fontaine à sa source », dans le même sens que « prendre le lièvre au gîte »; voir aussi چشمه et چای.

پیکل (variante پینل) *piñel*, (de l'ital. *pinnello*, lat. *pannus*) flamme de signaux attachée au sommet des mâts ; — pennon, banderole au bout d'une lance.

پیکه *peïkè*, (pers.) banc, banquette, estrade plus longue que large où l'on s'assied, sur le devant d'une boutique ou d'une maison. Synonyme de دگ et de مصطبه.

پیلاو *pilav* ou *pilaf*, riz à la turque; voir پلاو.

پیلهمك *peïlèmek*, donner des arrhes, donner des garanties dans une affaire, un marché; voir پی *peï*.

پینس *pinès*, (formé du génitif grec πίννης) espèce de moule, coquillage dont la chair est mangeable; pinne marine.

پینك *pinek*, (pers. پینکی) assoupissement, engourdissement, langueur. — پینكلهمك *pineklèmek*, être engourdi, languissant par suite de maladie.

پینیر *pènir*) peïniri, (var. پینیر) fromage. — قاشقوال پ *qachqval peïniri*, fromage sec. — لور پ *lour peïniri*, fromage à la crême. — دیل پ *dïl peïniri*, fromage mou. — طولوم پ *touloum peïniri*, fromage conservé dans une outre. — كدیه طولوم پینیری اینانلمز *kedyè touloum peïniri inanelmaz*, « on ne confie pas au chat le fromage d'outre » (prov.). — قالب پ *qalib peïniri*, fromage de forme. — پینیر مایه سی *peïnir maïèsse*, présure. — پینیر شکری *peïnir chèkèri*, lait caillé assaisonné de sucre. — كله پ *kullè peïniri*, fromage de lait caillé, sec et friable, synonyme de کش. — تازه پ *tazè peïnir*, fromage frais. — پینیر صوغان اكمك فقیرلرك یییهجگیدر *peïnir çoghan ekmek faqirlerin yèyèdjeiè dir*, le fromage, l'oignon et le pain sont la nourriture des pauvres. — ات بولمزسك *èt boulmazsèn peïnir yè peïnir boulmazsèn çoghan yè*, « si tu ne trouves pas de viande, mange du fromage; si tu ne trouves pas de fromage, mange un oignon », contente-toi de ce que tu possèdes. — پینیر دیشی *peïnir dichi*, « dent de fromage », dernière dent qui reste dans la bouche d'un vieillard ; opposé à سود دیشی *sud dichi*, dent de lait.

ت

ت *tè*, troisième lettre de l'alphabet arabe et quatrième de l'alphabet persan-turc. Sa valeur numérique est 4. Quand cette lettre est suivie d'une voyelle, elle s'adoucit et prend le son du *dal*, par ex. : قورت *qourt*, loup, cas oblique : قوردك *qourdoun̄*, du loup, etc. Au contraire, dans le turc oriental le son *d* n'est pas connu ou du moins n'est représenté que par la lettre ت ; ainsi on écrit طاغ *tagh*, montagne ; osmanli : طاغ *dagh* ; تالمق *talmaq*, plonger ; osmanli : دالمق *dalmaq*. Voilà pourquoi certains mots empruntés anciennement à l'arabe comme دلال et درزی ont reçu en turc une prononciation forte : *tellal* et *terzi*, au lieu de *dellal*, *derzi*. — La lettre ت intercalée entre le radical du verbe et la terminaison de l'infinitif forme le transitif, quand la dernière lettre du radical est une voyelle, par ex. : de یورومك *yu-rumek*, marcher, on forme یوروتمك *yurutmek*, faire marcher ; اكلامق *an̄lamaq*, comprendre, اكلاتمق *an̄latmaq*, faire comprendre. — Pour plus de détails, voir la *Grammaire*.

تا *tâ*, (particule pers. jusque, jusqu'à, afin que, etc.) 1° employée en osmanli pour donner plus de force à une indication ou à une affirmation, ex. : تا كندیسی در *tâ kendissi dur*, c'est lui, c'est bien lui. — 2° jusqu'à ; تا فلان مقداره وارنجه *tâ filan meqtarè varindjè*, jusqu'à due concurrence.

تاب *tab*, (pers. force, chaleur, éclat) entre dans la composition du mot تابخانه‌لر *tabhanèler*, vulg. *tavanèler*, salle d'asile chauffée servant de refuge aux pauvres. — تاب ویرمك *tab vermek*, donner de la force, réchauffer. — polir, lustrer. Cf. تاو *tav* et تاولامق *tavlamaq*.

تابان *taban*, plante du pied, voir طابان.

تابعیت *tab'yet*, (ar. action de suivre) lien de suzeraineté. — بر دولتك تحت تابعيتنده بولنمق *bir devletuñ tahti tab'yetindè boulounmaq*, être placé sous la suzeraineté d'une puissance; voir aussi تبعیت.

تابله *tabla*, (néolog. de l'italien *tavola*) table à manger; — se dit surtout aujourd'hui de l'établi des boulangers, fruitiers et marchands de pieds de mouton.

تابوت *tabout*, cercueil, bière, répond au سرير *serîr* des Arabes; quand le corps y est déposé, on se sert du mot نعش *naach*, qui désigne aussi le brancard sur lequel repose le cercueil; voir صال et نشور. — تابوتلانمق *taboutlanmaq*, être mis dans le cercueil; ce verbe n'est plus très usité. — On dit d'une personne dangereusement malade تابوت ايله كتورملی اولمش *tabout ilè gueturmeli olmouch*, il n'y a plus qu'à le porter dans le cercueil.

تابولغه *taboulgha*, (variante طاولغه *daoulgha*) espèce d'arbre à écorce très dure et à moëlle rouge, dont les branches servent à fabriquer des bâtons et manches d'outils. La racine est employée en décoction comme diurétique. On donne aussi, par extension, le nom de *taboulgha* au jujubier, au saule ou osier rouge et même au bois du Brésil.

تابه (var. *tavè*, *tava* تاوا) *tapè*, bouchon; — poële à frire; voir طابه et تاوه.

تات *tat*, surnom donné aux populations d'origine persane ou kurde dans le Turkestan; — *au fig.* pauvre, misérable, d'humble condition. Ce mot est employé en arménien dans le même sens. Le nom صارت *çart* désigne ordinairement le citadin persan possesseur d'une certaine fortune et qui ne parle pas la langue turque. ═ Voir aussi تاجيك *tadjik*.

تاتار *tatar*, 1° tartare, la race des Tartares. — 2° courrier, estafette, comme le *tchapar* des Persans; messager, avant-coureur. — سیاله برقیه عالمك تاتاریدر *seïalèi barqyè 'alemuñ tataridur*, l'électricité est la messagère du monde. — On donnait jadis le nom de تاتار آغا *tatar âgha*, au chef de deux cents courriers tartares placés sous les ordres du grand-vizir. — تاتار اوقی *tatar oqeu*, « flèche de tartare », arbalète ; cette arme paraît avoir été en usage chez les Ottomans dans les premiers temps de la monarchie ; elle fut bientôt abandonnée par suite des progrès accomplis par l'artillerie. Voir la description qu'en donne Djevad Bey, *État militaire ottoman*, t. Ier, p. 199. — تاتار بورکی *tatar beureye* ou قلپاغی *qalpagheu*, bonnet de feutre à l'usage des tribus turques. — تاتار قالطاغی *tatar qaltagheu*, selle tartare. — تاتار تکلیفی *tatar teklife*, « façons de Tartare », manière d'être incivile et sansgêne, allusion à la coutume des Tartares de s'installer là où ils ne sont pas invités. On dit d'un homme glouton et vorace : تاتار کبی یر *tatar guibi yer*, « il mange comme un Tartare », et de quelqu'un qui se presse et agit avec précipitation : صانکه تاتار آنی قوغار *çanki tatar oné qovar*, « on dirait qu'un Tartare lui donne la chasse ». — تاتار باباسنی صاتار *tatar babasené çatar*, le Tartare vendrait son père. — تاتارستان *tataristan*, Tartarie. — Prov. : تاتارستان طرفنه قالپاق کتورمك *tataristan tarafené qalpaq gueturmek*, « porter des bonnets de fourure en Tartarie », ou comme nous disons en français : « de l'eau à la rivière ».

تاتارجق *tatardjeq*, « petit tartare », insecte qui s'introduit sous la peau, insecte de la famille des ascarides ; tique.

تأثیر *tèèçir*, (ar. laisser des traces, pénétrer) impression, faire éprouver un sentiment. — فلانه تأثیر ا *filanè tèèçir etmek*, impressionner quelqu'un. — حسن تأثیر *husni tèèçir*, impression favorable ; سوء تأثیر *soui tèèçir*, mauvaise impression. — سریع التأثیر *seri' uttèèçir*, facilement impressionnable. — On emploie dans le même sens le pluriel تأثیرات *tèèçirat*, et la 5e forme arabe تأثّر *tèèssur*. Cette dernière se prend ordinairement en mauvaise part : tristesse, sentiment pénible. — موجب تأثّر بر خبر *moudjibi tèèssur bir khaber*, une nouvelle à sensation.

تاج *tadj*, (pers.) 1° couronne, tiare, diadème. — تاجدار *tadjdar*, « porte-couronne », souverain. — تاجانمق ou تاجلانمق *tadjanmaq* ou *tadjlanmaq*, être couronné, ceindre la couronne ; تاج کیمك *tadj gueïmek*, même signification. — 2° Coiffure spéciale des ordres monastiques connus sous le nom de *derviches* ; turban de forme particulière et par lequel les différentes communautés se distinguent les unes des autres, suivant le nombre de plis qu'elles donnent à la mousseline de ce turban. Cf. D'OHSSON, *Tableau général*, t. IV, p. 630. — تاج خراسانى *tadji khorassani*, bonnet des Turcs djagatéens, mis à la mode par Sultan Osman Ier; c'était une coiffure en drap rouge qui avait quelque analogie avec le *fèz* moderne. — 3° crête, huppe, synon. de ایبك *ibik* ou *ipik*. — تاجلو باشى *tadjlu bache*, oiseau huppé. — تاج قباغى *tadj qabagheu*, espèce de courge nommée aussi قره قباق « courge noire » ou چركس حلواسى « confiture circassienne »; c'est probablement la variété que nous désignons sous le nom de *turbanet* ou courge turque. — تاج الله *tadj-ullah*, « la couronne de Dieu », (corruption de l'ar. تجلى *tedjella*), fête de la transfiguration.

تاجر *tadjir*, (ar.) marchand, négociant. — آياق تاجرى *âyaq tadjire*, marchand ambulant, colporteur. — Voir aussi تجار *tuddjar*. Le mot *tadjir* désigne plus particulièrement, en Turquie, ceux qui font le commerce du maroquin ou cuir du Levant.

تاجيك *tadjik*, litt. : *étranger*, 1° nom donné aux populations aborigènes de l'Asie centrale, à l'époque de la conquête musulmane. On trouve aussi la forme تاجيك *tatchik* et طاجق *tadjeq*; ce même nom est devenu *tazi* تازى chez les Arabes. — 2° population sédentaire de Samarcande, qui fait usage de la langue persane. Les *Tadjiks* du Syr Deria se sont plus ou moins mélangés aux Uzbeks, aux Kirghizes, etc. et leur langage porte la trace de ces mélanges ethniques. Cf. تات *tat* et صارت *çart*.

تأجيل *tèèdjil*, (ar.) assigner un terme; accorder un délai. — تأجيل ایتمك *tèèdjili semen etmek*, ajourner un paiement.

تأخّر *tèèkkhour*, (ar.) retard, retardement. — تأدية دين خصوصنده اظهار تأخّر ا *tèdyèi deïn khouçouçindè izhari tèèkkhour etmek*, se mettre en retard dans le paiement d'une dette. — اثنای سیاحتده واقع اولان تأخّرات *nai siahattè vaqe' olan tèèkkhourat*, retardements qui surviennent en mer; — voir le mot suivant.

تأخير 1° *tèèkhir*, (ar.) retard, délai, arriéré. — تأخيرده قالمق *tèèkhirdè qalmaq*, être en retard; دوچار تأخير او

doutchari tèèkhir olmaq, éprouver des retards; دوچار تأخیر اولان واردات doutchari tèèkhir olan varidat, recouvrements d'arriérés. — 2° تأخیرات tèèkhirat, arriérés de paiement; تأخیراتك مقابلی بولمق tèèkhiratuñ mouqabilene boulmaq, couvrir les arriérés. — اسباب تأخیریه esbabi tèèkhiryè, raisons dilatoires. — پارلمنتو مجلسنی تأخیر و تعطیل ا parlamento medjlisini tèèkhir u ta'til etmek, proroger les chambres.

تأدیه tèdyè, (ar. faire parvenir) payer, s'acquitter d'une dette. — صورت تأدیه çoureti tèdyè, mode de paiement. — امر تأدیه‌یی تعطیل ا emri tedyèye ta'til etmek, suspendre un paiement. — تأدیه‌سی لازمكلان بر پولیچه tèdyèse lazim-guelen bir politcha, effet payable. — تأدیه آقچه‌سی tèdyè âqtchèse, fonds d'amortissement.

تارچین tartchîn, (var. طارچین dartchîn) cannelle et plus particulièrement cinnamome. On sait, d'après le témoignage d'EDRISSI et d'IBN EL-BEÏTAR, que la forme primitive de ce nom, chez les Arabes, est دارصینی darçini. — تارچین رنكی tartchîn rengui, couleur de cannelle. — تارچین صویی tartchîn çouye, huile essentielle de cannelle, employée comme condiment, et en médecine, comme cordial.

تارخان tarkhan; voir ترخان.

تارلا tarla, champ ensemencé et labouré. (Le Lehdjè rapproche ce mot du turc oriental تاراماق taramaq, peigner, ratisser.) — تارلایی نداس ا tarlaye nedas etmek, labourer le champ. — تارلا قوشی tarla qouchou, alouette. — سرغوجلو تارلا قوشی sorghoutchlou tarla qouchou, alouette huppée, cochevis. — تارلا صیچانی tarla çetchane, campagnol ou mulot. — انسان تارلاسی insan tarlase, « le champ de l'homme », expression figurée pour désigner la femme; c'est une allusion au Koran, chap. II, verset 223. On dit dans le même sens à un jeune homme qui se marie بر خاص تارلا بول bir khass tarla boul, trouve un bon champ. — هر تارلاده هر اكین بیتمز her tarlada her èkîn bitmez, toute semence ne vient pas en tout champ, « non omnis fert omnia tellus ». — هپ بر تارلا اكینی در hep bir tarla ikîni dir, c'est tout grain du même champ, « ejusdem farinœ ». — كندو تارلاكه باص kendu tarlaña bass, « foule ton propre champ », reste dans ta sphère. — تارلاسنده باشاق

بيتمز *tarlasindè bachaq bitmez*, l'épi ne pousse pas dans son champ, « il n'a pas de chance ». — On dit d'un avare : اكر يغمور اوليدى انجق كندو تارلاسنه يغار ايدى *eyer yaghmour olaïdè andjaq kendu tarlasinè yaghar edè*, s'il était pluie, il ne voudrait pleuvoir que sur son champ.

تاروهار (var. طاروهار *taroumar*) du persan *tar u mar* ou simplement *tar-mar*, dispersé, en désordre; confus.

تاريخ *tarikh*, (ar. date, ère, histoire). — تاريخ اعتباريله *tarikh i'tibarè ilè*, par ordre de date. — تاريخ يازمق ou قومق *tarikh qomaq* ou *yazmaq*, mettre une date, dater. — تاريخ رومى *tarikhe roumi*, vieux style (des Grecs); تاريخ فرنكى *tarikhe frengui*, nouveau style, calendrier grégorien. — تاريخ دولت عثمانيه *tarikhe devleti osmanyè*, Histoire de l'Empire ottoman. — تاريخجى قلمى *tarikhdji qalèmè*, « bureau des dates, au ministère des finances »; bureau où se datent les pièces administratives et les assignations délivrées par l'État aux particuliers.

تازنه *tazènè* (du pers. تارزنه *tarzènè*, « qui frappe la corde ») plectrum, archet de luth et de mandoline; prononciation vulgaire et fautive تازيانه *tazianè*, « fouet ». Comparer avec كمانه *kemanè*.

تازه *tazè*, (pers.) frais, nouveau; en osm. a surtout le sens de « jeune, récent ». — تازه شيده لذت بشقه اولور *tazè cheïdè lezzet bachqa olour*, il y a toujours de nouveaux charmes dans la nouveauté. — تازه لر *tazèlèr*, les jeunes gens; تازه لك *tazèlik*, jeunesse, nouveauté. — تازه خمور *tazè khamour*, pâte qui n'a pas encore fermenté ni levé. — تازه يمش *tazè yemich*, fruit frais. — تازه ياغ *tazè yagh*, beurre. — تازه اتمك *tazè ekmek*, pain frais, qui sort du four. — تازه صو *tazè çou*, eau fraîche, eau de source. — تازه برداغك صويى صوغوق اولور *tazè bardaghèn çoyou çoouq olour*, eau de cruche neuve est fraîche. — تازه لمك *tazèlèmek*, rajeunir, renouveler : بو ايشى يڭه تازه لمه *bou iche yinè tazèlèmè*, ne reviens pas sur cette affaire. — تازه لنمك *tazèlènmèk* et تازه لشمك *tazèlèchmek*, se renouveler, redevenir frais et jeune.

تازى 1° *tazi*, (ar., pers.) lévrier, quelquefois *braque*. On en connaît plusieurs espèces qui se distinguent de celles d'Europe; par ex. : le lévrier de

Séleucie سلوق à poils ras, le lévrier de Roumilie qui a le poil plus long, etc. — زرد تازى كبى يوكروك *zerd tazi guibi yukruk*, « rapide comme le lévrier jaune »; c'est une allusion au chien aîlé de Nouzhet dans le roman héroïque intitulé *Hamza-namèh*. — Proverbes : تازينك طوپال اولديغى طاوشانك قولاغنه چالنمش *taziniñ topal oldoughou tavchanuñ qoulagheña tchalenmuch*, « il a tinté aux oreilles du lièvre que le lévrier était boiteux », saisir le défaut de la cuirasse. — تازيسز آوه چيقان طوشانسز اوه كلور *tazisez âvè tcheqan tavchansez èvè guelir*, qui part pour la chasse sans lévrier, revient sans lièvre. — تازىلامق *tazilamaq*, devenir maigre comme un lévrier, n'avoir que la peau et les os. — 2° *tazi* pour تاجيك *tadjik*, voir ce mot; se dit par extension de la race arabe.

تازيانه *tazianè*, (pers. fouet) prononciation vulgaire pour *tarzènè*, archet d'instrument de musique; voir تازنه.

تازيجيلر *tazidjilar*, plur. de *tazidji*, « gardien de chiens de chasse ». Un quartier de Constantinople porte encore ce nom, parceque dans ces parages se trouvait la caserne du 71ᵉ orta de Janissaires, dont le chef (*samsoundje bachi*) était préposé autrefois à la garde des chiens de chasse du Sultan. Cf. صامسونجى.

تاس *tas*, particule corroborative (comme *âp-âtcheq, qap-qara*, etc.) qui se joint ordinairement à تمام *tamam* : تاس تمام *tas-tamam*, complètement, tout-à-fait, entièrement; d'une manière définitive.

تأسّف *tèèssuf*, (ar.) regretter. — جاى تأسّف در كه *djaï tèèssuf dur ki*, il est à regretter que ... — جاى تأسّف اولان بر تدبير *djaï tèèssuf olan bir tedbir*, une mesure regrettable. — رسماً اظهار تأسّف ا *resmen izhari tèèssuf etmek*, exprimer officiellement des regrets. — مع التأسّف *maa't-tèèssuf*, à regret, avec peine. — تأسّف اوله جق بر صورتده *tèèssuf oladjaq bir çourettè*, d'une manière regrettable.

تاسلاق (var. طاصلاق) *taslaq*, non poli, inachevé; rude, grossier; voir طاسلاق.

تاسلامق *taslamaq*, être orgueilleux, se vanter; voir طاسلامق.

تاسمه *tasma* (var. تاصمه, تسمه et

طاصه), courroie, lanière, collier, quelquefois : chaîne. — bourrelet de chair autour du cou. — كوپك تاسمه‌سی *keupek tasmasɇ,* collier de chien. — نعلين تاسمه‌سی *naalîn tasmasɇ,* courroies de galoches. — آت تاسمه‌سی *ât tasmasɇ,* collier de cheval. — تاسمه‌لامق *tasmalamaq,* serrer avec une courroie. — En turc oriental, *tasma* se dit du cuir brut, non tanné.

تاسه *tassa,* (pers.) chagrin, affliction ; tristesse ; inquiétude. — تاسه چکمك *tassa tchekmek,* avoir du chagrin, s'affliger, être triste ; تاسه‌لانمق *tassalanmaq,* même sens. — برینك تاسه‌سنی چکمك *biriniñ tassasɇnɇ tchekmek,* s'inquiéter de quelqu'un. — تاسه‌لو *tassalu,* chagrin, attristé ; troublé. — تاسه‌سز *tassasɇz,* sans chagrin ; insouciant, indifférent.

تأسيس *tèèçis,* (ar.) établir sur une base, fonder. — راينی فلانه تأسيس ا *raïɇnɇ filanè tèèçis etmek,* établir son opinion sur telle chose. — *au plur.* تأسيسات *tèèçissat,* fondations, établissements, tels que fabriques, usines et autres. — بروسه جوارنده بر طاقم تأسيسات زراعيه بولنور *broussa djivarindɇ bir taquɇm tèèçissati zira'yyè boulounour,* on trouve dans le voisinage de Brousse plusieurs exploitations agricoles. — تأسيسات ميريه *tèèçissati miryè,* établissements publics, fondations d'État.

تاقلدامق *taqɇldamaq,* heurter, choquer.

تاقمق *taqmaq,* attacher, suspendre ; voir طاقق.

تاقيه *taqyè,* vulg. *taqqè,* (pers.) calotte, toque ; ce dernier mot est peut-être dérivé du turc ; voir la longue et savante notice donnée par M. Dozy, *Dictionnaire des noms de vêtement,* p. 280. — L'ordre des derviches nommés رفاعی *refa'yi,* avait adopté ce genre de coiffure, simplement garnie d'une toile ordinaire.

تاك *tañ,* 1° doute ; étonnement ; dénégation. Cette expression n'est plus guère usitée. (Comparer avec le t. or. تاكمق *tañmaq,* nier ; تاكرمق *tañɇrmaq,* s'étonner ; تاكلامق *tañlamaq,* se troubler.) — تاك قالمق *tañ qalmaq,* rester interdit, stupéfait. — نه تاك *nè tañ,* quelle chose étonnante! quel doute y a-t-il? — تاك يوق *tañ yoq,* sans doute, certainement. — 2° *tañ,* (ou *dañ* طاك)

verroterie, clinquant qui orne les courroies de la selle et les harnais.

تأكيد *tèèkid*, (ar.) 1° consolider, raffermir. — رابطةُ اتفاقٍ تأكيد ا *rabitaï ittifaque tèèkid etmek*, consolider une alliance. — 2° réitérer. احترامات فائقه‌سنك تأميناتى تأكيدا *ihtiramati faïqasinuñ tèèminatini tèèkid etmek*, réitérer les assurances de sa considération distinguée. — تأكيد نامه *tèèkid-namèh*, écrit confirmatif.

تالاز (var. تالاس, طلاس) *talaz*, du grec θάλασσα, vague de la mer. — تالازلانمق ou طلازلانمق *talazlanmaq*, être agité, moutonner, comme les vagues de la mer. Cf. قوم *qoum* et طالغه *dalgha*.

تالاس *talas*, voir le mot précédent.

تأليف *tèèlif*, (ar. assembler, composer) écrire, rédiger un ouvrage. — Plur. تأليفات *tèèlifat*, compositions littéraires, écrits d'un auteur. — تأليف كرده جودت پاشا *tèèlif-kerdèï djevdet pacha*, composé par Djevdet Pacha. — تشبثات تأليفكارانه *techebbusati tèèlifkiaranè*, tentatives de conciliation. — تأليف وامتزاج اتمك *tèèlif u imtizadj etmek*, fusionner, concilier; تأليفكارانه برپوليتيقه *tèèlifkiaranè bir politiqa*, une politique fusionniste.

تاليقا (var. تاليقه) *taliqa*, espèce de voiture turque à quatre roues légères. — On trouve aussi la forme تعليقا qui ferait penser à une origine arabe « voiture suspendue », mais ce mot n'a pas cette dernière signification en arabe.

تأمّل *tèèmmul*, réflexion, attention, pensée, examen. — كافه‌سى اطرافلجه بعد التأمّل *kiafèse atraflidjè ba'd uttèèmmul*, tout bien considéré.

تأمين *tèèmîn*, (ar.) rassurer, inspirer confiance. — Plur. تأمينات *tèèmînat*, assurances, protestations. — تأمينات قويه *tèèmînati qavyyè*, assurances positives; تأمينات مرضيه *tèèmînati merzyyè*, assurances satisfaisantes. — تأمين‌نامه *tèèmîn-namèh*, sauf-conduit. — تأمين‌نامه اعطاسيله تخليه سبيل *tèèmîn-namèh i'tasiilè takhlyèï sebil*, mise en liberté avec sauf-conduit. — تأمينات تمتع *tèèmînati temettou'*, garantie des intérêts. — تأمينات كافيه *tèèmînati kiafyè*, garanties suffisantes. — يمين ايله تأمين *yemîn ilè tèèmîn*, affirmation assermentée.

تاو *tav*, (pers. تاب) force, chaleur;

santé, *incolumitas*. — تيور تاونده *demir tavindè*, « quand le fer est chaud », c.-à-d. : au bon moment. — تاوى قاچرمق *taveu qatchermaq*, laisser passer le bon moment, perdre l'occasion. — تاولو *tavlu*, mis en état, préparé, en bon point. — تولو تيور *tavlu demir*, fer rouge. — تاولو چوقه *tavlu tchoha*, drap brillant, bien lustré. — تاولو توتون *tavlu tutun*, tabac humide. — تاو ويرمك *tav vermek*, préparer le tabac en l'aspergeant avec la bouche. — تاو بولمق *tav boulmaq*, être préparé, renforcé, par ex. : la corde qui est roulée, etc.

تاوا *tava*, poêle; voir تاوه.

تاوان *tavan*, 1° plafond, partie supérieure d'une chambre. — تكنه تاوان *teknè tavan*, le centre du plafond. — تاوانلامق *tavanlamaq*, couvrir le dessous d'un plancher, plafonner. — 2° palais de la bouche, voûte palatine.

تاوخانه *tavhanè*, vulg. *tabanè*, (pers. تاب خانه) salle bien chauffée; asile où l'on met les malades; voir تاب. — serre chaude. — *au fig.* تاوخانه كبى *tavhanè guibi*, en désordre, pêle-mêle. Cf. تاو *tav*.

تاوسامق *tavsamaq*, perdre sa force, se flétrir, languir. — پازار تاوسايور *pazar tavsaïor*, le marché languit, les affaires ne vont pas. Cf. تاو *tav* et تبس.

تاولامق *tavlamaq*, être en bon état, en bonne santé, être à point. — تاولانمق *tavlanmaq*, être mis en état, arrangé, préparé; engraisser. Cf. تاو *tav*.

تاوله (var. طاوله, تاولا) *tavla*, de l'ital. *tavola*, table de damier ou d'échiquier. — mannequin des boulangers. Cf. طاوله.

تاوه (var. تاوا) *tava*, du pers. تابه *taba*, poêle. — قزارتمه تاوه‌سى *qezartma tavasè*, poêle à frire les œufs, le café, le beurre, etc. — كيرج تاوه‌سى *kiredj tavasè*, grande cuve pour faire le lait de chaux. — طوزله تاوه‌سى *touzla tavasè*, case des marais salins où l'eau de mer s'évapore. — تاوه صاپى *tava çape*, « manche de la poêle », *au fig.* chose mince, usée, sans valeur. — On dit d'une personne bafouée et ridicule قويروغى قيصلوب تاوه صاپنه دوندى *qouïroughe queçeloup tava çapenè dundu*, sa queue raccourcie ressemble au manche d'une poêle. — بر تاوه‌ده ايكى دورلو مانجه بر اوغردن پيشورمك *bir tavada iki turlu mandja bir oughourden pi-*

chirmek, « cuire deux mets à la fois dans une seule poêle », c.-à-d. vouloir faire d'une pierre deux coups.

تباشير *tebachir*, (plur. ar. de بشير) 1° bonnes nouvelles, annonces favorables. — 2° commencements; préludes.

تباشير (var. تبهشير, تبشور) *tèbèchir*, 1° craie, plâtre. — crayon de craie pour tracer des caractères. — تباشير تختهسى *tèbèchir takhtase*, tableau sur lequel on écrit avec la craie. — On dit en proverbe d'un homme rapace et avide : تباشيره پينير باقشلو *tèbèchirè peïnir baqechlu*, il regarde la craie comme si c'était du fromage. — 2° Les médecins arabes nomment aussi *tabachir* طباشير une concrétion siliceuse qui se dépose dans les entre-nœuds du bambou et forme une masse qui ressemble à l'amidon; c'est un remède employé dans l'Inde contre la fièvre et d'autres maladies. Voir Ibn el-Beïtar, t. II, p. 400.

تبانجه *tabandja*, soufflet, coup; voir طبانجه.

تبت *tubbut*, (nom du Thibet) 1° laine de la chèvre du Thibet, dont on fait des châles. — 2° étoffe de laine ou de coton imitant les lainages du Thibet.

تبدّل *tebeddul*, (ar. changement, permutation). — *plur.* تبدّلات *tebeddulat*, changements, modifications dans les offices, dans l'administration, etc. — تبدّلات ارضيه وقوعبولمشدر *tebeddulati erzyè vouqou'-boulmouchtour*, des remaniements territoriaux ont eu lieu. — هيئت وكلانك تبدلى *hyeti vukelanuñ tebedduli*, changement de cabinet.

تبديل *tebdil*, vulg. *tebtil*, (ar.) changement, mutation; déguisement. — تبديل مكان *tebdili mekian*, changement de domicile. — تبديل كزمك *tebdil guezmek*, se promener ou voyager incognito. — تبديل زى وهيئته مداوم او *tebdili zeï u hyetè mudavim olmaq*, garder l'incognito. — بر تبديل ضبطيه *bir tebdil zaptyè* ou simplement *bir tebdil*, un agent de police, un espion. — Sous l'ancien régime, les *tchohadars*, chargés de la police des rues et des marchés, circulaient vêtus d'un surtout grossier désigné sous le nom de *pirpiri*; voir چوقه. — تبديل مسكن *tebdili mesken*, changement de domicile.

تبر *teber*, (pers. hache) petite hache ou hallebarde plantée à l'extrémité de la pique. — تبرداران *teberdaran*, autre nom des *baltadjelar* ou hallebardiers. Ils formaient autrefois une compagnie de quatre cents hommes préposés à la garde du harem impérial. — تبرداران خاصه *teberdarani khassè*, surnom des gardes du corps nommés *peïk*; cf. بيك ; ils escortaient le sultan une hallebarde à la main. Voir d'Ohsson, *Tableau*, t. VII, p. 26 et 30. — On nomme سنبلتبر *sunbul-teber*, «jacinthe-hache», une plante de la famille des liliacées, probablement la tubéreuse. Ce nom s'écrit aussi تبر ou تبر.

تبرّع *teberrou'*, faire un don à titre gratuit. — تبرّعاً للوقف *teberrou'an lil-vaqf*, par donation volontaire et gratuite, à titre de fondation pieuse. — D'après le droit ottoman, le *teberrou'* est l'abandon, au profit des mosquées, de toute réparation, agrandissements, etc., faits par le tenancier d'un bien de main morte, dit *vaqouf*. Cf. *Tableau*, t. II, p. 557.

تبرلش *teberlich*, locution vicieuse au lieu de تبلش *tebellich*; voir ce mot.

تبريك *tebrik*, (ar. souhaiter la bénédiction de Dieu) félicitation, compliment, vœux de félicité. — اجرای رسم تبريك ايتمك *idjrayi resmi tebrik etmek*, adresser des compliments de félicitation. — تبريك عيد ايتمك *tebrik 'yd etmek*, souhaiter la fête du baïram. — تبريك مسند ايتمك *tebriki mesned* (ou *mançeb*) *etmek*, complimenter quelqu'un sur sa nomination à un emploi. — تبريكنامه *tebrik-namèh*, lettre de félicitation.

تبريه *tebryè*, (ar. délivrer, exempter) avec *etmek*, acquitter, absoudre. — تهمتدن تبريه ايتمك *teuhmetten tebryè etmek*, disculper d'une accusation; تبريه ذمت ايتمك *tebryèi zimmet etmek*, se disculper, prouver son innocence.

تبس (var. دبس) *tebs*, action de calmer, d'apaiser (ce mot est rarement employé aujourd'hui). — نزاع تبس ايتمك *niza' tebs etmek*, étouffer la révolte. — تبس اولمق *tebs olmaq*, s'éteindre, se calmer (sédition, émeute). — تبسيمك *tebsimek*, même sens; cf. ياوسامق. — On emploie aussi, au transitif, les formes تبسيرمك *tebsirmek* et تبسيتمك *tebsitmek*, rétablir le calme, etc.

تبسی *tebsi*, plateau; voir تپسی *tepsi*.

تبسيرمك tebsirmek (var. تبسرمك, دبسرمك), 1° avoir les lèvres desséchées par la soif ou la fièvre, avoir les lèvres gonflées et fendues. — Ce mot répond à l'arabe تبظ. — 2° calmer, ramener l'ordre; voir بس.

تبشمك tepichmek, regimber l'un contre l'autre; voir دپمك.

تبشير et تبشور tèbèchir, craie; voir تباشير.

تبعه teb'a, (pl. ar. de تابع tabi', litt. qui marche à la suite, sectateur); on désigne aujourd'hui sous la dénomination de teb'a les populations non musulmanes de l'Empire ottoman : دولت عثمانیهنك تبعسی devleti osmaniènuñ teb'ase, les sujets (étrangers) de l'Empire ottoman. Ce mot a remplacé, dans le langage de la politique et de l'administration, le terme rea'ya ou ra'ya qui signifie littéralement troupeau.

تبعیت tab'yet, (ar. action de suivre, dépendre) 1° nationalité. — قاىدی تبعیت qaïdi tab'yet, preuve de nationalité. — تحقیق تبعیت ا tahqiqe tab'yet etmek, constater la nationalité. — تبعیتدن محروم او tab'yetten mahroum olmaq, perdre sa nationalité. — تبعیت كاغدى tab'yet kiahate, patente de nationalité. — تفریق تبعیت قومیسیونى tefriqe tab'yet qoumissioune, commission chargée de vérifier les titres de nationalité; commission dite de purification. — 2° naturalisation. — تبعیت سندى tab'yet senede, lettre de naturalisation. — ا بر دولتك تبعیتى قبول bir devletuñ tab'yetene qaboul etmek, se faire naturaliser. Cf. تابعیت tâb'yet.

تبل tebel, pli du visage, ride, froncement de la peau. Ce mot, moins usité que بورشیق bourouchouq, a donné naissance à l'expression vulgaire تبلش او tebellich olmaq, être taquin, contrariant, d'humeur agressive. Le peuple prononce fautivement تبرلش teberlich.

تبللوت tebellut, euphorbe, plante employée dans l'ancienne médecine arabe comme émétique et purgatif. Elle est connue des Arabes sous la transcription du grec فربیون forbioun et, particulièrement en Egypte, sous le nom de لبن السودان ou لبان مغرى « lait des nègres ». Cf. Ibn el-Beïtar, t. III, p. 25.

تبلیغ tebligh, (ar. faire parvenir), 1° transmettre. — ا تبلیغ سلام teblighi *selam etmek,* faire parvenir des salutations. — 2° communiquer. — plur. تبليغات *teblighat,* communications; تبليغات رسميه *teblighati resmyè,* communications officielles; اجراى تبليغات ا *idjrayi teblighat etmek,* donner communication. — تبليغ رسمى *teblighi resmi,* signification, notification officielle. — مباشر معرفتيله واقع تبليغات *mubachir marifete-ilè vaqe' teblighat,* signification par voie d'huissier. — اجرت تبليغيه *udjreti teblighyè,* frais de signification.

تبييض *tebiuz,* (ar. blanchir) copier au net, mettre au net; par opposition à تسويد *tesvid* « noircir », faire un brouillon.

تپراوتى *teper ote,* tubéreuse; voir تبر.

تپره‌مك *tepremek,* agiter, mouvoir; voir دپرتمك *depretmek.*

تپسى (var. دپسى; t. or. تاپشى) *tepsi,* plateau, petit plat sur lequel on sert les mets; par extension : assiette. — تپسى چيقارمق *tepsi tcheqarmaq,* « produire le plateau », allusion au jeu albanais de l'anneau. — *au fig.* تپسى قورمق *tepsi qourmaq,* « préparer le plateau », faire les apprêts d'un festin ou d'une partie de plaisir. — تپسيجى *tepsidji,* d'après HAMMER, officier chargé de la conservation et de l'entretien de la vaisselle impériale.

تپمك *tepmek,* ruer, regimber; voir دپمك *depmek.*

تپنكو (var. تپانكو et تبنكو) *tepengu,* 1° courroie de selle, grosse sangle. En turc oriental, on nomme تپنكو آغاجى le bois qui garnit le derrière de la selle. — 2° (pers.) *tepenguè,* caisse. = grenier. — fosse à fumier; mare.

تپنمك *tepinmek,* s'agiter; voir دپنمك.

تپه *tèpè,* cime, colline, etc.; voir دپه. — كوچك تپه‌لو *kutchuk tèpelu,* bonnet de forme arrondie porté autrefois par le mufti et par les magistrats des trois premiers ordres. — مصر تپه‌لرى *meçer tèpelere,* les pyramides d'Égypte. = تپه‌لمك *tèpèlèmek,* assommer, asséner un coup sur la tête; tuer.

تپى (var. تيپى) *tipi,* tourbillon de neige, tourmente. Cf. بورام *bouram* et دمه *dimè.*

تپير *tipir,* crible, tamis fait de feuilles de palmier pour passer la farine. — تپيرله‌مك *tipirlèmek,* passer au crible, tamiser. Cf. قالبور et كوزك.

تتار‎ *tatar*, pour ce mot et ses dérivés, voir تاتار‎.

تترەمك‎ et تترومك‎ *titrèmek*, trembler; voir درمك‎.

تتره‎ *titrè*, gomme adragant. On écrit aussi كتره‎ *kitrè*, ce qui est sans doute une altération de l'arabe كثيرا‎ *kethira*, nom de la même substance. Les tisserands d'Orient l'emploient pour donner du lustre et de la consistance à la laine.

تتز‎ *titiz*, emporté, etc.; voir تيز‎.

تتسينمك‎ (var. دتسينمك‎) *titsinmek*, avoir du dégoût, de la répugnance; abhorrer, détester. — تتسينمه‎ *titsinmè*, dégoût, répugnance, aversion. Cf. ديك‎.

تتق‎ *toutouq*, voile, rideau; forme vicieuse au lieu de طوقوق‎; voir ce mot.

تتماج‎ *toutmadj*, pâte, vermicelle; voir توتماج‎.

تتمه‎ *tetimmè*, (ar. achèvement), complément d'un traité, d'une loi. — تدابير متممه‎ *tedabiri mutemmimè*, mesures complémentaires. — تته مدرسه سى‎ *tetimmè medrèçèssi*, chaire complémen-

taire occupée autrefois par des *mou'id* répétiteurs, choisis parmi les oulémas de la mosquée El-Fatih.

تتيز‎ (var. تتز‎) *titiz*, emporté; hargneux, maussade. — تتيز مزاجلو‎ *titiz mizadjlu*, caractère difficile, humeur quinteuse. — تتيز خسته‎ *titiz khasta*, mauvais malade. — تتيزلهمك‎ *titizlèmek*, s'emporter, être de mauvaise humeur; gronder.

تتيك‎ *tétik*, 1° vif, alerte, habile. — تتيك ايش‎ *tétik ich*, affaire délicate. — 2° توفنك تتيكى‎ *tufenk tétiyè*, gâchette, détente du fusil. — اوست تتيكى‎ *ust tétik*, « détente levée », fusil armé; *au fig.* اوست تتيكده او‎ *ust tétiktè olmaq*, être en proie à une grande surexcitation, être transporté de colère.

تتيكى‎ *tetiyi*, qui répète souvent la syllabe *té* en parlant; bègue. C'est le synonyme de l'arabe تأتأ‎; voir aussi ديغديغى‎.

تجار‎ *tuddjar*, plur. ar. de تاجر‎ *tadjir*, s'emploie dans le langage vulgaire comme un singulier: marchand, négociant. — تجار وكيلى‎ *tuddjar vekilè*, agent commercial. — كار اتمين بر تجار كولمز‎ *kiar etmeïen bir tuddjar gul-*

mez, un marchand qui ne fait pas de profit, ne rit pas. Cf. بازرکان *bazerguian*. — تجارلق *tuddjarleq*, négoce, commerce.

تجارت *tidjaret*, (ar.) commerce, négoce. — ادخالات تجارتى *idkhalat tidjarete*, commerce d'importation; اخراجات تجارتى *ikhradjat tidjarete*, commerce d'exportation. — تجارت نظارتى *tidjaret nezarete*, ministère du commerce. — تجارت مجلسى *tidjaret medjlisi*, chambre de commerce; تجارت رئيسى *tidjaret reïsi*, président de la chambre de commerce; تجارت اعضاسى *tidjaret a'zase*, membre de cette chambre. — تجارت كونى *tidjaret gunu*, jour d'audience à la chambre de commerce. — تجارتخانه *tidjaret-khanè*, (on dit aussi محكمۀ تجارت) tribunal de commerce. — تجارتخانه مباشرى *tidjaret-khanè mubachire*, garde du tribunal de commerce. — تجارت شركتى *tidjaret chirkete*, société de commerce. — امر تجارتك سربستيتى *emri tidjaretin serbestiete*, liberté des affaires commerciales. — ترامپه تجارتى *trampa tidjarete*, commerce d'échange. — هم زيارت هم تجارت *hem zyaret hem tidjaret*, « à la fois pèlerinage et com-

merce », soigner son salut en même temps que ses intérêts matériels. Ce proverbe rappelle le passage de Platon : ἅμα κατ' ἐμπορίαν καὶ κατὰ θεωρίαν.

تجاوز *tedjavuz*, (ar.) action de dépasser, d'enfreindre; excéder. — وظيفۀ مأموريت تجاوزى *tedjavuzi vezifeï mèmouryet*, excès de pouvoir. — حد مأموريتنى تجاوز ا تمك *haddi mèmouryetini tedjavuz etmek*, excéder ses pouvoirs. — تجاوزات جنايتكارانه *tedjavuzati djinayetkiaranè*, des excès criminels. — تعليماتى تجاوز ا تمك *ta'limatene tedjavuz etmek*, outrepasser les instructions. — محاربۀ تجاوزى *tedjavuzi*, offensif; محاربۀ تجاوزى *mouharebèï tedjavuzi*, guerre offensive (mieux تجاوزيه *tedjavuzyè*); اتفاق تجاوزى بى متضمن بر معاهده *ittifaqe tedjavuziye mutezzamin bir mou'ahèdè*, traité d'alliance offensive; on emploie dans le même sens l'expression اتفاق تهاجمى *ittifaqe tehadjumi*.

تجديد *tedjdid*, (ar.) renouvellement, rénovation. — تجديد دعوا ا تمك *tedjdidi da'va etmek*, renouveler un procès. — تجديد حكم *tedjdidi hukm*, revalidation. — تجديد ملكيت *tedjdidi milkyet*, réintégration de propriété; تجديد ملكيت دعواسى *tedjdidi milkyet da'vase*, action en réintégration. — تجديد فراغ *tedjdidi firagh*, réitération de cession. — ضمناً تجديد وتمديد *zemnen tedjdid u temdid*, réconduction tacite.

تجربه *tedjribè*, vulg. *tedjrubè*, (ar.) expérience; mise à l'épreuve. — تجربه يى كوكه چكمامشلر يا *tedjribèye gueuyè tchekmemichler ya*, « certes on n'a pas enlevé l'expérience jusqu'au ciel! » c'est-à-dire : l'épreuve peut toujours se faire. — تجربه اتمديكوكك ثناسنده اولمه *tedjribè etmeduyuñuñ senasindè olma*, ne fais pas l'éloge de ce que tu n'as pas expérimenté. — تجربه هنرك آناسيدر *tedjribè huneruñ ânaseder*, l'expérience est la mère de la science.

تجريم *tedjrim*, (ar.) mise à l'amende; avec *etmek*, condamner à l'amende. — تجريم آقچهسى *tedjrim âqtchèse*, amende pécuniaire. — تجريم اولنمق *tedjrim olounmaq*, encourir une amende.

تجكره *tedjguèrè*, brancard; voir دزكره et دسكره.

تجليد *tedjlid*, (ar.) avec *etmek*, relier, mettre une reliure à un livre; c'est le synonyme de جلدلهمك *djildlèmek*. — فن تجليد *fenni tedjlid*, l'art de la reliure. Cf. مجلد *mudjelled*.

تجمل *tedjemmul*, (ar. splendeur, pompe) luxe, parure, faste : دفع تجمله *def'i tedjemmulè* دائر قوانين *daïr qavanîn*, lois destinées à réfréner le luxe, lois somptuaires. — Le pluriel تجملات *tedjemmulat* a le même sens : objets d'embellissement ou de luxe. — تركمنلر تجملاتى سورلر *turkmenler tedjemmulatè severler*, les Turcomans aiment le luxe.

تجن *tedjen*, chèvre sauvage, chamois ou *isar*. D'après le *Lehdjè*, ce mot se retrouverait en persan sous la forme تجند *tedjend*. Voir aussi *Dictionnaire géographique*.

تجنيس *tedjnis*, (ar.) jeu de mots, calembour. — تجنيس سوز سويلهمك *tedjnis seuz seuïlèmek*, parler par énigmes. — Pour la définition classique du *tedjnis* et ses différents genres, d'après la rhétorique musulmane, voir le *Cours de littérature* D'EKREM EFENDI, t. I, p. 338.

تجهيز *tedjhiz*, (ar.) 1° fournir une dot, doter. — 2° équiper, armer : بر كمىيى تجهيز ات *bir guemiyè tedjhiz et-*

mek, armer un vaisseau. — تجهیزات عسکریه tedjhizati 'askeryyè, armements militaires. — تجهیزات سفریه مباشرت ا tedjhizati seferyyèyè mubacheret etmek, faire des préparatifs de guerre.

تحت taht, (particule arabe), sous, dessous, inférieur; se construit avec l'izafet; par ex. : تحت رابطه آلمق tahti rabeta âlmaq, organiser. — تحت حفظ سیاحت ا tahti hafz siahat etmek, voyager sous convoi. — بر دولتك تحت حمایه سنده بولنمق bir devletuñ tahti himayèsindè boulounmaq, se trouver sous le protectorat d'une puissance. — تحت كتماننده tahti ketmandè, sous le sceau du secret.

تحدید tahdid, (ar.) limiter, mettre des bornes. — تحدید حدود ا tahdidi houdoud etmek, régler les frontières. — Un commissaire délégué à la délimitation des frontières est nommé محدد mouhaddid, « celui qui limite ».

تحری teharri, (ar. rechercher, examiner) enquête administrative, information. — تحریات تحریریه teharryati tahriryyè, enquête par écrit. — محكمه جه اجرا اولنان تحریات mehkèmèdjè idjra olounan teharriat, information judiciaire, par voie d'enquête judiciaire. — تحریات محلیه اجرا ا tehariati mahallyè idjra etmek, opérer une descente domiciliaire.

تحریر tahrir, (ar.) écrire, enregistrer; enrôler. — plur. تحریرات tahrirat, dépêches, lettres. — تحریرات مشترکه tahrirati muchterikè, note collective. — تحریرات رسمیه tahrirati resmyè, dépêches officielles. — تحریرات اوطه سی tahrirat odasè, greffe, dépôt d'actes judiciaires; رسم تحریریه resmi tahriryè, droit de greffe; تحریرات مأموری tahrirat mèmoure, greffier; امور تحریریه نظارتی oumouri tahriryè nezarètè, direction du greffe. — تحریر املاك ا tahriri emlak etmek, établir le cadastre. — تحریر نفوس tahriri nufous, recensement des personnes; تحریر اموال tahriri emval, recensement des fortunes. — تحریر عسكر ا tahriri 'asker etmek, recruter, lever des troupes.

تحریف tahrif, (ar. changer, transposer), changement des lettres d'un mot; orthographe incorrecte. — اسمی تحریف ا isme tahrif etmek, estropier un nom.

تحریك tahrik, (ar.) pousser, exciter. — دولت علیهنه واقع اولان تحریکات

devlet aleïhinè vaqe' olan tahrikat, excitations à la haine et au mépris du gouvernement; synonyme de تشويقات techviqat; — تحريكات مفسدتكارانه tahrikati mefsedetkiaranè, des incitations coupables.

تحريل tahril, ligne, trait (mot peu usité). — تحريللو كوز tahrillu gueuz, œil bien fendu.

تحشيه tahchyeh, (ar. border) 1° ajouter un post-scriptum à une lettre; cf. حاشيه hachyeh. — 2° apostiller.

تحصيل tahçil, (ar.) 1° recueillir, amasser, apprendre. — تحصيل علوم وفنون ا tahçili 'ouloum u funoun etmek, s'instruire dans les sciences et les arts. — 2° pris comme substantif : instruction, cours d'études : پاريسده تحصيلده بولنور parisdè tahçildè boulounour, il fait ses études à Paris. — تحصيلى مجبورى ا tahçili medjbouri etmek, rendre l'instruction obligatoire. — 3° recette, perception : ويركو تحصيل ا vergu tahçil etmek, faire la recette des contributions. — تحصيلات tahçilati senèvyènuñ yekoune, le produit des recettes annuelles. — تحصيلات قلمى tahçilat qalemè,

bureau du receveur; تحصيلات مأمورى tahçilat mèmourè, receveur, percepteur. — تحصيل ودر صندوق ا tahçil u der çandouq etmek, encaisser des fonds; تحصيلات tahçilat, encaissements.

تحصيلدار tahçildar (pers. « qui fait la recette ») percepteur, préposé au recouvrement des deniers publics. Cf. تحصيل tahçil.

تحف tohaf, (plur. ar. de تحفة) 1° don, présent; chose précieuse et digne d'être offerte. — تحفجى tohafdje, marchand de curiosités, se dit aujourd'hui du marchand qui vend toutes sortes de futilités à la mode fort recherchées des dames. — 2° pris comme singulier : curieux, drôle. — تحف بر آدم tohaf bir âdam, un homme original, amusant, un bizarre personnage. — نه تحف nè tohaf, que c'est drôle! amusant! — تحفه بو كه tohafe bou ki, ce qu'il y a de singulier en cela c'est que... — تحفلاشمق tohaflachmaq, devenir curieux; être singulier, amusant. — Cf. l'arabe طرفة torfa, qui a le même sens.

تحقيق tahqeq, (ar.) action de vérifier; s'informer. — enquête; plur.

تحقيقات tahqeqat, même sens. — تحقيقات شفاهيه tahqeqati chefahyè, enquête verbale. — تحقيقات مقتضيه‌ی حاوی مضبطه tahqeqati mouqtazièye havi mazbata, procès-verbal d'enquête. — تحقيق مجلسی tahqeq medjlisi, conseil d'enquête; cabinet d'instruction criminelle; تحقيق مأموری tahqeq mèmoure, juge d'instruction; vérificateur d'écritures. — تحقيق ديون ماده‌سی tahqeqe duyoun maddèsi, vérification des titres de créance.

تحليف tahlif, (ar.) faire jurer; déférer le serment. La 5ᵉ forme تحلف tahalluf, signifie « prêter serment ».

تحليل tahlil, (ar.) 1° dissoudre par l'analyse chimique : آفيون تحليلی âfioun tahlili, extraction de l'opium. — 2° rendre licite, légitimer. — تحليل شرعی tahlili cher'y, légitimation. — قانوناً تحليل اولنمش بر ولد tahlil olounmech bir veled, un enfant légitimé par les tribunaux.

تحميص tahmiss, (ar. torréfier) action de brûler le café. — تحميصيه tahmissyè, droit prélevé sur la torréfaction du café; تحميصجی tahmissdje, fermier dudit droit (Mallouf). — تحميص خانه tahmiss-khanè, nom d'une place à Constantinople où se prélève l'impôt en question; c'est là que les sacs de café sont estampillés.

تحميل tahmil, (ar. faire porter), charger, mettre un chargement. — تحميل اولنمق اوزره طورمق tahmil olounmaq uzrè dourmaq, rester en charge (navire). — محلّ تحميل mahalli tahmil, lieu de chargement. — بتكرار واقع اولان تحميل be tekrar vaqe' olan tahmil, rembarquement; تحميل ثانی مصارفی tahmili sani maçarife, frais de rembarquement. — تحميليه سندی tahmilyè senede, connaissement; état du chargement d'un navire.

تحويل tahvil, (ar. changer, transmuter) 1° assignation, mandat; با تحويل ba tahvil, en vertu d'une assignation, par billet. — 2° obligation, engagement de payer; — plur. تحويلات tahvilat, titres. — تحويلات ميريه tahvilati miryè, titres d'État, bons du trésor; on dit aussi خزينه تحويلی khazinè tahvili. — امر تحويلی emr tahvili, billet à ordre. — حاملك نامنه اولهرق تنظيم اولنان بر تحويل hamiliñ naminè olaraq tanzim olounan bir tahvil, billet ou titre au porteur. — 3° changement, conversion. — ديون ميريه‌نك

تحویلی *duyouni miryènuñ tahvili*, conversion de la dette publique. — قوائم میریهنك تحویل مقداری *qavaïmi miryènuñ tahvili meqtare*, conversion des rentes. — تحویل قلمی *tahvil qaleme*, un des bureaux de l'ancienne chancellerie; on y rédigeait les *berat* ou diplômes d'investiture des gouverneurs, les brevets *(tahvil)* des *mollas* ou juges des principaux ressorts judiciaires, enfin les titres des possesseurs de fiefs militaires, *zabt fermane*. Ce bureau était sous la dépendance du *Reïs efendi*, grand-chancelier et ministre des affaires étrangères. — بر جزانك تحویلی *bir djezanuñ tahvili*, commutation de peine.

تخت *takht*, (pers.) trône; تخت همایون *takhti humaïoun*, le trône impérial ottoman. — تخت قرالی *takhti qrali*, trône royal (des souverains étrangers); on dit aussi تخت امپراطوری *takhti imperatouri*, trône impérial. — تخته اوتورمق *takhtè otourmaq*, s'asseoir sur le trône, ou چیقمق *tcheqmaq*, monter ou bien encore كچمك *guetchmek*, passer. — تخته اوتورتمق *takhtè otouroutmak*, placer sur le trône. — تختدن ایندرمك *takhtden endirmek*, détrôner.

Voir aussi کرسی *kursi* et صندالی *çandali*.

تخت روان *takhte-revan*, (pers. siège ambulant) litière, sorte de palanquin placé ordinairement entre deux mulets; véhicule à l'usage des femmes et des malades, en Perse et dans l'Anatolie.

تختكاه *takhte-guiah*, (pers. lieu du trône) résidence du souverain, capitale d'un royaume; c'est le synonyme de پایتخت *païtakht*.

تخته *takhta*, (pers.) planche, ais; bardeau; plaque; lambris, plancher. — چام تختهسی *tcham takhtase*, planche de sapin. — آغا تختهسی *âgha takhtase*, plante nommée aussi « herbe jaune », *çareu ot*; voir چیكدام. — تخته باقر *baqer* ou قورشون تخته *qourchoun takhta*, plaque de cuivre ou de plomb. — تخته دمیر *demir takhta*, bois de teck. — تخته پوش *takhta-pouch*, sorte de plancher servant de corridor; terrasse en bois pour sécher le linge ou prendre l'air. — تخته بتی *takhta biti*, punaise. — ات تختهسی *èt takhtase*, planche à la viande, étal. — خمور تختهسی *khamer takhtase*, pétrin. — كوكس تختهسی *gueugus takhtase*, sternum. — اوتوراق

تخته‌سی *otouraq takhtase*, banc de rameur dans un *qaïq*, banquette. — ایمان تخته‌سی *iman takhtase*, « planche de la profession de foi », c.-à-d. : la poitrine, le cœur de l'homme. — شطرنج یا تاوله تخته‌سی *chatrendj* ou *tavla takhtase*, table du jeu d'échecs ou de trictrac, échiquier. — کمان تخته‌سی *keman takhtase*, table du violon. — تخته الماس *takhta elmas*, « diamant en table », taillé sur deux faces avec un biseau et des pans en facette sur la tranche. — تخته باشی *takhta bachi*, le doyen, le plus notable personnage d'un district; c'est le surnom des six plus anciens conseillers des grands-juges de Roumélie et d'Anatolie. — آقچه تخته‌سی *âqtchè takhtase*, 1° se dit de ce qui a la forme du triangle scalène. — 2° comptoir. — تخته‌جق *takhtadjeq*, petite planche. — تخته دوشه‌لی *takhta deuchèlu*, planchéié, couvert de planches. — تخته‌لی *takhtalu*, en planches ; تخته‌لی کوکرجین *takhtalu gueverdjin*, pigeon, ramier. — تخته بوجکی *takhta beudjeye*, insecte, espèce d'artison. — Proverbes : بر تخته‌دن آچیق سویله‌مك *bir takhtadan âtcheq seuïlèmek*, parler net et avec franchise. — چوروك تخته‌یه باصمق *tchuruk takhtaïa baçmaq*, « marcher sur une planche pourrie », s'engager dans une mauvaise passe.

تخدیش *takhdich* (ar. égratigner, léser). — تخدیش افکار ا *takhdichi efkiar etmek*, alarmer l'opinion publique. — تخدیش اذهان ایدن *takhdichi ezhan éden*, un alarmiste.

تخصیص *takhçess*, (ar. attribuer spécialement, déterminer). — assigner ; سرمایه تخصیص ا *sermaïè takhçess etmek*, assigner un fonds, l'affecter à un paiement quelconque; allouer des fonds, faire une dotation. — بر مبلغك تخصیصی *bir meblaghuñ takhçesse*, affectation d'une somme. — *au plur.* (pris souvent en turc comme singulier) تخصیصات *takhçessat*, 1° destination spéciale affectée à une dépense dans le budget. — تخصیصات سنویه *takhçessati senevyè*, annuités. — نرخ تخصیصی *nerkh takhçesse*, taxation des denrées. — 2° aumônes faites par les particuliers.

تخفیف *takhfif*, (ar. alléger) جزایی تخفیف ا *djezaye takhfif etmek*, commuer une peine ; قابل تخفیف بر جزا *qabili takhfif bir djeza*, peine commuable. — بر کمی تخفیف ا *bir guemiye takhfif etmek*, alestir un navire.

تخل بتی *takhel biti*, charançon, coléoptère.

تخليص *takhliss*, (ar.) délivrer, sauver. — مصارف تخليصيه *maçarifi takhlissyè*, frais de sauvetage. — رهنلری تخليص ایتمک *rehinlere takhliss etmek*, retirer des gages. — بدل اعطاسیله تخليص ایتمک *bedel i'tasi-ilè takhliss etmek*, retirer (une terre, des biens) sur quelqu'un. — قید کلفتدن تخليص ایتمک *qaïdi kulfetten takhliss etmek*, libérer d'une servitude.

تخليه *takhlyè*, (ar. vider, laisser aller) action d'évacuer, de laisser en liberté. — بر مملکتك تخليه سی *bir memleketuñ takhlyèsi*, évacuation d'un pays. — تخليه مصارفی *takhlyè maçarifi*, frais de décharge d'un navire; محل تخليه *mahalli takhlyè*, lieu de la décharge. — تخليۀ سبيل ایتمک *takhlyèi sebil etmek*, mettre en liberté; lever l'écrou.

تخم (var. توخوم et تخوم) *tokhoum* semence; grain; germe; semence génitale. — اوت تخمی *ot tokhoume*, semis de gazon. — سبزه تخمی *sebzè tokhoume*, semis de plante. — کتان تخمی *keten tokhoume*, graine de coton. — آی تخمی *ây tokhoume*, « semence de lune », plante, variété de l'agnus castus. — تخم آتمق *tokhoum âtmak*, jeter la semence, semer, تخمدن بتمک *tokhoumden bitmek*, pousser, germer.

تخمين *takhmîn*, vulg. *tahmîn*, (ar.) évaluation, conjecture. — تخميناً *takhmînen*, environ, à peu près. — فرض و تخمين ایتمک *ferz u takhmîn etmek*, supposer et conjecturer. — جملۀ تخميناتدن در که *djumlèi takhmînatten dur ki*, il résulte de toutes les probabilités que... — دفتر تخمينات *defteri takhmînat*, état ou devis estimatif. Cf. استمار *istimar*.

تداخل *tedakhoul*, (ar. entrer l'un dans l'autre, empiéter), arriéré de solde, empiètement d'une comptabilité sur l'autre. — تداخلده بولنان بش آیلق *tedakhouldè boulounan bech àïleq*, le traitement de cinq mois d'arriéré. — تداخلات *tedakhoulat*, les arriérés, comme تأخيرات *tèèkhirat*.

تدارك *tedaruk*, vulg. *tedarik*, (ar. se procurer le nécessaire) apprêts; dispositions; précautions; avec *gueurmek*, faire des préparatifs; se tenir en mesure d'agir. — تداركات *tedarukat*, préparatifs, etc. — تداركلی صلح *tedaruklu çoulh*, paix armée.

تدافعی *tedafu'i*, (ar. action de re-

29

pousser), محاربة تدافعى *mouharèbeï tedafu'i*, (mieux تدافعيه *tedafu'yè*) guerre défensive. — بر موقع تدافعى *bir mevqeyi tedafu'i*, une position défensive. — اتفاق تدافعى *ittifaqe tedafu'i*, alliance défensive.

تــداول *tedavul*, (ar.) circuler, avoir cours. — تداوله چيقارمق *tedavulè tcheqarmaq*, mettre en circulation. — تداول سرمايه سى *tedavul sermayèse*, capital de circulation; تداول بانقه سى *tedavul banqase*, banque de circulation. — متداول *mutedavil*, en circulation.

تدبير *tedbir*, (ar.) mesure, plan, combinaison, arrangement; conseil; précautions. — تدبير ملك *tedbiri mulk*, art de gouverner, d'administrer. — علم تدبير منزل *y'lmi tedbiri menzil*, économie domestique. — plur. تدبيرات *tedbirat* et تدابير *tedabir*, dispositions, plans, mesures combinées. — تدابير حاكيانه *tedabiri hakimanè*, sages mesures. — تدابير جبريه *tedabiri djebryè*, mesures coërcitives. — تدابير انضباطيه *tedabiri inzibatyè*, mesures disciplinaires. — تدابير مجلسيه *tedabiri medjlissyè*, mesures législatives.

تدريج *tedridj*, (ar.) progresser, avancer par degrés. — بالتدريج كسب *bit-tedridj kesbi tezayud éden tekialif*, impôts progressifs. Cf. ترقى *teraqqe*.

تدريس *tedris*, (ar.) enseigner, instruire. — تدريس صبيان *tedrissi cybian*, enseignement primaire; تدريس اعدادى *tedrissi y'dadi*, enseignement secondaire. — تدريسجه اولان مجبوريت *tedrisdjè olan medjbouryet*, l'instruction obligatoire. — صورت تدريس *coureti tedris*, méthode d'enseignement. Cf. تعليم *ta'lim*.

تدقيق *tedqeq*, (ar.) examiner en détail; s'enquérir, faire une enquête. — تدقيقات اجراسنى طلب ا *tedqeqat idjrasini taleb etmek*, demander le fonctionnement d'une enquête. Cf. تحقيق *tahqeq*.

تذكره *tezkerè*, (ar. *tezkirè*) note, billet, mémoire; permis. — autrefois: provision donnée aux mollas et aux kadis. — ادا تذكره سى *eda tezkerèsi*, acquit de douane. — يول تذكره سى *yol-tezkerèsi*, permis de route, passe-port. — آو تذكره سى *áv tezkerèsi*, permis de chasse. — تذكره جى *tezkerèdji*, fonctionnaire du gouvernement qui délivre les *tezkerè*; maître des requêtes; voir d'OHSSON, *Tableau*, t. VII, p. 169. — تذكره صحيّه *tezkerèi-çahiyè*, patente de santé. — اصناف تذكره سى *eçnaf tezkerèsi*, patente de commerce.

تر *ter*, particule d'intensité qui n'est pas employée isolément : ترتميز *ter-temiz*, très propre; ترتر دينمك *ter-ter tepenmek*, se démener en tout sens; ترتر تتره مك *ter-ter titrèmek*, grelotter (de froid). Cf. تيرلده مك.

تر (var. در) *ter*, sueur, transpiration; moiteur. — ترکوزى *tergueze*, calotte qu'on met sous le fèz, ar. عرقيه. — صوغوق تر *çoouq ter*, sueur froide. — تر دوشكى *ter deucheye*, lit de douleur, se dit d'une femme en couche. — *au fig.* آلين ترى *âlin tere*, « sueur du front », travail pénible, effort, fatigue. On dit d'une chose qui a coûté beaucoup de soins à quelqu'un, آلينڭك ترى وآرقه سنڭ كوپيكدر *âlineneñ tere vè ârqasinuñ keupuyu dur*, c'est la sueur de son front et l'écume de son dos. — آياق ترى *âyaq tere*, « sueur de pied », honoraires d'une visite, d'une consultation (surtout de médecins). — تر دوكلمك *ter deukulmek*, être baigné de sueur à la suite d'une douleur ou d'une émotion.

ترابزه *terapeza*, (grec mod. τράπεζα) table reposant sur trois pieds; table à manger. Cf. سفره *sofra*.

تراتور *teratour*, espèce de salade; voir تراطور.

تّراج قوشى *tourradj qouchou*, (de l'ar. درّاج) francolin, oiseau du genre perdrix.

ترازو *terazi*, balance, (syn. de وزنه *veznè* et de ميزان *mizan*). — ترازو كوزى *terazi gueuze*, plateau ou bassin de la balance; on emploie aussi كفه *kèfè*. — ترازو قولى *terazi qolou* (ou اوق *oqueu*, flèche), fléau de la balance. — ترازو ديلى *terazi dili*, aiguille de la balance. — ترازو كوبكى *terazi guebeye*, « nombril de la balance », châsse de fer qui tient le fléau. — صو ترازوسى *çou terazisi*, réservoir, aqueduc servant à élever les eaux et à les distribuer dans différentes directions. — هوا ترازوسى *hava terazisi*, baromètre; صيجاق ترازوسى (ou حرارت) *çedjaq* ou *hararet terazisi*, thermomètre. — ديواربجى ترازيسى *douvardje terazisi*, fil à plomb. — ترازو حقى *terazi haqqeu*, le droit de la balance, ce qu'on donne au peseur. — ترازو قورلدى *te-*

razi qourouldou, la balance est droite, juste. — ترازو آلتی *terazi âlteu* (ou دیبی *dipè*) le fond de la balance, rebut de marchandises ou de denrées. — ترازویه اورمق *teraziyè vourmaq*, mettre dans la balance, faire peser. — دیلنی ترازویه قومق *dilini teraziyè qomaq*, peser toutes ses paroles. — كوزه خور ترازوده آغیر *gueuzè kheur* (pour *khar*) *terazidè âgheur*, « vil d'apparence mais lourd dans la balance », se dit d'un homme de mérite dont l'extérieur est négligé. — ترازو یلدیزی *terazi yldizè*, la Balance, constellation du zodiaque, signe de l'égalité du jour et de la nuit. — Proverbe : ترازو دیلی كبی ایكی طرفه آقار *terazi dili guibi iki tarafa âqar*, « il glisse des deux côtés comme l'aiguille de la balance »; se dit d'une personne irrésolue.

تراش *tirach* (var. rare طراش), vulg. *trach*, du pers. تراشیدن couper, raser, rogner, rendre une surface lisse. — avec *etmek*, faire la barbe, synonyme de تراشلامق *trachlamaq*. — avec *olmaq*, se faire la barbe. — تراشم وار *trachum var*, j'ai besoin de me raser. — تراش كلور *trach quelir*, la barbe pousse. — تراشی آغیرمش *trachè âgher-*

mech, vieillard, barbe grise. — دیكنه تراش ایتمك *dikinè trach etmek*, raser à contre-poil. — قلم تراش ایتمك *qalem trach etmek*, tailler une plume, un roseau à écrire, d'où le nom de قلمتراش *qalemtrach*, canif. — الماس تراش ایتمك *elmas trach etmek*, tailler un diamant. — فاسته تراشلو *fasètè trachlu*, diamant taillé à facettes. — صومتراش *çoum-trach*, corruption du persan سمتراش *soum-trach*, rogne-pied, instrument avec lequel le maréchal ferrant rogne le sabot des chevaux. — Proverbes : اویله باش اویله تراش *euïlè bach euïlè trach*, « telle tête, telle barbe ». — صقالكی كسرم *çaqalèñe keserim*, « je te couperai la barbe », menace dans le sens de « je te réduirai à la misère (ou) à l'humiliation ».

تراطور *teratour*, espèce de salade composée de lait caillé, d'ail, d'herbages frais, de noisettes et d'amandes pilées. Le *Lehdjè* tire ce nom de l'arabe ترّ « battre en agitant ».

تراكم *terakum*, s'agglomérer, s'accumuler. — تراكم دم *terakumi dem*, congestion, apoplexie.

ترامپته *trampeta* (de l'ital. *trombetta*), 1° trompette, synonyme de بورو.

borou; voir ce mot. — aujourd'hui : tambour de régiment. — 2° fanfare militaire. — تْرامپـتـه‌جی *trampetadje*, musicien de l'armée; — trompette, tambour. — ترامپه دكنكی *trampeta deïneye*, baguette de tambour.

ترامپه (var. ترانپه, طرانپه) *trampa*, de l'ital. *tramuta*, échange, troc. — ترامپه آلیش ویریشی *trampa alech vareche*, commerce d'échange, par troc. — ترامپـه‌جی *trampadje*, brocanteur; marchand de ferraille; marchand ambulant.

ترانتی *tiranti* (ital. *tirante*), bretelles; voir aussi آصق *açqe*.

ترانسپورت *teransport* (néolog. du français *transport*). Se dit seulement, en lithographie, de l'opération qui consiste à faire passer les caractères ou figures de la pierre lithographique sur le papier préparé pour en recevoir l'empreinte.

ترانسی *transi*, (du valaque) espèce de barque dont on se sert pour la navigation du Danube (ZENKER).

ترانسیت *teransit*, du français *transit*, faculté de faire passer des marchandises ou des denrées dans un pays ou une ville. — ترانسیت رسمی *teransit resme*, droit de transit. — ترانسیت تجارتی *teransit tidjarete*, commerce transitaire. — ترانسیت مالی *teransit male* (ou اشیاسی *echiase*), marchandises en transit.

تراورس *teravers* (néolog. du français *traverse*), pièce de bois posée perpendiculairement à la voie et sur laquelle reposent les rails.

تراویح *teravih*, (plur. ar. de ترویحه pause) prière ou *namaz* d'obligation imitative, qui se célèbre pendant les nuits du mois de ramazân. Cette prière consiste en vingt *reka'ts* séparées par cinq pauses. Voir pour les détails, *Tableau*, t. II, p. 232.

تربزه (var. ترابزه) *terabèza*, du grec τραπέζα, table. Cf. سفره *sofra*.

تربه *turbè*, (ar.) tombeau, chapelle sépulcrale; voir la description des tombeaux musulmans chez D'OHSSON, *Tableau*, t. II, p. 339, et LANE, *The modern Egyptians*, t. II, p. 265. — تربه‌دار *turbèdar*, gardien préposé à la garde des cimetières et des chapelles funéraires. On donne aussi ce nom à des vieillards, ordinairement au nombre de dix, chargés de lire, tous les matins, tout ou partie du Koran pour le repos de l'âme du défunt.

تربیه *terbyè*, (ar.) 1° éducation, instruction, discipline; avec *etmek*, élever, soigner; — punir. — تربیه‌سنی ویرمك *terbyèsẹne vermek*, infliger une punition. — تربیه‌لو *terbyèlu*, bien élevé, poli; تربیه‌سز *terbyèsẹz*, sans éducation, grossier. — تربیه‌لو میمون *terbyèlu maïmoun*, « singe dressé, apprivoisé », terme de mépris. — 2° ragoût, sauce, — شكرلو میوه تربیه‌سی *chekerlu meïvè terbyèsẹ*, confiture de fruits.

ترتّب *terettub*, (ar.) 1° être rangé, mis en ordre. — 2° résulter, être produit. — avec *etmek*, avoir lieu, se produire, résulter.

ترتیب *tertib*, (ar.) 1° mise en ordre, arrangement, disposition. — ترتیبسز *tertibsẹz*, sans ordre, confusément. — حرب ترتیبی *harb tertibi* ou میدان ترتیبی *meïdan tertibi*, dispositions stratégiques. — 2° ordonnance du médecin, comme رچته; formule du codex. — 3° feuille d'imprimerie composée de huit, seize pages, etc.; — format d'un livre. — édition d'un ouvrage; ترتیب اوّل *tertibi evvel*, première édition; علاوه‌لی ترتیب ثانی *ʿèlavèlu tertibi sani*, seconde édition augmentée. — *au fig.* ضعیف ترتیب *zaʿif tertib*, mince, maigre, fluet. — ترتیبات *tertibat*, fonds consacrés à une dépense spéciale.

ترجمان *terdjuman*, (ar.) drogman, interprète. — ترجمان دیوان همایون *terdjumani divani humaïoun*, drogman du divan impérial, nommé aussi ترجمان افندی *terdjuman efendi*; le titre de ترجمان بك *terdjuman bey* est donné surtout aux drogmans des légations européennes. — باش ترجمان *bach terdjuman* ou ترجمانِ اوّل *terdjumani evvel*, premier drogman. — سفارت ترجمانی *sefaret terdjumanẹ*, drogman d'ambassade. — ترجمانلق *terdjumanleq*, carrière du drogmanat. — ترجمان قلمی *terdjuman qalemẹ* (ou اوطه‌سی *odasẹ*), bureau des interprètes de la Porte. — معیّت ترجمانی *maʿyyet terdjumanẹ*, interprète adjoint, auxiliaire; cf. معاون *mouʿavin*. — آیاق ترجمانی *ayak terdjumanẹ*, drogman de place qui accompagne les voyageurs. — Proverbes : دلی ایلچیه اوصلو ترجمان كرك *deli éltchiyè ouçlou terdjuman guerek*, à fol ambassadeur il faut un

ترجانه اولوم يوق drogman sage. — ايلچيه زوال يوق terdjumanè eulum yoq éltchiyè zaval yoq, « il n'y a pas de mort pour le drogman ni de déclin pour l'ambassadeur », la personne des agents étrangers est sacrée. — ايلچى يوزندن ترجمان سوزندن قبول اولنور el-tchi yuzunden terdjuman seuzunden qaboul olounour, l'ambassadeur se fait agréer par sa bonne mine, le drogman par son langage. — ترجمانك عقلى ديلندن چوق اولمق كرك terdjumanuñ a'qle dilinden tchoq olmaq guerek, le drogman doit avoir encore plus d'intelligence que de langue. Cf. دراغومان et تيلماج.

ترجمه *terdjumè*, (ar.) traduction, explication. — ترجمهٔ لفظيه *terdjumèi lafzyyè*, traduction littérale. — ترجمه قلمى (ou اوطه سى) *terdjumè qalemi* ou *odaseu*, bureau des traductions de la Porte. — ترجمهٔ حال *terdjumèi hal*, biographie. Cf. ترجمان *terdjuman*.

ترجيع *terdji'*, (ar. faire revenir) 1° répétition des deux professions de foi que le muezzin récite d'abord tout bas et qu'il répète ensuite en chantant d'une voix forte. — 2° en poésie : refrain, couplet.

ترجيل *terdjil*, (ar.) marque blanche aux pieds de derrière du cheval. — Nom d'un district en Mésopotamie; voir *Diction. géographique*.

ترخان ou تارخان *tarkhan*, 1° nom donné, dans les anciennes tribus turques, à certains privilégiés exempts d'impôts et de prélèvements sur le butin. Ils avaient le droit d'entrer chez le khan sans demander audience et pouvaient commettre neuf délits avant d'être poursuivis. — 2° *par extension*, grands, nobles. — 3° nom d'une tribu issue de Djaghataï. — 4° nom propre : *Tarkhan-sultan, Hadji-Tarkhan*, etc.

ترخانه *terkhanè*, bouillie préparée avec du lait caillé « yoghourt » et de la viande; ce mets répond au عيشه des Arabes. Celui où il entre des dattes est nommé مصل. Le *terkhanè* se fait aussi avec le fruit du cornouiller. Une autre sorte se prépare avec du gros millet d'Inde ou sorgho; c'est ce qu'on nomme كوچه ترخانه سى *gueutchè terkhanèsè*.

ترزى *terzi*, (pers. ar. درزى) tailleur, couturier. — ترزيخانه *terzi-khanè*, atelier de couture. — ترزى مقاصى *terzi maqaçeu*, ciseaux de tailleur, —

زنه ترزیسی *zènè terziseu*, couturière. — ترزیلك *terzilik*, métier de tailleur, art de la couture. — Proverbes : تـرزی اميدی ایکنه‌دن *terzi oumoudou iynèden*, « le tailleur met son espérance dans l'aiguille », on vit de son travail. — ترزی ترزینك اکسینی بولور *terzi terziniñ eksiini boulour*, « le tailleur connaît la male façon du tailleur », ce qui répond au proverbe grec κεραμεὺς κεραμεῖ κοτέει καὶ τέκτονι τέκτων. — اینه‌سنی باشنه صوقمق *iynèsini bachena çoqmaq*, « ficher son aiguille à sa tête », être prêt, apte à la besogne.

ترزیل *terzil*, (ar.) humilier, mortifier. — مجازات ترزیلیه *medjazati terzilyyè*, peines infamantes.

ترس *ters*, 1° envers, côté opposé au droit, rebours : قماشك ترسی *qomacheñ terse*, envers d'une étoffe; — قلیجك ترسی *queledjuñ terse*, dos d'un sabre. — ترسنه *tersinè*, à l'envers, à rebours. — ایشه ترسندن باشلامق *ichè tersinden bachlamaq*, « commencer par la fin », atteler la charrue devant les bœufs. — وبردیکم درسلر ترس آڭلانیور *verdiyim dersler ters añlanïor*, les leçons que je donne sont prises de travers. — 2° *adj.* opposé, contraire; chagrin, boudeur. — وای بو ترسلك نه‌دن *vaï bou terslik nèden*, eh! d'où vient cette boutade? — ترسله‌مك *terslèmek*, gronder, bougonner. — ترسی دونمك *tersi deunmek*, être troublé, avoir des contrariétés. — ترسنه دونمك *tersinè deunmek*, s'en retourner; se troubler. — ترس کیتمك *ters guitmek*, se tromper, suivre une mauvaise route, se mal conduire. — ترسندن اوقومق *tersinden oqoumaq*, « lire à rebours », savoir une chose d'une façon imperturbable. — ترسلنمك *terslenmek*, être de mauvaise humeur, prendre les choses à l'envers; maltraiter.

ترس 1° *ters*, fiente d'animaux; se dit surtout de celle de l'oiseau. — 2° *tèrès*, mari trompé, bafoué (inusité). Cf. کراتا *kerata*.

ترسانه *tersanè*, vulg. *tersana*, arsenal; ce mot est emprunté vraisemblablement, par le turc, à l'italien *darsina* qui n'est lui-même que la corruption de l'arabe دار الصناعة *dar es-san'aa*. — ترسانهٔ عامره *tersanèï a'mirè*, l'arsenal impérial dans un des faubourgs de Constantinople, à côté de *Top-hanè*. — ترسانه مجلسی *tersanè medjlisi*, conseil de l'amirauté. — ترسانه امینی *ter-*

sanè emîni, intendant de l'arsenal, nommé plus tard *tersanè defterdari*; il était chargé de l'inspection des travaux maritimes et des magasins de la marine; il prenait rang après le grand-amiral. — ترسانه رئيسى *tersanè reïssi*, gardien des archives des départements maritimes qui dépendent du grand-amiral. — ترسانه كتخداسى *tersanè kiahyasi*, intendant des galères, chargé de la police de l'amirauté. — ترسانه ده چاليشان بر محكوم *tersanèdè tchaleçhan bir mahkoum*, un condamné qui travaille à l'arsenal, c.-à-d.: un galérien. — L'arsenal de Constantinople est situé sur le rivage de la Corne d'or, au delà du quartier de Kassim-Pacha; il renferme, entre autres bâtiments, le bagne et les chantiers de construction. C'est là que sont mouillés les gros vaisseaux de ligne de la marine turque. — Proverbe: ترسانه امورى اولمق *tersanè oumourou olmaq*, « devenir le grand-maître de l'arsenal », faire l'important, se donner des airs.

ترشه *tirchè*, (probablement du pers. تراشه, coupé, rogné) parchemin, vélin. Cf. كودرى *guderi*. — ترشه رنكى *tir-chè rengue*, « couleur de parchemin », bleuâtre ou gris clair.

ترشى (forme vulgaire et fautive تورشى) *turchu*, légume ou fruit macéré et confit dans le vinaigre; cornichons et choux confits. — اوزم ترشيسى *uzum turchusu*, espèce de raisiné. — ترشيلق *turchuluq*, petits légumes tels que concombre, aubergine, poivre-long confits dans le vinaigre. — *au fig.* ترشى باشلو *turchu bachlu*, emporté, querelleur. — ترشى يوزلو *turchu yuzlu*, visage renfrogné, maussade. — ترشيسنى قورمق *turchusune qourmaq*, refuser une chose, la disputer avec aigreur. — ترشى او *turchu olmaq*, être mou; harassé de fatigue. — ترشيمق *turchumaq*, devenir aigre, fermenter.

ترضيه *terzyè*, (ar. contenter, satisfaire) avec *etmek* ou *vermek*, faire ou donner satisfaction. — استدعاى ترضيه ا *istid'ayi terzyè etmek*, réclamer satisfaction. — ترضية كافيه وكامله *terzyèi kiafyè u kiamilè*, satisfaction pleine et entière.

ترفنده *tourfanda*, (orthographe populaire et fautive تورفانده) primeur en fruits et en légumes. — ترفنده صلاطه لق *tourfanda çalataleq*, salade de légumes frais.

ترقّی *teraqqe*, (ar. s'élever) 1° accroissement; augmentation de solde chez les Janissaires. — 2° progrès (dans le sens moderne du mot); on emploie aussi le plur. ترقیات *teraqqeïat;* ترقیات فنونیه *teraqqeïati founouyyè*, les progrès littéraires; ترقیات صناعیه *teraqqeïati çanayyè*, progrès industriel; ترقیات عصریه *teraqqeïati 'açryyè*, les progrès du siècle. — ترقی طرفداری *teraqqe tarafdare*, partisan du progrès. — ترقیدار *teraqqedar*, progressif, qui se développe.

ترقین *terqen*, (ar. effacer, biffer) se construit avec حك *hakk* qui a le même sens: حك وترقین *hakk u terqen*, radiation. — حك وترقینی لازمکلان بر فقره *hakk u terqene lazimguelen bir feqra*, article sujet à radiation. — اسمنی حك وترقین ایتدرمك *ismini hakk u terqen ittirmek*, faire effacer son nom, obtenir sa radiation, استغلالات دفترنده‌كی قیدینك حك وترقینی *istighlalat defterindèki qaïdiniñ hakk u terqene*, radiation d'une inscription hypothécaire.

ترك *turk*, 1° turc, la race turque. — Nous reproduisons ici la notice du *Lehdjè* comme étant, malgré quelques erreurs, le résumé des notions que les Ottomans possèdent sur leurs ancêtres.

«Les Turcs d'Orient formaient quinze groupes principaux connus sous le nom d'*Oulous*, à savoir les *Ouïghours,* les *Khaladj*, les *Qarlekh*, etc. Les Turcs d'Occident étaient composés aussi de quinze *Oulous*, tels que les *Oghouz*, les *Qeptchaq*, les *Petchènègues*, les *Kouman*, les *Qaïssaq*, etc. Cinq mille ans environ avant l'hégire *(sic)*, la race turque fit la conquête de l'Inde, du Tourân, de l'Irân et de la Babylonie. Treize cents ans avant l'ère musulmane, les Ghouzes occupèrent, pendant vingt-huit ans, la Perse, le pays de Babylone et de Ninive ainsi que la Syrie; c'est ce que les chroniques nomment «l'ère d'Oghouz-Khan». Les Grecs leur ont donné le nom de *Scytes* qui correspond au *Sag* سالك des Persans. L'habileté des Ouïghours dans l'art de l'écriture, l'extension que prit leur dialecte parmi les Turcs furent cause que beaucoup de gens de cette tribu devinrent ministres ou secrétaires d'état et que, lorsque les Tartares et les Mongols s'emparèrent du Turkestân, sous le règne de Djaghataï-Khan, on ne fit usage que de l'écriture ouïghour. Dès le VIIIe siècle de l'hégire, le nom de *langue djaghatéenne* commença à se répandre et à désigner le turc oriental rédigé sur le modèle du persan. — Les *Qaïssaq*, qui faisaient partie des milices turques oghouziennes appelées à Bagdad, se convertirent à l'Islamisme vers l'an 400 de l'hégire (1009 jusqu'à 1010 de J.-C.). Les chefs de cette tribu reçurent le titre de *Seldjouk*, tandis qu'on désigna le reste de la tribu par le nom de *Turkmen* (Turcoman). Quant au nom de *turk* et d'*oghouz* il continua de désigner les tribus nomades. Le mot *turk* prit dès lors la signification de « grossier, rude, rustique » et le mot *oghouz* celle de « simple, naïf, sot ». Le dialecte oghouz commença à s'écrire vers l'an 500 de l'hégire (1106, 1107 de J.-C.), sous la dynastie des Seldjoukides, et subissant l'influence de l'arabe quant à l'orthographe, il donna naissance au turc occidental »... — « La sous-tribu des Qayi قايى qui tenait le premier rang parmi les Oghouz, c'est-à-dire dans la tribu turque de plus pure race, s'était répandue dans le Turkestân et plus tard en Perse et en Arménie à la suite de Djenguiz-Khan. Une famille issue de ces Qayi, après avoir parcouru en nomades les territoires d'Orfah et d'Erzindjân, obtint du sultan Seldjoukide Ala ed-Dîn l'investiture des pays de Suyut et de Qaradja situés entre Biledjik et Angora. Cette famille composée de 416 tentes avait pour chef Osman Ghazi, lequel, après avoir étendu au loin ses conquêtes, fut nommé *bey* du *Sandjaq* de *Sultan-euñu* en 688 (1289 de J.-C.). La chute de la dynastie des Seldjoukides, quelques années plus tard, lui donna l'indépendance. Pendant un règne de vingt-sept ans, il couvrit ses provinces de mosquées, collèges et fondations pieuses, attira les savants et protégea les sciences et les arts. C'est ce prince qui a valu à ses sujets le nom d'*osmanli* « ottoman » et la langue parlée dès cette époque, se séparant de plus en plus du dialecte *oghouz* devint la *langue osmanli* ou langue des Ottomans. »

2° rustre, grossier, vagabond. C'est en ce sens qu'il faut entendre presque tous les proverbes où se trouve le mot *turk* que, dans cette acception, on prononce *tourk*; ترك اولانه شهر ايچى زندان اولور *tourk olana chehir itche zindan olour*, pour le Turc l'intérieur d'une ville est une prison. — تركه بكلك *tourkè beylik* ويرمشلر ابتدا باباسنى اولدرمش *vermichler iptida babasene euldurmuch*, si l'on donne l'autorité à un Turc, il commence par tuer son père. — تركك عقلى صكره‌دن كلور *tourkuñ 'aqle çoñradan guelir*, la raison vient au Turc après coup, « *serò sapiunt Phryges* ». Il est à remarquer que, depuis quelques années, le mot *turk* a perdu son acception péjorative et que les Ottomans semblent le revendiquer comme un titre d'honneur. On trouve souvent dans leurs journaux l'expression بز تركلر *biz turkler*, « nous autres Turcs de vieille race ». — تركلك *turkluk*, 1° le pays des Turcs. — 2° niaiserie, simplicité.

ترك 1° *terk*, (ar.) abandonner, délaisser, quitter. — ترك ديارا *terki diar etmek*, s'exiler, émigrer. — ترك ادب ا *terki edeb etmek*, manquer à la bienséance. — كمينك ترك *gueminiñ terke*, abandon du navire. — نولك ترك *nèv-*

نوله بدل *luñ terke*, abandon du fret. — امتعه یی ترك ا *nèvlè bedel emti'èye terk etmek*, faire l'abandon des marchandises pour le fret. — ترك سلاح ا *terki silah etmek*, déposer les armes ; ترك مخاصمات *terki moukhaçamat*, suspension des hostilités.

ترکجه *turktchè*, la langue turque aussi bien le dialecte *turki* (oriental ou djaghatéen) que le turc osmanli. — ترکجه بیلمز *turktchè bilmez*, « qui ne sait pas le turc », ignorant, inintelligent, barbare. — ترکجه بیلمز اللهدن قورقمز *turktchè bilmez allahdan qorqmaz*, qui ne sait parler turc ne craint pas Dieu. — ترکجه یی غایب ا *turktchèye ghaïb etmek*, « perdre son turc », être troublé, perdre la tête. — ترکجه سی *turktchèse*, pris adverbialement : en un mot; sachez que. Cela veut dire (en bon turc) que...

ترکش *terkech*, (du pers. تیرکش « tire-flèche ») carquois. Cf. قوبور *qoubour*. La dérivation du français *carquois* et *carcasse* par le pers. *terkech*, paraît être généralement admise aujourd'hui ; voir Défrémery, *Mémoires d'hist. orient.*, p. 235.

ترکشمك *terkechmek*, (var. ترکه مك) se suivre, marcher l'un derrière l'autre. Cf. ترکی *terki*, arrière de la selle.

ترکمان *turkman* ou *turkmen*, turcoman, nom des tribus turques de la famille d'Oghouz qui, sous les khalifes abbassides, s'établirent en pays musulman. — ترکمان ضعیف الایمان *turkman za'if ul-iman*, turcoman est faible musulman. — ترکمان یا چوبان کوشکده *turkman ya tchoban kieuchktè*, « c'est un turcoman ou un berger dans un palais », se dit d'un parvenu. — Il y avait autrefois dans la province de Sivas plusieurs districts habités par des Turcomans et gouvernés par un âgha.

ترکه *tèrèkè*, céréales, grains, produits des champs. Cf. ذخیره.

ترکه *tèrèkè*, (ar. laisser, quitter) héritage, succession. — ترکه محلوله *tèrèkèi mahloulè*, succession vacante. — ترکه نك رؤیت و تسویه سی *tèrèkènuñ rouyet u tesvyèsè*, ouverture d'une succession. — تحریر ترکه مأموری *tahriri tèrèkè mèmoure*, liquidateur d'une succession; voir aussi قسام *qassam*. — ترکه نك اشیای منقوله سی *tèrèkènuñ echyiaï manqoulèse*, succession mobiliaire. — ترکه جی باشی *tèrèkèdji bachi*, sous l'ancien régime, c'était un officier de la garde du corps, chargé de percevoir les taxes revenant au *Bostandji bachi* et les rentes d'une partie du domaine impérial.

تركى 1° *turku*, chanson, air. — تركى باغلامق *turku baghlamaq*, composer une chanson. — تركى اوقومق *turku oqoumaq*, chanter un air, et en général : chanter. — برينك تركيسنى چاغرمق *biriniñ turkusunu tchaghermaq*, « chanter la chanson de quelqu'un », prendre ses intérêts. Cf. شرقى *charqeu*. — 2° *turki*, adj. relatif formé d'après les règles de l'arabe du mot ترك *turk*, « qui appartient à la langue ou à la nation turques ».

تركى *terki*, (t. or. تيركا) courroie pour attacher les bagages à l'avant ou à l'arrière de la selle; synonyme de قانجوغا *qandjougha*. — تركى هكبهسى *terki heïbèsi*, hâvre-sac, porte-manteau accroché derrière la selle. — تركيه آصمق *terkiyè âçmaq*, suspendre à la selle, prendre en croupe.

ترلا *tarla*, champ, terrain cultivé; voir تارلا.

ترلك *terlik*, 1° chaussure, espèce de chausson ou de bottine en cuir mou, ordinairement de couleur jaune, qui se porte par dessus la chaussette de coton et à l'intérieur des babouches. C'est le synonyme du pers.-ar. مست *mest*. — 2° espèce de camisole ou de gilet, n'est plus usité en ce sens. — 3° fraîcheur, nouveauté, primeur, du pers. تر *ter*, frais, nouveau.

تورلو et ترلو *turlu*, genre, espèce; voir درلو.

ترلهمك (var. درلهمك) *terlèmek* et ترلنمك *terlenmek*, suer, transpirer; être en moiteur; s'imprégner de buée (le verre, etc.). — قان ترلهمك *qan terlèmek*, « suer le sang », *au fig.* éprouver de grandes fatigues ou émotions. — *trans.* ترلتمك *terletmek* ou *derletmek*, faire suer; fatiguer, tourmenter, causer de l'ennui. — Prov. : حامامه كيرن البتّه ترلر *hammama guiren elbettè terler*, « qui entre au bain, doit suer »; c.-à-d. : on ne peut sortir d'un mauvais pas sans bourse délier. — ترلهدیجى علاج *tèrlèdidji 'yladj*, ingrédient sudorifique.

ترمس (var. ترموس) *turmus*, grec θέρμος, lupin, lupin blanc ou agricole, dont la graine, en Orient comme en

Europe, sert à faire des cataplasmes. Cf. Ibn el-Beïtar, t. I, p. 304.

ترمنتی *tereminti*, (grec τέρμινθος) arbre de la famille des Térébinthacées ou des Conifères, d'où l'on extrait, par incision, la résine nommée *térébenthine*, en turc نفت یاغی *naft yaghe*, huile de nafte. — ترمنتی آغاجی *tereminti âghadje*, térébinthe.

ترمومترو *termomètro*, les Turcs ont emprunté ce mot à l'italien, et s'en servent concuremment avec la dénomination arabe-pers. میزان حرارت *mizani hararet* ou arabe-turc حرارت ترازیسی *hararet terazissi*, « balance de chaleur ».

ترمه *termè*, raifort sauvage, *cochlearia armoracia*. Ce mot a vieilli et on se sert plus ordinairement du composé یبان طورپی *yaban tourpou*, « rave de champ ». Voir aussi *Diction. géographique*.

ترن *teren*, (du français *train*) néolog. à la mode, au lieu de قطار *qatar*, train de chemin de fer. — مستعجل ترن *musta'djil teren*, train rapide.

ترنج *turundj*, (pers.) orange amère, fruit du bigaradier, *citrus vulgaris*. L'orange douce est nommée aujourd'hui plus ordinairement *portouqal*; voir پورتقال; mais le mot *turundj* s'applique aussi à plusieurs variétés de l'orange, telles sont : مجوزه ترنج *mudjevvèzè turundj*, orange dite « à gros turban »; دده تاجی ترنج *dèdè tadje turundj*, orange à bonnet de derviche; قبارجق ترنج *qabardjeq turundj*, orange dont l'écorce est raboteuse; قبوق ترنجی *qabouq turundju*, orange à écorce douce. — ترنجی *turundji* ou ترنج رنگی *turundj rengui*, « couleur d'orange », jaune-rouge foncé. — ترنج مملو *turundj mèmèlu*, gorge arrondie et bien faite. — *au fig.* ال ترنجی *èl turundju*, « orange de main », se dit d'une belle personne dont le caractère est désagréable. C'est dans le même sens qu'il faut prendre la locution familière suivante : ترنجك بگزینی کورەنك آغیزی صویی بوشانور اما لذتنی طادانك یوزی بوروشور *turundjuñ beñzinè gueurèñuñ âghzeu çouyeu bochanour amma lezzetenè dadanuñ yuzu bourouchour*, qui regarde l'orange amère a l'eau à la bouche, mais qui la goûte fait la grimace. — آشی ترنجی *âche turundju*, orange d'ente ou de greffe; فدان ترنجی *fiddan turundju*, orange de rejeton. —

Pour prouver les qualités de l'orange, les Turcs citent quelquefois cette tradition *(hadis)* qu'ils mettent dans la bouche du prophète, bien qu'elle ne soit pas citée dans les recueils de traditions authentiques : مثل المؤمن الذى يقرأ القرآن كمثل الاترجة طعمها طيّب وريحها طيّب « le fidèle musulman, lorsqu'il lit le Koran, ressemble à l'orange, qui est suave de goût et suave de parfum ».

ترويج *tervidj*, (ar.) faciliter l'écoulement d'une marchandise, achalander. — معاملات تجارت وصناعتى ترويج ا *mou'amelati tidjaret u çana'ate tervidj etmek*, développer le commerce et l'industrie.

تره *tèrè*, (pers.) frais, tendre, se dit des fruits et des herbes; cf. تازه *tazè*. — تره اوتى *tèrè ote*, cresson; variété de roquette nommée aussi جرجير *djirdjir*, qui est la roquette sauvage. — صو تره‌سى *çou tèrèse*, cresson de fontaine. — فرنك تره‌سى *firenk tèrèse*, Capucine dite *cresson du Pérou*. — يبانى تره اوتى *yabani tèrè ote*, espèce de cresson des près, cardamine. — تره صقالى *tèrè çaqaleu*, barbe de bouc, *hypistis*. — تره ياغى *tèrè yaghe*, beurre frais. — Proverbes : ترەجى‌يه تره صاتلماز ترخونجى‌يه ترخون *tèrèdjiyè tèrè çatelmaz tarkhoundjouyè tarkhoun*, on ne vend pas de cresson ni d'estragon au marchand d'herbes. — تره ياغندن قيل چكمك *tèrè yaghenden queul tchekmek*, « tirer un poil du beurre », faire une chose facilement, sans effort.

ترياك *tiriak*, ar. ترياق, (grec θηριακή, thériaque, antidote, contre-poison; en persan, opium clarifié) électuaire préparé avec de l'opium, opiat, narcotique, nommé aussi آلتون باش *áltoun bach*, « tête d'or ». — Du persan ترياك s'est formé l'adjectif ترياكى *tiriaki*, vulg. *teraki*, adonné à l'opium, celui qui a l'habitude de s'enivrer avec l'opium ou le *hachich*; *au fig.* pointilleux, grognon, hargneux. On dit à quelqu'un qui est de mauvaise humeur, سن ترياكى ميسين *sen tiriaki missin*, es-tu un buveur d'opium?

تريد *tirid*, (ar. ثريد) pain émietté dans le bouillon; soupe au pain. — صوينه تريد *çouïnè tirid*, se dit d'une chose fade et sans saveur. — *au fig.* faible, mou (comme de la mie trempée).

تريز *tiriz*, (peut-être de l'arabe

(طراز ou طراز) morceau d'étoffe ajusté d'une seule pièce au devant ou à la jupe d'un vêtement; espèce de gousset ou de bordure.

تریل *terel*, (var. طریل et ترل) 1° mince, fluet, faible. — 2° s'ajoute à certains verbes pour donner plus de vivacité à l'expression; par ex. : تریل دره مك *terel terel titrèmek*, tremblotter, être tout tremblant.

تریلده مك *tereldèmek*, trembler de froid, grelotter; synon. de ظنغر *zengher*.

ترینکت *tirinket*, (ital. *trinchetto*) 1° mât de misaine, celui qui est placé à l'avant entre le beaupré et le grand mât. — 2° voile de misaine. — ترینکتین *tirinketîn*, de l'ital. *trinchettina*, petit foc, voile semblable au foc et qui, comme celui-ci, se hisse vers la tête du mât de perroquet, mais dont l'amure s'attache au bordage nommé *violon*.

تز *tèz*, vite, promptement; voir تیز.

تزك *tezek*, bouse de vache, pétrie en forme de brique et servant de combustible dans les villages d'Asie mineure : c'est ce qu'on appelle en arménien *maïs*. — هوا تزكلودر *hava tezeklu dur*, le temps est froid, piquant. — تزك توتوسیسی *tezek tutussu*, fumée de *tezek*, fumigation. = قورو تزك *qourou tezek*, crottin.

تزكاه *tezguiah*, vulg. pour *destguiah*, fabrique, atelier; voir دستكاه.

تزكیه *tezkyè*, (ar.) 1° témoignage favorable; certificat de bonne conduite; تزكیه سی بوزوق *tezkyèsè bozouq*, un vaurien, « celui dont le certificat est mauvais ». — 2° chez les Chrétiens d'Orient : absolution, comme تبریه.

تساوی *tessavi*, (ar.) égalité, conformité. — تساوی حقوق *tessavii houqouq*, égalité de droits, égalité civile. Cf. مساوات.

تسبیح *tesbih*, (ar.) 1° une des oraisons dont se compose le *namaz* ou prière rituelle; on en trouvera la formule dans le *Tableau de l'Emp. Ottoman*, par D'OHSSON, t. II, p. 79. = 2° chapelet musulman composé ordinairement de 99 grains; les derviches le portent suspendu à la ceinture. تسبیح امامه سی *tesbih imamèsè*, gros grain du chapelet, en forme de poire. — تسبیح چویرمك *tesbih tchevirmek*, tourner un chapelet entre ses doigts; réciter le chapelet. — تسبیح بوجكى *tesbih beudjèye*, insecte, espèce de scolopendre ou mille-pieds, en arabe قُنْفُشَة; تسبیح بوجكى كى بوكلمك *tesbih beudjèye guibi bukulmek*, « se tordre comme une scolopendre », par suite d'une vive douleur. — تسبیح آغاجى *tesbih âghadje*, arbre de la famille des Méliacées, nommé *azédarach*, par corruption du pers. آزاد درخت *âzad-dirakht*; il a reçu en turc le surnom d'arbre à chapelet, parcequ'en Orient, comme en Italie, ses grains cannelés servent à faire des chapelets. — خناق تسبیحى *khounaq tesbihi*, obstruction; ce terme médical répond sans doute à l'arabe عقدية et سبجة.

تستى *testi*, cruche; voir دستى.

تسجیل *tesdjil*, (ar.) inscrire et mentionner sur les registres, enregistrer. Voir aussi سجلات *sidjillat*.

تسكره *teskerè*, 1° brancard, litière; chaise à porteur. — 2° panier, hotte; voir دجكره et دسكره.

تسلیم *teslim*, (ar.) 1° livrer, remettre. — تسلیم وتسلم *teslim u tesellum*, livraison de marchandises. — تسلیمات *teslimat*, même sens; déboursés. — 2° تسلیم طاشى *teslim tache*, pierre de jade que les derviches de l'ordre dit *Bektachi* portent au cou, et qu'ils considèrent comme un talisman. Le mot *teslim* paraît être ici une sorte de métathèse pour *telsem*, talisman.

تسمیه *tesmyè*, (ar.) nom, dénomination; intitulé. — avec *etmek*, nommer, appeler. — عومى بر تسميه ايله مسمّى بر شركت *'oumoumi bir tesmyè ilè musemma bir chirket*, société en nom collectif. — تسميه‌سز بر شركت *tesmyèsez bir chirket*, société anonyme.

تسوید *tesvid*, (ar. noircir) faire un brouillon, rédiger la minute d'un acte. Cf. تبییض *tebiiz*.

تسویل *tesvil*, (ar.) tromper, séduire. — plur. تسویلات *tesvilat*, intrigues, menées secrètes; اجراى تسویلات اتمك *idjraï tesvilat etmek*, ourdir des cabales.

تسویه *tesvyè*, (ar.) arranger, égaliser, payer. — بر مصلحتى تسویه ا *bir maçlahate tesvyè etmek*, arranger une affaire. — صورت تسویه *çoureti tesvyè*, mode de payement. — بر غروش تسویه ايله *bir ghourouch tesvyè ilè*, en payant une piastre. — اول مصرف شهر امانتی طرفندن تسویه ایدیله جك *ôl maçraf chehir emanetẹ tarafından tesvyè idilèdjek*, cette dépense sera défrayée par la préfecture. — تسویهٔ طرق وكپربجیلك *tesvyèï tourouq u kuprudjuluk*, les ponts et chaussées. — تسویهٔ طرق ومعابر *tesvyèï tourouq u ma'abir*, redressement des routes.

تسهیل *tes'hil*, (ar. rendre aisé) faciliter; arranger à l'amiable. — plur. تسهیلات *tes'hilat*, facilités; avec كوسترمك *gueustermek*, apporter des facilités : بو مصلتك حقنده هر كونه تسهیلات اجرا ایدیلجك *bou maçlahatuñ haqqẹndè her guiounè tes'hilat idjra idilèdjek*, toutes sortes de facilités seront apportées dans cette affaire. — تسهیلاً لمصلحة *tes'hilen li maçlahatin*, pour simplifier la question.

تشدید *techdid*, (ar. fortifier, redoubler) 1° جزانك تشدیدی *djezanuñ techdidi*, aggravation de peine. — اسباب مشدده *esbabi mucheddidè*, circonstances aggravantes. Cf. آغرلشمق *agherlachmaq*. — 2° signe orthographique indiquant le redoublement de la lettre sur laquelle il est placé.

تشریح *techrih*, (ar. couper avec soin) 1° disséquer. — علم تشریح *'ylmi techrih*, science de l'anatomie; تشریح خانه *techrich-khanè*, salle de dissection. — آلات تشریح *âlati techrih*, instruments d'anatomie. — مشرّح *mucherrih*, anatomiste. — 2° analyser (un document, un discours).

تشریف *techrif*, (ar. honorer) faire honneur, s'emploie par politesse dans le sens de « faire une visite » ou « d'aller ». — تشریفكز نرویه *techrifiñez nèrèiè*, où allez-vous? — plur. تشریفات *techrifat*, honneurs, cérémonial, étiquette. — تشریفات عسكریه *techrifati 'askeryè*, saluts militaires; تشریفات بحریه *techrifati bahryè*, saluts de mer. — رسوم تشریفیه *rusoumi techrifyyè*, le cérémonial. — تشریفاتجی *techrifatdji*, maître des cérémonies de la Porte ottomane, chargé de la garde des registres relatifs au cérémonial de la Cour; il avait rang de secrétaire d'État. — خارجیه تشریفاتجیسی *kharidjyè techrifatdjissi*, introducteur des ambassadeurs près le ministère des affaires étrangères.

تشكر *techekkur*, (ar.) remercier, rendre grâces, s'emploie familièrement dans le sens de *merci*, sans l'adjonction d'un verbe auxiliaire.

تشكيل *techkil*, (ar.) former, organiser. — بر شركتى تشكيل ا *bir chirkete techkil etmek*, former une association; بر اتفاق خفىي تشكيل ا *bir ittifaqe khafiye techkil etmek*, former une société secrète. — هيئت وكلانك امر تشكلى *hyeti vukelanuñ emri techekkuli*, formation d'un ministère. — تشكيلات جديده *techkilati djedidè*, réorganisation.

تشلشل *techelchul*, (ar. verser goutte à goutte) avec *etmek*, répandre de l'eau sur la tête avec l'arrosoir, donner une douche.

تشنج *techennudj*, (ar. se contracter, se rider) 1° spasme. — 2° devenir vieux, usé, râpé; تشنج اولمش ايش *techennudj olmech ich*, vieil objet, chose usée; on prononce vulgairement *techennuch*.

تشهير *techhir*, (ar. publier, divulguer), exposer : بر جانىي تشهير ا *bir djaniye techhir etmek*, exposer un criminel; تشهير جزاسى *techhir djezasi*, peine de l'exposition ou du carcan. — پارس سركيسنده تشهير اولنان *paris ser-*

guisindè techhir olounan, mis à l'exposition de Paris.

تشييع *techyi'*, (ar.) accompagner au départ; — reconduire quelqu'un après une visite.

تصادف *teçaduf*, (ar. rencontre) rencontre fortuite; coïncidence, hasard. — بالتصادف *bitteçaduf* ou تصادفاً *teçadufen*, par hasard. — بر وقعة تصادف فيه *bir vaqa'aï teçadufyyè*, un événement fortuit.

تصحيح *taç'hih*, (ar.) corriger, vérifier. — باصله جق كتابك سهولريني تصحيح ا *baçeladjaq kitabuñ sehvlerini taç'hih etmek*, corriger un livre en composition. — تصحيح يرى *taç'hih yeri*, surcharge, substitution d'un mot à un autre.

تصديق *taçdeq*, (ar.) confirmer, ratifier. — بر حكمك تصديق *bir hukmuñ taçdeqe*, confirmation d'un jugement. — تصديق حكمى *taçdeq hukmu*, arrêt confirmatif d'un jugement. — بر عهدنامه نك امر تصديق *bir ahdnamèhnuñ emri taçdeqe*, ratification d'un traité; تصديقنامه *taçdeqnamèh*, acte de ratification. — تصديقه موقوف *taçdeqa mevqouf*, sujet à ratification. — رسماً

تصدیق ا *resmèn taçdeq etmek*, attester officiellement, légaliser; — entériner; homologuer une pièce juridique.

تصرف *teçarruf*, (ar.) 1° posséder, disposer d'une chose en maître. — حق تصرف *haqqe teçarruf*, droit de propriété. — بر مملکتی دائرۀ تصرفه ادخال ا *bir memlekete daïrèi teçarrufè idkhal etmek*, prendre possession d'un territoire. — حقوق تصرفیه *houqouqe teçarrufyè*, droit de propriété foncière. — تصرف معنوی *teçarrufi ma'nevi*, propriété littéraire. — 2° épargne, économie. — تصرفات *teçarrufat*, les épargnes. — قاعدۀ تصرفیه یه تطبیقاً *qa'ydèi teçarrufyèyè tatbiqan*, conformément aux règles de l'économie.

تصرلامق *taçerlamaq*, peut-être pour تصورلامق *teçavvurlamaq*, imaginer, méditer; disposer, préparer; voir تصور *teçavvur*.

تصریح *taçrih*, (ar.) exprimer clairement, énoncer en termes exprès. اسمیله ذکر و تصریح ا *ismi-ilè zikr u taçrih etmek*, dénommer dans un acte.

تصلیه *taçlyyè*, (ar.) prière qui consiste à prononcer la formule de bénédiction صلی الله علیه « que Dieu lui accorde sa bénédiction! » Cette prière se joint ordinairement au *tekbir* (cf. تکبیر). Voir aussi *Tableau*, t. III, p. 81.

تصمه *taçma*, courroie, collier; voir تاسمه.

تصور *teçavvur*, (ar.) projet, dessein, intention; plur. تصورات *teçavvurat*. — تصورات مجرمانه *teçavvurati mudjrimanè*, des projets coupables. — انجق تصور حکمنده قالمق *andjaq teçavvur hukmindè qalmaq*, rester à l'état de projet.

تصویب *taçvib*, (ar.) approuver, donner son assentiment. — بالتصویب جواب ویرمك *bit-taçvib djevab vermek*, donner une réponse approbative.

تصویر *taçvir*, (ar.) reproduction d'image; avec *etmek*, faire un portrait, peindre. — تصویر همایون *taçviri humaïoun*, portrait du sultan. — تصویرجی *taçvirdji*, peintre, portraitiste; تصویرجیلق *taçvirdjileq*, peinture; art du peintre.

تصیلامق *taçelamaq* (pour تصمیملامق), abréviation vulgaire au lieu de تصمیم ا *taçmim etmek*, prendre une résolution, se décider.

تطب

تضمين tazmîn, (ar. donner garantie) indemniser : تضمين ضرر ا tazmîni zarar etmek, indemniser d'une perte. — تضمينه قرار ويرمك tazmînè qarar vermek, adjuger une indemnité. — مستحق تضمين اولان mustahhaqe tazmîn olan, indemnitaire. — تضمين اولنه لازم كلور tazmîn olounma lazem guelir, une compensation (ou réparation) devient nécessaire. — تضمينات حربيه tazmînati harbyyè, indemnité de guerre.

تضعيف tazi'if, (ar. redoubler) altération de la monnaie; élévation de la valeur nominale de l'argent.

تضييق tazyeq, (ar. resserrer, mettre à l'étroit), 1° avec etmek, gêner, importuner. — تضييق معنوى tazyeqe ma'nevi, pression morale. — 2° mettre sous le pressoir des olives, du raisin, etc.

تطبيق tatbeq, (ar. poser sur, comparer, confronter), 1° appliquer; اصول قانونيه تطبيقا ouçouli qanounyèyè tatbeq etmek, donner une forme légale. — 2° confronter, légaliser. — تطبيقجى tatbeqtche, chef du bureau du contrôle des sceaux. Les juges nouvellement nommés laissent l'empreinte de leur cachet dans ce bu-

تعب

reau, afin qu'on puisse vérifier les pièces judiciaires qu'ils adressent au ministère de la justice.

تطليق tatleq, 1° répudier, divorcer. — 2° séparation de corps et de biens; avec etmek, se séparer. — تطليق حجتى tatleq huddjete, acte de séparation.

تعاطى te'ati', (ar. se donner mutuellement). — تعاطى محررات رسميه te'ati'e mouharrerati resmyyè, échange de notes officielles.

تعاون te'avouz, (ar.) partie de la prière rituelle, namaz, qui consiste à réciter la formule اعوذ بالله من الشيطان « j'ai recours à Dieu contre le démon », etc. Voir Tableau, t. II, p. 79.

تعبير ta'bir, (ar. exprimer, signifier) 1° expression, désignation. — تعبيره كلمز مرتبه ده ta'birè guelmez mertèbèdè, au dessus de toute expression. — تعبيرات نا لايقه استعمالنه جرأت ايتدى ta'birati na laiqè isti'malenè djuraet etti, il osa se servir d'expressions inconvenantes. — 2° terme technique, idiotisme.

تعبية ta'byè, (ar. disposer, arranger) disposer les troupes en bataille et les mettre en mouvement. — فنّ *fenni ta'byèt ul-djeïch*, science de la stratégie militaire. — تعبية جسيمه كتابى *ta'byè-i djèssimè kitabè*, traité de tactique militaire. Cf. سوق *sevq*.

تعجّب *teaddjub*, étonnement, surprise; avec *etmek*, s'étonner, être surpris.

تعجيز *ta'djiz*, (ar. affaiblir, incommoder) avec *etmek*, troubler, déranger, donner de la peine à quelqu'un. — expression de politesse : ذات شريفڭزى تعجيز ايتكدن احتراز ايديورم *zati cherifeñeze ta'djiz etmekden ihtiraz ediorum*, je me garderai bien de vous déranger.

تعداد *ta'dad* (ar. compter). — تعداد آرا ا *ta'dad âra etmek*, dépouiller un scrutin. — برر برر تعداد ا *birer birer ta'dad etmek*, spécifier un par un.

تعدى *te'addi*, (ar. transgression). — ظلم وتعدى *zoulm u te'addi*, perception frauduleuse, concussion; — plur. تعديات *te'addiat*, même sens.

تعديل *ta'dil*, (ar. changer) modifier; réformer. — بر حكمى تعديل ا *bir hukmu ta'dil etmek*, réformer un jugement. — plur. تعديلات *ta'dilat*, modifications, changements. — بعض تعديلات اجرا ا *ba'ze ta'dilat idjra etmek*, apporter certaines modifications. — حالمزده ظهوره كلان تعديلات *halmuzdè zouhourè guelen ta'dilat*, les changements survenus dans notre situation. — en style parlementaire : amender; بعض تعديلاتى تكليف ا *ba'ze ta'dilate teklif etmek*, proposer des amendements.

تعرفه *ta'rifa* pour تعريفه ar. (forme conservée exactement par l'espagnol *tarifa* et l'italien *tariffa*) tarif, taxe des marchandises et droits d'entrée. — كرك تعرفه سى *gumruk ta'rifase*, droit ou tarif des douanes. — avec *etmek*, tarifer, fixer le tarif; on emploie dans le même sens تعرفه يى تنظيم ا *ta'rifaye tanzim etmek*; voir le mot suivant.

تعريف *ta'rif*, (ar. faire connaître, notifier). Le mot français *tarif* vient probablement de l'italien *tariffa* (cf. تعرفه ; les Turcs emploient de préférence cette dernière forme). — تعريفنامه *ta'rif-namèh*, programme d'une fête, d'une cérémonie; تعريفنامهٔ سياحت *ta'rif-namèh-i-siahat*, itinéraire de voyage. — بر كسه يى شخصاً تعريف ا bir kimseye chakhçan ta'rif etmek, donner le signalement de quelqu'un.

تعصيب ta'çib (ar. rendre difficile); employé au plur. تعصيبات ta'çibat, difficultés. — ايقاع تعصيبات ا iqa'yi ta'çibat etmek, faire naître des difficultés, soulever des chicanes.

تعطيل ta'tel, (ar. abandonner, abroger) avec etmek, arrêter, faire cesser les travaux. — تعطيل كونلرى ta'tel gunlere, jours fériés. — تعطيل اعمالات ta'teli 'amalat, grève d'ouvriers. — ايشلرى تعطيل ا ichlere ta'tel etmek, se mettre en grève. Voir aussi آزاد âzad, vacances d'écoles; پايدوس païdos, chômage.

تعقيب ta'qeb, (ar. suivre à la piste) suivre, poursuivre. — بر مصلحتك تعقيب وترويجى bir maçlahatuñ ta'qeb u tervidji, poursuite et expédition d'une affaire. — تعقيبات نظاميه ta'qebati nizamyyè, poursuites judiciaires; تعقيبات متواليه ta'qebati mutevalyyè, poursuites non interrompues.

تعليقه ou تعليقا ta'liqa, voiture turque; voir ثالقا.

تعليم ta'lim, (ar. enseigner, instruire) 1° instruction des troupes; enseignement des manœuvres. — تعليملو عسكر ta'limlu 'asker, armée régulière. — آتش تعليمى âtech ta'limi, exercice du tir. — مچ قلج تعليمى metch ou qeletch ta'limi, exercice du fleuret ou du sabre, escrime. — طابور بولوك تعليمى tabor beuluk ta'limi, école de bataillon ou de peloton. — تعليمجى ta'limdji, instructeur militaire. Cf. مطراباز. — تعليم خانه جى ta'lim-khanèdji, chef du 55ᵉ orta des janissaires, chargé de l'instruction militaire du corps. Ce régiment était une véritable école du tir à l'arc et du maniement du fusil. Le chef se distinguait par la coiffure nommée mudjevvèzè مجوزه; les soldats portaient un carquois à la ceinture et se coiffaient d'un turban de forme cylindrique. — 2° devoir d'écriture que les écoliers présentent au professeur. — تعليم چيقارمق ta'lim tcheqarmaq, corriger un devoir d'écriture. — 3° au plur. تعليمات ta'limat instructions données à un ambassadeur par son gouvernement. — تعليمات واقعه سنه توفيق حركت ا ta'limati vaqueasinè tevfiqe hareket etmek, se conformer au sens exact de ses instructions. — دائرهٔ تعليماتى تجاوز ا daire-i *ta'limatęnę tedjavuz etmek*, dépasser ses instructions. Cf. تنبيهات *tenbihat*.

تعمّداً *taammuden*, (ar. faire à dessein) avec préméditation : تعمّداً قتل واعدام ا *taammuden qatl u 'idam etmek*, commettre un meurtre avec préméditation. — من غير تعمّد *mîn ghaïri taammudin*, sans préméditation.

تعمير *ta'mir*, (ar.) réparer, restaurer un édifice, une construction quelconque : تعميرات لازمه *ta'mirati lazemę*, réparations nécessaires; تعميرات جسيمه *ta'mirati djessimę*, grosses réparations; تعميرات جزئيّه *ta'mirati djuzyyę*, menues réparations. — On trouve maintenant dans la presse périodique cette expression prise au sens moral; par ex. : بر خطانك تعميرى *bir khatanuñ ta'mirę*, « la réparation d'une faute »; mais c'est une locution vicieuse et qui doit être rejetée.

تعميم *ta'mim*, (ar. rendre général, rendre commun). — نشر وتعميم ا *nechr u ta'mim etmek*, généraliser. — تعميماً بلدرمك *ta'mimèn bildirmek*, publier par circulaire. — بر قانونى نشر وتعميم ا *bir qanounę nechr u ta'mim etmek*, proclamer et publier une loi.

تعهّد *te'ahhud*, (ar.) soins. — promesse. — avec *etmek*, s'engager, se rendre responsable de l'exécution d'une chose. — تعهّد ضمنى *te'ahhudi zimni*, engagement tacite. — تعهّد باليمين *te'ahhud bil-yemîn*, caution juratoire. — تعهّداتى واقعسنه اجرا ا *te'ahhudati vaqe'asinè idjra etmek*, faire honneur à ses engagements. — تعهّدات دفترى *te'ahhudat defterę*, cahier des charges. — تعهّدلو مكتوب *te'ahhudlu mektoub*, lettre chargée ou recommandée. — تعهّدلدر *te'ahhudlu dur*, formule mise au bas d'une dépêche télégraphique pour indiquer que la réponse est payée.

تعيين *ta'ïn*, (ar. désigner, fixer) 1° traitement que la Porte faisait autrefois aux ambassadeurs étrangers : il consistait soit en denrées et fournitures, soit en numéraire. Un *ta'ïn* était accordé aussi aux diplomates faisant partie d'un congrès tenu sur le territoire de la Turquie. Tous ces usages sont abolis aujourd'hui. Cf. D'OHSSON, *Tableau*, t. VII, p. 486. — 2° plur. تعيّنات *ta'ïnat*, rations; subsistance militaire. — تعيّنات بدلى *ta'ïnat bèdèli*, solde, paye. Cf. علوفه *eu'lufè*. —

عسكر تعيني *'asker ta'ïni*, ration journalière d'un soldat. — تعين اكمكى *ta'ïn ekmeye*, pain de munition nommé aussi *fodoula* فضوله.

تغيير *taghiir*, (ar.) 1° changer, modifier. — تغيير جوهر *taghiiri djevher*, changement essentiel. — 2° altérer, falsifier. — ساخته كارلقله مسكوكاتك تغييرى *sakhtèkiarleqèla meskoukiatuñ taghüre*, altération des monnaies. — تغيير خط ا *taghiiri khatt etmek*, déguiser son écriture. 3° — تغيّر *teghaïyur*, mêmes significations que la seconde forme.

تف *teff* (pour دف *deff*), ar. tambour de basque avec clochettes et grelots. — آیوجی تفی *âyoudjou teffe*, tambourin avec lequel on accompagne la danse de l'ours. — عرب تفی *'areb teffe*, grand disque sans clochettes; gong. Cf. دف *deff*.

تفاضل *tefazoul*, (ar.) supériorité, distinction de mérite. — حساب تفاضلى *hissabi tefazouli*, calcul différentiel.

تفتر *tefter*, prononciation vulg. et fautive au lieu de *defter*, registre; voir دفتر.

تفتيش *teftich*, (ar. chercher) enquête, perquisition, recherche. — اجراى تفتيشات ا *idjraï teftichat etmek*, se livrer à des perquisitions. — تفتيش امور عسكريه نك مجلسى *teftichi oumouri 'askeryènuñ medjlisi*, conseil de l'inspection générale de l'armée. — تفتيشجى *teftichdji* et par abréviation : *teftich*, commissaire de police; agent chargé d'une enquête, etc.

تفتيك *tiftik*, (cf. l'ar. فدك, carder) 1° nom de la belle laine blanche et pure, surtout de celle d'Angora, provenant de la tonte faite au printemps. — 2° charpie de pansement. — تفتيكلنمك *tiftiklenmek*, être mis en charpie, réduit en miettes. — تفتيكلنمش ات *tiftiklenmich èt*, viande hâchée menu. — تفتيك ا *tiftik etmek*, effiler, effilocher.

تفرج *teferrudj*, (ar. se recréer) promenade, divertissement. — تفرجكاه *teferrudjguiah*, lieu de promenade, d'amusement. — تفرجلنمك *teferrudjlenmek*, se promener, se divertir (peu usité).

تفرع *teferrou'*, (ar. se diviser, se ramifier). — تفرعات *teferrou'at*, dépendances, annexes. — جامع تفرعاتندن اولان بر مدرسه *djami' teferrou'atinden olan bir medressè*, une école qui fait

تفرغ *teferrough*, (ar. en finir, se débarrasser) vente, aliénation de biens. Cf. فراغ *firagh*.

تفره *tafra*, faste; orgueil, insolence, mieux طفره; voir ce mot.

تفريق *tefriq*, (ar. séparer). — حكومتك تفريقى قواى *qouvaï hukioumetuñ tefriqeu*, séparation des pouvoirs publics. — تفريق جمعيتى *tefriq djemy'etè*, section des requêtes. — تفريق املاك *tefreqi emlak*, déplacement des bornages d'une propriété.

تفريقه ou تفريقهسى غزته *tefriqa* ou *ghazeta tefriqasè*, feuilleton d'un journal; on dit aussi نوعيه *nev'yè*.

تفشيره *tefchirè*, gâteau, espèce de friandise dans le genre du *baqlava*.

تفصيل *tafçel*, (ar.) détail, prolixité. — plur. تفصيلات *tafçelat*, détails, développements d'une affaire, d'un discours; تفصيلاته كيرشمك *tafçelatè guirichmek*, entrer dans les détails.

تفك *tufek*, ce mot ne se rencontre guère qu'en annexion avec اوفاق *oufaq* : اوفاق تفك *oufaq-tufek*, menus objets de quincaillerie ou de mercerie, comme خرد وات *khourdavat*. — diminutif, اوفاجق تفه جك *oufadjeq-tufedjik*, petite, délicate, mignone (se dit d'une jeune fille).

تفنك *tufenk* ou *tufek*, (primitiv. *sarbacane*, roseau dans lequel on souffle; cf. توق *tuf*) fusil. — تفنك قونداغى *tufenk qoundaghe*, bois du fusil; تفنك چاقماغى *tufenk tchaqmaghe*, batterie du fusil; تفنك چبوغى *tufenk tcheboughou*, baguette du fusil. — تفنك حربه‌سى *tufenk harbasè*, bayonnette. — Il y a divers noms pour désigner cette arme : شِشخانه *chechhanè*, fusil rayé; قوال *qaval*, fusil à canon damasquiné; ايكنه‌لو تفنك *iynèli tufenk*, fusil à aiguille; اجزالو تفنك *edjzalu tufenk*, chassepot; چاقماقلو تفنك *tchaqmaqlu tufenk*, fusil à pierre; فتيلو تفنك *fitillu tufenk*, fusil à mèche, arquebuse; چفته تفنك *tchiftè tufenk*, fusil à deux coups. — آتلو تفنكى *atlu tufengui*, « fusil de cavalier », mousqueton, carabine. — آتلمه‌سى ou پاتلمه‌سى تفنك *tufenk atelmasè* ou *patelmasè*, fusillade. — تفنكله‌مك *tufenklèmek* (*tufeklèmek*), fusiller. — تفنكجى *tufenkdji*, vulg. *tufekdji*, 1° fusilier, fantassin. — 2° armurier.

تفنكجى باشى — *tufenkdji bachi*, « porte-fusil », officier de la garde du corps chargé de présenter le fusil au sultan à la chasse ou au tir. Il avait le privilège de marcher à côté du cheval du grand-vizir, les jours de cérémonie et dans les cortèges officiels.

تفوّق *tefevvouq*, (ar. surpasser) hégémonie; prééminence. — تفوّق داعيهسنده اولماق *tefevvouq da'yèsindè olmaq*, se disputer l'hégémonie.

تفويض *tefviz*, (ar.) action de confier, de remettre. — بالمزايده تفويض ا *bil-muzaïedè tefviz etmek*, adjuger sur enchère.

تفّه *tèffè*, (ar. دفّه) 1° basque de la selle. — 2° دستگاه تفّهسى *tezguiah tèffèsi*, pièce du métier de tisserand, battant mobile en forme d'arc, dans lequel on passe le *peigne*. — تفّهلو بز *tèffèlu bez*, toile d'un tissu serré. — بورونجك تفّهسى *burundjuk tèffèsi*, gros écheveau de soie pesant plus d'une ocque, enroulé autour du rouleau. — 3° synonyme de دسته *main*; par ex.: ورق تفّهسى *varaq tèffèsi*, « main de papier », composée de cent feuillets; on emploie le même mot *tèffè* pour les feuilles d'argent, de cuivre, etc.

تقاج *teqadj*, tampon; voir طيقاج.

تقاسيط *teqaset*, (plur. ar. de تقسيط) termes, à comptes; voir تقسيط.

تقاضا *teqaza*, (ar.) réclamer le payement, exiger l'acquittement d'une dette. — تقاضاى سالیانه ا *teqazaï salianè etmek*, exiger la rentrée de l'impôt. — بر تقاضا عارض اولمش *bir teqaza 'arez olmech*, une circonstance urgente se présenta.

تقاعد *teqa'oud*, (ar. rester sédentaire) mise à la retraite: تقاعد معاشى *teqa'oud ma'ache*, pension de retraite militaire (ou تقاعد علوفهسى *teqa'oud eulufèse*). — استدعاى تقاعد ا *istid'aï teqa'oud etmek*, demander sa mise à la retraite. Cf. اوتوراق *otouraq*.

تقدّم *teqaddum*, (ar.) 1° préséance. — حقّ تقدّم *haqqe teqaddum*, droit de préséance. — 2° initiative. — بز يالكز فضيلت تقدّمى قزاندق *biz yalènez fazileti teqaddumu qazandouq*, nous avons acquis seulement le mérite de l'initiative. — plur. تقدّمات *teqaddumat*, précédents, origines.

تقدير *taqdir*, (ar.) 1° destin, destinée. — Proverbes: تقديرده يازلان تدبيرله بوزلماز *taqdirdè yazelan tedbir* ilè bozoulmaz, ce que le destin a écrit, la sagesse humaine ne l'efface pas. — تقدير نه ايسه او اولور *taqdir nè issè ô olour*, tout ce qui est dans la destinée arrive. — 2° cas, circonstance, بو تقديرده *bou taqdirdè*, dans ce cas. — وقوع بولدوغى تقديرجه *vouqou'-bouldou-ghou taqdirdjè*, en supposant que cela soit arrivé. — 3° apprécier, estimer. — قيمتيله تقدير ا *qèimete ilè taqdir etmek*, apprécier selon sa valeur. — شايانى تقدير *chaïani taqdir*, digne d'estime. — خدمتكزى تقدير ايدرم *khizmeteñeze taqdir ederim*, j'apprécie vos services.

تقريب *taqrib*, (ar.) moyen; approximation. — بو تقريب ايله *bou taqrib ilè*, par ce moyen. — بر تقريب ايله *bir taqrib ilè*, de manière ou d'autre. — تقريباً *taqriben*, à peu près, environ. — بر تقريب قورتلمق *ber taqrib qourtoulmaq*, se tirer d'affaire de manière ou d'autre.

تقرير *taqrir*, (ar. établir, statuer) 1° rapport, exposé, relation. — قپودانك تقريرى *qapoudanuñ taqrire*, rapport de mer. — افلاس وكيللرينك تقريرى *iflas vekilleriniñ taqrire*, rapport d'un syndicat de faillite. — déposition; ضبط تقرير ا *zabte taqrir et-*

mek, recevoir une déposition. — 2° mémoire diplomatique, mémorandum; تقرير رسمى *taqriri resmi*, note officielle. — محرمانه بر تقرير *mahremanè bir taqrir*, une note confidentielle. — 3° تقريرلك *taqrirlik*, papier de grand format pour rédiger un acte officiel; papier-ministre.

تقريظ *taqriz*, (ar. faire l'éloge) pièce de vers ou de prose dans laquelle on fait l'éloge d'un livre; espèce de préface louangeuse et d'approbation en style recherché, placée en tête d'un ouvrage par les amis de l'auteur.

تقسيط *taqsit* (ar. partager). — payer une dette par termes. — فائض تقسيطى *faïz taqsite*, coupon d'intérêt; — سهم تقسيطى *sehm taqsite*, paiement des bons du trésor. — تقسيط زمانى *taqsit zemane*, époque où le coupon est détaché et payé; terme. — تقسيط بدلى *taqsit bedeli*, versement; برنجى تقسيط *birindji taqsit*, premier versement. — خانه استيجارينك تقاسيطى *khanè istidjariniñ taqasite*, termes du loyer d'une maison. — وقتى حلول ايتمش بر تقسيط *vaqte houloul etmich bir taqsit*

taqsit, terme échu. — تقاسيط مقرره *teqasiti mouqarrerè*, échéances fixes.

تقسيم *taqsim*, (ar.) 1° diviser, partager. — تقسيم تركه استدعاسى *taqsimi tèrèkè istid'asè*, action en partage de succession. — قابل تقسيم *qabili taqsim*, divisible, partageable. — 2° *subst.* grand réservoir d'eau avec conduites et tuyaux pour la distribution. *Taqsim* est le nom d'un réservoir et d'un quartier de Constantinople. — 3° prélude de musique; cf. سراهنك *serahenk*.

تقصيرات *taqçerat*, (plur. ar. de تقصير) erreurs; négligences, manquements. — تقصيراتلى افلاس *taqçeratlu iflas*, banqueroute simple.

تقطير *taqter*, (ar. faire tomber par gouttes) distiller, faire passer par l'alambic.

تقل ou توقل *touqoul*, mot privé de sens mais qui, répété, désigne le langage barbare des sujets arabes de l'Empire ottoman, lorsqu'ils parlent le turc. — توقل توقل سويلهمك *touqoul-touqoul seuïlèmek*, écorcher la langue turque de cette façon. Cf. چاتره پاتره *tchatra-patra*.

تقلدامق *touqouldamaq*, craquer, claquer, faire du bruit; voir le mot précédent.

تقله *taqla*, (var. تاقلا; d'après Mallouf تقلاق) culbute; avec قلق, faire la culbute.

تقليد *taqlid*, (ar.) 1° imiter, copier, contrefaire. — امضايى تقليد اتمك *imzayę taqlid etmek*, imiter une signature, faire un faux. — تقليد اويونى *taqlid oyounou*, comédie, pantomime, farce. — تقلد كسمك *taqlid kesmek*, faire une farce. — 2° *adjectif* : imité, feint artificiel; contrefait. — كوموش تقليدى *gumuch taqlidę*, argenture, plaqué, doublé. — آلتون تقليدى *altoun taqlidę*, chrysocale. — انكليز تقليدى *ingliz taqlidę*, montre en métal commun, en aluminium, etc. — تقليد اينجو *taqlid indjou*, perle fausse, verroterie. — تقليد شال *taqlid chal*, châle d'imitation. — 3° (de l'ar. entourer d'un collier) ceindre; investir. — تقليد سيف *taqlidi seïf*, « investiture du sabre », couronnement d'un sultan ottoman. Cette cérémonie, instituée par Sultan Mohammed II, a lieu dans la vieille mosquée d'Eyoub, sous la présidence du *Cheïkh ul-islam*. On en trouvera la description détaillée dans d'Ohsson, *Tableau*, t. VII, p. 123. — عَيْنًا تَقْلِيد *'aïni taqlid*, fac-simile; عَيْنًا تَقْلِيد اِتْمَك *'aïnèn taqlid etmek*, faire un fac-simile.

تَقْوِيم *taqvim*, (ar. redresser, fixer) 1° déterminer la position des astres pour un temps donné; d'où le titre de certains ouvrages arabes : تَقْوِيم البُلْدان indication des longitudes et des latitudes; تَقْوِيم التَّوَارِيخ tables chronologiques, etc. — 2° almanach, calendrier, éphémérides, annuaire; tableaux indiquant les heures canoniques, les mois lunaires et solaires, les phases de la lune, etc., avec les concordances du calendrier latin-grec. L'annuaire de l'Empire ottoman porte le titre de سَالنامَه *salnamèh*. — Le journal officiel est nommé تَقْوِيم وَقَايع *taqvimi vaqayè*, «tableau des événements».

تَك *tek*, (t. or. تَاى) adj. impair, unique, isolé. — تَك چِفْت اويْنَامَق *tek tchift oïnamaq*, jouer à pair ou impair. — يوك تَكى *yuk tekè*, moitié d'une charge, contrepoids. — تَك تُوك *tek tuk*, rare; تَك تُوك شِيلَر اولور *tek tuk cheïler olour*, ce sont des faits isolés. — تَك طورمَق *tek dourmaq*, être en repos, rester tranquille; جَانِى تَك طورمَز *djani tek dourmaz*, esprit inquiet, agité. — تَك باشنَه *tek bachenè*, isolément, à sa tête. — تَكى اَشِى يوق *tekè eche yoq*, qui n'a pas son pareil.

تَك *tek*, adv. 1° jusqu'à ce que; cf. دَك *dek*. — 2° seulement, pourvu que; ex. : تَك كَلْسونده كِچ كَلْسون *tek guelsindè guetch guelsin*, qu'il vienne tard, pourvu qu'il vienne. — تَك سِزِى كورسون ديو كَتُردُم *tek size gueursun deyi guéturdum*, je l'ai amené seulement pour qu'il vous voie.

تَكاك *tekak*, tiges grimpantes ou rampantes des Cucurbitacées, comme le concombre, la courge, etc. En turc or, تَكاك signifie un cep ou sarment de vigne; cf. دَكَك *dikek*.

تَكاليف *tekialif*, (plur. ar. de تَكْلِيف) 1° charges, impôts, taxes. — تَكاليف شاقَّه *tekialifi chaqqa*, de lourds impôts; تَكاليف عُرْفِيَّه *tekialifi 'eurfyè*, impôts arbitraires. Cf. تَكْلِيف *teklif*.

تَكْبِير *tekbir*, (ar.) oraison où revient quatre fois la formule *allahu ekber* «Dieu est très grand»; elle fait partie de la prière rituelle et se nomme aussi تَكْبِير افْتِتَاح *tekbiri iftitah*, «prière d'introduction», introït. Cf. d'Ohsson,

تكبير تشريق *tekbiri techriq*, cantique en mémoire du sacrifice d'Abraham, *ibid.*, p. 226.

تكدير *tekdir*, (ar. troubler, affliger) gronder, réprimander; — faire des reproches et adresser des injures. — مجازات تكديريه *medjazati tekdiriyyè*, condamnation à une peine légère au tribunal de police correctionnelle.

تكر *teker*, (comparer avec le t. or. تكورمك faire tourner et تكورمه rond, arrondi, tournant) 1° roue, comme *tekerlek*. — 2° تكر مكر *teker-meker*, très vite, en grande hâte. — بر مرديوندن تكر مكر دوشمك *bir merdivenden teker-meker duchmek*, dégringoler du haut d'un escalier.

تكر (var. تكور) *teker*, corruption de تكفور *tekfour*, de l'arménien *tagavor*. Ce titre désignait non seulement les rois de Sis et de la Petite-Arménie, mais aussi les empereurs de Byzance et de Trébizonde. — استانبول تكرى *Istambol tekerè*, empereur de Byzance. — تكر سراى *teker-seraï*, ou *tekfour-seraï*, ancien édifice byzantin qui faisait partie du palais de l'Hebdomon, situé dans l'enceinte de Constantinople, entre la porte d'Andrinople et Eïri-Qapoussou. Voir *Diction. Géographique*.

تكرار *tekrar*, (ar.) répétition, redoublement. — pris adverbialement: بتكرار *betekrar*, de nouveau, encore. — Dans le langage de la rhétorique musulmane, تكرار signifie la répétition inutile des mêmes mots, par suite de la négligence de l'écrivain. Au contraire تكرير *tekrir*, «redoublement», se dit de l'emploi des mêmes mots dans une phrase, afin d'en augmenter l'énergie ou d'attirer l'attention sur ces mots.

تكرلك *tekerlek*, roue; toute chose arrondie et qui tourne sur elle-même. — آرابه تكرلكى *âraba tekerleyè*, roue de voiture; صپان تكرلكى *çapan tekerleyè*, rouleau de charrue; تكرلك اوقى *tekerlek oqeu*, essieu. — بر تكرلك پينير *bir tekerlek peïnir*, un rond de fromage; se dit aussi du *halva*, de la cire, etc. — تكرلك يوق *tekerlek yoq*, «il n'y a pas de roue», l'affaire ne peut marcher faute de ressources; on dit dans le même sens درت كوشه‌لى تكرلك *deurt keuchèlu tekerlek*, «une roue quadrangulaire».

تكرله‌مك *tekèrlemek*, pousser un

objet arrondi, faire tourner ou rouler; — *au fig.* bavarder (moulin à paroles); débiter des contes et hâbleries. — تكرلنمك *tekerlenmek*, rouler la tête en bas, dégringoler; *vulg.* aller dans l'autre monde. Cf. تكر *teker*.

تكرى *tañrę*, Dieu (cf. طاك *tañ*, ciel). — اى تكريم كاشكه اولسيدى *tañrem kiachki olsaïdi*, ô mon Dieu, puisse-t-il en être ainsi! — تكرينك كونى *tanręneñ gunu*, chaque jour, tous les jours. — تكرى دوهجكى *tañrę devèdjèyę*, scolopendre, mille-pieds, nommé aussi اوليا دوهسى تكريلق. — تكريلق آدم *tañręleq*, divinité. — *tañręleq âdam*, homme de Dieu, dévot; — illuminé; fou. — اشككى اول باغله صكره تكرىيه اصمارله *èchèyiñę evvel baghla çoñra tanręya ęçmarla*, attache d'abord ton âne et ensuite recommande-le à Dieu. — تكرى قولنك رزقنى ويررر *tañrę qoulęnuñ rizqęnę vèrir*, Dieu donne la subsistance à la créature. — تكريدن قورقان قولدن قورقمز *tanręden qorqan qoulden qorqmaz*, celui qui craint Dieu, ne craint pas les hommes.

تكرير *tekrir*, (ar.) en style de grammaire: redoublement d'un mot afin de donner plus d'énergie à la phrase; comparer avec تكرار *tekrar*.

تكسنمك *tiksinmek*, abhorrer; être dégoûté; voir ديكسنمك et تيكسينمك.

تكل *teguel*, genre de couture à gros points, pour ajuster deux pièces d'étoffe, etc. — تكللمك *teguellèmek*, coudre à gros points; ajuster, adapter.

تكلتى *teguelti*, *vulg. telti*, coussinet de feutre cousu au dessous de la selle; cf. تكل *teguel*; — quand il est adapté sans couture, il se nomme *ègrim*. Voir aussi ايلا.

تكليف *teklif*, (ar. imposer, charger) 1° cérémonies, façons; تكليفسز *teklifsez*, sans cérémonie, sans gêne. — يمينك تكليفى *yèminiñ teklifę*, délation du serment. — عرض تكليف *'arzę teklif*, soumissionner une affaire, une entreprise; صاحب تكليف *çaheb teklif*, soumissionnaire. — plur. تكليفات *teklifat*. — تكليفات تقدميه *teklifati teqaddumyè*, avances, premières démarches. — اجراى تكليفات ا *idjraï teklifat etmek*, faire des ouvertures, commencer des négociations. — شايان قبول تكليفات *chaïani qaboul teklifat*, des propositions acceptables. —

تكليفاتسزجه لسان قوللانمق *teklifatsez-djè lissan qoullanmaq*, employer un langage sans façon.

تكمله *tekmilè*, (ar. action d'achever) complément, supplément d'un traité, d'une loi; synonyme de تتمّه *tetimmè*.

تكمه 1° *tekmè*, ruade (prononciation vulgaire et fautive de ce mot au lieu de دپه *tepmè*). — Prov. : آنك تكمه سى ياوز اولور ياواش آتڭ *yavach ateñ tekmèse yavouz olour*, la ruade d'un cheval doux est très rude. — 2° *teukmè* pour *deuïmè*; voir دوكه.

تكميل *tekmil*, (ar. compléter, achever) adj. complet, fini, entier. — adv. complètement, en totalité, entièrement. — تكميل اوده مك *tekmil eudèmek*, solder un compte, payer intégralement. — تكميلِ ناموس ا *tekmili namous etmek*, donner une réparation d'honneur; synonyme de ترزيّه *terzyyè*.

تكنه *teknè*, 1° auge, cuve. — چامور تكنه سى *tchamour teknèse*, grande terrine, cuve à lessive; خمور تكنه سى *khamour teknèse*, pétrin; طاش تكنه *tach teknè*, auge en pierre pour recevoir l'eau d'une fontaine. — 2° corps de navire sans mât ni voile, et *par extension* : navire. — تجار تكنه سى *tuddjar teknèse*, bâtiment de commerce. — 3° boîte des instruments de musique dont la forme est rebondie, comme la mandoline et le *qopouz*. — تكنه قازينتيسى *teknè qazenteuseu*, « raclure de cuve », terme injurieux à l'adresse d'un enfant chétif et malingre, qui est né de parents vieux.

تكه *tekè*, bouc. — يابانى تكه *yabani tekè*, bouquetin; اختيار تكه *ikhtyar tekè*, bouquin. — تكه بوروني *tekè bourounou*, « nez de bouc », nez surmonté d'une bosse. — تكه صقالى *tekè çaqale*, « barbe de bouc », plante qui porte le même nom لحية التيس en arabe, c'est le *Trapogon porrifolium* ou *pratense*; cf. IBN EL-BEÏTAR, t. III, p. 232. — تكه قاچغنى *tekè qatchghene*, « échappé de bouc », injure à l'adresse d'un bâtard. — Proverbes : تكه صقالندن بللودر *tekè çaqalenden belli dir*, « on connaît le bouc à sa barbe », c.-à-d. les gens à leur caractère. — كچى يرينه تكه صاغمق *ketchi ierinè tekè çaghmaq*, « traire le bouc au lieu de la chèvre », faire les choses de travers. — دكز تكه سى *deñiz tekèse*, « bouc de mer », langouste, écrevisse de mer; aux environs de Bassora, on les fait saler et elles sont nommées alors ميکو meïgou. — تکه عشیرتی tekè 'achirete, la tribu turcomane des Tekès qui, après avoir résidé longtemps dans le Kharezm, près de Serakhs, est venue s'établir en Asie mineure, en face de Rhodes; de là le nom de pays Tekè-ili « contrée des Tekè »; c'est l'ancienne Pamphylie.

تکه tekkè, couvent de derviches; voir تکیه tekiè.

تکه‌لمك tekèlèmek, être furieux, transporté de colère (en parlant de la chèvre). — تکه‌لنمك tekèlènmek, se ruer sur, se cabrer comme la chèvre rétive; au fig. se dit d'un parvenu qui fait le dédaigneux. Cf. تکه.

تکیر tekir, marqué de bandes transversales; tigré, moucheté, 1° espèce particulière de tigre. — 2° تکیر کدی tekir kedi, chat tigré. — تکیر اوردکی tekir eurdeye, canard au plumage bariolé; تکیر بالغی tekir baleghe, poissons de la famille des cyprins, particulièrement le *barbeau*; quelquefois le *rouget*.

تکین tekîn, 1° seul, unique, sans pareil. — 2° tranquille, en repos, oisif. — تکین دكل tekîn deïl, furieux, possédé, maniaque; dangereux; funeste. Cf. تك tek, impair, unique.

تکیه tekiè, (vulg. تکه tekkè; de l'arabe تكأة point d'appui, reposoir, etc.) 1° couvent de derviches; communauté où ils vivent et pratiquent leurs danses et exercices religieux. — 2° école de tir, arène pour la lutte. C'est sans doute ainsi qu'il faut expliquer le nom de تکه‌لی tekkèli, donné à un officier de janissaires chargé de diriger les exercices du tir à l'arc; voir la description de son costume par DJEVAD BEY, État milit. ottom., t. I, p. 184. — تکه‌لی كوشك tekkèli kieuchk, grande salle de réception dans l'hôtel du cheïkh ul-islam; hôtel habité autrefois par l'âgha des janissaires. — Proverbes : درویشلرك تکیه‌سنه دونمش dervichleriñ tekkèsinè deunmech, « changé au couvent de derviches », maison dénudée, pauvre, où il n'y a que les quatre murs. تکیه‌یی بكلین یر قربانی طشره‌ده كزن صاورر خرمانی tekkèye bekleïen yer qourbane dicharudè guezen çavourour kharmane, « qui garde le couvent mange l'offrande, qui se promène au dehors vanne le blé »; ce dicton s'applique à l'homme qui lâche la proie pour l'ombre, ou bien qui arrive trop tard.

تل *tel*, fil de métal ou de soie. — دمیر تلی *demir tele*, fil de fer; كوموش تلی *gumuch tele*, fil d'argent; بر قانغل تل *bir qanghal tel*, un rouleau de fil d'archal. — تل قفس *tel qafès*, grillage, cage en fil de fer. — تل قطایق *tel qataïf*, pâtisserie de vermicelles très fins ayant la forme d'un grillage. — چبوق تلی *tchebouq tele*, fil de fer pour nettoyer la pipe, plus gros que le *zivanè tele* destiné au nettoyage des bouquins de pipe. — شماته تلی (var. شماطه) *chamata tele*, clinquant, petits fils d'or, d'argent, de cuivre, etc.; كلین تلی *quelîn tele*, clinquant de la mariée; paquet de clinquant destiné à orner la chevelure de la mariée et qui doit faire partie de son *nichan* ou trousseau. — تل اورمق *tel vourmaq*, mettre les fils en mouvement, faire manœuvrer le télégraphe. — تل كاری *tel kiare*, travail de clinquant. — تل اهلی *tel ehle*, ouvrier en passementerie de clinquant; *au fig.* habile, adroit.

صاریق تلی *çareuq tele*, la gouttière d'or au temple de la Mecque; voir اولوق. — تللو *tellu*, pourvu de fils, entrelacé de fils d'or ou de clinquant. — تللو قاش *tellu qomach*, drap orné de clinquant. — تللو ببك *tellu bebek*, niais, idiot. — تللو بوللو جیجی *tellu poullu djidji*, jouet garnie de paillettes et de clinquant; *au fig.* parure de mauvais goût. — تللو طورنه *tellu tourna*, grue couronnée, oiseau royal, ainsi nommé parceque sa tête est ornée d'une aigrette roussâtre en forme de couronne.

تلاتین *telatîn*, cuir de Russie, cuir odorant préparé en Russie avec du bois de santal et de l'huile de bétuline. On donnait autrefois à ce cuir le nom de بولغار *boulghar*, parcequ'il provenait des tribus bulgares établies dans le Decht-Qyptchaq. Aujourd'hui on l'imite parfaitement en Europe.

تلاش *talach*, (var. تالاش) 1° (ce mot paraît venir du persan) trouble, agitation; — hâte, précipitation; — effort, inquiétude, souci. — تلاشم چوق *talachem tchoq*, j'ai beaucoup d'embarras, je suis fort ennuyé. — بو حسابك تلاشنده ایم *bou hissabuñ ta-*

lachindè im, je suis préoccupé de ce compte. La prétendue forme arabe تلاشى *telacha*, donnée par MALLOUF avec les mêmes significations, n'existe pas. — 2° sciure de bois, etc.; voir طالاش.

تلاق *tellaq*, prononciation vulgaire pour دلاّك *dellak*, garçon de bain, masseur; baigneuse.

تلال *tellal*, courtier; voir دلال.

تلبيس *telbis*, (ar. tromper, frauder). Dans le langage vulgaire, ce nom d'action est devenu adjectif : « trompeur, fourbe »; on le prononce aussi *telvis*, en le confondant avec l'arabe تلوث « souillure ».

تلبيه *telbiyyè*, (ar.) prière qui commence par les mots consacrés لبيّك اللّهمّ *lebbeïkè allahummè*, etc., « me voici à tes ordres, Seigneur, etc ». Cette prière joue un rôle important dans les cérémonies du pèlerinage. Voir *Tableau*, t. III, p. 66.

تلپه *talapa*, morceau de cuir rouge, façonné en forme d'oiseau, pour rappeler les faucons (BIANCHI).

تلتيك *tiltik*, manque, détriment, lacune; avec *guelmek*, manquer, être en déficit; تلتيك طولدرمق *tiltik doldourmaq*, combler une lacune, un déficit. Ce terme n'est plus guère usité.

تلخيص *telkhiss*, (ar. résumer, exposer brièvement) 1° rapport concernant les affaires publiques, présenté par le grand-vizir au Sultan. — 2° lettre de félicitation ou de condoléance adressée au souverain par ce même fonctionnaire; le style de ces pièces est ordinairement très recherché. — 3° rapport sur les affaires courantes adressé au *sadr a'azem* par le cheïkh ul-islam, le ministre des finances, etc. — تلخيصچى *telkhissdji*, officier attaché au département du grand-vizir, chargé de transmettre les rapports de ce ministre au *Qezlar âgha* ou chef des eunuques noirs.

تلس *tels*, se dit d'une étoffe usée dont la trame se montre, d'une pièce de soie dont on voit les fils. — تلسمك *telsimek* ou تلەسمك *telèsimek*, se faner; se dit au figuré d'un enfant dont la santé dépérit.

تلغراف *teleghraf*, mot dont l'introduction est récente en Turquie. — تلغرافخانهٔ عامره *teleghrafhaneï 'amirè*, administration du télégraphe à Constantinople. — دكز تلغراقى *deñiz teleghrafe*, télégraphe sous-marin. — بر تلغراف چكمك *bir teleghraf tchekmek*, télégraphier. — بر قطعه تلغرافنامه *bir qet'a teleghraf-namèh*, une dépêche télégraphique. — اشارات تلغرافیه *icharati teleghrafyyè*, signes télégraphiques.

تلقين *telqen*, (ar. faire entendre) 1° prière qu'on récite au chevet d'un mourant; voir la formule dans *Tableau*, t. II, p. 296. — 2° prière d'initiation que le cheïkh des derviches souffle à l'oreille du récipiendaire; voir *même ouvrage*, t. IV, p. 633.

تلكى *tilki*, (var. دلكو, تلكو) renard; *au fig.* : fin matois, rusé intrigant. — تلكى باقیشلو *tilki baqechlu*, qui a la mine d'un fourbe. — تلكى ضررلو *tilki zararlu*, malicieux comme un renard; تلكى كزشلو *tilki guezichlu*, rôdeur comme un renard. — تلكى قویروغى *tilki qouïroughou*, « queue de renard », 1° fraude, malice. — 2° alopécie, calvitie. — تلكى اینى *tilki ine*, « tanière de renard », logis étroit, incommode. — تلكى طرناغى *tilki ternaghe*, « ongle de renard », satyrion, plante de la famille des Orchidées, employée dans la médecine orientale comme aphrodisiaque (le peuple la nomme fautivement *salib* ou *sahleb*, de l'ar. ثعلب renard). — تلكى دریسى *tilki derissi*, peau de renard, fourrure dont on fait des pelisses. Il y a le renard rouge de Russie qui fournit treize sortes différentes de fourrures; le renard noir de Sibérie qui en fournit huit. On en fait venir aussi d'Amérique, notamment la peau de renard blanc, et de certaines parties de la Turquie d'Europe et d'Asie. — Proverbes : تلكى قویروغنى صالار *tilki qouïroughounou çalar*, « le renard remue sa queue », comme en français « il y a anguille sous roche ». — تلكى قویروغى كورینور *tilki qouïroughou guerunur*, « on voit passer la queue du renard », le bout de l'oreille. — اسكى تلكى قیانه دوشمز *eski tilki qapanè duchmez*, vieux renard ne tombe pas dans le piége. — اولو تلكى اولور *eulu tilki olour*, « c'est un renard mort », c.-à-d. : qui fait le mort, un fin matois. — تلكى بیك حیله بیلور پوستنى قورتارمز كرپى برینى بیلور اینه باشنى قورتارر *tilki biñ hilè bilir poustene qourtarmaz kirpi birini bilir inè bachene qourtar*, le renard sait mille ruses et ne sauve pas sa peau, le hérisson n'en sait qu'une, mais il sauve sa tête, πολλ' οἶδ' ἀλώπηξ ἀλλ' ἐχῖνος ἓν μέγα (Plutarque). — تلكيجك *tilkidjik* ou تلكى انيكى *tilki ènyiĕ*, renardeau. — تلكيلك *tilkilik*, 1° tanière de renards. — 2° caractère rusé, astucieux; finesse, astuce.

تلكيشمك *tilkichmek*, se battre à coup de griffes; — trans. تلكشدرمك *tilkichtirmek*, s'enfoncer les griffes dans la chair. Cf. تلكى *tilki*.

تللاق *tellaq*, prononciation vulg. de l'ar. دلّاك *dallak*, garçon de bain chargé du massage; voir دلّاك.

تللال *tellal*, crieur public, courtier; voir دلّال *dellal*.

تلّلهمك *tellèmek*, attacher des fils de métal; orner de clinquant; تلّله يوب وللامق *telleyup poullamaq*, orner de clinquant et de paillettes; embellir, rendre beau, faire paraître une chose belle. — چوبوغى تلّلندرمك *tchĕboughĕ tellendirmek*, faire passer le fil de fer dans la pipe pour la nettoyer. Cf. تل *tel*.

تلوه *telvè*, 1° marc de café; cette expression n'est usitée qu'en parlant du café; pour les autres sédiments;

voir وصه *pouça* et كوسبه *keusbè*. — 2° *au fig.* homme alourdi par l'ivresse, *tiriaki*. Voir aussi جاو جاو *djav djav*.

تماشا *temacha*, vulg. *tamacha*, (ar.) lieu de promenade et de distraction; théâtre. — تماشالق *tamachalĕq*, même sens; beau spectacle, beau point de vue. — تماشاجى *tamachadjĕ*, spectateur; promeneur.

تمام *tamam*, (ar.) adj. fini, achevé, complet, juste. — تمام وقتنده كلدكز *tamam vaqtĕndè gueldiñiz*, vous êtes arrivé à propos. — تماملامق *tamamlamaq*, compléter, combler les lacunes: اكسكلرى تماملادم *èksiklerĕ tamamladum*, j'ai réparé les imperfections. — تماميت *tamamyet*, état complet, intégrité: ملكه تماميت *tamamyeti milkyè*, intégrité territoriale. — حال تمامئ حاضرده *tamamii hal hazĕrdè*, dans le statu-quo complet. — *adv.* تمامًا *tamamèn* ou تمامه ايلا *tamamĕ-éla*, complètement, tout-à-fait. — تمام كدى يه جگر اينانمغه بكزر *tamam kedyè djiyer inanmagha beñzer*, « c'est absolument comme si l'on confiait du foie au chat», proverbe qui s'applique aux précautions inutiles.

تمايل *temayul*, (ar.) pencher, s'incliner, avoir de la propension; تمایلات *temayulat*, tendances. — احوال سابقه‌یه درکار اولان تمایلات *ahvali sabeqèyè derkiar olan temayulat*, penchants manifestes pour le passé, tendances réactionnaires.

تمتع *temettu'*, (ar. jouir d'un profit) 1° avoir l'usage, la possession d'une chose. — حصه تمتعی *hessa temettu'yi*, portion de bénéfices, dividende; سهمك تمتع حصه‌سی *sehmuñ temettu' hessase*, dividende d'une action. — تمتع بحری *temettu'i bahri*, prime maritime. — شرط تمتع ایله بر بیع *charte temettu' ilè bir beï*, vente avec prime. — 2° profit, gain, bénéfice. — مذکور شیلرك ادخالنده تمتع حاصل اوله بیلور *mezkiour cheïleruñ idkhalindè temettu' haçel ola bilur*, on peut retirer des bénéfices de l'importation de ces articles. — تمتعات *temettu'at*, impôts sur les objets manufacturés. — آقچه‌دن تمتع حاصل ا *âqtchèden temettu' haçel etmek*, faire fructifier une somme d'argent. — تمتعلی *temettu'lu*, lucratif.

تمثیل *temsil*, (ar.) dans un sens spécial: impression typographique. — plur. تمثیلات *temsilat*, feuilles d'impression. — تمثیلات روزمره *temsilati rouzmerrè*, feuilles quotidiennes.

تمجید *temdjid*, (ar. glorifier) cantique chanté à minuit par les *muezzins* pendant les nuits de ramazân. Voir la traduction de cette prière, *Tableau*, t. II, p. 354. — تمجید وقتی *temjid vaqte*, heure de la prière de nuit. — تمجید پلاوی *temdjid pilafe*, « pilau de minuit »; *au fig.* chose attardée, faite hors de saison.

تمدید *temdid*, (ar. étendre, allonger), proroger. — تمدید مهل *temdidi mehl*, prorogation de délai; تمدید وعده *temdidi vaadè*, prorogation de terme.

تمر *temr*, vulg. *temer* (ar. datte). — تمر هندی *temer-hindi*, « datte de l'Inde », fruit du tamarinier dont la pulpe est employée en médecine comme un laxatif. C'est de là que s'est formé notre mot *tamarin*. — Une autre espèce de tamarin est nommée تمری گجراتی *temri gudjerati*, « datte du Guzerate » ou datte rouge.

تمرن *temren*, pointe de flèche; fer de lance; voir تورن *temuren*.

تمرکی *temreyi*, dartre; scrofule.

تمساح *timsah*, (ar.) crocodile. C'est

à tort que le vulgaire en Turquie le nomme *timsah baleghẹ*, « le poisson crocodile », ignorant que cet amphibie appartient à la famille des reptiles.

تمسك *temessuk*, (ar.) 1° billet, promesse par écrit de payer; quittance. — 2° titre de propriété délivré par le *mutevelli* d'un *vaqouf*, c.-à-d. par l'administrateur d'un bien de main-morte au nouvel acquéreur de ce bien. — *plur.* تمسكات *temessukat*, billets, titres de propriété; documents. — 3° instrument d'un traité diplomatique ou d'un traité de commerce. Cf. سند *sened*.

تمغا (var. دمغا, دمغه) *tamgha* ou *damgha*, timbre, estampille. — صغوق چووق *çoouq tamgha*, timbre sec. — نظارت تمغاسی *nazaret tamghasẹ*, timbré à l'extraordinaire. — مكتوب تمغاسی *mektoub tamghasẹ*, timbre de lettre. Cf. پول *poul*. — قلمی تمغا ou خانه تمغا *tamgha qalemẹ* ou *tamghahanè*, bureau du timbre. — تمغالامق *tamghalamaq*, timbrer. — تمغالاتمق *tamghalatmaq*, faire timbrer.

تمكين *temkîn*, (ar.) placer, établir; rendre puissant. — Par abus de langage, ce mot se prend quelquefois aujourd'hui comme synonyme de ممكن *mumkin*. — بو يرده طورمغه تمكين اولمدی *bou yerdè dourmagha temkîn olmadeu*, il n'était plus possible de rester en ce lieu.

تمل *temel*, (grec θεμέλιον) base, fondement. — تملندن *temelinden*, par la base, par la racine; dès l'origine. — تمل آتمق *temel âtmaq*, jeter les bases, fonder. — (ou كوشه) تمل طاشی قومق (طاشی) *temel tachẹ qomaq*, poser la première pierre, la pierre angulaire, jeter les fondations. — تمل حفر ایتمك *temel hafr etmek*, creuser les fondations. — تمل طوتمق *temel toutmaq*, prendre base; se solidifier, être solide et stable. — تملدن بيلمك *temelden bilmek*, connaître à fond. — تمل ديركی *temel direyẹ*, grande poutre dans la charpente d'un édifice, synon. de اوجاقلق *odjaqleq*. — تمللو *temellu*, fondé, établi, solide; constant dès l'origine; تملسز *temelsez*, sans base, faible, périssable. — تمللنمك *temellenmek* (peu usité), être posé sur des bases; se fonder.

تمليك *temlik*, (ar. faire posséder) 1° envoi en possession. — 2° terres *myriè*, possédées en vertu d'un titre légal et authentique. — تمليك حجتی *temlik huddjetẹ*, titre de propriété.

تَمَنَّا *temenna*, (ar. exprimer un vœu, un souhait) salutation, révérence. « Le *temenna*, chez les Orientaux, consiste à incliner le corps vers la terre, abaisser un peu la main droite, la porter ensuite avec vitesse, en se relevant, aux lèvres et puis sur la tête » (Mallouf). — قِصَّه تَنَّا *qeça temenna*, « salut bref », manière d'agir impolie, manque d'égards. — يردن تَنَا *yerden temenna*, « salut jusqu'à terre »; *au fig.* recherche attentive, perquisition minutieuse.

تمور (var. تمر) *temir* ou *demir*, fer; voir تيور.

تمورن *temuren*, et par abréviation تمرن *temren*, pointe du fer de lance, de la flèche, etc. — ترنسز اوق *temrensez ôq*, flèche sans dard; *au fig.* injure sans portée.

تميز *temiz*, propre, net; — pur, sans tache ni souillure; — honnête, vertueux, d'une réputation sans tache. — يوركى تميزدر *yurèye temiz dur*, son cœur est pur et ingénu. — تميزجه اعلان ا *temizdjè i'lan etmek*, déclarer nettement, en toute sincérité. — تميزلك *temizlik*, propreté, netteté; — honnêteté de mœurs et de conduite; probité, intégrité. — Le *Lehdjè* considère le mot *temiz* comme étant de provenance étrangère.

تميزلهمك (var. تميزلمك) *temizlèmek*, nettoyer, purifier, enlever les taches et souillures. — *au fig.* anéantir, exterminer. — تميزلنمك *temizlènmek*, être nettoyé, rapproprié; — être blanchi, innocenté, se disculper. Cf. تميز.

تمييز *temiiz*, (ar. séparer, spécifier), 1° révision d'un arrêt, etc. — محكمةُ تمييز *mehkèmèï temiiz*, haute cour de cassation. — تمييز اعلام استدعاسى *temiizi i'lam istid'ase*, pourvoi en cassation. La cour d'appel établie au chef-lieu d'un gouvernement général est nommée ديوان تمييز حقوق *divani temiizi houqouq*, et celle qui est au chef-lieu d'un district تمييز حقوق مجلسى *temiizi houqouq medjlisi*. — تمييز اتمك *temiiz etmek*, réviser un procès, un compte. — بر اعلامك تمييزى *bir i'lamuñ temiizè*, révision d'un arrêt. — تمييز وتنقيح ايتدرمك *temiiz u tenqih itturmek*, soumettre à révision. — 2° سن تمييز *sinni temiiz*, l'âge de raison. — Quelques écrivains emploient la forme orthographique تميز au lieu de تمييز dans le sens de « distinguer, discerner ». Des poètes célèbres, comme Nabi et Sami, se sont permis cette licence par nécessité prosodique; néanmoins elle est blâmée par les puristes. Il en est de même de la forme ستغنا pour استغنا, et de quelques abréviations du même genre. Voir les observations d'Ekrem efendi dans son Cours de littérature intitulé تعليم اديات *ta'limi èdèbyat*, p. 71.

تن *ten*, (pers.) corps, tronc. — قول وتن *qol ou ten*, les membres et le tronc. — تن رنكى *ten rengue*, couleur de chair, clair. — آلا تن *âla ten*, lèpre; آلا تنلو *âla tenlu*, lépreux. — تنلك *tenlik*, corpulence, embonpoint.

تن *tun*. S'il faut en croire le *Lehdjè*, ce mot signifierait en t. or. le bruit de l'eau qui coule, de là le nom du *Don* et du *Danube*. Cette double étymologie ne repose que sur une ressemblance fortuite de sons.

تناسل *tenasul*, (ar. engendrer) : حسّ تناسل *hissi tenasul*, sens génésique.

تنافر *tenafur*, cacophonie, assemblage de sons et de mots désagréables à l'oreille.

تنباكو (var. تنباكى *tumbeki*) *tumbèko, tumbaki* ou *tombac*, tabac persan qui se fume dans le narguilé après avoir été lavé. Toutes ces dénominations viennent de l'espagnol *tabago*. — بر باش تنباكو *bir bach tumbèko*, une mesure de *tombac*.

تنبل *tembel*, paresseux, fainéant. — تنبل ات *tembel èt*, « chair molle »; élevé dans la mollesse. — تنبلخانه *tembel-hanè*, « ladrerie », asile de lépreux et de mendiants. — Proverbes : تنبلك الى قوىوننده چيقماز *tembeluñ èle qoyounenden tcheqmaz*, la main du paresseux ne sort pas de sa poche. — تنبله هركون بيرامدر *tembelè her gun baïram dur*, pour le paresseux tous les jours sont jours de fête. — تنبللك *tembellik*, paresse, oisiveté. — تنبللك ياب ياب كيدر اما فقيرلكه ايرشور *tembellik yap yap guider amma faquerlyè irichur*, la paresse chemine doucement, mais elle aboutit à la misère. — تنبللنمك *tembellenmek*, devenir paresseux, vivre dans la paresse.

تنبليت *tunbulut*, (la forme régulière serait تومبلتى *tumbultu*) 1° grosse charge; paquet d'effets; — équipages de route, tente, etc., roulés en paquet.

— 2° surcharge; effets légers placés sur les gros bagages et qui servent de selle aux muletiers.

تنبیه *tembih*, (ar. avertir) avec *etmek*, recommander, donner des ordres. — plur. تنبیهات *tembihat*. — تنبیهات شفاهیه *tembihati chefahyè*, 1° instructions verbales. — تنبیهات واخطارات رسمیه اجرا ا *tembihat u ekhtarati resmyè idjra etmek*, faire les sommations requises et nécessaires. — 2° avertissements donnés à la presse.

تنتنه *tentenè*, (néolog. altération de دانتله) dentelles, guipures formant broderies au bord des vêtements de femme.

تنته (var. تنده, de l'ital. *tenda*), *tanta*, tente, banne; toile qui s'étend au dessus du tillac pour le protéger contre les rayons du soleil et la pluie. Aujourd'hui ce mot s'applique surtout aux tentes et stores placés devant les magasins. — Les dictionnaires indigènes rapprochent sans raison ce mot étranger du persan تنته ou تنده « toile d'araignée ». — تنته آچمق *tanta âtchmaq*, « ouvrir la banne », descendre le store.

تنجره *tendjèrè*, marmite, chaudron (ar. طنجره, pers. تنگیره). — قولپلو تنجره *qoulplou tendjèrè*, casserole. — طوپراق تنجره *topraq tendjèrè*, marmite de terre. — تنجره حوایجی *tendjèrè havaïdje*, légumes et condiments nécessaires à la préparation des aliments. — تنجره دیبی *tendjèrè dipe*, « le fond de la marmite », le gratin. — تنجره کبابی *tendjèrè kebabe*, rôti, *kèbab* de casserole. — Proverbes : صاچ آیاق اوزرنده تنجره کبی طورمق *çatch âyaq uzerindè tendjèrè guibi dourmaq*, « rester comme une marmite sur son trépied », dans une position instable, comme l'oiseau sur la branche. — تنجره یوارلنمش قاپاغی بولمش *tendjèrè youvarlanmech qapaghene boulmech*, « la marmite a roulé et a trouvé son couvercle », qui se ressemble s'assemble. — تنجره قاینار میمون اوینار *tendjèrè qaïnar maïmoun oïnar*, « la marmite bout, le singe danse », il n'y a pas de sot métier. — تنجره تنجره یه یوزك قاره دیمش *tendjèrè tendjèrèyè yuzuñ qara démich*, « la marmite reproche à la marmite d'avoir la face noire », on ne voit pas ses propres défauts.

تندور *tandour*, réchaud, brasier placé sous une table recouverte d'un

tapis. Ce mot vient de l'arabe تنور
tannour qui a formé aussi l'*athanor*, le
four des alchimistes. — تندور يورغانى
وكبه سى *tandour yorghane vè kebèse*,
couverture et tapis de réchaud. — ال
تندورى *èl tandoure*, « réchaud de
main », sphère de métal remplie de
braise, chaufferette de main. — *au fig.*
تندور نامه *tandour-namèh*, « roman
épique du tandour », conte, invention
chimérique; billevesées.

تنزل *tenezzul*, (ar. s'abaisser)
1° condescendre, daigner. — s'humilier. — تنزلانه سوزلر *tenezzulanè seuz-*
ler, des paroles modestes. — 2° baissé
des fonds publics. — تنزل اسهام
tenezzuli es'ham, baisse des actions;
تحويلاتك تنزلى *tahvilatuñ tenezzulu*,
baisse des obligations. — تنزل قيمت
tenezzuli qeïmet, baisse de prix, rabais.

تنزيل *tenzil*, (ar. faire descendre)
réduire, diminuer. — اسهامك فائضنى
تنزيل وتنقيص ا *es'hamuñ faïzinè ten-*
zil u tenqess etmek, réduire les intérêts
des actions; اسهام ميريه نك تنزيلى
فائضى *es'hami miryènuñ tenzili faïzè*,
réduction de la rente. — مسكوكاتك
فيأتى تنزيل ا *meskoukiatuñ feïatenè*

tenzil etmek, rabaisser le taux des monnaies.

تنسوخ *tensoukh*, prononciation
vulg. *tenzou* (t. or. تاكشوخ chose rare,
curieuse), pastille du sérail composée
d'encens, de benjoin et d'autres substances odorantes. — تنزو قلاده *ten-*
zou qeladè, collier fait de ces pastilles;
تنزو بلازيك *tenzou bilèzik*, bracelet
de même sorte. — تنزويى *tenzouyi*,
noir de poudre, couleur très sombre.
Voir la description des pastilles en
question par d'Ohsson, *Tableau*, t. IV,
p. 74.

تنسيقات *tensiqat* (pl. ar. rad. نسق
ranger, mettre en ordre). — تنسيقات
عسكريه *tensiqati 'askeryèh*, institutions
militaires réglant la nouvelle organisation de l'armée : recrutement, service,
solde, retraite, etc. — دولت عليه ده
تنسيقات عسكريه اوروپا اردولرى
درجه سنى بولامه مشدر *devleti*
'alyèdè tensiqati 'askeryè evropa or-
doulare tensiqatenuñ dèrèdjèsini bou-
lamamechter; en Turquie, la réorganisation militaire n'est pas encore arrivée au degré qu'elle a atteint en
Europe.

تنشير *tenchur* ou *tènèchur*, (du

per. تن شــوى lave-corps) table ou bassin sur lequel on pose le mort pour procéder aux ablutions funéraires. — تنشره كلمك *tenchurè guelmek,* mourir. اڭی داماد كورمك كندیمی تنشــیرده كورمكدن دهـــا زور در *one damad gueurmek kendimi tenchurdè gueurmekten daha zor dur,* l'avoir pour gendre serait pour moi encore plus cruel que la mort.

تنظيمـات *tanzimat,* (plur. ar. du verbe نظّم arranger, organiser) ensemble des réformes qui, depuis sultan Mahmoud II et la charte de Gul-Hanè, en 1839, ont profondément modifié les lois et les mœurs de la Turquie; voir l'*État présent de l'Empire ottoman,* par MM. Ubicini et Pavet de Courteille, introduction, page 1 et suivant. — On nomme ordinairement cette réorganisation تنظيمات خيريه *tanzimati khaïryè,* « heureuses réformes ». — تنظيمات مجلسی *tanzimat medjlisi,* conseil des réformes à Constantinople.

تنــف *tenef,* (altération de l'ar. طنب ou طنـاب) cordes, cordages qui servent à fixer les tentes. — چـــادر چادره تنف تنفه چاتلمش *tchader tchaderè tenef tenefè tchatelmech,* les tentes étaient mêlées aux tentes, et les cordes aux cordes.

تنفـر *teneffur,* (ar.) répugnance, aversion. — مع التنفر *ma'at-teneffur,* avec répugnance; كمال تنفر ایله *kemali teneffur ilè,* avec une extrême répugnance. — منفورمز در كه *menfourmez dur ki,* il nous répugne de...

تنفس *teneffus,* (ar.) respirer, prendre haleine; se reposer. — تنفـس اوطاسی *teneffus odasè,* salle d'attente dans une gare.

تنقيح *tenqeh,* (ar. ôter la moëlle), épurer, corriger. — تنقيحنـامه *tenqehnamèh,* convention explicative.

تنقيه *tenqyyè,* (ar. nettoyer) lavement; plus rarement : purgation.

تنك 1° *tenk* ou *teng,* (pers.) étroit, restreint. — زمان تنك اولــور *zeman teng olour,* le temps presse. — 2° *tenk* pour *denk,* ballot; voir دنك.

تنكار *tinkar,* borax brut, originaire de la Perse et de l'Inde; il est connu en Europe sous le nom de *tincal.* On le confond à tort avec le vitriol vert nommé en persan *zengar.* Cf. M. Devic, *Dictionnaire étymologique,* p. 220. Voir aussi بورق, borax.

تنكرى *tanñreu*, Dieu; voir تكرى.

تنكه *tenekè*, 1° mince lame de métal; آلتون تنكه *âltoun tenekè*, plaqué d'or; كوموش تنكه *gumuch tenekè*, plaqué d'argent; pièce de monnaie large et mince usitée dans le Turkestân. — 2° fer-blanc. — صارى تنكه *çareu tenekè*, laiton. — 3° ustensiles fabriqués en fer-blanc et fer-battu. — صوتنكه‌سى *çou tenekèse*, gouttière, conduite d'eau. — جذوه تنكه *tenekè djezvè*, petite cafetière. — On dit vulgairement d'une personne qui mange les mets brûlants : آغيزى تنكه قابلودر *âgheze tenekè qaplu dur*, sa bouche est doublée de fer-blanc. — 4° homme de mœurs infâmes, souteneur.

تنكيل *tenkil*, (ar.) réprimer, châtier. — فسادك دفع وتنكيلى *feçaduñ def' u tenkili*, répression de la révolte. — تشبثاتى تنكيليه *techebbusati tenkilyè*, mesures répressives.

تنلك *tenlik*, corpulence; voir تن.

تنّور *tennour*, réchaud, brasier; voir تندور *tandour*.

تنّوره *tennourè*, 1° une des pièces du costume des derviches : c'est un morceau de cuir dont ils se couvrent les parties secrètes. Cf. Djevad, *État militaire*, t. I, p. 173. — 2° synonyme de اتكلك *èteklik*, jupe large. La *tennourè* est principalement en usage chez les derviches de l'ordre *mevlevi*.

تنكه *tenèkè*, fer-blanc; voir تنكه.

تنها *tenha*, (pers.) solitaire, seul. — تنهاجه *tenhadjè*, en particulier, privément. — تنهالق *tenhaleq*, solitude, endroit désert; — isolement; — retraite spirituelle. — تنهالشمك *tenhalechmek*, devenir solitaire, être isolé. — Proverbe : تنها دولت تنها يورت *tenha devlet tenha yourt*, « royaume à part, tribu à part », répond à : « chacun chez soi ».

توابع *tevabi'*, (plur. ar. de تابعة) dépendances, en parlant des personnes et des choses : توابع ولواحق *tevabi' u levaheq*, dépendances et annexes. — ايلچينك توابع ومتعلقاتى *él-tchinuñ tevabi' u mutaaliqate*, la suite d'un ambassadeur.

تواتر *tevatur*, (ar. se suivre, se succéder) bruit, rumeur, divulgation; plur. تواترات *tevaturat*, rumeurs; بورسه تواتراتى *boursa tevaturate*, bruits de bourse. — توارر ايتشدر که *tevatur et-mich dur ki*, le bruit court que ... — توارات موحشه *tevaturati mouhichè*, des rumeurs alarmantes. — نشر توارات ا *nechri tevaturat etmek*, propager des rumeurs.

توبره *tobra*, vulg. *torba*, besace, sac; voir طوربه.

توبه *teubè*, (ar.) repentir, remords. — توبه اولسون *teubè olsoun* (var. توبه لر اولسون *teubèler olsoun*), je me repens, je promets de ne plus retomber dans cette faute; je ne le ferai plus. — توبه لو *teubèlu*, repentant, pénitent. Cf. توبه اهل عصيانه پشيمان *pechimen*. — رحمتدر *teubè ehli 'yçianè rahmettur*, le repentir est une grâce accordée au pécheur. — نصوح توبه سى *naçouh teubèsè*, « repentir de Naçouh ou de Manassé », repentir sincère, conversion véritable. Cette locution proverbiale doit son origine à une légende assez lascive qui se retrouve dans les *Chroniques des Prophètes* (*tarikhi enbya*) et que les Turcs attribuent vaguement au roi juif Manassé.

توبيخ *tevbikh*, (ar.) réprimande, reproche. — plur. توبيخات *tevbikhat*. — معامله توبيخيه *mou'amèlèï tevbikhyè*, peine disciplinaire. — بر صورت توبيخيه ده *ber çoureti tevbikyhèdè*, en forme de réprimande.

توپ *top*, mauvaise orthographe pour طوپ; voir ce mot.

توپال *topal*, boiteux; voir طوپال.

توپوق *topouq*, cheville du pied; voir طوپوق.

توپەلق *topaleq*, souchet, cypérus, plante employée en médecine et en parfumerie. C'est le سعد des Arabes et le musc terrestre مشك زمين des Persans. Cf. Ibn el-Beïtar, t. II, p. 253.

توت *tout*, (var. دود, دوت, طوت) mûre. — يابانى توت *yabani tout*, mûre sauvage; يابانى توتلق *yabani toutlouq*, mûriers blancs sauvages. — توت شروبى *tout chouroubè*, sirop de mûres. On prononce aussi *doud*.

توتسى *tutsu*, (var. دوتسى) fumigation. — De là le verbe توتسيلەمك *tutsulèmek*, faire des fumigations; brûler des substances odorantes pour assainir; purifier les marchandises venues de pays où règne la contagion. — توتسى ويرمك *tutsu vermek*, même sens. —

تو تسیلنمك *tutsulènmek*, s'exposer à la fumée, être soumis à la fumigation.

توتماج *toutmadj*, pâte coupée en rubans étroits, espèce de vermicelle. (Cf. شهریه *chehryè*.) — توتماج آشی *toutmadj âche*, potage au vermicelle. — C'est l'arabe لاخشه ou لاكشه.

توتمك (var. دوتمك) 1° *tutmek*, fumer, répandre de la fumée en s'allumant (cheminée, brasier). — یانوب توتمك *yanoup tutmek*, éprouver un grand trouble; être asphyxié par la fumée. — كوزده توتمك *gueuzdè tutmek*, être impatient, éprouver des regrets. — *trans.* توتدرمك (var. دوتدرمك) *tutturmek*, 1° faire de la fumée; répandre de la fumée en allumant. — 2° pour *dutturmek*, tirer un son de la flûte *(duduk).*

توتن (var. دودن) 1° *tuten*, cascade écumante, chute d'eau, cataracte. Cf. تون *tun*. Le *Lehdjè* explique ainsi le nom du cours d'eau *Tuten* ou *Duden*, qui sort du lac d'Eguerdir et se jette dans la mer près de Tekké, en Caramanie. — 2° *tutun*, tabac; voir le mot suivant.

توتون (var. دوتون، دوتن) *tutun*, fumée; tabac à fumer. — توتون ایچمك *tutun itchmek*, fumer du tabac. — La meilleure qualité de tabac est le *Yeñidjè*; à la qualité moyenne appartiennent les tabacs de Magnésia près de Smyrne, de Bafira dans l'Eyalet de Trébizonde et celui du Liban ou *djebeli*; la qualité inférieure provient d'Ermyè (Armiro) dans l'Eyalet de Janina. — قاتمر توتون *qatmer tutun*, pétunia. — توتون بالغى *tutun baleghe*, maquereau fumé. — توتونجی *tutundju*, 1° marchand de tabac. — 2° domestique chargé de l'entretien du *tchebouq*; chez le sultan et dans les grandes maisons, c'est un page de l'intérieur, qui est du nombre de ceux qu'on nomme *guediklu*. Cf. كدیك. — توتون كبی بوزلمق *tutun guibi bozoulmaq*, s'évanouir comme la fumée. — توتونه بل ویرمك *tutunè bel vermek*, « s'appuyer sur la fumée », nourrir de vaines espérances. — توتوندن قورقوب آتشه دوشر *tutunden qorqoup âtechè ducher*, « par peur de la fumée il se jette dans le feu »; *incidit in Scyllam cupiens vitare Charybdim*. — توتونله مك *tutunlèmek*, fumer, exhaler de la fumée. — Proverbe : بورونه كبریت توتوندی *bourouninè kibrit tutundu*, « on a fait fumer du souffre sous son nez», on lui a rompu en visière.

توتیا *toutia*, tutie, oxyde de zinc, considéré comme un excellent collyre pour les yeux; voir *Chrestom. arabe* de S. DE SACY, t. III, p. 453; IBN EL-BEÏTAR, t. I, p. 322. — آق توتیا *âq toutia*, «vitriol blanc», calamine; pierre calminaire; collyre employé en Perse pour guérir les yeux chassieux. — توتیا در *toutia dur*, «c'est une chose précieuse», litt. : estimée comme la tutie.

توج *toudj*, vulg. *toundj*, bronze; voir طوج et برنج *pirindj*.

توجه *teveddjuh*, (ar. se tourner vers, faire attention). — plur. توجهات *teveddjuhat*, faveurs, témoignages de bienveillance et d'amitié. — بو دولك *bou duveluñ husni teveddjuhleri ghaïb edilmichtur*, on s'est aliéné les bonnes grâces de ces puissances. — سوء توجه *soui teveddjuh*, disgrâce; سوء توجهه مظهر او *soui teveddjuhè mezher olmaq*, encourir une disgrâce.

توجیه *tevdjih*, (ar.) conférer un emploi, donner une fonction, un grade.

— توجیه براتی *tevdjih beratè*, instrument d'investiture. — plur. توجیهات *tevdjihat*, nominations, promotions.

توحید *tevhid*, (ar.) 1° déclarer l'unité de Dieu, faire profession de monothéisme. — 2° chez les mystiques : absorption de l'âme dans l'unité divine; de là le nom de la cérémonie où les derviches répètent en cadence le nom de la divinité. — توحید خانه *tevhid-hanè*, salle où les derviches font leurs exercices religieux.

تودیع *tevdi'*, (ar.) déposer; consigner, mettre en consignation. — تودیع اولنمش بر صندوق *tevdi' olounmech bir çandouq*, une caisse consignée. — امانت صندوغنه آقچه تودیع ا *èmanet çandoughenè âqtchè tevdi' etmek*, déposer de l'argent à la caisse d'épargne.

تور *tor*, espèce de réseau ou de bobine; voir طور.

تورا ou توره *teurè*, 1° coutume, loi coutumière; règlement civil et criminel; en particulier le code édicté par Djenghiz-khan; voir une savante note d'E. QUATREMÈRE, *Hist. des Mongols*, p. CLXV. — 2° titre donné aux princes et ministres. — 3° palissades, ouvrages de défense militaire. — 4° pour طور *tor,* lien, faisceau; bobine.

توراج *touradj,* espèce de faisan; voir طوراج.

توراق *touraq,* halte, séjour; voir طوراق *douraq.*

تورب *tourp,* rave, raifort; voir طورب.

توربه *torba,* besace; voir طوربه.

تورپو (var. دورپی *deurpu*) *teurpu,* rape; elle se distingue de l'instrument nommé اكَه *èyè,* en ce qu'elle n'est pas striée. Il y a deux sortes de rapes, celle qui est nommée بالق صرتی *baleq çerte,* « arête de poisson » et une autre dite « queue de rat », صچان قویروغی *çetchan qouïroughou.*

تورتو *tortou,* (pers. دُرد) lie, tartre. — شراب تورتوسی *charab tortousou,* tartre du vin. Le mot français est probablement une altération du *dourd* persan. Voir M. Devic, *Dictionnaire étymol.,* p. 218. — On écrit plus souvent طورتو et طورتی.

تورغو *tourghou,* espèce de passereau; voir طورغو.

تورفانده *tourfanda,* primeur; voir تَرفنده.

تورك *tourk,* forme ancienne et plus rare du nom des Turcs; voir تُرك.

تورلاق *torlaq,* paresseux, négligent; voir طورلاق.

توروز اوتی *turuz ote,* plante grimpante, peut-être celle qui est nommée en arabe مخلّصة *moukhallaça;* ce serait donc une plante de la famille des Linaires ou des Personnées; voir Ibn el-Beïtar, t. III, p. 294.

تورون *touroun,* petit-fils; voir طورون.

توره 1° *tora* et *teurè,* coutume, usage. — 2° faisceau, bobine; voir طور et طوره.

تورلامق *toralamaq,* 1° arranger, organiser. — 2° attacher circulairement, rouler en faisceau ou en bobine; voir طوره *tora.*

تورهمك *teurèmek,* 1° se produire, être issu; آشاغی طاقم اچندن توره‌مش *áchagheu taqueum itchinden teurèmich,* issu de la basse classe. — 2° être nombreux, s'augmenter. — 3° se révolter, devenir rebelle; d'où est venu le mot

توز

طوراﻣﺎن *toraman*) et نورەدى *teurède*, rebelle, factieux, séditieux.

توز *toz*, poussière; — toute chose menue et fine. — *au fig.* chagrin, tristesse, trouble. — آلتون توزى *âltoun toze*, poudre d'or; تمور توزى *demir toze*, limaille de fer. — صمان توزى *çaman toze*, paille hachée. — قوىومجى توزى *qouïoumdjou toze*, borax. Cf. تنكار. — *toz*, remède réduit en poussière, poudre médicale. — دومان كبى توز *douman guibi toz*, nuage de poussière. — آياق توزى *âyaq toze*, avoir les pieds poudreux, arriver de voyage; *au fig.* « poussière des pieds », expression de respect comme le pers. خاكى پاى *khaki-paï*. — توزى دومانه قارشدرمق *toze doumanè qarechtermaq*, « mêler la poussière au nuage », se hâter, courir; on dit dans le même sens توزى طوپراغه قاتمق *toze topragha qatmaq*, « ajouter la poussière à la terre ». — توز سيلكمك *toz silkmek* ou *deüimek*, secouer la poussière; battre, nettoyer. — توزيكى سيلكەرم *tozeñe silkerim*, « je secouerai ta poussière », je te ferai un mauvais parti. — بنم سوزلرمدن خاطريكزە توز قونمەسون *benim seuz-*

lerimden khateriñezè toz qonmassun, « que mes paroles ne vous offensent pas » ou « ne vous chagrinent pas ». — كوك يره صو ويرر يركوك توز ويرر *gueuk yèrè çou vèrir yer gueuyè toz vèrir*, « le ciel donne de l'eau à la terre, la terre donne de la poussière au ciel », allusion à l'ingratitude de ceux qui rendent le mal pour le bien. — توزلو *tozlu*, poudreux, couvert de poussière.

توز *touz*, vulg. *toz*; قولاق توزى *qoulaq toze*, tempe, partie du visage entre l'oreille et l'œil.

توز *touz*, sel; voir طوز.

توزاق *touzaq*, duvet, plume légère, littéralement : « chose fine comme la poussière توز *toz* ». — Ce mot est peu usité; on emploie de préférence پوپلا *poupla*. — توزاقلانمق *touzaqlanmaq*, se couvrir de duvet.

توزامق *tozamaq*, s'élever, se répandre (la poussière). — *trans.* توزاتمق *tozatmaq* et توزوتمق *tozotmaq*, soulever de la poussière, obscurcir. — توزارمق *tozarmaq*, réduire en poussière, mettre en poudre. Cf. توز *toz*.

توزان *tozan*, endroit poudreux; nuage de poussière. Cf. توز *toz*.

توزلاشمق *tozlachmaq*, devenir poussière, être réduit en poudre. — توزلانمق *tozlanmaq*, même sens; être poudreux. — *au fig.* se troubler, s'attrister, s'offenser. Cf. توز *toz*.

توزلق *tozlouq*, 1° endroit poudreux; tas de poussière. — خرمن توزلوغى *kharman tozloughou*, « poussière de grange », blé mêlé de poussière. — *au fig.* impôt prélevé injustement par dessus la dîme. — 2° pantalon large du haut et étroit du bas qui préserve de la poussière *(toz)*; guêtre. Cf. پوتور *potour*.

توزمق *tozmaq*, être poudreux; — توزاتمق *tozatmaq*, soulever de la poussière; obscurcir par la poussière.

توزندى *tozendeu*, toute chose fine et menue comme la poussière *(toz)*; particulièrement petite pluie fine.

توزيع *tevzi'*, (ar. distribuer) 1° répartir. — بر مملكتك صورت توزيعى *bir memleketuñ çoureti tevzi'ye*, circonscription territoriale. — توزيع ويركوا *tevzi'i vergui etmek*, répartir les contributions. — توزيع غرما *tevzi'i ghourema*, répartition de la faillite; كشى باشنه افراز وتوزيع *kichi bachenè ifraz u tevzi'*, répartition par tête. — حصة توزيع اولنان ويركو *hyssaten tevzi' olounan vergui*, impôt de répartition. — 2° factage, distribution; توزيع محررات *tevzi'i mouharrerat*, distribution des lettres. — موزع *muvezzi'*, distributeur de journaux ou de papiers publics, facteur.

توس *tus*, poil très fin, duvet léger des joues et des fruits. (Cf. اولكر *ulger.*) — توكى توسى يوق *tuyu tusu yoq*, « qui n'a ni poil ni duvet », imberbe, jeune adolescent. — توسلنمك *tuslenmek*, se couvrir d'un fin duvet, devenir pubère.

توس *tus*, onomatopée, cri poussé pour faire reculer les animaux.

توسط *tevessout*, (ar.) intervention, médiation. — توسط صورتيله اورته يه كيرمك *tevessout çoureti-ilè ortaïa guirmek*, intervenir comme médiateur. — حربا توسط اتمك *harbèn tevessout etmek*, intervention armée. — توسطنه تكليف اتمك *tevessoutgne teklif etmek*, imposer sa médiation. — دول متوسطه *duveli mutevessetè*, puissances médiatrices.

توسكرمك *tuskurmek*, faire marcher à reculons; arrêter un cheval, etc. — *trans.* توسكرتمك *tuskurutmek*, faire aller en arrière; repousser le choc de l'ennemi. Cf. توس *tus*, onomat.

توسكرى *tuskuru*, reculade, marche en arrière, à reculons; cette expression est peu usitée aujourd'hui et remplacée par كيرو *guèri*.

توصيه *tevçeyè*, (ar.) recommander, donner des conseils. — توصيه نامه *tevçeyè-namèh*, lettre de recommandation; ne pas confondre ce mot avec وصيت نامه *vaçeyet-namèh*, testament.

توغ *tough*, queue de cheval, insigne militaire; voir طوغ.

توغلغه (var. توغولغه) *touvoulgha*, casque; voir طولغه *toulgha*.

توغله *toughla*, brique cuite; voir طوغلا.

توف *tuf*, onomatopée : bruit que fait la bouche pour rejeter un objet; de là le t. or. توفكرمك *tufkurmek*, synon. de *tukurmek*, cracher; — *au fig.* mépriser; voir aussi پوسكرمك *puskurmek*.

توفلمك *tuflèmek*, repousser en crachant ce qui est au bout de la langue, crachoter. Cf. توف *tuf* et

توفكرمك *tufkurmek*; voir aussi توكرمك *tukurmek*.

توفنك *tufenk*, fusil; voir تفنك.

توفيق *tevfeq*, (ar.) 1° assistance divine, secours de la Providence; — succès, réussite. — الله توفيق ايلسون *allah tevfeq eïlessun*, que Dieu vous favorise, vous aide! — nom propre : توفيق پاشا Tevfeq-Pacha. — 2° faire concorder, mettre d'accord; adapter. — لسانى وقتك اقتضاسنه توفيق ا *lisa-nene vaqtuñ iqtizasinè tevfeq etmek*, adapter son langage aux nécessités actuelles.

توق *toq*, rassasié; voir طوق.

توقات *toqat*, 1° retraite du bétail dans le creux d'une vallée; étable, vacherie. — 2° coup asséné avec le creux de la main; توقادك ضربه‌سى *toqadeñ zarbèse*, soufflet. — توقات اورمق ou توقاتلامق *toqat vourmaq* ou *toqatlamaq*, souffleter; توقات يمك *toqat yèmek*, « manger (recevoir) un soufflet ». Cf. سله *sillè*.

توقاج *teqatch*, maillet; voir طيقاج.

توقف *tevaqqouf*, (ar.) s'arrêter, demeurer. — ايام توقف *eyyami tevaqqouf*, jours d'estarie. — ضميمة ايام

توقـــف zamimeï eyyami tevaqqouf, surestarie.

توقماق toqmaq, marteau de porte; voir طوقاق.

توقه toqa, boucle; voir طوقه.

توقيع tevqy', (de l'ar. وقّع appliquer, apposer) chiffre du sultan, sceau impérial nommé aussi طغرا toughra et نشان nichan. Il est tracé en encres de différentes couleurs, ou en or, sur les *fermans* et autres actes émanant du souverain. — توقيعى tevqy'i, ou nichandji, grand fonctionnaire dont l'office consiste à apposer le chiffre impérial en tête des actes souverains. Il avait autrefois un droit d'examen et de contrôle sur les pièces qui devaient être revêtues de ce chiffre, et il prenait rang à côté du ministre des finances. Cf. نشانجى nichandji.

توقيف tevqef, (ar.) arrêter, détenir; confisquer. — توقيف خانه tevqef-hanè, maison d'arrêt. — تحت توقيفه آلنمق tahti tevqefe âlenmak, être mis en état d'arrestation. — خلاف قانون توقيف khilafi qanoun tevqef, détention illégale. — بر غزته يى ضبط وتوقيف bir ghazetaye zabt u tevqef

etmek, confisquer un journal. — سفاينى توقيف ا sefaïni tevqef etmek, mettre l'embargo sur des navires. — توقيف اشخاص tevqefi echkhass, séquestre des personnes; توقيف اموال tevqefi emval, séquestre des biens.

توكتمك tuketmek, épuiser, tarir; voir دوكتمك.

توكرمك tukurmek, (t. or. وفكرمك) cracher. — قان توكرمك qan tukurmek, cracher le sang; *au fig.* éprouver une vive souffrance. — يوزه توكرمك yuzè tukurmek, « cracher au visage », et صقاله توكرمك çaqalè tukurmek, « cracher à la barbe », manifester un profond mépris. — كوپك توكرمك keupuk tukurmek, « cracher de l'écume », comme en français « cracher du coton », être très altéré. — Locutions proverbiales : توكرديكنى يالامق tukurduïunu yalamaq, « lécher son crachat », se démentir, revenir sur ce qu'on a promis. — كوكسنه توكرمك guéüusinè tukurmek, « cracher sur sa poitrine », avoir peur. — آشاغى توكرسم صقالم يوقارى توكرسم بيغم âchagheu tukursèm çaqalem yoqaru tukursèm beyeghem, « si je crache en bas, il y a ma barbe, si je crache en l'air, ma moustache », être placé entre deux inconvénients, entre l'enclume et le marteau.

توكروك (var. توكرك ; t. or. توفكروك) *tukruk*, crachat, salive; pituite. — توكروك حقّـهسى *tukruk hoqqase*, crachoir. — توكروكى يوتمق *tukruyu youtmaq*, « avaler son crachat », éprouver un vif désir; convoiter. — آغــيــزنده توكروك قـــورودى *âghezendè tukruk qouroudou*, « la salive s'est desséchée dans sa bouche », se dit de quelqu'un qui bavarde, ou de celui qui a éprouvé une grande frayeur.

توكزمك *teukzèmek* et توكزمك *teukzimek*, broncher; voir le mot suivant.

توكسمك *teuksèmek*, broncher, trébucher; se heurter contre un obstacle; moins usité que قايمق *qaïmaq* et سورچمك *surtchmek*.

توكّل *tevekkul*, (ar.) confiance en Dieu, résignation à sa volonté. — توكّلى *tevekkuli*, 1° homme confiant en Dieu, pieux et résigné aux décrets de la Providence. — 2° simple, naïf. — 3° ce même adjectif accompagné d'une négation devient adverbe avec le sens de « ce n'est pas pour rien, ce n'est pas inutilement, sans raison, etc. »; par ex. : كليشى توكّلى دكلــدر *guelichi tevekkuli deïldir*, ce n'est pas sans motif qu'il est venu.

توكمه (var. تكمه) *teuïmè*, bouton de vêtement; voir دوكمه *deuïmè*.

توكوم *tuyum*, nœud; voir دوكوم et دوكك.

توكيل *tevkil*, (ar.) donner procuration, désigner comme agent et représentant; voir وكيل et وكالت.

تولغه (mieux طولغه, voir ce mot) *toulgha*, casque.

تولك *tulek*, 1° asile, refuge; endroit retiré. — 2° perchoir d'oiseau. — On trouve aussi les formes تولك et دولك. — 3° grosses plumes qui tombent pendant la mue.

تولك (var. دولك) *tulek*, tiercelet, oiseau de proie. — Le P. Arcère donne aussi la forme تولنكى *tulungui*.

تولوم *touloum*, outre; musette; voir طولوم.

تولومبه *touloumba*, pompe; voir طولومبه.

توله‌مك *tulèmek*, perdre ses plumes, muer; voir تولك *tulek*.

توليت *tevlyet*, (de l'ar. ولی investir d'une charge) 1° action de nommer un *mutevelli* ou administrateur des biens *vaqouf* consacrés aux mosquées et à des fondations pieuses. — 2° fonction d'administrateur de ces biens. Cf. متولی. — توليت براتی *tevlyet berate*, diplôme d'investiture délivré à cet employé.

توم *tum*, gros, rond ramassé en bosse; comparer avec le t. or. طومالاق *tomalaq* et avec تيم *tim*, bazar voûté. — توملك *tumlemek*, se courber, s'accroupir; comme طومالامق *tomalamaq*.

توماق *tomaq*, long tuyau de cuir terminé par une boule de laine ou de coton. Autrefois les pages du sultan, munis de cet instrument, se livraient à un jeu ressemblant à celui du *djerid* (cf. جريد), en présence du souverain. C'était ordinairement à la fin du mois de ramazân que cet exercice avait lieu avec une certaine solennité, devant l'hôtel du *Silihdar-Âgha*.

تومان *touman*, 1° groupe de dix mille unités. — 2° autrefois : division militaire comprenant dix mille hommes; مير تومان *mir-touman*, général de division. — بر تومان بولكه *bir touman beulukè*, district, division territoriale payant un impôt de 10,000 dinars. — La monnaie d'or nommée en Perse *toman* vaut de 10 à 11 francs. — تومان تومان *touman touman*, par milliers, en très grande quantité. — 2° large culotte; voir طابان. — 3° pour *douman*, brouillard; voir طومان.

تومباز *toumbaz*, ponton; voir طومباز.

تومباق *tombaq*, métal mélangé; voir طومباق.

تومبك (var. دمبك *dumbek*) *tumbek*, 1° instrument de musique, sorte de timbale de terre recouverte d'une peau, et ressemblant au *darbouka*; voir la description et la figure de cet instrument, Lane, *Modern Egyptians*, t. II, p. 74. — 2° petit tambour, jouet d'enfant. — تومبلك *tumbuluk*, vulg. *dumbuluk*, jarre de terre, de forme arrondie et ressemblant au *tumbek*.

تومبول *tumbol*, gras, dodu, replet. Cf. توم *tum*.

تومسك *tumsek*, convexe, arrondi en bosse, proéminent. — بل كيكنك

تومسكلری *bel kemiyniñ tumseklere*, convexité des côtes et des vertèbres dorsales. — تومسلمك *tumsulemek*, être arrondi, convexe. — Comparer avec le t. or. طومشوق *toumchouq*, bec d'oiseau, de forme convexe comme le bec du perroquet.

تومّك *tummek*, s'arroundir en bosse, prendre une forme convexe; se courber. Cf. توم *tum*.

تونج *toundj*, bronze; voir طونج.

تونك (var. تولك) *tunek* ou *dunek*, perchoir d'oiseau. — تونهمك *tunèmek* (*dunèmek*), 1° se percher, s'abriter. — 2° sauter, franchir. — *trans.* تونّتك *tunetmek* (*dunetmek*), faire percher. — آغاجده قوش کبی سنی تونه دیم *âghadjdè qouch guibi senè tunèdèïm*, « je te ferai percher sur l'arbre comme un oiseau », terme de menace : « je te ferai pendre ».

تونّل *tunel* (de l'anglais *tunnel*). Ce mot s'est introduit depuis peu dans la langue usuelle où il remplace le grec *tholos*, « passage souterrain »; voir بودرم et طولوس *boudroum*.

توی (var. تولك) *tuï*, poil chez l'homme et les bêtes; — duvet des oiseaux, des fruits et des étoffes. — قوش توی *qouch tuïye*, plume d'oiseau. — دوه توی *dèvè tuïye*, « poil de chameau », café en plein air, espèce de tente-abri en poils de chameau. — صیچان توی *çetchan tuïye*, poil de souris, couleur gris foncé. — توی قلم *tuï qalem*, pinceau, brosse de peintre. — تویك قلمی *tuïyuñ qalemè*, tuyau de plume, roseau non taillé. — باش توی *bach tuïye*, maîtresse-plume, aigrette. — توی دوكلمك *tuï deukulmek*, tomber (les poils), devenir chauve. — توی دوزمك *tuïye duzmek*, brosser la robe d'un cheval; lustrer, donner du brillant au poil. — تویلو *tuïlu*, couvert de poils ou de plumes. — تویلنمك *tuïlenmek*, se couvrir de poils ou de plumes; au fig. s'améliorer, guérir (en parlant d'une plaie). — شیطان توی *cheïtan tuïye*, « plume du diable »; au fig. charme, enchantement. — دیلنده توی بتدی *dilindè tuï bitti*, « le poil a poussé sur sa langue », se dit ironiquement d'un bavard. — تویك دوكومی *tuyuñ deukumu*, chute des plumes, mue des oiseaux.

توی *toï*, outarde; voir طوی.

توىغــار touïghar, alouette; voir طوىغار.

تهشّد tehèchchud, (ar. se réunir). — عسكر تهشدى 'asker tehèchchudu, rassemblement de troupes. — تشهيد ا techhid etmek, rassembler des troupes.

تهلكه tehlikè, (ar.) danger, péril. — تهلكة قريبه اولديغى حالده tehlikèï qaribè oldoughou haldè, dans le cas d'un péril imminent. — تهلكة بحريه tehlikèï bahryè, risque de mer. — مظهر تهلكه اولان اشيا mezheri tehlikè olan echya, effets exposés aux risques de mer. — تهلكه لرى مجدداً سيغورطه ايتدرمك tehlikèlerè mudjeddeden sighourta ettürmek, faire assurer les nouveaux risques.

تهمت teuhmet, (ar. soupçon) accusation, prévention d'un crime. — تهمتلى ou صاحب تهمت teuhmetlu ou çaheb-teuhmet, prévenu; on dit dans le même sens مظنةً تهمت اولان شخص mezènnèï teuhmet olan chakhs, individu soupçonné. — تهمتله مسافرةً محبوس او teuhmet ilè mussafireten mahbous olmaq, être détenu préventivement. — تهمتدن چيقمق teuhmetten tcheqmaq, sortir de la prévention, obtenir une ordonnance de non-lieu; se disculper.

تهنية tehnyè, (ar. félicitation, compliment) sens spécial : repas, festin, réjouissance. — حاجى تهنيه‌سى haddji tehnyèsè, festin donné en l'honneur des pèlerins au retour du pèlerinage de la Mecque. Voir une curieuse description de ces fêtes dans *Modern Egyptians*, par W. Lane, t. II, p. 157.

تياترو teïatro, (néolog. de l'ital. *teatro*) théâtre, spectacle; salle de spectacle. — تياترو اويونلرى teïatro ouïounlarè, pièces de comédie.

تيبت (var. تبّت tubbut) tibet, 1° nom du Thibet. — 2° laine douce imitant la laine de ce pays; — contrefaçon des châles du Thibet.

تيپيسى tipi, tourbillon de neige; voir تى.

تيت tit, et plus ordinairement تيت پيت tit-pit, onomatopée : تيت پيت كتمك tit-pit guitmek, aller tout doucement, sans faire de bruit; — au fig. être paresseux, engourdi, lourdaud.

تيراموﻻ tiramola, (italien *tiremolle*, monte-ressorts) espèce de cabestan pour tirer les cordages.

تيرانداز tir-endaz, (pers. archer) adj. agile, alerte; — qui a de l'habileté, adroit. — تیراندازلق *tir-endazleq*, vivacité d'allure; adresse; savoir-faire.

تیرپیدین *tirpidîn* ou تیرپید *tirpid*, houe, hoyau; petite hache à l'usage des jardiniers.

تیرخوس *tirkhos*, (du grec τριχιός) sardine. Ce poisson est nommé en turc آتش بالغی *âtech baleghe*, « poisson de feu »; voir aussi ساردلا, σαρδέλλα.

تیره *tirè*, 1° fil blanchi, fil à coudre; cf. ایلك *iplik*. — 2° *tirè*, (pers.) sombre, trouble, triste.

تیریز *tiriz*, gousset, parement; voir تریز.

تیز *tèz*, (var. تز) pers., 1° vite, promptement. — 2° *adj.* vif, agile, qui a la voix perçante. — تیز الدن *tèz èlden*, en toute hâte. — تیز برو *tèz beru*, en peu de temps; facilement, à l'aise. — تیز اول *tèz ol*, hâte-toi, fais vite! — یارندن تیزی یوق *yarenden tèzę yoq*, il ne faut pas attendre à demain. — Proverbes : تیز بینان تیز اینر *tèz binen tèz éner*, « qui monte trop vite (à cheval) dégringole vite », se dit des accidents de la fortune. — تیز سون تیز آیریلور *tèz seven tèz âįreleur*, qui aime vite, se quitte promptement. —

تیز رفتار اولانك پاینه دامن طولاشور *tèz reftar olaneñ païnè damen dolacheur*, qui marche trop vite, se prend les jambes dans le pan de son vêtement. — تیزجه *tèzdjè*, un peu plus vite. — تیزلك *tèzlik*, 1° hâte, promptitude, célérité. — 2° emportement, colère.

تیزكین *tizguîn*, rêne; voir دیزكین.

تیزه *teïzè*, (ancienne forme دایزه *daïzè*) tante maternelle, sœur de la mère; synonyme de l'ar. خاله. — Le *Lehdjè* cite une forme du t. or. تغازه *taghazè* qui répondrait, si elle existe réellement, à *daïzè* et à l'osmanli moderne *teïzè*.

تیغ *tigh*, (vulg. *teugh*, pers.) se dit des instruments recourbés et tranchants, outils des tailleurs, selliers, etc. — تغلامق *tighlamaq*, enfoncer une aiguille, un instrument tranchant; — piquer; — en terme de chirurgie : enfoncer une tige métallique en forme d'aiguille.

تیغاله *tighalè*, (pers. شكر تیغاله *cheker-tighalè*) sucre de l'*asclepias gigantea*, gomme d'une saveur très douce, employée en médecine. Voir Ibn el-Beïtar, t. II, p. 266 et 448.

تيفو *tifo*, (néolog. de l'ital.) 1° typhus, maladie pestilentielle nommée aussi اردو حمّاسى *ordou hoummase*, « fièvre des camps ». — 2° *vulg.* fièvre typhoïde.

تيكسينمك *tiksinmek*, vulg. *titsinmek*, avoir de l'aversion, abhorrer; voir ديكسنمك.

تيكن ou تكن *tiken*, épine; voir ديكن *diken*.

تيكه *tikè*, ce mot répété se dit des objets usés, en lambeaux; par ex. : تيكه تيكه يرتلمش *tikè tikè yertelmech*, déchiré et en haillons. Cf. ليمه *limè*.

تيل *teïel*, surjet, couture de deux étoffes posées l'une sur l'autre bord à bord. — تيللمك *teïellèmek*, coudre à surjet.

تيلتى *telti*, voir تگلتى *teguelti*.

تيمار *timar*, (vulg. *temar*, pers.) soin, entretien; culture : تيمارلانمش طوپراق *timarlanmech topraq*, terre bien cultivée. — آت تيارى *ât timare*, pansage du cheval. — ياره تيارى *yara timare*, pansement des plaies. — خسته تيارى *khasta timare*, soins donnés à un malade. — تيار خانه *timar-hanè*, maison de fous, hospice d'aliénés; تيماردجى *timardje*, infirmier, nommé vulgairement *gullabi*. Cf. كلّابى. — باشنه تيمارسز *bachenè timarsez*, fou abandonné. — تيمار خانه قاچقينى على بشه *timar-hanè qatchqueune 'ali bechè*, échappé de prison, fou, maniaque.

تيمار *timar*, bénéfice ou fief militaire, dont le revenu était inférieur à 20,000 aspres *(âqtchè)*. Le sipahi investi de ce fief en percevait les impositions à son profit et exerçait une juridiction seigneuriale sur les cultivateurs *rayas*. Il devait en temps de guerre fournir un cuirassier *(djébélu)* par *qeledj*, c'est-à-dire par quotité de 3000 aspres de revenu. Les fiefs dépassant 20,000 aspres étaient nommés *zia'met* (voir زعامت). D'après la notice donnée dans le *Lehdjè*, au plus beau temps de cette organisation féodale, l'Anatolie fournissait 7000 *qeledj* et la Roumélie 9000. La première de ces deux provinces, donnait un contingent de 22,000 sipahis en y comprenant les *djébélus*; l'effectif de la Roumélie s'élevait à 30,000 sipahis. Sous le règne de Suleïman Ier, le corps des sipahis atteignit 65,000 hommes, ce qui porta l'ensemble de la cavalerie,

تيم

djébélus compris, à 200,000 hommes. — Sur l'organisation hiérarchique, les progrès et la décadence des fiefs militaires, on peut consulter D'OHSSON, t. VII, p. 275 et 374; BELIN, *Propriété foncière en Turquie*, dans le *Journal Asiatique*, mars, 1862, p. 196, et ce même recueil, année 1844, pp. 69 et 170. — تيمار حاصلاتى *timar haçilate*, dîme prélevée sur l'*arze euchryè* ou terre décimale, donnée aux soldats ottomans en récompense de leurs services militaires; de là le nom de جنك مالى *djenk male*, bien militaire. Aujourd'hui, le mot *timar* s'applique à un bien communal et à la circonscription formée par les annexes d'une commune.

تيمّم *teyemmum*, (ar.) ablution légale faite avec du sable à défaut d'eau. Voir dans le *Tableau de l'Emp. ottom.*, t. II, p. 46, les rites observés pour cette lustration, et les cas où elle est autorisée par la jurisprudence hanéfite.

تيمور *timour*, (prononc. usuelle : *demir*, d'où l'orthographe دمير ou دمور) fer, 1° قره ت *qara demir*, « fer noir », fonte de fer; آق ت *âq demir*, tôle, ferblanc. — اركك ت *èrkek demir*, « fer mâle », fer aigre et cassant; ديشى ت *dichi demir*, fer mou. Dans la composition des noms propres, la prononciation régulière et ancienne reparaît; par ex. : تيمور تاش *Timour-tach*, « associé au fer », de fer; آقساق تيمور *Âqsaq-Timour*, « le fer boîteux ». — 2° adj. de fer, تيمور صندوق *demir çandouq*, caisse de fer; تيمور قفس *demir qafès*, cage de fer. — توفنك تيمورى *tufenk demiri*, canon de fusil; قلج ت *qeledj demiri*, lame de sabre. — صبان ت *çapan demiri*, soc de charrue. — تيمور باش *demir bach*, 1° fonds inventorié au moment de la location d'une ferme, comprenant les terres et instruments de travail; c'est le تيمور باش توخوملق *demir bach tokhoumlouq*, le bétail, les chevaux, etc., constituant le تيمور باش حيوان *demir bach haïvan*. — 2° paysan attaché à la ferme, et par dérivation « vieux serviteur, pensionnaire ». M. REDHOUSE a remarqué avec justesse que c'est ainsi qu'il faut comprendre l'épithète *demir bach* donnée par les historiens à Charles XII de Suède; cependant le sens de « tête de fer, obstiné » a prévalu et il se retrouve dans le *Lehdjè*. — تيمور چاريق *demir tchareq*, gros sabots à l'usage des paysans, bergers, etc. — دمیر ت لبلبی *demir leblebi*, « pois de fer », chose impossible à avaler ; on dit d'un travail pénible : دمیر لبلبی یمکه بکزر *demir leblebi yemeyè beñzer*, c'est comme si l'on mangeait des pois de fer. — قول دمیری *qol demirè*, verrou de porte. — کمی دمیری *guemi demirè*, ancre ; il y en a de différentes sortes, au nombre de quatre à six : کوز دمیری *gueuz demirè*, ancre de bossoir. — اوجاقلق ت *odjaqleq demirè*, ancre de porte-haubans ; enfin à l'arrière du navire sont attachées ordinairement une ou deux ancres de plus forte envergure nommées جان قورتاران *djan qourtaran*, « ancres de salut » ou « d'espérance ». — دمیر پاره سی *demir parasè*, droit d'ancrage pour les bâtiments marchands. — دمیر قازیق *demir qazeuq*, « pieu de fer », nom de l'étoile polaire ; cf. آیو *âyou*. — دمیر دیکن *demir diken*, « épine de fer » ; plante nommée aussi چوبان قالدران *tchoban qalderan*, « qui fait lever le pâtre », c'est le tribulus connu sous le nom de *herse* ou *Croix de Malte*. — دلك دمیری *delik demirè*, instrument de menuisier, vilebrequin. — دمیر بوزان *demir-bozan*, « gâte-fer », surnom de l'antimoine dont on fait de la poudre pour les yeux, *surmè*. — دمیرجی *demirdjè*, forgeron ; دمیرخانه *demir-hanè*, forge. — دمیرجیدن كومور آلنمز *demirdjeden keumur âlenmaz*, on ne prend pas de charbon chez le forgeron. — كوك دمیر ایچنده او *gueuk demir itchindè olmaq*, « être plongé dans le fer bleu », armé de pied en cap. — دمیر دمیری كسر *demir demirè keser*, « le fer coupe le fer », on trouve toujours plus fort que soi. — هر دمیردن قلج اولمز *her demirden qeledj olmaz*, on ne fait pas épée de tout fer, « *non ex omni ligno debet Mercurius exscalpi* » (Apulée). — دمیری تابنده در *demirè tabendè dur*, « son fer est au feu », son affaire est sur le tapis. — On dit d'un homme grossier et emporté دمیر یالایوب آتش پوسكرور *demir yalaïoup âtech puskurur*, il a léché du fer et il crache du feu.

تیون *tiun*, vulg. *tün*, (t. or. تیین) chauve-souris, polatouche) écureuil. Il y en a de plusieurs espèces : قویو تیون *qoyou tiun*, « au pelage foncé » ; قورشونی تیون *qourchouni tiun*, « au pelage plombé », c'est le petit-gris, autrement nommé en turc *zindjab*, cf. سنجاب ; قزیل تیون *qezel tiun*, l'écureuil roux. — تیون کبی طرمانمق *tiun guibi termanmaq*, grimper comme un écureuil. — تیون کبی قیش ذخیره سنی جمع ایدر *tiun guibi queuch zakhrèsini djem' eder*, comme l'écureuil, il fait ses provisions d'hiver. — Dans l'ancienne médecine arabe, la chair de l'écureuil passait pour guérir la folie et, en général, les tempéraments atrabilaires.

تیین *tiin*, écureuil; voir le mot précédent.

ث

ث *sè*, cinquième lettre de l'alphabet persan-turc, prononcée en arabe comme le *th* anglais, et en turc, comme notre *s*. Elle appartient à l'alphabet arabe et ne se trouve que dans les mots de cette langue. Sa valeur numérique est 500.

ثابت *sabit*, (ar.) 1° stable, fixe, immuable. — ثابت قدم *sabit-qadem*, « ferme sur pied », persévérant : ثابت قدم اول هر کارده *sabit-qadem ôl her kiardè*, sois persévérant en toute chose; ثابت قدم اولانک انجامی خیر اولور *sabit-qadem olanuñ endjame khair olour*, tout finit bien pour l'homme persévérant. — ثابت اولان نابت اولور *sabit olan nabit olour*, ce qui est stable (bien planté) pousse bien. — 2° de couleur solide, bon teint : ثابت مرکب *sabit murekkeb*, encre bien noire.

ثابته *sabitè*, (féminin du précédent) étoile fixe, opposé à سیاره *seyyarè*, planète.

ثأر *çar*, (ar.) peine du talion, représailles, vengeance; cette expression n'est usitée que dans les documents juridiques. — اخذ ثأر *akhze çar*, se venger, exercer des représailles. Cf. آجی *âdje* et اوج *eudj*.

ثاقب *saqeb*, (ar.) pénétrant, profond; — perçant. — فکر ثاقب *fikri saqeb*, pensée profonde. — شهاب ثاقب *chihabi saqeb*, météore, étoile filante.

ثاقب الحجر *saqeb ul-hadjer*, (ar.) « perce-pierre », polypode, plante médicinale employée comme vermifuge.

ثالثه *salisè*, (ar. féminin de ثالث troisième) troisième classe de fonctionnaires civils; elle répond au grade d'adjudant-major.

ثامنه *saminè*, (ar. féminin de ثامن huitième) charges judiciaires du huitième degré, en Turquie et en Égypte.

ثانيه *sanyè*, (ar. féminin de ثاني deuxième) 1° seconde, soixantième partie d'une minute. — 2° deuxième classe de fonctionnaires civils; elle répond au grade de commandant. Cf. متمايز *mutemaïiz*.

ثبت *sebt*, (ar. fixer, inscrire) enregistrement, inscription. — ثبت جريده اولان *sebti djeridè olan*, mentionné dans un journal. — سجلايه قيد ونبت اولنمش *sidjillayè qaïd ou sebt olounmech*, inscrit au registre. — ثبت سجل *sebti sidjill*, immatriculation.

ثبوت *subout*, (ar. fixité, stabilité), preuve, conviction résultant de preuves; certitude. — بعد الثبوت *baad us-subout*, après les preuves, vérification faite. — ثبوت اولميان سوزه آغيز آچه *subout olmaïan seuzè âghez âtchma*, n'ouvre pas la bouche pour dire des choses sans preuve.

ثخن *sakhan*, (ar.) épaisseur d'un corps moléculaire. — densité.

ثروت *servet*, (ar. grand nombre, abondance) richesse, opulence, fortune. — ثروت مليه *serveti millyè*, richesse nationale, capital social. — ثروتلو *servetlu*, riche, opulent. — Proverbe : ثروتسز انسان عقلسز طوشان *servetsez insan 'aqelsez tavchan*, l'homme sans fortune est comme un lièvre sans cervelle.

ثريا *sureyia* 1° les Pléïades, groupe de six étoiles rangées symétriquement à la tête du Taureau; on les nomme aussi اوچ قارداشلار *utch qardachlar*, « les trois frères ». Cf. اولكر *ulker*. — 2° fleur de la *cassia fistula* dont le nom turc est بوقا چيچكى *bouqa tchitcheyè*.

ثطاع *suta'*, terme médical : rhume de cerveau, coryza; synon. de زكام *zukiam*.

ثعلب *sa'leb*, 1° prononciation vulgaire de l'ar. ثعلب renard. — 2° salep, tapioca; voir سالب et sur l'étymologie du mot *salep*, M. Devic, *Diction. étymolog.*, p. 200.

تغور *soughour*, (pl. ar. de ثغر *saghr*) frontière; passages non fortifiés par lesquels l'ennemi peut envahir un pays. Voir سنور et سیکور *sener*.

ثقل *seql*, voir le mot suivant.

ثقلت *seqlet* (ar.) 1° pesanteur des corps, gravité; مرکز ثقلت *merkezi seqlet*, centre de gravité. — ثقلت ذاتیه *seqleti zatyè*, poids spécifique. — 2° importunité, ennui, fatigue; ثقلت کتورمك ou ویرمك *seqlet vèrmek* ou *gueturmek*, importuner, ennuyer; ثقلت چکمك *seqlet tchekmek*, souffrir; être ennuyé, fatigué. — ثقلتلر اوکتلر آدمی *seqletler euyutler âdame*, « homme de malheurs et de conseils », instruit par l'expérience.

ثقة *seqat*, (ar. وثق avoir confiance). — اهل ثقة *ehli seqat*, personne digne de confiance, dont la parole est sincère, ami sûr. — الثقات *es-seqat*, « les autorités », les compagnons du Prophète, ceux qui ont recueilli ses paroles et conservé les traditions; les Pères de l'église musulmane.

ثقیل *saqel*, (ar. pesant, indigeste, désagréable) se prend vulgairement dans le sens de « laid, vilain »; par ex. : ثقیل چهره *saqel tchèhrè*, figure laide; ثقیل رسم *saqel resm*, vilain portrait.

ثلث *suls*, (ar.) 1° tiers, synon. de اوچده بر *utchdè bir*; ثلثان *sulsan*, deux tiers. — 2° خط ثلث *khatte suls*, vulg. *sulus*, ou *sulusu*, genre d'écriture en lettres majuscules, pour laquelle on emploie un *qalem*, taillé trois fois plus gros que pour l'écriture cursive. — ثلث جلیسی *sulus djelissi*, même écriture en caractères encore plus gros. Voir سلس *sulus*.

ثلثان *sulsan*, morelle, plante nommée aussi : عنب الثعلب « raisin de renard ».

ثمّ *summè*, (préposition arabe) ensuite; elle est prise quelquefois dans le sens de بعد « après »; par ex. : ثمّ التدارك *summet-tedaruk*, après réflexion, tout bien considéré.

ثمار *simar*, (un des plur. arabes de ثمر *semer*) 1° fruits. — 2° graines ou siliques ailées de certains arbres, comme le tilleul, l'érable, etc.

ثُـامْ *sumam*, plante de la famille des Panicées, panic-millet.

ثَمان *seman* (ar.) huit. — صحن ثمان *çahni seman*, un des degrés du professorat. — Nom de huit collèges ou *medrecès* dépendant de la mosquée El-Fatih.

ثَمَــن 1° *semen*, prix, valeur; ثمني اصلي *semeni açli*, valeur réelle; ثمني مسمى *semeni musemma*, prix convenu. Cf. قيمت *qëimet*. — 2° *sumn*, (ar.) huitième partie, un huitième, synon. de سكزده بر *sekizdè bir*; petite monnaie subdivisionnaire d'argent valant un huitième de la piastre, au XVIIe siècle.

ثَمين *semîn*, (ar.) précieux, de valeur.

ثَنا *sena*, (ar.) louange, éloge. — ثناكزى ايشتدم *senañeze ichittim*, j'ai entendu faire votre éloge.

ثَواب *sevab*, (ar.) 1° récompense d'une bonne action; — mérite, action digne de récompense. — 2° négligence, insouciance (au lieu de ثأب). — بو حركتدن اجتناب بر ثواب ايدى *bou hareketten idjtinab bir sevab idi*, il eût été méritoire de s'abstenir d'un tel procédé. — Prov. : ثوابدن قاچ كه كناهه كيرميه سين *sevabden qatch ki gunahè guirmyè-sin*, fuis la négligence afin de ne pas tomber dans le mal. — ثوابلو *sevablu*, méritoire, digne de récompense. — ثوابلنمك *sevablenmek*, faire une chose méritoire, être digne de récompense.

ثيل *sîl*, chiendent, nommé en turc آيريق اوتى *aïreq ote*.

ج

ج *djim*, sixième lettre de l'alphabet turc; sa valeur alphabétique est *dj*, et sa valeur numérique 3. — Abréviation du nom de جاذى الاخره *djemazi ul-akherè*, sixième mois de l'année lunaire des Musulmans; voir ci-dessous جا. — On dit en proverbe d'un ignorant جيم قارنده بر نقطه *djim qarnendè bir nouqta*, c'est comme un point dans le ventre du *djim*.

جای   جاج

جــا *dja*, 1° abréviation des mots جـــاذى الاولى *djemazi ul-oula*, prononciation vulg. *djemazi ul-evvel*, cinquième mois de l'année musulmane. — جماذى الاولى بيلورم *djemazi ul-evelini bilurum*, « je connais son *djemazi* »; c.-à-d. : son origine basse et obscure. — 2° *dja*, onomat. murmure caressant pour faire rire les enfants.

جــائز *djaïz*, (ar.) permis, licite; autorisé légalement. — جائز كورمــك *djaïz gueurmek*, permettre. — نظامــا جائز كوريلان *nizamen djaïz gueurilen*, autorisé par la loi. — جائز دكلدر *djaïz deïl dur*, ce n'est pas permis.

جــائـزه *djaïzè*, 1° autorisation légale; légalisation; signe abréviatif tracé sur les pièces de comptabilité et les actes administratifs, qui en constate la validité. — 2° cadeau, don de bonne main, etc. Lorsqu'un officier des Janissaires était promu au grade de commandant en chef (*âgha*), il était tenu d'offrir au grand-vizir une *djaïzè* consistant en plusieurs centaines de bourses. — On donnait aussi le nom de *djaïzè* 1° au droit perçu sur les diplômes et aux impositions frappées sur les employés et les artisans. —

2° à la redevance payée au patriarcat grec de Constantinople par les évêques de son rite, pour obtenir leur nomination à un siège épiscopal (BELIN).

جــابه (var. جابا) *djaba*, 1° pour rien, gratis; bénévolement. — 2° exclamation populaire pour appeler ou inciter; par ex. : يولداشلره قهوه جابه *yoldachlara qahvè djaba*, « allons! du café aux compagnons de route! »

جــابى *djabi*, (ar.) celui qui perçoit le revenu, *djebayet*. Dans l'administration des *vaqouf*, le *djabi* est le collecteur ordinaire des revenus de la mosquée à laquelle appartiennent les fondations pieuses. Il touche pour ses honoraires un huitième sur les revenus de ces biens. — Dans une acception plus étendue, le *djabi* est l'agent comptable qui perçoit la capitation.

جــاجيق (var. جاجق) *djadjeq*, espèce de salade faite avec des légumes et du lait caillé (*yooourt*). — خيار جاجــغى *kheyar djadjeghe*, concombres accommodés de cette manière. — En arabe, l'équivalent de ce plat est une sorte de saumure nommée المــرى *el-morri*.

(var. جادالوس) جادالوس *djadalous, tchadalous*, méchant, hargneux. — جادالوسلق *djadalousleq*, méchanceté; mauvais caractère (litt. « humeur de sorcière »; voir le mot suivant).

جادو (var. جادى, جاذو, جاذى) *djadou*, vulg. *djadeu*, (pers. sorcier, enchanteur) 1° fantôme, larve; vampire, goule. — بو آدم مزاره كيرسه جادو اولهرق ينه اوكه چيقاجقمى *bou âdam mizarè guirsè djadou olaraq yinè euñumè tchęqadjąq*, cet homme, après être entré au tombeau, en sortira-t-il devant moi comme un fantôme! (tragédie d'Akif-Bey). — 2° *au fig.* mégère, vieille femme acariâtre et querelleuse.

جادّه *djaddè*, (ar.) 1° grand-route, large voie publique; ميرى جاددهلرى *miri djaddèleri*, routes de l'état, routes royales. — 2° grand'rue, artère principale d'une ville; باب عالى جوارنده ابو سعود جاددهسنده *babi aali djuvarindè ebu sooud djaddèsindè*, dans la rue Ebu Sooud, près de la Sublime-Porte. — عسكر جاددهسى *'asker djaddèsi*, étape militaire.

جادى *djadou*, fantôme; voir جادو.

جاذب *djazib*, (de l'ar. جذب attirer) qui attire; charmant, séduisant. — قوت جاذبه *qouvveti djazibè*, force attractive, attraction (de l'aimant, etc.); — charme, séduction.

جار *djar*, son de la voix, cri; appel. — جار چكدرمك *djar tchektirmek*, faire proclamer (par un héraut). On peut rapprocher ce mot du t. or. اولجار *oldjar*, appel de troupes, convocation, levée de ban. — جارجى *djardje*, héraut, crieur public. — جارجار *djardjar*, bavard, babillard; se prend comme *subst.* bavardage, loquacité; سكا جارجارى اوكرهدرم *saña djardjarę euïrèdirim*, je t'apprendrai le bavardage! — جارجار ا *djardjar etmek*, caqueter, divulguer un secret. — جارلامق *djarlamaq* ou *tcharlamaq*, crier, proclamer; bavarder.

جارس *djaris*, qui crie, qui parle avec impudence (cf. جار). — جارسلك *djarislik*, impudence, insolence; جارسلنمك *djarislenmek*, avoir le verbe haut, parler avec insolence.

جارى *djari*, (ar. جرى couler, courir) courant, en usage; actuel. — فى‌ء جارى *feii djari*, prix courant. — سنةٔ جاريه *senèï djaryè*, année courante; ماه جارى *mahi djari*, le présent mois. — سكّهٔ جاريه *sikkèi djaryè*, monnaie ayant cours. — امور جاريهدن برى *oumouri djaryèden biri*, une affaire courante. — حساب جارى *hissabi djari*, compte courant.

جاريه *djaryè*, fille esclave ou servante, synonyme de *khalaïq*; voir خلايق.

جاس (var. جس *djes*) *djas*, particule privée de sens et donnant plus d'intensité au mot qui la suit; par ex.: جاس چولاق *djas tchoulaq*, tout manchot, tout à fait estropié. Comparer avec آب آچیق *âp âtcheq*, etc.

جاسوس *djaçous*, vulg. *djachid*, (چاشد et چاشوت *tchachout*) espion, mouchard, agent secret. — جاسوسلق *djaçousleq*, vulg. *tchachetleq*, espionnage. Cf. چاشد.

جاغ (var. جاو *djav*) *djagh*, dent d'une roue d'engrenage; (دندانهٔ چرخ) ce mot est d'un emploi assez rare.

جاغل *djaghel* ou جوغل *djoghel*, 1° onomat. bruit de la foule; tapage d'un bain de femmes; murmure d'un ruisseau. — On trouve aussi le diminutif جغل *djeghel djeghel*, dans le même sens. Cf. ایغل *eghel*. — 2° pour *tchaghel*, caillou, gravier; voir چاغل.

جالوت *djalout*, Goliath. Ce nom et quelques autres noms bibliques comme *Nimroud*, « Nemrod », *Fir'oun*, « Pharaon », ont une expression injurieuse: « méchant, tyrannique, orgueilleux! »

جام *djam*, (pers.) toute espèce de verre: شیشه جامی *chichè djami*, verre de bouteille ou flacon; پنجره جامی *pendjerè djami*, carreau, vitre. — cristal de verre: آینه جامی *âïna djami*, verre de miroir; ساعت جامی *sa'at djami*, verre de montre; كوزلك جامی *gueuzluk djami*, verre de lunette. — pris comme adjectif: جام شیشه *djam chichè*, bouteille de verre, bocal; جام فنر *djam fener*, lanterne en verre. — synon. de fenêtre: جام آچمق قپامق *djam âtchmaq* ou *qapamaq*, ouvrir, fermer la fenêtre. — جام كوبكى *djam gueubeye*, « nombril de verre », couleur vert-pâle, vert-bouteille. — جامجى *djamdje*, fabricant de verre, vitrier; جامجى معجونى *djamdje ma'djoune*, mastic de vitrier. — جاملو *djamlu*, qui a du verre, garni de vitres. —

جاملق *djamleq*, grande fenêtre ou porte vitrée; vitrage; serre. — جام سراى *djam seraï*, palais de cristal. — رنكاميز جاملر *renguiamiz djamlar*, vitraux de couleur. — Proverbe : جمله جامكى بر صندوق ايچنه قومه *djumlè djameñeu bir çandeuq itchiñè qoma*, « ne mets pas tous tes verres (var. *djameñeu*, «tes habits») dans le même coffre », « tous tes œufs dans le même panier ». — *djam*, (pers.) verre à boire, coupe.

جامباز *djambaz*, maquignon, etc.; voir جانباز.

جامدان *djamdan*, abréviation du pers. جامه دان. — 1° grand sac ou portemanteau pour enfermer le linge, les vêtements, la literie. — 2° veste négligée, espèce de camisole que portent les marchands, les ouvriers, etc. On nomme aussi *djamdan* un gilet croisé en velours brodé, à l'usage des *saïs* de bonne maison.

جامع *djami'*, (ar. qui réunit) grande mosquée, mosquée-cathédrale où se récite la prière du vendredi. — جامع آولوسى *djami' âvlousou*, « l'enceinte de la mosquée », la partie réservée et considérée comme particulièrement sacrée et inviolable. — جامع كوكرجينى *djami' gueverdjini*, pigeons nourris aux frais de la mosquée. — جامع قبه سى *djami' qoubbèsè*, « coupole de mosquée »; *au fig.* toute chose grande, imposante, volumineuse. — plur. جوامع *djevami'*; جوامع سلاطين *djevami'i selatîn*, mosquées construites par les sultans, basiliques impériales. — Proverbes : جامع طوررکن مسجدده نماز قیلنمز *djami' dourour iken mesdjiddè namaz qelenmaz*, tant que la grande mosquée est debout, on ne fait pas la prière dans la chapelle. — جامع يقلمش اما محراب يرنده *djami' yeqelmech amma mihrab yèrindè*, « la mosquée est ruinée, mais l'oratoire est encore en place », tout n'est pas perdu. — On dit d'un homme sans ressource ni abri : ياتاغى جامع كوشه سنده در *yataghe djami' kieuchèsindè dur*, son gîte est dans un coin de mosquée. — جامعنك قپوسى هانغى طرفه آچیلور بیلمز *djami'nuñ qapousou hanguè tarafa âtchelur bilmez*, « il ne sait pas de quel côté s'ouvre la porte de la mosquée », se dit d'un homme sans foi ni loi.

جامكن *djamken*, prononc. vulg. pour جامه كان *djamèkan*, (pers.) 1° salle d'attente et vestiaire dans les bains. — 2° salle de repos où les baigneurs fument et prennent des sorbets, après le massage. — 3° serre; jardin d'hiver.

جامكوز *djamgueuz*, lit. : « œil de verre », gros poisson de la famille des squales.

جاموقه *djamouqa*, 1° nœuds de cordages pour déferler les voiles et les mettre au vent. — 2° poisson de l'espèce du hepset; cf. آرنیسه. On le nomme aussi چاموقه *tchamouqa*.

جامه *djamè*, (pers.) vêtement, tunique; costume. — جامه شوی *djamè-chouï*, prononcé *tchamacheur*, linge; voir چماشیر.

جامیس *djames*, prononciation fautive de l'ar. جاموس *djamous*, bufle.

جان *djan*, (pers.) vie, âme, principe vital. — جانم *djanum*, mon cher, mon ami; برادر جانبرابرم *birader djan-beraberem*, mon frère, autre moi-même; جان آرقداشی *djan ârqadache*, ami intime. — جان اوی *djan èvi*, épigastre. — جان آجیسی *djan âdjesse*, douleur, affliction. — جان صیقینتیسی *djan ceqentesse*, ennui, dégoût; جان

صیقینتیسی طربزون خرماسی *djan çeqentesse tarabezoun khourmase*, ennui et dattes de Trébizonde (rien n'est pire). — جان جانه *djan djanè*, en tête à tête, seul à seul. — جان وکوکلدن *djan u gueuñulden*, « d'âme et de cœur », très volontiers. — جانلو *djanlu*, vivant, animé, robuste; ایکی جانلو *iki djanlu*, « possédant deux âmes », femme enceinte. — جانلو سوز *djanlu seuz*, parole vivante, qui fait impression. — جانلو جنازه *djanlu djenazè*, un cadavre ambulant, un homme qui n'a que la peau et les os. — جانسز *djansez*, privé de vie, inanimé; faible, sans courage ni énergie. — جانه یقین *djanè yaqen*, aimable, sympathique. — ج آتمق *djan âtmaq*, désirer vivement, convoiter. — ج اوینامق *djan oïnamaq*, jouer sa vie, s'exposer au danger. — ج ویرمك *djan vermek*, donner la vie, ranimer. — ج آلمق *djan âlmaq*, prendre la vie, tuer; épouvanter. — ج چیقمق *djan tcheqmaq*, mourir; être épuisé de fatigue, accablé de douleur; ای جانی چیقهسی قاری *ei djanè tcheqasse qareu*, ô femme digne de mort, criminelle! — ج چكشمك *djan tchekichmek*, être à l'agonie; جان چكشمكدن اولمك یكدر *djan tchekichmekten eulmek yektur*, mieux vaut mourir que se débattre dans l'agonie. — جانى باشنه صچرادى *djanĕ bachenè çetchradeu,* il était mort de frayeur. — جانه قیمق *djanè qeyĕmaq,* tuer, faire périr. — جان قورتاران *djan qourtaran,* ancre de salut, ancre principale d'un bâtiment. — جانلانمق *djanlanmaq,* se ranimer, reprendre vie, retrouver des forces; جانلاندرمق *djanlantermaq,* ranimer, rendre les forces; réaliser, mettre à exécution. — Proverbes : اول جان صكره جانان *evvel djan çoñra djanan,* « d'abord (son) âme, ensuite l'amie », charité bien entendue commence par soi-même; *proximus sum egomet mihi* (Térence). — جانى النده در *djanĕ èlindè dur,* « son âme est dans sa main », il est en danger de mort. — جانينى ديشيله طوتار *djanenĕ dichi-ilè toutar,* « il tient son âme entre ses dents », il lutte avec énergie. — ايكى جانسز بر باشسز *iki djanzez bir bachsez,* « deux sans âme et un sans tête »; c.-à-d. : deux témoins sans pudeur, deux faux témoins font perdre la vie à un innocent. — جان تاسه سى *djan tassaseu,* « chagrin mortel », se dit d'un homme qui cause beaucoup d'ennui; un fâcheux, un rabat-joie.

جانان *djanan,* (pers.) personne aimée, chérie; ami intime. — جانان جانڭ يولداشيدر *djanan djanuñ yoldacheder,* un ami intime est le compagnon de l'âme. — جان الدن كيتمينجه جانان اله كيرمز *djan èlden guitmeyindjè djanan èlè guirmez,* tant qu'on ne renonce pas à la vie, on n'obtient pas ce que l'on aime (prov.); c.-à-d. : il faut tout oser pour réussir. Ce proverbe est pris aussi dans un sens allégorique par les adeptes du soufisme.

جانب *djanib,* (ar.) 1° côté; direction. Ce mot n'est souvent employé en turc que comme explétif ou pour donner plus de clarté à la phrase; il en est de même du synon. طرف *taraf.* — 2° *algènib,* nom d'une étoile de la constellation de Pégase.

جانباز *djambaz,* (pers. « qui joue sa vie »), 1° maquignon; courtier, revendeur; fripon. — 2° ايپ جانبازى *ip djambazĕ,* danseur de corde, bateleur; écuyer de cirque, de là جانباز خانه *djambaz-hanè,* manège de chevaux dressés, cirque. — Sous les premiers sultans ottomans, il y avait une troupe de soldats d'aventure nommés جانبازان *djanbazan,* « risque-tout », qui tenaient garnison sur les côtes d'Asie mineure; ils furent supprimés par Sélim II.

جانغل *djanghel* ou جونغل *djounghel*, se construit avec *seuïlèmek* pour désigner le patois des paysans de l'Anatolie; voir aussi چانغل et طونغل.

جانفس *djamfès* (altération du pers. جان افزا charme de la vie); on donne ce nom à une étoffe de soie légère et sans brillant, une sorte de taffetas mince; quelquefois : popeline; — velours uni et ras.

جانكاه *djanguiah*, dangereux, périlleux.

جانليا *djanlia*, (origine inconnue) serin domestique; voir, pour les différentes espèces, قناريه *qanaria*.

جانوار *djanvar* ou *djanavar*; voir le mot suivant.

جانور *djanavar*, vulg. جاناور, (pers. qui est doué de vie), se dit, en turc, des bêtes sauvages et, en particulier, du sanglier.

جانى *djani*, (ar.) criminel; on emploie aussi صاحب جنايت *çaheb djinayet* ou bien مجاسر جنايته *djinayetè mutedjassir*, « qui a osé commettre un crime ». Cf. جنايت.

جانيك *djanik*, Djanik, liva de l'eyalet de Trébizonde; voir *Diction. géogr.* — جانيك الماسى *djanik èlmassè*, pomme petite et très parfumée.

جاوجاو *djavdjav*, mauvaise boisson qui ressemble au café et qu'on prépare de la même façon que le café.

جاورس *djavers*, (pers.) espèce de millet qui pousse dans les champs de blé.

جاوشير *djavcher*, nom d'une plante potagère, d'après Hindoglou.

جاولاق *djavlaq*, 1° chauve; ce mot est moins usité que طازلاق *tazlaq*. — جاولاقلق *djavlaqleq*, calvitie. — 2° par extension : dénudé, débraillé : جاس جاولاق بر فقير *djas djavlaq bir faquir*, un mendiant tout déguenillé.

جاوى *djavi*, baume ou résine du styrax benjoin (synon. de عسلبند *açilbend*), essence de benjoin. Le benjoin est nommé en arabe لبان جاوى *louban djavi*, « encens javanais ». — جاويت *djaviyet*, benzoate, sels formés par l'acide benzoïque.

جاهل *djahil*, (ar.) ignorant, sot; dans l'acception vulgaire : innocent, qui n'a pas l'âge de raison, irresponsable. — جاهل ايله قوكشان جاهل اولور *djahil ile qoñouchan djahil olour*, qui fréquente les sots devient sot. — جاهلك عالم قنده سوزينك مقداری يوق *djahiluñ a'lim qatindè seuzunuñ meqtari yoq*, la parole de l'ignorant est sans valeur auprès du savant. — جاهله سوز آكلاتمق كوره رنك تعريفی كبی در *djahilè seuz añlatmaq kieurè rèng ta'rîfi guibi dur*, faire comprendre une parole au sot, c'est décrire les couleurs à l'aveugle.

جاير *djaïr*, *tchaïr*, onomat. bruit sec, crépitement ; voir جاير.— جاير جاير سويلهمك *djaïr djaïr seuïlèmek*, parler avec violence, sans ménagement. — جايردامق *djaïrdamaq (tchaïerdamaq)*, se dit d'une porte qui grince sur ses gonds, de la flamme qui crépite, d'une étoffe qu'on déchire, etc. Var. جير *djeyir*.

جايمق *djaïmaq*, renoncer à un projet, revenir sur une résolution ; se désister. — بن جايار دونر بر آدم دكلم *ben djaïar deuner bir adam deïlim*, je ne suis pas homme à changer de sentiments. — *trans.* جايدرمق *djaïdermaq*, détourner, dissuader d'un projet, d'une résolution.

جايين *djayîn* ou *djayîn baleghe*, poisson de la famille des Siluroïdes ; voir يايين *yayîn*.

جب *djeb*, 1° poche de vêtement ; voir جيب. — 2° puits, cachot, oubliette, dans un château-fort. Le quartier *Djebali* à Constantinople, habité principalement par des Juifs, doit son nom à une légende d'après laquelle un saint personnage nommé *'Ali el-Ansari*, aurait été enfermé prisonnier et plus tard enterré (vers l'an 816 de J.-C.) dans un cachot situé près des anciennes murailles byzantines. La forme véritable serait donc جب علی *djeb-'Ali*, « le cachot d'Ali ». — جب *djeb*, particule d'intensité ; voir جيب.

جبا *djaba*, gratis ; voir جابا.

جبايت *djebayet*, (ar.) perception d'impôt ; — fonction du collecteur des revenus appartenant aux mosquées sur les biens convertis en *vaqouf* ; voir جابی.

جبخانه *djebhanè* (pour جبه خانه *djèbè-khanè*, dépôt d'armures), 1° dépôt de poudres, magasin de munitions de guerre, dépôt d'artillerie. — جبخانه *djebhanè âtmaq*, mettre le feu aux poudres, à la sainte-barbe sur un bâtiment. — جبخانه‌یی توكتمك *djebhanèyę tuketmek*, « épuiser sa poudre », être aux abois. — quelquefois : giberne, comme *fichenklik*. — جبخانه ارابه‌سی *djebhanè ârabasę*, fourgons militaires.

جبر *djebr*, (ar.) outre le sens ordinaire de « violence, tyrannie », ce mot se prend aussi dans l'acception de « réparer, remettre en bon état »; par ex. : بو ضیاع جبر اولنه‌جق *bou zya' djebr olounadjaq*, ces pertes seront réparées; il y aura réparation de dommages. — جبراً *djebren* ou جبر ایله *djebr ilè*, de force; violemment.

جبره (var. جبره) *djibrè*, moût de raisin, marc de café; en général, ce qui reste d'une chose qu'on a pressée pour en extraire le suc.

جبلت *djibillet* ou جبلیت *djibillyęt*, (ar.) naturel, caractère, disposition innée; se prend plutôt en bonne part, d'où le négatif جبلتسز *djibillet-sęz (djibillyetsęz)*, d'inclination basse, manquant de générosité et de noblesse d'âme.

جبلی 1° *djibilli*, naturel, inné. — 2° *djèbeli*, adj. relatif de جبل, « montagnard ». — tabac du mont Liban. — Ancienne taxe sur les biens du domaine impérial.

جبین *djibîn*, moustique; voir جبینلك *djibînlik*, moustiquaire.

جبّه *djubbè*, (ar.) vêtement long et étroit, à manches courtes, qu'on porte par dessous la grande plisse nommée *binich*. Le même vêtement plus court se nomme آبدستلك *âbdestlik*, litt. : « vêtement d'ablution ». Pour la description du *djubbè*, dont on a formé l'ital. *giuppa*, juppe, voir Dozy, *Diction. des vêtements*, p. 107.

جبه *djèbè*, (pers.) cuirasse; armure et arme en général. — جبه‌لو *djèbèlu*, cuirassier. Dans l'ancienne organisation des fiefs militaires, le *sipah*, propriétaire d'un *zia'met* ou d'un *timar* (voir ces mots) était tenu, en temps de guerre, de fournir un certain nombre de cavaliers armés de cuirasse (*djèbèlu*), en raison de la valeur de son fief. Le *djèbèlu* était aussi un cavalier chargé d'escorter les voyageurs d'un rang distingué et de les protéger en route, à peu près comme sont nos spahis rouges en Algérie. — جبه جى *djèbèdji*, armurier. On nommait ainsi un corps de troupes chargées de la garde et du transport des armes et munitions de guerre. Leur chef était appelé جبه جى باشى *djèbèdji bachi*. Voir pour les détails, *Tableau de l'Emp. ottom.*, t. VII, p. 362. — جبه جى خانه *djèbèhanè*, dépôt d'armes et de poudre; voir جبخانه.

جبين (var. چپين *tchipîn*) *djibîn*, petite mouche qui fait une piqûre cuisante; espèce de moustique ou cousin. — جبينلك (var. *tchipînlik*, et plus rarement : جبينداناق *djibîndanleq*) *djibînlik*. — 1° moustiquaire, voile de gaze pour garantir des moustiques. — Proverbe : جبيندن قورقان جبينلكى برابر طاشور *djibînden qorqan djibînliyè beraber tacheur*, qui craint les moustiques emporte avec soi la moustiquaire. — 2° ordures; tas de poussière et de mouches.

جداو *djidav*, garrot des bêtes de somme et principalement du cheval. — جداو كيكى *djidav kemyè*, saillie des os ou apophyses qui forment le garrot; جداو يارەسى *djidav yarasè*, échymose du garrot. Cf. چكين *tchekîn*.

جدرى *djederi*, variole; voir چچك *tchitchek*. — جدرى بقرى *djederii baqari*, vaccine; avec التلقيح *talqeh etmek*, vacciner. Cf. آش *âch*.

جدوار *djedvar*, (ar. *djedouar*) zédoaire, plante originaire de l'Inde, employée dans la médecine arabe comme thériaque et sudorifique. Les Orientaux la confondent à tort avec l'aristoloche et avec le انلة السوداء qui est le *zérumbet*. Voir Ibn el-Beïtar, t. I, p. 348 et 159.

جدول *djedvel*, (ar.) 1° ligne; tracé en ligne droite; table de calcul; registre séparé en colonnes ou tableaux. — جدول تختەسى *djedvel takhtasè*, règle, instrument droit et plat qui sert à tirer des lignes. — جدول قلمى *djedvel qalemè*, crayon, mine de plomb pour tracer des lignes. — 2° ruisseau, rigole, canal. — صو جدولى آچمق *çou djedvelè âtchmaq*, ouvrir un canal, canaliser.

جده *djedè*, jade; voir يده *yedè*.

جديد djedid, (ar.) nouveau, récent. — نظام جديد nizami djedid, nouvelle organisation, nouvelle constitution de l'Empire ottoman.

جذام djuzam, (ar.) 1° éléphantiasis. — 2° lèpre; — quelquefois : rachitisme.

جذر djezr, (ar. extirper) racine d'un nombre : جذر مربع djezri murebba', racine carrée; جذر مكعب djezri muka'ab, racine cubique; جذر دوردنجى deurdundju djezr, racine quatrième; جذر تام djezri tamm, «racine parfaite», commensurable; جذر اصم djezri açamm, «racine sourde», incommensurable.

جر djer, (pers.) 1° précipice; fossé; retranchement fortifié. — 2° pour djar, cri, appel; voir جار. — 3° جرجر djerdjer ou djardjar, bavardage, caquetage. — 4° pour جرجر tchertcher, grillon; cf. جرتلاق.

جرّ djerr, (ar.) tirer, transporter. — جر اثقال تعليمى djerri esqal ta'limi, cours de mécanique. — جر اثقال تطبقيه djerri esqali tatbeqeyè, mécanique appliquée.

جراح djerrah, (ar.) chirurgien; جراحلق djerrahleq, art du chirurgien; médecine opératoire. — جراح باشى djerrah bachi, 1° premier chirurgien du palais impérial; c'est lui qui, de concert avec le médecin en chef hèkim bachi, prépare les électuaires nommés ma'djoun et tansoukh. — 2° aujourd'hui : major, médecin en chef; جراح معاوينى djerrah mou'avini, aide-major.

جراحت djerahat, blessure; plaie; — humeur sortant d'une plaie; pus. Cf. ايرين.

جرّار djerrar, (ar.) adj. traînard. — vaillant, valeureux. — subst. mendiant, vagabond. — brave soldat, guerrier.

جرانته djirantè, (ital. girante) endosseur, celui qui endosse un effet de commerce, synon. de صاحب حواله çaheb havalè. — اوّلكى جرانته evvelki djirantè, premier endosseur; voir aussi جيرو djiro.

جرايم djeraïm, (pl. ar. de djèrimè), amendes pécuniaires; voir جريمه et تجريم.

جربزه djerbèzè, (ar. tromper) finesse; rouerie de langage et d'esprit. — جربزه لو djerbèzèlu, finaud;

habile parleur, astucieux; en persan کرېز *gurbuz*.

جرېغا *djirbougha* pour *djirbou'a*, (ar. جربوع et یربوع) gerbe ou gerboise, animal de la famille des rongeurs, très commun en Arabie et en Syrie; voilà pourquoi il est nommé aussi عرب طاوشانى *'areb tavchane*, « lapin des Arabes »; synon. آق طاوشان *áq tavchan*, « lapin blanc ».

جرتاوى *djertave* (pour چرتاوى *tchertave*), vantard; hâbleur; fanfaron; voir le mot suivant.

جرتلاق *djertlaq*, (pour *tchertlaq*; cf. چرتلاق) 1° grillon. — 2° bavard, vantard; hâbleur.

جرجر *djerdjer*, roquette des jardins, *eruca sativa*; cette plante s'accommode en salade. — On la nomme aussi روقه *roqa*.

جردوال *djerdval*, long javelot terminé par une pointe en fer; — جردواللو *djerdvallu*, soldat armé de ce javelot. Cf. جرید *djerid*; voir aussi Diction. géographique.

جرده‌جى *djerdèdji*, cavaliers du désert chargés d'escorter et de protéger les pèlerins qui se rendent à la Mecque; leur chef se nomme جرده‌جى بكى *djerdèdji beye*. Le verbe ar. جرد à la V° forme se dit d'un détachement de troupes qui font une expédition : تجرد فى عسكره.

جرلاق *djerlaq* (pour چرلاق), 1° bavard, babillard. — 2° grillon, synonyme de جرتلاق; voir ce mot. — 3° espèce de corneille; geai.

جرلامق *djerlamaq*, pour *tcherlamaq*, chanter, siffler comme le grillon. — *trans.* جرلاتمق *djerlatmak*, *tcherlatmaq*; voir چرلاتمق.

جروف *djurouf*, mélange à demi-vitrifié de fer et de houille, scorie, mâchefer. Cf. بوق *boq* et بوصه *pouça*.

جریب *djerib*, (ar. champ cultivé) mesure de superficie représentée par un carré de soixante pas de côté. — L'arpent dit *décimal* (اعشارى) vaut cent pas carrés. Cf. دوم *deunum*.

جرید *djerid* ou *djirid*, (ar. branche sans feuilles) 1° bâton en forme de javelot dont on se sert dans le *jeu du djerid*. جرید اویونى. Ce jeu qui consiste à se poursuivre au grand galop et à lancer ce javelot, était en grand honneur autrefois. Les pages et âghas de la Cour étaient tenus de s'y exercer et, à l'époque des fêtes du Baïram, ils se livraient à ce jeu militaire en présence du sultan. D'après l'historien NAÏMA, Ahmed Ier était passionné pour l'exercice du *djerid*. Cf. DJÉVAD, *État milit. ottom.*, t. I, p. 200. — 2° nom d'une grande tribu turcomane établie aux environs de Mar'ach.

جریده *djèridè*, (ar.) 1° registre, livre de commerce. — صندوق جریدهسی *çandouq djèridèsi*, livre de caisse. — ضبط جریدهسی *zabt djèridèsi*, livre-journal; répertoire des notaires, huissiers et gens de loi. — 2° journal, feuille publique. Un des plus anciens journaux de Constantinople est intitulé جریده حوادث *djèridèi havadis*, « registre des nouvelles ». — جریده قلمی *djèridè qalemę*, bureau du recensement et de la statistique.

جریق (var. چریق *tchęręq*) *djęręq*, ancienne dénomination d'une petite monnaie de cuivre; liard, obole. — بر جریق بوزدرممده انلری راضی ایدرم *bir djęręq bozdourmamdè onlarę razi ederim*, je les contenterai sans débourser un rouge liard. — جریق بوزدرمز *djęręq bozdourmaz*, bavard impitoyable. — جریق چیقرمز *djęręq tchęqarmaz*, accapareur, brocanteur. — همان جریق دیمزدن *heman djęręq demęzden*, sans crier gare, de but en blanc.

جریمه *djerimè*, (ar.) amende; جریمه ویرمك *djerimè vermek*, payer l'amende; voir تجریم *tedjrim*.

جز (var. جیز) *djęz*. Cette particule et ses différentes formes orthographiques, comme جاز ou جظ *djaz*, جازر *djazer* et جزر *djęzer*, جزیق *djęzęq* ou *tchęzęq*, indiquent par leur répétition (*djaz-djaz*, *djazer-djazer*, etc.) soit un bruissement sourd tel que celui de l'eau tombant sur le feu, soit la rapidité et l'énergie du verbe qu'elles précèdent.

جزا *djeza*, (ar. rétribution, récompense ou punition) se prend en turc surtout dans le sens de *châtiment*. — جزا ویرمك *djeza vermek*, punir, châtier. — روز جزا *rouzi djeza*, jour du jugement dernier. — الله جزاسنی ویرسون *allah djezasęnę versun*, que Dieu le punisse! — جزای عملك در چك *djezaï 'amèlun dur tchek*, c'est ton châtiment, supporte-le. — جزا قانون نامهٔ همایون *djeza qanoun-namèï humayoun*, code pénal de l'empire ottoman. —

جزا djeza mehkèmèsi, tribunal correctionnel. — جزای نقدی اعطاسیله محکوم اولمق djezaï naqdi i'tasilè mahkoum olmaq, être condamné à une amende pécuniaire. — اصول محاكمة جزائیه ouçouli mehakèmèï djezayyè, procédure criminelle; جنایته دائر جزا قانونلری djinayetè daïr djeza qanounlare, droit criminel; voir aussi مجازات mudjazat.

جزبز djezbez, 1° rôti sur le gril; grillade. — 2° espèce de sirop ou de jus qui a longtemps bouilli.

جزدان djuzdan, (abrégé du pers. ar. جزء دان « qui renferme un cahier ») portefeuille; cahier. — آقچه جزدانی aqtchè djuzdane, porte-monnaie. — رسام جزدانی ressam djuzdane, album de dessinateur. — Un grand portefeuille se nomme djulbend. Cf. جلبند.

جزردامق djezerdamaq, pétiller comme la friture dans la poêle; — au fig. gémir sourdement, se plaindre, murmurer. Cf. جز.

جزلامق djezlamaq (tchezlamaq), 1° tressaillir, palpiter (le cœur dans la poitrine). — éprouver une vive douleur. — trans. جزلاتمق djezlat-maq (tchezlatmaq), produire un bruissement sec et strident, comme celui d'une étoffe qu'on déchire, d'un verre que l'on brise, etc. — جزلانمق djezlanmaq (tchezlanmaq), bruire, bourdonner, produire un son strident comme celui du grillon ou de la cigale. Cf. جز.

جزمه djizmè, botte; voir چزمه tchizmè.

جزوه djezvè, 1° petite cafetière en fer-blanc; par oppos. à كوكوم gugum, grande bouilloire, grande cafetière. — 2° amour, sympathie, c'est une expression vulgaire et fautive au lieu de جذبه djezbè qui signifie en arabe *attraction*.

جزی ou جزئی et جزوی djuzu, djuzvu (ar.) 1° partiel, petit. — section, parcelle. — جزئیات djuzuiat, petites choses, minuties, bagatelles. — كلى وجزئى kulli u djuzi, en gros et en détail, totalement. — جزیجه djuzudjè, partiellement, en petit, un peu. — 2° *djuz*, une des trente sections qui forment le Koran; de là جزء خوان djuzu-khân, lecteur du Koran dans les chapelles sépulcrales, synonyme de *turbèdar*. Cf. تربه turbè.

جزیره djezirè, (ar.) île; — Mésopotamie. — plur. جزائر *djezaïr*, Alger; voir *Diction. géogr.* et le mot آطه‍ *âda*. On dit en proverbe d'un individu orgueilleux جزاير طايسى كبى قورلمشدر *djezaïr dayisi guibi qouroulmouchter*, il est fier comme le dey d'Alger. — جزايرده دوشنى قالدرمزلر *djezaïrdè duchene qaldermazlar*, « on ne relève pas celui qui tombe à Alger », ce dicton s'emploie à l'adresse de ceux qui vantent les voyages.

جزيره *djezirè*, prononciation tout à fait vulgaire et fautive du mot زجره *zidjrè*, violence, oppression; calamité, malheur.

جزبق *djezeq* ou *tchezeq*, crépitement de la graisse sur le feu, de la viande sur le gril, etc. Cf. جز.

جزيه *djizyè*, capitation, (impôt des têtes ou خراج الرؤس *kharadj urreous*) tribut personnel imposé indistinctement sur tous les sujets non musulmans de l'Empire ottoman. Voir la travail de Worms sur la propriété territoriale, *Journal Asiatique*, octobre 1842, p. 348 et 357; Belin, *Étude sur la propriété foncière*, *ibid.*, décembre 1861, p. 477. En vertu du *khatti-humaïoun* de 1856, cet impôt a été aboli et remplacé par une contribution militaire (اعانة عسكريه). — جزيه محاسبه سى *djizyè mouhaçèbèsi*, bureau des comptes de la capitation où les rôles de l'impôt sont déposés.

جس *djès*, forme abrégée de la particule *djas*; voir جاس.

جسته *djestè*, (pers. degré) part, division; morceau. — جسته جسته *djestè-djestè*, par morceau; partiellement; — successivement.

جسمانى *djismani*, (ar.) adj. relatif de جسم *djism*, corps. — corporel; temporel, opposé à spirituel. — جسمًا *djismen*, corporellement. — تعديات جسمانيه *ta'dyati djismanyè*, peines corporelles.

جغا (var. جغه) *djegha*, 1° aigrette qui orne le turban impérial. — 2° panache de la coiffure des nouvelles mariées. — جغالو *djeghalu*, empanaché, surmonté d'une aigrette. — 3° touffe, bouquet en fils de verre. Cf. سرغوچ *serghoutch* et چلنك *tchelenk*. — جغا بالغى *djegha baleghe*, poisson à aigrette phosphorescente, espèce de silure électrique; voir aussi چغا *tchegha*.

جغتاى *djaghataï* ou *tchagha-*

taï, 1° nom du troisième fils de Djenguiz-Khan. Ce prince, qui dirigeait les affaires politiques du vivant de son père, reçut en partage le Turkestan proprement dit, le Khorassan et le Kharezm (Khivie). — 2° dialecte dérivé de l'ouïghour, et parlé dans les contrées soumises à l'autorité de Djaghataï-Khan. Pendant trois cents ans, du XIII° au XVI° siècle, ce dialecte se développa sous l'influence de la civilisation et de la littérature persanes; il produisit des écrivains remarquables, tels que Loutfi, Obeïd-Ullah, Ali-Chîr, Haïder-Mirza, Çaïqal et, au premier rang, l'empereur Baber.

جغرافيا *djaghrafia*, géographie. Ce néologisme est plus fréquemment employé que le t. ar. كره ارضك تعريفى *kurèï erzuñ ta'rifi*, « description du globe terrestre ». — جغرافياى رياضى *djaghrafiaï riazi*, géographie mathématique; ج طبيعى *djaghrafiaï tabiy'i*, géographie physique; ج رسمى *djaghrafiaï resmi*, géographie politique; تاريخ جغرافيا *tarikhe djaghrafia*, géographie historique.

جغز *djeghez* ou *djeghaz*, double diminutif des mots de la classe forte; voir جق *djeq*.

جغل جغل *djeghel djeghel*, onomat. bruit, clapotement, murmure confus; — جغلدى *djeghelte*, gazouillement des oiseaux (comme *tchevelde*); voir aussi جاغل et چاغل.

جفا *djefa*, (ar.) peine, souffrance; mauvais traitements, vexations. — On cite souvent ce proverbe qui est un vers sur le mètre *hezedj* :

جفايى چكمين آدم
صفانك قدرينى بيلمز

djefaye tchekmeyen âdam çafanuñ qadrene bilmez, celui qui n'a pas souffert ne connaît pas le prix du bonheur.

جفر *djefr*, (ar.) livre de prédictions relatives aux dynasties musulmanes, écrit sur parchemin et dont on fait remonter l'origine à l'imam *Djafer Sadeq*. Un livre de ce genre جفر كتابى *djefr kitabe*, avait, dit-on, été trouvé en Égypte par Sélim Ier et il était conservé dans la Bibliothèque du Seraï à Constantinople. C'est dans cet écrit aujourd'hui perdu que Mourad IV aurait lu l'annonce de sa fin prochaine. — Sur l'origine des prédictions astrologiques, voir *Prolégo-*

mènes d'*Ibn Khaldoun*, traduction de M. DE SLANE, t. II, p. 214.

جُقْ *djeq*, suffixe du diminutif pour les mots de la classe forte, comme جك *djik* est le diminutif des mots de la classe faible. Exemples : چوجوجق *tchoudjoudjeq*, petit enfant ; double diminutif : چوجوجغز جغز *djeghaz* ; *tchoudjoudjeghaz*, tout petit enfant, cher petit enfant. — دوه جك *dèvèdjik*, jeune chameau ; دوه جكز *dèvèdjèyiz*, tout petit chameau ; — voir la grammaire.

جكر *djiyer*, (pers.) foie ; cœur ; *au fig.* objet aimé. — Le nom spécial du foie est قره جكر *qara djiyer* et celui du poumon آق جكر *âq djiyer*. — جكر اوتى *djiyer ote*, « herbe au foie », *hepatica*, lichen des rochers ; une autre variété de cette plante s'appelle en turc دكز قطائفى *deñiz qataïfi*, « vermicelles de mer ». — جكر تاوه سى *djiyer tavase*, foie frit à la poêle. — جكر علتى *djiyer 'ylleti*, maladie de foie, hépatite ; جكر سورمه سى *djiyer surmèsi*, engorgement du foie ; جكر اورى *djiyer ourou*, cancer du foie. — جكر كوشه *djiyer keuchè* et جكر پاره *djiyer parè*, « coin du foie, morceau du foie », terme de tendresse, chéri, très cher, bien-aimé. — جكرى

بر آقچه اتمز *djiyeri bir âqtchè etmez*, « son foie ne vaut pas une aspre » ; c.-à-d. : c'est un vaurien, un mauvais drôle. — جكرم صيزلاندى *djiyerim çezlandeu*, mon cœur est attendri, ému de pitié. — جكرى آغيزنه كلدى *djiyeri âghezne gueldi*, « son foie lui vint aux lèvres », il éprouva une grande frayeur. — جكرم يانار *djiyerim yanar*, « mon foie brûle », je suis affligé, tourmenté. — قورت آغيزندن جكر چيقارمق *âghezinden djiyer tcheqarmaq*, « tirer le foie de la gueule du loup », faire lâcher prise à quelqu'un. On dit dans un autre sens : قورت بوغازينه آتيلان جكر بر دها چيقارمى *qourt boghazenè âtelan djiyer bir daha tcheqar me*, « le foie jeté dans la gueule du loup en sortit-il jamais » ? c.-à-d. : est-il possible d'échapper à un aussi grand danger ? — بكا جكرينى يدردى *baña djiyerini yedurdu*, « il m'a fait manger son foie », il m'a donné mille preuves de dévouement.

جكز *djeyiz*, double diminutif des mots de la classe faible ; voir جق *djeq*.

جلا *djela*, (ar.) 1° polir, fourbir ; — lustre, éclat, splendeur. — avec *etmek* ou ويرمك *vèrmek*, polir, donner du lustre, fourbir, brunir les métaux. — جلالاندرمق *djelalandurmaq*, même sens. — جلالجى *djeladji*, fourbisseur, brunisseur. — جلالو *djelalu*, brillant, poli, lustré. — 2° exil, bannissement; voir نفى *nefi*.

جلّاب *djellab*, (ar.) celui qui fait le commerce des troupeaux; — marchand d'esclaves; voir جلب *djelb*.

جلّاد *djellad*, (ar.) bourreau, exécuteur. — *au fig.* celui qui consomme beaucoup : آقچه جلادى *âqtchè djellade*, bourreau d'argent; يمك ج *yemek djellade*, grand mangeur; اسباب ج *espab djellade*, bourreau d'habits. — مرحمتلو جلّاد *merhametlu djellad*, « bourreau miséricordieux », un faux ami. — آيلاق بر جلّاد در *âilaq bir djellad dur*, « c'est un bourreau sans salaire », qui torture pour le plaisir de faire le mal. — جلاد اولمغه قادر اولميان قصاب اولسون *djellad olmagha qader olmaïan qassab olsoun*, « qui ne peut être bourreau qu'il se fasse boucher », il faut se tirer d'affaire comme on peut. — جلادى قيليجيله كسمك *djellade qeledje-èla kesmek*, « tuer le bourreau avec son propre sabre », tourner les armes d'un ennemi contre lui-même.

جلاسين *djelassîn*. D'après le *Lehdjè*, ce mot d'un emploi très rare désignerait les belles femmes noires de Nubie et d'Abyssinie, aux formes robustes et sveltes. Il s'appliquerait aussi à un jeune et beau gaillard, comme dans le vers suivant :

غم وجورى چوق شفقتى آز ايدى
جلاسين جوان ايدى شهباز ايدى

« sa méchanceté et ses rigueurs étaient grandes et sa pitié bien mince; — c'était un beau et robuste jeune homme, c'était un faucon royal ». — Comparer avec l'arabe جلادى.

جلالى *djelali*, rebelle, révolté; ennemi.

جلاو (var. جلیلاو) *djelav*, bride, rêne, licou; cf. le pers. جلاو *djelô* et جلاودار *djelôdar*, domestique chargé de tenir le cheval par la bride; *saïs*, piqueur.

جلّه *djullah*, tisserand; voir جلاه et چولها.

جلب 1° *djelb*, (ar.) action d'attirer, d'importer; faire venir d'un pays étranger; de là le terme familier جلبجى *djelebdji*, conducteur de troupeau, marchand de bestiaux, comme جلّاب

djellab. — جلبكشان djelbkéchan, fermiers chargés de prélever l'impôt sur le bétail ('aded aghnam). — 2° djeleb, surnom donné aux employés de toute classe et, en particulier, aux 'adjemi-oghlan, qui après avoir servi dans l'intérieur du Palais impérial, en sortaient pour être nommés à différents postes.

جلبند djulbend, grand portefeuille; gros étui; — trousse de chirurgien; voir aussi جزدان djuzdan.

جلبور (var. چليير, جليير) djelber, rêne, bride, longe de bête de somme. — Prov.: جلبورلری برك اوزاتمه djelberlere berk ouzatma, « n'allonge pas si fort la bride », ne fais pas le fier, le rodomont. — En t. or. le mot جيلبور signifierait, d'après M. Pavet de Courteille, une chaîne d'argent attachée au-dessus du nez du cheval, en guise d'ornement.

جلبه djelbè, filet; sac aux provisions; filet servant de gibecière aux chasseurs.

جلخ djelkh, synon. de جلق gâté, pourri. — جلخ چقمق djelkh tcheqmaq, au fig. ne pas réussir; faire fiasco.

جلد djild, (ar. peau, cuir) 1° couverture d'un livre, reliure. — 2° volume, tome; اون جلد كتاب ôn djild kitab, ouvrage en dix volumes. — au fig. ampleur, poids. — جلدی ثقیل آدم djildi çaqel âdam, un homme de forte encolure, gros et pesant. — Cf. مجلد mudjelled. — جلدجی djildji, peaussier, marchand de peaux (peu usité).

جلغار djelghar, paire de bœufs qu'on ajoute, comme renfort, pour traîner les *arabas* dans les montées et les chemins difficiles.

جلق djelq, 1° œuf pourri. — 2° en général: toute chose gâtée et puante; جلق یاره djelq yara, plaie infecte, cancéreuse. Cf. ایكدین igdîn. — جلق چقمق djelq tcheqmaq, être gâté, pourri, hors d'usage: — 3° djalq; جلق صیرمق djalq çermaq, répond à l'arabe استنا istinna, onanisme. — Voir aussi جلخ djelkh.

جلقاوه djelqava ou tchelqava, renard au poil fauve tirant sur le rouge; pelisse faite avec la peau de cet animal.

جلود djuloud, (ar.) volumes, tomes; voir جلد djild.

جلوس djulous, (ar.) action de

s'asseoir, de prendre place. — جلوس djulousi humayoun, avènement au trône ottoman, accession au trône. — جلوس نامه djulous-namèh, proclamation à l'occasion d'un nouveau règne. — جلوس بخششى djulous bakhchichė, cadeau, gratification que le sultan accordait aux troupes et aux fonctionnaires civils, en montant sur le trône; voir pour les détails, *État milit. ottom.*, t. Ier, p. 150.

جلوه djilvè, (ar.) éclat, manifestation de beauté. — levée du voile de la mariée. — جلوت djilvet, dans la technologie du soufisme : manifestation de la divinité à l'initié qui a franchi les étapes successives de la voie spirituelle (*tariqat*). C'est là l'origine du nom donné à une secte de derviches, les *Djilveti*, ordre fondé à Brousse, vers la fin du XVIe siècle, par Pir Uftadè Mehemet Djilveti.

جلى djeli, grosse écriture spécialement employée pour les brevets, les diplômes et les inscriptions d'édifices publics. — نسخ جليسى neskh djelissi, écriture de devins; épigraphes, etc.; voir aussi ثلث sulus.

جماد 1° djemad, (ar.) corps inanimé, inerte. — plur. جمادات djemadat, substances minérales, règne minéral. — 2° djemmad, terme médical : catalepsie; ar. داء الجمود dâ ul-djumoud.

جمازى djemazi, nom de deux mois de l'année musulmane. — جمازى الاول djemazi ul-evvel, « djemazi premier » est le cinquième mois et جمازى الاخر djemazi ul-âkher, « djemazi dernier », le sixième de l'année lunaire des Arabes. — Locution proverbiale بن انك جمازى الاولنى بيلورم ben onuñ djemazi ul-evvelini bilirim, « je connais sa basse origine » ou bien « ses mauvais antécédents ». La forme du féminin جمازى الاولى djemazi ul-oula est plus littéraire.

جماعت djema'at, (ar.) 1° communauté, assemblée de fidèles à la mosquée : جماعت نقدر اولسه امام ينه بيلديكنى اوقور djema'at nè qadar olsa imam yinè bildiyini oqour, quelque soit le nombre des assistants, l'imam débite les prières qu'il sait (proverbe). — جماعت غير مسلمه djema'ati ghaïri muslimè, communauté non musulmane. — 2° une des quatre grandes divisions de la milice des janissaires. La division dite *djema'at* comptait originairement 101 *ortas* ou cohortes, dont le plus grand nombre avaient la garde des forteresses situées sur la frontière. Onze régiments de la même division restaient à Constantinople et fournissaient à la maison militaire du sultan les gardes connus sous le nom de *çolaq*. Cf. D'OHSSON, t. VII, p. 312; *État milit. ottom.*, t. I, p. 78.

جمال 1° *djemal*, (ar.) beauté, grâce; beauté physique, souvent mise en opposition avec كمال *kemal*, « perfection morale », comme dans les proverbes suivants : جمال كوسترر كمالى *djemal gueusterer kemale*, beauté est indice de bonté. — جمال كيدر اما كمال سنكله قالور *djemal guider amma kemal senuñ ilè qalour*, ta beauté passe, mais ton mérite reste avec toi. — جمالى *djemali*, ordre de derviches fondé dans la première moitié du XVIIIe siècle par Mehemet Djemal ud-dîn d'Andrinople. — 2° *djimal*, plur. de جمل *djemel*, chameau.

جمبار *djambar*, (peut-être du pers. چنبر *tchember*) peigné ou carde de tisserand.

جمجمه *djemdjèmè*, sandales qui ne couvrent que le talon et l'extrémité du pied; elles sont portées par les pèlerins en état d'*ihram*; voir احرام.

جمجمه (var. جيمجيه) *djimdjimè*, petite pastèque d'un goût excellent; voir قارپوز *qarpouz*.

جمدان *djamdan*, sac, portemanteau; voir جامدان.

جمره *djemrè*, (ar.) braise allumée, charbon en combustion; — chaleur printanière. — جره هوايه دوشدى *djemrè havaïa duchdu*, « la chaleur a pénétré l'atmosphère », le temps devient doux; allusion à l'opinion vulgaire sur les trois périodes successives du printemps. La première est celle où l'atmosphère se réchauffe graduellement un mois avant l'équinoxe du printemps, c'est la période de l'air; la seconde arrive sept jours plus tard, c'est celle de l'eau; la troisième, seize jours avant l'équinoxe, est la période de la terre.

جمرى *djumru*, ladre, d'une avarice sordide; جمريلك *djumruluk*, avarice. On dit en proverbe جمرينك اوغلى عنادجى *djumrunuñ oghlou 'ynadji*, le fils de l'avare est mauvais sujet. — جمرينك ضررى جومردك خرجندن زياده

اولور *djumrunuñ zarar̲e̲ djeumerduñ khardjinden zyad̲è̲ olour*, la perte que subit l'avare dépasse la dépense que fait l'homme généreux.

جمع *djem'* (ar. réunir, rassembler) addition; avec *etmek*, additionner. — جمعى *djem'e̲*, total, montant; voir يكون *yekoun*.

جمعه *djum'a*, (ar. jour de la réunion à la mosquée) vendredi; جمعه كوني *djum'a gunu*. — جمعه كوني هفتهنك باشيدر *djum'a gunu haftanuñ bach̲e̲ dur*, « le vendredi est le premier jour de la semaine ». Les traditions bibliques ou plutôt talmudiques qui consacrent la sainteté de ce jour et les cérémonies qui se célèbrent à la mosquée, l'ont fait surnommer عيد المؤمنين *'yd ul-mouminîn*, « la fête des croyants ».

« Les honnestes gens cessent ce jour là de travailler et de négocier; ils n'ouvrent point leurs boutiques, ils espargnent leurs esclaves et les bestes. On donne congé aux escoliers; on fait trêve avec son ennemi et l'on suspend sa vengeance pendant ce jour. L'on renforce l'ordinaire de la table et on a soin de se parer des plus beaux vestements que l'on ait » (P. Arcère).

جمعه ايرته‌سى *djum'a irtèsi*, samedi, litt. « lendemain du vendredi ». — بو كون جمعه ايرته‌سى مى *bou gun djum'a irtès̲e̲m̲e̲*, « est-ce aujourd'hui samedi? » (jour de sabat) se dit à quelqu'un qui refuse de travailler ou qui s'exécute de mauvaise grâce.

جملة *djumlè*, (ar.) le tout; totalité; le plus grand nombre. — synon. de جميع *djemi"*. — جملة عالم *djumlèi a'lem*, tout le monde. — جلهيه مخالفت قوة خطا دندر *djumlèyè moukhalefet qouvvèï khataden d̲e̲r*, résister au plus grand nombre est une mauvaise inspiration. — بو جلهدن *bou djumlèden*, de cette classe, de ce nombre; بو جمله ايله *bou djumlè ilè*, avec tout cela, pourtant. — جملةً *djumlètèn*, totalement, en somme.

جمهور *djumhour*, (ar.) grand nombre, multitude. — جمهوريت *djumhouryet*, république. — حكومة جمهوريه *hukioumeti djumhouryè*, gouvernement républicain. — جمهوريت اصولنى نشر و اعلان ايتمك *djumhouryet ouçoulen̲e̲ nechr u i'lan etmek*, proclamer la république. — جمهوريت غيرى تكشلكى *djumhouryet ghaïretkechliye*, propagande républicaine. — تمايلات جمهوريه *temaïulati djumhouryè*, tendances républicaines.

جميعت *djem'iyet*, (ar.) 1° assemblée, réunion. — جمعت عليه *djem'iyeti 'ylmyè*, réunion savante, académie. — 2° festin, repas de noces, partie de plaisir; gala.

جنّ *djinn*, (ar.) 1° démon, lutin; génie. — جن فكرلو بر قيز *djinn fikirlu bir qez*, une fille éveillée et intelligente. — جن ايله شيطان بر دكل *djinn ilè cheïtan bir deyil*, démon et satan ne sont pas même chose. — جنى طومق *djinni toutmaq*, devenir fou, dire ou faire des extravagances; جنلرى قالقمق *djinnlerè qalqmaq*, même signification. — بورادە جنلر اوينار *bourada djinnler oïnar*, « les djinns dansent ici »; c.-à-d.: cet endroit est désert. — جنلرى باشنه طوپلامق *djinnlerè bachenè toplamaq*, être en colère, délirer de fureur. — جنلر باشنه چيقار *djinnler bachenè tchèqar*, il se fâche; « la moutarde lui monte au nez ». — جن صاچى *djinn çatcheu*, « chevelure de djinn », epithym ou cuscute, plante.

جناب *djenab*, (ar. rang, dignité) titre honorifique, tel que: Altesse, Excellence, Seigneurie. — جناب شهريارى *djenabi chehryari*, Sa Majesté le Sultan. — جناب وكالتپناهى *djenabi vekalet-penahi*, « son Altesse refuge du ministère », titre du çadr-aazem ou grand-vizir. — ايلچى بك جنابلرى *éltchi bey djenablarè*, son Excellence Monsieur l'Ambassadeur — En général, le mot جنابلرى *djenablarè*, doit se traduire, selon le rang, par Majesté, Altesse, etc. — Il faut éviter l'expression: جنابكز *djenabeñez*, « votre Seigneurie », etc., et employer de préférence ذات شريفكز *zati cherifiñez*, « votre noble personne », ou quelque autre terme équivalent.

جنابت *djenabet*, (ar.) 1° pollution; état d'impureté provenant d'une pollution volontaire, tandis que la pollution involontaire est nommée احتلام *ihtilam*, dans le code musulman. — État d'impureté en général: قلبكى پاك طوت دە قرق ييل جنابت كز *qalbèñe pak tout dè queurq yil djenabet guèz*, garde un cœur pur et vis tant que tu voudras (litt. 40 ans) en état d'impureté. — 2° vulg. *adj.* sot, niais; malpropre.

جنازە *djenazè*, (ar.) 1° cercueil où est renfermé le mort et, par extension, cadavre. (Le cercueil vide se nomme نعش *naach*.) — جنازه اوزرينه آتلمشدى *djenazè uzèrinè âtelmèchtè*, il se jeta sur le cadavre. — جنازه آلایی *djenazè âlayé,* pompe funèbre, convoi, cortège, obsèques. — جانلو جنازه *djanlu djenazè*, « cadavre vivant », maigre, exténué.

جناس *djinas,* (ar.) jeu d'esprit, jeu de mots; calembour. — comme تجنيس *tedjnis;* voir EKREM EFENDI, *Ta'limi èdèbyat,* p. 338, et MEHREN, *Rhetor. d. Arab.,* p. 154.

جنايت *djinayet,* (ar.) crime, infraction très grave. — بيوك جنايت *buyuk djinayet* ou جنايت عظمى *djinayeti 'euzma,* crime capital. — ضرری عام اولان بر جنايت *zararèu 'amm olan bir djinayet,* crime contre la chose publique. — فعلاً اجرا اولنمش جنايت *fi'len idjra olounmech djinayet,* crime consommé; جنايتى ارتكاب ا *djinayetè irtikiab etmek,* commettre un crime. — جنايت ايله محكوم *djinayet ilè mahkoum,* condamné pour crime; جنايت ايله متهم *djinayet ilè muttehem,* prévenu de crime. — جنايت وضع وصفتى *djinayet vaz' u çifetè,* criminalité. — جنايت دعواريك اصول محاكمه سى *djinayet da'valerinuñ ouçouli mouhakèmèssi,* procédure criminelle. — جنايت مجلسى *djinayet medjlissi,* cour d'assises; tribunal criminel. — جنايت دعواسى *djinayet da'vassè,* poursuite criminelle, procès criminel; voir aussi جنحه *djinha* et جانى *djani.*

جنبستره *djinbistra,* (forme abrégée جنبس *djinbis* et جنبز *djinbiz*), petites pinces pour épiler; — pinces de chirurgie. — Comparer avec le bas-latin *bastoria* et le grec moderne τουμπίδα.

جنبش *djumbuch,* (pers. جنبيدن se mouvoir, s'agiter) amusement, distractions; partie de plaisir.

جنّت *djennet,* (ar.) paradis des Musulmans, divisé en plusieurs cieux depuis le جنّت آدم *djenneti âdam,* paradis d'Adam ou paradis terrestre, jusqu'au جنّت مأوى *djenneti maava,* résidence de la divinité. — جنّت ير *djennet yer,* endroit délicieux, semblable aux jardins célestes. — جنّت كبى *djennet guibi,* « comme le ciel », excellent, parfait. — جنّت قوشى *djennet qouchou,* « oiseau du paradis », 1° oiseaux fabuleux comme le *'Anqa* et le *Houma;* oiseaux au plumage varié originaires de l'Inde. — 2° enfant faible, malingre, enfant malade sans espoir de salut. — جنّت مكان *djennet-mekian,*

« qui a le paradis pour demeure », bienheureux ; c'est une épithète qui accompagne le nom des sultans défunts. — جنّت يولى صرپ‌در djennet yole çarpdur, le chemin du paradis est scabreux, difficile. — جنّتك قپوسنى عالمْلر آچار djennetuñ qapousene a'limler átchar, ce sont les savants (docteurs de la loi) qui ouvrent la porte du paradis. — الله جنّت ويرسون allah djennet vèrsun, « que Dieu vous donne le paradis ! » formule de remerciement des pauvres ; — voir le vieux mot اوچماق outchmaq. — جنّت djinnet, folie, synon. de جنون djunoun.

جنس djins, (ar.) genre, espèce. — بو جنس bou djins, de cette espèce. — هر جنسى امتعه her djinsi emtiy'è, marchandises de toute sorte. — ابناى جنس ebnaï djins, gens de même classe, de même condition. — جنس جنسه چكر djins djinsè tcheker, il y a affinité entre les races ; c'est la traduction littérale du dicton arabe : الجنس يميل الى الجنس. — جنسيت djinsyet, nationalité ; affinité de race.

جنحه djinha, (ar.) délit, opposé à باراتاريه جنحه‌سى crime. — بارا تاريه جنحه‌سى baratarye djinhase, délit de baraterie. — جنحه‌يه متعلق بر مادّه djinhayè mute'alleq bir maddè, affaire correctionnelle. — جنحه‌لره دائر محاكمات djinhalerè daïr mouhakèmat, juridiction correctionnelle. — جنحه ايله محكوم djinha ilè mahkoum, condamné pour délit. — اشخاص حقنده جنحه‌لر echkhass haqqendè djinhalar, délits contre les personnes. — صاحب جنحه çahebi djinha ou اهل جنحه ehli djinha, délinquant. — جنحه ديوانى djinha divane, tribunal des appels correctionnels.

جندره djendèrè, (du grec κύλινδρος ou de l'ital. cilindro), 1° machine pour lustrer et feutrer les étoffes ; pressoir, cylindre. — مجلّد جندره‌سى mudjellid djendèrèse, presse de relieur ; آشجى جندره‌سى áchdje djendèrèse, rouleau de cuisinier ou de pâtissier. — 2° passage resserré, détroit. — 3° au fig. oppression, tyrannie. — جندره‌يه قومق djendèrèyè qomaq, opprimer, réduire à l'extrémité. — جندره‌دن قورتارمق djendèrèden qourtarmaq, délivrer de la tyrannie.

جندى djindi (de l'ar. جند djund, armée, troupe). — bon cavalier, soldat de cavalerie, habile dans l'art de l'équitation. — Autrefois les *Djindi* excellaient dans les exercices du *tomaq* et du *djerid*. Cf. توماق et جريد.

جنرال *djeneral*, général. On n'emploie ce mot que pour désigner les officiers de ce grade dans les armées étrangères. — فرقه جنرالى *firqa djenerale*, général de division ; لیوا جنرالى *liva djenerale*, général de brigade. — On dit aussi *qonsolos djeneral*, consul général, au lieu de l'ancienne dénomination باش شهبندر *bach chèhbender*.

جنك 1° *djenk*, (pers.) champ de bataille. — en un sens plus général : guerre, bataille, combat. — جنك ميدانى *djenk meïdane*, champ de bataille ; جنك آدمى *djenk ádame*, guerrier, homme de guerre. — جنكداش *djenkdach*, compagnon d'armes. — جنك ایتمك ou جنكلشمك *djenk etmek* ou *djenklechmek*, se battre, se faire la guerre ; combattre, lutter. — طالعى ایله جنكلشمك *tali' ile djenklechmek*, lutter contre le sort. — دین جنكى قان جنكى *dîn djengui qan djengui*, guerre de religion, guerre de sang. — جنك جنكى بسلر *djenk djengui besler*, la guerre nourrit la guerre. — جنكك آدى قولاى اما یوزى ایسیدر *djenguñ áde qolaï amma yuzu ece dur*, le nom de guerre est facile (à prononcer), mais sa face est ardente; voir aussi حرب *harb* et محاربه *mouharebe*. — 2° *djunk*, recueil de chansons.

جنكل (var. چینكل et چینكل) 1° *djenguel*, petites grappes de raisins, groseilles, etc., qui se montrent après les grosses grappes ; — pousses tardives. — 2° *djenguel* pour *tchenguel*, crochet ; voir چنكل.

جنیقمق *djeneqmaq*, chicaner au jeu ; tricher.

جنین *djenîn*, (ar.) fœtus. — اسقاط جنین *isqate djenîn*, avortement ; avec *etmek*, provoquer un avortement. — جنین ساقط *djenîni saqet*, avorton. — ملقط جنین *milqate djenîn*, forceps, instrument de chirurgie. Cf. دوشرمك *duchurmek*.

جواب *djevab*, (ar.) réponse. — avec ویرمك *vermek*, répondre. — جوابى قبول *djevabi na'am* ou جواب نعم *djevabi qaboul*, réponse affirmative ; جواب قطعى *djevabi qatii'*, réponse catégorique ; لا ونعم بیننده بر جواب *la u na'am beïninde bir djevab*, « réponse entre oui et non », évasive. — جواب

رد djevabi redd, réponse négative. — جواب شافى djevabi chafy, réponse positive, satisfaisante. — حاضر جواب hazeur djevab, prompt à la réplique. — جواب يازمق djevab yazmaq, répondre par écrit; جوابنامه djevab-namèh, lettre de réponse. — جوابلاشمق djevablachmaq, se donner mutuellement réponse; répliquer.

جوارح djevarih, (plur. ar. de جارحه qui blesse) dans le droit hanéfite : جوارح معلمه djevarihi moua'llèmè, animaux dressés à la chasse, comme chiens, faucons, etc.

جوامع djevami' (plur. ar. de جامع, voir ce mot). — جوامع سلاطين djevami'i selatîn, « mosquées des sultans », basiliques impériales dont les desservants, Cheïkhs, Khatibs, Muezzîns et autres, jouissent de certaines prérogatives. Telles sont à Constantinople les mosquées de Ste Sophie, de Sultan-Ahmed, etc.

جوان djuvan ou djivan, (pers. jeune, jeune homme) entre dans la composition de certains mots, comme جوان پرچمى djivan-pertchemi, plante dont le feuillage semblable à celui du tremblin est enroulé et enchevêtré comme une touffe; peut-être l'achillea millefolium. — جوان قاشى djuvan qacheu, broderie ou dessin sinueux dans les étoffes; écriture contournée, tortueuse comme le qerma turc ou le chikestè persan. — جوانمرد djuvanmerd, généreux, libéral; voir جومرد djeumerd.

جواهر djevahir (plur. ar. de جوهر pierre précieuse). Ce pluriel se prend en turc comme un singulier avec la signification particulière de diamant, mais il désigne aussi toutes les pierres précieuses. — جواهرجى djevahirdji, bijoutier, joaillier. — قيمتى جواهرجى بيلور djevahiruñ qëïmetene djevahirdji bilir, le bijoutier connaît bien la valeur des bijoux (prov.). — بر جواهر در bir djevahir dur, c'est une chose précieuse, de grande valeur. — جواهر اصلى تبديل اولمز djevahir açleu tebdil olmaz, « pierre précieuse ne change pas », bon sang ne peut mentir. — سوز بر جوهر در جوهرى نادانه صاتمه seuz bir djevher dur djevhere nadanè çatma, « la parole est un bijou, ne vends pas de bijoux à un sot », dans le sens de « ne dispute pas avec un ignorant ». — جوهر نادان الندن كزه كزه عاقبت بر كسون صراف

الىنه دوشر djevher nadan èlinden guèzè guèzè aqebet bir gun çarraf èlinè ducher, « la pierre précieuse à force de passer par les mains des ignorants, finit un jour par tomber aux mains du bijoutier (ou changeur) »; c.-à-d. le mérite finit toujours par être reconnu. — جواهر طاغى djevahir dagheu, « montagne aux pierres précieuses », les Turcs désignent ainsi les hautes régions de l'Himalaya entre le Thibet et l'Inde; voir aussi جوهر djevher.

جوب djeub pour tcheup, esquille; voir چوب.

جوبار djobar, ce mot se trouve dans le composé اوبار جوبار obar djobar, glouton, gourmand; comme obour-djobour.

جوجوك djudjuk, doux, sucré, agréable. — جوجوكلك djudjukluk, douceur, agrément. — au fig. petit enfant, poupon. — جوجوتمك djudjutmek, rendre doux, sucrer. — Tous ces mots ont vieilli et sont remplacés par tatlu et dérivés; voir طاتلو et le mot suivant.

جوجه djoudjè (djudjè), nain, pygmée; nabot. — جوجه قالمق djoudjè qalmaq, rester petit et difforme. — جوجه‌يه ناصر الدينك صاريغنى صارمق djoudjèyè naçer ed-dinuñ çareughenu çarmaq, « entourer la tête d'un nain du turban de Nacir ed-dîn », ne pas observer les proportions, ce qui rappelle l'expression de Quintilien « personam Herculis et cothurnos aptare infantibus velle ». — Un proverbe du même genre est celui-ci : جوجه‌يه عوج بن عنوق كوملكنى كيدزمك djoudjèyè 'oudj ben anouq (anâq) gueumlèyini gueïdurmek, « revêtir un nain de la chemise de Oudj ben Anouq »; sur la légende de ce géant biblique qui vécut trois mille ans et fut tué par Moïse, voir Ibn el-Athîr, t. I, p. 131 et 57.

جودت djevdet, (ar.) générosité, bonté. Ce mot forme des noms propres; par ex. : معارف عموميه ناظرى دولتلو جودت پاشا حضرتلرى me'arifi 'oumoumyè naziri devletlu djevdet pacha hazretleri, son Excellence Djevdet Pacha, ministre de l'instruction publique.

جورا djoura, 1° espèce d'épervier de petite taille. — 2° flûte au son doux et pénétrant. — 3° enfant tout petit (Lehdjè).

جورجونه djourdjounè, danse désordonnée comme celle d'un ivrogne ou d'un baladin. — جورجونه دیمك *djourdjounè tepmek*, sauter en criant et en gesticulant. — جورجونه یه چیقمق *djourdjounèyè tcheqmaq*, faire du bruit, exciter le tapage, faire du vacarme. — جورجونه هواسی *djourdjounè havasẹ*, chansons triviales, refrains de cabaret. — L'origine de ce mot m'est inconnue.

جوز *djeviz*, prononc. vulg. de l'arabe جوز *djauz*, noix (t. قوز, pers. كوز). — جوز آغاجی *djeviz âghadjẹ*, noyer; جوز تختـه‌سی *djeviz takhtasẹ*, planche de noyer. — تازه جوز *tazè djeviz*, noix verte, cerneau; چتین جوز *tchetin djeviz*, noix dure. — جـوز اوزی *djeviz euzeu*, amande, cœur de la noix. — جوز بوا *djeviz bevva*, noix muscade; هندستان جـوزی *hindistan djevizi*, noix de coco, *nardjil*. — جوز ماثـل *deviz maçil*, noix métel, genre datura. — جوز الـقی *djeviz ul-qayi*, noix vomique. — noix de galle, voir مازی *mazẹ*. — جوز انی ین اولور قویز *djeviz ônẹ yeyen olour qaviz*, noix, qui en mange perd la voix; voir aussi قوز *qoz*.

جوزمك *djeuzmek* pour *tcheuzmek*, dénouer; voir چوزمك.

جوشقون *djouchqoun*, 1° qui déborde, bouillonne, etc. — source qui sort avec violence. — 2° irrité, furieux. Cf. جوشمق et le pers. جوش.

جوشمق *djouchmaq*, (du pers. جوش bouillonnement, agitation) entrer en ébullition, être en effervescence; déborder (rivière, torrent). — sortir de ses gonds; être transporté de colère. — L'expression جـوش وخروش ا *djouch u khourouch etmek*, qui a les mêmes significations, appartient au style soutenu.

جومبه *djoumbè*, balcon, fenêtre en saillie, petite terrasse. — جومبه‌لو اویه *djoumbèlu oïma*, balcon sculpté, fenêtre avec grillage sculpté selon la mode des maisons d'Orient. — Le *Lehdjè* considère ce mot, d'ailleurs peu usité, comme une corruption de l'ar. جنبه « ce qui est de côté, au bord ».

جـومرد *djeumerd*, (pers.) forme abrégée et vulgaire pour جوانمرد *djuvanmerd*, généreux, bienfaisant, magnifique. — جومردلك *djeumerdlik*, bienfaisance, générosité, libéralité. — جومرد ایله ناكسك خرجی بردر *djeumerd ilè na kessuñ khardjẹ bir dur*, la dépense du généreux et celle de l'avare sont égales. — جومرد ویركوسنی

خیرلودن خیرسزدن اسیرکه‌من djeu- merd vergusunu khaïrlu khaïrsezden èsirguèmez, l'homme généreux ne refuse ses dons ni aux méchants ni aux bons.

جونبور (var. جومبور) djoumbour, onomat. 1° bruit que fait un objet pesant en tombant dans l'eau. — 2° جانبور جونبور غلبه‌لق djambour djoumbour ghalabaleq, foule bruyante, tumultueuse. — Le mot djoumbour dans le sens de « réunion, assemblée », paraît être la prononciation défigurée de l'ar. جمهور djumhour. — جونبوردامق djoumbourdamaq, se dit du bruit que fait l'eau dans une barrique lorsqu'on l'agite. — جونبوردى djoumbourdou, bruit de voix et chants bruyants.

جونبول djoumboul, bruit de l'eau qui tombe, murmure d'une chute d'eau. — قارنده جونبولدامق qarendè djoumbouldamaq, avoir des borborygmes, des gargouillements dans le ventre. Cf. جونبور djoumbour.

جونبه‌دق djoumbadaq, onomat. bruit et clapotement de l'eau. — جونبه‌دق صویه باتمق djoumbadaq çouiè batmaq; plonger bruyamment dans l'eau.

جونبه‌لاق djoumbalaq, culbute, chute faite de haut; dégringolade. On dit vulgairement : جونبه‌لاغى آتدى djoumbalaghè attè, « il a fait la culbute », il est parti pour l'autre monde; voir جونبور.

جوهر djevher, (ar. substance, chose précieuse) 1° toute pierre ou bijou précieux, principalement le diamant. — 2° dessins moirés des lames d'acier indien, et qui proviennent d'un carbure de fer cristallisé. — قلج جوهرى qeledj djevheri, lame de Damas, sabre moiré et damasquiné. Cf. جواهر djevahir.

جویز djeviz, noix; voir جوز.

جه djè (ou چه tchè après une consonne dure) particule turque signifiant jusqu'à ce que; lorsque; selon, etc. — ایشیدنجه ichidindjè, jusqu'à ce qu'il entende; کورنجه gueurundjè, jusqu'à ce qu'il voie ou lorsqu'il voit, etc. — اموزلرینه‌جه omouzlerinèdjè, jusqu'à ses épaules. — بنم اعتقادمجه benim 'itiqadumdjè, selon ma croyance, à mon avis. — marque l'origine : ترکچه turktchè, la langue turque. — انجه ondjè et اونجه boundjè et les formes redoublées اونجولاین ondjoulaïen et

بونجلاین *boundjoulaïen,* autant, en si grand nombre. — بونجلاین عسكر *boundjoulaïen 'asker,* une armée aussi nombreuse; — voir la grammaire.

جهات *djihat,* (plur. ar. de جهت *djihet,* côté) faces, côtés, parties. — Dans la technologie du droit ottoman, on appelle جهات *djihat* ou وظائف *vazaïf,* toute disposition faite, soit à titre d'aumône, soit à titre de pension, en faveur d'une mosquée, d'une personne, etc.

جهاد *djihad* (de l'ar. جهد faire des efforts) guerre sainte, guerre des musulmans contre les infidèles, dont le but est la propagation et la consolidation de la vraie foi. D'après la législation musulmane, le *djihad* est un état *permanent* d'hostilité de l'islamisme contre les religions étrangères et, par conséquent, un devoir qui s'impose à tout croyant, lorsque les circonstances lui permettent de l'accomplir. — دار الجهاد *dar ul-djihad,* territoire *harbi;* c.-à-d. : habité par les nations qui ne sont pas soumises à la loi du Koran; voir *Journ. Asiat.,* mars 1851, p. 228; novembre 1861, p. 400.

جهاز *djehaz,* (ar.) dot; — prononcé *djehez,* trousseau fourni par la famille de la mariée et qui est porté en grande pompe chez l'époux. — On dit en proverbe d'une personne mise avec un luxe de mauvais goût : جهاز قاطری كبی طونانمش *djehez qatere guibi donanmech,* parée comme le mulet qui porte le trousseau; voir جهیز.

جهالت *djehalet,* (ar. ignorance) dérèglement de conduite; dissipation, fredaines de jeunesse. — Proverbe : جهالت دایما ندامت *djehalet daïma nedamet,* l'inconduite est toujours suivie de regrets. Cf. جاهل *djahil.* Le mot ar. جهل *djehl* signifie *ignorance* en général; comme dans ce dicton : جهله اعتراف بیلكجلكدن ایودر *djehlè i'tiraf bilguidjlikten eyi dur,* aveu d'ignorance vaut mieux que vaine science.

جهان *djihan,* (pers.) monde d'ici bas, comme *dounia;* voir دنیا. — جهانده بر دردسز یوقدر *djihandè bir derdsez yoqtour,* en ce monde nul n'est exempt de souffrance. — جهانده ایشدلدك خبر اولمز *djihandè ichidilmeduk khaber olmaz,* il n'y a rien d'inouï ici-bas, tout arrive ici-bas. — جهان شمدی بكا بیت الحزن در *djihan chimdi baña beït ul-huzn dur,* « le monde est maintenant pour moi un séjour de tristesse », cette phrase est souvent employée dans la conversation. — جهاننما djihan-numa, « qui montre le monde », belvédère, kiosque au faîte d'une maison. — Titre d'un célèbre traité de géographie par *Kiatib Tchelebi*.

جهت djihet, (ar.) côté; raison; manière; rapport. — بو جهتدن bou djihetten, par cette raison, à cause de cela. — هر جهتدن her djihetten, de tout côté; de toute façon. — بو جهتله bou djihet ilè, de cette façon; comme; attendu que. — تحصيله وسيله اولهجق اصول مطرده وضع اولنمامش اولديغى جهتله tahçilè vessilè oladjaq ouçouli moutarrèdè vaz' olounmamèch oldoughou djihet ilè, comme des règles générales, de nature à faciliter l'étude, n'avaient pas été posées. — Dans la syntaxe de la langue savante le mot *djihet* est devenu souvent un simple accessoire qui sert à grouper un membre de phrase, soit comme sujet, soit comme complément, lorsque la période est longue. Le mot قضيه qazyè, « proposition », a le même emploi; voir جهات djihat.

جهره djèhrè, instrument qui sert à mettre le fil en écheveaux et en pelotons, dévidoir. Cf. چقرق tcheqreq.

جهرى (var. چهرى tchehri) djehri, cœur ligneux de la racine de garance, partie jaune de cette racine, désignée par les alchimistes sous le nom d'*alisari*. Ce nom pourrait bien n'être qu'une altération de l'ar. الجهرى al-djahri.

جهنّم djehennem, (ar. de l'hébreu גֵּי הִנֹּם gêi-hinnom, gehenne) enfer. — Le vieux mot turc طاموق tamouq est entièrement oublié. — *au fig.* lieu où règne une chaleur ardente, séjour des damnés. — جهنم اول djehennem ôl ou جهنمه كيت djehennemè guit, va-t-en au diable! — قره جهنم qara djehennem, diable d'enfer, damné, misérable pécheur. — جهنم قوتوكى djehennem keutuyu, « tison d'enfer », ou جهنم زبانيسى djehennem zebanissi, flamme d'enfer », injure à l'adresse des juges prévaricateurs. On dit dans le même sens : قاضى قپوسى جهنم قپوسى qadhi qapoussou djehennem qapoussou, hôtel (tribunal) de juge est porte d'enfer. — جهنّه كيرسه يوزى قيزارمز djehennemè guirsè yuzu queuzarmaz, « s'il entrait en enfer, son visage ne rougirait pas », son impudence est extrême. — جهنّملك djehennemlik, 1° foyer ardent, four embrasé; pays torride, synonyme de جهنم درەسی djehennem dèrèsi, « vallée d'enfer ». — 2° damné; apostat, incrédule; tison d'enfer.

جهود djehoud, vulg. چفوت tchifout, juif, de l'ar. يهود. — au fig. avare, cupide ; — entêté.

جهيز djehez, prononc. vulg. avec l'imalè au lieu de djehaz : dot; trousseau. — جهز آلای djehez âlayę, cortège qui porte le trousseau de la mariée. — جهز خلایغی djehez khalaïghę, filles esclaves ou servantes qui accompagnent ce cortège; elles sont parées avec luxe et restent au service de la mariée.

جی dji, particule suffixe qui indique le métier, la profession, l'habitude, etc.; la prononciation de ce suffixe varie selon que le mot auquel il est joint appartient à la classe forte ou à la classe faible. — میوەجی meïvèdji, fruitier; یازجی yazędję, écrivain; یولجی yoldjou, voyageur; voir aussi چی tchi.

جياق (var. چياق tcheyaq) djeyaq, cri d'oiseau; — d'après le Lehdjè, le t. or. possèderait le verbe چياق crier, en parlant des oiseaux de proie réunis autour d'un cadavre. — جياق جياق باغرمق djeyaq djeyaq baghęrmaq, pousser des cris perçants, à la façon des oiseaux.

جيب (ar.) 1° djeïb, vulg. djeb, poche de vêtement. — قویون جیبی qoïoun djebi, poche formée par un repli du vêtement au-dessus de la ceinture. — یان جیبی yan djebi, gousset; ساعت جیبی saat djebi, gousset de montre. — جیب دفتری djeb defteri, carnet, portefeuille. — جیب همایون djebi humayoun, cassette impériale; جیب همایون خرجلغی djebi humaïoun khardjlęghęu, dotation annuelle du sultan. — plur. جیبات djeïbat, ampoules, cloches formées par l'humeur. — جیبدن djebden, de sa poche, à ses frais. — بن بونی جیبمدن سویلەمم ben bounou djebimden seuïlèmem, « je ne dis pas cela de ma poche »; c.-à-d. : de mon crû. — الی جیبنده قالان èli djebindè qalan, « celui qui tient sa main dans sa poche », un paresseux. — جیبی دلیک djebi dèlik, « poche trouée », comme nous disons « panier percé ». — جیبه ال اتمك djebè èl etmek ou ا جيب ال *el djeb etmek*, mettre la main à la poche, débourser, financer. — جيبڭدن چيقاردڭ *djebinden tchęqardun*, « tu l'as tiré de ta poche », c'est de ton invention. — جيب الماسى *djeb ęlmasę*, « pomme de poche », se dit d'une personne séduisante, coquette. — بوني جيبمده طوتارم *bounou djebimdè toutarum*, « je tiens cela en poche », je suis sûr de mon affaire. — On dit d'un richard : جيبڭڭ سيلكنديسى اون فقراى طونادور *djebinin silkendisi ôn fouqaraye donadeur*, un soubresaut de sa poche ferait bien l'affaire de dix pauvres. Cf. كيسه *kèçę*. — 2° *djib*, terme de mathém. *sinus*, du sanscrit *djîvá*.

جيب (var. جب et چيب) *djeb*, particule intensitive, ayant le sens de « tout-à-fait, entièrement ». — چپ چوره *tchep tchevrè*, tout à l'entour, tout en rond; voir جيبجوز et جپ. — *djębdjoz*, rien, néant; il n'y a rien. — پاره جيبجوز *para djębdjoz*, pas d'argent; plus le sou. — كيسه جيبده جيبجوز *kèçè djębdè djębdjoz*, pas de bourse dans la poche; ruiné.

جيجى *djidji*, expression enfantine, espèce d'onomatopée dans le sens de « joli, brillant ». — جيجى بيجى دوزن *djidji bidji duzen*, pompons, falbalas. — جيجى ببك *djidji bebek*, un beau nourrisson; *au fig.* gros garçon joufflu et un peu naïf.

جيران 1° *djeïran*, vulg. *djeïlan*, gazelle, synon. turc de l'ar. غزال. — جيران بللو *djeïran bellu*, taille de gazelle. — جيراندن يوكروك *djeïranden yugruk*, plus rapide que la gazelle. — جيران آياقلو آت *djeïran âyaqlu ât*, « cheval qui a des jambes de gazelle », comme nous disons « des jambes de cerf ». — اچندن آيرلمش جيران سسلیدر *èchinden âirelmęch djeïran sèslu dur*, il a la voix plaintive d'une gazelle séparée de sa compagne. — 2° *djiran*, pluriel ar. de جار *djar*, voisin.

جيرو *djiro*, (de l'ital. *giro*) endossement d'un effet de commerce. — avec *etmek*, endosser. — جيرو طريقه‌ايله دور *djiro tariqę-ela devr etmek*, négocier par voie d'endossement. — جيرو اولنمش بر بونو *djiro olounmęch bir bono*, billet endossé. — بياض اوزرينه جيرو *beyaz uzerinè djiro*, endossement en blanc. Cf. حواله *havalè*.

جيز *djęz*, particule; voir جز. — جيزه *djizè*, voir Diction. géographique.

جيغاره djigharè, de l'ital. *cigaretta*, cigarette, dont l'usage a presque entièrement fait disparaître la pipe turque ou *tchebouq*.

جيل djel. Cette particule employée comme suffixe à la fin de certains mots semble emporter avec elle une idée d'hostilité, de destruction ; par ex. : بالقمجيل *baleqdjel*, le héron, « tueur de poisson » ; طاوشانجيل *tavchandjel*, aigle, « tueur de lièvres » ; ييلانجيل *yilandjel*, vautour, « tueur de serpents » ; آدمجيل *âdamdjel*, misanthrope, etc.

جيليز (var. جليز) *djiliz*, mou, faible ; exténué ; émacié. — جيليز يازو *djiliz yazou*, écriture négligée, mal tracée et grêle. Cf. le t. or. ايليز.

جيلاق *djaïlaq*, pour *tchaïlaq*, milan ; voir چايلاق et چيلاق.

جيم *djim*, 1° particule qui ajoute à l'énergie du mot qui la suit : جيم جيويق *djim-djiviq*, tout gluant, tout poisseux (comme آب آچيق *âp-âtcheq*, tout ouvert, etc.). — 2° nom de la lettre ج *dj*. On dit d'un homme voûté et mal bâti قدّى جيم كبي *qadde djim guibi*, sa taille est (recourbée) comme le *djim*.

جيمباقوقه *djimbaqouqa*, adj. épithète usitée dans le langage vulgaire : difforme, mal proportionné.

جيناق (var. چيناق *tchaïnaq*) *djaïnaq*, griffe des bêtes féroces ; serre des oiseaux de proie ; voir aussi قيناق *qaïnaq*.

جيوادره (var. چيوادرا) *djivadera*, civadière, ital. *civada*, mât, vergue et voile gréés sur le beaupré. Cette voilure n'est plus en usage dans la marine moderne.

جيواطه (var. جوغاطه et جغاطه) *djivata*, clavette, ital. *chiavetta*, espèce de clou plat, qu'on passe dans l'ouverture faite au bout d'une cheville, d'un boulon, etc.

جيوجيو *djivdjiv*, onomat. : piaillement léger, gazouillement des petits oiseaux, des poussins, etc. — *par extens.* bourdonnement, murmure confus de la foule. — پازارڭ جيوجيولو وقتى *pazarûn djivdjivlu vaqteu*, moment de la plus grande animation du marché.

جيولدامق *djivildamaq* (tchivilda-

maq), gazouiller. — قوشلرك جيولديسى *qouchlarûn djvildisi*, gazouillement des oiseaux. Les formes جيوردهمك *djivirdèmek* et جيويلدهمك *djivildèmek*, ont la même signification.

جيوه *djiva*, (pers. ژيوه, ar. زيباق) vif-argent, mercure. — جيوهلو علاجلر *djivalu 'yladjlar*, remèdes mercuriels. — جيوه مركباتى *djiva murekkebati*, composés mercuriels; voir سولومن *sulumen*. — جيوه طاروسى *djiva daruseu*, espèce de petit millet. — جيوه بارداغى *djiva bardagheu*, « cruche de mercure », vagabond, remuant; injure à l'adresse des gens de rien. — On écrit aussi جيوا au lieu de جيوه. — هواجيوا *havadjiva*, anchusa tinctoria; voir هواجيوا.

جيوهلك *djivèlik*, 1° *adj.* sain, vigoureux, robuste. — 2° *subst.* petit d'animal; — jeune homme. — دوه جيوهلكى *dèvè djivèliye*, chamelet. — يكيچرى جيوهلكى *yeñitcheri djivèliye*, jeune janissaire servant comme marmiton dans les cuisines de l'*orta*. Lorsqu'un de ces adolescents sortait de la caserne, il se couvrait la figure d'une touffe de franges en guise de voile. Cf. *État milit. ottom.*, t. I, p. 191.

جيويق (var. چيويق *tchiviq* et صيويق *çiviq*) *djiviq*, gluant, visqueux comme le beurre, la colle, etc. — جيم جيويق *djim-djiviq*, tout gluant. — اللرى جيويق ياغ *èlleri djiviq yagh*, des mains pleines de beurre. — اوست باشى جيويق چامور *ust bache djiviq tchamour*, tout couvert de boue. — جيويقلامق *djiviqlamaq*, rendre gluant, amollir. — جيويقلانمق *djiviqlanmaq*, se coaguler, s'agglutiner comme la boue; être boueux, crotté. — *au fig.* avoir un caractère hargneux, *indécrottable*.

چيور *djaïr*, (var. جيير *tcheuieur*) *djeyer*, onomatopée : grincement léger que produit une étoffe qu'on coupe avec les ciseaux, du papier qu'on déchire, etc. — De là جيردامق *djeyerdamaq*, produire ce bruit, et le dérivé verbal : جيردى *djeyerde*, grincement, bruit d'une étoffe déchirée; voir aussi جاير *djaïr*.

چ

چ *tchim*, septième lettre de l'alphabet persan-turc; elle ne se trouve que dans les mots de ces deux langues. Sa prononciation est figurée par le groupe *tch* qui répond au *c* italien devant l'*e* ou l'*i*, comme dans *cioè*. Le چ a, comme le ج arabe, la valeur numérique 3.

چابالامق (var. چابالمق, چبه‌لمق) *tchabalamaq*, se démener en agitant les bras et les jambes; être agité. — s'appliquer, travailler avec zèle. — چالشوب چابالامق *tchalechoup tchabalamaq*, travailler avec assiduité; se donner du mal pour faire une chose. — قسمت اولمدقچه نافله چابالرسین *qesmet olmadouqtchè nafilè tchabalersen*, c'est en vain que tu fais des efforts, si le sort t'est contraire. — چابالانمق *tchabalanmaq*, se démener, se trémousser. Cf. چابه et چبه‌لامق.

چاپ *tchap*, 1° capacité d'un objet qu'on mesure par son diamètre; calibre (d'un canon, d'un boulet, etc.). — طقوز اون بش یکرمی بر چاپنده طوب *doqouz ôn bech yirmi bir tchapendè top*, un canon du calibre de 9, de 15 ou de 21, c'est-à-dire qui lance un boulet de 9 de 15 ou de 21 ocques. — 2° instrument à mesurer le calibre. — 3° volume, en style d'architecture; dimensions, proportions. — بر بناتك چاپنی تعیین ا *bir binanuñ tchapeneu ta'in etmek*, établir les proportions d'un édifice. — بنا چاپی *bina tchapeu, tezkerè*, ou permis de bâtir délivré par l'administration des bâtiments publics. — چاپلو *tchaplu*, de gros calibre, gros, de forte dimension. — چاپلو کراسته *tchaplu kerestè*, grand mât; arbre de couche; bras de levier. — Il n'est pas inutile de rappeler ici que le mot arabe قالب *qalib*, « moule, forme », a été proposé comme prototype de *calibre*; malgré certaines difficultés d'accentuation qui infirment cette étymologie, elle n'est pas plus invraisemblable que celle qui va chercher le grec καλάπους, « forme à soulier », pour expliquer l'origine du mot français *calibre*.

چاپا‎ *tchapa*, bêche, houe, pioche; voir چاپه‎.

چاپاچول‎ *tchapatchoul*, locution triviale dans le sens de « vaurien; gueux, déguenillé ».

چاپار‎ *tchapar*, (prononciation vulgaire et fautive *djabbar*), courrier, messager; tartare porteur de lettres et de dépêches. Cf. چاپمق‎ *tchapmaq*. — چاپارکی کلوب کتمکده در‎ *tchapar guibi guelup guitmektè dur*, il va et vient continuellement comme un courrier. Cf. اولاق‎ *oulaq*.

چاپاق‎ *tchapaq*, chassie, humeur des yeux; voir چپاق‎.

چاپراز‎ (var. چپراز‎) *tchapraz*, du pers. چپ راست‎ *tchep-rast*, « qui va de gauche à droite », bouton à brandebourgs; agraffe de ceinture. — آشجی چاپرازی‎ *âchdjè tchapraze*, 1° veste fermée à droite et à gauche par un double rang de boutons; elle était portée par les sous-officiers des janissaires connus sous le nom de *qara qoullouqdjou*, « marmiton ». — 2° espèce de vareuse à boutons. — مرانغوز چاپرازی‎ *maranghoz tchapraze*, lime à aiguiser les dents de la scie.

چاپراشمق‎ *tchaprachmaq*, voir چپرشمك‎ *tcheprechmek*. — چاپراشیق‎ *tchaprachêq*; voir چپرشیك‎ et چرپشیك‎.

چاپراق‎ (var. چپراق‎) *tchapraq*, housse de cheval, *chabraque*; voir aussi شابراق‎.

چاپسق‎ (var. چابك‎) *tchapouq*, prompt, vif; vivement; voir چابوق‎.

چاپقان‎ (var. چپقان‎) *tchapqan*, espèce de dolman; voir چپکن‎ *tchepken*.

چاپقیلامق‎ *tchapqelamaq*, 1° faire prendre l'amble au cheval; hâter l'allure. — 2° piller, faire une razzia.

چاپقین‎ *tchapqen*, 1° cheval d'allure rapide, bon trotteur. — 2° rôdeur, vagabond; vaurien. — اوچاری چاپقین‎ *outcharu tchapqen*, homme de la basse classe, sans feu ni lieu. — محله چاپقینی‎ *mahallè tchapqeneu*, polisson des rues, gamin. — چاپقینلق‎ *tchapqenleq*, vagabondage; conduite déréglée, ignoble. Cf. چاپمق‎ *tchapmaq*.

چاپمق‎ *tchapmaq*, 1° actif : frapper, exciter (un cheval) à la course; faire marcher vite. Cf. le pers. چاپیدن‎ *tchapiden*. — 2° neutre : courir, trotter, marcher d'un pas rapide. — 3° faire une incursion; attaquer.

چاپوت *tchapout*, lambeau d'étoffe; torchon; guenille; synon. de *patchavra*. Cf. le t. or. چاپمق couper.

چاپوق (var. چاپق, چاپك) *tchapouq*, 1° *adj.* prompt, agile, vif, alerte. — déchiré, coupé en morceaux (peu usité). — 2° *adv.* vite, promptement, en hâte. — چاپوجق *tchapoudjaq*, vivement, plus vite; tout aussitôt, sur le champ. — چاپوق او *tchapouq olmaq*, se hâter, faire vite; cf. تيز او *tèz olmaq*. — چاپوقلق *tchapouqlouq*, vitesse, hâte, célérité. — Prov. : چاپوق ویرن ایکی ویرر *tchapouq vèrèn iki vèrir*, qui donne vite (sans se faire prier), donne deux fois. — Le persan a le même mot sous la forme چابك.

چاپول *tchapoul*, (t. or. *tchapaoul*) incursion; razzia; pillage sur le territoire ennemi. — butin. — چاپولجی *tchapouldjou*, pillard, maraudeur. — چاپوللامق *tchapoullamaq*, faire une incursion, piller; چاپوللانمق *tchapoullanmaq*, s'emparer du butin. — Comparer avec چاپمق *tchapmaq* et چته *tchètè*; ce dernier mot est plus usité que *tchapoul*, qui a vieilli.

چاپه (var. چپه, چپا, چاپا) *tchapa*, bêche, houe; pioche. — کمی چاپه سی *guèmi tchapasẹ*, ancre de navire. — چاپه جی *tchapadjẹ*, 1° piocheur, ouvrier jardinier; journalier. — 2° sapeur; il y avait, dans les premiers temps de l'empire ottoman, une troupe de sapeurs et de mineurs, connus sous le nom de *baltalu* et de *tchapalu*. — چاپه لامق *tchapalamaq*, bêcher, piocher; *au fig.* travailler avec zèle. — چاپه دیشی *tchapa dichi*, qui a les dents pointues et acérées. — On dit en proverbe d'une personne qui néglige ses propres affaires pour s'occuper de celles des autres : کندو تارلاسی دیکنلی ایکن ایل تارلاسینی چاپه لر *kendu tarlasi dikenli iken ėl tarlasini tchapalar*, son champ est tout rempli de ronces et il va bêcher le champ d'autrui. — صو چاپه لامق *çou tchapalamaq*, expression triviale dans le sens de « ramer, naviguer ».

چات *tchat*, onomatopée : cric, crac; son produit par le craquement du bois, le choc des deux mains, etc. — چات پات *tchat-pat*, rarement, de temps à autre, par ci, par là. Cf. چاتلامق *tchatlamaq* et چاتره *tchatra*.

چاتال (var. چتال) *tchatal*, 1° fourche, boyau ou pic à deux dents. — 2° *adj.* fourchu, à deux branches, bifurqué. — ایرماق چاتالی *ermaq tchatale̱*, confluent de rivières. — چاتال طرناق *tchatal ternaq*, pied fourchu; sabot fendu. — چاتال آناختار *tchatal ânakhtar*, tournevis. — چاتال ایش *tchatal ich*, affaire difficile, scabreuse. — طاغ چاتالی *dagh tchatale̱*, pic de montagne. — چاتال قازیق *tchatal qaze̱q*, « pieu fourchu »; *au fig.* embarras, difficulté. — چاتال قازیق یره کیرمز *tchatal qaze̱q ye̱rè guirmez*, « piquet fourchu n'entre pas en terre », proverbe. — چاتاللق *tchatalle̱q*, hésitations; embarras, difficulté. — آرابه چاتالی *âraba tchatale̱*, timon de charrue; cf. باغرجق *baghe̱rdje̱q*. — چاتال لاقردی *tchatal laqe̱rde̱*, discours ambigu, paroles à double entente. — چاتال سسی *tchatal sèsi*, voix déchirante, cri rauque. — اوچ دیشلو چاتال *utch dichlu tchatal*, trident. — یمك چاتالی *yemek tchatale̱*, fourchette; چاتالجق *tchataldje̱q*, petite fourchette. — چاتال قلفات *tchatal qalafat*, bonnet étroit dans sa partie inférieure et s'évasant par le haut, dont le turban formait un angle aigu. Cette coiffure était portée par les grands dignitaires à la promenade et quand ils n'étaient pas de service. — چاتال باش *tchatal bach*, « tête de fourche », c'est un nom propre. — چاتال كورمك *tchatal gueurmek*, loucher; strabisme. — چاتاللشمق *tchatallachmaq*, devenir fourchu, se ramifier, être enchevêtré, être compliqué (affaire). — چاتاللنمق *tchatallanmaq*, même signification.

چاتر چاتر *tchate̱r tchate̱r*, onomatopée : brusquement, sans ménagement; on écrit aussi چتر چتر. — چاتردامق *tchaterdamaq*, craquer comme les os, grincer comme les dents. — قورشون چاتردیسی *qourchoun tchaterdese̱u*, crépitement des balles. — چاته‌دق سسیله *tchatadaq sès ilè*, d'une voix aigre et criarde. — چاتره پاتره *tchatra-patra*, avec *seuïlèmek*, « parler », s'emploie pour désigner le turc barbare parlé en Roumilie, comme on se sert de l'expression *tcheungheul* ou *teungheul* pour le patois d'Anatolie.

چاتقین (var. چاتقون) *tchatqe̱n*, joint, uni; associé; qui s'accorde ensemble. Cf. چاتمق.

چاتلاق *tchatlaq*, 1° fendu, ouvert, crevassé. — 2° fente, fissure, crevasse;

gerçure de la peau. — چاتلاقلر آراسنه tchatlaqlar ârasenè tchimento âqueutmaq, چينتو آقيتمق couler du ciment dans les crevasses. Cf. چاتلامق.

چاتلامــق (var. چتلامق) tchatlamaq, se fendre, éclater; — crever, mourir. — se gercer, se fendiller. — چاتلاسی یه کولدم tchatlaseyè guldum, j'ai éclaté de rire. — طالغه چاتلار dalgha tchatlar, la vague se fend, se brise, comme dans le dicton suivant : آق دڭزڭ قومی چاتلامیه یدی قره دڭزڭ قومی چاتلایه‌یدی اصلا کمی کزه‌مزدی âq deñizuñ qoumou tchatlamaïa ede qara deñizuñ qoumou tchatlaïa ede açla guemi guezemezde, si les vagues de la Méditerranée ne se brisaient pas et si celles de la Mer noire se brisaient, aucun vaisseau ne pourrait naviguer. — طاش چاتــلادی tach tchatlade, les pierres se fendaient (par l'excès du froid). — au fig. طاش چاتلاسه tach tchatlassa, « si les pierres se fendent »; c.-à-d. : « par impossible, par le plus grand des hasards ». — یرلر چاتلامشلار yerler tchatlamechlar, « la terre se fendait », la sécheresse était grande. — چاتلار قورشون tchatlar qourchoun, balle explosible. — غضبدن چاتلامق ghazabdan tchatlamaq, crever de colère. — قارنی چاتلاینجه یــك qarene tchatlaïndjè yèmek, manger à en crever. — اکر قوشاق اولمه یدی قارنی چاتلایه یدی eyer qouchaq olmaïa ede qarene tchatlaïa ede, « s'il n'avait une ceinture son ventre crèverait », se dit d'un gros mangeur. — شمدی قارنی چاتلار chimdi qarene tchatlar, « aujourd'hui son ventre crève, il crève dans sa peau », même sens. — طوب کبی چاتلامــق top guibi tchatlamaq, « éclater comme un canon », être transporté de colère. — چاتلاتمق tchatlatmaq, faire éclater, crever. — اودنی چاتلاتــدی eudeneu tchatlatteu, « il lui a crevé le foie », il l'a fait crever de rage. — چاتلانمــق tchatlanmaq, se fendre, éclater, se fendiller. — چاتلادی tchatlade, massacre, carnage. — چاتلادی قپو tchatlade qapou, nom d'une porte ruinée de l'ancienne enceinte de Constantinople, au sud de la ville. — شیطان چاتلاسون cheïtan tchatlasoun, « que le diable en crève! » comme en français : « le diable se pende! »

چاتمق tchatmaq, 1° se joindre, s'emboîter; s'entre-choquer, se heurter. —

aborder. — باش باشه چاتمق *bach bachè tchatmaq*, se consulter, délibérer en particulier. — قاش چاتمق *qach tchatmaq*, froncer le sourcil, menacer. — كيف چاتمق *keïf tchatmaq*, être content, avoir de la satisfaction; s'épanouir d'aise. — 2° *actif*: élever une maison. — charger une bête de somme. — joindre des poutres, une voiture. — ديكيش چاتمق *dikich tchatmaq*, coudre en faufilant; — ranger les fusils en faisceaux. — چاتشمق *tchatechmaq*, s'emboîter, s'engrener, se heurter. — چاتشدرمق *tchatechdermaq*, entrecroiser.

چاتمه *tchatma*, choc, heurt; abordage; on emploie aussi le réciproque چاتشمه *tchatechma*. — بر سبب مجبره بناء واقع اولان چاتمه *bir sebebi mudjbirè binaen vaqeu' olan tchatma*, abordage par force majeure. — قضاً واقع اولان چ *qazaan vaqeu' olan tchatma*, abordage fortuit. — چاتمه كيفيتى *tchatma keïfietę*, cas d'abordage. Cf. چاتمق *tchatmaq*.

چاتمه *tchatma*, 1° assemblage de planches, charpente. — jointure, emboîtement. — 2° tissu de soie pour tapis et coussins; les plus renommés proviennent de Scutari, sur la rive d'Asie. — درمه چاتمه *derma tchatma*, « assemblé et réuni », choses préparées à la hâte; souper improvisé; en-cas. Cf. چاتمق *tchatmaq*.

چاتى *tchatę*, 1° jointure, emboîtement; toiture, couverture de maison; chevrons. — او چاتيسى *èv tchatęsę*, abat-vent; چاتى آلتى *tchatę âltę*, saillie du toit; marquise. — 2° structure du corps, charpente osseuse; — chez le cheval: partie supérieure de la cuisse près de la hanche. — Deux pièces de l'affût du canon sont nommées باش چاتيسى *bach tchatęsę* et ارقه چاتيسى *ârqa tchatęsę*. — چاتى چاتان *tchatę tchatan*, qui construit, bâtisseur. — چاتيجى *tchatędję*, couvreur. Cf. چاتمق.

چاتيق *tchatęq*, joint, uni; combiné, engrené. — چاتيق قاش *tchatęq qach*, « sourcils joints », mine renfrognée, visage grimaçant. — چاتيق اوتى *tchatęq otę*, plante, variété de la valériane, nommée encore كدى اوتى « herbe au chat ». — On trouve aussi les formes چاتمق de چتيك et چتيق, چاتق. Comparer avec چتين et چتمك.

چاچ (var. چچ) *tchatch*, tas, amas, monceau de grains, etc. Ce mot est inusité.

چاچه tchatcha, petit poisson dont la chair est amère et d'un goût détestable; on le nomme communément *âdjeu tchatcha*, « le poisson amer ».

چادر tchader, tente, pavillon (cf. le pers. چتر). Il y a plusieurs dénominations pour désigner la tente selon sa forme particulière : قیل چادر *queul tchader*, tente de poils de chèvre ou de chameau; خرگه *khergue*, tente carrée de grande dimension; دریم *derim*, tente turcomane; آلاجق *âladjeuq*, tente tartare; اوتاغ ou اوتاق *otaq* ou *otagh*, tente de chef, richement tapissée; اوبه *oba*, tente ordinairement en feutre et à deux piliers. — چادر اتكلكی *tchader ètèkliye*, « pan de la tente », enceinte de toile dont la tente est entourée. — چادر ایپی *tchader ipe*, cordages servant à dresser la tente. — چادر باشی *tchader bache*, entrée de la tente, vestibule. Voir une très curieuse description de la tente de sultan Mohammed IV, en 1672, dans le *Journal de Galland*, publié par M. C. Schefer, t. I, p. 74. — چادر دیركی *tchader direye*, pilier de tente; چادر طوپی *tchader topeu*, boule et pavillon qui surmontent la tente. — یاغمور چادری *yaghmour tchadere*, parapluie nommé aussi ال چادری *èl tchadere*, « tente à la main ». — چادرجی *tchaderdje*, valet de tente, *ferrach*. — چادر مهتری *tchader mehteri*, compagnies de soldats réguliers chargés de dresser et de soigner les tentes et pavillons du sultan. Ces troupes formaient un corps de 800 hommes sous la direction d'un chef nommé *tchader mehter-bachi*; c'est parmi eux que le sultan et le grand-vizir choisissaient les valets chargés des exécutions capitales. — چادر نشین *tchader nichîn*, habitant de tente, nomade. — چادر چچكی *tchader tchitcheye*, plante, espèce d'osyris. — چادر اوشاغی *tchader ouchagheu*, gomme ammoniaque; c'est aussi une espèce de pariétaire. — چادری یشیل *tchadere yéchil*, couleur de vert-de-gris. — چادرلره دستور اولدی *tchaderlère destour oldou*, « on donna permission aux tentes »; c.-à-d. : « les troupes quittèrent leur quartier d'hiver ». On dit dans le sens opposé چادر زمانی كندی *tchader zemane quitti*, « le temps des tentes est passé », la campagne est terminée.

چار tchar, tzar, l'empereur de Russie nommé aussi مسقوچاری *mos-*

qov-tchare et dans les vieilles chroniques turques : آق بـــك *áq bey*, « le prince blanc ». — چاربچـــه *tcharitchè*, tzarine, impératrice de Russie. — چاروېچ *tcharèvitch*, le prince impérial de Russie.

چار *tchar*, particule d'intensité qui se joint ordinairement à *tchapouq* : چار چابوق *tchar-tchapouq*, très vite, en grande hâte.

چار پاره *tchar-parè*, castagnettes ; voir چالپاره *tchalparè*.

چارپشیق *tcharpecheq*, (comme چپرەشیك *tchapracheq* et چاپراشیــق *tchèprèchik*), entremêlé, embrouillé, confus ; en désordre. — چارپشیق دیشلر *tcharpecheq dichler*, dents qui s'entrecroisent et montent les unes sur les autres. — چارپشیق لسان *tcharpecheq lissan*, langage confus, paroles embrouillées.

چارپمق (var. چرپمق) *tcharpmaq*, frapper, heurter en produisant un bruit. — prendre avec violence, enlever, ravir. — avoir des battements de tête ; palpiter. — battre des ailes. — être courbé ; pencher d'un côté. — كوپك كبی یرلره چارپنه چارپنه كبــردی *keupek guibi yerlerè tcharpenè tcharpenè guèbèrdè*, il se traîna par terre et creva comme un chien. — غابرينك نظرينه چارپمــق *ghabirinuñ nezerinè tcharpmaq*, charmer les regards des passants. — نقصانی كوزلره چارپار *noqçanè gueuzlerè tcharpar*, ses défauts sautent aux yeux. — ال چارپمــق *el tcharpmaq*, battre des mains, applaudir. — چارپلمــق *tcharpelmaq*, être frappé, être heurté, se cambrer ; — *au fig.* être triste ; avoir de la mélancolie, être épris. — aller de côté. — آغــز چارپلمــق *âghez tcharpelmaq*, avoir la bouche tordue. — چارپنمــق *tcharpenmaq*, se heurter ; se débattre, avoir des convulsions. — چارپدرمــق *tcharpdermaq*, faire heurter ; renverser avec violence et bruyamment. — چارپشمــق *tcharpechmaq*, se heurter ; se battre ; se cogner. — چارپشدرمق *tcharpechtermaq*, faire battre et heurter. — frapper sans trop de bruit.

چارپمــه *tcharpma*, poussé, repoussé ; arrondi en bosse ; — objets d'orfévrerie faits au repoussé, en ronde-bosse. Cf. چارپمق.

چارپندی (var. چرپندی) *tcharpendeu*, choc, heurt. — agitation, battement. — طالغەلرڭ چارپندىسى *dalghalaruñ tcharpendeuseu*, le choc des vagues. Cf. چارپق.

چارپىق (var. چارپوق) *tcharpeq*, plié, courbé, voûté. — چارپىق تختە *tcharpeq takhta*, planche en dos d'âne pour passer un ruisseau, etc. — *au fig.* چارپىق آغىزلى *tcharpeq âghezleu*, qui a la bouche torse, grimaçant. — چارپىق ذهنلو *tcharpeq zihnli*, esprit de travers, contrariant; d'humeur revêche. Cf. چارپلق et چارپق.

چارخە *tcharkha*, escarmouche, etc.; voir چارقە *tcharqa*.

چارداق *tchardaq*, sorte de terrasse ou de pavillon; voir چارطاق *tchartaq*.

چارشف *tcharchaf* pour چادر شب corruption du pers. چادر شب *tchadiri cheb*, drap de lit. — یاتاق چارشفى *yataq tcharchafe*, même sens. — یورغان چارشفى *yorghan tcharchafe*, drap enroulé ou cousu sur la couverture. — چارشفە بورنمك *tcharchafè burunmek*, s'envelopper dans ses draps; se mettre au lit.

چارشنبە *tcharchembè*, vulg. pour چهار شنبە *tchèhar chembè*, (pers.) mercredi. — چارشنبە پازارى *tcharchembè pazareu*, marché du mercredi. — ذهنم چارشنبە كونە دوندى *zihnim tcharchembè gununè dundu*, je suis tout troublé, tout agité. — طقوز آیك صوڭ چارشنبەسى *doqouz âyun çoñ tcharchembèse*, « dernier mercredi des neuf mois », jour de malheur, de mauvais augure. — چارشنبە قاریسى *tcharchembè qaresseu*, sorcière, femme qui jette des sorts. On dit en termes de mépris : چارشنبە قاریسى عالمك مسخرەسى *tcharchembè qaresseu a'lemuñ maskharasseu*, vieille sorcière, risée du monde! Voir *Dict. géographique*, s. v. چهارشنبە.

چارشو *tcharcheu* (pour *tcharsou*, du pers. چهار سو) marché, halle, bazar quadrangulaire entouré de boutiques. — چارشو خلقى *tcharcheu khalqueu*, les gens du bazar, les marchands. — قویومجى چارشوسى *qouioumdjou tcharcheuseu*, bazar des orfèvres. — صحاف چارشوسى *çahhaf tcharcheuseu*, marché des libraires. — مصر چارشوسى *meçer tcharcheuseu*, marché d'Égypte ou des drogues, près du pont de la Validè, à Constantinople. — مالطە چارشوسى *malta tchar-*

cheuseu, autre bazar de la même ville ; شیطان چارشوسی *cheïtan tcharcheuseu*, « bazar du diable », nommé aussi ابو عجقجیلر *oyoundjaqdjelar*, « les baladins », marché et quartier à Constantinople. — ایچی چفیت چارشوسی *itche tchifit tcharcheuseu*, « marché plein de juifs », ruse, fourberie. — On dit proverbialement d'un menteur اوزون چارشو باشنده بر یلان سویلر آلت باشنده کندیسی اینانور *ouzoun tcharcheu bachendè bir yalan seuïler âlt bachendè kendissi inaneur*, il dit un mensonge à l'entrée du grand bazar et il y croit lui-même à la sortie. — Voir aussi پازار et بزستان.

چارشی *tcharcheu*, marché ; voir چارشو.

چارطاق *tchardaq*, (var. چارداق) pers., (سرطاق) 1° terrasse ou belvédère ; pavillon où se place le gardien d'une vigne ; terrasse où l'on fait sécher le linge. — آچمه چارطاغی *açma tchardagheu*, treille. — 2° nom d'un quartier de Constantinople : c'est là que se trouvait autrefois le principal corps de garde des janissaires. Le chef de ce poste nommé چارطاق چورباجی *tchardaq tchorbadje*, y résidait et c'est de là qu'il partait pour accompagner le magistrat de la capitale *(istambol efendissi)* dans ses tournées d'inspection.

چارق *tchareq*, chaussure grossière ; voir چاریق.

چارقاش *tcharqach* pour *tchehar qach*, « quatre sourcils », damoiseau, freluquet, tiré à quatre épingles.

چارقه *tcharqa* pour *tcharkha*, escarmouche ; combat d'avant-poste. — چارقه جی *tcharqadje*, éclaireur, soldat d'avant-poste. — چارقه جیلر غوغاسی *tcharqadjelar ghavghasseu*, combat d'avant-poste, escarmouche. — چارقه جی کوتورمه کلمش *tcharqadje kuturumè guelmich*, « l'avant-garde est arrivée au quartier des blessés », c'est-à-dire : « les choses sont à l'extrémité », *res ad triarios rediit*. — Voir aussi چرخه *tcharkha*.

چارلامق *tcharlamaq*, chanter comme la cigale ; *au fig.* bavarder, jacasser.

چارمیق *tcharmeq*, (var. چارمق) corruption du pers. چهار میخ *tchèharmîkh* : 1° croix, instrument de supplice. — چامیغه کیرمک *tcharmegha guirmek*, être mis en croix. — 2° haubans d'un navire. — échelle de commandement (terme de marine). Cf. خاچ *khatch* et استاوروز *istavroz*.

چاره *tcharè*, (pers.) moyen, expédient, remède. — چاره يوق *tcharè yoq*, il n'y a pas moyen. — نه چاره *nè tcharè*, qu'y faire? Comment y remédier? — چاره بولمق *tcharè boulmaq*, trouver un moyen, arranger. — بىچاره سز *tcharèsez*, comme بىچاره *bitcharè*, sans remède; malheureux, nécessiteux; d'où le nom abstrait چاره سزلك *tcharèsezlek*, dénuement, misère, état désespéré et sans remède.

چاريق *tchareq*, (var. چاروق, چريق) grosse chaussure en cuir à l'usage des pâtres et des paysans. — espèce de guêtre de chasse. Cf. توزلق *tozlouq*. — sabot, plaque de fer ou de bois à rebords qu'on met sous les roues d'un fourgon, ou d'une voiture, dans les chemins en pente. — تيور چاريق *demir tchareq*, gros soulier à semelle de fer pour le voyage.

چاسار *tchasssar*, du grec καῖσαρ, César, surnom donné autrefois par les Turcs à l'empereur d'Allemagne, نمچه چاسارى *nemtchè tchassareu*. Aujourd'hui la Porte confère à ce souverain comme aux autres chefs des grandes puissances le titre de *impératour* et de *padichah*.

چاشنى *tchachni*, (pers.) goût, saveur. — friandise. — چاشنيكير *tchachniguir*, dégustateur; — voir چشنى.

چاشوت *tchachout* (var. چاشيت, چاشود), corruption de l'arabe *djaçous*, espion. — كوزى آچيق بر چاشوت *gueuzeu âtcheq bir tchachout*, un espion vigilant. — چاشوتلامق *tchachoutlamaq*, espionner, faire le métier d'espion; dénoncer. — چاشوتلاتمق *tchachoutlatmaq*, faire espionner; prescrire une investigation, une enquête. Cf. جاسوس.

چاغ *tchagh*, temps, moment; voir چاق.

چاغا *tchagha*, (var. چاغه) petit garçon, bambin.

چاغان *tchaghan*, grosse et solide entrave qui sert à attacher les chameaux au piquet.

چاغانه *tchaghanè*, tambour de basque des bohémiens; voir چغانه.

چاغرغان *tchagherghan*, criard, hurleur; — on donne ce nom à une espèce de geai à cause de son cri continuel. Cf. چاغرمق.

چاغرمق *tchaghermaq*, crier, appeler; chanter une chanson; — publier à son de trompe. — باغروب چاغرمق *bagheroup tchaghermaq*, hurler, vociférer. — چالوب چاغرمق *tchaloup tchaghermaq*, annoncer, faire proclamer (par le héraut ou le crieur public). — چاغرتمق *tchagheretmaq*, faire crier; faire chanter; faire proclamer publiquement. — چاغرشمق *tchagherechmaq*, crier dans la foule, s'appeler, se héler. — On doit rapprocher le verbe *tchaghermaq* de چیغرمق *tcheghermaq*, qui signifie proprement « inviter, faire un appel ». — چاغرلان يره ارينمه *tchagherilan yèrè èrinmè tchagherilmyan yèrè guerunmè*, ne t'attarde pas là où tu es appelé, ne te montre pas où tu ne l'es pas. — چاغرلميان يره كدى ايله كوپك كلور *tchagherilmyan yèrè kedi ilè keupek guelir*, le chat et le chien viennent où ils ne sont pas appelés. — الله چاغرمق *allaha tchaghermaq*, implorer Dieu, invoquer le secours de Dieu. — جانه چاغرمق *djana tchaghermaq*, crier au meurtre, à l'assassin. — چاغريش *tchagherech*, appel, cri; chant; vocifération. — چاغرجى *tchagheredjeu*, crieur, héraut.

چاغل *tchaghel*, 1° (onomatopée) bruit imitatif de l'eau qui coule: چاغل چاغل آقمق *tchaghel tchaghel âqmaq*, couler en murmurant (ruisseau).

صولر چاغل چاغل آقار
عشق آتشى بنى ياقار

çoular tchaghel tchaghel âqar — 'achq âteche bene yaqar, le ruisseau coule en murmurant, l'amour me brûle de sa flamme (chanson populaire). — 2° caillou, gravier; voir چاقل.

چاغلا (var. چاغله) *tchaghala*, amande à l'état sauvage, amande avec sa coque. — D'après le *Lehdjè*, la forme primitive serait چقاله *tchaqala*, dans le sens général de *fruit*; mais on ne trouve aucun exemple à l'appui.

چاغلامق *tchaghlamaq*, 1° juger avec attention; estimer, évaluer; croire. — 2° pour *tchagheldamaq*, murmurer, comme le ruisseau; voir چاغلمق et چاغلدامق.

چاغلايق (var. چغلايق) *tchaghlaïeq*, source d'eau qui sort en jaillissant. Cf. چاغلامق.

چاغلدامق‎ *tchagheldamaq*, murmurer (comme l'eau d'un ruisseau, d'un torrent). — چاغلدی‎ *tchagheldeu*, murmure de l'eau; voir چاغلامق‎ *tchaghlamaq* et چغ‎ *tchegh*.

چاغلمق‎ (var. چاغلدامق‎) *tchaghelmaq*, murmurer, (se dit d'un ruisseau, d'un torrent, d'un fleuve qui déborde). — چاغلار بیكار‎ *tchaghlar bouñar*, source jaillissante, murmure d'une fontaine, d'une cascade. — چاغلامه‎ *tchaghlama* ou چاغلدی‎ *tchagheldeu*, bruit de l'eau qui coule, gémissement de la *noria*. — چاغلایان‎ *tchaghlaïan*, chute d'eau artificielle, fontaine jaillissante.

چاغنوس‎ (var. چاغنوس‎ et چغانوس‎) *tchaghanos*, crabe, cancre. Le *Lehdjè* rapproche ce mot du verbe چاقمق‎ *tchaqmaq*, «mordre en serrant». — Voir aussi پاغوریه‎ *paghouriè*.

چاق‎ *tchaq*, 1° temps, moment; occasion (terme ancien et peu usité). اورته چاغده‎ *orta tchaghdè*, en temps moyen, à l'âge moyen. — یكرمی بش یاش چاغنده بر ییت‎ *yirmi bech yach tchaghendè bir iyit*, un homme arrivé à l'âge de vingt-cinq ans. — صباح چاغی‎ *çabah tchagheu*, aube du jour, aurore. — همان چاغدر‎ *heman tchaghder*, voici le bon moment. — اوبارق اولمغه چاغنه كلدی‎ *evbarq olmagha tchaghenè gueldi*, il est arrivé à l'âge d'être marié. — 2° sac, besace où l'on met le fourrage d'une bête de somme. — 3° adj. fort, solide, en bon état, gros et gras. — چاغلو‎ *tchaghlu*, même sens. — چاغلو بر آدم‎ *tchaghlu bir âdam*, un athlète, un solide gaillard. — 4° particule de temps : jusqu'à. — چاق آقشامه دك‎ *tchaq âqchama dek*, jusqu'au soir; on emploie dans le même sens les particules چاق, جك‎ et جه.

چاق‎ *tchaq*, onomatopée qui exprime le bruit produit par le choc de deux corps. On trouve aussi la forme adoucie چق‎ *tcheq* et les dérivés چاقر, چانغر, چونغور, چوقور‎, etc., qui expriment tous différentes variétés de bruits ou de sons.

چاقار‎ *tchaqar*, 1° campement de troupes hors des murs d'une ville et dans une enceinte fortifiée. — 2° tribus nomades campées dans cette enceinte.

چاقالوس‎ (var. چقالوز, چقلوس‎) *tchaqalos*, pierrier, petit canon ou mortier destiné à lancer des pierres sur les ouvrages de l'ennemi. Cf. چاقل caillou, gravier.

چــاقــر *tchaqer*, 1° vin. Dans ce sens, le mot *tchaqer* a vieilli et ne se retrouve plus guères que dans le composé چاق کیفی او *tchaqer keïfi olmaq*, être complètement gris, entièrement ivre. — 2° bleu strié de gris. — چاق کوز *tchaqer gueuz*, œil d'un bleu clair. — چاق قنات *tchaqer qanat*, canard dont le plumage est de cette couleur. — چاق طوغان *tchaqer doghan*, épervier au plumage gris cendré; *au fig.* چاق پنچه *tchaqer pentchè*, « griffe d'émerillon », rapace, avide; qui ne lâche par sa proie. — چاق دیکنی *tchaqer dikeni*, « épine d'épervier », branche ursine ou acanthe. — Dans l'ancienne organisation de la maison impériale, il y avait un officier de la vénerie qu'on nommait چاقرجی باشی *tchaqerdje bachi*, parcequ'il était chargé de la garde des éperviers dressés à la chasse. — 3° onomat. bruit produit par le choc de deux corps.

چــاقشیر (var. چاقشر et en t. or. چقشور) *tchaqchir*, pantalon en drap léger moins ample que le *chalvar*. — دیز چاقشیری *diz tchaqchiri*, culotte qui ne descend que jusqu'au genou. — Voir aussi بوطور *potour* et آبا *âba*. — Les Arabes ont adopté la forme شخشیر *chakhchir*. — *adj.* چاقشیرلو *tchaqchirlu*, se dit des animaux qui ont des touffes de plumes ou de poils aux pattes. — چاقشیرلو طاغوق *tchaqchirlu tavouq*, poule pattue; چاقشیرلو کوکرجین *tchaqchirlu gueuverdjîn*, pigeon pattu; چاقشیرلو آت *tchaqchirlu ât*, cheval qui a les jambes blanches.

چاقل (var. چاغل) *tchaqel*, cailloux; petites pierres sur lesquelles l'eau glisse en murmurant. (Cf. چاغلامق et چاغلدامق.) On dit d'une personne dont la voix est douce et le langage agréable : سوزی چاقل صویدر *seuzeu tchaqel çouïou dur*, sa parole est comme l'eau qui coule sur des cailloux. — چاقل طاشی *tchaqel tacheu*, galet, pierre polie par le frottement des vagues. — چاقل پیده سی *tchaqel pidèssi*, galette de farine grossière cuite sur des cailloux rougis au feu. — چاقللق *tchaqelleq*, grève, rivage couvert de cailloux.

چاقلدامق *tchaqeldamaq*, murmurer, se dit de l'eau qui coule sur un lit de cailloux.

چاقلداق (var. چقلداق) *tchaqeldaq*, 1° claquet de moulin, petite latte placée sur l'auge et qui bat continuellement avec bruit. Cf. چاغلامق. — 2° jouet d'enfant en forme de moulin. — 3° saletés amoncelées dans le poil des animaux.

چاقمق (var. rares چاغمق et چقمق) *tchaqmaq*, 1° frapper; enfoncer en cognant; par ex. : آکسر قازیق چاقمق *eñser qazeuq tchaqmaq*, enfoncer un clou, un pieu. — آتی چاقمق *âteu tchaqmaq*, attacher un cheval au piquet. — قلب آقچه چاقمق *qalb âqtchè tchaqmaq*, frapper de la fausse monnaie. — دیش چاقوب اصرمق *dich tchaqoup eçermaq*, mordre à belles dents. — 2° boire, s'enivrer. — 3° *neutre* : éclater, partir comme le fusil; éclairer, faire des éclairs. — چاقدرمق *tchaqtermaq*, faire battre, enfoncer. — faire boire; enivrer. — چاقلمق *tchaqelmaq*, être attaché au piquet (se dit des bêtes de somme). — چاقشمق *tchaqechmaq*, s'arrondir, s'enfler. — چاقشدرمق *tchaqechtermaq*, tourner comme un homme ivre.

چاقمق (var. چقمق) *tchaqmaq*, 1° briquet. — تفنك چاقماغی *tufenk tchaqmagheu*, pierre à fusil; طوب چاقماغی *top tchaqmagheu*, amorce du canon, étoupille. — قاو چاقماغی *qav tchaqmagheu*, pierre à amadou. — چاقق کلید *tchaqmaq kilid*, serrure à briquet; serrure de sûreté. — چاقمقسز کبریت *tchaqmaqsez kibrit*, allumette chimique. — چاقاقلو تفنك *tchaqmaqlu tufenk*, fusil à pierre. — On dit en proverbe چاقق طوتمز قاو یانمز *tchaqmaq toutmaz qar yanmaz*, si la pierre ne fait pas feu, l'amadou ne brûle pas. — بر قاو بر چاقق اولور *bir qav bir tchaqmaq olour*, « c'est amadou et pierre à fusil », s'applique à un homme irascible. — 2° aphte, pustules qui naissent autour de la bouche.

چاقمق طاشی *tchaqmaq tacheu*, silex dont on tire du feu par percussion; pierre à fusil. On dit en proverbe à l'homme malheureux par sa faute : یوقلادیغك چاقق طاشی چقدی *yoqladegheñ tchaqmaq tacheu tcheqteu*, la pierre à fusil a éclaté entre tes doigts.

چاقمه *tchaqma*, timbre; coin; ارکك چاقه *erkek tchaqma*, poinçon. — دیشی چاقه *dichi tchaqma*, frappe. (HINDOGLOU.)

چاقی (var. چاقو) *tchaqeu*, couteau qui se replie dans sa gaîne au moyen d'un ressort. Cf. بچّاق *betchaq*. — Les Persans se servent du même mot sous la forme چاکی *tchaki*.

چاقین (var. چاقیم et چاقیش) *tchaqen*, étincelle, scintillement (de la pierre à fusil). — éclair. — چاقین چاقیور *tchaqen tchaqeyor*, il fait des éclairs; voir چاقق et comparer avec ایشین *echen*.

چاك *tchañ*, cloche. — دوه چاکی *dèvè tchañeu*, clochette attachée au cou du chameau. Cf. چنغرداق *tchengherdaq*. — ساعت چاکی *sa'at tchañeu*, sonnerie d'horloge et de montre. — دیوار چاکی *douvar tchañeu*, espèce de tamtam, planche de métal ou de bois dont les Chrétiens d'Orient se servent en guise de cloche. — چاك قله‌سی *tchañ qoulèssi*, clocher. — چاك دیلی *tchañ dili*, battant de cloche. — چاك چالمق *tchañ tchalmaq*, sonner la cloche; au fig. bavarder, brailler. — چاکنه اوت *tchañenè ot teuqteu*, « il a fourré du foin dans sa cloche », il a rabattu son caquet. — توتجدن چاك کبی صداسی کسلمز *toundjden tchañ guibi çadassè keçilmez*, son bavardage ne cesse pas plus que le son d'une cloche d'airain. — بورادە چاك چالنمز *bourada tchañ tchalenmaz*, « ici on ne sonne pas les cloches », on est en pays musulman. — چاك چاك ایتمك *tchañ tchañ etmek*, tinter comme un cloche, bavarder. — قویونلر اچنده بوغازی چاكلی قوچه بكزر *qoïounlar itchindè boghazeu tchañlu qotcha beñzer*, « il ressemble au bélier qui porte la sonnette au cou au milieu des moutons », comme nous disons « c'est le coq du village ». — کوتنده چاك وار *gueutindè tchañ var*, « il a une sonnette à la croupe »; c.-à-d. : « il ne parviendra pas à se cacher ». — چاكلامق *tchañlamaq*, tinter, vibrer. — قولاقلرم چاكلامش *qoulaqlarem tchañlamech*, les oreilles m'ont tinté.

چاكت *tchaket*, (néol. du français *jaquette*) vêtement court, redingote allant jusqu'aux genoux.

چاکر *tchaker*, (pers.) serviteur, valet. On emploie par politesse l'expression چاکركز *tchakeriñiz*, « votre serviteur », comme synon. de بندکز *bendeñiz*, au lieu du pronom personnel بن *ben*, moi. — طرف چاکرانه‌مزدن *tarafi tchakeranèmezden*, de ma part, par moi.

چال **tchal**, nom verbal de چالمق, se trouve dans certains idiotismes comme چال چكه **tchal tchèñè**, bavard; چال يقه ايتمك **tchal yaqa etmek**, saisir au collet, empoigner. — چال كچير **tchal quetchir**, boulon, clou rivé.

چال **tchal**, 1° nuance grise; couleur grisâtre, mêlée de noir et de fauve. — 2° petit du chameau. — 3° lait de chamelle aigri et mélangé d'eau; voir آيران *aïran*.

چالاپ **tchalap**; voir چلپ.

چالار **tchalar**, qui sonne, tinte, etc. — چالار ساعت **tchalar saat**, horloge, montre à répétition; voir چالمق.

چالپاره (var. چلپاره) **tchalparè**, du pers. چهار پاره «quatre morceaux», castagnettes, cliquettes. — چالپاره سز اوينار بر آدم **tchalparèsez oïnar bir âdam**, «un homme qui danse sans castagnettes», impatient, agité, inquiet.

چالشقان **tchalechqan**, laborieux, travailleur, appliqué; voir le mot suivant.

چالشمق **tchalechmaq**, s'attacher à une chose, s'appliquer. — travailler avec assiduité; se donner de la peine pour apprendre. — faire un devoir de classe. — چالشدرمق **tchalechtermaq**, faire travailler; donner une tâche, un emploi. — چالشمغله هر ايش تمام اولور **tchalechmaghela her ich tamam olour**, avec le travail on vient à bout de tout. — چالشمه **tchalechma**, effort, travail assidu. — چالشغان et چالشقان **tchalechqan** et **tchalechghan**, travailleur, laborieux, zélé.

چالغى (var. چالغو, چالقى) et t. or. (چالاو) **tchalgheu**, instrument de musique; avec چالمق **tchalmaq**, jouer d'un instrument. — چالغى مولغى **tchalgheu moulgheu**, toute espèce d'instruments. — چالغجى **tchalghedjeu**, instrumentiste, musicien, virtuose. — چالغى دوكون اوينه ياقشور **tchalgheu duyun èvinè yaqecheur**, l'instrument de musique convient à la maison où se fait une noce. — سكسانده چالغى اوكرنن قيامتده چالار **seksenindè tchalgheu euïrènen qeyamettè tchalar**, celui qui apprend un instrument de musique à quatre-vingts ans en jouera à la résurrection. — Voir aussi ساز *saz*.

چالق **tchaleq**, passé; effacé; voir چاليق.

چالقار **tchalqar**, 1° tout remède qui nettoie l'estomac, la bile, etc.; purgatif, vomitif ou autre. — 2° machine d'osier pour nettoyer les cocons. Cf. چالقانمق tchalqanmaq.

چالقامق tchalqamaq, 1° agiter, secouer, remuer. — قدحلری چالقامق qadèhlère tchalqamaq, rincer les verres. — آغیز چالقامق âgheuz tchalqamaq, se rincer la bouche. — 2° battre des œufs, du lait, etc. — بوزوق سود چوچوغی چالقادی bozouq sud tchoutchougheu tchalqadeu, le mauvais lait a fait maigrir l'enfant. — چالقاتمق tchalqatmaq, rendre malade un enfant (par le mauvais lait). — mouiller la cargaison (les vagues). — quitter une couvée. — چالقانمق tchalqanmaq, être agité, remué en tout sens (la foule, la mer). — être battu des flots, rouler (navire). — avoir une crise, des nausées. — چالقاندی tchalqandeu, choc des vagues. — crise, mal de cœur, nausée. — قالبور چالقندیسی qalbour tchalqenteseu, résidu de farine, brins qui restent sur le crible.

چالمق tchalmaq, 1° frapper; sonner, jouer d'un instrument de musique. — voler, dérober. — بورو چالمق borou tchalmaq, sonner de la trompette; طاول چ davoul tchalmaq, battre du tambour. — 2° avoir du penchant, de l'inclination; se nuancer. — بیاضه سیاهه آجییه چ beyazè sihahè âdjeuyè tchalmaq, tourner au blanc, au noir; prendre de l'amertume. — عقل چ 'aql tchalmaq, impressionner, troubler; capter. — بال چالمق bal tchalmaq, faire goûter du miel; au fig. leurrer, séduire. — چالك چ tchañ tchalmaq, « sonner la cloche », bavarder; faire du tapage; annoncer publiquement. — توزی چ tozeu tchalmaq, balayer. — دودوکی چ duduye tchalmaq, « jouer de la flûte »; au fig. chanter victoire, triompher. — پالا چ pala tchalmaq, traîner çà et là, vagabonder. — دیل چ dil tchalmaq, bredouiller; bavarder d'une façon confuse; دیلی چ dili tchalmaq, avoir l'air sévère, rogue, renfrogné. — اصلیق چ eçleq tchalmaq, siffler. — قپو چ qapou tchalmaq, frapper à la porte. — au fig. commettre une agression. — قلیج چ qeledj tchalmaq, donner un coup de sabre. — یره چ yèrè tchalmaq, jeter à terre, renverser, ruiner. — فلانه کچ چ filanè guetch tchalmaq, contrecarrer un tel, aller à l'encontre. — transitif چالدرمق tchaldermaq, faire frapper, faire jouer d'un instrument; — faire voler, etc. — چالنمق

tchalenmaq, être frappé; retentir (comme la voix, le chant), être impressionné.

چالمه *tchalma*, turban d'étoffe écrue et sans apprêt. Ce mot peu usité se trouve dans le distique suivant:

بیوك چالمه صارار زیاده سفیه
ایدر باشنه قارلو طاغی شبیه

« celui qui se coiffe d'un grand *tchalma* est un sot qui se fait une tête semblable à une montagne couverte de neige ».

چالی (var. چالو) *tchaleu*, buisson, ronces, arbustes épineux; چالیلق *tchaleleuq*, lieu couvert de buissons; quelquefois : bruyère. — چالی چرپی *tchaleu tcherpeu*, broussailles. — Proverbe : چالی چرپیله او یاپلمز كرج استر *tchaleu tcherpeu ilè ev yapelmaz keredj ister*, une maison ne se bâtit pas avec des broussailles, il faut du ciment. — چالی قوشی *tchaleu qouchou*, roitelet nommé aussi *boqloudjè qouchou*; voir بوقلوجه. — چالی قواق *tchaleu qavaq*, peuplier blanc ou saule. — osier nommé aussi *peuplier du vannier*. Cf. سپد *sepet*. — چالی كندویه صیغنان قوشی ویرمز *tchaleu kenduïè çeghenan qouchouye vermez*, le buisson ne livre pas l'oiseau qui s'y est réfugié. — هر چالی آدم صانور *her tchaleyeu âdam çaneur*, « il prend chaque buisson pour un homme », il a peur de son ombre. — طوكوزه طالانمقدن چالی یی طولانمق یكدر *domouzè dalanmaqtan tchaleyeu dolanmaq yektir*, il vaut mieux faire le tour de buisson que se laisser dévorer par le sanglier. — چالی یی ترسنه سورر *tchaleyeu tersinè surur*, « il traîne les ronces à rebours », par la racine, il fait les choses de travers. — On dit aussi d'un parvenu یابانده چالی بتر كندویی باغ اولدم صانور *yabanda tchaleu biter kenduyè bagh oldoum çaneur*, le buisson pousse à la campagne et s'imagine qu'il est vigne. — چالیلامق *tchaleulamaq*, entourer de broussailles, d'une haie. — چالیجی *tchaledjeu* pour چالغی, joueur d'instrument, musicien.

چالیق (var. چالق) *tchaleq*, 1° passé, effacé. — رنكی چالیق *rengui tchaleq*, de couleur effacée, de nuance pâle. — 2° frappé, impressionné. — عقلی چالیق *'aqleu tchaleq*, qui a l'esprit troublé, halluciné. — آغزی بروتی چالیق *âghezeu bourounou tchaleq*, qui a la bouche ou le nez de travers. — چالیق آت *tchaleq ât*, cheval qui marche d'un pas irrégulier, cheval rétif. — چالیق قوشی *tchaleq qouchou*, mérops, espèce de guêpier, nommé aussi آری قوشو *âre qouchou*. — چالیقین یاتمق *tchaleqeun yatmaq*, se coucher sur le dos. — 3° rayé, effacé des rôles de l'armée; déclaration établissant qu'un soldat est rayé des rôles. — اساملری چالیق *èçamilare tchaleq*, soldats effacés des registres de l'armée. Cf. Hammer, *Hist. de l'Emp. ottom.*, t. XII, p. 375.

چالیم (var. چالم) *tchalem*, 1° tranchant d'une épée, fil d'un rasoir, d'un couteau (du verbe چالمق *tchalmaq* qui a, entre autres sens, celui de « couper »). Cf. aussi قولاغی *qoulaghou*. — 2° manière d'être, aspect, tournure. — چالمنه كتزمك *tchaleminè guetirmek*, faire aller, accommoder à la taille, au goût (vêtement, etc.).

چالین *tchalen*, briquet; quelquefois : « étincelle, éclair ». Ce mot n'est plus usité en osmanli.

چام *tcham*, tribu albanaise; voir *Diction. géographique*.

چام *tcham*, 1° pin, sapin. — چام آغاجی *tcham âghadje*, même sens. — چرالو چام *tchiralu tcham*, pin résineux. — آق چ *âq tcham*, « pin blanc », espèce de cèdre. — قره چ *qara tcham*, « pin noir », épinette ou sapinette noire. — صاری چ *çareu tcham*, pin jaune ou pin rouge d'Ecosse. — آمریقا چامی *âmeriqa tchameu*, « pin d'Amérique », *pinus strobus*. — قوزاق چامی *qozaq tchameu*, « pin à pomme », la pomme de pin, outre son nom *qozaq*, est dite aussi چام الماسی *tcham èlmasseu*; l'amande du pin ou pignon se nomme چام فستغی *tcham festegheu*. — كرسته چامی *kèrèstè tchameu*, pin de charpente. — اورلو چام *ourlou tcham*, « pin aux écrouelles »; on nomme ainsi les excroissances ligneuses qui viennent sur le tronc et sur les branches. — چام ساقزی ou چام آقه‌سی *tcham saqezeu* ou *âqmasseu*, résine de pin. Cf. چرا. On dit en proverbe چوبان ارمغانی چام ساقزی *tchoban armaghaneu tcham saqezeu*, « le présent du pâtre consiste en résine », on fait ce qu'on peut. — قطران چامی *qoutran tchameu*, « sapin epicea dont on tire la poix, le goudron, la térébenthine ». — چام چقان قوش *tcham tchaqan qouch*, oiseau du genre des Grimpereaux qui s'attaque à l'écorce du pin. — چالم كرتن

tcham kerten, « qui entaille le pin », pour en recueillir la résine ; *au fig.* montagnard, rustre. — چام دیورمك *tcham divirmek*, « abattre des pins », *au fig.* être d'humeur farouche ; grossièreté. — او چاملر شمدی برداق اولدی *ô tchamlar chimdi bardaq oldou*, « ces (planches de) sapin sont devenues des cruches » dans le sens de « c'est une vieillerie, une chose démodée et surannée ». — چام آغاجی كبی اوب اوزون *tcham âghadjeu guibi eup ouzoun*, tout droit et élancé comme un pin. — چامك خاصیتنی آیودن صور *tchamuñ khaçyetini âyoudan çor*, demande à l'ours les qualités du pin. — چام باشندن قورور میشه كوكندن *tcham bachenden qourour michè kieukinden*, le pin sèche par la cime et le chêne par le tronc. — هیچ یاره سز چام یوقدر الم چكمه *hitch yaresez tcham yoqtour èlem tchekmè*, « il n'y a pas de pin sans blessure, ne te désole pas », compliment de condoléance à la turque, allusion aux entailles faites au pin pour en recueillir la résine. — 2° چام *tcham*, caïque de grande dimension.

چاماریوا *tchamariva*, (peut-être de l'ital. *cima a riva*) terme de marine : commandement pour hisser les gréements, les vergues, le pavillon, etc. Cf. آریا.

چاماشیر *tchamacher*, (var. چاماشور, چماشیر) (du pers. جامه شوی, linge à laver) linge, linge de corps. — بر قات چاماشیر *bir qat tchamacher*, linge complet ; چاماشیر طاقی *tchamacher taqemeu*, même sens ; trousseau. — چاماشیر خانه ou اوطاسی *tchamacher khanè* ou *odasseu*, buanderie, lavoir. — چاماشیرجی *tchamacherdje*, blanchisseur. — چاماشیر اوسته ou آغاسی *tchamacher ousta* ou bien *âghasseu*, esclaves et femmes du harem préposées à l'entretien de la lingerie ; elles étaient classées parmi les *guediklu* ou serviteurs salariés.

چامچاق *tchamtchaq*, écuelle de bois ; voir چمچاق.

چامور *tchamour*, boue, fange. — La forme primitive est peut-être چومور *tchomour* ; voir le t. or. چومق *tchoummaq*, « plonger, embourber », et l'osmanli چمك. — صوقاقلرك چاموری *çoqaqlaruñ tchamoureu*, boue des rues. — اورك چ *eurek tchamoureu*, terre argileuse délayée en ciment, pisé. — چوملكجی چاموری *tcheumlekdje tcha-*

moureu, terre de potier, terre à façonner les vases. — لوله‌جی چاموری *lulèdji tchamoureu*, terre à façonner les fourneaux de pipe turque. — چامورلق *tchamourleq*, tas de boue; amas de boue dans les rues; vase au fond d'un port, etc. — چاموره دوشمك *tchamourè duchmek*, « tomber dans la boue », être dans une situation abjecte et misérable. On dit dans le même sens بویونجه قدر چاموره باتمق *boyoundjè qadar tchamourè batmaq*, être enfoncé dans la boue jusqu'au cou. — انی چاموردن چیقاردم *ôneu tchamourden tcheqardum*, « je l'ai tiré de la boue », je l'ai sauvé de la misère. — كونش چامور ایله صیوانمز *gunech tchamour ela çevanmaz*, « on n'enduit pas le soleil avec de la boue », la vérité se fait jour quand même. — چاموری بوق ایله یومسق *tchamoureu boq ela youmaq*, « laver la boue avec de l'ordure »; cette locution triviale signifie « le remède est pire que le mal ». — چامورلامق *tchamourlamaq*, couvrir de boue, salir; چاموره بولاشمق *tchamourè boulachmaq*, même sens. — چاموره طاش آتمق *tchamourè tach âtmaq*, « jeter des pierres dans la boue », parler à une créature indigne. — چامور صچراتمق *tchamour çetchrat-*

maq, faire jaillir la boue, éclabousser; ternir la réputation. — چامورلو *tchamourlou*, boueux, fangeux. — چامور صویی كبی در *tchamour çouyou guibi dur*, « il est comme de l'eau boueuse », se dit d'un homme maussade.

چاموش *tchamouch*, fangeux, impétueux; ardent à la course (cheval).

چاموقه (var. چاموقه) *tchamouqa*, poisson de petite taille de l'espèce du *hepset*, nommé en turc *âterinè*; voir آترینه.

چان چان *tchan-tchan*, se construit avec *etmek* : tinter comme une cloche, faire du vacarme. — babiller; voir چاك *tchañ*.

چانته ou چانتا *tchanta*, sac, besace; voir le mot suivant.

چانطه (var. چانته) *tchanta*, sac de voyage, sac de nuit; besace. — plus rarement: outre pour l'eau. Cf. le t. or. آوجی چانطه‌سی — . چونتای *âvdje tchantasseu*, gibecière, carnet de chasseur. — دكز چانطه‌سی *deñiz tchantasseu*, « sac de mer », astéroïde, nommé aussi *deñiz poukhtissi*, « gelée de mer »; voir بختی. — چانطه‌جی باشی *tchantadje bachi*, officier du trésor impérial (*khaznè odassè*) chargé de porter le sac de maroquin brodé, rempli de pièces d'or et argent que le sultan fait distribuer à la foule en différentes circonstances. — چانطه ده ککلك *tchantada keklik*, « perdrix dans le sac », locution proverbiale dans le sens de « être assuré d'une affaire ». — Un petit traité intitulé *Tchanta* sur les vertus militaires, le courage, etc., par un officier turc nommé MEHEMET RIFAAT, a paru à Constantinople, en 1873.

چانغرداماق *tchangherdamaq*, tinter, vibrer; pour ce mot et ses dérivés, voir چنغرداماق et چاك *tchañ*.

چاو *tchav*, bruit, clameur; proclamation; avec *etmek*, publier, divulguer. Ce mot n'est plus en usage.

چاودار *tchavdar*, (pers. prononciation fautive *tchaldar*) seigle. — چاودار اکمکی *tchavdar èkmeye*, pain de seigle. — چاودار مهمازی *tchavdar mihmaze*, « éperon du seigle »; c'est le champignon ou l'excroissance en forme de corne qui se déclare sur le seigle, en français *ergot*; on l'emploie à certains usages médicaux. Les Orientaux donnent le nom de داء مهماز *da-i mihmaz*, « maladie de l'éperon », aux maladies provenant de l'empoisonnement par le seigle ergoté. — یاریسی چاودار یاریسی بوغدای *yaresse tchavdar yaresse boghdaï*, « moitié seigle, moitié froment », comme en français « moitié figue, moitié raisin », bien et mal, sérieusement et en plaisantant.

چاوش *tchaouch*, (le *chiaoux* des anciens voyageurs français) huissier, appariteur, etc. — Sous l'ancienne administration, plusieurs fonctionnaires portaient ce nom. — چاوش باشی le *tchaouch bachi*, ministre d'État, était vice-président du Divan, ministre de la police générale, introducteur des ambassadeurs, etc. Il avait sous ses ordres une compagnie de 630 huissiers audienciers nommés comme lui *tchaouch*. Il commandait aussi à une troupe de deux cents *guediklu zaïm* (voir کدیکلو) et administrait les fermes viagères des impôts. — Voir, pour les détails, D'OHSSON, *État de l'Empire ottoman*, t. VI, p. 190, et t. VII, p. 166. On donnait le nom de *tchaouch* 1° au corps des 630 huissiers du palais cités précédemment, qui marchaient en tête du cortège dans les solennités publiques; — 2° à des sous-officiers de janissaires au nombre de 330 hommes faisant, en temps de guerre, fonction d'aides de camp et, en temps de paix, servant d'estafettes au gouvernement; ils avaient le titre de قول چاوشلر *qoul tchaouchlar*, « tchaouch de la milice », pour les distinguer des huissiers du palais, de l'amirauté, etc. Leur chef nommé باش چاوش *bach tchaouch* commandait le cinquième *orta* des janissaires (cf. DJEVAD BEY, t. I, p. 29). — 3° چاوشلر امینی le *tchaouchlar emîni*, officier chargé de transmettre les ordres du *tchaouch bachi*; — 4° چاوشلر کاتبی *tchaouchlar kiatibi*, secrétaire des huissiers chargé du dossier des affaires renvoyées par le grand-vézir aux tribunaux. — Aujourd'hui, on nomme *bach tchaouch* le sergent-major et *tchaouch* le sous-officier qui commande à plus de dix hommes : پیاده چاوشی *piadè tchaouche*, sergent d'infanterie, سواری چاوشی *suvari tchaouche*, maréchal des logis. — آلای چاوشی کبی چوکنی الندن براقمز *âlaï tchaouche guibi tchoukene elinden braqmaz*, « il est comme un huissier de cortège, il ne quitte pas sa masse des mains », se dit d'un faiseur d'embarras. — دیوان چاوشی میسین *divan tchaouche missîn*, « es-tu huissier du Divan? » plaisanterie à l'adresse d'un personnage trop cérémonieux. — چاوش قوشی *tchaouch qouchou*, huppe nommée aussi *querleu qouchou* et *oiseau à aigrette* (cf. ایبك), d'où le dicton ایبیکلی قوش قوشلرك چاوشیدر *ibikli qouch qouchlaruñ tchaoucheder*, « la huppe est le tchaouch des oiseaux »; le bonnet des huissiers était en effet surmonté d'une aigrette ou panache variant d'après le grade. — چاوش اوزومی *tchaouch uzumu*, excellente qualité de raisin aux grains dorés et fins; elle est originaire de Taïf en Arabie. D'après le *Lehdjè*, cette espèce connue aujourd'hui sous le nom de *tchaouchlar* et, par abréviation *tchachlar*, aurait été transportée en France où elle conserve encore le souvenir de son origine sous le mot défiguré *chasselas*.

چاولی *tchavle*, petit du faucon blanc et de l'épervier, ainsi nommé quand il est tout jeune. Après avoir été dressé, il prend le nom de *bavlu*. Cf. باولو.

چای *tchaï*, rivière, cours d'eau plus petit que ارماق *ermaq*, « fleuve », mais plus grand que صو *çou*, « ruisseau », et دره dèrè, « torrent ». — چای یولی *tchaï yoleu* (ou یری *yeri*), lit d'une rivière. — چایه صو قاتمق *tchayè çou qatmaq*, « ajouter de l'eau à la rivière », faire une chose superflue. — دكزڭ قولاغوزی چایدر *denizuñ qoulavouzou tchaï der*, le guide vers la mer, c'est la rivière. — دكزی كچوب چایده بوغلمق *deñizę guetchup tchaïdè boghoulmaq*, « traverser une rivière et se noyer dans un ruisseau », éviter un grand péril et périr pour une bagatelle. — چایه وارمزدن چمرنور *tchayè varmazdan tchemrenur*, « il se retrousse avant d'arriver au ruisseau », il se hâte trop et ne fait rien en temps convenable. On dit dans le même sens چایی کورمزدن پاچه لری صوار *tchayeu guermezden patchalarę çęvar*, il retrousse ses chausses avant d'avoir vu le ruisseau.

چای *tchaï*, thé. — چای آغاجی *tchaï âghadjeu*, arbrisseau qui produit le thé. — چای طاقی *tchaï taquęmeu*, cabaret à thé. — یشیل چای *yéchil tchaï*, thé vert; سیاه توز چای *syah toz tchaï*, thé noir en poudre; طوب بارودی *top baroudou*, thé, dit « poudre à canon ». — قالب چای *qalib tchaï*, thé fin d'exportation. — آطه چایی *áda tchayeu*, « thé d'île », surnom de la sauge nommée aussi دیش اوتی *dich oteu*, « herbe aux dents ».

چایان *tchaïan*, (mieux چیان, voir ce mot) scorpion. — scolopendre. Ce terme usité en t. or. est à peu près oublié en osmanli, où il se remplace par l'arabe عقرب *'aqreb*.

چایر *tchaïr*, prairie, pré. — چایرلق *tchaïrlęq*, pâturages. — چایر اوتی *tchaïr oteu*, herbe fraîche, foin coupé. — چایر پینیری *tchaïr peïniri*, fromage de petit lait, de qualité inférieure. — چایر قوشی *tchaïr qouchou*, alouette; voir aussi طویغار *toïghar*.

چایر *tchaïr*, (var. چیر et چیر) particule d'intensité, qui précède certains verbes; par ex. : چایر چایر یاقق *tchaïr tchaïr yaqmaq*, brûler fortement, consumer. — Au dire des lexicographes ottomans, c'est à proprement parler une onomatopée imitant le crépitement de la flamme.

چایلاق *tchaïlaq*, (var. چیلاق) milan, oiseau de proie; *au fig.* avide, rapace. — چایلاق کبی حرامیدر *tchaïlaq guibi harami dur*, il est voleur comme un milan. — چايلاق شاهين ايله پنجشله‌يور *tchaïlaq chahîn ilè pendjechleïor*, « le milan est aux prises avec le faucon », se dit d'un méchant qui a trouvé plus méchant que lui. — On lit dans une vieille chanson le distique suivant :

چاقر آماجه شاهين آلور شكار
اوچار كوكده چايلاق قوشى خوار وزار

L'émerillon, l'épervier, le faucon prennent le gibier ; — mais le milan vole humble et vil dans les airs.

چابالامق *tchabalamaq*, s'efforcer, faire des efforts ; voir چاپالامق.

چبان (var. چبان) *tchiban*, bouton, ulcère, abcès. — آتش چبانى *âtech tchibanè*, clou. — اوفاق چبان *oufaq tchiban*, petit bouton, pustule. — باش چبانى *bach tchibanè*, impétigo, gourme des enfants. — سود چبانى *sud tchibanè*, inflammation à la suite de l'allaitement, mastite. — چچك چبانى *tchitchek tchibanè*, pustule de variole. — حلب چبانى *haleb tchibanè*, « bouton d'Alep » (nommé aussi bouton de Bagdad), maladie cutanée qui sévit surtout en Syrie et détermine une pustule plus ou moins volumineuse, abcès, suppuration, etc. ; elle laisse une cicatrice indélébile. — قان چبانى *qan tchibanè*, furoncle. — كوز چبانى *gueuz tchibanè*, orgelet.

چبوق (var. چبوق et چوبوق) *tchebouq*, baguette, verge, tige de métal ; — pipe ; — raie sur une étoffe. — تفنك چبوغى *tufenk tcheboughou*, baguette de fusil. — تمور چبوق *demir tchebouq*, tringle, baguette de fer. — تمور چبوقلرى *demir tchebouqlarè*, rails de chemin de fer. — باغ چبوغى *bagh tcheboughou*, cep de vigne. — توتون چبوغى *tutun tcheboughou*, pipe à fumer, chibouque. La pipe turque est faite de mérisier, de jasmin, de bois de rose, etc. ; voir *Empire ottoman*, t. IV, p. 88, et LANE, *Modern Egypt.*, t. I, p. 170. — چبوق اچمك *tchebouq itchmek*, fumer, littér. boire une pipe. — چبوقچى *tchebouqtchou*, 1° fabricant de pipes. — 2° domestique chargé de l'entretien et de la préparation des pipes. — چبوقلو *tchebouqlou*, 1° rayé, zébré. — چبوقلو شال *tchebouqlou chal*, châle rayé. — 2° pépinière. — چبوقلق *tchebouqlouq*, grande armoire à serrer les pipes. — چبوقلامق *tchebouqlamaq*, frapper de verges, bâtonner.

چپ *tchep*, particule d'intensité : چپ چوره *tchep tchevrè*, tout autour, à l'entour; circulairement. — پرده لر چپ چوره صایوان *perdèler tchep tchevrè çaïvan*, tente ronde, rotonde fermée de rideaux. — Ne pas confondre cette particule turque *tchep* avec le persan چپ « gauche ».

چپار *tchapar*, courrier; voir چاپار.

چپرز *tchapraz*, espèce de veste à brandebourgs; voir چاپراز.

چپرز (var. چاپارز, چپارس) *tchaparez*, du pers. چپارست, difficile, compliqué, opposé. — obstacle, difficulté. — چپارز مزاجلو بر آدم *tchaparez mizadjlu bir âdam*, un homme d'humeur difficile, caractère contrariant. — On dit dans le même sens et par métathèse *patcharez*; voir پاچارز. — چپارزلق *tchaparezleq*, difficulté; obstacle, contrariété. — چپارزلنمق *tchaparezlanmaq*, être difficile; s'opposer; contrarier. Cf. چاپراز *tchapraz* et چپرشمك *tcheprèchmek*.

چپاق (var. چاپاق) *tchapaq*, chassie, humeur secrétée sur le bord des paupières; on dit ordinairement كوز چاغی *gueuz tchapaghe*. — چپاقلو *tcha-paqlu*, chassieux; *au fig.* sale, mal débarbouillé. — Prov. : چپاغی آلورکن کوزینی چیقاردی *tchapaghe âleur iken gueuzini tcheqarde*, « en ôtant la chassie, il s'est arraché l'œil », le mieux est l'ennemi du bien. — چپاقلانمق *tchapaqlanmaq*, se dit de l'œil qui devient chassieux.

چپاق بالغی *tchapaq balegheu*; poisson très plat et à grosses écailles qui vit dans les lacs et les étangs; d'après Hindoglou : brème.

چپراز *tchapraz*, bouton, agraffe; voir چپرز et چاپراز.

چپرشمك *tcheprechmek*, s'enchevêtrer; s'embrouiller; être emmêlé. — چپرشیك ou چپره شیك *tcheprèchik*, embrouillé, enchevêtré; confus; en désordre; fouillis. — *au fig.* caractère bizarre, fantasque. Cf. چارپشیق *tcharpecheq*.

چپق *tchapaq*, chassie, humeur des yeux; voir چپاق.

چپكن *tchepken*, pardessus à manches fendues qui se porte sur les épaules, au-dessus de la veste ou capote. Ce vêtement est encore en usage chez les Turcomans.

چپل tchepel, mauvais temps, saison de pluie et de neige; giboulée. — چپللك tchepellik, même sens; terrain boueux et marécageux. — Cette locution est tombée en désuétude. On la trouve aussi dans les anciens auteurs avec le sens de « laid, disgracieux », synon. de چركين tchirkîn.

چپلاق tcheplaq, nu, dépouillé de tout vêtement. — pauvre. — avec les particules d'intensité چر چپلاق tcher-tcheplaq, چب چپلاق tchep-tcheplaq, tout nu. — چپلاق آت tcheplaq ât, cheval nu, sans harnachement. — چپلاق تمور tcheplaq demir, « fer nu », lame simple, sans damasquinure. — چپلاق طاقى tcheplaq taqemeu, troupe de va-nu-pieds, bande de vagabonds et de vauriens. — بالديرى چپلاق baldereu tcheplaq, « mollet nu », misérable, déguenillé. — چپلاق ا tcheplaq etmek, mettre à nu, dépouiller, dénuder. — چپلاقلق tcheplaqleq, nudité; pauvreté, misère. — كمك چپلاقلغى kemik tcheplaqlegheu, maladie des os. — On dit en proverbe : چپلاقنى صويارسين tcheplagheu çoïarsoun, « tu déshabilles un homme nu », c.-à-d. : tu perds ton temps à des choses inutiles.

« Maximas nugas agis, nudo detrahere vestimenta me jubes. » PLAUTE, Asinaria, I, 1, v. 78.

چپمق tchapmaq, courir, faire une incursion; voir چاپمق.

چپه tchapa, bêche, houe, pioche; voir چاپه.

چپيج tchepidj (var. چپج, چپش, چپش), chevreau, quand il est âgé d'un an seulement; pour les autres noms selon son âge, voir كچى ketchi. — قاره چپيج qara tchepidj, jeu de colin-maillard, ou de cligne-musette.

چپيل tchipîl (var. چلپك tchilpik), chassieux : se dit des yeux atteints de la maladie nommée lippitude; voir aussi چاپاق tchapaq et چپل tchepel.

چت tchet (var. چتر, چات, چيت), 1° onomatopée : bruit léger, murmure, chuchotement. — چتر چتر سويلمك tcheter tcheter seuïlemek, parler indistinctement, comme un petit enfant. Cf. چاتر. — چتى پتى tchiti piti, faible, délicat, mignon. — 2° indienne, étoffe rayée. — 3° haie, buisson; voir چيت.

چتارى tchatare, étoffe légère dont la trame est composée d'un fil de soie et de trois fils de coton.

چِتاری (var. چِتاری) *tchitari*, poisson dont la peau est tachetée et qui ressemble à la dorade; il pèse environ 300 gr. Une espèce plus petite est nommée *tchotoura*; voir چوتوره.

چتاق *tchataq*, s'emploie pour désigner le patois turc de la Turquie d'Europe, comme *tchater* et *tchatrapatra*; voir چاتر. — چتیق *tchateq*, joint, uni; voir چاتیق.

چترداماق (var. چاترداماق) *tchaterdamaq*, produire un bruit sourd, comme une porte qui tourne sur ses gonds. — چتردی *tchaterdeu*, bruit d'une planche qui se fend. — چترداتمق *tchaterdatmaq*, grincer des dents.

چترەفیل *tchatrafil*, langage incorrect, patois des paysans de la Roumilie, synon. de چتاق; voir ce mot et چاتر.

چتلامق (var. چاتلامق) *tchatlamaq*, pétiller, crépiter comme la flamme, grésiller comme le sel ou la rue sur le feu. — چتلاتمق *tchatlatmaq*, même sens. — faire claquer les doigts. — لقردی چتلاتمق *laqerdeu tchatlatmaq*, parler indistinctement; *au fig.* donner à entendre, insinuer.

چتلق *tchatlaq*, fruit rouge provenant du pistachier lentisque ou *arbre à mastic*; voir aussi مرلنگج.

چتلنبك *tchetlenbek*, pistachier térébinthe dont le fruit est estimé en Orient; il est astringent. — Le *Lehdjè* attribue ce nom au faux-ébénier, ce qui est une erreur. Le térébinthe est nommé également *terementi âghadje*; voir ترمنتی.

چتله (var. چاناله, چاتله) *tchètèlè*, taille du boulanger, du boucher et autres marchands, tige double de bois ou d'acier sur laquelle on fait des coches pour marquer les quantités fournies. Cf. چاتال et چاتلامق.

چتمه *tchètmè*, dentelle écrue.

چتنك *tchitnik*, chiquenaude; pincer avec les doigts. Cf. چتنمك *tchitnemek*.

چته *tchètè*, excursion, course; razia. — چته‌جی *tchètèdjè*, pilleur, maraudeur. — حیدود چته‌سی *haïdoud tchètèsse*, incursion d'une bande de brigands.

چتیق (var. چتیق, چتیق, چاتق) *tcheteq*, serré, contracté, ridé. — چتیق آلن *tcheteq âlen*, front plissé, mine

37*

renfrognée, air maussade ou menaçant; voir چاتمق et چاتیق.

چتیك tchetîk, bottine; voir چدیك.

چتین tchitîn (var. چتیك, چتین), difficile; opiniâtre, résistant; entêté. — چتین جوز tchitîn djeviz, noix très dure et difficile à ouvrir. — چتین عباره tchitîn 'ybarè, expression difficile. — چتین مزاج tchitîn mizadj, caractère hargneux, désagréable. — چتین طاغ tchitîn dagh, montagne abrupte. — چتینلك tchitînlik, difficulté; opiniâtreté, entêtement. — چتینلشمك tchitînlechmek, devenir difficile, résister; s'opiniâtrer.

چچارون tchitcharon (ital. cicerone), bavard, prolixe (comme un guide), synon. de چاك; voir ce mot. — چچارونلق tchitcharonleq, bavardage, verbiage.

چچك tchitchek, fleur; voir چچك.

چچن tchetchen. Tchetchenes, nom d'une tribu de Lezguis habitant le Daghestân. Cf. le t. or. چاچان, « intelligent, sage ».

چخشیر tchakhchir, pantalon large; voir چاقشیر.

چدیك tchédîk, vulg. چتیك tcha-

tîk (abréviation de ایچ ادیك itch edîk), bottine ordinairement en maroquin jaune, à l'usage des femmes et des oulemas. Cf. ادیك edîk. — چدیكچی tchédîktchi, fabricant de bottines, cordonnier.

چر tcher (var. چیر) particule d'intensité qui se joint seulement au mot tcheplaq: چر چپلاق tcher tcheplaq, tout nu, entièrement à nu. On trouve aussi le composé چرلاق چپلاق tcherlaq tcheplaq, tout nu; pauvre, dans le dernier dénuement.

چرا tchira, entaille des essences résineuses (telles que le pin, le mélèze, etc.), d'où la résine s'écoule. — par extension: résine. — چرالو تخته tchiralu takhta, bois résineux; planche enduite de résine. — چرالو مشعله tchiralu mach'ala, torche de résine; voir aussi ساقز saqez. — چرالامق tchiralamaq, enduire de résine (une mèche, etc.). — au fig. exciter; allumer la haine, la discorde.

چراغ tcheragh, pers. (var. چراق) 1° lampe, flambeau; lumière. — 2° domestique de confiance; serviteur ancien dans la maison et bien traité de ses maîtres; client. — آرابه چی چراغی

آرابه‌جى tcheragheu, valet de pied, saïs qui court devant la voiture. — 3° apprenti, novice dans une profession; چراغلق tcheraghleq, apprentissage. — چراغ چقمق tcheragh tcheqmaq, faire son apprentissage; entrer dans le commerce ou l'industrie. — 4° honneur, lustre, considération; salaire. — بن سنى چراغ ايدرم ben sene tcheragh ederim, je te récompenserai. — چراغ او tcheragh olmaq, être vétéran; être mis à la retraite.

چراغان tcheraghan, illumination de jardins et de kiosques (cf. چراغ lampe, lumière.). — چراغان سراى tcheraghan seraï, palais de Tcheraghân, dans les faubourgs de Constantinople, sur la rive européenne du Bosphore, entre les villages de Bechiktach et d'Orta-keuï. Ce palais construit par Sultan Mahmoud II et réparé par ses successeurs est orné de jardins charmants où se donnaient autrefois des fêtes de nuit.

چراق tcheraq, lampe, flambeau; voir چراغ.

چراقمان tcheraqman, tour ou échafaudage qui supportent des feux, espèce de phare. — feux allumés sur le rivage pour attirer le poisson. — On dit vulgairement d'un homme irascible : چراقانه چقدى غضبندن tcheraqmana tcheqteu ghazebinden, il flambe de colère comme le feu du rivage. — چراقه tcheraqma, du pers. چراغ پا « pied de flambeau », chandelier, candélabre.

چراموز tcheramouz, petits sarments enduits de résine que les pêcheurs allument, pendant la nuit, pour attirer le poisson; voir aussi چراقان.

چرپمق tcharpmaq, frapper légèrement, heurter; voir چارپمق avec ses dérivés.

چرپمك tchirpmek, marquer à l'aide du tchirpi (cf. چرپى). — blanchir la toile ou la cire au soleil.

چرپى tchirpi, 1° copeaux, éclats de bois. — چالى چرپى tchali tchirpi, broussailles. — 2° cordeau, fil à l'usage des maçons, charpentiers, jardiniers, etc. — چرپيه كوره tchirpyè gueurè, au cordeau, régulièrement. — چرپى چرپمق tchirpi tchirpmaq, alligner au cordeau; چرپى طوتمق tchirpi toutmaq, même sens. — چرپيدن چقمق tchirpiden tcheqmaq, sortir des limites, dépasser. — چرپيجى tchirpidji, foulon, blanchisseur d'étoffes. — چرپچى چايرى *tchirpidji tchaïri*, « prairie du foulon », nom d'une localité en Turquie.

چرت *tchirit* (?), outres placées sur un plan incliné pour servir d'abreuvoir aux animaux.

چرتلاق *tchertlaq*, grillon, autrement nommé یر چکرکەسى *yer tchekirguèsse*, « sauterelle du sol ». — چرتلاق اوتمك *tchertlaq guibi eutmek*, « chanter comme un grillon », bavarder, jacasser. — Le grillon est plus connu aujourd'hui sous le nom de چيرلاق *tcherlaq*. Cf. چرچر.

چرتمق *tchertmaq*, se vanter, se faire valoir, être prétentieux. — چرتاوى *tchertavi*, bavard, glorieux. — Ce mot n'est plus usité.

چرتى بوغا *tchirte bogha*, martin-pêcheur, d'après HINDOGLOU.

چرچر *tchirtchir* (onomat. bruit léger et continuel comme celui d'une fontaine qui coule, etc.), 1° grillon, vulgairement cri-cri. — 2° rouleau gros et court à l'usage des pâtissiers. — چرچر کوزلەمەسى *tchirtchir gueuzlèmèssi*, espèce de beignet ou de gâteau feuilleté. — 3° carde pour la laine. — 4° pressoir pour le grain. — Proverbe : چرچر کبى ییسور *tchirtchir guibi yeyer*, vorace comme un grillon; voir aussi چرتلاق *tchertlaq*.

چرچى *tchertchi*, menus objets de mercerie et de quincaillerie. — چرچىجى *tchertchidji*, marchand ambulant, gagne-petit. — Proverbe : چرچجى قزى بونجوغە عاشقدر *tchertchidji quezeu boundjougha 'acheq dur*, la fille du mercier est passionnée pour la verroterie.

چرچيوه *tchertchivè* (du pers. چهار چوبه « quatre bois »), cadre, chassis; chambranle de porte. — composteur d'imprimerie. — آينه چرچيوەسى *âïna tchertchivèssi*, cadre de miroir. — رسم چرچيوەسى *resm tchertchivèssi*, cadre de dessin ou de tableau. — چرچيوه کاغدى *tchertchivè kiaate*, papier huilé servant de vitrage. — چرچيوەلو *tchertchivèlu*, entouré d'un cadre, encadré; bordé. — چرچيوەلەمك *tchertchivèlemek*, mettre un chassis; voir aussi پرواز *pervaz*.

چرخ *tcharkh*, (pers.) vulg. et چارق, 1° roue de machine. — ساعتك چرخى *sa'atuñ tcharkheu*, ressort de montre ou d'horloge. — دکرمان

چرخی deïrmen tcharkheu, roue de moulin. — اشكنجه چرخی ichkendjè tcharkheu, roue, instrument de supplice. چرخ كيمیسی tcharkh guemissi, bateau à vapeur. — 2° tour à tourner le buis, l'ivoire, etc. — چرخ ایشی tcharkh icheu, objet façonné au tour. — یوك چرخی yuk tcharkheu, cric. — چرخ الشمس tcharkhuch-chems, « roue du soleil », hélianthème, fleur. — au fig. « roue de la fortune », destinée. — چرخی ایشلتمك tcharkheu ichletmek, « faire tourner la roue », mettre en mouvement, agir; au fig. faire ses affaires avantageusement. — چرخ بوزلمق tcharkh bouzoulmaq, être malheureux, disgracié, ruiné. — چرخلامق (چارقلامق) tcharkhlamaq, mettre au tour; polir, arrondir. — چرخه جی tcharkhadje, 1° tourneur, polisseur. — 2° mécanicien, chauffeur des bateaux à vapeur. — Voir le mot suivant.

چرخه (var. چارقه) tcharkha, escarmouche, mouvement en avant de troupes légères. — چرخه طوپی tcharkha topeu, artillerie légère. — چرخه جی tcharkhadje, troupe d'escarmouche, cavalerie d'attaque; tirailleur. Cf. le t. or. هراول. — چرخشلامق tcharkhach-lamaq, combattre aux avant-postes, se dit de deux troupes d'éclaireurs qui sont aux prises.

چرز tcherez, dessert; collation; friandises. — چرزلنمك tcherezlenmek, manger le dessert; faire une collation. — se régaler.

چرق (var. چارق) tcharq, corruption de چرخ, roue, machine à roue; rouet; tour du tourneur. — واپور چرق vapor tcharqueu, roue de bateau à vapeur; طولومبه چرق touloumba tcharqueu, roue de pompe; دكرمن چرق deïrmen tcharqueu, roue de moulin; — voir چرخ tcharkh et چرخه tcharkha.

چركس tchèrkès, circassien. — چركسلك tchèrkèslik, Circassie. — au fig. avarice, ladrerie : condition piteuse et misérable; — voir Diction. géographique.

چرگف tcherguèf, (corrupt. du pers. چرك آب « eau sale »), cloaque, sentine, égout. — au fig. personnage ignoble, homme de mœurs méprisables. — Proverbe : چرگفه طاش آتمه اوستكه صیچرار tcherguèfè tach âtma ustuñè çetchrar, « ne jette pas de pierres dans l'eau sale, elle rejaillirait sur toi », les injures que tu adresses à un homme indigne rejailliraient sur toi.

چرگه *tcherguè*, (pers.) 1° tente carrée. — enclos, hangar. — Sous l'ancien régime, on appelait *tcherguè* une grande tente employée les jours de cérémonie. Elle avait deux portes cintrées et était dressée au centre entre deux *beuluks* (cf. بولك) devant la tente impériale. Le sultan pour se rendre dans celle-ci traversait le *tcherguè*. Le 17ᵉ orta des janissaires se nommait چرگه‌جیلر *tcherguèdjilar*, parce qu'il avait la garde de cette tente; il saluait le sultan au passage en croisant les mains sur la poitrine. DJEVAD BEY, *État militaire*, t. I, p. 31. — 2° tente de peu de valeur reposant sur deux piliers, en usage chez certains nomades. چنگانه چرگه‌سنده موصانده‌ره آرامق — *tchenguianè tcherguèsindè mouçanderè àramaq*, « chercher un beau meuble dans la tente d'un bohémien », se donner une peine inutile. — چرگه چریسی *tcherguè tchèrissi*, troupe et campement de bohémiens.

چرکین *tchirkîn*, laid, disgracieux; répréhensible. — چرکین صورت *tchirkîn çouret*, laide figure, extérieur désagréable. — چرکین قیز *tchirkîn queuz*, laideron. — چرکین خوی *tchirkîn khouï*, mauvais caractère; mauvaises mœurs. — چرکینلك *tchirkînlik*, laideur (au physique et au moral). — چرکیله‌مك *tchirkilèmek*, être laid. — چرکینله‌مك *tchirkînlèmek*, enlaidir; blâmer, faire honte. — چرکینسیمك *tchirkînsimek*, trouver laid, désapprouver; abhorrer. — چرکین دوستی کوزل بیل *tchirkîn dosteu guzel bîl*, considère comme beau celui que tu aimes. — جاریه‌سین سون آدم حلالم چرکیندر دیر *djarièsini seven âdam halalum tchirkîn dir dèr*, l'homme qui aime sa servante trouve sa femme laide. — موم سوینجه کوزل ایله چرکین بیلنمز *moum seuwundjè guzel ilè tchirkîn bilinmez*, « quand la chandelle est éteinte on ne distingue pas le beau du laid », la nuit, tous les chats sont gris.

چرلاق *tcherlaq* ou چرلایق *tcherlaïeq*, 1° bavard, babillard. — 2° pour *tchertlaq*, grillon; voir چرتلاق.

چرنیك *tchernik*, (var. چرنك) grand bateau découvert, dont l'avant est pointu et l'arrière très large; il porte une seule voile latine de grande dimension. Comp. l'arabe سنبوق *sambouq*; voir Burton, *Travels*, t. I, p. 174.

چرویــــش *tchirvich*, (du pers. چربش) chair et graisse de bœuf fondues; graisse de bœuf de mauvaise qualité. — Ce mot ne vient pas du verbe turc *tchurumek*, « pourrir », comme le croient quelques lexicographes.

چری *tcheri*, (t. or. چریك) troupe militaire. — یكی چری *yeñi-tcheri*, janissaires, milice organisée par Sultan Orkhan au XIVᵉ siècle et détruite par Sultan Mahmoud II, en 1826; voir یكی *yeñi*. — چری باشی *tcheri-bachi*, chef de troupes, commandant. A l'époque de la féodalité turque, les possesseurs de fiefs dits *zaïm* et *timar* avaient à leur tête un chef nommé *tcheri-bachi* qui commandait ordinairement à cent hommes; sous ses ordres se trouvaient des sous-officiers nommés چــــری سوروجیلری *tcheri surudjulere*, qui commandaient à des pelotons de dix hommes. Voir Belin, *Fiefs militaires*, p. 47 du tirage à part. Le *tcheri-bachi* avait le droit de juridiction sur ses troupes; de là le proverbe : چری باشی تعزیری ایدر *tcheri-bachi ta'ziri eder*, « c'est le chef qui a le droit de punir ». — Le *tcheri-bachi* paraît avoir été confondu souvent avec le صوباشی *çou-bachi* à cause de l'identité des fonctions de ces deux officiers. — On donne aussi le nom de *tcheri-bachi* au chef d'un campement de bohémiens. On dit en proverbe : چنكانه چوغالدقچه چری بـــاشی افتخار ایدر *tchenguianè tchoghaldouqtchè tcheri-bachi iftikhar eder*, « lorsque la tribu de bohémiens s'accroît, le chef en est tout fier ».

چریــش *tchirich*, colle de pâte à l'usage des relieurs, tisserands, etc.; colle de poix noire employée par les cordonniers (ne pas confondre avec طونقال *toutqal*, colle provenant de matières animales, colle-forte). — poudre adragant, etc. servant à faire la colle. — encollage. — چریش اوتی *tchirich oteu*, asphodèle, plante. — چریشلــو *tchirichlu*, collé, gluant; *au fig.* sale, dégoûtant. — چریشلو پوستال *tchirichlu postal*, injure très grossière à l'adresse d'une fille de mauvaise vie.

چریــق *tchareq*, chaussure grossière; espèce de sabot; voir چاریق.

چزمك *tchizmek*, tirer une ligne, tracer; voir چیزمك.

چزمه *tchizmè*, botte; voir چیزمه.

چزی tchizi, ligne, raie; voir چیزکی tchizgui.

چسنتی tchissinte̱, petite pluie froide, bruine. Cf. چیسمك et چیسمك; voir aussi قراغو qeraghou.

چشمه tchechmè, (pers. source, fontaine) le sens spécial en turc est « fontaine munie d'un robinet »; voir aussi بیکار bouñar, source et بولاق boulaq, source jaillissante. — چشمه لولهسی tchechmè lule̱sse̱, et mieux موصلفی mouçloughou, robinet de fontaine. — چشمهیی چایه قاتارمق tchechmèye̱ tchaya qatarmaq, « ajouter une fontaine à la rivière », prêter au riche. — قیشین چایدن یازین چشمهدن ایچر quechen tchaïden yaze̱n tchechmèden itcher, « il boit, l'hiver, à la rivière et, l'été, à la fontaine », il ne manque de rien. — چشمهیه واروب صوسز کلنه دوندی tchechmèyè varoup çouse̱z guelenè dundu, il ressemble à celui qui revient altéré de la fontaine. — چشمهیه کیدنك دستیسی قیرلور tchechmèyè guidenuñ testissi que̱re̱leur, « la cruche de celui qui va à l'eau se brise », comme dans l'adage français « tant va la cruche à l'eau qu'à la fin elle se brise ».

چشنی (var. چاشنی) tchechni, (pers.)

1° goût, saveur. — چشنیلو tchechnili, savoureux, délicat. — چشنیسنی آلمق ou چشنیسنی طاتمق tchechnisini almaq ou datmaq, goûter, déguster; expérimenter. — چشنیکیر tchechniguîr, officier dégustateur (chez les Turcs et les Mongols) chargé de goûter les mets servis au souverain. A la cour des sultans ottomans, on donnait ce nom à une troupe d'officiers subalternes chargés de servir le dîner du grand-vizir et des autres ministres, les jours de conseil. — چاشنیکیر اوسته tchechniguîr ousta, intendante de la table impériale, fille du harem appartenant à la classe des guedikli. — 2° fragments de mets ou de friandises que l'on goûte à l'essai. — اتمك حلوا چشنیسی ekmek halva tchechnisse̱, échantillon de pain ou de halva. — چشنیکیرلر tchechniguirler, morceaux délicats, friandises. — چشنیلنمك tchechnilenmek, être goûté, dégusté.

چشنییر tchechniniir, dégustateur; voir l'article précédent.

چشیت (var. چشید) 1° tchichit, genre, espèce. — échantillon, chose pour la montre. — چشیت چشیت tchichit tchichit, varié, de différent genre, de différente sorte. — چشیت چوقه‌ـه *tchichit tchoqa*, draps de différente couleur; échantillons variés. — بر چشیت *ber tchichit*, de la forme de . . ., ressemblant à . . . . — 2° *tchachet* pour *tchachout*, espion; voir چاشوت.

چغاله *tchaghala*, espèce d'amande; voir چاغلا et چغله.

چغانوس *tchaghanos*, crabe; voir چاغانوس.

چغانه *tchaghanè*, (pers. instrument de musique; var. چاغانه, چاغنه) est pris en turc dans le sens spécial de « tambour de basque entouré de petites clochettes ou de grelots, à l'usage des bohémiens ».

چغت *tchighit*, lentilles ou taches de rousseur sur le visage; voir چیغیت et چیل *tchîl*.

چغرتمه *tcheghertma*, fifre; flageolet. On écrit aussi چیغرته.

چغرمق *tcheghermaq*, appeler, crier; voir چیغرمق.

چغلتی ou چغلدی *tcheghelteu*, bruit de voix; cris discordants, etc.; voir چیغلدی.

چغلق *tcheghlaq*, cris, hurlements; voir چیغلق.

چغله *tchaghala*, amande sauvage, amande verte; voir چاغلا.

چغیر *tchegheur*, voie, sentier, chemin de traverse; voir چیغیر.

چفت *tchift*, (pers. جفت *djoft*) 1° paire, couple. — بر چفت *bir tchift*, une couple d'animaux. — بر چفت چیزمه *bir tchift tchizmè*, une paire de bottes. — ایكی چفت سوزم وار *iki tchift seuzum var*, j'ai deux mots à dire. — بش چفت اوكوز قوللانمق *bech tchift eukuz qoullanmaq*, atteler cinq paires de bœufs. — 2° champs labourés; labourage. — چفت وچبوق *tchift u tchebouq*, champs et vignes. — چفت سورمك *tchift surmek*, labourer. — چفتجی *tchiftdji*, laboureur. — چفت اولمق *tchift olmaq*, être accouplé, apparié; être au pair. — چفتمه تكمی *tchiftme tekme*, pair ou impair? — چفتلشمك *tchiftlechmek*, s'accoupler. — چفتلشدرمك *tchiftlechdirmek*, accoupler, apparier (des animaux, des bœufs). — Proverbe: بن انك ایله قراڭلقده تكمی چفتمی اویونی اوینارم *ben onuñ ilè qarañleqta tekme tchiftme oyounou oïnarum*, « je jouerais avec lui à pair ou impair dans les ténèbres », se dit d'un homme qui inspire toute confiance. C'est exactement l'expression latine citée par Cicéron : « *dignum esse quicum in tenebris micet* »; — voir aussi چفته *tchifte*.

چفتلك *tchiftlik*, (lieu où on laboure; voir چفت) ferme, maison des champs; terre de labour. — چفتلك كخداسی *tchiftlik kyahyasse*, fermier; cultivateur. Il y a une forme de pluriel arabe-persan چفتلكات *tchiftlikat*, qui ne s'emploie que dans un sens tout spécial : چفتلكات همايون *tchiftlikati humayoun*, les fermes impériales, le domaine du sultan.

چفته *tchifte*, (du pers. جُفت) 1° assemblage de deux choses, paire; — par paire; accouplé. — چفته خانه *tchifte-hane*, volière; cage. — چفته تفنك *tchifte tufenk*, fusil à deux coups. — بر چفته *bir tchifte*, bateau à deux rames tenues par un seul rameur. — بش چفته قایق *bech tchifte qaïq*, bateau à cinq paires de rames. — چفته قپو *tchifte qapou*, porte à deux battants. — چفته شمعدان *tchifte cham'adan* (*chamdan*), flambeau à deux bougies; voir ایكیز *ikiz*. — چفته نقاره *tchifte naqare*, une paire de timbales. — 2° les deux pieds de derrière d'un animal, d'où *ruade*. — چفته اتمق *tchifte âtmaq*, ruer, regimber. — چفته لو حیوان *tchiftelu haïvan*, cheval rétif, qui rue et se cabre. — 3° tache sur le front du cheval, considérée comme de mauvais augure. — چفته لو آت *tchiftelu ât*, cheval mauvais, taré.

چفوت *tchifout*, (corruption de یهود *yehoud*) surnom grossier et méprisant donné aux Juifs. — *au fig.* cupide, rapace, avare; voir aussi جهود.

چفوطه *tchefouta*, (origine incertaine) cordages qui font partie de la charpente nommée *ber* ou *berceau*, sur laquelle repose le navire en réparation, ou avant d'être mis à flot.

چقال *tchaqal*, pers. شغال, chacal ou *loup doré*. — چقال اریكی *tchaqal èriyi*, nommée aussi یابان اریكی *yaban èriyi*, prune sauvage, prunelle. — On dit en proverbe : چقالسز بوك اولمز *tchaqalsez buñ olmaz*, il n'y a pas de fourré sans chacal.

چقرق *tcheqreq*, rouet à filer, tour; voir چیقریق.

چقش *tcheqech*, (mieux چقیش) sortie; ascension; voir چیقش et چیقمق.

چققشق *tcheqechmaq*, se produire ; rivaliser, lutter ; voir چیقمق.

چقلوس *tchaqalos*, petit canon ; voir چاقالوس.

چقمق *tcheqmaq*, sortir ; monter ; voir چیقمق.

چقمق *tchaqmaq*, 1° frapper, heurter. — 2° briquet ; voir چاقق.

چقن *tcheqen*, petite bourse, petit sac ; voir چیقین.

چقور *tchouqour*, fosse ; voir چوقور.

چك *tchi* pour *tchiy*, crû, non cuit ; voir چیك *tchiy*.

چكترمه *tchektirmè*, bateau à rames ; galère ; voir چكدرمه.

چكچ *tchekitch*, marteau ; voir چكیچ.

چكچك *tchektchek*, grande brouette ou charriot à quatre roues ; synonyme de آرابه *âraba*.

چكدرمه *tchektirmè*, bateau ou bâtiment à rames ; galère. On emploie dans le même sens چكدیری *tchektiri* qui désigne aussi un bâtiment de corsaire fin voilier. Comparer avec باسترده *bastarda* et قادرغه *qadergha* ; voir چكلك.

چكدیری *tchektiri*, navire, bâtiment ; voir l'article précédent.

چكڭراق et چكرداق *tcheñraq* ou *tcheñerdaq*, clochette, grelot ; voir چنغراق.

چكردك *tchekirdek*, 1° noyau, pepin, graine. — شفتالو چكردكی *cheftalu tchekirdeyi*, noyau de pêche. — اوزوم چكردكی *uzum tchekirdeyi*, pepin de raisin ; on nomme چكردكسز اوزوم *tchekirdeksez uzum*, « raisin sans pepins », une espèce qu'on cultive à Smyrne sous le nom de *raisin des sultanes*. — پنبوق چكردكی *pambouq tchekirdeyi*, graine de coton. — چكردك ایچی *tchekirdek itche*, amande, partie blanche et molle contenue dans le noyau. — au fig. چكردكدن یتشمه *tchekirdekten yetichmè*, « poussé du noyau », vieux, gâté, mauvais. — 2° division de poids, grain, carat. — درت درهم بر چكردك *deurt dirhem bir tchekirdek yoçma* یوقمه, « un freluquet, un bellâtre qui vaut quatre drachmes et un grain », se dit en plaisantant d'un jeune homme fat et prétentieux. — چكردكلنمك *tchekirdeklenmek*, vieillir, moisir ; ne s'emploie qu'en parlant des végétaux.

چكردمك *tcheñerdèmek*, produire un son clair, un sifflement aigu

comme la vibration de la corde de l'arc.
— چگردی — tcheñerdeu, sifflement, son clair et rapide. — On prononce également avec le ڭ persan tchegerdèmek et tchegerdeu. Cf. چگردمك.

چكركه tchekirguè, sauterelle. (Comparer avec le t. or. چوغورتغه et چاير چكركه‌سی tchaïr tchekirguèsse, «sauterelle de prairie», grillon. — اوراق چكركه‌سی oraq tchekirguèsse, cigale nommée aussi oraq qouchou اوراق قوشی. — اوجاق چكركه‌سی odjaq tchekirguèsse, grillon domestique, cri-cri. — چكركه قوشی tchekirguè qouchou, étourneau, autrement nommé صیغرجق çegherdjeq. — چكركه سلطان tchekirguè sultan, « la reine des sauterelles », nom donné au mausolée d'un santon célèbre à Brousse, auquel se rattachent certaines légendes répandues dans cette province. — چكركه قاب قاره ترلا ایلدی tchekirguè qap qara tarla eïledè, «les sauterelles ont rendu les champs tout noirs», elles ont tout dévasté.

چكزنمك tchiyzenmek, rôder, aller çà et là, errer à l'aventure.

چكشمك tchekichmek, (réciproque de چكمك) se tirer l'un l'autre; lutter, se battre; débattre, contester. Ce verbe gouverne le datif. — فلانه چكشمك filanè tchekichmek, se battre avec quelqu'un. — چكشه چكشه پازارلق ا tchekichè tchekichè pazarleq etmek, débattre un marché, une affaire. — جان چكشمك djan tchekichmek, lutter contre la mort, être à l'agonie. — چكشمه tchekichmè, lutte, combat; contestation. — trans. چكشدرمك tchekichtirmek, faire battre les gens; diviser; mettre la discorde. — چكشدرمه tchekichtirmè, discorde, mésintelligence, propos malveillants. — چكشمینجه پكشمز tchekichmèyindjè pekichmez, on ne devient fort que par la lutte.

چكمجه tchekmèdjè, étui, etc.; voir چكمه‌جه.

چكمك tchekmek, tirer, attirer. — retirer, extraire. — absorber, boire; aspirer. — supporter, souffrir. — قلج چكمك qeledj tchekmek, tirer le sabre. — كورك چ kurek tchekmek, ramer. — جفا چ djefa tchekmek, supporter des rigueurs. — زحمت چ zahmet tchekmek, prendre de la peine; se déranger. — چبوق چ tchebouq tchekmek, fumer une pipe. — انفیه چ unfyè tchekmek, priser du tabac. — ایچ چ itch tchekmek, souffler fort; soupirer; manifester du chagrin. — چ ال اِل èl tchekmek, « retirer la main », s'abstenir, renoncer, rester neutre. — چ اوموز omouz tchekmek (ou tchekîn tchekmek), « hausser les épaules », feindre de ne pas savoir. Cf. چکین. — چ صویه çoya tchekmek, ressembler à sa race, chasser de race. — بکا چکمشسین baña tchekmichsîn, tu me ressembles, tu es de mon sang. — چ قولاق qoulaq tchekmek, tirer l'oreille; réprimander. — چ سینه يه sinèyè tchekmek, inclure, insérer; se porter garant. — چ عسکر 'asker tchekmek, lever une armée; conduire au champ de bataille. — چکه مامك tchekèmemek, ne pouvoir pas supporter; être intolérant, jalouser. — چکدرمك tchektirmek, faire tirer, faire porter; ramer. — چکلمك tchekilmek, être tiré, être mis de côté; se retirer du monde, vivre dans la retraite; rester en arrière; reculer. — چکلمز بر شی tchekilmez bir cheï, une chose qu'on ne peut supporter, intolérable. — چکل کیت tchekil guit, va-t-en, détale!

چکمن tchekmen, (var. چکمان) 1° vêtement pour la pluie; manteau. — 2° large pantalon, peut-être synonyme du tchepken des Turcomans; voir چپکن.

چکمه tchekmè, (nom verbal de چکمك chose tirée, retirée) 1° grandes bottes. — 2° pantalon de dessous, caleçon. — 3° compartiment de caisse ou de malle; tiroir de meuble.

چکمه جه tchekmèdjè, 1° commode, secrétaire à tiroir et à compartiments. — 2° étui dans lequel on met ce qu'il faut pour écrire; c'est le qalemdân des Persans. — 3° pont-levis, synon. de آصمه کوپری ou قالقار کوپری qalqar keupru ou açma keupru (HINDOGLOU).

چکندر tchukundur, carotte; betterave; voir چوکندر.

چکنمك tchekinmek, 1° se retirer; s'abstenir; éprouver de la répugnance, de la gêne; avoir peur de..... — چکندیکم وار tchekindiim var, j'ai des scrupules. — چکنه چکنه tchekinè tchekinè, discrètement, avec précaution. — چکنمه tchekinmè, manières, embarras, hésitation. — بو چکنمه لر نه ایمش bou tchekinmèler nè imich, pourquoi tant de façons? — 2° désirer, convoiter; voir چکمك. — 3° tcheïnèmek, mâcher, mastiquer; voir چکنمك.

چه گونکی *tchigounègui*, (pers. چه گونه de quelle manière, comment) état, situation, manière d'être. — چه گونکی احوال *tchigouneguii ahval*, la nature des circonstances. — چه گونکی مسئله *tchigouneguii mes'èlè*, l'état actuel de la question.

چكه *tchèkè* et چكه جه *tchèkèdjè*, volumineux; massif; pesant. — چكه دوزن *tchèkè duzen*, grand luxe, étalage; voir aussi چکی.

چكه *tchèñè*, mâchoire inférieure et par extension : menton. — اوست چكه *ust tchèñè*, mâchoire supérieure. — چكه چقوری *tchèñè tchouqourou*, fossette du menton. — چكه آلتی *tchèñè àlteu*, fanon. — چكه لو *tchèñèlu*, qui a une grande mâchoire; *au fig.* bavard. — چكه اوینامق *tchèñè oïnamaq* ou چالمق *tchalmaq*, «jouer de la mâchoire», bavarder, caqueter. — چكه یورمق *tchèñè yormaq*, se disputer. — چكه آتمق *tchèñè àtmaq*, être à l'agonie. — چكه سی دوشوك قوجه قاری *tchèñèsè duchuk qodja qareu*, une vieille bavarde. — چكه یه قوت كیسه یه بركت *tchèñèyè qouvvet kesseyè berekèt*, souhait de santé et de richesse. — چكه لرینی بچاق آچمیور *tchèñèlerini betchaq àtchmyor*, «un couteau ne lui ouvrirait pas les mâchoires », il est muet et discret. — چكه مك *tchèñèmek*, mâcher, mastiquer; voir چیكه مك.

چکی *tchekí*, balance pour peser les pierres, le bois et les denrées. Cette mesure varie selon les objets dont elle représente le poids : pour le bois et la pierre, elle est de 180 oques, soit 231 kilogr.; pour l'opium, elle est de 250 dirhems seulement, soit 80 kil., 250 gr. — چکی طاشی *tcheki tacheu*, pierre servant de poids dans la balance en question. — اوچکی یه كله مم *ô tchekiyè guelèmem*, je ne puis m'accommoder de ces procédés. — كندوسنه چکی دوزن ویرمك *kendisinè tcheki duzen vermek*, se donner un grand luxe; faire beaucoup d'étalage.

چكیج (var. چاكوچ et چكج), cette dernière forme a passé en arabe et se prononce شاكوش *chakouch*), *tchekidj*, marteau. — قویمجی چكیجی *qoïoumdjou tchekidji*, marteau d'orfèvre. — دمرجی چكیجی *demirdji tchekidji*, marteau de forgeron. — چكیج خانه *tchekidj hanè*, appareil du martinet ou grand marteau établi dans les usines. (Voir aussi كسر *keçer* et كلنك *kulnuk*.) — چكیج

اوجنده در tchekidj oudjindè dur, « c'est au bout du marteau », comme en français « sur le métier ». — On dit d'un ouvrier habile : هر بر چكیجی بر آلتوندر her bir tchekidji bir âltoun dur, chaque coup de son marteau vaut de l'or. — ینه چكیج آلتنه قوهه‌لو yinè tchekidj âltenè qomalu, « il faut le remettre sous le marteau », cela a besoin d'être retouché. — باشنده چكیج دویولور bachindè tchekidj deuyulur, il a martel en tête. چكیجك باشی صیچرامق ایله صاپنی الکدن آتمه tchekidjiñ bacheu çetchramaq èla çapeneu èliñden âtma, « quoique la tête du marteau ait sauté, ne lâche pas le manche », ne jette pas le manche après la cognée. — چكیجی tchekidji, ouvrier qui manie le marteau. — اوسته چكیجی آلتنده پرورده اولمش ousta tchekidji âltendè perverdè olmech, « instruit sous la direction d'un maître ouvrier », bien formé, instruit à bonne école. — چكیله‌مك tchekilèmek, marteler; façonner au marteau.

چكیش tchekich, nom verbal de چكمك tiraillement; contestation; querelle.

چكیك قوشی (var. چكلوك) tchikik qouchou, alouette; son nom vulgaire est tarla qouchou, « oiseau des champs »; voir تارلا.

چكین tchikîn, partie du corps entre l'omoplate et le cou; épaule. — چكین شالی tchikîn chaleu, châle jeté sur les épaules, grand fichu. — چكین اوینامق tchikîn oïnatmaq, « lever les épaules », feindre d'ignorer. — چكینینه قومق tchikîninè qomaq, prendre sur soi, se charger; avoir la responsabilité.

چل (var. چیل) tchil, 1° taches sur le visage, éphélides. Cf. چگیت. — 2° taches de lèpre. — چللك tchillik, maladie de la lèpre. — چل یوزلو tchil yuzlu, visage de lépreux. Cf. آلاجه. — آینه چلی âina tchili, taches de rouille sur un miroir. — چل طاغوق tchil tavouq, poule tachetée de blanc et de roux. — چل آت tchil ât, cheval dont la robe est marquée de poils blancs, cheval rubican. — چل قوشی tchil qouchou, perdrix grise, gelinotte des bois. — 3° adj. brillant. — چل آقچه tchil âqtchè, argent tout neuf. — چللنمك tchillenmek, se couvrir de taches, se rouiller (satin, cuivre, etc.); voir چیل. — 4° particule d'intensité چل چپلاق tchel tcheplaq, tout nu.

چل tchil, perdrix grise, francolin; voir چیل.

چل 1° tchoul, couverture, housse de cheval; voir چول. — 2° tcheul, désert, plaine solitaire; voir چول.

چلاچه tchèlatchè, eau dans laquelle on fait dissoudre des matières colorantes pour la teinture.

چلب tcheleb, (corruption de چلیپا, ar. صلیب croix) Dieu. L'origine de ce nom absolument inusité aujourd'hui doit être rapportée à l'époque des missions chrétiennes qui pénétrèrent en Tartarie et dans l'Asie Centrale, sous les princes de la famille de Djenguiz-Khan. — Le nom ordinaire de Dieu en turc est *tañreu* تكری et en t. or. *ôghan* اوغان.

چلبر (var. جربر) tchelber, œufs sur le plat frits dans le *yoourt* et sans autre condiment. Ce mets ressemble aux œufs au beurre noir.

چلبی tchelebi, 1° monsieur, gentilhomme (ce titre se donnait surtout aux Européens). — 2° maître de maison. — 3° *adj.* instruit et bien élevé; ayant de bonnes manières; aimable, gracieux. — چلبیلك tchelebilik, politesse, urbanité; éducation d'une personne bien née. — Proverbe : سن چلبی بن چلبی آتی كیم قاشیر sen tchelebi ben tchelebi âteu kim qacheur, « tu es le maître, moi aussi je suis le maître, qui étrillera le cheval ? » — چپلاق چلبی عریان افندی tcheplaq tchelebi 'ourian efendi, « le maître tout nu, le maître tout court », celui qui commande sans qu'on réplique. — چوبدن چلبی tcheupten tchelebi, « monsieur brin-de-paille », se dit d'une personne de faible complexion. — Le nom de tchelebi, pris autrefois en bonne part (par ex. : علی پاشا چلبی 'Ali Pacha, ministre d'Osman II, surnommé tchelebi à cause de son élégance), est entaché aujourd'hui d'une nuance de ridicule et répond au français : « freluquet, damoiseau ». — On donne aussi le surnom de *Tchelebi-Efendi* au chef de la communauté des derviches *mevlevi*.

چلپیك tchilpik, mieux چپیل tchipil, chassieux, œil malade et atteint de lippitude. Cf. چپاق.

چلتیك tchiltik, 1° riz quand il est encore sur tige et enveloppé de sa balle; cf. برنج *pirindj*. — 2° champ où l'on cultive le riz, rizière. — چلتیكجی

tchiltikdji, cultivateur de riz; voir le persan چلتوك.

چلدرمق *tcheldermaq*, avoir un accès de folie furieuse; devenir fou; perdre la tête. (Comparer avec le t. or. چیودرماق). — چلدرمش *tcheldermech*, fou furieux, forcené. — چلدر چلدر باقمق *tchelder tchelder baqmaq*, lancer des regards furieux; comme چلغین *tchelghen*.

چلغین (var. چیلغین) *tchelghen*, 1° fou, forcené; furieux. — 2° débauché. — چلغنلق *tchelghenleq*, folie. — orgie, débauche. Cf. چلدرمق *tcheldermaq*.

چلك 1° *tchèlik*, acier; voir چلیك. — 2° *tchilek*, fraise; voir چیلك.

چلمك *tchelmek*, 1° frapper (avec la main ou l'aile); donner un coup de sabre. — 2° impressionner, ravir. — عقل چلمك *'aql tchelmek*, rendre stupéfait, causer du ravissement. Cf. چالمق. — 2° pousser avec le pied; faire tomber. — آیاق چلمه *áyaq tchelmè*, croc en jambe.

چلنك *tchelenk*, ornement de tête en métal enrichi de pierres précieuses; sorte d'aigrette ou de panache donné autrefois comme récompense militaire. — باشكزه چلنك طاقه لو سكز *bachenezè tchelenk taqmalu senez*, « il faut attacher un panache à votre tête », vous devez vous enorgueillir. Voir سرغوچ *serghoutch* et جغا *djegha*.

چلنكر (var. چلنكیر) *tchilinguir*, serrurier; voir چلنكر et كیدجی *kilidji*.

چله *tchèlè*, (pers. *tchillè*) 1° corde, fil; chaîne de la trame. — یای چله سی *yaï tchèlèsè*, corde de l'arc. — 2° jeûne de quarante jours (pers. چهل); au fig. souffrance, austérité. — چله چكمك *tchèlè tchekmek*, s'imposer des austérités, se mortifier, pâtir. — pratiques d'austérité et de pénitence que les derviches s'imposent pendant certaines nuits consacrées; voir pour les détails, d'OHSSON, *Tableau*, t. IV., p. 659.

چلیك (var. چلك) 1° *tchèlik*, acier; plus usité: *poulad*. Cf. بولاد. — آغیزی چلیكلو *âghezou tchèliklu*, « bouche d'acier», bavard; loquace. — چلیك كبی سرت *tchèlik guibi sert*, fort ou dur comme l'acier. — 2° *tchilik*, bouture. — چلیكلنمك *tchiliklenmek*, être mis en bouture.

چیلك *tchilik*, fraise; voir چلك *tchilek*.

چليم tchelim, port, stature, corpulence. — چليملو tchelimlu, fort, bien bâti, solide. — چليمسز tchelimsez, faible, débile; maigre.

چلينكر tchilinguir, (pers. چلنكر tchelenguer) serrurier, synonyme de كليدجى kilidji. — چلينكر باشى tchilinguir bachi, « maître serrurier », au fig. voleur émérite, crocheteur de portes. — اوستاد چلينكر oustad tchilinguir, serrurier passé-maître; habile ouvrier. — چلينكرلك tchilinguirlik, art du serrurier. — چلينكرلك ايتمش tchilinguirlik etmich, « il a fait métier de serrurier », il a brisé sa chaîne; se dit d'un forçat évadé. — چلينكر سفره‌سى tchilinguir sofrasse, établi de serrurier.

چمبار tchimber, outil de tissage; voir چمبار.

چمبالو tchembalo, de l'ital. cembalo, 1° tambour de basque entouré de clochettes. — 2° autrefois clavecin.

چمتنمك tchimtinmek, grignotter, manger du bout des dents.

چمچاق tchemtchaq, (pers. et t. or. چومچه) 1° tasse de bois, grande écuelle. — 2° grande cueiller ou poche en bois. Cf. كفچه keftchè.

چمچك tchimtchek, petit oiseau, passereau.

چمچه بالغى tchemtchè balegheu, gros et large poisson; il est sans doute nommé ainsi à cause de sa forme; voir le mot چمچاق.

چمديك (var. چمدك) tchimdik, pincement, action de pincer avec les doigts. — چمديك ديكيش tchimdik dikich, couture froncée. — چمديك پيده‌سى tchimdik pidèssi, galette aux rebords festonnés, nommée aussi ternaq pidèssi, « galette d'ongle ». — چمديكله‌مك tchimdiklèmek, et, par abréviation : چمديله‌مك tchimdilèmek, pincer; coudre en pinçant l'étoffe. — آنى شيطان چمديكلر ône cheïtan tchimdikler, « le diable le pince », se dit en plaisantant d'une personne qui s'agite et se démène beaucoup.

چمرنمق tchemrenmaq, se préparer, se mettre à l'œuvre, litt. : « retrousser son vêtement pour entrer dans l'eau ». — au fig. être actif, alerte, laborieux. — On trouve le même verbe à la voix faible چرنمك et چره‌مك. Cf. صيغامق.

چمشير tchimchir, (pers. شمشاد chimchad) buis; buis arborescent et toujours vert. — يشيل چشير yechil tchimchir, cyprès. — چشير قاشيق tchimchir qacheq, cueillir de buis. — Proverbe : كل باشه چشير طراق ياقيشور kèl bachè tchimchir taraq yaqecheur, « à tête teigneuse, il faut peigne de buis. »

چمقرمق (var. چيمقرمق) tchemqermaq, fienter, faire des excréments, se dit en particulier des oiseaux.

چمك tchummek, entrer dans l'eau pour se laver; faire une immersion, plonger; comparer avec le t. or. چومق tchoummaq. D'après le Lehdjè, il faut rapprocher ce verbe du mot چمور ou چامور boue, fange.

چمن tchemen, (pers.) prairie; pelouse, boulingrin; gazon, herbe, pelouse de verdure. — چمنلك tchemenlik, même sens. — مرعالرك چمنلرى قدر عسكر mer'alerun tchemenlere qadar 'asker, une armée aussi nombreuse que l'herbe des prés (MITHAT Efendi). Cf. چاير tchaïr et چيم tchim.

چمنتو tchemento, néologisme de l'ital. cimento, ciment, au lieu de كيرج kiredj; voir ce mot et خراسان. — صو چنتو çou tchemento, beton.

چامور tchamour, boue; voir چامور.

چن (var. چك tcheñ) tchen, mot imitatif exprimant le bruit produit par un corps métallique par suite d'un choc, et de la repercussion sur l'ouïe. De là le verbe چنلامق tchenlamaq, tinter et l'expression قولاق چنلامه‌سى qoulaq tchenlamasse, tintement d'oreille. — On doit aussi rapprocher de ce mot les composés چنغراق et چنغرداق, avec leurs variantes چكراق et چكرداق, clochette. Cf. چاك tchân, cloche.

چنار tchenar (ou چنار آغاجى tchenar âghadjeu), platane. — غرب چنارى gharb tchenare, platane d'Occident, nommé aussi « platane d'Amérique », moins beau et moins développé que celui d'Orient. — چنار تختهسى tchenar tahtasse, planche ou bois de platane dont on fait des ouvrages d'ébénisterie. — چنارجك قباغى قنطاره اورمق tchenardjik qabagheu qentarè vourmaq, « jeter un couvercle de bois de platane sur la balance », dans le sens de « c'est un rien, une peccadille ».

چناق (var. چاناق) tchanaq, écuelle ou jatte de terre, plat de terre. Une grande écuelle se nomme tchemtchaq; cf. چمچاق, une écuelle très creuse ou terrine قواطه چناغی qavata. — دیلنجی چناغی dilindji tchanagheu, écuelle de mendiant, sébile. — چناق یوغوردی tchanaq yoourteu, lait caillé de jatte, filtré et tamisé. — چناق چوملك tchanaq tcheumlek, « plats et marmites », vaisselle, ustensiles de ménage. — چناق چوملكجیلك tchanaq tcheumlekdjilik, poterie, céramique. — باش چناغی bach tchanagheu, crâne, boîte osseuse. — چناق اوزنكی tchanaq uzengui, genouillère de la selle et courroies d'étrier; cf. le t. or. چوناق tchounaq. — چناق بوغازی et قلعه‌سی tchanaq qal'èsse et boghazeu, château et détroit des Dardanelles; voir Diction. géographique. — چناقلق tchanaqleq, hune ou gabie, ainsi nommée parce qu'elle avait autrefois la forme d'une espèce de cage ou de panier. — Proverbes : چناق چناغه چارپار قیریلور tchanaq tchanagha tcharpar qerelur, « l'écuelle heurte l'écuelle et se brise ». — چناغی طولودر tchanagheu dolou dur, « son écuelle est pleine », il vit dans l'abondance. — چناغی طاشارق كلدی tchanagheu tacharaq gueldi, « il est venu portant l'écuelle », plein de confiance ou de convoitise. — چناقدن آقداریلور كبی دوكلدی tchanaqtan aqtarelur guibi dukuldu, « il a plu à pleins seaux, à verse ». — چناق به چناق طعامی tchanaq bè tchanaq ta'ame, repas servi avec profusion (cette locution est vicieuse et contraire aux règles de la grammaire turque). — هر كس یانه ایكی چناق ایله كلدی her kes yanemè iki tchanaq ilè gueldi, « chacun est venu m'apporter deux écuelles », on m'a bien traité. — قره چناقلی اولدی qara tchanaqlu oldou, « il est réduit à l'écuelle noire », il est dans une profonde misère.

چنبر tchember (pers.), 1° cercle de bois autour d'un tonneau ou d'un seau. — 2° chose enroulée. — بویون چنبری boïoun tchembere, fichu rayé qu'on roule autour du cou; le mouchoir rayé servant de coiffure se nomme duldadè دلداده. On nomme aussi boyoun tchembere, les deux os qui forment la clavicule. — 3° چنبر قایق tchember qaïq, bateau dont l'arrière est arrondi. — چنبر دیركی tchember direye, mât d'artimon. — au fig. فلكك چنبرندن كچمك felekuñ tchemberinden guetchmek, « passer par le cercle de la sphère céleste », éprouver les vicissitudes de la fortune. — چنبرله‌مك tchemberlèmek, entourer de cerceaux, cercler.

چنتك‎ *tchentik*, entaille, coche; voir چنتیك‎.

چنتمك‎ *tchentmek*, 1° entailler légèrement, ébrécher (les dents, le fil d'un sabre, etc.). — 2° ratisser. — بیچاقله صوغانی چنتمك‎ *b̤etchaq ela çoan̤eu tchentmek*, éplucher un oignon avec le couteau. — چنتلمك‎ *tchentilmek*, être entaillé, ébréché, ratissé; voir *tchentik*.

چنتیان‎ *tchintian*, (prononciation vulg. et fautive *tchiltian*) pantalon assez semblable à la large culotte des hommes (شلوار‎) et que portent les femmes, en toilette négligée. — چنتیانه اوتی‎ *tchintyan̤è oteu*, gentiane, plante.

چنتیك‎ *tchentik*, petite entaille, cran, coche moins profonde que l'entaille nommée كردیك‎. — چنتیکلهمك‎ *tchentiklèmek*, faire une entaille, encocher.

چندر‎ *tchender*, 1° grande corde d'instrument de musique. — 2° cuir placé sur le col de l'instrument. — 3° synonyme de *çatch ouzadan*; voir اوزادان‎.

چنطه‎ *tchanta*, sac, besace; voir چانطه‎.

چنغر‎ (var. چانغر‎ et چونغر‎) *tchengher*, bruit produit par le métal ou le verre répercutés. — چنغرداماق‎ *tchengherdamaq*, tinter, vibrer; cf. *tchengherdaq*, cloche, clochette. — چنغردی‎ *tchengherdeu*, tintement, son vibrant de la cloche, du métal, etc.

چنغراق‎ (var. چكراق‎) *tchenghraq* et چنغرداق‎ *tchengherdaq*, (var. چكرداق‎) grelot, clochette, sonnette; voir چن‎ *tchen* et چاك‎ *tchañ*, cloche. On dit en proverbe : چنغرداقلو دوه غایب اولمز‎ *tchengherdaqlu dèvè ghaïb olmaz*, « chameau qui a une clochette ne se perd pas ». — چنغراق دوكمهسی‎ *tchenghraq deuïmèss̤e*, bouton de sonnette.

چنك‎ *tchenk*, (pers. courbé, crochu, croc) 1° espèce de harpe. — 2° violon à l'usage des musiciens ambulants nommés چنگی‎ *tchengui*. — چنكله زنكله‎ *tchenklè zenklè*, castagnettes et grelots. Cf. چنكه‎.

چنكانه‎ *tchenguian̤è*, bohémien, tzigane; nomade. — *au fig.* impudent, effronté. — چ دوكونی‎ *tchenguian̤è duyunu*, « noce de bohémien », réunion tumultueuse, pêle-mêle, désordre. — چ آختابودی‎ *tchenguian̤è ākhta-*

pode, chancre, maladie honteuse. — چ چرکەسی *tchenguianè tcherguèsi*, tente de bohémien, campement de nomades. چنكانه كندو چركەسنده سلطاندر *tchenguianè kendu tcherguèsindè soultan dur*, « bohémien est roi dans sa tente », charbonnier est maître chez lui. Au XVIIᵉ siècle, on appelait چ آقچه *tchenguianè âqtchè*, « argent de bohémien » ou میخانه آقچه *meihanè âqtchè*, « argent de taverne », la monnaie altérée ou rognée, dite aussi *qezel âqtchè*, « monnaie rouge ». — Un commis subalterne du ministère des finances était chargé de percevoir l'impôt des bohémiens; de là le proverbe : چنكانه خراجّیسی اكسیك اولغله پادشاه دكلمی *tchenguianè kharaddjissi èksik olmaghela padichah deïlmè*, « parce que le percepteur des bohémiens est absent, n'y a-t-il plus de rois? » Pour un moine on ne laisse pas de faire un abbé. — چنكانه چالار كرد اوینار *tchenguianè tchalar kurd oïnar*, le bohémien joue et le kurde danse. — چ اونده قایماق اولمز *tchenguianè èvindè qaïmaq olmaz*, dans la demeure d'un bohémien il n'y a pas de crême. — چ خروسی كبی آیاغندن چاقلور *tchenguianè khorossè guibi âyaghenden tchaqelur*, il est attaché par la patte comme le coq du bohémien. — چنكانه چنكانه نك خرسزلغنی میدانه چقارمز *tchenguianè tchenguianènuñ khersezlegheneu meïdanè tcheqarmaz*, « le bohémien ne divulgue pas le larcin du bohémien », ils s'entendent comme larrons en foire. — چنكانه لك *tchenguianèlik*, hardiesse, impudence, effronterie. — چنكانه پالامودی *tchenguianè palamoudou*, thon de petite taille autrement nommé قاره بالق *qara baleq*, poisson noir.

چنكل *tchenguel*, (pers.) croc, crochet. — قصّاب چنكلی *qassab tchengueli*, croc à l'étal du boucher. — پنجره و قنات چنكلی *pendjèrè u qanat tchengueli*, charnière de fenêtre et de porte. — دیوار چنكلی *douvar tchengueli*, crochet de muraille, instrument de supplice. — قایغك چنكلی *qaïgheñ tchengueli*, gaffe. — چنكله كلمك *tchenguelè guelmek* ou چنكللنمك *tchenguellenmek*, « être pendu au crochet », supplice usité autrefois chez les Turcs. — چنكلی طاقمق *tchengueli taqmaq*, tourmenter, molester. — سنی چنكله اورەم *senè tchenguelè vouraïm*, « je te jetterai au croc », terme de menace. — On dit dans le même sens : سكا چنكل *saña*

چنك

tchenguel, « à toi le crochet! » — چنكله *tchenguelè dunmuch*, changé en crochet, courbé par les années. — چنك ساقزی *tchenguel saqezeu*, gomme de joubarbe, vomitif nommé aussi *terre émétique*. — چنكلّو *tchenguellu*, crochu, en forme de croc ; voir قانجه *qandja*.

چنكه *tchenguè*, nom d'une espèce de ronde ou chanson populaire que chantent les musiciens ambulants, en s'accompagnant du tambour de basque, lorsqu'ils précèdent un cortège nuptial. Cette chanson est ordinairement sur le mètre *mounsarih* du genre dit *matvi* et *mavqouf*, c'est-à-dire composé à chaque hémistiche de *muftaïlun* et de *faïlat* répétés ; elle a pour refrain les mots *yari yar*. En voici un exemple cité par le *Lehdjè* :

قنغی چمندن اسوب كلدی صبا یار یار
نار دمی دوشدی هب جانم آرا یار یار

« De quel bocage souffle le vent qui passe ? *yari yar*. — Une haleine de feu a envahi mon âme, *yari yar*. » — Voir la rédaction *turki* de ce chant dans le *Diction. turk-oriental* de M. Pavet de Courteille, p. 289.

چنكیز (var. چنكز et جنكز) nom de Djenguiz-Khan ou Gengiskhan. D'après Abou'l Ghazi, *Histoire des Mogols*, t. II, p. 88, *tchinguiz* est le pluriel de *tching* qui signifie « grand, fort ».

چنلامق *tchanlamaq*, tinter, vibrer ; voir چالك *tchân*.

چنه *tchènè*, mâchoire, orthogr. vicieuse pour *tchènè* ; voir چكه.

چنه‌مك *tchènèmek*, mâcher ; voir چیكنمك.

چوال *tchouval*, (ar. جوالق) sac et surtout grand sac de toile (comparer avec طوربه *tourba* et كیسه *kèçè*). — كومر چوالی *keumur tchouvaleu*, sac de charbon. — بش چوال اون *bech tchouval oun*, cinq sacs de farine. — چوال پاره‌سی *tchouval paraseu*, « passe de sac », droit d'octroi aboli par la législation actuelle. — چوال قارنلو *tchouval qarenlu*, « ventre de sac », se dit d'un cheval qui mange beaucoup. — لاقردی چوالی *laqerdeu tchouvaleu*, « sac à paroles », bavardage, charretée de paroles. — چوالی بوشلاتمش *tchouvaleu bochlatmech*, « il a vidé le sac », il a mangé tout son avoir. — مزراق چوالده كیزلنمز *mezraq tchouvalda guiz-*

lenmez, « une lance ne peut être cachée dans un sac ». — كديه چوال كيدرمك *kediyè tchouval gueïdirmek*, « habiller un chat avec un sac », donner des vêtements trop larges, fagotter. — ديبسز چوال *dipsez tchouval*, « sac sans fond », prodigue, panier percé. — قولاقسز بر چوالدر *qoulaqsez bir tchouval dur*, « c'est un sac sans oreille », une chose sur laquelle on n'a pas de prise. — چوالى هر متاعه آچق در *tchouvaleu her meta'a âtcheq dur*, « son sac est ouvert à toute chose », se dit d'une personne curieuse.

چوالدز *tchouvaldez*, (du pers. چوال دوز) grande aiguille à coudre les sacs de toile; aiguille d'emballage.

چوبان *tchoban*, (pers. où se trouve aussi la forme شبان) berger, pâtre. — صيغر چوبانى *çegher tchobaneu*, bouvier. — چ اعتقادى *tchoban i'tiqade*, foi du berger, croyance robuste et sincère. — چ آلدادان *tchoban âldadan*, oiseau siffleur, espèce d'engoulevent. — چ پوسكولى *tchoban puskulu*, « houppe de berger », houx, plante. — چ دكنكى *tchoban deïneyi*, houlette de berger; nom d'une plante, *virga pastoris*, capillaire. — چ دودوكى *tchoban dudu-yu*, chalumeau, flûte de Pan; *asarum* ou *asaret*, plante de la famille des aristolochées. — چ سوزكوجى *tchoban suzguedji*, « passoire de berger », grateron, plante nommée de même en arabe مصفاة الراعى, parce que les bergers s'en servent comme d'une passoire pour clarifier le lait dans lequel il est tombé des poils. — چ طراغى *tchoban taragheu*, « peigne de berger », c'est la plante nommée en arabe « ongle de vieille » ظفرة العجوز; elle est efficace, dit-on, contre les verrues. — چ طغارجغى *tchoban daghardjegheu*, « besace de pâtre », plante grimpante, espèce de pariétaire. — چ ايكنه سى *tchoban iynèssi*, « aiguille de pâtre », en arabe ابرة الراعى, espèce de géranium; bec de grue. — چ قالدران *tchoban qalderan*, « qui fait lever le berger », *tribulus*, nommé vulgairement *herse* ou *croix de Malte*, plante armée de pointes aiguës. — چ مرهمى *tchoban merhème*, espèce d'emplâtre composé de térébinthe, de savon et d'autres ingrédients. — چ يلديزى *tchoban yeldezeu*, « étoile du berger », Vénus, nommée aussi آق يلدز *âq yeldez*, l'étoile blanche et صباح يلديزى *çabah yeldezeu*, l'étoile du matin. — چ طاشى

tchoban tacheu, « pierre du berger », diamant d'une grande pureté. — Proverbes : چوبانلرك پیری حضرت موسی در *tchobanlaruñ piri hazreti mouça dur*, « Moïse est le patron des bergers ». — چوبانسز سوری اولمز *tchobansez suru olmaz*, « il n'y a pas de troupeau sans berger ». — چوبان كوپكی نه ییر نه یدرور *tchoban keupeyi nè yier nè yedirir*, « le chien de berger ni ne mange ni ne laisse manger », se dit d'un ministre vigilant et scrupuleux. — چوبانك كوكلی اولنجه تكدن یاغ چیقارر *tchobanuñ gueuñulu oloundja tekèden yagh tcheqareur*, « si le berger y met de la bonne volonté, il peut tirer du beurre du bouc », avec le travail on triomphe de tous les obstacles. — Pour indiquer la différence entre la douceur et la violence, on cite ce proverbe : چوبان قویونك یونكی و سودنی اومار قصاب اتی و دریسنی *tchoban qoïounuñ yuñeneu vè suduneu oummar qassab ètini vè derissini*, « le berger attend de la brebis la laine et le lait, le boucher la chair et la peau ».

چوبوق *tchebouq*, bâton, pipe ; voir چبوق.

چوپ *tcheup*, (pers. چوپ *tchoup*) petit morceau de bois, esquille, brin ; balayures. — چور چوپ *tcheur-tcheup*, copeaux, éclats de bois. — صمان چوپی *çaman tcheupeu*, fétu de paille. — *au fig.* très maigre, débile, chétif. — چوپ پاره *tcheup parè*, picot. — چوپچی *tcheuptchu*, balayeur, celui qui enlève la poussière et les ordures. — چوپ آتلامز *tcheup âtlamaz*, faiseur d'embarras ; original, maniaque. — صاقنان كوزه چوپ دوشر *çaqenan gueuzè tcheup ducher*, le brin de bois tombe dans l'œil de celui qui se méfie, c.-à-d. l'excès de précaution est nuisible. — اوزم چوپی *uzum tcheupeu*, grappe égrénée, sans raisin. — چوپغز *tcheuptcheghaz*, petit brin, fétu ; chose imperceptible. — چوپ قلدامز *tcheup quemeldamaz*, « on ne voit pas remuer un fétu », il n'y a pas un souffle d'air. — اصلا چوپ قلدامز *açla tcheup quemeuldatmaz*, « il ne remue pas un brin de paille ou de bois », c'est un homme paisible, inoffensif. — ای جانم بز سنك ایله چوپمی اوزوشدك *eï djanum biz senuñ ilè tcheupme uzuchduk*, « eh ! mon ami, avons-nous donc rompu le fétu ensemble ? » C'est exactement l'expression française « rompre la paille », c'est-à-dire se brouiller. — كوزندن چوپی

چوقاردی گیُوزُنـدن گیُوزُنـدن *gueuzunden tcheupeu tchęqardeu*, « il s'est tiré le fétu de l'œil », il a surmonté la difficulté; il s'est tiré l'épine du pied. — چوپی صویقاشور *tcheupeu çoïqacheur*, « il ne porte le fétu que par un bout », il lui faut un second, se dit d'un paresseux qui refuse la besogne. — چوپدن مناره یه دکه یقیلور *tcheupten minarèïè deïmè yęqeleur*, ne touche pas à un minaret de bois, il s'écroulerait. — چوپلك *tcheuplik*, endroit où l'on jette la poussière et les ordures. — چوپلك آغیزی *tcheuplik âghęzeu*, bouche d'égoût. — چوپلك اسكله سی *tcheuplik iskèlèssę*, nom d'un quartier de Constantinople.

چوپره *tchoprè*, hyssope, plante aromatique plus connue sous le nom de *tchurduk oteu*; voir چوردوك. — En t. or. *tchoprè* signifie « arête de poisson, plante à piquants, etc. » — چوپره بالغی *tchoprè balęgheu*, poisson qui vit dans les rochers et dont la chair est pleine d'arêtes.

چوپلنمك *tcheuplenmek*, béquetter comme un oiseau; ramasser les brins et les miettes. — *au fig.* vivre de peu; être content de peu. Cf. چوپ *tcheup*.

چوپلمه *tcheuplèmè*, ellébore, plante de la famille des Renonculacées. — قره چوپلمه *qara tcheuplèmè*, ellébore noir, *elleborus officinalis*. — آق چوپلمه *âq tcheuplèmè*, ellébore blanc, *veratrum album*. — امریقا چوپلمه سی *ameriqa tcheuplèmèssi*, ellébore d'Amérique ou ellébore vert. — Cette plante médicinale qu'on employait autrefois comme purgatif et contre la folie se nomme aussi بوینوز اوتی *boïnoz otę*, « herbe à la corne », et قره جه *qaradja*, « noirâtre ».

چوپور *tchupur*, 1° tache, maculature sur la peau et principalement sur le visage; tache de rousseur. — 2° bouc sauvage, *argali*. — چوپورلو چیچك *tchupurlu tchitchek*, fleur tachetée; *au fig.* fanée, flétrie.

چوپورینه *tchupurinè*, poisson qui ressemble à l'éperlan, mais plus gros et plus lourd.

چوتره *tchotora* ou *tchotoura*, bouteille de bois; voir le mot suivant.

چوتوره *tchotoura*, 1° large, aplati; camus. — 2° cruche ou bouteille en bois de forme plate. — 3° چوتوره بالغی *tchotoura balęgheu*, espèce de dorade à museau aplati; voir aussi چتاری.

چوجــق tchodjouq, (cf. le t. or. چوجك doux, agréable) enfant, petit enfant, petit garçon. — چوجق چولق tcholouq-tchodjouq, la petite famille, les enfants; چوجق چوقلغی tchodjouq tchoqlegheu, même sens; lignée nombreuse. — آناسنك چوجــغی ânasinuñ tchodjougheu, « fils de sa mère », se dit de la ressemblance des traits; باباسنك چوجغی babasinuñ tchodjougheu, « fils de son père », se dit de la ressemblance du caractère. — چوجــــق اویونجاغی tchodjouq oyoundjagheu, jeu d'enfant, baliverne, futilité. — چوجق دوشرمه tchodjouq duchurmè (ou گچورمه guetchurmè), avortement. — چوجقلق tchodjouqleq, enfance; bas âge; légèreté de caractère, étourderie; réunion d'enfants. — دنیاده چوجقلق قالمــدی dunïada tchodjouqleq qalmadeu, il n'y a plus d'enfants. — چوجغه ایش بیوران آردنجه کندی کیدر tchodjougha ich bouïouran ârdendjè kendi guider, quiconque donne une commission à un enfant doit le suivre de près. — چوجق بیور دلی اوصلنمز tchodjouq beuyur deli ouçlanmaz, l'enfant grandit, le fou ne devient pas sage. — چوجقــدن آل خبری tchodjouqten âl khabere, prends exemple sur l'enfant. — چوجق دوشه قالقه بیور tchodjouq duchè qalqa beuyur, c'est à force de tomber et de se relever que l'enfant grandit.

چوحه tchoha, (et چوخه) prononciation vulg. pour tchoqa, « drap »; voir چوقه.

چودار tchoudar, (pers. دیو کندم) épeautre ou blé rouge, espèce de froment qui donne une farine très fine.

چور tcheur et plus souvent چور چوپ tcheur-tcheup : morceaux de bois, copeaux; éclats de bois; fétu, débris de bois et de paille. — چورلك چوپلك tcheurluk-tcheupluk, tas de débris, tas d'ordures. — چوردن چوپدن بنا tcheurden tcheupten bina, construction légère, masure de bois et de paille.

چوراب tchorab, (ar. جورب, pers. كورب) bas, chausses. — عجم چورابی 'adjem tchorabe, chaussettes. — ایپك یوك تیره چوراب ipek, yuñ, tirè tchorab, bas de soie, de laine ou de fil. — چوراب یلك tchorab yelek, bas et casaque tricotés. — Les fabriques de tricot les plus renommées de la Turquie étaient celles de Drama en Macédoine et de Philippopolis en Thrace. — چوراب اورمك tchorab eurmek, tricoter des bas; au fig. ourdir une ruse, tromper.

چوراق *tchoraq*, (pers. شوره) terre mêlée de soude, de chaux et de potasse; terre qui sert à fabriquer le savon. — چوراق یر *tchoraq yer*, terrain salsugineux et marécageux.

چوربا (var. چربا, جـوربا) *tchorba*, soupe, potage; assaisonnement. — Les différentes espèces de soupe de la cuisine turque sont les suivantes: اشکنبه چ *ichkembè* (*tchorbasseu*), soupe aux tripes. — اوتلـق *otleq*, soupe aux herbes. — اوغماق *oghmaq*, au lait aigre. — بالـق *baleq*, au poisson. — برنج *pirindj*, au riz. — تربیهلو *terbyèlu*, épicée. — ترخانه *terhanè*, au fromage. — شعریه *cha'ryè*, au vermicelle. — قولاق *qoulaq*, à l'oseille. — مرجمک *merdjimek*, aux lentilles. — نخود *nokhoud*, aux pois. — یشللک *yechillik*, aux herbes fraîches. — چورباالق *tchorbaleq* ou چ طاسی *tchorba tasseu*, soupière. On dit vulgairement: اورته‌لق چوربا کبی *ortaleq tchorba guibi*, tout est mêlé, en désordre; on est dans le gâchis jusqu'au cou. — چورباجی *tchorbadje*, 1° cuisinier, celui qui prépare la soupe. — 2° notable, maire de village chargé de recevoir et de nourrir les étrangers, les agents du gouvernement, etc. — 3° chef d'un orta de Janissaires; il exerçait à peu près les fonctions du colonel des régiments actuels, mais sa juridiction sur ses hommes était limitée par celle de l'âgha des Janissaires. Cf. DJEVAD BEY, *État militaire*, t. I, p. 45.

چورپه *tchourpè*, marcassin, jeune sanglier; le marcassin nouveau né est nommé چوجغه *tchoudjega*. Cf. چوجق *tchodjouq*.

چورتان *tchortan*, espèce d'anguille; ce mot est peu usité, on dit plutôt *yilan balegheu*; voir یلان. — چورتان کولی *tchortan gueuleu*, « le lac de l'anguille », dans le Kharezm en face la citadelle de *Qoñgrat*. — *tchortan*, écrit aussi چـورتن, signifiait en outre autrefois « conduite d'eau, gouttière »; voir چورتون.

چورتمک *tchurutmek*, considérer comme mauvais; rejeter; voir چورومک *tchurumek*.

چورتون *tchortoun*, 1° conduite d'eau ou rigole en bois dont la partie supérieure est à ciel ouvert; — tuyau de pompe en bois. On écrit aussi چورتان; voir ce mot.

چورجال tchourdjal, (mot étranger) cordelette ou ficelle avec laquelle on fait mouvoir l'étoupille qui met le feu au canon; — tire-feu.

چورچار tchourtchar, adj. ruiné, abîmé, perdu.

چوردوك (var. چوردك) tchurduk, ou plus ordinairement tchurduk ote. D'après le Lehdjè, ce serait une plante aromatique fortifiante et qui provoque l'insomnie; on lui donne cependant comme synonyme arabe زوفا zoufâ, qui paraît désigner l'hyssope ou peut-être, par suite d'une confusion des traducteurs anciens, l'œssype.

چورك tcheurek, (forme primitive چوراك; cf. le t. or. چورکاماك brûler, cuire) 1° gâteau fait avec du beurre, du sucre et des œufs, dont il se fait une grande consommation chez les Chrétiens de Turquie, aux fêtes de Pâques. — یاغلو چورك yaghlu tcheurek, gâteau bien beurré. — قندیل چورکی qandil tcheureye, gâteau ayant la forme d'une lampe; c'est ce qu'on nomme pompe dans le midi de la France. — قتمر چ qatmer tcheurek, gâteau feuilleté. — ققرداق چ qeqerdaq tcheurek, gâteau à la graisse de queue de mouton. —

2° disque, plaque arrondie. — باقر قورشون چ baqer qourchoun tcheureye, disque de cuivre ou de plomb. — آفیون چ âfioun tcheureye, rondelle d'opium. — کونشك چ gunechuñ tcheureye, disque du soleil. — چورك پنبوق tcheurek pambouq, corde de coton enroulée, à l'usage des arsenaux. — چورك اوتی tcheurek ote, nigelle cultivée, plante dont on se sert comme condiment dans la cuisine orientale, en arabe حبة السوداء. La nigelle des champs se nomme شونیز et بوغنه. — Proverbe : اوکسوز اوغلنك چورکی قوینندہ کرك euksuz oghlounuñ tcheureye qoyounindè guerek, « le gâteau de l'orphelin doit rester dans sa poche », il faut veiller soi-même sur ses intérêts. — چورکلنمك tcheureklenmek, s'enrouler en corde; se tordre comme un serpent, etc. — Proverbes : سکز اوده طقوز چورکی وار sekiz èvdè doqouz tcheureye var, « en huit maisons il a neuf galettes », il est fort à son aise. — چورکی بورکه اکدرمق tcheureye beureyè añdermaq, « faire passer une galette pour un pâté », faire valoir sa marchandise.

چوروك tchuruk, pourri, gâté, putréfié. — sans valeur. — چوروك آله جق

tchuruk âladjaq, mauvaise dette. — چوروك ذمّلر *tchuruk zimemler*, obligations périmées, sans valeur. — چوروك دعوى *tchuruk da'va*, mauvais procès; prétention sans fondement. — چوروك سوز *tchuruk seuz*, parole inutile, mauvaise raison. — چوروكلك *tchurukluk*, pourriture, corruption ; charnier ; fosse commune des pauvres. — چوروكك اوزولمه‌سى يقيندر *tchuruyuñ uzulmèssè yaqen dur*, ce qui est pourri ne tarde pas à se désagréger. — چوروك ايپله قويى يه اينلمز *tchuruk ip ilè qouyouyè énilmez*, on ne descend pas dans le puits avec une corde pourrie. — چوروك تخته‌يه باصمه *tchuruk tahtāya baçma*, ne marche pas sur une planche pourrie. — چوروك تخته ميخ طوتمز *tchuruk tahta mikh toutmaz*, planche pourrie ne garde pas de clous. Voir چورومك *tchurumek*.

چورومك *tchurumek*, (var. چورمك et چوريمك), pourrir ; se gâter ; se corrompre ; se putréfier. — چورتمك *tchurutmek*, faire pourrir. — faire macérer dans l'eau. — *au fig.* considérer comme mauvais ou inutile ; rejeter ; nier, réfuter. — بحثمز چورودى *bahsemez tchurudu*, notre conversation n'a plus raison d'être. — چوروجك يرده قومق *tchurudjek yerdè qomaq*, laisser pourrir dans un coin. — يلان كيكى چورومز *yilan kemiyè tchurumez*, « l'os du serpent ne pourrit pas », proverbe dans le sens de : « une parole ne tombe pas à terre ».

چوره *tchevrè*, tour, enceinte, circuit; voir چيوره.

چوز *tchuz*, graisse fine qui tapisse les parois de canal intestinal ; en arabe هرب.

چوزكن *tcheuzgun*, (var. چوزكون) (du verbe چوزمك *tcheuzmek*) défait, dénoué ; — mou, mûri, blette. — قارلر چوزكونى *qarlar tcheuzgunu*, fonte des neiges.

چوزكو *tcheuzgū*, toile de coton servant à faire des draps de lit ; toile de draps à grandes raies.

چوزمك *tcheuzmek*, dénouer, délier, défaire. — mettre en charpie. — préparer le fil à passer sur le peigne ou la lame du métier pour former la chaîne. — se dissoudre, dégeler. — بوزلر چوزيلور *bouzlar tcheuzulur*, la glace fond, il dégèle. — چوزلمك *tcheuzulmek*, se dénouer ; se défaire. — être fondu, se dissoudre. — *au fig.* filer, s'évader. — On dit d'un homme finaud et retors : چوزان دلکی باغلایان دلکی *tcheuzen tilki baghlaïan tilki*, « renard qui dénoue et qui renoue ».

چوزوك (var. چوزك) *tcheuzuk*, *adj. verbal* de چوزمك, dénoué, défait ; — dissous ; liquéfié ; — faible, inconsistant.

چوغالمق *tchoghalmaq*, « être beaucoup », augmenter, s'accroître, se multiplier. — چوغالتمق *tchoghaltmaq*, rendre nombreux, faire accroître, augmenter. — rendre prospère, enrichir ; voir چوق *tchoq*.

چوغان (var. چوكن et چوغن *tcheugen*) *tchoughan*, soude, plante qui, réduite en cendre, donne le sel connu sous le nom d'*alcali* ou de *soude* ; on l'emploie en Orient pour le lavage des vêtements. C'est le nom turc du أشنان des Arabes, par conséquent la soude et non pas la saponaire.

چوغلامه *tchoughlama*, pour اوچوغلامه *outchoughlama*, bouton ou gerçure des lèvres par suite de la fièvre ; synonyme de *outchouq* ; voir اوچوق.

چوغورجق *tchoughourdjouq*, (prononciation vulgaire et fautive *çegherdjeuq* صیغرجق ; voir ce mot) passereau, moineau franc. — étourneau nommé aussi « oiseau de sauterelle » ; voir چکرگه *tchekirguè*. Une autre variété est le زرزور *zarzour*. — guépier ; voir آلا چوغورجق. — آری قوشی *âla tchoughourdjouq*, grive.

چوق *tchoq*, beaucoup, en grande quantité ; trop. — چوق کره *tchoq kerrè*, souvent, plusieurs fois. — پك چوق *pek tchoq*, extrêmement, en surabondance. — چوقدر *tchoqtour*, c'est beaucoup ; c'est trop. — آز چوق *âz tchoq*, plus ou moins ; ordinairement. — آزی چوغه طوتمق *âzeu tchogha toutmaq*, « considérer peu comme beaucoup », être indulgent, traiter avec bienveillance. — چوقدن *tchoqtan* ou چوقدن برو *tchoqtan beru*, depuis longtemps. — چوق شی *tchoq cheï*, c'est grave ; c'est bien étonnant ! la chose est forte ! comme en persan خیلی چیزیست. — چوغی *tchogheu*, souvent, plusieurs fois. — چوقدنکی *tchoqtanki*, ancien, qui date de loin (cette expression a vieilli). — چوق یاشا *tchoq yacha*, « qu'il vive longtemps ! » vivat, acclamation. — چوقلق *tchoqleq*, abondance ; grande quantité; foule; — prospérité, richesse. — *adv.* le plus souvent, ordinairement. — قنده چوقلق آنده بوقلق *qanda tchoqleq ânda boqleq*, « où il y a de la foule, il y a des ordures », trop de gens à la fois ne font rien qui vaille. — Proverbes : چوق یاش آز بیلکو برك عیبدر *tchoq yach âz bilgui berk 'aïbdur*, « grand âge et peu d'expérience, c'est chose très honteuse ». — آز یتیشور چوق یتیشمز *âz yetichir tchoq yetichmez*, « peu suffit, trop ne suffit pas », plus on a, plus on veut avoir. — چوق قارنجه دویه اولدورر *tchoq qarindjè deveyè euldurur*, « beaucoup de fourmis font mourir le chameau », l'union fait la force. — چوق قوجاقلیان آز دیوشرور *tchoq qodjaqlaïan âz devchirur*, « qui trop embrasse mal étreint ». — چوق لقردی پاره ایتمز *tchoq laqerdeu para etmez*, « excès de paroles ne fait pas d'argent ». — چوق سویلیانك قلبی صاغ اولمز *tchoq seuïlèïènuñ qalbe çagh olmaz*, « qui parle trop n'a pas la conscience nette ». — چوق شجاعت جنتدن قسمدر *tchoq chedjaat djenetten qesm dur*, « excès de bravoure vient du paradis ». Cf. بك *pek*.

چوقا (var. چوقه) *tchouqa*, poisson de grande taille, d'un noir très foncé et ressemblant à l'esturgeon.

چوقارمق *tchoqarmaq*, murmurer en bouillonnant comme une marmite sur le feu; répond au pers. خروشیدن.

چوقال *tchouqal*, 1° cuirasse, barde d'acier ou de fer. — چوقاللو آت *tchouqallu ât*, cheval bardé de fer. — 2° pot de faïence ou de terre enduite d'un vernis; pot de nuit. On écrit aussi چوقالی *tchouqali*, grec τζουκάλι. Voir چوکل.

چوقسامق *tchoqsamaq*, considérer comme grand; faire cas, priser. — *voix réfléchie :* چوقسنمق *tchoqsenmaq*, se considérer comme grand; être orgueilleux, vaniteux.

چوقمار *tchoqmar*, 1° massue, gourdin terminé par une grosse tête arrondie. D'après le *Lehdjè*, ce mot signifierait en t. or. non seulement « massue », mais aussi « chien de berger à grosse tête ». — 2° paresseux, inerte; sans intelligence; on trouve dans le même sens la forme چومان *tchoman*.

چوقماق *tchoqmaq* et plus moderne (var. چومق) چوماق *tchomaq*, massue, verge, masse portée par un huissier.

چوقور (var. چقور). Le t. or. a le

چوق   چوق

verbe چوقاق creuser, perforer) *tchouqour*, 1° fosse, excavation, cavité; puits de mine. — مزار چوقوری *mizar tchouqourou*, fosse de cimetière. — آكسه چ *ènsè tchouqourou*, fossette du menton; یاناق چ *yañaq tchouqourou*, fossette des joues; كوزك چ *gueuzuñ tchouqourou*, orbite de l'œil. — بوغاز چ *boghaz tchouqourou*, cavité du pharynx. — فدان چ *fidan tchouqourou*, fosse creusée autour de l'arbre. — 2° adj. enfoncé, déprimé, cave. — چوقور اوه *tchouqour ova*, plaine enfoncée, nom d'une vallée aux environs d'Adana. — چوقورلق *tchouqourleq*, lieu rempli de fosses et d'excavations. — چوقور یر *tchouqour yer*, bas-fond. — چوقوره دوشمك *tchouqourè duchmek*, «tomber dans la fosse», être entre la vie et la mort. — بر آیاق چوقورده او *bir ayaq tchouqourdè olmaq*, avoir un pied dans la fosse, être près de mourir. — چوقور قازمق *tchouqour qazmaq* et چوقورلاتمق *tchouqourlatmaq*, creuser une fosse. — چوقورلاشمق *tchouqourlachmaq*, se creuser, s'enfoncer; se déprimer. — چوقورلانمق *tchouqourlanmaq*, mêmes significations.

چوقومق *tchouqoumaq*, becqueter, picoter avec le bec; se chamailler (oiseaux) — creuser l'écorce de l'arbre, comme le pivert.

چوقه *tchoqa*, (origine *slave*) prononciation vulg. et plus usitée *tchoha*, drap, étoffe de drap. — چوقه لباس *tchoha libas*, vêtement de drap. — آل چوقه مور چوقه *âl tchoha mor tchoha*, drap écarlate et drap violet; au fig. chose élégante, supériorité ou prétention à la supériorité. — انكلیز چوقه سی كبی *ingliz tchohassè guibi*, «comme du drap anglais», dans le sens de «ruse, stratagème». — چوقه چیچكی *tchoha tchitcheyè*, camomille des teinturiers, autrement nommée بهار *bohar*. — قرمزی چوقه *qermezeu tchoha*, «drap rouge», giroflée pourpre. — چوقه بالغی *tchoha balegheu*, ou mieux چوقه *tchoha*, espèce d'esturgeon, probablement le sterlet dont la peau est mouchetée; on le nomme aussi بك بالغی *bey balegheu*. — چوقه جی *tchohadje*, marchand ou fabricant de drap. — چوقه دار *tchohadar*, (var. چوقدار) valet de pied. Dans l'ancienne cour, deux cents *tchohadar* faisaient partie de la maison du grand-vizir; ils l'escortaient portant à la ceinture un fouet garni d'argent. — باش چوقه‌دار *bach tchohadar*, premier valet de chambre du sultan, ayant sous ses ordres quarante valets. Il marchait à la droite du sultan tenant la main gauche sur la croupe de son cheval et portant dans un sachet de satin les pantoufles du souverain. Le second valet de pied nommé ایکنجی چوقه‌دار *ikindji tchohadar*, marchait à la gauche du sultan. — چوقه‌دار آغا *tchohadar âgha*, maître de la garde-robe impériale. Dans les occasions solennelles, il suivait le sultan à la mosquée et jetait de petites pièces de monnaie à la foule. — صالمه چوقه‌دار *çalma tchohadar*, (du verbe *çalmaq*, « lancer, envoyer ») agent de la police secrète commandant à une escouade de surveillants qui avaient la fonction d'inspecter les marchés, cafés et lieux publics, de veiller sur les mœurs, la bonne tenue des mosquées et des écoles, etc. Ils faisaient partie du corps des janissaires. Leur costume, quand ils étaient en tenue, se composait d'un *qalpaq* ou bonnet en peau d'agneau avec le sommet en drap vert, d'un long pardessus nommé *pirpiri* et d'un *chalvar* qui se boutonnait au-dessus de la cheville comme des guêtres. Cf. Djevad, *État militaire ottoman*, t. I, p. 186.

چوك *tchuk*, verge, membre viril. Ce mot et son équivalent سك *sik* sont considérés comme obscènes et les Turcs de bonne compagnie évitent de s'en servir. Ils emploient de préférence l'arabe ذكر *zeker*, ou bien ils se bornent à épeler le mot *sik* et le prononcent *sîn-kief*.

چوكارى *tcheukaru*, grain de sorgho, *holcus* ou grand millet; cette graine sert à l'alimentation en Orient. Voir طارو et دارى et le *Diction. turk-oriental* de M. Pavet de Courteille, p. 296.

چوكر (var. چوكور) *tchugur*, 1° épines, ronces qui poussent dans les blés. — 2° gros violon; espèce de guitare ou de mandoline. — چوكر شاعرلرى *tchugur cha'irlere*, chanteurs populaires qui vont de café en café faire entendre leurs chansons improvisées. Au dire d'un littérateur contemporain Zya Bey (dans son opuscule intitulé شعر وانشا « poésie et prose élégante »), c'est parmi ces poètes de carrefour qu'il faut chercher l'expression la plus sincère et la plus spontanée de la muse ottomane, et non pas dans les *divans* des poètes en renom qui copient servilement les procédés du style persan.

چوكش *tcheukuch*, nom verbal de چوكك, action de s'agenouiller, de s'abaisser. — abaissement; déclin; décrépitude. — چوكشمك *tcheukuchmek*, s'agglomérer, se réunir en nombre considérable (comme les oiseaux dans un champ de blé).

چوكك (var. چوكوك) *tcheukuk*, 1° enfoncé, déprimé, abaissé. — چوكك كوز *tcheukuk gueuz*, œil enfoncé dans l'orbite, œil cave. — چوكك آرقه *tcheukuk ârqa*, dos voûté. — چوكك بورون *tcheukuk bouroun*, nez aplati, camus. — 2° lie, sédiment comme چوكندى et چوكل; voir چوكمك *tcheukmek*. — چوكك قوشى *tcheukuk qouchou*, la synonymie et la description de cet oiseau ne se trouvent pas dans les dictionnaires indigènes.

چوكل *tcheukul*, 1° lie, sédiment; synonyme de چوكندى. — 2° چوكلك et چوكەلك *tcheukèlik*, terre à potier, argile à pétrir. Cf. چوكمك *tcheukmek*.

چوكمك *tcheukmek*, déposer, aller au fond comme la lie. — s'affaisser, dépérir, vieillir. — آورتلرى چوكيور *âvertleri tcheukyor*, ses joues se creusent, il maigrit. — بنا چوكدى *bina tcheuktu*, l'édifice menaçait ruine. — envahir l'atmosphère (comme l'obscurité, le brouillard, etc.). — ديز چوكمك *diz tcheukmek*, plier le genou, s'agenouiller; prier. — se coucher par terre les genoux repliés (se dit du chameau). — La voix transitive a trois formes : چوكرمك *tcheukurmek*, چوكرتمك *tcheukurtmek* et چوكدرمك *tcheukturmek*, faire plier, faire agenouiller un chameau (synon. de آيخلامق); planter en terre, ficher (un clou, etc.). — چوكلمك *tcheukulmek*, se déposer, aller au fond (le sel, la lie); s'agenouiller, plier les genoux.

چوكن *tcheugen, tcheuyen*, 1° bâton recourbé; raquette du jeu de paume, comme le pers. چوكان. — 2° alcali, soude; voir چوغان *tchoughan*. — 3° chapeau-chinois, instrument de musique.

چوكندر (var. چكندر et چوغندر) *tchukundur*, carotte et quelquefois betterave, comme en persan et en arabe vulgaire où se trouve la forme شوندار *chaouandar*.

چوكندى *tcheukundu*, 1° lie, sédiment. — 2° poupe d'un navire, d'une barque.

چوكوج et چوكج (var. چكیج) *tcheukudj*, marteau, maillet; du verbe چوكك, littér. : « l'instrument qui déprime et enfonce ».

چوكەرك *tcheukèrek*, 1° lie, sédiment, comme چوكندى. — 2° vase, bourbe au fond d'une mare ou d'un ruisseau; voir چوكك.

چول *tcheul* et چوللك *tcheulluk*, désert. — چول یر *tcheul yer*, lieu inculte et inhabité, comme قیراج. — عربستان چوللرى *'arebistan tcheulleri*, les déserts d'Arabie, les sables. — شام چولى *cham tcheuleu*, désert de Syrie nommé en arabe بریه الشام *berryet uch-cham*, désigne spécialement la basse Chaldée, les districts d'Ana (Anatho) et de Koufa.

چول *tchoul*, 1° tissu de crins grossiers; plus généralement : housse de cheval, couverture de cheval en crin ou en laine. — caparaçon. — چوللو آت *tchoullou ât*, cheval caparaçonné. — *au fig.* چول طومز *tchoul toutmaz*, inconstant; sans durée; éphémère. — 2° pour چوال *tchouval*, sac, sacoche.

چوللانمق *tchoullanmaq*, se couvrir, être revêtu d'une housse, être couvert et fermé. — On dit d'un cheval de prix : كومشدن نعل ابریشمدن چول اكا لایقدر *gumuchden na'al ibrichimdem tchoul oña laïqter*, « il mérite fers d'argent et housse de soie ».

چولاق *tcholaq*, manchot, qui est privé de bras et de mains, ou qui ne peut se servir de ces membres. — چولاقلق *tcholaqleq*, infirmité du manchot; mutilation ou atrophie du bras et de la main.

چولپا (var. چولپه du pers. چولاهه یا) *tcholpa*, 1° cheval boiteux, cheval qui traîne la jambe. — 2° *au fig.* traînard, vagabond, vaurien. — 3° maladroit, inhabile. — چولپا آشچى *tcholpa áchdje*, mauvais cuisinier, gargotier.

چولپان *tcholapan*, 1° qui marche en traînant la jambe. — 2° étoile du berger, Vénus; — voir چوبان.

چولتار (var. چولدار, چلتار) *tchoultar*, housse; dessus de la selle ou du bât. On dit d'un personnage riche et qui a un grand train de maison : ابریشم چولتارلو آته بینر *ebrichim tchoultarlu âta biner*, « il monte un cheval dont la housse est en soie ». — قرمزی چولتارلو آت دنیایی طوتمشدی *qermezeu tchoultarlu ât dunyaye toutmouchedeu*, « toute la campagne était couverte de chevaux à housses rouges ».

چولدو (var. جلدو, جلدو) *tchouldou*, part de butin donnée à un soldat qui s'est vaillamment conduit ; récompense pour une action d'éclat. — don, présent.

چولق (var. چولوق) *tchoulouq*, ce mot privé de sens propre se trouve toujours en composition avec *tchodjouq* چوجق : *tchoulouq tchodjouq*, enfants, famille nombreuse, postérité.

چولك *tcheuluk*, tourbillon, tournant d'eau, gouffre. Ce mot tombé en désuétude est cité par SOUDI, dans son Commentaire sur le divan de HAFEZ, éd. BROCKHAUS, t. I, p. 7, comme traduisant le pers. کرداب *guirdab*. — Comparer avec چونکول *tcheungueul*.

چوللامه *tchoullama*, 1° couvercle de pots, dessus d'ustensiles de cuisine. — 2° aliments qui cuisent dans une marmite, principalement viande et bouillon.

چوللق *tchoullouq*, espèce de passereau nommé aussi « oiseau bigarré » آلاجه قوش. — Les lexicographes varient beaucoup sur le nom de cet oiseau ; les uns le donnent comme le hoche-queue ou la bergeronette, les autres comme la caille ou la grive.

چولمك *tcheulmek*, marmite ; la prononciation plus moderne est *tcheumlek* ; voir چوملك.

چولها *tchoulha*, tisserand. (Ce mot est corrompu du pers. جلّا et il a un grand nombre de variantes : جولها etc.) چولهالق *tchoulhaleq*, profession de tisserand ; tissage ; tisseranderie. — چولها دزكاهى *tchoulha tezguiahi*, atelier de tissage. — On dit d'un homme remuant et impatient : چولها مكیکى كبى بر یاندن بر یانه کیسدر *tchoulha mekiki guibi bir yandan bir yana guider*, « il est comme la navette du tisserand, il va et vient sans cesse ». — صو چوللهاسى *çou tchoulhasse*, « navette d'eau », surnom donné à une espèce de squale, requin ou roussette qui est sans cesse en mouvement.

چومار *tchomar*, espèce inférieure de moutons qui n'ont qu'un embryon d'oreille et de queue ; cf. l'arabe فهد ; voir aussi چوقار.

چوماق **tchomaq**, 1° massue de bois ou de fer; quille pour jouer.

چومان **tchoman**, paresseux, sans intelligence; stupéfait, ahuri.

چومچه (var. چمچه) **tcheumtcha**, grande cueiller; voir چمچاق.

چوملك **tcheumlek**, marmite, ustensile de ménage en terre; pot de terre. — چناق چوملك **tchanaq tcheumlek**, poterie, vaisselle. — چوملكچى **tcheumlektchi**, potier, fabriquant de vaisselle. Les potiers de Kutayèh, ville de la province de Khoudavendiguiar, sont célèbres dans toute la Turquie. — چوملك كبابى **tcheumlek kebabe̱**, « rôti de marmite », ce sont les châtaignes rôties. — Proverbes : دیپسز چوملك كبی اصلا طولمز **dipse̱z tcheumlek guibi açla dolmaz**, « il est comme une marmite sans fond, on ne peut jamais le remplir », se dit d'un gourmand ou d'un prodigue. — هر كیجه چوملكى قاینار **hèr guedjè tcheumleye̱ qaïnar**, « sa marmite bout toute la nuit », il est généreux et hospitalier. — هر كس چوملكنك ایچندهكنى بیلور **her kès tcheumleyiniñ itchindèkini bilir**, « chacun sait ce qu'il y a au fond de sa marmite », chacun voit clair dans ses affaires. — هر كس آتشى كندو چوملكنه كتورر **her kès âtechi kendu tcheumleyinè guetirir**, « chacun va chercher du feu pour sa propre marmite », chacun pour soi. — چوملك حسابنه باقیلورسه آیك قرق بشى **tcheumlek hyssabinè baqe̱leursa âyuñ que̱rq bechi**, « d'après le compte de la marmite, c'est le 45 du mois », allusion à des dépenses exagérées et à une maison mal tenue.

چوملمك **tcheumulmek**, s'accroupir; se blottir; — se cacher.

چومور (var. چوم, چمور) **tchomour**, ancien nom du navet, nommé aujourd'hui **chalgham**; voir شلغم. Le *Lehdjè* rapproche sans raison ce vieux mot de چامور boue, terrain marécageux.

چون **tchoun** ou **tchun**, (pers.) comme; comment; puisque; alors que. — چونكه **tchounki** ou **tchunki**, parce que, attendu que; puisque. Distique cité proverbialement en parlant d'un avare :

چونكه یوق او صاحبندن فائده
رَبَّنَا أَنْزِلْ عَلَيْنَا مَائِدَةً

tchunki yoq èv çahibinden faïdè — rebbèna enzil 'aleïna maïdè, « puisqu'il n'y a rien à attendre du maître de la maison, Seigneur, fais descendre sur nous *la table!* » Il y a dans ce vers une allusion au miracle de la table descendue du ciel à la prière de Jésus, ainsi que le raconte le Ve chapitre du Koran. C'est un souvenir confus de la multiplication des pains et des poissons de l'évangile.

چونكول *tcheungueul*, étang de petite étendue, mare ; marécage.

چوى *tchivi*, cheville ; voir چيوى. — چويلەمك *tchivilèmek*, cheviller ; voir چيويلەمك.

چويد *tchivid*, indigo ; voir چيويد.

چوىرمك (var. چورمك, چيورمك) *tchevirmek*, tourner, retourner. — environner, envelopper, enceindre. — renverser, mettre sens dessus-dessous. — كباب چورمك *kebab tchevirmek*, tourner le rôti. — يوز چورمك *yuz tchevirmek*, détourner le visage ; dédaigner ; délaisser. — كىرو چورمك *gueri tchevirmek*, retourner sur ses pas, reculer. — دائره حلقه چورمك *daïrè* ou bien *halqa tchevirmek*, entourer d'un cercle, c.-à-d. : effacer, annuler. — لقردىيى چورمك *laqerdeye tchevirmek*, détour-

ner le discours ; contredire, discuter. — چويرتمك *tcheviritmek*, faire entourer, faire bloquer ; mettre le siége. — چويرلمك *tchevirilmek*, être tourné ; s'en retourner, s'éloigner. — چويرنمك *tchevirinmek*, circuler en cherchant, rôder çà et là. — چوير قاز يانمەسون *tchevir qaz yanmassoun*, « tourne la broche pour que l'oie ne brûle pas » (proverbe).

چوىلدەمك *tchivildèmek*, gazouiller faiblement, pépier. — سرچه كبى چوىلدەمك *sertchè guibi tchivildèmek*, pépier comme un moineau ; *au fig.* bavarder, jacasser.

چه (var. چك, چيك, چى) *tchih*, rosée. — طوكش چه *doñmech tchih*, gelée blanche. — چەلنمك *tchihlenmek*, être mouillé de rosée. — چه ياغدى *tchih yaghdeu*, il est tombé de la rosée. — ياز كونى چهندن معتبر *yaz gunu tchihinden mou'teber*, plus précieux que la rosée d'un jour d'été. — كوز كونى چهندن اعتبارسز *guz gunu tchihinden i'tibarsez*, plus inutile que la rosée d'un jour d'automne. — عورتلرك دوستلغى اوتلق اوزرندە چه كبيدر *'avratleriñ dostloughou otlouq uzerindè tchih guibi dur*, « l'amour des femmes est comme la rosée sur l'herbe », aussi peu durable. — Le *Lehdjè* ne donne pas la forme چه et écrit ce mot چیك *tchiy*.

چه *tchèh* ou چه ملكتی *tchèh memlekete*, Bohême. — چهلو *tchèhlu*, bohémien.

چهار *tchehar*, (pers.) quatre ; pour tous les dérivés comme چهارشنبه, چهارسو etc. chercher sous la forme چار.

چهره *tchèhrè*, (pers.) 1° visage, face ; — sens vulg. : mauvais visage, mine grimaçante ou sévère. — چهره ا *tchèhrè etmek*, froncer le sourcil, prendre un air menaçant. — صاقن آکا چهره ایدجك اولمیه سكنز *çaqen oña tchèhrè ededjek olmaya señez*, prenez garde de lui faire froide mine. — چهره بوزلمق *tchehrè bouzoulmaq*, changer de visage, perdre contenance. — چهره زوكردی *tchèhrè zuyurdu*, « mendiant de visage », laid, hideux ; voir یوز *yuz*. — 2° voile ou fichu de tête ; espèce de *koufyyeh* arabe.

چی *tchi*, 1° particule turque qui s'ajoute à la fin des mots comme جی *dji*, pour former des noms ou des adjectifs indiquant le métier, la profession, l'habitude, etc. Cette particule چی termine les mots de la classe forte principalement après la lettre ق et, par exception, après le ك ; elle suit pour la prononciation le son tonique du mot. Exemples : بالقچی *baleqtche*, marchand de poisson ; اكمكچی *èkmektchi*, (pour *èkmekdji*) boulanger, etc. — 2° چی pour چیك *tchiy*, cru ; voir چیك. — 3° چی *tchi*, rosée ; voir چه.

چیان *tchyan*, scolopendre, mille-pieds (en t. or. scorpion). — صاری چیان *çareu tchyan*, scolopendre d'un jaune fauve connue sous le nom de « scolopendre de Gabriel ». — چیان اوتی *tchyan oteu*, polypode, plante de la famille des fougères, employée dans la médecine arabe comme vermifuge. Par la grande quantité de ses fibres, elle ressemble au mille-pieds, de là son nom persan بس پایه *bes-payè*, en arabe بسفایج *besfaïdj* ; cf. IBN EL-BEÏTAR, t. I, p. 220. Une autre variété de cette plante, qui grimpe le long des murs, est appelée ثاقب الحجر « perce-pierre ». — چیانجق *tchyandjeq*, « la petite scolopendre », *arum dracunculus*, louf serpentaire, en arabe شجرة التنين « arbre au dragon ». — هر دلیكه الكی

صوقه يا يىلان چيقار يا چيان her deliyè eliñi çoqma ya yilan tcheqar ya tchyan, « ne fourre pas ta main dans tous les trous, il en sortirait un serpent ou une scolopendre ».

چيبان *tchiban*, bouton, ulcère, abcès ; il est plus correct d'écrire چبان ; voir ce mot.

چيت *tchit*, 1° indienne, cotonnade. — 2° clôture de branchages et de broussailles ; haie ; cloison. — آرابه چيتى *âraba tchite*, cloisons latérales en forme de panier, adaptées aux chariots qui servent au transport de la paille. — چيتلهمك *tchitlèmek*, entourer d'une haie, enclore.

چيتمك *tchitmek* et چيتلهمك *tchitilèmek*, presser avec la main, frotter deux choses l'une contre l'autre (par ex. : la linge à la lessive).

چيتمك *tchitmek* et چيتيشمك *tchitichmek*, s'emboîter, adhérer par la cohésion, se serrer. — ديشلر چيتيشمك *dichler tchitichmek*, serrer les dents, contracter la mâchoire.

چيتمك (var. چيتك, چتيك) *tchitmik*, ramifications de la grappe de raisin, petits rameaux qui sortent du pédoncule principal.

چيچك (var. چيچك) *tchitchek*, fleur. — بر دمت چيچك *bir demet tchitchek*, un bouquet de fleurs ; بر دسته چيچك *bir destè tchitchek*, même signification. — چيچكلك *tchitcheklik*, parterre de fleurs ; vase pour les fleurs. — چيچك باغچهسى *tchitchek baghtchèsse*, jardin de fleurs. — چيچك صويى *tchitchek çouyou*, eau de fleur d'oranger. — چ روحى *tchitchek rouhe*, essence d'oranger. — چ سركهسى *tchitchek sirkèsse*, acétolat. — Pour les noms de fleur composés, on les trouvera par le mot initial, par ex. : آفيسون چيچكى *âfioun tchitcheye*, pavot ; كون چيچكى *gun tchitcheye*, tournesol, etc. — صرمه چ *çerma tchitchek*, fleur brodée ; آلتون الماس چ *âltoun èlmas tchitchek*, bouquet d'or ou de diamant, broderies de vêtement ou de coiffure. — زمينى چيچك *zemini tchitchek*, châle à fond de fleur. — *tchitchek*, petite vérole, variole ; صو چيچكى *çou tchitcheye*, varicelle, petite vérole volante. — چيچك چيقارمق *tchitchek tcheqarmaq*, pousser (en parlant des fleurs) ; avoir la variole. — چيچكجى *tchitchektchi*, jardinier fleuriste. — چيچكجى باشى *tchitchektchi bachi*, jardinier en chef du sultan, chargé de l'entretien des jardins du sérail et des *yalis*. — چیچكلی *tchitcheklu*, fleuri, en fleur ; orné de fleurs. — چیچك كبی صولمق *tchitchek guibi çolmaq*, se faner, passer comme une fleur. — Distique : كلی تعریفه نه حاجت نه چیچكدر بیلوروز *guli ta'rifè nè hadjet nè tchitchektur biluruz*, « à quoi bon décrire la rose, nous savons ce qu'est une fleur », c'est-à-dire : sa beauté est délicate, éphémère (vers d'une chanson populaire). — اما نه چیچك *amma nè tchitchek*, « mais quelle fleur ! » c.-à-d. : quel finaud ! quel rusé compère ! — بال آلهجق چیچكدر *bal âladjaq tchitchektur*, « c'est une fleur à miel », une dupe à exploiter. — دنیا چیچكی *dunya tchitcheye*, beauté sans pareille. — چیچك زمانیله دوشوریلور *tchitchek zemani-ilè devchurilur*, « on cueille la fleur en son temps », se dit d'une fille en âge d'être mariée. — بر چیچك ایله بهار اولمز *bir tchitchek ilè bahar olmaz*, « une fleur ne fait pas le printemps ». — اوج چیچكدر *oudj tchitheyedur*, « c'est une fleur du bout de l'arbre », une chose délicate, fragile. — بو چیچك سنك بورونك ایچون دكلدر *bou tchitchek senuñ bourounouñ itchun deïldur*, « cette fleur n'est pas pour ton nez », c'est trop beau pour toi. — چیچك آشیلامق *tchitchek âchelamaq*, greffer des fleurs. — چیچكلمك *tchitcheklemek*, fleurir, pousser des fleurs.

چیدام *tchidam*, patience, résignation ; fermeté. (Ce mot a vieilli ; comparer avec le t. or. چیدامق supporter, souffrir.)

چیده عناب (var. چیكده ; cf. t. or. چیكدا) *tchiydè 'ounnab*, espèce de jujubier dont le fruit est plus gros et plus rouge que le jujube ordinaire ; voir aussi ایكده *igdè* et چیلان *tchiylan*.

چیر *tchir* ou *tcher*, 1° nom d'une variété de passereau. — 2° onomatopée : imitation d'un son ou d'un bruit. — 3° en composition avec چپلاق *tcher tcheplaq*, tout nu ; voir چر.

چیرك *tcheïrek*, abrév. du pers. چهار یك *tchehar-yek*, 1° quart, quatrième partie. — quart d'heure. — quart de mesure. — بر چیرك آرپه *bir tcheïrek ârpa*, un quart d'orge, un picotin. — مجیدیه چیركی *medjidyè tcheïreyi*, quart de *medjidyè*, pièce d'argent valant cinq piastres. — آلتون چیركی *âltoun tcheïreyi*, quart de pièce d'or, de la valeur de vingt-cinq piastres. — چیركجی *tcheïrektji*, petit marchand ambulant, boucher, etc., allant de place en place. — 2° *au fig.* court espace de temps. — بونی بر چیرکده بیجردم *bou-nou bir tcheïrekte bidjirdim*, j'ai arrangé tout cela en un instant.

چیروز (var. چیروس) *tcheïrouz* ou *tcheïroz*, sec, desséché (ce mot appartient au patois turc de Roumélie). چیروز صلاطه‌سی *tcheïroz çalatasse*, espèce de vinaigrette faite avec du maquereau salé et desséché. — چیروز بالغی *tcheïroz balegheu*, carrelet. — On dit vulgairement d'une personne très maigre : چیروز کبی قورمش قدید اولمش *tcheïroz guibi qouroumouch qadid olmech*, « elle a séché comme un maquereau salé, ou comme une tranche de *qadid* » (viande fumée).

چیریق (var. چیغریق, چریق) *tchereq*, espèce de grolle ou freux, oiseau du genre corbeau.

چیز *tcheez*, prononciation vulg. et fautive pour *djèhèz* ou *djihaz*, trousseau; — dans l'usage moderne : dot; voir جهاز.

چیزکسی *tchizgui*, (var. چیزغی, چیزی; voir *tchezgheu*, mais la prononciation *tchizgui* est plus conforme à l'étymologie du mot) : ligne, raie. — ال آلن چیزکیلری *èl âlen tchizguilere*, lignes de la main et du front. — چزکی چکمك *tchizgui tchekmek*, comme خطّ چکمك *khatt tchekmek*, tirer des lignes. — Sous le règne de Sultan Selim III, les ennemis des réformes militaires disaient : محاربه‌ئی بو هندسه چیزکیلری می ایده‌جك بو حسابلرك نه فایده‌سی اوله‌جق « Est-ce que ces lignes géométriques feront la guerre? A quoi bon tous ces calculs?» (*Chronique* de DJEVDET.) — چیزکی مقوله‌سی *tchizgui maqoulèsse*, accolade, trait d'écriture réunissant plusieurs objets.

چیزمك (var. چزمك) *tchizmek*, tirer une ligne, tracer. — چیزی چ ou چیزیك *tchizik* ou *tchizi tchizmek*, même signification; — faire une raie, rayer; fendre. — جام چیزمك *djam tchizmek*, rayer le verre. — الماس سائر اجاری چیزر *èlmas saïr ahdjare tchizer*, le diamant raie toutes les pierres. — یان چیزمك *yan tchizmek*, s'esquiver sans bruit, se sauver furtivement; cf. یانه. — چیزدرمك *tchizdirmek*, faire tirer une ligne ; rayer; égratigner, excorier. — چیزلمك *tchizilmek*, être rayé (verre, etc.). — چیزنمك *tchizinmek*, (comme چیزکمك) se tourner en ligne, tourner; voltiger; se sauver.

چیزمه (var. چزمه) *tchizmè*, bottes. — اینجه چیزمه *indjè tchizmè*, bottines. — صاری چیزمه *çareu tchizmè*, bottines de maroquin jaune, chaussure de luxe. — بر چفت چیزمه *bir tchift tchizmè*, une paire de bottes. — چیزمه جی *tchizmèdje*, bottier. — چیزمه کیمك *tchizmè gueïmek*, mettre des bottes. — چ چیقارمق *tchizmè tcheqarmaq*, débotter. — یول چیزمه سنی آیاغنه کیمش *yol tchizmèsini âyaghena gueïmich*, « il a chaussé les bottes de route », il est sur le point de partir. — بن سکا چیزمه ئی اوپدریم *ben saña tchizmeye eupdurèïm*, « je te ferai baiser la botte », menace d'un cavalier ; on disait dans le même sens, en vieux français « faire accoler la botte ». — چیزمه لی *tchizmèli*, botté. — چیزمه لی آیاغی یلان صوقمز *tchizmèli âyagheu yilan çoqmaz*, « pied botté, serpent ne le pique point », pour dire qu'il est bon de prendre ses précautions contre les dangers possibles. — اسکی چیزمه سنی چیقارمق *èski tchizmèsini tcheqarmaq*, « ôter ses vieilles bottes », dans le sens de « faire peau neuve ».

چیزی *tchizi*, ligne, raie ; voir le mot suivant et چیزکی.

چیزیك (var. چیزی et چزیك) *tchizik*, ligne, large raie ; stries de la peau. — تارلا چیزیکلری *tarla tchizikleri*, sillons d'un champ labouré. Cf. چیزکی et چیزمك.

چیس *tchis*, exsudation semblable à la manne, qui se produit sur certains végétaux, en particulier sur le *tamarix mannifera*, très commun en Orient. — Le mot *tchis*, très peu usité, peut être rapproché de چه et چیك et « rosée » et du verbe چیسمك. — Le nom ordinaire de la manne en turc est قدرت *qoudret halvase* ; voir قدرت.

چیسکین *tchiskîn* ou *tchisguîn*, givre très fin, espèce de rosée congelée qui couvre les végétaux, surtout au printemps. Cf. چه *tchih*.

چیسندی *tchissindi*, pluie légère semblable à du brouillard ; il faut rapprocher ce mot du verbe چیسمك *tchissimek*.

چیسمك (var. چیکیمك et چیکسه مك) *tchissimek*, se dit de la rosée qui tombe, de la pluie ou du brouillard qui se répandent comme une poussière légère ; voir چه *tchih*.

چیش *tchich*, expulsion d'excrément. — چیشمك *tchichmek*, satisfaire un besoin naturel. — D'après le *Lehdjè*, le verbe *tchichmek* et sa forme réfléchie چیشنمك *tchichinmek*, ont le sens de « chasser, faire sortir, évacuer ». On cite également le verbe t. or. چیشندرمك *tchichindurmek*, « ôter les vêtements, déshabiller ».

چیشیك *tchichik*, (var. چیشیك) petit du lièvre ou du lapin, levraut, lapereau.

چیغ *tchegh*, (var. چــغ et چق) 1° haute voix; clameur. — 2° barrière; clayonnage de nattes ou de roseau qu'on met devant l'entrée de la tente. — 3° écran, paravent. — 4° amoncellement de neige; avalanche. — چیغلق *tcheghleq*, cri, clameur, lamentation. — avec *etmek*, pousser les hauts cris; être indigné. — چیغلدی *tchegheldeu*, cris confus d'animaux; mugissements. Cf. چاغلمق *tchaghelmaq* et *tchagheldeu*. — On dit en proverbe d'un homme qui se lamente avec excès : چیغلغی قرق کویك کوپکنی باشنه طوپلار *tcheghegheu qeurq keuïuñ keupeyini bachena toplar*, « ses cris amènent contre lui les chiens de quarante villages ».

چیغا *tchegha*, (var. چیغه, چغه) 1° « poisson qui laisse un sillage électrique et fait entendre un bruissement en nageant ». — Telle est l'explication donnée par le *Lehdjè* de ce mot d'ailleurs fort peu connu. — 2° pour چغه *tchegha*, plume d'oiseau; aigrette, panache.

چیغاره *tchigharè*, (var. چغاره, سیغاره) cigarette. Ce néologisme est fort à la mode en Turquie, surtout depuis que l'usage du *tchebouq* et du *narguilè* a sensiblement diminué. — On trouve aussi la forme چیغاریت *tchigharit*.

چیغرتمه *tchegheretma*, (var. چغرتمه) petit chalumeau; petite flûte; fifre.

چیغرمق *tcheghermaq*, (var. چغرمق, چاغرمق) crier; appeler; inviter; annoncer. — Le *Lehdjè* blâme l'emploi de cette forme verbale comme synonyme de چاغرمق; voir ce mot. — چیغرتمق *tchegheretmaq*, faire appeler, faire demander; mander. — *au fig.* irriter, ennuyer, molester, comme باغرتمق *bagheretmaq*. — چیغرشمق *tchegherechmaq*, crier entre soi; se quereller; se héler; acclamer avec unanimité. — چیغرلمق *tchegherelmaq*, être appelé, invité. — چغرمه *tchegherma,* appel, invitation; annonce.

چیغیت (var. چغــت, چیكیت, چكیت) *tchighit,* 1° graine et principalement graine du cotonnier. — 2° lentilles, taches de rousseur sur la peau. Cf. چغت et چیل.

چیغیر (var. چغیر, چیكیر, چكیر) *tchighir,* sentier ouvert dans la neige; chemin étroit et tournant. — voie, direction. — یكی چیغیر آچمق *yèñi tchighir âtchmaq,* ouvrir des voies nouvelles. — بو یولده بر چیغیر آچمق ارزوسیله *bou yoldè bir tchighir âtchmaq arzousi-ilè,* désireux de frayer la voie dans cette direction. — چیغیرندن چیقمش *tchighirinden tcheqmech,* dévoyé, désorganisé. — ایشی چیغیرندن چیقدی *ichè tchighirinden tcheqteu,* son affaire va de travers.

چیغیرغان (var. چغیرغان) *tchegherghan,* sifflet pour attirer l'oiseau sur le pipeau. Cet engin de chasse est nommé aussi پتاله *pitaliè* et برلاق *perlaq;* voir ces deux mots.

چیقار (چیقمق du verbe) *tcheqar,* compte, produit. — profit, utilité. — كندی چیقارینه باقار *kendu tcheqarinè baqar,* qui ne regarde que son propre intérêt, égoïste, personnel. — چیقار یول *tcheqar yol,* route qui a une issue, bon chemin; méthode convenable; opposé à چیقمز یول *tcheqmaz yol,* impasse, cul-de-sac; *au fig.* difficulté inextricable; — faute de conduite.

چیقارمق (var. چقارمق) *tcheqarmaq,* faire sortir; faire monter. — tirer, ôter, enlever. — arracher, extraire. — chasser, expulser. — en terme d'arithmétique: soustraire, faire une soustraction. — آجیسنی چیقارمق *âdjeseneu tcheqarmaq,* tirer vengeance, exercer des représailles; châtier. — اورته‌یه چ *ortaya tcheqarmaq,* mettre au jour; produire; میدانه چ *meïdanè tcheqarmaq,* même sens; mettre en évidence, découvrir. — باشدن چ *bachden tcheqarmaq,* égarer, pervertir. — آقچه‌دن چ *âqtchèden tcheqarmaq,* faire dépenser de l'argent. — اكمكنی طاشدن چ *ekmeyini tachden tcheqarmaq,* « extraire son pain d'une pierre », faire de grands efforts; se tuer à la peine. — بوجك چ *beudjek tcheqarmaq,* cultiver les cocons, produire de la soie. — باقله‌نی آغیزدن چ *baqlaye âghezden tcheqarmaq,* se mettre en colère, injurier. —

داميه طاش چ *damaya tach tchęqarmaq*, pousser un pion au jeu de dame. — ديش چ *dich tchęqarmaq*, arracher une dent. — طاشك صوينى چ *tachuñ çouïęneu tchęqarmaq*, « extraire le jus d'une pierre », faire preuve de force, d'énergie. — ديل چ *dil tchęqarmaq*, tirer la langue, se moquer. — ديلنى چ *dilini tchęqarmaq*, être réduit aux abois; demander grâce; être exténué. — كوز چ *gueuz tchęqarmaq*, arracher l'œil; aveugler. — قوقو چ *qoqou tchęqarmaq*, semer la discorde, jeter le trouble et la mésintelligence. — كوكدن چ *keukten tchęqarmaq*, tirer vengeance, châtier. — مال چ *mal tchęqarmaq*, découvrir un trésor; faire fortune subitement. — معنى چ *ma'na tchęqarmaq*, tirer au clair; expliquer; élucider. — يازو چ *yazou tchęqarmaq*, enseigner, donner une leçon d'écriture. — يانلش چ *yañlęch tchęqarmaq*, corriger les fautes; mettre au net. — *trans.* چيقرتمق (چقرتمق) *tchęqeretmaq*, faire sortir, tirer; faire rendre (une chose dérobée, etc.). — *pass.* چيقارلمق (چقاريلمق) *tchęqarelmaq*, être mis dehors, être produit. — فعله چ *fi'lę tchęqarelmaq*, être mis en œuvre, être réalisé.

چيقريق (var. چقرق, چقريق) *tchęqręq*, 1° tour, machine à façonner en rond le bois, les métaux. — چقريق ايشى *tchęqręq ichę*, ouvrage fait au tour. — 2° rouet, machine à filer la laine, le lin, etc. — چيقريقجى *tchęqręqtchę*, tourneur, fabricant d'objets faits au tour. (Le néologisme طورنو, de l'italien *torno*, s'est introduit dans le langage ordinaire.) — 3° métier à fabriquer les tissus. — بروسه چيقريقلرى *broussa tchęqręqlareu*, les métiers de Brousse.

چيقش (var. چقيش, چقش) *tchęqęch*, nom d'action de چيقمق : sortie, apparition; élévation. — bravade. — 2° چيقش ا *tchęqęch etmek*, adresser de vifs reproches, blâmer énergiquement.

چيقشمق (var. چقشمق) *tchęqęchmaq*, 1° se produire, se montrer mutuellement. — 2° rivaliser de courage, d'adresse, etc. — چيقشدرمق *tchęqęchtermaq*, procurer les moyens de se produire. — faire réussir; mener à bonne fin; voir چيقمق.

چيقمق (var. چقمق) *tchęqmaq*, sortir; se produire au dehors. — monter, s'élever; se monter à tant. — devenir ou paraître tel. — croître; sourdre. —

provenir, émaner. — se réaliser. — آد چیقمق *ád tcheqmaq*, perdre son nom, se déshonorer. — باشه چ *bacha tcheqmaq*, venir à bout, arriver, réussir. — آرادن چ *áraden tcheqmaq*, être supprimé, cesser, disparaître. — باشدن چ *bachtan tcheqmaq*, être perdue d'honneur, abusée (en parlant d'une fille); s'égarer. — قوقو چ *qoqou tcheqmaq*, être senti, s'ébruiter, devenir manifeste. — قارشو چ *qarchou tcheqmaq*, aller à la rencontre. — یوزه چ *yuzè tcheqmaq*, avoir la préséance; l'emporter, vaincre. — بویا چ *boya tcheqmaq*, déteindre, pâlir, se faner (la couleur). — صاحب چ *çahib tcheqmaq*, se rendre maître; prendre parti, favoriser; devenir chef de parti. — بهایه چ *pahaya tcheqmaq*, monter de prix, renchérir. — پاره دن چ *paradan tcheqmaq*, perdre de l'argent; faire de grands déboursés. — یرندن چ *yerinden tcheqmaq*, sortir de sa place; être démis, disloqué. — خاطردن چ *khaterden tcheqmaq*, être oublié, négligé. — رؤیا شاید چیقار *rouya chaïed tcheqar*, le songe se réalisera peut-être. — ایش دیدیکمز کی چیقمز *ich dediyimiz guibi tcheqmaz*, l'affaire ne se passera pas comme nous le disons. — امیدوارم که

سزك دیدیکكز اولوب چیقمز *oumoudvarem ki sizuñ dediyiñiz oloup tcheqmaz*, j'aime à croire que vos paroles ne deviendront pas une réalité. — Prov.: چیقمدق جاندن امید کسلمز *tcheqmadeq djanden oumoud keçilmez*, « tant que la vie n'est pas sortie, il reste de l'espoir ».

چیقمه چیقمق (var. چقمه, du verbe sortir) *tcheqma*, 1° sortie, issue, apparition, ascension. — 2° adj. verbal: issu de.., provenant de.. — ازمیردن چیقمه *izmirden tcheqma*, originaire de Smyrne, provenance de Smyrne. — 3° saillie de toit et d'auvent; balcon en saillie; — langue de terre, promontoire qui avance dans la mer. — 4° tirage au sort; action, titre financier sorti au tirage. — یكی چیقمه *yeñi tcheqma*, chose nouvelle, invention; innovation; nouveauté. — حمام چیقمه سی *hammam tcheqmasseu*, « sortie de bain », peignoir ou grande serviette plucheuse pour s'essuyer. — تخته چیقمه *takhtè tcheqma*, avènement au trône. — Dans l'ancienne organisation des janissaires on désignait sous le nom de *tcheqma* (ou یكیچری قاپوسی *yeñitchèri qapoussou*) les *'adjemi oghlan*, c'est-à-dire les nouvelles recrues qui, après un surnumérariat d'une assez longue durée, sortaient du corps des 'adjemi pour entrer dans l'*odjaq* en qualité de janissaires. Cf. Djevad Bey, t. I, p. 246.

چیقندی (var. چقندی) *tcheqenteu*, 1° ligne d'écriture en marge d'une pièce, d'un livre, etc.; — note marginale, correction ou addition hors texte. — 2° saillie d'un édifice; balcon ou auvent en saillie; — appendice; bout, extrémité. — كمك چیقندیسی *kemik tcheqenteusseu*, apophyse, éminences allongées et saillantes des os.

چیقوقمق *tcheqouqmaq*, réduire les membres fracturés; rebouter; voir چیقیق.

چیقیق (var. چقق, چقیق) *tcheqeq*, adj. dérivé du verbe چقمق : qui ressort, qui avance en saillie. — یاناقلرك اوزری چیقیق *yanaqlaruñ uzereu tcheqeq*, les pommettes saillantes. — détaché, en relief. — déviation et déformation des os; rachitisme. — دیلی چیقیق *dili tcheqeq*, « qui a la langue dehors », sot, niais; grotesque. — چیقیق صارمق *tcheqeq çarmaq*, en chirurgie : réduire les os luxés ou fracturés; rebouter. — چیقیق تخته سی *tcheqeq takh-*

tasse, éclisse, petite plaque de bois ou de carton destinée à maintenir les os fracturés ou luxés; bandes de linge servant au même usage (c'est l'arabe جبارة ou جبیرة et le t. or. سین). — چیقیقجی *tcheqeqtcheu*, rebouteur.

چیقیم (var. چقم, چقیم) *tcheqem*, 1° action de sortir, de se montrer. — faire une sortie, attaquer. — 2° accabler de reproches, réprimander énergiquement; synon. de چیقیش; voir ce mot.

چیقین (var. چقن et چقین) *tcheqen*, petite bourse; petit sac de toile ou d'étoffe dont les bouts sont repliés et fermés comme ceux d'une bourse. — petit paquet, sachet; — havre-sac. — آقچه چیقنی *âqtchè tcheqeneu*, group d'argent; sac rempli de monnaie.

چیك (var. چك et forme plus moderne چی) *tchiy*, 1° cru, non cuit. — چیكجه *tchiydjè*, à peine cuit. — چیكجه ات *tchiydjè èt*, viande saignante. — چیكلك *tchiylik*, crudité. — چیك چیك یمك *tchiy tchiy yemek*, « manger tout cru », avoir une haine féroce. — چیك آدم *tchiy âdam*, ignorant, inexpérimenté. — چیك آرمود *tchiy ârmoud*, poire sauvage; voir اخلاط. — Proverbes : بابا چیك یدی اوغلنــك یورکی *baba tchiy yedẹ oghlounouñ yureyẹ âghryor*, « le père a mangé cru et le fils a le cœur malade », le fils est responsable des fautes de son père. — چیك ینك یورکی آغریور *tchiy yèyèniñ yureyẹ âghryor*, « celui qui a mangé cru, a mal au cœur », dans le sens de notre dicton « qui se sent morveux se mouche ». — هر آتش چیکی پیشورمز *her âtech tchiyẹ pichurmez*, « tout feu ne cuit pas ce qui est cru », tout enseignement n'est pas également bon. — 2° rosée; voir چیه *tchih*. — چیکسەمك *tchigsèmek* ou *tchiysèmek*, tomber en pluie légère comme la rosée; on emploie plutôt la forme abrégée چیسیمك *tchisimek*.

چیك *tchiñ*, vrai, sincère; voir چین.

چیکتای *tchiktaï*. Ce nom désigne, au rapport du *Lehdjè*, une espèce d'onagre remarquable par sa beauté et qui se trouve encore à l'état sauvage dans les déserts de Syrie et de Mésopotamie.

چیکدام (variantes چیدام, چکدام, چیکدم) *tchigdem* ou *tchiydem*, plante bulbeuse sur laquelle les lexicographes orientaux ne sont pas d'accord. Pour les uns, c'est la thériaque d'Égypte nommée communément « herbe jaune » et « oignon d'orphelin »; voir اوکسوز *euksuz*. Pour les autres, c'est la colchique connue sous le nom de سورنجان *sourendjan*, dont la fleur porte le surnom de أصابع هرمس « doigts de Hermès ». On lui donne encore le nom de « ongle de poulain » *qolôn ternagheu*, traduction de l'arabe حافر المهر.

چیکنەمك *tchiynèmek*, mâcher; voir le mot suivant.

چیکنمك (var. چیکنەمك, چکنمك, چیمك) *tchiynemek*, 1° mâcher, mastiquer, faire jouer la mâchoire. — چیکنەدن یوتمق *tchiynemèden youtmaq*, avaler sans mâcher; *au fig.* manger avec avidité. — 2° écraser, fouler. — آت پیادەیی چیکنمش در *ât pyadèyẹ tchiynemech dur*, le cheval a écrasé le piéton. — لقردەیو چیکنمك *laqerdèyeu tchiynemek*, « mâcher ses paroles », parler confusément, d'une façon indistincte. — چیکنتمك *tchiynetmek*, faire mâcher; faire fouler aux pieds (par ex. : les moissons sous les pieds des chevaux). — چیکنەلمك *tchiynènilmek*, être mâché; être foulé, écrasé. — چیكنمك *tchiynemik*, nourriture mâchée par la mère et donnée aux petits; becquée.

چیل (var. چل; voir ce mot) *tchil*, 1° taches sur la peau; taches de rousseur; éphélides. — آینه چیلی *âina tchile*, taches de rouille sur la surface d'un miroir. — 2° adj. taché, rouillé; — lépreux. — چیل طاغوق *tchil tavouq*, poule tachetée de roux et de blanc. — چیللك *tchillik*, état de ce qui est taché ou rouillé; rouillure; lèpre. — چیللنمك *tchillenmek*, être taché, rouillé par l'humidité, etc. Cf. چغت *tchighit*.

چیل *tchil*, 1° perdrix grise et, plus exactement : francolin, *perdix francolinus*, ainsi nommé en turc à cause des taches de son collier et de son plumage (cf. le mot précédent et چل). On dit en proverbe d'une personne timorée qui s'effraye du moindre bruit : چیل یاوریسی كبی طاغتدی *tchil yavroussou guibi taghetteu*, « il a détalé comme le petit du francolin ». — 2° *tchel*, flâneur, badaud; qui perd son temps à des bagatelles.

چیلاق *tchaïlaq*, milan, oiseau de proie; voir چایلاق.

چیلان *tchiylan*, espèce de jujubier cultivé, dont le fruit est plus gros que le jujube commun. Cf. ایكده et چیده.

چیلدرمق *tcheldermaq*, perdre la tête; être fou furieux; voir چلدرمق.

چیلغین (var. چیلغن) *tchelghen*, fou, forcené; transporté de fureur. — بو كرچكدن چیلغین *bou guertchekten tchelghen*, c'est un véritable fou furieux; voir aussi چلغین.

چیلك (var. چلك; formes primitives چیكلك et چیكالك) *tchilek*, fraise. — چیلك فدانی *tchilek fidane*, fraisier. — آغاج چیلكی *âghadj tchileye*, 1° framboise; voir aussi بوكرتلن *beuyurtlen*. — 2° espèce de mure jaune, variété de l'arbousier; voir آهو طوتی *âhou touteu*.

چیله *tchilè*, corde, fil; voir چله *tchèlè*.

چیم *tchim*, 1° nom de la lettre *tch*; voir چ. — 2° gazon, pelouse. — چیم طرحی *tchim tarheu*, tapis vert. — چیم صوفه *tchim çofa*, banc de gazon. Cf. چمن *tchemen* et كچك *keçek*, qui est le gazon coupé en motte. — چیملندرمك

tchimlendirmek, faire pousser le gazon ; faire reverdir ; faire germer.

چیما *tchima*, terme de marine, de l'ital. *cima* : bout de corde, câble mince qu'on jette du bord pour accoster.

چیمبار (var. چیمبر, چمبر) *tchimber*, peut-être le pers. چنبر : règle de fer terminée par des dents de fer, dont les tisserands se servent pour empêcher les fils de s'embrouiller dans le métier.

چیمچك (var. چمچك) *tchimtchik*, petit oiseau de la famille des passereaux.

چیمنتو *tchimento*, néolog. de l'ital. *cimento*, ciment. Ce mot est aujourd'hui d'un emploi aussi fréquent que le turc *khorassanli kiredj* ; voir خراسان.

چین (var. چیك) *tchîn*, vrai, véridique, sincère. — چین صباح *tchîn çabah*, l'aurore véritable, le vrai matin ; de bonne heure (par opposition aux premières lueurs crépusculaires qu'on nomme en ar. صبح كاذب *çoubh' kiazib*, « fausse aurore »). — Le mot *tchîn* est hors d'usage. — Le *Lehdjè* cite le vers suivant où le poète joue sur la double signification de ce mot :

نافهٔ چینی صاچوك تك دیرلر اما چین دكل

« On dit que tes boucles de cheveux sont du pur musc de Tchîn (de Chine), mais ce n'est pas exact. »

چین *tchîn*, la Chine. — چینی *tchîni*, originaire de Chine ; porcelaine ou faïence de Chine. — brique émaillée ; poterie vernissée. — چینلو كوشك *tchînlu kieuchk* چینلو حمام *tchînlu hammam*, kiosque et façade de bain, à Constantinople, tapissée de carreaux vernissés et émaillés, imitant la porcelaine chinoise. — چینیزلك *tchînizlik*, surnom d'une célèbre fabrique de faïences vernies qui existait jadis dans la ville d'*Iznik*, l'ancienne Nicée de Bithynie. — دیوارلرك كافه سی چینی طاشلر ایله مستور اولمش *douvarlaruñ kiafèsse tchîni tachlar ilè mestour olmech*, tous les murs étaient recouverts de tuiles peintes sur émail. — چوب چینی *tcheubi tchîni*, squine, esquine, plante médicinale.

چیناقوب *tchinaqop*, poisson de la famille des Bonites ; c'est l'espèce la plus petite ; voir لوفر *loufer*.

چینرالیا (variante چنرالیه) pour چنهراریا *tchineraria*, cinéraire maritime, plante à feuilles grisâtres et à fleurs jaunes que les Turcs nomment aussi « œillet sauvage », *yaban qaranfel*; voir قرانفل.

چینقو *tchinqo*, prononciation altérée de l'ital. *zinco* زینقو, oxyde de zinc, collyre très renommé en Orient pour la conservation des yeux. On se sert plus ordinairement de توتیا; voir ce mot.

چینه‌مك ou چینك *tcheïnèmek*, mâcher, mastiquer; voir چیكنمك.

چینی *tchîni*, Chinois, provenant de la Chine; — porcelaine, article de Chine; voir چین *tchîn*.

چیوره (pour چیووره, forme abrégée) *tchevrè*, 1° tour, circuit, enceinte; périphérie. — چب چیوره *tchep tchevrè* ou چس چیووره *tches tchevrè*, tout autour, en rond; circulairement. — 2° ce qui est ourlé ou bordé. — mouchoir de mousseline brodée; voir چیورمك.

چیوی (var. چیوی) *tchivi*, cheville, fer arrondi pour arrêter les assemblages de charpente, etc. — تیمور چیوی *demir tchivi*, cheville de fer. — چیویله‌مك *tchivilèmek*, cheviller, assujétir avec des chevilles ou boulons. — طوب چیویله‌مك *top tchivilèmek*, enclouer un canon. — *trans.* چیویلتمك *tchiviletmek*, faire cheviller, faire clouer ou boulonner. — چیویلنمك *tchivilenmek*, être chevillé; *au fig.* rester immobile à la même place. — بوراده چیویلندگمی *bourada tchivilendunme*, es-tu cloué en cet endroit? — Proverbes : چیوی چیویه سوكر *tchivi tchiviye seuker*, « un clou chasse l'autre ». — طاغلار یرك چیویسیدر *daghlar yerun tchivissi dir*, « les montagnes sont les chevilles de la terre ». — پارمقلرینه چیوی چاقارم *parmaqlarenè tchivi tchaqarem*, « je lui ficherai des chevilles dans les doigts », menace. — بر دانه چیویسی اكسیك دكل *bir tanè tchivissi eksik deïl*, « il n'y manque pas une cheville », c'est un ouvrage achevé. — اول اوده قاچ چیوی اولدیغنی بیلور *ôl èvdè qatch tchivi oldoughounou bilur*, « il sait combien il y a de clous dans cette maison », il en est l'hôte assidu. — بویر چیویسیدر *beuyur tchivissi dir*, « c'est une cheville aux flancs », se dit d'une personne ou d'une affaire qui cause de grands embarras.

چیویت (var. چویت, چكیت) *tchivit* et moins correctement چیوید *tchivid*, indigo, arbrisseau originaire de l'Inde et dont les propriétés tinctoriales sont bien connues ; il est nommé aussi بویا چیویدی *boya tchividi*. On confond sous ce nom l'indigotier avec l'*anil*, en arabe شتلة النيل qui a également des propriétés colorantes.

چیوید et چوید *tchivid*, indigo. La forme correcte de ce nom est چیویت *tchivit* ; voir le mot précédent.

چویرندی (var. چویرنتی, چورنتی) *tchevirinti*, ce qui est tourné. — tourbillon, tournant d'eau. — rebut du grain vanné. Cf. چویرمك.

چیویك (var. چویك), forme ancienne چوك) *tchevik*, alerte, agile, mince. — چیویك قارنلو *tchevik qarenlu*, « qui a le ventre mince », svelte et élancé (par ex. la gazelle).

چیویلمك (var. چویلمك, چولمك) *tchivilmek*, gazouiller, siffler doucement comme les oiseaux. Cf. چاغلدامق *tchagheldamaq*.

چییر ou چیر *tcheyer*, pour *tchaïer*, onomat. indiquant le pétillement de la flamme, le craquement du bois qui prend feu, etc. ; voir چایر.

ح

ح *hâ*, sixième lettre de l'alphabet arabe et huitième de l'alphabet turc ; elle représente l'*h* aspiré français. Cette aspiration est un peu plus forte que celle du ه *hè*, surtout lorsque la lettre ح est surmontée du signe *fatha* comme dans حَرب *harb*, « guerre », حَمل *haml*, « fardeau », etc. A l'origine, cette lettre n'existait pas dans les mots de provenance turque, et ce n'est que pour figurer la prononciation moderne plus douce, que le ح a été substitué au خ dans quelques mots tels que حاچ *hatch*, « croix » au lieu de خاچ *khatch*, حرتوج *hartoudj*, « gargousse » au lieu de خرتوج *khartoudj*. Quelquefois aussi le ح est remplacé par ه comme dans هایقرمق *haïqermaq*, « crier », هارین *haren*, « rétif » au lieu de حایقرمق et حارین. — Le *Lehdjè* ne signale comme exception que le mot حدود *haïdoud*, brigand qui a passé en arabe, où il fait au pluriel داديــح *haïadid*; mais cet exemple ne prouve rien puisque le mot *haïdoud* appartient non pas au turc mais au hongrois. — La valeur numérique de la lettre ح est 8.

حا *ha*, 1° nom de la lettre ح; voir l'article précédent. — 2° dans les lettres et les pièces juridiques : abréviation pour الاول جمادى *djemazi ul-evvel* ou الاولى جمادى *djumaza el-oula*, cinquième mois de l'année lunaire musulmane.

حاجّ *haddj*, 1° forme classique au lieu de la forme moderne *hadji*, pèlerin, qui accomplit le pèlerinage de la Mecque; voir حاجى. — 2° pèlerinage, visite aux deux villes saintes; voir حجّ.

حاجب *hadjib*, (ar. qui cache, qui couvre) 1° sous les anciens khalifes : chambellan, ministre, vizir. Les fonctions de chambellan à la cour ottomane sont partagées entre l'officier du harem nommé مابينجى *mabeïndji* et le chef des huissiers قاپيجى باشى *qapidji bachi*; voir ces mots. — 2° voile, rideau; membrane. — حاجب العين *hadjib ul-'aïn*, paupière. — حاجب الحنك *hadjib ul-hanek*, voile du palais. — الحاجبين *el-hadjibeïn*, les deux sourcils.

حاجت *hadjet*, (ar.) besoin, nécessité, chose nécessaire et urgente. — شوكا حاجت يوق *chouña hadjet yoq*, on n'a pas besoin de cela. — نه حاجت *nè hadjet*, quel besoin ? à quoi bon ? — حاجت دكل *hadjet deïl*, ce n'est pas nécessaire. — حاجتى ايسه *hadjetę issè*, si c'est nécessaire, synonyme de وقت حاجتده *vaqti hadjettè*, « en cas de besoin ». — حاجتى او *hadjetę olmaq*, avoir besoin, être dans le besoin. — حاجته وارمــق (ou كيتمك) *hadjetè varmaq* ou *guitmek*, « faire ses nécessités »; on dit plus poliment : دفع حاجت ا *def'i hadjet etmek*. — Voir aussi محتاج *mouhtadj*, لازم *lazęm*, كرك *guerek*.

حاجى *hadji*, (arabe حاجّ; pron. turque vulgaire آجى *âdji*) pèlerin; se dit du musulman qui a fait le pèlerinage de la Mecque et du chrétien qui a visité Jérusalem. — titre honorifique donné quelquefois aux notables des bourgades et villages. — حاجيلر خواجهلر طويلانديلر *hadjiler khodjalar toplandęlar*, les notables du village se réunirent en conseil. — حاجى اوتى *hadji oteu*, mandragore, autrement nommée قان قوروان *qan qouroudan*, « qui dessèche le sang ». — حاجى بيرامى *hadji baïrame* ou *qourban baïram*, fête des sacrifices qui se célèbre le dixième jour du mois de zil-hiddjè. — حاجى نشانى *hadji nichane*, « signe du pèlerin », tatouage particulier des pèlerins de la Mecque. — حاجى عيواض ou عواض *hadji ʿeïvaz*, vulg. حاجيواظ *hadjivaz*, pantin, arlequin; personnage bouffon de la comédie turque; dans les traductions du théâtre européen ce personnage répond à celui de Sganarelle. — حاجى ياتمز *hadji yatmaz*, 1° bilboquet, jeu. — 2° *au fig.* enfant remuant et turbulent. — حاجى يولى *hadji yoleu* (ou au plur. *hadjiler yoleu*), voie lactée; cf. اوغرى *oughrou*. — حاجى قادن *hadji qaden*, nom d'une des plus anciennes mosquées de Constantinople, bâtie vers l'an 1456. — حاجى بكتاش حضرتلرى *hadji bektach hazretlere*, « son Excellence Hadji Bektach », nom d'un saint personnage originaire de Khorassan et contemporain de Sultan Orkhan I. Il fut le fondateur d'un ordre de derviches nommé *bektachi* et les janissaires le considéraient comme leur patron. On lui attribue une foule de miracles et de conversions miraculeuses. — On dit, en plaisantant, à un grand gourmand : حاجى بكتاش ولى سكا طويمه ديو دعا مى ايتدى *hadji bektach vely saña doïma deyi douʿa me etti*, « est-ce que Hadji Bektach le saint a prié pour que tu ne te rassasies jamais? » — Proverbes : حاجى حاجى مكه‌ده بولور *hadji hadjiye mekkède boulour*, « le pèlerin rencontre le pèlerin à la Mecque », qui se ressemble s'assemble. On retrouve le même proverbe en persan : حاجى حاجى را در مكه بيند. — كعبه‌يه وارمه‌دن حاجى اوله *kiaʿbèyè varmadan hadji olma*, « ne te dis pas pèlerin avant d'être allé à la Mecque »; proverbe à l'adresse des gens vaniteux et arrogants. — حاجى مكه‌يه كيتمكله دوه تكه‌يه كيتمكله اولمز *hadji mekkèyè guitmeyilè dèvè tekkèyè guitmeyilè olmaz*, « ce n'est pas le voyage de la Mecque qui fait le pèlerin, ni le voyage du tekkiè qui fait le chameau ». — Les pèlerins, au retour de la Mecque, ont coutume de vendre des chapelets et d'autres objets de sainteté, de là le proverbe : حاجى‌يه تسبيح آلورميسين ديشلر يا بز بورايه نه‌يه كلدك ديمش *hadjiyè tesbih âleurmissin démichler ya biz bouraïa nèyè guelduk démich*. « On demandait au pèlerin : Est-ce que tu achètes des chapelets ? — Pourquoi, répondit-il, serais-je venu ici (si ce n'est pour en vendre) ? » — تلكى حاجى اولمــش tilki hadji olmeuch taouqlerè kendiyę induryor, « le renard s'est fait pèlerin pour inspirer de la confiance aux poules », on dit dans le même sens en français « le renard prêche aux poules ». — حاجلق hadjęlęq, pèlerinage ; voir حاج hadj. — Un assez grand nombre de localités portent le nom de hadji ; voir Diction. géographique.

حــاچ hatch pour khatch, croix ; voir خاچ.

حادث hadis, (ar.) qui survient subitement, nouveau, récent. — avec olmaq, arriver, avoir lieu, survenir. — حادثه hadissè, (plur. حادثات hadissat) incident. — حادثات غير مترقبه hadissati ghaïri muteraqqębè, incidents imprévus. — حادثى hadissi, accidentel, imprévu. — مسئلهٔ حادثه mèçęlęi haddissè, question incidente. — حدوثى بر استدعا houdoussi bir istid'a, demande incidente. — حدوثى اوله رق فصل houdoussi olaraq façl, faux incident. — اصلى دعوا ايله برابر حادثى دخى فصل ورؤيت ا açli da'va ilè beraber hadissi dahi façl u rouyet etmek, joindre l'incident au fond. Cf. جديد djedid et يكى yeñi.

حادّه haddè, fémin. de l'ar. حادّ hadd, aigu, tranchant, acéré. — زاويهٔ حادّه zavyęï haddè, angle aigu. — مثلث حادّ الزاويا muçęlles hadd uz-zavya, acutangle, triangle dont les angles sont aigus ; voir زاويه zavyè et سيفرى sifri.

حارّ harr, (ar.) chaud, brûlant. — منطقهٔ حارّه manteqaï harrè, la zone torride. — très acide et piquant, syn. de كسكين keskîn. — حارّ سركه كوپنى چاتــلادير harr sirkè kiupenę tchatladeur, « vinaigre acide brise sa jarre », se dit d'un méchant qui est victime de ses propres maléfices. Cf. اصيجاق ęçędjaq.

حارتوج hartoudj, (var. حارطوج) cartouche, gargousse ; voir خارتوج et قرتوش.

حارون hareun, (var. حارين) rétif ; voir حرون.

حاره harè, étoffe moirée, tabis qui se fabriquait principalement dans l'île de Chio ; voir خاره.

حاشا hacha, 1° interjection arabe : à Dieu ne plaise ! Dieu garde ! Dieu préserve! (comme والله لا *la ouallah.*) — حاشا حضوردن *hacha houzourden,* sauf votre respect. — حاشا حرمتڭزه *hacha heurmetñezè,* sans vous offenser; si vous voulez bien permettre. — Sur le sens spécial de cette particule dans l'arabe classique, voir S. DE SACY, *Anthologie,* p. 241 et suiv. — 2° pour خاشا *khacha,* au lieu de *ghachya,* housse de cheval; voir غاشيه.

حاشلامق *hachlamaq,* bouillir; voir خاشلامق *khachlamaq.* — حاشلامه *hachlama;* voir خاشلامه *khachlama.*

حاصل *haçel,* (ar.) qui arrive, qui résulte, provenant; production, résultat. — حاصل ضرب *haçele zarb,* résultat d'une multiplication, produit. — حاصل كلام *haçeli kelam* ou حاصلى *haçele* (comme l'ar. فى الحصل), bref, en un mot; en résumé; en fin de compte. — حاصلسز *haçelsez,* sans résultat; stérile; — inutile; vainement. — حاصل مصدر *haçeli maçdar,* nom verbal ou nom d'action répondant au *maçdar* de la grammaire arabe; telles sont par exemple les formes turques بولمه *boulma,* « trouver »; آلديق *áldeuq,* « l'action de prendre ou d'avoir pris »; ويرهجك *vèrèdjek,* « l'action de devoir donner »;

صوريليش *guidich,* « l'aller »; كيديش *çorelech,* « l'action de questionner »; etc. Voir la *Grammaire.* — حاصل ا *haçel etmek,* produire, réaliser; obtenir. — حاصل او *haçel olmaq,* se produire, arriver; se manifester; résulter. — حاصللانمق *haçellanmaq,* grandir; germer; pousser. — حاصل *haçel* pour حصيل blé en herbe (comme l'ar. *haçl,* qui se dit de la datte avant sa maturité). — plur. حاصلات *haçelat,* productions, produits, revenus. — حاصلات ارضيه *haçelati erzyè,* productions agricoles, rendements, revenus de la terre. — حاصلات صناعيه *haçelati çana'yè,* produits manufacturés et industriels. — حاصلات نقديه *haçelati naqdyè,* revenus en espèce, fonds en caisse; voir محصولات *mâhçoulat.*

حاضر *hazer,* (ar.) présent; prêt; préparé, disposé; actuel. — حاضر اثواب *hazer esbab,* vêtements tout confectionnés. — حاضر جواب *hazer djevab,* prompt à la réplique; vif, alerte. — حاضر اول *hazer ôl* et par abréviation *hazôl,* attention! terme de commandement. — حاضرجى *hazerdje,* marchand de vêtements tout faits; confectionneur. — حاضرجه *hazerdje;*

aussitôt; du moment que; certainement. — حاضرجه هوا آچیق ایکن بو گون یوله کیدهلم *hazerdjè hava âtcheuq iken bou gun yola guidèlim*, puisque le temps est beau aujourd'hui, mettons-nous en route. — حاضره قونمق *hazerè qonmaq*, obtenir une chose sans difficulté, ni effort. — حاضرلامق *hazerlamaq*, être préparé, être présent. — حاضرلانمق *hazerlanmaq*, se préparer, se disposer à agir; s'équiper. — حاضرلق *hazerleq*, préparatif; provision. — حاضر لوب *hazer lob*, œuf dur. — مکتوب حاضر *mektoubi hazer*, la présente lettre. — احوال حاضرهده *ahvali hazerèdè*, dans les circonstances actuelles. — حاضر مزارك اولوسى *hazer mizaruñ eulussu*, un moribond, qui a un pied dans la tombe.

حافظ *hafez*, (ar. qui garde, qui conserve et protège, qui retient par cœur) titre donné aux dévots musulmans qui ont appris le Koran par cœur. Cette épithète s'ajoute aux noms, par ex.: حافظ شیرازی *hafezi chirazi*, Hafiz de Chiraz, célèbre poète persan; حافظ عثمان *hafez 'osman*, le sultan Osman III qui récitait le Koran par cœur. — En général les *hafez* s'appliquent à réciter le Koran entier une fois tous les quarante jours, pour obtenir des grâces particulières dans cette vie et dans l'autre. — حافظ دور خوان *hafezi devr-khân*, musulman qui récite chaque jour une partie du Koran par cœur. — حافظ کتب *hafezi kutub*, « gardien de livres », conservateur, bibliothécaire. — حافظه *hafezè* ou قوۀ حافظه *qouvvèi hafezè*, mémoire, faculté de retenir par cœur.

حاکم *hakim*, (ar. qui commande, qui juge) 1° nom donné en général à tous ceux qui ont le pouvoir judiciaire; juge, magistrat. Les magistrats des principaux ressorts judiciaires sont plus souvent désignés sous le titre de *molla*. — حاکم الشرع *hakim uch-cher'*, le magistrat civil, dépositaire de la loi religieuse ou *cher'i cherif*, par opposition au حاکم العرف *hakim ul-'eurf*, dépositaire de la force publique, officier général de police. — محکمۀ صلحیه حاکمی *mehkèmè-i çoulhyè hakimi*, juge de paix. — حاکم وکیلی *hakim vekili*, juge suppléant. — حکمی جاری اولان حاکم *hukmu djari olan hakim*, juge compétent. — وکالةً نصب اولنان حاکم *vekaleten naçb olounan hakim*, juge par délégation. — حاكم مطلق *hakimi moutlaq*, Dieu, le juge suprême. — 2° qui gouverne, chef politique, prince. حاكم بخارا *hakimi boukhara*, le prince qui règne à Boukhara; حاكم عمان *hakim 'ommân*, le chef de l'Omân. — حاكمّيت *hakimyet*, la qualité de *hakim*, souveraineté, pouvoir. — ملتك حاكميتى *milletuñ hakimyete*, gouvernement de la nation, démocratie. — Prov. : حاكمسز حكيمسز بلده ده طورمه *hakimsez hekimsez beledède dourma*, « ne demeure pas dans une contrée où il n'y a ni prince ni médecin ».

حال *hal*, (ar.) 1° état, situation; circonstance, cas. — چكونكى وقت وحاله نظراً *tchigounèguii vaqt u halè nèzèrèn*, eu égard au temps et aux circonstances. — حال وحشيت *hali vahchyet*, état sauvage, état de nature. — مدنيت حالى *medenyet hale*, état de société, civilisation. — بو حال تأسف اشتمالده *bou hali tèèçuf ichtimaldè*, dans cette situation regrettable. — مدافعهٔ مشروعه حالى *moudafe'èi mechrou'è hale*, état de légitime défense. — plur. احوال *ahval*. — احوال حاليه ده *ahvali halyèdè*, dans les circonstances actuelles. — امور حاليه *oumouri halyè*, la situation présente, le statu-quo. — احوال متفرعه *ahvali muteferri'è*, circonstances accessoires. — احوال نازكه *ahvali nazikè*, circonstances critiques. — احوالات استثنائيه *ahvalati istisnayyè*, situation exceptionnelle. — حال ومستقبل *hal u mustaqbil*, le présent et l'avenir; en grammaire : mode présent et mode futur. — در حال *der hal* et فى الحال *fil-hal*, aussitôt, sur le champ. — حالاً *hala*, (plus rare *halian*) maintenant. — هر حالده *her haldè*, en tout cas; certainement, sans aucun doute. — هر نه حال ايسه *her nè hal issè*, quoi qu'il en soit. — حال بو كه *hal bou ki*, le fait est que...; en réalité; — mais, au contraire. — حالده *haldè*, dans le cas où, si, en supposant; lorsque. — كلديكى حالده *gueldiyè haldè*, dans le cas qu'il vienne; en supposant qu'il vienne; lorsqu'il sera venu. — 2° bien-être, confortable, aisance de la vie. — حال قالمدى *hal qalmadeu*, il n'a plus de fortune. — حاللو *hallu*, à son aise, heureux; tranquille. — كندو حالنده *kendu halindè*, tranquille, à son aise, content. — حال صورمق *hal çormaq*, demander des nouvelles de la santé. — 3° émotion, trouble; malaise; éblouissement. — بر حال

اولدم bir hal oldum, je suis tout troublé, je n'y vois plus. — غريب بر حاله كرمك gharib bir halè guirmek, être dans un état étrange ; se trouver mal. — اولودن حاللو euluden hallu, plus défait qu'un mort. — بر حال اوله سون bir hal olmassoun, de peur d'accident. — هركس حالندن آغليور her kès halinden âghlayor, chacun se plaint de sa situation ; nul n'est content de son sort. — حال حالك يولداشيدر hal haluñ yoldacheder, les choses marchent de pair. — حالكه باقده خالى طوقو halèñè baqdè khaleu doqou, « tisse ton tapis d'après tes moyens », règle tes dépenses sur tes ressources.

حالا hala, (ar.) et plus rare حاليا halia, 1° maintenant, présentement, actuellement. — 2° en fonction ; en activité de service, par opposition à معزول ma'zoul, et à سابق sabeq, en inactivité ; hors d'emploi. — حالا hala, vulg. pour خاله khala, tante paternelle.

حالب halib, (ar.) dans le langage de la médecine, c'est l'urétère ou canal membraneux qui porte l'urine du rein dans la vessie. De là vient le nom حالبى halibi, donné à une plante du genre aster l'« aster amellus » qui passait, chez les médecins arabes, pour guérir les inflammations de l'aine (cf. Ibn el-Beïthar, t. I, p. 63 et 392). La plante en question est vulgairement connue en Turquie sous le nom de qaçem tchitcheye, « fleur de l'imam Qaçem ».

حالت halet, (ar.) 1° état, situation, circonstance. — هذه الحالة el-haletu hazihi, à présent, en cette circonstance. — 2° état d'extase et de vertige des derviches mevlevites, à la suite de leur ronde mystique. Voir Tableau, t. IV, p. 645. — Sur la définition donnée à ce mot par les adeptes du soufisme, voir Prolégomènes d'Ibn Khaldoun, trad. de Slane, t. II, p. 373.

حالطا (var. حلتا, حالتا) halta, collier qu'on met au cou de certains animaux domestiques, et surtout du chien.

حاللاشمق hallachmaq, 1° avoir du trouble ; se trouver mal. — 2° conférer, délibérer ; littér. « s'entretenir de la situation » ; voir حال hal.

حاللانمق hallanmaq, 1° éprouver une vive émotion ; être transporté de colère ; délirer. — 2° avoir ses aises, jouir du confortable ; être heureux. —

حاللاندرمق *hallandermaq*, rendre heureux, donner de l'aisance, etc.; voir حال *hal*.

حالى *haleu*, grand tapis; voir خالى *khaleu*.

حام *ham*, brut, rude; voir خام *kham*.

حامض *hamez*, (ar.) terme générique pour désigner tous les corps acides minéraux, organiques, etc. L'expression turque vulgaire serait اكشى مادهلر *èkchi maddèler*, « les matières acides ». — حامض خل *hamez khall*, acide acétique.

حامى *hami*, (ar.) protecteur, défenseur. — دول حاميه *duveli hamyè*, puissances protectrices. — اصول حاميه *ouçouli hamyè*, système protecteur. — حامى عمومى *hami-i 'oumoumi*, « le protecteur universel », Dieu; — voir حمايت *himayet*.

حانث *hanis*, (ar.) avec اولمق *olmaq*, être parjure; se parjurer. Cf. يمين *yemîn*.

حانى *hani*, poisson dont la peau est mélangée de blanc et de rouge foncé; il pèse environ trois ocques, ou près de 4 kilogr. (Lehdjè.)

حاو *hav*, duvet du drap, poil d'une étoffe de laine; voir خاو *khav*. — حاولى *havlu*; voir خاولى *khavlu*.

حاوچ *havoutch*, carotte, orthogr. peu correcte au lieu de هاوچ; voir ce mot.

حاويار *haviar*, (pour خاويار) caviar, marinade d'œufs d'esturgeon, très recherchée en Russie et qui s'exporte aussi en quantité considérable dans l'empire ottoman.

حاويه *havia*, (var. خاويه et خويا) marteau de forgeron; instrument de cuivre en forme de marteau avec lequel les forgerons tiennent l'extrémité du fer rouge.

حائل *haïl*, (ar.) 1° qui cache; voile, rideau; obstacle. — 2° *néolog.* semblable, pareil. — comme, de même que.

حبّ *houbb*, (ar.) amour; affection, amitié. — Les Turcs citent souvent ce proverbe arabe : حبّ الوطن من الايمان *houbb ul-vatan min el-iman*, « l'amour de la patrie fait partie de la religion ».

حبّ *habb*, (ar.) 1° pilule, granule. — اوكسوروك حبّى *uksuruk habbi*, pastille contre la toux. — عمل حبّى *'amel habbi*, pilule purgative. — 2° graine, grain, baie, semence. — حبّ اثل *habbi eçel*, graine de tamarisc. — حبّ آس *habbi âs*, graine de myrte. — حبّ بان *habbi ban*, noix muscade. — حبّ الغول *habb ul-ghoul*, fruit du storax dont on fait des chapelets. — حبّ السلاطين *habb us-selatîn*, « baie des sultans », surnom de la cerise; le peuple prononce *'abdus-selatîn*. — حبّ الرأس *habb ur-ras*, staphisaigre ou herbe aux poux. — حبّ الراسن *habb ur-raçen*, graine d'aunée ou *hélénium*. — حبّ الرشاد *habb ur-rechad*, graine de raifort. — حبّ زلم *habb zelem*, amandes de terre, racines de souchet comestible. — حبّ العرعر *habb ul-'ar'ar*, graine de genévrier. — حبّ الغراب *habb ul-ghourab*, noix vomique. — حبّ القثا *habb ul-qassa*, baie du solanum. — حبّ قلقلان *habbi qalqalan*, graine de cassia. — حبّ المساكين *habb ul-messakîn*, lierre, nommé en turc *euksuz ourghane*, « corde de l'orphelin ». — حبّ المسك *habb ul-misk*, muscadin, pastille musquée, et aussi la petite fleur nommée ambrette. — حبّ الملوك *habb ul-mulouk*, « euphorbia lathyris », graine purgative. — حبّ النيل *habb un-nîl*, « convolvulus nil ». — حبّ نافع *habbi nafé*, « grain salutaire », c'est un électuaire que prennent les Turcs pour combattre l'échauffement; il est composé comme suit : opium pur, 1 drachme, castoréum $1/2$ dr.; muscade $1/2$ dr. — حبّ يوتمق *habb youtmaq*, « avaler la pilule », terme vulgaire dans le sens de « mourir ».

حبّاز *habbaz*, (ar.) prononciation affaiblie de l'arabe خبّاز *khabbaz*, boulanger.

حبس *habs*, (ar.) vulg. *hapès*, 1° prison, — emprisonnement, détention. — avec *etmek*, mettre en prison, incarcérer, comme حبسه قومق *habsè qomaq*. — حبسه آتمق *habsè âtmaq*, jeter en prison; — avec *olounmaq*, être emprisonné, être mis en état d'arrestation. — كوز حبسى *gueuz habsè*, être gardé à vue, être en état de surveillance. — كوز حبسنه آلدرمق *gueuz habsinè âldurmaq*, mettre sous la surveillance de la police. — احتياطاً حبس *ihtyatèn* (ou مسافرةً *musafiretèn*) *habs*, détention préventive. — حبس وكرفت ا *habs u guirift etmek*, mettre en état d'arrestation. — مكتب حبسخانه سى *mekteb habs-hanèsè*, maison de correction pour les jeunes détenus. — 2° terme de jurisprudence : rétention, faculté de retenir le gage jusqu'à parfait paiement. — حق حبس *haqqe habs*, droit de rétention. — حبس مبيع *habs moubi'*, rétention de la chose vendue. — Cf. زندان *zindan*.

حبش *habech*, Abyssinie; voir *Diction. géographique.* — Abyssin, habitant de l'Abyssinie. — حبش كبي *habech guibi*, « comme un Abyssin », c'est-à-dire « très noir ». — حبش ولايتى *habech vilayetẹ*, province d'Abyssinie. — حبش معدنى *habech ma'deni*, éthiops minéral, sulfure noir de mercure.

حبط *habat*, (ar. ne rien produire, manquer) avec *olmaq*, être déçu dans ses tentatives, manquer le but; être frustré dans son attente.

حبوب *houboub*, plur. ar. de حبّ *habb*, grains, graines. — حبوبات *houboubat*, graines, céréales; légumes secs. — حبوبات زرعيه *houboubati zer'yẹ*, denrées agricoles.

حبّة *habbẹ*, (ar.) féminin de حبّ *habb*, grain, graine; baie. — obole, menue monnaie; chose minime. — حبّه الماس *habbẹ elmas*, un brillant. — حبّه إنجو *habbẹ indjou*, une perle. — ياقى حبّه سى *yaqeu habbẹsẹ*, pois à

cautère. — Proverbe : حبّه يى قبّه ا *habbẹyẹ qoubbẹ etmek*, « d'un grain faire une coupole », grossir les choses, tomber dans l'exagération.

حبيب *habib*, (ar.) ami, personne chérie. — حبيب الله *habib ullah*, « l'ami de Dieu »; c'est un des surnoms du Prophète.

حتى *hatta*, particule arabe : jusqu'à ce que, au point que, afin que. — s'emploie dans la phrase turque pour insister ou pour corroborer le sens, comme dans l'exemple suivant : شهره كيتدم حتى پدريكزى كوردم *chehirẹ guittum hatta pederiñẹzeu gueurdum*, « je suis allé à la ville et même j'y ai vu votre père ».

حج *haddj*, (ar.) pèlerinage aux lieux saints, visite et cérémonies rituelles du pèlerin à la Mecque et à Médine. Sur ces cérémonies et sur les conditions légales du pèlerinage, voir D'OHSSON, *Tableau*, t. III, p. 55 et suiv. — امير الحج *emir ul-haddj*, chef de la caravane qui se rend à la Mecque, chef du pèlerinage; c'est ordinairement le pacha de Damas. — افراد بالحج *ifrad bil-haddj*, pèlerinage restreint qui consiste dans la visite et les tournées rituelles autour de la *Kea'bè*; le pèlerin qui n'accomplit que cette partie du rituel est nommé مفرد بالحج *mufrid bil-haddj*. — حجّه كيتمك *haddjè guitmek* ou حجّه وارمق *haddjè varmaq*, aller en pèlerinage. On dit en se moquant d'un paresseux : حجّه كيدەنك ايشنى آلمز كه تيز كلسون ديو *haddjè guidènuñ ichenèu âlmaz ki tèz guelsin deyi*, « il ne prend pas l'emploi du pèlerin sous prétexte que celui-ci reviendra bientôt ». — حج سنەسى كبى اوزادى *haddj sènèsi guibi ouzadeu*, « c'est long comme l'année du pèlerinage ». — حجّه كيدن كلدى ساجه كيدن كلمدى *haddjè guiden gueldi sadjè guiden guelmedi*, « celui qui va en pèlerinage revient, celui qui va à la cuisine (litt. « à la marmite ») ne revient pas ».

حجاب *hidjab*, (ar.) 1° timidité; pudeur, modestie. — طبيعتمده اولان حجابى يكەميورم *taby'etimdè olan hidjabe yèñèmyorum*, je ne puis vaincre ma timidité naturelle. — 2° voile, rideau (cf. حاجب *hadjib*). — membrane du poumon; membrane entre le poumon et l'artère du poumon.

حجامت *hadjamet*, (ar.) action de poser des ventouses. — حجامت شيشەسى *hadjamet chichèsse* ou *boïnozè*, vase de verre ou de corne pour appliquer les ventouses. — عرب حجامتى *'areb hadjametè*, scarification, ventouse humide faite chez les Arabes avec un rasoir. — حجامتجى *hadjametdji*, celui qui pose les ventouses, scarificateur.

حجّت *heuddjet*, (ar.) arrêt de tribunal, sentence prononcée par le juge. — titre, document. — preuve, argument. — تمليك حجّتى *temlik heuddjetè*, titre de propriété. — انتقال حجّتى *intiqal heuddjetè*, titre translatif de propriété. — حجّت آرامق *heuddjet âramaq*, chercher des arguments, des preuves. — حجّتلشمك *heuddjetlechmek*, produire des arguments l'un contre l'autre; disputer; plaider. Cf. حكم *hukm* et سند *sened*.

حجر *hedjr*, (ar.) action d'empêcher, de retenir; interdire. — حجر ومنع *hedjr u men'*, interdiction civile. — حجر شرعى *hedjri cher'y*, interdiction légale; saisie judiciaire. — تصديق حجر *taçdiqe hedjr*, valider une saisie. Cf. ضبط *zabt* et توقف *tevqef*.

حجر *hadjer*, (ar.) pierre; voir طاش *tach*. Parmi les dénominations arabes des principaux minéraux ou pierres, on doit citer les suivantes : حجر البقر *hadjer ul-baqar*, « pierre de bœuf » ou حجر التيس *hadjer ut-tîs*, « pierre de bouc », bézoard, espèce de concrétion bilieuse qui se trouve chez certains animaux. — حجر سمك *hadjeri semek*, « pierre de jais ». — حجر قمر *hadjeri qamar*, « pierre de la lune », sélénite. — حجر الشريط *hadjer uch-cherit*, espèce de marbre. — حجر الفتيله *hadjer ul-fitilè*, amiante, nommée aussi حشيشة المعدن « herbe de mine » et en turc طاغ كتانى *dagh kettane*, « coton de montagne ». — حجر الحية *hadjer ul-hayè*, ou en turc يلان طاشى *yilan tache*, « pierre de serpent », serpentine, bézoard que l'on confond avec une pierre de même genre nommée قرلانغج طاشى *qerlanghedj tache*, « pierre d'hirondelle » ou chélidoine; elle est nommée aussi حجر يرقان *hadjeri yarqan*, pierre (contre la) jaunisse parceque les Orientaux lui attribuent une vertu curative. — قان طاشى *qan tache*, en ar. حجر الدم *hadjer ud-dem*, pierre rougeâtre, espèce de sanguine très commune dans la région du Sinaï.

حجره *hudjrè*, (ar.) petite chambre, cellule dans une mosquée. — chambre de khan et de caravansérail. — arrière-boutique. Cellules occupées dans une *medressèh* par les étudiants ou *softa*. — En anatomie : interstice du tissu. — نسج حجرى *nesdji hudjri*, tissu cellulaire.

حجز *hadjz*, (ar. retenir, renfermer) saisie judiciaire. — تصديق حجز *taçdeqe hadjz*, valider une saisie. — Voir توقيف *tevqef* et ضبط *zabt*.

حجنت *heudjnet*, (ce mot paraît être une corruption de l'ar. هجنة) défaut, imperfection; maladie. — حجنتلو *heudjnetlu*, malade, infirme. — On dit d'une marchandise : اوجوزسه حجنتى وار بهالو ايسه حكمتى وار *oudjouz issè heudjnetè var pahalu issè hikmetè var*, « si elle est bon marché elle est défectueuse, si elle est chère c'est qu'elle vaut son prix ».

حدّ *hadd*, (ar.) borne, limite, frontière; terme. — plur. حدود *houdoud*. — حددن زياده *haddan zyadè*, au delà des bornes, excessivement. — حدسز *haddsez*, sans limites, sans bornes, démesuré, excessif. — حدى يوق *haddè yoq*, c'est sans limites; ce n'est pas dans la mesure de ses forces. — نه

حدينه *nè haddinè*, comment le pourrait-il? est-ce qu'il l'oserait? — متواسط اوزره حدى *haddi mutevaçet uzrè*, en moyenne. — حد ذاتنده *haddi zatindè*, en soi; en réalité; effectivement. — حد ذاتنده نفیس *haddi zatindè nefis*, ayant une valeur intrinsèque. — لقردى سويله مك كيمسه نك حدى دكلدر *haremęmuñ laqęrdeu seuïlèmek kimsènuñ haddę deïldur*, personne n'a le droit de parler de ma famille. — حدينى بيلمك *haddęnę bilmek*, « connaître ses limites », rester à sa place, ne pas dépasser la mesure. — حدينى بيلدرمك *haddęnę bildurmek*, faire connaître à quelqu'un la limite où il doit rester ; donner un avertissement, infliger une punition. — حدينى بيلميانه بيلدررلر *haddęnę bilmeyenè bildururler*, on corrige celui qui dépasse les bornes (prov.). — De là l'expression حد اورمق *hadd vourmaq*, donner la bastonnade en vertu d'une sentence du juge. — تحديد حدود ا *tahdidi houdoud etmek*, régler la question des frontières. — حدود مصنوعه *houdoudi maçnou'è*, frontières politiques, litt. « artificielles ». — حد بلوغ *haddi bulough*, puberté; majorité. — حد كمال *haddi kemal*, perfection, dernier terme du beau. — فوق

الحد *fevq ul-hadd*, outré, extrême, démesuré. — Cf. حدود *houdoud*.

حدّت *hiddet*, (ar.) colère, violence; fougue, emportement. — حدتكزى تسكين ايليك *hiddetęnęzę teskîn eïleyiñ*, calmez votre colère. — حدت مزاج *hiddeti mizadj*, violence de caractère, fougue de tempérament. — حدت ا *hiddet etmek*, se mettre en colère, s'emporter. — حدتلنمك *hiddetlenmek*, même sens. — حدتلندرمك *hiddetlendirmek*, exciter la colère, irriter. — حدتلى *hiddetlu*, irascible; emporté, violent.

حدقه *hadaqa*, (ar.) iris, membrane circulaire placée au devant du cristallin et nuancée de différentes couleurs. — pupille de l'œil, ouverture située au centre de la membrane de l'iris. Cf. ببك *bèbèk* et كوز *gueuz*.

حدود *houdoud*, (ar. plur. de حدّ *hadd*) 1° limites, frontières, confins. — حدود علامتى *houdoud 'ylametę*, bornage. — همحدود *hemhoudoud*, limitrophe, contigu. — همحدودلق *hemhoudoudlęq*, confinité, voisinage. Voir حدّ *hadd*.

حدّه *haddè*, (ar.) filière, instrument destiné à étirer et à tréfiler les fils métalliques (en pers. سیم کش *sîmkech*, « tire-argent »). — حده خانه *haddè-hanè*, tréfilerie, atelier où l'on met en fil les métaux. — حددن کچورمك *haddèden guetchirmek*, faire passer par la filière.

حديث *hadis*, (ar. parole) tradition provenant du prophète et transmise par ses compagnons et les successeurs de ceux-ci. C'est une des bases de la loi religieuse et civile chez les musulmans. — *plur.* احاديث *ahadis*. — احاديث مشهوره *ahadissi mech'hourè*, groupe des traditions orales de notoriété publique. — احاديث متواتره *ahadissi mutevatirè*, traditions dont la notoriété est publique et universelle. — Voir *Tableau*, etc., introduction, p. 6 et suiv. — Cf. سنت *sunnet*.

حديم *hadim*, orthographe et prononciation vulgaires du mot *khadim*, eunuque; voir خادم.

حذا *hiza*, (ar.) en face de, vis-à-vis, se prend en turc dans le sens de « fil à plomb » à l'usage des charpentiers; il signifie aussi « niveau d'eau »; voir بروسه *pressè* et ترازی *terazou*.

حرّ *hourr*, (ar.) libre, indépendant, libre dans ses actions; majeur. Cf. حريت *hourriet* et سربست *serbest*.

حراج *haradj*, (ar.) capitation, tribut; voir خراج *kharadj*.

حرار *harar*, (ar.) grand sac de poils de chèvre; voir غرار.

حرارت *hararet*, (ar. chaleur) 1° soif, soif ardente. — حرارتم وار *hararetem var*, je suis altéré, j'ai soif. — حرارت سوندرمك *hararet seundurmek*, « éteindre la soif », désaltérer. Voir صوسز *çouseuz*. — 2° colère, irritation. — حرارتلنمك *hararetlenmek*, se mettre en colère, s'emporter.

حرام *haram*, (ar.) illicite, illégal, interdit par la loi religieuse — sacré, inviolable. بيت الحرام *beït ul-haram*, le temple de la Mecque, la *Kea'bè*; بلد الحرام *beled ul-haram*, le territoire inviolable de la Mecque et de Médine. — حلال و حرام *halal u haram*, ce qui est permis est défendu, licite et interdit. — حرام حلالدن طاتلو كلور نامرده *haram halaldan tatlu guelir namerdè*, pour le scélérat ce qui est défendu a plus de douceur que ce qui est permis. — حرامدن كلن حرامه كيدر *haram-*

den guelen haramè guider, bien mal acquis ne profite guère. — اویقویی کوزه حرام *ouïqouyę gueuzè haram etmek*, s'interdire le sommeil. — حرامی *harami*, voleur, brigand. — حرامامك *haramilik*, brigandage; voir حیدود *haïdoud*.

حرامزاده *haram-zadè*, (ar. pers.) enfant illégitime, bâtard. — *au fig.* vaurien, homme de rien; coquin, fourbe. — حرامزاده‌لك *haram-zadèlik*, naissance illégitime, bâtardise. — fourberie, improbité, coquinerie.

حرامی *harami*, (ar.) voleur, brigand, synon. de خرسز *khęrsęz*. — حرامامك *haramilik*, vol, brigandage; coquinerie; voir حرام *haram*.

حرب *harb*, (ar.) guerre. — دار الحرب *dar ul-harb*, « territoire de la guerre ». Au sens légal du mot, tout pays qui n'est pas musulman est considéré comme pays ennemi. — حربی *harbi*, ennemi, hostile. — اصول وقواعد حربیه *ouçoul u qavaïdi harbyè*, lois et principes de la guerre. — تدابیر حربیه *tedabiri harbyè*, mesures militaires. — حربیه ناظری *harbyè nazire*, ministre de la guerre. — حربیه نظارتی *harbyè nazaretę*, ministère de la guerre. — اعلان حرب *i'lani harb*, déclaration de guerre. — دیوان حرب *divani harb*, cour martiale. — اركان حرب *erkiani harb*, état-major. — یاور حرب *yavèri harb*, aide de camp. — رسومات حربیه *rusoumati harbyè*, contributions de guerre. — مهمات حربیه *muhimmati harbyè*, munitions de guerre. — سفینهٔ حربیه *sèfinèï harbyè*, bâtiment de guerre. — اموال ممنوعهٔ حربیه *emvali memnou'èï harbyè*, contrebande de guerre. — تضمینات حربیه *tazminati harbyè*, frais de guerre. — مكتب شاهانهٔ حربیه *mektebi chahanèï harbyè*, école impériale de guerre, ou militaire. — مكتب اعدادیهٔ حربیه *mektebi i'dadyèï harbyè*, école préparatoire militaire. Ces deux écoles ont un inspecteur ناظر *nazęr*, et un directeur مدیر *mudir*. — حرباً *harben*, en état de guerre; à main armée. — حربیجه *harbidjè*, de force, violemment, synon. de زور ایله *zor èla*. — Cf. محاربه *mouharèbè*.

حربه *harba*, lance; hallebarde. — حربه‌جی *harbadję*, hallebardier. Il y avait autrefois une compagnie annexe au corps des janissaires, connue sous le nom de *harbadjęlar*, « les hallebardiers ». Ces hommes, au nombre de soixante, se distinguaient par une peau de tigre qu'ils portaient par dessus leur uniforme. Ils étaient employés aux exécutions et, en temps de guerre, ils montaient la garde tour à tour auprès du grand-vizir et de l'âgha des janissaires. Voir la planche 204 du *Tableau de l'Empire ottoman*.

حربى *harbi*, (ar.) D'après l'ancien code musulman, tout sujet d'une puissance étrangère habitant le territoire du *djihad*. Les protégés étrangers sont nommés *mustéemen*; voir حرب *harb*.

حرتاوى *hirtavi*, turban de spahi; voir خرتاوى.

حرجله *herdjèlè*, corruption du pers. خرگله *kherguelè*, haras; établissement destiné à la reproduction de la race chevaline. — On trouve aussi l'orthographe هرجله *herdjèlè*.

حرزه *harzè*, (pour خرزه *kharzè*) calcul biliaire qui se trouve dans le foie du bœuf, du veau et de l'agneau. Les femmes d'Orient le font dissoudre dans leur bain ou le prennent en potion pour se donner de l'embonpoint. On le nomme en arabe حجر البقر « calcul du bœuf » et en pers. تيمور *timour*. Voir Ibn el-Beïthar, t. I, p. 416.

حرص *herç*, (ar.) 1° avidité, cupidité, désir immodéré; ambition. — حرصلو *herçlu*, avide, ambitieux, cupide. — حرصلو اولان محروم قالور *herçlu olan mahroum qaleur*, l'ambitieux finit par être déçu. — 2° sens spécial au langage vulgaire : colère, violence; rébellion. — حرصلنمق *herçlanmaq*, s'irriter, s'emporter, se révolter.

حرف *harf*, (ar.) 1° lettre de l'alphabet, consonne — particule; voir le plur. حروف *hourouf*. — حرف بحرف *harf bèharf*, mot-à-mot, littéralement, textuellement; cf. لفظ *lafz*. — حرفاً *harfyèn*, textuellement, à la lettre. — 2° invective, injure, propos calomnieux. — حرف آتمق *harf átmaq*, invectiver, calomnier, tenir des propos médisants. — 3° *hiref*, plur. de حرفت *herfet*, métiers, arts industriels.

حركت *hareket*, (ar. mouvement, action) conduite, manière d'agir, procédé. — خط حركت *khatte hareket*, ligne de conduite. — حركته كلمك *harekete guelmek* et حركتلنمك *hareketlenmek*, se mettre en mouvement. — حركت تعليمى *hareket ta'lime*, gymnastique. — حركات خصمانه *harekiati khęsmanè*, mouvements hostiles, procédés hostiles. — Dans l'ordre judiciaire on nomme حركت خارج *hareketi kharidj* le second degré, داخل *dakhil* le troisième et حركت داخل *hareketi dakhil* le quatrième degré; les candidats aux emplois judiciaires doivent les parcourir pour arriver au dixième qui est le grade nommé سليمانيه *suleïmanyè*. Ces étapes successives sont l'objet d'un diplôme رؤس *rouous*, délivré aux candidats reçus.

حركه *harekè*, (ar.) motion, voyelle, signe-voyelle; voir la grammaire arabe. — حركه لو *harekèlu*, petits syllabaires, petits manuels de lecture vocalisée à l'usage des enfants.

حرم *harem*, (ar. chose inviolable) 1° harem, gynécée, appartement habité par les femmes. — حرم ملك *haremlik*, partie de la maison réservée au harem. — حرم آغاسی *harem âghassę*, «officier de harem», eunuque. — حرم بيوت *haremi buyout*, inviolabilité du domicile et de la famille. — حرم همايون *haremi humaïoun*, harem du sultan; voir sur l'ancienne organisation, l'étiquette et les usages du harem impérial les renseignements très curieux donnés par d'OHSSON, t. VII, chap. IV. «Ce chapitre, dit-il, a coûté plus de peine et de cadeaux que la collection des matériaux nécessaires au reste de l'ouvrage». — جامع حرمی *djami" haremę*, le parvis sacré d'une mosquée. — حرمين شريفين *haremeïni cherifeïn*, «les deux nobles harem», les deux saintes cités, la Mecque et Médine. — حرمين محاسبه سی *haremeïn mouhassebèsi*, bureau du contrôle des deux villes saintes, bureau de la comptabilité des biens appartenant à la Mecque et à Médine, etc. — حرم نبوی *haremi nebevi*, le territoire du prophète, le *haremi cherif*. — 2° périphrase pour désigner les femmes, épouses, filles, etc. vivant dans le harem. — محمد بكك حرميدر *mehemed beyiñ haremi dur*, c'est la femme de Mehemet Bey. — حرمين پايه سی *haremeïn payęsę*, quatrième classe de la magistrature, comprenant les charges de mollas de la Mecque et de Médine. — حرمين ديوانی *haremeïn divanę*, conseil d'administration des *vaqoufs*, présidé par le chef des eunuques noirs, *qęzlar âghassęu*. — حرمين مفتشی *haremeïn mufettichę*, magistrat chargé de juger les procès relatifs aux *vaqoufs*. — حـــــــرمين عشیرتلری *haremeïn 'achiretlerę*, « les familles des deux villes saintes », surnom donné à une tribu arabe domiciliée à Karassi, dans l'ancienne Mysie.

حرمت *heurmet*, (ar.) respect, égards, considération. — illégalité, chose défendue. — آكا حرمت ایتمكــز لازم‌در *oña heurmet etmèñez lazęm dur*, vous lui devez le respect. — حرمتــاً *heurmetèn*, par égard, respectueusement. — حرمتسزلك *heurmetsizlik*, manque de respect, inconvenance, impolitesse. — حرمتلو ou حرمتــلى *heurmetlu*, 1° digne de respect, respectable, vénérable. — 2° abondant, tout plein, sans compter. — شونی حرمتلوجه ویر *chounę heurmetludjè vęr*, donne cela par dessus le marché.

حرمل *heurmel*, rue sauvage, *peganum harmala*, dont la graine s'emploie en fumigations dans le traitement de certaines maladies; le nom turc de cette plante est اوزکنلك *uzgunluk*.

حروانى *harvani*, espèce de capote ou de tunique en drap, arrondie et sans manche. On trouve aussi la forme خرمنى *kharmani*.

حروف *hourouf*, plur. ar. de حرف *harf*, 1° lettres de l'alphabet, types, caractères d'impression. — باشلــو حروف *bachlu hourouf* ou *buyuk hourouf*, lettres capitales, majuscules. — حروف دقیقه *houroufi daqęqa*, lettres minuscules. — en style de grammaire : حروف هجا *houroufi hedja*, lettres de l'alphabet; en turc : حروف آناختــارى *hourouf ânakhtarę*, « clé des lettres ». — حروف جرّ *houroufi djerr*, prépositions, particules gouvernant le génitif. — حروفــات *houroufat*, plur. double : lettres, types, caractères. — 2° caractères mystérieux, lettres cabalistiques.

حرون (var. حرین et حارین) *hareun*, rétif, têtu, indocile, en parlant du cheval. — Le même mot en t. or. désigne le cheval fatigué, fourbu; en arabe, il se dit du cheval qui s'arrête au milieu de sa course et refuse d'avancer. — حرونلق (var. حرینلق) *hareunlęq*, rétivité, indocilité. — On écrit quelquefois هارین et هرین.

حرّیت *hourriet*, (ar.) liberté, indépendance. — حریت افكار *hourrieti efkiar*, liberté de pensée. — افكار حریت *efkiari hourriet*, opinions libérales, libéralisme. — افكار حریــت اصحــابى *efkiari hourriet ac'habę*, les partisans du libéralisme. — ح اجتماع *hourrieti idjtima'*, liberté de réunion. — ح شخصیه *hourrieti chakhçyè*, (ou ذاتیه *zatyè*) liberté individuelle. — ح مذهب *hourrieti mezheb*, liberté religieuse. — ح مطابع *hourrieti matabi'*, liberté de la presse. — افكار حريتك انتشاری *efkiari hourrietuñ intichare*, propagande des idées libérales. — تشبثات حريتكارانه *techebbusati hourrietkiaranè*, mesures libérales. Cf. سربستیت *serbestyet*.

حریص *hariç*, (ar.) avide, cupide. — حریص منصب *hariçe mançeb*, ambitieux; voir حرص *herç*.

حریف *hèrif*, (ar. compagnon, camarade, ami) se prend ordinairement en mauvaise part et avec une nuance de mépris: un individu, un quidam, un vaurien. — بو حریف نه استیور *bou hèrif ne isteïor*, que veut ce drôle? — بو حریف نه رلودر *bou hèrif nèrèlu dur*, d'où vient ce quidam? — حریفجق *hèrifdjeq*, pauvre homme, de piètre mine; misérable. — حریفانه *hèrifanè*, par tête, par écot; pique-nique de pauvres gens; le peuple prononce ce mot *aarifanè*, comme s'il était écrit عارفانه.

حریق *hariq*, (ar.) incendie, feu.

— حریق عظیم *hariqe 'azim*, grand incendie. — حریق مأموری *hariq mèmoure*, surveillant chargé d'annoncer l'incendie. — حریق تولومبه سی *hariq touloumbase*, pompe à incendie. Cf. یانغین *yanghen*.

حزار *hazar*, 1° grande scie à l'usage des charpentiers et scieurs de long. — حزار تخته سی *hazar tahtasse*, grande planche de chêne, madrier, cartelle.

حزاران *hazaran*, (pour خزاران *khazaran*, corruption de خیزران *khaïzoran*) bambou. — حزاران قامیشی *hazaran qamiche*, tige de bambou. — حزاران صندلیه *hazaran çandalyè*, fauteuil de cannes. — حزاران چچکی *hazaran tchitcheye*, héliotrope.

حزب *hizb*, (ar.) 1° une des soixante sections du Coran. — 2° prière en forme de litanie récitée dans certaines occasions; voir Dozy, *Suppl. aux Diction. arabes*, s. v.

حزم *hazm*, (ar.) résolution, fermeté, solidité. — حزم واحتیاط سلامتدر ملاحظه سزلق ملامت *hazm u ihtyat selametter muluhèzèsezleq melamet*, la fermeté et la prudence assurent le salut ; l'imprévoyance est une cause de blâme.

حَزَن 1° *hazn*, (ar. sol inégal, raboteux) grève, rivage parsemé de rochers et de galets ; voir *Diction. géographique*. — 2° *huzn*, tristesse, affliction, chagrin.

حس *hiss*, (ar.) sens ; sensation ; sentiment. — حس تيزلكى *hiss tèzliyè*, finesse de sens ; sensibilité. — حس مشترك *hissi muchtèrik*, faculté de sentir ; — sens commun. Cf. حسيات *hissyat* et وجدان *vedjdan*.

حساب *hiçab*, vulg. *hèçap*, (ar.) compte, calcul, numération. — réflexion ; estime. — علم حساب *'ylmi hiçab*, science de calcul. — حساب جمل *hyçabi djumel*, addition. — حساب تمامى *hiçab tamamè*, complément de compte, fin de compte. — حساب تفاضلى *hiçabi tefazuli*, calcul différentiel. — پرماق حسابى *parmaq hiçabè*, numération par les doigts. — دفتر حساب *defteri hiçab*, livre de compte. — حساب جارى *hiçabi djari*, compte courant. — حساب آچمق *hiçab âtchmaq*, ouvrir un compte courant. — رؤيت حساب ا *rouyeti hiçab etmek*, examiner un compte, faire une liquidation de comptes. — على الحساب پاره ويرمك *'alel-hiçab para vermek*, donner un à compte. — بر حسابك تصويب وتنسيجى *bir hiçabuñ taçvib u tençibi*, allocation d'un compte. — على التخمين بر حساب *'alet-tèkhmûn bir hiçab*, aperçu de compte. — حسابنامه *hiçab-namèh*, arrêté de compte. — بر حسابى خلاصه ا *bir hiçabè khoulaçè etmek*, dépouiller un compte. — حساب طوتمق *hiçab toutmaq*, tenir compte. — حساب بلاشمق *hiçablachmaq*, ou حساب كورمك *hiçab gueurmek*, être en compte, régler mutuellement un compte, vérifier un compte ensemble. — او حسابله دكل *ô hiçablè dèïl*, ce n'est pas pour cette raison. — حسابه كلمز *hiçabè guelmez* ou حسابسز *hiçabçez*, 1° hors de compte, innombrable. — 2° sans valeur, insignifiant, qui ne compte pas. — اوده حساب دكل *ôdè hiçab dèïl*, cela ne compte pas, c'est insignifiant. — حسابجه *hiçabdjè*, en tenant compte de..., d'après, en raison de..., eu égard à... — حسابى تميز اولانك يوزى آق اولور *hiçabè temiz olanuñ yuzu âq olour*, « qui tient ses comptes en règle a le visage blanc », c.-à-d. est considéré.

حسب *haçeb*, (ar.) 1° valeur, mérite personnel; rang. — حسب و نسب haçeb u neçeb, mérite et naissance. — 2° hasb, portion, quantité; raison; mesure. — préposition : selon, comme, suivant. — حسب الاقتضا hasb ul-iqtiza, en raison des circonstances. — حسب المأموريت hasb ul-mèmouryet, en vertu des ordres reçus, conformément à la mission donnée. — حسبيله hasbi-ilè, à cause, en raison de, attendu que (cette locution joue un rôle important dans l'agencement de la période littéraire). — حسبي hasbi, gratuit; بر وجه حسبي ber vedjhi hasbi, à titre gratuit. — حسبةً hisbeten, gratuitement. — حسبةً لله hisbeten lillah, pour l'amour de Dieu, littér. : « gratuitement pour Dieu », c'était la formule inscrite dans les toughra et sur les pièces de chancellerie à la cour des Seldjoukides et chez les Atabeks. — حسبحال hasbu-hal, mémoire sur une situation personnelle, requête, pétition. Cf. عرضحال 'arzeu-hal. — حسبحال اوزره hasbu-hal uzrè, selon l'état des choses. — En osmanli vulgaire hasbu-hal a le sens de « ami, confident, camarade ».

حسد haçed, jalousie, envie. — حسد چكمك haçed tchekmek, envier, porter envie, être jaloux. — حسد ايدن haçed eden her dem mahroum, l'envieux est toujours frustré. — حسد قلب عدو لطف ايله زائل اولمز haçedi qalbi 'adou loutf ilè zaïl olmaz, la bienveillance ne chasse pas la jalousie du cœur d'un ennemi. — Voir aussi le vieux mot turc كوني gunu.

حسرت hasret, (ar.) regret, chagrin; affliction. — حسرت فراق hasreti firaq, douleur causée par la séparation. — حسرت چكمك hasret tchekmek (ou etmek), éprouver des regrets, du chagrin, être affligé par une séparation. — حسرت قالمق hasret qalmaq, en être pour ses regrets; être déçu, frustré.

حسن husn, (ar.) beauté; bonté, bonne qualité. — حسن خط husni khatt, calligraphie. — حسن معامله husni mou'amèlè, bon procédé. — حسن نتيجه husni nètidjè, bon résultat, réussite. — حسن اداره husni idarè, bonne administration. — قرين حسن قبول qarini husni qaboul, bien accepté, recevant un bon accueil. — غايت الحسن ghaïet ul-husn, le comble du beau, la beauté suprême. — غايت الحسنه ارتقايه مقتدر اولهمز ghaïet ul-husnè irtiqayè mouqtedir olamaz, il est incapable de s'élever à l'idéal. — حسن ویرمك *husn vermek*, embellir. — Il ne faut pas confondre *husn* avec حَسَن adjectif qui se joint par l'*izafet* à un mot arabe ou persan, par ex. : کلام حسن *kelami haçan*, une belle parole; مرد حسن *merdi haçan*, un homme beau, etc.

حسود *haçoud*, jaloux, envieux. — حسود محروم اولور *haçoud mahroum olour*, l'envieux est frustré. — حسودك طاش باشنه *haçouduñ tach bachĕnè*, périsse le jaloux !

حسیّات *hissyat*, (ar. de حسّی *hissi*, qui concerne les sens) sentiments, sensations. — حسیات عومیه *hissyati 'oumoumyè*, le sentiment public. — حسیات تهنیه کارانه مزی قبول ایلمکزی رجا ایدرز *hissyati tehnyèkiaranèmĕzeu qaboul eïlemèñĕzeu ridja ederiz*, je vous prie d'agréer mes sentiments de félicitation. — Cf. وجدان.

حشاری *hachari*, 1° galant; libertin. — 2° revêche, têtu; maussade. Comparer avec حشری *hachri*.

حشحاش *hach'hach*, pavot; voir خشخاش.

حشر *hachr*, (ar.) rassembler, ressusciter les morts pour les juger. —

یوم الحشر *yevm ul-hachr*, jour du jugement dernier.

حشرات *hachrat*, (ar. plur. de حشرة) reptiles, insectes rampants.

حشری *hachri*, vaurien, scélérat; gueux.

حشلمه *hachlama*, bouilli; voir حاشلامه et خاشلامه.

حشمت *hachmet*, (ar.) magnificence, pompe (litt. respect qu'on inspire par une suite nombreuse حشم *hachem*). — حشمتلو *hachmetlu*, magnifique, majestueux; titre donné aux souverains et particulièrement aux souverains d'Europe. — حشمتلو فرانسه پادشاهی حضرتلرینه *hachmetlu firansa padichahi hazretlerinè*, à sa majesté magnifique l'Empereur de France.

حشویات *hachviat*, (ar.) remplissage de mots et de phrases; pléonasmes, etc.

حشا *hacha*, couverture en cuir qui est placée sur le bois de la selle. Cf. l'ar. غِشاء.

حشیش *hachich*, (ar. herbe sèche) en particulier : pâte faite de feuilles de chènevis pulvérisées qui produisent une ivresse momentanée, mais très violente; voir اسرار *èsrar.* Sur la préparation de cet électuaire, cf. LANE, *Modern Egypt,* t. II, p. 33 et suiv. Les consommateurs de *hachich* sont nommés soit, comme en arabe, حشّاش *hachchach*, soit du nom turc *tiriaki* lequel s'applique aux ivrognes en général; voir تریاکی.

حصار *hiçar,* (ar.) 1° bloquer, investir. — بر قلعه‌یی حصار ا *bir qa'lèyè hiçar etmek,* bloquer une place-forte. — 2° forteresse, citadelle. Un grand nombre de localités en Turquie portent le nom de *hiçar;* voir *Diction. géographique.*

حصبه *haçba,* 1° rougeole; desquamations de l'épiderme dans la rougeole. — حصبه لو حمّا *haçbalu houmma,* fièvre pourprée. — 2° terme injurieux comme *youmroudjaq,* « peste », à l'adresse des enfants indociles et méchants.

حصر 1° *haçr,* (ar.) resserrer, limiter, restreindre. — حصراً *haçren,* exclusivement. — آنك نامنی حصراً نشر ایتکه مجبورز *ônuñ namęneu haçren nechr etmeyè medjbourez,* nous sommes forcés de citer exclusivement son nom. — 2° *haçęr,* natte; voir حصیر.

حصن 1° *hęçn,* (ar.) lieu fortifié, château-fort; citadelle. — *plur.* حصون *houçoun;* voir *Dictionn. géographique.* — 2° *houçn,* chasteté; continence, pudeur.

حصول *houçoul,* (ar.) accomplissement, réalisation. — حصول مرام *houçouli meram,* accomplissement d'un désir, arriver au but. — بر تدبیری حصوله کتورمك *bir tedbirę houçoulè queturmek,* réaliser un plan. — حصول‌پذیر *houçoul-pezir,* accompli, réalisé; qui réussit.

حصّه *hęssa,* (ar.) 1° part, portion, quote personnelle. — حصّهٔ معینه *hęssaii mou'ayyènè,* contribution déterminée dans une charge commune. — حصّه تكليف *hęssaii teklif,* quote-part d'impôt. — 2° *plur.* حصص *hęçaç,* actions, titres de chemin de fer ou de rente; coupons de rente ou d'entreprise industrielle; voir aussi فائض *faïz* et سهم *sehm.* — حصّه‌سنه کوره *hęssasenè guieurè,* au prorata. — حصّه دار *hęssa-dar,* (plur. حصّه داران *hęssa-daran*) actionnaires, porteurs de titre. — حصّه صاحبی *hęssa çahibi,* même sens. — 3° حصّه ضمیمه *hęssaii zèmimè,* fraction supplémentaire dans l'évaluation d'un fief dit *timar*.

حصير *haçer*, (ar.) natte de joncs ou de roseaux. — اینجه حصير *indjè haçer*, natte fine; قبا حصير *qaba haçer*, natte grossière, paillasson. — اینجه اوركلی حصيرلر *indjè uruklu haçerlar*, des nattes de jonc finement tressées. — حصيرجی *haçerdjeu*, fabricant ou marchand de nattes en jonc. — حصيرلو سپت *haçerlu sepet*, grande bouteille recouverte de joncs. — حصيرلامق *haçerlamaq* et حصير قاپلامق *haçer qaplamaq*, natter, tresser de joncs; couvrir d'une natte. — حصير سپورگەسی *haçer supurguèssi*, balai de joncs pour nettoyer les meubles. — حصير اوتی *haçer ote*, jonc fleuri, butome à ombelles; herbe odoriférante et douée de propriétés astringentes. Cf. قندره.

حصيل (var. حصل) *haçel*, blé en herbe; voir حاصل.

حضر *hazèr*, (ar.) action de résider; être stable, en repos. — حضری *hazèri*, stable, sédentaire, citadin, oppos. à بدوی *bédévi*, nomade, bédouin. — حضر و سفرده *hazèr u seferdè*, « en temps de paix et en temps de guerre »; en tout temps, toujours.

حضرت *hazret*, (ar. présence) titre donné aux grands personnages et pouvant se traduire, selon leur rang, par: Majesté, Altesse, Excellence, Seigneurie, etc. — شوكتمآب افندمز حضرتلری *chevket-meab efendimiz hazretlerę*, sa Majesté notre maître (le sultan). — دولتلو سامی پاشا حضرتلری *devletlu sami pacha hazretlerę*, son Altesse Sami Pacha. — On l'emploie avec l'*izafet* en parlant de Dieu, du prophète et des saints : حضرت خدا *hazreti khoda*, Dieu; حضرت پیغامبر *hazreti peïghamber*, sa sainteté le prophète. — حضرت مريم *hazreti miriem*, Ste Marie. — Cf. جناب *djinab*, titre qui se donne de préférence aux chrétiens.

حضور *houzour*, (ar. présence — tranquillité) 1° حضور شريفڭزده *houzouri cherifiñezdè*, en votre noble présence. — حضور پادشاهيده *houzouri padichahidè*, en présence du souverain. — حضور درسی *houzour dersę*, conférences de droit, de traditions, etc., tenues en présence du sultan par des professeurs spécialement désignés; elles ont lieu ordinairement pendant le ramazan. — حضور ديوانی *houzour divani*, grand conseil de justice sous la présidence du cheïkh ul-islam. — حضوره گلمك houzourè guelmek, venir en présence, comparaître. — 2° repos, bien-être, satisfaction. — حضورسزلق houzoursezleq, malaise, inquiétude. — حضورسز ou بیحضور houzoursez ou bihouzour, sans repos, agité, troublé. — se prend vulg. comme adjectif : حضور بر یاتاق houzour bir yataq, un bon lit bien doux.

حطمان hetman, (polon.) maréchal de la diète de Pologne. — chef de cosaques. — titre donné aux gouverneurs des provinces qui dépendent du khan de Crimée; on écrit aussi هطمان.

حظّ hazz, (ar.) plaisir, satisfaction. — avec etmek, aimer à..., être satisfait de... — حظ ایدیورمیسكز hazz ediormeseñez, êtes-vous satisfait? — بو تماشادن حظ ایتدم bou temachadan hazz ettim, je suis content de ce spectacle. — حظلنمك hazzlenmek, être réjoui, satisfait; se plaire à une chose.

حفظ hafz, (ar.) 1° garder, sauvegarder, protéger. — دولتڭ دائره‌ء حفظنه ادخال اولنمق devletuñ daïrèi hafzenè idkhal olounmaq, être placé sous la sauvegarde de l'État. — كندی شانی حفظ و وقایه ایتمك kendu chaneneu hafz u veqayè etmek, sauvegarder sa propre dignité. — حفظ الصحة hafz usçehat, hygiène. — 2° retenir par cœur; apprendre le Coran par cœur. — حفظه چالشمق hafzè tchalechmaq, étudier assidûment le Coran pour le savoir par cœur; voir حافظ hafez.

حقّ haqq, (ar.) le vrai, le juste. Dieu considéré comme essence de la vérité. — حق تعالی haqq te'ala, Dieu très haut. — الله حق ایچون allah haqqeu itchun, « par la vérité de Dieu », formule de serment. — حق طوغریڭ یاردمجیسیدر haqq doghrounuñ yardumdjussudur, Dieu est l'auxiliaire de la vérité. — حقه توكل ایدن آچقده قالمز haqqa tevekkul eden átcheqta qalmaz, celui qui met sa confiance en Dieu ne reste pas sans abri. — droit, justice, raison. — حق و حقانیت haqq ou haqanyet, le bon droit, la bonne cause. — بحق behaqq, à bon droit, à juste titre. — حق تقدم haqqe teqqadum, droit de préséance. — حق فتوحات haqqe futouhat, droit de conquête (voir le plur. حقوق houqouq). — حق محاكمات haqqe mouhakemat, droit de juridiction, synon. de حق قضا haqqe qaza, qui s'entend de la juridiction des tribunaux musulmans. — حق ارض *haqqe èrz*, taxe rurale. — احقاق حق ا *ihqaqe haqq etmek*, faire droit. — حق اجرا ا *haqqeu idjra etmek*, rendre justice. — فلانك حقندن كلك *filanuñ haqqenden guelmek*, punir quelqu'un, le châtier; se venger de quelqu'un. — حقمدر *haqqem der*, c'est mon droit. — حق وار *haqqeu var*, il est dans son droit; il a raison, il dit vrai. — حقدر *haqqter*, c'est vrai, c'est juste. — حق كلنجه باطل كيدر *haqq guelindjè batel guider*, quand la vérité se montre, le mensonge s'évanouit. — حقلو *haqqlu*, qui est dans son droit, qui est juste et raisonnable. — حقلو حقندن واز كچمز *haqqlu haqqenden vaz guetchmez*, celui qui a raison ne cède pas ses droits. — حقلو سوز حقسزى بغداددن چويرور *haqqlu seuz haqqseze baghdaddan tchevirir*, la vérité chasse le mensonge (même) de Bagdad. — حق est pris quelquefois comme adjectif. — حق سوز آجى كلور *haqq seuz âdje guelir*, une parole vraie paraît amère. — حق سوزه آقان صولر طورر *haqq seuzè âqan çoular dourour*, une parole vraie arrête le torrent dans sa course. — حقا *haqqa* pour *haqqan*, vraiment, certainement, justement. — حقا كى *haqqa ki*, il est certain que.... — loyer; salaire, honoraires. — مكتب حق *mekteb haqqeu*, honoraires du maître d'école. — حقنه *haqqenè*, à son égard, en ce qui le concerne. — بو خصوص حقنده *bou khouçous haqqendè*, relativement à cette question. — حق قوشى *haqq qouchou*, « l'oiseau de Dieu », abréviation de اسحاق قوشى *is'haq qouchou*, « oiseau d'Isaac », surnom de la chouette. On dit d'une personne soupçonneuse et timorée : حق قوشى كبى كوزلهيور *haqq qouchou guibi gueuzlèïor*, « elle se cache comme la chouette ». — حق اوران *haqq vouran*, espèce de tourterelle. — حق اوران قفسى *haqq vouran qafessè*, « cage de tourterelle », au fig. maison mal bâtie, édifice irrégulier et incommode. — حق قالدران *haqq qalderan*, grande fourche, espèce de fléau qui sert à battre le blé; voir بابا *yaba*.

حقارت *haqaret*, (ar.) mépris, dédain; affront, insulte. — avec *etmek*, mépriser, traiter d'une manière insultante, agir avec insolence. — حقارت كورمك *haqaret gueurmek*, recevoir un affront, être méprisé ou insulté. —

بر حقارتى بلع ا‌ىلمك bir haqaretẹ bel' etmek, dévorer un affront.

حقانیت haqanyet, (ar.) justice, bon droit; équité. — حقانیت اوزره haqanyet uzrẹ, selon la justice; d'une manière équitable. — بر وجه حقانیت ber vedjhi haqanyet, d'une façon juste; consciencieusement. — حقانیتلو haqanyetlu, juste, équitable, consciencieux. — حقانیتسزلق haqanyetsezleq, injustice, méconnaissance des droits. — violence, tyrannie.

حقلامق (var. حقلمق) 1° haqqlamaq, comme حق ایتمك haqq etmek, rendre justice; faire payer un droit; acquitter une taxe, une amende. — حقلاشمق haqqlachmaq, se faire droit réciproquement; s'entendre; se mettre d'accord; voir حق haqq, droit, justice. — 2° haqlamaq, traire le lait goutte à goutte.

حقنه hoqna, (ar.) lavement, clystère. — حقنه صالمق hoqna çalmaq, donner un lavement. — Cf. یقانمق yeqanmaq.

حقوق houqouq, (plur. ar. de حق) droits, devoirs. — حقوق ملیه houqouqe millyè, droit public, droit national. — حقوق ملل houqouqe milel, droit des gens. — ح طبعیه houqouqe tab'yè, droit naturel. — ح سن houqouqe sinn, (ou اکبریت ekberyet) droit d'aînesse. — ح ارثیة شرعیه houqouqe irsyèï cher'yè, droits légitimaires. — ح بلدیه houqouqe beledyè, droits civiques. — ح دعواسی houqouq da'vassẹ, procès au civil; action civile. — ح اداره سی houqouq idarèssẹ, juridiction civile. — ح محکمه سی houqouq mehkèmèssẹ, tribunal civil. — ح دیوانی houqouq divanẹ, tribunal d'appel. — ح قانوننامه سی houqouq qanoun-namèhsẹ, code civil. — ح تجاریه houqouqe tidjaryè, droit commercial. — ح جزائیه houqouqe djezayiè, droit pénal. — ح فنی houqouq fennẹ, science du droit, jurisprudence. — ح درسی houqouq dersẹ, cours de droit. — مدرسة حقوق medressèï houqouq, la faculté de droit (à Constantinople).

حقّه hoqqa, (ar.) 1° petite boîte, petit pot. — یازو حقه سی yazou hoqqassẹ, écritoire, synonyme de tchekmedjè ou qalemdan. — علاج حقه سی 'yladj hoqqassẹ, pot à tisane, grande tasse. — توکروك حقه سی tukruk hoqqassẹ, crachoir. — 2° gobelet. — حقهباز hoqqabaz, joueur de gobelets, escamoteur;

fripon. — حقه‌بازلق hoqqabazleq, escamotage; tour de passe-passe; friponnerie. — حقه‌بازك یوارلغی hoqqa bazuñ youvarleghe, boules de l'escamoteur, muscade des tours de gibecière. حقه‌باز چانطه‌سی درویش كشكولی ایچنده یوق یوق — hoqqabaz tchantasse dervich kechkoule itchinde yoq yoq, dans la gibecière de l'escamoteur et dans la sébile du derviche il n'y a absolument rien.

حقیر haqir, (ar.) humble, méprisé, chétif. Les musulmans emploient ce mot et ses équivalents pour éviter le moi. — بو حقیر فقیر پر تقصیر bou haqiri faquiri pur taqçir, « ce vil misérable, chargé de fautes », c.-à-d. : moi l'auteur. Cf. حقارت haqaret.

حقیق haqeq, (ar.) vrai, réel. — حقیق سوزلر haqeq seuzler, paroles vraies, langage sincère. — adj. relatif: حقیقی haqeqe. — ثمن حقیقی semeni haqeqe, valeur réelle, valeur intrinsèque; voir حق haqq.

حقیقت haqeqet, (ar.) vérité, exactitude; réalité. — فی الحقیقه fi'l-haqeqa, en réalité, véritablement, effectivement, synon. de حقیقةً haqeqeten. — حقیقتلو haqeqetlu, juste, sincère; fidèle dans les devoirs de l'amitié; ami véritable; voir حق haqq.

حكّاك hakkak, (ar.) graveur sur cachet; graveur de monnaie. — حكّاكلر hakkaklar, nom d'un quartier de Constantinople.

حكم hukm, vulg. hukum, (ar.) arrêt, jugement, sentence; décret. — autorité, pouvoir; valeur. — avec etmek, juger; décider, prononcer un jugement; — gouverner. — حكم اجرا ا hukm idjra etmek, exécuter un jugement. — حكم اوّل hukmi evvel, jugement en première instance. — حكم آخر hukmi akher, jugement en dernier ressort. — تصریح اولنمش حكم taçrih olounmech hukm, jugement qualifié. — حكمی تأخیر ا hukmu teëkhir etmek, surseoir au jugement. — قصاص حكمی qeçaç hukmu, arrêt capital. — ابطال حكمی ibtal hukmu, sentence annulative. — تهدیدلو بر حكم tehdidlu bir hukm, sentence comminatoire. — بو اعلامك حكمی خلاف قرآندر bou i'lamuñ hukmu khilafi qour'an der, le dispositif de ce jugement est contraire au Coran. — حكم كچرمك hukm guetchurmek, exercer l'autorité, se faire obéir. — حكمی كچمك hukmu guetchmek, n'avoir plus d'autorité; être aboli et annulé. — حكمنجه hukmindjè, selon l'exigence; en vertu de... — حكمنده hukmindè, considéré comme...; ayant la valeur de..; de sorte que... — يالكز اخطار حكمنده yaleñez ekhtar hukmindè, sous forme de simple avertissement. — اولمش بر شيئك حكمنه كيرمك olmech bir cheyuñ hukminè guirmek, passer à l'état de fait accompli. — فايده سز بر شيئك حكمنه كيرمك faïdèsez bir cheyuñ hukminè guirmek, être considéré comme chose inutile. — حكم غالبكدر hukm ghalibuñ dur, « le plus fort a toujours raison », cette sentence répond à l'arabe : اَلْحُكْمُ لِمَنْ غَلَبَ. — حكم قراقوشى hukmi qaraqouchi, « la raison de l'aigle », la volonté du plus fort. — حكمدار hukmdar (hukumdar), maître du pouvoir; souverain, chef. — حكمدارلق hukmdarleq, souveraineté, autorité; commandement. — حكم hekem, (plur. de حكمت hikmet) maximes, sentences, etc.; voir حكمت.

حكمت hikmet, (ar.) sagesse; maxime. — science; philosophie. — chose secrète, mystère. — حكمت الهيه hikmeti ilahyè, sagesse divine, providence. — حكمت طبيعيه hikmeti tab'yyè,

philosophie naturelle; force de la nature. — حكمت تجربيه hikmeti tedjerrubyè, la science expérimentale, l'examen fondé sur l'observation des faits. — علم حكمت 'ylmi hikmet, physique. — بونده بر حكمت اولمش bounda bir hikmet olmech, il doit y avoir ici quelque raison cachée. — حركتكزك حكمتى نه در hareketnezuñ hikmetè nè dir, quel est le mobile caché de votre conduite? — حكمتلو hikmetlu, providentiel. — حكمتدن دم اورمق hikmetten dem vourmaq, avoir des prétentions à la sagesse; faire le savant.

حكومت hukioumet, (ar.) autorité, gouvernement; état; juridiction. — مركز حكومت merkezi hukioumet, siège du gouvernement. — حكومت دائره سى hukioumet daïrèsi, palais du gouvernement dans un *eyalet*. — حكومت محليه hukioumeti mahallyè, (ou بلديه beledyè) autorité locale. — حكومت ايجابيه hukioumeti idjabyè, autorité compétente. — حكومت مطلقه hukioumeti moutlaqa, gouvernement absolu. — حكومت مستقله hukioumeti moustaqellè, gouvernement indépendant. — حكومت جمهوريه hukioumeti djumhouryè, gouvernement républicain. — حكومت مشروطه

hukioumeti mechroutè, gouvernement constitutionnel. — ح عوام hukioumeti 'aouam, démocratie. — ح اراذل و اوباش hukioumeti erazil u evbach, démagogie. — ح مجتمعه hukioumeti moudjtamy'è, gouvernement fédéral. — دولت عثمانیه نك تحت حكومتنه بولنان devleti 'osmanyènuñ tahti hukioumetinè boulounan, placé sous la juridiction de la Porte.

حكير hakir, 1° tissu de soie très fin et brillant, imitant le satin. — étoffe brochée, striée de raies satinées; voir چتاری.

حكيم hèkim, 1° sage, philosophe; savant dans les sciences naturelles. — حكيم مطلق hèkimi moutlaq, « le sage absolu », Dieu. — 2° médecin. — حكيم باشی hèkim bachi, médecin en chef, premier médecin. Sous l'ancien régime, le médecin en chef du sultan avait rang de muderris, « professeur » et siégeait parmi les oulémas. Il avait un droit absolu de contrôle sur tous ceux qui exerçaient la médecine en Turquie, et tirait un profit considérable de la préparation des électuaires nommés معجون ma'djoun. — حكيم دكانی hèkim dukkiane, « boutique de médecin », c'est ainsi que le peuple désigne les pharmacies. — On dit en proverbe : حكيمدن صورمه چكندن صور hèkimden çorma tchekenden çor, « ce n'est pas le médecin qu'il faut interroger, c'est le malade »; voir هکیم.

حل hall, (ar.) 1° dénouer; résoudre. — حل مشكلات halli muchkilat, solution des difficultés. — بر مسئله یی حل و تسویه ا bir mèçèlèyè hall u tesvyè etmek, résoudre et aplanir une question. — 2° analyser, faire l'analyse chimique. — حل اولنمق hall olounmaq, se dissoudre, se liquéfier. — هندسهٔ حلیه hendèsèï hallyè, géométrie analytique.

حلات (var. خلاط) halat, corde; voir خلاط khalat.

حلاج halladj, vulg. hallatch et halatch, (ar.) cardeur de coton et de laine, plumes, etc. — حلاج كمانی (ou یایی) halladj kemani ou halladj yayè, instrument pour carder en forme d'arc. — حلاجلامق halladjlamaq, carder. Cf. آتمق âtmaq. — حالنه كوره حلاج دکل halenè guieurè halladj dèil, « d'après sa situation, ce n'est pas un cardeur », se dit des gens qu'on juge sur leur mine.

خلاط halat, corde, câble; voir خلاط khalat.

حلال halal, (ar.) tout ce qui est permis, légitime, licite, par oppos. à حرام haram (voir ce mot). — حلال‌زاده halal-zadèh, enfant légitime; au fig. bon, honnête, opposé à ولد زنا veledi zina, bâtard. — حلال اولسون halal olsoun, 1° que ce soit chose légitime! que ce soit bien et dûment acquis! — 2° que cela te soit pardonné! — حلال se dit aussi d'une femme mariée. — محمد بكك حلالى mehemet beyuñ halalę, l'épouse légitime de Mehemed Bey; d'où l'expression حلاللغه آلمق halallęgha âlmaq, prendre en mariage, épouser. — حلاللاشمق halallachmaq, prendre congé l'un de l'autre; — se pardonner; être quittes. — حلال مال ضايع اولمز halal mal za'yi olmaz, richesse bien acquise ne se perd pas. — حلال مالك شيطان ياريسنى آلور حرام مالى صاحبىله برابر كوتورور halal maluñ cheïtan yarisęne âleur haram maleu çahibęèla beraber gueuturur, quand le bien est justement gagné, le diable en emporte la moitié, s'il est mal acquis, il l'emporte tout entier avec son propriétaire.

حلّال hallal, musulman qui se prépare au pèlerinage.

حلالى (var. هلالى hèlali) halali, étoffe légère de soie et coton; — bourse dans laquelle on enferme le *tombak*. — On nomme en ar. حلائلى halaïli, une étoffe de coton striée de longues bandes de soie blanche (Dozy d'après Burton).

حلب haleb, Alep, ville de Syrie; voir *Diction. géographique*. — حلب فستغى haleb fęstęgheu, pistache d'Alep très recherchée. — حلبى چلبى halebi tchelebi, l'alépin est petit maître. — حلب يولنده دوه ايزى آرامق haleb yolęnda dèvè izę âramaq, « chercher les traces d'un chameau sur la route d'Alep », chercher une aiguille dans une botte de foin. — حلبه قدر يولى وار halębè qadar yoleu var, « il y a du chemin jusqu'à Alep », nous disons « jusqu'à Rome ».

حلتا halta, collier d'animal; voir حالطا.

حلتيت hiltit, nom arabe de l'*assa fœtida*; le nom turc vulgaire de cette plante est *balderghan* et *cheïtan bogueu*, « excrément du diable ».

حلزون *halzoun*, (ar.) limaçon; — coquille du limaçon; — conque dans laquelle soufflent les faiseurs de tours pour attirer la foule. — شكل حلزوني *chikli halzouni*, forme spirale. — حلزونى چویرمك *halzoune tchivirmek*, tourner en spirale; *au fig.* tourner les difficultés, agir habilement.

حلقوم *halqoum*, (ar.) gosier, synon. du turc بوغاز *boghaz*. — راحت الحلقوم *rahat ul-halqoum*, nommé vulg. *rahatloqoum*, pâte douce faite avec du miel, du sucre, des amandes, etc., et parfumée d'eau de rose.

حلقه *halqa*, (ar.) 1° anneau, cercle. — بویون حلقه‌سی *boyoun halqase*, collier, ornement de cou. — پرماق حلقه‌سی *parmaq halqase*, anneau de doigt, bague. — قپو حلقه‌سی *qapou halqase*, anneau de porte. — آیك حلقه‌سی *âyuñ halqase*, cercle autour du disque de la lune, halo. — بیلك حلقه‌سی *bilek halqase*, bracelet; voir بیلزك *bilèzik*. — دمیر حلقه‌سی *demir halqase*, frette, garniture de fer autour du moyeux de la roue, sur la tête d'un pieu, etc. — حلقه حلقه *halqa halqa*, « contourné en anneaux », crépu, frisé. — حلقه‌جق *halqadjeq*, petit anneau. — سودلو حلقه‌جق *sudlu halqadjeq*, petit pain au lait en forme d'anneau, gimblette. — 2° cercle formé par les auditeurs autour d'un professeur qui enseigne; cours; réunion d'élèves. — درس حلقه‌سی *ders halqase*, même sens. — حلقه‌یه کیرمك *halqaya guirmek*, suivre un cours, assister à une leçon. — اویون حلقه‌سی *oyoun halqase*, cercle de jeu. — حلقه او *halqa olmaq*, s'arrondir en cercle, former des anneaux, s'enrouler comme le serpent; le verbe حلقه‌لامق *halqalamaq*, qui a les mêmes significations, est rarement employé. — حلقه‌یی بورونه طاقق *halqaye bourounene taqmaq*, « attacher l'anneau au nez », assujétir, dompter; réduire en servitude.

حلوا *halva*, (ar. douceur, friandise) halva, pâte douce préparée de différentes façons, mais dont la base est la farine et le miel. Voici le nom des qualités les plus estimées : اون حلواسی *oun halvase*, « halva à la farine ». — آق حلوا *âq halva*, « halva blanc ». — ساقز حلواسی *saqez halvase*, « au mastic ». — سیسام حلواسی *sesam halvase*, « au sésame ». —

غازیلر ح *ghazelar halvase*, « halva des guerriers ». — خبیص ح *khabiç halvase*, « halva ayant la forme de compote ou gelée ». — قامش ح *qamich halvase*, « halva en bâton ». — بادام ح *badem halvase*, « aux amandes ». — قوز ح *qoz halvase*, « aux noix » ou فندق ح *fendeq halvase*, « aux noisettes ». — لوزیه ح *levzyè halvase*, « aux amandes », espèce de nougat. — كتان ح *keten halvase*, « halva ayant la forme d'un fil de lin ». — رشیدیه ح *rechidyè halvase*, « en forme de vermicelle ». — طحین ح *tahîn halvase*, « fait avec du miel, de la farine et de l'huile de sésame ». — نشسته ح *nechasta halvase*, « ayant la consistance de l'amidon ». — قار ح *qar halvase*, « à la neige ». On dit en proverbe : قار حلواسی كبی لذتسز *qar halvase guibi lezzetsez*, « insipide comme le halva à la neige ». — كاغد ح *kiaat halvase*, « enveloppé entre deux feuilles de pain à chanter ». — قدرت حلواسی *qoudret halvase*, « halva de la providence », manne; *au fig.* bonheur inattendu, chance inespérée. — حلوالق *halvaleq*, douceur; pourboire, pot-de-vin. — حلوا صحبتی *halva çohbete*, collation entre amis qui, surtout pendant les soirées d'hiver, fournissent chacun à leur tour les friandises; voilà pourquoi ces réunions se nomment aussi صره صحبتی *çera çohbete*, « soirée à la file ». — حلوا پشورمك *halva pichirmek*, préparer le halva, faire des confitures. — حلوا كبی طاتلو *halva guibi tatlu*, doux comme du halva. — حلواكی قاپلمق *halva guibi qapelmaq*, « être enlevé comme du halva », c'est-à-dire avoir une grande vogue. — حلوا یمك كبی آساندر *halva yemek guibi âssandur*, « c'est aussi facile que de manger du halva ». — حلوا ایله بسلنمك *halva ilè beslenmek*, « être nourri de halva », être élevé délicatement. — حلوا كیجه سی *halva guèdjèsi*, « nuit de collation », veille des grandes fêtes. — حلواسی یندی *halvase yende*, « on a mangé son halva », cette expression s'applique à celui qui donne une collation à ses amis pour célébrer quelque événement heureux, l'entrée d'un enfant à l'école, le succès d'une vente, etc.; les convives disent en entrant مبارك اولسون *mubarek olsoun*, « que ce soit béni ! » — بو كیجه حلوا فلانه دوشر *bou guèdjè halva filanè ducher*, « ce soir c'est à un tel à donner le halva », dans le sens de l'expression *halva çohbete*, expliquée ci-dessus. — بلنه حلواكى بيلينه بلمه‌يكى دمير لبلى كى *bilènè halva guibi bilmeyènè demir leblebi guibi*, « pour celui qui sait, c'est doux comme le halva, pour celui qui ne sait pas, c'est dur comme des pois de fer », c.-à-d. l'étude rend tout facile. — حلواجى *halvadji*, fabricant de halva, confiseur. Autrefois il y avait dans les cuisines du palais impérial cent cinquante confiseurs sous les ordres d'un chef nommé حلواجى باشى *halvadji bachi*. Ces serviteurs avaient conservé la veste de drap *dolama* et le bonnet pointu de feutre blanc *keulah* qui remontaient aux origines mêmes de la monarchie ottomane. — حلواجيه حلوا صاتمه *halvadjyè halva çatma*, ne vends pas de confiture au confiseur. — حلواجى كاغدى كى اعتبارسز *halvadji kiaatę guibi i'tibarsęz*, sans valeur comme le papier dans lequel le confiseur enveloppe son halva. — حلواجى دكانـنده سكك اكسيك اولمز *halvadji dukkianindè sińek èksik olmaz*, « dans la boutique d'un confiseur les mouches ne manquent pas », se dit des parasites qui affluent à la table des riches et chez les grands personnages. — حلواجى دكانه واران حلوا طادر *halvadji dukkianinè varan halva dadęr*, « qui va à la boutique du confiseur goûte du halva », il y a toujours à gagner en la compagnie des savants. — حلواخانه *halvahanè*, 1° confiserie, office où se prépare le halva; c'était une des sections du palais impérial dépendant du *kilerdji bachi*, ou premier maître d'hôtel. — 2° grand chaudron à fond arrondi dans lequel on prépare le halva.

حلول *houloul*, (ar.) arriver, parvenir, se présenter (par ex. : une idée qui vient à l'esprit) — expirer, écheoir. — وعده‌سى حلولنـده *va'adesę houloulęndè*, à l'échéance. — وقتى حلول ايتمش بر تقسيط *vaqtę houloul etmich bir taqçit*, terme dont l'échéance est arrivée.

حليل *halil*, (ar.) époux légitime, conjoint. — *fém.* حليله *halilè*, épouse, femme légitime (termes de droit musulman). — Cf. حلال.

حما *houmma*, (ar.) fièvre. — باش حماسى *bach hoummasę*, fièvre cérébrale. — حماى مثلثه *hoummaï muçelleçè*, fièvre tierce. — حماى دائمه *hoummaï daïmè*, fièvre continue; مترده *muteriddè*, même sens. — قره حما *qara houmma*, « fièvre noire », fièvre maligne. — چوروك حما tchuruk houmma, fièvre putride. — Voir اصیتمه eçetma.

حمارت et vulg. حمارات hamarat, laborieux, travailleur, actif. — L'origine arabe de ce mot d'ailleurs peu usité est très contestable. Cf. چالشقان tchalechqan.

حمّاض hoummaz, (ar. herbe acide, oseille) bouillon fait avec l'oseille dont le nom en turc est قوزى قولاغى qouzou qoulaghou, « oreille d'agneau ». Sur ses propriétés médicales, voir IBN EL-BEÏTHAR, *Notices et Extraits*, t. XXIII, p. 453.

حمّال hammal, (ar.) portefaix, porteur de fardeaux; commissionnaire. — صریق حمالی çereq hammale, portefaix qui porte les fardeaux à l'aide d'un bâton en guise de crochet. — حمال آرقه لجی hammal ârqaledje, crochet de portefaix. — آت حمالی ât hammale (ou beïguir hammale), portefaix qui a une bête de somme pour transporter les bagages. — حماللق hammalleq, 1° métier de portefaix; salaire pour le transport des bagages. — حماللق ا hammaleq etmek, faire le métier de portefaix; au fig. se livrer à un travail pénible, se fatiguer. — 2° grossièreté, rudesse.

— حماللقدن كلش بر آدم hammaleqten guelmich bir âdam, « un homme qui a fait le métier de portefaix », un grossier, un brutal. — شراب حمالی charab hammale, un ivrogne, un débauché. — حمال منزلنه بكزر hammal menziline beñzer, « cela ressemble à une course de portefaix », se dit d'une route longue et pénible. — حماللق ايشلريم اى ايشله مم hammalleq ichlerim öne ichlèmem, « je ferai bien le métier de portefaix, mais non pas cet ouvrage », je ne suis pas loué pour le faire. — قيامتده هر كس حمال اولور اكر پادشاه اولورسه ده qïametté her kes hammal olour eyer padichah oloursada, « au jugement dernier chacun sera porteur (de ses œuvres) fut-il même empereur »; on disait en français « au jugement dernier chacun portera son panier ». — حماله سمری یوك دكل hammale semere yuk deïl, « pour le portefaix son bât n'est pas un fardeau ».

حمام hammam, (ar.) bain à l'orientale. — ح آناسی hammam ânase, femme chargée de la surveillance du bain, nommée aussi حمامجی قادین hammamdje qadeun. — ح اوسته سی hammam oustase, garçon et servante de bain. — طاقی ح *hammam taqẹmeu*, appareil de bain, serviettes, peignoir, etc. — طاسی ح *hammam tasseu*, écuelle pour verser de l'eau sur le corps ; لكنی ح *hammam leyenẹ*, cuvette de bain. — بوجكی ح *hammam beudjeyẹ*, cafard ou grillon. — قارىلر حامی *qarẹlar hammamẹ*, « bain de femmes », lieu plein de tapage et de vacarme, « cour du roi Pétaud ». — قدرت حامی *qoudret hammamẹ*, « bain de la providence », source d'eau thermale. — حامجی *hammamdjẹ*, maître baigneur. — بو خبری حامجىلر بیله بیلور *bou khaberẹ hammamdjelar bilè bilur*, « c'est une nouvelle qui est connue même des baigneurs », se dit d'une chose banale et connue de tous ; « *Omnibus et lippis notum et tonsoribus esse* » (Horace). — هر حامجی كندی تلاكنی اویر *her hammamdjẹ kendu tellakini euyer*, tout patron de bain vante son garçon baigneur. — بر آقچه ایله طقوز قبه‌لو حام یاپمق *bir àqtchè ilẹ doqouz qoubbèlu hammam yapmaq*, « bâtir neuf bains à coupole pour une aspre », revient à notre locution « bâtir des châteaux en Espagne ». — حامه كیرن درلمینجه چقمز *hammamè guiren derlemeïndjè tcheqmaz*, « qui entre au bain n'en sort pas

sans suer », c.-à-d. : celui qui a affaire aux gens de loi, au *zabtyeh* ne s'en tire pas sans laisser quelques plumes. — حام آقچه‌سی بیله یوقدر *hammam àqtchèsẹ bilè yoqtour*, « il n'a pas même le sou du bain », il est misérable. — حامه كیرن یا صوینور یا چیقار *hammamè guiren ya çoïounour ya tchẹgar*, « quiconque entre au bain doit se déshabiller ou sortir », il faut faire comme tout le monde ou vivre dans la solitude. — حامده تركی چاغرمق *hammamdè turku tchaghẹrmaq*, « chanter une chanson au bain », faire une chose inutile (à cause de la sonorité de ces salles voûtées) ; de là le proverbe : غربتده اوكنمك حامده تركی آیرلمغه بكزر *gharbettè euyunmek hammamdè turku àïrelmagha beñzer*, « se vanter en pays étranger c'est comme si l'on chantait au bain ». On dit d'un homme qui s'enthousiasme de tout : حامه كیدر قورنه‌یه عاشق اولور دوكونه كیدر سرنایه *hammamè guider qournaïa 'acheq olour duyunè guider zournaïa*, « s'il va au bain, il devient amoureux de la baignoire, s'il va à la noce, du hautbois ». — حامده صوغوقدن شكایت ایتمشلر بز چپلاق كزیورز دیمش *hammamdè çoouqtan chikiayet etmichler biz tcheplaq gueziorez demich, à ceux qui se plaignent d'avoir froid au bain, « et nous, dit-il, qui allons tout nus! » Cette locution s'adresse aux gens difficiles et égoïstes. — حمام *hamam*, pigeon, colombe, tourterelle. — حمام *himam*, mort, terme de la vie.

حمايت *himayet*, (ar.) protection, défense, protectorat; garde, sauvegarde. — حمايت وصيانت *himayet u çyanet*, protection accordée par les ambassades et les consulats dans le Levant. — حمايت ايتمك *himayet etmek*, protéger, accorder la protection. — فرانسه نك زير حمايه سنده *firansanuñ ziri himayèsindè*, sous le protectorat de la France. — حمايتكار *himayetkiar*, protecteur, qui garde et protège. — اصول حمايتكاري *ouçouli himayetkiari*, système protecteur. — حمايتلو *himayetlu*, levantin placé sous la protection d'une puissance étrangère. Cf. حامي *hami*.

حمايلي *hamaïli*, (relatif du plur. ar. حمايل, le singulier est حمالة et حميلة) se prend en turc comme nom singulier : 1° ceinturon, baudrier. — 2° amulettes, sentences magiques tirées du Coran, noms de Dieu, mots cabalistiques, etc. Ils s'écrivent sur de petites bandes de papier qu'on enferme dans des étuis d'or ou d'argent et qu'on porte en bracelet et en collier, pour se préserver des maladies et des sorts. Voir la figure d'un objet de ce genre chez Lane, *Modern Egypt.*, t. II, p. 322 et la description, *Tableau*, t. IV, p. 681.

حمد *hamd*, (ar.) louange, action de grâce. — الحمد لله *el-hamdu lillah*, ou لله الحمد *lillahi'l-hamd*, louange à Dieu! gloire à Dieu! — الحمد لله رب العالمين *el-hamdu lillah rebbi'l-'alèmîn*, « louange à Dieu le seigneur des mondes » ! Cette formule par laquelle commence la *fatihè* ou premier chapitre du Coran doit se réciter dans certaines circonstances déterminées par la loi ou l'usage. C'est aussi une sorte de *benedicite* que les dévots musulmans ne négligent pas de prononcer en se levant de table. Cette invocation est désignée dans les formulaires religieux par les mots تحميد *tamhid* et حمدله *hamdèlè*.

حمل *haml*, (ar.) action de porter. — charge, fardeau. — gestation, grossesse. — وضع حمل ايتمك *vaz'è haml etmek*, enfanter, accoucher. — كروان حملي

kervan hamle, (ou يوكى *yuku*) chargement d'une caravane; voir حموله *hamoulè*. — حمل ا *haml etmek*, prendre un chargement; transporter une pacotille. — 2° *hamel*, le Bélier, signe du zodiaque. — 3° حمل *hemel* ou حمل چيچكى *hemel tchitcheye*, houblon, en arabe حشيشة الدينار « l'herbe à la pièce d'or ».

حمله *hamla*, (ar.) attaque, charge; impétuosité. — sens spécial : mouvement cadencé et rapide des rameurs qui se courbent sur l'aviron et se relèvent. — حملهجى *hamladjè*, premier rameur, celui qui donne le mouvement et le rythme aux autres rameurs.

حموله *hamoulè*, (du rad. حمل porter) chargement, cargaison. — حموله تحتنده بر كمى *hamoulè tahtindè bir guemi*, navire en chargement. — تكميل حموله *tekmil hamoulè*, chargement complet; نقصان حموله *noqçan hamoulè*, chargement incomplet. — بلا حموله *bila hamoulè*, sans chargement. — حمولهلى *hamoulèlu*, chargé, ayant une cargaison. — حموله سندى *hamoulè senedè*, connaissement, acte qui constate la nature de la cargaison et les conditions du transport.

حميت 1° *hamyet*, (ar.) zèle, ardeur; effort méritoire (à peu près dans le même sens que غيرت *ghaïret*). — حميتلو *hamyetlu*, zélé, courageux, bien agissant. Cette épithète ne se donne qu'aux simples particuliers et ne doit pas être employée à l'adresse des fonctionnaires, surtout ceux d'un rang élevé. — 2° *himyyet*, abstinence, diète; litt. « chose défendue ».

حنّا *henna*, henné, argile rouge qui sert à teindre les ongles, etc.; voir قنه et قنه *qena*. — حنّايى يوغرمينجه ايولكى بيلمز *hennayè yoghourmayèndjè eyuliyè bilmez*, « tant qu'il n'a pas pétri le henné il n'en connaît pas la bonté »; se dit d'un incrédule ou de celui qui ne se fie pas aux apparences.

حناق *hounaq* et vulg. *hounnaq*, esquinancie, inflammation de la gorge; voir خناق.

حنّان *hannan*, (ar.) chapelet fait avec le bois d'ébène provenant du sanctuaire de la Mecque.

حنجقريق *hentchqereq*, râle, hoquet; sanglot; prononc. vulg. pour *indjeqereq*; voir اينجقريق. — *hentchqer-*

maq, râler, etc.; voir قرمسق اینجر *endjqermaq*.

حنده *handa*, (pour قنده) où? en quel endroit?

حنى *hane*, (pour حانى) quoi? comment? — telle chose; voir قانى et قى.

حوادث *havadis*, (ar. plur. de حادثة) nouvelles, événements récents; informations. — Ce pluriel est employé en turc comme un singulier: بر حوادث *bir havadis yayeldeu*, une nouvelle s'est répandue. — نه حوادث وار *ne havadis var*, qu'y a-t-il de nouveau? — جريدۀ حوادث *djerideï havadis*, « le nouvelliste », titre d'une gazette semi-officielle qui se publie à Constantinople depuis longues années. — plur. double usité en turc حوادثات *havadiçat*. — حوادثات داخليه *havadiçati dakhelyè*, nouvelles de l'intérieur. — نشر حوادثات ايتمك *nechri havadiçat etmek*, répandre des nouvelles. — حوادجى *havadisdji*, nouvelliste. Voir aussi حادث *hadis*.

حوارده *hovarda*, vagabond; vaurien; débauché; voir خوارده *khovarda*.

حواله *havalè*, (ar.) renvoyer; transférer, transporter. — بر دعواى محكمۀ اجابيهسنه نقل وحواله ا *bir da'vayę mehkemèï idjabyèsinè naql u havalè etmek*, renvoyer un procès au tribunal compétent. — حواله جمعيتى *havalè djemy'ete*, commission de renvoi. — مجلسه حواله *medjlissè havalè*, renvoi à l'audience. — حواله نامه *havalè namèh* ou حواله كاغدى *havalè kyaate*, rescription, mandat. — حوالهلى *havalèlu*, mandataire. — حوالهلى پوليچه *havalèlu politcha*, billet endossé. — جيرو طريقله حواله اولنور بر پوليچه *djiro tariqeu èla havalè olounour bir politcha*, effet transmissible par endossement. — اولكى حواله صاحبى *evvelki havalè çahibe*, le premier endosseur. — فلان مبلغى حواله كوسترمك *filan meblagheu havalè gueustermek*, assigner des fonds pour le paiement d'une somme. — حوالهلى آقچه *havalèlu âqtchè*, somme déléguée; on emploie dans le même sens le plur. ar. حوالات *havalat*, « délégations ». — حوالهلى *havalèlu*, haut, élevé, qui domine. — حواله علتى *havalè 'yllete*, convulsions chez les enfants. — حوالى *havali*, (ar.) plur. de حولى, alentours, environs, voisinage.

حوپا (var. خوپا) *hoppa*, expression

vulgaire: 1° dadais, niais; vaurien; voir خوپیا *khopia*. — 2° femme coquette qui se compromet par ses légèretés. — 3° petit-maître, freluquet.

حوتوز *hotoz*, grand bandeau sous lequel les femmes juives d'Orient cachent leurs cheveux. — Cf. حوطاز.

حوت *hout*, (ar.) 1° poisson, surtout poisson de grande taille. — حوت یونس *houti younos*, « poisson de Jonas », baleine. Le *prophète* Jonas est nommé chez les Orientaux صاحب حوت « l'homme au poisson ». — 2° file d'étoiles en forme de poisson, signe du zodiaque. — 3° pour حووت *havout*, bât, selle de chameau.

حوروز *havrouz*, vase de nuit, pot de chambre; voir اوردك *eurdèk*. — حوروزلو اسكمله *havrouzlou iskemlè* (ou صندالیه *çandalyè*), chaise percée.

حوره *havra*, (var. حورا) synagogue; voir خاوره.

حوری *houri*, (du plur. ar. حُور venant du fémin. حَوْراء « qui a de grands yeux noirs ») houri. — حوری قیز *houri queuz*, même sens. — On dit d'une femme dont la beauté est accomplie: حوری کبی دنیا کوزلی *houri guibi dounia guzèle*, « la merveille du monde, une beauté de houri ».

حوزه *havzè*, (ar.) espace; aire; contrée. — حوزۀ اسلام *havzèï islam*, tout le territoire musulman, l'ensemble des pays soumis à l'islam. — حوز *havz*, périphérie; voisinage. — حوز جامعده *havzi djami'dè*, dans le voisinage de la mosquée, tout contre la mosquée.

حوشه *hocha*, (var. حوشا et خوشه *khocha*) marteau à l'usage des forgerons, des cloutiers, etc., à l'aide duquel ils rabattent la tête du clou et arrondissent le sommet des boulons.

حوصله *havçala*, (ar.) 1° jabot, poche membraneuse dans l'estomac des oiseaux. — قوش حوصلهسی *qouch havçalasę*, jabot d'oiseau, synon. de قورصاق *qourçaq*. — 2° *au fig.* capacité d'un corps; capacité intellectuelle, faculté de comprendre. — حوادث مذکوره حوصلۀ بیاندن بیروندر *havadissi mezkiourè havçalaï beïanden birounder*, les nouvelles en question ne peuvent s'expliquer, littér. « sont hors de la capacité de l'explication ». — 3° patience; faculté d'endurer. — حوصلهسی طار *havçalasę dar*, impatient, intolérant. — حوصله آلمز شی *havçala almaz cheï*, chose intolérable, qu'on ne peut supporter.

حوض *havz*, prononcer *havouz*, (ar.) bassin, réservoir; étang, dépôt d'eau. — بوستان حوضی *bostan havouzeu*, bassin de jardin, pièce d'eau. — حمام حوضی *hammam havouzeu*, réservoir de bain, piscine. — ليمان حوضی *liman havouzeu*, bassin d'un port de mer. — امتعه نك حوضی *emti'ènuñ havouzeu*, dock de marchandises. — حوضلانمق *havouzlanmaq*, s'agglomérer dans un bassin; former un dépôt d'eau.

حوطاز *hotaz*, ornement en crins de buffle; aigrette; voir خوطوز *khotoz*.

حولامق *havlamaq*, onomat. aboyer, hurler. — quelquefois : japper; voir اولومق *ouloumaq*.

حولان *havlan*, pour خولان *khavlan*, (ar.) lycium, suc de lycium employé dans la pharmacopée orientale. Cf. سنجان *sindjan*.

حولی (var. آول, آولی) *havle*, 1° cour, enceinte, enclos; parc à bétail. — D'après le *Lehdjè*, ce mot ne serait que la prononciation plus moderne et affaiblie du mot turc آغل *âghel*; mais la provenance byzantine αὐλή prononcé *avli* est plus conforme aux règles de l'étymologie. — 2° *havlu*, pour خاولو et هاولو, essuie-main, serviette; voir خاو *khav*.

خونی *houni*, entonnoir; voir خونی *khouni*.

حووت (var. حوت) *havout*, bât; selle de chameau. — bagages et outres pleines d'eau qui composent la charge du chameau. Ce mot est peu usité; il répond à l'arabe قنب.

حویار *haviar*, caviar, œufs d'esturgeon marinés; voir خاویار *khaviar*.

حیا *haïa*, (ar.) pudeur, modestie; retenue. — حياسز *haïasez*, sans pudeur, impudent, immodeste, synon. du pers. حیا ایماننك *bi-haïa*. — حیا ایماننك نوردر *haïa imanuñ noureder*, la pudeur est la lumière (l'éclat) de la foi musulmane.

حیات *hayat*, (ar.) 1° vie, existence. — بر حیات او *ber hayat olmaq*, être en vie. — فلاننك بر حیات اولدیغنی تصدیق ا *filanuñ ber hayat oldoughounou taçdeq etmek*, donner un certificat de vie à un tel. — ترك حیات ا *terki hayat etmek*, cesser de vivre, mourir. — حیات اولسون *hayat olsoun*, « que ce soit la vie !» à votre santé ! — حیات صویی *hayat çouyou*, l'eau de la vie, la source de jouvence (comme le pers. آب حیات qui est l'objet de tant de légendes chez les musulmans). — *au fig.* beau, brillant, charmant ; se dit en poésie d'une personne aimée, comme dans le distique suivant du poète Névayi :

لباسی اوت کبی اصفر تنی حیات صویی
عجایب اوت که آراسنده آب حیواندر

« Sa robe est d'un jaune étincelant comme la flamme, son corps brillant (comme l'eau de la vie) ;

« Chose étrange que cette flamme sous laquelle coule l'eau de la vie ! »

2° corridor, couloir ; cf. کچید *guetchid*. — quelquefois : galerie extérieure ; portique.

حیازل *hayazel*, prononc. vulg. de l'arabe خَيَالُ الظِّلّ, ombres chinoises, marionettes ; on trouve aussi la forme *âyazel* ; voir آیازل.

حیثیت *haïssyet*, (ar. situation, rang) 1° distinction de mérite et de position ; dignité et considération qui résulte d'une haute position. — اصحاب حیثیت *aç'habi haïssyet*, les gens de distinction, les hautes classes. — اصحاب قدر وحیثیتدن بر ذات *aç'habi qadar u haïssyetten bir zat*, un personnage appartenant à la haute classe. — 2° valeur, capacité, mérite ; cause, motif. — حیثیتسز *haïssyetsez*, peu estimé ; sans valeur ; incapable ; sans intelligence. — بو حیثیتله *bou haïssyet ilè*, pour cette considération ; par cette raison.

حیدود (var. هایدود) *haïdoud*, en hongrois : soldat à pied, fantassin. Malgré sa signification primitive, ce mot a été adopté en turc et en arabe avec le sens de « brigand, voleur de grand chemin » ; de là le plur. ar. حیادید. — حیدودلق *haïdoudleq*, brigandage, vol à main armée. — حیدود فرقه‌لری *haïdoud ferqalare*, des bandes de brigands.

حیده *haïda*, (interj. orthogr. usitée هایده *haïdè*) allons ! en avant ! — حیده‌لاماق *haïdalamaq*, « dire en avant ! » pousser devant soi. — حیده‌مق *haïdamaq*, conduire un troupeau.

حیران *haïran*, (ar.) étonné, stupéfait. — troublé par la surprise ou par le désir. — avec *etmek*, troubler, causer une vive surprise. — حیران اولاجق حوادث *haïran oladjaq havadis*, une nouvelle surprenante. — حیرانلق

haïranleq, surprise, stupéfaction; admiration.

حيف *haïf*, (ar.) 1° dommage, tort; injustice. — 2° *interj.* hélas! quel malheur! quel dommage! — régit le datif: اوقاتكزه حيف اندر حيف *evqatñezè haïf ender haïf*, quel dommage pour votre temps! comme vous perdez votre temps!

حيقرمق *haïqermaq*, mugir; — crier, gémir. — حيقرجى *haïqeredjeu*, mugissant; criant; crieur.

حيلاز (var. خايلاز) *haïlaz*, fainéant, paresseux, cagnard; voir *khaïlaz*.

حيله *hilè*, pron. vulg. *hèlè*, (ar.) ruse, stratagème, astuce. — fraude, tromperie. — حيله قورمق *hilè qourmaq*, tendre des pièges. — حيله ا *hilè etmek*, user de ruse, tromper. — اعمال حيله ودسيسه *i'mali hilè u dessissè etmek*, former des ruses et des cabales. — حيله ايله *hilè ilè*, par ruse, astucieusement. — حيله كار et حيله باز *hilèbaz* et *hilèkiar*, rusé, astucieux, escroc, fripon. — حيله كارك كوزى ياشلو اولور *hilèkiaruñ gueuzeu yachlu olour*, « les yeux du perfide sont toujours larmoyants », sa ruse se retourne contre lui-même. — حيله كارك مومى ياتسويه قدر يانار *hilèkiaruñ moumeu yatsouyè qadar yanar*, la bougie du trompeur ne brûle que jusqu'au soir. — حيله ى سورلر كوسترنى سومزلر *hilèye severler gueusterènè sevmezler*, on aime (on profite de) la ruse, mais on haït celui qui l'enseigne. — ارلك اون در طقوزى حيله در *èrlik ôn der doqouzeu hilè der*, la bravoure vaut dix, mais la ruse compte pour neuf. — تلكيه حيله اوكرتمك *tilkyè hilè euïretmek*, « enseigner des ruses au renard », avoir affaire à plus malin que soi. — حيله دن صاقنان آز در *hilèden çaquenan âz der*, peu de gens se gardent de la ruse.

حين *hîn*, (ar.) temps, moment. — حين استقباله *hîni istiqbaldè*, au moment de la réception. — حين الاقتضا *hîn ul-iqtiza*, en cas de besoin, lorsque ce sera nécessaire. — حينًا *hînèn*, quelquefois, de temps à autre. — حينئذ *hînèizin*, alors, à ce moment.

حيوان *haïvan*, (ar. vivant, doué de vie) 1° animal, bête, brute. — sens spécial en turc: cheval, bête de somme. — *au fig.* sot, niais. — حيوانلق *haïvanleq*, sottise, stupidité, niaiserie.

— حیوان باقشلو ‏ haïvan baqechlu, au regard stupide, qui a la mine niaise. — انسان حیوان ناطق در ‏ insan haïvan nateq der, l'homme est un animal raisonnable. — حیوان حیوانجه آناسنی بیلور ‏ haïvan haïvandjè ânasenè bilur, l'animal connaît instinctivement sa mère. — حیوان حیوانی سیچر ‏ haïvan haïvanè setcher, la brute connaît la brute. — انسان قالبی کندیسی حیوان ‏ insan qalibè kendissi haïvan, il a forme humaine, mais ce n'est qu'une bête. — حیوان یولارندن طوتیلور انسان اقرارندن ‏ haïvan yoularenden toutoulour insan iqrarinden, on tient la bête par son licou et l'homme par sa promesse. — انسانه سوز حیوانه دکنك ‏ insanè seuz haïvanè deïnek, à l'homme la parole (le conseil), à l'animal le bâton. — حیوان اولور سمری انسان اولور اثری قالور ‏ haïvan eulur semerè insan eulur esserè qalour, la brute meurt et laisse son bât, l'homme meurt et laisse sa renommée. — حیواندە آریقلق انساندە زوکردلك طوتلمز ‏ haïvandè âreqleq insandè zeuyurtluk toutoulmaz, l'animal est ravalé par sa maigreur, l'homme par sa pauvreté. — 2° sens arabe : vie, existence. — آب حیوان ‏ âbi haïvan, comme آب حیات ‏ âbi hayat, eau de la vie, source de jeunesse éternelle.

حیّە ‏ hayyè, (ar.) serpent ; — constellation du Dragon.

خ

خا ‏ khâ, neuvième lettre de l'alphabet ottoman ayant la valeur numérique 600. La prononciation de cette lettre est une aspiration gutturale moins forte qu'en arabe. Les Osmanlis, surtout ceux de Constantinople, l'ont affaiblie au point de ne pas la distinguer du ح ‏ hâ dans certains mots, comme خانە ‏ prononcé hanè. Mais dans les dialectes orientaux, le khâ a conservé toute sa rudesse. Il est utile aussi de signaler l'analogie phonétique qui existe entre cette lettre, le غ ‏ ghaïn et le ق ‏ qaf. Dans les poésies turki, ces trois lettres peuvent alterner pour la rime. Plusieurs mots d'origine étrangère commençant par غ se changent en خ lorsqu'ils passent en turc : ainsi غاشه ghachyè, «housse, couverture de cheval» devient خاشه khacha et hacha, غرار gharar, « gros sac de toile » se change en خرار kharar. Quelquefois le غ initial se change en ق, comme غلاف et قلیف gaîne, etc. — Comparer aussi خاقان et قادين dame, خاتون et قآن empereur. — L'auteur du Lehdjè fait remarquer que le ق domine dans le dialecte oghouz, le غ dans l'ouïghour et le خ dans le dialecte du Kyptchaq.

خاتم khatem, (ar.) 1° anneau, bague. — خاتم سليمان khatemi suleïman ou مهر سليمان muhuri suleïman, «anneau de Salomon», figure cabalistique; — grenouillet, espèce de muguet dont la feuille ressemble à celle du laurier. — خاتم چیچکی khatem tchitcheyi, ou كل خاتم guli khatem, althea, plante; guimauve; c'est l'arabe خطمی khitmi, cf. IBN EL-BEÏTAR, t. II, p. 36. — 2° khatim, qui scelle, qui finit. — خاتم الانبيا khatim ul-enbya, le dernier des prophètes, Mahomet.

خاتمه khatimè, (ar.) fin; conclusion; épilogue d'un livre.

خاتون khatoun, (comp. les formes turques قادون, خادون et l'osmanli قادين) dame d'un rang élevé, princesse; maîtresse de maison. — femme en général. — خاتونجق khatoundjeq, le sexe féminin, les femmes. — كوزل خاتون guzel khatoun, « belle dame », solanum, morelle; c'est la plante que les Arabes nomment عنب الثعلب « raisin de renard » ou عنب الذئب « raisin de loup »; voir aussi ایت it.

خاچ (var. حاج) khatch, de l'arménien, croix, crucifix. — خاچ چیقارمق khatch tcheqarmaq, faire le signe de la croix. — كیزلو خاچ طاشور guizlu khatch tacheur, « il porte la croix en cachette », se dit d'un faux musulman. — خاچ یاپمق khatch yapmaq, (ou etmek) faire une croix, se signer, dans le sens de « marquer de l'étonnement » (ne s'emploie que pour les chrétiens). — حاجی میسین یوقسه خاچلو میسین hadji missîn yokhsa khatchlu missîn, « es-tu pèlerin ou porteur de croix? » es-tu chair ou poisson? — انك قولتوغنده onoun خاچ بولنماز ایسه قره چاپقالو اولایم qoultoughendè khatch boulounmaz issa qara chapqalu olaïm, « si l'on ne lui trouve pas une croix sous l'aisselle, je veux porter le chapeau noir », c.-à-d. : « que je sois moi-même chrétien », s'applique au renégat ou au musulman qui pratique mal sa religion. — خاجوارى *khatchvari*, « cruciforme », se dit de deux lignes qui se coupent à angle droit. — خاچلامق *khatchlamaq*, crucifier. Cf. استاوروز *istavroz* et چليپ *tchelip*.

خاخام *khakham*, rabbin. — خاخام باشى *khakham bachi*, grand rabbin ; c'est le chef de la nation israélite dans tout l'empire ottoman. — باش خاخام *bach khakham*, chef d'une des grandes communautés juives établies en Turquie ; le rabbin provincial est élu par les habitants juifs de sa circonscription ou par un délégué du grand rabbin. Les communautés israélites sont au nombre de six établies dans les villes suivantes : Salonique, Andrinople, Philippopoli, Smyrne, Brousse et Jérusalem. — خاخامين *khakhamîn*, rabbins qui composent le conseil chargé d'appliquer la loi de Moïse, sous la présidence du grand rabbin.

خادم *khadem*, (ar.) 1° eunuque, castrat. — avec *etmek*, châtrer ; cette opération barbare était faite autrefois sur de jeunes noirs qu'on enterrait ensuite dans le sable jusqu'à la ceinture, pendant vingt-quatre heures. Les eunuques du palais impérial sont plus connus sous le nom d'*âgha*, cf. آغا. — *au fig.* célibataire. — آنادن طوغمه بر خادم *ânaden doghma bir khadem*, eunuque de naissance ; impuissant. — خادمه اولاد صورمق *khademè evlad çormaq*, « demander à un eunuque s'il a des enfants », faire des questions inconvenantes. — 2° dans le style littéraire : serviteur, gardien. Le sultan reçoit, entre autres titres, celui de خادم الحرمين الشريفين *khadim ul-haremeïn uchcherifeïn*, serviteur des deux villes saintes, la Mecque et Médine.

خار *khar*, 1° onomatop. indiquant un bruit répété comme le clapotement de l'eau, ou une action réitérée et rapide, etc. Cette particule se confond pour le sens avec خرخر *kher kher*, خارل خارل *kharel kharel* et par abrév. خرل خرل. — 2° (pers.) épine.

خارج *kharidj*, (ar.) qui sort, qui dépasse ; extérieur, étranger. — خارج العادت *kharidj ul-'adet*, hors de la coutume, extraordinaire. — احتمالدن خارج *ihtimalden kharidj*, hors de probabilité, peu croyable. — وظيفهٔ vazifèi mèmouryetę kharidjindè olmouchtour, il a outrepassé les limites de sa mission. — امور خارجیه نظارتی oumouri kharidjyè nazareti, ministère des affaires étrangères. — خارجیه ناظری kharidjyè naziri (ou مشیری muchiri), ministre des affaires étrangères: jusqu'en 1836, ce fonctionnaire avait le titre de رئیس افندی tüjareti kharidjyè, commerce extérieur. — خارج از مملکت عد اولنمق امتیازی kharidj ez memleket'add ounmaq imtyazę, droit d'exterritorialité. — au fig. امور خارجیهسی اولان آدم oumouri kharidjyèssi olan âdam, un homme entendu aux affaires, prudent et avisé.

خارق khariq (ar. qui déchire). — خارق العاده khariq ul-'adè, (comme فوق العاده fevq ul-'adè) extraordinaire; hors de la coutume; étonnant.

خارل kharęl, (ou kharęl kharęl) onomatop. indiquant la rapidité et la continuité dans l'action, par ex.: خارل سویلهمك kharęl seuïlèmek, parler vite, bredouiller. Cf. خار et خر.

خارلامق (var. خارلق et خرلامق) kharlamaq, aboyer, hurler, comme le chien furieux. — خارلدى kharęlteu, bruit continu, grondement. — خلقك خارلديسی khalqeuñ kharęlteusseu, murmure de la foule. — بوشنه خارلدى bochena kharęlteu, vains propos, tapage; tumulte de la foule. Voir aussi خرلامق.

خاره kharè, (pers. pierre dure) moire, étoffe moirée. — خاره لنمك kharèlenmek, être moiré, avoir des reflets chatoyants comme la moire. — خاره لنمش تنکه kharèlenmich tenekè, moiré métallique du fer blanc.

خازق (var. خازوق) khazęq, pieu, pal, ancienne forme pour قازق; voir ce mot.

خازن khazin, (ar.) trésorier; intendant; majordome; — chef de la comptabilité dans un département ministériel; voir خزینه دار khaznèdar.

خاشردامق (var. خشردامق) khachęrdamaq, 1° crépiter, bruisser, comme une feuille sèche. — 2° broyer des feuilles, de l'herbe (se dit de l'animal qui mange). — خاشردى khachęrdeu, bruit du papier qu'on froisse, etc.

خاشلامق (var. خشلامق) *khach-lamaq*, bouillir, cuire dans l'eau bouillante. — *au fig.* injurier, parler avec colère. — خشلامه et خاشلامه *khachlama*, bouilli; aliment cuit à l'eau; — *au fig.* insulte, injure. — خاشلاتمق *khachlatmaq*, faire bouillir; verser de l'eau bouillante (sur la lessive, etc.). — خاشلانمق *khachlanmaq*, se brûler à l'eau chaude; s'ébouillanter.

خاشه *khacha*, (et حاشه *hacha*) housse, couverture de cheval; de l'ar. غاشيه; voir ce mot.

خاص *khass*, (ar.) particulier, privé; — pur. — appartenant au domaine impérial. — خاص اكمك *khass ekmek*, 1° pain destiné à la table du sultan et fabriqué au palais par les *bostandji*, dans la boulangerie spéciale désignée sous le nom de خاص فرون *khass fouroun*, four impérial. — 2° vulg. pain blanc. — خاص اون *khass oun*, farine de pur froment; quelquefois : fécule. — خاص بوياجى *khass boïadje*, teinturier en grosse teinture. — Le mot *khass* désigne le domaine de la couronne, ou le tiers des biens prélevés sur l'ennemi. De là l'expression خاص همايون *khasse humayoun*, domaine privé du sultan; خاص سلاطين *khasse selatîn*, apanages de la sultane-mère (*validè*), des princes et des princesses du sang; خاص وزرا *khasse vuzera*, fiefs affectés aux postes occupés par les fonctionnaires de première classe : grand-vizir, ministres, amiraux, etc. ; خاص امرا *khasse umera*, fiefs affectés aux pachas à deux queues. — خاص اوطه *khass oda*, partie du palais impérial attribuée au chef des eunuques blancs, qui est le *qapou âgha*, et au *khass oda bachi*, lieutenant de celui-ci (voir *État de l'Empire ottoman*, t. VII, p. 56). — خاص اوطهلق *khass odaleq*, filles de chambre du palais impérial; خاص اوطهلى *khass odaleu*, officier de la chambre. — خاص آخور *khass âkhor*, écuries du palais; خاص باغچه *khass baghtchè*, jardins du palais. — خاص خواص *khasse khaouass*, fief zia'met affecté aux grands de la cour. — خاصلر مقاطعسى *khasslar mouqate'asse*, bureau du département des finances, ou ferme des domaines qui appartiennent au sultan et aux fonctionnaires de premier ordre.

خاص الخاصّ *khass ul-khass*, (ar.) vêtement d'honneur de première classe donné, à titre de *khal'at*, aux principaux fonctionnaires; il était ordinairement doublé de drap blanc ou vert clair. — Une pelisse un peu moins belle était désignée sous le nom de خاصّی *khassy*. — خاص *khass*, l'as au jeu de cartes.

خاصكی *khassèki*, (pour خاصه كی) littér. « qui appartient au domaine, ou au service et à la maison du sultan ». Ce nom était porté spécialement par un corps de trois cents officiers choisis parmi les *bostandji*; soixante d'entre eux faisaient partie du cortège du sultan en qualité de gardes du corps; leur colonel se nommait باش خاصكی *bach khassèki*; c'était le receveur général des revenus provenant des *vaqouf* ou fondations pieuses. Il ne faut pas le confondre avec le خاصكی آغا *khassèki âgha*, lieutenant-colonel des *bostandji* et prenant rang après le *bostandji bachi*. Tous ces officiers se distinguaient par un grand bonnet de drap rouge. — Les deux officiers nommés ci-dessus étaient désignés vulgairement par le titre de *buyuk* grand, et *kutchuk* petit (*khassèki*). « Ils avaient chacun le commandement d'un *orta*. D'habitude, ils remplaçaient l'âgha des janissaires dans le commandement des troupes sur les frontières, et c'étaient eux qui étaient envoyés en province pour régler toute question litigieuse relativement à l'*odjaq*. » DJEVAD BEY, *État militaire ottoman*, p. 41. — Dans les premiers temps de la monarchie et jusqu'au règne d'Ahmed III (premières années du XVIIIe siècle), les femmes du sultan ou *qadeun* qui donnaient le jour à un prince étaient honorées du titre de *khassèki-sultan*, tandis que celles qui n'avaient que des filles étaient appelées simplement *khassèki-qadeun*. Cf. *La cour ottomane*, par le Sieur de S. MAURICE, Paris 1673, p. 94 et 195. — خاصكی اوتوراغی *khassèki otouragheu*, sous-officier en retraite du corps des janissaires. — خاصكی سلطان *khassèki sultan*, nom d'une mosquée de Constantinople, bâtie en 1539 dans le quartier du même nom, par la sultane *validè*, mère de Mohammed II.

خاصّة *khassè* ou *khassa*, (ar.) féminin de خاصّ, particulière, spéciale; appartenant au souverain. — خاصّة همايون *khassèï humayoun*, domaine particulier du sultan. — خاصه سواری *khassè suvari*, cavalerie de la garde impériale; خاصه پياده *khassè pyadè*, infanterie de la garde. — خاصه مشیری *khassè muchiri*, maréchal commandant la garde impériale. — Il y a aussi une espèce de toile cirée d'un tissu épais qui est connue sous le nom de *khassa*; la qualité la plus souple est nommée *humayoun*, celle qui est d'un travail moins soigné et de plus grande largeur est dite چفته خاصه *tchiftè khassa*. — Cf. خاصّ.

خاصيت *khaçyet*, (ar.) propriété, qualité. — *adj.* خاصيتلو *khaçyetlu*, doué de qualités; salutaire, utile. — خاصيتلو چیچك صویی *khaçyetlu tchitchek çouyou*, excellente eau de fleurs d'oranger.

خاطب *khateb*, (ar.) orateur qui prononce le prône nommé *khoutbè*, prédicateur; voir خطیب.

خاطر *khater*, (ar.) ce qui vient à l'esprit; mémoire, cœur. — bienveillance, égards. — خاطركز ايچون *khatereñez itchun*, pour vous être agréable, par égard pour vous. — خ آلمق *khather âlmaq* (ou *yapmaq*), se concilier la faveur, capter la bienveillance. — خ صايمق *khater çaïmaq*, avoir des égards, considérer. — خ صورمق *khater çormaq*, s'informer de la santé, demander des nouvelles de quelqu'un. — خ يقمق *khater yeqmaq*, ennuyer, déplaire, mécontenter. — خاطری قالمق *khatereu qalmaq*, être impressionné, être mécontent. — خاطره طوقنمق *khaterè doqounmaq*, offenser. — خاطره طوقنور مقال *khaterè doqounour maqal*, propos offensant. — خاطرده طوتمق *khaterdè toutmaq*, retenir dans sa mémoire, ne pas oublier. — خاطرده قالمق *khaterdè qalmaq*, rester dans la mémoire, ne pas être oublié. — خاطره كلمك *khaterè guelmek*, venir à la mémoire, se présenter au souvenir. — خاطردن چیقمق *khaterden tcheqmaq*, sortir de la mémoire, être oublié; avec چیقارمق *tcheqarmaq*, ôter de la mémoire, faire oublier. — خاطره كتورمك *khaterè guetirmek*, rappeler, remémorer. — خاطركز قالمسون *khatereñez qalmassoun*, n'en soyez pas mécontent. — خاطرمده دكل *khateremdè deïl*, il ne m'en souvient plus. — خاطر ياپان *khater yapan*, (comme خاطر شناس *khater chinas*) complaisant, aimable. — *adj.* خاطرلو *khaterlu*, important, considérable. — بر خاطرلو هندیه *bir khaterlu hèdyè*, un cadeau de valeur. — خاطر ایچون چیك طاوق یینور *khater itchun tchiy tavouq yinur*, par complaisance on mange la poule crue (proverbe). — خاطر بر شهباز در كه قاپلوب طوتلمز كوكل بر سرچه سرایدر كه قیریلوب یاپلمز *khater bir chahbaz dur ki qapeloup toutoulmaz gueuñul bir sertchaseraï dur ki quereloup yapelmaz*, l'esprit est un faucon royal qu'on ne peut faire prisonnier, le cœur est un palais de verre qui, une fois brisé, ne se reconstruit plus.

خاطرلامق *khaterlamaq*, se souvenir, se remémorer. — شمدی اسمی خاطرله‌میورم *chimdi ismini khaterlamyorom*, je ne me souviens plus de son nom; voir خالم.

خاطره *khaterè*, (ar.) pensée, réflexion; souvenir. — خاطرۀ شباب *khaterèi chebab*, « pensée de jeunesse », titre d'un poème turc.

خفی *khafi*, (ar.) caché, secret; occulte. — خافیا *khafyen*, secrètement; en cachette. — خافیا تحقیق ا *khafyen tahqeq etmek*, vérifier à huis-clos. Cf. خفی.

خاقان *khaqân*, 1° souverain, maître, empereur. — خاقان چین *khaqâni tchîn*, l'empereur de la Chine. Le titre de *khaqân* et celui de *qaân* قاآن sont donnés par les auteurs musulmans aux souverains tartares et mongols, aux chefs des tribus turques, etc. Ce mot fait partie aussi des titres honorifiques joints au nom des sultans ottomans; par ex. : خاقان البحرین والبرین *khaqân ul-bahreïn vel-berreïn*, « le souverain des deux mers et des deux terres ». — *adj.* خاقانی *khaqâni*, qui appartient au souverain. — دیوان خاقانی *divani khaqâni*, conseil impérial. — نشان خاقانی *nichani khaqâni*, chiffre impérial, le *thoughra*. — دفتر خاقانی *defteri khaqâni*, archives impériales.

خاك *khak*, (pers.) 1° terre, poussière. — خاكپای *khakipaï*, « la poussière des pieds », terme respectueux. — خاكپایكزه عرض ایلدم كه *ñezè'arz eïledim ki*, j'ai exposé à votre seigneurie que . . . . — 2° au *fig.* tombeau. — فلانك خاكنه حرمت ا *filanuñ khakinè heurmet etmek*, respecter la poussière de quelqu'un; honorer sa mémoire.

خالص *khaliss*, (ar.) pur, sincère, franc. — خالص آلتون *khaliss âltoun*, or pur, sans alliage. — خالص سوت *khaliss sud*, lait pur. — خالص آدم *khaliss âdam*, homme sincère, d'une honnêteté parfaite. — خالصاً *khalissan* et خالصانه *khalissanè*, sincèrement, avec toute franchise, du fond du cœur.

خالطه (var. حالطا et حالطاتا) *khalta*, prononcé *halta*, collier de chien.

خاله *khalè*, (prononc. vulg. *hala* d'où la variante حالا) tante paternelle, sœur du père. Comp. avec تيزه *teïzè*, tante maternelle. — خاله‌زاده *khalè-zadè*, neveu.

خالى (var. حالى) *khali*, vulg. *haleu*, tapis de laine. — عثمانلى خاليلر *osmanli khaliler*, les tapis turcs. — خاليجك *khalidjik*, petit tapis (كليم *kelim* est un tapis de laine grossière et كچه *ketchè* un tapis de feutre). — يالى نه يورغان لازم نه خالى *yali nè yorghan lazem nè khali*, « à la campagne, il n'est besoin ni de couverture ni de tapis »; on couche sur le gazon. — خالى دوشه‌مك *khali duchèmek*, étendre un tapis. — يولنه خالى دوشه‌دى *yolenè khali duchède*, « il a étendu un tapis sur son chemin », il l'a traité avec un profond respect. — سنك اچون خالى دوشه‌مشلر وار اونور *seniñ itchun khali duchèmich-*

ler var otour, « on a mis un tapis pour toi, va et assieds-toi », phrase ironique quand on veut éconduire un intrus. — بروسه‌نك خاليسى پك معتبر در *broussa-nuñ khalisseu pek mou'teber der*, les tapis de Brousse sont très appréciés. Les tapis turcs les plus estimés sont ceux qui proviennent de *Ouchaq* près de *Kutayè* en Asie-Mineure, ceux de *Qez-chehir* en Caramanie, et de *'Guer-des* dans l'Eyalet d'Aïdîn.

خالى *khali*, (ar.) vide, vacant; — libre, exempt. — بر تارلايى خالى براقمق *bir tarlayeu khali braqmaq*, laisser un champ en jachère. — خالى يرلر *khali yerler* ou اراضى خاليه *arazyi khalyè*, terres vaines et vagues.

خام *kham*, particule corroborative: خام خلاط *kham-khalat*, tout mêlé, confus; — grossier. — خام خوم ايتمك *kham-kheum etmek* (ou *seuilèmek*), parler du nez, nasiller; voir خمخم.

خام *kham*, (pers.) cru, brut; mal préparé. — خام ايپك *kham ipek*, soie grège. — خام شكر *kham cheker*, sucre non raffiné. — خام ياپاق *kham yapaq*, laine brute. — خام آدم *kham âdam*, homme inexpérimenté. — خام تكليف *kham teklif*, proposition saugrenue. —

خام سوز *kham seuz*, injure, mauvais propos. — خاملـق *khamleq*, crudité, défaut de maturité; inexpérience; mollesse, inertie. — خاملامق *khamlamaq*, être affaibli, sans force (se dit, par exemple, d'un animal qui est resté trop longtemps à l'écurie, etc.). — خام امرود كبي بوغازه طيقلمه *kham emroud guibi boghazè teqelma*, « n'étouffe pas le gosier comme une poire qui n'est pas mûre », se dit à un importun. — خام تيور دوكلمز *kham demir deukulmez*, on ne met pas à la fonte le fer brut.

خامشان *khamichan* (peut-être du pers. خاموشان « les silencieux, les morts »). On nomme ainsi le lieu où sont enterrés les athées, faux derviches, etc. qui se sont séparés de l'islamisme. (*Lehdjè*.)

خاموت *khamout*, on prononce ordinairement *hamout*, d'où les variantes هاموت et حاموت : collier d'attelage; partie du harnais dans laquelle passent les brides.

خان *khân*. Ce mot d'origine chinoise désigne chez les Turcs et les Mongols la dignité de roi, souverain, comme *khaqân* et *kaân*. Il s'ajoute au nom propre, محمود خان *Mahmoud khân*. — Titre de noblesse en Perse. — خانلق *khânleq*, dignité de khân; souveraineté; titre de noblesse donné à certaines familles comme les *Ibrahim-khân*, les *Tourè-khân*, etc. — قريم خانلغى *qerem khânlegheu*, la principauté de Crimée. — Sur les titres de khân et de khaqân, voir les notes de M. E. Quatremère, *Histoire des Mongols*, préface, p. 10 et 86.

خان (pers.) *khan*, caravansérail auberge. On nomme *khan*, à Constantinople et dans les grandes villes de l'Orient musulman, des maisons ordinairement bâties en pierre ou en marbre et habitées en commun par de riches *çarraf* et de gros négociants. Le directeur ou gardien en chef de ces édifices porte le nom de خانجى *khandje* et il a sous ses ordres un اوطا باشى *oda bachi*. Parmi les plus importants hôtels de ce genre, on citait autrefois le *khan de la validè*, *Yeñi-khan*, etc. — On dit d'un homme qui vit à la grâce de Dieu et sans souci du lendemain : خانجى طاوغى كبي يولجى آرتغندن كچنور *khandje tavoughou guibi yoldje ârteghenden guetchenur*, « il vit comme les poules de l'aubergiste, des restes du voyageur ». — خانجينك *khandjenuñ 'erebi ghaïb olmeuch kimuñ qaïdindè*, « le nègre de l'hôtelier a pris la fuite, qui s'en inquiète? » se dit des choses indifférentes. — خانكى *khanèki* (pour خانه كى), domestique, qui appartient à la maison; — apprivoisé. — خانچه *khantchè*, diminut. de خان, petit caravansérail.

خان بالق *khân-baleq*, « la ville du roi », ancien nom de la ville de Pékin. — خانبالق كاغدى *khân-baleq kiaate*, papier de Chine, papier de soie; voir aussi آبادى.

خاندان *khandan*, (pers.) famille distinguée par sa noblesse et sa générosité; maison; race, lignée.— خاندنلق *khandanleq*, même sens. — مملكتك خاندانى *memleketuñ khandane*, la famille souveraine, la maison régnante. — se prend comme adjectif : خاندان بر آدم *khandan bir âdam*, un homme distingué, hospitalier et généreux.

خانقاه *khaniqa*, (pers.) couvent de derviches; lieu où réside la communauté de ces ordres mendiants, sans qu'ils soient tenus d'y habiter constamment. Quelques-uns de ces couvents sont richement dotés par la générosité de personnages pieux.

خانم *khanum*, 1° autrefois : femme ou fille du khân, princesse. L'addition de la lettre م à certains titres remplace le féminin, comme بكم *begum* de بك *beg* ou *bey*. — 2° aujourd'hui : dame, madame; maîtresse de maison. — خانم سلطان *khanum sultan*, filles nées d'une sultane, c'est-à-dire d'une princesse du sang mariée à un particulier. Elles reçoivent une pension de l'État et ne peuvent être répudiées sans l'autorisation du sultan. — خانم قيز *khanum queuz*, demoiselle, mademoiselle (dans une famille turque). — خانم الى *khanum èle*, « main de dame », plante grimpante, liseron ou chèvrefeuille à fleurs jaunes. — خانم بوجكى *khanum beudjèye*, puceron tacheté de rouge et de noir qui vit sur les rosiers; un autre insecte du même genre est nommé *qaftan beudjèye* et aussi *qerqemdjeu*; cf. قرميجى. — خانم ايكنه سى كبى باتمق *khanum iynèssi guibi batmaq*, « s'enfoncer comme une aiguille de dame », se dit d'une chose très fine et pointue, et *au fig.* d'une douleur aiguë, d'une nouvelle saisissante, etc. — خانم

قیرارسه قضا خلایق قیرارسه صوچ *khanum querarsa qaza khalaïq querarsa çoutch*, si c'est la maîtresse qui casse, c'est un accident, si c'est la servante, c'est un crime.

خانه *khanè*, prononcé *hanè*, (pers.) maison, logis, domicile. — Ce mot entre dans plusieurs noms composés désignant des établissements publics ou privés, ateliers, etc. Par exemple : ضرب خانه *zarb-hanè*, hôtel des monnaies; باصما خانه *baçma-hanè*, imprimerie; كاغد خانه *kiaat-hanè*, papeterie, etc. — On les cherchera dans ce dictionnaire par le mot initial. — بنده خانه *bendè-hanè*, la maison de (votre) serviteur, ma maison; دولت خانه *devlet-hanè*, la maison de (votre) prospérité, votre maison. — رقم خانه لری *raqam hanèleri*, colonnes de chiffres, tableaux de calcul. — شطرنج خانه سی *chatrendj hanèssi*, case d'échiquier. — پیشرو خانه سی *pichrev hanèssi*, terme de musique : étendue diatonique d'un prélude musical. — خانه پرور *hanè-perver*, élevé à la maison, domestique. — خانه آلما كندیكه همسایه آل *hanè âlma kendiñè hemsaïè âl*, « n'achète pas la maison, achète le voisin »

(proverbe). — خانه كی *hanèki* et par abrév. خانكی, qui est de la maison, domestique; apprivoisé.

خاو (var. حاو *hav*) *khav*, duvet des fruits, du drap, etc. — خاولی *khavlu*, essuye-main en toile plucheuse. — خاولی خالی *khavlu khali*, tapis à poil ras. Cf. حاو.

خاوره (var. هاوره, حاورا *havra*) *khavra*, synagogue. On écrit aussi خوره.

خاویار *khaviar*, caviar, salaison préparée avec des œufs d'esturgeon ou d'autres poissons.

خائب *khaïb*, (ar.) déçu, frustré dans son attente. — se construit souvent avec خاسر *khassir* qui a à peu près le même sens. Le vulgaire prononce fautivement *haïbè haçil*, au lieu de *khaïb u khassir*.

خایلاز (var. حایلاز, خیلاز) *khaïlaz*, vaurien, va-nu-pieds; paresseux. — خایلاز قالان افلاح اولمز *khaïlaz qalan iflah olmaz*, qui traîne dans l'oisiveté ne réussit jamais.

خاین *khaïn*, (ar.) perfide, fourbe; méchant; ingrat. — خاین باقشلو *khaïn baqechlu*, qui a l'air d'un fourbe. —

خاين اولان قورقاق اولور *khain olan qorqaq olour*, le traître est timoré. — خاينك ياردمجیسیدر طوغرى طوغرى یه یاردم ایتسون *khain khainuñ yardumdjussudur doghrou doghrouya yardum etssun*, les coquins s'entr'aident, il faut que les honnêtes gens s'entr'aident aussi.

خبّاز *khabbaz* (ar. boulanger). — خبّاز خاصّ *khabbazi khass*, boulanger du palais impérial, chargé de fournir le pain à la table du Sultan. Ce serviteur faisait partie autrefois du corps des *bostandji*. Cf. خاصّ.

خبخاب (var. خوبخاب, ar. قبقاب) *khabkhab*, 1° socque en bois qu'on chausse au bain pour éviter le contact des dalles brûlantes. — 2° espèce d'échasses à l'usage des saltimbanques. — خبخابى *khabkhabi*, « qui marche sur des échasses »; *au fig.* négligé, traîneur de savatte.

خبر *khaber*, (ar.) nouvelle, information, bruit. — avec *etmek* ou *vermek*, annoncer, informer, faire part. — خبر آلمق *khaber âlmaq*, recevoir une nouvelle, être informé. — خبر ویرمك *khaber vermek*, dénoncer en justice. — خبرى اولمزدن *khaberi olmazdan*, sans le savoir. — خبرجى *khaberdji*, qui annonce une nouvelle, informateur, nouvelliste. — خبرجى چاوش *khaberdji tchaouch*, sergent chargé des messages du Divan. — خبرلشمك *khaberlechmek*, se donner réciproquement des nouvelles, correspondre. — قره خبر *qara khaber*, mauvaise nouvelle, désastre. — قره خبر تیز طویلور *qara khaber tez douyoulour*, mauvaise nouvelle est vite connue. On dit dans le même sens : قره خبرك قنادى واردر آق خبرك آیاغى توپالدر *qara khaberuñ qanadeu varder âq khaberuñ âyagheu topalder*, « mauvaises nouvelles ont des ailes, bonnes nouvelles sont boîteuses ».

خبردار *khaberdar*, (ar. pers.) informé, averti. — avec *etmek* informer, annoncer.

خبره *khebrè*, (ar.) connaissance certaine, notion sûre; expérience. — اهل خبره *ehli khebrè*, (que le peuple prononce fautivement *ehli qeblè*) expert, chargé d'une expertise. — اهل خبره معرفتیله تسویه ایتدیرمك *ehli khebrè ma'rifeti-ilè tesvyè itturmek*, faire décider par voie d'experts. — اهل خبرهنك قرارنامهسى *ehli khebrènuñ qarar-namèssè*, décision des experts. On se sert dans le même sens du mot كشف‌نامه *kechf-namè* ou *kechf mazbatasse.* Cf. مضبطه.

خبسى *khabsi* et خبسى بالغى *khabsi balegheu*, anchois et quelquefois : sardine ; voir خمسى.

خبط *khabt*, (ar.) convaincre d'erreur, réfuter ; confondre. (Ce sens n'est pas indiqué dans les dictionnaires arabes.)

خبيار *khabyar*, caviar ; saumure d'œufs d'esturgeon, etc. ; voir خاويار.

خوپور خپور *khopour-khoupour*, onomatopée : bruit des lèvres quand on mange avec précipitation ; cf. شپور شاپور.

ختم *khatm*, (ar.) récitation complète et non interrompue du Coran d'un bout à l'autre. Le livre saint est divisé en trente sections جزؤ comprenant chacune quatre *hezb* حزب, d'où la division du Coran en 120 *hezb.* Ce dernier mot a aussi le sens de *litanies*, prières de confrérie. — ختم ايندرمك *khatm éndirmek*, (ou simplement *etmek*) réciter le Coran entièrement. — ختم خواجه‌گان *khatmi khodjaguian*, fragments du Coran récités chaque jour par les derviches de l'ordre des *Naktchibendi* et les dévots affiliés à cette congrégation. Voir sur le ختم LANE, *Mille et une nuits*, t. I, p. 425.

ختمى *khitmi*, (ar. خطمى) guimauve nommée en Asie Mineure *gulikhatma* ; c'est aussi la rose trémière ou passerose. — ختمى آغاجى *khitmi âghadjeu*, althéa, alcée. — Le mot *kitmie* a passé par les anciennes traductions latines dans la pharmacopée moderne.

خجستة *khodjestè*, (pers. heureux, fortuné) surnom donné par antinomie à la fleur de souci. Pour la même raison, on lui donne quelquefois le nom de عين صفا *'aïni çafa*, « source de plaisir ».

خجل *khadjil*, (ar. syn. de خجيل) honteux, confus ; — repentant.

خجيل *khadjîl*, honteux ; contrit ; s'emploie comme خجل.

خخام *khakham*, rabbin ; voir خاخام.

خدا *khoda*, (pers.) Dieu. — خداوردى *khoda-verdi*, nom propre : Dieudonné. — خدا قادردر ايلر سنك خارادن گهر پيدا *khoda qader dur eïler sengui kharadan guevher peïda*, « Dieu est tout-puissant ; il tire la pierre précieuse du sein de la mine ». Cet hémistiche est souvent employé comme dicton. — adj. خدایی khodayi, de Dieu, divin ; naturel, spontané. — خدایی نابت اولان چیچكلر khodayi nabit olan tchitchekler, des fleurs qui poussent naturellement. — خدایی كوپه khodayi kiupè, lobe de l'oreille.

خداوندكار khodavendiguiar, (pers. synon. de khodavend) roi ; maître, seigneur, souverain. Ce titre, qui fait partie du protocole des surnoms honorifiques décernés aux sultans ottomans, a été porté pour la première fois par Sultan Mourad I. — Par abréviation : khounkiar et hunkiar ; voir خنكار et Diction. géographique, s. v.

خدشة khadchè, (ar. égratignure) au fig. خدشةُ خاطر khadchèi khater, inquiétude ; souci ; anxiété.

خدمت khidmet, prononciation usuelle khizmet, (ar.) service ; emploi ; fonction ; — salaire d'un service rendu. — avec etmek, servir ; avec كورمك gueurmek, rendre de bons offices, se rendre utile. — مجانا خدمت medjanèn khizmet, service gratuit (ou pour la nourriture seulement). — خدمته قوللانمق khizmettè qoullanmaq, être pris en service, être employé. — خدمته پروانه اولمق khizmetè pervanè olmaq, s'empresser, être aux petits soins. — Le mot khizmet, dans un sens plus spécial, signifie l'indemnité allouée à un service accidentel ou momentané : خدمت مباشریه khizmeti mubachiryè, frais d'huissier pour signification de jugement. — خدمت ایتمه‌سنی اوكرنمین افندیلك ایده‌مز khizmet etmessini eugrenmeïen efendilik edèmez, celui qui n'a pas appris à servir ne saura jamais commander. — خدمتجی khizmetdji, serviteur, domestique. — خدمتجی قیز khizmetdji queuz, servante, fille de service. — خدمتكار khizmetkiar, serviteur ; employé à gages. — خدمتكار در افندینك یوزنی آغاردان khizmetkiar dur efendiniñ yuzunu âghardan, c'est le devoir du serviteur de blanchir la face du maître (de le défendre). — خدمتكار آغا اولور غلامپره چلبی اولمز khizmetkiar âgha olour ghoulambara tchelebi olmaz, « le domestique peut devenir seigneur, le mignon ne sera jamais un honnête homme ». Ce dicton rappelle celui que cite Ciceron : « qui semel scurra nunquam pater familias ».

خديو *khediv*, (pers.) seigneur, prince; gouverneur. — *adj.* خديوى *khedivi* et خديوانه *khedivanè*, seigneurial; appartenant ou ayant la qualité de *khediv*. Ce titre se donne aux ministres de la Porte et répond à *altesse*: ذات خديويلرى *zati khedivileri*, son altesse le ministre. — C'est le surnom habituel du vice-roi d'Égypte: خديو مصر *khedivi meçer*. — خديويت جليله *khedivyeti djelîlè*, le gouvernement du vice-roi. — ذات افخم حضرت خديوى *zati afkhami hazreti khedivi*, son altesse le vice-roi.

خدمت *khizmet*, orthogr. fautive de l'arabe خدمت; voir ce mot.

خر *kher* ou خر خر *kher kher*, onomatopée qui s'emploie pour indiquer une action ou répétée et continue, ou rapide. — خر خر كيتمك *kher kher guitmek*, marcher d'un bon pas. — خر خر يوب اجمك *kher kher yeyup itchmek*, manger et boire avec voracité. — خر خر قان آقشدى *kher kher qan âqmeuch edeu*, le sang coulait à flots. Cf. خار et خارل.

خراباتى *kharabati*, (de l'ar. pers. خرابات *kharabat*, taverne, lieu de débauche) ivrogne, débauché; pilier de cabaret. — خراباتيلك *kharabatilik*, vie de débauche; tenue sale et négligée. — خراباتيلكه اورمق *kharabatilyè vourmaq*, s'adonner à la débauche.

خراته *khorata*, (du grec) jeux, plaisanteries; voir خوراته.

خراج *kharadj*, (ar.) 1° primitivement: impôt foncier frappé sur la terre en état de rapport; *par extension*: rendement, rente de la terre. — خراجيه *kharadjyè*, terre soumise à l'impôt du *kharadj*, par opposition à la terre dite *'euchryè*, libre et soumise seulement à la dîme. — خراج مقاسمه *kharadji mouqaçemè*, impôt proportionnel, calculé sur le rendement de la terre; خراج وظيفه *kharadji' vèzifè*, impôt obligatoire, inhérent au séjour et à la jouissance de la terre. — 2° plus tard le mot *kharadj* est devenu synonyme de جزيه *djizyè*, capitation, tribut imposé aux sujets non musulmans et il a été divisé en trois classes. Cf. BELIN, *Étude sur la propriété foncière en pays musulman*, p. 24 et suiv. — خراجه كسمك *kharadjè kesmek*, soumettre à l'impôt; imposer. — خراجكذار *kharadj-guzar*, tributaire. — خراجچى *kharadjtchi*, receveur, percepteur de l'impôt. — خ ايندرمك *kharadj éndirmek*, diminuer le tribut. — اولـودن خراج آلمق *euluden kharadj âlmaq*, « tirer l'impôt d'un mort », se dit d'un exacteur impitoyable. — *au fig.* خراج آلمق *kharadj âlmaq*, « prélever le tribut », dans le sens de « faire sauter l'anse ». — فرنكستانده خراج دوشررميسن *frenguistandè kharadj devchirirmissîn*, « prélèves-tu le tribut en Europe? » dans le sens de « tu fais des châteaux en Espagne ».

خرار (var. حرار *harar* et غرار *gharar*) *kharar*, grande sacoche de cuir ou de poils de chèvre qu'on charge sur les bêtes de somme; la même plus petite est dite هكبه *heïbè*.

خراسان *khorassan*, 1° province orientale de la Perse. — 2° brique pilée et mélangée à la chaux pour faire du ciment. — قره خراسان *qara khorassan*, lame d'épée de qualité supérieure, lame fine et bien trempée. — *adj.* خراسانى *khorassani*, originaire du Khorassan. — خراسانى دستار *khorassani destar*, turban d'une forme spéciale qui était porté autrefois par les oulemas et les fonctionnaires de la Porte; il ressemblait à celui qu'on nommait *qafessi destar*, « turban à raies »; voir *Galatati mechhourè*, p. 155. — خراسانى صوغلجان *khorassani çoghouldjan*, plante du genre armoise qui s'emploie comme vermifuge.

خرپوشته *kherpouchtè*, (pers.) voûté, en dos d'âne. L'expression turque équivalente est بالق صرتى *baleq çerteu*, « dos de poisson ».

خرپه ou حرپا *kharpa* ou *harpa*, (t. or.) sortilèges, enchantements, prières magiques; voir آرباغ. — خرپهلامق *kharpalamaq*, tourmenter; maltraiter.

خرتاوى *khertavi*, bonnet de forme arrondie en feutre que portaient les sipahis en guise de casque; il ressemblait un peu à la coiffure des janissaires.

خرتلاق *khertlaq*, larynx; voir قىرتلاق.

خرت مرت *khert-mert*, petits objets de ménage, choses sans valeur. — Cf. le pers. خرده مرده.

خرتوج *khartoutch*, néolog. du français *cartouche*. — طوب خرتوجى *top khartoutche*, gargousse. — خرتوج *khartoutch tchantasse*, cartouchière, gargoussière. — Voir aussi فشنك *ficheng*.

خرتی *kherteu*, mot qui par lui-même n'a pas de sens, mais qui s'ajoute à *perteu* خرتی برتی *kherteu-perteu*, vêtements usés, loques; friperies. Cf. برت *perpet*.

خرج *khardj*, (ar.) 1° dépenses, frais. — خرج خانه *khardji hanè*, dépenses du ménage, vivres; entretien. — نفرات خرجی *neferat khardjeu*, entretien des hommes (sous les drapeaux). — بش سواری خرجی *bech suvari khardjeu*, rations pour cinq cavaliers. — خرج آغاسی *khardj âghasseu* ou وكيل خرج *vekil-khardj*, officier préposé aux vivres, chargé de l'alimentation et de la dépense. C'était un officier des janissaires qui avait le commandement d'un *orta*. — خرجلرك درجانی *khardjlaruñ deredjate*, tarif des taxes. — 2° bordure ou frange de soie, de fil, etc. — 3° affaire, chose qui concerne. — سزك خرجكز در *sizuñ khardjeñez dur*, cela fait votre affaire; cela vous regarde. — عقل خرجی دكل *'aql khardjeu deïl*, ce n'est pas raisonnable. — هر كسك خرجی دكل *her kessuñ khardjeu deïl*, cela ne convient pas à tout le monde. — ایولك ایولكه هر كشينك خرجی كلكه ایولك ار كشينك خرجی *eyuluk eyuluyè her kichinuñ khardjeu kemlyè eyuluk èr kichinuñ khardjeu*, rendre le bien pour le bien, tout le monde peut le faire, rendre le bien pour le mal n'appartient qu'aux hommes de mérite. — خرجلق *khardjleq*, argent destiné à la dépense; argent de poche; menus frais. — خرجلغی یوق *khardjlegheu yoq*, il n'a pas d'argent, il n'a pas les moyens. — خرجراه *khardj-rah*, dépenses de route; frais de mission. — خرج اتمك *khardj etmek*, dépenser; خرجانمق *khardjanmaq*, dépenser, employer.

خرج et خرجین (variante خورج) 1° *khourdj*, *khourdjîn*, bissac placé sur la selle; sacoche, havre-sac, ordinairement en cuir; il est plus grand que le sac nommé هيبه *heïbè*. — 2° *khiredj*, locution fautive pour كرج *kiredj*, ciment, mortier.

خرجی *khardji*, ordinaire, commun. — خرجی اكمك *khardji ekmek*, pain bis. — خرجی فرونی *khardji furoune*, four banal.

خرچين *khertchen*, hargneux;

grognon; sauvage; — d'humeur acariâtre.

خرخر *kherkher*, onomatopée : aboyement sourd; son étouffé et peu distinct. Comparer avec خار et خرل *kherel*; voir aussi خر.

خرد 1° *khourd* (pers. petit, menu, mince). — خرد و خاش ا *khourd u khach etmek*, mettre en pièces; briser en menus morceaux; anéantir. — 2° *khired*, (pers.) intelligence; sagesse.

خردل *khardal*, (ar.) moutarde, séneve. — آق خ *âq khardal*, moutarde blanche, *sinapis alba*. — خردل فارسى *khardali faressi*, « moutarde persane », *thlaspi* ou vulgairement *taraspic*; en arabe « herbe du sultan » : حشيشه السلطان. — صارى خ *çareu khardal*, « moutarde jaune », moutarde de table. — قره خ *qara khardal*, « moutarde noire », celle qu'on emploie communément en médecine. — خردل يبانى *khardali yabani*, « moutarde sauvage » dite « moutarde des champs », *sinapis arvensis*. — خ لاپەسى *khardal lapasseu*, cataplasme de moutarde, sinapisme. — خ دانەسى *khardal danèsse*, grain de séneve; *au fig.* chose minime, de nulle valeur. — بر خردل بيله آلمدم

bir khardal bilè âlamadum, je n'ai pas même pris un grain de moutarde. — اكا خردل آغرنجه سوز سويلمدم *oña khardal âgherendjè seuz seuïlèmèdum*, je ne lui ai pas dit un mot gros comme un grain de moutarde. — مانجەسنى خردل ايله يېر *mandjasini khardal ilè yer*, « il mange tout à la moutarde », il fait bonne chère. — خردل كبى كنديدن بتدى بيودى *khardal guibi kendiden bitti buyudu*, « il a poussé et grandi de lui-même comme la moutarde », personne ne s'est occupé de son éducation.

خردوات *khourdèvat*, (plur. du pers. خرده) petits articles, menue marchandise; mercerie; commerce de colporteur. — خردواتجى *khourdèvatchi*, 1° mercier, colporteur; marchand de bric-à-brac. — 2° amateur de bibelots, collectionneur. — خرده فروش *khourdè furouch*, colporteur, marchand ambulant, détaillant. — خرده صاتجى *khourdè çatedjeu*, mêmes sens. — خردواتلق *khourdèvatleq*, grenier où l'on serre les vieilles hardes.

خرده *khourdè*, (pers.) objet menu et sans grande valeur; ferraille, etc. — خردەجى *khourdèdji*, marchand de ferraille; quincaillier. — Voir خردوات. — خرده بین *khourdè-bîn*, microscope; au fig. خرده بینلك *khourdè-bînlik*, subtilité, finesse. — خرده لنمك *khourdèlenmek*, réduire en poudre; pétrir.

خرستیان *khristian*, chrétien, synon. de *naçara* et *messihi*. — خرستیانلق *khristianleq*, chrétienté, christianisme.

خرسز 1° *khersez*, voleur, larron; malfaiteur. — قره خرسز *qara khersez*, « voleur noir », brigand qui détrousse les voyageurs pendant la nuit. — آت خرسزی *at khersezeu*, voleur de grand chemin, armé et monté. — دكز خرسزی *deñiz khersezeu*, pirate. — خ یاتاغی *khersez yatagheu*, repaire de voleurs. — خرسزلق *khersezleq*, vol, brigandage; avec *etmek*, voler; piller. — خرسزلامه *khersezlama*, vol; action de dérober. — خرسز انختار استه مز *khersez anakhtar istèmez*, le voleur n'a pas besoin de clé. — خرسز اودن اولورسه بولنمه سی مشکل اولور *khersez èvden oloursa boulounmassè muchkil olour*, quand le voleur est de la maison, le trouver est chose difficile. — خرسز خرسزه یولداشدر *khersez khersezè yoldachter*, les voleurs vont de compagnie. — خرسزه بكلرك بورجی وار *khersezè beïleruñ bordjeu var*, les beys (*derè-beys*, chefs de fiefs) doivent quelque chose aux voleurs. — 2° *khersez*, une des cavités de l'osselet au jeu de ce nom.

خرطوم *khartoum*, (ar. trompe, siphon) tuyau de cuir pour pompe à incendie, etc. — سینك خرطومی *siñek khartoume*, trompe membraneuse de la mouche; suçoir d'insecte.

خرغین *kherguen*, qui murmure, qui râle, et خرغینلق *khergenleq*, murmure, etc.; voir خرلدی et خرلدامق.

خرقه *kherqa*, (ar. morceau d'étoffe, lambeau; vêtement usé) 1° camisole ou espèce de veston, ordinairement en étoffe d'indienne. — 2° c'était autrefois une veste sans manches que portaient les janissaires. — au fig. بر لقمه بر خرقه *bir loqma bir kherqa*, « un morceau de pain, un lambeau d'étoffe », le strict nécessaire. — خرقه یی باشه چكمك *kherqayeu bachè tchekmek*, « tirer sa camisole sur sa tête », s'endormir. — خرقهٔ شریفه *kherqaï cherifè*, on donne ce nom à deux reliques attribuées au Prophète. L'une est la tunique de camelot noir qu'il donna, dit-on, au poète Ka'ab ibn Zoheïr en récompense de ses vers. Elle est conservée au Seraï et exposée à la piété des grands et des fonctionnaires de la cour, le 15 du mois *ramadan*. Elle était confiée à la garde d'un officier de 4ᵉ classe, nommé en raison de ses fonctions : خرقهٔ سعادت سر خدمه‌سی *khęrqaï se'adet ser khademęssę*, chef des gardiens de la sainte robe. — L'autre relique est un manteau en poils de chameau que la légende attribue à Mahomet. Elle appartient à une ancienne famille arabe établie à Constantinople, qui la livre aux hommages du peuple pendant le mois du jeûne. Pour les détails, voir Mour. d'Ohsson, *Tableau général*, t. II, p. 389. — خرقهٔ شریفه اوطاسی *khęrqaï cherife odassęu*, chapelle du palais impérial où sont exposées la robe du prophète, le *sandjaq*, c'est-à-dire sa bannière et quelques autres reliques vénérées; *ibid.*, p. 396.

خرگاه *khęrguiah*, (pers.) tente; pavillon. — *au fig.* cour d'un prince. Cf. چادر *tchadęr*.

خرگله *khęrguèlè*, (pers. troupeau d'ânes, écurie) acception vulgaire : farouche, non apprivoisé, sauvage; synon. du mot آگرك *ęgręk*, employé dans le même sens par les paysans d'Asie Mineure. — *au fig.* basse classe, gens du commun; canaille.

خرکسور *khęrgueur*, dispute, querelle. — دائما خرکسورمز اکسیك اولمزدی *daïma khęrgueurmęz eksik olmazdęu*, nous ne cessions jamais de nous quereller. — Ce mot est ancien et d'un usage peu fréquent. Cf. خرلامق.

خرلامق *khęrlamaq*, faire entendre un grognement sourd; murmurer; grogner; râler. — خرلایان تیز اولور *khęrlayan tęz eulur*, « celui qui râle meurt bientôt », se dit d'une personne aux abois. — خرلاشمق *khęrlachmaq*, se quereller; se dire des injures. Voir le mot suivant.

خرلدامق *khęręldamaq*, gronder; grogner; murmurer. — خرلداشمق *khęręldachmaq*, se quereller; s'apostropher. — خرلدی *khęręldęu*, grognement, ronflement; murmure; on écrit aussi خرلدامق. — خرلدیجی *khęręldedjęu*, querelleur, hargneux (t. or.). — صولك خرلدیسی (خرغین) *çoularuñ khęręldęssęu*, murmure des eaux. — كوپك خرلدیسی *keupek khęręldęssęu*, grognement sourd du chien.

خرما (var. خورما, خورمه, حرمه) et

même قورمه) *khourma*, (pers.) datte. — تازه خ *tazè khourma*, datte fraîche ; قورو خ *qourou khourma*, datte sèche. — خ صالقمى *khourma çalqemeu*, régime de dattes. — صالقم خورماسى *çalqem khourmasseu*, datte à pendre, à conserver. — طغرجق خورماسى *daghardjeq khourmasseu*, datte de besace. — خ طاتلوسى *khourma tatlusse*, pâte sucrée en forme de datte. — طربزون خرماسى *tarabezoun khourmasseu*, datte de Trébizonde. — خرمایى *khourmayi*, « couleur de datte », entre le rouge lie de vin et le rose. Cf. افلاطون. — خرمالق *khourmaleq*, plantation de palmiers. — اوچ خورما ایله بتون کون کچورمك *utch khourma ilè butun gun guetchirmek*, « vivre tout un jour avec trois dattes », être d'une extrême frugalité. — خورما آغاجندن اوزاق دوشمز *khourma âghadjenden ouzaq duchmez*, « la datte ne tombe pas loin de son arbre », on aime son pays natal. Le même proverbe s'applique à la pomme, *âlma*. — خورما آغاجنده بوداق آراماق *khourma âghadjendè boudaq âramaq*, chercher des nœuds dans le palmier, *nodum in scyrpo quærere*, chercher des difficultés où il n'y en a pas.

خرمان (var. خرمن, حرمان) *kharman*, (pers.) moisson ; récoltes ; blés battus et mis en grange. — lieu où l'on serre les grains ; aire. — خرمان آرابه‌سى *kharman ârabasseu*, batteuse, instrument pour battre le blé. — خرمان طولابى *kharman dolabeu*, machine à battre le grain mise en mouvement par des bêtes de somme. — خ کیله‌سى *kharman kilèssi*, mesure à grain valant quatre *eultchek* ou vingt ocques ; voir اولچك. — خ دومك *kharman deuïmek*, battre le grain. — خ صاورمق *kharman çavourmaq*, vanner. — خرمنجى *kharmandje*, vanneur, batteur de grains dans l'aire. — خرمانلامق *kharmanlamaq*, tourner la machine à battre le grain. — توتونى خرمانلامق *tutunu kharmanlamaq*, préparer les feuilles de tabac. — *au fig.* درت اطرافى خرمانلامق *deurt atrafeu kharmanlamaq*, courir de tout côté, se démener. — خرمان صوکى درویشلرکدر *kharman çoñeu dervichleruñ dur*, « la fin de la récolte reste aux pauvres », se dit, au figuré, des profits que font les gens de service ; tours de bâton. — حاى اورر خرمان صاورر *haï vourour kharman çavourour*, « il crie holà ! quand il vanne son blé », il prodigue son bien à tout venant. — قيشين خرمان بكلين يازين دوكر *queuchen kharman bekleïen yazen deuyer*, « celui qui compte sur la récolte d'hiver bat son blé en été », se repaît de vaines espérances.

خرمانده *kharmandè*, valet à la suite des armées et des caravanes; muletier ou cuisinier, etc. — Ce mot paraît être une corruption du persan خربنده *kharbendè*, « ânier ».

خرمن 1° *kharmen*, pour كرمان forteresse (dialecte de Crimée); voir *Dict. géogr.* — 2° pour *kharman*, moisson.

خروات *khervat*, Croate, population slave de la Croatie. — خرواتلق *khervatleq*, Croatie. — On donne le nom de *khervat* aux tailleurs de pierre, parce qu'ils sont en général originaires de ce pays.

خروب *kharoub*, (de l'arabe خرّوبة et خرنوب) caroube ou carouge, fruit du caroubier, nommé en turc كچى بوينوزى *ketchi boïnouzou*, « corne de chèvre », et en persan ترمس *tormos*. — خروب شربتى *kharoub cherbeteu*, rob de carobe, boisson rafraîchissante et laxative. — خروب هندى *kharoubi hindi*, « cassia fistula ». — خروب نبطى *kharoubi nabati*, caroubier épineux ou « caroubier de chèvres ». — خ الخنزير *kharoub ul-khinzir*, « caroube de porc », *anaghyris*. — خروب قبطى *kharoubi qobty*, silique du *sant* ou *mimosa nilotica*.

خروج *khouroudj*, (ar. action de sortir) révolte, rebellion. — صاحب خروج *çahib khouroudj*, rebelle, révolté; chef d'une secte insurgée.

خروس *khoros*, (pers.) 1° coq. — 2° chien de fusil et d'arme à feu en général. — خ آياغى *khoros âyagheu*, vrille, foret. — قپو زنبورکنك خروسى *qapou zamboureïnuñ khorosseu*, pêne de la serrure. — خ ايشى *khoros icheu*, « affaire de coq », futilité, rien qui vaille. — خروسى چوق مجلس *khorosseu tchoq medjlis*, assemblée confuse; pétaudière. — خروس ايبكى *khoros ibiyi*, 1° crête de coq. — 2° amarante, fleur; voir pour les variétés le mot ايبك *ibik*. — خروس عقللو *khoros ’aqelleu*, « intelligent comme un coq », vif, alerte. — خ يومورطاسى *khoros youmourtasseu*, « œuf de coq », petit œuf. — زنكنك خروسى بيله يومورطلار *zenguinuñ khorosseu bilè youmourtlar*, « il n'y a pas jusqu'au coq du riche qui ne ponde », tout réussit au riche. — خروس

اوته‌سی khoros eutmèsse, le chant du coq, le point du jour. — خروس وقتسز اوتمز khoros vaqetsez eutmez, le coq ne chante jamais hors de son temps. — خروس چوق اولان یرده صباح تیز اولور khoros tchoq olan yerdè çabah tez olour, là où il y a beaucoup de coqs, il fait jour de bonne heure. — هر خروس کندی چوپلکنده اشنور her khoros kendu tcheuplyindè echenur, « chaque coq gratte dans son fumier », charbonnier est maître chez lui. — هر خروسده بر ایبك واردر her khorosdè bir ibik vardur, « tout coq a sa crête », chacun a son mérite particulier. — خروسدن یوزینی اورتر khorosden yuzunu eurter, « elle se cache le visage devant le coq », en parlant d'une prude. — خروس بیله دیشیسنی قوصقانور khoros bilè dichissini qoçqaneur, le coq lui-même est jaloux de sa femelle. — خروس اولور کوزی چوپلکته قالور khoros eulur gueuzeu tcheupliktè qalur, le coq meurt et son regard est encore fixé sur le fumier. — خروسلامق khoroslamaq, se gonfler comme un coq, être furieux; se pavaner. On emploie dans le même sens la forme réfléchie خروسلانمق khoroslanmaq. — خروسجق khorosdjeq, espèce de cresson des prés, cardamine.

خروس khẹros, (du pers. خراس kheras) meule de moulin mise en mouvement par des chevaux ou des ânes qui tournent dans l'aire, les yeux bandés. — Le vers suivant, tiré du *Mesnevi* de Djelal ud-dîn Roumi, en précise la signification :

پیش شهر عقل کل این پنج حواس
چون خران چشم بسته در خراس

« Devant la raison suprême nos cinq sens ressemblent aux ânes du moulin, dont les yeux sont bandés. »

خروسپینه khorospinè, (du grec ?) poisson large et plat, d'aspect désagréable et qui frétille beaucoup (Lehdjè).

خروع khirva', (ar.) prononciation vulgaire : kharva', ricin; plante officinale, *ricinus communis*. — خروع یاغی kharva' yagheu, huile de ricin.

خره‌سان khourèçan, oiseau du genre étourneau, nommé en arabe دقیق الخزف, et en persan ساغ.

خریزمه khirizma, 1° guenille, chiffon; morceau de cuir qu'on fait passer comme une sorte de bride dans la gueule de l'ours et des animaux sauvages pour les dompter. — 2° anneau que les femmes kurdes suspendent à leurs narines. — 3° du (grec χρίσμα onguent) pâte dépilatoire dans le genre de la *noura*; ce nom a passé en français sous la forme *rusma*; cf. Devic, *Diction. étymolog.*, p. 198.

خريطة *kharita*, vulg. *kharta*, carte; plan; carte géographique. — خريطة عمومى *khartaï 'oumoumi*, carte générale; خ مخصوصه *khartaï makhçouçè*, carte particulière, locale; خ مسطحه *khartaï mousattaha*, carte plane; خ مجسمه *khartaï moudjessemè*, carte en relief; دنيا خريطهسى *dunya khartasseu*, mappemonde. — خريطه لر موجبنجه انشاآته باشلانمشدر *khartalar moudjibindjè inchaatè bachlanmechter*, on commença les constructions d'après les plans. — *au fig.* خريطه ده بو يوق ايدى *khartada bou yoq edè*, « cela n'était pas sur la carte », c'est une chose imprévue, hors des prévisions.

خريلدامق *khereldamaq* et خريلدشمق *khereldachmaq*; voir خرلامق.

خز et خيز *khez*, force, mot peu usité; voir خزلو *khezlu*.

خزار *khazar* pour *hazar*, scie à madrier; voir حزار.

خزاره *khezarè*, sécrétion bilieuse provenant du bœuf. Les bonnes femmes en Turquie, après l'avoir fait macérer dans l'eau, la font boire aux malades atteints de la jaunisse. On l'emploie aussi en friction.

خزره (var. *hezarè*) *khezarè*, calcul biliaire du bœuf; voir خزاره.

خزلو (var. خيزلو) *khezlu*, fort, énergique; violent (du vieux mot خز «force, rapidité», aujourd'hui inusité). — خزلو يورويش *khezlu yuruyuch*, marche forcée; خزلو اورمه *khezlu vourma*, coup violent. — خزلو سويلهمك *khezlu seuïlèmek*, crier en parlant. — خزلو قوشان آدم *khezlu qochan âdam*, un homme qui court avec impétuosité; impatient dans ses désirs. Voir aussi خيز.

خزنه *khaznè*, vulg. *khaza*, trésor; voir le mot suivant.

خزينه *khazinè*, vulg. *khaznè* et *khaza*, (ar.) trésor; trésor de l'État, bâtiments du trésor public. — réservoir, dépôt. — Le mot *khaznè* désigne surtout la caisse de l'État, c'est-à-dire celle du souverain; on donne plus exactement le nom de وزنه *veznè* aux caisses des ministères et départements administratifs. Le trésor impérial porte les titres de خزينة عامره khaznèï 'amirè; خزينة سلطاني khaznèï soultani (ou padichahi) et خزينة شاهانه khaznèï chahanè; ou bien encore خزينة همايون khaznèï humayoun et خزينة جليله khaznèï djelîlè. — ميري خزينه‌سى miri khaznèssi, trésor de l'État ou طشره خزينه‌سى dicharu khaznèssi, « trésor de l'extérieur », placé autrefois sous la direction du ministre des finances. Il se distinguait du ايچ خزينه itch khaznè, « trésor de l'intérieur », nommé aussi اندرون خزينه‌سى enderoun khaznèssi, et خزينة خاصه khaznèï khassè, « cassette particulière », dont la garde était confiée à un haut fonctionnaire du palais impérial, nommé aujourd'hui خزينه كتخداسى khaznè kyahassè; il a sous ses ordres le خزينه وكيلى khaznè vekili, sous-caissier du séraï; voir خزينه‌دار. — اردو خزينه‌سى ordou khaznèssi, ou خزينه صندوقلرى khaznè çandouqlareu, trésorerie de l'armée. — خزينة اوراق khaznèï evraq, archives de l'État ou اوراق خانه evraq-hanè, litt. « maison des papiers ». — خزينه سركيسى khaznè serguissi, bon du trésor, mandat du trésor; خزينه تحويلى khaznè tahvili, même sens. — Voir aussi بيت المال et ماليه.

— صو خزينه‌سى çou khaznèssè, réservoir d'eau. — Cf. Journal Asiatique, 6ᵉ série, t. III, p. 471.

خزينه‌دار khazînèdar, vulg. khaznadar, trésorier; caissier. Dans les maisons riches, serviteur de confiance chargé de la garde du numéraire, des bijoux et effets précieux. — خزينه‌دار آغا khaznadar âgha, officier du harem placé sous les ordres du qezlar âgha ou grand eunuque noir; c'est le trésorier du harem et du corps des Baltadji. — خزينه‌دار باشى khaznadar bachi, intendant du dépôt extérieur où se conservent, avec les archives des finances, les khal'at ou robes d'honneur, les bourses de satin et de drap d'or destinées à servir d'enveloppe aux fermans, etc. — خزينه‌دار اوستاد khaznadar ousta, sous-intendante du harem, chargée de la comptabilité, de la garde-robe du sultan, etc.; elle est placée sous les ordres de la grande-maîtresse du palais, la kiayah-qadeun. — خاصّه خزينه‌دارى khassè khaznadarè, trésorier de la cassette particulière. — ماليه خ malyè khaznadarè, payeur du trésor. — ترسانه خ tersanè khaznadarè, chef de la comptabilité de l'arsenal.

اوراق خـانه خزینه‌داری — *evraq-hanè khaznadare*, directeur des archives.

خسار *khaçar*, (ar. synonyme de خسارت) dommage, perte; dégât. — خسارات بحریه *khaçarati bahryè*, avaries. — خسارات جسیمه *khaçarati djessimè*, grosses avaries; خ عادیه *khaçarati 'adyè*, avaries simples ou particulières. — خسارات‌دن بری اولمق شرطیله *khaçaratten beri olmaq charte ela*, franc d'avaries. — خسارات بحریه‌دن دولایی استدعا *khaçarati bahryèden dolayi istid'a*, action d'avaries. — Depuis quelques années le néologisme آواریه s'est introduit dans les journaux et même dans le style des bureaux.

خسته *khasta*, (pers.) malade. — avec اولمق *olmaq*, être malade. — مزمن خسته *muzmîn khasta*, atteint d'une maladie chronique. — خسته مزاج *khasta mizadj*, maladif; de tempérament débile. — خسته جگر *khasta djiguer*, phthisique. — خسته‌خانه *khasta-hanè*, hôpital; خسته‌لر آغاسی *khastalar âghasseu*, directeur d'hôpital. — La forme du plur. pers. خستکان *khastaguian*, est usitée dans le style administratif : لاجل التداوی کلان خستکان *li edjl ut-tedavi guelen khas-* *taguian*, les malades en traitement. — خسته‌لق *khastaleq*, maladie, surtout maladie épidémique comme le choléra ou la peste (var. خسته‌لك); on dit dans le même sens : بولاشق خسته‌لق *boulacheq khastaleq*. — خسته‌لق سنه‌سی *khastaleq senèssi*, année d'épidémie. — خسته‌لقلو *khastaleqlu*, maladif, malingre. — خسته‌لانمق *khastalanmaq*, tomber malade. — خسته‌لغه اوغرامق *khastalegha oghramaq*, même sens. — خسته اوینده اولوم آنما *khasta èvindè eulum ânma*, ne parle pas de mort dans la demeure d'un malade. — خسته اولدکدن صکره حکیم آرار *khasta eulduktèn çoñra hekim ârar*, il cherche un médecin après que le malade est mort. — خسته‌یه دوشکمی صورارسین *khastaya duchek-me çorarsîn*, est-ce qu'on demande au malade s'il veut le lit? — خسته اولان شوربا قومز طاسده *khasta olan chorba qomaz tasdè*, le malade ne laisse pas la potion dans la tasse. — خسته صاغالورسه حکیم قرشو کلیر *khasta çaghaloursa hekim qarchou guelir*, si le malade guérit, le médecin se présente. — خسته‌یه چاره کیفسزه پاره *khastaya tcharè keïfsezè parè*, au malade il faut des soins, au maussade de l'argent.

خسوف khouçouf, (ar. synon. de خسف et كسوف) éclipse de lune. — خسوف كلى khoussoufi kulli, éclipse totale; خسوف جزوى khoussoufi djuzvi, éclipse partielle.

خسيس khaçîs, (ar.) vil, méprisable; ignoble. — en vulgaire a surtout le sens de « ladre, avare ». — خسيسلك khaçîslik, avarice. — ميراثجينك خزينه دارى در khaçîs mirasdjinuñ khaznadare dur, l'avare est le trésorier de (son) héritier.

خش khich, onomatopée : bruit léger; bruissement. — جانفسك خش خشى djanfessuñ khich khichi, froufrou du taffetas. Cf. خشلامق.

خشت khecht, (pers.) petite lance, javelot.

خشخاش (var. حشحاش hach'-hach) khachkhach, pavot. — خ تخمى khachkhach tokhme, graine de pavot; خ باشى khachkhach bache, tête de pavot. — خ شروبى khachkhach churoube, sirop de diacode. — ديكنلى خشخاش dikenlu khachkhach, argémone, plante semblable au pavot sauvage; elle est employée en médecine.

خشر khechr pour qechr, écorce; voir قشر.

خشردامق khacherdamaq, bruisser, crépiter; voir خاشردامق.

خشلامق 1° khechlamaq et خشلدامق khecheldamaq, respirer péniblement, faire entendre un sifflement (dans la toux ou l'oppression). — خشلدى khecheldeu, son confus, bruissement. — au fig. oppression, essoufflement. Cf. خش. — 2° pour hachlamaq, échauder, passer à l'eau bouillante; voir حاشلامق.

خشم khechm, (ar.) colère; courroux. — avec etmek, se mettre en colère. On dit dans le même sens خشمه كلك khechmè guelmek et خشلانمق; voir le mot suivant.

خشملانمق khechmlanmaq, se mettre en colère; entrer en fureur; syn. de غضبلانمق ghazeblanmaq.

خشنود (pers. var. خوشنود) khochnoud, satisfait, content. — خشنودلق khochnoudleq, et mieux خشنوديت khochnoudyet, contentement, satisfaction. — خشنود ا khochnoud etmek, satisfaire, rendre content.

خشونت khouchounet, (ar.) rudesse, violence; dureté. — خشونتلو طاغ *khouchounetlu dagh*, montagne escarpée. — خشونتلو طعام *khouchounetlu ta'am*, mets grossiers. — خشونتلانمق *khouchounetlanmaq*, devenir rude, grossier; s'endurcir.

خشه *khacha* et حشه *hacha*, housse; voir غاشيه et خاشه.

خشين *khachîn*, (pour l'ar. خَشِن) épais, grossier. — rude, violent.

خصال et خصائل *kheçal* et *khaçaïl* (ar. pluriels de خَصْلَة et de خصيلة), qualités morales, caractère. — خصال ذميمه *kheçali zemîmè*, qualités blâmables, défauts. — خصائل ذاتيه *khaçaïli zatyè*, qualités naturelles, caractère individuel.

خصم *khaçm*, (ar.) inimitié, hostilité; — avec *etmek*, être ennemi, faire acte d'hostilité; synon. de خصومت *khouçoumet*. — خصمدن صاقن قارنجه ايسه ده *khaçmden çaqen qarindjè issè dè*, tiens-toi en garde contre ton ennemi, fut-ce une fourmi.

خصم *kheçem*, parent; allié par les liens de famille. Les Turcs disent en jouant sur les deux mots: خصم خصم *kheçem khaçm*, « qui dit parent dit ennemi ». — خصملق *kheçemleq*, parenté; famille. — خصم ايله يه آلش ويريش ايتمه *kheçem èla yè âlech verich etmè*, mange avec ton parent, mais ne fais pas d'affaires avec lui.

خصوص *khouçous*, (ar.) sujet spécial; point; affaire; question. — بو خصوصده *bou khouçousdè*, dans cette affaire; sous ce rapport; بو خصوص اوزره *bou khouçous uzrè*, à ce sujet; à cet effet. — خصوصاً *khouçouçan* et على الخصوص *'ale'l-khouçous*, particulièrement; notamment. — خصوصى *khouçouçi*, particulier, spécial. — خصوصى كاتب *khouçouçi kiatib*, secrétaire particulier. — Depuis quelques années, le mot *khouçous* a pris dans l'administration ottomane le sens de « commission, réunion de délégués chargés d'examiner une affaire spéciale ».

خضر *khezer* et خضر الياس *khezer ilyas* que le vulgaire prononce en un seul mot *kedrellez*. C'est le nom que les Turcs donnent à St Georges et à Élie qu'ils considèrent comme patrons des voyageurs. Le 23 avril, fête de St Georges روز خضر *rouzi khezer*, est une des deux grandes dates du calendrier ottoman. C'est le premier jour du printemps, la date fixée pour le départ de la flotte dans l'Archipel, et la sortie des troupes hors des quartiers d'hiver. Ce jour-là, toute la population de Constantinople se transporte dans la prairie de Haïder Pacha. — Cf. avec قاسم qaçem. — *au fig.* خضر يتشمك khezer yetichmek, venir au secours, assister. — خضردن آز بولنور khezerden âz boulounour, « c'est encore plus rare qu'Élie » (proverbe).

خضروات khazrevat, (plur. ar. de خضراء verte) légumes, herbages; verdure. Dans le langage usuel on se sert plus volontiers du pers. prononcé vulgairement zerzevat; voir سبزوات.

خط khatt, (ar.) 1° écriture. — حسن خط husni khatt, calligraphie. — مغرب خطى maghreb khatteu, « écriture africaine », *au fig.* écriture laide et illisible. — Les différents genres d'écriture ottomane sont le *sulus*, le *rika'*, le *rihâni*, le *divâni*, le *ta'liq*, le *nesta'liq*, etc. — دست خط dest-khatt, écriture autographe. — خط همايون khatti humayoun et خط شريف khatti cherif, « écriture impériale », ordre souverain tracé de la main même du sultan. — 2° ligne géométrique ou 12ᵉ partie du doigt; ligne en général (fait au pluriel خطوط khoutout). — خط مستقيم khatti mustaqem, ligne droite. — خط منحنى khatti munhani, ligne courbe. — خط افقى khatti oufouqi, ligne horizontale. — خط متوازى (ou موازى) khatti mutevazi, ligne parallèle. — خط استوا khatti ustuva ou خط اعتدال khatti i'tidal, ligne équinoxiale. — هندسه خطيه hindeçeï khattyè, géométrie linéaire ou élémentaire. — *au fig.* دمير يولى خطى demir yoleu khatti, ligne de chemin de fer. — خطوط تلغرافيه khoutouti telegrafyè, lignes télégraphiques. — خط حركت khatti hareket, ligne de conduite. — سنور خطى seneur khatti, ligne frontière. — محدود بر خط mahdoud bir khatt, une ligne de démarcation.

خطا khata, (ar.) faute, erreur; péché. — خطا بندن عطا سندن khata benden 'ata senden, la faute est venue de moi, de toi viendra le pardon. — خطاسز بر آن يوقدر khatasez bir ân yoqtour, « on n'est jamais sans faute », on se trompe toujours. Cf. قباحت qabahat.

خطاب khetab, (ar.) allocution;

discours. — خطاب وجواب *khetab u djevab*, conversation, échange de paroles. — خطاب رسمی *khetabi resmi*, allocution officielle. — كندينه خطاباً *kendinè khetaben*, en se parlant à soi-même, aparté. — خطابت *khetabet*, harangue.

خطّاط *khattat*, (ar.) calligraphe. — خطاطلق *khattatleq*, calligraphie ; synonyme du pers. خوشنویس *khochnevis*, « qui écrit bien ».

خطا ou خطای *khata*, nom de la Chine septentrionale ; la Tartarie chinoise, ou *Chitay* des anciens voyageurs.

خطبه *khoutbè*, (ar.) prône du vendredi récité par le *khatib*. Dans cette oraison, après avoir loué Dieu, le prophète et sa famille, l'orateur fait des vœux pour la vie et la prospérité du sultan. Cette prière est, avec le droit de battre monnaie (*sikkè*), une des prérogatives de la souveraineté chez les musulmans. On en trouve la formule traduite chez Mour. d'Ohsson, *Tableau de l'Empire ottoman*, t. II, p. 214.

خطر *khatar*, (ar.) danger, péril. — خطرلو *khatarlu* et mieux خطرناك *khatarnak*, dangereux, périlleux.

خطمی *khatmi*, (ar.) guimauve ; althéa ; kitmie ; voir ختمی.

خطوه *khatvè*, (ar.) pas; intervalle entre les deux pieds quand on marche. — خطوه هندسیه *khatvèï hindisyè*, pas géométrique, mesure de trente-deux *ecbe* ou 32 pouces. — خطوه عسكریه ایله یوروشی *khatvèï 'askeryè ilè yuruchu*, marche au pas militaire. — بر خطوه كیرولنمك *bir khatvè guerilenmek*, faire un pas en arrière. — خطوات خفیفه ایله یوریمك *khatvati khafifè ilè yurumek*, marcher d'un pas léger.

خطیب *khatib*, (ar. qui parle, orateur) prédicateur qui prononce le prône du vendredi, nommé *khoutbè* (voir خطبه). C'est ordinairement l'*imam djum'a*, qui est nommé à cette fonction par un *khatti chérif* ou rescrit de la main du sultan. Un des deux aumôniers impériaux خنكار امامی *khounkiar imame*, est habituellement chargé de prononcer le prône en présence du sultan. — On dit proverbialement d'une chose sans grande valeur, d'une démonstration vaine, etc. : خطیب قیلجی كبی كوسترش ایچون در *khatib qeledjeu guibi gueusterich itchun dur*, « c'est comme le sabre du prédicateur, c'est pour la montre », allusion au sabre que le prédicateur tient à la main en récitant le prône, dans les villes dont la conquête a été faite de vive force.

خطیل *khetel*, pièce de bois posée horizontalement et formant le couronnement d'un mur. — طوغله خطیل *toughla khetel*, couronnement de brique remplaçant le bois de charpente, posé d'aplomb sur le mur (*Lehdjè*).

خفّاف *khaffaf*, (ar.) prononc. vulgaire : *qavaf*, marchand de chaussures. Le fabricant de chaussures est nommé *papouchdjou* ; voir پابوشچی.

خفتان *khaftan*, robe ; pelisse ; vêtement d'honneur ; voir قفتان. — خفتانجی *khaftandji* ; voir قفتانجی.

خفقان *khafaqan*, (ar.) prononc. vulgaire : *âfaqan* (آفاقاً) palpitation, battement du cœur ; — effroi, émotion.

خفی *khafi*, (ar.) 1° caché, secret ; célé. — محاکماتی خفی اوله رق اجرا ا *mouhakimatĕ khafi olaraq idjra etmek*, juger à huis-clos. — مذاکرهٔ خفیه *muzakerèï khafyyè*, négociation secrète. — فقرهٔ خفیه *faqarèï khafyyè*, article secret. — مأموریت خفیه *mèmouryeti khafyyè*, mission confidentielle. — جمعیت

خفیه *djemyeti khafyyè*, société secrète. — 2° خفیه *khafyyè*, agent de la police secrète.

خفیف *khafif*, (ar.) léger, aisé ; agile, leste. — خفیف عسکر *khafif 'asker*, troupe armée à la légère. — خ صو *khafif çou*, eau facile à digérer, pure et limpide. — خ آدم *khafif âdam*, homme léger, frivole. — عقلی خفیف *'aqleu khafif*, d'esprit léger, inconstant. — الی خفیف *èle khafif*, qui a la main légère. — آیاغی خفیف او *âyagheu khafif olmaq*, être agile à la course. — خفیفجه *khafifdjè*, légèrement, à la légère. — خفیفلکله *khafifliylè*, avec légèreté, inconsidérément. — خفیفلمك *khafiflèmek* et خفیفلنمك *khafiflenmek*, diminuer, s'alléger. — خسته لغی آز خفیفلندی *khastalĕgheu âz khafiflendi*, sa maladie a un peu diminué. Cf. یڭی et یکنی *yeïni*.

خلاص *khalass*, (ar. délivrance) libération ; exemption. — بر ذمتدن خلاص او *bir zimetten khalass olmaq*, être déchargé d'une obligation.

خلاصه *khoulaçè*, (ar.) résumé ; précis, abrégé. — مضبطه خلاصه سی *mazbata khoulaçèsseu*, résumé de protocole ; procès-verbal abrégé. — خلاصةً

كلام *khoulaçèï kelam* ou simplement *khoulacè* : bref, en résumé ; en un mot.

خلاف *khilaf*, (ar.) 1° opposé, contraire. — خلاف حق *khilafi haqq*, contrairement au droit. — احكام قانونينك خلافنده حركت ا *ahkiami qanounyènuñ khilafindè hareket etmek*, agir contrairement aux dispositions de la loi. — خلافنه دليل كوسترمك *khilafinè delil gueustermek*, fournir une preuve du contraire. — adv. خلافاً *khilafen* et خلافنجه *khilafindjè*, contrairement, en opposition. — 2° vulg. mensonge. — خلاف سوزلر *khilaf seuzler*, paroles mensongères. — خلاف سويلەمك *khilaf seuïlèmek*, mentir.

خلافت *khilafet*, (ar. lieutenance, vicariat) khalifat, dignité de khalife, de successeur du prophète. — حضرت خلافتپناهى *hazreti khilafet-penahi*, titre honorifique du sultan. — En un sens plus technique, *khilafet* signifie la succession de la dignité de *Cheïkh* dans les communautés de derviches.

خلال *khelal*, (ar.) 1° cure-dent, cure-oreille. — *au fig.* chose minime, sans valeur. — بر خلاله دكمز *bir khelalè deïmez*, cela ne vaut pas un cure-dent. — بكا بر خلال بيله ويرمدى *baña bir khelal bilè vermedi*, « il ne m'a pas même donné un cure-dent », un fétu de paille. — خلاللامق *khelallamaq*, se servir du cure-dent. — خلال اوتى *khelal oteu*, plante nommée autrement پيغمبر خلالى *peïghamber khelaleu*, « cure-dent du prophète » et قوزغون اياغى *qouzghoun âyagheu*, « pied de corbeau » ; ce dernier nom se retrouve en arabe رجل الغراب. C'est sans doute le κορωνόπους de Dioscoride, sorte de lotus dont la racine est employée en médecine. Cf. Ibn el-Beïthar, t. II, art. 1031. — 2° intervalle ; interstice. — خلالنده *khelalindè*, dans l'intervalle. — خلاللامق *khelallamaq*, mettre un espace entre deux choses, séparer ; disjoindre.

خلايق *khalaïq*, (plur. ar. de خليقه *khaliqa*, créature) fille esclave, servante. On dit proverbialement des gens parvenus : خلايقدن قادين اولان قورنەيى دلر طاشله كولەدن مؤذن اولان مناره يقار سسله *khalaïqten qadeun olan qournayeu diler tach ilè keulèden muezzin olan minarè yeqar ses ilè*, « la servante devenue maîtresse troue la baignoire avec sa pierre ; le nègre devenu muezzin fait écrouler le minaret avec sa voix ». — خلایقدن قادین اولمز کل آغاجندن اودون khalaïqten qadeun olmaz gul âghadjenden odoun, « on ne fait pas une dame d'une servante, pas plus que du rosier on ne fait du bois ».

خلج (var. خلاج, خلّج) khaladj ou khaldj, nom d'une grande tribu turque disséminée autrefois en Tartarie et dans l'Afghanistân. Une fraction de cette tribu domiciliée à Hamadân est célèbre par sa beauté. De là l'épithète خلجی khaldji qui revient souvent dans les poésies turques avec le sens de « beau, charmant »; چشم خلجی tchechmi khaldji, de beaux yeux, etc.

خلصا (var. خلاصا) ar. khoulaça, se dit des plantes qui, une fois semées, durent plusieurs années et donnent trois ou quatre récoltes par an, comme le trèfle et l'indigotier.

خلط khalt, (ar. mélange) faute, erreur; sottise. — avec etmek, faire ou dire des sottises. — خلط کلام khalte kelam, non-sens, paroles vaines et inutiles. — plur. خلطیات khaltyat, fatras de paroles. — کوپك خلط ایتمکله دکز مردار اولمز keupek khalt etmè-ilè deñiz mourdar olmaz, la mer n'est pas souillée parce qu'un chien la trouble.

خلع khal', (ar.) proclamer la déchéance d'un roi; détrôner.

خلعت khel'at, (ar.) robe d'honneur, pelisse ou qaftan donnés comme récompense ou en signe d'investiture d'emploi. Cf. *État de l'Empire ottoman*, t. VII, p. 199. C'est de khel'at que vient notre mot gala. — خلعت بها khel'at baha, « prix d'une pelisse d'honneur »; on désignait ainsi une certaine somme d'aspres qu'on distribuait aux officiers des janissaires, à l'occasion de l'avènement d'un sultan. — خلعتلمك khel'atlèmek, revêtir d'une pelisse d'honneur et خلعتلنمك khel'atlenmek, être revêtu de cette pelisse; au fig. être en faveur.

خلفا khoulefa, (plur. ar. de خلیفة) 1° khalifes, vicaires, successeurs du prophète. — 2° employés inférieurs; commis d'administration. — maîtres en sous-ordre dans les écoles. — Cf. خلیفه.

خلق khalq, (ar.) créature, gens, peuple; — foule, populace. — خلق ایچنده khalq itchindè, parmi le peuple. — خلق آراسنده khalq ârasendè, dans la foule. — بایاغی خلق bayaghen khalq ou قبا خلق qaba khalq, le bas peuple, la canaille. — خلق ديلى ايل الى *khalq dili él èli*, « la langue des gens, la main d'autrui », propos méchants, médisances, calomnies. — خلق قويون سوريسى كبى *khalq qoyoun surussu guibi*, « la foule est comme un troupeau de moutons », moutons de Panurge. — خلقه كوكل باغليان صكره پشمان اولور *khalqa gueuñul baghlaïan çoñra pichman olour*, celui qui s'attache aux créatures s'en repentira. — خلقى بلايه صوقار كندى اوزاقدن سير ايدر *khalqeu belaïa çoqar kendi ouzaqtan seïr eder*, il fourre les gens dans la peine, puis s'en donne de loin le spectacle. — خُلــق *khoulq*, naturel, disposition innée, caractère.

خلقمق *khalqmaq*, faire des pasquinades, jouer des farces de tréteau (pour la foule, *khalq*). — خلقنمق *khoulqanmaq*, s'accoutumer, prendre la nature, le caractère de ...

خلقه *khalqa*, gâteau fait avec la fine fleur de farine.

خلل *khalel*, (ar. brèche) dommage, préjudice. — خلل ويرمك *khalel vermek*, ou خ كتورمك *khalel guetirmek*, porter atteinte, nuire ; léser. — فلانڭ حقوقنه خلل كتورميەرك *filanuñ houqouqenè khalel guetirmeïerek*, sans préjudice des droits d'un tel.

خلوت *khalvet*, (ar.) 1° retraite, solitude ; pièce retirée d'un appartement. — خلوتخانه *khalvet-hanè*, lieu solitaire, chambre retirée. — حمام خلوتى *hammam khalvetẹ*, cabinet de bain. — اورته لق خلوته دونش *ortaleq khalvetè deunmuch*, il fait chaud ici comme dans un bain. — خلوت اولمق *khalvet olmaq*, se retirer, avoir un entretien secret. — avec *etmek*, faire retirer les gens ; faire le huis-clos. — خلوت اوزره اجراى محاكمات ا *khalvet uzrè idjraïi mouhakemat etmek*, juger à huis-clos. — خلوت مشورتى *khalvet mechveretẹ*, délibération à huis-clos. — خلوت خلوت *khalvet ! khalvet !* cri que font entendre les eunuques du cortège, lorsque le sultan sort de son palais avec les dames du harem pour aller dans un de ses kiosques de plaisance. — 2° retraite et jeûne que s'imposent, pendant douze jours, certaines sectes de derviches, et notamment l'ordre des *khalveti* qui doit son nom et ses statuts à un certain Eumer mort vers la fin du XIVe siècle. C'est la plus austère des communautés religieuses de l'islam.

خلوص *khoulouss* (ar. pureté, sincérité); 1° attachement dévoué. — خلوص چاقق *khoulouss tchaqmaq*, témoigner du dévouement; faire des protestations d'amitié. — عرض خلوصه كلمك *'arze khoulouçè guelmek*, venir présenter ses hommages. — 2° par antinomie, *khoulouss etmek* signifie dans le langage familier : agir avec duplicité, flatter, flagorner ; de là خلوصكارلق *khoulouss-kiarleq*, tromperie, dissimulation.

خليا *khoulya*, bile, fiel; voir خوليا.

خليج *khalidj*, (ar.) détroit, canal. — خليج قسطنطينيه *khalidji qostantinyè*, le Bosphore. — خليج سويش *khalidji sueïch*, le canal de Suez. Cf. بوغاز *boghaz*.

خليجه *khaledjè*, petit tapis; voir حالى et خالى.

خليفه *khalifè*, (ar. vicaire, lieutenant) 1° khalife, successeur de Mahomet, réunissant les pouvoirs spirituel et temporel. — 2° *(khalfa)* commis; employé; subalterne. — باش خليفه *bach khalifè*, premier commis dans une administration publique; on dit dans le même sens سر خليفه *ser-khalifè*. — Cf. خلفا *khoulefa*.

خليق 1° *khalaïq*, servante, bonne; orthogr. fautive pour *khalaïq*; voir خلايق. — 2° ar. *khaleq*, apte, digne, convenable.

خمبره *khoumbara*, prononciation usuelle : *qoumbara*, 1° bombe; engin de guerre lancé par l'obusier, le mortier et à la main. — ال خمبره سى *èl khoumbarasse*, grenade. — خمبره جى *qoumbaradji*, bombardier. Le fameux comte de BONNEVAL commandait le corps des bombardiers avec le titre de *qoumbaradji bachi*. — 2° tirelire en terre ayant la forme d'une bombe, où les enfants mettent leur argent.

خمخم *khemkhem*, onomat. nasillard, qui parle du nez et d'un ton traînant; avec *etmek*, nasiller, parler du nez. — خمخملامق *khemkhemlamaq*, même sens. — خمخمه برونسز برى *khemkhem ilè bourounsez* برندن اوغورسز *biri birinden oughoursez*, « nasillard et camus plus funestes l'un que l'autre », tous deux se valent.

خمسى *khamsi*. Ce nom est donné

à différentes variétés de poissons du genre Clupe, notamment à la sardine et à l'anchois, plutôt à ce dernier. — On trouve ce nom dans le proverbe suivant dont le sens est qu'il ne faut pas mépriser les êtres les plus humbles : خمسى بالغى نيچون قربان اولمز جانده وار قانده *khamsi balegheu nitchun qourban olmaz djanẹdè var qanẹdè*, « pourquoi l'anchois n'est-il pas à plaindre, n'a-t-il pas lui aussi de la vie et du sang » ?

خمسين *khamsîn*, (ar.) vent chaud et malsain, ainsi nommé parce qu'il est réputé régner pendant cinquante jours. En Égypte et en Chaldée, il sévit le plus souvent pendant les mois de mai et de juin. A Constantinople, en février et mars, et coincide avec la recrudescence du froid. Cf. سموم et يل.

خمور (var. خمر ; de l'ar. خمر « faire lever la pâte en y mettant du levain ») *khamour*, levain; pâte, pâte pétrie. — خمور اكك *khamour ekmek*, pain en pâte, avant la cuisson. — خمور ايشى *khamour icheu*, pâtisserie, gâteau. — *au fig.* difficultés, embarras, comme l'expression familière « pétrin ». — خمور تختهسى *khamour tahtassẹ*, planche à pétrir; خ تكنهسى *khamour teknèssi*, pétrin. — خ كوزلمه *khamour guẹzlemè*, sorte de pâté à la viande et au fromage. — كاغذ خمورى *kiaat khamourẹ*, « affleurie », pâte de chiffons destinée à la fabrication du papier. — خمورسز *khamoursẹz*, sans levain, azyme; d'où le nom *khamoursẹz baïramẹ*, fête des azymes. — كليسا خمورسزى *kilissè khamoursẹzeu*, pain à chanter, hostie. — خمور كبى *khamour guibi*, comme de la pâte; *au fig.* mou, paresseux. — خموره دونمش *khamourè deunmẹch*, « tourné en pâte », *au fig.* moulu, roué de coups. — هر يرلرم خمور كبى اولدى *her yerlerum khamour guibi oldeu*, tous mes membres sont brisés de fatigue. — خمور ايتمك *khamour etmek*, pétrir; avec آچمق, faire lever la pâte; avec olmaq, s'amollir, s'assouplir; *au fig.* être souple et doux. — خمور ايشنه قارشدرمق *khamour ichinè qarẹchtermaq*, se mêler des affaires d'autrui, faire l'important. — خمورجى *khamourdjeu*, pâtissier ou boulanger; voir ايلك بوركجى *beurektchi*. — خمورده مى *èliñ khamourdè mẹ*, « as-tu la main dans la pâte? » se dit à celui qui est en retard. — اكشى خمور كبى قابنه صيغمز *èkchi khamour guibi qabẹnè çeghmaz*,

« comme la pâte aigre, il ne tient pas dans son moule », allusion à un caractère vif et emporté. — اونسز اوك خوريني آلوردى *ounsez èvuñ khamoureneu âleurdeu*, il tirerait de la pâte d'une maison où il n'y a pas de farine. — ايو بوغداى خموريدر *èyu boghdaï khamoureder*, « c'est de la pâte de bon froment », c'est une bonne pâte d'homme. — خور ايكن يير *khamour iken yer*, « il mange (son pain) en pâte », se dit d'une personne pressée et impatiente. — خور ايشنه قارشمز پشمش آشه قارشور *khamour ichinè qarechmaz pichmich âchè qarecheur*, il ne s'occupe pas de pétrir la pâte, mais de la manger quand elle est cuite. Cf. فطير.

خموردانمق *khamourdanmaq*, mugir, grogner; voir خوموردانمق.

خمورلامق *khomourlamaq*, pétrir; mettre en pâte; préparer une pâtée; voir خور.

خميازه *khamyazè*, (pers.) bâillement. — au *fig.* ennui, désagrément; responsabilité. — خميازه سنى چكمك *khamyazèsini tchekmek*, bâiller; s'ennuyer; avoir des ennuis, des difficultés. Cf. اسنك *èsnek*.

خمير *khamer, khamour*, pâte pétrie; levain; voir خور.

خنّاس *khannas*, (ar. qui fuit sans faire de bruit, qui s'esquive) épithète donnée au démon; elle est usitée même dans le langage vulgaire comme synonyme de *cheïtan*.

خنّاق *khounnaq*, (ar.) vulg. *hounaq*, inflammation de la gorge; angine; esquinancie.

خنج *khendj*, onomatopée : خنجه خنج *khendjè-khendj*, rempli jusqu'au bord, comblé.

خنجر *khandjer*, (ar.) poignard ou coutelas de forme recourbée qui s'attache à la ceinture. Le قامه *qama* est le poignard à lame droite; voir aussi شيش *chich*. — خنجرلى *khandjerli*, armé d'un poignard. — يوكرك خنجر *yugruk khandjer*, poignard acéré. — خ اورمق *khandjer vourmaq*, poignarder. — خنجره دوشمك *khandjerè duchmek*, se donner un coup de poignard. — خنجر اوجنده در *khandjer oudjendè dur*, « il est sur la pointe du poignard », il court de grands dangers. — خنجردن قان داملر *khandjerinden qan damlar*, « le sang dégoutte de son poignard », c'est un coupe-jarret.

خندریلی *khondrili*, (du grec χονδρίλη) chondrille, espèce de chicorée sauvage dont le nom turc est آق هندبا *âq hindiba*, « chicorée blanche »; c'est l'arabe يعضيد.

خندق *khandaq*, prononc. fautive *hendeq* et *qandyè* (mot emprunté par les Arabes au pehlevi *kantak*), fossé, retranchement autour d'une place-forte, d'un village. — یول خندق *yol khandaqeu*, fossé au bord de la route. — دوه یه خندق آتلاتمق *devèyè khandaq âtlatmaq*, « faire sauter le fossé au chameau », entreprendre une chose impossible ou très difficile. — Voir *Diction. géographique*.

خنطه *khenta*, blé rouge, épeautre; orthographe fautive pour حنطه.

خنکار et خونکار *khounkiar*, *hunkiar*, abréviation du pers. خداوندکار (voir ce mot): roi, souverain. Ce titre a été porté, pour la première fois, par Sultan Mourad Ier et s'est transmis après lui à tous les souverains de la famille d'Osman. Il est absurde de le traduire par « buveur de sang », comme on le fait encore dans certains ouvrages sur la foi de voyageurs ignorants. — خنکار امامی *khounkiar imame*, aumônier du sultan, choisi parmi les magistrats de première classe. — خنکارك آتی بکا باقدی *khounkiaruñ âteu baña baqteu*, « le cheval du sultan m'a regardé », dicton à l'adresse d'un homme qui se vante. — Les pauvres gens emploient l'expression خنکارم *khounkiarem* dans le sens de *efendim*, « monsieur, maître », etc. — Cf. *Journal Asiatique*, 2e série, t. XV, p. 276 et 572.

خواجکان *khodjaguian*, pl. pers. de خواجه. On désignait sous ce nom la seconde classe des fonctionnaires, celle des principaux employés civils. Dans l'ancienne administration, ils étaient au nombre de 52 employés répartis entre quatre sections. Cf. *État de l'Empire ottoman*, t. VII, p. 191. On donne encore ce nom aujourd'hui aux principaux chefs des différents départements ministériels. Voir le mot suivant.

خواجه *khodja*, (pers. maître, notable) professeur, précepteur. — مکتب خواجه‌سی *mekteb khodjasse*, maître d'école. — عربی و فارسی خواجه‌سی *'arebi u farissi khodjasse*, professeur d'arabe et de persan; حساب وهندسه خ hiçab u hendeçè khodjassę, professeur de calcul et de géométrie. — خواجه آدم khodja âdam, grand savant, érudit. — عقل خواجهسی 'aql khodjassę, pédant, ignorant; on emploie dans le même sens رقم خواجهسی raqam khodjassę, « professeur de chiffres ». — خنكار خواجهسی khounkiar khodjassę, précepteur du sultan. Le célèbre historien Saad ud-dîn est connu sous le titre de khodja parce qu'il fut précepteur de Moustafa III. — خواجهلق khodjalęq, professorat, qualité de professeur. La forme persane خواجهكی khadjègui, prononc. vulg. hodjeyi, est réservée à certaines fonctions, par exemple aux notables commerçants: بدستان خواجكیسی bedesten khadjèguissi, prévôt des marchands et principal locataire du bezesten. — خواجه حق تكری حق khodja haqqeu tañrę haqqeu, ce qui est dû au maître, est dû à Dieu. — خواجه نصر الدین كبی khodja Nasr ud-dîn guibi, (bouffon, amusant) comme Nasr ud-dîn; c'est le héros d'anecdotes burlesques qui ont été maintes fois publiées et traduites. — Cf. aussi خواجكان khodjaguian.

خوارده khovarda, vagabond, vaurien, va-nu-pieds; — débauché, paillard. — خواردهلق ا khovardalęq etmek, faire la débauche; faire ses fredaines. Cf. چاپقین.

خوال (var. قوال) khaval, forme de soulier; cf. قالب.

خوب khoub, (pers.) beau, joli. — خوبلك khoublik, beauté. — خوب صدالی khoub çedalu, qui a une belle voix; sonore. — plur. pers. خوبان les beaux, les belles.

خوپلامق khoplamaq, sauter, tressauter, s'agiter. — یورك خوپلامق yurek khoplamaq, avoir des battements de cœur, être effrayé.

خوپیا (var. هوپیا et خوپیا) khopia, prononcé vulg. hoppa, étourdi, turbulent. — niais, dadais. — خوپیالا khopiala, danse d'enfant; cf. خوپلامق. — au fig. خوپیالا پاشا khopiala pacha, étourdi, ahuri.

خوتوز khotoz, parure; beauté; voir خوطوز.

خوجكی khodjęgui, hodjeyi, maîtrise; qualité de notable commerçant; voir خواجه.

خود khod, (pers.) soi-même; même. — خود بخود khod bé-khod, de soi-même; spontanément; d'une façon arbitraire. — خود پسند khod-peçend, présomptueux, vaniteux; خودبین khod-bîn, même sens; égoïste, personnel; خودبینلك khod-bînlik, égoïsme, présomption, vanité.

خودان khodan, bourrache, plante de la famille des Borraginées (ar. لسان الثور « langue de bœuf »), employée en médecine comme sudorifique et diurétique.

خودك khoudek, petit d'une bête de somme; voir قودوق qoudouq.

خور khor, (du pers. خوار khar) vil, méprisable; infâme. — خورلق khorleq, mépris; infamie. — خور طوتمق khor toutmaq, mépriser, 1° dédaigner. — 2° avoir une mise négligée, être débraillé. — خور باقمق khor baqmaq, mépriser, honnir. — خوره كلور khorè guelir, stable, solide; résistant. — مناسترّه خور باقما كيرخور كبي ار ياتار menastirè khor baqma kirkhor guibi èr yatar, « ne méprise pas le monastère : il y a là un homme comme Grégoire »; ce dicton répond au nôtre : « ne juge pas sur l'étiquette du sac »; voir خورلامق.

خورا khora, (et خوره) pour خوراز du grec χορός : 1° danse. — خورا دپمك khora tepmek, danser. — خورا هواسى khora havassè, air de danse. — هپسينى خورا كچورر hepsini khora guetchurur, « il les fait tous entrer en danse », il les mène à sa guise. — 2° chorée, danse de Saint-Guy; contraction maladive des muscles. — 3° pour خاوره khavra, synagogue : يهودى خوراسى yehoudi khavrassè. — Cf. خوره kheurè.

خوراته (var. خراطه, خراته) khorata, du grec χωρατα, plaisanteries, jeux; badinages. — خوراته جى khoratadjè, badin, plaisant; persifleur. — لطيفه و خوراته بطرف letîfè u khorata betaraf, « raillerie et badinage à part », sans plaisanter. — ال خوراته سى رذيللرك اويونى èl khoratassè rezillerüñ oyounou, jeu de mains, jeu de vilains.

خوراز khoraz, du grec χορός, danse; voir خورا khora.

خورتلاق khourtlaq, vampires, ogres; on écrit aussi خرتلاق.

خورتلامق khortlamaq, rugir sourdement comme les bêtes féroces. — râler dans les tortures du tombeau, se dit des réprouvés qui, d'après la croyance populaire des musulmans, subissent l'interrogatoire des *deux anges noirs*. Voir aussi خورلامــق et خورلدامق.

خورج *khourdj* ou *khourdjîn*, sac de voyage; voir خرج.

خورخور *khorkhor*, onomatopée : bruit produit par un liquide qui coule à flot; — ronflement; voir خورلامق.

خورس *khoros*, coq; voir خروس et خوروس.

خورلامـق *khorlamaq*, mépriser, dédaigner (comme خور کورمك *khor gueurmek* ou *baqmaq*). — اوکر هر آلان خورلر هر چاتان ایور هر *her çatan euyer her âlan khorlar*, « tout vendeur vante la marchandise, tout acheteur la dénigre ». Cf. خور.

خورلامق *khorlamaq* et خورلدامق *khoreldamaq*, ronfler en dormant; au contraire : مشیل اویومق *michil ouyoumaq*, signifie « respirer légèrement dans le sommeil ». — Cf. خرلامق.

خورلدامـق *khoreldamaq*, faire entendre un bruit sourd comme celui de l'eau qui passe dans un conduit. — ronfler; murmurer; voir aussi خارلامق et خورلامق et خرلامق.

خورما et خورمه *khourma*, datte; voir خرما.

خوروس (var. خوروز) *khoros*, coq; voir خروس. — *au fig.* خروس اوغلی *khoros oghleu*, « fils de coq », furieux, forcené, fou.

خوره *kheurè*, (du pers. خوردن manger) gangrène, chancre. On se sert plus ordinairement du mot arabe آکله *âkilè* qui a le même sens.

خوریات *khoriat*, (var. خورياد) paysan, rustre, grossier; voir خوبرات.

خوش *khoch*, (pers.) beau, bon, agréable; — drôle, bizarre. — خوش کلدك صفا کلدك *khoch guelduñ çafa gueldun̄*, « soyez le bienvenu », formule de politesse, à laquelle on répond : خوش بولدق صفا بولدق *khoch bouldouq, çafa bouldouq*, « nous avons trouvé un bon accueil ». — خوشحال *khoch-hal*, heureux; bien portant. — خوش او olmaq خوش اولمق, se bien porter. — خوش کچنمك *khoch quetchenmek*, vivre bien, confortablement; avec کچمك *quetchmek*, plaire, contenter; être agréable. — خوش کورمك *khoch gueurmek*, approuver; permettre. — پك خوشمه کلیسور *pek khochema guelior*, cela m'est très agréable. — يوركى خوش طوتمق *yureye khoch toutmaq*, consoler, réconforter. — خوشجه *khochdja*, bien, convenablement. — خوشجه قالك *khochdja qaluñ*, « restez bien portant », formule d'adieu. — خوش امدلك *khoch amèdlik*, « bienvenue »; *au fig.* faux compliment, démonstration hypocrite. — خوش ايمدى *khoch imdi*, bien donc! c'est bien! terme de menace. — آه نه خوش آدم *âh nè khoch âdam!* quel homme singulier, quel original! — خوشلق *khochleq*, bonté d'une chose, bon état; contentement, santé. — كوكل خوشلغى مالدن ايودر *gueuñul khochlegheu malden eyidir*, contentement passe richesse. — خوشلقله *khochleq-ela*, doucement, sans violence; de plein gré. — خوشلاشمق *khochlachmaq*, s'entendre, vivre en bonne intelligence. — خوشلانمق *khochlanmaq*, se plaire, trouver agréable.

خوشاب *khochab*, prononcé *khochaf* (du pers. *khoch-âb*, eau douce), boisson sucrée, espèce de compote composée de différents fruits cuits au sucre et très étendus de sirop. On y ajoute souvent de l'essence de rose, ou de l'eau de fleur d'oranger. Cette boisson se prend ordinairement à la fin du repas et on la sert dans un grand bol de porcelaine où chacun puise à son tour. — On dit en proverbe : خوشابك ياغى كسلدى *khochafuñ yagheu kessildi*, « il n'y a plus de jus de khochaf », quand on fait allusion à un événement inquiétant et dont on craint l'issue.

خوشمريم *khoch-merîm*, (pers.) bouillie faite avec du fromage frais et peu salé.

خوشنود *khochnoud*, satisfait; voir خشنود.

خوطوز *khotoz*. (Ce mot d'origine turque présente de nombreuses variantes : قوتاق *qotaq*, قوتاس *qotas*, قوتاز *qotaz*, etc.) Primitivement c'était la queue d'un buffle qui vit entre la Chine et l'Inde; on la suspendait en guise d'ornement au cou des chevaux, ou comme enseigne, à la hampe des drapeaux. — En osmanli : parure, ornement, coiffure et beauté en général. — 2° huppe, aigrette d'oiseau. On écrit aussi خوتوز *khotoz* et حوتوز *hotoz*.

خوف *khavf*, (ar.) peur, crainte; péril. — صلاة الخوف *çalat ul-khavf*,

« prière du danger », prescrite aux musulmans avant de combattre. Voir les rites et formules de cette prière, *Tableau de l'Emp. ottom.*, t. II, p. 253.

خولان *khavlan*, (ar.; la prononciation régulière est *khoulan*) Lycium; خولان عصارەسى *khavlan 'açarèsse, succus lycii.* — عود الخولان *'oud ul-khavlan,* pyxacanthe.

خولتا et خولطه *kholta,* hameçon, forme rare pour اولته ; voir ce mot.

خولنجان *khavlindjan,* myrte sauvage, *galanga*; voir اكبر *eñir.*

خوليا *khoulya,* (grec χολή) bile, fiel. On écrit de même ماليخوليا. — *malikhoulya,* μελαγχολία, mélancolie, atrabile; marasme; voir سودا *sevda.*

خومرداغق (var. خورداغق) *khomerdanmaq,* mugir comme un chameau en rut; *au fig.* grogner, être de mauvaise humeur. — كندى كندينه خومر ديور *kendi kendinè khomerdaïor,* il rumine en lui-même; il grogne par devers lui.

خونكار *khounkiar,* souverain, seigneur; voir خنكار.

خونى *khouni,* (pers.) (خوهن) instrument pour verser les liquides, entonnoir. — *au fig.* خونى بويونلو *khouni boyounlou,* « qui a un cou d'entonnoir », long et mince d'encolure.

خوى *khouï,* (pers.) caractère, nature; habitude. — ايو خوى *èyi khouï,* bon caractère. — خويسز *khouïsez,* mauvais, méchant; acariâtre; d'où le verbe خويسزلانمق *khouïsezlanmaq,* être méchant; se rebiffer. — Les Turcs prennent souvent le mot *khouï* dans un sens péjoratif. Ainsi خوى قزانمق *khouï qazanmaq* signifie « devenir méchant, avoir un mauvais caractère »; خويلانمق *khouïlanmaq* s'emploie dans le même sens; il signifie aussi « s'irriter, se mettre en colère ». — يواش خويلو *yavach khouïlu,* docile, qui a l'humeur facile et douce. — خويلو خويندن واز كچمز *khouïlu khouïnden vaz guetchmez,* un mauvais naturel ne renonce jamais à sa méchante humeur. — خوى جانك آلتنده در جان چیقمینجه خوى چیقمز *khouï djanuñ âltendè dur djan tcheqmaïendjè khouï tcheqmaz,* l'habitude est logée sous l'âme et ne s'en va qu'avec celle-ci.

خویرات (var. خویراد) *khoïrat,* au lieu de خوریات *khoriat,* grec χωριάτης : rustre, grossier, manant. —

خوراتلق *khoïratleq*, rusticité, grossièreté, impolitesse. On trouve quelquefois dans le même sens خوراطه *khorata* qui est la transcription fautive du grec χωριατιὰ, grossièreté.

خيار *khiyar*, (ar.) option, choix, faculté de faire; synonyme de اختيار *ikhtyar*. — حقّ خيار *haqqe khiyar*, droit d'option. — خيار شرطله *khiyar charte ela*, à la condition d'opter, facultativement. — خيار شرط *khiyari chart*, caractère facultatif d'une condition. — شرط خيار ايله مشروط اولان بيع *charte khiyar ilè mechrout olan beï*, vente facultative.

خيار *kheyar*, (pers.) concombre. — اوروس خيارى *ourous kheyare*, « concombre russe »; c'est le concombre sauvage nommé aussi آجور خيارى *âdjour kheyare*. — ايت خيارى *it kheyare*, « concombre de chien », coloquinte. — خيار ترشيسى *kheyar turchusu*, concombres confits au vinaigre, cornichons. — خيار شنبه *kheyar chembè*, corrupt. du pers. خيار چنبر *khyar-tchember*, casse, fruit du cassier, *cassia fistula* ou canéficier, de la famille des légumineuses. — طوپاچ خيارى *topatch kheyare*, concombre. — *au fig.* خيارجق *kheyardjeq*, bubon, abcès. — خيارى يشيل قاونى صارى يه‌ملو *kheyare yechil qavoune çareu yemelu*, « il faut manger le concombre quand il est vert et le melon quand il est jaune », chaque chose en son temps. — چيلى خيار كبى تازه *tchili kheyar guibi tazè*, frais comme un concombre humide de rosée. — بويچاق دميرى خياركبى كسر *bou betchaq demiri kheyar guibi keçer*, ce couteau coupe le fer comme un concombre. — خيار آقچه‌سيله آلنان مركبك اولومى صودن اولور *kheyar âqtchèsiüle âlenan merkebuñ eulumu çouden olour*, « l'âne acheté avec l'argent du concombre meurt par l'eau », c.-à-d. : ce qui vient de la flûte s'en retourne au tambour.

خيازل *khayazel* (et *hayazel*) pour *khayali-zell*, ombres chinoises; voir حيازل et le mot suivant.

خيال *khayal*, (ar.) 1° imagination; vision; fantôme. — plur. خيالات *khayalat*, chimères, imaginations folles. — خيال ميال *khayal myal*, fantastique, chimérique. — 2° خيال ظلّ *khayali-zell*, prononcé vulg. *hayazel*, ombres chinoises, fantasmagorie. Chez les Turcs ce spectale dont *Qaragueuz* et *Aïvaz-âgha* sont les héros, est un amalgame de scènes burlesques et obscènes qui ont toujours un grand succès populaire. — خيال اوينامق *khayal oïnatmaq*, faire danser les ombres chinoises. — خيال فنار *khayal fener*, lanterne magique. — خياللانمق *khayallanmaq*, s'imaginer, se figurer.

خيانت *kheyanet*, (ar.) perfidie, trahison; méchanceté. — pris comme adjectif : خيانت بر آدم *kheyanet bir âdam*, synon. de خيانتلو *kheyanetlu*, perfide, traître; persécuteur. — خيانتلك *kheyanetlik*, trahison, perfidie. Cf. خاين.

خير *khaïr*, (ar.) 1° particule de dénégation plus polie que يوق *yoq*, non. — 2° *nom* et *adj.* (ar.) bien, bonne action; bonheur. — bon, heureux. — خير كورمك *khaïr guermek*, tirer profit; jouir d'une chose. — اهل خير *èhli khaïr*, gens de bien. — عمل خير *'ameli khaïr*, bonne œuvre, bienfaisance; خيرات *khaïrat*, mêmes significations. — خير اوله *khaïr ola*, qu'est-ce? qu'y a-t-il? litt. : « que ce soit chose heureuse »! — خيرلو *khaïrlu*, bon, salutaire, utile. — خيرسز *khaïrsez*, méchant, nuisible. — Proverbes : خير سويله كلسون باشكه *khaïr seuïlè*

khaïr guelsun bacheñè, « parle honnêtement afin que le bonheur arrive sur ta tête ». — خيرسز آدمدن طاش اولى *khaïrsez âdamden tach evla*, « une pierre vaut mieux qu'un méchant homme ». — خيرلو بابانك خيرسز اولادى *khaïrlu babanuñ khaïrsez evlade*, « à bon père méchant fils ». — خيرسز قواق آغاجى كبى كولكه ويرمز *khaïrsez qavaq âghadje guibi guelguè vermez*, « le méchant est comme le peuplier : il ne donne pas d'ombre ».

خيرچين *khertchen*, hargneux, sauvage; voir خرچين.

خيرسز 1° *khersez*, voleur, malfaiteur; voir خرسز. — 2° *khaïrsez*, méchant, nuisible; voir خير.

خيرلاشمق *khaïrlachmaq*, se mettre d'accord dans une affaire; conclure un marché; litt. : « se dire réciproquement oui »; cf. خير.

خيرلو *khaïrlu*, *kherlu*, bon, utile; voir خير.

خيره *khirè*, (pers.) sombre, obscur. — خيره لك *khirèlik*, obscurité; *au fig.* aveuglement d'esprit; préjugé; opiniâtreté. — خيره لنمك *khirèlenmek*, s'obscurcir; se troubler; être aveuglé par les passions.

خیریه *khaïryè*, nom d'une monnaie d'or.

خیز *khez*, force, violence, impétuosité (peu usité). — خیزلی et خیزلو *khezlu*, voir خزلو. — بریفك خیزینی آلمق *birinuñ khezeneu âlmaq*, modérer l'impatience, calmer; apaiser. — كندی خیزینی آلهمامق *kendu khezeneu âlamamaq*, ne pouvoir pas se modérer; être impatient.

خیلاز *khaïlaz*, paresseux; voir حیلاز et خایلاز.

خیلی *khaïli*, (pers.) beaucoup, nombreux. — خیلیجه *khaïlidjè*, même sens. — خیلی وقتدن برو *khaïli vaqetten beru*, depuis longtemps. Cf. چوق.

خیمه *khaïmè*, (ar.) tente, ordinairement en toile et arrondie à la partie supérieure. — خیمۀ همایون *khaïmèi humayoun*, la tente impériale. Cf. چادر.

د

د *dal*, huitième lettre de l'alphabet ottoman; valeur numérique 4. Cette lettre n'existe pas, à proprement parler, dans les dialectes orientaux où elle est ordinairement remplacée par ت *t*; par exemple دال *tal*, « branche », osmanli *dal*; توشك *tuchek*, « tapis », osm. *duchek*, etc. Dans quelques mots étrangers, le *dal* initial se prononce comme *t*, tels sont دانه *danè*, « grain », osm. *tanè*; دفنه *dafnè*, « laurier », osm. *tafnè*, etc. — abréviation de ذو الحجه *zou'l-hiddjè*, douzième mois de l'année musulmane.

داخل *dakhil*, (ar.) qui entre; intérieur; dedans. — كرید ولایتی داخلنده *kirid vilayeti dakhilindè*, dans l'intérieur du gouvernement de Crète. — داخلاً *dakhilèn*, intérieurement, en dedans. — داخله نظارتی *dakhilyè nazarete*, ministère de l'intérieur; داخله ناظری *dakhilyè naziri*, ministre de l'intérieur. — امور داخلیه *oumouri dakhilyè*, affaires intérieures, locales. — ادارۀ داخلیه *idarèi dakhilyè*, administration intérieure. — تجارت داخله *tidjareti dakhilyè*, commerce intérieur. — آسایش داخلی *âsaïchi dakhili*, paix intérieure.

— Dans la carrière de la magistrature et de l'enseignement du droit, le neuvième degré est nommé حركت داخل *hareketi dakhil*, et le dixième ابتداء داخل *ibtidaï dakhil*.

داد *dad*, (pers.) 1° action de donner; don, cadeau. — داد و ستد *dad u sited*, « l'offre et la demande », synonyme de تجارت *tidjaret*. — بر گكيش مجراى داد و ستد *bir gueŭnich midjraï dad u sited*, un large courant commercial. — 2° justice, plainte. — دادمى سزدن استرم *dademe sizden isterim*, je vous demande justice. — *interj.* امان داد فرياد *aman dad feriad*, au secours, à l'aide, à moi !

داد *dad*, goût, saveur; voir طات et طاد. — de même pour les dérivés دادمق, goûter, etc.; voir à la lettre ط.

داده (var. دادا et دادى) *dadè*, nourrice, bonne et gouvernante d'enfant (prise toujours parmi les filles de service qui n'ont pas les faveurs du maître); cf. avec دايه طايه *dayè*. — En t. or. *dadè* signifie grand père et chef d'une communauté de derviches.

دار *dar* et دار آغاجى *dar âghadjeu*, (pers.) 1° potence, gibet (var. طار). —

داره چكمك *darè tchekmek*, « tirer à la potence », pendre. — داره چيقرمق *darè tcheqarmaq*, conduire au gibet, mener pendre. — دارى دكلمشدر *dare dikilmichtur*, « sa potence est plantée », c'est un coquin, un gibier de potence. — داردن اندردم *darden éndurdum*, « je l'ai descendu du gibet », je l'ai tiré d'un mauvais pas. — آصلهجق دارينى بيله كوزل استر *âçeladjaq dareneu bilè guzel ister*, « même le malheureux qu'on va pendre, souhaite que sa potence soit belle ». — آماده دار قورتلدى *âmadè dar qourtouldou*, « il a échappé à la potence toute dressée », il l'a échappé belle. — دار آغاجى زينتى *dar âghadjeu zineti*, « parure de gibet », gibier de potence. — 2° pers. arbre. Ce mot entre dans la composition du nom de certaines plantes : دار صينى *dar-çini* et plus usuel : دارچين *tartchîn*, cinnamome, cannelle; voir دار فلفل *dar felfel*, poivre long. — دار شيشعان *dar chicha'an*, aspalathe; genêt épineux. — داربوى *darboui*, aloès.

دار *dar*, étroit, serré; voir طار. — دارالمق *duralamaq*, se resserrer; voir طارالمق.

دار *dar*, (ar.) demeure, séjour; maison. — دار الاسلام *dar ul-islam*, tous les pays musulmans, l'ensemble des contrées soumises aux lois de l'islamisme et gouvernées par un chef musulman. — دار الحرب *dar ul-harb*, tous les pays soumis aux lois et à la puissance des infidèles. — دار الجهاد *dar ul-djihad*, « pays de la guerre sainte », territoire placé sous l'autorité des infidèles et habité par eux. — دار الذمه *dar uz-zimmè*, pays de tributaires dont la population est soumise aux infidèles. — دار الموادعه *dar ul-muvadè'a*, territoire habité par des infidèles qui ont conclu des traités avec les musulmans. — دار البقا *dar ul-baqa*, séjour de l'éternité, l'autre monde. — دار السلطنه *dar us-saltanè*, résidence du souverain, capitale, titre donné à Constantinople. — دار النصر *dar un-naçr*, « séjour de la victoire », surnom d'Andrinople. — دار الشفا *dar uch-chifa* (ou *dari-chifa*), hôpital et surtout hôpital de fous. — دار الشفقه *dar uch-chafqa*, « maison de la pitié », grand orphelinat à Constantinople. — دار الفنون *dar ul-funoun*, université; nom d'un grand collège à Teheran. — دار المعلمين *dar ul-mou'allimîn*, école normale supérieure fournissant le personnel enseignant aux différentes écoles publiques; دار المعلمات *dar ul-mou'allimat*, école normale pour les filles. — دار السعادت *dar us-se'adet*, « séjour de la félicité », le palais impérial, l'enderoun; voilà pourquoi le chef des eunuques noirs porte le titre de *dar us-se'adet âghasseu*. — دار شوراى عسكرى *dari chouraï 'askeri*, conseil militaire; conseil de guerre. — الدارين *ed-dareïn*, « les deux séjours », la vie d'ici bas et la vie future.

داربيز *darbiz*, état d'humidité du sillon par suite d'irrigation ou de pluie, après que la semence est sortie de terre. — داربيزلو تارلا *darbizlu tarla*, champ ainsi arrosé et humide.

دارچين *dartchîn*, cannelle; voir طارچين et تارچين.

دارطغان *dardaghan* ou دارمه طغان *darmadaghan*, dissipé, dispersé; disséminé. — Ce mot est peu usité; voir طاغتمق *daghetmaq*.

دارغين *darghen*, fâché; irrité; voir طارغين.

دارلامق *darlamaq*, rétrécir; voir طارلامق.

دارلمق *darelmaq*, être fâché ; pour ce mot et ses dérivés, voir طارلمق.

دارمه داغین *darma daghen*, dispersé ; voir ci-dessus, s. v. *dardaghan*.

دارو 1° *daru*, millet, plante ; voir داری. — 2° *darou*, (pers.) médicament, drogue.

داری (var. دارو) *daru*, millet. — قره داری *qara daru*, « millet noir », nommé aussi آرناود داریسی *ârnaout darussu*, blé noir, sarrazin. — صاری د *çareu daru*, « millet jaune », sorgho, en arabe جاورس *djavers*. — آق اینجو د *âq indjou daru*, « millet blanc, millet à perle » *dourra*. — قزل د *qezel daru*, « millet rouge », variété de *dourra*, dont on fait du pain ; ar. طهف *tohaf*. — داری خموری *daru khamourou*, gâteau de farine de millet. — *au fig.* دبنه داری اكمك *dipinè daru ekmek*, « semer du millet au fond », scruter, examiner avec soin, approfondir. — Le t. or. a pour le millet la forme تاریق ou تاریغ qu'on peut rapprocher de *taremaq*, « semer ».

داش (t. or. تاش) *dach* et *tach*, particule qui s'ajoute à la fin des mots pour marquer l'association ; par ex. : ارقداش *ârqadach* (et ارقهداش) camarade ; آیاقداش *âyaqtach*, compagnon de marche ; كوكلداش *gueuñuldach*, ami intime, etc.

داغ *dagh*, (pers.) brûlure, marque par le fer rougi au feu ; cautérisation ; داغلق *daghleq*, même sens. — داغی درون *daghi deroun*, grande tristesse, chagrin brûlant. — جكری داغلو *djiyeri daghlu*, « cœur brûlé », 1° triste, abandonné. — 2° surnom des fleurs dont le pistil est noir. — داغلامق *daghlamaq*, 1° marquer au fer rouge, cautériser ; on dit *par abrév.* دالامق *dalamaq* dans le même sens. — 2° brûler comme l'ortie ou la piqûre d'un animal venimeux, etc. — داغلانمق *daghlanmaq* et داغلانلمق *daghlanelmaq*, être brûlé, cautérisé.

داغ *dagh*, montagne ; cette forme est aussi fréquemment employée aujourd'hui que طاغ ; voir ce mot.

داغتمق *daghetmaq*, disperser ; pour ce verbe et ses composés, voir à la lettre ط.

داغداغان *daghdaghân*, arbre de la famille des Portulacées ; variété du tamarisc.

دال (t. or. نال) *dal*, branche, rameau; jeune branche, comme *boudaq*; voir بوداق. — دالجغز *daldjeghaz*, petite branche. — داللو *dallu*, branchu, couvert de rameaux. — داللو بوداقلو *dallu boudaqlu*, touffu, branchu, surnom des Mollusques. — دال بوداق صالمق *dal boudaq çalmaq*, « pousser branches et rejetons »; *au fig.* s'étendre, acquérir de la puissance. — بر دالده طورمز *bir daldè dourmaz*, « qui ne reste pas sur la branche », impatient, inconstant; agile comme un singe. On dit d'un homme versatile et changeant : بر ساعته بیك بر داله قونار *bir sa'attè biñ bir dalè qonar*, en une heure, il perche sur mille et une branches. — دال اوزرنده قوشدر *dal uzerindè qouchter*, il est comme l'oiseau sur la branche. — داللانمق *dallanmaq*, pousser des branches, devenir touffu; *au fig.* être enchevêtré, compliqué (comme des branches d'arbre). — داللاندرمق *dallandermaq*, rendre difficile; enchevêtrer; — faire de longs discours. — دالقاوق *dalqaouq*, parasite; دال طبان *dal taban*, grand marcheur, etc.; voir طال.

دال *dal*, particule corroborative.

— دال دوز *dal-duz*, tout simple, tout uni; cf. طال.

دال (t. or. دالو) 1° *dal* et دالی *dalè*, épaule, omoplate; dos (peu usité). — داله بنمك *dalè binmek*, monter sur le dos; *au fig.* imposer une charge trop lourde; contraindre. — دالندن كلك *dalenden guelmek*, marcher sur les traces, suivre la piste. Cf. آرقه *ârqa*. — 2° *dal*, impérat. du verbe دالمق *dalmaq*, plonger; voir طالمق.

دالاق (var. دلاق) *dalaq*, rate; voir طالاق.

دالامق *dalamaq*, (vulg. pour داغلامق *daghlamaq*) marquer au fer rouge, cautériser; voir داغ.

دالدرمه *dalderma*, branche courbée en terre pour prendre racine.

دالغه *dalgha*, vague, flot; voir طالغه.

دالغین *dalghen*, triste, affligé; voir طالغین.

دالقلیج *dal-qeledj*, « plonge-sabre », surnom qu'on donnait à des compagnies d'élite qui, en temps de guerre, étaient employées aux opérations les plus périlleuses. Cf. طالمق.

دالْمَق dalmaq, plonger; voir طالمق.

داليان (var. طاليان) dalian, sorte de cahute en bois disposée sur l'eau pour prendre le poisson. — grec mod. ταλιάνι, vivier, piscine.

داليه et دالیا dalia, parfait, complet (du grec τέλεια); voir طاليه.

دام dam, 1° toit, terrasse; voir طام. — 2° (pers.) piège, filet.

داماسقو damasqo, (de l'ital. damasco) se dit de toute étoffe de soie ou de laine damassée. On donne aussi ce nom aux lames damasquinées, c'est-à-dire à celles dont la surface est ornée de dessins moirés.

دامغه damgha, marque, estampille; voir طامغه.

داملە damla, goutte de liquide; — apoplexie; voir طامله. — داملەمق ou داملامق; voir طاملەمق.

دامــن damen, (pers.) pan de la robe, bord d'un vêtement. — دامنبوس damen-bous, (vulg. damenbouch) « qui baise le pan », cérémonie qui consistait à baiser le bord de la tunique du grand-vézir, à l'occasion de la réception d'un ambassadeur ou d'une distribution de solde aux janissaires. Cf. Djevad Bey, p. 132.

دامه dama, dames, jeu de dames. — دامه تختەسی dama tahtassę, damier; دامه طاشی dama tacheu, pion du jeu de dames. — دامه دیمك dama démek ou دامەیە وارمق damaïa varmaq; aller à dame; au fig. finir, terminer; — dama! c'est fini, c'est tout. Cf. طاوله tavla et منغله manghala.

دانا dana, 1° veau; voir طانا. — 2° (pers.) sage, savant. — دانالق danaleq, sagesse, science.

داندینی dandini, mot sans signification dont on se sert dans le sens de « faire sauter et amuser les enfants ». — au fig. داندینی بیك dandini bebek, grand dadais; niais, imbécile.

دانش danich, (pers.) science, savoir. — اهل دانش èhli danich, savant, lettré (cf. danichmend). — L'académie des sciences et des lettres, sous le titre de انجمن دانش endjumeni danich et de انجمن فنون endjumeni funoun, a été fondée à Constantinople par Sultan Abd ul-Medjid en 1267 (1851). Voir une notice sur cette institution, Journ. Asiatique, août 1852, p. 251.

دانشمق *danechmaq*, consulter; voir طانشمق.

دانشمند *danichmend*, (pers.) savant, lettré. On donne ce nom aux plus avancés parmi les *softa* ou étudiants qui se destinent à la carrière de l'*oulema*. Les *danichmend* sont souvent employés comme assesseurs et subalternes dans les tribunaux.

دانه 1° *danè*, prononcé *tanè*, (pers.) grain, graine; pièce; tête de bétail; poids. — اوزوم دانه‌سی *uzum tanèsse*, grain de raisin; نار دانه‌سی *nar tanèsse*, grain de grenade; درّ دانه‌سی *durr tanèsse*, grain de perle. — توفنك دانه‌سی *tufenk tanèsse*, balle de fusil; طوپ دانه‌سی *top tanèsse*, boulet de canon. — دانه یاغدرمق *tanè yaghdermaq*, faire pleuvoir les balles et la mitraille. — میوه دانه‌سی *meïvè tanèsse*, pepin. — دانه دانه *tanè-tanè*, grain à grain, un à un; *au fig.* دانه دانه سویله‌مك *tanè tanè seuïlèmek*, parler distinctement, avec netteté, en scandant chaque mot. — دانه دانه پلاو *tanè tanè pilaf*, pilau cuit à point et dont les grains se détachent. On dit du riz de belle qualité et bien émondé : اینجو دانه‌سنه بکزر *indjou tanèssenè beñzer*, il ressemble à des grains de perle. — دانه‌جك *tanèdjik*, petit grain; *au fig.* unique, précieux. — دانه‌جك بر قیز *tanèdjik bir queuz*, une fille unique et chérie; آناسنك بر دانه‌سی *ânassinuñ bir tanèsse*, fils unique; enfant gâté. — آرپه دانه‌سی *ârpa tanèsse*, grain d'orge (pour *danek*); il faut 4 grains pour un *qyrat* et 16 *qyrat* pour un *dirhem*. (Sur le *danek* et le *dang* دانك; voir Belin, *Hist. économ. de la Turquie*, p. 40, et ci-dessous, s. v. دنك.) — شاهدانه *chahdanè*, le gros grain du chapelet. — دانه كبی اوكونه *tanè guibi euyunmè*, broyé, moulu comme grain. On dit d'un avare : خردل دانه‌سنی بیله میدانه براقمز *khardal tanèssenè bilè meïdanè braqmaz*, « il ne laisserait pas perdre même un grain de sénevé ». — روزكار اولمه‌یجه دانه صماندن آیرلمز *rouzguiar olmaïendjè tanè çamandan aïrelmaz*, « tant qu'il n'y a pas de vent, le grain ne se sépare pas de la paille », c'est-à-dire il faut user de rigueur, employer les grands moyens. — دانه‌لمك *tanèlèmek*, égrainer, mettre en grain, partager un fruit. — دانه‌لنمك *tanèlenmek*, être riche en grain (se dit de l'épi). — 2° *dana*, veau; voir طانا.

داو *dav*, 1° pour *tav* ou *tab*; voir

2° animal sauvage assez semblable au zèbre ou à l'onagre, qui vit dans les déserts de l'Afrique centrale.

داود *davoud, daoud*, nom propre : David. — داود پاشا *Daoud Pacha*; داود سلطان *Daoud Sultan*. — دمیرجیلرك پیری حضرت داود در *demirdjileruñ piri hazreti daoud der*, le saint (prophète) David est le patron des forgerons.

داورانمق *davranmaq*, se conduire, agir, etc.; voir طاورانمق.

داول *davoul*, tambour; voir طاول.

داه *dah!* interj., cri pour exciter la marche d'une bête de somme. — *au fig.* داه ایتمك *dah etmek*, chasser, repousser avec mépris. — En persan ده *dih* est une exclamation de surprise.

داى *daï*, (var. دایی, طایی) 1° oncle maternel. — 2° terme d'amitié ou de respect; comme dans le dicton : کوپروی کچمینجه قدر آیویه داى دیهلیدر *keupruyé guetchmeïndjè qadar âyouyè daï demèlidir*, jusqu'à ce qu'on ait passé le pont, il faut dire à l'ours « mon oncle ». — 3° titre du pacha qui gouvernait la régence d'Alger; telle est l'origine du mot francisé *Dey*. Cf. *Journ. Asiatique*, 1862, p. 85.

دائر *daïr*, (ar.) adv. concernant, relativement à… — بو مادهیه دائر *bou maddèyè daïr*, relativement à cette affaire.

دایره *daïrè*, (ar.) 1° cercle; circonscription; appartement; — département administratif. — مفروش‌خانه‌ده بر دایره *mefrouch-hanèdè bir daïrè*, appartement de maison meublée. — دایره خلقی *daïrè khalqeu*, les gens de la maison, le personnel. — دایرهٔ افقی *daïrèi oufouqi*, le cercle formé par l'horizon. — تربیع دایره *terbi'i daïrè*, quadrature du cercle. — بر محکمه‌نك دایرهٔ حکمی *bir mèhkèmèneuñ daïrèi hukmu*, circonscription territoriale d'un tribunal. — دایرهٔ بلدیه *daïrèi beledyè*, arrondissement municipal, municipalité, mairie; — دایرهٔ بلدیه رئیسی *daïrèi beledyè reïssi*, maire, chef de municipalité. — خارجیه دایره‌سی *kharidjyè daïressè*, département des affaires étrangères; حقوق دایره‌سی *houquoq daïressè*, département de la justice. — دایره رئیسی *daïrè reïssi*, chef de division dans un ministère. — جزا دایره‌سی *djeza daïressè*, section pénale de la cour de cassation; جنحه دایره‌سی *djinha daïressè*, section correctionnelle et جنایت

دايره‌سى *djinayet daïressè*, section criminelle de la même cour. — *plur.* دواير *devaïr*. — دواير رسميه *devaïri resmyè*, cercles officiels. — 2° *daïrè*, tambour de basque plus grand que le دف ; voir ce mot.

دائم *daïm*, (ar.) continuel, durable; permanent. — دائما *daïma*, continuellement; toujours; on dit dans le même sens et plus élégamment : دائم الاوقات *daïm ul-evqat*. — دائملك *daïmlik*, durée, permanence; perpétuité.

دائن *daïn*, créancier, prêteur, opposé à مديون *medioun*, débiteur. — دائنلرك بورجلودن ايو فكرى وار در *daïnleruñ bordjluden èyi fikri var der*, les créanciers ont toujours bonne opinion de leur débiteur.

دب (var. دوب) *dep*, particule d'intensité. — دب ديرى *dep diri*, tout vif, etc.; voir دوب.

دبّاغ *debbagh*, (ar.) tanneur, corroyeur; ce mot se prononce vulgairement *tabaq*. — دباغلر *tabaqlar*, la corporation des tanneurs. — دباغ خانه *debbagh-hanè*, vulg. *tabaq-hanè*, tannerie. — دباغلانمق *tabaqlanmaq*, tanner les peaux. — *au fig.* purifier, nettoyer; on dit dans le même sens : دباغت ا *dibaghat (tabaqat) etmek*. — دباغ بكندكى درى‌يى يره يره چارپار *tabaq beyendiyè deriyè yerden yerè tcharpar*, « le tanneur frappe de ci de là, par terre, les peaux qui lui plaisent », *qui bene amat bene castigat*. — دباغه قيل يوك *tabagha quel yuñ guetirmek*, « apporter du poil et de la laine au tanneur », porter de l'eau à la rivière. — قيل يوك قيمتنى دباغ بيلور *quel yuñ qemèteneu tabaq bilur*, « le tanneur connaît le prix du poil et de la laine », chacun est juge dans son affaire. — Voir aussi طباق et طاباق.

دبّه 1° *dèbè*, (pers.) ustensile en forme de grande cafetière pour l'huile, le miel, le beurre, etc. — 2° دبّه *dèbbè*, (pers.) hernie. — دبّه لك *dèbbèlik*, même sens.

دپره‌مك (var. دپرمك, تپره‌مك) *teprèmek*, mettre en mouvement, agiter, secouer fortement. — دپرشمك *teprechmek*, s'agiter, se démener. — دپرتمك *tepretmek*, faire remuer, agiter; on emploie dans le même sens دپرشدرمك *teprechtirmek*. — دپرنمك *teprenmek*, s'agiter, marcher avec impétuosité, s'élancer tête baissée (sur le champ de bataille). — یر دپرنه‌سی *yer teprenmèsse*, tremblement de terre.

دپسی *tepsi*, assiette, plateau; voir تپسی.

دپمك (var. تپمك) *tepmek*, ruer, regimber; rebiffer. — revenir (en parlant d'une maladie, d'une blessure qui se rouvre). — دپمیان اشكك اولـومی *tepmeïen ècheyuñ eulumu siñek èlinden olour*, « l'âne qui ne regimbe pas meurt par les mouches ». — دپشمك *tepichmek*, ruer ensemble, se battre. — دپنمك *tepenmek*, se ruer, s'agiter; ترتر دپنمك *terter tepenmek*, se démener en tout sens. — دپندرمك *tependurmek*, mettre en colère, irriter.

دپمه *tepmè*, ruade; rebiffade; — rechute d'un malade. — دپنمه *tepenmè*, action de s'agiter; trépigner de colère; voir دپمك.

دپوزیتو *depozito*, (ital.) néologisme au lieu de l'ar. تودیع *tevdi'*. — dépôt, cautionnement; consignation d'argent ou d'objets précieux.

دپه (var. تپه moins usitée; t. or. توپه et تپیسی) *tèpè*, sommet, colline, éminence; باش دپه‌سی *bach tèpèssi*, sommet de la tête, sinciput ou vertex. — aigrette, parure, coiffure placée sur la tête. — دپه كیكی *tèpè kemiyè*, os frontal. — دپه‌دن طرناغه *tèpèden ternagha*, de la tête aux pieds, d'un bout à l'autre; دپه‌دن طرناغه آدم در *tèpèden ternagha âdam dur*, « il est homme de la tête aux pieds », se dit d'un adulte qui arrive à sa majorité. — دپه آتـدی غضبنـدن *tèpè átteu ghazèbinden*, les tempes lui battent de colère; on dit dans le même sens: قان دپه‌یه صچرایور *qan tèpèyè çetchrayor*, « le sang monte à la tête ». — دپه كوز *tèpè gueuz*, strabisme supérieur. — دپه‌جك *tèpèdjik*, petite colline. — دره‌سز دپه اولمز *dèrèsiz tèpè olmaz*, il n'y a pas de colline sans vallon. — دره‌یی دپه‌یی طولاشمـق *dèrèyè tèpèyè dolachmaq*, « errer par monts et par vaux », mener une vie vagabonde. — دپه‌لك *tèpèlik*, signe distinctif, ornement attaché au sommet du *fez*. — دپه‌له‌مك (var. تپه‌لك) *tèpèlèmek*, assommer, tuer; anéantir; دپه‌لتمك *tèpèlètmek*, faire tuer; faire abattre. Cf. تپه.

دپه‌دلن (var. تپه‌دلن) *tèpèdèlen*, forteresse située au sommet (*tèpè*) d'une colline. Voir *Dict. géographique*.

دپهلَمْه (var. تپه‌لمه, دپه‌مه) *tèpèlè-mè*, 1° tas, monceau arrondi par le sommet. — 2° plein jusqu'au sommet; comble; voir دپه.

دترك *titrek*, (comme دترين *titre-yen*) 1° tremblant, effrayé; agité. — الى دترك پیر فرتوت *èli titrek piri fertout*, un vieillard dont la main tremble. — 2° bouquet de diamants monté sur des fils d'archal très minces et toujours en mouvement. — 3° nom d'une plante qui croît dans les régions montagneuses. Cf. دتره‌مك.

دتره‌مك (var. تتره‌مك) *titrèmek*, trembler (de peur, de maladie); tressaillir; être effrayé. — پالوزه كبی دتره‌مك *palouzè guibi titrèmek*, être tremblotant comme de la gelée. — یر كوك دتریور *yer gueuk titreyor*, « la terre et le ciel tremblent », effroi général. — فلانك اوزرینه دتره‌مك *filanuñ uzerinè titrèmek*, « trembler pour quelqu'un », être plein de sollicitude ou de pitié. — دترشمك *titrèchmek*, trembler, avoir peur. — دترتمك *titrètmek*, faire trembler, effrayer. — دتره‌ـه (var. دتَرَمه) *titrèmè*, et تتره‌یش *titrèïch*, tremblement, fièvre, etc. Cf. تتره‌مك.

دتمك *ditmek*, mettre en pièces, dépecer; voir دیتمك.

دخان *doukkhan*, (ar.) tabac à fumer, synon. de توتون *tutun*. — دخان ناظری *doukkhan naziri*, intendant de la douane des tabacs nommé autrefois *doukkhan èmîni*.

دخمه 1° *dekhmè*, pièce d'artifice; fusée de mine; etc. *(Lehdjè.)* — 2° *doukhmè*, (pers.) tombe, tombeau.

دخی 1° *dakhi*, (t. or. داقی) aussi, de même; encore. Cette conjonction est souvent explétive et sert à marquer les différents sujets d'une phrase, comme ایسه *issè*. — 2° orthogr. ancienne pour *daha*, encore; voir دها.

دده *dèdè*, grand-père, aïeul. — ددنك باباسی *dèdènuñ babassè*, bisaïeul. — *Dèdè* est le surnom donné aux cheïkhs des communautés de derviches; pluriel ددكان et mieux *dèdèguian*. — قرنفل دده *qaranfel dèdè*, « grand-père œillet », surnom d'un derviche mort en odeur de sainteté et dont le tombeau est l'objet d'une grande vénération, à Brousse. — Proverbe : ددسی قوروق یمش طورویْنك دیشی قاشمش *dèdèssè qourouq ye-*

mich tourounuñ dichi qamachmech, « le grand-père a mangé du verjus et le petit-fils en a les dents agacées ».

در 1° *ter*, sueur; voir تر *ter*. — 2° *dèr*, 3ᵉ personne de l'aoriste de دمك *dèmek*, dire; voir ce mot. — 3° *dur*, (*dir, dour*, selon le son tonique) il est; voir اولمق *olmaq* et ایمك *imek*. — 4° درّ *durr*, (ar.) perle. — 5° *prép. pers.* dans, dedans. — در حال *der hal*, aussitôt. — در كنار *der-kenar*, formule d'enregistrement sur les requêtes judiciaires.

در *der*, (pers.) porte; — cour d'un souverain. — در سعادت *deri se'adet*, « porte de félicité » et در علیه *deri 'alyè*, « sublime porte », surnoms de Constantinople; cf. آستانه *âçitanè*. Voir d'Ohsson, *État de l'Empire ottoman*, t. VII, p. 2; voir aussi قپو *qapou*. — دربدر *der-be-der*, (pers.) « qui va de porte en porte », vagabond; mendiant. — دربدر بر حالده او *der-be-der bir haldè olmaq*, avoir une tenue misérable, vivre comme un mendiant.

دراغمان *draghman*, (de l'italien *dragomanno*) prononc. vulgaire : *draman*, drogman, interprète; voir ترجمان *terdjuman* et *Dict. géographique*.

دراقی et دراكی *douraki*, (de l'ar. درّاق *dourraq*, abrégé de درّاقن *dourraqen*) pêche à peau lisse; espèce de brugnon, nommée aussi اولكرسز شفتالو *ulgersez cheftalu*, « pêche sans duvet ».

درای (var. درا) *daraï*, étoffe de soie, espèce de taffetas.

درایت *dirayet*, science et entente des affaires. — درایتلو ومتمدن بر مأمور *dirayetlu u mutemeddin bir mèmour*, un fonctionnaire au courant des affaires et éclairé.

دربند (pers.) 1° *derbend*, prononcé vulgairement *devrent*, passage étroit dans la montagne, défilé; passe. — isthme, détroit. — quelquefois : halte, relai. — دربند آغاسی *derbend âghasseu*, chef des postes militaires chargé de surveiller les défilés. Voir *Dict. géographique*. — 2° *der-bend*, (pers.) « dans les liens », prisonnier; enchaîné.

درپی *terpu*, râpe, lime; voir تورپو.

درت (var. دورت; t. or. تورت) *deurt*, quatre. — دردنجی *deurdundju*, quatrième. — دردر *deurder*, par quatre, en carré; دردوزلو *deurduzlu*, en

quatre, quadruplé. — درت كوشه لى
deurt keuchèlu, carré, à quatre angles
droits. — درت آیاق اولەرق *deurt âyaq
olaraq*, au galop. — درت آیاقلو *deurt
âyaqlu*, quadrupède, bête de somme.
— درت يول آغزى *deurt yol âghęzeu*,
carrefour. — Le nombre *quatre* se
prend dans le sens de *tout* : درت ال
ایله یاپشمق *deurt èl ilè yapęchmaq*, s'attacher fortement, serrer de toutes ses
forces. — درت كوزله باقق *deurt
gueuz ilè baqmaq*, regarder avec une
grande attention, ou avec avidité. —
درت یاننه باقنمق *deurt yaninè baqenmaq*, « regarder des quatre côtés »,
être stupéfait, ne savoir où aller ni que
faire. — درت طرفدن *deurt taraftan*,
de tout côté. — درت باشى معمور بر آدم
deurt bache ma'mour bir âdam, un
homme très à son aise, pouvant faire
tout ce qui lui plaît. — درت یانى دكز
آلدى *deurt yanęneu dęniz âldeu*, « la
mer le serre de tout côté », il est dans
une situation critique. — درت دیوان
deurt divan; voir *Dict. géographique*.
— درتلمك *deurtlemek*, galoper; درتله
كتمك *deurtlemè guitmek*, aller au galop.

درتمك *deurtmek*, pousser, exciter;
voir دورتمك.

درجه *deredjè*, (ar.) degré. —
درجهٔ تهمت *deredjèï teuhmet*, degré de
culpabilité. — درجهٔ اولى محكمه سى
deredjèï oula mehkèmèsi, tribunal de
première instance. — درجهٔ نهایەدە
deredjèï nihayèdè, extrêmement, au
plus haut degré.

درد *derd*, (pers.) chagrin, souffrance; — préoccupation, souci. —
بو عالمده هر كسك دردى وار *bou 'alem-
dè her kessuñ derdę var*, chacun a ses
soucis en ce monde. — باشنده بر درد
توتر *bachęndè bir derd tuter*, il a martel en tête; il est préoccupé. — دردینى
صاقلیان درمان بولەمز *derdęneu çaq-
laïan derman boulamaz*, qui cache sa
peine n'en trouve pas le remède. —
درد آغلادر عشق سویلەدر *derd âghla-
deur 'achq seuïlèdur*, le chagrin fait
pleurer; l'amour fait parler. — دردلو
derdlu, triste; peiné; souffrant, malade. — دردلنمك *derdlenmek*, se faire
du chagrin; être malade. — دردلشمك
derdlechmek, se conter mutuellement
son chagrin; se consoler entre soi. —
2° درد *durd*, (pers.) lie, sédiment; dépôt d'une boisson.

دردر *derder*, (pour دیر دیر du
verbe دیمك *dire*) bavardage, caqueta-

بو دردرلرڭ جمله‌سی بوشدر ges. — *bou derderleruñ djumlèssi bochtour*, tous ces bavardages sont inutiles. — دردرلانمق *derderlanmaq*, bavarder.

در دست *der dest*, (pers.) en main, en préparation. — در دست تسویه اولان بر دعوا *der desti tesvyè olan bir da'va*, une affaire litigieuse en instance. — در دست محكمه *der desti mehkèmè*, sub judice. — تحری و در دست ایدلمك *teharri u der dest idilmek*, être poursuivi et arrêté.

درس *ders*, (ar.) leçon, devoir; — enseignement, cours. — درسڭزی اوقودڭزمی *dersęnęzęu oqoudeñez meu*, avez-vous appris votre leçon? — درس آلمق *ders álmaq*, prendre une leçon, suivre un cours, une classe; avec *vermek*, donner une leçon, enseigner, professer. — درس اوقوتمق *ders oqoutmaq*, enseigner; *au fig.* tromper, séduire. — درس ترتیباتی *ders tertibate*, programme de cours. — درسخانه *dershanè*, lieu où l'on enseigne; collège, medressè. — درس عام خواجه‌لری *dersi 'amm khodjalarę*, professeurs de cours publics; *muderris* chargés d'enseigner le droit, les traditions, la littérature, etc. dans les mosquées.

درسك *dirsek*, coude; voir ديرسك.

درك *direk*, colonne, pilier; voir ديرك.

درلو *durlu*, plus usité: *turlu*, (t. or. تورلوك) genre, sorte; manière. — هر درلو *her turlu*, de chaque sorte, de tout genre. — درلو درلو *turlu turlu*, de différente sorte, de toute espèce. — بر درلو *bir turlu*, nullement, en aucune façon. — ات درلوسی *èt turlusu*, plat de viande; سبزه درلوسی *sebzè turlusu*, plat de légumes. — ایکی درلو یمك *iki turlu yemek*, deux plats, deux mets. — نه درلو *nè turlu*, de quelle sorte? combien? — درلوسنه راست كلمك *turlusinè rast guelmek*, éprouver toutes sortes de malheurs. Cf. دڭ *deñ* et دكلو *deñlu*.

درله‌مك 1° *terlèmek*, suer, transpirer; voir ترله‌مك. — 2° *dirlèmek*, rassembler; voir ديرمك.

درمان *derman*, (pers.) remède; ressource. — درمانسز *dermansęz*, sans remède; languissant. — درمانسزلغه دوشمك *dermansęzlęgha duchmek*, tomber en syncope.

درمك *dirmek*, rassembler, réunir;

voir دیرمك. — درنك *dirnek*, réunion; voir دیرنك.

درویش *dervich*, (pers.) derviche, moine mendiant chez les musulmans. — *au fig.* pauvre, misérable. — بر درویش آبا پوش *bir dervichi âba-pouch*, un derviche revêtu de son capuchon. — اوستاسز درویش قپوسز او *oustasęz dervich qapousęz ev*, religieux sans supérieur est comme maison sans porte. — درویش تكه‌ده حاجی مكه‌ده *dervich tekkèdè hadji mekkèdè*, « le derviche au couvent, le pèlerin à la Mecque », chacun chez soi.

دره *dèrè*, (pers. *dèrrè*) vallée; vallon entre deux montagnes. — torrent qui coule au fond d'une vallée, grossi par les pluies d'hiver (صو *çou* est le simple ruisseau). — بورغاچ دره *bourghatch dèrè*, vallée tortueuse, sinuosité dans les montagnes; آقـار دره *âqar dèrè*, petit cours d'eau au fond d'un vallon. — جهنّم دره‌سی *djehennem dèrèssi*, « vallée de l'enfer », torrent impétueux qui tombe de rochers escarpés. — دره تپه *dèrè tèpè*, chemins difficiles dans les montagnes; cf. آنكبه‌لك. — دره‌دن تپه‌دن قونوشمـق *dèrèden tèpèden qonouchmaq*, 1° causer de toutes sortes

de choses. — 2° tenir des propos décousus, faire des coq-à-l'âne; on dit à peu près dans le même sens : یوقاریدن آشاغیدن سویله‌مك *yoqarudan âchaghędan seuïlèmek*, « parler de haut en bas ». — بیك دره‌دن صو كترمك *bîñ dèrèden çou guetirmek*, « apporter de l'eau de mille torrents », chercher toutes sortes de prétextes; donner de mauvaises raisons. — طـام دره‌سی *dam dèrèssi*, « vallée de toit », gouttière, conduit pour les eaux. — دره اوتی *dèrè oteu*, espèce de fenouil odorant; aneth, plante aromatique, nommée en arabe شَبَتْ; cf. طوراق اوتی *douraq oteu*. — یوكسك طاغك درین دره‌سی وار *yuksek daghuñ derin dèrèssi var*, à haute montagne, vallée profonde. — قوملو دره صوكبی كاه طالار كاه چیقار *qoumlou dèrè çou guibi guiah dalar guiah tchęqar*, « comme le torrent sablonneux, tantôt il s'enfonce et tantôt il remonte à la surface », se dit des vicissitudes d'un commerçant, etc. — دره بكلری *dèrè beylerę*, chefs de fiefs, petits princes dont le pouvoir despotique ressemblait à celui des grands vassaux de la féodalité; ils exerçaient leurs déprédations dans les régions montagneuses de l'Anatolie. Les plus fameux furent

Kara Osman Oghlou, Tchapan Oghlou, etc. — دره بكلك *dèrè beïlik,* époque où vivaient ces chefs ; féodalité.

درهم *dirhem,* (du grec δραχμή) « dragme » correspondant, en poids de marc le franc, à un peu plus de 57 grains et, en poids décimal, à 3 grammes 78 milligrammes. Il faut mille dirhems décimaux pour faire 310 dirhems ordinaires. — Le dirhem ou dragme est la 400ᵉ partie de l'ocque turque. — On dit proverbialement dans le sens de « c'est partout la même chose » : نرهیه وارسه‌ك اوقه دريوز درهم *nèrèïè varsañ oqqa deurt yuz dirhem,* « partout où l'on va, l'ocque vaut quatre cents dirhems ». — بر يوز درهملك *bir yuz dirhemlik,* verre ou vase d'une contenance de cent dirhems. — درهم قدر *dirhem qadar,* partiellement ; par petite dose.

درهوش (var. دروش) *drèvèch,* du pers. درفش alêne, poinçon ; cf. بيز.

دری 1° *deri,* peau, cuir. (Voir pour les différents genres de peaux كون ,پوست ,بولغار etc.) — خام دری *kham deri,* peau non tannée, cuir en poils. — يكپاره چيقرلمش دری *yek-parè tcheqerelmech deri,* peau qui sert à faire des outres. — معده‌نك دریسی *mi'dè-nuñ derissi,* enveloppe membraneuse de l'estomac ; gésier. — صوك دریسی *çoñ derissi,* peau des fruits ; écorce. — آق دری *âq deri,* parchemin. — دريدن كتاب قابی *deriden kitab qabeu,* reliure de cuir. — دريجك *deridjik,* « petite peau », pellicule. — بر دری بر كميك *bir deri bir kemik,* n'avoir que la peau et les os. — دری يوزمك *deri yuzmek,* arracher la peau, écorcher ; دری اوزمك *deri euzmek,* tirer légèrement la peau, comme صيرمسق. — دريسنده چغماز *derissindè çeghmaz,* « il ne tient plus dans sa peau », il crève dans sa peau (d'orgueil, de colère, etc.). — دريسندن تويندن بلمك *derissinden tuyunden bilmek,* « connaître par la peau et par le poil », *intùs et in cute.* — دری ياشی بلدرر *deri yacheu bildurur,* « la peau fait connaître l'âge », *facies sua computat annos* (Juvénal). — 2° pour *diri,* vif, vivant ; voir ديری.

دريا *deria,* (pers.) 1° mer. — دریای محیط *deriayi mouhit,* « la mer enveloppante », l'océan. — دريا بكی *deria beye,* « prince de la mer », surnom donné au grand amiral ou *qapoudan pacha ;* dans le peuple on le nomme aussi دريا پادشاهی *deria padichahe,* « roi de la mer ». — دریا قلمی *deria qalemẹ*, « administration de la mer », tel était le nom du gouvernement de l'Archipel dans la Méditerranée, avant l'affranchissement des Grecs. Voir *Dict. géographique*. — 2° *au fig.* vaste étendue, grande abondance : رحمت دریاسی *rahmet deriassẹ*, une clémence inépuisable ; عقل دریاسی *'aql deriassẹ*, une vaste intelligence ; مال دریاسی *mal deriassẹ*, une grande fortune. — دریایه چقمق *deriaya tcheqmaq*, gagner le large. — دریا ایرمقدن آرتمز *deria ẹrmaqtan ârtmaz*, la mer n'augmente pas par les fleuves. — دریا اجنده بالقدر *deria itchindẹ baleqtẹr*, « il est comme un poisson dans la mer », à son aise, dans l'aisance. — بالق کبی دریا اجنده صویه محتاج او *baleq guibi deria itchindẹ çouya mouhtadj olmaq*, « être comme un poisson dans l'eau et manquer d'eau », comme le dicton français : « crier famine sur un tas de blé ». Voir دکز *deñiz*.

دریاس (var. ادریاس ; ce nom paraît être d'origine berbère) *diryas*, *thapsia gargenica* ; l'usage externe de cette plante, comme révulsif contre les douleurs est, depuis longtemps, connu des Orientaux. — Cf. IBN EL-BEÏTAR, n° 440, tome XXIII des *Notices et Extraits*.

دریك *dirîn*, profond ; voir درین.

دریلنمك *derilenmek*, se former, se refaire (en parlant de la peau, d'une blessure qui se referme, etc.) ; voir دری.

دریم *dirim*, action d'amasser ; — assemblage ; monceau ; — voir دیرم et دیرمك.

درین (var. دریك *dirîn* ; t. or. تیریك *dirîn*, profond. — درین دره *dirîn dẹrẹ*, vallée profonde. — *au fig.* درین عقل *dirîn 'aql*, esprit profond ; دیرین اویقو *dirîn ouiqou*, sommeil profond. — درین دوشنمك *dirîn duchunmek*, réfléchir profondément ; comme درین مطالعه ا *dirîn moutala'a etmek*. — دکز درینی *deñiz dirîni*, la profondeur de la mer. — درینلك *dirînlik*, profondeur. — درینلهمك *dirînlemek*, approfondir et درینلتمك *dirînletmek*, rendre profond, faire creuser ; — ces deux verbes sont peu usités.

دزدار *dizdar*, (pers.) gouverneur de citadelle ; officier qui a le commandement d'une place-forte : opposé

داروغه *darogha*, qui est le gouverneur civil, le chef d'une ville, d'un marché, etc.

دزگاه *tezguiah*, atelier; voir دستکاه.

دزکین *dizguîn*, rêne, bride; voir ديزکين.

دزلاتمق (var. طرلاتمـق, ديرلاتمق, دزلدامـق) *dezlatmaq*, faire bourdonner, faire vibrer; — *au fig.* effrayer, épouvanter.

دزلاق et طرزلاق *dezlaq*, (pour طازلاق *tazlaq*) chauve. — طم طرلاق *dem dezlaq*, tout-à-fait chauve; tout dépouillé; tout nu.

دزمان (ديزمـان) *dizman*, (pers.) grand, gros, corpulent; de forte dimension.

دسپوت *despot*, (du grec δεσπότης seigneur, maître) c'est le titre que le gouvernement ottoman accorde aux métropolitains du synode grec, aux délégués du patriarche en province, etc.

دستـار *destar*, (pers.) pièce de mousseline enroulée autour de la calotte et formant turban. — دستـار يوسفى *destari youçoufi*, « turban à la Joseph », ancienne coiffure nommée aussi *bourma dulbend*; voir بورمه.

دستره *testerè*, (du pers. دست اره scie à la main) scie de petite dimension. — زمين دسترهسى *zemîn testerèssi*, scie circulaire à l'usage des menuisiers, ébénistes, etc. — دستره ديـشى *testerè dichi*, dent de scie. — دستره بالغى *testerè balegheu*, scie, poisson du genre squale dont le museau, en forme de bec, est armé d'épines tranchantes qui ressemblent à des dents de scie. Le plus gros poisson de ce genre est nommé صاپان *çapan*, « charrue » et se confond avec l'espadon. Une autre espèce de scie est connue sous le nom de فلاندره *filandrè*; ce poisson pèse environ *vingt dirhems*, soit 75 grammes environ. — دسترهلهمك *testerèlèmek*, scier.

دستك *destek*, (pers.) (*testek*) étai, grande poutre pour soutenir un mur; perche pour redresser les branches; tuteur de plante. — دستكلهمك *desteklèmek*, étayer. — *au fig.* soutenir, protéger. Cf. طياق *dayaq*.

دستكاه *destguiah*, (pers. « lieu du travail manuel ») prononc. vulg. *tezguiah*, atelier, fabrique: چولهـا

دستکاهى‎ *tchoulha tezguiahe*, atelier de tissage; مرانغوز د‎ *maranghoz tezguiahe*, atelier de menuiserie. — comptoir, boutique. — سميدجى دستکاهى‎ *simitji tezguiahe*, établi de boulanger et de pâtissier. — رسّام د‎ *ressam tezguiahe*, atelier de peintre. — دستکاهدار‎ *destguiahdar*, vulg. *tezguiahdar*, premier garçon de boutique, employé de commerce. — توتونجى دستکاهدارى‎ *tutundju tezguiahdare*, garçon chez le marchand de tabac. — حمّام د‎ *hammam tezguiahdare*, garçon de bain. — دستکاهلامق‎ (var. تزکاهلامق‎) *tezguiahlamaq*, régler, arranger; établir une affaire.

دستمال‎ *destmal*, (pers.) prononc. vulg. *testimal* : essuye-main; serviette; grand mouchoir. Cf. پشکیر‎ et پشتمال‎.

دستور‎ 1° *destour*, (pers.) permission, autorisation. — دستورکز ایله‎ *destourñez ilè*, avec votre permission. — *destour, destour*, gare! faites place. — دستورسز باغه کیرلمز‎ *destoursez bagha guirilmez*, on n'entre pas dans la vigne sans permission. — 2° ministre, vizir : دستور مکرّم‎ *destouri mukerrem*, l'illustre ministre. — 3° *destour*, modèle, règle de conduite (comme دستور‎ العمل) et par extension : code, recueil de lois. — دستور عسکرى‎ *destouri 'askeri*, code militaire; دستور ادویه‎ *destouri edvyè*, code pharmaceutique, codex. — Le corpus complet des lois et règlements de la Turquie édictés depuis l'année 1294 de l'hégire (1877) forme, avec le *zeïl* ou supplément, un ensemble de quatre volumes qui ont paru à l'imprimerie impériale de Constantinople, entre les années 1877 et 1882. D'après le *Lehdjè*, le mot دستور‎ dans le sens de « code, recueil de lois » doit se prononcer *dustour*.

دسته‎ *destè*, (pers.) prononc. vulg. *testè*, paquet, faisceau, douzaine. — بر دسته قاشق‎ *bir testè qacheq*, une douzaine de cueillers. — بر دسته کاغد‎ *bir testè kia'at*, une main de papier. — بر دسته چیچک‎ *bir testè tchitchek*, un bouquet de fleurs. — دسته باشى‎ *testè bache*, échantillon, marque. — دسته دسته‎ *testè testè*, par paquet, par botte. — دستهلهمك‎ *testèlèmek*, attacher en paquet, faire un bouquet, réunir en groupe.

دسته مهره‎ *testèmehrè*, corruption de l'italien *testa di moro*, grosse pièce de bois arrondie et cerclée de fer qui sert à relier un mât avec le mât supérieur, dont il semble être le prolongement. C'est ce que les marins français appellent *un chouquet*.

دستى *desti*, vulg. *testi*, cruche, jarre avec anse. — صو دستيسى *çou testissi*, cruche d'eau; ياغ دستيسى *yagh testissi*, jarre au beurre. — يشيل دستى *yechil testi*, cruche vernissée. (Le grand vase de cuivre ou laiton se nomme كوكوم *gugum*.) — دستيجك *testidjik*, petite cruche, bardaque. — دستى‌ىى قيرانده بر صو كتيرانده بر *testi-yeu qèrandè bir çou quetirendè bir*, « celui qui casse la cruche n'est pas comme celui qui apporte de l'eau ». — On dit d'un petit marchand d'objets sans valeur : دستى و بارداق بازركيانيدر *testi u bardaq bazerquianeder*, « c'est un marchand de cruches et de pots ».

دسكره *deskèrè* ou *teskèrè*, (pers.) vulg. *dejkèrè* et fautivement *tezkirè*, 1° hotte; panier. — 2° brancard; litière, chaise à porteur. Cf. تسكره et سديه.

دشمك *dechmek*, percer, crever; voir ديشمك.

دشمن *duchmen*, vulg. *duchman*, (pers.) ennemi. — دشمنلك *duchman-lik*, inimitié, hostilité. — حاضر اكمك دشمنى *hazer èkmek duchmanè*, « ennemi de pain frais », grand mangeur. — دشمنك باشنه كلسون *duchmanuñ bachenè guelsun*, que cela tombe sur la tête de l'ennemi! imprécation fort usitée. دشمن قرنجه ايسه سن فيل كبى صان *duchman qarindjè issè sèn fil guibi çan*, « quand même ton ennemi serait une fourmi, considère-le comme un éléphant ». — دشمنه فرصت ورمه *duchmanè fourçat vermè*, ne livre pas l'occasion à ton ennemi. — دشمنى زبون ايدن مدارادر *duchmanè zeboun eden mudara dur*, ce qui triomphe de l'ennemi, c'est la dissimulation.

دعا *dou'a*, (ar.) prière, vœu. — دعالر ايله *dou'alar ilè*, « avec nos vœux », formule d'adieu, synon. de دولتله *devlet-lè* ou سعادتله *se'adet-lè*, « soyez heureux! » — باقى الدعا *baqe ed-dou'a*, « au surplus, (recevez nos) vœux », formule de fin de lettre — avec *etmek*, faire des prières ou des vœux en faveur de quelqu'un, lui souhaiter du bien. — دعاجى *dou'adji*, celui qui fait des vœux : دعاجيكز *dou'adjiñiz*, « celui qui prie pour vous », votre serviteur, moi. — دعاكو *dou'agou*, prononcé fautivement *dou'agour*, même signification. — دعاكو *muezzîn*, chargé de réciter certaines prières spéciales. — دعاكويلك *dou'agouilek*, action de faire des vœux, bénédiction, etc.

دعاوى *da'avi*, (plur. de دعوا) affaires litigieuses, procès, contestations judiciaires. — دعاوى ناظرى *da'avi naziri*, ministre de la justice. — دعاوى خارجيه كاتبى *da'avii kharidjyè kiatibi*, secrétaire du contentieux au département des affaires étrangères; voir دعوا.

دعوا *da'va*, (ar.) litige, contestation. — procès, cause judiciaire. — دعواى اصليه *da'vaï açlyè*, cause principale; د حادثه *da'vaï hadiçe*, question incidente. — استجال دعواسى *istidj'al da'vasse*, référé. — دعوايه قيام ا *da'vayè qeyam etmek*, ou ا اقامة دعوا *iqamèi da'va etmek*, intenter un procès. — دعواسى ضايع ا *da'vasene za'ï etmek*, perdre son procès. — دفع دعوا ا *def'i da'va etmek*, débouter. — دعواى قالدرمق *da'vaïe qaldermaq*, appeler d'un jugement, synon. de استناف *istinaf*. — حقوق دعواسى *houqouq da'vasse*, procès civil; جنايت دعواسى *djinayet da'vasse*, procès criminel. —

ضبط دعوا ا *zabte da'va etmek*, instruire un procès. — بر دعواى ترويج ا *bir da'vayè tervidj etmek*, poursuivre en justice; دين دعواسنى *deïn da'vassene etmek*, poursuivre judiciairement un débiteur. — تجديد دعوا (ou اعادة) *tedjdidi* (ou *i'adèi*) *da'va*, reprise d'un procès. — دعواجى *da'vadji* ou صاحب دعوا *çahib da'va*, plaignant, demandeur (par oppos. à مدعى عليه *muddea' 'aleïhi*, défendeur); au plur. دعواجيلر *da'vadjiler*, les parties, les plaideurs. — دعوا وكيلى *da'va vekîli*, avocat, avoué. — دعوا وكالتى *da'va vekalete*, plaidoirie. — دعواجيك قاضى ايسه ياردمجيك الله اولسون *da'vadjeñ qadi issè yardumdjuñ allah olsoun*, « si le juge est ton adversaire, que Dieu soit ton auxiliaire »! — دعواسنى بيليمينه شاهد اوله *da'vassene bilmeïenè chahid olma*, « ne sois pas témoin d'un plaideur qui ne connaît pas sa cause ». — اقرباسنك دعواسنى قاضى كسمز *aqrabassinuñ da'vassene qadi kesmez*, « le juge ne doit pas juger le procès de son proche parent », nul n'est bon juge dans sa propre cause. — Cf. دعاوى *dou'avi*.

دعوت *da'vet*, (ar. action d'appeler, de convoquer) invitation à une fête, à un repas. — دعوت تذكره سی *da'vet tezkerèsi*, billet d'invitation. — دعوتجی *da'vetdji*, celui qui invite; دعوتلو *da'vetlu*, celui qui reçoit une invitation, invité. — مرافعه يه دعوت *mourafa'ayè da'vet*, faire assignation en justice. — دعوته اجابت لازم *da'vetè idjabet lazem*, « on doit répondre à une invitation » (proverbe).

دفتر *defter*, vulg. *tefter*, (pers.) cahier, registre, livre de comptes, rôle. — آنا دفتری *ána deftere*, registre matricule; كوتوك دفتری *kutuk deftere*, registre à souche; يوميه دفتری *yevmyè deftere*, journal, brouillard; صندوق دفتری *çandouq deftere*, livre de caisse. — دفتر طوتمه نك اصولی *defter toutmanuñ ouçouleu*, principes de la tenue de livres. — اسامی دفتری *eçami defteri*, registre de noms, catalogue; voir اسامه. — براعانه بر اعانه دفتری كشاد اولندی *bir i'anè deftere kuchad oloundou*, on ouvrit une liste de souscription. — دفتره قيد ا *defterè qaid etmek*, enregistrer; *au fig.* congédier un solliciteur avec de vaines promesses; classer une affaire. — دفتر اعمال *defteri a'mal*, « registre des actes », *au fig.* mauvaises actions, fautes; péchés. — دفتر خاقانی *defteri khaqani*,

archives impériales, nommées aussi دفترخانه *defter-hanè*. — دفتر امينی *defter èmîni*, archiviste, chef du dépôt des archives et des registres ou titres relatifs aux terres domaniales. — اصول دفتری *ouçoul defteri*, bases de la comptabilité administrative. — *au plur.* دفاتر *defatir*, registres. — دفاتر رسميه *defatiri resmyè*, registres publics; دفاتر عاديه *defatiri a'dyè*, registres civils; دفاتر دعاوی *defatiri dou'avi*, registre des causes; دفاتر تجاريه *defatiri tidjaryè*, livres de commerce. — دفترجك *defterdjik*, petit registre, livret.

دفتردار *defterdar*. Dans l'ancienne administration il y avait trois grands fonctionnaires de ce nom: بيوك دفتردار le grand *defterdar*, qui était le ministre des finances; le second *defterdar* qui avait la haute main sur le système d'impôt établi par Sultan Selim III sous le nom de *nizami djedid*, « nouvelle organisation »; enfin le troisième *defterdar*, spécialement chargé de l'alimentation de Constantinople.

دفع *def'*, (ar.) action de repousser, chasser. — دفع اول *def' ol*, va-t-en! — avec *etmek*, chasser, éloigner.

دفع طبیعی ا — *def'i tabyi etmek*, satisfaire un besoin naturel.

دفعه *def'a*, fois, tour. — بو دفعه *bou def'a*, cette fois. — چوق دفعه *tchoq def'a*, souvent. — بر قاچ دفعه *bir qatch def'a*, plusieurs fois. — *plur.* دفعات *def'at*. — دفعاتله *def'at ilè*, à plusieurs reprises, souvent.

دفنه *defnè*, vulg. *tefnè*, (grec δάφνη) laurier, *laurus nobilis*. — دفنه تخمی *defnè tokhoumè*, baies du laurier, dont l'huile est employée en onctions contre les douleurs. — دفنه اوزومی *defnè uzumu*, « raisin du laurier », fruit du laurier ainsi nommé à cause de sa forme en grappe. — گل دفنه *guli defnè*, laurier rose, *nerium oleander*, très commun dans le Levant. — دفنهجك *defnèdjik*, « petit laurier », *daphnè oleoidès*, en arabe مازريون *mazerioun*. — دفنه دالی *defnè daleu*, branche de laurier. — دفنه بالغی *defnè balegheu*, peut-être pour دلفین *dauphin* (?) — دفنهلك *defnèlik*, plantation de lauriers, bois de lauriers.

دق *daqq*, (ar.) action de battre, de frapper. — دق باب ا *daqqu bab etmek*, « frapper aux portes », mendier.

— مرض دق *merezi daqq*, phthisie, synon. de ورم *verem*.

دقّت *diqqat*, (ar.) attention, soin. — دقت ايدكز *diqqat edeñez*, faites attention. — نظر دقته آلنور ايسه *nezeri diqqatè âleneur issè*, si l'on y regarde avec attention. — دقتلو *diqqatlu*, attentif, appliqué. — دقتجه *diqqatludjè*, d'une façon attentive.

دقيقه *daqeqa*, (ar.) 1° minute; court espace de temps. — ايكى دقيقهلق ايشى *iki daqeqaleq icheu*, l'affaire de deux minutes. — دقيقه فوت ايتامك *daqeqa fevt etmemek*, « ne pas perdre une minute », être diligent, vigilant. — 2° fém. de دقيق chose fine, menue; *plur.* دقايق *daqaïq*, pensées fines et délicates; abstractions.

دك 1° *dek*, (var. دكين *deyîn*) particule qui s'ajoute au datif pour indiquer la fin, l'extrémité, la limite. — بو زمانه دك *bou zemanè dek*, jusqu'à ce temps-ci, comme شمديه قدر *chimdyè qadar*, jusqu'à présent. — اولنجیه دك *eulundjuyè dek*, jusqu'à la mort. Cf. دكين *deyîn* et قدر *qadar*. — 2° *dik*, droit; voir ديك.

دك *deñ*, valeur, mode; sorte, degré; voir دكلو *deñlu*. — دك دوشمك *deñ duchmek*, expérimenter, s'instruire par l'exemple. Cf. دكمك *deñèmek*.

دك *dekk*, ruse; mensonge; fourberie. — بو دكره آلدانميه كز *bou dekklerè âldanmayañez*, ne vous laissez pas tromper par ces ruses. — يالان طولان ايله سزه دك ايدر *yalan dolan ilè sizè dekk eder*, il vous trompe par ses mensonges.

دكان *dukkian*, prononcé *dukian* et très vulgairement *tukèn*, boutique, magasin (en ar. banc, estrade). — بربر دكانى *berber dukiane*, boutique de barbier. — دكانجك *dukiandjik*, échoppe, petite boutique. — دكانجى *dukiandji*, boutiquier. — دكان صاحبى *dukian çahibi*, commerçant; *au fig.* honorable, qui a du crédit; considéré. — دكانداش *dukiandach*, « compagnon de boutique » dans les bazars du Levant, la même boutique est souvent louée par moitié à deux marchands exerçant un commerce différent. — دكان آچمق *dukian âtchmaq*, « ouvrir boutique », faire du commerce. — ايكنديدن صكره دكان آچمق *ikindiden çoñra dukian âtchmaq*, « ouvrir boutique dans l'après-midi », entreprendre une chose tardivement, dans la vieillesse. — دكان قاپامق *dukian qapamaq*, fermer boutique; *au fig.* faire faillite; être ruiné. — اكا جمله دكاننى كوسترر *oña djumlè dukianeneu queusterur*, « il lui montre toute sa boutique », il lui témoigne une entière confiance. — شيطانك دكانى *cheïtanuñ dukiane*, « boutique du Diable », coquin, scélérat.

دكر *deyer*, 1° participe indéclin. du verbe دكمك *deïmek*, valoir. — 2° prix, valeur; mérite, valeur intrinsèque. — دكر بها *deyer paha*, au prix coûtant. — دكرى يوق *deyeri yoq*, sans valeur, à vil prix. — دكرلو *deyerlu*, précieux, de prix; estimé. — بيك ليرا دكرى اولان بر قوناق *biñ lira deyeri olan bir qonaq*, un hôtel de la valeur de cent livres. — دكرلنمك *deyerlenmek*, valoir, acquérir du prix, prendre de la valeur. — بر الماس قدر دكرلنيور *bir èlmas qadar deyerlenior*, cela vaut autant qu'un diamant.

دكرمن (var. دكرمان) *deyirmen*, moulin. — اون دكرمنى *oun deyirmene*, moulin à farine; د ياغ *yagh deyirmene*, moulin à huile; د يل *yel deyirmene*, moulin à vent (ou قنادلو *qanatlu*,

« à ailes »); *au fig.* étourdi, volage. — صو د çou *deyirmenè*, moulin à eau; ال د èl *deyirmenè*, moulin à bras; حیوان د *haïvan deyirmenè*, manège, meule mise en mouvement par des bêtes de somme. — دکرمنجی *deyirmendji*, meunier. — دکرمنده پرورده اولمش *deyirmendè perverdè olmech*, « nourri dans un moulin », mal élevé, grossier. — دکرمنده صقالی آغارتمش *deyirmendè çaqaleu âghartmech*, « sa barbe a blanchi au moulin », se dit ironiquement d'un jeune homme sans expérience. — دکرمنک صویی کسلدی *deyirmeninuñ çouyou kessildi*, « l'eau de son moulin a été coupée », il a fait de mauvaises affaires. — انجق دکرمنده پازارده سویلدی *andjaq deyirmendè pazarda seuïlèdi*, « il n'a parlé qu'au moulin et au marché », allusion à un grand bavard. — دکرمنه کلن نوبته قائل اولور *deyirmenè guelen nevbetè qaïl olour*, « qui va au moulin consent à attendre son tour ». — دکرمن صداسندن قاچان اون اوکوتمز *deyirmen çadassendèn qatchan oun euyutmez*, « celui qui craint le vacarme du moulin ne fait pas moudre sa farine ». — دکرملك *deyirmenlik*, métier de meunier; — voir *Dict. géographique*.

دکرمی *deyirmi*, rond; arrondi; de forme circulaire. — دکرمی چهره *deyirmi tchèhrè*, face arrondie, visage plein; بر دکرمی دولبند *bir deyirmi dulbend*, un turban bien arrondi, bien fait.

دکز *deñiz*, mer (t. or. تنكيز et تينكيز). — آچیق دکز *atcheq deñiz*, la pleine mer, le large. — دکزه طوتلمق *deñizè toutoulmaq*, être en butte à la tempête. — دکز طوتامی *deñiz toutamè*, mal de mer. — دکز آختاپودی *deñiz âkhtapodè*, écrevisse de mer, cancre; langouste; — دکز پرچمی *deñiz pertchemi*, « touffe de mer », nom d'un mollusque. — دکز کوپوکی *deñiz keupuyu*, écume de mer, magnésite dont on fait des fourneaux de pipe. — دکز قطایفی *deñiz qataïfi*, lichen des rochers, plante marine; cf. جکر *djiyer*. — دکزلك *deñizlik*, auvent incliné placé devant une fenêtre, ou sur le bord d'un qaïq, pour garantir de la pluie et de la mer. — دکز یلدیزی *deñiz yeldizi*, étoile de mer, astérie. — Proverbes : دکزدن چیقدی قویویه دوشدی *deñizdèn tcheqteu qouïouyè duchdu*, « il est sorti de la mer pour tomber dans un puits ». — دکز طلغه سز اولمز قپو حلقه سز *deñiz dalghasez olmaz qapou halqasez*, « il n'y a pas de mer sans vague, ni de porte sans anneau». — دكزه دوشن ييلانه صاريلور *deñizè duchen yilanè çareleur*, «quand on tombe à la mer, on s'attache (même) au serpent». — دكزه كيررسه قورودر *deñizè guirersè qourouder*, «s'il entrait dans la mer, il la mettrait à sec», se dit d'un homme avide et insatiable. — دكزه طاس ايله صو كتورمك *deñizè tas ilè çou guetirmek*, «porter de l'eau à la mer avec une tasse»; même sens que دكزه صو قاتمق *deñizè çou qatmaq*, «ajouter une goutte d'eau à la mer». — آغاج دكزى *âghadj deñizeu*, «océan d'arbres», nom d'une grande forêt près de Nicodémie. — Pour les noms propres comme قره دكز Mer noire, آق دكز Méditerranée, etc., voir Dict. géographique.

دكسز *deñsez*, sans valeur, commun; voir دكلو *deñlu*.

دكش ou دكيش 1° *deyich*, changement; voir دكشمك *deïchmek*. 2° *dikich*, couture; voir دكمك *dikmek*.

دكشمك *deïchmek*, changer, échanger, permuter. — مزاج دكشمك *mizadj deïchmek*, changer de caractère, d'humeur. — آياق دكشدرمك *ayaq deïchturmek*, faire changer de pas, modifier l'allure. — دكشمه *deïchmè* et دكشكلك *deïchiklik*, changement, permutation.

دكل *deïl*, négation : qui n'est pas, non; non seulement (voir la grammaire). — ايو دكل *eyi deïl*, ce n'est pas bien; ممكن دكلدر *mumkin deïlder*, ce n'est pas possible. — اويله دكل *euïlè deïl*, il n'en est pas ainsi. — بن دكلم فلاندر *ben deïlim filan der*, ce n'est pas moi, c'est un tel. — دكل كه يازمق اوقومق بيله ممكن اولمدى *deïl ki yazmaq oqoumaq bilè mumkin olmadeu*, il a été impossible non seulement d'écrire, mais même de lire. — كورمك دكل آدى بيله معلوم اولمدى *gueurmek deïl âdeu bilè ma'loum olmadeu*, non seulement je ne l'ai pas vu, mais je ne savais même pas son nom.

دكلو (var. دكلى) *deñlu*, 1° genre, espèce, quantité (comme دك *deñ*). — نه دكلو كيشى *nè deñlu kichi*, quelle espèce d'homme? — نه دكلو مال *nè deñlu mal*, combien d'argent? — 2° précieux, de valeur. — دكسز *deñsez*, sans valeur; ordinaire; commun; d'où le verbe دكسزلنمك *deñsezlenmek*, se conduire d'une manière inconvenante, faire ou dire des sottises.

دكلمك (var. دكلك et ديكلهمك) *diñlèmek*, vulg. *düèmek*, écouter, prêter l'oreille; — être attentif, obéir, se soumettre. — gouverne le complément direct au datif : اوطه جی یه کسه‌دن ایدی دکله‌مز *odadjeyè kimsè diñlèmez idi*, personne n'écoutait l'huissier. — سوز دكله‌مك *seuz diñlèmek*, se montrer obéissant. — چالغی د *tchalgheu diñlèmek*, écouter la musique. — اول دکله صکره سویله *evvel diñlè çoñra seuïlè*, écoute d'abord et parle ensuite. — کندو سویلر کندو دکلر *kendu seuïler kendu diñler*, « lui-même parle et écoute », il ne répond pas à ce qu'on lui dit. — دکله‌جی *diñlèïdji*, qui écoute; obéissant, soumis.

دكمك *deïmek*, 1° joindre; parvenir. — arriver au but. — 2° faire impression (comme le chaud ou le froid); frapper, heurter. — جانه دکك *djanè deïmek*, émouvoir, donner un choc. — inquiéter, tourmenter moralement; tel est l'emploi de ce verbe dans le distique suivant de *Neçîmî* :

حق شرابینی ایچنك یورکی سندان اولور
بیك چكیج سندانه اورسه‌لك دكسندن آغریمز

« Le cœur de celui qui boit le vin de la vérité est solide comme l'enclume; l'enclume! en vain mille fois le marteau s'abat sur elle, le choc ne l'ébranle pas. »

— 2° valoir, avoir du prix (cf. دكر *deyer*). — دكدرمك *deïdurmek* et دكرمك *deïrmek*, faire parvenir, faire joindre et toucher. — appliquer. — 2° faire valoir, donner de la valeur, du prix.

دکمك *dikmek*, planter; coudre; voir دیکمك.

دكمك *diñmek*, se calmer, être tranquille; voir دیکمك.

دكمه *deïmè*, à peine; d'une manière insuffisante ou incertaine. — دكمه‌ده اولمه‌مق كرك *deïmèdè olmamaq guerek*, cela n'a pas le sens commun; quelle absurdité! — دکه بر آدم *deïmè bir âdam*, un inconnu, un quidam.

دیكن *diken*, épine; voir دیكن.

دكنك (var. دینك) *deïnek*, bâton court et mince. — ال دكنكی *el deïneyi*, canne, badine (les élégants de Constantinople qui affectent d'adopter les modes d'Europe emploient le mot باستون, de l'ital. *bastone*). — الی دكنكلو *èli deïneklu*, « le bâton à la main », insolent, mal élevé; vaurien. —

دكنكلوقواس كبي deïneklu qavvas guibi, (insolent) comme un huissier armé de son bâton. — قولتق دكنكى qoltouq deïneye, béquille. — دكنك يك deïnek yemek, « manger du bâton », recevoir la bastonnade. Cf. صوپا çopa, gros bâton, gourdin.

دكەمك (var. دكك et دنەمك) deñèmek, 1° expérimenter; éprouver; mettre à l'épreuve. — كوجنى دكەمك gudjunu deñèmek, 2° éprouver de la résistance. — 3° exercer de la violence; molester. Cf. دك deñ. — 4° goûter, déguster.

دكيجى dikidji, planteur; couturier; voir ديكمك dikmek.

دكين deyîn, synon. de dek, jusque; jusqu'à. Cette postposition gouverne le datif; voir دك dek et قدر qadar.

دل dil, 1° langue; voir ديل. — 2° (pers.) cœur.

دلّاك dellak, (ar.) prononc. vulgaire tellak, garçon de bain qui lave, savonne et masse les baigneurs; il exerce aussi le métier de barbier chirurgien. — هر حمامجى كندو دلاكنى اوكر her hammamdji kendi tellakeneu eu-yer, chaque maître de bain loue son garçon baigneur.

دلّال dellal, (ar.) prononc. vulgaire tellal, crieur public; courtier; rarement : marchand de bric-à-brac. — دلاليه tellalyè ou تلالق tellaleq, office de crieur et de courtier. — اشته دلال چاغريور ichtè tellal tchagherior, voici le courtier qui crie. — دلال ايله آرامق tellal ilè âramaq, « chercher avec le crieur », à cor et à cri. — au fig. دلال اولمق tellal olmaq, colporter des bruits, propager des cancans. — بن كندو كنديمه دلال اولەيم ben kendi kendimè tellal olaïm, je ferai bien mes affaires tout seul. — مصيبت دلالى mouçibet tellalè, messager de malheur. — دلاللامق tellallamaq, faire le métier de crieur, mettre aux enchères.

دلائل delaïl, plur. ar. de دليل, preuves, indices. — ايان دلائل ايتمك ityani delaïl etmek, alléguer des preuves. — دلائل ملزمه delaïli mulzimè, preuves concluantes.

دلبر dilber, (pers.) « qui ravit le cœur », charmant; personne aimée; maîtresse. — دلبر غازى سور dilber ghammazè sever, les belles aiment les œillades. — دلبرده وفا اولمامق مثلدر *dilberdè vefa olmamaq maçalder*, l'inconstance des belles est proverbiale.

دلبند (var. دولبند) *dulbend* et *tulbend*, (litt. en persan « qui attache ou charme le cœur ») mousseline ordinairement blanche qui sert à faire des turbans. — Notre mot *turban* tire certainement son origine du composé persan prononcé à la turque. — دلبند آغا *dulbend âgha* (ou *âghasseu*), officier chargé de la garde des turbans du sultan. Les jours de cérémonie, il le suivait à cheval, en tenant le turban impérial qu'il présentait de temps à autre à la vénération de la foule. — *au fig.* دلبند كبى *dulbend guibi*, « (blanc) comme un turban », blanc comme neige. — دلبند لاله *dulbend lalè*, tulipe blanche. — چيچكلو دلبند *tchitcheklu dulbend*, « mousseline à fleurs », jaconat. — شمدى دولبند قزاندك مى *chimdi dulbend qazandeñ meu*, « et maintenant avez-vous gagné un turban ? » c.-à-d. : vous voilà bien avancé ! — دلبندك عرضى وار *dulbenduñ 'erzeu var*, « le turban a son honneur », il faut le faire respecter. — دلبندى آلدى *dulbendè âldeu*, « il a ga-

gné le turban », il a gagné le prix. — Voir aussi صارق *çareq*.

دلداده *deldadè*, (pers. charmant, ravissant) mouchoir de soie ou d'indienne dont on s'enveloppe la tête ; espèce de serre-tête ou de coiffure de nuit.

دلك 1° *delik*, trou ; il est préférable d'écrire دليك (voir ce mot). — درى دلكلرى *deri delikleri*, les pores de la peau. — دلكلو بشمه *deliklu bechmè*, bâton de la machine à tourner. — 2° *dilek*, désir ; voir دلك.

دلكى *tilki*, renard ; voir تلكى. — دلكيله مك *tilkilèmek*, « faire le renard », cajoler ; user de ruse.

دلمك *delmek*, percer, trouer ; poinçonner. — يرى دلمك *yere delmek*, creuser la terre, faire un souterrain. — قولاق دلمك *qoulaq delmek*, « creuser l'oreille », *au fig.* avertir, éveiller l'attention. — ايشى دلمك *icheu delmek*, « creuser l'affaire », la pénétrer, être bien au courant d'une chose. — دلنمك *delenmek*, v. neutre : percer, éclater (comme un abcès). — دلدرمك *deldirmek*, faire percer. — percer l'oreille pour y suspendre des boucles d'oreille.

— دلمه delmè, 1° action de percer; perforation. — 2° passementerie. — 3° pour dilèmek, demander; voir ديلمك.

دلنجی dilindji, mendiant; voir دلنمك. — ديلنجی dilenmek, mendier; voir ديلنمك.

دلوجه et دليجه delidjè, 1° un peu fou; — mauvais, gâté. — 2° adv. follement, avec témérité. — 3° ivraie (delidjè ot); voir دلی deli.

دلورمك (var. دليرمك) delirmek, être fou, devenir fou; perdre la raison — être passionné. — دلورتمك deliritmek, rendre fou; faire enrager; voir دلی deli.

دلی (var. rare دلو) deli, 1° fou; insensé; extravagant. — au fig. hardi, téméraire. Le grand vézir avait autrefois pour garde particulière une compagnie de cinquante Albanais ou Bosniaques qui l'escortaient dans toutes ses sorties et auxquels on donnait le sobriquet de deli. « Nous remarquasmes dans les rües, en nous retournant, un des Delis de la garde du Visir que nous reconnusmes à un bonnet verd » (Journal de Galland, t. Iᵉʳ, p. 103). Le chef de ces hommes, le Deliler ba-chi figurait parmi les officiers attachés au département du grand vézir. — دلی حسن پاشا deli hassan pacha, Hassan Pacha le brave. — 2° passionné, épris. — جنك دليسی djeng delissi, fou pour la guerre. — نه اولدم دليسی nè oldoum delissi, passionné pour les honneurs, qui a la manie des grandeurs. — 3° mauvais, gâté. — دلی بال deli bal, miel de mauvaise qualité. — دلی منطار deli mantar, mauvais champignon; on se sert du mot دلوجه ou دليجه delidjè dans le même sens; ivraie. — دلی فشنك deli ficheng, « folle fusée », tête folle, étourdi, volage. — Proverbes : دلينك يوركی آغزنده در عقللونك ديلی يوركنده delinuñ yureyè âghzindè dèr 'aqellenuñ dili yureyindè, « le fou a son cœur sur ses lèvres, le sage a sa langue dans son cœur ». — هر دلينك باشقه دليلكی وار her delinuñ bachqa delilyè var, « chaque fou a sa folie ». — ايل دليلكندن اوصلانمق عقللو ايشيدر el deliliinden ouçlanmaq 'aqellu ichè dèr, « la folie d'autrui doit nous apprendre à être sages », optimum est aliena insania frui. (Pline.) — هر دلی يی تيمار خانه يه قويمازلر her deliyè timar-hanèiè qoïmazlar, « tous les fous ne sont pas à l'hôpital ». — دلی يه طائ

آكز deliyè tach ânelmaz, « il ne faut pas parler de pierre à un fou », c.-à-d. : de corde dans la maison d'un pendu. — دلیدن قورقمایان آدم دلیدر deliden qorqmaïan âdam delidir, « c'est être fou soi-même que de ne pas craindre les fous ». — دلى يه هركون بيرام delyè her gun baïram, « pour le fou chaque jour est jour de fête ».

دلیرمك (var. plus usitée دلورمك) delirmek, être fou, devenir fou. — دليرتمك deliritmek, rendre fou, faire perdre la tête. Cf. دلى deli.

دلیشمن delichmen, tout à fait fou; fou furieux, synonyme de زردلى zerdeli. — Ce mot n'est plus en usage.

دلیقانلو deliqanlu, litt. : « qui a le sang fou », jeune homme; — audacieux, hardi. — دلیقانلولق deliqanleluq, jeunesse; témérité. Cf. دلى deli.

دلیك delik, trou, ouverture. — بورون دلیكى bouroun deliyi, narine, naseau. — قولاق دلیكى qoulaq deliyi, trou de l'oreille. — ایكنه نك دلیكى iynènuñ deliyi, « trou d'aiguille », passage étroit et difficile. — چاتى دلیكى tchateu deliyi, lucarne. — قولاغى دلك qoulagheu delik, « qui a l'oreille trouée », attentif, vigilant. — الى دلیك èli delik, « main trouée », prodigue, panier percé. — دلك دیشیك delik dichik, brèche, ouverture, fente. — دلیكلو deliklu, troué, fendu; percé. — دلیكلو طاش deliklu tach, « pierre fendue », bouche d'égout. On dit en proverbe : دلیكلو طاش یرده قالمز deliklu tach yerdè qalmaz, « pierre trouée n'est pas négligée »; ce qui est utile est apprécié. Cf. دلمك delmek et دلك.

دلیل delil, (ar.) 1° preuve, argument; raison. — plur. ادلّه edillè et دلائل delaïl. — ادلّة قانونیه edillèi qanounyè, preuves judiciaires. — اتیان دلائل ایتمك ityani delaïl etmek, produire des preuves. — دلائل ملزمه delaïli mulzimè, preuves concluantes. — 2° guide, conducteur. — دلیلسز جنته بیله كیرلمز delilsez djennetè bilè guirilmez, on n'entre pas sans guide même au paradis. — دلیل عسكرى delil 'askeri, vulg. deli 'askeri, troupe d'éclaireurs, armés à la légère et guidant la marche de l'armée.

دم 1° dem, (pers.) souffle; parole; moment. — دم اورمق dem vourmaq, parler; discuter. — 2° dem, (ar.) sang. — سفك دم sefki dem, effusion de sang. — 3° *dum*, (pers.) queue, extrémité.

دماغ *demagh* ou *dimagh*, (pers.) 1° cerveau. — دماغ نزلهسی *dimagh nuzlèssi*, rhume de cerveau, coryza. — 2° en turc vulgaire : palais, partie supérieure de l'intérieur de la bouche, synonyme de اوست چکه *ust tchènè*.

دنبك et دمبك *dumbek*, instrument de musique en forme de timbale. — دمبلك *dumbuluk*, jarre de terre, etc.; voir تومبك *tumbek*.

دمت *demet*, (du grec δεμάτι, *dumetum*. « Ac tota teguntur Pergama dumetis », Lucain, Pharsale, IX) faisceau, botte; fagot. — چالی دمتی *tchaleu demete*, fagot de broussailles. — چیچك دمتی *tchitchek demete*, bouquet de fleurs. — بوغدای دمتی *boghdaï demete*, gerbes de blé. — دمنجی *demetchi*, fagottier, bûcheron. — دمتلهمك *demetlèmek* et دمت باغلامك *demet baghlamaq*, faire des fagots, lier en gerbes; attacher des fascines pour retranchements militaires.

دمر *demir*, fer; voir تمور.

دمرکیسی *temreyi*, dartre, scrofule; voir تمره کی.

دمرن *temren*, fer de lance; voir تمورن et تمرن.

دمغه *damgha*, timbre, estampille; voir تمغا.

دمیر (et دمور) *demir*, fer; instrument de fer; ancre; voir تمور.

دمین *demîn*, (du persan دم moment) maintenant, tout à l'heure, il n'y a qu'un moment. — دمینجك *demîndjik*, il n'y a qu'un instant. — دمندن *demînden*, (et par abréviation دمندن) même sens. — دمندن پارهم یوق دیوراییدیکز *demînden param yoq deïoredeñez*, vous disiez à l'instant que vous n'aviez pas d'argent.

دن *den*, *dan*, suffixe turc qui joue le rôle de l'ablatif. — اولدن آخره *evvelden ákherè*, du commencement à la fin. — ازمیردن کلیورم *izmirden gueliorim*, je viens de Smyrne. — کروکدن چیقمه *gumrukten tcheqma*, provenance de la douane. — کرچکدن *guertchekten*, de vrai, réellement. — Voir la grammaire.

دنائت *denaet*, (ar.) vilenie, bassesse, turpitude. — اویله کبارزاده بو کبی دنائتی ارتکاب *evilè kibarzadè bou guibi denaetè irtikiab*, un personnage de ce rang commettre une pareille bassesse!

دنج (var. دينج) *dindj*, sain, vigoureux, bien portant. — دنجلك *dindjlik*, bonne santé, verdeur de la jeunesse; vivacité d'allure. — Ce mot est tombé en désuétude.

دندار *dundar*, vieux mot qui paraît être une corruption du persan دُم دار : arrière-garde, arrière-train. (*Galat. meschhouré.*) Voir دوندار.

دنك 1° *denk, deng*, (pers. دُنگ; t. or. تينك) poids, contre-poids; charge. — دنكى سپد اوستنده در *dengui sepet ustundè der*, « son bagage est sur le panier », c.-à-d. : il va bientôt partir pour l'autre monde. — demi-charge (comme تَك). — petite mesure; le quart d'un *danek* égalant une *dragme*; cf. le دانق des Arabes. — 2° *denk*, égal; de même poids, équilibré. — دنك طاشى *denk tacheu*, pierre faisant contre-poids. — كشى مست مى اقبال ايكن اكثريا آياغنى دنك آلهمز *kichi mesti meü iqbal iken ekseria âyaghęneu denk alamaz*, quand un homme est enivré par la prospérité, il ne marche plus d'un pas égal et sûr.

دنكل 1° *denguil*, axe; essieu d'une roue; s'écrit aussi دينكل. — 2° pour *deunguel*, nèfle; voir دونكل.

دنهمك *denèmek*, éprouver; essayer — goûter, déguster; voir دكمك.

دنيا *dunya*, (ar.) le monde d'ici-bas; la vie de ce monde, par oppos. à آخرت *âkheret*, l'autre vie; اوبر دنيا *ô bir dunya*, l'autre monde. — دنيايه كيرمك *dunyaya guirmek*, « entrer dans le monde », se marier. — دنيا طوردقچه *dunya dourdouqtchè*, tant que le monde durera. — دنياده اولمدق شى يوقدر *dunyada olmadeuq cheï yoqtour*, « il n'y a rien qui n'arrive en ce monde », tout est possible. — دنياده بتمز ايش اولمز *dunyada bitmez ich olmaz*, « il n'est rien qui ne finisse en ce monde », tout y est vanité. — دنيا كافرك جنتى در *dunya kiafiruñ djenneti dur*, le monde est le paradis des infidèles. — دنيا يقيلسه او قيدنده دكل *dunya yeqelsa ô qaïdendè deïl*, « si le monde s'écroulait, il ne s'en inquiéterait pas », après lui le déluge. — دنيالق *dunyaleq*, « biens du monde », argent; fortune, richesse.

دواق (var. طوواق, طواق) *douvaq*, grand voile rouge qui couvre le visage de la mariée quand elle entre au domicile conjugal.

دوال 1° *deval*, «propolis», substance résineuse d'un rouge foncé, dont les abeilles se servent pour enduire leurs cellules; synon. de پره‌بولی *pirèboulou*. — 2° (var. دیوال) genre particulier de couture et broderie.

دوام *devam*, (ar.) durée, stabilité, persistance; avec *etmek*, continuer, durer, fréquenter. — دواملو *devamlu*, constant, régulier. — دوام اوزره *devam uzrè*, avec constance, continuellement. — مكاتب رشديه‌يه دوام ايدن طلابك مقداری پك دون‌در *mekiatibi ruchdyèyè devam eden toullabuñ meqtareu pek doun der*, le nombre des élèves qui fréquentent les écoles primaires est très faible.

دوب *deup*, particule d'intensité, comme دب. — دوب دوز ou دوز دوب *deup duz*, tout droit, tout uni; on dit aussi دوم دوز *deum duz* et دوپه دوز *deupè duz*.

دوباره *doubara*, (pers.) fraude; imposture; ruse. — دوباره‌جی *doubaradji*, filou, traître. — انتقامی آلمغه بر دوباره بولامز میم *intiqameme almagha bir doubara alamaz meyim*, ne trouverai-je pas une ruse pour me venger?

دوبلین *doubloun*, doublon, monnaie d'or d'Espagne, dont la valeur a beaucoup varié. Cette monnaie était autrefois en circulation dans l'Empire ottoman.

دوبه *doubè*, (origine étrangère) 1° chaloupe canonnière. — 2° فنار دوبه‌سی *fener doubèssi*, phare flottant. — 3° ponton; pont flottant. — دمیر دوبه‌لر اوزرینه بنا اولنمش كوپری *demir doubèler uzerinè bina olounmech keupru*, un pont construit sur pontons de fer.

دوت *dout*, mûre; voir توت et طوت.

دوپه *deupè*, particule d'intensité comme دب *dep*. — دوپه دوز *deupè-duz*, tout droit, tout uni.

دوتدرمك *dutturmek* pour توتدرمك *tutturmek*, tirer un son de la flûte ou du fifre; voir دودك *duduk*. — au fig. دوتدری *dutturu*, bavard, parleur impitoyable; دوتدری لیلا *dutturu leïlè*, vieille bavarde, jacasse.

دوتمك *tutmek*, répandre de la fumée, fumer; voir توتمك.

48*

دودون et دوتن tutun, fumée; tabac; voir توتون.

دوجه et طوجه dodjè, (ital.) doge, chef des républiques de Venise et de Gênes. C'est sous ces deux formes que ce nom se trouve ordinairement chez les historiens turcs.

دوداق doudaq, lèvre; voir طوداق.

دودك (var. دودوك ; t. or. توتك et توته) duduk, flûte, synonyme de قوال qaval. — عسكر دودكى 'asker duduyu, fifre. — گميجى دودكى guemidji duduyu, sifflet pour la manœuvre à bord. — آوجى دودكى âvdjè duduyu, sifflet pour appeler l'oiseau sur le pipeau; cf. پتاله. — دودك كيگى duduk kemyi, tibia. — جگر دودكى djiyer duduyu, bronche. — دودكجى duduktchu, joueur de flûte. — دودك چالمق duduk tchalmaq, jouer de la flûte; au fig. réussir, gagner; chanter victoire. — اوشاق دودكى صاريلور كبى صاريلدى ouchaq duduyè çareleur guibi çareldeu, il en devint amoureux comme un enfant d'une flûte. — ناى ايله دودكى آوازندن طانور nèï ilè duduyu âvazenden taneur, « il sait distinguer par le son le hautbois de la flûte »; c'est un homme entendu, qui sait bien des choses.

دودو doudou, 1° dame arménienne ou grecque. — 2° fausse orthogr. pour طوطى touti, perroquet.

دور 1° devr, (ar.) action de tourner; rotation. — période, époque. — دور مصلحتى devr maçlahate, mode de répartition de la solde établi autrefois dans les corps de sipahis. — درويشان دورى dervichan devri, ronde de derviches. — tour, tournée; ronde d'agents : پاشا حضرتلرى قنديه قضاسنى دوره چيقمشدر pacha hazretlerè qandyè qazasenè devrè tcheqmechter, S. Exc. le Pacha est allé en tournée d'inspection dans le district de Candie. — دور ا devr etmek, transférer, négocier un effet de commerce; passer acte au nom d'un tiers. — دور حكام devri hukkiam, roulement dans la magistrature. — دوريه devryè, magistrats de seconde classe. — 2° pour طور dour, attends, arrête; voir طورمق. — 3° dour, (pers.) loin.

دورپى et دورپو teurpu, râpe non striée; voir تورپو.

دورت deurt, quatre; دوردر deurder, par quatre; quaternaire; voir درت.

دور

دورتمك deurtmek, (t. or. طورتمالك)
1° pousser avec la main, ou avec l'aiguillon. — stimuler, presser. — دورتشدرمك deurtuchdurmek, aiguillonner (les bœufs au labour, etc.) — se pousser, se bousculer. — 2° pour دوریتمك devritmek, faire tourner, retourner sens dessus dessous, renverser. — Voir aussi درت et درلهمك.

دورتی (دوردی) 1° deurteu, aiguillon, pointe pour stimuler les animaux. — دورتیجی deurtudju, aiguillonneur. Cf. دورتمك deurtmek. — 2° dortou pour tortou, lie, tartre; voir تورتو.

دورشمك duruchmek, persévérer, persister. — faire des efforts, travailler avec zèle.

دورق (var. دوروق) dorouq, cime, comble, sommet (inusité).

دورك 1° devrek, vase dont l'orifice est large et arrondi. — 2° duruk, serré; ridé.

دورمق dourmaq, rester, séjourner; voir طورمق.

دورمك durmek, plier; enrouler une étoffe, un vêtement; carguer une voile. — دورلمك 1° durulmek, être

دوز

plié, roulé. — 2° pour devrilmek, être renversé. — دوروم ou دورم durum, pli, enroulement. — بر دورم قایماق bir durum qaïmaq, morceau de crème enroulée. — دورم دورم durum-durum, plié, replié. — دورمی بوزلمامش durumu bozoulmamech, « dont les plis ne sont pas défaits », étoffe neuve.

دورمك (var. دویرمك et دوریمك) devirmek, rouler en bas, renverser. — دستیی دورمك testiye devirmek, « renverser la cruche », faire des maladresses, des sottises. — دورلمك devrilmek, (دوریلمك) être renversé, retourné; périr.

دوریك devrik, roulé sur les bords; replié. — دوریك طوداق devrik doudaq, lèvre roulée, épaisse, comme celle des nègres. Cf. دورمك devirmek.

دوز duz, (primitivement توز tuz) uni, égal, plane. — دوز اوه duz ova, plaine bien égale et sans accident de terrain. — دوز دوزجه duz duzdjè, également, uniment. — دوز آدم duz âdam, homme droit, sincère. — قولاق دوزی qoulaq duzeu, (prononcé vulgairement qoulaq tozeu) lobe de l'oreille. — دوز اقومق duz oqoumaq, lire couramment. — بر دوزیه bir duzyè, sur une file, continuellement, sans interruption, d'un trait. — دوز طوغرى *duz doghrou*, tout droit, directement; on dit dans le même sens دوم دوز *dum-duz*. — دوز آیاق *duz âyaq*, de plein pied; rez-de-chaussée. — دوز طبان *duz-taban*, de mauvais augure, funeste; d'où le proverbe: دوز طبان اوغورمی كترور *duz-taban oghour mę geturur*, « est-ce qu'un malheureux peut apporter la bonne chance? » — دوزجه *duzdjè*, également, simplement, tout droit. — دوزجه سنه سویله مك اقتضا ایدیور *duzdjèsinè seuilèmek iqtiza edeïor*, il est nécessaire de parler franchement. — دوب دوز *deup-duz*, uni, plane. — دوزلك *duzluk*, égalité, état de ce qui est uni. — *au fig.* égalité de caractère, honnêteté.

دوزاق *douzaq*, piège, filet; voir طوزاق.

دوزدیجی *duzdudju*, qui arrange, qui met en ordre — qui pare et met des ornements; voir دوزمك *duzmek* et دوزكون *duzgun*.

دوزكون *duzgun*, arrangé, paré, orné. — دوزكون بر قیافت *duzgun bir qeyafet*, une toilette élégante. — parure, ornement. — fard de toilette. — دوزكونله مك *duzgunlèmek*, farder. — دوزكونجی *duzgundju*, qui pare, qui orne; coiffeuse chargée d'ajuster la parure et l'aigrette de la mariée. — دوزكونلك *duzgunluk*, arrangement, bon ordre. Cf. دوز *duz*.

دوزله مك (var. دوزلمك) *duzlèmek*, arranger, ajuster. — organiser; orner. Synonyme de دوزمك *duzmek*. — Le transitif دوزلتمك *duzletmek* a les mêmes significations.

دوزمك *duzmek*, aplanir, rendre égal. — arranger, mettre en ordre. — حیله دوزمك *hilè duzmek*, combiner des ruses. — دوزمه *duzmè*, arrangé. — factice, artificiel. — دوزمه سندلر *duzmè senedler*, des actes faux; دوزمه سوزلر *duzmè seuzler*, des paroles mensongères; cet emploi du mot *duzmè* est peu en usage. — دوزتمك *duzetmek*, arranger, orner, embellir. — آلای دوزتمك *âlaï duzetmek*, organiser un cortège, une cérémonie.

دوزن *duzen*, 1° ordre, arrangement; parure. — avec ویرمك *vermek*, parer, orner. — چكی دوزن *tcheki duzen*, toilette parée, ajustements recherchés. — 2° ruse; mensonge, contrefaçon; on dit dans le même sens : دوزنبازلق *duzenbazleq*.

دوزینه *dozinè*, (de l'ital. *dozzina*) douzaine. Ce néologisme est assez souvent employé au lieu de *ôn iki partcha*, « douze morceaux » ou *testè*; voir دسته.

دوست *dost*, (pers. où la prononciation est *doust*) ami. — دوستم *dostum*, mon ami, mon cher. — بابا دوستى *baba dostè*, « ami de père », ami de la famille. — جان دوستى *djan dostè*, ami de cœur, par opposition à تن دوستى *ten dostè*, ami des lèvres. — یوز دوستى *yuz dostè*, faux ami. — فنجان دوستى *findjan dostè*, « ami de verre », ami de passage. — سلام صباح دوستى *selam çabah dostè*, « ami de salut et de bonjour », simple connaissance. — On oppose aussi كوملك دوستى *gueumlek dostè*, « ami de chemise », c'est-à-dire intime à چوملك دوستى *tcheumlek dostè*, « ami de marmite », c.-à-d. par intérêt. — دوست ایدنمك *dost edenmek*, (ou طوتمق *toutmaq*) se créer des amis. — Proverbes : دوستلرك تنى ایكى جانى بر در *dostlaruñ teni iki djanè bir dur*, « les amis ne font qu'une âme dans deux corps ». — سفره میدانده دوست میدانده *sofra meïdandè dost meïdandè*,

« table ouverte, amis déclarés ». — دوست بر یشیل یاپراق *dost bir yechil yapraq*, « un ami est une feuille verte ». — دوستكى قندیل ایله آره *dostèñeu qandil ilè âra*, « cherche un ami la lampe à la main ». — دوستلق *dostleq*, amitié, intimité. — دوست اولور دوستلق اولمز *dost eulur dostleq eulmez*, « l'ami meurt, l'amitié ne meurt pas ». — فلانك دوستلغنده بولنمق *filanuñ dostleghendè boulounmaq*, témoigner de l'amitié à quelqu'un. — اكابرك دوستلغى *akiabiruñ dostlegheu âqar çou guibi der*, « l'amitié des grands s'écoule comme un torrent ». — قازان قاینار دوستلق قاینار *qazan qaïnar dostleq qaïnar*, « la marmite bout et l'amitié aussi », s'applique aux flatteurs et aux parasites. — دوستلقلو بر آدم *dostleqlu bir âdam*, un ami intime. — دوستلق اوزره دوستانه *dostanè* et *dostleq uzrè*, conforme à l'amitié, amicalement.

دوش *douch*, (t. or. توش) côté; opposé, en face. — flanc, hypocondre. — دوش اتى *douch ète*, partie du corps chez les poissons où se forment les œufs. — دوه دوشلو آت *devè douchlou ât*, « cheval qui a les flancs comme ceux du chameau », le ventre long et difficile à sangler.

دوش 1° *duch,* (pers.) songe, rêve; avec كورمك *gueurmek,* voir en songe, rêver. — دوش آزتمق *duch âzetmaq,* avoir une pollution nocturne. Cf. جنابت. — اویقودن صکره دوش *ouïqouden çoñra duch,* « songe après le sommeil », songe-creux, rêvasserie. — 2° *douch,* (pers.) épaule, dos.

دوشرمك *duchurmek,* transitif de *duchmek,* faire tomber, amener en bas, renverser. — صرەسنی دوشرمك *çerasçneu duchurmek,* faire arriver l'occasion, profiter de la veine. — كوچك دوشرمك *kutchuk duchurmek,* rendre petit, humilier. — چوجق دوشرمك *tchoudjouq duchurmek,* faire avorter; d'où دوشرمكلك *duchurmeklik,* avortement et دوشرلمش *duchurulmuch,* qui a été fait avorter. Cf. دوشوك *duchuk.*

دوشرمك (var. دیوشرمك) *devchirmek,* ramasser; réunir. — cueillir, recueillir. — عقلنی باشنه دوشرمك *'aqleneu bachçnè devchirmek,* reprendre ses esprits; se recueillir. — دوشریم *devchirim,* action de réunir; rassemblage. — دوشریملو قاب *devchirimlu qab,* vase dont l'orifice est arrondi en forme de boule.

دوشرمه (var. دیوشرمه) *devchirmè,* recrutement militaire. C'était en vertu des règlements du *devchirmè* qu'on recrutait les *adjemi-oghlan,* fils des rayas chrétiens de Roumélie, destinés aux cohortes des janissaires. Ce mode d'enrôlement injuste et irrégulier fut abandonné sous le règne de Mourad IV, vers l'année 1637.

دوشش ou دوشیش *duchich,* (de *duchmek,* tomber) rencontre fortuite; coïncidence, hasard.

دوشك 1° *duchek,* lit, couche; matelas ou sofa. — پوپله دوشك *poupla duchek,* lit de plumes; یشیل د *yechil duchek,* lit de verdure. — د سریری *duchek seriri,* bois de lit. — د دوشتمك *duchek duchetmek,* faire le lit. — د چكمك *duchek tchekmek,* garder le lit. — دوشكلره اسیر اولمق *ducheklerè essir olmaq,* être alité, gravement malade; on dit dans le même sens : یكین دوشك چكمك *yeguîn duchek tchekmek,* « avoir un lit violent ». — دوشكدن قالقمق *duchekten qalqmaq,* se lever du lit; revenir à la santé. — دوشكجی *duchekdji,* « habitué du lit », au *fig.* paillard, débauché. — اولوم دوشكنده او eulum ducheyindè olmaq, être au lit de mort. — نه مبارك دوشككز وار ايمش nè mubarek ducheüñez var imich, « que votre lit a été béni! » vous avez eu de nombreux enfants. — دوشك قوتلو اولسون duchek qoutlou olsoun, « que le lit soit heureux ! » compliment à de nouveaux mariés. — دوشك آلتنه قارنجه قیوویرمك duchek áltenè qarindja qoyou-vermek, « mettre des fourmis sous le matelas », comme en français « mettre la puce à l'oreille ». — 2° duchuk, avorton ; voir دوشوك.

دوشكون duchgun, (de دوشمك tomber) qui est tombé dans le malheur ; disgracié de la fortune ; pauvre et abandonné. — یلدیزی دوشكون yeldezeu duchgun, qui n'a pas de chance, maltraité par la fortune. — دوشكونلك duchgunluk, disgrâce, malheur, abandon. — دوشكونلرك الندن یاپیشانه الله یاردمجیدر duchgunleruñ èlinden yapichanè allah yardumdjeder, Dieu vient en aide à celui qui prend par la main les malheureux.

دوشمك duchmek, tomber. — arriver, échoir. — concerner. — یره دوشمك yerè duchmek, tomber à terre. — اوجاغه دوشمك odjagha duchmek, se réfugier. — آیاغه دوشمك âyagha duchmek, supplier. — اوستنه دوشمك ustunè duchmek, avoir le dessus. — دوشوب قالمق duchup qalmaq, se rencontrer. — برابر دوشوب قالمق beraber duchup qalqmaq, « se lever et se coucher ensemble », vivre dans l'intimité. — حسابدن دوشمك hissabden duchmek, être défalqué de compte, soustrait. — طامدن دوشمك damdan duchmek, « tomber du toit », au fig. se conduire avec arrogance. — كوچك دوشمك kutchuk duchmek, être méprisé, être humilié. — Proverbes : دوشمز قالقمز بر الله duchmez qalqmaz bir allah, « il n'y a que Dieu qui ne tombe pas, ni ne se relève ». — كندی دوشن آغلامز kendi duchen âghlamaz, « qui se laisse tomber ne pleure pas », qui fait la sottise la boit. — دوشنك دوستی اولمز duchenuñ dostè olmaz, « le malheureux n'a pas d'ami ». — دوشدوكی یردن قالقسون duchduyu yerden qalqsoun, « qu'il se relève du lieu où il est tombé », qu'il se tire d'affaire. — اشك دوشدوكی یره بر دهـا اوغرامز èchek duchduyu yerè bir daha oghramaz, « l'âne ne repasse plus par où il est tombé ». — دوزاغنه بر كوزل قوش دوشدی douzaghenè bir guzel qouch *duchdu*, « un bel oiseau est tombé dans son filet », il a fait une belle affaire. — بو مصلحت سزه دوشر *bou maçlahat sizè ducher*, cette affaire vous incombe, cela vous concerne.

دوشنمك 1° *duchunmek*, penser, réfléchir. — gouverne le complément direct à l'accusatif : ايشمزى دوشنه‌لم *ichemezeu duchunèlim*, pensons à notre affaire. — Proverbe : اول دوشون صكره سويله *evvel duchun çoñra seuïlè*, « réfléchis d'abord et parle ensuite ». — 2° *duchènmek*; voir دوشه‌مك.

دوشوك (var. دوشت et دوشك *tuchut*) *duchuk*, avorton, né avant terme. — دوشك ديش *duchuk dich*, dent tombée ou cassée, chicot. — دوشك يلدز *duchuk yeldez*, étoile qui se couche; malheureux. Cf. دوشرمك *duchurmek*.

دوشوم (var. دوشم) *duchum*, planchette de bois mise sur les meules de blé, en guise de marque de contrôle, par les fermiers de l'État.

دوشه‌مك *duchèmek*, étendre des tapis, nattes, etc., tapisser, planchéier; garnir de meubles. — Le *transitif* دوشتمك *duchetmek* a le même sens. — قالدريم دوشتمك *qalderem duchetmek*, paver une chaussée, faire un trottoir. — دوشه‌مه *duchèmè*, 1° action de tapisser, de meubler, etc. — 2° tapis, meuble, tenture. — دوشه‌مه تخته‌سى *duchèmè takhtasse*, plancher, parquet. — دوشه‌مه طاقمى *duchèmè taqemeu*, ameublement. — دوشه‌مه‌لو او *duchèmèlu èv*, maison meublée; garni. — On nomme aussi *duchèmè* une sorte de tapis en poils de chèvre, à laine courte, fabriqué par les Turcomans des environs de Brousse. — دوشنمك et دوشنمك *duchènmek*, 3° être étendu par terre; être tapissé, meublé, etc. — 4° être alité, garder le lit. — Proverbe : سنك اجون سجاده دوشنمز *senuñ itchun sedjadè duchènmez*, « on n'étendra pas le tapis pour toi », on ne te fera pas fête.

دوغرامق *doghramaq*, tailler; menuiser; voir طوغرامق.

دوغرى et mieux دوغرو *doghrou*, droit, sincère; voir طوغرى.

دوغمق *doghmaq*, naître; voir طوغمق.

دوقمق *doqoumaq*, tisser; voir طوقمق. — دوقومق *doqoumaq*, toucher; voir طوقمق.

دوكتمك **duketmek**, (on emploie plus souvent توكتمك **tuketmek**) finir; achever, parfaire, épuiser. — نفس دوكتمك **nefes duketmek**, rendre l'âme, expirer. — صفرى د **çefreu duketmek**, faire faillite; être ruiné.

دوكدى **deuïdu**, (du verbe **deuïmek**, frapper) choc, coup d'une arme ou d'un objet contondant. Ce mot, peu usité aujourd'hui, est employé en poésie. Le vers suivant, sur le mètre *muteqarib*, est cité par l'auteur du *Lehdjè* :

نجاق دوكديسندن ايرنجه صداع
عدويه حيات ايلر ايسدى وداع

« Sous le choc de la masse d'armes qui fendait les têtes, la vie disait adieu aux ennemis. »

دوكش ou دوكوش **deuyuch**, (de **deuïmek**, battre) action de se battre; rixe, combat, lutte. — دوكش آراسنده يومروغه باقلمز **deuyuch ârasendè youmrougha baqelmaz**, dans une bataille on ne regarde pas aux coups de poing.

دوكم **deukum**, fonte; — **deuyum**, nœud; voir دوكوم.

دوكمك **deuïmek** et **deugmek**, nouer; attacher fortement à l'aide d'un nœud. — دوكلمك **deuïulmek**, être noué, être serré. — دوكلى **deuïulu**, tout, tout entier, en totalité. — Cf. دوكوم, nœud.

دوكمك **deuïmek**, (autrefois **deugmek**) battre, frapper. — قپوىى دوكك **qapouyeu deuïmek**, frapper à la porte. — بر قلعه دوكك **bir qal'è deuïmek**, battre les murs d'une place-forte. — دوكدرمك **deuïdurmek**, faire frapper, entrechoquer. — دوكشمك **deuïuchmek**, se battre, se frapper entre soi; avoir une rixe. — دمير اورسنده دوكيلور **demir eursindè deuïulur**, « le fer est battu sur l'enclume », il faut battre le fer quand il est chaud. — بر طلوم دوكرسين **bir touloum deuïersin**, « tu bats une outre », tu perds ton temps. — دلى يى دوكرسك اوصلانمز **deliyè deuïerseñ ouçlanmaz**, tu as beau battre le fou, il ne devient pas raisonnable.

دوكمك **deukmek**, verser, répandre. — كوز ياشى قان دوكك **gueuz yacheu qan deukmek**, verser des larmes ou du sang. — صو دوكك **çou. deukmek**, « verser de l'eau », uriner. — fondre, mettre en fusion. — قالبه دوكك **qalebè deukmek**, couler dans le moule. — چيچك دوكدى **tchitchek deuktu**, la variole a imprimé ses marques. — يوز

صوىی دوكك *yuz çouyę deukmek*, « répandre l'eau du visage », déshonorer. — دوكدرمك *deuktirmek*, faire verser; faire mettre à la fonte. — دوكلمك *deukulmek*, être versé, être répandu ou mis en fusion. — se répandre (comme une troupe d'agresseurs). — باشدن صوغوق صو دوكلمك *bachten çoouq çou deukulmek*, « recevoir une douche d'eau froide sur la tête », éprouver une disgrâce. — بارداقدن دوكلور كبی یاغیور *bardaqtan deukilur guibi yagheyor*, il pleut à seaux. — دوكنمك *deukunmek*, se verser, se répandre. — صو دوكنمك *çou deukunmek*, se verser de l'eau, se laver. — دوكندی *deukundu*, ce qui est versé, répandu. — restant, résidu. — ce qui est rejeté par la mer; — banc de sable, récif.

دوكمه *deukmè*, action de verser, ou de fondre. — fondu, en fonte. — دوكمه طوب *deukmè top*, canon de fonte. — دوكمه جی *deukmèdji*, fondeur en métaux; on emploie aussi en ce sens le mot دوكجی *deukudju*. Cf. دوكك *deukmek*.

دوكمه *deuïmè*, (du verbe *deuïmek*, nouer) bouton pour attacher; synonyme de باشجغز *bachdjeghaz*, « petite tête ». — كومش دوكه *gumuch deuïmè*, bouton d'argent. — *au fig.* tête. — دوكه قوپارمق *deuïmè qoparmak*, « arracher le bouton », c.-à-d. : couper la tête. — قاره دوكه كی كوزل صاقله *qara deuïmèñeu guzel çaqla*, « conserve bien ton bouton noir », veille sur ta propre vie. — دوكهلهمك *deuïmèlèmek*, boutonner, attacher à la boutonnière; voir aussi ایلك *ilik*. — Les Persans ont pris la forme توكمه *teugmè* ou *deukmè*.

دوكن *deuyen (deugen)*, fléau, instrument qui sert à battre le blé.

دوكنمك *deuïunmek*, se désespérer, se repentir; témoigner un grand chagrin; littér. « se frapper », du verbe دوكك.

دوكنمك *dukenmek*, (et plus usité توكنمك *tukenmek*) s'épuiser, s'achever. — دوكنمز عمر *dukenmez 'eumr*, « la vie inépuisable », la vie éternelle; l'éternité.

دوكور (var. دوكر) *deuïur*, beau-père, se dit aussi bien du second mari de la mère que de celui dont on a épousé le fils ou la fille. — Comparer avec les mots اوكه *euyè* et قاین *qaïn*.

دوكوز (var. توكوز, دوكز, توكز) et

دول دوك 765

(توكس) *deukuz*, complet, parfait; tout entier; achevé. — Ce mot est entièrement inusité aujourd'hui.

دوكوك *deukuk*, défait, en désordre; pêle-mêle.

دوكوم (var. دوكم) *deukum*, jet, fonte mise en fusion. — دوكوم خانه *deukum-hanè*, fonderie. — Cf. دوكمه *deukmè*.

دوكوم *deuyum*, nœud. — ايلمكلو دوكوم *ilmeklu deuyum*, nœud coulant. — دوكوملو ديلنجى *deuyumlu dilindji*, mendiant aveugle. — دوكوملهمك et دوكلهمك *deuyumlèmek*, faire un nœud; attacher solidement. — دوكوم چوزمك *deuyum tcheuzmek*, dénouer, détacher. — جلاه دوكومى *tchoulah deuyumu*, « nœud de tisserand », nœud indissoluble; synonyme de يارامز دوكم *yaramaz deuyum*. — اسكى دوكومى چوزمك *èski deuyumu tcheuzmek*, « dénouer un vieux nœud », se tirer d'un mauvais pas.

دوكون (var. دوكن) *duyun*, noce, mariage. — دوكون ضيافتى *duyun ziafetè*, festin de noce. — دوكون اوى *duyun èvè*, maison où se célèbre la noce. — اولو دوكون آشى *èvlu duyun âcheu*, portion du festin servie aux femmes, lesquelles sont assises dans une pièce à part. — دوكونه اوقومق *duyunè oqoumaq*, inviter à la noce. — دوكنجى *duyundju*, « qui est de la noce »; invité. — دوكون طاغلدقدن صكره كلمك *duyun dagheldeqten çoñra guelmek*, venir quand la noce s'est séparée, venir trop tard. — دوكون اوىى بلمز چناق چوملك طاشور *duyun èvini bilmez tchanaq tcheumlek tacheur*, celui qui ne connaît pas la maison nuptiale, emporte avec soi sa vaisselle. — دوكون پلاوندن كوپك قارننى طويماز *duyun pilavinden keupek qarneneu doïmaz*, « le chien ne se rassasie pas avec le pilau d'un repas de noce », il ne reste rien après une noce. — دوكون چيچكى *duyun tchitcheyi*, renoncule.

دوكه *duyè*, génisse. — دوكهلك *duyèlik*, état de rut chez la génisse.

دول *duvel*, plur. ar. de دولت *devlet*, Puissances, États, gouvernements. — دول خمسه *duveli khamsè*, les cinq grandes Puissances. — دول متحابه *duveli mutehabbè*, les Puissances amies. — امور دوليه *umouri duvelyè*, affaires d'État; تدابير دوليه *tedabiri duvelyè*, mesures gouvernementales. — Voir دولت.

دول *deul*, race, lignée; — origine. — دول یاتاغی *deul yatagheu*, matrice; دول اشی *deul èche*, arrière-faix. — دول دوش *deul-deuch*, race, descendance; famille. — آت دولی *ât deule*, généalogie du cheval. — Le mot *deul* n'est plus usité.

دول *doul*, veuf, veuve; voir طول.

دولاب *dolab*, armoire; machine, etc.; voir طولاب.

دولاشمق *dolachmaq*, parcourir, circuler; voir طولاشمق.

دولاندرمق *dolandermaq*, tromper; voir طولاندرمق.

دولایی *dolayi*, environnant, autour; voir طولایی.

دولبند *dulbend*, turban; voir دلبند.

دولت *devlet*, (ar.) 1° bonheur, félicité; fortune, richesse. — نه دولت *nè devlet*, quel bonheur! — دولت واقبال ایله *devlet u iqbal ilè*, « avec bonheur et prospérité », formule de politesse à l'adresse d'une personne qui part. — Proverbes: دولت آیاغنه طولاشور *devlet aïaghena dolacheur*, « le bonheur circule à ses pieds », c.-à-d.: le bien lui vient en dormant. — هر طرفدن دولت بولونمز *her taraftan devlet boulounmaz*, « il n'y a pas de bonheur parfait »; *nihil est ab omni parte beatum* (Horace). — دولتنی بلمین دولتلو دكلدر *devletini bilmeyen devletlu deïldur*, « celui qui ne connaît pas son bonheur, n'est pas heureux ». — دولتلی et دولتلو *devletlu*, heureux, fortuné; puissant; épithète donnée aux grands fonctionnaires, aux muchirs, pachas, etc. qui ont le grade de vézir. — دولتخانه *devlethanè*, « la maison du bonheur », votre maison, terme de politesse; s'emploie aussi pour la résidence des princes. — دولتخواه *devlet-khah*, « qui désire le bonheur », votre serviteur. — دولتمند *devletmend*, heureux, prospère. — 2° état, gouvernement, puissance souveraine. — دولت عثمانیه *devleti 'osmanyè*, le gouvernement ottoman, la Porte; on dit aussi دولت علیه *devleti 'alyyè*, « le gouvernement sublime ». — plur. دول *duvel*. — دول فخیمه *duveli fakhimè*, les grandes Puissances (Allemagne, France, Autriche, Angleterre, etc.); les États de second ordre sont ordinairement désignés par دول بهیه *duveli behiyè*, « belles puissances ». — فرانسه دولت فخیمه سی *firansa devleti*

دول

fakhimèssi, le grand État de France. — دول متعاهده *duveli mute'ahedè*, les Puissances contractantes; دول متحده *duveli muttahidè*, ou دول متفقه *duveli muttefeqa*, Puissances alliées; دول ضامنه *duveli zaminè*, Puissances garantes; دول متوسطه *duveli mutevassetè*, Puissances médiatrices. — دول شماليه *duveli chimalyè*, les États du Nord; دول غربيه *duveli gharbyè*, les Puissances occidentales. — دول حاميه *duveli hamyyè*, Puissances protectrices. — دولتجه *devletdjè*, conforme au gouvernement; par l'État; d'une manière officielle. — دولت منصبى كوكرجنلكدر قونان كوچر *devlet mançebe gueuverdjinlik-ter qonan gueutcher*, les places officielles sont (comme) un pigeonnier : on s'y pose, puis on part.

دولك *dulek*, 1° espèce de courge de petite taille. — 2° قارغه دولكى *qargha duleye*, graine de coloquinte; en arabe : هبد *hebed*. — 3° تكرلك دولكى *tekerlek duleye*, moyeu de roue. — 4° en général, toute chose arrondie.

دولك *deulek*, hune; دولك يلكنى *deulek yelkene*, voile de hune.

دولكر *dulguer*, charpentier (cf.

دوم

le persan دروكَر). — دولكرلك *dulguerlik*, métier de charpentier. — دولكر چاتى *dulguer tchateu*, charpente. — On dit proverbialement d'un maladroit : شو دولكره بكزر كه بتون بر چامدن بر ال ايكى ياپدى *chou dulguerè beñzer ki butun bir tchamden bir èl iyi yapteu*, « il ressemble à ce charpentier qui de tout un pin ne sut faire qu'un fuseau ». — دولكر بالغى *dulguer baleghe*, dorade (et non la scie, comme le disent quelques lexicographes).

دولكنج (var. ديولكنج) *dulkendj*. On n'est pas d'accord sur l'identification de ce mot. Les uns l'expliquent par « alouette », les autres par « hochequeue ». D'autres le prennent pour une espèce de milan de petite taille.

دولمه *dolma*, farce, hachis; voir طولمه.

دولو *dolou*, 1° plein, rempli. — 2° grêle; voir طولو.

دومان (var. طومان) *douman*, vapeur, brouillard; brume. — دومان چوكيور *douman tcheukior*, le brouillard tombe. — كوز دومانى *gueuz doumaneu*, taie blanchâtre dans l'œil. — توزى دومانه قائق *tozeu doumanè qat-*

maq, « faire monter la poussière jusqu'aux nuages », courir avec une rapidité extrême. — ایش دومان او *ich douman olmaq*, se dit d'une affaire qui se gâte, d'une chose qui dépérit. — دومانلامق *doumanlamaq*, devenir brumeux, vaporeux. — قفا دومانلامق *qafa doumanlamaq*, « avoir du brouillard dans la tête », être ivre. — كوز دومانلامق *gueuz doumanlamaq*, avoir les yeux troublés et comme nuageux par suite de souffrance ou de colère. — Proverbes : طاغ باشندن دومان ار باشندن كمان اكسيك اولماز *dagh bachenden douman èr bachenden gouman èksik olmaz*, « le sommet de la montagne n'est jamais sans brouillard, ni la tête de l'homme sans incertitude ». — ایشی توز دومان اولش *iche toz douman olmech*, « son affaire s'est en allée en poussière et en vapeur ». — Le mot *douman* se dit aussi du velouté des fruits fraîchement cueillis; on dit par exemple : دومانی اوستنده اریك اوزوم *doumaneu ustundè èrik uzum*, « prune ou raisin dans son brouillard », c.-à-d. dans sa fleur.

دوم دوز *dum-duz*, tout uni, tout simple. Cf. دوب *deup*.

دومن *dumen*, gouvernail; timon. — دومن طوتمق *dumen toutmaq*, prendre le gouvernail, ou دومن قوللانمق *dumen qoullanmaq*, manier le gouvernail; diriger les affaires; (le verbe dérivé دومنلامق *dumenlamaq* n'est plus usité.) — دومن نفرى *dumen neferi*, « les gens du gouvernail », ceux qui sont en arrière. — *au fig.* دومنى آكرى آت *dumeni èyri ât*, cheval dont la queue est placée de travers. — دومن چویرمك *dumen tchevirmek*, « tourner le gouvernail », se dédire, revenir sur un engagement. — دومن الندەدر *dumen èlindè der*, « le timon est entre ses mains », c'est lui qui dirige tout. — دومنسز كميه دومن طقدى *dumensez guemyè dumen teqteu*, « il a mis le gouvernail à un bateau désemparé », il a rétabli l'ordre dans les affaires. — دومنجى *dumendji*, timonier, matelot qui tient la barre. — Voir *Dict. géographique*.

دون *dun*, (cf. t. or. تون nuit) hier. — دون صباح *dun çabah*, hier matin; دون آخشام *dun âkhcham*, hier au soir; دون كيجه *dun guèdjè*, hier dans la nuit. — دون دكل او بر كون *dun deyil ô bir gun*, avant-hier. — دونكى *dunki*, d'hier; دونكی كون *dunki gun* ou دون *dunen*, le jour d'hier. — On dit en proverbe d'un parvenu : دون طوغدی دنیا بیودی *dun doghdeu dunya buyudu*, « il est né d'hier et le voilà grand comme le monde », ou bien : دون قباق اولدی بو كون اطرافه بویون اوزادیور *dun qabaq oldeu bou gun atrafè boyoun ouzadeïor*, « hier il était courge, aujourd'hui il dresse la tête (le cou) de tout côté ».

دون 1° *doun*, (ar.) placé au dessous; inférieur; vil. — ما دون *ma-doun*, ce qui est au-dessous. — انكلتره یه وقوعبولان اخراجات پك دون ایدی *inguilteraïa vouqou'boulan ikhradjat pek doun idi*, les importations en Angleterre étaient très faibles. — 2° دون *devn*, infériorité. — 3° *dôn*, caleçon; voir طون.

دوناتمق (var. طوناتمق) *donatmaq*, parer, orner — équiper. — كمی دوناتمق *guemi donatmaq*, gréer un navire. — طوناتمق et دوناتمق *donanmaq*, être paré, orné; être équipé. — دونانمش آت *donanmech ât*, cheval sellé, bridé et couvert d'une housse de prix.

دونان *deunèn*, 1° tout animal domestique de grande taille, cheval ou chameau, qui a plus de trois ans. — 2° mouton ou chèvre âgés de plus de deux ans.

دونانما (var. طونانما, دونّما) *donanma*, du verbe *donanmaq*, gréer, équiper, 1° flotte. — دونانمای همایون *donanmaïi humayoun*, flotte impériale ottomane. — كوچك دونانما *kutchuk donanma*, (ou فیلو) flottille. — 2° réjouissances publiques, comme دونانمه. — قندیل دونانماسی *qandil donanmasse*, illumination à l'occasion d'une fête publique.

دونانمه (var. طونّه, دونّه) *donanma*, 1° action de parer, de gréer. — réjouissances publiques, illuminations, etc.; cf. *Tableau de l'Empire ottoman*, t. IV, p. 408. — 2° flotte; voir دونانما.

دوندار (var. دندار et دومدار pers.) *dundar*, 1° arrière-garde, corps d'armée placé à l'arrière du champ de bataille, en réserve. L'orthographe طوندار *doundar* est vicieuse. — 2° nom propre *Dundar*, fils d'Ertoghroul. — Dans cette seconde acception, ce nom signifie « porte-enseigne »; c'est le persan دُم « queue » qui répond au turc *tough* طوغ.

دونش (var. دونوش) *deunuch*, n. d'action du verbe *deunmek*, action de revenir, de rétrograder. — retour; دونشين *deunucheïn*, au retour, en revenant. On dit plus communément : دونشده *deunuchtè*.

دونك *deunuk*, (du verbe *deunmek*, revenir, aller en arrière) qui change, versatile. — renégat, apostat. — دونكلك *deunukluk*, versatilité d'esprit, frivolité. Cf. دونمه *deunmè*.

دونك *dunek*, perchoir, surtout perchoir de poulailler. Voir دونه‌مك.

دونكل *deunguel*, nèfle; synonyme de مشموله *mouchmoula*. — دونكل آغاجى *deunguel âghadje*, bois de néflier. Une autre espèce de gros néflier est nommée ازكيل *ezguil* ou بش بيق *bech beyeq*, « les cinq moustaches ». — دونكل ايله اوروج طوتلماز *deunguel ilè oroudj toutelmaz*, « on n'observe pas le jeûne en mangeant des nèfles » (proverbe).

دونم (var. دونوم) *deunum*, action de revenir; retour; — fois, série, tour; voyage. — كون دونومى *gun deunumu*, retour de la saison d'hiver et de la saison d'été; — commencement de la mousson. Cf. دونمك.

دونم *deunum*, mesure agraire; il y a deux sortes de *deunum* : l'un est représenté par un carré dont chaque côté est de 40 pas moyens; l'autre nommé اعشارى *a'chari*, par un carré de 100 pas. Le *deunum* ordinaire peut être évalué entre 9 et 10 ares.

دونمه *deunmè*, 1° action de revenir en arrière, rétrograder. — conversion, apostasie. — 2° adj. renégat, apostat, comme دونك *deunuk*.

دونمك *deunmek*, retourner, revenir; aller en arrière, rétrograder. — apostasier. — فريل فريل د *ferel ferel deunmek*, retourner; fouiller, faire des perquisitions. — virer de bord. — سوزندن دونمك *seuzunden deunmek*, revenir sur sa parole, se rétracter. — بازارلقدن د *bazarleqten deunmek*, rompre un marché, le résilier. — كوز et د باش د *gueuz deunmek* et *bach deunmek*, avoir le vertige, avoir un éblouissement. — چوى صوى دونمك *çoï deunmek*, s'altérer (la race), s'abâtardir. — دوندرمك *deundurmek*, faire retourner, faire rétrograder. — دونشدرمك *deunuchturmek*, chercher, aller çà et là à la recherche.

دونه‌مك *dunèmek*, percher, se

percher. — trans. دونه‌تمك dunetmek. On dit en guise de menaces : انــــى آغاجده قوش كبی دونه‌ده‌یم ône âghadjdè qouch guibi dunèdèim, « je le ferai percher sur un arbre comme l'oiseau », je le ferai pendre. — De là دونك dunek, perchoir.

ده‌وه devè, (t. or. ته‌وه) chameau. — « Il y a quatre espèces de chameaux, scavoir le cendré بوز دوه boz devè; il a le poil court, ou comme disent les Turcs, il est nud, c'est le chameau commun. Le chameau velu dit بسرك beserec, a le poil long et les jambes roides, aussy porte-t-il plus grosse charge que les autres. On appelle le masle beserec et la femelle مایه mayè. Ce chameau vient de différente espèce, il est engendré du chameau à double bosse, dit بحور دوه bouhour devè (voir بوغــور) et du chameau au poil court dit بوز دوه boz devè. Le chameau dit bouhour a deux bosses sur le dos, ce qui luy a fait donner aussy le nom de چتــال اوركوج tchatal eurguge, bosse fourchue, il est à long poil comme celuy qu'on nomme velu, mais il ne porte pas la charge de mesme. » (Père ARCÈRE.) — د تویی devè tuyu,

poil de chameau; د اوركوجی devè eurgudju, bosse de chameau. — د دیكنی devè dikeni, chardon. — د قوشی devè qouchou, autruche. — د الماسی devè èlmassè, « pomme de chameau », eryngium, panicaut nommé aussi deñiz dikeni, « épine de mer » et ibrahim dikeni, « épine d'Abraham ». — تكــری دوه‌جكی tañreu devèdjiye, « chamelle de Dieu », surnom de la sauterelle. — د تیاری devè timarè, mauvaise réparation, besogne mal faite. — اولیا دوه‌سی èvlya devèsi, scolopendre, mille-pieds — د طبــانی devè tabaneu, « semelle de chameau », plante; — au fig. pas de géant. — د یورویشی devè yuruyuchè, « marche de chameau », au fig. routine. — Le mot devè est pris vulgairement dans le sens de « gros, grossier » etc.; par ex. : دوه كوزلو devè geuzlu qui a de gros yeux; دوه كوزی devè gueuzeu, raisin à gros grains; دوشلو devè douchlu, dos de chameau, dos proéminent. — د كنلــو devè kînlu, rancunier, vindicatif. — دوه‌جی devè dji, 1° chamelier, conducteur de chameaux. — 2° surnom des quatre premiers régiments d'infanterie de janissaires, dont les chefs avaient, outre leurs fonctions militaires, une sorte

49*

d'autorité dans les affaires civiles. — دوه‌جیلك *devèdjilik*, métier de chamelier; *au fig.* sottise, balourdise. — بر دوه یوكی سوز *bir devè yuku seuz*, « une charge de chameau de paroles », grand bavardage. — دوه اوچار *devè outchar*, « le chameau vole », phrase proverbiale en réponse à quelque absurdité. — د نعللامق *devè na'allamaq*, « ferrer le chameau », faire des extravagances. — دوه وار دوه‌جك وار *devè var devèdjik var*, « il y a chameau et chamelet », il y a fagots et fagots. — دوه قفسده *devè qafesdè*, « chameau en cage », se dit d'un sot qui est dans les honneurs. — دوه سویله‌مك *devè seuïlèmek*, « parler en chameau », dire des injures, parler grossièrement. — دوه كمك ایستر ارسلان چمان ایستر *devè kemik ister aslan çaman ister*, « le chameau veut des os et le lion de la paille », nul n'est content de son sort. — نه دوه كوردم نه دوه‌جی *nè devè gueurdum nè devèdji*, je n'ai vu ni chameau ni chamelier. — دوه‌یی دوزه سورتمك *devèyi duzè surtmek*, « pousser le chameau dans la plaine », faire le jeu de son adversaire. — دوه اوینار *devè oïnar*, « le chameau danse », se dit de quelqu'un qui sort de ses habitudes, qui force son caractère, comme dans le proverbe latin : *camelum vidimus saltantem*. — سكردن آتدن یورویه‌ن دوه چوق گیدر *seïrden âttan yuruyen devè tchoq guider*, « chameau qui marche va plus vite que cheval qui court », hâtez-vous lentement. — دوه‌دن بیوك فیل وار *devèden buyuk fil var*, « l'éléphant est plus grand que le chameau », le fort trouve plus fort que lui. — دوه كبی بر طوغری یری یوق *devè guibi bir doghrou yerè yoq*, il est comme le chameau, tout est chez lui de travers.

دویت et دویت (var. دوید, دوید et forme arabe دوات) *divit*, écritoire, encrier que l'on passe à la ceinture. — كوموش دویت *gumuch divit*, « encrier d'argent », à l'usage des lettrés, *kiatib*, etc.; بغا دویت *bagha divit*, encrier d'écaille ou de corne. — د لقه‌سی *divit liqasseu*, coton qu'on met dans l'encrier. — دویدك عرضی وار *dividuñ 'erzè var*, « l'encrier est honorable », il faut respecter la profession d'écrivain. — دویت ایچندن هم زهر چیقار هم تریاق *divit itchinden hem zehir tcheqar hem tiriaq*, il sort de l'écritoire du poison et de l'antidote. — دویت ایچنده مركب قالمامش *divit itchindè mu-*

rekkeb qalmamęch, « il ne reste plus d'encre dans l'écritoire », la bourse est à sec. — بلى دويتلر *bèli divitluler*, « les gens qui ont l'écritoire à la ceinture », les écrivains et gens de lettre. — دويتدار *divitdar* (ar. *devadar*), surnom d'une classe de hauts fonctionnaires civils à la cour des Mameluks et des premiers Sultans ottomans.

دويرمك *devirmek*, renverser; bousculer.

دويمق *doïmaq*, se rassasier; — *douïmaq*, sentir, percevoir; cf. طويمق.

ده *dè* ou *da*, 1° suffixe du locatif; indique le temps et l'espace آيده يلده *âydè iildè*, dans le mois, dans l'année; دره ده تپه ده *derèdè tepèdè*, dans le vallon et la montagne. — Quand il suit un verbe à l'infinitif, *dè* marque l'actualité d'une action ou sa continuité. — يازمقده او *yazmaqtè olmaq*, être en train d'écrire; يورومكده او *yurumektè olmaq*, continuer de marcher. — 2° particule conjonctive qui s'attache à la fin des mots, comme la conjonct. latine *que*. — بنده سنده كيدرز *bendè sendè guiderez*, toi et moi nous partirons. — قوشده كل *qochdè guel*, cours et viens. — 3° abréviation de دخى

dakhi, aussi. — بنده بويله سويله دم *bendè beuïlè seuïlèdum*, moi aussi j'ai parlé de la sorte. — 4° ده pour دى *di*, donc, allons; cette forme orthographique est plus usitée en persan qu'en turc. — 5° *dih*, (pers.) village. — 6° *deh*, (pers.) dix, n. de nombre.

دها *daha*, (forme ancienne دخى) encore, aussi. — دها زياده *daha zyadè*, encore plus. — دها ايو *daha eyi*, meilleur; tant mieux. — بر دهاده *bir dahadè*, une autre fois. — دها نره ده *daha nerèdè*, il s'en faut de beaucoup. — اوچ بش دها سكز *utch bech daha sekiz*, cinq et trois font huit.

دهره *dehrè*, (pers.) faux, grande serpe à dent de scie pour ébrancher ou émonder les arbres.

دهليز *dehliz*, (ar. pers.) vestibule conduisant de la porte de rue aux appartements. — couloir. — دهليز زير زمين *dehlizi ziri zemîn*, tunnel de chemin de fer; دهليز زير بحرى *dehlizi ziri bahri*, tunnel sous-marin.

دى *di* ou *dè*, interjection : allons voyons! donc. — comme دى ايمدى *di imdi*, eh bien! allez donc; continuez — دى صوص *di çous*, allons! silence

— Cette particule se met souvent à la suite du verbe à l'impératif : سز مراعتسزجه حق بیلدر کرزدی *siz mera'atsizdjè haqqeu bildiriñezde*, faites donc savoir la vérité sans ménagement. Cf. دیها.

دیار *diar*, (ar.) pays, contrée ; cf. ولایت *vilayet*. — بزم دیارلو *bizim diarlu*, notre compatriote.

دیاقوز *diaqoz*, (du grec διάκος) diacre, clerc revêtu du second degré des ordres. Les Turcs emploient aussi le terme arabe شمّاس *chemmas*.

دیانت *dyanet*, (ar.) science de la religion et observation des pratiques religieuses. — دیانت فنون شتادن عبارت بر زبدۀ معرفت اولور la connaissance pratique de la religion est la quintessence du savoir; elle comprend une foule de sciences diverses. (Kemal Bey.)

دیب *dib*, fond, pied; partie inférieure, base. — قاب دیبی *qab dibi*, fond du vase; تنجره دیبی *tendjerè dibi*, fond du chaudron; *au fig.* tout noir, bouteille à l'encre. — صویك دیبی *çouyuñ dibi*, fond de l'eau. — قزغان دیبی *qazan dibi*, fond de la chaudière; au *fig.* ruse, stratagème. — آغاج دیبی *âghadj dibi*, pied de l'arbre, ombrage. — دیب باغرساق *dib baghersaq* ou طوغری باغرساق *doghrou baghersaq*, rectum. — قین دیبی *qen dibi*, dard, gaîne de métal qui est au bout du fourreau. — دیبه چوکمك *dibè tcheukmek*, aller au fond. — دیبه داری اکمك *dibè daru ekmek*, « semer du millet au fond », scruter, examiner avec attention. — طرناغك دیبنه ورمك *ternaghuñ dibinè vermek*, « payer comptant », nous disons : « rubis sur l'ongle ». — دیبجیك *dibdjik*, diminutif : petit fond; crosse de fusil comme توفنك دیبی *tufenk dibi*. — دیبلك *diblik*, fond, profondeur. — دیبسز *dibsiz*, sans fond, sans base, sans fondement. — دیبسز صوقاق *dibsiz çoqaq*, ruelle, cul de sac. — دکز دیبندن طاش چیقارمق *deñiz dibinden tach tcheqarmaq*, « tirer une pierre du fond de la mer », retrouver une chose perdue. — چوال آغزینه باقمه دیبنی باق *tchuval âghezenè baqma dibini baq*, « ne regarde pas l'orifice du sac, mais le fond ». — دیبسز تنجره دیبسز پنجره *dibsiz tendjerè dibsiz pendjerè*, « chaudron sans fond, fenêtre sans vitre », choses désordonnées. — دیبسز کیله بوش آمبار *dibsiz kilè boch* âmbar, mesure sans fond fait grenier vide.

ديبك *dibek*, grand mortier en bois ou en pierre pour piler le riz, le froment, etc. — auge pour le foulage des étoffes de laine, comme *'abas*, etc. — ديبكخانه *dibek-hanè*, atelier de foulage. Cf. هاون *havoun*.

ديتمك (var. ديدمك et دتمك) *ditmek*, mettre en pièces, dépecer. — يوكى ديتمك *yuñu ditmek*, carder la laine; كتني ديتك *kètène ditmek*, mettre le linge en charpie. — چايلاق ات دتدى *tchaïlaq èt ditti*, le milan dépeça la chair. — ديدنمك *didinmek*, être mis en pièces, être déchiré. — *au fig.* s'évertuer, faire de grands efforts. — ديدشمك *didichmek*, s'entre-déchirer, en venir aux mains.

ديدى قودى *dedi qodou*, cancan, commérage. — ديدى قودى ايله كچدى بتون عمرى *dedi qodou ilè guetchdi butun 'eumrè*, sa vie entière s'est consumée en bavardage. — Cf. ديمك.

ديديك *dedik*, (du verbe *dèmek*, « dire ») parole ferme, assurance certaine. — ديديكى ديديك آدم *dedyi dedik âdam*, un homme qui maintient son dire; caractère ferme et opiniâtre.

دير دير (var. در در) *der der*, du verbe *dèmek*, « dire », propos, vaines paroles, bavardage. — نه چوق دير دير *nè tchoq der der*, quel caquetage!

ديرسك (var. درسك) *dirsek*, coude, articulation du bras; — courbure. — كراسته ديرسكى *kerestè dirseyi*, courbe d'une poutre. — ايت ديرسكى *it dirseyi*, bouton à l'œil, orgelet. — ديرسكيله سومكرمك *dirseyi-ilè sumkurmek*, « se moucher avec le coude », être accablé de besogne, n'avoir pas un moment à soi. — كوزكى ديرسك ايله سل *gueuzeñè dirsek ilè sil*, « frotte-toi l'œil avec le coude », expression triviale dans le sens de « je t'en moque ».

ديرك (t. or. تيراك) *direk*, pilier, poutre; colonne; mât. — تمل ديركى *temel direyi*, pilier de fondation. — چادر ديركى *tchader direyi*, pieu de tente. — مرمر ديرك *mermer direk*, colonne de marbre. — كمنك آنا ديركلرى *gueminuñ ana direkleri*, grand mât. — ميزانه *mizana*, (de l'italien *mezzana*) ou قيچ ديركى *qẹdj direyi*, mât d'artimon. — سنجاق ديركى *sandjaq direyi*, mât de pavillon, etc. (voir au mot spécial). —

ديرك آغاجی *direk âghadje*, peuplier. — ديرك كبی بر آدم *direk guibi bir âdam*, « un homme grand comme un mât », un géant. On dit dans le même sens : بر كی ديرك اولیجق *bir guemyè direk oledjaq*, on en ferait un mât de vaisseau. — گمی قورو ديرك ايله در *guemi qourou direï ilè der*, « le navire est à mât sec », sans voilure. On dit de même en vieux français « aller à sec ». — نام ديركك جفا چارميغك در *nam direyuñ djefa tcharmeghiñ der*, « la gloire est pour le mât, la peine pour les haubans », les petits et les humbles travaillent pour les grands. — كوكك ديركلری آلنمش ايدی *gueukuñ direkleri âlenmech edeu*, « les piliers du ciel étaient arrachés », ce fut un grand désastre. — ديركلو *direklu*, à colonne, garni de piliers. — *direklu rial*, colonnate, monnaie; voir ريال.

ديرايكن ou ديركن *dirken, diriken*, gérondif du verbe *demek*, « dire », pendant qu'on dit, en disant. — très usité dans le langage vulgaire avec le sens de « alors, voilà que ».

ديرلك *dirlik*, 1° vie, existence. — 2° vie heureuse, confortable. — برلكده ديرلك ايتمك *birliktè dirlik etmek*, vivre en bons rapports, mener ensemble une vie agréable.

ديرمك (var. درمك) *dirmek*, synonyme de ديرلەمك *dirlèmek*, rassembler, réunir. — بر يره ديرلمك *bir yèrè dirilmek*, être réuni en un même endroit.

ديرمه *dirmè*, 1° action de recueillir, de ramasser. — 2° broussailles, menus morceaux de bois, copeaux (qu'on ramasse au hasard). Cf. درمك.

ديرن *diren*, grosse fourche de bois qui sert à nettoyer le grain; c'est l'arabe عَضْم.

ديرنتی (درندی) *dirinti*, amas de choses sans valeur. — بر طاقم ديرنتی عسكر *bir taqem dirinti 'asker*, un ramassis de troupes, de traînards (Djevdet). Cf. ديرمك *dirmek*, rassembler.

ديرنك (var. درنك) *dirnek*, réunion; rassemblement. — conciliabule. — دوكون ديرنك *duyun dirnek*, assemblée de noce. — au fig. قارغه ديرنكی *qargha dirneyi*, « réunion de corbeaux », ramassis de troupes sans valeur.

ديرەمك *dirèmek*, se contracter (corde de l'arc, nerf, etc.) — se roidir. — آیاق دیرﻩمك *âyaq dirèmek*, se tenir solidement; *au fig.* résister. — دیرﻧﻤك *direnmek*, se roidir, faire opposition et résistance.

دیری (دیریم t. or. تیریك) *diri*, vivant, vif. — fort, dur; alerte. — دیپ دیری *dip diri*, tout vif. — دیری سوز *diri seuz*, paroles dures, injurieuses. — دیری پلاو *diri pilaf*, riz dont les grains sont durs après la cuisson. — اولوم دیریم دنیاسی *eulum dirim dunyasse*, « le monde de la vie et de la mort », le monde d'ici bas. — دیری ایكن اولمك *diri iken eulmek*, « mourir tout vivant », c.-à-d. : à petit feu; *vivus videnšque pereo* (Térence). — دیریلك *dirilik*, vie, vitalité; force, vigueur. — دیریلكلو *diriliklu*, plein de vie; gaillard, alerte. — Les Turcs citent quelquefois ce dicton où il y a un jeu de mots sur le mot یر *yer*, « terre » et aoriste de *yemek*, « manger » : دیری یر یر یر دیرییی یر *diri yer yer yer diriye yer*, « les vivants mangent (vivent de) la terre, la terre mange les vivants ».

دیریلمك *dirilmek*, 1° prendre vie, être vivifié, renaître, se ranimer. — 2° passif de *dirmek*, être rassemblé, se réunir.

دیریم (دریم, دیسرم var.) *dirim*, 1° réunion, rassemblement, etc., se prend ordinairement en mauvaise part : دیریم اوی *dirim èvi*, mauvais lieux; centre de corruption. — 2° tente de Turcomans. Cf. دیرمك.

دیز *diz*, genou. — دیز قپاغی *diz qapagheu*, (ou طاسی *tasseu*) rotule. — د باغی *diz bagheu*, jarretière; د طونی *diz dôneu*, caleçon, haut-de-chausse; د قایشی *diz qaïche*, courroie de caleçon. — دیز چوكمك *diz tcheukmek*, plier le genou, s'asseoir sur les talons; *au fig.* بر كامل خواجهنك اوكنده دیز چوكك *bir kiamil khodjanuñ euñundè diz tcheukmek*, suivre les leçons d'un maître habile. — اتكی دیزنده *ekmeye dizindè*, « le pain au genou », être perfide, trahir. — چامور دیزده *tchamour dizdè*, « la boue aux genoux », injurier, invectiver. — كوزكه دیزكه طورسون *gueuziñè diziñè dorsoun*, « que cela reste sur tes yeux et tes genoux! » sois en responsable! — دیز دیزه اوتورمق *diz dizè otourmaq*, « s'asseoir genou contre genou », être intime. — ایكی دیز اوزرینه كلوب سویلمك *iki diz uzerinè guelip seuïlèmek*, « parler en marchant sur les deux genoux », parler avec entrain, s'échauffer en discutant. — ديزلك *dizlik*, caleçon qui va jusqu'au genou. Cf. طون *dôn* et طومان *dôman*.

ديزكين (var. ديزكن et تيزكين) *dizgûn*, rêne, bride. — طولو ديزكين *dolou dizgûn*, à pleines guides. — ديزكينه چارپمق *dizguinè tcharpmaq*, laisser flotter les rênes. — تك ديزكين آت *tek dizgûn ât*, cheval qui a la bouche dure. Cf. اويان *ouyan*.

ديزمك *dizmek*, aligner, mettre en ligne; ranger, disposer en ordre. — عسكر ديزمك *'asker dizmek*, aligner des troupes. — سوز ديزمك *seuz dizmek*, soigner son langage. — اينجو ديزمك *indjou dizmek*, enfiler des perles. — كتاب ديزمك *kitab dizmek*, composer typographiquement un livre. — ايپلره ديزمك *iplerè dizmek*, « suspendre en file sur des cordes » (comme les chaussures dans la boutique d'un cordonnier). — ديزلمك *dizilmek*, être aligné, mis en ordre, en rang. — ديزدرمك *dizdurmek*, faire aligner, faire disposer en ordre. — قورشونه ديزدرمك *qourchounè dizdurmek*, fusiller.

ديزی *dizi*, rangée, file (de perles, de soldats, etc.). Cf. ديزمك *dizmek*.

ديش 1° *dich*, (t. or. ديش) dent. — كوپك ديشی *keupek diche*, dent de devant entre les incisives et les molaires. — آزو د *âzou diche*, molaire. — ديب د *dib diche*, grosse dent du fond. — سود د *sud diche*, dent de lait, par opposition à پينير د *peïnir diche*, « dent de fromage », dernière dent du vieillard. — بر ديش صارمساق *bir dich çarmesaq*, une gousse d'ail. — ديش اتی *dich ètè*, gencive. — د اوتی *dich otè*, sauge. — د بادمی *dich bademè*, amande dont l'écorce est très fine. — ديش بوداق آغاجی *dich boudaq âghadjeu*, variété du frêne. — د بوغدایی *dich boghdayè*, bouillie de froment pour l'enfant qui fait ses dents. — عقل د *'aql diche*, dent de sagesse. — فيل د *fil diche*, « dent d'éléphant », ivoire. — د كراسی *dich kirassè*, taxe arbitraire prélevée par les agents subalternes du fisc pour leur nourriture. — ديشی بورمه *diche bourma*, écrou, vis. — د چقمق *dich tcheqmaq*, s'ébrécher (dent, lame, etc.). — د چكمك *dich tchekmek*, arracher une dent. — ديشلمك *dichlèmek*, mordre. — ديشجی *dichdji* ou د طبيبی *dich tabibè*, dentiste. — ديشلو *dichlu*, dentu qui a de grandes dents; *au fig.* féroce; cruel.

ديشلك — dichlik, brèche, cassure. — ديش يرينه ديش dich yerinè dich, dent pour dent. — ديشه طوقنور شى يوق dichè doqounour cheï yoq, il n'y a rien à se mettre sous la dent. — فيل ديشندن بللو در fil dichinden belli dir, l'éléphant se reconnaît à ses défenses, ab ungue leonem. — اشتها ديشك دبنده در ichtah dichuñ dibindè der, « l'appétit est au fond des dents », l'appétit vient en mangeant. — ايشدن آرتمز ديشدن آرتار ichden ártmaz dichden ártar, « il ne s'enrichit pas par le travail, il s'enrichit par la dent », c'est-à-dire en épargnant sur sa nourriture. — 2° ديش dich, dehors, extérieur; voir طيش. — 3° deïch, action de dire, parler; voir دمك demek.

ديشارو dicharu, dehors, extérieur; voir طشره.

ديشمك dichmek, 1° faire un trou; percer, crever comme un abcès. — 2° aiguiser avec la lime. — ديشلمك 1° dichilmek, être fendu, se trouer — être aiguisé. — 2° dichlèmek, (ديشله‌مك) mordre.

ديشنكى dichengui, 1° pic à l'usage des casseurs de pierre. — 2° alouette, d'après le Lehdjè.

ديشى dichi, femelle. — ديشى آرسلان dichi árslan, lionne. — ديشى تمور dichi demir, « fer femelle », mou, fer-blanc. — ديشى قوش يوهى ياپار dichi qouch yovayę yapar, c'est la femelle de l'oiseau qui fait le nid. — اركك بلدم ديشى بولدم érkek bildum dichi bouldoum, je croyais avoir affaire à un brave (mâle) et je n'ai trouvé qu'une femme.

ديشيك dichik, (t. or. تيشوك) trou, fente. — ديشيك بور dichik bor, terrain crevassé, fendillé et inculte. Ce mot est inusité.

دغدغى deghdegheu, difficulté de parole et de prononciation, bégaiement; voir پپه pèpè.

ديك dik, (t. or. تيك) planté droit, roide. — au fig. rétif, acariâtre. — ديك باش dik bach, entêté, obstiné. — او بكا ديك باشلق ايتدى ô baña dik bachlęq etti, il m'a résisté. — ديم ديك dim-dik, tout droit; abrupt. — تويلر ديم ديك اولماق tuiler dim-dik olmaq, avoir le poil hérissé. — ديك سوز dik seuz, qui parle avec entêtement et contrarie. — ديكجه سويله‌مك dikdjè seuïlèmek, parler fort, ou d'un ton sévère. — ديك سس dik sès; voix pointue, perçante. — ديك باقمق dik baqmaq, regarder avec attention, ou avec colère. — ديكى ديكنه diki dikinè, à l'encontre; rebelle. — ديكنه تراش ا dikinè trach etmek, raser à contre-poil. — ديك طورمق dik dourmaq, se tenir roide, se roidir. — 2° ديك dik, (ar.) coq. — 3° dig, (pers.) chaudière, marmite.

ديكسنمك (var. تيكسنمك tiksinmek) diksinmek, être dégoûté; avoir de l'aversion; abhorrer.

ديكك (var. دكك) dikik, cep de vigne. Cf. ديكمك dikmek, planter.

ديكلنمك (var. دينلنمك) diñlenmek, se reposer; être calme, tranquille; goûter du repos; — cesser. — ديكلندرمك diñlendurmek, faire cesser, arrêter; rendre calme. — قالبى ديكلندرمك qalibè diñlendurmek, trouver le repos suprême, mourir.

ديكله‌مك diñlèmek, écouter; voir دكله‌مك.

ديكلى (var. دكيلى, دكيلى) dikili, planté, qui se tient debout. — comme ديكمه dikmè. — ديكلى طاش dikili tach, pierre druidique, dolmen.

ديكمه dikmè, planté, debout. —

ديكمه طاش dikmè tach, colonne, pilier. — borne milliaire. — ديكيم ou ديكم dikim, debout, droit, implanté. — Cf. ديكمك dikmek.

ديكمك (var. دكمك) dikmek, 1° planter (un arbre, un drapeau). — 2° piquer à l'aiguille, coudre. — سوزى ديكمك seuzeu dikmek, affirmer ses paroles, parler avec décision. — سوكك ديكمك sukuk dikmek, faire une reprise, recoudre. — صوىى ديكمك çouyeu dikmek, renverser une cruche d'eau. — كوز ديكمك gueuz dikmek, regarder avec attention. — افندينك اوزرينه كوزلرينى ديكدى èfendinuñ uzerinè gueuzlerini dikti, il avait les yeux fixés sur son maître. — غيرتله جواب د ghaïret ilè djevab dikmek, faire une verte réponse. — بو امورينه سزى ديكرم bou oumourinè sizè dikerim, je vous charge de ces affaires. — ديكلمك dikilmek, être planté, etc. — se tenir roide, fixe. — شمعدان كبى ديكلمك cham'dan guibi dikilmek, être planté immobile comme un chandelier.

ديكمك (var. دكك et دنك) diñmek, se calmer; s'apaiser; devenir tranquille. — s'arrêter; cesser. Ce verbe peu usité aujourd'hui se trouve dans les poésies anciennes; l'auteur du *Lehdjè* cite le distique suivant (mètre *muteqarib*) :

فنا بولدى سازنده ايقلقلرى
مغنيلرك ديكدى صيقلقلرى

« Les violons des musiciens sont brisés; les gémissements des chanteurs ont cessé. » — دنملك et ديكلمك *diñilmek*, être apaisé; être arrêté. — ديكدرمك (ديندرمك) *diñdirmek*, faire taire, apaiser, calmer.

ديكن (var. دكن) 1° *diken*, épine; piquant. — ايله ديكنى *ilmè dikeni*, espèce de jonc marin, algue. — آق د *âq diken*, aubépine. — اولمز د *eulmez diken*, houx frelon. — اشك ديكنى *èchèk dikene*, chardon. — پيغمبر د *peïghamber dikene*, « épine du Prophète », nommée aussi « épine d'Abraham », *eryngium*, espèce de chardon. — تيمور د *demir diken*, « épine de fer », herse ou croix de Malte, plante sauvage armée de pointes aiguës (cf. چوبان). — *au fig.* ennui, contrariété; obstacle. — كوز ديكنى *gueuz dikene*, « épine dans l'œil », rabat-joie, trouble-fête. — ديكنسز كل اولمز *dikensiz gul olmaz*, il n'y a pas de rose sans épine. — كل دوشرن ديكندن قاچمز *gul devchiren dikenden qatchmaz*, qui cueille la rose n'évite pas les épines. — غربتك كلندن وطنك ديكنى يكدر *ghourbetuñ gulinden vatanuñ dikenè yekter*, l'épine du pays natal vaut mieux que la rose de l'exil. — دوه ديكنه باقار كبى *devè dikenè baqar guibi*, « comme le chameau regarde l'épine », c'est-à-dire de travers. — ديكنلو *dikenlu*, épineux. — ديكنلو ير *dikenlu yer*, broussailles, ronces. — ديكنلو ياتاق *dikenlu yataq*, « couche d'épines », vie dure et pénible. — 2° participe de *dikmek*, coudre. — پابوش ديكن *papouch diken*, fabricant de pantoufles, etc.

ديكيش (var. دكش, ديكش) *dikich*, action de coudre, couture. — بر ديكيش قالدى *bir dikich qaldeu*, il s'en fallait de rien, « d'une couture ». — پاتلاق ديكيشى *patlaq dikichi*, ancienne coiffure portée par les dignitaires de la Porte et les grands officiers du *mabeïn*. « La partie de ce bonnet qui ressemblait au fez du *qavouq* était piquée comme les coutures du *khirqa*; ce bonnet était long et les plis du turban n'étaient pas disposés parallèlement, mais affectaient une forme arquée » (DJEVAD BEY, trad. française, p. 176). — ديكيشجى dikichdji, qui coud, couturier.

ديل (var. دل) dil, langue, organe de la parole. — langage. — langue de terre ; isthme, promontoire ; سويش ديلى sueïch dili, isthme de Suez. — ترازو د terazi dili, aiguille de balance ; دودوك د duduk dili, bec de flûte. — ديل بالغى dil balegheu, sole, poisson. — اوكوز د eukuz dili, « langue de bœuf », plantain, nommé en arabe لسان الحمل « langue de chevreau » ; صغير د çegher dili, bourrache, en arabe لسان الثور « langue de taureau » ; كوپك د keupek dili, « langue de chien », cynoglosse. — فرنك د firenk dili, gâchette de serrure. — قوش د qouch dili, « langue d'oiseau », semence de frêne ; fermentée dans l'eau, elle se prend comme boisson. On nomme aussi qouch dili le bredouillement des enfants en bas âge. — قايش د qayçch dili, « langue de cuir », langage incorrect et grossier de la basse classe. — ديل بورمق dil bourmaq, tordre la langue. — چيقارمق د dil tchęqarmaq, tirer la langue, se moquer. — اوزاتمق د dil ouzatmaq, « allonger la langue »,

critiquer, médire. — ديلنى يوتمق dilini youtmaq, « avaler sa langue » ou ديلنى كسمك dilini kesmek, « couper sa langue », garder le silence. — ديلى طوتولدى dili toutouldou, « sa langue est prise », elle est muette. — ديله كلمك dilè guelmek, être l'objet de la médisance. — ديله كلمش بر حريف dilè guelmich bir hèrif, un individu dont on dit du mal. — ديلمك اوجنده در dilimuñ oudjoundè dur, « c'est sur le bout de ma langue », sur mes lèvres. — ديلمك دونديكى قدر dilimuñ deunduyu qadar, « autant que ma langue tournera », en parlant à mon aise. — درلو درلو ديل صاتارلر turlu turlu dil çatarlar, ils débitent mille sornettes. — سوزى ديلنده در seuzeu dilindè dur, il est prompt à la réplique. — ديلى اوزون dili ouzoun, « qui a la langue longue », hâbleur. — ديل برهسى قلج برهسى dil bèrèssi qeledj bèrèssi, « coup de langue, coup de sabre », danger du trop parler. — ديل ساكن ديل سالم dil sakîn dil salim, « langue muette, langue sauve », avantage du silence. — بر باشلو وبيك ديلى در bir bachlu vè biñ dilli der, « il a une seule tête et mille langues », il ne tient pas sa promesse. Distique du poète Çafi :

اينانمه زُلفِنِڭ عهدينه صافى
كه انك بر باشى وبيك ديلى وار

« Ne crois pas, ô Çafi, aux promesses de ses boucles de cheveux, car il y a là une tête et mille langues » — (jeu de mots sur le double sens de *zuluf*, « boucle de cheveux »). — ديلى *dili ouzoun èli qeça*, اوزون الى قيصه « il a la langue longue et la main courte », il parle et n'agit pas. — ديلجك *dildjik*, petite langue, languette; fléau de balance, etc. — clitoris, بظر. — كوچك ديل *kutchuk dil*, luette. — ديلسز *dilsiz*, muet, silencieux. — ديللو *dillu*, bavard, hâbleur. — ديلباز *dilbaz*, « qui joue de la langue », disert, bavard. — بر طاقم دلباز نه ديرسه ديسون *bir taquem dilbaz nè dirsè dissoun*, c'est un tas de bavards, qu'ils parlent tant qu'ils voudront.

ديلك *dilik*, désir, demande, prière; voir بريسندن ديلك ا. — ديلهمك *birisinden dilik etmek*, insister auprès de quelqu'un; solliciter. — هر ديلكڭز چقيور *her diliñiz tcheqeyor*, chacun de vos désirs se réalise.

ديللمك (var. دلهمك) *dillèmek*, faire usage de la langue (ديل); parler; causer. — ديللنمك *dillenmek*, être dit, être parlé; être l'objet de méchants propos. — bavarder. — ديللشمك *dillechmek*, parler entre soi, s'entretenir, converser.

ديلمك *dilmek*, partager en tranches, couper en longs morceaux; diviser en sections; voir ديليم.

ديلهمك (var. دلك, داهمك, ديلك) *dilèmek*, manifester le désir; désirer; demander. — ديلنمك *dilenmek*, implorer, mendier. — ديلندرمك *dilendurmek*, forcer à mendier, réduire à la misère.

ديلنجى *dilindji*, « qui implore », mendiant, misérable. — ديلنجيلك *dilindjilik*, mendicité. On dit d'un homme rapace : ديلنجينڭ چناغندن پاره چالار *dilindjinuñ tchanaghendan para tchalar*, il vole l'argent de l'écuelle du pauvre — et en parlant des exigences des mendiants : ديلنجىيه بر خيار ويرمشلر ديو اكرى بكنمامش *dilindjyè bir kheyar vermichler èri dèu beyenmèmich*, qu'on donne un concombre au mendiant, il le refuse, sous prétexte qu'il est de travers.

ديليم (var. دليم) *dilim*, tranche, morceau; section. — ديليم ديليم كسمك

dilim dilim kesmek, couper par tranches. — بر دیلیم قاون *bir dilim qavoun*, une côte de melon; بر دیلیم اکمك *bir dilim ekmek*, une tranche de pain.

دیمك *demek*, dire; parler; nommer. — نه دیرلرسه دیسونلر *nè derlersè dessunler*, qu'ils disent ce qu'ils voudront. — اکا نه دیرلر *oña nè derler*, comment le nomme-t-on? — بو نه دیمك *bou nè demek*, que signifie? qu'est-ce à dire? — دیمك اولور که *demek olour ki*, (ou simplement *demek*) cela veut dire; c'est-à-dire; ainsi donc. — دیمك بونك بر شیدن خبری یوق *demek bounuñ bir cheïden khaberi yoq*, ainsi, il ne sait rien! — دیوورمك *deyivermek*, se mettre à dire. — دیوکورمك (دیه کورمك) *deyigueurmek*, prendre la parole, raconter. — دیدرمك *dedirmek*, faire dire; faire parler; forcer à se plaindre. — ویق دیدرمامك *veq dedirmèmek*, ne pas laisser souffler un mot. — دینمك *denmek*, se dire. — دینلمك *denilmek*, être dit, être raconté. — بویله ایسه بر شی دینلمز *beuïlè issè bir cheï denilmez*, s'il en est ainsi, il n'y a rien à dire. — دیه قیش اوقو یاز *demè qech yaz oqou yaz*, ne prétexte pas l'hiver ou l'été, lis et écris (travaille; jeu de mots sur le double sens de *yaz*). — دیه *demè*, action de dire, le parler. — خیر او دیه دكل *khaïr ô dèmè deïl*, non, ce n'est pas ce que je dis.

دین *dîn*, (ar.) religion; piété; pratique de la religion. — كیزلو دین قوللانمق *guizlu dîn qoullanmaq*, être hypocrite, faux dévot. — دیندار *dîndar*, pieux, qui observe le culte religieux. — دینسز *dînsiz*, sans religion, impie. — دینسزلك *dînsizlik*, impiété; incrédulité. — دینجه دیکلنسون برخوردار اولسون *dinîndjè diñlensoun berkhordar olsoun*, qu'il reste dans sa religion et qu'il soit heureux! — دینسزك حقندن ایمانسز كلور *dînsizuñ haqqendan imansez guelir*, c'est l'infidèle qui se charge de punir l'impie.

دین *deïn*, (ar.) dette, créance. — دین ممتاز *deïni mumtaz*, (ou *imtiazlu*) dette privilégiée; رهنلو دین *rehenlu deïn*, dette hypothécaire. — تحویل دین ا *tahvili deïn etmek*, transformer une dette. — Le pluriel دیون *duyoun* est fort usité dans le sens du singulier: دیون عمومیه *duyouni 'oumoumyè*, dette publique; دیون منتظمه *duyouni muntazimè*, dette consolidée, et غیر منتظمه *ghaïr muntazimè*, dette flottante.

دينج *dindj*, robuste, solide, vigoureux; voir دنج.

دينك 1° *deïnek*, bâton; voir دكنك. — 2° *dinek*, aire à battre le blé; ce mot n'est usité que dans l'Anatolie.

ديو *deyi*, et ده pour ديوب, (gérondif du verbe *demek*, « dire ») disant, en disant; — avec l'intention, pour, afin que. — كوكلنه فرح كلسون ديو *gueuñulinè farah quelsun deyi*, afin que la joie vienne dans son cœur. — نه ديو *nè deyi*, pourquoi? qu'est-ce à dire? — Ce mot est quelquefois explétif dans la conversation.

ديو *div*, (pers.) dive, démon; génie. — *au fig.* gros, corpulent, de forte encolure. — ديو آينه سى *div ăïnassè*, miroir grossissant.

ديوار (pers.) *divar*, vulg. *douvar*, mur, muraille. — ساده طاش ديوار *sadè tach douvar*, mur de pierres sèches. — شاه ديوار *chah-douvar*, muraille maîtresse. — قلعه ديوارى *qal'è douvarè*, mur de forteresse, rempart. — ديوارجى *douvardjè*, maçon. — ديوار ياران *douvar yaran*, « perce-muraille », surnom que le peuple donne au diable. — يالكز طاش ديوار اولمز *yaleñez tach douvar olmaz*, une seule pierre ne fait pas la muraille. — ديوارك قولاغى وار *douvaruñ qoulagheu var*, les murs ont des oreilles. — درت ديوار آراسى *deurt douvar ărassè*, « l'espace entre quatre murs », captivité. — ديوار آردى *douvar ărdeu*, « derrière de muraille », locution triviale dans le sens de « lâche, poltron ».

ديوان *divan*, (ar.) 1° conseil, assemblée d'État présidée par le souverain, les ministres, les *valis*, etc. — salle du conseil; audience. (Cf. D'OHSSON, *État de l'Empire ottoman*, t. VII, p. 213 et suiv.) — غلبه ديوان *ghalèbè divan*, conseil extraordinaire tenu pour le paiement de la solde des troupes, la réception d'un ambassadeur, etc. — ديوان همايون *divani humayoun*, la Porte, l'ensemble des ministères. — ديوان احكام عدليه *divani ahkiami 'adlyè*, cour de cassation; جنحه ديوانى *djinha divanè*, chambre des appels correctionnels. — ديوان ضبطيه *divani zaptyè*, conseil de police. — ديوان حرب *divani harb*, conseil de guerre. (Cf. مجلس *medjlis*.) — ديوان اولور *divan olour*, le conseil se réunit, il y a conseil des ministres. —

د کونی *divan gunu,* jour de conseil. — د افندیسی *divan èfendissi,* secrétaire du conseil; د آمدجیسی *divan âmedjissi,* rapporteur du conseil; د بکلکجیسی *divan beïlikdjissi,* chef des trois grands bureaux du conseil. — آیاق دیوانی *ayaq divane,* « conseil debout », conseil des ministres tenu pendant une campagne. — دیوان قلمی *divan qalemi,* réunion de cent feux formant un village, surtout parmi les populations disséminées d'Anatolie et des bords de la Mer Noire, comme Bolou, Djanik, etc. Un groupe de ces villages forme un district (*nahyè*). — دیوان طورمق *divan dourmaq,* se tenir debout, les mains sur la poitrine, dans l'attitude respectueuse des domestiques. — se tenir l'arme au bras. — 2° recueil de poésies comprenant des odes, des élégies, énigmes, etc. — نابی دیوانی *nabi divane,* poésies de Nabi. — دیوانی *divani,* genre d'écriture particulière en usage pour les pièces officielles émanant du souverain, des ministres, etc.; il y a deux sortes de *divani*: le *djeli* et le *rihani.*

دیورك *divrek,* Divriki, ville de la Turquie d'Asie, ancienne Nicopolis. On dit proverbialement d'un solliciteur indiscret: دیورك دیلنجیسی کسی ابرام ایدر *divrek dilindjissi guibi ibram eder,* « il est tenace comme un mendiant de Divriki ».

دیوس *deïous,* (ar.) orthogr. fautive pour دیوث *entremetteur*; synon. de کراته *kerata.*

دیوشرمك *devchirmek,* rassembler; voir دوشرمك.

دیویرمك 1° *divirmek,* renverser, abattre. — 2° *deyivermek,* se mettre à dire, causer; voir دمك *demek.*

دیها *diha,* interject.: voici, voilà.

دیش *deïch* ou *deïich,* sorte de récitation populaire débitée par les chanteurs ambulants; comparer avec قیا باشی *qaya bachi.*

FIN DU PREMIER VOLUME.

www.ingramcontent.com/pod-product-compliance
Lightning Source LLC
Chambersburg PA
CBHW070715020526
44115CB00031B/1095